Erika Müller · Theorie und Praxis des Staatshaushaltsplans im 19. Jahrhundert

Studien zur Sozialwissenschaft

Band 84

Verwaltung in Deutschland
Historische und sozialwissenschaftliche Untersuchungen
Herausgegeben von Thomas Ellwein

An der Universität Konstanz besteht seit ihrer Errichtung ein verwaltungswissenschaftlicher Schwerpunkt. Er ist 1985 durch einen von der Deutschen Forschungsgemeinschaft und dem Land Baden-Württemberg geförderten Sonderforschungsbereich ‚Verwaltung im Wandel' erweitert worden. Im SFB werden international und national, historisch und systematisch vergleichend oder in begrenzten empirischen Studien anhand einzelner Arbeitsfelder der öffentlichen Verwaltung deren Organisation, Verfahren und Wirkungsweise untersucht. In den Teilprojekten, aus denen die Arbeiten zum Thema ‚Verwaltung in Deutschland' hervorgehen, sind zunächst die Gewerbeaufsicht und die Gewerbeförderung ausgewählt worden; im zweiten Schritt wurde dies auf die Ortspolizei und die Straßenbauverwaltung sowie schließlich auf die Steuerverwaltung ausgedehnt. Solche Verwaltungen lassen sich nur bedingt generell untersuchen; sobald historische Detailforschung oder sozialwissenschaftliche Analysen und Fallstudien ins Spiel kommen, muß eine regionale Begrenzung erfolgen. Für den genannten Arbeitskomplex bildet dafür im Zweifel der heutige Regierungsbezirk Detmold die Untersuchungsregion. Ergänzt werden die Arbeiten durch Untersuchungen über die Entwicklung des Haushaltsrechts, der Haushaltsprinzipien und der tatsächlichen Haushalte von Staat (Reich und Ländern) und Gemeinden im 19. Jahrhundert, denn ohne genauere Kenntnis der Haushaltswirklichkeit kann die Aufgabenteilung zwischen Staat und Gemeinden und überhaupt die Aufgabenentwicklung der öffentlichen Verwaltung nicht zureichend dargestellt und erklärt werden.
Die Arbeiten folgen teils einem genetischen Ansatz und teils der systematischen Frage nach dem Verhältnis zwischen Recht (Rechtsentwicklung) und Verwaltung. Die historischen Beiträge (zusammengefaßt in einer Verwaltungsgeschichte des Regierungsbezirks Detmold) sollen die Faktoren herausarbeiten, welche das Wachstum und die Veränderungsschübe in der öffentlichen Verwaltung (in Deutschland) bedingen. Systematisch richtet sich das Erkenntnisinteresse auf die Position der Verwaltung im demokratischen Prozeß, auf die Wirkungsweise der Führungsinstrumentarien, vor allem des Gesetzes, und auf die Selbststeuerungsmöglichkeiten der Verwaltung.

Westdeutscher Verlag

Erika Müller

Theorie und Praxis des Staatshaushaltsplans im 19. Jahrhundert

Am Beispiel von Preußen, Bayern, Sachsen und Württemberg

Westdeutscher Verlag

CIP-Titelaufnahme der Deutschen Bibliothek

Müller, Erika:
Theorie und Praxis des Staatshaushaltsplans
im 19. Jahrhundert: am Beispiel von Preussen,
Bayern, Sachsen und Württemberg/Erika Müller.
– Opladen: Westdt. Verl., 1989
(Studien zur Sozialwissenschaft; Bd. 84)
(Verwaltung in Deutschland)
ISBN 978-3-531-12099-7 ISBN 978-3-322-94176-3 (eBook)
DOI 10.1007/978-3-322-94176-3

NE: 1. GT

Der Westdeutsche Verlag ist ein Unternehmen der Verlagsgruppe Bertelsmann.

Umschlaggestaltung: studio für visuelle kommunikation, Düsseldorf

Meiner Familie

Inhaltsverzeichnis

Quellenverzeichnis IX
Tabellenverzeichnis X
Abkürzungsverzeichnis XI

Vorwort XIII

1. Einleitung

1.1. Zur Problematik 1
1.2. "Budget" als Thema in der Literatur 12
1.3. Erkenntnisinteresse 21
1.4. Zur Methode 25

2. Etat, Haushaltsgeschichte und Budgetrecht

2.1. Allgemeines 34
2.2. Die "gute" Ordnung in der Staatswirtschaft 37
2.3. Budget
2.3.1. Das Budget als Instrument zur Haushaltsplanung, Haushaltsführung und Haushaltskontrolle 47
2.3.2. Das "Wesen" des Budgets 53
2.4. Zur geschichtlichen Entwickung des Budgetwesens 61
2.4.1. Verfassungsrechtlicher Blickwinkel 62
2.4.2. Verwaltungstechnischer Blickwinkel 80
2.5. Budget-, Finanz- und Haushaltsrecht 90

3. Theorie und Praxis des Haushaltsplans

3.1. Öffentlichkeit 107
3.2. Einheit
3.2.1. Etathierarchie 117
3.2.2. Zweckbindung der Einnahmen 123
3.2.3. Fonds zu bestimmten Zwecken 130
3.2.4. Universitätsfonds 148
3.2.5. Schulfonds 154
3.3. Vollständigkeit
3.3.1. Das Postulat 160
3.3.2. Brutto- und Nettobudgetierung im Überblick 165
3.3.3. Einnahmen und Ausgaben auf Rechnung Dritter 180

3.3.4. Betriebsverwaltungen ... 193
3.3.5. Verkaufserlöse aus beweglichem und unbeweglichem Staatsvermögen ... 207
3.3.6. Militärausgaben ... 214
3.4. Übersichtlichkeit
3.4.1. Das Postulat ... 217
3.4.2. Äußere Form des Budgets ... 219
3.4.3. Zur inhaltlichen Vergleichbarkeit der Budgets ... 229
3.4.4. Ordentliche und außerordentliche Einnahmen und Ausgaben ... 233
3.4.5. Anleihen ... 249
3.5. Vorherigkeit ... 254
3.5.1. Einhaltung des Postulats ... 255
3.5.2. Die Nichteinhaltung des Postulats in der staatsrechtlichen Diskussion ... 258
3.5.3. Die Bewilligungspflicht des Parlaments ... 262
3.5.4. Methoden der Überbrückung eines budgetlosen Zustandes ... 273
3.6. Zeitliche Begrenztheit
3.6.1. Budgetperioden ... 281
3.6.2. Anfangs- und Schlußtermine ... 288
3.6.3. Rechnungsperioden ... 290
3.6.4. Zeitliche Übertragungen ... 310
3.7. Begründete Wahrscheinlichkeit ... 320
3.7.1. Exekutivbudget ... 321
3.7.2. Technik der Budgetplanung ... 323
3.7.3. Etatpreise ... 340
3.7.4. Der personale Faktor ... 344
3.8. Verbindlichkeit
3.8.1. Die Theorie ... 347
3.8.2. Die Praxis ... 364

4. Die Entwicklung des Etatwesens im Überblick

4.1. Zur Verrechtlichung ... 389
4.2. Zur Vereinheitlichung ... 394
4.3. Zur Vergleichbarkeit ... 398

Quellen ... 405
Tabellen ... 487
Literaturverzeichnis ... 605

Quellenverzeichnis

Inhalt	Preußen		Bayern		Sachsen		Württemberg		Sonstiges	
Gesetzsammlungen/ Repertorien	1.1.	407	2.1.	408	3.1.	412	4.1.	413	5.1.	415
Parlamentaria	1.2.	415	2.2.	415	3.2.	416	4.2.	416	5.2.	416
Amtsblätter/ Zeitschriften	1.3.	417	2.3.	417	3.3.	418	4.3.	418	5.3.	419
Finanz-/ Etatgesetze	1.4.	420	2.4.	424	3.4.	426	4.4.	428		
Staatshaus-haltsetats	1.4a.	431	2.4a.	434	-		4.4a.	437		
Etatentwürfe	-		2.5.	444	3.5.	446	4.5.	449		
Staatshaushalts-rechnungen	-		2.6.	454	3.6.	462	4.6.	464		
Etatrechtliche Regelungen	1.7.	470	2.7.	475	3.7.	482	4.7.	483		

Die Quellenverzeichnisse sind senkrecht nach sachlichen Gesichtspunkten (*.1.-*.7.) und waagrecht nach Staaten (1.*.-4.*.) geordnet. Die Seitenzahl steht jeweils neben der Quellennummer.

Tabellenverzeichnis

Inhalt	Preußen		Bayern		Sachsen		Württemberg	
Fonds	-		2.1.	488	3.1.	492	4.1.	494
Universitäten	1.2.	496	2.2.	500	3.2.1. 3.2.2.	502 503	4.2.	504
Schulen	1.3.1. 1.3.2. 1.3.3.	508 510 512	2.3.	514	3.3.1. 3.3.2.	516 517	4.3.1. 4.3.2.	518 521
Einnahmen/Ausgaben Überschüsse/Zuschüsse (Soll-Zahlen)	1.4.	522	2.4.1. 2.4.2.	526 530	3.4.1. 3.4.2. 3.4.3.	532 534 536	4.4.1. 4.4.2.	538 542
Mobilien/Immobilien	-		2.5.	544	-		4.5.	548
Reste	1.6.	550	2.6.1. 2.6.2.	552 554	3.6.	556	4.6.	557
Außerordentlicher Dienst	-		2.7.	559	-		4.7.	560
Soll-Ist-Vergleich	1.8.	562	2.8.1. 2.8.2.	566 568	3.8.	572	4.8.	574
Nachträge	1.9	576	-		3.9.	578	4.9.	579
Außeretatmäßige Einnahmen und Ausgaben	1.10.	580	2.10.	582	3.10.	584	4.10.	585
Einnahmen/Ausgaben Überschüsse/Zuschüsse (Ist-Zahlen)	1.11.	588	2.11.	592	3.11.	596	4.11.	598
Zahlen in der Literatur	1.12.	602	-		-		-	

Die Tabellen sind senkrecht nach sachlichen Gesichtspunkten (*.1.-*.12.) und waagrecht nach Staaten (1.*.-4.*.) geordnet. Die Seitenzahl steht jeweils neben der Tabellennummer.

Abkürzungsverzeichnis

5.Edikt 1817	Das fünfte Edict (Q 4.7.)
6.Edikt 1817	Das sechste Edict (Q 4.7.)
7.Edikt 1817	Das siebente Edict (Q 4.7.)
ABlWüStC	Amts-Blatt des Königlich Württembergischen Steuer-Collegiums (Q 4.3.)
Annalen	Annalen der Preußischen Inneren Staats-Verwaltung (Q 1.3.)
ARV 1900	Allgemeine Vorschriften für das Staatsrechnungswesen des Königreichs Sachsen. Fassung 1900 (Q 3.7.)
BaABlI	Amtsblatt des Königlichen Staatsministeriums des Innern (Q 2.3.)
BaAIBl	Allgemeines Intelligenz-Blatt für das Königreich Bayern (Q 2.1.)
BaBAuVB	Bekanntmachung, die Aufteilung und den Vollzug des Staatsbudgets betreffend (1907) (Q 2.7.)
BaEE	Entwurf des bayerischen Staatshaushaltsplans (Q 2.5.)
BaEVO 1803	Höchst-landesherrliche Verordnung. Die Formation des Finanz-Etats betreffend (Q 2.7.)
BaFG	Bayerisches Finanzgesetz (Q 2.4.)
BaFMBl	Finanzministerialblatt für das Königreich Bayern (Q 2.3.)
BaGBl	Bayerisches Gesetzblatt (Q 2.1.)
BaGuVBl	Bayerisches Gesetz- und Verordnungsblatt (Q 2.1.)
BaParlV	Bayerische Parlamentsverhandlungen (Q 2.2.)
BaR	Bayerische Staatshaushaltsrechnung (Q 2.6.)
BaRegBl	Königlich-Baierisches Regierungsblatt (Q 2.1.)
BaRuIBl	Regierungs- und Intelligenz-Blatt für das Königreich Bayern (Q 2.1.)
BaVU 1818	Verfassungsurkunde des Königreichs Bayern (Q 5.1.)
BaVV	Verfassungsverständis von 1843 (Q 2.7.).
BHO	Bundeshaushaltsordnung
ChPfBaRegBl	Churpfalzbaierisches Regierungsblatt (Q 2.1.)
ChPfBaRuIBl	Churpfalzbaierisches Regierungs- und Intelligenzblatt (Q 2.1.)
Fl.	Gulden
IESuRW 1818	Instruktion für die künftige Einrichtung des Staatskassen- und Rechnungswesens (Q 4.7.)
IOR 1824	Instruktion für die Königliche Ober-Rechnungs-Kammer (Q 1.7.)
Jahrbücher	Jahrbücher für die Preußische Gesetzgebung (Q 1.3.)
Mitteilungen	Mitteilungen aus der Verwaltung der direkten Steuern im Königreich Sachsen (Q 3.3.)
PrEE	Entwurf des preußischen Staatshaushaltsplans (Q 1.2.)
PrEG	Preußisches Etatgesetz (Q 1.4.)
PrGS	Preußische Gesetzsammlung (Q 1.1.)

PrJMBl	Justiz-Ministerial-Blatt für die Preußische Gesetzgebung und Rechtspflege (Q 1.3.)
PrORKG 1872	Gesetz, betreffend die Einrichtung und die Befugnisse der Ober-Rechnungs-Kammer (Q 1.7.)
PrR	Preußische Staatshaushaltsrechnung (Q 1.2.)
PrSHHG 1898	Gesetz, betreffend den Staatshaushalt (Q 1.7.)
PrVU 1850	Preußische Verfassung von 1850 (Q 5.1.)
RGBl	Reichsgesetzblatt
RVO	Reichsversicherungsordnung
SäEE	Entwurf des sächsischen Staatshaushaltsplans (Q 3.5.)
SäFG	Sächsisches Finanzgesetz (Q 3.4.)
SäGGBl	Generalgouvernementsblatt für Sachsen (Q 3.1.)
SäGS	Gesetzsammlung für das Königreich Sachsen (Q 3.1.)
SäGuVBl	Gesetz- und Verordnungsblatt für das Königreich Sachsen (Q 3.1.)
SäJMBl	Königlich Sächsisches Justizministerialblatt (Q 3.3.)
SäLA	Landtagsakten des Königreichs Sachsen (Q 3.2.)
SäR	Sächsische Staatshaushaltsrechnung (Q 3.6.)
SäSGuV	Sammlung der Gesetze und Verordnungen für das Königreich Sachsen (Q 3.1.)
SäSHHG 1904	Sächsisches Gesetz, betreffend den Staatshaushalt (Q 3.7.)
SäVU 1831	Sächsische Verfassungsurkunde von 1831 (Q 5.1)
Thlr.	Thaler
WIVE 1808	Instruktion für die K. Kameral-Verwaltungen zu Verfassung der Etats über Einnahmen und Ausgaben (Q 4.7.)
WIVE 1819	Instruktion des Finanz-Ministeriums zu Verfassung der jährlichen Etats bei den Cameral- und Domanial-Verwaltungen (Q 4.7.)
WüEE	Entwurf des württembergischen Staatshaushaltsplans (Q 4.5.)
WüFG	Württembergisches Finanzgesetz (Q 4.4.)
WüParlV	Württembergische Parlamentsverhandlungen (Q 4.2.)
WüR	Württembergische Staatshaushaltsrechnung (Q 4.6.)
WüRegBl	Regierungsblatt für das Königreich Württemberg (Q 4.1.)
WüSuRBl	Königlich Württembergisches Staats- und Regierungsblatt (Q 4.1.)
WüVU 1819	Verfassungsurkunde für das Königreich Württemberg (Q 5.1.)

Die Fundstellennachweise zu den rechtlichen Regelungen, den Gesetzsammlungen und Zeitschriften befinden sich in den in Klammern angegegenen Quellenverzeichnissen (Q).

Vorwort

Die Diskussion um Art und Umfang der staatlichen Betätigung ist stets in allen Staaten gleichermaßen aktuell. Sie findet ihren deutlichsten Ausdruck in der Auseinandersetzung um die Höhe und die Verteilung der Staatsausgaben. Daß diese hierzulande seit dem letzten Jahrhundert beständig angestiegen sind, gilt als ausgemacht. Wissenschaftlich zureichend fundiert ist diese Annahme erstaunlicherweise bis heute nicht. Hier Grundlagenarbeit zu leisten, ist ein Anliegen dieser Arbeit.

Es werden die veröffentlichten Budgets von Preußen, Bayern, Sachsen und Württemberg von 1800 bis 1914 vergleichend untersucht. Im Vordergrund stehen Fragen der Rechtsentwicklung und der Vergleichbarkeit der Haushaltsdaten. Die Gliederung orientiert sich an der Einteilung der modernen Budgetprinzipien, deren Durchsetzung in Theorie, Haushaltsrecht und Budgetpraxis verfolgt wird.

Am Ergebnis zeigt sich, wie fruchtbar historische Analysen für das Verständnis heutiger Einrichtungen sind. Zum einen kann die Entstehung der Budgetprinzipien aus der konkreten historischen Situation heraus verfolgt und damit implizit auch deren heutige Zeitgemäßheit hinterfragt werden. Zum anderen ist ersichtlich, daß im letzten Jahrhundert das Prinzip der Budgetvollständigkeit nicht bedeutete, daß auch alle Staatseinnahmen und -ausgaben im Budget veranschlagt waren. In den Staatshaushaltsplänen ist nur ein Teil der Staatsausgaben aufgeführt, so daß die staatlichen Gesamtausgaben des letzten Jahrhunderts bisher wohl systematisch unterschätzt worden sind. Daß dies Konsequenzen für die Beurteilung der staatlichen Tätigkeit des letzten Jahrhunderts sowie des derzeitigen Ausgabevolumens relativ dazu hat, liegt auf der Hand.

Der ausführliche Quellenteil und die 50 Tabellen sollen zur Weiterarbeit an diesem Thema anregen und sie erleichtern. Erstmals wurden Budget- und Rechnungsdaten mehrerer Staaten von ihrer ersten Veröffentlichung im 19. Jahrhundert bis 1914 komplett erhoben und miteinander verglichen. Auf diesem Grundstein können hoffentlich folgende Arbeiten aufbauen. Dem *Westdeutschen Verlag*, insbesondere Herrn *Manfred Müller*, ist zu danken, daß eine derart umfangreiche Veröffentlichung möglich wurde.

Entstanden ist die Arbeit von 1985 bis 1987 als Dissertation im Rahmen des von der *Deutschen Forschungsgemeinschaft* (DFG) geförderten *Sonderforschungsbereichs "Verwaltung im Wandel"* an der Universität Konstanz. Für jahrelange gute Zusammenarbeit gilt auf wissenschaftlicher Seite Prof. Dr.

Thomas Ellwein mein größter Dank. Prof. Dr. *Bernd Wunder* verdanke ich - aus dem Blickwinkel des Historikers - viele Anregungen. Manch eine Fachdiskussion führte ich mit Diplomsoziologe *Wolfram Neubrander*, der bei der Erforschung der kommunalen Haushalte auf ähnliche Probleme stieß wie ich bei den staatlichen.

Das Projekt hätte nicht in dieser Zeit bewältigt werden können ohne die "guten Geister" im Hintergrund, die mir bei allerlei Dingen zur Hand gingen. Zu nennen sind insbesondere *Kornelia Woyciewski*, *Annegret Reitze*, *Jürgen van Wickern* und *Christoph John*. Letzterer hat sich auch zusammen mit Diplomvolkswirt *Max Albert* dem mühsamen Geschäft des Korrekturlesens unterzogen. Ihnen allen gebührt mein besonderer Dank. Für die freundschaftliche Unterstützung danke ich außerdem allen Kolleginnen und Kollegen des Sonderforschungsbereichs, namentlich Diplomsoziologin *Lydia Buck-Heilig*.

Nicht zu vergessen sind auch die Verdienste der *Universitätsbibliothek*, insbesondere der Damen und Herren, die für die Fernleihe zuständig sind. Auch sie hatten mit der Materialfülle und den damit verbundenen Problemen zu kämpfen. Frau *Kleinig* ermöglichte mir den Zugang zum Archiv der *Staatsbibliothek Preußischer Kulturbesitz*, so daß ich die am Ende noch bestehenden Datenlücken schließen konnte.

Den größten Beitrag zum Gelingen meiner Arbeit leistete mein Lebensgefährte Diplomvolkswirt *Manfred Hellinger*. Er hat Urlaube, Sonn- und Feiertage und Feierabende über drei Jahre hinweg geopfert, um mich bei der Datenerhebung, der Tabellenerstellung und beim Korrekturlesen in den verschiedenen Arbeitsversionen zu unterstützen. Klaglos hat er auch noch einen Großteil der Hausarbeit übernommen. Möge er anderen Männern in ähnlicher Situation ein Vorbild sein.

Konstanz, im Oktober 1988 — Erika Müller

1. Einleitung

1.1. Zur Problematik

Die Entwicklung der Staatsausgaben bis 1914 ist bisher nicht untersucht, obwohl dies allenthalben beklagt wird. Das ist bedauerlich, weil dadurch aufschlußreiche Informationen über das (finanzielle) Ausmaß der Staatsaufgaben im 19. Jahrhundert, ihre Art und Struktur fehlen. Aussagen über deren angebliches Wachstum stehen deshalb empirisch auf schwachen Beinen. Hier Abhilfe zu schaffen, wäre wünschenswert. Ein erster Schritt wird in der vorliegenden Arbeit getan, indem die Staatshaushalte von Preußen, Bayern, Sachsen und Württemberg und deren Entwicklung von 1800 bis 1914 im Vergleich untersucht werden. Daß dies Not tut, zeigt die Art, wie mit dem Thema - insbesondere mit Budgetdaten - in der neueren Literatur umgegangen wird.

Den Finanzwissenschaftlern geht es i.d.R. weniger um das Anwachsen der Staatsausgaben an sich. Diese Entwicklung gilt längst als von *Wagner*[1] "*treffend voraus(ge)sagt*"[2] oder als "*bestätigt*"[3] und wird als Tatsache hingenommen. Sie haben sich, trotz dürrer Datenbasis, längst der Frage der Veränderung der Ausgabenstruktur in deren zeitlicher Entwicklung und der Untersuchung der Einflußfaktoren auf die Ausgabenentwicklung zugewandt. Verbunden ist diese traditionsreiche deutsche Forschungsrichtung in jüngerer Zeit insbesondere mit dem Namen *Horst Claus Recktenwalds*. Seine Arbeiten haben zum Ziel, die "*Entfaltung der Staatstätigkeit*"[4] im Verhältnis zum Sozialprodukt zu messen. Ein Meßproblem sieht er weniger in der Zuverlässigkeit der von ihm benutzten Ausgabeziffern[5] als in der Messung des Sozialproduktes, wie aus seinem bekannten Aufsatz aus dem Jahr 1962 hervorgeht. Dabei scheint es durchaus lohnenswert, sich einmal näher mit den verwendeten Ausgabeziffern zu be-

---

[1] Vgl. z.B. Wagner 1863, S.4.

[2] Linder 1984, S.5.

[3] Zimmermann 1985, S.27.

[4] Recktenwald 1962, S.206.

[5] Sein Begriff der "unmittelbaren Staatsausgaben" ist nach seinen Aussagen "selbstverständlich von Doppelzählungen weitgehend frei" und schließt auch die "Transferzahlungen" mit ein (Recktenwald 1962, S.206). Sie enthalten "die Summe der Bruttoausgaben aller Gebietskörperschaften abzüglich verwaltungszweiggebundener Zuweisungen, Darlehen, Deckungen und Tilgungen an Gebietskörperschaften" (Recktenwald 1962, S.245). Sein Begriff der "Staats"-Ausgaben umfaßt damit nicht nur die Ausgaben des Staates, sondern auch der Gemeinden. Die sog. "Eigenausgaben (in der Finanzstatistik vor dem Kriege 'Reiner Finanzbedarf') stellen alle Bruttoausgaben abzüglich verwaltungszweiggebundener Zuweisungen, Schuldenaufnahmen und Darlehensrückflüsse von Gebietskörperschaften dar" (Recktenwald 1962, S.246). Seinen Begriffsbestimmungen legt Recktenwald die Definitionen des Statistischen Bundesamtes zugrunde (vgl. Statistisches Bundesamt 1957, S.8).

schäftigen, schließlich wird mit ihnen der Umfang der Staatstätigkeit gemessen. Uns interessieren hier lediglich die Zahlenreihen von 1913 bis 1932, weil die Staatshaushalte bis dahin noch nicht vereinheitlicht waren und die Budgetierungstechniken des 19. Jahrhunderts zur Anwendung kamen. Die Ausgabezahlen hat *Recktenwald* der offiziellen Statistik des Statistischen Bundesamtes entnommen. Er gliedert sie nach "Funktionen", die "*in etwa der im Statistischen Jahrbuch der Bundesrepublik Deutschland angeführten Gliederung nach Hauptverwaltungszweigen*"[6] entsprechen. In einigen Tabellen verwendet er auch eine "*verkürzte funktionale Gliederung*", die aus einer Zusammenfassung der oben genannten Gliederung entstanden ist.

Nach welchen Kriterien die Zuordnung der Haushaltsdaten vor dem 2. Weltkrieg erfolgte und aus welchen Quellen die Zahlen stammen, läßt sich allerdings weder den Ausführungen *Recktenwalds* noch des *Statistischen Bundesamtes* entnehmen. Letzteres bemerkt lediglich, daß "*das Finanzvolumen*" für Reich, Länder und Gemeinden für 1913 nachträglich erhoben wurde und deshalb auf dem Gebietsstand von 1926 basiert. In der Vorkriegsstatistik seien "*alle*" Einnahmen und Ausgaben des Erwerbsvermögens saldiert und den allgemeinen Deckungsmitteln zugeordnet worden. Die nicht als allgemeine Deckungsmittel dienenden vermögenswirksamen Einnahmen und Ausgaben seien "*in der Vorkriegsstatistik noch nicht mit dem Finanzvolumen der Hoheits- und Kämmereiverwaltungen verbunden worden*"[7]. Weitere Informationen über die Behandlung der Budgetdaten vor dem 2. Weltkrieg werden nicht geliefert.

Wie die Zuordnung und Zusammenfassung der Staatseinnahmen und -ausgaben der einzelnen Staaten erfolgte, bleibt also ungeklärt. Dies wäre aber insofern interessant, als alle Staaten unterschiedliche Budgetgliederungen und Budgetierungstechniken hatten[8], die bei einem solchen Unternehmen bereinigt werden müßten. Ob das geschehen ist, wird nicht ausgeführt. Wir möchten auch bezweifeln, daß die Aggregation der gebietskörperschaftlichen Einnahmen und Ausgaben auf der Grundlage der dort genannten Kategorien erfolgen kann. Jedenfalls wäre sie mit einem erheblichen Arbeitsaufwand verbunden: Jede einzelne Haushaltsposition der damaligen deutschen Staaten müßte neu eingruppiert werden. Eine nur schwer zu lösende Aufgabe, wenn man bedenkt, daß die größeren Staaten oft Budgetentwürfe von über 1.000 Seiten hatten und daß die verwendete Budgetsprache und -technik in den einzelnen Staaten keineswegs einheitlich war. Ersteres ist ein kaum zu lösendes quantitatives Problem, letzteres ein qualitatives, da es schwierige inhaltliche Vergleichbarkeitsfragen aufwirft, wie die Untersuchung u.a. zeigt.

---

[6] Recktenwald 1962, S.246.

[7] Statistisches Bundesamt 1957, S.9.

[8] Vgl. dazu weiter unten S.11.

Die vom *Statistischen Bundesamt* gelieferten Einnahme- und Ausgabesummen werden außerdem als "*Gesamtbeträge der Ausgaben und Einnahmen von Reich, Ländern und Gemeinden*" deklariert[9]. Es geht aus der Erläuterung des *Statistischen Bundesamtes* nicht hervor, ob nur die etatmäßigen Ausgaben verwendet wurden oder alle rechnungsmäßigen. Darin besteht ein gewaltiger Unterschied. Wäre ersteres der Fall, müßte erklärt werden, nach welchem Schema die außeretatmäßigen Ausgaben, die i.d.R. hoch aggregiert oder gar nur in einer Gesamtsumme in den Rechnungen nachgewiesen sind, auf das Budget verteilt wurden. Ist letzteres der Fall, fehlt ein großer Teil der staatlichen Einnahmen und Ausgaben in der Statistik. Abgesehen davon wurde ein gewisser Anteil von Einnahmen und Ausgaben, die heute im Budget enthalten sind, z.B. Einnahmen und Ausgaben der Schulen und Universitäten, außeretat- und außerrechnungsmäßig, nämlich durch abgesonderte Fonds getätigt. Auf das Problem der Aggregation der kommunalen Budgets mit den staatlichen der verschiedenen Verwaltungsebenen sei nur verwiesen. Kurzum: Die offizielle Statistik vermittelt zwar den Eindruck, sie beinhalte die "gesamten" Einnahmen und Ausgaben der Gebietskörperschaften auch bei den Daten vor dem 2. Weltkrieg. Dies ist jedoch, wie wir zeigen werden, ein Irrtum.

Das vom *Statistischen Bundesamt* gelieferte und von *Recktenwald* benutzte Datenmaterial wurde vor allem durch die vielzitierte Dissertation von *Weitzel*[10] in das 19. Jahrhundert "verlängert". Er legt seiner Analyse bestimmte "*Wachstumsstadien*" der Wirtschaft zugrunde[11] und erklärt die Entwicklung der Staatsausgaben anhand theoretischer Einflußfaktoren, die hier nicht interessieren. Das Wachstum der "*öffentlichen Ausgaben in Deutschland*"[12] wird in zwei gesonderten Teilen untersucht: vor und nach der Reichsgründung. Die Validität der Zahlen vor der Reichsgründung versieht *Weitzel* schon selbst mit einigen Fragezeichen[13]. Daß sein Anspruch trotz der Relativierung noch zu groß ist, zeigt das Ergebnis: Der Analyse werden letztendlich ausschließlich

---

[9] Vgl. z.B. Statistisches Bundesamt 1957, S.10.

[10] Die Entwicklung der Staatsausgaben in Deutschland. Erlangen 1967.

[11] Vgl. Weitzel 1967, S.12. Er versteht unter Staatsausgaben bzw. öffentlichen Ausgaben - er setzt beide Begriffe gleich - "sämtliche monetären Leistungen der drei Ebenen (Gebietskörperschaften.E.M.), die an irgendwelche Personen oder Institutionen außerhalb dieses Bereichs gerichtet sind" (Weitzel 1967, S.13). Sein Ausgabenbegriff umfaßt Bruttozahlen. Ausgaben öffentlicher Unternehmen und von Sozialversicherungen schließt er definitorisch aus (Weitzel 1967, S.12 ff.).

[12] So die Überschrift in Weitzel 1967, S.31 ff.

[13] Eine "exakte statistische Analyse" ist seinen Angaben zufolge aus folgenden Gründen nicht möglich: "Schon für die erste Hälfte des 19. Jahrhunderts sind einige grobe Schätzungen der Kommunalausgaben notwendig, und vor den napoleonischen Kriegen ist lediglich noch eine Betrachtung der Länderbudgets möglich. Selbst diese können jedoch in ihrer Entwicklung nicht kontinuierlich verfolgt werden, nur einzelne Jahreswerte kennzeichnen in groben Zügen den langfristigen Trend" (Weitzel 1967, S.31).

preußische "Gesamt"-Ausgaben zugrunde gelegt[14]. Verallgemeinerungen, die auf eine Entwicklung in Deutschland abzielen, sind vor diesem Hintergrund grundsätzlich schon - zumal ohne theoretische Einbettung - problematisch. Das verwendete Datenmaterial basiert auf keinen Spezialuntersuchungen, sondern auf Sekundärliteratur. Deren Autoren machten sich allerdings, auch nach der Zielsetzung der jeweiligen Arbeiten, über die Vergleichbarkeit der aufgeführten Daten wenig - schriftlich niedergelegte - Gedanken[15].

Die "*unmittelbaren Ausgaben der Gebietskörperschaften*"[16] in Deutschland nach der Reichsgründung errechnete *Weitzel* anhand der staatlichen Ausgaben, der Ausgaben der Kreisverbände, Provinzialverbände, Gemeinden, Landgemeinden und Gutsbezirke des Königreichs Preußen zu verschiedenen Stichjahren. Als Quellen legte er den Staatsausgaben die Staatshaushaltsrechnungen[17], den übrigen Ausgaben Angaben und Berechnungen des Preußischen Statistischen Bureaus zugrunde. Zu diesen addierte er die Reichsausgaben nach den Angaben in den Reichshaushaltsrechnungen und rechnete die Ausgaben der Gebietskörperschaften in Deutschland anhand der Bevölkerungszahlen hoch[18]. Die Zahlen für die Zeit von 1914 bis 1932 entnahm er der offiziellen Reichsstatistik und Sekundärquellen[19]. Die Gliederung der Ausgaben nach der Funktionalstruktur erfolgte nach den gleichen Grundsätzen wie bei *Recktenwald*[20]. Angaben über eventuelle Probleme bei der Einordnung oder Aggregation der Daten werden auch von ihm nicht gemacht. Sie wären aber durchaus ange-

---

14 Und zwar von 1640, 1688, 1713, 1740, 1786, 1804, 1821, 1829, 1840, 1852 und 1862 (vgl. Weitzel 1967, Tab. 1a).

15 Vgl. Weitzel 1967, S.33, Fußnote 1 zu Tabelle 1a und S.V, Ziffer XIII sowie Gerloff 1929, S.5 (1821-1840), Mayer 1956, S.259 (1640-1786) und Schmoller 1898, S.180 bzw. Schmoller 1909, S.41 (1804). Wobei die bei letzterem verzeichneten Zahlen für 1804 nur z.T. mit den von Weitzel genannten übereinstimmen.

16 So die Überschrift in Weitzel 1967, Tabelle 1.

17 Wobei auch er nicht angibt, ob er nur die etatmäßigen Einnahmen und Ausgaben verwendet oder auch die außeretatmäßigen.

18 Die Daten der kommunalen Gebietskörperschaften bereitete er, nach seinen Angaben, gemäß den Grundsätzen der Statistik des Deutschen Reiches (Bd. 387) auf und interpolierte sie für die Jahre 1872, 1881, 1891, 1900, 1906, 1910 und 1913. Was für "Grundsätze" gemeint sind, kann allerdings nicht nachvollzogen werden, da in diesem Band ausschließlich Steuern thematisiert sind. Er addierte sie mit den preußischen Staatsausgaben und den Reichsausgaben dieser Jahre. Anhand der Pro-Kopf-Ziffern und den Bevölkerungszahlen errechnete er dann die staatlichen und kommunalen Ausgaben Deutschlands (vgl. Weitzel 1967, S.V f.). Daß er für die Berechnung der öffentlichen Gesamtausgaben nur die Bevölkerungszahlen zugrunde legt, verwundert, da für die Entwicklung der Staatsausgaben, wie er im übrigen Teil seiner Arbeit darlegt, die Bevölkerungsentwicklung nur ein - auch mit Problemen behafteter - Faktor von mehreren ist, der deren Entwicklung beeinflußt (vgl. Weitzel 1967, S.107 ff. und S.283 ff.). Insofern steht das Gesamtkonzept seiner Arbeit und das Konzept der Berechnung der öffentlichen Ausgaben nicht miteinander im Einklang.

19 Vgl. Weitzel 1967, S.VI, Ziffer XV.

20 Vgl. Weitzel 1967, S.VII, Ziffer IXX.

bracht gewesen, da die reichsstatistischen Angaben nicht der von *Recktenwald* und *Weitzel* benutzen Funktionalgliederung entsprechen. Die den preußischen Staatshaushaltsrechnungen und den Reichshaushaltsrechnungen entnommenen Daten sind nach unterschiedlichen Kriterien geordnet, abgesehen davon, daß das Reich grundsätzlich einen Nettohaushalt aufstellte, Preußen dagegen einen Bruttohaushalt. Die Zuordnungskriterien bleiben durch diese Erklärungslücken im Dunkeln. Der Verweis auf die "*Grundsätze und Erläuterungen*"[21] des Statistischen Bundesamtes über die Funktionalgliederung kann darüber nicht hinwegtäuschen[22]. Das gilt auch für die von *Recktenwald* und *Weitzel* vorgenommene Unterscheidung der "*kriegsbedingten*" und "*zivilen*" Staatsausgaben[23]. Völlig fehlt auch die theoretische Grundlage, welche die - implizit von *Weitzel* zugrunde gelegte - Annahme gerechtfertigt hätte, daß die gefundene - mit vielen Fragezeichen zu versehende - Struktur der öffentlichen Ausgaben in Preußen repräsentativ für alle Staaten des Deutschen Reiches ist. Weitergehende theoretische Annahmen, die auf diesem Zahlenmaterial beruhen, müssen deshalb mit Skepsis betrachtet werden[24].

Dies gilt ebenso für Arbeiten, welche die "*Ausgaben der Gebietskörperschaften*" so oder ähnlich berechnen und noch zusätzlich in Reich, Länder und Gemeinden unterteilen. Hier ist vor allem die neuere Arbeit von *Anna Kraus*[25] zu nennen. Obwohl sie die Probleme von Längsschnittanalysen öffentlicher Ausgaben erkennt[26], geht sie mit drei Sätzen über sie hinweg[27] und erklärt sie durch eine apodiktische Behauptung als für ihre Aufgabenstellung nicht relevant, da sie nur den "*Trend*" aufzeigen wolle. Dieser Behauptung muß aus den bereits angeführten Gründen widersprochen werden. Der Verlauf der Untersuchung wird dies im einzelnen zeigen. Im übrigen benutzt sie von 1881 bis 1913 nur die - höchst fragwürdigen - offiziellen reichsstatistischen Angaben, wobei die von ihr genannten Zahlen in den Statistischen Vierteljahresschriften

---

21 Weitzel 1967, S.VII, Ziffer IXX.

22 Vgl. Statistisches Bundesamt 1957, S.23-25. Hier ist weder von Eingruppierungsgrundsätzen die Rede, noch werden Bemerkungen dazu gemacht; es handelt sich lediglich um eine Aufzählung der - mehr oder weniger aggregierten - Posten, nach denen die Einordnung in der hier aufgestellten Statistik erfolgt.

23 Vgl. Recktenwald 1862, S.211 ff., Tabellen 4 und 5; Weitzel 1967, S.235 ff., S.VI f., Ziffer XVIII und Tabellen 28 ff.

24 Vgl. z.B. Recktenwald 1970, S.407 ff.; Recktenwald 1977, S.713 ff. und Henschel 1983, S.256 ff.

25 Zentrale und dezentrale Tendenzen im Förderalismus. Göttingen 1983. Siehe dazu auch Recktenwald 1984.

26 Vgl. Kraus 1983, S.110 ff.

27 "Dennoch sind diese Lücken kein unüberwindbares Problem. Sie hindern uns zwar daran, alle Schwankungen im Finanzförderalismus zu verfolgen. Den gesamten Trend oder die Entwicklung in den einzelnen, historisch abgegrenzten, Perioden ... kann man mit den vorhandenen Daten indes gut bestimmen" (Kraus 1983, S.115).

nicht enthalten sind[28], man also davon ausgehen muß, daß sie - nicht näher erläuterte - Umrechnungen vorgenommen hat. Ohne die Quellen als Schwachpunkte der Analyse überhaupt zu problematisieren, greift *Leineweber* bei seiner Untersuchung des säkularen Wachstums der Staatsausgaben vor dem 1. Weltkrieg auf die Zahlen von *Weitzel* zurück[29]. Ein weiterer Kommentar erübrigt sich deshalb.

Keiner Illusionen hinsichtlich der Qualität des verfügbaren Datenmaterials geben sich *Andic/Veverka*[30] hin, welche die Entwicklung der öffentlichen Ausgaben in Deutschland von 1872 bis 1958 untersuchen. Sie sehen einen Bruch in der Qualität der statistischen Daten im Jahr 1912. Nach ihren Angaben waren bis dahin die Betriebsverwaltungen in den Budgets enthalten, ab 1913 dagegen nicht mehr[31]. Was sie zu dieser Aussage veranlaßt, geht aus ihrer Abhandlung nicht hervor; jedenfalls wird diese Behauptung im Verlauf der vorliegenden Arbeit widerlegt. Weiterhin übernehmen die Autoren wie *Recktenwald* und *Kraus* unhinterfragt die Zahlen aus den Reichsstatistiken[32], wobei der Denkschriftenband von 1908[33] für die Festsetzung der Ausgaben der Staaten und der kommunalen Gebietskörperschaften als einzige Quelle dient. Wie bei allen anderen vorher genannten Publikationen - mit Ausnahme derjenigen *Weitzels* - klafft auch bei ihnen in der Zahlenreihe zwischen 1913 und 1925 eine Lücke. Der Nachweis der Staatsausgaben vor 1913 wird, aus welchen Gründen auch immer, auf die Jahre 1881, 1891, 1901 und 1907 beschränkt. Wie repräsentativ die Budgets dieser Jahre sind, steht auf einem anderen Blatt. Theoretische Erklärungsversuche, die auf einem solchen Datenmaterial beruhen, müssen vor diesem Hintergrund relativiert werden. Auf die Dissertationen von *Wolfslast*[34] und *Langheinrich*[35] sei hier nur verwiesen. Bezüglich der grundsätzlichen Anlage ihrer Arbeiten und ihrem Umgang mit Ausgabeziffern ist

---

28 Vgl. Kraus 1983, Tabelle 101, S.266 f. und Vierteljahrshefte zur Statistik des Deutschen Reiches. Jg. 1 (1892) - 25 (1916).

29 Vgl. Leineweber 1988, S.224, Fußnote 1 und S.311 ff.

30 The Growth of Government Expenditure in Germany since the Unification, 1963/64, S.169 ff.

31 Siehe Andic/Veverka 1963/64, S.174.

32 Vgl. Andic/Veverka 1963/64, S.226 f.

33 Denkschriftenband zur Begründung des Entwurfs eines Gesetzes betreffend Änderungen im Finanzwesen. Berlin 1908.

34 Bestimmungsfaktoren wachsender Staatsausgaben. Hamburg 1967.

35 Entwicklung und Struktur der Staatsausgaben. Eine Realanalyse dargestellt am Beispiel Deutschlands in den Jahren 1900-1967. Bonn 1970.

dem Obigen nichts mehr hinzuzufügen. Gleiches gilt für die Dissertation von *Prochnow*, der allerdings durchgehende Zahlenreihen verwendet[36].

Eine andere Dimension von Schwierigkeiten, die sich bei der Analyse der Staatsausgaben im 19. Jahrhundert ergibt, wird dem Betrachter durch die Arbeit *Borchards*[37] vor Augen geführt. Er hat sich zum Ziel gesetzt, die Staatseinnahmen und -ausgaben aller 38 deutschen Staaten zu vergleichen, wobei er für die Zeit vor 1850 mangels statistischen Materials dieses Vorhaben nur für die Staaten Preußen, Bayern und Baden verwirklichen kann. Als Quellen zieht er die Haushaltsrechnungen, die Budgets der Gesetzblattversionen und alle sonstigen in der Literatur genannten Zahlen über die Finanzwirtschaft der deutschen Staaten während der ersten Hälfte des 19. Jahrhunderts heran[38]. Bedenken sind insbesondere hinsichtlich seiner Zusammenstellung von "*Volumen und Struktur der Roheinnahmen der deutschen Staaten um 1850*"[39] und der "*Staatsausgaben deutscher Staaten nach funktionellen Kategorien um 1850*"[40] anzumelden. Bei ersterer stellt er von 35 deutschen Staaten die Einnahmen insgesamt und nach verschiedenen Einnahmekategorien einander gegenüber. Die Übersicht gibt seinen Angaben zufolge die Roheinnahmen wieder, da "*die Finanzverwaltungen der einzelnen Staaten ihre Einnahmeetats nach sehr unterschiedlichen Gesichtspunkten zusammenstellten und die Etats eine einwandfreie Gegenüberstellung und Zuordnung von Brutto- und Nettogrößen der einzelnen*

---

[36] Vgl. Prochnow 1977. Seine Haushaltsdaten sind nicht nachvollziehbar: Im Rechnungsjahr 1878/79 kommt er z.B. auf einen Betrag "Summe Staatshaushalt" von 885 Mill. Mark - Einnahmen und Ausgaben sind bei ihm auch nach der Ist-Rechnung gleich (vgl. Prochnow 1977, Statistische Anlagen, S.6 f. und 40 f.). Ob es sich dabei um die etatmäßigen Beträge oder um die ganze Summe der rechnungsmäßig aufgeführten Einnahmen und Ausgaben handeln soll, ist seinen Ausführungen nicht zu entnehmen. Jedenfalls sind in der Rechnung dieses Jahres als etatmäßige Einnahmen rund 695 und als Ausgaben rund 686 Mill. Mark ausgewiesen (vgl. Tabelle 1.8., Spalten 1 und 10). Die Summe aller Einnahmen beträgt brutto rund 877 Mill. Mark, die Summe aller Ausgaben rund 807 Mill. Mark. Er legt weder dar, wie er die Umrechnung von Thaler in Mark von 1871 bis 1874 vorgenommen hat, noch wie die Teilrechnung für das 1. Quartal 1877 in die Zahlen eingeflossen ist. Wie er aus den Zweckbezeichnungen der Staatshaushaltsrechnungen Kategorien wie etwa "öffentliche Investitionen", "Erwerbsinvestitionen", "Verwaltungsinvestitionen" und "Infrastruktur" ersehen und auch noch eindeutig zugeordnet haben will, steht dahin. Daß es sich bei den Rechnungszahlen um "Gesamtausgaben" des Staates handelt, wurde bereits oben in Frage gestellt.

[37] Staatsverbrauch und Öffentliche Investitionen in Deutschland von 1780-1850. Göttingen 1968. Diss.

[38] Vgl. Borchard 1968, S.5 ff.

[39] Siehe Borchard 1968, S.41 ff.

[40] Borchard 1968, S.199 ff.

Einnahmegattungen vermissen lassen"[41]. Die Ausgaben ordnet er nach "*funktionellen Kategorien*"[42].

Unklar bleiben dabei vor allem zwei Dinge: Zum einen ist offen, wie er das Brutto-/Nettoproblem gelöst hat. Bei den Einnahmen verwendet er seinen eigenen Angaben zufolge die Roheinnahmen, bei den Staatsausgaben enthält er sich einer definitiven Aussage, ob es sich um Brutto- oder Nettogrößen handelt. Es ist zu fragen, wie dies mit der Tatsache zu vereinbaren ist, daß z.B. Bayern 1850 im Gesetzblatt nur Nettozahlen veröffentlichte, während in Sachsen bis 1914 die Budgets überhaupt nicht im Gesetzblatt abgedruckt sind. Den Gesetzblättern hat er seine Angaben aber entnommen, wie auch aus seinem Quellenverzeichnis[43] ersichtlich ist. Weiter ist zu fragen, wie er auf Basis der Gesetzblattetats auf seine funktionelle Zuordnung der Einnahmen und Ausgaben kommt. Bei der Unterteilung der Einnahmen[44] hält er sich noch an die Kategorien, die auch in den Budgets des letzten Jahrhunderts zumeist vorzufinden sind. Bei der Ausgabenuntergliederung kann man das weniger behaupten[45]. Das Hauptproblem der Datenzusammenstellung besteht zum einen darin, daß sich seine Einordnung anhand der Gesetzblattversionen der Budgets in keiner Weise nachvollziehen läßt. Die Etatgliederungen sind nicht tief genug, als daß die *Borchardsche* Einordnung sich für jeden ersichtlich so ergeben würden, wie er sie vorgenommen hat. Kategorien wie z.B. "Sozialwesen", "Verkehr", "Kultus", "politische Führung" oder "Bildungswesen" sind so nicht vorzufinden und die Einnahmen und Ausgaben auch nicht so unterteilt, daß eine solche Zuordnung zu rechtfertigen wäre[46]. Kultusausgaben waren z.B. oft mit Ausgaben für das Bildungswesen vermengt. Zum anderen geht er sowohl bei der Einnahmen- als auch bei der Ausgabenzuordnung implizit davon aus, daß, wenn er hochaggregierte Daten mit gleicher Benennung vorfindet, diese

---

41 Borchard 1968, S.41.

42 Die Ausgaben sind "nicht nach den in den Budgets gegebenen Verwaltungszweigen zusammengestellt, sondern die Ausgaben sind nach ihrem funktionellen Verwendungszweck aus den unter den einzelnen Ministerien und Staatsanstalten begriffenen Ausgabegrößen herausgelöst und unter dem Gesichtspunkt ihres funktionellen Wertes hinsichtlich der einzelnen Staatsaufgaben neu gegliedert und berechnet worden" (Borchard 1968, S.125).

43 Siehe Borchard 1968, S.304 ff.

44 Er unterteilt sie in Einnahmen aus Domänen/Forsten/Jagd/Fischerei, Regalien/Staatsgewerbeanstalten, direkte Steuern, indirekte Steuern und sonstige Einnahmen (vgl. Borchard 1968, S.42).

45 Er unterscheidet folgende 14 Kategorien: Kronrente, politische Führung/zentrale Verwaltung, Verteidigung, öffentliche Sicherheit/Rechtspflege, Kultus, Bildungswesen, Sozial-/Gesundheitswesen, Landwirtschaft, Handel/Gewerbe/Industrie, Verkehr, Schuldendienst, Pensionen/Renten und sonstige Zwecke (vgl. z.B. Borchard 1968, Tabellen 13 ff., S.123 ff.).

46 Im Quellenverzeichnis Q *.4a finden sich Kopien von den Gesetzblattversionen der Etats von Preußen, Bayern und Württemberg aus den Jahren 1836, 1837 bzw. 1838. Der Leser möge sich selbst ein Urteil darüber bilden, wie die von Borchard vorgenommenen Zuordnungen begründet werden können.

auch aus den gleichen Einnahme- bzw. Ausgabeposten zusammengesetzt sind. Auch davon kann nicht ausgegangen werden, wie der Verlauf der Studie noch zeigen wird.

Eine andere Problematik wirft die Untersuchung der Staatseinnahmen und -ausgaben in der zeitlichen Entwicklung auf. Verlagerungen in der Einnahme- und Ausgabestruktur können bedeutende Änderungen in deren Höhe mit sich bringen. In Bayern wurde z.B. in dem von *Borchard* untersuchten Zeitraum 1837 ein wesentlicher Teil der Staatsausgaben und der Staatseinnahmen auf die Kreise und damit aus den Staatsbudgets in die Kreisbudgets verlagert. Im Jahr 1846 wurde diese Entwicklung zum Teil wieder rückgängig gemacht[47]. Bei *Borchard* findet sich kein Hinweis darauf, daß die Zahlen vor und nach dieser Zeit nur bedingt vergleichbar sind. Die Beispiele sollten genügen - weitere könnten angeführt werden -, um die Problematik auch dieser Publikation, was die Verwendung der Einnahme- und Ausgabeziffern betrifft, zu verdeutlichen. Für die Arbeit spricht allerdings der methodische Ansatz. Es wird versucht, die Einnahmen und Ausgaben der einzelnen Staaten zu ermitteln und dann daraus die Gesamtsummen zu errechnen. Es werden keine komplizierten theoretischen Analysen mit aggregierten Daten angestellt, deren Höhe, Zusammensetzung und Vergleichbarkeit nicht valide festgestellt ist[48]. Das Ziel, etwas Licht in dieses Dunkel zu bringen, verfolgt unsere Arbeit.

Die Erkenntnis, daß beim Vergleich von Einnahmen und Ausgaben der Staaten des 19. und beginnenden 20. Jahrhunderts äußerste Vorsicht geboten ist, ist nicht neu. Die Finanzstatistiker haben die mangelnde Vergleichbarkeit der Einnahmen und Ausgaben der deutschen Staaten schon früh erkannt. *Heckel* bezeichnet das Ziel, bei Budgetvergleichen alle Unebenheiten zu glätten, als immer nur bedingt erreichbar: "*Denn alle Versuche, die einzelnen Ziffern, ja womöglich die einzelnen, absoluten Zahlen der verschiedenen Budgets auf ein vergleichbares Maß zu reduzieren, müssen als durchaus vergeblich bezeichnet werden*"[49]. Die Unterschiedlichkeiten in der Ressorteinteilung und in der Zuordnung der einzelnen Einnahme- und Ausgabeposten sind nach seiner Einschätzung zu groß, um sie alle bereinigen zu können. Je höher der Aggregationsgrad der Zahlen, umso deutlicher stelle sich das Problem. Die Abweichungen in der Ressortgliederung und -zuordnung kämen nicht nur im

---

[47] Siehe dazu Abschnitt 3.2., S.121 ff.

[48] Vgl. dazu auch Abschnitt 4.3. und Tabelle 1.12.

[49] Heckel 1900, S.34. Wegen der Unvergleichbarkeit der Budgets müsse sich der Finanzstatistiker unbedingt damit bescheiden, "typische Verhältnisse und Zahlentypen, gleichsam Quer- und Durchschnitte, zu vergleichen" (Heckel 1900, S.34). Der Hauptfehler der Finanzstatistik ist seiner Ansicht nach das "Zuviel", d.h. die zu aggregierte Form, in der die Vergleiche vorgenommen werden. Er hat hier konkret zwar internationale Budgetvergleiche im Blick, doch gilt dies sinngemäß auch für den Etatvergleich innerdeutscher Staaten.

internationalen Vergleich vor, sondern auch in einem Staat zu verschiedenen Zeiten. *Heckel* bereitete es deshalb nach eigenen Aussagen erhebliche Schwierigkeiten, vergleichende systematische Tabellen herzustellen[50]. Bei Budgetvergleichen zu berücksichtigen sei auch die abweichende Anwendung von Budgetierungsgrundsätzen, zum einen zu unterschiedlichen Zeiten in einem bestimmten Staat und zum anderen zu gleicher Zeit in verschiedenen Staaten[51]. Die Vergleichbarkeit der Budgets müsse, so seine Einschätzung, deshalb immer eine relative bleiben[52].

Budgetvergleiche und die Ermittlung von öffentlichen Einnahmen und Ausgaben werden ferner durch die in verschiedenen Staaten unterschiedlich vorgenommene Verteilung der Einnahmen und Ausgaben auf die Gebietskörperschaften, auf vom Staatsbudget getrennte Fonds oder auf sonstige Organe gestört. Der Grad der Vollständigkeit der zu vergleichenden Staatsbudgets variiert dadurch erheblich[53]. Bei der Verteilung der Einnahmen und Ausgaben auf unterschiedliche Gebietskörperschaften stellt sich das Problem der Aggregierbarkeit der Daten aus den verschiedenen Ebenen zu einem Gesamthaushalt. *Haselberger* hält dies in Bayern 1912 noch für unmöglich[54], in erster Linie wegen der mangelnden Einheitlichkeit der Rechnungen der unterschiedlichen Gebietskörperschaften[55]. Er stellt deshalb auch die Seriosität der Arbeit des

---

50 "Denn das hier Erreichbare beschränkt sich auf einen relativ sehr engen Kreis und bleibt in mehr denn einer Richtung nicht einwandfrei". Es gehe deshalb nicht um die Vermeidung, sondern um die Begrenzung der Fehlerquellen (Heckel 1900, S.37).

51 Siehe auch Quensel 1909, S.108.

52 Vgl. Heckel 1900, S.35.

53 Siehe dazu Heckel 1900, S.35 f. Schwarz/Strutz 1900, I, S.145 bemerken z.B. zu Kap. 1 des preußischen Etats (Domäneneinkünfte und -ausgaben), daß die Zahlen nur einen sehr unvollständigen Überblick über die finanziellen Verhältnisse dieser Verwaltung bieten würden, "weil wichtige Ausgabeposten, wie für die Zentral- und Provinzialverwaltung und für die Bauverpflichtungen des Domänenfiskus gegenüber Kirchen und Schulen u.s.w. nicht aus ihren Fonds bestritten werden".

54 Vgl. Haselberger 1912, S.147 ff. Er schreibt dazu: "Es ist ohne weiteres klar, dass der Gesamthaushalt sich nicht in der Weise konstruieren läßt, dass die gleich oder ähnlich lautenden Rechnungstitel der Einzelhaushalte zusammengezählt werden. Ein so gewonnenes Ergebnis wäre von der Wirklichkeit weit entfernt" (Haselberger 1912, S.148). Zur Begründung führt er an, daß ein solches Vorgehen zum einen durch die darin enthaltenen Finanzzu- und -abflüsse sich von selbst verbiete und zum anderen gleichlautende Titel noch nicht garantieren, daß die Leistungen tatsächlich ein und demselben Verwaltungszweig zugute kommen (Haselberger 1912, S.148).

55 "Die Schwierigkeiten, die Ergebnisse des Gesamthaushalts vergleichbar zu ermitteln, liegen in der Verschiedenheit der Zusammensetzung und des Umfangs der Einzelhaushaltungen und in den dadurch bedingten Ungleichheiten in der Rechnungsablage" (Haselberger 1912, S.148). Die Anwendung unterschiedlicher Verrechnungsprinzipien ist auch für Heckel (1900, S.35) der Grund, die Staatshaushaltsrechnung generell für Einnahmen- und Ausgabenvergleiche für untauglich zu erklären.

bayerischen Landesamtes für Statistik, das solche Zusammenstellungen auf der Grundlage der Rechnungen durchführte, in Abrede[56].

An Hinweisen auf die mangelnde Einheitlichkeit der Staatshaushaltsetats und -rechnungen als Hindernis bei der Herstellung von Gesamtübersichten und von inner- und zwischenstaatlichen Vergleichen fehlt es also nicht. Eine Angleichung der Haushaltssystematiken der deutschen Staaten wurde erst ab dem Jahr 1928 betrieben[57]. Ein erster Schritt war eine Reichsverordnung "*über Finanzstatistik*" vom 23. Juni 1928[58]. Mit ihr sollte sichergestellt werden, daß wenigstens die Haushaltsübersichten der einzelnen Staaten in Zukunft vergleichbar sind. Zu diesem Zwecke wurden einheitliche Erhebungsbögen aufgestellt, welche die Landesregierungen auszufüllen hatten. Nichtsdestoweniger dauerte die Uneinheitlichkeit in Aufbau und Gestaltung der Budgets an[59]. Durch das Gesetz über die Haushaltsführung, Rechnungslegung und Rechnungsprüfung vom 17. Juni 1936 wurde schließlich die Reichshaushaltsordnung für alle Länder für verbindlich erklärt[60]. Erst ab diesem Zeitpunkt war eine von den Grundprinzipien her einheitliche Budgetführung der Länder gewährleistet. Demnach müssen die angeführten Berechnungen der Einnahmen und Ausgaben der öffentlichen Gebietskörperschaften und alle inner- und zwischenstaatlichen Budgetvergleiche vor 1936, unerheblich, ob sie anhand von

---

56 Er hält es für "vollkommen ausgeschlossen", die Ergebnisse der am öffentlichen Gesamthaushalt beteiligten Einzelhaushalte in einem zusammenfassenden Einheitsetat unterzubringen: "Es kann lediglich ein zufälliges Auftreffen sein, wenn sich für die wichtigsten Verwaltungszweige der Gesamtaufwand und seine hauptsächliche Deckung ermitteln läßt" (Haselberger 1912, S.152).

57 Von den hier untersuchten Staaten erließ nach 1918 nur Sachsen ein Staatswirtschaftsgesetz (am 31.5.1922) mit Ausführungsverordnung vom 3.11.1922 (vgl. Spangenberg 1931, S.48). Bei den übrigen Staaten galten, mit Ausnahme der verfassungsrechtlichen Änderungen, die haushaltsrechtlichen Grundlagen der Zeit vor dem 1. Weltkrieg weiter.

58 Vgl. RGBl 1928, I, S.205 ff.

59 Jessen 1927, S.12 stellt die Vergleichbarkeit der Länderhaushalte noch in Frage: "Die Haushalte der deutschen Länder sind besonders mannigfach gestaltet und entsprechen in dieser Hinsicht der wechselvollen deutschen politischen Geschichte". Dorn fordert 1928 (S.500) auf dem 35. Deutschen Juristentag die Einheit der Haushaltsform und des Haushaltsrechts in Deutschland. Einschränkend fügt er hinzu: "Dabei bin ich mir bewußt, daß die Buntscheckigkeit der Verwaltungsgliederung und Aufgabenverteilung in den Ländern und Gemeinden das einheitliche Haushaltsschema in weitere Ferne rücken" (Dorn 1928, S.500). Jessen 1929, S.40 beklagt, wie seine älteren Kollegen, die anhaltend unterschiedliche Rubrizierung und Verteilung der Einnahmen und Ausgaben auf die verschiedenen Gebietskörperschaften als für Haushaltsvergleiche hinderlich. Neumark (1929, S.130) hält insbesondere aufgrund der unterschiedlichen Behandlung der großen Betriebsverwaltungen (Eisenbahnen, Posten usw.) zwischenstaatliche und innerstaatliche Budgetvergleiche für schwierig. Ähnlich Spangenberg 1931, S.48: "Eine restlose Anpassung der landesrechtlichen Vorschriften an die des Reichs wird freilich kaum in Frage kommen, weil da die Verhältnisse nach Art und Größe zu verschieden sind; man denke nur an die stärkere Bedeutung der Betriebsverwaltungen in den Ländern. Daß die Länder überdies keinen Anlaß haben, bewährte, aber vom Reichsrecht abweichende Vorschriften aufzugeben, ist erst kürzlich auch im Deutschen Industrie- und Handelstag betont worden".

60 Vgl. RGBl 1936, II, S.209 ff.

Gesamtzahlen oder nach funktionalen Gliederungen zusammengestellt sind, unter den Vorbehalt der obigen Bemerkungen gestellt werden.

Das Problem ist erkannt und harrt einer Lösung. An der Universität Konstanz wurde 1985 ein von der Deutschen Forschungsgemeinschaft geförderter Sonderforschungsbereich *"Verwaltung im Wandel"* eingerichtet. In einem Forschungsprojekt wird seither versucht, die Grundlagen zu schaffen, die für einen Haushaltsvergleich und eine Aggregation der Haushaltsdaten notwendig sind. Eine Arbeitsgruppe beschäftigt sich mit den staatlichen Haushalten und eine zweite mit den kommunalen. Wenn die Fragen der Vergleichbarkeit geklärt sind, soll ein Haushaltsvergleich von 1881 und 1981 für ausgewählte Budgetpositionen erfolgen. Mehr ist aufgrund der unterschiedlichen Budgetierungstechniken und Budgetformen nicht möglich, wie die Untersuchungen zeigen werden[61].

Die vorliegende Arbeit hat zum Ziel, die Frage der Vergleichbarkeit von staatlichen Haushalten konkret an vier Staaten - Preußen, Bayern, Sachsen und Württemberg - zu untersuchen. Die einzelnen Phänomene, welche Haushaltsvergleiche behindern, sollen anhand der Staatsbudgets und -rechnungen, der rechtlichen Regelungen und der Sekundärliteratur dingfest gemacht und - wo möglich - quantifiziert werden. Der Tatsache, daß sich Budgetierungstechniken im Zeitverlauf verändern können, wird durch einen sich von 1800 bis 1914 erstreckenden Untersuchungszeitraum Rechnung getragen[62].

1.2. "Budget" als Thema in der Literatur

Das Haushaltswesen allgemein beschäftigt die deutsche Finanzwissenschaft seit es sie als wissenschaftliche Disziplin gibt[63]. Im Mittelpunkt des Interesses im 18. und 19. Jahrhundert standen Überlegungen, wie der Staat seine Einkünfte

---

61 Die Analyse der kommunalen Haushalte ist nachzulesen in Neubrander, Wolfram: Die Entwicklung des kommunalen Haushaltswesens in Deutschland im 19. Jahrhundert (Arbeitstitel). (Erscheint 1989).

62 Zum Erkenntnisinteresse und dem Aufbau der Arbeit siehe näheres unten in Abschnitt 1.3.und 1.4.

63 Johann Heinrich Gottlob von Justi (1717-1771) gilt in der Literatur als einer der Begründer der deutschen Finanzwissenschaft. Im Jahr 1766 erschien in Halle sein "System des Finanzwesens, nach vernünftigen, aus dem Endzweck der bürgerlichen Gesellschaften und aus der Natur aller Quellen, der Einkünfte des Staats hergeleiteten Grundsätzen und Regeln ausführlich abgehandelt". Nach Jakob 1819, S.297 orientierten sich bis zum Erscheinen des Werkes von Adam Smith die meisten Schriftsteller an ihm. Es bleibt nach Jakob 1821, S.19 "lange, zum Theil noch jetzt das einzige Handbuch der praktischen Staatsmänner". Vgl. auch Malchus 1830, I, S.3; Rau 1850, I, S.18 f.; Roscher 1874, S.461 ff.; Stein 1878, I, S.34 f.; Vocke 1894, S.9; Eheberg 1895, S.27; Heckel 1907, I, S.48 f. und Gerlach 1908, S.3 ff.

am besten gestalten sollte. Im Laufe des 18. Jahrhunderts kam neben dem Merkantilismus das auf *Francois Quesnay*[64] zurückgehende sog. physiokratische System auf, das im Landbau die einzige Quelle des Volksreichtums sah und deshalb die Staatseinkünfte auf die Grundsteuer beschränken wollte[65]. *Adam Smith* (1723-1790) leitete mit seinem 1776 erstmals erschienenen "*An Inquiry into the Nature and Causes of the Wealth of Nations*"[66], dessen fünftes Buch er "*Die Finanzen des Landesherrn oder des Staates*" nannte, eine Umorientierung der Finanzwissenschaft ein[67]. Er propagierte den Verkauf der staatlichen oder königlichen Domänen und die Einführung von Steuern[68]. Aufgrund der Verwurzelung der Finanzwissenschaft in den Lehren von Merkantilismus, Kameralismus, physiokratischem System und der Lehre von Adam Smith und in Anbetracht der praktischen Erfahrung mit den staatlichen Finanznöten in Folge der napoleonischen Kriege[69] blieb auch im 19. und beginnenden 20. Jahrhundert die Frage der Zusammensetzung des Staatseinkommens ihr zentrales Thema[70]. Daneben wurden noch die Staatsausgaben und die Staatsschulden behandelt, außerdem zum Teil kurz die Organisation des Finanzwesens und, als Unterpunkt zu letzterem - i.d.R. auf wenigen Seiten - das Budget

64 (1694-1774). Er war Leibarzt Ludwig XV. (vgl. z.B. Pölitz 1827, II, S.35).

65 Vgl. Pölitz 1827, II, 34 ff., Malchus 1830, I und Rotteck 1835, IV, S.92 ff.

66 Deutsch: Adam Smith: Der Wohlstand der Nationen. München 1983.

67 So Jakob 1819, S.302. Er versucht Merkantilsystem und physiokratisches System miteinander zu vereinen (vgl. Pölitz 1827, II, S.45). Siehe dazu auch Schoen 1832, S.10. Rau 1850, I, S.19 betrachtet ihn als Begründer der volkswirtschaftlich fundierten Finanzwissenschaft.

68 Vgl. Smith 1983, S.695 ff.

69 Bayern stand z.B. infolge der finanziellen Belastungen durch die Übernahme neuer Territorien und deren Schulden am Rande eines Staatsbankrotts (vgl. Farmbacher 1899, II, S.100). Siehe auch Jakob 1821, S.18; Heckel 1907, I, S.60 und Ullmann 1986.

70 Dies war auch im 16. und 17. Jahrhundert so (vgl. Heckel 1907, I, S.44 und Lotz 1931, S.56). Schäffle 1867, S.331 spricht von einer "stiefmütterlichen Behandlung" der Lehre von den Staatsausgaben. Ähnlich Gerlach 1908, S.22 f. Goldscheid 1926, I, S.148 bemängelt, daß sich die ganze Finanzwissenschaft seit der Kameralistik zu einer "Steuerrechtfertigungslehre" entwickelt habe. Siehe dazu auch Gerloff 1926, I, S.12 f. und Bräuer 1928, S.3. Allerdings ist der Aussage bei Hedtkamp 1977, S.9 zu widersprechen, die Finanzwissenschaft betrachte bis W. Gerloff nur die Einnahmeseite. Adolph Wagner (1877) legte z.B. schon starkes Gewicht auf die Ausgabenseite.

und das Haushaltswesen[71]. Größere Beachtung in der **allgemeinen** finanzwissenschaftlichen Literatur[72] fand das Budgetwesen, von wenigen Ausnahmen abgesehen[73], erst mit der Wende zum 20. Jahrhundert[74].

Spezialliteratur über das Kassen- und Rechnungswesen gab es seit dem 18. Jahrhundert und früher. Sie konzentrierte sich i.d.R. auf das Rechnungs- und/oder Kassenwesen - allgemein oder auf das bestimmter Staaten -, wobei der Schwerpunkt auf Organisationsfragen lag. Teilweise stellten die Autoren der Erörterung des Kassen- und Rechungswesens einige allgemeine Bemerkungen über den Etat, seine Definition und seine Bedeutung für beide voran. Es handelte sich hierbei i.d.R. um von Praktikern geschriebene Anleitungen für die Praxis. Mitte bis Ende des 19. Jahrhunderts ist eine - aus welchen Gründen auch immer - beträchtliche Verringerung dieser Art von Veröffentlichungen zu beobachten[75]. Sie wurde abgelöst durch Zusammenstellungen der rechtlichen Regelungen über das Rechnungs- und Kassenwesen, die zum Teil auch mit detaillierten Anweisungen für die Rechnungsrevisoren und Kassiere ver-

---

71 Vgl. z.B. die Finanzwissenschaften von Harl 1811; Fulda 1827; Bischof 1876; Reuß 1881; Eheberg 1891 und die späteren Auflagen; Gmelin 1899; Fellmeth 1900 und Freund 1901. Zu dieser Einteilung siehe die kritischen Anmerkungen von Goldscheid 1926, I, S.175 f. Ähnlich Heckel 1907, I, S.64. Nach seiner Darstellung geht diese Einteilung auf Raus "Grundsätze der Finanzwissenschaft" zurück, die in der 1. Auflage 1832 erschienen, in der 7. und letzten, von A. Wagner herausgegebenen, im Jahr 1872. Erst Ende des Jahrhunderts begannen sich Finanzrecht und Finanzverwaltung zu einem selbständigen Bestandteil des finanzwissenschaftlichen Lehrgebäudes zu entwickeln (vgl. Heckel 1907, I, S.69). Wie Gerloff 1929, III, S.1 richtig bemerkt, findet sich zwar in den bekannteren finanzwissenschaftlichen Lehrbüchern mancherlei Material über den Staatshaushalt und das Finanzsystem - man muß hinzufügen speziell über das Einnahmesystem - der deutschen Staaten und des Deutschen Reiches. Allerdings handele es sich hierbei nicht um systematische Darstellungen, sondern um "Zusätze, Ergänzungen und Anmerkungen" zu den einzelnen Abschnitten der Lehrbücher (Gerloff 1929, III, S.1).

72 Gemeint sind hier vor allem die finanzwissenschaftlichen Lehrbücher, die sich noch am ehesten mit dem Thema Budget beschäftigen. Als die zentralen Werke des 19. Jahrhunderts werden i.d.R. folgende Lehrbücher genannt: Jakob 1821 (2. überarbeitete Auflage 1837); Rau 1832 (hier in der 3. Auflage 1850 und 1851 zitiert - in der 6. Auflage 1871 von Adolph Wagner überarbeitet und herausgegeben); Stein 1878 (erstmals 1860 erschienen) und Wagner 1877 - in einer Eigenbearbeitung der Finanzwissenschaft.

73 Malchus 1830, II, S.93 ff. beschäftigt sich auf über 50 Seiten näher mit Fragen des Budgets. Stein 1878, S.52 ff. handelt das Thema ebenfalls relativ ausführlich ab. Ebenso Wagner 1877 und Seidler 1885.

74 Die bekannteren finanzwissenschaftlichen Lehrbücher, wie z.B. die von Lotz 1822, Fulda 1827, Jakob 1837 oder auch noch von Umpfenbach 1887, widmen, wie Neumark 1929, S.379 zutreffend schreibt, dem Gegenstand "durchweg nur einen ziemlich bescheidenen Raum; die betreffenden Abschnitte in diesen Werken kommen im Grundsätzlichen meist kaum über das hinaus, was sich schon im Kern bei Justi angedeutet findet".

75 Für das 19. Jahrhundert siehe z.B. Fischer 1802; Christlieb 1805; Ebhardt 1807; Eschenmayer 1807; Hoch 1808; Hoch 1809; Schlupper 1817; Hoeck 1819; Arnold 1823; Hornberg 1827; Lehrbuch des Kassen- und Rechnungswesens 1829; Hüffell 1834; Hauber 1845; Escherich 1851; Fröhlich 1852; Schrott 1855 und 1886; Ludwig 1859, der auch eine Anleitung zur Haushaltsplanschätzung gab; Seidler 1901 und Hövermann 1905.

knüpft waren, welche Rechnungsposten in welchem Kapitel oder Titel zu verrechnen sind[76].

Mit *Gustav Seidlers* Werk "*Budget und Budgetrecht im Staatshaushalte der constitutionellen Monarchie*" erschien erstmals im 19. Jahrhundert eine deutschsprachige Monographie, die sich ausschließlich mit Fragen des Staatshaushaltsplans und dessen Veranschlagungstechniken befaßt[77]. Es folgten an Arbeiten mit allgemeinem Anspruch die Schriften von *Heckel*[78], *Willgren*[79], *Jèze*[80] und *Jessen*[81]. Daneben gibt es noch Veröffentlichungen, die sich mit

76 Siehe z.B. für Preußen Hertel 1884; Walter 1887 und Herrfurth 1905. In Preußen wurden besonders häufig spezielle Veröffentlichungen der Verrechnung der Einnahmen und Ausgaben bei den Justizbehörden gewidmet: vgl. z.B. Hertting 1881; Anweisung der Oberrechnungs-Kammer für die Rechnungslegung über die Ausführung der Etats der Justiz-Verwaltung 1886; Böger 1886; Wollenzien/Walter 1888; Instruktion für die Verwaltung der Etatsfonds bei den Justizbehörden 1893; Schulz 1896. Für Bayern siehe z.B. Geret 1823; Baumeister 1854; Hock 1882, I und Farmbacher 1896; für Sachsen die Allgemeinen Vorschriften für das Staatsrechnungswesen des Königreichs Sachsen 1880 und Löbe 1904 sowie für Württemberg Schmidlin 1823; Widenmeyer 1885 und die Anleitung für die K. württembergischen Kameralämter zur Führung der Domanialrechnung 1887.

77 Vgl. Seidler 1885. Außer den genannten beiden Themen widmet er der Erörterung des Budgetrechts breiten Raum. Seine Ausführungen sind am deutschen und österreichischen Verfassungsrecht orientiert, dessen Verwurzelung im französisch-belgischen Budgetrecht er aufzeigt.

78 Sein Werk "Das Budget" erschien 1898. Neumark 1929, S.380 kritisiert die Arbeit heftig. Er meint: "Das Werk ist für den mit den Problemen Vertrauten eine große Enttäuschung. Es ist unoriginell, unsystematisch und im Tatsächlichen vielfach unzuverlässig". Heckel beschreibt im ersten Teil seiner Arbeit die Gegenstände des Budgets, die auch in vorliegender Arbeit im Mittelpunkt des Interesses stehen, allgemein und zieht zur Illustration des Gesagten u.a. Beispiele aus England, Frankreich, Preußen, Bayern, Sachsen und Hessen heran. Der Vergleich muß durch die Vielzahl der betrachteten Staaten so allgemein erfolgen, daß er auch m.E. teilweise schon nicht mehr zu zutreffenden Ergebnissen führt. Das Verdienst der Arbeit liegt vor allem darin, daß sie die im Zusammenhang mit den Etats und Budgetierungstechniken anfallenden Fragen bündelt und ausführlich erörtert, unabhängig davon, wie zutreffend die zitierten Beispiele aus den verschiedenen Staaten sind. Sie vermag auch einen ersten Eindruck von der Vielfalt der angewandten Budgetierungstechniken zu vermitteln.

79 Die Dissertation erschien 1899 unter dem Titel "Das Staatsbudget, dessen Aufbau und Verhältnis zur Staatsrechnung". Willgren verstand sein Buch - weitgehend eine Literaturrezeption - ausdrücklich als "Budgetlehre" (siehe Willgren 1899, S.64).

80 1927, Allgemeine Theorie des Budgets. Deutsche Ausgabe von Fritz Neumark. Er beleuchtet insbesondere das Budget als politischen Akt, eine Betrachtungsweise, die seiner Meinung nach bisher vernachlässigt wurde.

81 1929. Sein Anspruch besteht darin, "die methodisch richtigen Formen eines vollkommenen Haushaltsplans systematisch darzustellen" (Jessen 1929, S.V f.). Die Arbeit ist ihrer Zielsetzung gemäß stark normativ ausgerichtet.

dem Budget einzelner Staaten oder allgemein mit Teilfragen des Budgets[82] auseinandersetzen. Besonders beliebt war die Erörterung aller mit den Staatseinnahmen und -ausgaben verbundenen Probleme[83]. Derartige Abhandlungen sind vor allem dazu geeignet, sich über die Entwicklung einzelner Einnahme- und -ausgabearten in den Staaten zu informieren. Die Literatur des 19. Jahrhunderts zu diesem Thema ist kaum überschaubar. Ein Blick auf die im Laufe der Jahre in der Zeitschrift "*Finanzarchiv*"[84] erschienenen Artikel kann das bestätigen.

---

82 Czoernig 1866 vergleicht das Budget-, Rechnungs- und Kontrollwesen verschiedener europäischer Staaten, bleibt dabei aber - notgedrungen beim Vergleich so vieler Staaten - oberflächlich. Die Form des preußischen Budgets handelt er z.B. auf einer Seite ab. Die Arbeit von Pfeiffer 1866 befaßt sich ausführlich mit den Staatseinnahmen allgemein. Die theoretischen Aspekte der Staatseinnahmen durchleuchtet Schäffle 1883/1884. Speziell die badischen Staatseinnahmen behandelt Knies 1871. Auf die Einkommensseite der preußischen Budgets spezialisiert sich auch Schmoller 1877. Die mangelnde Vollständigkeit, Genauigkeit und Klarheit der Ausgabenetats kritisiert Hoffmann 1851. Riecke 1887, S.392 ff. geht relativ ausführlich auf die Übertragbarkeit einzelner Haushaltsposten im württembergischen Budget ein. Zu nennen ist hier auch das oft zitierte Werk Neumarks über den Reichshaushaltsplan (1929), der seine praktischen Ausführungen an der Reichshaushaltsordnung orientiert, daneben aber auch allgemeine Überlegungen über das Wesen der Budgetgrundsätze anstellt. Mit Fragen des außerordentlichen Budgets beschäftigt sich Gräfe 1933 und Perreau-Pradier 1934 mit dem Budgetgleichgewicht.

83 Mit den einzelnen Einnahme- und Ausgabeposten des ersten veröffentlichten bayerischen Budgets 1819 setzt sich Rudhart 1819 auseinander. Das württembergische Budget untersucht Herdegen 1848. Reden 1856, II, versucht sich mit einer vergleichenden Finanzstatistik. In Hoffmann 1851 und Hoffmann 1857, I, wird jeweils die Höhe der einzelnen Einnahmen und Ausgaben Württembergs in der Reihenfolge des Hauptfinanzetats besprochen. In ähnlicher Weise - vorwiegend mit Blick auf Preußen - geht Bergius 1871 vor, wobei er, z.T. ganz in der kameralwissenschaftlichen Tradition, zum Nutzen der einzelnen Staatseinnahmen und -ausgaben klar Stellung bezieht. Die Verhältnisse zwischen den preußischen und hannoverischen Staatseinnahmen und -ausgaben versucht Erxleben 1866 zu klären. Zuvor hat sich schon Lehzen 1853/54 ausführlich mit den hannoverischen Staatseinnahmen und -ausgaben befaßt. Das Problembewußtsein bezüglich Längsschnittvergleichen von Einnahmen und Ausgaben läßt Winterstein 1886 in seiner Darstellung des bayerischen Staatshaushaltes seit 1799 vermissen. Die Entwicklung des sächsischen Budgets der Zuschüsse und Überschüsse von 1834 bis 1884/85 verfolgt Löbe 1889, S.115 ff., ohne allerdings auf die Probleme einer Längsschnittanalyse der Einnahmen und Ausgaben einzugehen. Cohn 1899 befaßt sich mit den Finanzen des Reiches. Er gibt eine rein deskriptive Darstellung der Einnahmen und Ausgaben anhand der Etats und des geltenden Rechts. Die Abhandlung über die preußischen Staatsfinanzen von Schwarz/Strutz 1900 besteht in einer Mischung aus Entwicklungsgeschichte einzelner Einnahmen und Ausgaben sowie der Darstellung deren Höhe und Rechtsgrundlagen. Besonders gut untersucht sind die badischen Verhältnisse (vgl. z.B. Calker 1901; Buchenberger 1902; Phillipovich 1889 und Regenauer 1863). Georgi 1903 beschreibt die Entwicklung des sächsischen Budgets von 1880 bis 1902/03. Siehe auch Wagner 1863, der sich insbesondere der Frage der österreichischen Staatsausgaben und -schulden widmet. Colm 1927 hat allgemein zum Ziel, eine "Volkswirtschaftliche Theorie der Staatsausgaben" aufzustellen. Siehe auch die Beiträge von Geffcken 1891 und Englis 1926.

84 Sie erscheint seit 1884. Leider gibt es kein durchgehendes Repertorium. Das letzte Register erschien 1931. Von da an muß man sich der Mühe unterziehen, die Inhaltsverzeichnisse der Jahrgänge einzeln durchzugehen.

In den allgemeinen rechtswissenschaftlichen Werken, die bis zur Mitte des 19. Jahrhunderts erschienen, wurde das Thema Budget in ähnlicher Weise wie in den finanzwissenschaftlichen Veröffentlichungen behandelt[85]. Die rechtliche Problematik des Budgets gewann in Ansätzen mit dem bayerischen Verfassungskonflikt von 1838 bis 1843 und in der Hauptsache mit dem preußischen Budgetkonflikt (1862-1866) an Brisanz. Die Auseinandersetzung um den rechtlichen Charakter des Budgets und der an diesen geknüpften Folgewirkungen dauerte über Jahrzehnte hinweg an und spaltete die Rechtswissenschaft in einander erbittert bekämpfende Lager. In Abschnitt 2.5. wird darauf näher eingegangen.

In der neueren Forschung ist das Budgetwesen des 19. Jahrhunderts kein großes Thema. Abgesehen von zufällig in den Text eingestreuten historischen Aussagen gibt es nur wenige Werke, die sich mit Fragen des Etats und der Budgetierung eingehender befassen. Auf dem Gebiet der **rechtswissenschaftlichen** Forschung ist vor allem die vom Ergebnis und von der Methode her sehr wichtige Habilitationsschrift von *Friauf* zu nennen[86]. Er vergleicht die verfassungsrechtlichen Regelungen des Finanzwesens **aller** deutschen Staaten des 19. Jahrhunderts in deren zeitlicher Entwicklung. Wie der Titel des Buches schon aussagt, steht die Abgrenzung der Rechte und Pflichten zwischen Parlament und Krone bzw. Regierung im Prozeß der Aufstellung, Feststellung, Durchführung und Kontrolle des Haushaltsplans - gemäß dem Wortlaut der jeweiligen Verfassungen - im Mittelpunkt des Interesses. Die Arbeit schließt eine verfassungsgeschichtliche Forschungslücke[87].

Mit dem im Prinzip gleichen Thema, der Rechtsnatur der Budgets in den deutschen Staaten des 19. Jahrhunderts, befaßt sich auch *Mußgnug*[88], indem er - im wesentlichen gegen *Friauf* - den alten Streit um den Rechtscharakter und die Verbindlichkeit insbesondere der Budgets der frühkonstitutionellen Staaten

---

85 Aretin/Rotteck 1827, II, S.298 ff. beschäftigen sich z.B. wie ihre finanzwissenschaftlichen Kollegen in der Hauptsache mit den allgemeinen Grundsätzen der Finanzen, mit den Domänen, Regalien und Steuern, mit dem Staatsaufwand und den Staatsschulden, kurz mit dem Budget (S.374-379) und mit der Verwendung der Staatsgelder. Rotteck 1835 behält das von Aretin eingeschlagene Konzept bei. Vgl. auch Cucumus 1825, S.480 ff.; Mirius 1833, S.239 ff.; Dresch 1835, S.439 ff.; Moy 1846, S.187 ff. und Pözl 1858, S.398 ff. Eine sich von der allgemeinen Finanzwissenschaft abgrenzende rechtliche Fragestellung bezüglich des Budgets war noch nicht gefunden bzw. hatte sich bis dahin noch nicht gestellt.

86 Vgl. Friauf 1968: Der Staatshaushaltsplan im Spannungsfeld zwischen Parlament und Regierung. Bereits vor ihm hat sich z.B. schon Kichler 1956 in seiner Dissertation mit dem deutschen Budgetrecht der Länderverfassungen des 19. Jahrhunderts beschäftigt. Er beschränkt sich allerdings auf eine Aufzählung der entsprechenden verfassungsrechtlichen Regelungen, wobei es, durch den Ansatz bedingt, in der Hauptsache um das Verhältnis von Regierung und Ständen geht.

87 Sie hat der weit verbreiteten Mär, die frühkonstitutionellen Parlamente hätten nur Steuer- und keine Ausgabenbewilligungsrechte gehabt, ein Ende gesetzt. Vgl. Friauf 1968, S.40 ff.

88 1976 (Habilitationsschrift).

erneut auffrischt. Besagtes Thema erweist sich damit seit nahezu 150 Jahren als ein "Dauerbrenner". Festzuhalten ist, daß sich auch die neuere budgetrechtswissenschaftliche Diskussion auf die Aufarbeitung des Rechtsverhältnisses zwischen Krone und Ständen im 19. Jahrhundert konzentriert, nämlich auf die Frage, ob noch das monarchische oder schon das parlamentarische Prinzip herrschte[89]. Daneben gibt es noch Veröffentlichungen, die sich mit speziellen Rechtsfragen des Budgets auseinandersetzen[90]. Abgesehen von diesen speziellen Abhandlungen beschäftigt sich das allgemeine verfassungs- und verfassungsrechtsgeschichtliche Schrifttum - wenn überhaupt[91] - entweder mit dem preußischen Finanzwesen[92], mit dem preußischen Budgetkonflikt bzw. dem Budgetbewilligungsrecht der Ständevertretungen allgemein[93], mit der Einnahme- und Ausgabesituation des Deutschen Reiches und der Organisation seiner Finanzverwaltung[94]. Hier sind auch die allgemeinen Einführungen in die Haushaltskommentare einzuordnen[95]. Die Haushaltstechnik, die mit dem Beginn des 19. Jahrhunderts in den Grundzügen rechtlich geregelt wurde, entbehrt bis heute einer wissenschaftlichen Aufarbeitung.

Aus **finanzwissenschaftlicher** Sicht kommen zunächst potentiell die finanzwirtschaftsgeschichtlichen Abhandlungen für die Aufarbeitung des staatlichen Budgetwesens im 19. Jahrhundert in Betracht. Die in den Handbüchern der

---

[89] Vgl. auch Jobst 1948, der das Steuerbewilligungsrecht bis zum Jahre 1918 nach dem Staatsrecht des Deutschen Reiches, Preußens und Bayerns untersucht. Hitzlberger 1949 beschäftigt sich mit den Auswirkungen des Steuerbewilligungsrechtes der bayerischen Landstände auf die Verfassung von 1818. Das parlamentarische Budgetbewilligungsrecht im 19. Jahrhundert hat die Dissertation von Kummer 1964 zum Thema. Sie beschränkt sich auf die bayerischen Verhältnisse. Es handelt sich bei den genannten Arbeiten im wesentlichen um Zusammenfassungen der Budgetrechtsdiskussion des ausklingenden 19. und beginnenden 20. Jahrhunderts, die sich nur dadurch unterscheiden, daß die jeweiligen Autoren mehr zu der einen oder zu der anderen der meinungsführenden Parteien halten.

[90] Siehe z.B. Bauer 1952, S.28 ff. der sich u.a. auch mit der Bepackung von Haushaltsgesetzen im 19. Jahrhundert beschäftigt.

[91] Mit keinem Wort erwähnt ist das Budget- und Finanzwesen des 19. Jahrhunderts z.B. in den Verfassungsgeschichten von Hartung 1964; Scheyhing 1968, Kimminich 1970; Menger 1979 und in der Rechtsgeschichte von Planitz 1981.

[92] Die "Finanzverfassung" Preußens handelt Huber 1967, I, S.205 ff. ab. Er beschränkt den Gegenstand auf die Steuern, die Staatsschulden und das Zollwesen. Ebenfalls in diesem Band widmet er noch eine 3/4 Seite dem Einnahmebewilligungsrecht in den "süddeutschen Staaten".

[93] Die Streitfragen zwischen Regierung und Kammern legt ausführlich Huber 1963, III, S.275 ff. dar. Auf zwei Seiten geht auch Böckenförde 1981, S.155 f. auf das Budgetbewilligungsrecht der Volksvertretungen in konstitutionellen Monarchien ein.

[94] Siehe z.B. Huber 1963, III, S.944 ff. Forsthoff 1967, S.159 ff. behandelt lediglich die Reichseinnahmen.

[95] Siehe z.B. Patzig/Traber 1979, RdNr. 16-53 und Piduch 1987, Einführung, S.7-10. Die geschichtliche Einführung von Patzig 1981 ist etwas allgemeiner gehalten. Köckritz/Ermisch/Lamm 1987 verzichten überhaupt auf eine Einführung in die geschichtliche Entwicklung des Haushaltswesens.

Finanzwissenschaft erschienenen Aufsätze von *Terhalle*[96] und *Häuser*[97] über die geschichtliche Entwicklung der deutschen öffentlichen Finanzwirtschaft in diesem Zeitraum erweisen sich jedoch unter unserem Aspekt als glatte Fehlanzeige. Ansonsten ist von den allgemein bekannteren Werken noch die "*Geschichte der öffentlichen Finanzen in Deutschland (1500-1870)*" von *Klein* zu erwähnen, die den Zeitraum von 1806-1870 allerdings auch nur mit Blick auf den Deutschen Bund und Preußen behandelt[98]. *Helga Rybinsky* erörtert das Haushaltsgleichgewicht aus dogmengeschichtlicher Sicht[99]. Auf den Aspekt der Verschuldung hebt auch *Ullmann* in seiner finanzhistorischen Untersuchung ab, die sich mit der Entstehung moderner öffentlicher Schulden, mit deren Wachstum und der Reform des Schuldenwesen in Bayern und Baden im Zeitraum von 1780 bis 1820 befaßt[100]. Daß die Beschäftigung mit Staatseinnahmen und -ausgaben des letzten Jahrhunderts - nicht aber mit den Budgets - nach wie vor ein beliebtes Thema der Finanzwissenschaft ist, wurde oben bereits dargelegt[101].

Aus **sozialwissenschaftlicher** Sicht betrachtet *Witzleben* den Einfluß finanzwirtschaftlicher Tatsachen auf die politische und soziale Entwicklung und deren Wechselwirkungen in Preußen zu Beginn des 19. Jahrhunderts[102]. Ihn interessieren vor allem Probleme der Staatsfinanzierung mit Hilfe von Steuern

96 1952, I. Er widmet der "deutschen einzelstaatlichen Finanzwirtschaft" bis zum Jahr 1870 gerade zwei Seiten (S.275-277), in denen er zu dem Ergebnis kommt, daß das Gesetz der wachsenden Staatsausgaben im 19. Jahrhundert noch nicht voll wirksam war, was er anhand der preußischen Budgetzahlen der Jahre 1820 und 1863 illustriert. Außerdem erwähnt er noch, am preußischen Beispiel orientiert, das Vordringen des Steuerwesens in diesem Zeitraum. Der Entwicklung der einzelstaatlichen Finanzwirtschaft von 1871 bis 1914 räumt er knappe drei Seiten ein (S.287-289). Er thematisiert in dem Rahmen die preußischen Staatsausgaben, das Verhältnis von Reich zu Einzelstaaten und hier insbesondere das Steuersystem.

97 1977, I. Er behandelt das Thema Budgetwesen auf einer Seite (S.42-43), wobei er im 18. Jahrhundert den Mangel eines verbindlichen Budgets konstatiert, sich einen Abschnitt lang der Entwicklung des französischen und englischen Steuerbewilligungsrechts zuwendet, um schließlich in zwei Sätzen festzustellen, daß sich in Deutschland das Steuerbewilligungsrecht und der Grundsatz der Budgeteinheit erst im Laufe des 19. Jahrhunderts durchsetzte und teilweise noch Geheimbudgets bestanden.

98 Vgl. Klein 1974. Vom preußischen Finanzwesen behandelt er das Schuldenwesen nach 1806, die Steuergesetze von 1820 und die Anleihe- und Schuldenpolitik nach 1848 (vgl. Klein 1974, S.103 ff.).

99 Vgl. Rybinski 1964. Ihr geht es um die Frage, ob und inwieweit die Finanztheoretiker des 19. Jahrhunderts eine Schuldenaufnahme zum Ausgleich eines etwaigen Haushaltsungleichgewichts befürworteten.

100 Vgl. Ullmann 1986.

101 Vgl. Abschnitt 1.1.

102 Vgl. Witzleben 1985. Fragen zum Haushaltsplan und den Budgetierungstechniken diskutiert er nicht.

und von Schuldenaufnahme und deren ökonomische und gesellschaftliche Wirkungen.

Die mangelhafte Aufbereitung des Budgetwesens des 19. Jahrhunderts kommt auch in der **Verwaltungsgeschichtsschreibung** zum Ausdruck. In der ersten deutschen Verwaltungsgeschichte[103] wird im zweiten Band auf das Finanzwesen im 19. Jahrhundert eingegangen. *Mußgnug* handelt darin das parlamentarische Budget- bzw. Steuerbewilligungsrecht der süddeutschen Staaten und Preußens ab[104] und *Hubatsch* beschäftigt sich mit der Finanz- und Wirtschaftsverwaltung allgemein[105]. Die preußischen Staatsfinanzen erläutert *Rüfner*[106], die bayerische Finanzorganisation *Volkert*[107] und das württembergische Finanzwesen *Mann/Nüske*[108]. Für Sachsen wurde das Thema Finanzwesen ganz ausgespart[109]. Die hessischen zentralen Finanzbehörden erörtert *Klein*[110] auf einer halben Seite. Der dritte Band des umfangreichen Werkes deckt die Zeit von 1871 bis zum Ende der Monarchie ab. Thematisch erfaßt sind in diesem Rahmen die finanziellen Verhältnisse zwischen Reich und Einzelstaaten[111], die Finanzorganisation des Norddeutschen Bundes bzw. des Reiches[112], die von ihm erhobenen Steuern und Zölle[113], die preußische Oberrechnungskammer und die preußischen Staatseinnahmen, -ausgaben und -schulden[114] sowie die bayerische Rent- und Zollamtsorganisation[115]. Die Behandlung des Themas "Finanzen" für die einzelnen Staaten ist also, sofern sie überhaupt erfolgt,

---

103 Herausgegeben von Jeserich/Pohl/Unruh 1983 ff.

104 Vgl. Mußgnug 1983, I, S.101-104 und 110-117. Er bezieht sich darin im wesentlichen auf die Ergebnisse seiner Habilitationsschrift (siehe oben Fußnote 88). Es handelt sich deshalb auch weniger um eine verwaltungs- als um eine verfassungsrechtsgeschichtliche Abhandlung.

105 Siehe Hubatsch 1983, II, S.181-185.

106 Vgl. Rüfner 1983, II, S.497-503. Er erörtert unter der Überschrift "Die Verwaltungstätigkeit unter Restauration und Konstitution" die Entwicklung der Staatseinnahmen, -ausgaben und des Schuldenwesens.

107 1983, II, S.533-536.

108 1983, II, S.571 f. Bei ihnen stehen vor allem die Staatseinnahmen, die Steuern und die Finanzpolitik allgemein im Mittelpunkt des Interesses. Bei einem Gesamtumfang von einer Seite kann man auch kaum mehr als einen sehr oberflächlichen Überblick erwarten.

109 Siehe den Artikel von Blaschke 1983, II, S.608 ff.

110 1983, II, S.661 f. Die restlichen Staaten wurden vorwiegend unter organisatorischen Aspekten abgehandelt. Das Finanzwesen oder gar Fragen des Budgets bleiben - soweit wir es überblicken - unberücksichtigt.

111 Siehe Morsey 1984, III, S.135. Auf einer 3/4 Seite behandelt er insbesondere das Reichseinnahmesystem.

112 Vgl. Morsey 1984, III, S.138 ff., insbesondere S.143 und S.172-175.

113 Vgl. Hettlage 1984, III, S.250 ff.

114 Vgl. Rüfner 1984, III, S.707 ff.

115 Siehe Volkert 1984, III, S.730.

diffus und bezieht sich auf keinen einheitlichen Fragenkanon. Vergleiche des "Finanzwesens" der verschiedenen Staaten sind auf dieser Basis kaum möglich. Es werden wohl hie und da Zahlen über die Einnahmen und Ausgaben eines Staates in - zufällig - bestimmten Jahren gegeben, es fehlt aber eine systematische Aufarbeitung des Themas "Staatsbudget".

Vom Budgetwesen im 19. Jahrhundert erscheint also lediglich das Verhältnis zwischen Parlament und Regierung bzw. Krone und die rechtliche Bedeutung des Budgets gut aufgearbeitet. Das Gebiet der Staatsausgaben und -einnahmen sowie des Staatsschuldenwesens im 19. Jahrhundert, letzteres seit neuestem mit Ausnahme von Baden und Bayern[116], ist zwar nicht gut untersucht, aber dennoch ein bevorzugtes Thema, wenn es darum geht, das staatliche Finanzwesen des 19. Jahrhunderts zu skizzieren. Bei Durchsicht der neueren Literatur gewinnt man den Eindruck, als ob nur Preußen und in dessen Gefolge das Deutsche Reich ein Finanzsystem hatte. Von wenigen Ausnahmen abgesehen, werden i.d.R. nur diese beiden Staaten betrachtet - als ob andere nicht existiert hätten. Dem Budgetwesen als einem Spezialgebiet des "Finanzwesens" der einzelnen Staaten wurde wissenschaftliche Aufmerksamkeit bisher nicht zuteil. Das ist erstaunlich, betrachtet man die Beliebtheit, die Vergleiche über die Ausgabenentwicklung des 19. und des 20. Jahrhunderts in Wissenschaft und Praxis genießen. Was **fehlt**, ist die - **vergleichende - Untersuchung der Budgetierungstechniken** in den Staaten des 19. Jahrhunderts, die den Grundstein zu einer solchen vergleichenden Darstellung der quantitativen Entwicklung der Staatsausgaben erst legen kann.

1.3. Erkenntnisinteresse

Die Beschäftigung mit dem historischen Finanzwesen ganz allgemein ist im Grenzgebiet zwischen Finanz-, Politik-, Rechts-, Verwaltungs- und Geschichtswissenschaft anzusiedeln. Dies läßt sich schon allein daraus ersehen, wie viele wissenschaftliche Disziplinen sich - wie oben gezeigt - dem Thema widmen. Jede greift es anders auf und setzt andere Akzente, was auf die Vielgestaltigkeit und Komplexität des Budgetthemas zurückzuführen ist.

Das Budgetwesen ist ein Teil des Finanzwesens. Im Staatshaushaltsplan vereinigen sich die nach bestimmten Kriterien festgelegten Staatseinnahmen und -ausgaben. Bis es dazu kommt, laufen komplizierte politische Prozesse ab. Das Budget hat bestimmte rechtliche Wirkungen, die wiederum Folgewirkungen mit sich bringen. Von den im Staatshaushaltsetat festgelegten Ziffern gehen bestimmte Signalwirkungen auf die Wirtschaft aus. All diese Aspekte, in deren

---

[116] Vgl. Ullmann 1986.

Zentrum das Budget steht, sind für sich gesehen so komplex, daß eine Gesamtschau über "das" Budget des 19. Jahrhunderts von vornherein ausgeschlossen erscheint. Notgedrungen ist man gezwungen, einen Gesichtspunkt aus den vielen möglichen auszuwählen. Als Folge dieser Auswahl wird das isolierte Mosaiksteinchen in den Mittelpunkt der Darstellung und damit einseitig in den Vordergrund gerückt. Andere, durchaus wichtige, verblassen dagegen. Man setzt sich mit diesem Verfahren der Gefahr aus, daß Kritiker einwerfen, man hätte diesen oder jenen Punkt in der Untersuchung vernachlässigt bzw. diesen oder jenen zu wenig gewürdigt. Ein solcher Einwand ist aber nur dann berechtigt, wenn er im Rahmen der gewählten Themenabgrenzung bleibt, die selbstverständlich immer zur Diskussion stehen muß.

Das Erkenntnisinteresse, das hier verfolgt wird, geht zunächst von der Zielsetzung aus, eine **Basis für den quantitativen und qualitativen Vergleich der Staatsausgaben der deutschen Einzelstaaten des 19. Jahrhunderts** zu schaffen. Die Höhe ihrer Budgets und deren sachliche Zusammensetzung können erst dann zuverlässig verglichen werden, wenn man sich über die unterschiedlichen einzelstaatlichen Budgetierungstechniken im klaren ist und die Haushaltsdaten wenigstens annähernd homogenisiert[117]. Entsprechendes gilt für den Vergleich von Haushaltsplänen eines konkreten Staates über die Zeit hinweg. Haushaltstechniken verändern sich im Zeitverlauf. Dies trifft insbesondere für das 19. Jahrhundert zu, in dem sich das konstitutionelle System in fast allen deutschen Staaten herausbildete und in dessen Gefolge alte Haushaltstechniken modifiziert und in neuen Formen entwickelt wurden. Da die Arbeit ein Beitrag zur Methodik von Haushaltsvergleichen sein soll, wird hier nicht untersucht, welche Faktoren die Entstehung der Budgetierungstechniken beeinflußten. Ob sie traditional überliefert, von den Regierungen oktroyiert, von den Parlamenten erkämpft oder in zähen Verhandlungen zwischen Regierungen und Ständen einvernehmlich vereinbart wurden, ist eine Frage der jeweiligen Verwaltungstradition und der jeweils aktuellen Verteilung des Kräfteverhältnisses zwischen beiden - damals noch gegeneinander kämpfenden - Machtblöcken[118]. Eine solche oder ähnliche Themenstellung würde ein anderes als das hier gewählte Forschungsdesign erfordern. Die Fragen lauten vielmehr: **Welche Budgetierungstechniken gab es, wie unterschieden sie sich in den Einzelstaaten und welche Veränderungen machten sie im Laufe des 19. Jahrhunderts durch.** Die Untersuchung soll zeigen, was man beachten muß, wenn man historische Budgetzahlen verwendet, miteinander vergleicht und mit den heutigen in Be-

---

117 Darauf weisen z.B. schon Escher 1863, I, S.259 ff., Wagner 1877, S.144 f. oder Umpfenbach 1887, S.74 f. hin. Altmann 1910, S.7 schreibt zutreffend: "Die Finanzen der einzelnen Staaten lassen sich daher nur bei genauer Kenntnis der Etatisierungsgrundsätze vergleichen".

118 Wie Wittmann 1976, III, S.54 richtig bemerkt, wird die Budgetgestaltung von politischen, soziologischen, rechtlichen und traditionellen Faktoren beeinflußt und spiegelt die verschiedensten Einflußfaktoren wider.

ziehung setzt. Im Hinblick auf Budgetvergleiche erscheint eine Sensibilisierung auf diesem Gebiet dringend notwendig.

Als theoretisches Erkenntnisinteresse steht die Frage im Hintergrund, inwieweit sich im Laufe des 19. Jahrhunderts die Budgettechniken der verschiedenen deutschen Staaten **vereinheitlicht** haben[119], ob sich "die" moderne Budgetform im betrachteten Ausschnitt herausbildete. Gleichzeitig ist nach der Rolle Preußens in diesem Prozeß zu fragen. Gewöhnlich werden an diesem Beispiel gewonnene Forschungsergebnisse - unzulässigerweise - für die deutsche Verwaltung schlechthin verallgemeinert[120]. Daß preußische Verwaltung oft mit deutscher Verwaltung gleichgesetzt wird, hängt auch damit zusammen, daß mit Überschriften wie etwa "*Geschichte der deutschen öffentlichen Finanzwirtschaft*"[121] oder "*Das deutsche und englische Budget*"[122] suggeriert wird, es handle sich tatsächlich um eine Betrachtung der deutschen Verhältnisse, während in Wirklichkeit nur das preußische oder das Reichsfinanzwesen besprochen wird. Ein Beispiel hierfür liefert *Jèze*[123], der seine Ausführungen über das deutsche Budgetwesen auf die Interpretation der Reichshaushaltsordnung - die zu diesem Zeitpunkt nur für das Deutsche Reich, nicht aber für die Einzelstaaten galt - reduzierte[124]. Anhand der Entwicklung des Haushaltswesens soll untersucht werden, **inwieweit die preußische Vorgehensweise tatsächlich eine Leitfunktion ausübte** und ob sich das Haushaltswesen der untersuchten nichtpreußischen Staaten an das preußische anpaßte.

Neben dem überstaatlichen Aspekt "der Vereinheitlichung im deutschen Budgetwesen" hat die Vereinheitlichungsthese einen zweiten, innerstaatlichen Aspekt, der mit dem Topos "Vereinheitlichung der Staatsverwaltung" beschrieben werden kann. Konkret auf das Budgetwesen übertragen heißt das: Vereinheitlichung der Budgetierungstechniken aller Zweige einer Staatsverwaltung. Für die Schulverwaltung, die Straßenbauverwaltung, die Gesundheitsverwaltung usw. sollen die gleichen obersten Richtlinien für die Aufstellung und Ausführung der Etats gelten. Vereinheitlichung ist deshalb zwangsläufig auch mit der Zentralisation des Budgetwesens verbunden, da für eine gleichförmige

---

119 Siehe dazu Ellwein 1981, S.45 ff.; Ellwein 1986, S.5 und Ellwein 1987, S.16 ff.

120 Friauf 1968, S.37 ff. hat die Unzulässigkeit eines solchen Verfahrens bereits anhand der Untersuchung des parlamentarischen Budgetrechts aufgezeigt, indem er darlegt, daß neben dem preußischen und bayerischen Budgetsystem im 19. Jahrhundert - entgegen der herrschenden Meinung - noch andere existierten.

121 Vgl. Terhalle 1952.

122 Vgl. Meister 1933.

123 1927. Die Abschnitte über das Budgetwesen in Deutschland wurden von Neumark bearbeitet.

124 Siehe auch Abschnitt 1.1. und die zeitgenössische deutsche - richtiger preußische - Finanzgeschichtsschreibung (vgl. Abschnitt 1.2.).

Verwaltung nur von einer Stelle aus gesorgt werden kann, die den Überblick über alle Verwaltungszweige hat. Das Instrument, anhand dessen die Vereinheitlichung durchgeführt wird, ist in einem modernen Rechtsstaat, welcher der Staat des 19. Jahrhunderts seinem Anspruch nach war, das geschriebene Recht. Vereinheitlichungs- und Verrechtlichungsthese sind in diesem Punkt unmittelbar miteinander verknüpft[125].

Verrechtlichung ist heute ein Thema mit Konjunktur[126]. Sie wird vielfach beklagt, immer mit der Vorstellung verbunden, daß im bürgerlichen Rechtsstaat des 19. Jahrhunderts dieses Phänomen noch unbekannt war[127]. Unberücksichtigt bleibt oft, daß man in gleichem Maße, wie man "die Verrechtlichung" heute gern verdammt, sie im 19. Jahrhundert mit derselben Inbrunst herbeiflehte - auch im Budgetwesen[128]. Ob diese unterschiedliche Bewertung des Rechts eine Frage des Maßes ist - im 19. Jahrhundert wurde es als "zu wenig" empfunden, im 20. als "zu viel", was immer das sein und in welchem Verhältnis die Einschätzung auch zu der tatsächlichen Regelungsdichte stehen mag - sei dahingestellt. Hier wollen wir nur überprüfen, wie es sich im Budgetwesen tatsächlich mit der Verrechtlichung verhielt, inwieweit sich die Forderung nach der Gesetzmäßigkeit der Verwaltung auf einem so wichtigen Gebiet wie dem Budgetwesen im 19. Jahrhundert in den untersuchten Staaten durchsetzte, wo und inwieweit ein gesetzesfreier Raum herrschte.

Hinter solchen theoretischen Gesichtspunkten steht keine fertige Modellvorstellung der öffentlichen Verwaltung des 19. Jahrhunderts. Sie ist bisher nur lückenhaft erforscht[129]. Eine begründete Modellbildung scheint auf dieser

---

[125] Zu diesem Zusammenhang im Finanzwesen schreibt Stein 1878, I, S.87 f.: "Das staatswirthschaftliche Verordnungswesen ist in seinen Elementen natürlich so alt, als es überhaupt Zahlungen aus den Einnahmen an die Verwaltung und Aufzeichnungen darüber gegeben hat. Der Mangel an Einheit im ganzen Staatshaushalt hat nun naturgemäß auch den Mangel an Einheitlichkeit in diesem Verordnungswesen erzeugt; jede Einnahmequelle und jeder 'Etat' hatte und hat zum Theil noch seine Verordnungen... Als nun die Verfassungen die Budgets beschlossen und die Finanzminister verantwortlich machten, war es natürlich, daß dieselben so weit als möglich die Verschmelzung des finanziellen Verordnungswesens mit dem des Staatshaushalts forderten. Das hatte nun eine mächtige Centralisation der ganzen Staatswirthschaft in der Hand des Finanzministers, aber allerdings auch die Möglichkeit und sogar die Nothwendigkeit einer klaren und einheitlichen Gesetzgebung über die gesammte Thätigkeit der mechanischen Finanzverwaltung zur Folge". Eben das soll überprüft werden.

[126] Vgl. z.B. Müller/Nuding 1984 mit weiteren Literaturhinweisen und Görlitz/Voigt 1985.

[127] Vgl. Müller 1984.

[128] Vgl. die Nachweise in Abschnitt 2.5., Fußnote 387, S.90.

[129] Die einzige deutsche Verwaltungsgeschichte, die es bisher gibt, legt ein beredtes Zeugnis davon ab. Die Forschungslücken fangen bei der Organisation der Verwaltung an und hören beim Budgetwesen auf. Es ist auch ein Verdienst von Jeserich/Pohl/Unruh (1983 ff.), aufgezeigt zu haben, daß es in der Verwaltungsgeschichtsforschung noch an so mancher Einzeluntersuchung fehlt.

Basis nicht möglich. Alle Detailuntersuchungen der öffentlichen Verwaltungen des letzten Jahrhunderts haben explorativen Charakter. Sie sind ein Baustein hin zu einem besseren Verständnis der Strukturen und Prozesse der Verwaltung des 19. Jahrhunderts.

1.4. Zur Methode

Untersuchungseinheit

Aus den in Abschnitt 1.1. beschriebenen Schwierigkeiten bei der Aggregation von Staatshaushaltsdaten und der Längsschnittanalyse der Staatseinnahmen und -ausgaben gilt es - mit dem dargelegten Erkenntnisinteresse im Hintergrund - ein umsetzbares Forschungsdesign zu entwerfen.

Die methodischen und theoretischen Erkenntnisziele werden wie folgt umgesetzt: Die Haushaltspläne und das Haushaltsrecht aller deutschen Staaten des 19. Jahrhunderts zu untersuchen, wäre ein Forschungsvorhaben, das den normalen Zeithorizont eines Forschungsprojektes übersteigt und im Rahmen einer Dissertation kaum zu bewältigen wäre. Zur Beantwortung der Frage, welche deutsche Staaten neben dem Königreich Preußen[130] für einen Vergleich herangezogen werden sollen, könnten die unterschiedlichsten Überlegungen angestellt und begründet werden: angefangen von der geographischen Lage, über die Größe, die Zahl der Einwohner, die Bevölkerungsdichte, die politische Bedeutung bis hin zur historischen Entwicklung. Beabsichtigt man zum Beispiel, sog. französisch beeinflußte Staaten und ihre Besonderheiten gegenüber anderen zu untersuchen[131], oder versucht man, den Einfluß der Staatsgröße als Erklärungsfaktor heranzuziehen, setzt man jeweils andere Schwerpunkte. Die Zahl der Faktoren, mit Hilfe derer man die Auswahl der Staaten begründen könnte und die man in der Folge auch kontrollieren müßte, ist theoretisch unendlich. Da wir nicht erklären wollen, weshalb die Budgettechniken in den verschiedenen Staaten sich gerade so und nicht anders ausbildeten, spielen für uns bei der Auswahl der zu untersuchenden Staaten derartige theoretische Überlegungen keine Rolle.

Für empirische Untersuchungen ist die Frage der Vorkenntnisse und des Zugangs zum Quellenmaterial immer bedeutsam. Die Untersuchung gestaltet sich umso schwieriger, je weniger von der Verwaltung eines Staates erforscht und

---

130 Es steht als Untersuchungseinheit fest, da seine Leitfunktion gegenüber anderen Staaten in der Budgetierungstechnik und im Haushaltsrecht überprüft werden soll (vgl. Abschnitt 1.3.).

131 Knemeyer 1970 hat zum Beispiel in seiner Untersuchung über die Regierungs- und Verwaltungsreformen in Deutschland zu Beginn des 19. Jahrhunderts diesen Ansatz gewählt.

bekannt ist. Die Analyse des Haushaltsrechts läßt sich am einfachsten durchführen, wenn entsprechende Rechtssammlungen vorhanden sind. Die Beschaffung der Etats und Haushaltsrechnungen ist bei kleinen Staaten, bei denen die durchgehende Sammlung der Parlamentsverhandlungen und deren leichte Zugänglichkeit nicht gewährleistet ist, sehr schwierig. Vorwiegend forschungspraktische Überlegungen haben demnach dazu geführt, "große" Staaten - die Königreiche Preußen, Bayern, Sachsen und Württemberg - für den Vergleich auszuwählen[132], mit Ausschluß des Königreichs Hannover, das 1866 von Preußen annektiert wurde[133].

Zeitliche Abgrenzung

Zeitlich steht vor allem das 19. Jahrhundert im Mittelpunkt der Betrachtung: zum ersten, weil sich das Erkenntnisinteresse mit Blick auf Budgetvergleiche darauf bezieht, zum zweiten, weil diesem Zeitraum für den Bau der modernen Verwaltung und damit auch des Budgetwesens eine erhebliche Bedeutung zugesprochen wird[134], und zum dritten - ein forschungspraktisches Argument -, weil es regelmäßig veröffentlichte Etats erst im 19. Jahrhundert gab.

Der Untersuchungszeitraum beginnt in den betrachteten Staaten nicht einheitlich zu einem bestimmten Stichjahr, sondern richtet sich nach dem Datum der Veröffentlichung der einschlägigen rechtlichen Regelungen und der Etats. Beide werden während des 19. Jahrhunderts durchgehend verfolgt. Die Untersuchung mit dem Jahr 1900 enden zu lassen, erscheint sachlich durch nichts begründet. Als obere zeitliche Grenze wurde das Jahr 1914 gesetzt: zum einen, weil mit Beginn des Ersten Weltkrieges in den Staaten teilweise nur noch eine bedingte Öffentlichkeit von Budgets und Staatshaushaltsrechnungen praktiziert

---

132 Weiter unten wird noch zu zeigen sein, daß selbst bei diesen Staaten das Zugangsproblem nicht gerade klein war (vgl. S.30 f.).

133 Vgl. dazu Barmeyer 1983.

134 Der Beginn der "Reformzeit" und damit der "modernen" Verwaltung wird oft im Zeitraum zwischen 1789 und 1815 angesiedelt, hervorgerufen durch die territorialen und inneren Staatsumwälzungen infolge der napoleonischen Kriege. Demgemäß wird der Prozeß der Herausbildung der "modernen" Budgetierungstechniken - meistens mit Blick auf das parlamentarische Budgetbewilligungsrecht - ins 19. Jahrhundert verlegt (vgl. dazu auch Abschnitt 2.3.2.). Zur theoretischen Frage der "Modernität" der Verwaltung allgemein siehe Ellwein 1981, S.40 ff.

wurde[135], zum anderen, weil danach die Ära der konstitutionellen Monarchien endete. Mit dem Umbau der Verfassungen nach 1918 änderten sich auch wichtige Rahmenbedingungen des Budgetwesens. Die Verfassungsbestimmungen, die das Budgetwesen betreffen, wurden in manchen Staaten abgeändert. Die Zäsur scheint uns deshalb gerechtfertigt. Allerdings sollen die genannten oberen und unteren zeitlichen Grenzen keine Epochisierung darstellen. Abgesehen von dem Streit um deren Nutzen überhaupt können keine empirisch gesicherten Aussagen über die Entwicklung von Budgetierungstechniken im 18. und im Übergang zum 19. Jahrhundert gemacht werden. Es ist anzunehmen, daß einige vom 18. ins 19. Jahrhundert übernommen, einige abgeschafft, einige modifiziert wurden und einige neu hinzugekommen sind. Wie das konkret in welcher Ausprägung in welchem Staat vonstatten ging, kann mit dem beschriebenen Forschungsansatz nicht beantwortet werden[136]. Gleiches gilt für den Übergang von den konstitutionellen Monarchien zur Weimarer Republik. Allgemeine Darstellungen deuten darauf hin, daß es noch in vielen Staaten einige Zeit dauerte, bis das Budgetwesen reformiert wurde[137].

Verfahren

Von grundsätzlicher Bedeutung für die Forschungsergebnisse ist die Operationalisierung des sachlichen Vergleichs des Budgetwesens bzw. der Budgetierungstechniken der untersuchten Staaten. Sie entscheidet letztendlich, ob mit dem gewählten Ansatz die angestrebten Erkenntnisse aus der Untersuchung gezogen werden können. Operationalisierung heißt u.a., die Kriterien und Forschungsfragen festzulegen, anhand derer die Umsetzung der abstrakten Erkenntnisinteressen in konkrete - mit dem wissenschaftlichen Instrumentarium meßbare - Forschungseinheiten erfolgen soll.

Zunächst erfordert der Anspruch, eine Grundlage für staatliche Budgetvergleiche im 19. Jahrhundert zu erarbeiten, daß die Grundsätze der Budgetaufstellung diachron betrachtet werden. Das diachronische Verfahren verlangt,

---

[135] In Württemberg wurde z.B. für 1915 nur noch ein Rumpfbudget mit wenigen Einzeletats in den Parlamentsverhandlungen veröffentlicht. In Bayern erfolgte - nach unseren Recherchen - 1914 keine Veröffentlichung der Staatshaushaltsrechnung, ebenso in Sachsen. Kummer 1964, S.6 f. berichtet, daß die bayerische Regierung in den Budgetansätzen für 1916/17 davon ausging, daß der Krieg am 1.1.1916 erfolgreich beendet sein werde, und in ihren Budgetansätzen von 1918/19 davon, daß beide Jahre Friedensjahre seien: "Der Landtag akzeptierte jedoch damals 'unter dem Druck der außerordentlichen Verhältnisse' und gemäß dem Beispiel anderer Staaten diese nur auf dem Papier stehenden Voranschläge als ordnungsmäßige Budgets" (Kummer 1964, S.7).

[136] Siehe dazu allgemein z.B. Wunder 1978, S.139 ff. und Press 1980, S.100 ff.

[137] Zum deutschen Budgetwesen in und nach dem 1. Weltkrieg siehe z.B. Herkner 1918; Földes 1920; Braun 1924; Schulze/Wagner 1926; Reichelt 1928, S.134 ff.; Heckel 1932, S.374 ff. und 411 ff. und Paegel 1933. Vgl. auch Abschnitt 1.1.

daß man sich die Benutzung der relevanten Begriffe und deren Veränderungen in der Zeit vergegenwärtigt[138]. Es würde zu Mißverständnissen führen, wenn man heutige Begriffe ungeprüft auf die Verhältnisse des 19. Jahrhunderts übertragen würde[139], selbst wenn seitdem "erst" ein Jahrhundert vergangen ist. Art und Sinn der in diesem Zusammenhang im 19. Jahrhundert gebrauchten Begriffe müssen deshalb untersucht werden. Für diese Vorgehensweise spricht auch, daß grundlegende Prinzipien, die heute noch im Budgetwesen proklamiert werden, im 19. Jahrhundert - wie wir noch sehen werden - formuliert wurden. Es liegt näher, die Herleitung der Prinzipien in der Originalliteratur nachzuvollziehen und zu präzisieren, als deren - i.d.R. unhinterfragte und stereotype - Aufzählung in der heutigen Literatur einfach zu übernehmen. Proklamierte Budgetierungsregeln sind theoretische, idealtypische Anforderungen, die meistens von wissenschaftlicher Seite - aus welchen Gründen auch immer - an das Budget, seine Aufstellung, Durchführung und Kontrolle, seine Form und seinen Inhalt herangetragen werden. Sie stellen in gewissem Sinne Maximalforderungen dar, von denen die Wirklichkeit mehr oder weniger abweicht. Das Konzept der Untersuchung besteht aus zwei Arbeitsschritten: der Analyse der **Forderungen** an das "moderne" Budget und der Überprüfung deren **Umsetzung** im Budgetrecht und in den Haushaltsplänen. Der erste Schritt umfaßt den 2. Abschnitt der Arbeit, der zweite Schritt den 3. Abschnitt.

Die genaue Fragestellung und die für die empirische Untersuchung relevanten Begriffe werden demgemäß im nächsten Abschnitt erarbeitet. Daß im Endergebnis im wesentlichen die heute unter dem Oberbegriff "Budgetprinzipien" bekannten Haushaltsgrundsätze herauskommen[140], die dann im 3. Abschnitt der Arbeit empirisch überprüft werden, zeugt von der Verwurzelung heutiger Vorstellungen von einem "guten" Budget im letzten Jahrhundert. Anhand des gewonnenen Kategoriensystems sollen im 3. Kapitel die drei zentralen Fragen überprüft werden: **Sind Budgetvergleiche zwischen den Staaten möglich und wenn ja, in welchem Umfang? War das Budgetwesen vereinheitlicht und zentralisiert? War es verrechtlicht?**

Die Frage nach den Möglichkeiten und Grenzen von über- und innerstaatlichen Budgetvergleichen wird mit Hilfe des im 2. Abschnitt gewonnenen Kriterienkatalogs beantwortet. Am Ende kann Bilanz gezogen werden, inwieweit die überprüften Budgetgrundsätze in den untersuchten Staaten gleich oder unterschiedlich waren. Das Maß ihrer Abweichung oder Übereinstimmung wird ein Maß für deren Vergleichbarkeit sein.

---

[138] Zum diachronischen Verfahren siehe Koselleck 1974, S.XXI.

[139] Otto Brunner (1970) hat das anschaulich für den Staatsbegriff dargelegt.

[140] Vgl. z.B. die Darstellungen bei Wittmann 1976, III, S.44 ff.; Hedtkamp 1977, S.80 ff.; Senf 1977, S.393 ff.; Henle 1980, S.80 ff.; Andel 1983, S.68 ff. und Zimmermann/Henke 1985, S.67 ff.

Meßinstrumente sind das Budgetrecht, die Haushaltspläne und - soweit das notwendig ist - die Staatshaushaltsrechnungen. Mit Hilfe des **Haushaltsrechts** soll überprüft werden, ob und inwieweit die proklamierten Haushaltsgrundsätze in das Budgetrecht Eingang fanden. Es wird damit gleichzeitig ein Maß für dessen Verrechtlichung und Zentralisierung. Verrechtlichung wird von uns nur insoweit erfaßt, als sie auch vereinheitlicht und zentralisiert war, das heißt letztendlich, daß die Rechtsvorschriften als allgemeingültige Regeln im Gesetz- und Verordnungsblatt oder vergleichbaren Publikationsorganen erschienen sind[141]. Vom Beobachtungswinkel her befinden wir uns damit auf oberster staatlicher Ebene mit Blick auf die allgemeinen, alle Sachgebiete umfassenden rechtlichen Regelungen des Budgetwesens. Daß örtliche und von der rechtlichen Hierarchie weiter unten angesiedelte Vorschriften, die nicht im Gesetz- und Verordnungsblatt erschienen, sich über höherrangige hinwegsetzten, kann nicht ausgeschlossen werden. Bei der beschriebenen Anlage der Arbeit werden also alle nicht veröffentlichten rechtlichen Regelungen vernachlässigt. Nicht berücksichtigt werden auch zum einen die auf bestimmte regionale Verwaltungsgebiete bezogenen Vorschriften, zum anderen die Spezialregelungen für einzelne Sachgebiete. Sie werden höchstens beispielhaft herangezogen, wenn eine allgemeine Regelung nicht besteht[142]. Hier sind Lücken möglich.

Eine ganz andere Frage ist, ob die rechtlichen Vorschriften bei ihrer Durchführung auch eingehalten wurden[143]. Theoretisch und praktisch ist zwischen den Extremen "völlige Einhaltung" und "vollständige Nichteinhaltung" jede denkbare Abweichung möglich oder sogar wahrscheinlich. In diesem Sinne ist eine rechtliche Vorschrift eine Art Idealtypus, von dem im Vollzug mehr oder weniger abgewichen wird. Die **Haushaltspläne** dienen als Maßstab zum einen für die Umsetzung der proklamierten Budgetprinzipien und zum anderen der

---

141 Der rechtliche Unterschied zwischen Gesetzen, Verordnungen, Reskripten u.s.w. wird vernachlässigt (vgl. dazu Böckenförde 1981), da es für uns in der Hauptsache nur darum geht, festzustellen, ob über das Budgetwesen im 19. Jahrhundert Recht gesetzt wurde oder nicht. Facius 1939, S.190 bezeichnet Gesetze als eine "hervorragende Geschichtsquelle". Er schreibt dazu: "Die Erzeugnisse der Gesetzgebung selbst können indes eine allgemeine Aufmerksamkeit beanspruchen, denn sie bilden nicht nur die unerläßliche und zuverlässigste Grundlage und Ergänzung geschichtlicher Forschungen, sondern sind auch sehr häufig für Verwaltungsfragen der Gegenwart von ausschlaggebender Bedeutung". Lotz 1931, S.7 hält eine entwicklungsgeschichtliche Würdigung finanzpolitischer Probleme nur für möglich, wenn die notwendigen Kenntnisse des positiven Rechts - des geschriebenen und des angewandten - vorhanden sind.

142 Spezialregelungen für einzelne Gegenstände gibt es in allen Staaten. Sie beinhalten i.d.R. spezielle Anweisungen für eine bestimmte Behörde oder einen Verwaltungszweig über die Verrechnung von Einnahme- und Ausgabeposten. Ihr Inhalt ist deshalb von der Organisation und der Differenzierung der Verwaltungszweige abhängig. Sie haben den Charakter von Einzelfallregelungen, die verwaltungszweig-, orts-, zeit- und organisationsspezifisch sind. Sie eignen sich aufgrund des fehlenden Merkmals der Allgemeingültigkeit für zwischenstaatliche Längsschnittanalysen über die Zeit nur eingeschränkt.

143 Vgl. dazu Ellwein/Schäfer 1985, S.442 f.

rechtlichen Regelungen. Sie sind ein Indikator für die Umsetzung der rechtlich vorgeschriebenen Budgetierungstechniken. Die **Staatshaushaltsrechnungen** geben Aufschluß über den Grad des Budgetvollzugs. Darüberhinaus ist an den Budgets ersichtlich, welche Veranschlagungstechniken angewandt bzw. nicht angewandt wurden, wenn positive Vorschriften fehlen. Allerdings lassen sich nicht alle Budgetierungstechniken an Budgetrecht, Etats und Haushaltsrechnungen ablesen. Die Schätzungsmethoden z.B. können für die erste Hälfte des 19. Jahrhunderts i.d.R., sofern Rechtsvorschriften nicht bestanden, nur mit Hilfe von Sekundärliteratur erschlossen werden. Sie soll auch herangezogen werden, sofern einzelne Aspekte anhand der rechtlichen Vorschriften, Etats und Rechnungen nicht geklärt werden können. Inwieweit die empirische Überprüfung der einzelnen Fragen gelingt, bedarf einer Klärung an entsprechender Stelle.

Einige Bemerkungen zur Quellenlage, die in den untersuchten Staaten keineswegs einheitlich war: Da bisher noch keine Übersichten über die Haushaltsperioden und Fundstellenverzeichnisse der veröffentlichten Etats und Rechnungen der untersuchten Staaten existierten, mußten sie erst angefertigt werden[144]. Ebensowenig konnte auf Bibliographien zurückgegriffen werden, welche die amtlichen und nichtamtlichen Gesetzsammlungen und Verwaltungsblätter des 19. Jahrhunderts verzeichnen. Es mußten deshalb zunächst die - oftmals wechselnden - Titel der jeweiligen Veröffentlichungsorgane gesammelt und deren Erscheinungszeitraum eruiert werden[145]. Da es einen Untersuchungszeitraum von 114 Jahren abzudecken galt, stellte sich die Frage, wie diese Materialfülle, durch unsere Fragestellung geleitet, möglichst schnell und vollständig durchforstet werden konnte.

Eine große Hilfe waren bei der Quellensuche die Repertorien - sofern sie vorhanden waren und ausfindig gemacht werden konnten. In jedem Repertorium sind - nach unseren Erfahrungen - die Fundstellen nach anderen Kriterien systematisiert und den rechtlichen Regelungen die unterschiedlichsten Stichwörter als einschlägig zugeordnet. Die Repertorien spiegeln die Präferenzen ihrer Autoren für den einen oder anderen Gegenstand wider. Dieser wird dann besonders ausführlich behandelt, während andere nur oberflächlich und unvollständig Erwähnung finden[146]. Auch sonst bestehen in ihrer Ausführlichkeit

---

[144] Zu den verwendeten amtlichen Gesetzblättern, Parlamentsverhandlungen, Ministerialblättern, nichtamtlichen Gesetzsammlungen und Repertorien siehe die Quellenverzeichnisse Q *.1. bis Q *.3.

[145] Zu den Fundstellen der in den Gesetzsammlungen veröffentlichten Finanz- und Haushaltsgesetze vgl. das Quellenverzeichnis Q *.4.

[146] Jässing 1839 bevorzugt beispielsweise zivil-, kriminal- und polizeiliche Gesetze und bei Keller 1878 scheinen die Militärangelegenheiten ein Übergewicht zu haben.

viele Unterschiede[147]. Das gilt auch für die amtlichen Stichwortregister, die sich ebenfalls als lückenhaft erwiesen. Um die Vollständigkeit einigermaßen sicherzustellen, war es auf jeden Fall ratsam, mehrere Repertorien, die den gleichen Zeitraum abdecken, durchzusehen. Hatte man so den langwierigen Prozeß der Quellensuche[148] hinter sich gebracht, erlebte man nicht selten die Überraschung, daß die angegebenen Fundstellen nicht den bezeichneten Inhalt hatten. Oft war dies auf - damals sehr häufig vorkommende - Druckfehler oder auf anders paginierte Gesetzsammlungsausgaben zurückzuführen.

Schwierig gestaltete es sich, einschlägige rechtliche Regelungen zu erfassen, die nicht im Gesetzblatt abgedruckt waren. Sofern vorhanden, wurde noch auf einschlägige Ministerialblätter zurückgegriffen[149]. Als ein Glücksfall in dieser Beziehung erwiesen sich für Bayern die *Geret*schen Sammlungen[150], welche die bis zu jenem Zeitpunkt unveröffentlichten Verordnungen zusammenstellen und auch sonst eine vorzügliche Sammlung der bayerischen finanzrechtlichen Regelungen sind. Interessant sind in den *Geret*schen Repertorien auch die vielen Hinweise auf Rechtsregelungen, die nicht veröffentlicht wurden[151]. In den anderen untersuchten Staaten fehlen solche Zusammenstellungen, wobei unklar bleibt, ob daraus zu schließen ist, daß nur deren Veröffentlichung unterblieb oder ob diese Fülle an Einzelfallregelungen bei ihnen nicht vorkam.

Über die Repertorien zu den Gesetzsammlungen konnten auch die Finanzperioden und die in den Gesetzsammlungen publizierten Finanzgesetze und Etats ausgemacht werden. Im Untersuchungszeitraum wurden in Preußen 71, in Bayern 33, in Sachsen 35 und in Württemberg 37 Budgets bzw. Finanzgesetze

---

147 So sind z.B. in das "Alphabetische Sach-Register über das Königlich Württembergische Staats- und Regierungs-Blatt und die dazu gehörigen Ordnungen und Edikte von den Jahrgängen 1806-1820" (1821) ausdrücklich auch "kurzfristige" Regelungen aufgenommen worden, die ansonsten fehlen, weil die Autoren der Ansicht waren, sie seien nicht von Interesse. Teilweise wurden die zum Zeitpunkt des Erscheinens des Repertoriums bereits aufgehobenen älteren Gesetze und Verordnungen mit aufgeführt (z.B. von Dörrer 1818 oder im Haupt-Sachregister zum Gesetz- und Verordnungsblatt für das Königreich Sachsen 1908), teilweise auch nicht (siehe z.B. Hofmann 1891).

148 Vollständige Rechtssammlungen, die einen solch großen Untersuchungszeitraum abdecken, gibt es nicht. Ihrem hauptsächlichen Zweck nach, eine Anleitung für die Praxis zu geben, sind sie jeweils statisch auf den jeweiligen Rechtszustand ausgerichtet. Rechtsentwicklungen lassen sich mit ihrer Hilfe in den wenigsten Fällen nachvollziehen. Außerdem beziehen sie sich fast ausschließlich auf das Rechnungs- und Kassenwesen und weniger auf die Etatwirtschaft. Vgl. dazu auch die Literaturnachweise in Abschnitt 1.2.

149 Siehe dazu das Quellenverzeichnis Q *.3.

150 Siehe Geret 1813-1855.

151 Vgl. Geret 1816 und Geret 1825. Er erwähnt z.B. eine Allgemeine Instruktion für die Anfertigung der Spezial-Ämter-Etats von 1804 und 1806 oder ein "General-Instruktiv-Rescript zur Anfertigung der Etats-Varianten für 1810/11" (vgl. Geret 1816, S.39 f.).

veröffentlicht[152]. In Sachsen wurden im gesamten Untersuchungszeitraum nur die Finanzgesetze, nicht aber die Haushaltspläne im Gesetzblatt abgedruckt[153]. Bei den anderen drei Staaten zeigte sich schnell, daß die Etats in den Gesetzblättern zu stark aggregiert sind, um daraus Budgetierungstechniken ersehen zu können. Keines der Gesetzblätter enthielt die Staatshaushaltsrechnungen. Um sie ausfindig zu machen, mußten die Repertorien der Landtagsverhandlungen herbeigeschafft werden[154], da - was sich später auch nur als eingeschränkt zutreffend erwies - zu vermuten war, daß die Etats und Rechnungen zumindest dort gedruckt vorliegen.

Es bedarf kaum der Erwähnung, daß die Herbeischaffung der jeweiligen Bände über Fernleihe ein recht mühsames, zeitraubendes und oft auch ein nervenaufreibendes Geschäft ist. In den Bibliotheken sind die einschlägigen Bestände oft nicht durchgehend vorhanden. Die Bestellungen wurden sehr zeitversetzt geliefert, so daß eine - bei der Fragestellung wünschenswerte - durchgehende Bearbeitung aller Etats bzw. Rechnungen eines Landes in keinem Fall zu bewerkstelligen war. Das hatte eine Reihe von Doppelarbeiten zur Folge, da bei jeder stückweisen Lieferung sich die Forschungsfragen von neuem stellten. Ärgerlich war die große Zahl von Falschlieferungen, mit der wir uns konfrontiert sahen. Sie führten zu erheblichen Zeitverzögerungen, da jedesmal der ganze Bestellvorgang wiederholt werden mußte. Auch diese Schwierigkeiten haben wir schließlich überwunden, wenn auch die Quellensammlung annähernd drei Jahre dauerte. Die letzten Haushaltspläne und -rechnungen standen noch bis kurz vor Fertigstellung der Arbeit aus.

Um nochmals zusammenzufassen: Die Untersuchung ist historisch-vergleichend angelegt und systematisch, nicht chronologisch gegliedert. Im Hinblick auf Aspekte der Verwaltungstheorie hat sie explorativen Charakter. Untersuchungsgegenstand sind die Budgets und die bei der Budgetierung angewandten Techniken. Deren verschiedene Ausprägungen in den Staaten Preußen, Bayern, Sachsen und Württemberg werden im Zeitraum von 1800 bis 1914 anhand der rechtlichen Regelungen, der Etats und der Staatshaushaltsrechnungen beschrieben und miteinander verglichen. Dadurch sollen Aussagen bezüglich der Vergleichbarkeit von deutschen Haushaltsplänen in diesem Zeitraum, des Vereinheitlichungsprozesses sowie der Verrechtlichung im Budgetwesen der vier untersuchten Staaten möglich werden. Die Arbeit geht nicht im strengen Sinne theoriegeleitet vor, wird aber von Fragestellungen, die im 19. und 20. Jahrhundert im Zusammenhang mit dem Budget und dem Etatwesen diskutiert

---

[152] Siehe Quellenverzeichnis Q *.4.

[153] Siehe dazu näher Abschnitt 3.1.

[154] Zu den Repertorien siehe das Quellenverzeichnis Q *.2.

werden, angeleitet[155]. In diesem Sinne wird zunächst im 2. Abschnitt anhand der Literatur des 19. Jahrhunderts ein Kategorienschema entwickelt. Es leitet die empirische Untersuchung im 3. Abschnitt der Arbeit an. Die Entwicklung der genauen Fragestellung, wiederum anhand der Literatur, wird der empirischen Überprüfung der einzelnen Kategorien vorangestellt. Auf bisher noch nicht erörterte methodische Probleme wird, falls notwendig, an den entsprechenden Stellen eingegangen.

---

155 Greshoff 1985, S.2 ff. nennt diese Vorgehensweise, im Gegensatz zur hypothetisch-deduktiven Theoriearbeit, "dimensionale" Theoriearbeit.

2. Etat, Haushaltsgeschichte und Budgetrecht

Haushaltspläne und Budgettechniken werden in den neueren finanzwissenschaftlichen Lehrbüchern unter dem Themenkreis "Haushaltsfunktionen" und "Haushaltsprinzipien" erörtert. Die Art der Darstellung ist i.d.R. in allen Werken dieselbe: Zunächst kommt das Budget allgemein zur Sprache, anschließend werden Budgetfunktionen postuliert und diesen wiederum bestimmte Haushaltsprinzipien zugeordnet. Letztere werden kurz - mit Verweis auf die bestehenden rechtlichen Regelungen - abgehandelt und die Ausnahmen von den Prinzipien diskutiert. Meinungsverschiedenheiten oder unterschiedliche Darstellungen gibt es dabei kaum[1]. Die geschichtliche Verwurzelung der Haushaltsgrundsätze im 19. Jahrhundert bleibt unreflektiert. Dadurch entsteht der Eindruck, als sei ihr Inhalt seit eh und je klar gewesen. Daß dies nicht der Fall ist, zeigen die folgenden Abschnitte:

Nach allgemeinen Vorbemerkungen (Abschnitt 2.1.) wird zunächst dargelegt, wie eine "gute" finanzwirtschaftliche Ordnung im 19. Jahrhundert aussehen sollte (Abschnitt 2.2.) und welche Forderungen infolgedessen an das Budget als Instrument der Haushaltsplanung, -führung und -kontrolle (Abschnitt 2.3.1) sowie an die konkrete Ausgestaltung des Budgets gestellt wurden (Abschnitt 2.3.2.). Die Etatgestaltung war jedoch nicht nur von technischen Rationalitätskriterien bestimmt, sondern auch von ihrer geschichtlichen Entwicklung (Abschnitt 2.4.) und der rechtlichen Bedeutung des Budgets (Abschnitt 2.5.). Alle genannten Faktoren zusammen gaben dem Budget die Form, die es im 19. Jahrhundert hatte und die im 3. Abschnitt näher untersucht wird.

2.1. Allgemeines

Nach allgemeiner Einschätzung sind in der Finanzwissenschaft des 19. Jahrhunderts insbesondere deutsche[2], französische[3] und italienische[4] Wissenschaft-

---

[1] Vgl. z.B. Hedtkamp 1977, S.75 ff.; Wittmann 1978, S.180 ff.; Wiesner 1982, S.26 ff.; Andel 1983, S.66 ff. und Zimmermann/Henke 1985, S.67 ff.

[2] Als Wegbereiter gelten vor allem Jakob 1821; Malchus 1830; Rau 1850; Wagner 1877 und Stein 1878.

[3] Die Werke von Stourm 1909, in der ersten Auflage 1889 erschienen; Boiteau 1889; Dubois de l'Estang 1891; Say 1896; der 2. Band von Leroy-Beaulieu 1899, erstmals 1877 veröffentlicht, und Jèze 1927 gehören zu den klassischen Werken der Budgetliteratur. Siehe dazu auch Neumark 1929, S.380.

[4] Die Werke von Masè-Dari 1899; Gagliardi 1908; Flora 1921 und Nitti 1922 fanden internationale Beachtung. Auf deren Einbeziehung muß hier allerdings wegen mangelnder Italienischkenntnisse verzichtet werden.

ler grundlegend, wobei die deutschen als dominierend angesehen werden[5]. Einleitend ist bereits gesagt worden, daß die deutschen Finanzwissenschaftler, auf die wir uns im folgenden nicht ausschließlich, aber überwiegend beziehen, sich im 19. und beginnenden 20. Jahrhundert[6] besonders intensiv mit Fragen der Staatseinnahmenbeschaffung befaßten. "Haushaltsgrundsätze" waren noch kein selbständiges finanzwissenschaftliches Thema. Die entsprechenden Fragestellungen wurden entweder in den einleitenden Kapiteln über die Finanzwirtschaft allgemein, im Abschnitt über die Staatsausgaben, zusammen mit dem Schuldenwesen oder unter der Rubrik Finanzverwaltung, falls vorhanden, abgehandelt[7]. Gegenstände, welche die Staatshaushaltspläne betreffen, müssen deshalb mühsam aus den verschiedenen Abschnitten zusammengesucht werden. Aus der Tatsache, daß das Budget lange Zeit kein Thema war, ergab sich auch eine mangelnde Strukturierung des Gegenstandes. Analytisch zu trennende Fragen wurden bunt gemischt diskutiert, was es zum Teil schwierig macht, die Argumentationslinien zu ordnen. Das gilt auch für die budgetrechtliche Literatur, die sich häufig auf die finanzwissenschaftliche bezieht.

Die Darstellung der finanzwissenschaftlichen Diskussion des 19. Jahrhunderts wird darüber hinaus durch den uneinheitlichen Sprachgebrauch erschwert. Für unsere Zwecke spielt es jedoch keine Rolle, in welchem Fachjargon die ein-

---

[5] Das hängt zum einen mit der langen Tradition der deutschen kameralistischen Literatur zusammen und zum anderen mit der auf Deutschland beschränkten Herausbildung der Finanzwissenschaft als selbständige Disziplin. Unerheblich ist, ob sie als Teil der Bearbeitung der Politischen Ökonomie erscheint (wie z.B. bei Krug 1808; Soden 1811; Fulda 1820; Schmalz 1808; Lotz 1822; Pölitz 1827; Roscher 1901 und Rau 1850) oder als selbständiges Werk (wie z.B. bei Stokar von Neuforn 1808; Jakob 1821 und 1837; Behr 1822 und Malchus 1830). Über den spezifisch deutschen Weg der Finanzwissenschaft vgl. Rau 1850, I, S.20; Wagner 1877, S.39; Stein 1878, I, S.34 und Umpfenbach 1887, S.37. Roscher 1901, S.19 nennt Deutschland den "Hauptsitz" der Finanzwissenschaft. Siehe dazu auch Heckel 1907, I, S.58 ff.; Földes 1920, S.24; Gerloff 1926, I, S.2 f. und Gerloff 1952, I, S.4. Zur Geschichte der Finanzwissenschaft außerhalb Deutschlands siehe Seligman 1926. Die englischsprachigen allgemeinen finanzwissenschaftlichen Werke gehen i.d.R. von einer anderen Fragestellung als der genannten aus. Bekannter sind die Arbeiten von Adams 1899, Shirras 1924, Buck 1934 und Lutz 1936.

[6] Die folgende Analyse des Budgetbegriffs, der Haushaltsgrundsätze und des Etatrechts beschränkt sich auf die Literatur dieses Zeitraums, in der Annahme, daß sie am ausführlichsten und zuverlässigsten über diese Gegenstände und ihre Behandlung im 19. Jahrhundert Auskunft geben kann. Die neuere Literatur kann hierzu allenfalls einen ergänzenden Beitrag leisten. Wenn im folgenden in sprachlicher Vereinfachung von "Budgetliteratur im 19. Jahrhundert" o.ä. die Rede ist, ist der Zeitraum bis zum 2. Weltkrieg gemeint, da die finanzwissenschaftlichen Werke, nach unserem Dafürhalten, in der Art der Themenbehandlung bis zu diesem Zeitpunkt noch ganz in der Tradition des 19. Jahrhunderts stehen und deshalb hier von Relevanz sind.

[7] Vgl. z.B. die Darstellungen bei Behr 1822; Fulda 1827; Jakob 1837; Barth 1843; Oekonomie der menschlichen Gesellschaften 1845; Rau 1850; Finanzwissenschaft 1863; Lehr 1872; Parth 1874; Bischof 1876; Umpfenbach 1887; Cohn 1889; Eheberg 1895; Gmelin 1899; Fellmeth 1900; Freund 1901; Borght 1902; Nachimson 1913; Conrad 1919 und Földes 1920. Von dieser für das 19. Jahrhundert typischen Themenanordnung weichen nur wenige Autoren ab, so z.B. Malchus 1830; Stein 1878; Kaizl 1900; Roscher 1901 und Lotz 1931.

zelnen Autoren sich ausdrücken, obwohl dadurch theoretisch unterschiedliche Standpunkte zum Ausdruck kommen können. Wichtig ist ihr gemeinsamer inhaltlicher Kern, nicht, ob sie ihren Gegenstand unter anderem mit den Begriffen "Staatseinnahmen und -ausgaben", "Verwendung von Sachgütern" oder mit "öffentlicher Konsumtion" bezeichnen. Am Beispiel der Begriffsverwendung von "Staatswirtschaft", "(Staats-) Finanzwirtschaft" und "Finanzverwaltung" kann dies demonstriert werden.

Mit den Worten "Staatswirtschaft" oder "Finanzwirtschaft" werden i.d.R. alle Tätigkeiten des Staates oder seiner Verwaltung beschrieben, die mit der Erhebung, Verteilung und Verwendung von Staatseinnahmen verbunden sind. Einige Autoren verstehen auch nur Teile dieses Prozesses darunter[8]. Etwas uneinheitlicher zeigt sich das Bild bei der Verwendung des Wortes "Finanzverwaltung". Zum Teil wird es wie "Staatswirtschaft" oder "Finanzwirtschaft" gebraucht[9], zum Teil werden die ausführenden Organe darunter verstanden[10] und zum Teil wird so die Gesetzmäßigkeit der Ausführung genannt[11]. Daneben finden sich noch Bezeichnungen wie etwa "Finanzwesen"[12], "Finanzsystem"[13], "Finanzpolitik"[14] und "Staatsrechnungswesen"[15], um nur einige zu nennen. Im Endeffekt werden auch sie im oben dargelegten Sinne von "Staatswirtschaft" und "Finanzwirtschaft" gebraucht. Wenn im folgenden in den Zitaten eine derartige Begriffsvielfalt zum Ausdruck kommt, sollte man sich nicht davon irritieren und vom Kern der Aussage ablenken lassen.

---

8 Eschenmayer 1807, I, Vorbericht, versteht unter der Finanzwirtschaft z.B. einseitig die Staatseinnahmenverwaltung, Lotz 1822, III, S.49 den öffentlichen Konsum.

9 Vgl. z.B. Pölitz 1827, II, S.444 oder Pfeiffer 1866, I, S.6. Behr 1822, S.9 schreibt, daß der ursprünglich deutsche Ausdruck Staatswirtschaft "völlig identisch" sei mit dem fremden Ausdruck "Finanzverwaltung".

10 Siehe etwa die Wortverwendung bei Dessáry 1855, S.1.

11 Z.B. von Jakob 1821, S.833; Fulda 1827, S.13 oder Rotteck 1835, IV, S.471.

12 Ungewitter 1845, S.425 versteht darunter das regel- und ordnungsmäßige Bewirtschaften der Staatseinkünfte. Ähnlich Dessáry 1855, S.1.

13 Nach Dessáry 1855, S.1 bezeichnet es die Beschaffenheit der leitenden Prinzipien, die eine Regierung verfolgt, und die in den Finanzgesetzen ihren Ausdruck erhalten. Schmidt 1880, S.90 versteht darunter den "Inbegriff der fundamentalen positiven Rechtsnormen", nach welchen der Staat seinen Bedarf festsetzt und die möglichen Einkommensquellen zur Erfüllung der Staatszwecke benützt.

14 Sie hat nach Finanzwissenschaft 1863, S.322 "die Aufgabe, Ausgaben und Einnahmen mit einander in das richtige Verhältniß zu setzen, in gegenseitiges Gleichgewicht zu bringen".

15 Eschenmayer 1807, I, Vorbericht, versteht darunter den Teil der Finanzwirtschaft, durch den die Staatseinkünfte erhoben, der Staatsaufwand bestritten und dem Staat Rechnung über diese Vorgänge abgelegt wird. In den Abhandlungen über das Staatsrechnungswesen wird der Ausdruck öfters in diesem Sinne verwendet.

In der Finanzwissenschaft des 18. und 19. Jahrhunderts werden i.d.R. vier Richtungen unterschieden: die physiokratisch orientierte[16], die von Adam Smith beeinflußte[17], die in der traditionell kameralwissenschaftlichen Tradition stehende[18] und die sogenannte "sozialistische"[19]. Die physiokratische, smithianische und kameralwissenschaftliche Richtung war in ihrem Erkenntnisinteresse in der Hauptsache einnahmeorientiert, die sog. sozialistische verstärkte Ende des 19. Jahrhunderts die ausgabenorientierte Betrachtung. Die verschiedenen Schulen der Finanzwissenschaft wirkten sich nach unserem Dafürhalten auf die Abhandlung des Themas Budget und Haushaltswesen allgemein nicht aus[20]. Das finanzwissenschaftliche Konzept gestaltete sich, von kleineren Differenzen in der Sache abgesehen, von Beginn bis zum Ende des 19. Jahrhunderts durchaus einheitlich: Zunächst wurde die Notwendigkeit der Staatswirtschaft gerechtfertigt, und anschließend erörtert, wie eine "gute" Finanzwirtschaft auszusehen hat[21].

2.2. Die "gute" Ordnung in der Staatswirtschaft

Ein Charakteristikum der öffentlichen Wirtschaft im Gegensatz zur privaten ist die Machtvollkommenheit, in der sie die Finanzhoheit ausübt[22]. Sie ermöglicht es ihr, zwangsweise Abgaben zu erheben, die für bestimmte Staatsaufgaben verwendet werden. Wie *Stein*[23] hervorhebt, sollte dieser Verteilungsprozeß nicht durch Willkür und Zufall bestimmt sein, sondern in einem "*geordneten*

---

16 Im 19. Jahrhundert wurde diese Richtung allerdings nur noch selten vertreten. Siehe dazu auch Kapitel 1.2.

17 Zu den Rezipienten der Klassiker zählen u.a. Julius Heinrich von Soden (1754-1831), Johann Friedrich Eusebius Lotz (1771-1838), Ludwig Heinrich von Jakob (1759-1827) und Karl Heinrich Rau (1792-1870).

18 Z.B. Enderlin 1804 oder Hoeck 1819. Bei Harl 1811 findet sich eine Mischung aus kameralistischen und nationalökonomischen Vorstellungen.

19 Zu deren prominentesten Vertretern zählen Wagner 1877 und Stein 1878. Zur Geschichte der deutschen Finanzwissenschaft im 19. Jahrhundert siehe z.B. Gerlach 1908; Meisel 1926, S.250 ff.; Jecht 1928, S.12 ff.; Beckerath 1952; Klein 1974, S.125 ff.; Mann 1977 und Ott/Winkel 1985.

20 Auf die verschiedenen Staatszwecklehren und Staatstheorien, die hinter den postulierten Budgetgrundsätzen und dem jeweiligen Budgetbegriff stehen, kann in diesem Rahmen nicht eingegangen werden. Zu deren besonderen Einfluß auf die Finanzwissenschaft des 19. Jahrhunderts vgl. Gerlach 1908, S.11 ff.; Gerloff 1952, I, S.38 f.; Klein 1974, S.125 ff. und außerdem die Abschnitte "Grundideen" in Ott/Winkel 1985.

21 Vgl. z.B. die Darlegungen bei Fulda 1820, S.192; Wagner 1866, S.835 f.; Eheberg 1895, S.3 ff.; Földes 1920, S.3 ff.; Schoen 1832, S.20 ff.; Ungewitter 1845, S.421 ff.; Rau 1850, S.2 ff.; Finanzwissenschaft 1863, S.15 ff. und Wagner 1877, S.1 ff.

22 Vgl. dazu z.B. Wagner 1866, S.835; Laspeyres 1867, S.77; Schmidt 1880, S.3; Geffcken 1891, S.4; Fellmeth 1900, S.4; Eheberg 1895, S.8; Seidler 1901, II, S.7; Jecht 1928, S.73 und Lotz 1931, S.11.

23 1878, I, S.13.

Staatshaushalt" seinen Ausdruck finden, nämlich in einem Staatshaushaltsplan[24]. Die Aufstellung und Aufrechterhaltung der Ordnung ist seiner Ansicht nach das erste Prinzip aller Staatswirtschaft[25]. Wie dessen "**gute Ordnung**" allerdings konkret aussehen soll, darüber streiten sich die Geister seit es die staatliche Zwangserhebung und die Staatstätigkeit für öffentliche Zwecke gibt[26].

Die Finanzwissenschaft des 19. Jahrhunderts sah ihre Aufgabe darin, Grundsätze aufzustellen, welche die gute Ordnung der Finanzwirtschaft gewährleisten sollten[27]. Einigkeit herrschte darüber, daß sie den größten Teil ihrer Aufmerksamkeit der Aufstellung von Regeln für die Erhebung der Staatseinnahmen zu widmen hatte, welche die gute Ordnung der Finanzwirtschaft sicherstellen sollten. Ein gespalteneres Verhältnis hatte sie zur Bestimmung von Art und Maß der Staatsausgaben. Ein Teil der Finanzwissenschaftler lehnte

---

24 Nicht zuletzt deshalb, weil das Finanzwesen die finanziellen Mittel zu jeder anderen Regierungstätigkeit liefere, müsse es "vorzüglich gepflegt" sein, wie in der Finanzwissenschaft 1863, S.16 angemerkt wird: "Je sorgsamer und vollkommener das Finanzwesen geordnet ist, desto gleichmäßiger und sicherer fließen diese Mittel, mit desto mehr Consequenz und Beharrlichkeit kann die Regierung wirken, desto Größeres leisten, desto nachhaltiger ihre Kraft anstrengen und jeder mächtige Herrscher, welcher Großes zu leisten unternahm, war deshalb vor allen Dingen darauf bedacht, das Finanzwesen zu ordnen und sorgsam zu pflegen und sich so die Quelle zur Förderung des inneren Wohlstandes und Machtentfaltung nach außen unversiegbar und reichlich fließend zu erhalten" (Finanzwissenschaft 1863, S.17).

25 Stein 1878, I, S.13.

26 Jakob 1821, S.834 nennt z.B. als Kriterien einer vollkommenen Finanzverwaltung die Einheit und Einfachheit der Verwaltung, die richtige Verteilung der Staatslasten - besonders der Abgaben - unter den einzelnen Staatsbürgern, deren leichte, "wohlfeile" und bequeme Erhebung sowie eine leichte und deutliche Übersicht über die ganze Finanzverwaltung. Ähnlich ist für Hagen 1880, S.112 Ordnung in der Finanzorganisation am besten durch Einfachheit, Übersichtlichkeit und Öffentlichkeit der Finanzverwaltung gewährleistet. Für Wagner 1866, S.837 scheint die gute Ordnung im Finanzwesen am ehesten im Verfassungsstaat gesichert, da der Regierung in dieser Staatsform ein unabhängiges Finanzkontrollorgan zur Seite stehe: "Deshalb kann man wohl den Rechts- und Verfassungsstaat als eine der wichtigsten Bedingungen für den richtig geleiteten und geordneten Staatshaushalt bezeichnen".

27 Die Aufgabe der Finanzwissenschaft sieht Harl 1811, II, S.7 z.B. in der Aufstellung von Regeln, "das Staatseinkommen auf die beste Art zu erheben, auf das Vorteilhafteste zu verwalten und auf das Zweckmäßigste zu verwenden". Als Wissenschaft von den Grundsätzen, wie der Staatsaufwand "am besten" bestritten, die Mittel "am zweckmäßigsten" zusammengebracht und andererseits "am besten" verwendet werden, betrachtet Jakob 1821, S.21 seine Disziplin. Für Wagner 1866, S.837 liegt die Aufgabe der Finanzwissenschaft darin, nach allgemeinen Grundsätzen zu suchen und ein "oberstes Princip" für die Ordnung der Finanzwirtschaft zu bestimmen. Tyszka 1920, S.2 bezeichnet die Finanzwissenschaft als die Lehre von der "besten" Einrichtung der Staatswirtschaft.

deren Behandlung als nicht in die Finanzwissenschaften gehörend ab[28], ein anderer schloß sie in seine Betrachtungen mit ein[29]. Zwischen den Positionen hin- und hergerissen war eine dritte Gruppe, die zwar grundsätzlich auch der Ansicht war, daß die Diskussion der Staatsausgaben in der Finanzwissenschaft theoretisch keinen Platz habe, sie aber wegen ihrer praktischen Bedeutung doch geführt werden müsse[30]. Die theoretischen Bedenken hielten allerdings die überwiegende Mehrzahl der Finanzwissenschaftler nicht davon ab, gewisse finanzpolitische **Grundregeln** aufzustellen, die bei der Festlegung der Staatseinnahmen und Staatsausgaben zu berücksichtigen sind, soll eine gute Ordnung der Staatswirtschaft erreicht werden.

---

28 Rotteck 1835, IV, S.230 reduziert z.B. die Finanzwissenschaft auf Fragen der Deckung des Bedarfs. Die Beurteilung der Notwendigkeit und Zweckmäßigkeit der Staatsausgaben stehen seiner Ansicht nach der Finanzwissenschaft nicht zu. Eine beratende Stimme billigt er ihr allenfalls bei deren Berechnung zu. Ebenso Barth 1843, S.16, der seine Position hauptsächlich mit der Verschiedenheit der Staatszwecke und -bedürfnisse in zivilisierten Staaten begründet, die die Anwendung allgemeiner Prinzipien verhinderten. Ein prominenter Vertreter der Ansicht, daß die Behandlung der Staatsausgaben nicht in das Gebiet der Finanzwissenschaft gehört, ist Stein 1878, I, S.9. Siehe auch Mischler 1887, S.154 f., der der Finanzwissenschaft höchstens noch die Klassifizierung der Bedürfnisse zubilligt, nicht aber deren Feststellung.

29 Z.B. Harl 1811, II, S.7 f. Jakob 1819, S.296 sieht die Aufgabe der Finanzwissenschaft auch darin, nach Regeln zu suchen, die Bedürfnisse des Staates in den Grenzen des Notwendigen zu halten. Ebenso: Behr 1822, S.15; Pölitz 1827, II, S.20 f.; Parth 1874, S.1; Bischof 1881, S.5; Lehr 1892, S.97; Vocke 1894, S.7; Dalton 1926, S.3 und Bräuer 1928, S.3. Für Wagner 1866, S.837 besteht ihre Aufgabe sogar "in erster Linie" darin, Grundsätze für die Bestimmung des Staatsbedarfs aufzustellen. In Wagner 1877, S.215 schränkt er allerdings ein, daß die Finanzwissenschaft die bestehenden Einrichtungen des Staates als etwas Gegebenes hinzunehmen habe: "In Betreff der einzelnen Ausgaben betont sie nur den allgemeinen Grundsatz der Wirtschaftlichkeit und Sparsamkeit, d.h. nichts weiter als diejenige Beschränkung der Ausgaben, welche unbeschadet der Erreichung des Zweckes stattfinden kann". Geffcken 1891, S.28 meint, die Erörterung der Frage, was der Staat in den Bereich seiner Tätigkeit zu ziehen habe, sei nicht Aufgabe der Finanzwissenschaft, wohl aber die Aufstellung von Ausgabegrundsätzen, die stets beachtet werden müßten, wenn die Finanzen in einem guten Zustand bleiben sollen.

30 Als nicht in die Finanzwissenschaft aber in die Nationalökonomie gehörend sieht Malchus 1830, I, S.4 die Lehre von der Verwendung des Staatseinkommens: "Denn wirklich sind diese Grundregeln, die sich sämmtlich aus den Grundbedingungen ableiten, unter welchen die Erzeugung, Ausbildung, Vertheilung und auch die Consumtion des Nationaleinkommens stattfindet, die einzigen, die einer rein-wissenschaftlichen Begründung fähig sind, welche aber die Finanzwissenschaft aus der National-Oekonomie, und in dieser vollkommen ausgebildet, entlehnt". Jakob 1837, S.19 ordnet die Lehre von dem Staatsaufwand nur insofern der Finanzwissenschaft zu, als sich daraus die Trennung zwischen ordentlichen und außerordentlichen Staatseinkommensquellen und die Kenntnis der Staatstätigkeiten, welche unmittelbar mit dem Einkommen verbunden sind, ergeben. Eheberg 1895, S.35 meint, die Lehre von den Ausgaben gehöre nur zum "kleinsten Teil" in die Finanzwissenschaft. Gerloff 1926, I, S.4 ist zwar grundsätzlich der Ansicht, daß die Lehre von den öffentlichen Bedürfnissen nicht in die Finanzwissenschaft gehört, begründet aber die Aufnahme des Gegenstandes in das Handbuch der Finanzwissenschaft mit deren Bedeutung für die Finanzwirtschaft. Nach Mombert 1928, S.14 sind Fragen nach der Notwendigkeit und Berechtigung öffentlicher Ausgaben mit den Prinzipien der Finanzwissenschaft nicht zu beantworten. Deshalb könne sie sich auf die Behandlung deren "finanzieller" Seite beschränken, d.h. auf die Ausgabenarten, auf die finanzpolitischen Grundsätze, die bei der Verausgabung öffentlicher Mittel zu beachten sind, sowie auf die Ausgabenentwicklung.

Der am häufigsten genannte Grundsatz lautet: **Die Einnahmen der öffentlichen Finanzwirtschaft müssen sich nach den Ausgaben richten**[31]. Ausgangspunkt für diese Regel ist das theoretische Konstrukt der "notwendigen" Staatsausgaben, die, so die Forderung, unbedingt gedeckt werden müssen[32]. Die Staatseinnahmen sollten deshalb wenigstens die Höhe der Ausgaben erreichen[33].

Da das Prinzip - so formuliert - eine Generalermächtigung für die Regierung darstellt, die Ausgaben in beliebiger Höhe festzusetzen, werden noch verschiedene **ergänzende Regeln** postuliert, die sich zum Teil auf die Staatseinnahmen,

---

31 Vgl. z.B. Harl 1811, II, S.78 f. Lotz 1822, III, S.80 f. nennt ihn eine "Grundmaxime" der Finanzpolitik. Wagner 1866, S.838 betrachtet den Satz als das "einzig denkbare oberste Prinzip" des Finanzwesens. Siehe auch Finanzwissenschaft 1863, S.323; Pfeiffer 1866, I, S.14; Schmidt 1880, S.3; Fellmeth 1900, S.3 und Mombert 1928, S.6. Nach Schoen 1832, S.22 wurde der Grundsatz erstmals von Sonnenfels aufgestellt und auch von ihm dahingehend modifiziert, daß sich der Staatsbedarf nach der Größe und Beschaffenheit des Staates bestimmen müsse. Vgl. dazu auch Gerlach 1908, S.23. Dagegen ist in der Oekonomie der menschlichen Gesellschaften 1845, S.272 die Ansicht vertreten, daß sich die Ausgaben nach den Einnahmen richten müssen. Ebenso Hagen 1880, S.75, der dazu erläutert, daß der Satz, daß das, was der Zweck des Staates erfordere, geleistet werden müsse, insofern falsch sei, als jeder Staatszweck ein idealer Zweck sei, der nicht erreicht werden könne. Das Fortschreiten des Menschen zu den Zwecken hänge von seinen Kräften ab - auch beim Staat.

32 "Im Allgemeinen muß für alle Ausgaben das Princip gelten, daß, wenn einmahl die Nothwendigkeit und Nützlichkeit eines Staatsinstituts erwiesen ist, es so ausgestattet werden müsse, daß seine Einnahme zur vollkommenen Erreichung seines Zweckes wirklich genüge", schreibt Jakob 1821, S.741 dazu. Zachariä 1843, S.127 bestätigt, daß der Staat seine Einnahmen nicht nach Lust und Gefallen vermehren könne, sondern nur, wenn eine Ausgabe notwendig sei. Wagner 1877, S.60 bemerkt, daß jede staatliche Tätigkeit i.d.R. notwendig mit einem Finanzbedarf verbunden sei, woraus folge, "dass in der Feststellung einer solchen Thätigkeit und damit des Ob und Wie ihrer Ausführung zugleich eine Feststellung des Finanzbedarfs und, implicite, der zu dessen Deckung dienenden Einnahmen liegt". Als notwendiges Bedürfnis bezeichnet Schoen 1832, S.21 f. alles, was sich aus dem Staatszweck "wirklich" ableiten läßt. Das letzte Urteil, ein absolutes Veto in dieser Frage, räumt er der Nationalökonomie ein. Als notwendige "Functionen" der Regierung betrachtet Mill 1852, II, S.256 solche, "welche allgemein als ihr zuständig anerkannt werden" und Pfeiffer 1866, I, stellt fest: "Nothwendige Staatsausgaben sind aber diejenigen, welche der Gesamtheit nutzen, und zwar in einem solchen Grade, daß das Opfer, welches dafür gebracht werden muß, damit im Einklange steht". Daß der Maßstab der "Notwendigkeit" durchaus ein ungewisser ist und von Fall zu Fall schwanken kann, gibt Ungewitter 1845, S.426 zu bedenken. Die angeführten Beispiele zeigen, daß dem zuzustimmen ist. Vgl. dazu auch Abschnitt 3.5. und 3.8.

33 Hierin wird der fundamentale Unterschied zwischen Staatswirtschaft und Privatwirtschaft gesehen. In letzterer hätten sich, so die Argumentation, die Ausgaben nach den Einnahmen zu richten, beim Staat könnten hingegen die notwendigen Ausgaben nicht eingeschränkt werden, weil ansonsten das "Wohl des Ganzen" (Hoch 1809, S.65) auf dem Spiel stehe oder der Staat zu Grunde gehe. Vgl. z.B. Schmalz 1808, S.379; Soden 1811, S.33 f.; Fulda 1820, S.255; Zachariä 1843, S.126; Schmidt 1880, S.3; Geffcken 1891, S.4; Eheberg 1895, S.9; Fellmeth 1900, S.8 und Mombert 1928, S.7. Die Unterscheidung zwischen "notwendigen" und "nützlichen" Ausgaben gewinnt in der Budgetrechtsdiskussion noch eine erhebliche Bedeutung (siehe dazu unten Abschnitt 3.5. und 3.8.).

zum Teil auf die Staatsausgaben und zum Teil auf das Verhältnis beider zueinander beziehen[34].

Obwohl die Staatseinnahmen den Hauptforschungsgegenstand der Finanzwissenschaft bilden, werden für sie nur die kleinere Zahl von Regeln aufgestellt. Eine davon ist die Forderung, daß auf die **Leistungsfähigkeit des privaten Sektors** bei der Festsetzung der Abgaben Rücksicht zu nehmen sei. *Schoen* gibt z.B. zu bedenken, daß die finanzwirtschaftliche Tätigkeit tief in das volkswirtschaftliche Treiben eingreife und dieses nicht stören dürfe[35].

Als ein Ergebnis der Bemühungen, die Abgaben für den Bürger möglichst gering zu halten, erscheint der Grundsatz, daß der **Staat nicht mehr erheben dürfe, als für seine Konsumtion notwendig** sei[36]. Seine Aufgabe bestehe nicht in der Ansammlung von Kapital, sondern in der zureichenden Deckung der Ausgaben durch die Einnahmen[37]. Er habe die Abgaben gerecht zu verteilen und dafür zu sorgen, daß die Einnahmequellen nicht versiegen[38].

Der weitaus größere Teil dieser ergänzenden Grundregeln bezieht sich konsequenterweise auf die Staatsausgaben, da diese nach herrschender Lehre die Staatseinnahmen bestimmten. Will man die Abgaben der Bürger an den Staat so gering wie möglich halten, muß man bei dessen Ausgaben ansetzen.

---

34 Im übrigen wird aus diesem Grund das Postulat nicht immer in der dargestellten Absolutheit vertreten, sondern, ab der Mitte des 19. Jahrhunderts etwa, modifiziert. Wagner 1863, S.7 führt z.B. als einschränkende Komponente noch zusätzlich das Postulat der Sparsamkeit ein. In der Finanzwissenschaft 1863, S.18 wird gefordert, daß die "Fähigkeit des Volksvermögens zu diesen Beiträgen zu Rath gezogen und genau berücksichtigt" wird. Geffcken 1891, S.4 wendet sich gegen eine rein willkürliche Festsetzung der Ausgaben und setzt sich für die Berücksichtigung des Grundsatzes der Wirtschaftlichkeit ein, der stets das Verhältnis zwischen Einnahmen und Ausgaben beherrschen müsse. Für ein gänzliches Fallenlassen des Grundsatzes plädieren u.a. Roscher 1901, I, S.136; Földes 1920, S.7 f. und Lotz 1931, S.14 f.

35 Vgl. Schoen 1832, S.16. Ähnlich ist in der Finanzwissenschaft 1863, S.21 die Forderung aufgestellt: "Ueberhaupt muß die Finanzwirthschaft besonders eifrig darauf achten, daß ihre Vorschriften den Betrieb der Privatwirthschaften nirgends stören und daß durch die Abgaben das Volkseinkommen nicht vermindert und das Volk in seiner wirthschaftlichen Entwickelung nicht gehemmt werde".

36 Das Argument der "notwendigen Kosten" wird also nicht nur zur Begründung der Staatsausgaben (siehe Fußnoten 52 und 53), sondern auch zur Begrenzung der Staatseinnahmen herangezogen. Pölitz 1827, II, S.274 fordert z.B., daß alle von der Regierung für die anerkannten Bedürfnisse des Staates von dem Volk verlangten Abgaben zunächst notwendig und unentbehrlich sein müßten. Vgl. auch Soden 1811, S.17. Etwas variiert wird die Forderung von Rau 1850, I, S.29, der meint, den Mitgliedern der Staatenverbindung dürften nur solche Lasten auferlegt werden, "welche durch die Vernunftbestimmung des Staates gerechtfertigt werden".

37 Vgl. Geffcken 1891, S.4 f.; Eheberg 1895, S.9; Conrad 1919, S.2 und Bräuer 1928, S.4. Der Erfolg der Regierungswirtschaft, so Seidler 1901, II, S.7 f., ergebe sich nicht in einem Gewinn, sondern in der zureichenden Deckung der Ausgaben durch die Einnahmen.

38 Schoen 1831, S.313 fordert dazu auf, die Einkommensquellen nicht nur zu schonen, sondern nach Kräften zu verstärken. Siehe z.B. auch Eschenmayer 1806, S.5; Rau 1850, I, S.6 und Finanzwissenschaft 1863, S.21.

Als allgemeine Grundregeln für die Ausgabenwirtschaft gelten die Forderungen nach Zweckmäßigkeit, Sparsamkeit und Wirtschaftlichkeit.

Die Forderung nach **Zweckmäßigkeit** der Staatsausgaben zielt vor allem auf die Art der zu bestreitenden Staatsaufgaben. Sie bleibt meist ein Abstraktum. Das Prinzip der Zweckmäßigkeit wird zwar häufig gefordert[39], aber es wird selten geklärt, was genau darunter zu verstehen ist und welche Konsequenzen daraus in bezug auf die Staatsausgaben zu ziehen sind[40]. Das Postulat bot (und bietet) ob seiner Inhaltslosigkeit wenig Handlungsanleitung.

Auf die Höhe der Staatsausgaben bezieht sich die Forderung nach **Sparsamkeit**. Sie erwuchs der Überlegung, daß, je weniger der Staat vom Einkommen des Bürgers abzieht, umso mehr für diesen übrig bleibt, um es wieder einzusetzen und so den Nationalwohlstand zu mehren[41]. Wie der Zweckmäßigkeitsbegriff ist auch der Ausdruck "Sparsamkeit" und die damit verbundenen Vorstellungen von schillernder Vielfalt. Nach *Rau* besteht das Sparen darin, keine Ausgabe ohne "*vernünftigen Zweck*" zu machen, die Stufenfolge der Bedürfnisse zu berücksichtigen, den größtmöglichen Vorteil bei gleicher Ausgabe zu erzielen und das richtige Verhältnis zum Erwerb herzustellen[42]. *Liechtenstern* versteht unter einer sparsamen Finanzverwaltung eine solche, "*deren Fundament in der Beschränkung alles Verbrauches dem Staatszweck fremder Dinge*

---

39 Malchus 1830, II, S.13 legt z.B. ohne nähere Begriffsbestimmung dar: "Ob ein Aufwand als zweck- und sachgemäß, oder aber als unnütz und als Verschwendung zu betrachten sey, kann nicht unbedingt nach dem Grade seiner Nothwendigkeit aus inneren Gründen bemessen, und es können diese allein, nicht als maaßgebend betrachtet werden". Wagner 1866, S.837 fordert, daß die Mittel zur Erreichung der beabsichtigten Zwecke "zweckmäßig" gewählt werden. Und Neumark 1929, S.75 stellt lapidar fest, die Beurteilung der absoluten und relativen Zweckmäßigkeit einer einzelnen Ausgabe sei "naturgemäß" in weitem Umfange von politischen Erwägungen abhängig, ohne das Schlüsselwort "Zweckmäßigkeit" einer näheren Würdigung zu unterziehen.

40 Eine Ausnahme ist z.B. Say 1830, III, S.24, der erklärt: "Hier kann denn Alles nur auf eine Vergleichung des Verlustes, welcher dem Consumenten aus seiner Consumtion erwächst, und des Genusses, den er daraus schöpft, ankommen". Ob eine Ausgabe zweckmäßig ist, läßt sich für ihn demnach nur durch einen Kosten-Nutzen-Vergleich beantworten. Für Lehr 1872, S.3 ist die Zweckmäßigkeit eine Frage der Erfüllung des Staatszwecks: "Nothwendig und nützlich und demnach auch zweckmäßig sind alle Ausgaben, welche dem Staatszweck entsprechen".

41 Vgl. Eschenmayer 1806, S.3 f. und 48 f.; Schmalz 1818, II, S.154 und Lotz 1822, III, S.50. Für Geffcken 1891, S.31 muß bei der Bemessung der Staatsausgaben "das negative Prinzip weiser Sparsamkeit und das positive einsichtiger Befruchtung der Erwerbsfähigkeit der Staatsbürger" zusammentreffen. Mombert 1928, S.6 äußert die Ansicht, daß die öffentlichen Aufgaben zwar nicht unter falscher Sparsamkeit leiden dürften, aber der öffentliche Bedarf müsse dennoch in einem "erträglichen Verhältnis zu dem Bedarf der übrigen Glieder der Volkswirtschaft stehen". Wo die Grenze liege, könne allerdings nicht bestimmt werden. Dagegen meint Hoch 1809, S.66, daß erst dann, wenn das Nationalvermögen nicht mehr hinreichend sei, die dringendsten Staatszwecke auszuführen, "die traurigste aller Nothwendigkeiten vorhanden (sei), diese Anstalten einzuschränken; was aber so schonend als möglich bewerkstelliget werden müßte".

42 Rau 1823, S.16. Ebenso Pölitz 1827, II, S.278 f.

besteht"[43]. *Seidler* meint, im Zusammenhang mit den Staatsausgaben könne das Sparen nur den Sinn haben "*einen bestimmten Zweck auf die wirthschaftlichste Weise, d.h. mit den geringsten Mitteln auf möglichst vollständige Art zu erreichen*"[44]. Gespart werden darf - dies ist eine fast durchgehende Ansicht - nicht am falschen Fleck[45]. Die Akzente, die dabei gesetzt werden, sind unterschiedlich[46]. Neben den genannten allgemeinen Sparsamkeitsregeln werden auch noch konkretere vorgeschlagen, z.B. die, die Einkünfte nicht so knapp zu berechnen, daß alle Mittel aufgebraucht werden. Es solle vielmehr noch ein kleiner Vorrat für Notfälle angelegt werden[47]. Sparsamkeit erhöhe, so die Meinung, auch den Kredit des Staates, da sie das Zutrauen der Nation sichere[48]. Des weiteren sollten Staatseinkünfte nicht zu Privatzwecken verwendet werden[49]. Übertriebener Aufwand und Luxus bei den Regierungen sei zu verdammen[50]. *Schäffle* meint schließlich, der Grundsatz der "*productiven Sparsamkeit*" sei am leichtesten zu erlangen, wenn das Ausgabenbudget mit einer "*tüchtigen Volksvertretung*" verabschiedet werde[51]. Wenngleich *Malchus* dem Grundsatz nicht den Rang eines leitenden Prinzips oder gar einer Haupt-

---

43 Liechtenstern 1821, S.7. Rücksicht auf den Staatszweck fordert auch Stein 1878, I, S.137, der anmerkt, wirtschaftliche Sparsamkeit bekämpfe alles, was durch den "wahren Zweck" der Ausgabe nicht bedingt sei. Ebenso Murhard 1846, S.695.

44 Seidler 1885, S.26. Ebenso: Rau 1850, a.a.O, I, S.29.

45 Die Position Harls 1811, I, S.510, daß zur Ersparung der Staatsausgaben die "größte Einfachheit des Geschäftsganges herrschen, und die Zahl aller Aemter, ohne Unterschied, so viel als möglich" vermindert werden solle, dürfte eher als Minderheitsmeinung einzustufen sein.

46 Liechtenstern 1821, S.7 betont, daß diese Maxime der Finanzverwaltung keinen Aufwand ausschließe, welcher dem Staat ein größeres Gut sichere, als er darauf verwendet habe. Behr 1822, S.222 fordert echte, wohlverstandene Sparsamkeit, "die stets den Aufwand nach den wahren Bedingungen des Zwecks und nach den Quellen, woraus er zu bestreiten, mit Rücksicht auf die Nachhaltigkeit des Bestreitens, genau bemißt". Stein 1878, I, S.137 warnt davor, den Zweck dem Mittel zu opfern: "Die wahre staatsmännische Sparsamkeit aber ist nicht diejenige welche überhaupt möglichst wenig ausgeben will, sondern diejenige welche das Maß der Ausgaben nach dem Werthe des Zweckes zu bestimmen weiß". Nach Seidler 1885, S.26 dürfen keine Ausgaben aus falsch verstandener Sparsamkeit unterbleiben, die dem Gemeinwohl förderlich seien. Vgl. auch Schmalz 1808, S.281; Eheberg 1895, S.39; Fellmeth 1900, S.9 und Freund 1901, S.24. Bräuer 1928, S.15 warnt insbesondere bei der Besoldung der Staatsbeamten vor falscher Sparsamkeit.

47 Vgl. Schmalz 1808, S.281. Harl 1811, I, S.511 empfiehlt, "auch noch einen Theil des jährlichen Ertrags der Industrie (zu) widmen". Ebenso Eschenmayer 1806, S.43. Erst etwa ab der Mitte des 19. Jahrhunderts wird das Ansparen eines Staatsschatzes für unnötig befunden. Begründet wird dies mit den Möglichkeiten, die der "moderne" Kapitalmarkt dem Staat biete, sich schnell Geld zu beschaffen (vgl. z.B. Wagner 1877, S.124 ff; Heckel 1898, Das Budget, S.135, der allerdings die Bildung eines Kriegsschatzes für diskutierbar hält, und Eheberg 1922, S.54).

48 Vgl. Harl 1811, II, S.81.

49 Vgl. Rau 1823, S.95.

50 Vgl. Lotz 1822, III, S.50.

51 Schäffle 1867, S.531.

regel zubilligt[52], vielmehr in ihm nur eine Klugheitsregel von relativer Bedeutung sieht, findet dessen Bedeutung als Verhaltensmaßregel allgemeine Anerkennung[53].

Inhaltlich wird die Forderung nach Zweckmäßigkeit und Sparsamkeit oft mit der nach **Wirtschaftlichkeit** verknüpft. Wirtschaftliches Handeln vollzieht sich, wie *Gerloff* bemerkt, nach dem Prinzip des kleinsten Mittels: "*Man versteht darunter die durch das Verhältnis von Bedarf und Befriedigungsmöglichkeit gebotene zweckmäßige Handlungsweise*"[54]. In dem Spannungsfeld zwischen Staatseinnahmen und Staatsausgaben - zwischen Mittel und Ziel - werden im 19. Jahrhundert unterschiedliche Vorgehensweisen für zweckdienlich erachtet. Das Spektrum der Vorschläge reicht von einseitig die Ziel- oder Mittelseite bevorzugende[55] über unentschiedene[56] bis hin zu Optimallösungen[57]. Die Frage, in welcher Höhe der Staat Mittel ausgeben, für welche Ziele er sie einsetzen und in welchem Verhältnis Mitteleinsatz und Zielerreichungsgrad stehen sollen, wird in der Literatur in erster Linie diskutiert, um die Grenzen staatswirtschaftlicher Entscheidungsfreiheit aufzuzeigen. Unter dem Postulat der Wirtschaftlichkeit wird darüber hinaus erörtert, wie sich das Verhältnis zwischen öffentlicher und privater Wirtschaft gestalten, wo insbesondere die Grenze der Staatstätigkeit liegen soll. Grundsätzlich wird für jede Art der Staatstätigkeit Subsidiarität gefordert: Sie soll da aufhören, wo die betreffende

[52] 1830, II, S.13. Ebenso Wagner 1863, S.6: "Der Grundsatz der Sparsamkeit verlangt nur, daß in jedem einzelnen Falle das Bedürfniß einer neuen und der Beibehaltung einer alten Ausgabe umsichtig nach den beiden Gesichtspunkten geprüft werde, ob die die Ausgabe verursachende Staatsthätigkeit gerechtfertigt und ob, dies vorausgesetzt, bei der Feststellung der Höhe der Ausgabe mit der richtigen Sparsamkeit vorgegangen, also im Allgemeinen die Mittel zweckmäßig gewählt worden seien". In Wagner 1866, S.837 begründet er seine Ansicht mit der Relativität dieser Regel und der Produktivität der Staatsausgaben. Siehe auch Fellmeth 1900, S.9 f.

[53] Wie Dalton 1926, S.6 formuliert, ist die Sparsamkeit eine "gültige Wahrheit" in der Finanzwissenschaft.

[54] Gerloff 1926, S.33.

[55] Ohne Hinweis auf den Zielerreichungsgrad fordert Lotz 1822, III, S.50 z.B. die Bedürfnisse des bürgerlichen Lebens mit "möglichst geringstem" Aufwand zu befriedigen. Liechtenstern 1821, S.6 plädiert für eine "befriedigende" Erhaltung der Staatsfunktionen mit "geringstem" Aufwand. Stein 1878, I, S.146 genügt ein "möglichst großer" Erfolg.

[56] Vocke 1894, S.410 meint, ein "richtiges Verhältnis" zwischen Aufwand und Erfolg sei notwendig.

[57] Schäffle 1867, S.531 sieht den obersten Grundsatz der Finanzwirtschaft des Staates in dem Bestreben, mit dem "kleinsten" Aufwand die "größte" Wirkung zu erzielen. Das Ziel über die Mittel stellt Roscher 1901, II, S.135, wenn er fordert, den größtmöglichen Erfolg mit dem kleinstmöglichen Aufwand zu erzielen.

Tätigkeit von Privaten gleich oder besser ausgeführt werden kann[58]. Eine weitere Regel betrifft die Kosten-Nutzen-Abwägung der staatlichen Leistungen aus Sicht der zur Abgabenzahlung Verpflichteten. Aus diesem Blickwinkel soll die öffentliche Tätigkeit dann aufhören, wenn die Opfer, die von den Steuerzahlern hierfür aufgebracht werden müssen, größer sind als der Nutzen, den sie daraus ziehen[59].

Die grundlegende Forderung an das Verhältnis von Staatseinnahmen und -ausgaben ist die nach dem **Gleichgewicht**, d.h. die zahlenmäßige Übereinstimmung der veranschlagten Einnahmen und Ausgaben[60]. Ungleichgewichtig ist eine "geordnete" Staatswirtschaft nicht denkbar[61]. Mehr Konsumtion als Produktion müsse, so *Soden*[62], unweigerlich die Zerrüttung der Finanzen, bis hin zum Staatsbankrott[63], zur Folge haben. Der Kern des Gleichgewichtsgedankens liegt in der Vorstellung, daß der Staat, wie ein Privathaushalt, auf

---

58 Schäffle 1867, S.334 fordert, "daß der Staat keine wirthschaftliche Funktion übernehme, welche entweder von niedrigeren Organen des Gemeinwesens (Korporationen, Gemeinden, Vereine) oder von Privatunternehmungen für das Ganze wohlfeiler und wirksamer, weil mit unmittelbarer Kenntniß und unmittelbarem Interesse, vollzogen werden". Im Ergebnis gleich: Schmidt 1880, S.8 f; Umpfenbach 1887, S.45; Gmelin 1899, S.5; Freund 1901, S.24 und Englis 1926, I, S.315. Roscher 1901, S.3 begreift den Staat als eine Art "Lückenbüßer". Er habe, so seine Meinung, "in dem Gesammtsysteme der vom Staate als unentbehrlich anerkannten Volksbedürfnisse diejenigen Lücken auszufüllen, die weder vom Einzelnen, noch von Gruppen Einzelner gehörig versehen werden können".

59 Lotz 1822, III, S.53 bemerkt, daß die Abgaben, welche ein Volk seiner Regierung zahlen muß, nur dann sein Fortschreiten nicht behindern, wenn sie die Aufopferung nicht überschreiten, welche jeder für die gleichen Zwecke hätte ansonsten selbst machen müssen. So auch Rau 1850, II, S.27 und Pfeiffer 1866, I, S.50. Die Kunst der Staatsverwaltung sieht Malchus 1830, II, S.13 im Abwägen der Nachteile, welche die Staatsangehörigen aus den Opfern, welche sie der Aufwand kostet, erleiden, gegen die Vorteile, welche für sie aus denselben erwachsen. Ebenso Say 1830, III, S.24; Bülau 1856, S.379; Finanzwissenschaft 1863, S.31; Wagner 1866, S.838 und Földes 1920, S.93. Ganz im Sinne der Grenznutzentheorie bestimmt Dalton 1926, S.15: "Die öffentlichen Ausgaben sollten gerade soweit gehen, daß der Vorteil, der für die Öffentlichkeit aus einer weiteren kleinen Zunahme der Ausgaben entspringen würde, gerade aufgewogen wird durch den Nachteil einer entsprechend kleinen Steuererhebung oder einer Erhöhung der Einnahmen aus einer anderen Quelle".

60 Vgl. z.B. Soden 1811, S.408, der für die Wörter Staatseinnahmen und -ausgaben allerdings die Ausdrücke "Produktion" und "Konsumtion" benutzt. Siehe auch Rau 1850, II, S.240 ff.; Finanzwissenschaft 1863, S.322; Neumark 1929, S.5 und die Nachweise der folgenden Fußnote.

61 Als elementare Bedingung für eine geordnete Finanzwirtschaft wird das Haushaltsgleichgewicht u.a. genannt von Rau 1850, II, S.242; Finanzwissenschaft 1863, S.17; Pfeiffer 1866, I, S.9; Wagner 1877, S.97 ff.; Fellmeth 1900, S.102; Gruntzel 1920, S.7; Bräuer 1928, S.4 und Neumark 1929, S.12 f. Für Schmidt 1880, S.89 und Umpfenbach 1887, S.396 f. ist es eine Grundforderung, wobei nicht nur auf ein aktuelles, sondern auch auf ein historisches Gleichgewicht zu achten sei, da jeder finanzielle Vorgang sich ausnahmslos auf Vergangenheit, Gegenwart und Zukunft auswirke. Vgl. dazu auch die Arbeit von Rybinski 1964.

62 1811, S.408.

63 Die praktische Anschauung zerrütteter Finanzen während und nach den napoleonischen Kriegen in vielen Staaten dürfte viel dazu beigetragen haben, daß das Postulat des Gleichgewichts zwischen Staatseinnahmen und -ausgaben verstärkt vertreten wurde.

Dauer nicht mehr verausgaben kann, als er Mittel zur Verfügung hat. Staatsverschuldung ist als Mittel geordneter Staatswirtschaft zumindest in der ersten Hälfte des 19. Jahrhundert theoretisch kaum denkbar[64]. Sie ist allenfalls ein Hilfsmittel in Ausnahmefällen, auf das möglichst nicht zurückgegriffen werden sollte[65].

Das Postulat des Budgetgleichgewichts bildet, um zusammenzufassen, materiell ein Gegengewicht zu der Forderung, daß sich die Einnahmen nach den Ausgaben richten müssen. Beide werden durch die Prinzipien der Zweckmäßigkeit, Sparsamkeit und Wirtschaftlichkeit ergänzt, wobei sich alle drei nur schwer voneinander trennen lassen. Als Forderungen beziehen sie sich auf die Bewirtschaftung der Staatseinnahmen und insbesondere der Staatsausgaben. Da deren genaue Verteilung eine politische Frage ist[66], sind sie als normative finanzwissenschaftliche Verhaltensregeln zu betrachten, die eine "gute Ordnung" der Staatswirtschaft und der gesamten Volkswirtschaft gewährleisten sollen. Dahinter stehen bestimmte Vorstellungen, wie eine solch "gute" Ordnung auszusehen hat[67]. Die Postulate sind als oberste Grundsätze gedacht, die immer zu beachten sind. Sie bilden den materiellen Kern aller sonstigen Budgetveranschlagungsregeln. Charakteristisch für diese Regeln des finanzwirtschaftlichen Wohlverhaltens ist ihre allgemeine Formulierung, weshalb sie schwer faßbar und überprüfbar sind. Sie haben sich jedoch als finanzwissenschaftliche Postulate bis auf den heutigen Tag gehalten und tauchen auch in der aktuellen Budgetdiskussion immer wieder auf, insbesondere beim Themenkomplex

---

64 Anders die Finanzschriftsteller des 18. Jahrhunderts. Sie erachteten die Aufnahme von Staatskrediten als selbstverständlich. Erst bei Adam Smith wird es zu einem Finanzierungsmittel, auf das nur im alleräußersten Notfall zurückgegriffen werden sollte (vgl. Smith 1789, deutsche Ausgabe 1983, S.781 ff.). Siehe dazu auch Tyszka 1920, S.23.

65 Deshalb wird das finanzwirtschaftliche Postulat des Budgetgleichgewichts auch i.d.R. der Erörterung der ordentlichen und außerordentlichen Staatseinnahmen, also des Schuldenwesens, vorangestellt. Vgl. z.B. bei Fellmeth 1900, S.102 und die Literaturnachweise in Fußnote 7 in Abschnitt 2.1. Siehe auch Rybinski 1964.

66 Die genannten finanzwissenschaftlichen Prinzipien waren und sind Prämissen der Finanztheorie. Sie gehen, bei Ausblendung aller sonstigen möglichen Motive, davon aus, daß sich jeder Mensch bei seinen äußeren Handlungen von ihnen leiten läßt. Bei derartigen Betrachtungen darf allerdings, wie Gerloff 1926, S.33 ff. betont, nicht in Vergessenheit geraten, daß die ökonomische Ordnung der Dinge "in weitem Maße" durch die von den öffentlichen Körperschaften ausgeübte politische Gewalt ihre Richtung und Begrenzung findet. Nicht der ökonomisch absolut günstigste Aufwand entscheidet, wie der öffentliche Bedarf beschafft und bereitgestellt wird, sondern die relativ geringsten Kosten, "entsprechend dem durch die Rechtsordnung geschützten Interesse der staatlich herrschenden sozialen Gruppen". Daß Höhe und Art der Staatsausgaben, in welchem Maß und Umfang auch immer, sich in Abhängigkeit von den politischen Machtverhältnissen befinden, wurde schon früher z.B. von Krug 1808, S.6 und Jakob 1821, S.834 gesehen. Siehe auch Neumark 1929, S.75 und Lotz 1931, S.198.

67 Auf die jeweils dahinterstehenden Staatsphilosophien einzugehen, würde zu weit vom Thema wegführen. Wir verweisen in diesem Punkt auf die allgemeinen Geschichten der Finanzwissenschaft. Vgl. z.B. Meisel 1926; Beckerath 1952; Tautscher 1952 und Mann 1977.

"Budgetgrundsätze". Auch aus der juristischen Diskussion sind sie nicht fortzudenken, wie wir später noch sehen werden.

Eine "gute" Ordnung ist im Staatshaushalt also nach übereinstimmender Meinung notwendig. Was zu einer guten Ordnung gehört und wie man dorthin gelangen kann, war in der Finanzwissenschaft des letzten Jahrhunderts allerdings in den Einzelheiten umstritten. Dennoch haben die Anforderungen an eine gute Ordnung die Rolle einer - schwer faßbaren - "Metaebene" des Budgets, von der gewisse Wirkungen auf die darunterliegenden Ebenen ausgehen. Die hier noch abstrakten Forderungen werden - nachdem die Notwendigkeit eines Budgets festgestellt ist - konkretisiert, indem die Anforderungen, denen ein Budget genügen soll, näher eingegrenzt werden: Das Budget soll zur Haushaltsplanung, -führung und -kontrolle dienen.

2.3. Budget

2.3.1. Das Budget als Instrument zur Haushaltsplanung, Haushaltsführung und Haushaltskontrolle

Die beschriebenen leitenden Grundsätze der Einnahme- und Ausgabewirtschaft des Staates spielen für die Rechtfertigung von Budgets eine wichtige Rolle. Sie werden als Maßstab für ein "gutes" Budget verwendet und als Ausgangspunkt für die Ableitung spezifischer Etatgrundsätze benutzt. So taucht das Argument einer "geordneten Staatshaushaltung" wiederholt auf. Sie soll vor allem durch **Planmäßigkeit** der Etats gesichert werden. Um die korrekte Durchführung der durch die oben beschriebenen leitenden Grundsätze bestimmten Staatseinnahmen und -ausgaben zu gewährleisten, bedarf es außerdem eines Instruments zur **Verwaltungsführung** und **-kontrolle**. Das Budget soll als Universalinstrument allen drei Anforderungen genügen. Die Bedeutung des Budgets als Instrument zur Haushaltsplanung, -führung und -kontrolle wurde, entgegen landläufigen Behauptungen, die den Staatshaushaltsplan des 19. Jahrhunderts als reines Kontrollinstrument betrachten, durchaus erkannt.

Eine geordnete Staatshaushaltung ist nach weitverbreiteter Ansicht einer Reihe von Finanzwissenschaftlern des 19. Jahrhunderts nur zu erreichen, wenn ein Budget aufgestellt wird[68]. Als ein Element der Ordnung soll es den **Überblick**

[68] So z.B. Jakob 1821, S.1219; Malchus 1839, II, S.93; Oekonomie der menschlichen Gesellschaften 1845, S.276; Murhard 1846, S.689 und Brockhaus 1890, S.471. Laband 1890, S.364 f. zählt den Voranschlag zu den "unerläßlichen Erfordernissen" einer geordneten Staatswirtschaft, unabhängig von der Staatsform. Für Schanz 1899, S.1139 ist er Voraussetzung für die formelle und materielle Ordnung der öffentlichen Haushalte. Ähnlich Fulda 1920, S.258 f. und Mayer, Th. 1926, I, S.227.

über die staatliche Finanzwirtschaft sicherstellen. Um diesen zu gewinnen[69], muß man sich ein Bild über die Bedürfnisse des Staates und die zu deren Befriedigung bereitstehenden Mittel verschaffen[70]. Ein wirklicher Überblick ist nur bei kontinuierlicher Budgetwirtschaft[71] und "guter" und "gesunder" Wirtschaftsführung denkbar[72]. Ohne Budget, so die Einschätzung, fehlen für die Bewertung von Staats- und Volkswirtschaft und deren wechselseitigem Verhältnis die notwendigen statistischen Kennziffern. Dies gilt ebenso innerhalb der Staatswirtschaft für die Beurteilung der Höhe der Staatsausgaben, für deren Verhältnis zueinander, für das Verhältnis einer Einnahme zu ihren Erhebungs- bzw. Verwaltungskosten sowie für die Einschätzung der zukünftigen Entwicklung der Einnahme- und Ausgabewirtschaft insgesamt[73]. Das Budget wird auch als notwendig erachtet, um im Verhältnis von Staatswirtschaft zur Privatwirtschaft die Kosten-Nutzen-Relation der staatlichen Leistungen besser bewerten und um die Staatsquote errechnen zu können[74].

Der Wert des Budgets ergibt sich, von diesem Blickwinkel aus gesehen, aus seiner Bedeutung für die Beurteilung des Staatshaushaltes, seiner Entwicklung und seines Verhältnisses zur Privatwirtschaft. Erst mit den quantitativen Informationen, welche die Etats liefern, kann die "gute Ordnung" des Staatshaushalts bewertet werden.

---

69 Die Übersicht über die Finanzwirtschaft wird als wesentlich für die staatswirtschaftliche Ordnung angesehen. Lotz 1822, III, S.455 f.; Hoffmann 1851, S.600 und Gruntzel 1920, S.9 f. nennen sie z.B. als Ziel der Budgetaufstellung. Bischof 1876, S.73 sieht den Nutzen einer vollständigen Zusammenstellung in einer klaren, logisch angelegten und folgerichtig durchgeführten Übersicht. Vgl. auch Schmidt 1880, S.115 f.

70 Vgl. z.B. Ebhardt 1807, S.17; Jakob 1837, S.858 und Bischof 1876, S.23.

71 Vgl. Lotz 1931, S.101. Die Etats sind nach Lotz 1822, III, S.457 allerdings nur brauchbar, um im ganzen Einnahme- und Ausgabewesen des Staatsfinanzhaushaltes die nötige Regelmäßigkeit zu erhalten, nicht aber in jeder unteren Einnahme- und Ausgabestelle.

72 Vgl. Rau 1850, II, S.243 und Altmann 1910, S.6. Hüffell 1834, S.3 hält staatswirtschaftliche Regulierung nur mit Hilfe eines Haushaltsplans für möglich. Staatswirtschaftliches Handeln ohne Budget wurde von Ebhardt 1807, S.12 und Hoch 1809, S.1 für unmöglich gehalten. Harl 1811, S.82 erachtet Ökonomie und Ordnung ohne Übersicht über das Ganze der Staatswirtschaft für ein Unding. Ebenso Földes 1920, S.7.

73 Vgl. dazu Hoch 1809, S.28; Hüffell 1834, S.3; Mohl 1872, S.696; Parth 1874, S.9; Schrott 1886, S.395; Eheberg 1895, S.313; Heckel 1898, S.470; Roscher 1901, I, S.2 und Tyszka 1920, S.282.

74 Vgl. Mohl 1872, S.696; Parth 1874, S.9 und Tyszka 1920, S.281.

Ein weiteres entscheidendes Kriterium für einen ordnungsgemäßen Staatshaushalt ist dessen **Planmäßigkeit**[75]. Ohne Staatshaushaltsplan seien, so *Földes*, Ordnung, Planmäßigkeit und Voraussicht in der Gestaltung des Staatshaushaltes nicht zu erreichen[76]. Je größer eine Wirtschaft, desto weniger könne sie von einem einzelnen übersehen werden und desto dringender erscheine ein Plan, der die Einnahmen und Ausgaben ordne[77]. Da sich, wie oben dargelegt, nach einem finanzwissenschaftlichen Postulat die Staatseinnahmen nach den -ausgaben richten sollen, müssen die Finanzbehörden im voraus einen Plan anlegen, der aufzeigt, welche Bedürfnisse im Laufe der Finanzperiode entstehen und wie sie gedeckt werden können[78]. Die Planmäßigkeit der Etats soll gleichzeitig auch für die Sicherung eines weiteren finanzwissenschaftlichen Postulats sorgen, nämlich der Forderung nach dem Gleichgewicht zwischen Einnahmen und Ausgaben des Staates[79]. Mit Hilfe des Haushaltsplanes können außerdem die für den künftigen Wirtschaftsbetrieb von vornherein zu treffenden Maßregeln eingeleitet und notwendige Änderungen im laufenden Betrieb aufgespürt werden[80].

Das Bewußtsein, daß das Budget Plancharakter hat, war den Finanzwissenschaftlern des 19. Jahrhunderts also keineswegs fremd. Er ist vielmehr eines seiner wesentlichen Kennzeichen, wie sich unten bei der Erörterung des Bud-

---

75 Ebhardt 1807, S.17 sieht den Unterschied zwischen Kameralsystem und Merkantilsystem darin, daß bei ersterem ein "gewisser Plan" notwendig ist und die Einnahmen und Ausgaben auf das möglichst Genaueste im voraus bestimmt werden müssen. Ganz allgemein begründet Schmalz 1818, S.162 f. die Aufstellung eines Budgets damit, daß die Einnahmen und Ausgaben ununterbrochen fortgehen müssten, und dies nur mit Hilfe im voraus berechneter Etats zu gewährleisten sei. Hoeck 1819, S.32 meint, ein Budget sei notwendig, damit die Finanzverwaltung nicht in ihrem Plan gestört oder durch zufällige Ausgaben und Einnahmen in Verlegenheit gesetzt werde. Auch Murhard 1846, S.695 fordert planmäßiges Ausgeben. Nach Wagner 1866, S.835 wird der Staatsbedarfs wie in jeder Wirtschaft "durch eine planmäßige fortdauernde Thätigkeit" gedeckt. Haenel 1888, S.305 charakterisiert den Etat als einen "zusammenfassenden, einheitlichen Plan(es) der Finanzverwaltung". Kaizl 1900, I, S.80 spricht von der Notwendigkeit eines "klaren, rechnungsmäßigen Bewußtseins und der ziffernmässigen Planmäßigkeit". Ebenso Gruntzel 1920, S.6, der das Budget als einen "Plan zukünftiger Handlungen" sieht. Die "Planmäßigkeit" wurde für die Budgetrechtsdiskussion der 2. Hälfte des 19. Jahrhunderts zum entscheidenden Merkmal des Etats (siehe unten Abschnitt 2.5., S.94 f.).

76 Vgl. Földes 1920, S.34.

77 So sinngemäß Hoch 1809, S.9; Conrad 1919, S.302 und Földes 1920, S.36. Laband 1901, IV, S.482 betont, daß die Notwendigkeit der Aufstellung des Budgets nichts Kennzeichnendes der konstitutionellen Monarchie sei, "sondern sie ergiebt sich aus der Größe und dem Umfang der Staatswirthschaft".

78 Vgl. Enderlin 1804, II, S.90; Schmalz 1808, S.285; Dessáry 1855, S.322; Umpfenbach 1887, S.442 und Heckel 1898, S.87. Für Tyszka 1920, S.281 besteht der Zweck des Budgets in der "planmäßigen Fürsorge" für die ausreichende Deckung der notwendigen Ausgaben.

79 Vgl. Barth 1843, S.51; Rau 1850, II, S.243; Bischof 1876, S.70; Eheberg 1895, S.313; Heckel 1898, S.470 und Seidler 1901, S.39.

80 Siehe Escherich 1851, S.80 f. und Schrott 1886, S.395.

getrechts auch noch zeigen wird[81]. Wie weit freilich die Planungstechniken konkret ausgefeilt waren, ist eine andere Frage[82].

Das Budget sorgt nach der im 19. Jahrhundert herrschenden Meinung für Ordnung und Planmäßigkeit in der Staatswirtschaft. Der Staat hat weder eigene Einnahmen noch Ausgaben, sondern führt seine Wirtschaft im Auftrag Dritter[83], weshalb er planmäßig handeln muß[84] und eine feste Begrenzung seines Auftrags vonnöten ist[85]. Das Budget hat die Aufgabe, die Ausgaben nach oben zu begrenzen, und zeigt für die Einnahmen das zu erreichende Ziel auf[86]. Die im Budget festgestellten Zahlen gelten für die jeweiligen Verwaltungsbehörden als "Richtschnur" ihres Handelns[87]. Als **Instrument der Verwaltungsführung** soll der Etat verhindern, daß die für einen bestimmten Zweck bereitgestellten Mittel für einen anderen verwendet werden[88]. Ohne Finanzplan, so die Befürchtungen, besteht die Gefahr, daß die Verwaltung die Ausgaben nach ihrem zeitlichen Auftreten und nicht nach dem Maß ihrer Dringlichkeit tätigt[89]. Der Etat wirkt als "*Norm*"[90] oder "*Instruktion*"[91] für die Wirtschaftsführung einer bestimmten Periode[92]. Die Führung des Staatshaushaltes durch die Verwaltung besteht nach *Seidler*[93] im Vollzug des Finanzge-

---

81 Siehe Abschnitt 2.5., S.94 f.

82 Näheres dazu in Abschnitt 3.7., S.320 ff.

83 Vgl. Enderlin 1804, II, S.5. Für Krug 1808, S.220 ist der Staat nur "Verwalter" des Staatseinkommens und Vermögens. Zum Haushaltsplan als Ausgabeermächtigung der Verwaltung siehe unten Abschnitt 3.8., S.347 ff.

84 Vgl. Schanz 1899, S.1139 und Bräuer 1928, S.4.

85 Eschenmayer 1807, I, S.4 führt aus, daß verhindert werden müsse, daß die Verwaltung des Staatsvermögens willkürlich erfolge, und deshalb ein Etat notwendig sei. Ebenso Schlupper 1817, S.10. Für ihn ist das Budget "ein vorzügliches Mittel der Ordnung und Accuratesse bei der Ausführung" (ebenda). Siehe auch Schanz 1899, S.1139; Heckel 1898, S.470 und Borght 1902, S.17.

86 So Seidler 1901, S.40.

87 Vgl. Fulda 1824, S.428 und Malchus 1830, II, S.95 und 100. Für Ungewitter 1845, S.156 und für den Autor der Finanzwissenschaft 1863, S.333 ist das Budget die "Grundlage der Verwaltung" und dient als "Maßstab ihres Verhaltens" (Finanzwissenschaft 1863, S.411). Haenel 1888, S.314 stellt fest: "Es ist unbestritten: das Budgetgesetz ist eine Richtschnur, welche die Finanzverwaltung, soviel an ihr liegt, befolgen muss". Ebenso Laband 1883, S.208 und Laband 1901, IV, S.496. Siehe dazu auch Bischof 1873, S.80; Willgren 1899, S.2; Seidler 1901, S.40 und Pickhan 1909, S.3.

88 Siehe Barth 1843, S.51. Für Schmidt 1880, S.115 f. garantiert er die "richtige" Wahrnehmung der Funktionen der Verwaltung.

89 Vgl. Eheberg 1895, S.313 und Heckel 1898, S.470.

90 Borght 1902, S.17.

91 Seidler 1901, S.40.

92 Vgl. Kaizl 1900, I, S.81. Für die Wirtschaftsführung ist er nach der von Schanz 1899, S.1139 vertretenen Auffassung selbst für absolutistisch regierende Monarchen vonnöten. Über die rechtliche Wirkung des Budgets siehe unten Abschnitt 3.5. und 3.8.

93 1901, II, S.57.

setzes und der Ausführung des Staatshaushaltsetats[94]. Auf seiner Grundlage werden den einzelnen Behörden die Summen bezeichnet, über welche sie verfügen und den Kassen die entsprechenden Anweisungen geben dürfen[95].

Inwieweit die Verwaltung durch das Budget in ihrem finanziellen Gebaren angeleitet werden soll, wie eng sich die Ausführungsorgane an seine Vorgaben halten müssen und welcher Spielraum ihnen eingeräumt werden kann, war in der zweiten Hälfte des letzten Jahrhunderts die umstrittenste Budgetfrage. Sie wurde insbesondere im Zusammenhang mit dem rechtlichen Charakter des Haushaltsplans und dessen Bindungswirkung diskutiert. Auf die theoretische Seite dieses Problems wird bei der Erörterung budgetrechtlicher Fragen noch näher eingegangen[96], auf die konkrete Umsetzung des Haushaltsplans in den untersuchten Staaten im Abschnitt über die Bindungswirkung der Etats[97].

Der Staatshaushaltsplan bildet nicht nur die Grundlage für die Ausgaben der Verwaltung, sondern auch für deren **Kontrolle**[98]. Unabhängig davon, von wem letztere - was immer darunter auch verstanden werden mag[99] - ausgeübt wird und gegen wen sie sich richtet, ist in unserem Zusammenhang allein von Interesse, welche Rolle das Budget im Kontrollprozeß spielt. Wiederum davon abstrahierend, wer es mit welchem Interesse benutzt hat, scheint im 19. Jahr-

---

94 Für Murhard 1846, S.698 besteht jede auf dem Staatsgrundetat beruhende Zahlungsanweisung in der "mechanischen Vollziehung der landständischen Genehmigung der einzelnen genau bestimmten Summen". Von Stein 1878, I, S.84 f. wird besonders hervorgehoben, daß die Aufgabe der vollziehenden Gewalt nicht in der Verwaltung der Einnahmen und Ausgaben bestehe, sondern in der Verwirklichung des vom Staatswirtschaftsgesetz bestimmten Verhältnisses beider zueinander. Das Gesetz sei der Wille, die vollziehenden Faktoren nur die äußerlich erscheinende Gewalt des Staates. Inwieweit das Budget tatsächlich eine "unabänderliche" Richtschnur der Verwaltung war, wird weiter unten unter dem Stichwort "Bindungswirkung" diskutiert (vgl. Abschnitt 3.5. und 3.8.)

95 In der damaligen Haushaltssprache wurde in diesem Fall von einer Eröffnung oder Inanspruchnahme eines "Kredits" gesprochen. Vgl. z.B. Murhard 1846, S.698; Wagner 1877, S.101; Schanz 1899, S.1159; Seidler 1901, II, S.54 und Lotz 1931, S.118. Das Budget ist nach Schrott 1886, S.395 für den Wirtschaftsleiter die Berechtigung zur Anweisung von Ausgaben. Näheres dazu siehe Abschnitt 3.8.

96 Siehe Abschnitt 2.5.

97 Vgl. Abschnitt 3.8.

98 Das Thema Prüfung (Revision, Kontrolle) der Staatsverwaltung ist äußerst komplex und schwierig, da, wie Heinig 1949, I, S.18 schreibt, keine einheitliche Auffassung darüber besteht, was sie eigentlich ist und welche Ziele mit ihr verfolgt werden. Entsprechend heterogen wird "die" Kontrolle differenziert. Stein 1878, I, S.112 unterscheidet z.B. zwischen administrativer und verfassungsmäßiger Kontrolle, Schrott 1878, S.331 ff. zwischen Kassengebarungs-, Verwaltungs- und Staatskontrolle. In Kassen-, Rechnungs- und Verwaltungskontrolle teilt Eheberg 1895, S.42 ein, Roscher 1901, II, S.408 in Rechnungs-, Verwaltungs- und Verfassungskontrolle. Hövermann 1905, S.125 f. zieht eine Gliederung in formale Kontrolle, Rechnungs- und Verwaltungskontrolle vor. Siehe dazu auch Heinig 1949, I, S.154 ff.

99 Zum Kontrollbegriff siehe Heinig 1949, I, S.21 ff.

hundert durchweg Übereinstimmung darüber geherrscht zu haben, daß es grundsätzlich die Kontrolle der Verwaltung ermöglicht[100]. Sie wird durch - in verschiedenen Stufen erfolgende - Aggregation der einzelnen Rechnungsposten durchgeführt. An deren Ende steht ein Vergleich der Ergebnisse der Rechnungen mit den im Etat veranschlagten Zahlen. Es wird z.B. geprüft, ob die Staatseinnahmen und -ausgaben auf die für sie vorgesehenen Titel des Haushaltsplans verrechnet wurden, ob im Budget bzw. im Wege eines Nachtrags zu demselben ein entsprechender Kredit bewilligt wurde, ob eine Überschreitung des Kredits gerechtfertigt erscheint oder ob ein unzulässiger Übertrag von Budgetmitteln auf einen anderen Posten oder in eine andere Finanzperiode stattfand[101]. Als wesentlich erscheint dabei die Übereinstimmung des tatsächlichen Finanzgebarens zum einen quantitativ mit den veranschlagten Budgetziffern und zum anderen qualitativ mit den im Budget zum Ausdruck gebrachten Zwecken[102]. Die verschiedensten Stellen benötigen - zur Durchsetzung der unterschiedlichsten Interessen[103] - einen Maßstab für das finanzielle Gebaren der Verwaltung. Diesen liefert ihnen das Budget.

Die Staats-, Verwaltungs- und Rechnungskontrolle ist ein Gebiet, dem wir hier nur am Rande unsere Aufmerksamkeit zuwenden. Fragen, die i.d.R. in diesem Zusammenhang gestellt werden, beziehen sich in erster Linie auf Zweck, Art und Ablauf der Kontrolle, wobei der Aspekt der "Kontrolle" im Mittelpunkt des Interesses steht, nicht der Haushaltsplan. Er spielt in diesem Kontext nur eine sehr untergeordnete Rolle, indem er einen ziffernmäßigen Maßstab für

100 Schlupper 1817, S.9 spricht speziell die Kontrolle in Form der Rechnungsprüfung an. Ebenso Borght 1902, S.17; Hoch 1909, S.71 und Pickhan 1909, S.3 und 5. Vgl. dazu z.B. auch Jakob 1821, S.1255; Malchus 1830, II, S.100; Jakob 1837, S.888 f.; Schmidt 1880, S.115 f.; Schrott 1886, S.395 f.; Lehr 1892, S.100; Heckel 1898, S.470; Schanz 1899, S.1139 und Conrad 1919, S.302.

101 Vgl. z.B. Seidler 1901, II, S.95 f.

102 Jakob 1821, S.1255 bemerkt z.B., daß die Staatsverwaltung einer Oberaufsicht bedürfe, die prüfe, ob die Verteilung der finanziellen Mittel so erfolgt ist, "wie es jeder einzelne dieser Zwecke und die Harmonie des Ganzen erfordert". Ähnlich Heckel 1898, S.270. Etwas allgemeiner formulieren diese Forderung Pickhan 1909, S.3, Stein 1878, I, S.112 und 114 und Roscher 1901, II, S.409.

103 Dazu gehört auch die Durchsetzung politischer Interessen u.a. der Volksvertretungen (vgl. z.B. Földes 1920, S.35 f.). Murhard 1846, S.697 meint, die Ständeversammlung könne die ihr obliegende Prüfung der Notwendigkeit und Nützlichkeit der Ausgaben mit Hilfe der dem Budget beigefügten Nachweisungen im voraus bewirken. Jellinek 1887, S.281 spricht vom Budgetrecht als einer "politischen Waffe". Er bemerkt: "so erscheint das parlamentarische Budgetrecht politisch als Grund- und Eckstein des constitutionellen Staates in der angeblich ausgeprägtesten Form desselben, wo der Impuls zu allen wichtigen Handlungen der Regierung nicht vom Ministerium, am allerwenigsten vom Monarchen, sondern von der durch das Budget organisirenden und dirigirenden Thätigkeit des Parlamentes ausgeht" (Jellinek 1887, S.282). Ähnlich ist die Möglichkeit der Budgetverweigerung für Kaizl 1900, I, S.95 eine "furchtbare und verderbliche Waffe in der Hand des Parlamentes". Siehe dazu auch Abschnitt 3.5., S.262 ff.

die Planmäßigkeit der Budgetausführung liefert. In dieser Rolle wollen wir ihn unten auch noch etwas näher betrachten[104].

Das Budget war für die Finanzwissenschaft also der Inbegriff des Planungs-, Führungs- und Kontrollinstruments. Alle Aspekte wurden gleich stark betont, die Kontrollfunktion keineswegs einseitig hervorgehoben. Um diesen drei - teilweise im Widerstreit zueinander liegenden - Ansprüchen zu genügen, wurden dem Budget gewisse Grundeigenschaften abverlangt, denen wir uns im folgenden zuwenden, wobei zunächst auf den Budgetbegriff etwas näher eingegangen sei.

2.3.2. Das "Wesen" des Budgets

Das Wort "*Budget*" stammt aus dem lateinischen, gallisch gewordenen "*bulga*", was soviel bedeutet wie Sack, Ledertasche und dergleichen[105]. Im 12. Jahrhundert änderte sich die Schreibart in das altfranzösische "*bouge*" oder "*bougette*"[106]. Die Normannen brachten den Ausdruck von Frankreich nach England, wo seine Nomenklatur sich in "*búdget*" verwandelte und der Ausdruck in den parlamentarischen Sprachgebrauch einging. In England hatte das Parlament durchgesetzt, daß für jede Steuer, die es bewilligte, eine bestimmte Verwendung festgelegt wurde. Gegen Ende der Parlamentssession öffnete der Schatzkanzler eine Ledermappe, der er ein Pergamentblatt entnahm, das symbolisch die Schatzkammer der Krone darstellte. Diesen Vorgang nannte man "*opening the budget*". Allmählich ging die Bedeutung des Wortes "budget" von der Tasche selbst auf das Dokument über[107]. Von England kam das Wort schließlich wieder nach Frankreich zurück, wo es nun auch eine finanzwirtschaftliche Bedeutung erhielt. Offiziell im Zusammenhang mit dem Staatshaushaltsplan tauchte der Begriff "Budget" in Frankreich erstmals im Finanzgesetz vom 24. April 1806 auf, das sich "*loi relative au budget de l'état*" nannte[108]. Zuvor waren andere Ausdrücke gängig, wie etwa "*Etat du Roi*", "*livre de prospectus des dépenses*" oder "*état des dépenses*"[109]. Das Wort Budget wurde im französischen im Sinne von "Voranschlag der Einnahmen und Ausgaben"

---

104 Zum Soll-Ist-Vergleich der Etats und Rechnungen siehe unten Abschnitt 3.8., S.347 ff.

105 Vgl. Neumark 1929, S.1 und Staender 1984, S.52.

106 Mit Lederbeutel oder Felleisen zu übersetzen. Vgl. Heckel 1898, Budget und Budgetrecht, S.469. Boiteau 1889, S.503 schreibt: "Le budget est la 'bougette', la pochette, la sacoche de cuir, la bourse de nos pères". Vgl. auch Neumark 1929, S.2.

107 Vgl. dazu Czoernig 1862, S.5; Heckel 1898, Budget und Budgetrecht, S.469; Heckel 1898, Das Budget, S.1; Jellinek 1899, S.1167; Schanz 1899, S.1138; Shirras 1924, S.553 und Buck 1934, S.5.

108 Nach Boiteau 1889, S.504. Siehe auch Heckel 1898, Budget und Budgetrecht, S.469.

109 Siehe Boiteau 1889, S.504 und Heckel 1898, Budget und Budgetrecht, S.469.

gebraucht[110]. Nachdem sich im napoleonischen Frankreich der beschriebene Wortgebrauch durchgesetzt hatte, verbreitete er sich mehr oder weniger auch in anderen Staaten[111].

Neben dem Ausdruck Budget war auch das Wort "Etat" geläufig[112]. Es kommt von dem französischen "état"[113] und geht auf das lateinische "status" zurück. Man verstand darunter ursprünglich die Rechnungslegung[114]. *Jean Bodin* spricht in seiner Abhandlung vom Staat von einem *"estat genéral des finances"*[115]. Gemeint war damit der Voranschlag einzelner Ämter[116]. Nach *Schanz* und *Heckel* verbreitete sich der Ausdruck im 17. Jahrhundert auch in Deutschland[117]. Nach dem Aufkommen des Budgetbegriffs wurden beide Ausdrücke zum Teil synonym gebraucht, zum Teil wurden Unterschiede gemacht und zum Teil ganz andere Ausdrücke benutzt. Im 19. Jahrhundert hat sich

110 Vgl. Heckel 1898, Budget und Budgetrecht, S.469. Czoernig 1862, S.5 unterscheidet denn auch zwischen einem weiten - aus dem Französischen kommenden - finanzwissenschaftlichen Begriff, der sich nur auf die Einnahmen und Ausgaben bezieht, und einem engeren staatsrechtlichen, der aus dem englischen Sprachraum stammt und der mit dem Wort "Budget" die Mitwirkung der Volksvertretung an dessen Zustandekommen verbindet.

111 Die Bewertung ist unterschiedlich. Schanz 1899, S.1138 schreibt, der Begriff sei "überall gang und gäbe" geworden, wenn auch der spezielle offizielle Ausdruck meist ein anderer sei, in Deutschland eher "Voranschlag" oder "Haushaltsetat". So auch Heckel 1898, Das Budget, S.2. Neumark 1929, S.2 meint dagegen, daß das Wort seit diesem Zeitpunkt die alten Bezeichnungen "völlig verdrängt" habe.

112 Der Wortgeschichte von "Etat" in seiner finanzwirtschaftlichen Bedeutung ist in der Literatur bedeutend weniger Aufmerksamkeit gewidmet als dem Ausdruck "Budget".

113 Der Sprachgebrauch "estat" oder "état" kam in der französischen Finanzwirtschaft ungefähr im 16. Jahrhundert auf (vgl. Heckel 1898, Das Budget, S.3).

114 Vgl. Heckel 1898, Das Budget, S.3 und Schanz 1899, S.1138.

115 Vgl. Bodin 1583, S.862.

116 Die von Sully 1601 aufgestellten Etats der Hauptverwaltungszweige waren derartige Voranschläge (vgl. Heckel 1898, Das Budget, S.3).

117 Vgl. Schanz 1899, S.1138 und Heckel 1898, Das Budget, S.3.

weder in der Theorie noch in der Praxis ein einheitlicher Begriff herausgebildet[118].

Das Wort Budget "*n'est plus à définir*" bemerkt *Boiteau*[119] angesichts der Vielzahl von Budgetdefinitionen, die im französischen Sprachraum kursierten, und *Heinig*[120] stellt gleich zu Beginn seines umfangreichen Werkes über das Budget klar, daß man sich über das, was ein Budget eigentlich ist, nicht ganz einig sei. Aus diesem Grunde existieren viele Definitionen und Beschreibungen, mit denen dem Budget - je nach Ansicht - die unterschiedlichsten Eigenschaften und Merkmale zugeschrieben werden. Im 19. Jahrhundert verstand man unter dem Wort grundsätzlich drei Dinge: das von den Volksvertretungen votierte Budget, den Wirtschaftsplan mit der Übersicht der Staatseinnahmen und -ausgaben und die Rechnung über die tatsächlich geleisteten Einnahmen und Ausgaben[121].

Das Wort "Budget" in seiner Bedeutung als unter Mitwirkung der Stände zustandegekommener Staatshaushaltsplan setzte sich in Deutschland im 19. Jahrhundert erst langsam durch[122]. *Czoernig* ordnet die verschiedenen Budget-

---

118 Die Wörter "Voranschlag", "Etat" und "Budget" werden i.d.R. identisch verwendet (vgl. z.B. Parth 1874, S.106; Fellmeth 1900, S.98; Pickhan 1909, S.3 und Altmann 1910, S.6 f.). Daneben gibt es eine Vielzahl von Ausdrücken die stattdessen benutzt werden. In der ersten Hälfte des 19. Jahrhunderts waren die Termini "Etat" und "Finanzetat" besonders häufig vertreten (siehe z.B. Eschenmayer 1807, S.1; Schmalz 1808, S.285; Hoch 1809, S.22; Jakob 1821, S.456; Fulda 1827, S.427; Barth 1843, S.52; Ungewitter 1845, S.154 und Murhard 1846, S.689). Daneben finden sich auch noch Bezeichnungen wie etwa "Generaletat" (Hagen 1880, S.114), "Hauptfinanzetat" (Ungewitter 1854, S.154), "Staatshaushaltsetat" (Umpfenbach 1887, S.489; Seidler 1901, I, S.39 und Heckel 1898, Das Budget, S.3) und "Staatsgrundetat" (Murhard 1846, S.689). Häufig werden auch die Begriffe "Voranschlag" oder "Staatsvoranschlag" verwendet. Stellvertretend seien hier nur Schrott 1886, S.395 und Pickhan 1909, S.3 genannt. Gelegentlich kommen auch die Bezeichnungen "Hauptstaatsanschlag" (Umpfenbach 1887, S.489) oder "Rechnungsanschlag" (Heckel 1898, Das Budget, S.13) vor. Ein Antrag, den Etat künftig zwecks Verdeutschung des Wortes "Reichshaushaltsplan" zu nennen, wurde zu Beginn des 1. Weltkrieges im Reichstag eingebracht. Amtlich führte man diese Bezeichnung 1918 ein (vgl. Neumark 1929, S.3). Siehe dazu auch die unterschiedlichen Benennungen der Budgets, die in den Finanzgesetzen zur Anwendung gekommen sind (Quellenverzeichnis Q *.4. und Q *.5.). Ebenso bunt ist die Begriffsverwendung in den rechtlichen Regelungen, worauf in Abschnitt 3 zu achten ist. In der sächsischen Verfassungsurkunde von 1831 werden z.B. die Bezeichnungen "Staatsbudget", "Budget" und "Staatshaushaltsplan" benutzt (vgl. Löbe 1889, S.18).

119 1889, S.504.

120 1949, I, S.1.

121 Vgl. Boiteau 1889, S.503.

122 Barth 1843, S.52 bemerkt etwa, daß das Wort "Budget" von "Etat" zu unterscheiden sei. Das Budget werde gewöhnlich den Landständen vorgelegt und müsse auf jeden Fall diejenigen Einnahmen und Ausgaben enthalten, für welche sie Steuern bewilligen. Der Etat sei hingegen eine Vorausberechnung aller Staatseinnahmen und -ausgaben. Murhard 1846, S.701 begreift darunter einen Gesetzentwurf, welcher der Ständeversammlung zur Prüfung, Begutachtung und Beschlußfassung vorgelegt wird.

begriffe, indem er nach einem finanzwirtschaftlichen und einem staatsrechtlichen Begriff unterscheidet. Unter ersterem versteht er den Voranschlag der Staatseinnahmen und -ausgaben für eine bestimmte Periode, zu letzterem gehört wesenhaft die verfassungsrechtliche Mitwirkung der Volksvertretung[123]. Mit dem parlamentarischen Budgetbegriff[124] eng verbunden ist die Forderung nach **Öffentlichkeit**[125] und **Verbindlichkeit**[126] des Budgets. Beide Postulate wurden in der Rechtswissenschaft heftig diskutiert[127]. In direktem Zusammenhang mit dem parlamentarischen Budgetbegriff standen - wegen ihres politischen Hintergrundes - auch die Forderungen nach **Einheit**[128] und **Vollständigkeit**[129] des Budgets.

Der parlamentarische Budgetbegriff wird durch den finanzwirtschaftlichen ergänzt. Dieser war meistens gemeint, wenn die Rede im letzten Jahrhundert auf das "Budget" kam. Unter der Bezeichnung "*Voranschlag*", "*Etat*", "*Budget*" usw.

---

123 Der finanzwissenschaftliche Begriff entspricht dem französischen Sprachgebrauch, der staatsrechtliche dem englischen (vgl. Czoernig 1862, S.5 und die beiden vorhergehenden Absätze). Diese Unterteilung macht u.a. auch Földes 1920, S.36.

124 Er wird z.B. von Stein 1878, I, S.73 benutzt, der unter dem Budget oder dem Staatswirtschaftsgesetz den "durch die Factoren der gesetzgebenden Gewalt, die Volksvertretung und das Staatsoberhaupt, zum Gesetz und damit zum geltenden Recht erhobene(n) Staatsvoranschlag" versteht.

125 Das bringt die Budgetdefinition von Jèze 1927, S.7 deutlich zum Ausdruck. Er definiert das Budget als ein "Programm der zu leistenden Ausgaben und der zu erhebenden Einnahmen für einen gegebenen Zeitraum, das Volksvertretungen mit weitgehender Öffentlichkeit beraten".

126 Für Neumark 1929, S.9 f. ist es "die nach bestimmten Gesichtspunkten (...) vorgenommene Zusammenstellung von Voranschlägen der für einen bestimmten Zeitraum erwarteten Einnahmen und Ausgaben eines politischen Verbandes, die in regelmäßigen Zeitabständen nach Maßgabe gewisser Rechtsnormen, meist in Form eines Gesetzes, unter Mitwirkung der Volksvertretung erfolgt und die Handlungen der Verwaltung in einem durch Gesetz und Gewohnheitsrecht bzw. Konvention bestimmten Umfange bindet". Die rechtliche Seite des Budgets, seine Funktion als Richtschnur der Verwaltung, möchte auch Willgren 1899, S.2 enger mit dem Budgetbegriff verbunden sehen. Er definiert das Budget deshalb als einen für die Verwaltung aufgestellten, rechtsverbindlichen Wirtschaftsplan (Willgren 1890, S.8).

127 Siehe dazu Abschnitt 3.1. und 3.8.

128 Wesentlich mit der Budgeteinheit ist die Forderung verbunden, daß die Staatseinnahmen und -ausgaben in einem einzigen Etat zusammengefaßt und nicht über mehrere Voranschläge zerstreut sind. In diesem Zusammenhang stellt Hagen 1880, S.114 fest, das Budget sei der Generaletat für die "ganze" Staatsverwaltung und nach Seidler 1885, S.31 bezeichnet der Inhalt des Staatsvoranschlags den "gesamten" Finanzbedarf. Heckel 1898, Das Budget, S.13 betont, der Staatshaushaltsetat im engeren Sinne, der Hauptfinanzetat, bezeichne den "Voranschlag der gesamten Finanzwirtschaft, den Rechnungsanschlag der ganzen Ausgabe- und Einnahmewirtschaft des Staates". Ebenso Conrad 1919, S.303. Siehe dazu Abschnitt 3.2.

129 Budgetvollständigkeit bedeutet vor allem das Verbot, Staatsausgaben und -einnahmen zu verheimlichen. Insbesondere gilt dies für die außerordentlichen Ausgaben. Insoweit ist zu verstehen, daß Pölitz 1827, II, S.290 mahnt, das Budget müsse "die vollständige, deutlich geordnete und in allen Theilen zusammenhängende, Uebersicht über den Jahresbedarf eines Staates, sowohl nach dessen ordentlichen, als außerordentlichen Ausgaben" enthalten. Vgl. dazu Abschnitt 3.3.

wurde in der Mehrzahl der Fälle verstanden: **Ein vorläufiger Überschlag über die zu erwartenden Einnahmen und Ausgaben des Staates für einen künftigen Zeitraum**[130]. Mit diesem Wortverständnis werden dem Etat vier Merkmale zugeschrieben: Übersichtlichkeit, Vorherigkeit, zeitliche Begrenztheit und Wahrscheinlichkeit. Sie sind im 19. Jahrhundert wesentlich mit dem Budgetbegriff in finanzwirtschaftlichem Sinne verknüpft.

Die Forderung nach Ordnung in der Staatswirtschaft und - als notwendige Voraussetzung hierfür - nach einem Überblick über die staatliche Finanzwirtschaft spielte in der finanz- und staatsrechtswissenschaftlichen Diskussion des 19. Jahrhunderts eine bedeutende Rolle[131]. Mit ihr wurde auch die Notwendigkeit eines Budgets begründet[132]. Insoweit ist es nicht überraschend, daß mit dem Begriff des Etats die Forderung nach dessen **Übersichtlichkeit** verknüpft wurde[133]. Die Staatseinnahmen und -ausgaben sollten in systematischer Form dargestellt werden[134] und die Etats ein durchgehendes Rubrikensystem aufweisen[135]. Mit zur Übersichtlichkeit gehört auch, daß die Einnahmen und Ausgaben miteinander saldiert werden[136].

---

130 Dieses Verständnis des Etatbegriffs findet sich mit kleineren Unterschieden vom Anfang des 19. bis in das 20. Jahrhundert hinein durchgängig und kann unter anderem in jedem finanzwissenschaftlichen Lehrbuch dieses Zeitabschnitts nachgelesen werden. Stellvertretend für den Beginn des betrachteten Zeitraum sei Schlupper 1817, S.9 zitiert. Für ihn besteht der Etat "in der so viel als möglich sichern Veranschlagung der Einkünfte und des damit verknüpften Aufwands für die bestimmte Rechnungs-Zeit".

131 Siehe dazu oben Abschnitt 2.2.

132 Vgl. Abschnitt 2.3.1.

133 So begreift z.B. Pölitz 1827, II, S.295 die Etats als die nach einzelnen Ministerien bearbeiteten "Uebersichten" über deren Bedürfnisse. Kaufmann 1833, S.273 sieht in den Finanzetats "nichts anderes als übersichtlich geordnete Ansichten von Staats-Einnahmen und Staats-Ausgaben". Für Seidler 1885, S.31 ist der Etat eine Tabelle, in der die Einnahmen und Ausgaben schriftlich und übersichtlich dargestellt sind. "Systematische Uebersichtlichkeit" fordert Umpfenbach 1887, S.489 von dem Staatshaushaltsetat. Als "geordnetes Verzeichnis" betrachtet ihn Willgren 1899, S.1. Fellmeth 1900 sieht in ihm eine ziffernmäßig geordnete Übersicht. Ebenso Roscher 1901, II, S.376. Der Etat wird auch als "Nachweisung ", "Darstellung", "Zusammenstellung" oder "Aufstellung" der Staatseinnahmen und -ausgaben bezeichnet (siehe z.B. Fulda 1827, S.427; Malchus 1830, II, S.93; Murhard 1846, S.689; Escherich 1851, S.81 und Neumark 1929, S.8 ff.).

134 Pölitz 1827, II, S.290 f. verbindet mit dem Budget eine "deutlich geordnete und in allen Theilen zusammenhängende Uebersicht". Ähnlich Umpfenbach 1887, S.489; Fellmeth 1900, S.98 und Roscher 1901, II, S.376. Für Neumark 1929, S.8 ist das Budget ein nach rationalen Gesichtspunkten ausgegliederter Voranschlag der Einnahmen und Ausgaben eines politischen Verbandes.

135 Weil dadurch den Oberbehörden eine gleichmäßige Übersicht über die Bedürfnisse und die Einnahmen erleichtert werde (so Pölitz 1827, II, S.446).

136 In der Budgetsprache des 19. Jahrhunderts wird dies "bilanzieren" genannt (vgl. z.B. Seidler 1885, S.31 und Willgren 1899, S.1). Nach Schrott 1886, S.395 muß aus dem Etat auch der "Wirtschaftserfolg" ersichtlich sein. Neumark 1929, S.8 meint, daß die Einnahmen und Ausgaben derart miteinander in Beziehung gesetzt werden müßten, "daß zwischen ihnen Gleichgewicht herrscht".

Zwei weitere Wesenszüge, die mit dem Budget des 19. Jahrhunderts in Verbindung gebracht wurden, sind dessen **Vorherigkeit** und zeitliche **Begrenztheit**. Der Staatsvoranschlag sollte für einen zukünftigen Zeitraum aufgestellt werden und war deshalb eine "*Vorherbestimmung*", ein "*Voranschlag*" der Einnahmen und Ausgaben[137]. Seine zeitliche Geltung sollte nur begrenzt sein[138].

Aus der Forderung nach Vorherigkeit des Etats ergibt sich notwendig, daß die in ihm festgehaltenen Beträge nur vorläufige zahlenmäßige Festsetzungen, "*Anschläge*", "*Überschläge*" bzw. "*Wirtschaftspläne*" sind[139]. Sie kommen durch Berechnung oder, wo das nicht möglich ist, durch Schätzung zustande[140]. Neben der Forderung, daß der Etat **begründet**[141] sein müsse, blieben die hierfür

---

137 Der Etat "ist eine vorläufige Vorherbestimmung der Einnahmen, Ausgaben und des Ertrages", stellt Eschenmayer 1807, I, S.34 fest. Ähnlich Harl 1811, II, S.292 und Barth 1843, S.50. Jakob 1821, S.456 konstatiert, daß Voranschläge alle Einnahmen und Ausgaben im voraus bestimmten. Escherich 1851, S.81 versteht unter der Etatisierung "die Festsetzung und Nachweisung der bei einer Wirthschaft für einen künftigen Zeitraum bevorstehenden (zu vollziehenden) Einnahmen und Ausgaben". Siehe z.B. auch Parth 1874, S.106; Schrott 1886, S.395; Umpfenbach 1887, S.489; Seidler 1901, S.39; Altmann 1910, S.6 und Meister 1933, S.8. Vgl. auch Abschnitt 3.5.

138 In den verschiedenen Budgetdefinitionen wird meist kein Zeithorizont des Voranschlags genannt (vgl. z.B. Hoch 1809, S.22; Schlupper 1817, S.9; Jakob 1821, S.456; Fulda 1827, S.427; Ungewitter 1854, S.411; Murhard 1846, S.689; Czoernig 1862, S.5; Finanzwissenschaft 1863, S.411; Rönne 1884, IV, S.739; Schrott 1886, S.395; Brockhaus 1890, S.472 f.; Pickhan 1909, S.3 und Neumark 1929, S.8). Pölitz 1827, II, S.446 nennt dagegen die Frist von 1 Jahr. Ebenso Umpfenbach 1887, S.489. Schrott 1886, S.395 spricht von einem künftigen Rechnungszeitraum von "in der Regel" einem Jahr. Ebenso Parth 1874, S.106; Hagen 1880, S.114 und Földes 1920, S.36. Vgl. dazu Abschnitt 3.6.

139 Jakob 1821, S.465 befindet, daß das Charakteristische an den Etats sei, daß sie nur "ungefähre Anschläge" des zu erwartenden Einkommens und des Bedarfs seien. Für Pölitz 1827, II, S.446 sind sie vorläufig berechnete Überschläge. Ebenso Jakob 1837, S.868. Barth 1843, S.50 sieht im Finanzetat eine "Vorausberechnung" der Finanzeinnahmen und -ausgaben. Das Vorläufige des Budgets kommt auch in dem Wort "Voranschlag" zum Ausdruck. Der Plancharakter des Budgets wird insbesondere von den Staatsrechtswissenschaftlern nachdrücklich herausgestellt (siehe Abschnitt 2.5.).

140 Seidler 1885, S.31 sieht darin das Wesen des Staatsvoranschlages. Siehe auch Seidler 1901, II, S.39. Für Parth 1874, S.106 ist der Etat "die Berechnung der in einem bevorstehenden Zeitabschnitte (Jahre) zu erwartenden Einnahmen und Ausgaben". Siehe auch Fricker 1894, S.401; Heckel 1898, Das Budget, S.1 und Kaizl 1900, I, S.81 f.

141 Für Fulda 1827, S.427 besteht das Staatsbudget "in einer auf die Erfahrungen früherer Jahre und auf begründete Wahrscheinlichkeit gesetzten Nachweisung und Darstellung der zu erwartenden Einnahmen und Ausgaben des Staats in einem bestimmten Zeitraum oder Etatsjahr". Auch Ungewitter 1845, S.154 fordert in den Anschlägen "Gewißheit, oder doch noch begründete(r) Wahrscheinlichkeit" und zusätzlich die Berücksichtigung "gegebener Umstände und Verhältnisse". Für Murhard 1846, S.689 ist der Etat eine "hinlänglich belegte" Nachweisung der Staatseinnahmen und -ausgaben. Umpfenbach 1887, S.489 spricht vom Staatshaushaltsetat als von einer "hinlänglich beurkundete(n) Berechnung" des voraussichtlichen Finanzbedarfs sowie der zu erwartenden Einnahmen. Siehe dazu ausführlich Abschnitt 3.7.

vorgeschlagenen Methoden - nicht überraschend in einer Begriffsbestimmung - allgemein[142].

In der dritten Bedeutung wird der Budgetbegriff im Sinne von "*Rechnung über die tatsächlich geleisteten Einnahmen und Ausgaben des Staates*"[143] benutzt. In diesem Zusammenhang ist dann von einem Soll- und einem Istbudget die Rede[144]. Der gebräuchlichere und eindeutigere Ausdruck für letzteres ist jedoch das Wort "*Haushaltsrechnung*"[145]. Umgekehrt kann es auch vorkommen, daß das Budget mit "Rechnung" bezeichnet wird, was dann im Sinne von "Berechnung" zu verstehen ist[146].

Grundsätzlich vom Wort "Budget" zu unterscheiden ist der Begriff des "*Finanzplans*"[147]. Im Unterschied zum Budget ist er längerfristig angelegt, überschaut alle Verhältnisse im Ganzen und ordnet die Finanzwirtschaft auf

---

142 Hoch 1809, S.22 schreibt, Etatisierung "heißt im allgemeinen: die Bestimmung des Zustands, worinn sich voraussichtlicherweise diese oder jene Finanz-Zweige während der Dauer eines gewißen Zeit-Abschnitts befinden werden, mit Beziehung auf den Zustand, worinn sie sich in dieser oder jener Periode überhaupt befunden haben, - und daraus resultirende Bestimmung der Operationen, welche vorgehen müssen, oder vorgegangen sind, um entweder der drohenden Gefahr Einhalt zu thun, oder von den günstigen Umständen den möglich größten Nutzen zu ziehen".

143 Une "forme définitive de compte réglé des dépenses et des recettes réelles", wie Boiteau 1889, S.503 schreibt.

144 Wobei der Voranschlag der Einnahmen und Ausgaben für die kommende Wirtschaftsperiode als Sollbudget, die Übersicht über die tatsächlich geleisteten Staatseinnahmen und -ausgaben in einer abgelaufenen Wirtschaftsperiode als Istbudget bezeichnet wird (vgl. z.B. Tyszka 1920, S.280; Mombert 1928, S.10 und Lotz 1931, S.100).

145 Im Zusammenhang mit dem Budget und der Haushaltsrechnung wird, unabhängig von dessen Begriff, vor allem gefordert, daß beide ein weitgehend identisches Rubrikensystem aufweisen, damit der Soll-Ist-Vergleich mit möglichst wenig Aufwand erfolgen könne (vgl. z.B. Schanz 1899, S.1159; Willgren 1899, S.130 und Seidler 1902, II, S.40). Siehe auch Abschnitt 3.4. und 3.8.

146 Dies kommt insbesondere in den Rechtsvorschriften der ersten Hälfte des 19. Jahrhunderts vor, wie Abschnitt 3 zeigen wird.

147 Obwohl hin und wieder beide Ausdrücke synonym gebraucht werden. Rau 1850, II, S.243; Finanzwissenschaft 1863, S.332 f.; Schmidt 1880, S.92 und Altmann 1910, S.6 f. bezeichnen z.B. den Etat als "Finanzplan". Letzterer wird von Willgren 1899, S.10 als "ökonomisch-technischer" Entwurf einer möglichst zweckmäßigen Entwicklung des Staatshaushaltes beschrieben. Lotz 1931, S.101 bezeichnet ihn als "Aufstellung programmatischen Charakters für längere Zeiträume der Zukunft". Fellmeth 1900, S.106 bemerkt über die Notwendigkeit des Finanzplans: Die Verhältnisse verlangten "gebieterisch" eine Regelung des Finanzwesens, "die über den augenblicklichen Zeitpunkt hinaus auch die mutmassliche Entwickelung des Bedarfs ... vorsieht, mit anderen Worten einen sorgfältig durchdachten Finanzplan für eine Reihe von Finanzperioden, der in günstigen Jahren schon die nötigen Vorkehrungen trifft, dass die Ordnung im Finanzhaushalt auch in ungünstigen Zeitläufen und bei unvorhergesehenen Ereignissen möglichst wenig gestört wird". Neumark erachtet Finanzpläne als unbedingt notwendig für eine weitsichtige Finanzpolitik und zur Wahrung der Kontinuität. Vgl. dazu auch Abschnitt 2.3.1. und 3.7.

lange Sicht. Die Aufgabe des Finanzplans besteht nach *Malchus*[148] in der Darstellung der Quellen des Einkommens, des zulässigen Maßes ihrer Benutzung, der Würdigung und Klassifizierung der Ausgaben hinsichtlich ihrer absoluten und relativen Notwendigkeit und im Vergleich der Summe der Mittel mit der Summe der Bedürfnisse. Bei der Aufstellung sind seine Wirkungen und Folgen auf die Verhältnisse der Zukunft zu berücksichtigen. Er bildet die eigentliche Grundlage der Finanzwirtschaft. Im Gegensatz zum Budget ist er rechtlich nicht verbindlich[149] und nicht an festgelegte Formen gebunden[150]. Das Budget wird hingegen durch seine kurzfristige, dynamische, auf die besonderen Verhältnisse reagierende Erscheinung gekennzeichnet[151]. Es kann zuverlässig nur auf Grund des Finanzplans aufgestellt werden[152].

Das Budget erscheint so theoretisch eingebettet zwischen dem Finanzplan, der die qualitativen und quantitativen Vorgaben in groben Zügen umreißt, und der Haushaltsrechnung, die über die tatsächliche Umsetzung der im Etat gemach-

---

148 1830, II, S.94. Das Verdienst, den Unterschied zwischen Finanzplan und Etat erkannt zu haben, wird i.d.R. ihm zugeschrieben. Seiner Charakterisierung des Finanzplans schließen sich Ungewitter 1845, S.154 f.; Murhard 1846, S.694 und Czoernig 1862, S.7 an. Umpfenbach 1887, S.476 vertritt die Ansicht, beim Finanzplan komme es auf das "ruhige Betrachten und Erwägen" an. Die Sicherung eines längerfristigen Gleichgewichts der Staatseinnahmen und -ausgaben sieht Heckel 1898, Budgetrecht, S.469 als eine Aufgabe des Finanzplans an. Ebenso Seidler 1885, S.28; Willgren 1899, S.10; Földes 1920, S.36; Buchholz 1922, S.4 und Bräuer 1928, S.5.

149 So Schanz 1899, S.1139. Deshalb hätten, wie Neumark 1929, S.10 betont, Abweichungen davon auch keine rechtlichen Folgen.

150 Willgren 1899, S.11 schreibt über den Finanzplan: "Nur am Schlusse einer Wirtschaftsperiode, wenn die Resultate mehrerer Budgets vorliegen, ist es möglich auf induktivem Wege den der Staatsverwaltung zu Grunde gelegten Finanzplan herauszukonstruieren". Seidler 1885, S.29 nennt dieses Unterfangen "unschwer". Motive zu Gesetzentwürfen, Denkschriften, Exposés der Finanzminister und vor den Kammern vorgetragene politische Programme gelten für Schanz 1899, S.1139 ebenfalls als Finanzpläne. Ähnlich Seidler 1885, S.29, der allerdings bedauert, daß die Praxis es versäume, selbständige Finanzpläne aufzustellen. Bräuer 1928, S.5 charakterisiert den Finanzplan als Akt der inneren Verwaltung, der i.d.R. nicht für die Öffentlichkeit bestimmt sei.

151 Malchus 1830, II, S.93 f. sieht im Budget "quasi eine Thatsache". Das Budget müsse nur die im Finanzplan bewirkte Koordinierung der Einnahmen und Ausgaben berücksichtigen und sei mehr für den Geld- und Kassenhaushalt bestimmt. Heckel 1898, Budgetrecht, S.469 bemerkt, daß das Typische, das im Finanzplan zum Ausdruck komme, für einen kürzeren Zeitabschnitt konkretisiert und in einzelne Budgets gegossen werden müsse. Letztere sollten den im einzelnen immer mehr oder weniger schwankenden Einnahme- und Ausgabeverhältnissen einer Haushaltsperiode Rechnung tragen. Ähnlich Schanz 1899, S.1139.

152 Der Entwurf eines Staatsbudgets unterstelle und bedinge das Vorhandensein eines Finanzplanes, so Malchus 1830, II, S.94, "ohne welchen ein solches niemals mit derjenigen Zuverlässigkeit bearbeitet werden kann, die für dessen Bestimmung als Grundlage für den Finanzhaushalt erforderlich ist". Ähnlich Ungewitter 1845, S.694 und Umpfenbach 1887, S.475 f. Heckel 1898, Budgetrecht, S.469 ergänzt, Finanzplan und Budget verhielten sich zueinander wie "Ursache und Wirkung", Seidler 1885, S.32 meint, wie das "Besondere zum Allgemeinen". Als "Folgewirkung" des Finanzplans bezeichnet Schanz 1899, S.1139 das Budget. Willgren 1899, S.11 betrachtet es als die Konkretisierung der im Finanzplan zum Ausdruck gelangten allgemeinen Typen.

ten Vorgaben informiert. Es wird in dem Augenblick wichtig, in dem es darum geht, Pläne und Programme tatsächlich umzusetzen, die es realisierenden staatlichen Instanzen konkret anzuleiten und sie mehr oder weniger an die Vorgaben zu binden. Das Budget ist die Gelenkstelle zwischen Plan und Wirklichkeit. Je nachdem, wie das Haushaltsrecht gestaltet ist und wie der Etat konkret aussieht, entscheiden sich diese Fragen. Die Konstruktion von Budget und Haushaltsrecht ist ob dieser Mittlerstelle zwischen Theorie und Praxis von entscheidender Bedeutung. Das dem Budget zugeschriebene "Wesen" ist so konstruiert, daß es den Anforderungen dieser Rolle - je nach Sichtweise - gerecht wird. **Öffentlichkeit, Einheit, Vollständigkeit, Übersichtlichkeit, Vorherigkeit, zeitliche Begrenztheit, begründete Wahrscheinlichkeit** und **Verbindlichkeit** sind stichwortartig zusammengefaßt die Eigenschaften, die vom Budget im 19. Jahrhundert am häufigsten gefordert wurden. Inwieweit sie im Budgetrecht und in den Haushaltsplänen der untersuchten Staaten ihren Niederschlag fanden, wird in Abschnitt 3 untersucht. Zuvor ist es aber notwendig, auf die geschichtlichen und rechtlichen Grundlagen einzugehen, auf denen das Budget beruht.

2.4. Zur geschichtlichen Entwicklung des Budgetwesens

Die Entwicklung des Staatsbudgetwesens in Deutschland über die Zeit hinweg läßt sich aus verschiedenen Blickwinkeln - hinter denen wiederum unterschiedliche Erkenntnisinteressen stehen - darstellen. Entsprechend gestalten sich die Themen, anhand derer sie i.d.R. skizziert wird. Die Geschichte des Einnahme- und Ausgabewesens in Deutschland ist hier nur insofern von Interesse, als sie Aufschluß darüber gibt, wie sich das staatliche Budget in Deutschland - speziell in den hier untersuchten Staaten - entwickelte und auf welchen maßgeblichen Traditionen es beruht. Ein Überblick über die wesentlichen Entwicklungslinien ist für das Verständnis der Diskussionen, die im 19. Jahrhundert rund um das Budget geführt wurden, unentbehrlich.

Erschwert wird die Darstellung durch das Fehlen einer "Etatgeschichte", welche die Entwicklung des Staatshaushaltsplans im Laufe der Jahrhunderte systematisch und durchgängig nachvollzieht. Hinweise auf die älteren Etats finden sich, wenn überhaupt, in Darstellungen der Geschichte der ständischen Steuerbewilligung. In der Regel werden aber allenfalls die Haushaltsrechnungen angesprochen. Die neuere Forschung weist auf dem Gebiet des Etatwesens beträchtliche Lücken auf, so daß man in weiten Teilen auf die Literatur des 19. und beginnenden 20. Jahrhunderts angewiesen ist[153]. Im letzten Jahrhundert war das Thema, vor dem Hintergrund des ständischen Budgetbewilligungsrechts, umstritten und erfreute sich deshalb lebhafter wissenschaftlicher Auseinandersetzung. Die Informationen erscheinen darüberhinaus als ein Konglomerat aus allgemeiner und Reichsgeschichte sowie verschiedener Landesgeschichten. Aus den heterogenen Darstellungen, mitbewirkt durch die unterschiedlichen Entwicklungen in den einzelnen Staaten, müssen die hier interessierenden Aspekte herausgefiltert werden. Da wir in diesem Teil von den Angaben in der Literatur abhängig sind, ergeben sich zwangsläufig Lücken. Unterscheiden kann man einen verfassungsrechtlichen und einen verwaltungstechnischen Aspekt. Beide kennzeichnen die Herausbildung des modernen Budgets.

2.4.1. Verfassungsrechtlicher Blickwinkel

Die Geschichte der ständischen Steuerbewilligung wird i.d.R. unter verfassungsrechtlichem Blickwinkel als Geschichte des Verhältnisses zwischen Herrscher und Ständen dargestellt[154]. Wenn man als Ausgangspunkt der Betrachtung das Alte Reich nimmt, wird die Entwicklung zum modernen Budgetwesen in drei geschichtliche Epochen eingeteilt: ausgehend vom frühneuzeitlichen Patrimonialstaat, fortschreitend über den das moderne Haushaltswesen vorbereitenden absolutistischen Territorialstaat bis hin zur konstitutionellen Monarchie, die den Inbegriff des "modernen" Budgets hervorbrachte[155].

Im frühneuzeitlichen Patrimonialstaat galt es noch als Privatsache des Landesherrn, wie er mit seinen Einnahmen und Ausgaben wirtschaftete. Er hatte seine Bedürfnisse und die des Landes zunächst aus seinen privaten Einkünften, insbesondere aus den Domänen, zu decken[156]. Er durfte nur in Not- und Ausnahmefällen seine Untertanen besteuern[157].

---

[153] Vgl. z.B. die einschlägigen Verweise bei Ullmann 1986, I, S.45 ff.

[154] Jellinek 1899, S.1165 und Jellinek 1887, S.276 ff. sieht einen "deutlichen Zusammenhang" zwischen der Einrichtung des ständischen Staates und dem Budget. Das Selbstschatzungs- und Steuerbewilligungsrecht der mittelalterlichen Stände sei, so seine Meinung, der Ausgangspunkt des Budgets des 19. Jahrhunderts. Ebenso Leroy-Beaulieu 1899, S.3, der den Ursprung des Budgets im Recht der Nation sieht, Steuern zu bewilligen oder zu verweigern.

[155] Seidler 1885, S.50 ff. teilt z.B. so ein. Auch Schulze 1875, II, S.168 ff.; Seydel 1902, S.11 ff. und Hahndorff 1931, S.8 ff.

[156] So z.B. Hahndorff 1931, S.8; Droege 1966, S.146 und Walz 1982, S.88. Riecke 1887, S.270 schreibt dazu lapidar: "Wie der Herzog damit auskam, war seine Sache".

[157] Vgl. z.B. Schneider 1952, S.26 und Ullmann 1986, I, S.40 f.

Das Steuerbewilligungsrecht[158] hatte seinen Ausgangspunkt in dem Gedanken, daß der Landesherr als solcher kein Recht besitzt, Steuern zu fordern, sondern Abgaben nur als Grundherr verlangen kann[159]. Ihre Erhebung erschien als Eingriff in die Privatrechtssphäre, der zudem durch keinerlei Tradition gerechtfertigt war[160]. Die Entrichtung der Steuern durch freie Gutsbesitzer war deshalb nur eine freiwillige Leistung[161]. Reichten die Einkünfte des Landesherrn nicht aus, so mußte er sich an die Stände wenden, um sich von diesen die Bewilligung weiterer Einnahmen zu erbitten[162]. Derartige Bewilligungen waren i.d.R. zeitlich begrenzt[163]. Ihre Steuerfreiheit ließen sich die Stände regelmäßig durch "Schadlosbriefe" bei jeder Bewilligung bestätigen[164]. Nach *Seydel*[165] trat diese Art des Zusammenspiels zwischen Fürst und Ständen in Altbayern erstmals im 14. Jahrhundert auf. Auf dem Rittertag in Schnaitbach 1302 mußten die oberbayerischen Herzöge mit

158 Der Begriff wird in der Literatur allgemein gebraucht. Gerbl 1911, S.1 merkt dazu an, daß es unrichtig sei, in ältester Zeit von einem "Steuerbewilligungsrecht" der Stände zu sprechen, da es von Rechtswegen keine Steuern gab und die Stände steuerfrei waren. Darauf, daß die altständischen Steuern nicht auf staatlichen Hoheitsrechten beruhten und nicht den Charakter öffentlich-rechtlicher Abgaben im modernen Sinn hatten, weist auch Mayer 1952, S.246 f. hin. Im Mittelalter seien darunter vielmehr Abgaben der verschiedensten Art verstanden worden, die von den staatlichen Stellen und von privaten Obrigkeiten erhoben wurden. Nach seiner Erkenntnis wurde das Wort vornehmlich in süddeutschen Staaten gebraucht. Nach Bosl 1974, S.37 ist von einer ordentlichen Landsteuer bis 1800 aus den Quellen nichts zu erfahren, da es das Steuerrecht im modernen Sinne nicht gab.

159 Vgl. Ullmann 1986, S.39 und Seydel 1884, I, S.31. Nach Mosthaf 1903, S.354 ging die in Reichsgesetzen, vom Kaiser und in allen Landesverfassungen zum Ausdruck kommende Rechtsauffassung dahin, daß die Territorialobrigkeiten die Untertanen nicht willkürlich, sondern nur insoweit zu besteuern berechtigt waren, als die Befugnis dazu auf "altem besitzlichem Herkommen" beruhte oder "durch die Landesverfassung anerkannt" war. Deshalb war nach Reichsgesetzen zur Erhebung von Steuern die Zustimmung der "meliores et majores terrae" notwendig (vgl. Mayer 1952, S.246).

160 Siehe dazu Seydel 1884, I, S.31; Seydel 1902, S.13; Bornhak 1914, S.499 und Press 1975, S.205. Trotzdem wird i.d.R. von den "Steuern" und dem "Steuerbewilligungsrecht" der Stände gesprochen, was im Sinne von "Beiträge der Untertanen" zu den Ausgaben des Landesherrn zu verstehen ist. Vgl. auch Fußnote 166.

161 Vgl. z.B. Schulze 1875, II, S.169; Seydel 1884, I, S.31.; Schmelzle 1900, S.113; Fried 1964, S.583; Greindl 1983, S.102 und Ullmann 1986, I, S.39.

162 Siehe z.B. Stahl 1860, S.586. Eine andere Variante, die durchaus üblich war, bestand im Schuldenmachen und in der nachträglichen Überwälzung der Belastungen auf die Stände (vgl. z.B. Sarwey 1883, I, S.105).

163 Pfister 1838, S.179 f. bemerkt dazu: "Die Landschaft scheint schon damals dieselbe Gesinnung gehabt zu haben, welche in den folgenden Jahrhunderten ihr Princip wurde: lieber vorübergehende Beschwerden und von einer Zeit zur andern neue Schuldenzahlungen auf sich zu nehmen, als eine feste Steuer".

164 Vgl. z.B. Ullmann 1986, I, S.39 und Seydel 1884, I, S.31. In ihnen erkannten die Landesherrn an, daß ihnen kein Recht auf Steuern zustand, sondern deren Leistung nur dem guten Willen der Stände zuzuschreiben war. Schadlosbriefe gab es bis 1818 (vgl. Bosl 1974, S.37 f. und Greindl 1983, S.102).

165 1902, S.13.

Bedeforderungen[166] an die Grund- und Immunitätsherren herantreten[167], in Niederbayern 1311 auf dem Rittertag zu Landshut[168]. In Württemberg kam es 1457 zum ersten Landtag in Württemberg-Stuttgart, wo Graf Ulrich V. (1413-1480) von den Ständen Hilfe für einen Krieg gegen die Pfalz verlangte[169]. 1478 begann man mit dem Aufbau einer gemeinschaftlichen Schuldentilgungskasse. Die Schuldenübernahme durch die Landschaften linderte nicht nur die Finanznot des Landesherrn, sondern erhöhte auch seinen Kredit[170]. Im Anschluß daran entwickelte sich, zunächst gewohnheitsrechtlich, das ständische Steuerbewilligungsrecht[171]. Im Tübinger Vertrag vom 8. Juli 1514 wurde es in allgemeiner und verbriefter Weise vom Landesherrn anerkannt - als Gegenleistung für die Übernahme von 920.000 fl. herzoglicher Schulden[172]. Der Tübinger Vertrag gilt als "*württembergische Magna Charta*", die bis 1806 geltendes Recht war[173].

Obwohl die Stände grundsätzlich Steuerfreiheit besaßen, setzte sich langsam eine Steuerpflicht durch. Nach *Ullmann* ergab sich aus dem wechselseitigen Treueverhältnis zwischen dem Landesherrn und seinen Untertanen zwar eine Pflicht zur Steuerleistung, diese hing jedoch vom Einvernehmen darüber ab, ob sich der Fürst in "*rechter Not*" befand[174]. Konflikte ergaben sich ab dem Zeitpunkt, als zwischen beiden Seiten der politische Konsens nicht mehr groß genug war, um ein solches Einvernehmen herzustellen[175]. Im 16. Jahrhundert entwickelten sich die Steuerbewilligungen zur Routine[176]. Je mehr die Steuer den Charakter einer freiwilligen Leistung verlor, desto schwieriger wurde es für die Stände, ihr Bewilligungsrecht in hergebrachter Form zu erhalten: Spätestens im 17. Jahrhundert war die Steuerbewilligung zur Pflicht geworden. Verhandelt wurde nicht mehr über die Besteuerung an sich, sondern nur noch über deren Art und Höhe[177]. Außerdem begannen die Landesherrn zunehmend, sich Einkünfte zu verschaffen, die der ständischen Bewilligung

---

166 Die bittweisen Aushilfen hatten den bezeichnenden Namen "Beden" (vgl. z.B. Waitz 1878, VIII, S.394 ff. und Seidler 1885, S.154 f.). Sie waren seit dem Mittelalter bestehende öffentliche Abgaben (vgl. Walz 1982, S.84).

167 Vgl. Bosl 1974, S.40.

168 Vgl. Gerbl 1911, S.1, Fußnote 1 und Bosl 1974, S.42.

169 Vgl. Grube 1982, S.32.

170 Vgl. Press 1975, S.203 f.

171 Vgl. Grube 1982, S.32 f.

172 Vgl. Grube 1982, S.35.

173 Vgl. z.B. Weis 1982, S.340.

174 Vgl. Ullmann 1986, I, S.39.

175 Vgl. Walz 1982, S.88 f.

176 Vgl. Bosl 1974, S.82.

177 Vgl. Gerbl 1911, S.30 f.; Lanzinner 1980, S.262 und Ullmann 1986, I, S.42.

nicht bedurften. Das Zollregal spielte dabei beispielsweise eine wichtige Rolle[178].

Reichsrechtlich sahen die Reichstage zwischen 1512 und 1544 bei ihren Steuerbeschlüssen, sofern sie nach dem Modell des "Gemeinen Pfennigs"[179] gefaßt wurden, eine Beteiligung der Untertanen an der Einnahmeverwaltung vor[180]. Durch den Reichsabschied von 1654, "*ein Dokument der Schwächung des ständischen Steuerbewilligungsrechts*"[181], wurde das Steuerbewilligungsrecht der Landstände eingeschränkt. Er beruhte auf dem Gedanken, daß die Untertanen für jene Leistungen zu steuern haben, die den Landesherrn als Reichsstände gegenüber dem Reich obliegen[182]. Die Landesherrn wurden ermächtigt, in Notsituationen auch ohne Zustimmung der Landschaft Steuern zu erheben[183], und die Stände gleichzeitig zur Bewilligung der zur Deckung der Landesbedürfnisse notwendigen Steuern verpflichtet[184]. Der Reichsschluß von 1670, der die Stände zwingen sollte, alle Ausgaben, die zur Landesverteidigung notwendig waren, zu übernehmen, wurde von Leopold I. nicht bestätigt, so daß sich diese Pflicht nur auf die Reichsverteidigung beschränkte[185].

Die Finanznot der Landesherrn war seit dem 15. Jahrhundert eine allgemeine Erscheinung. Das Aufkommen von Landtagen ist aufs engste damit verbunden[186]. In Württemberg kam der Landesherr seit der 2. Hälfte des 15. Jahrhunderts nicht mehr ohne ständische Beihilfen aus[187]. Die Gründe, weshalb die eigenen Einnahmen des Fürsten seine Ausgaben zum Teil beträchtlich unterschritten, waren vielfältig. Aus seinen Einkünften hatte der Landesherr die Hofhaltungskosten[188], die Unterhaltung von Einrichtungen für

---

178 Vgl. Ullmann 1986, I, S.42.

179 Das ist eine allgemeine Vermögensteuer aller Reichsinsassen, deren Steuerfuß durch den Reichstag festgelegt wurde (vgl. Press 1975, S.61, Fußnote 8).

180 Vgl. Press 1975, S.61 und Press 1975, S.204 f.

181 Vgl. Press 1975, S.91.

182 "Es ist dies staatsrechtlich deshalb sehr bemerkenswerth, weil hiedurch zweifellos eine öffentlichrechtliche Steuerpflicht begründet wurde" (Seydel 1884, I, S.32). Ebenso Ullmann 1986, I, S.40. Vgl. auch Jobst 1848, S.22.

183 Vgl. Press 1975, S.91.

184 Vgl. Mosthaf 1903, S.355 und Aretin 1974, S.209 f.

185 Vgl. Aretin 1974, S.210.

186 Vgl. Press 1975, S.60 und Lang 1981, S.323.

187 Vgl. Grube 1982, S.32.

188 Sie erreichten nach Reyscher 1861, S.72 im 16. Jahrhundert einen nie zuvor gekannten Aufwand. Nach Angaben von Sarwey 1883, I, S.105 reichten die Einkünfte des Fürsten - aufgrund des übermäßigen Aufwandes, der hierfür getrieben wurde - nicht einmal zur Bestreitung dieser Ausgaben aus. So auch Seydel 1884, I, S.91 für Bayern. Vgl. auch Schmoller 1909, S.6.

öffentliche Zwecke und die Abtragung der landesherrlichen Kammerschulden zu bestreiten[189]. Die Hofhaltungskosten verschlangen oft bis zu 90 % des Gesamteinkommens der Zentrale[190]. Für Bayern berichtet *Rudhart*[191], daß teure "*Freudenspiele und eitle Entwürfe*" die Hilfsquellen der Fürsten völlig erschöpften. Die Stände wandten sich deshalb auch wiederholt gegen die aufgeblähte Hofhaltung[192]. Herzog Ulrich von Württemberg hatte 1513 das Land durch aufwendige Hofhaltung, Kriegszüge im Dienste des Kaisers, Anwachsen der Staatsaufgaben und andauernde Verschuldung an den Rand des Bankrotts gewirtschaftet[193]. Die Ablösung des Grundbesitzes durch die Geldwirtschaft als entscheidender Faktor im öffentlichen und wirtschaftlichen Leben brachte die Fürsten in große finanzielle Verlegenheiten. Konnten sie vorher den größten Teil ihrer Aufwendungen durch die aus den Domänen bezogenen Naturalien decken, benötigten sie nun bares Geld[194]. Die fortschreitende Geldentwertung trug ihren Teil zur weiteren Verschlechterung der finanziellen Lage der Fürsten bei[195]. Ab der zweiten Hälfte des 17. Jahrhunderts steigerten die Kosten einer immer komplizierter werdenden Staatsverwaltung die regelmäßigen Ausgaben nach Ansicht von *Reden* so, "*daß die Wichtigkeit einer ungehemmten Verfügung über beträchtliche Geldmittel sehr fühlbar wurde*"[196]. An die Stelle des hierarchisch in kleinere, abgeschlossene Kreise aufgebauten Lehensverbandes mit seinem persönlichen Dienstverhältnis trat der absolutistische und zentralisierende Staat mit seinen besoldeten Beamten[197]. Die Aufwendungen für den Aufbau und die Haltung stehender Heere, die nicht nur in Kriegs-, sondern auch in Friedenszeiten Geld kosteten, kamen hinzu[198]. Rüstungslasten wurden damit zu - zwischen Ständen und Landesherrn ständig umstrittenen[199] - Dauerlasten[200].

---

189 Vgl. Hoffmann 1840, S.6.

190 Vgl. Droege 1966, S.149.

191 1816, I, S.59.

192 Vgl. z.B. Lanzinner 1980, S.95.

193 Das Defizit erreichte 70 % der Staatseinnahmen (vgl. Grube 1982, S.34).

194 Ende des 15. Jahrhundert hatten einige Landesfürsten, insbesondere die Habsburger und die Kurfürsten von Sachsen, durch große Edelmetallausbeuten eine große Geldmenge zur Verfügung. Rückwirkungen auf die anderen Staaten stellten sich ein: Wer künftig an der großen Politik teilnehmen wollte oder im Interesse seiner Selbständigkeit hineingezogen wurde, mußte über größere Geldmittel verfügen als das im Mittelalter noch der Fall gewesen war (vgl. Mayer 1952, S.245). Nach Schmoller 1909, S.5 vollzog sich der Übergang von der alten naturalen Finanzverfassung der Staaten zu der geldwirtschaftlichen Verfassung vom 13. bis zum 19. Jahrhundert.

195 Vgl. Stieve 1881, S.19.

196 Reden 1856, 2.2., S.63.

197 Vgl. Hattenhauer 1980, S.43 ff.

198 Siehe dazu u.a. Mayer 1952, S.245; Mußgnug 1976, S.38 f. und Köllner 1982, S.33.

199 Vgl. z.B. Grube 1982, S.42.

Steuern und sonstige ständische Bewilligungen waren freiwillige Leistungen, die nicht "von oben" befohlen werden konnten. Ihre Bewilligungen knüpften die Stände an Bedingungen, auf welche die Landesfürsten eingehen konnten oder nicht. Sie nutzten das Steuerbewilligungsrecht vor allem dazu, sich persönliche Privilegien zu verschaffen, weitere Mitwirkungsrechte durchzusetzen und den Ständen eine Teilhabe an der Landeshoheit zu sichern[201]. Otto III. von Niederbayern verkaufte so z.B. die niedere Gerichtsbarkeit in der sog. Ottonischen Handfeste 1311 gegen die Bewilligung einer einmaligen Steuer[202]. Auf dem württembergischen Landtag von 1457 mußte Ulrich V. versprechen, künftig "*mit Rat und Ritterschaft, Prälaten und Landschaft*" zu regieren[203]. Durch den Tübinger Vertrag 1514 ließ sich die Landschaft ein ganzes Bündel von Rechten vertraglich zusichern, die sie gewohnheitsrechtlich innehatte[204]. In Brandenburg mußte Joachim II. (1536-1571) gegen die Bewilligung von 1 Million Gulden versprechen, in Fragen, die das Wohl und Wehe des Landes betreffen, nichts zu beschließen, ohne vorher den Rat der Stände einzuholen[205]. Im 18. Jahrhundert hatten sich feste Formen der alljährlichen Steuerbewilligung herausgebildet; die Möglichkeit, bei jeder Gelegenheit Gegenforderungen von seiten der Landschaftsausschüsse zu stellen, entfiel damit weitgehend. Die Steuern wurden zwar nach wie vor freiwillig, doch gewohnheitsrechtlich gewährt[206].

Zwischen den Ständen und den Landesfürsten bestand ein ständiger Kampf um die Übermacht[207]. Die Fürsten waren bemüht, sich von den ständischen Bewilligungen zu befreien, die Stände wollten die Steuern und Abgaben, die sie bewilligten, auch kontrollieren, indem sie die Ausgaben entweder an bestimmte Zwecke banden oder sie gleich selbst in Verwaltung nahmen. Der allgemein geübte Brauch, Steuern an bestimmte Zwecke zu binden, ist darauf zurückzuführen, daß die Rechtmäßigkeit der Steuerforderungen des Landesherrn nicht formal definiert, d.h. aus dessen staatsrechtlicher Stellung abzulei-

---

200 Vgl. Köllner 1982, S.41.

201 Vgl. Ullmann 1986, I, S.39.

202 Nach Eyermann 1930, S.20 und Bosl 1974, S.42 f. Die bayerischen Landstände setzten in ihrer Blütezeit (1430-1508) das Recht durch, Beschwerden vorbringen zu dürfen. Aber "auf daß die Herzoge die Beschwerden nicht vergaßen, setzten sie die Landstände bald mit den Steuern in Verbindung und die Abhilfe jener als Bedingung ihrer Verwilligung, ohne welche rechtlich keine Steuer erhoben werden konnte" (Rudhard 1816, I, S.203).

203 Zitiert nach Grube 1982, S.32.

204 Vgl. Press 1975, S.90 und Grube 1982, S.35.

205 Vgl. Carsten 1968, S.136.

206 Vgl. Aretin 1974, S.231.

207 Ein deutliches Bild davon gibt für Bayern Freyberg 1836, I und Gerbl 1911, S.4 ff. Für Württemberg vgl. z.B. Pfister 1838, S.351 ff.

ten war, sondern entscheidend vom Verwendungszweck der Steuern abhing[208]. Ein inhaltlich unbeschränktes Besteuerungsrecht des Landesherrn gab es selbst in solchen Territorien nicht, die keine ständische Verfassung besaßen[209]. Das Verhältnis von Landesherrn und Ständen änderte sich jeweils mit der politischen Machtkonstellation[210]. In ihrer Blütezeit[211] konnten die Stände allmählich die Verwaltung der von ihnen bewilligten Beden und sonstigen Erhebungen in eigener Regie durchsetzen[212]. Es kam zur Trennung von Kammer- und landständischer Steuerkasse und damit zu einem Dualismus im "staatlichen" Finanzwesen. Der Prozeß der Bürokratisierung der landschaftlichen Finanzverwaltung festigte einerseits die Stellung der Stände, andererseits lieferte er sie verstärkt dem Landesherrn aus[213].

In Brandenburg übernahmen die Stände 1549, als Gegenleistung für die Bewilligung von 2 Millionen Gulden, die Verwaltung der Steuern und Zölle[214]. 1664 wurde die ständische Steuerverwaltung der Kurmark der staatlichen Aufsicht unterstellt, 1684 diejenige Preußens[215]. Die Schaffung eines militärischen Beamtenapparates erlaubte es dem Großen Kurfürsten, bei der Steuererhebung und -verwaltung auf die Dienste von Ständemitgliedern zu verzichten[216].

Der Landschaft des oberbayerischen Landesteils wurde 1356 eine eigene Finanzverwaltung zugestanden[217], die niederbayerischen Stände erhielten 1358 eine. Nach *Rudhard* ließ Ludwig der Reiche (1450-1458) die Steuern, die zur Bestreitung der Kosten anläßlich der Vermählung einer Prinzessin bestimmt waren, von vier Rentmeistern aus der Landschaft erheben, die anschließend in

208 Vgl. Sellin 1978, S.167.

209 Vgl. Sellin 1978, S.168.

210 Vgl. auch Mayer 1952, S.246.

211 Rudhard 1816, I, S.179 legt sie für die bayerischen Stände auf 1430-1508. Grube 1982, S.32 sieht von 1457 bis 1498 eine erste Blütezeit der württembergischen Landstände.

212 Nach Seydel 1902, S.14, um sicherzustellen, daß die bewilligten Gelder auch für den genehmigten Zweck ausgegeben wurden. Ähnlich Schulze 1875, II, S.173. Abweichend davon meint Reden 1856, 2.2, S.61: "Rücksichtlich der Art der Verwendung wurde lediglich im höchsten Nothfalle ihnen gestattet mitzusprechen". Stahl 1860, S.587 schreibt das ständische Steuerverwaltungsrecht dagegen dem "Charakter" der Steuern als ständischem Eigentum zu.

213 Vgl. Press 1975, S.204.

214 Vgl. Carsten 1968, S.136.

215 Vgl. Conrad 1966, S.308 f.

216 Vgl. Carsten 1961, S.277.

217 So Eyermann 1930, S.21; Lang 1930, S.57 und Fried 1964, S.587.

Gegenwart eines herzoglichen Kanzlers Rechnung legen mußten[218]. Durch den Freibrief vom 30. Januar 1463 bekamen die oberbayerischen Stände das Steuerverwaltungsrecht verbrieft[219]. Das bisherige Recht der Verwaltung der Steuereinnahmen wurde damit zu einem der Ausgabenverwaltung erweitert[220]. Der ständischen Steuerkommission wurden jedoch herzogliche Räte beigeordnet[221], weshalb es sich um keine echte Steuerverwaltung durch die Landschaft handelte[222]. In der Folge war nach *Gerbl* das Recht der Landschaft, an der Steuerverwendung mitzuwirken, nicht mehr Gegenstand besonderer Streitigkeiten[223]. Im 16. Jahrhundert eignete sich die Landschaft die gesamte Steuerverwaltung auf oberer und unterer Ebene an, was bis 1808 Bestand hatte[224]. Die Steuerverwaltung lief jedoch nach den Kämpfen unter Albrecht IV. eher auf ein Miteinander als ein Gegenander der Gewalten hinaus[225]. Die Stände waren bei ihrer Steuererhebung auf die Hilfe und das Wissen der landesherrlichen Beamten angewiesen[226], deren Informationsvorsprung beständig wuchs[227]. Außerdem suchte der landständische Auschuß nicht selten Zuflucht beim Landesherrn, wenn es darum ging, ihn vor Vorwürfen, die ihm möglicherweise wegen Kompetenzübertretungen vom Landtag gemacht werden konnten, in Schutz zu nehmen[228]. In der Landschaftskasse flossen alle Steuern und Aufschläge zusammen. Ein - vorher festgelegter - Teil der Gelder wurde an den Landesherrn abgeführt, ein Teil verausgabt und ein Teil als Vorrat gesammelt[229]. Die frühe Institutionalisierung der ständischen Steuerverwaltung

---

218 Vgl. Rudhard 1816, I, S.215. Er weist darauf hin, daß es keinen Anlaß zu der Annahme gebe, daß die landschaftliche Steuererhebung wegen zu großer Belastung durch die herzoglichen Steuern oder wegen dessen untreuer Verwendung der Gelder erfolgte (Rudhard 1816,I, S.216). Siehe auch Bosl 1974, S.61 ff.

219 Siehe z.B. Rudhard 1816, I, S.238 ff.; Gerbl 1911, S.20 ff.; Fried 1964, S.588 f. und Bosl 1974, S.62 f. Nach Lanzinner 1980, S.254 wurde für die bayerischen Stände 1507 eine Steuerordnung erlassen. Zuvor hatten, Lanzinners Angaben zufolge, nur die Stände des Landshuter Landesteils dieses Privileg. Nach Fried 1964, S.586 ging Mitte des 16. Jahrhunderts die Steuerverwaltung gänzlich in die Hände der Stände über.

220 Vgl. Bosl 1974, S.123.

221 Vgl. Fried 1964, S.595.

222 Vgl. Ziegler 1981, S.56.

223 Denn "die Not forderte Geld von den Ständen so dringend, daß eine Kontrolle der Verwendung in stärkster Form, nämlich Verwendung selbst, durch die Stände nicht mehr als Eingriff verpönt, vielmehr sogar in ununterbrochener Folge in den Steuerurkunden ausdrücklich anerkannt wurde" (Gerbl 1911, S.29).

224 Vgl. Fried 1964, S.596.

225 Vgl. Oestreich 1980, S.74 und Ziegler 1981, S.55.

226 Vgl. Press 1975, S.204 und Ziegler 1981, S.55.

227 Vgl. Press 1975, S.211.

228 Vgl. Aretin 1974, S.212.

229 Vgl. Fried 1964, S.593; Greindl 1983, S.103 und Ullamnn 1986, I, S.47 f.

trug mit dazu bei, daß sie sich auch zu Zeiten des ausgebildeten Absolutismus halten konnte. Schon zu Beginn des 16. Jahrhunderts waren wesentliche Techniken der Steuerverwaltung eingespielt[230].

Kurfürst Friedrich und sein Bruder Wilhelm hatten in Sachsen auf dem Landtag von 1438 anläßlich ihrer Steuerforderung den Landständen den Vorschlag gemacht, "*dass die erhobene Steuer mit Rat und Wissen der Lande und der Räte der Herren, Mannen und Städte nur zu Nutz und Notdurft und redlichen Sachen angelegt und nicht unnütz verthan werden solle*"[231]. Die Landstände billigten dies unter der Bedingung, daß ihnen die Steuererhebung anvertraut wurde[232]. Kurfürst August überließ 1570 die Steuereinnahmen zur Bezahlung seiner Schulden ganz den Ständen[233].

In Württemberg wurden die Grundlagen für die landschaftliche Steuerverwaltung im Tübinger Vertrag vom Juli 1514 gelegt. Durch den Blaubeurer Vertrag vom Oktober 1514 wurde dem unter Reichsacht stehenden Herzog unter dem Vorbehalt des Deputats die Finanzverwaltung entzogen. Ab 1520 gehörte Württemberg 14 Jahre lang zu Österreich, wodurch die gesamte staatliche Finanzverwaltung in ständische Hände überging. Ulrich machte 1534 diese Entwicklung vorübergehend wieder rückgängig[234]. Während des 30jährigen Krieges (1618-1648) rangen die Stände dem Landesherrn ab, die Amtleute, die mehr und mehr zu herzoglichen Beamten geworden waren, von den Landtagen auszuschließen, wodurch sie in Steuersachen jedoch sachverständige Mitglieder verloren[235]. Nach dem Westfälischen Frieden versuchten Landesherrn und Stände gemeinsam der Not zu begegnen, was eine enge Verbundenheit zwischen beiden begründete[236]. Durch die Landschaftskasse floß ein beträchtlicher Teil der Staatseinnahmen, die teils als laufende Beiträge, teils zur nachträglichen Tilgung herzoglicher Schulden verwendet wurden[237]. Herzog Carl Eugen (1744-1793) versuchte, eine fürstliche Alleinherrschaft zu

---

230 Vgl. Greindl 1983, S.103 f.

231 Löbe 1885, S.13.

232 Die Steuereinnehmer wurden von den Landständen bestellt. Es sollten vierteljährlich 4 Räte der Fürsten, 4 der Mannschaft und 4 der Städte in Leipzig zusammenkommen, um sich wegen der besten Verwendung des vereinnahmten Geldes zu beraten (vgl. Löbe 1885, S.13). Auf dem Landtag von 1451 bewilligten die Stände die geforderte Steuer nur unter der Bedingung, daß sie von einem ständischen Ausschuß verwaltet werde. Siehe zur weiteren Entwicklung Löbe 1885, S.13 ff.

233 Vgl. Löbe 1885, S.16 f.

234 Vgl. Grube 1982, S.36 ff.

235 Vgl. Grube 1982, S.43.

236 Vgl. Lehmann 1974, S.193; Vierhaus 1976, S.50 und Grube 1982, S.45.

237 Vgl. Lehmann 1974, S.195 f.

begründen, wogegen sich die Stände zäh wehrten[238]. Die landschaftliche Steuerverwaltung dauerte bis 1805, als Herzog Friedrich I. die Landschaftskasse beschlagnahmen ließ[239].

Unterschiedliche Ansichten herrschen über die in diesem Zusammenspiel praktizierte Rechnungslegung. Zwei Aspekte gibt es dabei zu berücksichtigen: zum einen das Recht der Stände, die Finanzen des Landesherrn einzusehen, und zum anderen dessen Recht auf Kontrolle der ständischen Steuerverwaltung. Allgemein wird behauptet, daß der Landesherr die Stände, bevor sie die Steuern bewilligten, von der Unzulänglichkeit seiner eigenen Einkünfte überzeugen mußte[240] und für diese Zwecke seine Finanzverwaltung Übersichten über die Einkünfte und Ausgaben anfertigen ließ[241].

Im oberbayerischen Landesteil bestimmte eine Steuerordnung von 1396, daß die ständische Steuerkommission dem Herzog Rechnung ablegen mußte[242]. Das entsprach auch den niederbayerischen Gepflogenheiten von 1450 bis 1500[243] und danach[244]. Albrecht V. legte 1557 den Ständen Auszüge aus den Zahlamtsrechnungen von 1551-1557 vor[245]. Die herzoglichen Ausführungen anläßlich der Steuerforderungen beinhalteten Ende des 17. Jahrhunderts und während des 18. Jahrhunderts meistens nur die Forderung an die Stände, seltener die Einnahmesituation oder gar beides. Die gelieferten Zahlen waren zu-

---

238 Vgl. Grube 1982, S.48.

239 Vgl. Weis 1982, S.341.

240 Siehe Seidler 1885, S.53; Heckel 1898, Budget und Budgetrecht, S.485; Schanz 1899, S.1140; Seydel 1902, S.14; Bornhak 1914, III, S.588 und Kichler 1956, S.11.

241 Vgl. Buchholz 1922, S.7. Abweichend davon Stahl 1860, S.587. Er ist der Ansicht, daß es die Stände nichts anging, wie der Landesherr seine Steuern verwendete: "Sie erhielten darüber von Rechtswegen auch gar keine Kunde, und wenn ihnen etwa solche gegeben ward, um sie von dem Bedürfniß neuer postulirter Steuern zu überzeugen, so erwuchs doch selbst daraus keine Verbindlichkeit für den Landesherrn, die Einkünfte seiner Kammer nach einem hierfür gegebenen Voranschlag wirklich zu verwenden und über diese Verwendung den Ständen Rechenschaft zu geben". Als Vorläufer der Haushaltspläne werden die mittelalterlichen Land-, Saal- und Lehnsbücher genannt, wobei die unter Karl dem Großen im Jahr 812 angefertigte Übersicht über seine Fiskalgüter besondere Erwähnung findet (siehe Waitz 1875, VIII, S.223 ff.; Buchholz 1922, S.7 und Seidler 1885, S.50 ff.). In diesem Zusammenhang wird auch - kontrovers - diskutiert, ob die Rechnung oder der Etat zuerst existierte. Siehe dazu Heinig 1949, I, S.190, der meint, der Streit um das 'Erstgeburtsrecht' von Voranschlag oder Rechnung entstehe oft aus der Übertragung heutiger Verhältnisse und Begriffe auf vergangene Zeiten. Die Kalkulation zukünftiger Einnahmen sei ebenso alt wie die Rechnungen, allerdings sei dies lange Zeit alleinige Angele-genheit des Herrschers und seiner engsten Vertrauten gewesen.

242 Vgl. Fried 1964, S.587 und Bosl 1974, S.62.

243 Vgl. Ziegler 1981, S.56.

244 Vgl. Greindl 1983, S.110 f.

245 Vgl. Lanzinner 1980, S.48 f. Er bezeichnet die Rechnungen des öfteren fälschlicherweise als Etats. Siehe auch Greindl 1983, S.125.

dem sehr allgemein gehalten[246]. Wie es mit der Vorlage von Etats gehalten wurde, darüber herrschen unterschiedliche Auffassungen. Nach *Gerbl* wurden auf Bitten der Stände mit ziemlicher Regelmäßigkeit spezielle Etats vorgelegt, es fehlten aber Informationen über die vollzogenen Etats[247]. Anders die Ergebnisse der Untersuchung von *Schmelzle*. Nach seinen Erkenntnissen baten die Verordneten im 18. Jahrhundert zwar wiederholt, ihnen einen spezifizierten Etat vorzulegen. Diesem Wunsch wurde jedoch selten stattgegeben und nur dann, wenn es im Interesse des Landesherrn war[248]. Nach *Bosl* wurde die Landschaft erstmals über die Haushaltslage unterrichtet, als 1789 ein Defizit von 818.000 fl. auftrat. Da die Stände es ablehnten, den Fehlbetrag zu finanzieren, sah sich die Regierung gezwungen, der Verordnung eine Aufstellung über die außerordentlichen Ausgaben des Jahres zu unterbreiten[249]. Dies, obwohl die Stände nach *Gerbl* einen Rechtsanspruch auf Kontrolle der Steuerverwendung hatten, den sie allerdings nicht wahrnahmen[250]. Andererseits wehrten sich die Stände, so *Freyberg*, gegen die Hinzuziehung fürstlicher Kontrolleure zur Prüfung der ständischen Steuereinnahmen[251]. *Schmelzle* behauptet dagegen, daß dem Landesherrn das Recht der Oberaufsicht über die ständische Finanzverwaltung "*immer*" zustand[252]. Über die Vorratskasse hatte die Landschaft auch im 18. Jahrhundert das alleinige Verfügungsrecht; ein Kontrollrecht stand dem Landesherrn nicht zu[253].

---

[246] Vgl. Gerbl 1911, S.84, der meint, man könne in diesem Zusammenhang nicht von "Etats" sprechen. So im Ergebnis auch Lang 1930, S.56 und Hitzlberger 1949, S.124.

[247] Vgl. Gerbl 1911, S.85. Nach Hitzlberger 1949, S.124 wurde auf dem Landtag von 1593 ein Einnahme- und Ausgabeetat aufgestellt, nachdem sich die Bewilligungen richteten.

[248] Vgl. Schmelzle 1900, S.123. Jobst 1948, S.16 stellt dies auch schon für das 16. Jahrhundert fest. Demnach erboten sich die Landesherrn 1515, ein Verzeichnis der Schulden vorzulegen, ebenso auf dem Steuerlandtag von 1605. Er kommt zu dem Ergebnis, daß die Stände die Steuern nur in den seltensten Fällen nach genauer Kenntnis der finanziellen Verhältnisse der Herzöge bewilligten oder verweigerten; die Bewilligungen beruhten "gewöhnlich nur auf einer Kenntnisnahme der Schilderung der Notlage des Fürsten und einer Beurteilung dieser Schilderung wie der eigenen Lage durch die Stände".

[249] Vgl. Bosl 1974, S.234.

[250] Vgl. Gerbl 1911, S.2 f.

[251] Für Bayern vgl. Freyberg 1836, I, S.194. Allgemein erklärt Stahl 1860, S.587, daß in "älterer Zeit dem Landesherrn nicht einmal die Einsichtnahme von der Verwaltung gewährt wurde".

[252] Vgl. Schmelzle 1900, S.115. Nach Gerbl 1911, S.55 war im 16. Jahrhundert die Rechnungskontrolle während des ganzen Jahrhunderts "des Herzogs unbestrittenes aber fast einziges Recht an den Steuern". Im Laufe des Jahrhunderts wurde die Notwendigkeit der Kontrolle der ständischen Steuerverwendung immer seltener, weil, nach Gerbl 1911, S.58, die Stände bei den meisten Steuern festgesetzte Verwendungen hatten.

[253] Vgl. Weis 1982, S.339.

In Sachsen wurden, nach *Löbe*, der Landesvertretung bei der Steuerbewilligung "*Einblicke*" in die finanzielle Lage des Landesherrn gewährt[254]. Die 1570 eingesetzte ständische Schuldentilgungskommission hatte gegenüber den Ständen Jahresrechnungen abzulegen. Diese berichteten wiederum dem Landesherrn über die Prüfung der Rechnungen, worauf letzterer die Rechnungsführer durch Quittungen entlastete[255].

In Württemberg wurde unter Herzog Christoph (1550-1568) die Praxis eingeführt, daß die Landschaft die Steuern zwar verwaltete, die Landschaftseinnehmer jedoch dem sog. "kleinen Ausschuß" in Gegenwart des Herzogs oder einiger seiner Räte Rechnung zu legen hatten[256]. Die ursprünglich vorübergehend gedachte Einrichtung wurde beibehalten[257]. Darüber hinaus gab es seit Ende des 16. Jahrhunderts noch die "Geheime Truhe", aus welcher die Kosten der Landschaft an Gehältern, die Zehrungen der Ausschußmitglieder und der ständischen Beamten sowie die verschiedenen Unterstützungen bestritten wurden. Die Mittel der Geheimen Truhe standen der württembergischen Landschaft zur freien Verfügung. Über deren Verwendung mußte sie dem Herzog keine Rechnung legen[258]. Andererseits hatten die Stände kein Recht zur Prüfung der Einnahmen und Ausgaben des Kammerguts[259]. Periodische Etats wurden ihnen, mit Ausnahme des Nachweises des Militäraufwands, nicht vorgelegt[260].

Mit dem 16. Jahrhundert begann die Macht der Stände zu schwinden. Die Landesfürsten versuchten sich immer häufiger über deren Steuerbewilligungsrecht hinwegzusetzen. Sie trachteten insbesondere danach, das Recht zur Erhe-

---

254 Vgl. Löbe 1889, S.17.

255 1576 wurde ein engerer ständischer Ausschuß eingesetzt, welcher die Rechnungen prüfen und abnehmen mußte. Auf dem Landtag von 1582 überwies Kurfürst August den Ständen noch weitere Steuern zur Verwaltung und Schuldentilgung, welche bis dahin für die kurfürstliche Rentkammer erhoben wurden (vgl. Löbe 1885, S.17 f.). "Seit dieser Zeit verblieb die Verwaltung und Kontrolle der direkten Landessteuern und der auf den Steuerkredit gewiesenen landesherrlichen Schulden (...) in den Händen der ehemaligen Landstände" (Löbe 1885, S.18).

256 Vgl. Moser 1836, S.XXVII.

257 Siehe Moser 1836, S.XXVII und Reinhard 1903, S.57.

258 Nach Moser 1836, S.XXVIII und Reyscher 1861, S.76.

259 Siehe Sarwey 1883, I, S.108.

260 Vgl. Roller 1933, S.1.

bung indirekter Steuern zu erlangen[261] und dauernde ständische Bewilligungen zu erhalten. Die Stände spielten dabei eine ambivalente Rolle: Einerseits halfen sie mit, die Untertanen an dauernde Steuern zu gewöhnen, andererseits untergruben sie damit ihre eigene Macht: "*Es war für sie im Zeitalter der Präjudizien eine Existenzfrage, sich immer wieder die Einmaligkeit der bewilligten Steuern bestätigen zu lassen, um so zu verhindern, daß diese zu einem Gewohnheitsrecht wurden. Daß gerade dies aber dann auf die Dauer doch eintrat, konnten sie nicht verhindern*"[262].

In Brandenburg bewilligten die Stände im 15. Jahrhundert fast jedes Jahr eine volle und eine halbe Bede. Nach langen Kämpfen wurde 1488 ein Biergeld auf 7 Jahre bewilligt, später verlängert und ab 1513 als ständige indirekte Steuer beibehalten[263]. Die Stände waren seit Joachim II. (1535-1571) dazu übergegangen, auch ohne häufig einberufene Landtage die landesherrlichen Schulden auf ihre Kassen zu übernehmen[264]. Dadurch wurden aus den außerordentlichen, scheinbar nur für den Einzelfall gewährten Abgaben tatsächlich eine Vorform dauernder Steuern, welche die Stände zahlen mußten; mit der Einschränkung, daß der Landesherr keine direkte Verfügung darüber hatte[265]. Kurfürst Georg Wilhelm (1619-1640) erhob während des 30jährigen Krieges in Brandenburg Steuern zum Unterhalt der Truppen, ohne die Stände zu befragen, und ließ sie mit Waffengewalt eintreiben[266]. Er wurde dadurch von den Ständen unabhängig[267]. Auf dem Landtag 1636 weigerten sich die brandenburgischen Stände, Steuern zu bewilligen, solange ihnen nicht die Abrechnung vorgelegt wurde. Der Landtag wurde daraufhin aufgelöst und die Steuern ohne Zustimmung der Stände erhoben[268]. Friedrich Wilhelm (1640-1688) führte diese Politik fort[269]. In der Kurmark wurde der Landtag ab 1653, in Preußen ab 1671 nicht mehr

---

261 Für Bayern schreibt z.B. Rudhart 1816, II, S.164: "Den Herzogen war das Steuerbewilligungsrecht der Landschaft fortwährend ein Dorn im Auge und sie versuchten nun, sich dafür unmerklich zu entschädigen, wenn sie sich das Recht der indirecten Auflagen gewönnen". Zu dem Bestreben der Landesherrn, sich von der ständischen Besteuerung zu lösen, meint Schmelze 1900, S.123 allgemein: "Ueberall begegnen wir im 18. Jahrhundert auf seiten der Regierung dem Bestreben, die Staatshoheit und das Besteuerungsrecht als Hoheitsrecht geltend zu machen, während die Landschaft immer noch an der von den Thatsachen längst überholten privatrechtlichen Anschauung festhielt, welcher jene Leistungen der Staatsangehörigen als Geschenk erschienen, wofür der Kurfürst zu Dank verpflichtet wäre".

262 Vgl. Press 1975, S.205.

263 Vgl. Schneider 1952, S.28 f.

264 Vgl. Lange 1981, S.330.

265 Vgl. Baumgart 1974, S.133 f.

266 Vgl. Carsten 1968, S.149.

267 Vgl. Conrad 1966, S.310.

268 Vgl. Carsten 1968, S.150.

269 Vgl. Carsten 1968, S.153 ff.

einberufen[270]; der Kurfürst verhandelte nur noch mit Deputierten der einzelnen Stände[271]. Es gelang ihm dadurch leichter, seine Interessen durchzusetzen. Die Einführung einer ständigen Steuer, der Akzise, machte die Einberufung eines Landtags unnötig und beraubte die Stände ihres Steuerbewilligungsrechts[272]. Friedrich Wilhelm hielt es für die selbstverständliche Pflicht der Stände aller seiner Länder, ihm das Geld für seine Kriegsführung bereitzustellen. Nach Ende des Krieges von 1655-1660 verfügte er über eine Armee, die in der Lage war, jeden Widerstand bei der Erhebung der Steuern, die zum Unterhalt des Militärs notwendig waren, zu brechen[273]. Indem er den Ständen die regelmäßige Steuerbewilligung und die Steuerverwaltung entriß, beraubte er sie ihres Einflusses[274]. Das ausschließliche Bestimmungsrecht über die für Heereszwecke eingezogenen Steuern ging auf den Kurfürsten über[275]. Der Niedergang der preußischen und brandenburgischen Stände ist darauf zurückzuführen, daß "*sie offenbar aufgrund der ihnen eigentümlichen, strukturell bedingten Schwäche, schnell und ständig alle Stände verpflichtende politische Entscheidungen zu fällen, den landesherrlichen Anforderungen nicht gewachsen waren und die Landesherren es sich infolge der bestehenden Machtverhältnisse erlauben konnten, auf die weitere Einberufung ständischer Vollversammlungen zu verzichten*"[276].

In Bayern wurden im 14. Jahrhundert noch relativ selten Landsteuern ausgeschrieben. Sie häuften sich im 15. Jahrhundert immer mehr[277]. Im 16. Jahrhundert verloren sie schließlich den Charakter des außerordentlichen[278]. Die Herzöge versuchten, sich von der ständischen Steuerbewilligung zu lösen. 1535 hatten sie hintereinander 3 Landsteuern ausgeschrieben, die durch herzogliche Beamte eingezogen wurden. 1547 wiederholte sich der Vorgang[279]. 1542 stimmten die Stände einer Getränkesteuer zu, die 1565 und 1572 erhöht wurde und bestehen blieb[280]. Sie schufen 1557 selbst ein Präjudiz, indem sie

---

270 Vgl. Conrad 1966, S.308.

271 Vgl. Stenzel 1837, II, S.68 ff.; Schneider 1952, S.51 f. und Carsten 1968, S.154. Nach Reden 1856, 2.2, S.66 beklagten sich 1674 die preußischen Stände über diesen Zustand, worauf ihnen der Kurfürst mitteilen ließ, er sei der Meinung, die Stände müßten gar nicht mehr versammelt werden. Vgl. dazu auch Kichler 1956, S.12 f.

272 Vgl. Carsten 1961, S.277.

273 Vgl. Carsten 1968, S.157.

274 Vgl. Carsten 1960, S.26.

275 Vgl. Schneider 1952, S.53.

276 Vgl. Lange 1981, S.328.

277 Vgl. Fried 1964, S.588 und S.594.

278 Vgl. Fried 1964, S.596.

279 Vgl. Greindl 1983, S.109.

280 Vgl. Lange 1981, S.323.

sich gegen Schuldenübernahme die Hofmarksgerechtigkeit auf den einschichtigen Gütern (Edelmannsfreiheit) zubilligen ließen[281]. Sie erklärten sich außerdem bereit, künftig Aufschlag sowie Land- und Standsteuern bereitzustellen[282]. Ein weiterer Schritt auf dem Weg zur Aushöhlung des Steuerbewilligungsrechts war der Landtag von 1593, wo die Landschaft eine Steuerbewilligung auf 12 Jahre erteilte, nebst einer Vollmacht an 16 Verordnete, im Falle der Unzulänglichkeit dieser Mittel, unter Hinzuziehung von noch 16 aus der gemeinen Landschaft, eine oder zwei halbe Steuern zu bewilligen[283]. Damit war zunächst der Anlaß gegeben, daß die Landtage immer seltener abgehalten wurden. Maximilian I. (1598-1651) setzte den Prozeß der Abkoppelung der herzoglichen Einnahmen von den ständischen Bewilligungen konsequent fort[284]. Er verlangte auf dem Landtag von 1612 von den Ständen, daß sie ihm über die während seiner Regierungszeit getätigten Einnahmen und Ausgaben Rechnung legten[285]. Im Jahr 1632 entzog der Kurfürst der landschaftlichen Kassenverwaltung ihre Selbständigkeit[286]. Bereits 1563 wurde von den Ständen eine dauernde Beihilfe zu den Kammereinkünften, die sog. Kammergutsbesserung, verlangt und 1568 auch erstmals bewilligt[287]. Die Stände resignierten allmählich vor den unaufhaltsamen Steuerforderungen des Landesherrn[288]. Zumal der Herzog 1546 von Kaiser Karl V. ein Aufschlagsprivileg erwirkte, das festlegte, daß die Landschaft ohne die Zustimmung des Landesherrn den Aufschlag nicht wieder abschaffen dürfe. 1560 erlangte Albrecht V. das Recht, den Aufschlag auch ohne Zustimmung der Stände zu verlängern und zu erhöhen

---

[281] Vgl. Lanzinner 1980, S.57. Sie sicherten damit ihre Sonderrechte zu Lasten korporativer Mitwirkungsrechte (vgl. Lanzinner 1980, S.288). Siehe auch Greindl 1983, S.127.

[282] Vgl. Lanzinner 1980, S.58.

[283] Die Hauptinstruktion der gesamten Landschaft an die Verordneten vom 11. Januar 1594 ist bei Freyberg 1836, I, S.6 ff. abgedruckt. Jobst 1948, S.31, Fußnote 5 berichtet von einer 1594 erfolgten Steuerbewilligung auf acht Jahre, für die kein Verwendungszweck festgesetzt wurde. Siehe auch Lange 1981, S.324.

[284] Gerbl 1911, S.67 bezeichnet ihn als "Vernichter" des ständischen Wesens.

[285] Vgl. Rudhard 1816, II, S.249. Maximilian begründete sein Verlangen nach Rechnungsvorlage damit, daß es die Aufgabe des Landesfürsten sei, ein waches Auge über die Finanzen zu haben, denn: "Seit Langem hatten die Stände weder dem Volke, noch dem Regenten Rechnung gethan, sie waren als leider ganz unabhängig und unverantwortlich" (Rudhard 1816, II, S.249, Fußnote 113). Rudhard weist darauf hin, daß sich damit die ursprünglichen Verhältnisse umgekehrt hatten: Statt daß die Stände die Finanzen des Herzogs kontrollierten, kontrollierte jetzt der Herzog die Finanzen der Stände, und hat damit "das gewisse Mittel gefunden, dieselben bei dem Volke gehässig zu machen" (vgl. Rudhard 1816, II, S.251).

[286] Vgl. Gerbl 1911, S.71 f.

[287] Siehe Sarwey 1884, I, S.91; Gerbl 1911, S.57 und Lanzinner 1980, S.62. Lange 1981, S.323 nennt als Datum der erstmaligen Bewilligung der Kammergutsbesserungen 1572.

[288] Vgl. Lanzinner 1980, S.93 und Greindl 1983, S.128.

und ihn zudem allein zu verwalten[289]. 1577 und 1593/94 bewilligten die Stände langfristig außerordentliche Steuern[290]. Im Jahr 1620 schrieb der Herzog eine Steuer und eine Ständeanlage ohne die Landschaft aus[291]. Der letzte Landtag fand in Bayern 1669 statt[292]. An seiner Stelle amtierte die sog. Landschaftsverordnung[293]. Diese setzte sich oft über die ihr vom Landtag verliehenen Vollmachten hinweg, so daß auch sie kein Interesse mehr an der Einberufung eines Landtags zeigte. "*Landesherr und Landschaftsverordnung handelten deshalb zum Vorteil beider Seiten meist einträglich miteinander*"[294]. Trotzdem machte Kurfürst Max II. Emanuel (1679-1726) keinen Hehl daraus, daß er in der ständischen Verordnung eine unnütze und hinderliche Einrichtung sah[295]. Sein Nachfolger Karl Albert (1726-1745) versuchte, ohne Erfolg, der Verordnung ihr Steuerbewilligungsrecht zu entziehen[296]. In den 30er Jahren des 18. Jahrhunderts bekam sie mit der Schuldenverwaltung eine wichtige Aufgabe übertragen[297], wodurch sie zu einer Art Konkursverwalter des Landesherrn und damit wieder zu einem Machtfaktor wurde[298]. Um die Rechnungen aufzunehmen, versammelte sich jährlich ein Ausschuß, die sog. "Verordneten", 4 Rechnungsaufnehmer und der Landschaftskanzler, in München, um die kurfürstlichen Forderungen anzuhören[299]. Oft waren zu diesem Zeitpunkt die Mittel schon verausgabt, um deren Bewilligung die Verordneten angegangen wurden[300]. Das Recht der Landschaft auf Steuerbewilligung und -verwaltung verlor immer mehr an Bedeutung, jedoch erhielt es sich - zumindest formell - noch während des ganzen 18. Jahrhunderts[301].

---

289 Vgl. Greindl 1983, S.131 f. Nach Rankl 1976, S.21 wurde der Getränkeaufschlag 1568 zur Dauersteuer umgewandelt und der ständischen Steuerverwaltung entzogen.

290 Vgl. Lange 1981, S.323.

291 Vgl. Rudhard 1816, II, S.263.

292 Vgl. z.B. Weis 1982, S.337.

293 Das Gremium ergänzte sich durch Kooptation, war also nicht von den Ständen gewählt. Es setzte sich aus 8 Adligen, 4 Prälaten und 4 Bürgermeistern von Städten zusammen (vgl. z.B. Weis 1982, S.337 und Ullmann 1986, I, S.41).

294 Vgl. Ullmann 1986, I, S.41.

295 Vgl. Aretin 1974, S.213.

296 Vgl. Aretin 1974, S.215.

297 Vgl. Aretin 1974, S.216.

298 Vgl. Aretin 1974, S.218 ff.

299 Siehe Rudhard 1816, II, S.297 ff.; Aretin 1974, S.222 ff. und Möckl 1979, S.30. Nach Hitzlberger 1949, S.73 f. wurde die Steuerbewilligung nach dem Tod Maximilians immer derart gehandhabt, daß der Landesherr allein zu entscheiden hatte, ob Steuern erhoben werden sollten. Die Stände hatten bei der Art der Erhebung eine beratende Stimme.

300 Nach Schmelzle 1900, S.120. Die Verordnung war nach Auffassung von Kraus 1925, I, S.6 lediglich eine "Steuerbewilligungsmaschine". Der Kurfürst war in seinen Verfügungen durch den Landschaftsausschuß nicht beschränkt. Ebenso Lang 1930, S.57 f.

301 Siehe Schmelze 1900, S.115 f.; Kraus 1925, I, S.7 und Ullmann 1986, I, S.40 f.

Zur Errichtung ständischer Ausschüsse, mit denen der Landesherr leichteres Spiel hatte als mit Landtagen, kam es in Sachsen erst im Laufe des 30jährigen Krieges[302]. Der Geldbedarf wurde in der 2. Hälfte des 16. Jahrhunderts durch eine regelmäßig verlängerte Tranksteuer, ab 1570 durch eine jährlich erhobene Vermögensteuer und durch die Übernahme der landesherrlichen Schulden durch die Stände gedeckt[303]. Die Akzise auf Wein und Bier blieb von den Ständen verwaltet[304]. Auch in Sachsen scheinen sich die Kurfürsten hin und wieder über die alten ständischen Rechte hinweggesetzt zu haben. August der Starke schrieb z.B. häufig unbewilligte Steuern aus[305].

Ähnlich wie in Bayern gingen auch in Württemberg die Kompetenzen des Landtags auf einen ständischen Ausschuß über, der sich immer mehr verselbständigte und zu dem "*alleinigen Verfassungshüter, zugleich aber zu einer unangreifbaren und selbstsüchtigen Oligarchie*" wurde[306]. 1638 stimmte die Landschaft der Einführung von indirekten Steuern auf Wein, Holz, Fleisch, Vieh, Salz, Wolle und andere Waren zu. Sie flossen nicht in die landesherrliche Kasse, sondern in die ständische. Dafür übernahmen die Stände ab 1651/52 außer den Schulden des Herzogs auch laufende Verpflichtungen, die regelmäßig bewilligt wurden[307]. Im 18. Jahrhundert wehrten sich die württembergischen Stände hartnäckig gegen dauernde Abgaben für die Unterhaltung eines stehenden Heeres, erkannten sie aber 1724 durch eine entsprechende Steuerbewilligung faktisch an[308]. Auch der Landtag von 1737 bis 1739 bewilligte einen ständigen Beitrag für die Militärkosten[309]. Es wurde aber auch vereinbart, daß die Ausschreibung sämtlicher Gelder, d.h. der Bedarf und die Art der Erhebung, jedes Jahr zwischen der Herrschaft und dem sog. "größeren Ausschuß" festgesetzt werden solle[310]. Die ersten 13 Jahre unter der Regierung Carl Eugens (1744-1793) wurde kein allgemeiner Landtag abgehalten, sondern nur mit einem bevollmächtigten Ausschuß verhandelt. Der Herzog versuchte

---

302 Vgl. Lange 1981, S.326.

303 Vgl. Lange 1981, S.327.

304 Vgl. Carsten 1960, S.26.

305 Vgl. Kichler 1956, S.14.

306 Vgl. Weis 1982, S.341. In Württemberg wurden bereits 1521 nach österreichischem Vorbild Ausschüsse eingerichtet, die, trotz vorübergehender Abschaffung, im 30jährigen Krieg und bis ins 18. Jahrhundert Bestand hatten. Schon im 16. Jahrhundert zeigte sich "die Problematik jedes ständigen ständischen Ausschusses, die Tendenz zur Kooperation mit dem Landesherrn und zur Nachgiebigkeit über das von der Landschaft zugestandene Maß hinaus" (Lange 1981, S.326). Über die Zusammensetzung der Ausschüsse siehe auch Lehmann 1974, S.190.

307 Vgl. Lehmann 1974, S.192.

308 Vgl. Sellin 1978, S.165.

309 Vgl. Lehmann 1974, S.194.

310 Vgl. Reyscher 1861, S.84.

mit allen Mitteln, eine absolute Regierung durchzusetzen[311], was die Stände nicht kampflos hinnahmen[312]. In Folge des Streits um die Bewilligung von Mitteln für das stehende Heer und die Vorlage des Militärplans, die der Herzog verweigerte[313], kam es 1770 zu dem berühmten "Erbvergleich", in dem im wesentlichen alte Rechte neu verbrieft wurden[314]. Es wurde eine Vereinbarung getroffen, daß bei Nichteinigung in Steuersachen künftig kein Machtspruch des Herzogs mehr ergehen solle, sondern die Streitpunkte bis auf weitere Verhandlungen oder oberstrichterlichen Spruch ausgesetzt werden sollten[315]. Nach *Weis* gelang es dem Landschaftsausschuß danach, nahezu zum absoluten Beherrscher des Staates zu werden[316]. Der Erbvergleich führte aber auch "*zu einer maßlosen Übersteigerung der Klüngelherrschaft des engeren Landschaftsausschusses und der Landschaftsbürokratie*"[317].

In dieser weitverbreiteten Art von Budgetgeschichte geht es weniger um den Haushaltsplan als um das Steuerbewilligungsrecht der Stände und um die unterschiedlichen Entwicklungen in den verschiedenen Staaten. Insgesamt betrachtet, standen die Stände im ausgehenden 15. und 16. Jahrhundert auf dem Höhepunkt ihrer Macht, im 17. schwand ihr Einfluß und im 18. konnten die Landstände, die sich behaupten konnten, ihre Stellung nochmals festigen[318]. Württemberg gilt als Musterbeispiel hierfür[319]. In Bayern benutzten die Stände ihr Budgetbewilligungsrecht zwar weitgehend zu Sicherung ihrer Sonderrechte, verzichteten aber nicht gänzlich auf Einflußnahme auf Regierung und Verwaltung[320]. Im Vergleich zum 17. Jahrhundert vergrößerte sich der Einfluß

---

311 Vgl. Pfister 1838, S.477 f. Der Herzog ließ im 7jährigen Krieg die Gelder der Landschaftskasse beschlagnahmen (vgl. Reyscher 1861, S.85.).

312 Der Landschaftskonsulent J.J. Moser wurde dafür in die Festung Hohentwiel gebracht. Nach Reyscher 1861, S.85 wurde das auch den übrigen Ausschußmitgliedern angedroht, "die sich jedoch dadurch nicht abhalten ließen, über die erfahrene Behandlung sowie über Eingriffe in das Kirchengut, über Gründung eines Tabaks- und Salzmonopols, Erhöhung des Umgeldes, über den Diensthandel usw. Vorstellungen zu machen". Auch Kichler 1956, S.14 kommt zu dem Ergebnis, daß in Württemberg die Stände ihre "wohlerworbenen Rechte" bis 1805 erhalten konnten.

313 Am 3. Januar 1763 wurde dem großen Ausschuß ein langfristiger Militärplan vorgelegt, nach dem die Landschaft jährlich 1.621.868 Gulden in Monatsraten zu beschaffen hatte. Als der Ausschuß dieser Forderung nicht entsprach, ließ der Herzog die Steuer selbst ausschreiben (vgl. Reyscher 1861, S.85).

314 Vgl. Grube 1982, S.48.

315 Im wesentlichen wurden die Bestimmungen des Rezesses von 1739 erneut bestätigt. Die Stände verpflichteten sich darin u.a., in dringenden Reichs- und Landesnotfällen die Bewilligung weiterer Steuern nicht zu erschweren (vgl. Reyscher 1861, S.87).

316 Vgl. Weis 1982, S.341.

317 Vgl. Grube 1982, S.48. In gleichem Sinne Vierhaus 1976, S.52.

318 Vgl. Carsten 1961, S.273 und Press 1975, S.210.

319 Vgl. z.B. Press 1975, S.89 und Lanzinner 1980, S.249.

320 Vgl. z.B. Lanzinner 1980, S.249.

der Stände im 18. Jahrhundert. Die Verordneten konnten zwar die Steuerbewilligung nicht mehr ablehnen, sie aber an Auflagen knüpfen[321]. Der Versuch Karl Alberts 1726, der Landschaftsverordnung das Steuerbewilligungsrecht zu entziehen, scheiterte[322]. Am Ende des Jahrhunderts sorgte die Landschaft für etwa 45 % der Gesamteinnahmen Bayerns und war zudem der wichtigste Bankier des Landes[323]. Nur mit ihrer Hilfe konnte der Staatsbankrott abgewendet werden[324]. Die Verfassungen des 19. Jahrhunderts lehnten sich in ihren haushaltsrechtlichen Bestimmungen eng an die ständische Tradition an[325]. In Preußen gelang es dem absoluten Herrscher, den Ständen das Steuerbewilligungsrecht zu entreißen und sich die alleinige Finanzgewalt zu sichern. Das preußische Beispiel ist jedoch für das 18. Jahrhundert nicht typisch[326].

2.4.2. Verwaltungstechnischer Blickwinkel

Spärlicher sind die Informationen, die über die Art der Rechnungen bzw. Haushaltspläne in Preußen, Bayern, Sachsen und Württemberg vorliegen.

In Brandenburg ließ Albrecht Achill (1414-1486) für seine Domänen- und Hofverwaltung Wirtschaftsübersichten anfertigen, die ihm und seinen Beamten als Richtschnur dienten[327]. Das Ziel, eine Hauptübersicht über die Finanzen aufzustellen, scheiterte an der dezentralen Verwaltung[328]. Nach *Bergius*[329] begann die "*geordnete Etatseinrichtung*" und die Vervollkommnung des Rechnungswesens in Preußen unter Kurfürst Friedrich III., dem späteren König Friedrich I. (1688-1713). 1689 wurde für Brandenburg-Preußen von dem zum Hofkammerpräsidenten berufenen Dodo von In- und Knyphausen ein "*General-Estat aller Domänen-Einkünfte und Ausgaben in Seiner Churfürstlichen*

[321] Vgl. Möckl 1979, S.30 und Weis 1982, S.338.

[322] Vgl. Vierhaus 1976, S.44.

[323] Vgl. Weis 1982, S.339.

[324] Vgl. Bosl 1974, S.232 ff. und Möckl 1979, S.30.

[325] Die Anlehnung an ständische Traditionen wird am stärksten in Württemberg gesehen (vgl. Seydel 1902, S.16 f. und Bornhak 1914, III, S.590). Gegen eine Gleichstellung von ständischem und konstitutionellem Budgetrecht wendet sich Seydel 1902, S.12, der nur eine geschichtliche, nicht aber eine staatsrechtliche Überlieferung sehen will. Zwischen den Steuerbitten des Landesherrn an seine Stände und der Budgetvorlage oder der steuermäßigen Forderung des verfassungsmäßigen Herrschers an den Landtag, beschied er, liege "eine Kluft der Rechtsanschauungen, wie sie tiefer nicht gedacht werden kann".

[326] Vgl. Carsten 1960, S.27.

[327] Vgl. Schneider 1952, S.37 ff.

[328] Vgl. Buchholz 1922, S.8.

[329] 1871, S.3. Zur organisatorischen Entwicklung in der Folgezeit siehe Bergius 1871, S.2 ff.

Durchleuchtigkeit Landen" erstellt[330]. Er bezog sich nicht auf eine bestimmte Haushaltsperiode, sondern blieb lange Zeit unverändert in Kraft. Es handelte sich hierbei um einen Voranschlag der Domäneneinnahmen und -ausgaben. Es war "*nur eine Zusammenfassung des Status der einzelnen Landrenteien in einer Weise, daß der Kurfürst gleichsam mit einem Blick den Ertrag der Domänenverwaltung überschauen, die Reste feststellen und schon bei Beginn des Jahres entscheiden konnte, wie ein etwa zu erwartendes Defizit gedeckt, ein Überschuß verwandt werden konnte*"[331]. Die Erhebungskosten der einzelnen Steuern usw. waren vorweg vom Bruttoertrag abgezogen[332]. Friedrich Wilhelm I. (1688-1740) brachte die Knpyhausensche Reform zum Abschluß. Er vereinigte 1713 die Hofkammer und das Domänendirektorium zu einem Generalfinanzdirektorium und straffte das Kassenwesen[333]. Es wurden jährliche Etats aufgestellt. Anstelle der Wirtschaftsführung anhand von Vorjahresrechnungen trat diejenige mittels eines Voranschlags. Das System der Dezentralisation von Zweckkassen wurde beibehalten[334]. Die Kriegs- und Generaldomänenetats beruhten auf den von den Kriegs- und Domänenämtern aufgestellten Provinzial- oder Hauptetats[335]. Die jährlichen Etats wurden auch von Friedrich II. (1740-1786) beibehalten. Es handelte sich nach wie vor um Nettoetats, die vom Grundsatz der Zweckbindung der Einnahmen beherrscht wurden. Sie waren als verbindliche Dienstbefehle anzusehen. In die Gesamtsumme der Einnahmen und Ausgaben hatten nicht einmal die Minister Einblick[336]. Die eigentliche Finanzpolitik betrieb Friedrich II. aus einer Dispositionskasse[337]. Er trug, wie *Mußgnug* schreibt, den Etat "*in seinem Gedächtnis*"[338]. Er bestellte seine Minister jedes Jahr nach Ablauf des Etatjahres nach Sanssouci, um sich über die

330 Er ist in Riedel 1866, Beilage 8, abgedruckt.

331 Vgl. Schneider 1952, S.69.

332 Siehe dazu auch Seidler 1885, S.60; Bornhak 1914, III, S.593 und Heinig 1949, I, S.296.

333 Vgl. Schneider 1952, S.72 ff.

334 Vgl. Schneider 1952, S.81.

335 Vgl. Schneider 1952, S.82.

336 Vgl. Schneider 1952, S.104 ff.

337 Vgl. Schneider 1952, S.106 f.

338 Vgl. Mußgnug 1976, S.73. Unter Friedrich II. wußten nicht einmal seine Staatsminister über den "Finanzplan" Bescheid, wie Schulze 1875, II, S.178 schreibt: "Es ist wohl nie persönlicher regiert worden als von König Friedrich II., welcher allein den Staatshaushaltsplan in seinem Kopfe trug, welcher über einen grossen Theil der Staatseinnahmen, den viele Millionen umfassenden Dispositionsfonds, so frei schaltete, dass selbst seine Minister von dessen Verwendung keine Ahnung hatten".

Etats Rechenschaft ablegen zu lassen und um neue Instruktionen zu erteilen[339]. Die Bemühungen Friedrich Wilhelms III. (1797-1806) gingen vor allem in Richtung einer Vereinfachung des Etatwesens[340].

Die regulären Kammereinkünfte des Herzogtums Niederbayern von 1450 bis 1500 sind von *Ziegler* untersucht[341]. Sein Anliegen besteht darin, deskriptiv die Höhe der den niederbayerischen Herzögen zur Verfügung stehenden laufenden Einnahmen zu erfassen und deren Entwicklung zu verfolgen[342]. Die niederbayerischen Lokalbeamten erstellten die Jahresrechnungen nach einem vorgegebenem Grundschema, was die Analyse erleichterte[343]. Es existierte kein Budget, aber eine große Anzahl von Schätzungen, welche die Grundlage der Abrechnungen bildeten[344]. Die Wechselbeziehungen zwischen der gesellschaftlich-ständischen Entwicklung und der Gestaltung der Finanzen in Bayern zwischen 1500 und 1516 versucht *Rankl* aufzuzeigen, wozu er die Jahresrechnungen von Mittel- und Zentralbehörden heranzieht[345]. *Lanzinner* untersucht die Jahresrechnungen des Hofzahlamts von 1557 bis 1597, die lückenlos vorliegen[346]. Sie enthalten, seinen Angaben zufolge, nur die Nettoerträge der einzelnen Rentämter[347] und können nicht mit den tatsächlich jährlich eingenommenen Einnahmen und Ausgaben gleichgesetzt werden[348]. Die Hofzahlamtsbücher Maximilians I., die in diesem Zusammenhang immer wieder genannt werden, enthalten ebensowenig die gesamten Einnahmen und Ausgaben seiner Regierungszeit. Unter den Herzögen Albrecht und Wilhelm wurden sie

---

339 Siehe Stenzel 1851, IV, S.304. In Instruktionen vom 30.5.1768 und 13.2.1770 wird darauf hingewiesen, daß für die Einnahmen und Ausgaben auf Rechnung des Staates entweder ein Etat vorhanden sei oder nicht. Sei einer vorhanden, so habe sich der betreffende Beamte an diesen zu halten und sei bei dessen Beachtung von weiterer Verantwortung frei. Im entgegengesetzten Fall müsse alles durch Ordres und Quittungen belegt werden (vgl. Stengel 1894, S.289 und Arndt 1901, S.324).

340 Vgl. Schneider 1952, S.125 ff.

341 Vgl. Ziegler 1981.

342 Vgl. Ziegler 1981, S.1 f.

343 Vgl. Ziegler 1981, S.53.

344 Vgl. Ziegler 1981, S.57.

345 Vgl. Rankl 1976, S.21.

346 Vgl. Lanzinner 1980, S.38 ff. Die älteste Steuerabrechnung aus dem Münchner Oberland geht nach Fried 1964, S.589 auf 1454 zurück.

347 Vgl. Lanzinner 1980, S.39.

348 Vgl. Lanzinner 1980, S.46.

zudem nach Einschätzung von *Stieve* schlampig geführt[349]. Über die Ausgabeetats des Hofzahlamtes im 18. Jahrhundert berichtet *Schmelzle*[350]. 1725 hatte die landständische Verordnung die Vorlage eines genauen Haushaltsplans erzwungen[351]. Nach *Kraus* gab es im ganzen 18. Jahrhundert noch keine feste Etataufstellung für die einzelnen Ausgabeämter. Es finden sich zwar Entwürfe, diese haben jedoch keinen bindenden Charakter[352].

Voranschläge für einzelne Betriebsverwaltungen wurden in Sachsen bereits im 12. Jahrhundert angefertigt[353]. Die ersten Anfänge einer geregelten Kontrolle des landesherrlichen Finanzwesens lassen sich bis 1349, auf die beginnende Regierungszeit der Markgrafen von Meissen, zurückverfolgen[354]. Die Behörden und Beamten waren zwar zur Rechnungslegung verpflichtet, aber sie erfolgte mündlich in nicht regelmäßig wiederkehrenden Zeitabschnitten. Auch bestanden keine Vorschriften über den Aufbau der Rechnungen[355]. 1485, bei Teilung des Landes, wurde von einem Rentmeister erstmals eine genaue Abrechnung der Erträge, die an die Zentrale flossen, angefertigt. 1487 wurden die Einzelkassen im albertinischen Sachsen vereinigt[356]. Im 16. Jahrhundert begann für die Entwicklung der obersten landesherrlichen Finanzkontrolle eine Epoche der Veränderungen. Die Schriftlichkeit der Rechnungen wurde eingeführt und die wichtigsten Einkommenszweige geregelt. Es ergingen Vorschriften, welche die Grundsätze zusammenfaßten, die sich in der landesherrlichen Finanz- und Einkommensverwaltung nach und nach herausgebildet hatten[357]. Unter anderem wurde die Höhe der den Räten und sonstigen höheren Beamten sowie dem Hofpersonal aus der Rentkammer zu gewährenden Gehälter und

---

349 In den Hofzahlamtsbüchern sind nach seinen Recherchen Überschüsse errechnet, während tatsächlich Defizite anfielen (vgl. Stieve 1881, S.27). Zu den Schwierigkeiten, vor die man bei der Analyse der Hofzahlamtsbücher gestellt ist, siehe Stieve 1881, S.24 ff. Gerbl 1911, S.84, Fußnote 1 erwähnt eine Zusammenstellung von Einnahmen und Ausgaben aus dem Jahre 1511, der es aber "an der richtigen Bilanzierung" fehle.

350 1900, S.190 ff.

351 Vgl. Aretin 1974, S.214.

352 Vgl. Kraus 1925, S.11 ff. Ähnlich Ullmann 1986, I, S.50 f. Letzterer allerdings ohne Belege.

353 Vgl. Löbe 1889, S.16.

354 Vgl. Löbe 1885, S.1 und Reinhard 1903, S.56.

355 Die Rechnungslegung erfolgte nur insofern schriftlich, als die im Wege mündlicher Verhandlungen ermittelten Rechnungsergebnisse in Registraturen zusammengefaßt wurden, für welche bis in die Mitte des 15. Jahrhunderts das Mönchslatein des Mittelalters vorgeschrieben war. Ab da setzte sich langsam die deutsche Sprache durch (vgl. Löbe 1885, S.2 f.). Die spärlich überlieferten Urkunden lassen nach Löbe 1889, S.15 f. erkennen, daß teils der Landesherr selbst, teils die Personen seiner nächsten Umgebung an Ort und Stelle die notwendigen Instruktionen mündlich erteilten.

356 Vgl. Droege 1966, S.155 f.

357 Siehe dazu nähers Löbe 1885, S.18 ff.

sonstigen Dienstbezüge in förmlichen Personaletats festgehalten, welche die Bezeichnung "Hofbuch" führten[358].

Hoffmann berichtet in Württemberg von einem "*Stat der Ausgaben des Fürstenthums Wurttemberg*", der um 1520/21 als Grundlage und Richtschnur der Verwaltung aufgestellt wurde[359]. Generalkassenrechnungen finden sich aus dem Jahr 1483, Spezialrechnungen geistlicher und weltlicher Beamtungen aus dem Jahr 1519 und Landschaftsrechnungen von 1565[360]. Die Ausgaberechnungen der Finanzverwaltung im 16. Jahrhundert waren sehr unvollständig und enthielten nur spärliche Informationen. Außerdem waren es weniger Rechnungen in heutigem Verständnis, sondern eher "*Übersichten*"[361]. Nach *Reinhard* fertigte die Rentkammer nach dem Erbvergleich von 1770 jährlich einen Generaletat an[362]. Für das herzogliche Kammergut wurde erstmals 1777 ein Generalplan über alle Einnahmen und Ausgaben angeordnet und 1783 für das geistige Gut ein Forst- und Waldnutzungsplan aufgestellt[363]. Der Zweck von letzterem bestand weniger darin, die künftigen Einnahmen und Ausgaben zu kalkulieren, als in dem Bestreben, bessere Erträge zu erwirtschaften. Die festgestellten Etats erwiesen sich als unzuverlässig, da sie für einen längeren Zeitraum fix festgesetzt wurden[364]. *Riecke* stellt für das 18. Jahrhundert fest: "*Einen vollen Einblick in die ganze Finanzlage auch nur des Kammerguts besaß aber um jene Zeit wohl niemand*"[365].

---

358 Vgl. Löbe 1885, S.35.

359 Vgl. Hoffmann 1840, S.8. Siehe auch Krüger 1980, S.1.

360 Vgl. Reinhard 1903, S.55.

361 Siehe Hoffmann 1840, S.7. Die württembergischen Rechnungen, selbst die der Hauptkassen, waren nach seinen Untersuchungen nicht mehr als chronologische Einnahme- und Ausgaberegister, die einen nur unzureichenden Rubrikenbau aufwiesen.

362 Vgl. Reinhard 1904, S.627.

363 Siehe Reinhard 1904, S.628. Moser 1836, S.XLI berichtet, daß in Württemberg am 13./16. Januar 1768 ein Formular "wie die Umgeldsrechnungen auf jedes Quartal einzurichten seynd" bekannt gemacht wurde. Hierin wurde die sog. Umgeldinspektion beauftragt, vierteljährlich einen "pflichtmäßigen Etat über die jedesmalige Beschaffenheit des Umgelds-Ertrages zu übergeben und hierin auf alle Mängel und Gebrechen der Verwaltung und des Personals aufmerksam zu machen" (Moser 1836, S.XLII). Zu weiteren Spezialvorschriften siehe Moser 1836, S.XLIII f.

364 Vgl. Reinhard 1904, S.628.

365 Riecke 1887, S.270. So auch Reinhard 1904, S.625, der darauf verweist, daß im Einnahmedienst die Durchbildung des Etat- und Rechnungswesens schon in altständischer Zeit größer war als im Ausgabedienst. Die Landschreibereirechnungen unter Herzog Karl Alexander (1733-1737) wurden von Müller 1932 untersucht. Es handelt sich hierbei um keine Übersichten der gesamten Staatseinnahmen und -ausgaben, da diese auch noch in andere Kassen flossen. Im wesentlichen fehlen darin die Einnahmen und Ausgaben für das Kirchen-, Schul- und Kriegswesen. Zu den Schwierigkeiten bei der Berechnung siehe Müller 1932, S.280 f.

Als hauptsächlicher Grund für das schwach ausgeprägte Etatwesen vor dem 19. Jahrhundert wird die mangelnde Zentralisation und Einheit des gesamten Kassen- und Rechnungswesens angegeben, eine unmittelbare Folge der noch ausstehenden Straffung und Zentralisation des Behördenapparates[366]. Das gilt für alle Staaten in gleichem Maße. Die unteren Kassen lieferten an die übergeordneten nur die überschüssigen Einnahmen ab, d.h., sie brachten ihre Betriebs- und Verwaltungskosten vorher in Abzug. Das Fondswesen war weit verbreitet. Anweisungen wurden nicht für das Etatwesen - sofern von der Existenz eines solchen überhaupt die Rede sein konnte -, sondern in der Hauptsache für die Verwaltung der Einzelkassen und Rechnungen erteilt[367]. Hinzu kommen die unterschiedlichen Interessenlagen von Fürsten und Ständen, wobei jede Seite bestrebt war, der anderen so wenig Einsicht wie möglich in die eigenen Finanzverhältnisse zu geben. In Bayern, Sachsen und Württemberg verhinderte schon allein der Dualismus im Finanzwesen einen Etat im Sinne eines Überblicks über sämtliche Staatseinnahmen und -ausgaben[368].

Die Herausbildung und Entwicklung des Etat- und Rechnungswesens wird kaum im Zusammenhang mit dem ständischen Steuerbewilligungsrecht gesehen. Vielmehr wird auf die Entwicklung des "modernen" Staatswesens abgehoben[369]. Die zunehmende Komplexität der Verhältnisse, insbesondere auch die finanziellen Schwierigkeiten infolge des 30jährigen Krieges, ließen bei den Landesherrn das Bedürfnis aufkommen, sich einen Überblick über ihre Fi-

366 Vgl. Ullmann 1986, I, S.50.

367 Die älteste gedruckte Rechnungsinstruktion in Württemberg geht nach Moser 1836, S.XXX auf Herzog Christoph zurück. Am 15. April 1551 wurde eine Instruktion an die Spezialkassiere erlassen. Zur weiteren Entwicklung siehe Moser 1836, S.XXX ff. Siehe auch Hoffmann 1840, S.88 und Reinhard 1903, S.58, der trotz der Existenz von Rechnungsinstruktionen eine gewisse Hilflosigkeit im Rechnungs- und Revisionswesen konstatiert: "Spezielle Reskripte von grösserer oder geringerer Weitläufigkeit suchten die allgemeinen Instruktionen zu ergänzen. Wie wenig das gelang, beweist der sehr wenig schmeichelhafte Beiname 'Schlafhauben-Reskript' welcher einem solchen Ergusse aus dem Jahre 1663 beigelegt wurde". Zuvor beruhte nach seiner Einschätzung das Kassen- und Rechnungswesen in Württemberg auf einer "wenig ausgebildeten Praxis". Zur Entwicklung der rechtlichen Regelungen im sächsischen Rechnungswesen siehe Löbe 1885, S.19 ff. Er bezeichnet die Instruktion für die Oberrechnungskammer vom 24. Mai 1707 als die älteste ihrer Art. Sie ist bei Löbe 1885, S.111 ff. abgedruckt. Über die Existenz eines "Etatwesens" ergeben sich daraus aber keine Hinweise.

368 Für Bayern siehe auch Ullmann 1986, I, S.50.

369 Vgl. Laband 1901, IV, S.482. Ebenso Hirsch 1968, S.13 ff.

nanzen zu verschaffen[370]. In der Folge wurde die Verfügungsmöglichkeit über Geld zur wichtigsten Herrschaftsgrundlage der Landesherrn und die Erschließung neuer Geldquellen zu ihrer vordringlichen Aufgabe[371].

Zu einem geordneten Haushaltswesen gehörte auch die Entflechtung von staatlichen und fürstlichen Finanzen[372]. Ein Überblick über die gesamten Staatseinnahmen und -ausgaben war außerdem nur möglich, wenn die Einheit des Etats gewährleistet war, was wiederum vom Zentralisierungsgrad der Staatsverwaltung abhing. Gemeint ist damit die Abkehr vom bisherigen Prinzip der dezentralen Verwaltung und der verhältnismäßig großen Selbständigkeit der einzelnen Landesteile und Körperschaften, der Übergang zur fiskalischen Kasseneinheit und das Abgehen von der Fondswirtschaft, die zentralen Planungsvorhaben entgegenstand[373]. Im 18. Jahrhundert war es noch eine allgemeine Gepflogenheit, das Finanzwesen weitgehend zu spezialisieren[374]. Für jede neu auftretende Staatsaufgabe, welche die Bereitstellung öffentlicher Mittel erforderte, wurde eine eigene Einnahmequelle erschlossen und für die Verwaltung der Einnahmen ein neuer Fonds gegründet[375]. Die verschiedenen

370 Siehe Schanz 1899, S.1139 f. und Droege 1966, S.148. Für Württemberg beklagt Schmidlin 1823, S.III, daß bei den älteren Einrichtungen die Übersicht fehle. Jede Spezialkasse erscheine gewissermaßen "nur als etwas für sich Bestehendes, ohne Zusammenhang mit dem Ganzen; allgemeine Staatslasten waren nach zufälligen Veranlassungen den Special-Cassen zugewiesen; nur der kleinste Theil der Einkünfte floß in eine Haupt-Casse, und selbst bei dieser wurde vergebens eine Uebersicht der Gesammt-Einkünfte und des Gesammt-Aufwandes des Staates gesucht". Zu erwähnen sind hier auch die geradezu klassischen Voranschläge der französischen Budgetgeschichte: die Überschläge der Einnahmen und Ausgaben unter Philipp dem Schönen im Jahr 1302, die regelmäßig aufgestellten Finanzhaushalte des Finanzministers Heinrichs IV. Sully (1560-1641) und die berühmte "compte rendue au roi", die Necker 1781 anfertigte und die Stein 1878, I, S.80 als den ersten großen Staatshaushaltsbericht bezeichnet. Anders die Bewertung von Leroy-Beaulieu 1899, S.12, der ihn als "singulièrement superficielle" charakterisiert.

371 Vgl. Reichert 1985, S.11 f.

372 In Preußen wurde durch Hausgesetz vom 13. August 1713 die Unveräußerlichkeit der fürstlichen Domänen festgelegt und ihnen damit die Eigenschaft von Staatsgut beigelegt (siehe Schulze 1875, II, S.181; Arndt 1888, III, S.553 und Bornhak 1914, III, S.504). Karl Theodor (1777-1799) nahm in Bayern eine Trennung von Hof- und Staatsausgaben vor (vgl. Bosl 1974, S.234).

373 Der Grundcharakter der Zeit, so Stein 1878, I, S.81, bestand darin, daß zwar für die einzelnen Verwaltungszweige Einzelrechnungen, die man "Etats" nannte, erstellt wurden, diese aber keine die ganze Staatswirtschaft umfassende Budgets waren. In Preußen herrschte - wie in anderen Staaten auch -, trotz relativer Einheit der Verwaltung, das Prinzip der Spezialisierung der Fonds vor, d.h., daß besondere Einnahmequellen für bestimmte Staatsausgaben festgesetzt waren (vgl. Seidler 1885, S.60 f. Siehe dazu unten Abschnitt 3.2., S.123 ff.). Zur Entstehung des Fondswesens in Brandenburg siehe Schneider 1952, S.32 ff.

374 Für Bayern berichtet das z.B. Ullmann 1986, I, S.45 f.

375 Mit der Folge, daß die Einnahmen "für alle Zukunft" für die festgelegten Ausgaben bestimmt waren (vgl. Heckel 1898, Das Budget, S.199).

Fonds standen nur in sehr lockerem Zusammenhang[376]. Solange die Staatsverwaltung noch dezentralisiert war, erschien eine Bruttoetatisierung und damit ein Überblick über alle Staatseinnahmen und -ausgaben nicht möglich[377]. Die lokalen Verwaltungen lieferten nur die Überschüsse an die Zentralkasse ab[378]. Die Zentralverwaltungen hatten an den Erhebungskosten noch geringes Interesse[379]. Je mehr sich jedoch das Prinzip der fiskalischen Kasseneinheit[380] durchsetzte und die Zentralisation zunahm, desto mehr konnten die Betriebs- und Erhebungskosten der Verwaltungszweige übersehen werden und die Bruttoetatisierung sich Bahn brechen[381]. *Ullmann* sieht in der Einrichtung einer Haupt- und Zentralkasse in Bayern 1762 einen "*wesentlichen Fortschritt*" in dieser Richtung[382]. Der Gedanke der Einheit des Staates mußte sich zwangsläufig auch auf die Verwaltung der Einnahmen und Ausgaben auswirken. Die

---

376 Siehe dazu Seidler 1885, S.114; Heckel 1898, Das Budget, S.197 und Mayer, Th., 1926, I, S.223. Reinhard 1904, S.627 sieht in der zu weit gehenden Spezialisierung der Einnahmen und Ausgaben den Hauptmangel der altständischen Finanzverwaltung: "Beide standen einander ohne irgend welche Bindung gegenüber, so dass tatsächlich der Fall nicht selten eintrat, dass mit der Radizierung bestimmter Ausgaben auf bestimmte Einnahmen ein zur Verwendung parater Ueberschuss ohne Verwendung brach lag".

377 Neumark 1929, S.131 f. nennt das Nettoprinzip eine "selbstverständliche Folge" der Fondswirtschaft, der Organisation der Finanzverwaltung sowie der damaligen Auffassung vom Wesen des Staates und der öffentlichen Finanzwirtschaft.

378 Die von den Zentralverwaltungen erstellten Etats waren lediglich Nettopläne. Die Betriebs-, Verwaltungs- und Erhebungskosten wurden vor Ort bereits von den Einnahmen abgezogen (siehe z.B. Moser 1836, S.XXV; Stein 1878, I, S.80; Reinhard 1903, S.57; Hövermann 1905, S.29; Buchholz 1922, S.57; Mayer, Th. 1926, I, S.228; Mayer 1952, S.262; Lütge 1961, S.587; Droege 1966, S.147; Hirsch 1968, S.17; Rankl 1976, S.55 ff. und Sellin 1978, S.28 f., der die Kammereimeisterrechnungen als Etats bezeichnet). Föld es 1920, S.63 charakterisiert diese Art von Etats deshalb als reine Überschuß- und Defizitberechnungen. Nettobudgets waren nach Ansicht Willgrens 1899, S.18 auf die Verhältnisse dieser Zeit besser zugeschnitten. Zum Begriff des Brutto- und Nettoetats siehe unten Abschnitt 3.3.

379 So Heckel 1898, Budget und Budgetrecht, S.470; Schanz 1899, S.1147 und Földes 1920, S.63.

380 Laut Buchholz 1922, S.57 f. führte zunehmende Zentralisation und fiskalische Kasseneinheit immer mehr dazu, anstatt der Rein- die Rohbeträge in die Etats aufzunehmen.

381 Vgl. Heckel 1898, Budget und Budgetrecht, S.470. Daß sich die Nettoetats so lange hielten, führt Willgren 1899, S.19 darauf zurück, daß der Finanzverwaltung intern die Bruttoeinnahmen und -ausgaben längst bekannt gewesen seien. Im 19. Jahrhundert trugen die Volksvertretungen dazu bei, daß die Bruttoetats auch - häufig nach "zähem Kampf" (Neumark) - öffentlich bekannt wurden (vgl. Heckel 1898, Das Budget, S.36 f.; Schanz 1899, S.1147; Földes 1920, S.64 und Neumark 1929, S.132). Nach Eheberg 1922, S.537 war mit der Ausbreitung der verfassungsmäßigen Staatswirtschaft, mit der Zentralisation der ganzen staatlichen Verwaltung und mit der Durchsetzung des Prinzips der fiskalischen Kasseneinheit eine "entscheidende Hinneigung zum Bruttoetat unverkennbar". Erst durch die Umbildung der wirtschaftlichen und soziologischen Grundverhältnisse war nach Auffassung Neumarks (1929, S.132) die Ablösung der Netto- durch die Bruttoetats möglich. Aber auch im 19. Jahrhundert hat sich die Bruttoetatisierung nur langsam und unvollständig herausgebildet, wie Abschnitt 3.3.2. zeigen wird.

382 "Mit der Herstellung fiskalischer Kasseneinheit im Bereich der herrschaftlichen Kassenorganisation fielen alle Zweckbindungen, und die gegenseitige Deckungsfähigkeit ... der Einnahmen wurde durchgesetzt" (Ullmann 1986, I, S.46). Vgl. dagegen Abschnitt 3.2.

aufgestellten Etats waren allerdings nur solche für bestimmte Verwaltungszweige. Ein einheitliches Budget im Sinne eines Anschlags aller Staatseinnahmen und -ausgaben wurde in keinem Staat, auch nicht in Preußen, aufgestellt.

Aus dieser Perspektive gesehen dienten die Etats als rein verwaltungstechnisches Instrument zur Führung und Kontrolle der Staatsverwaltung. Ihrem Wesen nach waren sie Wirtschaftspläne, die nur eine verwaltungsinterne - keine verfassungsrechtliche - Bedeutung hatten[383]. Diesem Charakter entsprechend wurden sie bis ins 19. Jahrhundert hinein wie ein Staatsgeheimnis gehütet[384]. Nach *Gerbl* zieht sich die Abneigung gegen die Bekanntgabe der Etats in Bayern wie ein roter Faden durch das ganze 17. und 18. Jahrhundert[385].

Auf diese - technische - Art der Budgetgeschichtsschreibung bezog sich im 19. Jahrhundert die staatsrechtliche und politische Auseinandersetzung um den rechtlichen Charakter des Budgets. *Laband* - und nach ihm eine ganze Reihe von Staatsrechtswissenschaftlern - hat auf dem Argument des Wirtschaftsplanes und dessen Charakterisierung als innere Angelegenheit der Verwaltung seine Theorie vom Budget als formellem Gesetz bzw. Verwaltungsakt aufgebaut. Insbesondere die preußische Budgetgeschichte des ausgehenden 17. und 18. Jahrhunderts wurde deshalb häufig in der zuletzt beschriebenen Art dargestellt. Es sollte bewiesen werden, daß der preußische Haushaltsplan ge-

---

383 Wie Bornhak 1914, III, S.594 betont, bildete der preußische Staatshaushaltsplan des 18. Jahrhunderts nicht die rechtliche Grundlage für die staatlichen Einnahmen und Ausgaben, sondern: "Die Bedeutung des Etats beruht vielmehr darauf, daß er die auf den verschiedensten Rechtstiteln gegründeten Einnahmen und Ausgaben des Staates für die Etatsperiode in einem einheitlichen Wirtschaftsplane zusammenfaßt und damit die Grundlage für die staatliche Finanzpolitik und für die Rechnungskontrolle liefert". Siehe auch Hirsch 1968, S.17, der das Budget ebenfalls als verwaltungstechnisches Instrument betrachtet.

384 Vgl. Schneider 1952, S.106, der für dieses Verhalten vorwiegend militärische Gründe angibt. Stengel 1894, S.289 begründet es mit dem Hinweis, daß der Etat eine Anweisung an die Behörden war und für das Rechtsverhältnis zwischen dem Staat und seinen Gläubigern keinerlei Bedeutung hatte. Ähnlich Arndt 1901, S.325, der die Geheimhaltung der Etats darauf zurückführt, daß sie besondere Anweisungen und keine allgemeinen Rechtssätze enthielten. Wenn Zahlen veröffentlicht wurden, dann i.d.R. nur Teiletats (vgl. Schanz 1899, S.1140 und Hirsch 1968, S.17).

385 Vgl. Gerbl 1911, S.84. Eine Ausnahme ist bekannt. Karl Theodor (1777-1799) wollte nach seinem Regierungsantritt einen Überblick über den finanziellen Zustand seines Landes haben und ließ deshalb eine Übersicht über die Kameralgefälle der Länder Bayern und Oberpfalz nach 10jährigem Durchschnitt der Jahre 1763 bis 1772 aufstellen. Diese Übersicht wurde in der "Neueste(n) Staatskunde für Deutschland. 2. Stück. Frankfurt und Leipzig 1784" nebst einer Darlegung der landschaftlichen Gefälle und des Staatsschuldenwesens veröffentlicht. Nach Kraus 1925, S.12 wurde diese Publikation seinerzeit als "das wichtigste und vollständigste bezeichnet, was die Statistik von Deutschland von irgendeinem Staate aufzuweisen habe". Eine Fortsetzung nahm diese Publikation in: Neuester aktenmäsiger Zustand der sämtlichen unter landesfürstlicher und landschaftlicher Verwaltung stehenden Staats-Einkünfte und Staats-Ausgaben in Baiern, Neuburg, Sulzbach und der Oberpfalz. 1. Theil. 1. Stück. o.O. 1801. Darin wird in verschiedenen Tabellen und Teilübersichten der Versuch gemacht, den Finanzzustand Bayerns beim Ableben Karl Theodors (1799) aufzuzeigen.

schichtlich gesehen ein rein verwaltungsinterner Wirtschaftsplan war und sich daran im 19. Jahrhundert, obwohl nun mit Zustimmung der Volksvertretung zustandegekommen, nichts geändert hat[386].

Als Fazit ist festzuhalten, daß Etats verschiedene Funktionen hatten. Einnahme- und Ausgabeübersichten, sofern vorhanden, dienten als Instrument des Herrschers, durch Darlegung seiner Finanzen Geldmittel von den Ständen bewilligt zu bekommen. Umgekehrt wurden sie von den Ständen zur Kontrolle der Regierung eingesetzt. Verwaltungstechnisch dienten sie als Instrument zur Führung und Kontrolle des Behördenapparates, als Instrument zur Planung von Einnahmeerhöhungen - insbesondere der Betriebsverwaltungen - und als Instrument, rational mit dem modernen Kommunikationsmittel Geld umzugehen.

Unter dem Aspekt der Mitwirkungsrechte der Volksvertretungen am Zustandekommen des Budgets beginnt die Ära des "modernen" Haushaltsplans mit dem Jahr 1789, als dem französischen Parlament erstmals ein Budget zur Votierung vorgelegt wurde[387]. Unter verwaltungstechnischen Gesichtspunkten verläuft die Entwicklung des Haushaltsplanes parallel zu der des "modernen" Staates. Oft wird dabei übersehen, daß es, wie wir gesehen haben, **eine** Geschichte des deutschen Staatsausgaben- und -einnahmewesens nicht gibt. In den verschiedenen Staaten lief die Entwicklung unterschiedlich ab, abhängig von den jeweiligen politischen, verfassungsrechtlichen und organisatorischen Gegebenheiten.

Kennzeichnend ist, daß die Anforderungen, die an das Budget gestellt werden, unterschiedlich sind. Als Zeichen der Modernität gelten unter dem Aspekt der ständischen Mitwirkung beim Zustandekommen der Etats folgende Merkmale: Budgetierung zur Rechtfertigung der Ausgabenwirtschaft vor den Ständen, ständisches Steuerbewilligungsrecht, ständisches Ausgaben- und schließlich Budgetbewilligungsrecht. Verwaltungstechnisch wird die Aufstellung von Einnahme- und Ausgabeplänen überhaupt - unerheblich in welcher Form und Absicht -, die Verwendung von Etats als Instrument der Verwaltungsführung und -kontrolle sowie der Ausgabenplanung, die Anwendung der Technik periodischer Voranschläge, Bruttobudgetierung, Zentraletat und Budgetvorherigkeit als modern erachtet. Der Grund für den unterschiedlichen Kriterienkatalog dessen, was ein "modernes" Budget ausmacht, liegt in einer - implizit - un-

---

[386] Siehe Abschnitt 2.5.

[387] Das parlamentarische Budgetrecht kann auch nur gemeint sein, wenn Heinig 1949, I, S.1 sein drei Bände umfassendes Werk über das Budget mit dem Satz beginnt: "Das Budgetwesen, wie es heute bekannt ist, mag etwa einhundertfünfzig Jahre alt sein". Schmölders 1970, S.63 stellt die Geschichte des "Haushaltsplans" ebenfalls als Geschichte von Steuer- und Budgetbewilligung dar. Zum französischen Budgetwesen siehe z.B. Stein 1878, I, S.80; Boiteau 1889, S.506 ff.; Leroy-Beaulieu 1899, S.3 ff.; Schanz 1899, S.1140 und Cluseau 1952.

terschiedlichen Verwendung des Budgetbegriffs und in der Wahl verschiedener Ausgangspunkte für die Beschreibung der geschichtlichen Entwicklung der Etats.

2.5. Budget-, Finanz- und Haushaltsrecht

Inwieweit die oben dargelegten Forderungen der Finanzwissenschaft an das Budget des 19. Jahrhunderts tatsächlich umgesetzt wurden, wollen wir u.a. mit Hilfe des Haushaltsrechts überprüfen. Zu Beginn des 19. Jahrhunderts war die Gesetzmäßigkeit der Verwaltung[386] und damit auch des Finanzwesens keine Selbstverständlichkeit, sondern lediglich eine Forderung von Wissenschaft und Politik, die in den einzelnen Staaten mehr oder weniger verwirklicht war[387]. Die konstitutionellen Verfassungen wurden in den deutschen Staaten erst nach und nach eingeführt. Eine feste Vorstellung vom Rechtsstaat allgemein und vom Wesen und Charakter von Gesetz und Verordnung insbesondere hatte sich noch nicht herausgebildet. Dies wirkte sich auch auf das Budgetrecht aus, welches sehr mannigfaltig interpretiert wurde. Schon bei der Benennung und Beschreibung des Gegenstandes ist die in der finanzwissenschaftlichen Diskussion ebenfalls zu beobachtende Wortvielfalt und Begriffsdivergenz charakteristisch[388]. Es erscheint deshalb notwendig, zunächst zu klären, was unter Budget-, Haushalts-, Finanzrecht usw. alles verstanden wurde.

---

386 Der Gesetzesbegriff setzte sich in seiner Bedeutung als vom Parlament verabschiedete Rechtsnorm erst in der zweiten Hälfte des 19. Jahrhunderts durch (vgl. Friauf 1968, S.86 ff. und Böckenförde 1981). Zur Geschichte des Gesetz- und Verordnungsbegriffs siehe Jellinek 1887 und Gneist 1879, S.36 ff.

387 Hoch 1809, S.23 bemerkt z.B., daß ohne feste Normen der "höchste Zweck" des Finanzhaushalts nicht erreicht würde. Auch Behr 1822, S.22 fordert, den finanziellen Wirkungskreis des Staates gesetzlich zu regulieren und Umpfenbach 1887, S.23 verlangt ein gesetzlich sanktioniertes Finanzsystem als Teil des positiven Staatsrechts. Für Stein 1878, I, S.14 gehört die Rechtmäßigkeit zu den Grundprinzipien der Staatswirtschaft. Der Etat als Wirtschaftsplan erfordere, so Laband 1890, S.365, eine gesetzlich festgelegte Organisation. Földes 1920, S.78 stellt fest: "Es ist eigentlich auffallend, daß die wichtigsten Prinzipien des Budgetrechts, welche wirtschaftlich und politisch eine so große Bedeutung haben, nirgends in entsprechenden Gesetzen festgelegt sind".

388 Behr 1822, S.22 f. versteht z.B. unter "Finanzgesetzgebung" den "Inbegriff eben jener dem Finanzdepartement den wesentlichen Gehalt seiner Thätigkeit gesetzlich vorzeichnenden Principien und Normen, oder die von dem constitutionellen Organe des Gesammtwillens, d.i. von der gesetzgebenden Gewalt ausgehende Urbestimmung des eigenen Zwecks der Finanzverwaltung und der Art und Weise, in welcher dieser Zweck erstrebt werden soll". Dessáry 1855, S.2 sieht in den "Finanzgesetzen" die Grundsätze, nach denen im Staat das Finanzwesen zu handhaben ist. Wagner 1863, S.7 meint, in einem Rechtsstaat werde die Finanzwissenschaft von selbst zu einem "System des allgemeinen Finanzrechts". Stein 1878, I, S.74 begreift unter dem "Staatswirtschaftsrecht" ein "System von geltenden Gesetzen, in denen das Budget für sich eine ganz bestimmte Stelle einnimmt".

Ende des 19. Jahrhunderts setzte sich die Unterteilung in "Budgetrecht im objektiven Sinn" und "Budgetrecht im subjektiven Sinn" durch. Unter den Begriff des **objektiven** Budgetrechts werden alle Rechtsnormen subsumiert, welche im konstitutionellen Staat für das Zustandekommen des Finanzgesetzes, für die Beschaffung der wirtschaftlichen Mittel zur Führung der öffentlichen Haushalte und für die Kontrolle der dem Finanzgesetz gemäß zu führenden Verwaltung bestehen. Mit dem Budgetrecht im **subjektiven** Sinne sind alle Rechte, Pflichten und Grenzen der Volksvertretung bezüglich des staatlichen Finanzwesens gemeint[389]. Allerdings machen die einzelnen Autoren selten deutlich, in welcher Bedeutung sie den Begriff verwenden. Diskutiert wird nur "das" Budgetrecht, was zu Mißverständnissen führen kann und teilweise auch führt[390]. Im wesentlichen werden mit den Ausdrücken Budget-, Etat- oder Finanzrecht, um nur die gängigsten zu nennen, alle rechtlichen Regelungen bezeichnet, die sich auf die Vereinnahmung, Verwaltung und Verausgabung der finanziellen Mittel des Staates sowie auf die Aufstellung, Verabschiedung und Kontrolle des Haushaltsplans beziehen. Dieser weite Begriff wird je nach Betrachtungsgegenstand nach der einen oder anderen Seite verengt.

Das Unterfangen, aus der Vielzahl der budgetrechtlichen Publikationen des 19. und frühen 20. Jahrhunderts die uns hier interessierenden Aspekte herauszugreifen, ist nicht gerade einfach. Erschwert wird das Vorhaben durch das Fehlen entsprechender rechtsvergleichender Untersuchungen, auf die man sich ansonsten berufen könnte. In einschlägigen Arbeiten werden die unterschiedlichen Meinungen nicht systematisch nach Sachgebieten verglichen, sondern lediglich aneinandergereiht[391]. Dieses Vorgehen mag für das Aufzeigen rechtsdogmatischer Zusammenhänge geeignet sein, für unsere Zwecke genügt es jedoch nicht, da uns die Antworten auf konkrete budgetrechtliche Fragen interessieren. Zunächst ist es deshalb notwendig, die grundlegenden staatsrechtlichen Positionen bezüglich des rechtlichen Charakters des Budgets darzustellen. Das ist wichtig, weil daran unterschiedliche Ansichten bezüglich der Bindungswirkung[392] und der Handlungsfreiheit der Regierung beim Nichtzustandekommen des Budgets[393] geknüpft sind. Insbesondere gilt es dabei die - behaupteten - Unterschiede zwischen dem Budgetrecht der frühkonstitutionellen Staaten und Preußens aufzuzeigen.

---

389 In diesem Sinne äußern sich Lehr 1892, S.101; Heckel 1898, Budget und Budgetrecht, S.480; Jellinek 1899, S.1164 und Altmann 1910, S.10.

390 "Das Budgetrecht ist der Inbegriff der Rechtssätze über die Aufstellung und Feststellung des Staatshaushaltsplans, über seinen Vollzug und dessen Überwachung" schreibt z.B. Heckel 1932, S.358. Zorn/Zinn 1926, S.118 definieren dagegen das Budgetrecht als "das Recht der Teilnahme der Volksvertretung an der Festlegung des Staatshaushaltes".

391 Vgl. z.B. Thierfelder 1959, S.41 ff.; Friauf 1968, S.249 ff. und Böckenförde 1981, S.210 ff.

392 Siehe dazu unten Abschnitt 3.8.

393 Das Nähere dazu unten in Kapitel 3.5.

In der ersten Hälfte des 19. Jahrhunderts wurde dem Budgetrecht in der staatsrechtlichen Literatur relativ wenig Aufmerksamkeit geschenkt. Es gab, von wenigen Ausnahmen abgesehen[394], kaum strittige Punkte oder kontroverse Auffassungen[395]. Das Budget war kein rechtliches "Problemkind". Dies änderte sich schlagartig mit dem preußischen Budgetkonflikt (1862-1866)[396]. Von der Verabschiedung der Verfassung bis zu diesem Zeitpunkt wurde das preußische parlamentarische Budgetbewilligungsrecht unbestritten vor allem als ein Ausgabenbewilligungsrecht betrachtet. Da sich Regierung und Kammern nicht über ein Budget einigen konnten, wurde die Frage aktuell, ob die Regierung, wenn eine gesetzliche Feststellung des Budgets, aus welchen Gründen auch immer, nicht zustandekommt, das Recht habe, trotzdem die Staatsausgaben zu leisten. Die zunächst politisch motivierte Auseinandersetzung zwischen Regierung und Volksvertretung zog eine beispiellose staatsrechtliche Diskussion über den Rechtscharakter des Budgets, dessen Wirkungen und die Folgen des Nichtzustandekommens des Etatgesetzes nach sich[397].

Das Budgetrecht als verfassungsmäßiges parlamentarisches Einnahmen-, Ausgaben- und Budgetbewilligungsrecht entwickelte sich in Deutschland im 19. Jahrhundert[398] unter wesentlichem Einfluß ausländischer Verfassungseinrichtungen[399]. In den Staaten mit frühkonstitutionellen Verfassungen wurde das

394 Eine Ausnahme bildet die Frage, inwieweit insbesondere die bayerische Regierung berechtigt war, Erübrigungen ohne die Zustimmung der Stände zu verausgaben.

395 Kennzeichnend dafür ist, daß in Württemberg, wie Roller 1933, S.11 berichtet, von 1820 bis 1833 keine einzige prinzipielle Erörterung über die rechtliche Natur des Budgets und die ständischen Befugnisse bei der Feststellung desselben zwischen den Regierungsvertretern und den Ständen stattfand.

396 Er entstand infolge der Nichteinigung der gesetzgebenden Gewalten über Heeresfragen. Zur politischen Seite siehe dazu ausführlich Huber 1970, S.275 ff. und Bornhak 1886, III, S.268 ff.

397 Arndt 1891, S.1046 schreibt dazu: "Und so müssen wir die eigenthümliche, aber nicht erfreuliche Thatsache verzeichnen, daß die juristische Theorie über das Budgetrecht die schwersten Kämpfe aufführt, von denen die Wirklichkeit auch nicht das Mindeste weiß". Stengel 1894, S.291 kommt zu der Einschätzung: "Was das Wesen und die rechtliche Bedeutung des Etatsgesetzes anbetrifft, so gehen die Ansichten sehr auseinander".

398 Wobei sich das Budgetrecht erst nach und nach entwickelte. Heckel 1932, S.359 schreibt dazu: "Nicht nur das allem Verwaltungsrecht innewohnende Beharrungsvermögen, sondern auch die heikle politische Natur des Budgetrechts haben dazu geführt, daß es meist der allgemeinen staatsrechtlichen Entwicklung erst in einer gewissen Entfernung folgte und daher einen besonders konservativen Zug trägt."

399 Wie Gneist 1879, S.134 f. betont, werden die Verhältnisse im deutschen Budgetrecht nur verständlich, wenn man die Einwirkung der ausländischen Rechtsverhältnisse, insbesondere Englands, Frankreichs und Belgiens, miteinbezieht.

parlamentarische Budgetrecht als Mischung altständischer Traditionen[400] mit modernen französischen Einrichtungen - insbesondere an der Charte aus dem Jahr 1814 orientiert - konzipiert[401]. Die rechtlichen Regelungen der preußischen Verfassung von 1848 und 1850[402] bezüglich des Staatshaushaltsplans gingen auf das französisch-belgische Budgetrecht zurück[403]. Als Problem entpuppte sich, daß die belgischen Verfassungsbestimmungen nur zum Teil übernommen wurden und deshalb die zentrale Bestimmung des preußischen Budgetrechts, daß nämlich alle Einnahmen und Ausgaben des Staates jährlich im voraus veranschlagt und durch Gesetz festgestellt werden müssen[404], mit den Verfassungsbestimmungen über die Einnahmeerhebung im Widerspruch

400 Dazu gehörte vor allem das traditionelle ständische Recht der Steuerbewilligung, an das mit dem verfassungsmäßigen Einnahmebewilligungsrecht der Volksvertretungen direkt angeknüpft wurde. Der Unterschied bestand lediglich darin, daß die Steuern nicht mehr als ein Geschenk der Stände an den Landesherrn erschienen, als freiwillige Gabe, die er von ihnen erbat, sondern als pflichtgemäße Leistung der Staatsgenossen für den Staat (vgl. Seydel 1902, S.17 und Abschnitt 2.4., S.63 ff.). Die Erträge aus dem Staatsvermögen und die Staatsausgaben werden von ihnen nicht bewilligt, sondern nur "geprüft, d.h. seitens des Landtags einer Kritik und Erörterung unterzogen, welche sich bei den genannten Einnahmen auf die Richtigkeit der Veranschlagung, bei den Ausgaben außerdem noch auf ihre Notwendigkeit und Zweckmäßigkeit erstreckt" (Meyer/Anschütz 1919, S.882). Insbesondere für Württemberg galt eine starke Orientierung an altständischen Einrichtungen (vgl. dazu auch Gneist 1879, S.137 und Seydel 1902, S.16). Der Staatshaushaltsplan wurde vom Parlament nicht im Finanzgesetz bewilligt, sondern ging ihm voran und bildete seine "Grundlage" (Heckel 1932, S.366). Seydel 1889 , IV, S.291 betont aber, daß die Gestaltung des Budgetrechts nur geschichtlich an das landständische Steuerbewilligungsrecht anknüpft, nicht jedoch staatsrechtlich: "Der staatsrechtliche Unterschied zwischen dem landständischen Steuerbewilligungsrechte und dem Steuerbewilligungs- und Budgetrecht der Neuzeit ist so groß wie der Unterschied zwischen Patrimonialstaat und Verfassungsstaat". Vgl. z.B. auch Meyer 1891, S.614.

401 Gneist 1879, S.140 charakterisiert demgemäß die Verhältnisse der konstitutionellen Mittel- und Kleinstaaten folgendermaßen: Sie beruhten "auf einer Mischung älterer Grundsätze von landständischer Steuerbewilligung mit modernen, hauptsächlich den französischen Verfassungen entlehnten Grundsätzen vom Budget, welche die Staatsrechtswissenschaft aneinanderreihte, und denen man gemeinsame Gesichtspunkte abzugewinnen suchte". Vgl. auch Stahl 1860, S.595. Seydel 1887, S.3 meint dagegen, in der bayerischen Verfassungsurkunde sei das Budgetrecht unabhängig vom französisch-belgischen Konstitutionalismus gestaltet. Thierfelder 1959, S.14 sieht insbesondere für die württembergische Verfassung englische Einflüsse wirksam werden.

402 Der Absolutismus hatte sich dort solange gehalten. Die Stände hatten bis dahin keinerlei Möglichkeit, auf den Staatshaushaltsplan in irgendeiner Weise einzuwirken.

403 Gneist 1879, S.135 schreibt dazu: "Unter allen 'constitutionellen Wahrheiten' der Zeit war nun aber wohl keine einleuchtender, als die französisch-belgische Idee, dass alle Staatseinnahmen aus dem Volksvermögen stammen und dass die Volksvertretung alle Einnahmen und Ausgaben des Staates alljährlich zu bewilligen habe". Vgl. auch Stahl 1860, S.596 und Zorn 1889, S.367. Nach Bauer 1952, S.3 übernahm die preußische Verfassung fast wörtlich die Regelungen der belgischen Verfassung.

404 Artikel 99 der preußischen Verfassung vom 31.1.1850.

stand[405]. Die aus verschiedenen Traditionen der Staatseinnahme- und -ausgabeerhebung stammenden rechtlichen Regelungen der preußischen Verfassung waren in sich nicht stimmig[406] und boten deshalb politisch und rechtlich motivierten Auslegungen breiten Raum.

Die Budgets von Bayern, Sachsen und Württemberg gehören zu dem sog. frühkonstitutionellen Budgetrechtstypus. Nach *Malchus* enthält das süddeutsche Budget seine gesetzliche Sanktion durch das Finanzgesetz[407]. Allerdings ist das Finanzgesetz seiner Ansicht nach nur eine "*bedingte, oder hypothetische, eventuelle Norm*" ohne Gesetzeseigenschaft[408]. Ganz so eindeutig, wie man aus dieser Einschätzung schließen könnte, war die Rechtslage allerdings nicht. Für Bayern wird die Gesetzeseigenschaft des Finanzgesetzes nämlich zunächst bejaht. Das Finanzgesetz sei zwar seiner Hauptwirkung nach eine "*Dienst-Vorschrift*" für die Minister, welche diesen als "*Richtschnur*" dienen solle, aber erst nachdem die Stände untersucht haben, ob die Verwendung der Staatseinnahmen in der letzten Etatperiode von seiten der Minister pflichtgemäß erfolgte. Aus diesem Grunde würde es mit Recht "Gesetz" genannt[409]. Ähnlich die Argumentation von *Pfizer*, wonach der Etat viele Dinge enthalte, "*welche nach*

---

405 Artikel 100 der preußischen Verfassung von 1850 verfügt, daß Steuern und Abgaben für die Staatskasse nur erhoben werden dürfen, "so weit sie in den Staatshaushalts-Etat aufgenommen oder durch besondere Gesetze angeordnet sind". Zusätzlich legt Artikel 109 fest, daß die bestehenden Steuern und Abgaben in Kraft bleiben, bis sie durch Gesetz abgeändert werden. Preußen hatte also im Gegensatz zu Belgien, das die Steuergenehmigung jährlich durch das Budget regelte, eine Steuererhebung, die auf dauernder gesetzlicher Grundlage beruhte, mit der Folge, daß die Passage des Artikel 99, wonach alle Ausgaben jährlich festgestellt werden müssen, zu Artikel 100 und 109 im Gegensatz stand. Zum belgischen Budgetrecht siehe Gneist 1879, S.118 ff. und Seidler 1885, S.225 f.

406 Daß einander derart widersprechende Regelungen in die preußische Verfassung aufgenommen wurden, ist nach Gneist 1879, S.135 auf eine mangelnde Rezeption des englischen Budgetrechts zurückzuführen. "Das englische Budgetrecht ist das vermeintliche Vorbild für Frankreich und Belgien geworden. Aber die französischen und belgischen Kopisten haben das Urbild, das sie abzeichneten, stark verändert" (Seydel 1902, S.20). Der wesentliche Unterschied zum englischen Haushaltsrecht bestand darin, daß es einen sog. Normaletat kannte, d.h. gesetzlich bedingte Einnahmen und Ausgaben nicht mehr Gegenstand der parlamentarischen Budgetberatungen waren (vgl. Seydel 1902, S.20 und Zorn/Zinn 1926, S.118).

407 Vgl. Malchus 1830, II, S.94.

408 Er begründet das folgendermaßen: "Für das Budget selbst kann die Eigenschaft eines Gesetzes nicht geltend gemacht werden, wegen dem Mangel an objektiver absoluter Bestimmtheit, die ein wesentliches Erforderniß eines solchen, und deren dasselbe nicht fähig ist. Ueberhaupt kann dasselbe nicht sowohl als eine unwandelbare oder unabänderliche Norm für den Staatsfinanzhaushalt, sondern mehr nur als Grundlage bei dessen Führung betrachtet werden, die allen Abänderungen unterliegt, welche der Eintritt unvorhergesehener unausweichlicher Umstände nothwendig machen kann" (Malchus 1830, II, S.95).

409 Vgl. Ständische Budgetmodifikationen 1843, S.34.

der Theorie nicht der Gesetzgebung, sondern der Verwaltung angehören"[410]. Nach den äußerlichen Kennzeichen des Begriffs der Gesetzgebung[411] sei das ganze Budget jedoch ein Gesetz, *"obgleich an sich nur der Theil des Staatsetats einen wahren Akt der Gesetzgebung enthält, welcher die Verbindlichkeit der Staatsbürger zur Steuerentrichtung ausspricht und normiert"*[412]. Nach Auffassung von *Fricker* ist der Begriff des Etats *"überhaupt kein rechtlicher, sondern ein wirthschaftlicher Begriff; jede Wirthschaft, von der kleinsten bis zur grössten, erfordert einen bestimmten Plan, nach dem sie zu führen ist"*[413]. Deshalb charakterisiert er ihn als *"Verwaltungsact"*, der weder audrücklich noch implizit irgend etwas enthalten könne, was über die Zuständigkeit der Verwaltung hinausgehe[414]. Soweit der Etat allerdings der künftige Plan für die Tätigkeit der Verwaltung sei, werde er zu einer Norm und dadurch dem Gesetz ähnlich[415]. Schon früher hielt *Rotteck* den anerkannten oder genehmigten Überschlag der bevorstehenden Einnahmen und Ausgaben für *"nichts als ein Akt der Administration"*[416].

---

410 Pfizer 1836, S.17. Er meint deshalb, daß, wenn die württembergische Verfassung von Gesetz rede, "das Finanzgesetz gar nicht unter dieser Benennung mitverstanden ist" (Pfizer 1836, S.19). Denn, so seine Begründung, schon die ältere württembergische Gesetzgebung sehe die Besteuerung nicht als Akt der Gesetzgebung, sondern als freiwillige Übereinkunft (vgl. Pfizer 1836, S.19 f.).

411 Demzufolge "jede von den Gesammtfaktoren der Gesetzgebung ausgegangene Anordnung, auch wenn es keine, die sämmtlichen Staatsbürger oder wenigstens ganze Klassen von Personen, Sachen oder Fällen umfassende Vorschrift, ... sondern nur eine einzelne, auf dem Gebiete der Verwaltung sich bewegende Regierungsmaaßregel ohne den Charakter der Allgemeinheit ist, den Namen des Gesetzes enthält" (Pfizer 1836, S.21 f.).

412 Pfizer 1836, S.22, wobei er in seinen Ausführungen zwischen den Begriffen "Hauptetat", "Budget", "Finanzgesetz" und "Abgabengesetz" nicht differenziert (vgl. z.B. Pfizer 1836, S.17). Im übrigen weist Thierfelder 1959, S.28 f. darauf hin, daß Wissenschaft und Praxis der süddeutschen konstitutionellen Monarchien das Wesen des Budgets unterschiedlich beurteilten: In Württemberg werde das Budget als echtes Gesetz angesehen und auch formell dazu gemacht. Ein Teil der Wissenschaft habe die Meinung, hier sei etwas in die Gesetzgebung "gezogen" worden, was da eigentlich nicht hingehöre.

413 Fricker 1861, S.640.

414 Soweit er auf Gesetz beruht, enthält er seiner Ansicht nach nichts, was nicht auch schon ohne ihn vorhanden wäre. Sofern er auf einem Voranschlag beruhe, spreche er nur Tatsachen aus, deren künftige wirkliche Gestaltung noch nicht mit Bestimmtheit vorhergesehen werden könne (vgl. Fricker 1861, S.643).

415 "Von der eigentlichen Gesetzesnatur bleibt er aber so weit verschieden, als eben ein selbstgeschaffener Plan verschieden ist von der anzuerkennenden Vorschrift eines Dritten, und soweit als eine Norm, deren Vollziehung erst noch von der wirklichen Gestaltung von Zeit und Umständen abhängt, verschieden ist von einer absoluten, ohne Alles Weitere ihre Vollziehung fordernden Norm" (Fricker 1861, S.643). Nach Fricker 1894, S.402 schießt das Budget in Form eines Gesetzes über das Ziel hinaus: "das Budget ist nun nicht bloss auf das objektive Recht gestellt, sondern sein Inhalt soll selbst objektives Recht sein, was ganz unnatürlich ist" (Fricker 1894, S.403). Dennoch hält er das Budget, wenn es durch Gesetz zustande kommt, für ein Gesetz und keinen Verwaltungsakt.

416 Rotteck 1835, IV, S.444.

Festzuhalten ist also, daß der Etat wegen seiner Vorläufigkeit und seines Plancharakters zwar überwiegend vom Wesen her als Richtschnur der Verwaltung angesehen wurde. Da er aber mit Beteiligung der Volksvertretung zustandekam - gleichgültig in welcher Form die Mitwirkung der Stände erfolgte -, wurde ihm überwiegend die Gesetzeseigenschaft oder zumindest die Gesetzesähnlichkeit zugebilligt.

Die preußische Verfassung vom 31. Januar 1850 schrieb vor, daß der Staatshaushaltsetat jährlich durch ein Gesetz festzustellen war[417]. Der herrschenden Denkweise entsprechend hätte die Konsequenz aus dem Nichtzustandekommen des Gesetzes sein müssen, daß alle staatlichen Zahlungen in diesem Falle eingestellt worden wären, weil für sie die gesetzliche Grundlage fehlte. Der Verlauf des preußischen Budgetkonfliktes zeigte, daß diese Konsequenz in der Praxis nicht gezogen wurde. *Laband* untermauerte das Verhalten der preußischen Regierung staatsrechtlich[418], indem er seine Theorie vom Gesetz im materiellen und formellen Sinn aufstellte[419]. Dabei übernimmt er die Argumentation, die den Haushaltsplan schon in der ersten Hälfte des 19. Jahrhunderts dem Wesen nach als Sache der Verwaltung einstufte[420]. Den Etat kennzeichnet er als ein Gesetz im formellen Sinne, weil er seiner Ansicht nach keine Rechtssätze enthält, sondern eine Rechnung über die künftig zu erwartenden Einnahmen und Ausgaben ist. Und, so folgert er weiter, Rechnungen enthalten keine Rechtsregeln, sondern Tatsachen, die in kurzen, mit Zahlen versehenen Angaben die bereits erfolgten oder vorherzusehenden Einnah-

---

417 Wörtlich lautet der Artikel 99: "Alle Einnahmen und Ausgaben des Staats müssen für jedes Jahr im Voraus veranschlagt und auf den Staatshaushalts-Etat gebracht werden. Letzterer wird jährlich durch ein Gesetz festgestellt".

418 Die Vorgehensweise Bismarcks im preußischen Budgetkonflikt diente als Beispiel aus der Praxis. Vgl. dazu Huber 1970, III, S.335 ff.

419 Er führt dazu aus, daß man den Ausdruck "Gesetz" der Kürze wegen auch verwenden könne, wenn man "lediglich die Feststellung oder das Erforderniß einer Willensübereinstimmung zwischen dem Könige und den beiden Häusern des Landtages oder zwischen dem Bundesrathe und dem Reichstage andeuten will". In diesem Sinne sei das begriffliche Merkmal des Gesetzes rein formell: "es kann daher nicht davon die Rede sein, daß alle Rechtssätze, welche hinsichtlich der Gesetze im materiellen Sinne des Wortes gelten, auch Anwendung finden müßten oder könnten auf Handlungen der Staatsgewalt, die gar keine Gesetze im materiellen Sinne des Wortes sind, sondern nur deshalb Gesetze heißen, weil sie die Formen der Gesetzgebung erborgt haben" (Laband 1871, S.7). Für die Notwendigkeit der Trennung zwischen formellem und materiellem Gesetz macht er die Gewaltenteilungslehre verantwortlich, die er ablehnt. Zugleich anklagend und sich entschuldigend schreibt er 1885, S.186: "Hätte die Terminologie des constitutionellen Staatsrechts nicht an die französische Lehre von der Theilung der Gewalten angeknüpft, und jede unter Mitwirkung der Volksvertretung zu Stande kommende Bethätigung des Staatswillens dem pouvoir legislatif zugeschrieben, so wäre der Doppelsinn des Wortes 'Gesetz' vielleicht vermieden worden". Zu der Trennung siehe auch Gerstner 1862, I, S.144 ff. und Stockmar 1867, S.201 ff.

420 Zorn 1889, S.367 hält dieses Verfahren für unzulässig, da die süddeutschen Verfassungen das Budget nicht nach französischem Muster zum Gesetz erklärten.

men und Ausgaben wiedergeben. Jede größere Wirtschaft erfordere in gewissen regelmäßigen Zeitabschnitten einen Wirtschaftsplan und eine Rechnungslegung[421]. Weder die Aufstellung des Etats für einen zukünftigen Zeitraum, noch die Kontrolle der Rechnungen über einen vergangenen Zeitraum habe etwas mit der Gesetzgebung zu tun, sondern gehöre lediglich zur Verwaltung[422]. Die Überlegungen führen ihn zu dem Ergebnis, "*daß die Feststellung des Etats ein in den Formen der Gesetzgebung zu vollziehender Verwaltungsakt ist*"[423].

Die *Laband*sche Argumentation baut also auf vier Axiomen auf. Die einschlägigen Sätze lauten: Das Budget ist ein formelles Gesetz. Es ist eine Rechnung. Es gehört zur Materie der Verwaltung. Es ist deshalb ein Verwaltungsakt. In der Literatur fanden diese Leitsätze mehr oder weniger Zustimmung[424].

Das zweite Labandsche Axiom kennzeichnet das Budget als Rechnung, eine Einschätzung, die von *Rotteck*[425] und einigen Finanzwissenschaftlern[426] schon früher vertreten wird. Dagegen wendet sich ausdrücklich *Rümelin*[427], wobei es sich bei diesem Streit u.E. nur um ein Begriffsmißverständnis handelt: Die eine Seite, die das Budget als "Rechnung" bezeichnet, begreift dieses Wort eher

---

421 Siehe Laband 1871, S.13; Laband 1883, S.204 und Laband 1901, S.481 f. Die Begründung für die Notwendigkeit von Etats gleicht der der Finanzwissenschaftler. Sie ist für ihn keine Folge der Verfassungsform, sondern des großen Umfangs der Staatswirtschaft. Siehe dazu auch die finanzwissenschaftliche Begründung von Etats in Abschnitt 2.3.1.

422 Vgl. Laband 1871, S.13. Das Recht der Volksvertretung zur Genehmigung des Etats und zur Entlastung der Rechnungen betrachtet er nicht als einen Akt der gesetzgebenden Gewalt, sondern als deren Anteil an der exekutiven Gewalt (vgl. Laband 1871, S.13 und Laband 1901, IV, S.483).

423 Laband 1871, S.19.

424 Die Lehre von der Trennung der Gesetze in formelle und materielle wird z.B. von Meyer/Anschütz 1919, S.889 übernommen, die zu dem Ergebnis kommen, daß der Staatshaushaltsplan auch im Gewande eines Gesetzes das bleibe, "was er von Natur aus ist: ein Verwaltungsakt". Stier-Somlo 1926, S.822 hält den Etat für ein nur formelles Gesetz, "denn es enthält keinen Rechtssatz, keine Rechtsregel, keine Norm, sondern einen Verwaltungsakt". Siehe u.a. auch Jellinek 1887, S.231 ff. und Nawiasky 1923, S.338 f.

425 Er bezeichnet das Budget als "eine Zusammenstellung von Thatsachen oder einfachen Rechnungsergebnissen" (Rotteck 1835, IV, S.444). Für Bluntschli 1875, II, S.116 erscheint die Feststellung des Budgets in Form eines Finanzgesetzes von Wert für Staat und Gesellschaft, "wenn gleich ein großer Theil seines Inhalts eher als Rechnungssache nicht als Rechtssache zu betrachten ist."

426 Siehe oben Abschnitt 2.3.2., S.59.

427 Er betrachtet den Etat als "schnurgerades Gegenteil" einer Rechnung, mit der Begründung, daß die Zahlen des Etats die allgemeinen finanziellen Grenzen bezeichneten, innerhalb deren sich die Tätigkeit der Verwaltung während einer bestimmten Periode zu bewegen habe. Ob sie sich tatsächlich innerhalb der dort bezeichneten Grenzen bewegt habe, zeige die Rechnung. Sie konstatiere das Eintreffen von Tatsachen (vgl. Rümelin 1889, S.315). Er hat damit, im Gegensatz zu Laband, einen den heutigen Vorstellungen entsprechenden Rechnungsbegriff.

im Sinne einer vorhergehenden Berechnung der zukünftigen Einnahmen und Ausgaben, die andere versteht darunter nur die nachherige Zusammenrechnung der tatsächlichen Staatseinnahmen und -ausgaben.

Gewichtiger ist die *Laband*sche Behauptung, daß der Etat ein Wirtschaftsplan sei. Ihr folgt der Großteil der Staatsrechtswissenschaftler[428]. Aus Sicht der Finanzwissenschaft ist diese Feststellung nicht besonders aufregend. Sie hat diese Charakterisierung schon wesentlich früher vorgenommen[429]. Für die budgetrechtliche Argumentation ist sie bedeutend, da es von der Einstufung des Budgets als Wirtschaftsplan der Verwaltung bis zu dessen Klassifizierung als Akt der Verwaltung gedanklich nur noch ein kleiner Schritt ist.

Das dritte Labandsche Axiom steht mit dem vierten in unmittelbarem Zusammenhang. Beide kennzeichnen das Budget als eine Verwaltungsangelegenheit und deshalb rechtlich als Verwaltungsakt ohne allgemeinen Rechtssatzcharakter[430]. *Gneist* liefert dazu die historische Begründung. Er legt dar, daß die Etatverordnung zu Zeiten des preußischen Absolutismus "*die herkömmlich erlassene Ausführungsverordnung für die finanzielle Gebahrung der Minister*"[431] war. Dieser Inhalt und dieser Zweck habe sich nicht dadurch verändert, daß - seit Verabschiedung der Verfassung - der Etat durch ein anderes Verfahren, nämlich auf dem Wege der Gesetzgebung unter Beteiligung der Kammern, zustandekomme[432]. Solche Akte der vollziehenden Gewalt würden zwar neuerdings wie die Gesetze beraten und verkündet, aber: "*Dieser Zweck*

---

428 Zu einer ähnlichen Einschätzung kommt Heckel 1932,II, S.386. Siehe dazu z.B. auch Gneist 1879, S.163; Arndt 1888,III, S.541 und Fricker 1894, S.402. Letzterer führt dazu aus, daß bei der Beantwortung der Frage nach der rechtlichen Bedeutung des Budgets die Erkenntnis wichtig sei, daß die Begriffe Haushalts- und Wirtschaftsplan, Einnahmen und Ausgaben keine Rechtsbegriffe seien. Der Wirtschaftsplan gehöre zu den Bedingungen guten Wirtschaftens und werde vom Wirtschafter für sich selbst gemacht. Auch von Haenel 1888, S.330 wird diese Auffassung geteilt. Er nennt das Budgetgesetz einen "Gesammtplan der Finanzverwaltung". Schulze-Gaevernitz 1890, II, S.211 bezeichnet ihn als eine "Wahrscheinlichkeitsberechnung".

429 Vgl. Abschnitt 2.3.1., S.49 f.

430 Die These, daß die Festsetzung des Etats ein Verwaltungsakt ist, auch wenn sie mit Zustimmung der Volksvertretung zustandekommt, wird u.a. übernommen von Schulze 1875, S.189 f. und Fromm 1887, II, S.144.

431 Gneist 1879, S.164.

432 Vgl. Gneist 1879, S.164. Daß die Natur des Etats in einer an die Verwaltungsbehörden erteilten Anweisung liegt, versucht Arndt 1888, III, S.537 ff. anhand alter Rechtsvorschriften ab der Zeit Friedrich Wilhelms I. darzulegen.

und dieser Inhalt ist nach Erlass der Verfassungsurkunde derselbe geblieben"[433].

Vehement gegen die Labandsche Unterscheidung von Gesetzen im formellen und materiellen Sinn wendet sich *Haenel.* Er vertritt die Ansicht, das Budgetgesetz enthalte durchaus einen allgemeinen Rechtssatz[434]. Es sei, wenn auch nicht die einzige, so doch eine Rechtsgrundlage mit spezifischer Bedeutung und zweifacher Wirkung: Die eine bestehe darin, daß die einzelnen Einnahmen und Ausgaben "*eine neue und spezifische rechtliche Qualifikation*" dadurch erhalten, daß sie rechtlich in ein Verhältnis der Abhängigkeit zu dem gesetzlichen Gesamtfinanzplan gebracht werden. Sie seien nicht nur die Folge rechtlicher Spezialgesetze, denen sie in ihrer Vereinzelung unterliegen, "*sondern sie sind zugleich rechtliche Bestandtheile, Folgen und Ausführungen des Budgetgesetzes*"[435]. Zum zweiten würden die Spezialgesetze durch das Budgetgesetz ergänzt und eingeordnet[436]. Das Budgetgesetz sei damit "*die oberste, alle gesetzlichen Einzelbestimmungen zusammenordnende und damit ergänzende, verfassungsmässig nothwendige Ermächtigung für die Finanzverwaltung behufs der Verwendung aller voraussehbaren Einnahmen und behufs der Bewirkung aller voraussehbaren Ausgaben des Etatjahres*"[437]. Folglich sei die Lehre vom Budgetgesetz als Gesetz im formellen Sinn abzulehnen. Vielmehr müsse es "*um der vorherrschenden Geltung der Verfassung willen Gesetz schlechthin, Gesetz*

[433] Gneist 1879, S.164. In diesem Sinne äußern sich auch Parth 1876, S.106; Arndt 1888, S.544 f.; Schulze-Gaevernitz 1890, II, S.211; Stengel 1894, S.289 und Meyer/Anschütz 1919, S.889. Für Schulze 1875, II, S.189 hat das Budget "entschieden den Charakter einer Verwaltungsnorm", so daß die Feststellung des Budgets auch im konstitutionellen Staat ein Verwaltungsakt bleibt, "nur mit dem Unterschiede, dass dazu die Zustimmung der Volksvertretung nothwendig ist" (Schulze-Gaevernitz 1890, II, S.211 f.).

[434] Er begründet diese Feststellung wie folgt: "Die hier verzeichneten Einnahmen und Ausgaben sind für das bezeichnete Etatjahr unangesehn und ungeschadet des Rechtsgrundes, auf welchem sie in ihrer Vereinzelung beruhn, nach Vorschrift des hiermit festgestellten Gesammtplanes zu bewirken" (Haenel 1888, S.327).

[435] Haenel 1888, S.328. Nach dieser Rechtssicht dürfen Einnahmen und Ausgaben nicht "ohne Rücksicht und ausser Zusammenhang mit dem durch dasselbe festgestellten Plan vorgenommen werden" (Haenel 1888, S.328).

[436] Die Spezialgesetze würden durch das Budgetgesetz beschränkt und bedingt. Die auf ihnen beruhenden Einnahmen und Ausgaben dürften nur auf Grund des Budgetgesetzes vollzogen werden (vgl. Haenel 1888, S.328).

[437] Haenel 1888, S.328. Für ihn ist dieses Verhältnis zwischen Spezialgesetzen und Budgetgesetz eine "logisch-rechtliche Nothwendigkeit um des Grundverhältnisses willen, in welchem die Verfassung zu allen übrigen Gesetzen steht" (Haenel 1888, S.328). Habe nämlich das Budgetgesetz gegenüber den besonderen Finanzgesetzen keinerlei rechtliche Relevanz, so habe es auch nicht die Verfassungsbestimmung, die das Budgetgesetz anordne. Eine Rechtsauffassung, welche die besonderen Gesetze dem Budgetgesetz voranstelle und dem Budget keinerlei rechtliche Kraft und Wirkung zuspreche, öffne jeder "rechtsverachtenden Willkür" Tür und Tor (Haenel 1888, S.329).

mit rechtsverbindlichem Inhalt sein"[438]. Auch *Zorn* betrachtet den von *Laband* konstruierten Gegensatz von Gesetz und Verwaltung als Fiktion und als einen "*der verhängnißvollsten Gedanken in der neueren Literatur*"[439]. Für ihn beruhen die Theorien, die trotz des klaren Wortlautes der preußischen Verfassungsurkunde den Gesetzescharakter des preußischen Budgets leugnen, nicht auf juristischen, sondern auf politischen Grundgedanken: daß nämlich das Budget gar kein Jahresgesetz sein kann; ansonsten wäre die Möglichkeit der Anarchie mit in das Staatsrecht eingeflossen[440]. Er kommt zu dem Ergebnis: Das "*Budget ist nach positiver Verfassungsvorschrift Gesetz und hat demnach alle Wirkungen des Gesetzes, denn es gibt nur einen Gesetzesbegriff und nur eine Gesetzeskraft*"[441]. Auch für *Fricker* ist das Budget nach dem Wortlaut der preußischen Verfassungsurkunde ein Gesetz bzw. ein Teil des Budgetgesetzes[442].

Zwischen den extremen Gegensätzen, die *Laband* und *Haenel* bezüglich des Gesetzescharakters des Budgets vertreten, gibt es auch noch vermittelnde Positionen wie die von *Jellinek*[443]. Obwohl er die These vom Budget als formellem Gesetz grundsätzlich übernimmt, ist *Jellinek* der Ansicht, daß im Budget auch Bestandteile enthalten sein können, die den Charakter materieller Gesetzge-

---

438 Haenel 1888, S.330. Abgelehnt wird die Trennung des Gesetzesbegriffs auch von Seidler 1885, S.210 f. Er charakterisiert das Budget als ein "mit Gesetzeskraft ausgestatteten Verwaltungsbefehl", welcher die gleiche Kraft habe wie alle anderen Gesetzesbefehle auch. Ebenso Schrott 1886, S.432 und Rümelin 1889, S.303 ff., der sich keine Normen vorstellen kann, die keine Rechtsregeln enthalten. Den Begriff der allgemeinen Rechtsnorm verbindet er deshalb auch mit dem einer Verordnung, welche für ihn eine sich im Funktions- und Zweckbereich der staatlichen Zentralgewalt bewegende allgemeine Norm ist. Insofern ist der Etat für ihn eine Verordnung, "wenn auch der generellsten Art, kein Gesetz." (Rümelin 1889, S.315). Deutlich gegen eine Trennung des Gesetzesbegriffs sprechen sich auch Zorn/Zinn 1926, S.122 aus: "Auch heute noch muß ich trotz der 'herrschenden Meinung' an der wissenschaftlichen Ueberzeugung festhalten, daß die Lehre vom 'formellen' Gesetze weder rechtsphilosophisch noch positivrechtlich sich begründen läßt, daß vielmehr der Gesetzesbegriff im konstitutionellen Staate ein einheitlicher ist, nämlich der Erlaß von Rechtsvorschriften unter Mitwirkung der Volksvertretung, daß jedes Staatshaushaltsgesetz, wenn auch in seinen Ziffern nur als 'Voranschlag', der Komplex bindender Rechtsvorschriften über alle Einnahmen und Ausgaben des Staates ist und scheue auch vor der Folgerung nicht zurück, daß demgemäß Art. 109 der preuß. Verf.-Urk. - und das gleiche gilt von den Worten 'oder durch besondere Gesetze' in Art. 100 - einen rechtlichen Widerspruch zu Art. 99 der Verf.-Urk. enthält."

439 Zorn 1889, S.354.

440 Vgl. Zorn 1889, S.369.

441 Zorn 1889, S.370.

442 "Dass das Budget, wenn es durch Gesetz hergestellt wird, eben nicht mehr Verwaltungsakt ist, sondern Gesetz, das ist nicht zu leugnen. Aber eben das ist unangemessen, weil es dem Wesen nach Verwaltungsakt ist" (Fricker 1894, S.402).

443 Er schreibt, alle Gesetze hätten zwar den gemeinsamen materiellen Charakter der Willensäußerung des Staates. Allerdings gebe es Gesetze, die sich nicht mit einem Herrschergebot an die Untertanen wendeten, die sog. "unverbindlichen Gesetze" (Jellinek 1887, S.231 ff.). Er kommt deshalb zu dem Ergebnis, daß das Budget auch in Gesetzesform nur ein Wirtschaftsplan sei, der von verbindlichen Staatswillensakten zu unterscheiden sei (vgl. Jellinek 1887, S.285).

bung haben[444]. Für ihn gibt es im Budget Einnahmen und Ausgaben, die von ihrem Rechtscharakter her unterschiedlich zu bewerten sind: Diejenigen Einnahmen und Ausgaben, die ihren Rechtsgrund in permanenten Gesetzen finden, haben im Budget keinen Rechtssatzcharakter, die durch das Budget bedingten dagegen sehr wohl. Die Kennzeichnung des rechtlichen Charakters des Budgets wird durch *Hatschek* um eine weitere Variante erweitert, der es als ein die Einnahmen und Ausgaben umfassendes parlamentarisches Rechtsgeschäft charakterisiert[445].

Die *Laband*sche Theorie hatte nicht nur auf das preußische budgetrechtliche Schrifttum Einfluß. Sie färbte auch auf die Budgetrechtstheorie der frühkonstitutionellen Staaten ab, obwohl sich in diesen am formellen Zustandekommen der Budgets nichts geändert hatte[446]. Für die Budgetrechtsdiskussion der ersten Hälfte des 19. Jahrhunderts spielte die Gesetzmäßigkeit des Etats für dessen Beurteilung nur eine geringe Rolle. Demgegenüber betont z.B. *Sarwey*, die Aufstellung des württembergischen Finanzgesetzes[447] sei weder ausschließlich ein Akt der Verwaltung noch der Gesetzgebung. Soweit dasselbe Normen über die Steuerpflicht des einzelnen enthalte, sei das Finanzgesetz ein Gesetz, im übrigen aber eine Verwaltungsnorm, d.h. eine Vorschrift, die sich die Staatsgewalt hinsichtlich ihrer Einnahmen und Ausgaben für einen bestimmten Zeitraum gebe[448]. Das Finanzgesetz sei seinem Inhalt nach kein Gesetz, aber doch formell. *Gaupp* stuft das württembergische Finanzgesetz als ein Gesetz im formellen und materiellen Sinne ein, "*weil durch dasselbe nicht nur den Behörden die Ermächtigung ertheilt wird, die Ausgaben zu machen und die zur Deckung derselben erforderlichen Einnahmen zu erheben, sondern auch den Einzelnen Steuern auferlegt*" werden[449]. Nach *Meyer* erfolgt die Feststellung des Etats in Württemberg in Gesetzesform[450]. In Bayern enthält das Finanzge-

---

444 Er unterscheidet hierbei zwischen Gegenständen der sog. gebundenen und freien Gesetzgebung (siehe dazu unten Abschnitt 3.5., S.262 ff.). Letztere dürften nur nach Maßgabe der im Budget eingestellten Finanzmittel vollzogen werden und hätten deshalb den Charakter materieller Gesetzgebung (vgl. Jellinek 1887, S.288 f.).

445 Vgl. Hatschek 1923, II, S.221.

446 Im Ergebnis so auch Mußgnug 1976, S.140.

447 In diesem Zusammenhang ist streng zwischen dem Finanzgesetz und dem Staatshaushaltsplan zu unterscheiden.

448 Vgl. Sarwey 1883, II, S.507.

449 Gaupp 1895, S.85. Die Feststellung des Staatshaushaltsplanes hält er an sich für einen Verwaltungsakt und nicht, wie Mußgnug 1976, S.140 behauptet, für ein formelles Gesetz. Gaupp spricht in diesem Zusammenhang nur vom Finanzgesetz, nicht vom Budget.

450 Vgl. Meyer 1891, S.616, Fußnote 1. Im Finanzgesetz von 1830-1833 ist der Hauptfinanzetat ausdrücklich erwähnt. Damit vollzieht sich nach Roller 1933, S.34 in Württemberg formal der Übergang zum modernen Budgetrecht. Seiner Ansicht nach ist der württembergische Hauptfinanzetat seit dieser Zeit Gesetz. Ab 1833 wurde das Budget auch dem äußeren Geschäftsgang nach der ordentlichen Gesetzgebung gleichgestellt (vgl. Roller 1933, S.41).

setz seiner Auffassung nach dagegen nur die Steuerbewilligung, während der Etat als Anlage in der Gesetzsammlung publiziert wird[451]. *Jobst* meint sogar, daß auch das bayerische Finanzgesetz kein Gesetz im Sinne der Verfassungsurkunde gewesen sei[452]. Deutlicher äußert sich *Seydel*. Für ihn ist die Budgetaufstellung kein Akt der Gesetzgebung, sondern ein Akt der Verwaltung[453]. Nach bayerischem Budgetrecht sei das Budget auch formell kein Gesetz[454]. Die Tatsache, daß in Bayern das Finanzgesetz fast durchgängig mit einem Budget verbunden wird[455], ist für ihn unerheblich, da es für die Behandlung des Budgets keinen Unterschied mache, ob dem Landtag ein Finanzgesetz vorgelegt werde oder nicht[456]. Für Sachsen bemerkt *Löbe*, daß durch die Feststellung der staatlichen Einnahmen und Ausgaben, wie sie im sächsischen Finanzgesetz ausgesprochen ist, der Staatshaushalt zu keinem integrierenden Bestandteil des Finanzgesetzes werde[457]. *Riecke* erklärt dagegen, daß der württembergische Hauptfinanzetat seit 1830 einen wesentlichen Teil des Finanzgesetzes bilde, vor 1830 dagegen nicht in Gesetzesform verkündet worden sei[458].

Zu einer ganz anderen Einschätzung kommt *Meyer*. Maßgebliche Konsequenzen haben die verschiedenen Arten, in denen Staatshaushaltspläne aufgestellt werden, seiner Ansicht nach nicht: Es sei nur ein Unterschied in der Form. Seiner Einschätzung zufolge ist auch der in Gestalt des Gesetzes auftretende Etat kein Gesetz im formellen Sinne. Er werde durch einen Verwaltungsakt festgesetzt und enthalte nur zum Teil Bestimmungen, die den Charakter von Gesetzen im materiellen Sinne hätten[459]. Er kommt deshalb zu dem Ergebnis: "*Die Grundsätze über Aufstellung und Bedeutung des Etats sind infolgedessen für alle deutschen Staaten wesentlich gleichartig*"[460].

Die Bestimmung des rechtlichen Charakters des Budgets - dies gilt sowohl für die frühkonstitutionellen Staaten wie auch für Preußen - erfolgte also rechtswissenschaftlich nicht eindeutig. Die widerstreitenden Meinungen ver-

---

451 Vgl. Meyer 1891, S.616, Fußnote 1.

452 Vgl. Jobst 1948, S.50.

453 Für das bayerische System "steht es außer jedem wissenschaftlichem Streite, daß die Budgetfestsetzung auch von Rechts wegen das ist, was sie von Natur aus ist, ein Akt der Verwaltung" (Seydel 1889, IV, S.292).

454 Vgl. Seydel 1887, S.14.

455 Nur das Jahr 1843 bildet eine Ausnahme, was mit dem in diesem Jahr ausgetragenen Budgetkonflikt zu tun hat (vgl. auch Seydel 1889, IV, S.389).

456 Vgl. Seydel 1889, IV, S.389 f.

457 Vgl. Löbe 1889, S.47.

458 Vgl. Riecke 1887, S.399.

459 Vgl. Meyer 1891, S.616. In dieser Beziehung hält er sich ganz an die Labandsche Argumentation.

460 Meyer 1891, S.616.

mengen sich zu einem kaum entwirrbaren Argumentationsknäuel. Zunächst liegt das daran, daß allgemeine Aussagen zu stark und die staatsrechtlichen Besonderheiten der einzelnen Staaten zu wenig berücksichtigt wurden[461]. Der zweite Grund liegt in der zum damaligen Zeitpunkt noch unzureichenden rechtswissenschaftlichen Begriffsbildung. Wörter wie "Rechtsnorm", "Gesetz", "Verordnung", "Verwaltungsnorm" und "Verwaltungsakt" waren noch nicht auf ihren einheitlichen rechtswissenschaftlichen Begriff gebracht. Sie wurden mit verschiedenen Inhalten belegt und ihr jeweiliger Rechtscharakter unterschiedlich interpretiert[462]. Zum dritten wurde die Diskussion wesentlich von den auseinanderstrebenden Ansprüchen eines tatsächlichen parlamentarischen Budgetrechts und den als notwendig behaupteten Anforderungen eines ordnungsgemäßen Staatshaushaltes geprägt. Ein Spannungsfeld ergab sich vor allem durch den Widerstreit von monarchischem Prinzip und parlamentarischer Regierung und den unterschiedlichen Ansichten darüber, wem die Dominanz im Zweifelsfalle zukomme[463]. Um beiden Seiten gerecht zu werden, wobei zum Teil eindeutige Tendenzen sowohl in die eine als auch in die andere Richtung festzustellen sind, wurden allerhand "staatsrechtliche Klimmzüge" veranstaltet, die des öfteren mehr den Charakter von Glaubenssätzen oder argumentationsstrategisch günstigen Setzungen hatten, denn staatsrechtlicher Deduktion entsprachen. Häufig wurde einfach auf die "Natur der Sache" verwiesen, welche die eine oder andere Schlußfolgerung jeweils angeblich nahelegte. Die zeitgenössische Rechtsdogmatik hat auf sich eindeutig stellende Fragen keine eindeutigen Antworten gefunden. Die Charakterisierung des Budgets reichte von "Gesetz wie jedes andere" bis "Verwaltungsnorm", was für die daran geknüpften Rechtswirkungen erhebliche Konsequenzen hatte. Klare Antworten auf klare Fragen waren nach damaligem Rechtsverständnis nicht möglich.

Als weiteres Ergebnis ist festzuhalten, daß die staatsrechtliche Diskussion manche Berührungspunkte mit der finanzwissenschaftlichen aufwies. Hier wie dort wurde das Budget vor allem in seiner Bedeutung als Planungs- und Führungsinstrument der Verwaltung hervorgehoben. Sowohl für die frühkonstitu-

---

461 Arndt 1891, S.227 f. weist darauf hin.

462 Die Suche nach Begriffen kommt z.B. in Gerstner 1862, I, S.144 ff. und Stockmar 1867, S.201 ff. deutlich zum Ausdruck. Selbst in der sog. "herrschenden" Meinung, von Laband geprägt, gingen "die Meinungen weit auseinander. Man konnte sich weder auf einen einheitlichen Rechtssatzbegriff einigen noch darüber verständigen, was denn nun der Haushaltsplan an Stelle von Rechtssätzen tatsächlich beinhalte und wie staatsrechtlich seine Feststellung zu charakterisieren sei" (Cronau 1962, S.82).

463 Ein einseitiges Entscheidungsmonopol in den Verfassungen des 19. Jahrhunderts zugunsten eines Primats der Regierung bestreitet z.B. Friauf 1968, S.226, gleichgültig, ob die Etats in Form von Gesetzen oder Beschlüssen zustandekamen. Die Verfassungsgeber gingen davon aus, daß es in jedem Fall zu einem politischen Kompromiß kommen werde, und versäumten Regelungen für den Fall eines Scheiterns (vgl. Friauf 1968, S.227 ff.).

tionellen wie auch die preußischen Budgets wurde diese Bedeutung als deren charakteristische Eigenschaft betrachtet. Entgegen heute weitverbreiteten Vorstellungen war nicht die Frage der Kontrolle das allesbeherrschende Budgetthema des 19. Jahrhunderts[464]. Der postulierte Grundsatz einer fortdauernden und regelmäßigen Haushaltsführung und -planung beeinflußte die rechtsdogmatischen Budgetrechtskonstruktionen maßgeblich.

Von der über das Haushaltsrecht in sich zerstrittenen Rechtswissenschaft sind nach alledem nur bedingt Antworten auf die sich im Zusammenhang mit den Haushaltsplänen des 19. Jahrhunderts stellenden Probleme zu erwarten. Auswirkungen hat dies insbesondere auf die Frage, inwieweit die Einnahme- und Ausgabeanschläge der Budgets für die Regierung verbindlich waren[465]. Allerdings besteht das Wesen des Budgets, wie oben dargelegt[466], nicht allein in seiner Verbindlichkeit. Vor diesem Aspekt rangieren noch eine Reihe anderer, nach deren praktischer Umsetzung erst der Wert der postulierten, rechtsdogmatisch konstruierten und praktisch gehandhabten Verbindlichkeit der Etatansätze beurteilt werden kann. Diese Gesichtspunkte wurden von der Budgetrechtsdiskussion kaum berührt. Sie beschränkte sich nur einseitig auf die Auslegung von Verfassungsbestimmungen. Dieser Mangel soll im folgenden behoben werden. Der Bau und die charakteristischen Merkmale der Etats werden anhand der in den untersuchten Staaten erlassenen etatrechtlichen Vorschriften, vorzüglich unterhalb der Ebene des Verfassungsrechts, untersucht. Ergänzt wird die Betrachtung durch die Budgets und Staatshaushaltsrechnungen, die im Untersuchungszeitraum in Preußen, Bayern, Sachsen und Württemberg erlassen wurden.

Allerdings ist es nicht ganz einfach, die budgetrechtlichen Regelungen der einzelnen Staaten ausfindig zu machen, da zusammenfassende Gesetze, vergleichbar dem Haushaltsgrundsätzegesetz oder der Bundeshaushaltsordnung, im Deutschland des 19. Jahrhunderts erst späte Errungenschaften sind. Sogenannte "Komptabilitätsgesetze"[467] wurden in den untersuchten Staaten im betrachteten Zeitraum nur von Preußen[468] und Sachsen[469] erlassen. Die Quantität der rechtlichen Regelungen ist in den untersuchten Staaten sehr unterschiedlich. In

---

464 Dies gilt nur für die von uns berücksichtigte finanz- und rechtswissenschaftliche Literatur. Welche Schwerpunkte in den Parlamentsverhandlungen gesetzt wurden, muß offen bleiben.

465 Siehe dazu Abschnitt 3.8.

466 Vgl. Abschnitt 2.3.2.

467 Das ist der Fachausdruck für die entsprechenden Gesetze. Das Wort kommt vom französischen "comptabilité", was soviel heißt wie Rechnung. Die Komptabilitätsgesetze fassen die allgemeinen Grundsätze der staatlichen Haushaltsführung zusammen (vgl. Buchholz 1922, S.156).

468 Vgl. PrSHHG 1898.

469 Vgl. SäSHHG 1904.

Bayern konnten 130 für unsere Fragestellung einschlägige Vorschriften ausgemacht werden, für Sachsen dagegen lediglich 12[470]. Separate etatrechtliche Vorschriften wurden in den seltensten Fällen erlassen. In der Regel waren sie in Kassen- und Rechnungsinstruktionen enthalten.

Im folgenden werden die budgettheoretischen Postulate, die rechtlichen Regelungen und die Budgets und Haushaltsrechnungen der untersuchten Staaten nach den oben entwickelten Gesichtspunkten[471] in ihrer zeitlichen Entwicklung miteinander verglichen und daraus Schlußfolgerungen für die Vergleichbarkeit von Haushaltsdaten gezogen. Es sind daraus Rückschlüsse auf Theorie und Praxis der Staatshaushaltspläne zu ziehen.

---

470 Zu den Quellen siehe oben Abschnitt 1.4., S.30 ff., zu den rechtlichen Regelungen siehe das Quellenverzeichnis Q *.7.

471 Vgl. Abschnitt 2.3.2.

3. Theorie und Praxis des Haushaltsplans

Im folgenden wird das oben herausgearbeitete, von Finanz- und Rechtswissenschaft postulierte "Wesen" des Budgets anhand der rechtlichen Regelungen, der Budgets und der Staatshaushaltsrechnungen in den Staaten Preußen, Sachsen, Bayern und Württemberg überprüft. Zunächst wird zu jedem Budgetpostulat mit Hilfe der Literatur insbesondere des 19. und beginnenden 20. Jahrhunderts eine genaue Fragestellung erarbeitet, die an das Haushaltsrecht und die Staatshaushaltspläne herangetragen wird[1]. Es kann allerdings weder bei der Analyse der rechtlichen Regelungen noch der Etats einen Anspruch auf Vollständigkeit geben. Dazu sind die budgetrelevanten Fragen aller Verwaltungsgebiete zu wenig aufbereitet. Spezialgesetze, z.B. für Fonds, Eisenbahnen oder Posten, werden von vornherein ausgeklammert; nur "das" Haushaltsrecht[2] wird untersucht. Finden sich auf diesem Gebiet entsprechende Regelungen, werden sie in die Betrachtung eingeschlossen, ansonsten nicht. Das Schwergewicht der Arbeit liegt auf der Untersuchung des vorwiegend in den Gesetz- und Verordnungsblättern publizierten **allgemeinen** Haushaltsrechts. Anschließend wird überprüft, inwieweit die theoretischen Anforderungen und rechtlichen Vorschriften in den Haushaltsplänen sichtbar umgesetzt wurden.

Um die methodische Stringenz zu wahren, werden alle Forschungsfragen, soweit nicht von einer spezielleren Fragestellung angeleitet, anhand derselben Budgetpositionen überprüft: den Universitätsausgaben, den Ausgaben für höhere Schulen und, sofern diese nicht für die Beantwortung der Fragen zureichend erscheinen, noch zusätzlich anhand der Straßenbauausgaben. Es handelt sich dabei um klar umgrenzte Posten, von denen anzunehmen ist, daß sie in allen Staaten, selbst bei hoher Aggregationsstufe der Budgets, von Anfang an oder zumindest sehr bald in den Etats einzeln ausgewiesen sind. Da es uns in erster Linie um das Maß der Vergleichbarkeit der Haushaltspläne verschiedener Staaten geht, wird diese Vorgehensweise über alle Forschungsfragen hinweg für alle untersuchten Staaten durchgehalten.

Über den zu erzielenden Wahrheitsgehalt ist anzumerken, daß die Ergebnisse nur insoweit "wahr" sein können, wie es auch die Quellen sind. Das heute auch gern genannte Postulat der Budgetwahrheit wurde bewußt nicht als Untersuchungskriterium aufgenommen. Die Aufgabe besteht in der Beantwortung der für Budgetvergleiche grundsätzlichen Fragen und nicht darin, detektivisch jedem Posten nachzuspüren, der eventuell bei der Budgetveranschlagung unter-

---

[1] Die Grundsätze der Öffentlichkeit, Einheit, Vollständigkeit, Übersichtlichkeit, Vorherigkeit, zeitlichen Begrenztheit, begründeten Wahrscheinlichkeit und Verbindlichkeit werden in dieser Reihenfolge abgehandelt. Siehe dazu auch Abschnitt 2.3.2.

[2] Siehe dazu oben Abschnitt 2.5.

schlagen wurde. Zweifellos gab es solche Posten und sie beeinflußten auch die Höhe der Budgetzahlen[3]. Allerdings handelt es sich dabei um Einzelfälle, denen wenig Allgemeingültiges bzw. Vergleichbares abzuringen ist. Im Verhältnis zu den sonstigen Etatvergleichsproblemen scheint uns dieser Teilaspekt zunächst sekundär.

Die Forderungen, die an das Budget gestellt werden, sind als Einheit zu betrachten, die aus analytischen Zwecken aufgelöst wird. Sie stehen in mehr oder weniger engem Zusammenhang miteinander und dementsprechend ist es bei Teilaspekten eine Zweckmäßigkeitserwägung, sie an dieser oder jener Stelle abzuhandeln. Ein typisches Beispiel sind die Forderungen nach Einheit und Vollständigkeit des Budgets. Das Fondswesen wird in der Literatur einmal unter dem einen und einmal unter dem anderen Postulat problematisiert. Im folgenden wird auf solche Doppeldeutigkeiten hingewiesen; die vorgenommenen Eingruppierungen sind keinesfalls als Dogma gedacht.

3.1. Öffentlichkeit

Die Öffentlichkeit des Staatshaushaltsplans[4] gilt als eine Errungenschaft der französischen Revolution. Die erste offizielle Veröffentlichung eines Staatsetats - die von *Necker* 1781 vorgelegte "*compte rendu au roi*" - erfolgte aus den Zwängen staatlicher Finanznot heraus: Sie sollte das Vertrauen in Staatsanleihen stärken[5]. Aus diesem Grunde kam auch in der deutschen finanzwissenschaftlichen Literatur des 19. Jahrhunderts früh die Forderung nach Budgetöffentlichkeit auf. Sehr nachdrücklich wird sie von *Schmalz* vertreten, da sie seiner Ansicht nach Volk und Monarch am besten vor Betrug sichert[6]. Etatveröffentlichungen sind für den Nachweis staatlicher Kreditwürdigkeit notwendig. Ansonsten kann der Staat nicht beweisen, daß er die Staats-

---

3 Siehe dazu Abschnitt 3.3.

4 Siehe dazu auch Abschnitt 2.3.2.

5 Vertrauensgewinn nennt auch Bornhak 1914, III, S.595 als einzigen Grund für die erste preußische Budgetveröffentlichung. Sie sei nur erfolgt, "damit sich jedermann überzeugen könne, daß ihm nicht ohne gerechtfertigten Grund Steuern abgefordert werden, und er preußische Staatspapiere vertrauensvoll kaufen könne". Siehe dazu auch Neumark 1929, S.354 und Schmölders 1957, S.191.

6 Siehe Schmalz 1808, S.287. Zur Begründung führt er aus, daß das Nehmen und Borgen in jedem Staate mit oder ohne Verstand erfolgen könne: "Darum aber sollte gerade der verständige Staatswirth, welcher seines Monarchen oder seinen Ruhm liebt, öffentlich zeigen, daß er mit Verstand, mit dem Recht, zu nehmen wisse" (Schmalz 1808, S.286 f.). Siehe dazu auch Schmalz 1818, II, S.160. Ähnlich Schoen 1831, S.316.

wirtschaft tatsächlich "gut" führt[7]. Nur wenn am Budget öffentliche Kritik und Kontrolle geübt werden kann, ist dies gewährleistet[8].

Um den genannten Ansprüchen zu genügen, wurde die Veröffentlichung klar strukturierter und übersichtlicher Budgets und Staatshaushaltsrechnungen gefordert[9]. Es sollten nur wenige Ausnahmen von diesem Prinzip zugelassen sein[10]. Weiterhin war die leichte Zugänglichkeit der Etatveröffentlichungen[11]

---

[7] Hörner 1818, S.11 befindet: "Dem Recht und der Staats-Klugheit ist es aber gemäß, den zureichenden Grund und Ursache neuer Auflagen, so wie die Verwendung der alten und neuen Abgaben, dem Volk bekannt zu machen, und vorzüglich die zweckmäßige Verwendung der directen Steuern vor Augen zu legen". Für Schoen 1831, S.316 ist unabdingbare Bedingung für den guten Zustand des Finanzwesens, daß die Finanzangelegenheiten "eine gemeine Sache aller Verständigen" werden. Wie Roscher 1901, II, S.359 formuliert, ist die Öffentlichkeit im Finanzwesen nicht nur "eine Hauptbedingung des vollentwickelten und gesunden Volkslebens, sondern auch des guten Etats- und Controlewesens". Jèze 1934, S.472 formuliert: "la publicité est la règle essentielle, primordiale, d'une bonne gestion financière: sans publicité, il n'y a pas de contrôle; sans contrôle, c'est la gabegie". Zu den Ansprüchen an eine "gute" Finanzwirtschaft siehe Abschnitt 2.2.

[8] Dessàry 1855, S.339 bezeichnet es als billiges und berechtigtes Verlangen derjenigen, aus deren Vermögen die Einkünfte eingebracht werden, Kenntnis von der Verwendung der zur Verfügung gestellten Mittel zu erhalten. Für Lotz 1917, S.102 bringt die Budgetöffentlichkeit die Möglichkeit sachverständiger Kontrolle und Kritik durch Außenstehende. Budgetziffern, die eingehend von der Öffentlichkeit geprüft und von der Opposition kritisiert und kontrolliert werden, genießen seiner Ansicht nach stärkeres Vertrauen als solche, die nicht der Kontrolle der Öffentlichkeit unterliegen (vgl. Lotz 1917, S.103). Neumark 1929, S.348 meint, öffentliche Kritik könne vor der Planfeststellung etwaige Mängel aufdecken. Sie entwickele Präventivwirkung, da sich die für die Finanzen Verantwortlichen vor der Aufdeckung irrationaler Budget- und Finanzmethoden fürchten, und Repressivwirkung, weil sie tatsächlich zur Beseitigung von Mißständen führen kann. Auf die Präventivwirkung des Budgets weist schon Schmalz 1818, II, S.162 hin. Vgl. auch Meister 1933, S.65. Der Behauptung Schmölders 1957, S.194, daß die deutsche Finanzwissenschaft nur die Kontrollfunktion der Budgetpublizität sehe und nicht deren Bedeutung für die "Einschaltung der öffentlichen Meinung, die es zu gewinnen gilt, in die finanzpolitische Willensbildung", ist insofern einzuschränken.

[9] Letztere, um die tatsächliche Durchführung der Etats zu kontrollieren. Siehe z.B. Schmalz 1808, S.287; Schoen 1831, S.150 und Lotz 1917, S.102 und S.104. Meister 1933, S.64 f. fordert die Veröffentlichung aller das Budget betreffenden Schriftstücke, und zwar in der Reihenfolge seiner Entstehung und seiner allmählichen Abänderung. Des weiteren verlangte er die Veröffentlichung des beschlossenen Haushaltsgesetzes mit dem Haushaltsplan in seiner Anlage und eines Nachweises über Vollzug und Kontrolle des Budgets. Nach Neumarks Ansicht schließt ein unvollständiger, undurchsichtiger Haushaltsplan wahre Öffentlichkeit aus (vgl. Neumark 1929, S.349) und für Lotz 1931, S.127 ist die Öffentlichkeit des Budgets nur gewährleistet, wenn "die Wahrheit über den Stand der Finanzen zuverlässig aus den Mitteilungen zu entnehmen ist".

[10] Schmalz 1808, S.287 nimmt von dem Postulat der Budgetöffentlichkeit die Privatausgaben des Fürsten und die geheimen Staatsausgaben aus. Neumark 1929, S.351 möchte von der Forderung abweichen, wenn nationale Interessen gefährdet sind. Diesen Fall sieht er bei Gegenständen gegeben, "die aus nationalwirtschaftlichen oder aus politischen, insbesondere militärischen Gründen dem Auslande gegenüber geheimgehalten werden müßten".

[11] Für Lotz 1931, S.127 ist die Öffentlichkeit des Budgets nur dann sichergestellt, "wenn diese Mitteilungen jedem, der sich ernsthaft mit der Sache beschäftigen will, ohne Schwierigkeiten und nennenswerte Kosten und rechtzeitig zugänglich sind".

und die Öffentlichkeit der parlamentarischen Budgetberatungen[12] zu gewährleisten. Beides sind Postulate, die nicht mehr den Staatshaushaltsplan direkt betreffen, sondern den Aufstellungs- und Kontrollprozeß, weshalb sie hier außer acht bleiben können.

Aus rechtlicher Sicht war die Budgetveröffentlichung nur in den Staaten vorgeschrieben, in denen der Etat formell als Gesetz verabschiedet wurde, was in den untersuchten Staaten nur in Preußen ab 1850 der Fall ist[13]. Der erste preußische Etat wird jedoch bereits 1821 in der preußischen Gesetzsammlung veröffentlicht[14], damit "*Jedermann von dem wahren Zustande der Finanzen des Staats vollständig unterrichtet werde, und sich überzeuge, daß nicht mehr an Abgaben gefordert werde, als das dringende Bedürfniß für die innere und äußere Sicherheit, so wie zur Erfüllung der zum wahren Vortheile und zur Erhaltung des Staats eingegangenen Verpflichtungen unumgänglich nöthig macht*"[15]. Zuvor war schon der Schuldenstand des Staates zur öffentlichen Kenntnis gebracht worden, um den öffentlichen Kredit zu heben[16]. Mit der Budgetveröffentlichung sollte von drei zu drei Jahren fortgefahren werden[17],

---

[12] Siehe Neumark 1929, S.347, der die Forderung nach Öffentlichkeit des parlamentarischen Verfahrens allgemein, einschließlich der Budgetberatungen, ein "Axiom des konstitutionellen Rechtes" nennt. Ebenso Meister 1933, S.65.

[13] Siehe dazu Fricker 1894, S.398 ff., der eine Budgetveröffentlichung an sich für unnötig hält: "Sachlich ist das jedoch ganz unnötig, da es Dritte gar nicht unmittelbar angeht. Wo es nicht publiziert wird, wird dennoch ganz dasselbe erreicht. Die Publikation ist blosser Schein. Es wird nichts publiziert als eine Anzahl konventioneller Rubriken mit grossen Zahlen; Rechtssätze kommen nirgends zum Ausdruck; der wirkliche Rechtsgehalt ist überhaupt erst aus den Spezial-Etats und den Abmachungen zwischen Regierung und Ständen zu erkennen, und alles das wird nicht publiziert (im Sinne der Publikation von Rechtssätzen)". Deshalb sei die Budgetpublikation nur dann notwendig, wenn der Etat ein Gesetz ist, "und sie ist dann nur als formelle Konsequenz, nicht durch das Wesen des Budgets gefordert". Diese Einschätzung der Budgetöffentlichkeit aus rein rechtlicher Sicht ist für die Budgetrechtsschule der Labandschen Richtung nur konsequent, da für sie - wie dargelegt - die Aufstellung des Haushaltsplans in einem rein internen Akt der Verwaltung besteht (vgl. Abschnitt 2.5.). Die dennoch stattfindende Veröffentlichung wird deshalb von ihr weniger begründet als entschuldigt, da sie dem von ihr herausgearbeiteten Budgetcharakter widerspricht.

[14] Siehe PrEG 1821. Es wurde als "Allerhöchste Kabinettsorder" erlassen, "womit der allgemeine Einnahme- und Ausgabe-Etat für den gewöhnlichen Staatsbedarf im Jahre 1821 publiziert wird". Daran änderte sich bis 1849 nichts.

[15] PrGS 1820, S.21 ff. Seine Veröffentlichung wird schon hier sowie in PrGS 1820, S.134 ff. angekündigt.

[16] "Wir hoffen dadurch und durch die von Uns beabsichtigte künftige Unterordnung dieser Angelegenheit unter die Reichsstände, das Vertrauen zum Staate und zu seiner Verwaltung zu befestigen, und Unsern aufrichtigen Willen, allen Staatsgläubigern gerecht zu werden, um so unzweideutiger an den Tag zu legen", wie es in der Begründung der Verordnung in PrGS 1820, S.9 ff. heißt. Vgl. auch Stengel 1894, S.289 und Heinig 1949, II, S.36. Strutz 1908, S.188 meint, man habe in Preußen versucht, mit "echt preußischer Gewissenhaftigkeit" die Interessen der Staatsgläubiger u.a. durch periodische Veröffentlichung des Hauptfinanzetats sicherzustellen.

[17] Siehe PrGS 1820, S.23.

was jedoch nicht verwirklicht wurde. Das nächste Budget kommt erst 1829 in der Gesetzsammlung zur Veröffentlichung. Ab da wird die Dreijährigkeit eingehalten[18]. Das letzte Budget, das ohne ständische Bewilligung durch Allerhöchsten Erlaß zustande kommt, datiert von 1849[19]. Für das gleiche Jahr ergeht am 11. März 1850 ein zusätzliches "*Gesetz, betreffend die Feststellung des Staatshaushalts-Etats für das Jahr 1849*", das die Einnahmen und Ausgaben für 1849 mit der von den Kammern bewirkten Revision in einer Gesamtsumme feststellt, ohne daß jedoch ein neuer Etat dem Gesetz beigegeben wird. Das Patent vom 3. Februar 1847 kündigt bereits die Vorlage des Hauptfinanzetats an die Stände zwecks deren Information an[20]. Einen neuen Grad der Budgetöffentlichkeit bringt die Verfassung von 1850, welche die ständische Mitwirkung bei der Budgetfeststellung rechtlich festschreibt[21]. Ab 1850 werden den Ständen jährlich umfangreiche, aus einer Hauptübersicht und Spezialübersichten bestehende Etatentwürfe zur Beratung übergeben. Sie erscheinen als separater Druck der Verhandlungen der Kammer der Abgeordneten des preußischen Landtages[22]. Auch während des preußischen Budgetkonflikts 1862 bis 1866 werden von der Regierung Etatvorlagen gemacht, die allerdings in der Ausführlichkeit weit hinter den sonstigen Entwürfen zurückbleiben. Manche Spezialübersichten fehlen ganz[23]. An dieser Art der Etatveröffentlichung ändert sich bis 1914 prinzipiell nichts. Die Rechnung über den Staatshaushalt ist ebenfalls in einem selbständigen Band der Verhandlungen der Kammer der Abgeordneten ab 1850 veröffentlicht[24]. Über die Gesetzsammlung sind die Rechnungszahlen nicht zugänglich.

In Bayern werden Finanzgesetze ab 1819 verabschiedet und, mit dem Etat als Anlage, in der bayerischen Gesetzsammlung abgedruckt[25]. Von dem Prinzip weicht einzig das Budget für 1843 ab. Es besteht lediglich aus einer "*General-Uebersicht des voranschlägigen Bedarfes für Ein Jahr der V. Finanzperiode 1843/49 à conto der Centralfonds*". Ein Finanzgesetz ist dem Etat nicht beigegeben[26]. Dem Finanzgesetz 1871 ist zumindest in dem uns zur Verfügung stehenden Gesetzblattexemplar kein Etat beigefügt. Auch wird darin nicht, wie es sonst der Gewohnheit entspricht, darauf verwiesen. Die Parlaments-

---

[18] Siehe dazu das Quellenverzeichnis Q 1.4.

[19] Siehe PrEG 1849.

[20] Siehe PrGS 1847, S.33 ff., § 11 Abs. 1, wonach ihr die Übersicht über den Staatshaushalt von einer Versammlung zur nächsten "zur Information" vorgelegt werden soll.

[21] Einzelheiten dazu siehe oben Abschnitt 2.5.

[22] Siehe Quellenverzeichnis Q 1.2.

[23] In den Tabellen ist das an den fehlenden Werten ersichtlich.

[24] Siehe Quellenverzeichnis Q 1.2.

[25] Vgl. Quellenverzeichnis Q 2.4.

[26] Siehe BaFG 1843.

verhandlungen enthalten bis 1831 - nach den uns vorliegenden Exemplaren - nur den Vortrag des Finanzministers bei Übergabe des Budgets, nicht aber die tabellarischen Etatentwürfe. Ab dem Etat 1831 sind sie jedoch durchgängig veröffentlicht, ab dem Etatjahr 1884/85 in einem separaten Band[27]. Der den Kammern vorgelegte Etatentwurf 1831/37 ist in der Kopfzeile zwar etwas anders gegliedert als der im Gesetzblatt abgedruckte Etat, ausführlicher ist er jedoch nicht. Die Budgetvorlage 1837/43 umfaßt verschiedene Spezialetats, so z.B. die "*Berechnung des Voranschlages sämmtlicher Pensionen der Staatsdiener für das Budget 1837/43*"[28] oder einen "*Etat der Administrations- und Perceptionsbranchen*", in dem die Zahl der pensionsfähigen Staatsdiener, der Stand der "*Activitäts-Gehälter*", der Stand der Pensionen am 1. Oktober 1835, deren durchschnittliche Zunahme pro Jahr der 4. Budgetperiode sowie der Voranschlag des Bedarfes für ein Jahr der 4. Finanzperiode aufgelistet sind[29]. Als weitere Beilagen finden sich u.a. die "*Generalübersicht des voranschlägigen Betrages des Staatsbedarfes für ein Jahr der vierten Finanzperiode 1837/43*"[30] sowie eine "*Hauptzusammenstellung der voranschlägigen Beträge sämmtlicher Staatseinnahmen und Ausgaben für ein Jahr der vierten Finanzperiode 1837/43*". Die Beilagen wechseln in den folgenden Jahren des öfteren. Spezialetats zu den einzelnen Budgetposten sind den bayerischen Etatentwürfen ab dem Etatjahr 1849/51 beigegeben, jedoch keiner zu jedem Hauptposten des Entwurfs. Ein Überblick, zu welcher Position ein Spezialetat existiert und zu welcher nicht, läßt sich nur mühsam gewinnen, da Inhaltsübersichten zumeist nicht vorhanden sind und die Numerierung der Beilagen sich nicht an den Kapitelbezeichnungen orientiert. Erst allmählich entwickelte sich eine systematische Form des Budgets, die in etwa mit dem Budget 1880/81 gefunden war[31].

Die Staatshaushaltsrechnungen wurden, wie in Preußen, in den Parlamentsverhandlungen veröffentlicht. Sie liegen, mit Ausnahme der Rechnung von 1876[32], ab der Budgetperiode 1819/25 vor. Allerdings sind in den Parlamentsverhandlungen nur die Berichte der Finanzminister über die Verwendung der Staatseinnahmen und -ausgaben, oft in mehreren Versionen, abgedruckt - keine Tabellen. Sie müssen aber existiert haben, da auf sie Bezug

---

27 Vgl. Quellenverzeichnis Q 2.5.

28 Siehe BaEE 1837/43, S.212 ff.

29 Vgl. BaEE 1837/43, S.218 f.

30 Vgl. BaEE 1837/43, S.225 ff.

31 Siehe dazu auch Abschnitt 3.4.

32 Vgl. Quellenverzeichnis Q 2.6. Die Beilagenbände zu den Verhandlungen der Kammer der Abgeordneten von 1876 bis 1882 haben uns vollständig vorgelegen. Eine Staatshaushaltsrechnung von 1876 war darin nicht enthalten.

genommen ist[33]. Wir waren darauf angewiesen, aus dem Vortrag des Finanzministers die entsprechenden Zahlen herauszusuchen. Das ist relativ schwierig, da sich Darstellungsform und Berechnungsart immer wieder ändern. Rechen- bzw. Schreibfehler, die sich des öfteren einschlichen, kommt man nur auf die Spur, wenn man die jeweiligen Berechnungen nachvollzieht, so daß in dieser Hinsicht die Öffentlichkeit eingeschränkt und nur für Fachleute gegeben ist. Bald werden jedoch kleinere Spezialtabellen und eine Gesamtübersicht über die Einnahmen und Ausgaben in Tabellenform veröffentlicht, was die Übersichtlichkeit etwas hebt. Spezialrechnungen als Äquivalent zu den Spezialetats liegen in Bayern ab der Rechnung 1881 durchgehend in tabellarischer Form vor. Von der Rechnung für das Etatjahr 1883 bis einschließlich 1902/03 gibt es zwar Spezialrechnungen, aber keine Rechnungsübersichten[34]. In diesen Jahren ist ein Gesamtüberblick über die tatsächlich geleisteten Einnahmen und Ausgaben nicht möglich. Eine Staatshaushaltsrechnung für die Kriegsjahre 1814/15 konnte trotz vielfältiger Bemühungen auch nicht ausgemacht werden, so daß davon auszugehen ist, daß sie nicht veröffentlicht wurde.

Sachsen stellt von den hier untersuchten Staaten insofern eine Ausnahme dar, als die Etats im gesamten Untersuchungszeitraum nicht in der Gesetzsammlung abgedruckt sind. Von der Etatperiode 1819/20 bis 1831/33 sind nur die sog. Steuerausschreiben enthalten. Für die Budgetperiode 1834/36 werden erstmals die Einnahmen und Ausgaben pauschal für jedes Jahr durch ein Gesetz festgestellt[35]. Es kommt aber auch vor, daß im Finanzgesetz überhaupt keine Beträge genannt werden, so in den Finanzgesetzen für 1849 und 1855. Die in den Landtagsakten abgedruckten Budgetentwürfe liegen in Sachsen ab der Etatperiode 1833/36 durchgängig vor. Man sieht sich mit zwei Versionen konfrontiert: Mit der Vorlage durch die Regierung, in der alle Beilagen - sofern vorhanden - enthalten sind, und den ständischen Schriften, in denen die von den Ständen verabschiedeten Summen, allerdings ohne Spezialbeilagen, abgedruckt sind. Zum Teil hatten wir beide Etatformen vorliegen, zum Teil nur

33 So ist z.B. in BaR 1827/28, S.6 zu lesen: "Die zweyte Abtheilung dieses Capitels enthält den in der Hauptbeylage zur General-Finanz-Rechnung lit.B. fol. 12. nachgewiesenen Nettobetrag der Einnahms-Nachholungen aus den ersten zwey Jahren der II. Finanz-Periode 1825/26". Zu den Rechnungen wurde uns aber in einem einzigen Fall ein Folioband mitgeschickt, obwohl wir die Parlamentsverhandlungsbände aus verschiedenen Bibliotheken benutzten. Es kann also nicht mit Bestimmtheit gesagt werden, ob sie gedruckt vorliegen oder nicht. Möglich ist auch, daß sie nur den Finanzausschüssen vorgelegen haben.

34 Es war jeweils ein Deckblatt mit der Ankündigung der Hauptübersicht gedruckt, die Übersicht selbst fehlte jedoch. Wiederum ist hier die Einschränkung zu machen, daß sich diese Aussage nur auf die Parlamentsverhandlungsexemplare bezieht, die uns vorlagen und die von verschiedenen Bibliotheken stammten. Diese Einschränkung ist notwendig, wie das Beispiel aus Sachsen noch zeigen wird.

35 Im "Gesetz, die, für die Staatsverwaltung, auf die Finanzperiode 1834 bis mit 1836 ausgesetzten Summen und die, zu deren Deckung, für die Jahre 1835 und 1836 zu entrichtenden Steuern und Abgaben betreffend". Siehe dazu das Quellenverzeichnis Q 3.4.

eine von beiden. Im ersteren Fall wurden die Etatzahlen ausnahmsweise der Ständeversion entnommen. In Sachsen hat man es also teilweise mit von der Ständeversammlung verabschiedeten Zahlen zu tun, zum Teil mit Zahlen des Regierungsentwurfs[36]. Ab der Etatperiode 1874/75 konnten wir nur auf die Regierungsversion zurückgreifen. Bei der Quellensuche waren wir auf die vorhandenen Repertorien angewiesen, so daß nicht gesagt werden kann, ob sie lückenhaft waren oder ob jeweils die eine oder andere Budgetversion nicht gedruckt wurde.

Sogenannte "*Special-Etats zum Staatsbudget*" gibt es ab der Etatperiode 1864/66 als Anlage zum Regierungsentwurf[37]. Sie existieren aber nur für diejenigen Positionen, "*für welche sich solche als nöthig erwiesen haben*"[38]. Für alle Budgetpositionen war dies erst ab dem Etatentwurf 1880/81 der Fall. Staatshaushaltsrechnungen sind in den Landtagsakten ab dem Etatjahr 1833 abgedruckt, durchweg in tabellarischer Form. Für einige Budgetperioden hatte es zunächst den Anschein, daß sie nicht veröffentlicht vorliegen[39]. In den Landtagsakten ist zwar eine Übersicht über den Inhalt der Rechnungen wiedergegeben, in einer Fußnote aber angemerkt, daß sie nicht gedruckt worden seien[40], wovon wir zunächst ausgingen. Durch einen Zufall gerieten wir dann dennoch an Exemplare der Landtagsakten, in denen die Rechnungen enthalten sind. Daraus ist der Schluß zu ziehen, daß man mit Aussagen, daß Budgets, Rechnungsübersichten oder Rechnungen insgesamt gedruckt oder ungedruckt, in Tabellenform oder nicht vorliegen, vorsichtig umgehen muß. Nach unseren Erfahrungen hängt eine solche Aussage mit von den Exemplaren der Landtagsakten ab, an die man mehr oder weniger durch Zufall gerät. Wie in Bayern konnte auch in Sachsen für die Etatperiode 1914/15 keine gedruckte Rechnung aufgefunden werden.

In Württemberg ist ab dem Finanzgesetz für die Etatperiode 1830/33 das Budget als Anlage zum Finanzgesetz im Regierungsblatt abgedruckt. Zuvor wurden nur Steuerausschreiben erlassen. Für die Zeit vom 1. Juli 1870 bis 30. Juni 1871 ist kein Finanzgesetz im Regierungsblatt veröffentlicht[41]. Die Regierungsentwürfe der Etats sind in den Verhandlungen der Kammer der Abgeordneten des Königreichs Württemberg ab dem Etat 1819/20 als Beilage zum

---

[36] Um welche Version es sich jeweils handelte, ist dem Quellenverzeichnis Q 3.5. zu entnehmen.

[37] Nach Löbe 1889, S.26 erfolgte bis zur Budgetperiode 1861/63 die Mitteilung der Spezialetats lediglich an die mit der Beratung des Budgets betraute ständische Deputation.

[38] Vgl. SäEE 1864/66, S.1. Zur formalen Einteilung der Etats siehe Abschnitt 3.4.

[39] Es handelt sich um die Etatjahre 1876/77 bis 1884/85, 1888/89, 1894/95 und 1902/03.

[40] Die Fußnote lautet folgendermaßen: "in Folge Verordnung des Königlichen Ministeriums des Innern als 'Beilage zu den Mittheilungen' nicht mit gedruckt worden" (vgl. z.B. SäR 1876/77).

[41] Zu den Fundstellen siehe Quellenverzeichnis Q 4.4.

Vortrag des Finanzministers bei Übergabe des Hauptfinanzetats zugänglich[42]. Unterbeilagen zu den Etatentwürfen gibt es ab dem Etatjahr 1833/36. Es handelt sich um die Ausgabeetats verschiedener Ministerien. In den Jahren zuvor sind im wesentlichen die Positionen, die jetzt in speziellen Unterbeilagen erscheinen, noch im Hauptfinanzetat enthalten; in ihm sind von da an für die entsprechenden Positionen nur noch pauschale Summen eingesetzt. Die Unterbeilagen wechseln im Laufe der Jahre. Ab dem Etatentwurf 1870/73[43] ist für jede im Budget aufgeführte oberste Gliederungsebene eine Spezialübersicht vorhanden. Diese sind nicht durchlaufend numeriert, sondern lediglich aneinandergereiht, so daß ein Auffinden bestimmter Posten relativ zeitaufwendig ist. Ab der Budgetperiode 1876/77 waren auch die Spezialetats durchgehend in tabellarischer Form gehalten.

Die Staatshaushaltsrechnungen in Württemberg liegen bis einschließlich der Etatperiode 1876/77 zum Teil als Rechenschaftsberichte der Finanzkommission des ständischen Ausschusses der Kammer der Abgeordneten, zum Teil als Beilage zum Vortrag des Finanzministers bei Einbringung des Budgets der folgenden Etatperiode und zum Teil überhaupt nicht vor[44]. Drei Perioden sind im Öffentlichkeitsgrad der Haushaltsrechnungen auszumachen: Bis zur Etatperiode 1848/49 werden die Rechnungen in tabellarischer Form gelegt, wobei es unerheblich ist, ob durch den ständischen Ausschuß oder durch den Finanzminister, die äußere Form entspricht sich. Ab diesem Zeitpunkt liegen Rechnungen nur noch über Teile der Finanzverwaltung vor, i.d.R. aber nicht tabellarisch. Zahlen, zumindest für die laufende Verwaltung, konnten nur für die Jahre 1850/51 bis 1852/53, 1857/58 bis 1861/62, 1863/64, 1864/65, 1866/67 und 1870/71 ausgemacht werden. Ab dem Etatjahr 1872/73 existieren wieder vollständige tabellarische Rechnungen. In den übrigen Jahren liegen nur Teilübersichten der Rechnungen oder überhaupt keine Nachweise vor[45], was in

---

42 Siehe Quellenverzeichnis Q 4.5.

43 Sarwey 1883, II, S.519, Fußnote 11 nennt dagegen fälschlicherweise die Etatperiode 1873/75 als Zeitpunkt, zu dem erstmals den Ständen Spezialetats vorgelegt und durch den Druck bekannt gemacht wurden. Ebenso Riecke 1887, S.400. Davor standen nach seinen Angaben die Spezialetats nur der ständischen Finanzkommission zur Verfügung. Daß die Spezialetats schon im Etatentwurf für 1870/73 enthalten waren, ergibt sich auch aus dem Titel des Etats dieses Jahres (vgl. Quellenverzeichnis Q 4.5.). Ein Finanzgesetz erscheint im Gesetzblatt lediglich für die Etatperiode vom 1. Juli 1871 bis zum 30. Juni 1873 (vgl. Quellenverzeichnis Q 4.4.).

44 Siehe Quellenverzeichnis Q 4.6.

45 Im einzelnen handelt es sich um die Etatjahre 1849/50, 1853/54 bis 1856/57, 1862/63, 1865/66, 1867/68 bis 1869/70 und 1871/72.

der Literatur bisher unbeachtet blieb[46]. Die Gründe hierfür seien dahingestellt. Festzuhalten ist jedenfalls, daß eine Übung, die von 1819 bis 1848 herrschte, über 20 Jahre ausgesetzt und dann wieder aufgenommen wurde. Ab dem Etatjahr 1877/78 wurden die Rechnungen, einschließlich der Spezialrechnungen, den Kammern wieder in Tabellenform mitgeteilt[47].

Wie wir oben gesehen haben, ist die wahre Budgetöffentlichkeit nach finanzwissenschaftlichen Idealvorstellungen nur dann erreicht, wenn die Staatshaushaltspläne und die Rechnungen so veröffentlicht werden, daß sie leicht und vollständig zugänglich sind. Fassen wir die obigen Ergebnisse zusammen, so wurde in Bayern das Budget ab 1819 im Gesetzblatt veröffentlicht, in Preußen ab 1821, in Württemberg ab 1830 und in Sachsen überhaupt nicht. Von den wenigen Ausnahmen kann hier abgesehen werden. Den Kammern bzw. den ständischen Ausschüssen wurde in Bayern wohl ab 1819 ein Budgetentwurf vorgelegt, gedruckt erschien er nach unseren Informationen aber erst ab der Budgetperiode 1831/37. In Württemberg wurden die Budgetvorlagen ab dem Etatjahr 1819/20 gedruckt, in Sachsen ab 1833 und in Preußen ab 1850. Die ersten Unterbeilagen zum Etatentwurf erschienen in Württemberg ab der Etatperiode 1833/36, in Bayern ab 1837/43, in Preußen ab 1850 und in Sachsen ab 1864/66. Deren Ausführlichkeit war unterschiedlich. Eine Unterbeilage zu jeder obersten Position des Hauptfinanzetats gab es formal in Preußen ab 1850, in Württemberg ab dem Etatjahr 1876/77, in Bayern ab 1880 und in Sachsen ab 1880/81. Eine Rechnungslegung erfolgte in Bayern ab der Etatperiode 1819/25, in Württemberg von 1819/20 bis 1848/49 und ab 1872/73, in der Zwischenzeit nur eingeschränkt, in Sachsen ab 1833 und in Preußen ab 1850. Die vollständige Rechnungslegung für jede oberste Budgetposition war in Preußen 1850, in Württemberg im Etatjahr 1877/78, in Sachsen 1880/81 und in Bayern 1881 erreicht, wobei in Bayern von 1883 bis 1902/03 die Rechnungsübersichten fehlten.

Man kann also davon ausgehen, daß sich die äußere Form der Budgets und der Rechnungen in den untersuchten Staaten bis 1881 insoweit angeglichen hatte, als ab diesem Zeitpunkt für alle obersten Budgetposten Spezialetats und Spezialrechnungen gedruckt wurden. Eine offensichtliche Entwicklungslinie läßt sich nicht aufzeigen. Kein Staat kann eindeutig unter den oben untersuchten

---

46 Im Hauptregister über die Verhandlungen der Stände des Königreichs Württemberg auf den Landtagen von 1856 bis 1906 (1909, S.613 f.) ist unter dem Jahr 1870/74 vermerkt, daß erstmals Berichte der Finanzkommission über die Rechnungsergebnisse als Ganzes erscheinen; zuvor seien sie handschriftlich erfolgt. Czoernig 1866, S.61 schreibt, die Nachweisung der Rechnungsergebnisse erfolge ebenso detailliert wie die Anfertigung der dem Hauptfinanzetat zugrunde liegenden Spezialetats, jedoch würden weder die Rechnungsabschlüsse noch die Spezialetats gedruckt. Nach Riecke 1887, S.398 werden ausführliche Nachweisungen der Rechnungsergebnisse der Staatshauptkasse den Ständen alljährlich, ab 1877/78 gedruckt, zur Prüfung übergeben.

47 Vgl. auch Riecke 1887, S.398 und Reinhard 1903, S.74.

Aspekten als der in allen Beziehungen der Budgetöffentlichkeit fortschrittlichste bezeichnet werden. Ein Unterschied zwischen der preußischen Entwicklung und derjenigen der übrigen Staaten läßt sich jedoch aufzeigen. Die preußischen Budgets und Rechnungen hinkten bis 1850 eindeutig hinter deren Öffentlichkeitsgraden in den anderen Staaten her. Während Preußen 1850 einen radikalen Schnitt vollzog und ab diesem Zeitpunkt Budgets und Rechnungen mit ihren Spezialbeilagen veröffentlichte, entwickelte sich in den anderen Staaten die Budgetöffentlichkeit ab den 1830er Jahren kontinuierlich, ein Weg, der um 1880 dahin führte, wo Preußen schon 30 Jahre vorher abrupt angekommen war. Daß daraus noch nicht auf die materielle Vergleichbarkeit der Haushaltspläne und -rechnungen der untersuchten Staaten geschlossen werden kann, werden die folgenden Abschnitte zeigen.

Die inhaltlichen Öffentlichkeitsgrade variieren auch nach 1880 voneinander noch erheblich, ein Problem, das Budgetvergleiche äußerst schwierig macht[48]. Rein formell tun sie das schon, je nach dem, ob man bei der Untersuchung auf die in den Finanzgesetzen veröffentlichten Etats, auf die Hauptübersichten der den Kammern überlassenen Budgetentwürfe, auf deren Spezialetats, auf die Rechnungsübersichten oder die Spezialrechnungen zugreift. Man hat es hier jeweils mit verschiedenen Stufen der Öffentlichkeit zu tun, die nach ihrer materiellen Aussagekraft voneinander abweichen. Teilweise sind Zusatzinformationen in weiteren Unterbeilagen zu den Spezialübersichten in den Etatentwürfen, teilweise in den Staatshaushaltsrechnungen enthalten. Das eine Mal hat man es mit Sollzahlen zu tun, das andere Mal mit Istzahlen. Das Ergebnis inhaltlicher Budgetvergleiche hängt damit in starkem Maße von der Wahl der Erhebungsebene ab. Der Aussagegehalt der erfaßten Daten ist jeweils unterschiedlich. Die folgenden Abschnitte sollen mit dazu beitragen, dies zu verdeutlichen. Ein Teilergebnis kann allerdings hier schon festgehalten werden: Die in den Gesetzblättern veröffentlichten Budgets haben einen so geringen Informations- und damit Öffentlichkeitsgrad, daß auf deren Grundlage kaum eine der folgenden Forschungsfragen beantwortet werden kann.

---

[48] Das Problem wird unten in Abschnitt 3.4. nochmals angesprochen.

3.2. Einheit

3.2.1. Etathierarchie

Nach unserem heutigen Verständnis besteht der Haushaltsplan aus Gesamtplan und Einzelplänen[49]. Der Gesamtplan, welcher die Haushaltsübersicht, die Finanzierungsübersicht und den Kreditfinanzierungsplan enthält, dient dazu, "*das umfangreiche und verhältnismäßig unübersichtliche Gesamtwerk des Haushalts durchsichtiger zu machen*"[50]. In den Einzelplänen werden die Einnahmen, Ausgaben und Verpflichtungsermächtigungen eines einzelnen Verwaltungszweigs oder bestimmter Gruppen von Einnahmen, Ausgaben und Verpflichtungsermächtigungen zusammengefaßt[51]. Gesamtplan und Einzelpläne bilden zusammen **den einen** Staatshaushaltsplan des betreffenden Haushaltsjahres[52]. Alle Einnahmen, Ausgaben und Verpflichtungsermächtigungen des Bundes sind in dem einen Schriftstück festgehalten. Weitere Staatshaushaltsetats bestehen nicht. Die Vorstellung von "dem" Staatshaushaltsetat als Einheit im Sinne von Zusammenstellung aller Einnahmen und Ausgaben des Staates in einem Plan entspricht weder der Theorie noch der Praxis des 19. Jahrhunderts.

Unter der Einheit des Budgets wurde ausschließlich die Einheit aller vom Staat vereinnahmten und verausgabten Geldmittel verstanden, nicht aber die Vereinigung aller Etats in einem einzigen[53]. Die verschiedenen Staatsetats waren

---

[49] In der Bundeshaushaltsordnung (BHO) ist in § 13 Abs. 1 festgehalten: "Der Haushaltsplan besteht aus den Einzelplänen und dem Gesamtplan".

[50] Köckritz/Ermisch/Lamm 1985, Erläuterungen zu § 13 BHO, Randnummer 9.

[51] Vgl. § 13 Abs. 2 BHO.

[52] Das ergibt sich aus Art. 110 Abs. 1 GG in Verbindung mit § 11 BHO. Vgl. dazu auch Wiesner 1981, S.74 und Köckritz/Ermisch/Lamm 1985, Erläuterungen zu § 11 BHO, Randnummer 5.

[53] In diesem Sinne wird die "Einheit" des Etats von Hoch 1809, S.19 und Malchus 1830, II, S.98 gefordert, der es als "erstes oder oberstes Princip" ansieht, "daß für den Staatshaushalt nur Ein Etat stattfinden kann". Kieschke 1821, S.10 meint, daß von dem Grundsatz ausgegangen werden müsse, "daß es nur diesen einen Etat giebt, daß alle übrigen Etats aus demselben hervorgehen und nach Zahl und Form in ihm wieder zu finden sind". Nach Graaf 1831, S.37 ist der Hauptfinanzetat "die Grundlage und der Central-Punkt der ganzen Staats-Verwaltung, in so fern derselbe die Haupt-Resultate sämmtlicher Etats enthält". So sinngemäß z.B. auch Pfizer 1836, S.226; Moy 1843, II, S.204; Boiteau 1889, S.504; Preuß 1895, S.23 und Leroy-Beaulieu 1899, II, S.24. Auch Allix 1927, S.61 versteht das Prinzip der Einheit noch in diesem Sinne: "il n'existe qu'un seul budget global résumant en conclusion toutes les dépenses et toutes les recettes de l'Etat, dans deux totaux uniques".

hierarchisch geordnet[54]. Auf der untersten Ebene standen die **Elementar-** oder **Spezialetats**[55], welche die Voranschläge der Einnahmen und Ausgaben der Elementarverwaltungen enthielten[56]. Auf mittlerer Stufe folgten die **Hauptetats**[57], welche die Ergebnisse der Elementaretats zusammenfaßten[58], und schließlich auf oberster Ebene der **Generaletat**[59], der die Ziffern der Hauptetats nach deren Hauptsummen aufnahm[60]. Die Etats bildeten so ein System der Über- und Unterordnung, das zusammengenommen ein Ganzes war[61]. Von den untergeordneten Etats wurden jeweils nur die Hauptergebnisse in den

---

54 In der Regel werden drei Stufen angegeben. Davon weicht z.B. Harl 1811, II, S.292 ab, der nur zwischen General- und Spezialetats unterscheidet. Hoch 1809, S.27 ff. teilt auf unterster Ebene in "Spezialetats", auf mittlerer in "Provinzialetats" und auf oberster in den "Hauptkassenetat" oder "General-Staats-Kassen-Etat" ein. Schrott 1886, S.404 differenziert zwischen elementaren Voranschlägen, Landes- (Provinzial-) Voranschlägen, Spezialvoranschlägen (in diesem Sinne die Voranschläge eines ganzen Verwaltungszweiges im Staat) und Ministerialetats. Mohl 1840, II, S.749 versteht unter Spezialetats "die Voranschläge für die einzelnen Verwaltungs-Zweige".

55 So Fulda 1827, S.427; Malchus 1830, II, S.99; Ungewitter 1845, S.155; Parth 1874, S.106; Heckel 1898, Budget und Budgetrecht, S.471; Tyszka 1920, S.282 und Murhard 1846, S.690, der an gleicher Stelle allerdings auch die Etats auf mittlerer Ebene als "Spezialetats" und die auf unterer als "Elementaretats" bezeichnet, was das begriffliche Durcheinander verstärkt. Jakob 1821, S.1224 und Hüffell 1834, S.4 nennen die Elementaretats auch "Individualetats".

56 Sie mußten für jeden einzelnen Einkommens- und Ausgabezweig angefertigt werden, also z.B. für jedes Domänen-, Kameral- oder Rentamt, für jeden Steuerbezirk und jedes Zollaccisebüro, für jede öffentliche Lehranstalt und für jedes Waisenhaus. Deshalb wurden sie als Basis angesehen, auf dem das ganze Finanzwesen beruhte (vgl. u.a. Jakob 1821, S.1224 und Ungewitter 1845, S.155).

57 Siehe dazu die Nachweise in Fußnote 55. Außer der Bezeichnung "Hauptetat" werden auch noch die Begriffe "Partikularetat" (Hüffell 1834, S.4), "Spezialetat" - ansonsten die Bezeichnung für die Elementaretats - (vgl. z.B. Jakob 1837, S.867) und "Hauptspezial-Etat" (Roscher 1901, II, S.377) verwendet. Gegen die Praxis, diese Art von Voranschlägen "Spezialetats" zu nennen, wendet sich Seidler 1885, S.129, Fußnote 1, der an noch zwei weitere Bedeutungen des Wortes erinnert: Zum einen werden als Spezialetats auch die Fonds außerhalb des Hauptfinanzetats bezeichnet (so auch Schanz 1899, S.1142; Kaizl 1900, I, S.87; Eheberg 1922, S.534 und Mombert 1928, S.11) und zum anderen wird das Wort auch im staatsrechtlichen Sinne für die Bezeichnung jeder Position benutzt, die einer selbständigen Beschlußfassung der Landesvertretung unterliegt und als Gegenstand einer solchen im Etat ersichtlich ist (vgl. Heckel 1898, Budget und Budgetrecht, S.471).

58 Sie beziehen sich auf einzelne Hauptzweige der Verwaltung (z.B. die gesamte Domänen- oder Forstverwaltung) oder auf einzelne Verwaltungsbezirke, z.B. Provinzen und Kreise (vgl. Fulda 1827, S.427; Malchus 1830, II, S.99 und Ungewitter 1845, S.155).

59 Zu dessen unterschiedlicher Benennung siehe Abschnitt 2.3.2., S.55, Fußnote 118.

60 Nach Jakob 1821, S.1226 werden hier "bloß die allgemeinsten Begriffe und die Totalsummen im Großen angegeben. Wer das Nähere kennen lernen will, muß die unter jedem Begriffe oder unter jeder Rubrik enthaltenen Etats verfolgen, und wenn er dieses bis zu den Elementaretats fortsetzt, so kann er einen deutlichen Begriff von allen Theilen des ganzen Staatsetats erhalten". Wie Hüffell 1834, S.6 bemerkt, tauchen grundsätzlich Einzelheiten der spezielleren Etats nur summarisch in den nächsthöheren Etats auf. Siehe auch Murhard 1846, S.691.

61 So sieht das System der Etathierarchie z.B. Jakob 1821, S.1220. Ähnlich Malchus 1830, II, S.98 und Graaf 1831, S.37 f. Nach Hüffell 1834, S.6 kommt in ihm der Grundsatz der "Abzweigung" zum Ausdruck: "Die Abzweigung besteht in der erforderlichen Abstraktion und Konkretion der Rubriken und Posten bezüglich ihrer Erscheinung in den allgemeineren oder spezielleren Etats".

übergeordneten Etat übertragen, um die Übersichtlichkeit vom obersten bis zum untersten Etat zu wahren[62]. Die Budget-"Einheit" wurde mehr im Sinne von Einheitlichkeit der Etats der verschiedenen Stufen verstanden[63].

In der Praxis wurde i.d.R. die Etatebene unter dem Budget als "Spezialetat" bezeichnet[64] und auch ansonsten begrifflich nicht so theoretisch streng zwischen den Ebenen unterschieden. In Bayern bildeten nach einer Verordnung von 1803 die einzelnen vier "*Hauptausgabeetats*" für den Etat der Zentralstaatskasse die einzigen Beilagen, da die summarischen Einnahmen aus den Überschüssen der Hauptprovinzialstaatskassen schon als die Resultate der Provinzialetats ausgewiesen waren[65]. Nach dem 6. Edikt von 1817 unterschied man in Württemberg zwischen dem Hauptfinanzetat, den "*Detail-Budgets*", die für jede Hauptart von Steuern und sonstigen Einnahmen aufgestellt wurden, den "*Spezial-Einahme-Etats*"[66] sowie den "*Special-Etats*" für jeden Kammerbezirk, aus denen wiederum solche für jede der vier Kreiskassen zu fertigen waren[67]. In Preußen existierten unterhalb der Spezialetats noch sog. "*Kassenetats*". Sie wurden für die ausführenden Behörden und Kassen auf Grund des Staatshaushaltsetats und der mit diesem festgestellten Spezialetats angefertigt[68]. Es bestanden also verschiedene hierarchische Stufen von Etats, die im übrigen mit großer Begriffsvielfalt belegt waren. Im übrigen wurde in allen untersuchten Staaten außerhalb des Budgets durch spezielle Gesetze oder durch die Finanzgesetze viele Ausgaben getätig[69].

---

62 "Die Eintheilung in generelle, specielle und Elementaretats dient nur, die Uebersicht des Ganzen zu erleichtern, dasselbe durch allgemeine Begriffe aufzufassen und an deren Leitung bis zu jedem einzelnen hinabzusteigen" (Jakob 1821, S.1226). In diesem Sinne äußern sich auch Murhard 1846, S.691; Heckel 1898, Das Budget, S.16 und Földes 1920, S.65.

63 Eschenmayer 1807, I, S.37 f. stellt fest: "Da die Staats-Verwaltung alles aus einem Central-Punkte leiten, und eine beständige Uebersicht des Ganzen haben muß, so ist es wesentlich nöthig, daß die Kapitel, Titel und Rubriken bei allen Naturalien und Geld-Etaten einförmig seien". Siehe dazu ausführlich Abschnitt 3.4.

64 So wird z.B. in Bayern ab BaEE 1874/75 ausdrücklich zwischen der Hauptübersicht und den Spezialübersichten unterschieden. In Sachsen heißt die Etatebene unter dem Staatsbudget ab dem Etatjahr 1868/69 "Special-Etats", ebenso in Württemberg ab der Budgetperiode 1876/77.

65 Vgl. BaEVO 1803, XIV.

66 Sie wurden für jedes Kameral-, Forst- und Oberacciseamt aufgestellt.

67 Vgl. 6. Edikt 1817, § 4, Buchstabe a-c. Siehe auch 5. Edikt 1817, § 52.

68 Vgl. PrSHHG 1898, § 10 und Meissner 1882, S.6.

69 In Württemberg werden z.B. durch den Hauptfinanzetat nur die laufenden Einnahmen und Ausgaben erfaßt. Über einen großen Teil der Ausgaben wird über das Finanzgesetz und über Baukreditgesetze verfügt (vgl. dazu auch Riecke 1883, S.194; Schall 1893, II, S.10 ff.; Schall 1910, II, S.1 ff.; Kühnemann 1930, S.48 für Preußen und Kummer 1964, S.90 f. für Bayern). Diese Frage wird ausführlicher in Abschnitt 3.3. diskutiert.

Verknüpft man das hier gewonnene Ergebnis mit dem Resultat von Abschnitt 3.1., so bedeutet das für Budgetvergleiche, daß man es mit verschiedenen Öffentlichkeitsgraden - abhängig von der Quelle, auf die man zugreift - und unterschiedlichen Etatstufen zu tun hat. Je weiter letztere nach oben gehen, desto aggregierter sind die Budgetposten. Die Spezialübersichten der Parlamentsvorlagen erfassen nur die obersten beiden Stufen, die ab 1881 in allen untersuchten Staaten veröffentlicht sind[70]. Daraus folgt, daß man sich im klaren darüber sein muß, aus welcher Etatstufe man Zahlenmaterial verwendet. Vergleiche zwischen den Etats verschiedener Staaten können sinnvoll nur auf gleicher Aggregations- und Zentralisationsstufe erfolgen, ansonsten sind sie nicht aussagekräftig[71], wie ein Beispiel verdeutlicht:

Das bayerische Finanzgesetz von 1831 trifft - zum Vollzug des Gesetzes über die Einführung der Landräte vom 15. August 1827 - für die 3. Finanzperiode folgende Bestimmungen: Es gehen von den allgemeinen Lasten, die bisher aus der Staatskasse bestritten wurden, Ausgaben in Höhe von 3.602.260 fl. auf die einzelnen Regierungsbezirke als Kreislasten über[72]. Von den Lasten, welche bisher den einzelnen Kreisen oblagen, werden mit dem 1. Oktober 1831 - in einer Summe von 331.923 fl. - folgende Ausgaben auf die Staatskasse übernommen: die Kosten für Bau und Unterhaltung neuer Straßen in den Kreisen, die bisher von den Fonds des Rheinkreises bestrittenen Kosten für das Kreisarchiv, für die Besoldungen und Remisen der Kreis- und Bezirkskassen, für die Gendarmerie und für Beiträge zur Hebammenschule zu Würzburg sowie die Gefängniskosten[73]. Der nach Abzug der übernommenen Lasten noch verbleibende Rest der überwiesenen Kreisausgaben wird den Regierungsbezirken durch Überlassung gewisser Einnahmen vergütet[74]. Die während der 3. Finanzperiode sich ergebenden Unterhaltungskosten der bereits bestehenden Staatsstraßen und Brücken werden, nebst den Administrationskosten für das äußere Baupersonal, auf die Kreisfonds, dagegen die sämtlichen Kosten der Neubauten von Staats- und Kreisstraßen und von den zugehörigen Brücken auf

---

70 Siehe dazu Abschnitt 3.1.

71 Das betrifft vor allem Vergleiche der Übersichtlichkeit und Gliederungstiefe von Etats (siehe dazu Abschnitt 3.4.).

72 Vgl. BaFG 1831, Titel III, § 19.

73 Vgl. BaFG 1831, Titel III, § 20.

74 In den älteren Kreisen durch die Überlassung und Erhebung von 2 Simpla der Grund-, 3 Simpla der Haus-, 2 Simpla der Domanialsteuer, der Familiensteuer zu 10 % aus den Gewerbesteueranlagen über 9 fl.; im Untermainkreis durch Überlassung und Erhebung von 41 1/2 % der Grund-, 100 % der Häuser- und 43 % der Dominikalsteuer; im Rheinkreis durch Überlassung und Erhebung der halben Tür- und Fenstersteuer; durch die unter den überwiesenen Ausgaben enthaltenden Wohnungs- und Dienstgründeanschläge und durch Aerarialzuschüsse der Staatskasse an die verschiedenen Kreise in Höhe von 801.150 fl. Schließlich werden die unter den überwiesenen Kreisausgaben in Geld veranschlagten Naturalbezüge zu Anschlagspreisen abgegeben (vgl. BaFG 1831, Titel III, § 21).

die Staatsfonds übernommen. Die Unterhaltung der im Laufe der 3. Finanzperiode neu gebauten Straßen und Brücken fällt für die Dauer der Finanzperiode den Staatsfonds zur Last[75]. Die in Folge der beabsichtigten Trennung der Justizpflege von der übrigen Verwaltung - durch Errichtung neuer Behörden, durch Vermehrung des Dienstpersonals oder Erhöhung ihrer festen und zufälligen Bezüge - erwachsenden Mehrausgaben werden den Kreisen nach dem speziellen Bedarf aus dem Hauptreservefonds des Staates durch entsprechende Erhöhung der Aversalzuschüsse des Staatsärars vergütet[76]. Diejenigen Staatsgebäude, welche bisher dem Dienste der verlagerten Behörden und Anstalten gewidmet waren, verbleiben den Kreisen auch künftig - unter Vorbehalt des Staatseigentums und mit der Pflicht zur Unterhaltung der Gebäude[77]. Schließlich ist noch ein "*unüberschreitbares Maximum*" der zu erhebenden Kreisumlagen bestimmt[78].

Das Gesetz über die Trennung der Kreislasten von den Staatslasten und Bildung der Kreisfonds von 1837 regelte die Materie grundsätzlicher. Unter anderem zählen danach zu den Ausgaben, die ab 1. Oktober 1837 die Natur "*nothwendiger, gesetzlich auf die Kreise hingewiesener*" Lasten annehmen: der Gesamtstaatsaufwand für die Appellations-, Kreis-, Bezirks-, Stadt-, Handels-, Wechsel- und Landgerichte, der gesamte Staatsaufwand für die Landkommissariate, für das deutsche Schulwesen, für die Schullehrerseminarien, lateinische Schulen, Gymnasien und Lyceen, für die Stadt-, Landgerichts- und Kantonsphysikate, für die Gerichts- und Polizeiwundärzte, für die Hebammen, Brunnenwärter, Tierärzte und Wasenmeister, für die bestehenden oder künftig zu errichtenden Irrenanstalten, Armenbeschäftigungs-, Armen- und Waisenunterstützungsanstalten, für Polytechnische-, Landwirtschafts- und Gewerbeschulen, für 4/5 der zur Unterstützung der Landwirtschaft und Industrie bestimmten allgemeinen, einzelnen Kreisen nicht sonst speziell zugeteilten Fonds und der Gesamtstaatsaufwand für die Bauverwaltung der Kreise, auf den Unterhalt der Landbauten, der Straßen und Brücken mit Ausschluß der Wasserbauten[79]. Neubauten bleiben Staatslast[80]. Des weiteren werden durch das Gesetz auf die Kreise überwiesen: der Aufwand für den Landrat, die regulativmäßigen Tantiemen der Rent- und Steuerämter für die Erhebung der Kreis-

---

[75] Vgl. BaFG 1831, Titel III, § 22.

[76] Vgl. BaFG 1831, Titel III, § 25.

[77] Vgl. BaFG 1831, Titel III, § 27.

[78] Und zwar zur Deckung der notwendigen, auf die Kreisfonds gesetzlich übertragenen Lasten: in den 7 Kreisen dieseits des Rheins 4 1/6 % der Steuerprinzipalsumme oder 2 1/2 Kreuzer vom Steuergulden, im Rheinkreis 52 1/2 % der Steuerprinzipalsumme. Zur Deckung von fakultativen, zu gemeinnützigen Zwecken und Anstalten zu bestimmende Ausgaben in sämtlichen Kreisen: 1 2/3 der Steuerprinzipalsumme oder 1 Kreuzer vom Steuergulden (vgl. BaFG 1831, Titel III, § 29).

[79] Vgl. BaGBl 1837, S.165 ff., Art. 1.

[80] Vgl. BaGBl 1837, S.165 ff., Art. 2.

umlagen und der Gesamtstaatsaufwand für den Transport und die Verpflegung Heimatloser[81]. Alle nicht ausdrücklich aufgeführten Staatsanstalten bleiben ohne Ausnahme bei den Staatsfonds[82].

Das Gesetz wird 1846 einer Revision unterzogen. Unter anderem bleibt den Kreisfonds überlassen: der Aufwand für Erhebung und Verwaltung der Kreisfonds, der Bedarf des Landrats, der Kreislandwirtschafts- und Gewerbeschulen, der sonstigen Kreisanstalten für Industrie und Kultur, der Sanitätsanstalten, namentlich der Kranken-, Gebär- und Irrenanstalten, der Kreisarmen- und Findelhäuser, der Kreisbeschäftigungsanstalten sowie alle Ausgaben, welche künftig noch durch besondere Gesetze den Kreisfonds überlassen werden[83]. Der Bedarf der Kreisanstalten ist nur insoweit aus Kreismitteln zu bestreiten, als er nicht aus den Mitteln zunächst verpflichteter Stiftungen, Gemeinden oder Distrikte Deckung findet[84]. Vom 1. Oktober 1849 an gehen alle öffentliche Lasten, welche bis zur 3. Finanzperiode als allgemeine Staatslasten behandelt und durch das Gesetz nicht ausdrücklich auf die Kreisfonds überwiesen worden sind, wieder auf die Zentralfonds über[85].

Das Beispiel zeigt, daß die finanziellen Beziehungen zwischen den einzelnen Staatsebenen einerseits und zwischen den Staatseinnahmen und -ausgaben von Fonds und Stiftungen andererseits äußerst verwickelt waren. Alle auf die Kreise verlagerten Einnahmen und Ausgaben fehlen im Staatsbudget. Die im zentralen Budget aufgeführten Staatseinnahmen und -ausgaben geben nur einen Teil der tatsächlich geleisteten wieder. Je nachdem, wie die einzelnen Staatsaufgaben zwischen den Ebenen verschoben wurden, ändern sich die Summen und die inhaltliche Struktur des zentralen Budgets. Durch Verlagerung eines Teils der zentralen Einnahmen und Ausgaben auf untere Ebenen werden zwar die Budgeteinnahmen und -ausgaben geringer, nicht aber die staatlichen Einnahmen und Ausgaben insgesamt. Es wird nur schwieriger, deren tatsächliche Höhe zu ermitteln, da sie sich auf verschiedene "Einheiten" verteilen. Man muß sich deshalb vor der Annahme hüten, das Budget beinhalte alle staatlichen Einnahmen und Ausgaben. Tatsächlich sind nur die - etatmäßigen - Einnahmen, die an die oberste staatliche Einheit fließen und die Ausgaben, die von ihr bestritten werden, darin enthalten.

---

81 Vgl. BaGBl 1837, S.165 ff., Art. 4.

82 Vgl. BaGBl 1837, S.165 ff., Art. 7.

83 Vgl. BaGBl 1846, S.45 ff., Art. 1.

84 Vgl. BaGBl 1846, S.45 ff., Art. 3.

85 Vgl. BaGBl 1846, S.45 ff., Art. 11.

3.2.2. Zweckbindung der Einnahmen

Über die Notwendigkeit der Budgeteinheit - im dargelegten Sinne - herrscht in der Literatur des 19. Jahrhunderts grundsätzlich Einigkeit[86]. Die Einheitlichkeit und Zentralisation im Finanzwesen wird als Voraussetzung für die Einheit des Staatshaushaltsplans angesehen[87]. Ein wesentlicher Aspekt der Einheit ist die **fiskalische Kasseneinheit**[88]. Darunter versteht *Heckel* den Grundsatz, wonach sämtliche Einnahmen und Ausgaben im Staatshaushalt zumindest rechnungsmäßig durch die Bücher der betreffenden Haushalte laufen und in einer Kasse und einer Rechnung zusammengefaßt werden müssen[89]. Das Postulat setzte sich im 19. Jahrhundert nur allmählich durch[90].

Eng mit dem Grundsatz verbunden ist die Forderung nach Aufgabe der **Zweckbindung der Einnahmen** - samt der vom Budget abgetrennten Zweck-

---

86 Soden 1811, S.381 meint, in der Staatsfinanzverwaltung müsse die Zentralisation des Rechnungswesens angestrebt werden. Für Pölitz 1827, II, S.444 f. besteht die Einheit im Finanzwesen in der Zusammenfassung aller einzelnen Teile zu einem systematischen Ganzen. Siehe auch Malchus 1830, S.104 f.; Hövermann 1905, S.49 und Altmann 1910, S.7.

87 Seidler 1885, S.122 begründet die Forderung nach Budgeteinheit wie folgt: "Wenn irgendwo, so hat beim Budget die einheitliche Form der getreue Ausdruck der Sache selbst zu sein, und da die Einheit der Staatswirthschaft sinnlich nicht wahrgenommen werden kann, kommt dem Budget die Bedeutung zu, nicht nur der formale Ausdruck des geordneten Staatshaushaltes, sondern auch das Symbol der Einheitlichkeit der Staatswirthschaft überhaupt zu sein" (Seidler 1885, S.122 f.). Ähnlich Willgren 1899, S.11, der die Einheit des Budgets als Ausdruck der Staatseinheit und der staatsrechtlichen Konzentration betrachtet. Roscher 1901, II, S.377 sieht mit dem Wachsen von Zentralisation und Öffentlichkeit den Grundsatz der Etateinheit im Finanzwesen immer mehr vordringen. Vgl. auch Altmann 1910, S.7 und Conrad 1919, S.303.

88 Die Einheit des Budgets steht nach Willgren 1899, S.11 "in innigster Verbindung mit dem in der modernen Finanzverwaltung herrschenden Principe der fiskalischen Kasseneinheit". Ebenso gehört für Pölitz 1827, II, S.447 zur zweckmäßigen Einrichtung der Finanzverwaltung, daß alle Einnahmen und Ausgaben des Staates ihren Mittelpunkt in der Haupt- oder Zentralkasse haben. Hüffell 1834, S.4 fordert: "Alle Einkünfte, welche aus der Finanzhoheit und aus sämmtlichen nutzbaren Regalien entspringen, sollen der unmittelbaren Leitung der obersten Finanzbehörden anvertraut werden. Von dieser Regel findet keine Ausnahme Statt".

89 Vgl. Heckel 1898, Das Budget, S.202. Ebenso: Philippovich 1884, S.144; Schrott 1886, S.121; Willgren 1899, S.11 f.; Altmann 1910, S.7; Eheberg 1922, S.537; Neumark 1929, S.195 und Lotz 1931, S.129. Cucumus 1825, S.484 bezeichnet die Staatskasse als den Zentralpunkt, in dem alle Einnahmen zusammenlaufen und aus welchem alle Ausgaben unmittelbar oder mittelbar realisiert werden.

90 Hövermann stellt 1905, S.49 fest, daß die Auffassung, daß es sich um einen Staat und eine Kasse handele und somit eine Kasseneinheit herzustellen sei, erst nach und nach umgesetzt werde. In gleichem Sinne Roscher 1901, II, S.377.

kassen - und nach Einführung des Systems der **Gesamtdeckung**[91]. Einnahmen sind zweckgebunden, wenn sie nicht zur Ausgabendeckung allgemein dienen, sondern für bestimmte Ausgaben reserviert sind[92]. Das postulierte Verbot der Zweckbindung der Einnahmen, der sog. Grundsatz der **Nonaffektation**[93], wird in der Literatur auch als "Zentralisationsprinzip" bezeichnet[94].

Das Prinzip der fiskalischen Kasseneinheit ist im Haushaltsrecht zum Teil schon im frühen 19. Jahrhundert verankert. In Bayern wird - mit dem Ziel der "*Einheit auch im Ganzen*" der Finanzverwaltung - durch eine Verordnung von 1808 bestimmt: "*In der Zentral-Staats-Kasse fliessen alle, wie immer Namen habenden Staats-Einnahmen des ganzen Reichs zusammen, und alle*

---

91 Schäffle 1883, S.276 formuliert das Postulat wie folgt: "Bei der Einheit des Einnahme- und Ausgabedienstes im modernen Staat stehen die Deckungsmittel als Ganzes den Staatsbedarfen als Ganzem gegenüber, die Deckungen der einzelnen Dienstbedarfe werden dem Gesammteingang und Gesammtvorrath aller Arten von Deckungsmitteln durch Zuweisung aus der oder Anweisung auf die allgemeine Staatskasse entnommen". Ähnlich beschreiben es Kaizl 1900, I, S.84 und Buchholz 1922, S.159 f. Hagen 1880, S.113 f. sieht die Notwendigkeit der Einführung des Prinzips der Gesamtdeckung in Abhängigkeit von der Staatsentwicklung: "Je größer (daher) die Staaten sind, je weiter sie in dem Kulturzustande vorgeschritten sind, und je mehr die Einnahmen der Regierungen nur durch Abgaben geschafft werden können, desto stärker tritt die Nothwendigkeit ein, das Finanzwesen nach dem zweiten Prinzipe (Prinzip der Gesamtdeckung; E.M.) zu organisiren".

92 Vgl. Neumark 1929, S.163; Kühnemann 1930, S.45 und Meister 1933, S.84. Für Harl 1811, II, S.82 ist das System der Gesamtdeckung noch unvorstellbar. Nach seiner Ansicht muß jeder bestimmten Ausgabe eine bestimmte Einnahme zugewiesen sein. Ansonsten befürchtet er eine willkürliche Verausgabung der Finanzmittel. Zwischenformen zwischen Gesamtdeckung und Zweckbindung werden ebenfalls diskutiert und kommen damit der Praxis am nächsten. Graaf 1831, S.30 legt beispielsweise dar, daß die Erträge aller Staatseinkünfte, nach Abzug der Verwaltungskosten, ohne Ausnahme der Disposition des Finanzministers unterstellt werden müßten. Dieser habe wiederum den Ministerien und obersten Verwaltungsbehörden den durch die Etats festgestellten Ausgabebedarf zu überweisen. In gleichem Sinne für Württemberg Hoffmann 1857, I, S.32 f. und für Bayern Kraus 1925, I, S.45.

93 Er wird oft im Sinne von "Gesamtdeckung" interpretiert. Hatschek 1923, II, S.275 sieht in ihm z.B. die Norm, "daß prinzipiell bestimmte Einnahmen des Etats nicht für bestimmte Ausgaben vorbehalten werden sollen" (Hatschek 1923, II, S.275. Vgl. u.a. auch Meister 1933, S.84 und Lang 1930, S.145). Der aus Frankreich kommende Grundsatz wird auch von Geny 1932, S.175 in diesem Sinne verwendet, der ihn wie folgt formuliert: "l'ensemble des recettes, encaissées par le Trésor pour le compte de l'Etat, se confond en une masse unique qui couvre, sans distinction de provenance ou d'origine, l'ensemble des dépenses de l'Etat". Komplementär ist ihm der aus der englischen Budgetsprache kommende Ausdruck "Appropriation", was bedeutet, daß durch das genehmigte Budget jede bewilligte Einnahme definitiv einem bestimmten Zweck (Ausgabe) zugedacht ist (vgl. Kaizl 1900, I, S.85 und Abschnitt 3.8., S.349 f.). Zweckbindung liegt nach Neumark 1929, S.164 erst in dem Augenblick vor, "wo die Leistung der Ausgabe von dem tatsächlichen Aufkommen einer oder mehrerer bestimmter Einnahmen abhängig gemacht wird, die Leistung also nur insoweit erfolgt, wie Mittel aus im einzelnen bezeichneten Einnahmen zur Verfügung stehen". Das kann z.B. dann der Fall sein, wenn ein prozentualer Anteil eines Ertrages auf einen bestimmten Zweck angewiesen ist. Als weitere Form der Zweckbindung von Einnahmen nennt Neumark 1929, S.166 die Verpfändung von Steuern, die nach seinen Worten bis ins 19. Jahrhundert in allen Staaten eine "mehr oder minder übliche Erscheinung" war.

94 Vgl. Soden 1811, S.374, der die Abschaffung der vielen Spezialkassen propagiert, sowie Neumark 1929, S.164 und Kühnemann 1930, S.43.

Staats-Ausgaben werden nur aus derselben geleistet"[95]. Eine ähnliche Bestimmung trifft in Württemberg das 5. Edikt von 1817[96]. Das preußische Staatshaushaltsgesetz von 1898 geht ausdrücklich vom Prinzip der Gesamtdeckung aus[97]. Über Sachsen liegen wenig Informationen vor. *Buschkiel* meint über das staatliche Kassenwesen in Sachsen, es biete "*das Bild eines reinen Staatskassensystems, das vom Grundsatze der fiskalischen Kasseneinheit beherrscht wird*"[98].

Alle rechtlichen Regeln und Budgetierungsgrundsätze konnten nicht verhindern, daß Einnahmen bis 1914 immer wieder zweckgebunden wurden[99]. Einige Beispiele seien genannt: In Preußen legt eine Instruktion an die Regierungen von 1817 fest: "*Ueberschüsse aus den Chaussee-Einnahmen oder Ersparungen von den zur Unterhaltung der Chausseen ausgesetzten Summen, müssen allemal zum Besten des weitern Chausseebaues zurückgelegt werden*"[100]. Die Verordnung von 1820 über das Staatsschuldenwesen überweist an die Staatsschuldenverwaltungsbehörde - zur regelmäßigen Tilgung der Staatsschulden - folgende Einnahmen: sämtliche Domänen- und Forsteinkünfte[101], den Erlös aus dem Verkauf von Staatsgütern oder Ablösungen von Domanialrenten, Erbpachtgeldern und anderen Grundabgaben, Zinsen, Zehnten, Diensten usw. sowie die Salzeinkünfte, soweit sie zur ausreichenden

---

[95] BaRegBl 1808, S.1737 ff., § 1 Satz 1. Krakenberger 1909, S.19 glaubt, die Organisation der bayerischen Staatskassen sei "im Prinzipe" vom Grundsatz der fiskalischen Kasseneinheit beherrscht. Durchbrechungen der Forderung sieht er vor allem im bayerischen Fondswesen. Als wesentliches Eckdatum für die Einführung der fiskalischen Kasseneinheit wird die Abschaffung der landschaftlichen Kassenverwaltung im Jahr 1803 angesehen (vgl. z.B. Kraus 1925, I, S.46 und Eyermann 1933, S.24 f.).

[96] "Die gesamte Einnahme des Staates, aus welcher Quelle dieselbe erfolgen mag, soll in der Staats-Haupt-Casse vereinigt werden, aus welcher, und durch welche zugleich auch die sämmtlichen Ausgaben bestritten werden sollen" (5. Edikt 1817, § 53 Satz 1). Vgl. dazu auch Riecke 1887, S.392 f. Schall 1893, II, S.10 und Reinhard 1904, S.633 erachten diese Bestimmung auch fast 100 Jahre nach deren Erlaß noch nicht als konsequent durchgeführt.

[97] In § 16 Abs. 1 PrSHHG 1898 heißt es: "Alle Einnahmen des Staates werden für Rechnung der Staats-Finanzverwaltung als Deckungsmittel für den gesammten Ausgabebedarf des Staates erhoben, sofern nicht für einzelne Einnahmen durch die Spezial-Etats oder durch besondere Gesetze etwas Anderes bestimmt ist".

[98] Buschkiel 1909, S.7, wobei er einschränkend anmerkt, daß dennoch die Anzahl der sächsischen Staatskassen sehr groß sei.

[99] Zu diesem Ergebnis kommt auch Allix 1927, S.61: "la règle de l'Unité est plutôt un ideal qui n'est complètement realisé nulle part, et qui est diversement apprécié suivant les pays".

[100] PrGS 1817, S.248 ff., § 20.

[101] Mit Ausnahme von 2.500.000 Reichstalern, die für den Unterhalt der königlichen Familie reserviert sind. Durch PrGS 1850, S.57 f., § 7 Abs. 2 wird für den Fall der Unzulänglichkeit der angeführten Einnahmen bestimmt, daß die Deckung der Bedürfnisse durch die "breitesten" Staatseinkünfte anzuweisen sei.

Ergänzung des Staatsschuldentilgungskassenbedarfs notwendig sind[102]. Ein Gesetz von 1866 setzt fest, daß der außerordentliche Geldbedarf der Militär- und Marineverwaltung, soweit er nicht durch die verwendbaren Bestände der Generalstaatskasse, aus dem Staatsschatz, aus den Kriegskontributionen und Kriegsentschädigungsgeldern entnommen oder durch Verwertung verfügbarer Effekten der Staatskasse bereitgestellt werden kann, durch eine Anleihe in Höhe bis zu 60 Millionen Thaler im Wege des Kredits zu beschaffen ist[103]. In einem Gesetz von 1872 werden die einmaligen Einnahmen, die der Staatskasse dadurch zufließen, daß vom 1. Januar 1872 an die Kreditierung von Eingangs- und Ausgangsabgaben, der Salz-, Rüben- und Branntweinsteuer für Rechnung des Reiches stattfindet, zum Eisenbahnbau bestimmt[104].

Durch das bayerische Finanzgesetz von 1825 geht eine Reihe von Pensionen auf die von der Schuldentilgungsanstalt zu errichtende Pensionsamortisationskasse über[105]. Zur Bestreitung dieser Zivil-, Militär-, Säkularisations- und Mediatisierungspensionen werden eine Reihe von Einnahmen der Schuldentilgungsanstalt übertragen: die Summe von 1.800.000 fl. aus den Zollgefällen, der Überschuß der Stempelgefälle über den Betrag von 700.000 fl., welcher zu 192.000 fl. garantiert ist und ein weiterer Betrag aus den Staatsgefällen in Höhe von 708.000 fl.[106]. Das Finanzgesetz von 1861 überträgt die Staatsaktivkapitalien auf den Staatsgüterkaufschillingfonds[107]. Der Ertrag der Kreisamtsblätter solle, so das Gesetz, auch weiterhin in den allgemeinen Unterstützungsfonds für Staatsdiener fließen[108]. Ein Gesetz von 1866 setzt zur Verzinsung einer Anleihe, die wegen der an Preußen zu leistenden Kriegskostenentschädigung aufgenommen wurde, den sich aus dem Malzaufschlagsgefälle ergebenden Überschuß fest[109]. Der Ertrag des in der 10. Finanzperiode anfallenden Wehrgeldes fällt dem Kriegsministerium mit der Auflage zu, es zu Kapitulationsvergütungen in der aktiven Armee und in der Gendarmerie zu verwenden[110]. Im Finanzgesetz von 1874 wird das Innenministerium ermächtigt, zur Verlegung und Einrichtung der Kurgärtnerei Kissingens die bisherige, so-

---

[102] Vgl. PrGS 1820, S.9 ff., Ziffer V, Nr. 1-3. Ähnliche Bestimmungen sind in PrGS 1822, S.229 ff., §§ 18-20 getroffen.

[103] Vgl. PrGS 1866, S.607 ff., § 2 Abs. 2.

[104] Vgl. PrGS 1872, S.157 f., § 2.

[105] Vgl. BaFG 1825, Titel I, Ziffer 3.

[106] Vgl. BaFG 1825, Titel I, Ziffer 4 Abs. 1.

[107] Vgl. BaFG 1861, Titel IV, § 14.

[108] Vgl. BaFG 1861, Titel IV, § 17. Der Fonds wurde am 1. Januar 1826 gegründet. Der "Reinertrag der Kreis-Intelligenzblätter" ist ihm, wie aus den Rechnungen ersichtlich ist, ab dem Etatjahr 1832/33 zugewiesen (für dieses Jahr siehe BaR 1832/33, S.77).

[109] Vgl. BaGBl 1866, S.41 ff.

[110] Vgl. BaFG 1871, Titel IV, § 21.

fern vorteilhaft, zu verkaufen, und aus dem Verkaufserlös 48.000 fl. zu diesem Zwecke zu entnehmen[111]. Das Finanzgesetz von 1888 überweist die Zinsen aus dem Vizinaleisenbahnfonds bis auf weiteres der zu gründenden Alters-, Invaliden- und Reliktenversorgungskasse für die ständigen Arbeiter der Staatseisenbahnverwaltung. Außerdem fließt der Kasse das Vermögen des Arbeiterinvalidenfonds der vormaligen Ostbahnen zu[112]. Das Finanzgesetz von 1898 stellt dem Innenministerium 7 % der jährlich von den Brandversicherungsanstalten an die Staatskasse abzuführenden Beträge zur Unterstützung verunglückter Feuerwehrmänner und deren Hinterbliebenen sowie zur Förderung des Feuerlöschwesens zur Verfügung[113].

Neben den rechtlichen Regelungen sind in Bayern auch die Etats und Rechnungen ein Fundus, aus dem eine Reihe zweckgebundener Einnahmen und auch deren Nachteile ersichtlich ist. So sollte z.B. der "*Fond zur Begründung und Dotation einer Pensionsanstalt für staatsdienerliche Wittwen und Waisen*"[114] aus den Überschüssen der Witwenfondsbeiträge der Staatsdiener gespeist werden. Da aber die Ausgaben für Witwenpensionen und Waisenalimentationen die eingenommenen Beträge bei weitem überstiegen[115], hatte der Fonds jahrelang nur Zinseinnahmen, bis er ab dem Rechnungsjahr 1865/66 mit dem Unterstützungsfonds für "*Staatsdiener und ihre Relikten*" zusammengelegt wurde. Über die Einnahmen des allgemeinen Stipendienfonds ist in der Rechnung 1883 zu lesen: "*Durch das Gebührengesetz vom 18. August 1879 wurde die frühere Bestimmung in dem Allerhöchsten Landtagsabschiede vom 29. Dezember 1831 Ziff. 2 lit. b, wonach die Taxen für Ertheilung des Adels und der Ernennung zur Kammerherrn- oder Kammerjunkerswittwe zu einem allgemeinen Stipendienfonde zu verwenden waren, aufgehoben und im Schlußsatze des Art. 202 des erwähnten Gesetzes bestimmt, daß die Gebühren für Adelsdiplome zu acht Zehntheilen in den genannten Fond zu fließen haben*"[116].

In Württemberg werden die aus den französischen Kriegskostenentschädigungsgeldern noch zufließenden Mittel u.a. dazu bestimmt, die heimzuzahlenden Einstandskautionen des aktiven Militärs und der Landwehr abzutragen, sofern die Anleihen der Pensionsfonds hierfür nicht zureichen[117]. Die Einnahmen der - vom Budget losgelösten - Unterstützungskasse für niedere Staatsdiener bestehen u.a. aus: Einnahmen aus Zoll-, Wechselstempelsteuer-, Spiel-

111 Vgl. BaFG 1874, Titel IV, § 19.

112 Siehe BaFG 1888, Titel IV, § 19 Abs. 1 und 2.

113 Vgl. BaFG 1898, Titel IV, § 12a.

114 Er wurde in den Jahren 1825/27 gebildet.

115 Siehe dazu die Bemerkungen in BaR 1832/33, S.78 f.

116 Vgl. SaR 1883, S.1067.

117 Vgl. WüFG 1871, Art. 6.

kartenstempelsteuer-, Kapital- und Renteneinkommensteuer-, Dienst- und Berufseinkommensteuer-, Wirtschaftsabgaben- und Hundeabgabestrafen sowie aus den Ersätzen von Untersuchungs- und Arrestkosten wegen Gesetzesübertretungen[118]. Dem Eisenbahnreservefonds fließen Zuweisungen aus dem Ertrag der Staatseisenbahnen zu[119], dem Forstreservefonds aus dem Holzertrag[120].

Bestimmte Einnahmen auf bestimmte Ausgaben anzuweisen war also, entgegen der Theorie, im 19. Jahrhundert keine Seltenheit. Die Forderungen nach Budgeteinheit, fiskalischer Kasseneinheit, Aufgabe der Zweckbindung der Einnahmen und Übergang zum Grundsatz der Gesamtdeckung hatten allesamt zum Ziel, das traditionelle Prinzip dezentraler **Fondsbildung**[121] zurückzudrängen[122]: Bestimmte Einnahmen sollten nicht mehr auf bestimmte Ausgaben angewiesen werden[123], sondern nur noch alle Einnahmen auf alle Ausgaben. Der Grad der Aufgabenerfüllung bestimmter Fonds sollte nicht mehr von den ihnen zugewiesenen Einnahmen abhängig sein. Sie sollten nicht mehr unverbunden nebeneinander stehen, sondern buchmäßig in einen einheitlichen Staatshaushaltsplan eingefügt werden, auf dessen Grundlage die Einnahmen auf die

---

118 Siehe z.B. WüR 1879/80, S.346. Die Einnahmestruktur des Fonds bleibt bis zum Rechnungsjahr 1908/09 gleich, in dem der Nachweis der Einnahmen und Ausgaben des Fonds letztmals erfolgt.

119 Vgl. z.B. WüR 1899, S.386.

120 Siehe beispielsweise WüR 1905/06, S.444.

121 Dem System wird als Vorteil zugeschrieben, daß es die Sparsamkeit fördere, daß die einzelnen Staatsinstitute gesicherter seien, wenn sie besondere Einnahmequellen hätten und daß die Vereinnahmung und Verausgabung der Mittel als Nebengeschäft der eigentlichen Verwaltung ohne große Kosten vor sich gehen könne (vgl. u.a. Hagen 1880, S.113). Für Heckel 1898, Das Budget, S.199 war das Fondswesen in seiner Zeit durchaus zweckmäßig: "Solange dem ganzen Staatsleben eine stärkere Konzentration fehlte und die Staatsregierung eines tüchtig wirkenden Verwaltungsorganismus entbehrte und der ganze Finanzdienst vor allem nach Sparten und Attributionen nicht oder nicht hinlänglich gegliedert war, eine Ranggliederung der Finanzstellen mit unter- und übergeordneten Ämtern fehlte, solange vermochte diese Separierung der Fonds auch den gesetzlichen Funktionen zu genügen."

122 Zum historischen Hintergrund siehe Abschnitt 2.4. Das Wort "Fonds" wird in sehr unterschiedlicher Weise gebraucht. Wie Heinig 1949, II, S.447 zutreffend bemerkt, ist der Begriff so weitgespannt und wird in so wechselndem Sinn gebraucht, daß er einen besonderen terminologischen Katalog nötig hätte, um alle Wortbedeutungen zu erfassen. Urprünglich bedeutete das Wort "liegende Gründe", aus denen die Einnahmen geschöpft wurden (vgl. Harl 1811, S.511). Allmählich verstand man darunter nicht mehr die Einnahmequelle, d.h. die Grundstücke, sondern die Erträge aus diesen. Sie flossen in bestimmte Kassen, welche ebenfalls als "Fonds" bezeichnet wurden (vgl. Heckel 1898, Das Budget, S.198). Nach diesem Sprachgebrauch waren die "Fonds" der Inbegriff aller Erträge, welche dem Staat und den übrigen öffentlichen Körperschaften aus den Einnahmequellen zuflossen (vgl. Heckel 1898, Das Budget, S.196). Hier werden unter dem Ausdruck die vom Staatshaushaltsplan mehr oder weniger unabhängigen, separaten Kassen verstanden.

123 Die Zweckbindung fordert z.B. noch Enderlin 1804, II, S.87, da seiner Ansicht nach ansonsten mißtrauische Gemüter den Verdacht schöpfen könnten, daß die Gelder nicht zu dem ursprünglich angegebenen Zweck verwendet würden. Vgl. dazu auch Abschnitt 3.4., S.229 ff.

Ausgaben aus einer zentralen Staatskasse verteilt werden - und zwar unabhängig davon, von welchen Einnahmequellen die Mittel stammen[124]. Von diesem zentralisierten, für modern erachteten Budgetierungs- und Kassensystem versprach man sich eine größere Ordnung und eine bessere Übersicht über das staatliche Finanzwesen[125] und vor allem eine angemessenere Verteilung der Einnahmen auf die Ausgaben[126]. Vom Budget unabhängige Fonds sollten nur noch Ausnahmen vom Prinzip der Budget- und fiskalischen Kasseneinheit sein[127]. Jeder tatsächlich vorhandene, vom zentralen Budget unabhängige Fonds führt automatisch zu einer Durchbrechung des Verbots der Einnahmezweckbindung[128]. Das Fondswesen konnte schon allein wegen seiner traditionellen Verwurzelung nicht in allen Bereichen öffentlicher Aufgabener-

124 Voraussetzung für die alte Fondswirtschaft war, so Neumark 1929, S.165, das Fehlen der fiskalischen Kasseneinheit. Nach deren Einführung sei für das Prinzip der Spezialisation der Einnahmen und Kassen kein Raum mehr.

125 Die Fondswirtschaft hat nach Kaizl 1900, I, S.87 Unübersichtlichkeit und Kompliziertheit des Rechnungswesens zur Folge und öffnet darüber hinaus der Unwirtschaftlichkeit Tür und Tor. Letztere führt auch Seidler 1885, S.115 als Argument gegen die Fondswirtschaft an. Seiner Meinung nach wird die Verwaltung mittels spezialisierter Fonds deshalb oft unwirtschaftlich, weil nur selten die für einen bestimmten Zweck erforderlichen Gelder genau mit den diesem Zweck zugewiesenen Einnahmen übereinstimmten, wobei dann allzu gern kleinere Überschüsse verbraucht würden. Neumark 1929, S.172 ist der Meinung, daß nur die Zentralisation der Einnahmen und Ausgaben eine Übersicht über das Ganze der Staatswirtschaft ermögliche, wohingegen die Fondswirtschaft die Auf- bzw. Feststellung eines ausgeglichenen Budgets erschwere.

126 Diese ist nach Ansicht Heckels 1898, Das Budget, S.200 mit dem Fondssystem nicht möglich. Verfüge ein Fonds über reichlichere Betriebsmittel, könnten die Aufgaben gut erfüllt werden. Sei ein Fonds hingegen nicht ausreichend dotiert, obwohl er wichtige Staatsaufgaben wahrnehme, könne es passieren, daß notwendige Ausgaben nicht geleistet werden könnten. Die Zentralisation der Fonds im Budget solle einen Ausgleich zwischen Überfluß und Mangel ermöglichen (vgl. Heckel 1898, Das Budget, S.201 f.). Neumark 1929, S.174 erblickt im Fondswesen eine Privilegierung bestimmter Ausgaben gegenüber anderen, was er als dem Wesen eines modernen politischen Verbandes unangemessen empfindet. Die Ausgaben müßten grundsätzlich als gleichberechtigt angesehen werden. Vgl. dazu auch Seidler 1885, S.115; Altmann 1910, S.105 und Lotz 1931, S.129.

127 "Nur ausnahmsweise, aus Gründen, welche entweder auf der eigenthümlichen historischen Entwicklung oder auf der ein solches Vorgehen erklärenden Eigenthümlichkeit des Zweckes beruhen (Stiftungs-, Amortisations-, Pensionsfonds etc.) werden bisher manche Vermögenscomplexe, welche einem bestimmten Verwaltungszwecke gewidmet sind, mit ihren Ausgaben und Einnahmen für ein selbständiges Rechnungscorpus (...) angesehen" (Kaizl 1900, I, S.87 f.). In neuerer Terminologie werden diese Ausnahmen als "Sondervermögen" bezeichnet (vgl. Neumark 1929, S.171).

128 Wobei es für Neumark 1929, S.171 keine Rolle spielt, ob es sich um Fonds mit oder ohne eigene Rechtspersönlichkeit handelt, da die Absonderung bestimmter Einnahmen für die Aufgaben des Fonds in jedem Fall erfolge.

füllung zurückgedrängt werden[129]. Wo dies nicht der Fall war, existierten neben dem Staatshaushaltsplan noch weitere staatliche Etats[130], die - je nach rechtlicher Konstruktion und Rechtslage - mit dem zentralen Budget verknüpft waren oder auch nicht.

3.2.3. Fonds zu bestimmten Zwecken

Die Forderung nach Vereinheitlichung des Budgetwesens ist, wie wir gesehen haben, in der Literatur des 19. Jahrhunderts weit verbreitet. Inwieweit sie tatsächlich durchgeführt wurde, ist eine andere Frage. Von ihrer Beantwortung hängt es ab, ob und inwieweit Budgetvergleiche, die nur die globalen Zahlen des Staatshaushaltsplans heranziehen, ein zutreffendes Bild von den tatsächlich verausgabten und vereinnahmten staatlichen Geldmitteln geben. Eine zentrale Bedeutung kommt hierbei dem Fondswesen zu. Je mehr vom Budget unabhängige Fonds bestanden, desto weniger zeigen die Zahlen des Staatshaushaltsplans die tatsächliche Größe der Staatsausgaben und -einnahmen an und umgekehrt.

Das Fondswesen des 19. Jahrhunderts war sehr facettenreich, so daß man es unter verschiedenen Aspekten betrachten kann. Uns interessieren hier nur die Gesichtspunkte, die auf Budgetvergleiche Auswirkungen haben[131]. Vier Fragenkomplexe ergeben sich hier:

- zum einen nach der Zahl der staatlichen, aber vom Budget ausgegliederten Fonds,
- zum zweiten nach deren finanzieller Bedeutung im Verhältnis zum Gesamtetat,
- zum dritten nach deren Verknüpfung oder Unabhängigkeit vom zentralen Staatshaushaltsplan und
- zum vierten nach den Unterschieden in den verschiedenen Staaten.

---

129 Für den Übergang von der Fondswirtschaft zur fiskalischen Kasseneinheit bedurfte es nach Heckel 1898, Das Budget, S.202 "einer Reihe von Jahren und Jahrhunderten", wobei selbst in vielen konstitutionellen Staaten eine Reihe von Durchbrechungen zu konstatieren seien. Die Theorie müsse, wie Willgren 1899, S.15 es ausdrückt, der Praxis zahlreiche Zugeständnisse machen. Vgl. dazu auch Abschnitt 2.4.

130 Wie Barth 1843, S.34 betont, müssen alle Anstalten, die eigene Fonds haben und zur Erfüllung der Staatszwecke beitragen, als Teil des Staatsaufwandes angesehen werden - selbst wenn sie nicht aus der Staatskasse bestritten werden und unabhängig davon, ob sie vom Landesherr aus eigenem Vermögen, vom Staat oder von den Kommunen gegründet wurden. Ähnlich Schanz 1899, S.1144. Rein rechtlich sind sie keine Einnahmen und Ausgaben des politischen Verbandes, sondern gesondert zu betrachten (vgl. Neumark 1929, S.171).

131 Ausgeklammert sind damit auch Fragen, welche die Vermögensverhältnisse von Fonds betreffen.

Im folgenden wird zunächst ein Überblick über die etatrechtlichen Regelungen sowie über die in den Etatentwürfen oder Staatshaushaltsrechnungen nachgewiesenen ausgegliederten Fonds "*zu bestimmten Zwecken*" gegeben. Danach wenden wir uns Fonds zu, die in manchen Staaten ausgegliedert waren und in manchen nicht, namentlich den Universitätsfonds und den Fonds für höhere Schulen.

Wie in allen Staaten, gab es auch in Preußen traditionsgemäß vom Staatsbudget ausgegliederte Fonds - vor allem im Bereich der Unterrichtsverwaltung und im Bereich des Innenministeriums -, deren Etatwesen selbständig geregelt war[132]. Im Bereich der Unterrichtsverwaltung erscheinen bis zum Staatshaushaltsgesetz von 1898 i.d.R. nur die Zuschüsse an die Fonds im Budget[133]. Den im Innenministerium angesiedelten Fonds zu kirchlichen, Schul- und Wohltätigkeitszwecken waren durch Erlasse eigene Einnahmen zugewiesen, die in der Mehrzahl aus milden Stiftungen und säkularisierten Kirchengütern stammten[134]. Im Staatshaushaltsgesetz von 1898 sollte die etatmäßige Behandlung der ausgegliederten Fonds, die in Preußen als "*mittelbare Staatsfonds*" oder "*Staatsnebenfonds*" bezeichnet wurden[135], einer - komplizierten - rechtlichen Regelung zugeführt werden. Das Gesetz unterscheidet grundsätzlich zwischen Fonds **ohne** und **mit** juristischer Persönlichkeit:

Zu den in den Staatshaushaltsetat aufzunehmenden Einnahmen und Ausgaben gehören:

- erstens die Einnahmen und Ausgaben derjenigen zu besonderen Zwecken bestimmten Fonds, über welche dem Staate allein die Verfügung zusteht, sofern diese Fonds nicht juristische Persönlichkeit besitzen[136], und
- zweitens die Einnahmen und Ausgaben derjenigen zu besonderen Zwecken bestimmten Fonds, welche vom Staat allein oder mit Hilfe von Zuschüssen Dritter zu unterhalten sind, sofern diese Anstalten nicht juristische Persönlichkeit besitzen[137].

Etwaige vertragsmäßige Rechte und Stiftungsbestimmungen werden durch diese Vorschriften nicht berührt[138].

---

132 Vgl. z.B. Annalen 1825, 9. Bd., S.821 ff.

133 Vgl. dazu auch Herrfurth 1899, S.7; Schanz 1899, S.1142 und Buchholz 1922, S.98.

134 Vgl. Herrfurth 1899, S.7; Schanz 1899, S.1142 und Willgren 1899, S.16.

135 Vgl. Herrfurth 1899, S.7 und Schanz 1899, S.1142.

136 PrSHHG 1898, § 2 Abs. 1 Ziffer 4.

137 PrSHHG 1898, § 2 Abs. 1 Ziffer 5.

138 PrSHHG 1898, § 2 Abs. 2.

Nach alter Rechtsauffassung ging man davon aus, daß den derart aus dem allgemeinen Staatsvermögen ausgesonderten Vermögensmassen - auch ohne ausdrückliche Verleihung juristischer Persönlichkeit - eine eigene Rechtspersönlichkeit zukomme. Nach neuem Recht ist in jedem Einzelfall zu prüfen, ob - nach dem rechtlichen Charakter der Fonds - die Einnahmen und Ausgaben voll in den Staatshaushaltsetat einzustellen sind oder nur der staatliche Zuschuß. Etwaige Mehreinnahmen fallen den Fonds zu und nicht der allgemeinen Staatskasse[139].

Einnahmen und Ausgaben dieser Fonds ohne juristische Persönlichkeit müssen also ab 1898 voll in das Budget eingestellt werden. Anders die Fonds, welche der alleinigen Verfügung des Staates unterliegen, juristische Persönlichkeit besitzen und ganz oder zum Teil "*zu solchen Zwecken bestimmt sind, für welche auch allgemeine Staatsmittel verwendet werden*". Über ihre veranschlagten Einnahmen - nach den "*hauptsächlichsten*" Quellen - und Ausgaben - nach den "*hauptsächlichsten*" Verwendungszwecken - ist in den Spezialetats der betreffenden Staatsverwaltungen Auskunft zu geben[140]. Dasselbe gilt bezüglich der Einnahmen und Ausgaben von Unterrichts-, wissenschaftlichen, Kunst- und ähnlichen Anstalten,

1. welche vom Staat allein oder mit Hilfe von Zuschüssen Dritter zu unterhalten sind, aber juristische Persönlichkeit besitzen;

2. welche vom Staate und von Dritten gemeinschaftlich zu unterhalten sind;

3. welche von Dritten zu unterhalten sind, aber vom Staat mit Zuschüssen, die nicht auf rechtlicher Verpflichtung beruhen, unterstützt werden[141].

Diese Bestimmungen finden allerdings keine Anwendung auf die ausschließlich für den Elementar- oder Fortbildungsunterricht bestimmten Anstalten sowie auf solche Anstalten, welche mit Zuschüssen aus den dazu im Etat bereitgestellten Dispositionsfonds unterstützt werden[142].

Von denjenigen der alleinigen Verfügung des Staates unterliegenden besonderen Fonds, welche nicht unter die Bestimmungen des § 2 Ziffer 4 oder § 3 Abs. 1 fallen, sind in den Spezialetats die "*Jahresbeträge*" der einzelnen Fonds

---

139 Budgetmäßig veranschlagt werden müssen nur die stiftungsmäßigen Einnahmen und Ausgaben, einschließlich der Verwaltungskosten, nicht aber Veränderungen im Fondsvermögen, wie z.B. durch Ver- oder Ankauf von Grundstücken (vgl. Schreiber 1898, S.11 f. und Herrfurth 1899, S.8 f.).

140 Vgl. PrSHHG 1898, § 3 Abs. 1.

141 Vgl. PrSHHG 1898, § 3 Abs. 2.

142 Vgl. PrSHHG 1898, § 3 Abs. 3.

mitzuteilen[143]. Mit Zustimmung beider Häuser des Landtags kann aber auch von dem Nachweis einzelner Fonds oder Anstalten bzw. gewisser Kategorien derselben abgesehen werden[144].

Die Nachweise erfolgen zur Kenntnisnahme[145]. Die Vorschrift beruht auf der Erwägung, daß es für die Landesvertretung interessant ist, von derartigen Fonds Kenntnis zu erhalten, insbesondere dann, wenn die Höhe der Einnahmen und Ausgaben der Fonds auf die Bemessung der aus allgemeinen Staatsmitteln zu bestreitenden Ausgaben Einfluß hat[146].

Die preußischen Fondseinnahmen und -ausgaben sind in den Etatentwürfen ab 1849 nachgewiesen, aber nicht in einem Überblick, sondern über den gesamten Entwurf verstreut. Im Etat des Innenministeriums dieses Jahres besteht z.B. ein Ausgabeposten für die "*Staats-Nebenfonds, welche einen Ertrag abwerfen*"[147]. Darin sind Ausgaben für acht verschiedene Fonds aufgenommen, u.a. dem "*Kommunal-Unterstützungsfonds für den Regierungsbezirk Minden*"[148]. Des weiteren werden "*andere Neben-Fonds*" aufgelistet[149], deren Ausgabesummen allerdings nicht in, sondern vor der Linie stehen. In der Bemerkungsspalte

---

143 Vgl. PrSHHG 1898, § 4.

144 Vgl. PrSHHG 1898, § 5.

145 Vgl. Herrfurth 1899, S.9.

146 Vgl. Schreiber 1898, S.12 f. Diese komplizierte Etatisierung hat Hövermann 1905, S.34 stark kritisiert. Seiner Ansicht nach würde eine volle Etatisierung eine bessere Übersicht und eine Vereinfachung des Etat-, Kassen- und Rechnungswesens der Fonds mit sich bringen. Außerdem bemerkt er, daß aversionierte (d.h. als ganze Summe zur Selbstbewirtschaftung ausbezahlte) Portoausgaben für Universitäten und Gymnasien in allen allgemeinen Pauschfonds, Pensionen für Angehörige dieser Anstalten zumeist in den allgemeinen Etatsummen und Alterszulagen in den allgemeinen Staatsausgaben steckten.

147 Vgl. PrEE 1849, Spezialetat Nr. 31, III.

148 In der Bemerkungsspalte steht zur Erklärung: "Dieser Fonds ist aus den für 1843-45 gemachten Ersparnissen an den mit dem Eintritt des Jahres 1846 abgesezten Etats-Fonds zu Besoldungen und Büreaukosten für die städtischen und Kanton-Beamten im Departement Minden gebildet, und wird zur Bewilligung vorübergehender Zuschüsse an bedürftige Gemeinden und zu Remunerationen an gering besoldete Amtsmänner in diesem Departement verwendet. Das Grund-Kapital des Fonds besteht in Cöln-Mindener Eisenbahn-Aktien zum Nominalwerthe von 16.600 Rthlr. Der Fonds steht unter der Verwaltung der Regierung zu Minden" (vgl. PrEE 1849, Spezialetat Nr. 31, III., Bemerkung zu Nr. 8).

149 Der Neumärkische Städteunterstützungsfonds und der Polizeistrafgelderfonds der fünf rheinischen Regierungen. Letzterer wurde aus zweckgebundenen Einnahmen gebildet, nämlich den einfachen Polizei-Strafen, den Zucht-Polizei-Geldstrafen, den Schiffahrts-Polizei-Strafen und der Hälfte der Geldstrafen, welche von Chaussee-Polizei-Uebertretungen aufkamen. Er hat die Bestimmung, die Kosten für die Verpflegung und Erziehung verlassener Kinder (Findelkinder, verwaiste Kinder und Kinder inhaftierter unvermögender Verbrecher) in der Rheinprovinz zu bestreiten. Die für diesen Zweck nicht zur Verwendung kommenden Beträge werden zur Unterstützung hilfsbedürftiger Personen bei Erfüllung anderer Verbindlichkeiten oder zur Herstellung gemeinnütziger, allen Gemeinen zu Gute kommender und nicht sonst schon bedachter Anstalten und Einrichtungen verwendet (vgl. PrEE 1849, Spezialetat Nr. 31, IV.).

wird entweder der Bestand beim letzten Jahresabschluß oder die Einnahmen der Fonds mitgeteilt. 1865 erfolgt der Nachweis der Staatsnebenfonds, die beim Innenministerium ressortieren, nicht mehr in den Spezialetats, sondern in gesonderten Beilagen. Für jeden Fonds ist ein "*Betrag*" ausgewiesen, von dem nicht ganz klar ist, ob es der Gesamtbetrag der Ausgaben der Fonds oder der staatliche Zuschuß ist. Die z.T. minimalen Einzelsummen - 1865 sind es 42 - werden am Ende nicht addiert, was darauf schließen läßt, daß sie nicht etatmäßig sind[150].

Ab dem Etatentwurf 1900/01 erscheint - infolge des § 3 Abs. 1 des Staatshaushaltsgesetzes - eine "*Nachweisung von den Einnahmen und Ausgaben derjenigen der alleinigen Verfügung des Staates unterliegenden besonderen Fonds im Bereiche der Verwaltung des Innern, welche juristische Persönlichkeit besitzen und zu solchen Zwecken bestimmt sind, für welche auch allgemeine Staatsmittel verwendet werden*"[151]. Desgleichen wird über die Fonds im Bereich der inneren Verwaltung Rechenschaft abgelegt, die nach § 4 des preußischen Staatshaushaltsgesetzes der alleinigen Verfügung des Staates unterliegen und zu solchen Zwecken bestimmt sind, für welche allgemeine Staatsmittel nicht verwendet werden. Es sind 1900/01 29 Fonds, deren "*Jahresbeträge*" nicht addiert sind[152]. Die Summen beider Fondsnachweise sind nicht etatmäßig. Im Etat enthalten ist ein "*Dispositionsfonds für Stiftungszwecke und zu Unterstützungen aus Spezialfonds*". In Einnahme sind dessen Zinseinnahmen und diejenigen aus anderen Spezialfonds gestellt[153]. Die Bezeichnung der genauen Zusammensetzung dieser Einnahmen und Ausgaben erfolgt ab 1913 in einer

---

[150] Vgl. PrEE 1865, Anlagen Bd. 3, Spezialetat Nr. 3, Beilage P).

[151] Vgl. PrEE 1900/01, Anlagen Bd. II, Spezialetat Nr. 18, Beilage B.

[152] Vgl. PrEE 1900/01, Anlagen Bd. II, Spezialetat Nr. 18, Beilage C.

[153] Vgl. PrEE 1900/01, Anlagen Bd. II, Spezialetat Nr. 18, Ausgabekapitel 97, Titel 9 und Einnahmekapitel 31, Titel 8. Die Einnahmen des Dispositionsfonds betragen in diesem Jahr 108.331 M., die Ausgaben 109.118 M.

Unterbeilage, in der auch die Etatkapitel und -titel angegeben sind, in denen die einzelnen Beträge verbucht sind[154].

Man hat es im preußischen Etat folglich mit sechserlei Gattungen von Fonds zu tun, die je eine unterschiedliche etatmäßige Behandlung erfahren:

- Es gibt Fonds, deren Einnahmen und Ausgaben voll im Etat ausgewiesen sind,
- Fonds, bei denen nur die staatlichen Zuschüsse im Budget stehen, von denen nachrichtlich aber eine Übersicht über deren hauptsächlichste Einnahmen und Ausgaben mitgeteilt wird und
- Fonds, die keine budgetmäßigen Mittel erhalten, über die der Staat aber die alleinige Verfügung hat. Von ihnen ist nur ein "*Jahresbetrag*" auszuweisen.
- Von jeglicher Nachweisung werden gesetzlich die für den Elementar- und Fortbildungsunterricht bestimmten Anstalten entbunden.
- Nicht nachgewiesen werden müssen auch die Einnahmen und Ausgaben derjenigen Fonds, die keine budgetmäßigen Mittel erhalten und vom Staat und Dritten gemeinsam unterhalten werden oder
- die Fonds, die von Dritten unterhalten werden und in die zwar staatliche, aber nicht budgetmäßige Mittel fließen.

Auf einen Überblick über die im preußischen Staatshaushaltsetat nachgewiesenen Einnahmen und Ausgaben der ausgegliederten Fonds wird verzichtet, da sie nicht insgesamt in einer Übersicht ausgewiesen sind, wie dies etwa in Bayern oder Sachsen der Fall ist. Die einzelnen Fondsnachweise erscheinen jeweils bei den für sie verantwortlichen Verwaltungszweigen, so daß deren finanzielle Bedeutung nur erfaßt werden kann, wenn die einzelnen Etats durchgegangen, nach den entsprechenden Beilagen untersucht und, wenn vorhanden,

[154] Es handelt sich, wie die Überschrift zeigt, um die Einnahmen und Ausgaben nach § 2 Nr. 4 PrSHHG. Über die Verbuchung der Fonds ohne eigene Rechtspersönlichkeit nach § 2 Abs. 4 bzw. § 3 Abs. 2 Ziffer 2 PrSHHG 1898 herrschte, trotz dieser an sich klaren Lage, keine Einigkeit. Schreiber 1898, S.10 f. plädiert für die Beibehaltung des bisherigen Zustandes, wonach auch weiterhin nur die Zuschüsse einzustellen seien. Nach Willgren 1899, S.16 erscheinen die Fonds, die teils vom Staat, teils von anderen Mitteln gespeist wurden, als durchlaufende Posten. Nach Schanz 1899, S.1143 und Hövermann 1905, S.34 kommen die vollen Einnahmen und Ausgaben in Anschlag. Sie würden allerdings nur in den Beilagen ausgewiesen, fänden also ziffernmäßig keinen Eingang in den Staatshaushaltsplan. Dieser Modus gelte auch für Fonds, die vom Staat und Dritten gemeinsam verwaltet werden, unabhängig davon, ob sie juristische Personen seien oder nicht. Ebenso müßten Fonds, die von Dritten unterhalten werden, die der Staat aber mit Zuschüssen unterstütze, die nicht auf rechtlichen Verpflichtungen beruhten, ihre Einnahmen und Ausgaben auf diese Weise darlegen. Letzteres gelte z.B. für Universitäten und Gymnasien (vgl. Schanz 1899, S.1143 und Hövermann 1905, S.34). Zum Nachweis der Universitätseinnahmen und Ausgaben sowie desjenigen für höhere Schulen siehe unten Abschnitt 3.2.4. und 3.2.5.

die ausgewiesenen Zahlen aufgenommen und addiert werden. Erschwerend kommt hinzu, daß bei den Fonds, bei denen nur die Jahresbeträge auszuweisen sind, die Beträge zwar einzeln aufgeführt sind, am Ende aber nicht die Summe gezogen ist. Um eine Gesamtsumme der nicht im Budget enthaltenen - dort aber nachrichtlich mitgeteilten - Einnahmen und Ausgaben zu erhalten, müßte man deshalb zuerst die Vielzahl der einzelnen Beträge der Teilübersichten und dann die Teilsummen zu einer Gesamtsumme addieren. Dieser Aufwand erschien uns angesichts des langen Untersuchungszeitraums zu hoch. Es bleibt hier nur, auf diese Art der Unübersichtlichkeit hinzuweisen. Hinzukommt, daß die an einer Stelle etatmäßig nachgewiesenen Zuschüsse an losgelöste Fonds nicht die einzigen sein müssen. Solche können auch bei anderen Staatsverwaltungszweigen vorkommen[155]. Das ist jedoch keine besondere preußische Spezialität, sondern ist in den anderen Staaten auch zu beobachten.

Haushaltsrechtliche Bestimmungen, die die finanziellen Verknüpfungen zwischen den Budgets und davon unabhängigen Fonds regeln, konnten in Bayern nicht ausgemacht werden. Nachweise über die Einnahmen und Ausgaben der Fonds liegen aber schon ab der Haushaltsperiode 1825/26 vor. Sie werden allerdings nicht - wie in Preußen - in den Etatentwürfen veröffentlicht, sondern in den Rechnungen. In Preußen hat man es also mit Soll-Zahlen zu tun, in Bayern mit Ist-Zahlen. Auch hier erfolgt keine Summierung der Fondseinnahmen und -ausgaben. Alle Fondsnachweise werden aber am Ende der Rechnungen zusammengefaßt, so daß deren Addition mit vertretbarem Aufwand erfolgen konnte. Anders als in Preußen sind in Bayern auch die Vermögensbewegungen als Einnahmen und Ausgaben erfaßt, so daß eine Vergleichbarkeit der Summen grundsätzlich nicht gegeben ist. Tabelle 2.1. zeigt die Ergebnisse.

Demnach sind in Bayern in der Etatperiode 1825/26 2 vom Budget unabhängige Fonds nachgewiesen, 1913 47. Ein großer Anstieg der Zahl außerbudgetmäßiger Fonds ist ab der Budgetperiode 1908 zu verzeichnen. Das hängt u.a. damit zusammen, daß in diesem Jahr der Finanzminister die Existenz einer Anzahl von Reptilienfonds aufdeckte, deren Mittel in vom Staatsbudget unabhängige Fonds umgewandelt wurden[156]. Allein an der Anzahl der Fonds gemessen, ist in Bayern in der zeitlichen Entwicklung eine deutliche Tendenz zur Flucht aus dem Budget zu erkennen.

Budgetmäßige Zuschüsse an die Fonds sind nur selten ausgewiesen. Vom Rechnungsjahr 1829/30 bis 1865/66 betragen sie je nur 10.000 fl., die jeweils an den Unterstützungsfonds für pragmatisch angestellte Staatsdiener fließen.

---

[155] Vgl. auch Herrfurth 1899, S.11.

[156] Vgl. Kummer 1964, S.91, Fußnote 2.

Dementsprechend gering ist in diesem Zeitraum auch der Anteil der Staatszuschüsse an den Fondseinnahmen insgesamt. Er liegt zwischen 0,1 % (1854/55) und 1,8 % (1841/42). Ab dem Rechnungsjahr 1872 erhöhen sich die Staatszuschüsse zum Teil beträchtlich. Ihr - schwankender - Anteil an den Fondseinnahmen insgesamt pendelt zwischen 0,8 % (1905) und 34,1 % im Jahr 1900[157].

Ob die Zuschüsse tatsächlich in den Budgets nachgewiesen sind, ist nur schwer überprüfbar, bis zur Vorlage der Spezialetats der Budgetperiode 1849/51 überhaupt nicht. Eine Stichprobe hat ergeben, daß z.B. im Budget für 1876 und 1877 im "*Etat für Unterstützungen der Staatsdiener, Staatsbediensteten und ihrer Relicten*" 102.860 Mark oder 60.000 fl. veranschlagt sind[158]. Der in der Rechnung nachgewiesene Staatszuschuß zu dem Fonds beträgt 120.000 M., weicht also um 17.140 M. davon ab. Im gleichen Jahr ist im Spezialetat des Staatsministeriums der Finanzen eine Position "*Aufwand an Unterstützungen für das rentamtliche Gehilfenpersonale und dessen Relikten*" in Höhe von 51.430 M. aufgeführt[159]. Der in der Rechnung des Fonds des gleichen Jahres verrechnete Staatszuschuß beträgt 41.524 M. Wie aus der Vorbemerkung zu der Fondsrechnung zu entnehmen ist, wird der überschüssige Betrag zur Ansparung eines Fondsvermögens verwendet[160]. Bei den Staatszuschüssen, die in den Rechnungen der ausgegliederten Fonds nachgewiesen sind, ist i.d.R. nicht vermerkt, aus welcher Etatposition sie herrühren. Ausnahmen kommen allerdings auch vor. So ist beim Unterstützungsfonds für Staatsdiener und ihre Relikten vermerkt, daß der Zuschuß aus dem "*Wohltätigkeitsetat*" stammt[161]. Es ist aber nurmehr Zufall, wenn die Zuschußtitel im Budget aufgefunden werden können, da sie in aggregierten Etatpositionen aufgegangen sein oder sich aus verschiedenen kleineren Budgetposten, die bei unterschiedlichen Verwaltungszweigen veranschlagt sind, zusammensetzen können. Insgesamt scheinen

157 Siehe Tabelle 2.1., Spalte 3.

158 Vgl BaEE 1876/77, Beilage XXXI, S.1054.

159 Vgl. BaEE 1876/77, Beilage XXIX, Kapitel 3, § 1, Ziffer 2.

160 Die nicht vollständige Verausgabung der Staatszuschüsse und die Verwendung der Überschüsse wird damit erklärt, daß "an dem Grundsatze festgehalten wurde, daß nur an vermögenslose, nach langjähriger Dienstzeit ohne Verschulden dienst- und erwerbungsunfähig gewordene Rentamtsgehilfen und deren Wittwen fortlaufende und momentane Unterstützungen zu gewähren seien. Insoweit nun die zu diesem Zwecke budgetmäßig genehmigten Geldmittel unverwendet geblieben sind, wurden dieselben nach den Bestimmungen der jeweiligen Finanzgesetze zu dem Zwecke reservirt, um hieraus einen Unterstützungsfond für das rentamtliche Hilfspersonal bilden zu können, welcher für die Rentamtsgehilfen im Falle der Erwerbsunfähigkeit oder eintretenden hohen Alters bei vorausgegangener entsprechender Dienstleistung und tadellosem Verhalten die Gewährung von lebenslänglichen Sustentationen ermöglichen soll. Nachdem nun die in dieser Weise reservirten Mittel zu einem namhaften Betrage erwachsen waren, wurde die verzinsliche Anlage derselben vom kgl. Staatsministerium der Finanzen angeordnet und dadurch der in Rede stehende Fond, welchem alljährlich die Erübrigungen an den für diesen Zweck budgetmäßig bewilligten Mitteln zugewiesen werden, gebildet" (BaR 1877, Beilage 294, S.36).

161 Siehe z.B. BaR 1832/33, S.77.

jedoch die als "budgetmäßig" ausgewiesenen Staatszuschüsse tatsächlich im Staatshaushaltsetat veranschlagt zu sein, wenn auch versteckt. Die finanzielle Behandlung der als "*Zuschuß aus Zentralfonds*" bezeichneten Einnahmen der "*Fonds zu bestimmten Zwecken*" ist nicht nachzuvollziehen. Zum einen ist unklar, ob es sich um Zuschüsse aus mehreren Quellen handelt, zum anderen, ob es überhaupt budgetmäßige Zuschüsse sind[162]. Mangels Informationen durch das Budget und die Literatur kann diese Frage nicht entschieden werden. In den Tabellen wurden deshalb nur diejenigen Einnahmen der Fonds als "budgetmäßige" Zuschüsse aufgenommen, die auch ausdrücklich als solche in den Fondsrechnungen bezeichnet sind.

Die Ausgaben der Fonds im einzelnen konnten in dem hier gebotenen allgemeinen Rahmen nicht verfolgt werden. Es ist jedoch davon auszugehen, daß zum einen Mittel von den selbständigen Fonds wieder an das Staatsbudget zurückflossen und zum anderen Mittel zwischen den Fonds transferiert wurden. So gehen z.B. ab dem Rechnungsjahr 1863/64 die Ausgaben des Staatsaktivkapitalienfonds voll an den Staatsgüterkaufschillingfonds. Auch werden Überschüsse in einem Jahr in Ausgabe gestellt und im nächsten wieder in Einnahme. Tabelle 2.1. ist von solchen Doppelzählungen nicht bereinigt, sondern weist die in den Rechnungen ausgewiesenen Beträge voll aus. Ein Bereinigung der Beträge um Doppelzählungen und Kapitalbewegungen würde eine eigene Untersuchung erfordern.

Um einen Anhaltspunkt über die finanzielle Bedeutung der Einnahmen und Ausgaben der ausgegliederten Fonds zu bekommen, ist ein Vergleich mit den Staatseinnahmen und -ausgaben notwendig. Zwei Möglichkeiten stehen offen: Man kann die verabschiedeten Etatzahlen oder die Rechnungszahlen als Vergleichsbasis wählen. Da unser Interesse darin besteht, nachzuweisen, wie groß die ungefähre Höhe der im Budget nicht berücksichtigten Einnahmen und Ausgaben ist - mit den oben gemachten Einschränkungen -, wurden in Tabelle 2.1. und den folgenden Tabellen die Anschlagszahlen verwendet. Eine methodischer Mangel liegt darin, daß wir von den nichtbudgetmäßigen Fonds nur die Ist-Zahlen zur Verfügung haben, die bei diesem Verfahren mit den Soll-Zahlen des Budgets verglichen werden. Da die veranschlagten Zahlen der ausgegliederten Fonds nicht veröffentlicht wurden, muß man sich mit dieser methodischen Unzulänglichkeit zunächst abfinden. Wir gehen aber davon aus, daß sie insgesamt nicht allzusehr zu Buche schlägt. An den Dimensionen, in denen sich die Etatwirtschaft der ausgegliederten "*Fonds zu bestimmten Zwecken*" bewegt, dürfte sich bei Verwendung der Voranschläge, sofern sie überhaupt beigebracht werden könnten, nicht viel ändern.

---

[162] Vgl. z.B. beim Unterstützungsfonds für Industrie und Gewerbe in BaR 1908/09, Nachweisung Nr. 3, S.870.

Mit den besagten Einschränkungen bewegen sich die in den Budgets nicht veranschlagten Einnahmen, die den ausgegliederten Fonds zu bestimmten Zwecken zufallen, im Untersuchungszeitraum zwischen 1,8 % (1841/42) und 62,4 % (1913) der gesamten voranschlägigen Nettoeinnahmen[163]. Die nicht im Budget veranschlagten Ausgaben liegen zwischen 0,8 % (1849/50) und 51,7 % (1913) des staatlichen Ausgabenvoranschlags des jeweiligen Jahres[164]. Die Einnahmen werden in Bayern ab der Etatperiode 1868/69 brutto ausgewiesen[165]. Um die Vergleichbarkeit zu wahren, sind von den in den Budgets veranschlagten Einnahmen ab 1868 die Betriebs-, Verwaltungs- und Erhebungskosten abgezogen. Die Zahlenreihen zeigen, daß die Schwankungen zwischen den einzelnen Rechnungsjahren verhältnismäßig groß sind, so daß durchschnittliche Summen, die dem Budget für die nichtetatisierten Einnahmen und Ausgaben für bestimmte Zwecke zugerechnet werden könnten, in bestimmten Budgetjahren kein zutreffendes Bild liefern würden. Allgemeine Aussagen über die Entwicklung des prozentualen Anteils der nicht im Etat nachgewiesenen Einnahmen und Ausgaben lassen sich aufgrund der großen Schwankungen der Einzelwerte kaum treffen[166].

Die in den Rechnungen ausgewiesenen Einnahmen und Ausgaben der "*Fonds für bestimmte Zwecke*" wurden vollständig aufgenommen[167]. Dies muß allerdings nicht heißen, daß die Aufstellung vollständig ist. Ein eindrucksvolles Beispiel hiervon geben die Vorbemerkungen zu einer Reihe von Fonds, die in der Rechnung für 1908/09 **erstmals** nachgewiesen sind. Einige - auch in ihrer Begründung, ihrer Zweckbestimmung und bezüglich ihrer zweckgebundenen Einnahmen - charakteristische Beispiele seien genannt:

- **Gewerbehilfskasse**: Der Fonds ist aus Taxen gebildet, die bis zum 1. Juli 1877 bei der Verleihung von Privilegien für neue oder im Königreich Bayern noch nicht angewandte Entdeckungen, Erfindungen und Verbesserungen auf dem Gebiet der Industrie erhoben werden. Er führte vorher die Bezeichnung "Gewerbeprivilegientaxfonds" und wird bestimmungsgemäß zur Unterstützung des Gewerbes in Form gering verzinslicher Darlehen verwendet[168].

---

163 Vgl. Tabelle 2.1., Spalte 5.

164 Vgl. Tabelle 2.1., Spalte 8.

165 Vgl. dazu näher Abschnitt 3.3.

166 Kummer 1964, S.91 bezieht seine Zahlen angeblich ebenfalls aus den bayerischen Rechnungen. Sie stimmen aber weder in der Fondsanzahl noch in den Einzelbeträgen mit den von uns erhobenen Daten überein - mit Ausnahme der Einnahmen von 1868.

167 Mit Ausnahme des Getreidemagazinfonds, bei dem anfangs die Rechnungslegung nicht geldmäßig erfolgte.

168 Siehe BaR 1908/09, Nachweisung Nr. 4, S.873.

- **Unterstützungsfonds für Justizkanzleibedienstete:** Der Fonds besteht seit 1811 und wird von 1840 bis 1890 aus der Königlichen Kabinettskasse gespeist[169]. Über sein zwischenzeitliches Schicksal ist nichts erwähnt.

- **Fonds der Gendarmerie:** Der Dispositions- und Unterstützungsfonds besteht seit der Errichtung der Gendarmerie (1813) und bezieht seine Einnahmen aus Beiträgen und Strafgeldern der Mannschaft, Kapitalzinsen, aus dem vormaligen Hälftebetrag und späteren Gesamtanfall der mittlerweile aufgehobenen Monturschnitterspamisse sowie aus den jährlichen Zuschüssen aus Etatmitteln. Der bis 1905 bestehende Anzeigengebührenfonds der Mannschaft wird ab 1. Januar 1904 mit dem Kapitalbestand von 43.400 M. dem Unterstützungsfonds einverleibt[170].

- **Betriebsreservefonds des Hofbräuhauses:** Aus den Einnahmeüberschüssen des Hofbräuhauses 1881/82 durch das Finanzgesetz von 1884 eingerichtet, wird er durch die in dem jeweiligen Etat des Hofbräuhauses vorgesehenen Zuschüsse verstärkt. "*Er ist zur Bestreitung von Aufwendungen bestimmt, für die sich das Bedürfnis erst nach der Etatsaufstellung ergeben hat und die ohne Beeinträchtigung der staatlichen Interessen nicht bis zur nächsten Etatsaufstellung zurückgestellt werden können*"[171].

- **Betriebs- und Reservefonds für Motorpostlinien:** Durch das außerordentliche Budget der Jahre 1908/09 wird auf Rechnung der allgemeinen Staatsanleihe die Summe von 2.500.000 M. zur Gründung des Fonds bewilligt. Auf seine Rechnung werden vorschußweise die Anschaffungskosten der für die Motorpostlinien erforderlichen Fahrzeuge und deren Ersatzteile, ferner der Motorwagenhallen und deren Einrichtung (Maschinen und Werkzeuge) sowie die Kosten der Ausbildung des Fahrerpersonals bestritten. Die dem Fonds entnommenen Beträge fließen diesem nach Maßgabe eines Abschreibungsplanes in jährlichen Raten aus dem ordentlichen Etat wieder zu[172].

- **Unterstützungsfonds für das Postpersonal:** Das Fondskapital basiert auf dem auf Bayern entfallenden Anteil des Überschusses aus der Verwaltung der französischen Landesposten durch die deutsche Reichspostverwaltung während des Krieges gegen Frankreich in den Jahren 1870 und 1871[173].

---

169 Siehe BaR 1908/09, Nachweisung Nr. 5, S.875.

170 Siehe BaR 1908/09, Nachweisung Nr. 14, S.903.

171 Siehe BaR 1908/09, Nachweisung Nr. 28, S.941.

172 Siehe BaR 1908/09, Nachweisung Nr. 34, S.953.

173 Siehe BaR 1908/09, Nachweisung Nr. 36, S.959.

- **Unterstützungsfonds für das Personal der königlich bayerischen Posten und Telegraphen:** Der Fonds - durch Allerhöchste Verordnung vom 3. Oktober 1857 gegründet - kommt dem nicht pragmatisch angestellten Personal der königlich bayerischen Verkehrsanstalten zugute. Am 1. Juli 1878 erfolgt seine Auflösung und Umwandlung zu einem allgemeinen Pensionsfonds für das gesamte statusmäßige Personal der königlichen Verkehrsanstalten, getrennt nach einem jeweils besonderen Unterstützungsfonds für die Betriebs-, die Post- und die Telegraphenabteilung. Zu diesem Zweck wird dem Unterstützungsfonds der Postabteilung der Betrag von 188.100 M. und jenem der Telegraphenabteilung von 2.439 M. als Vermögensstock und für beide Fonds je die Strafgelder sowie der Erlös aus herrenlosen Gegenständen als Einnahmequelle zugewiesen. Die Vereinigung der Telegraphenabteilung mit der Postabteilung 1880 hat auch die Zusammenlegung beider Fonds unter der Bezeichnung "*Unterstützungsfonds der Post- und Telegraphenverwaltung*" zur Folge. Aus ihm werden die momentanen Unterstützungen an das nicht pragmatisch angestellte Personal sowie dessen Hinterbliebenen bestritten[174].

Die beispielhaft angeführten Vorbemerkungen zu den Fondsrechnungen lassen folgende Schlußfolgerungen zu: Die in den Rechnungen nachgewiesenen, vom Budget ausgegliederten Fonds zu bestimmten Zwecken stellen nur einen Teil der tatsächlich existierenden selbständigen Fonds dar. Der in den Rechnungen ausgewiesene Teil dürfte insbesondere in der Zeit vor der Budgetperiode 1908/1909 eher der kleinere sein[175]. Viele Fonds, die ab hier erstmals ausgewiesen sind, bestanden schon beträchtlich länger. Ihnen wurden eigene Einkünfte zugewiesen, die im Staatsbudget fehlen. Die Fonds erfüllten vielfältige Staatsaufgaben. Pensions- und Unterstützungsaufgaben waren bevorzugt ausgelagert. Die hierfür im Staatsbudget aufgeführten Beträge geben deshalb nur ein unzureichendes Bild von den tatsächlich vom Staat für diese Zwecke verausgabten Mittel. Fonds für bestimmte Zwecke wurden u.a. eingerichtet, um die finanzielle Beweglichkeit von Staatsunternehmen zu sichern. Sie hatten eine Art Pufferfunktion. Beim Verausgaben von Fondsmitteln war man nicht an die für die Staatsbudgets geltenden Regeln gebunden. Größere Investitionen konnten durch die Fonds vorfinanziert werden. Die Mittel flossen ihnen - in gleichmäßigen Abschreibungsraten "geglättet" - durch das Budget wieder zu. Die Regierung machte sich damit in ihrem Finanzgebaren vom Parlament ein großes Stück unabhängig. Ihre Dotation erfolgte häufig nicht budgetmäßig, sondern durch Zuweisung von Mitteln durch das Finanzgesetz oder besondere Gesetze. Sie tauchen also nicht in den Staatshaushaltsplänen auf. Die Gesamtzahl und die Höhe der Fonds, mit denen im Verborgenen gewirtschaftet

---

[174] Siehe BaR 1908/09, Nachweisung Nr. 37, S.961.

[175] Das kann anhand der Fondsrechnungen ab 1908 gezeigt werden. Die Anzahl der Fonds, die auf frühere Gründungsjahre zurückgehen, ist beträchtlich.

wurde, ist nirgends aufzufinden. Man muß deshalb zu den nachgewiesenen ausgegliederten Fonds zu bestimmten Zwecken noch eine gewisse Dunkelziffer der nicht nachgewiesenen rechnen. Wie groß diese allerdings ist, darüber kann nur spekuliert werden.

In Sachsen legt das Staatshaushaltsgesetz von 1904 fest, daß neue staatliche Bestände (Fonds) zu bestimmten Zwecken von Staats wegen nur auf dem Wege der Gesetzgebung begründet werden dürfen[176]. Zuvor reichte eine einfache ständische Zustimmung aus. Bei der Regelung ging man davon aus, daß durch sie eine klarere Begrenzung der Zwecke, denen solche Fonds dienen können, herbeigeführt und eine festere Grundlage für das Gebaren mit den Mitteln der Fonds gewonnen wird[177]. Weitergehende rechtliche Regelungen sind uns nicht bekannt.

In den sächsischen Rechnungen wird ab der Finanzperiode 1843/45 in zwei verschiedenen Beilagen über ausgegliederte Fonds Rechenschaft abgelegt. In der einen sind die Einnahmen und Ausgaben der Universität Leipzig aufgeführt. Auf sie wird weiter unten noch einzugehen sein. Die zweite beinhaltet die "*Uebersicht des Aufwandes für die allgemeinen Straf- und Versorgungs-Anstalten nebst Commission und deren Dependenzen, in Vergleichung gestellt mit den zu diesem Behuf vom Landeszahlamte verabreichten Unterhaltungsgeldern*". Im Rechnungsjahr 1843/45 sind darin folgende Anstalten nachgewiesen:

- Kommission nebst Kanzlei und Rechnungsexpedition,
- Heil- und Verpflegungsanstalt zu Sonnenstein,
- Landesversorgungsanstalt zu Colditz,
- Blindenanstalt zu Dresden,
- Landeswaisenhaus zu Großhennersdorf,
- Vereinigte Landesanstalten zu Hubertusburg,
- Corrections- und Erziehungsanstalt zu Bräunsdorf,
- Corrections- und Arbeitsanstalt zu Zwickau,
- Zucht- und Correctionshaus zu Waldheim.

Nachgewiesen sind jeweils die vom Landeszahlamt abgegebenen Unterhaltungsgelder, der bestrittene wirkliche Aufwand, der Vermögenszuwachs der Anstalten und die von deren Vermögen zugeschossenen Beträge. Pro Anstalt ist jeweils ein ordentlicher und gegebenenfalls auch ein außerordentlicher Betrag

[176] Vgl. SäSHHG 1904, § 17.

[177] Vgl. Löbe 1904, S.691.

aufgeführt. Festzuhalten ist damit, daß es auch in Sachsen ausgegliederte Fonds gab, deren Einnahmen und Ausgaben bzw. Überschüsse und Zuschüsse nicht im Budget erscheinen.

Von den genannten Fonds sich unterscheidende ausgegliederte "*Fonds zu bestimmten Zwecken*" werden ab dem Rechnungsjahr 1880/81 in einer gesonderten Rechnungsbeilage aufgeführt. Der Nachweis enthält den jeweiligen Bestand der Fonds zu Beginn der Finanzperiode, den Zuwachs durch "*Beiträge aus der Staatscasse und bestimmungsgemäße Zuschüsse*" sowie durch Zinsen und verschiedene andere Einnahmen, den Abgang durch "*bestimmungsgemäße Leistungen*" und durch den Regieaufwand und verschiedene andere Ausgaben sowie den Bestand am Ende der Finanzperiode. Vermögensverschiebungen werden also wie in Preußen und anders als in Bayern nicht berücksichtigt. Die Beträge sind summiert. Die Zahl der ausgegliederten Fonds bewegt sich im Untersuchungszeitraum zwischen 31 und 37. Sie bleibt damit verhältnismäßig konstant[178].

Die Zwecke der Fonds gestalten sich vielfältig. Im Rechnungsjahr 1886/87 besteht u.a. ein Vermehrungsfonds bei den Königlichen Sammlungen für Kunst und Wissenschaft, ein Justizministerialblattfonds, ein Gendarmerie-Separatfonds, ein Fonds für Dienstalterszulagen für Unteroffiziere, ein Reservefonds der Cultusministerialkasse und ein Unterstützungsfonds des Ministeriums der auswärtigen Angelegenheiten. Über die allgemeine Bestimmung der Fonds, deren Gründungsdatum und deren rechtliche Grundlage gibt es - im Gegensatz zu Bayern - keine Angaben. Stattdessen werden in einer Erläuterungsspalte zum Teil Angaben über die in dem Rechnungsjahr verausgabten Mittel gemacht. So kann man z.B. über die Ausgaben des Fonds für Landwirtschaftskommissare erfahren: "*Die verausgabten 1.100 M. bestanden in einer vom 1. Mai 1887 ab laufend gewährten Unterstützung, beziehentlich in einer Curkostenbeihilfe an einen landwirthschaftlichen Obercommissar*"[179]. Es flossen auch Mittel an die Staatskasse zurück, beispielsweise im Jahr 1886/87 1.254 M. vom "*sogenannte(n) eigenthümliche(n) Vermögen der vormaligen chirugisch-medicinischen Akademie*".

Teilweise wird in der Bemerkungsspalte erläutert, in welchem Kapitel der Rechnung der Staatszuschuß in Ausgabe gestellt ist. Eine punktuelle Überprüfung hat ergeben, daß die Zuschüsse wohl generell im Budget verausgabt sind, auch wenn bei den betreffenden Posten nicht auf den korrespondierenden Etat- bzw. Rechnungstitel verwiesen wird. Allerdings lassen sich die Geldströme - wie in Bayern - nicht immer nachvollziehen. Im Rechnungsjahr

---

178 Vgl. Tabelle 3.1., Spalte 1.

179 Siehe SäR 1886/87, S.519.

1886/87 ist z.B. ein Fonds für landwirtschaftliche Ausstellungen eingestellt, der - laut Rechnung - einen Staatszuschuß von 4.000 M. erhielt. Dieser ist im Kapitel "*Zur Beförderung der Landwirthschaft*" bei der "*Dispositionssumme, nach Abzug der Einnahmen und einschließlich des Beitrags zu dem Fonds für landwirtschaftliche Ausstellungen*", verbucht[180]. Beim Einzelnachweis der erfolgten Ausgaben in der Erläuterungsspalte taucht jedoch ein Betrag von 13.395 M. für "*Beihilfen zu landwirthschaftlichen Ausstellungen und Versammlungen*" auf. Daraus ist zu schließen, daß für den gleichen Zweck zum Teil etatmäßige und zum Teil außeretatmäßige Mittel aufgewendet wurden. Hinweise auf die Vollständigkeit bzw. Unvollständigkeit der aufgelisteten Fonds zu bestimmten Zwecken gibt es nicht. Es konnte auch nicht eruiert werden, ob es sich um Fonds mit bestimmter Rechtsform handelt, so daß wir auf die in den Rechnungen enthaltenen Informationen beschränkt sind.

Tabelle 3.1. zeigt, daß die sächsische Fondsfinanzierung zunächst völlig anders aussah als die bayerische. Bis 1896/97 bestehen die Fondseinnahmen fast ausschließlich aus budgetmäßigen Zuschüssen. Die Rechnungsperiode 1898/99 bringt einen Bruch[181]. Ab da überwiegen die eigenen Einnahmen der Fonds. Der Anteil der durch Staatszuschuß gedeckten Ausgaben sinkt entsprechend von 88,2 auf 55 %[182]. Der schwankende Beitrag der Staatszuschüsse zu den Fondsausgaben insgesamt läßt allerdings kein einheitliches Bild aufkommen.

In Sachsen stellt sich das Problem der Vergleichsbasis, zu der die Einnahmen und Ausgaben der Fonds zu bestimmten Zwecken in Beziehung gesetzt werden sollen, anders als in Bayern. Dort haben wir die im Gesetzblatt veröffentlichten Anschläge der Staatseinnahmen und -ausgaben, ab 1868 umgerechnet in Nettogrößen, verwendet. Anders als in Preußen und Bayern ist das sächsische Budget in Überschuß- und Zuschußverwaltungen eingeteilt, die je ihre eigenen Einnahmen und Ausgaben haben[183]. Man hat die Wahl, ob man als Vergleichsbasis Netto- oder Bruttogrößen nimmt. Die Verwendung der Bruttobeträge hat den Vorteil, daß man die Staatseinnahmen und -ausgaben der Überschuß- und Zuschußverwaltungen addieren kann und so eine Vergleichsgröße gewinnt. Sie hat aber den Nachteil, daß die Größenordnungen mit den Ergebnissen aus Bayern nicht verglichen werden können, da wir dort aus bereits dargelegten Gründen Nettogrößen verwendet haben. Eine zweite Möglichkeit besteht in der Wahl von Nettobeträgen als Vergleichsbasis. In diesem Fall muß man entscheiden, ob die Fonds ihrem Inhalt nach den Zuschuß- oder den Überschußverwaltungen zuzuordnen sind, ein Problem, das sich relativ leicht lösen läßt:

---

180 Vgl. SäR 1886/87, Kapitel 45 der Ausgaberechnung, Titel 1.

181 Vgl. Tabelle 3.1., Spalte 3. Über die Gründe hierfür siehe Tabelle 3.1., Fußnote D).

182 Vgl. Tabelle 3.1., Spalte 8.

183 Näheres dazu in Abschnitt 3.3., S.173 f.

Überschüsse, die ausgegliederte Fonds zu bestimmten Zwecken erwirtschaften, werden - wie oben bereits dargelegt - nicht zur Gesamtdeckung der Staatsausgaben verwendet, sondern verbleiben den ausgesonderten Fonds. Den Fonds fließen hingegen budgetmäßige Zuschüsse zu. Sie machen in Sachsen im Untersuchungszeitraum zwischen 34,9 (1898/99) und rund 1.220 % (1882/83) der eigenen Fondseinnahmen aus[184]. Aus Sicht des Staatsbudgets handelt es sich also, von unerheblichen Ausnahmen abgesehen, um Zuschußverwaltungen. Vergleichsbasis ist, nimmt man diese Summen, nur ein Teil der Staatseinnahmen und -ausgaben, nämlich die der Zuschußverwaltungen. Welche Variante man wählt, ist Ansichtsache. Es ist allerdings zu berücksichtigen, daß man durch die zwei Varianten voneinander abweichende Ergebnisse erhält.

In Tabelle 3.1. wurden beide berechnet. Die nicht im Etat nachgewiesenen Einnahmen schwanken im Verhältnis zu den gesamten Staatseinnahmen zwischen 0,22 und 0,52 % (1880/81)[185], im Verhältnis zu den Einnahmen der Zuschußverwaltungen dagegen zwischen 1,25 (1902/03) und 6,58 % (1880/81)[186]. Die Wahl der Vergleichsbasis hat also hier relativ starken Einfluß auf die Höhe der Quote. Die nicht im Etat nachgewiesenen Ausgaben liegen im Verhältnis zu den etatmäßigen Staatsausgaben insgesamt zwischen -0,38 (1888/89) und 1,29 % (1882/83)[187], im Verhältnis zu den etatmäßigen Ausgaben der Zuschußverwaltungen zwischen -1,02 (1884/85) und 2,28 % (1882/83)[188]. Die negativen Zahlen kommen dadurch zustande, daß die Staatszuschüsse z.T. höher sind als die Ausgaben der Fonds insgesamt. Die nicht nachgewiesenen Ausgaben sind immer geringer als die nicht nachgewiesenen Einnahmen, da i.d.R. zum einen nicht alle Einnahmen unbedingt auch verausgabt wurden und zum anderen der Betrag der Ausgaben der Zuschußverwaltungen beträchtlich höher ist als derjenige der Einnahmen.

Die Daten der Staatseinnahmen und -ausgaben stammen nicht - wie in Bayern - aus den mit dem Landtag festgestellten Etats, sondern aus den Etatentwürfen, da in Sachsen kein festgestelltes Budget veröffentlicht wurde[189]. Unter diesen Voraussetzungen - auch weil Vermögensverschiebungen in den sächsischen Zahlen nicht enthalten sind - ist ein Vergleich mit den bayerischen Zahlen nur bedingt möglich.

---

[184] Vgl. Tabelle 3.1., Spalte 4.

[185] Vgl. Tabelle 3.1., Spalte 5.

[186] Vgl. Tabelle 3.1., Spalte 6.

[187] Vgl. Tabelle 3.1., Spalte 9.

[188] Vgl. Tabelle 3.1., Spalte 10.

[189] Siehe dazu oben Abschnitt 3.1.

Nur spärlich sind die Informationen, die über das württembergische Fondswesen vorliegen. Rechtliche Regelungen über die finanziellen Verknüpfungen von Staatsbudget und ausgegliederten Fonds liegen nicht vor. Hinweise, daß es trotzdem selbständige Fonds gegeben hat, finden sich hin und wieder in den Finanzgesetzen. So werden z.B. durch das Finanzgesetz - wohlgemerkt nicht durch das Budget - von 1836 dem Fonds zur Erleichterung der Ablösung gutsherrlicher Gefälle 1.150.000 fl. zugewiesen[190]. Durch das Finanzgesetz von 1864 geht das Vermögen der vormals fürstlich Ellwang'schen Witwen- und Waisenkasse, welches der Regierung zur Disposition zugefallen ist, auf die Pensionsanstalt der Hinterbliebenen von Zivilstaatsdienern zur Vermehrung ihres Grundstockvermögens über[191]. Weitere Hinweise ergeben sich aus der Staatshaushaltsrechnung für das Etatjahr 1877/78. Bei der Nachweisung über den Vermögensstand der Finanzverwaltung befindet sich der Vermerk, daß zu der Rechnung ein ungedruckter Anhang gehört, bestehend aus den Jahresabschlußrechnungen über

- den Zolldieneralimentierungsfonds,
- die Volksschullehrerpensions- und Schullehrerwitwenkasse,
- die Lehrerwitwenkasse und
- die Unterstützungskasse für die niederen Diener der Steuerverwaltung[192].

Ab dem Rechnungsjahr 1879/80 ist die "*Uebersicht über die Einnahmen und Ausgaben für die Unterstützungskasse der niederen Steuerdiener*" als Anlage zu der Nachweisung über den Vermögensstand der Finanzverwaltung in den Rechnungen enthalten. Insgesamt werden in Württemberg im Untersuchungszeitraum nur vier verschiedene Fonds in den Rechnungen nachgewiesen: der eben erwähnte, der ab der Etatperiode 1909/10 wieder wegfällt, der Eisenbahnreservefonds, der ab 1899/1900 nachgewiesen ist[193], die ab dem gleichen Jahr erfolgende "*Nachweisung der Ergebnisse der Rechnung über die von Gerichten hinterlegten Gelder*" und der Forstreservefonds ab der Rechnung 1905/06[194].

---

190 Vgl. WüFG 1836, Art. 6, Ziffer 6.

191 Vgl. WüFG 1864, Art. 6.

192 Vgl. WüR 1877/78, S.333.

193 Nach dem Gesetz vom 29. Juli 1899 werden ihm Überschüsse der laufenden Verwaltung der Staatseisenbahnen überwiesen (vgl. Schall 1910, II, S.2).

194 Der 1905 gegründete Fonds hat für die Deckung von Einnahmeausfällen bei den Staatsforsten aufzukommen. Zu diesem Zweck wird er mit gewissen - gesetzlich begrenzten - außerordentlichen Holznutzungen dotiert (vgl. Schall 1910, II, S.2).

Die Einnahmen und Ausgaben der in Württemberg nachgewiesenen ausgegliederten Fonds sind in Tabelle 4.1. festgehalten. Wie in Bayern - anders als in Preußen und Sachsen - gehen in Württemberg die Vermögensveränderungen und -umschichtungen in die Rechnungen ein. Bis einschließlich dem Rechnungsjahr 1898/99 erhalten die Fonds keine budgetmäßigen Zuschüsse. Die ab 1899/1900 nachgewiesenen Zuschüsse kommen aus dem Ertrag der Staatseisenbahnen und fließen ausschließlich in den Eisenbahnreservefonds. Die Zahlenkolonnen bestätigen auch das immer wieder hervorgebrachte Argument gegen das Fondswesen: Die Einnahmen - und dementsprechend auch die Ausgaben - schwanken von Jahr zu Jahr zum Teil beträchtlich. Der budgetmäßige Zuschuß variiert zwischen 84,5 (1904/05) und 0 % der gesamten Einnahmen der Fonds[195]. Die nicht im Budget nachgewiesenen Einnahmen liegen zwischen 0,5 und 11,3 % (1907/08) der Nettoeinnahmen[196]. Die nicht im Budget nachgewiesenen Ausgaben haben einen Anteil zwischen -1,9 (1906/07) und 10,4 % (1907/08) der budgetmäßigen Ausgaben[197]. Der Staatszuschuß, der an die Fonds geleistet wird, ist im Betrachtungszeitraum viermal höher als deren Ausgaben insgesamt, weshalb der prozentuale Anteil der nicht im Budget nachgewiesenen Ausgaben in diesen Fällen negativ wird[198]. Insgesamt ist er u.E. relativ hoch, wenn man bedenkt, daß im Höchstfall lediglich vier Fonds in die Berechnung eingehen. In Württemberg haben wir auch die ausgewiesenen Zu- bzw. Vorschüsse erfaßt, die von den Fonds an die laufende Verwaltung fließen. Auch sie sind starken Schwankungen unterworfen. Im Rechnungsjahr 1901/02 betragen sie z.B. 74,4 % der Fondsausgaben, während sie in einer Reihe von Jahren überhaupt nicht vorkommen oder unter 1 % liegen[199].

Die in manchen Jahren die Ausgaben der Fonds übersteigenden Zuschußleistungen sowie die z.T. hohen Rückflüsse an die laufende Verwaltung - wobei nicht klar ist, ob es sich um budgetmäßige oder außerbudgetmäßige Rückflüsse von den Fonds in die Staatskasse handelt - lassen, wie schon in Bayern, auch hier die Vermutung aufkommen, daß die Fonds eine gewisse Pufferfunktion hatten. Bei ihnen konnten Finanzmittel einerseits "geparkt" und an-

---

[195] Vgl. Tabelle 4.1., Spalte 4.

[196] Vgl. Tabelle 4.1., Spalte 5. Es werden die mit dem Landtag verabschiedeten Zahlen benutzt. Zu dem Problem des Vergleichs von Soll- und Istzahlen gelten sinngemäß die oben zu Bayern gemachten Anmerkungen (vgl. oben S.138). Im übrigen dienen in Württemberg in allen Tabellen die Nettobeträge als Bezugsgröße, da nur sie durchgehend nachgewiesen sind. Im einzelnen siehe dazu Abschnitt 3.3.

[197] Vgl. Tabelle 4.1., Spalte 9.

[198] Die Staatszuschüsse wurden bei dieser Berechnung hier wie in den anderen Tabellen jeweils von den eigenen Fondseinnahmen und -ausgaben abgezogen, da sie im Budget nachgewiesen sind. Als nicht im Budget nachgewiesene Einnahmen und Ausgaben erscheinen also die eigenen bzw. nicht budgetmäßigen Einnahmen und Ausgaben der Fonds.

[199] Siehe Tabelle 4.1., Spalten 7 und 8.

gesammelt werden, während andererseits auch größere Beträge für bestimmte Zwecke entnommen werden konnten. Es ist anzunehmen, daß neben den nachgewiesenen noch eine ganze Reihe anderer vom Budget losgelöster Fonds existierte[200], allerdings in einer großen Grau- und Dunkelzone, die eine etwaige Abschätzung der tatsächlichen, d.h. auch der nicht budget- oder rechnungsmäßig nachgewiesenen Staatseinnahmen und -ausgaben, beim derzeitigen Forschungsstand zu einem höchst unzuverlässigen Unterfangen geraten lassen.

Es zeigt sich also, daß in allen Staaten eine relativ ausgeprägte Fondswirtschaft herrschte, wobei die Tendenz in den untersuchten Staaten eher zu mehr als zu weniger Fonds ging. Der Nachweis fällt allerdings schwer, da die Belege, welche die Budgets und Rechnungen liefern, nur einen - in Zweckbestimmung und Anzahl unterschiedlichen - Teil der tatsächlichen Fondswirtschaft erfassen. Zudem sind sie meist zwischen den Staaten nicht vergleichbar. Erschwerend kommt hinzu, daß Mitteltransfers von den Budgets zu den Fonds, von den Fonds zu den Budgets und zwischen den Fonds vorgenommen wurden, die zu einer fast nicht mehr zu entwirrenden Vielfalt von Doppelzählungen führen. Wenn man sich zum Ziel setzt, "die" Einnahmen und Ausgaben eines Staates zu erfassen, muß man sie bereinigen. Vorausgesetzt werden muß auch, daß die Fonds nach Anzahl, Art und Größe wenigstens annähernd vollständig erfaßt werden - auch die nicht in Budgets bzw. Rechnungen ausgewiesenen. Und noch ein Ergebnis ist festzuhalten: Alle Mittelzu- und -abflüsse aus Fonds unterliegen sehr starken Schwankungen. Mit allgemeinen Aussagen läßt sich kaum operieren. Man muß sich die Mühe machen, das finanzielle Gebaren in jedem Haushaltsjahr einzeln zu untersuchen.

3.2.4. Universitätsfonds

Bei den oben besprochenen Fonds handelt es sich allgemein um solche für "bestimmte" Zwecke. Daneben gibt es noch eine ganze Reihe von Staatseinnahmen und -ausgaben, die nur zum Teil im Budget stehen. Das soll anhand der Ausgaben für Universitäten und höhere Schulen in Preußen, Bayern, Sachsen und Württemberg demonstriert werden. Die unterschiedlichen Veranschlagungstechniken sollen daneben auch zeigen, wie schwierig sich Budgetvergleiche zwischen den Staaten - selbst in eng begrenzten Sachgebieten - gestalten. Zunächst zu den Universitätseinnahmen und -ausgaben.

In Preußen liegen erst ab dem Jahr 1849 Spezialetats vor. In drei separaten Beilagen sind im Etat für das Ministerium der "*geistlichen, Unterrichts- und*

200 Die außerbudgetmäßigen Mittelzuweisungen in den Finanzgesetzen liefern hierzu eine Reihe von Hinweisen.

Medizinal-Angelegenheiten" die Einnahmen und Ausgaben der Universitäten und ihrer Institute nachgewiesen[201]. Demnach setzen sich die Einnahmen der Universitäten nach den Hauptetats aus eigenen Einnahmen, Zuschüssen aus Staatsfonds, Einnahmen von Universitätsinstituten und Einnahmen aus Stiftungen zusammen, die der Universität zur Verwaltung überwiesen sind. Ausgaben werden für die Universität, für die Universitätsinstitute und für die den Universitäten zur Verwaltung überlassenen Stiftungen und Fonds geleistet. Unproblematisch sind die eigenen Einnahmen der Universitäten und die Zuschüsse aus Staatsfonds. Die eigenen Einnahmen der Universitätsinstitute und der verwalteten Stiftungen werden - mit Unterbrechungen - im Hauptetat von 1849 bis einschließlich 1875 zunächst nur in Einnahme, ab 1864 auch in Ausgabe nachgewiesen. Danach gehen erstere in den Gesamtbetrag der Ausgaben weiterhin mit ein, sind jedoch nicht mehr von den sonstigen Ausgaben abgesetzt. Ob auch die eigenen Einnahmen weiterhin in den Hauptetat eingehen, läßt sich nicht nachvollziehen, ist aber anzunehmen. Wie die Einnahmen und Ausgaben der den Universitäten zur Verwaltung überwiesenen Stiftungen und Fonds weiterhin verbucht sind, läßt sich anhand der Etats nicht ersehen. Im Hauptetat abgesetzt sind auch sie in der Folge nicht mehr.

Als Vergleichsbasis werden in Preußen - wie in den übrigen Staaten - die Nettoeinnahmen und die Ausgaben nach den verabschiedeten Etats benutzt. Die Nettoeinnahmen setzten sich zusammen aus den ordentlichen Einnahmen abzüglich der Betriebs-, Verwaltungs- und Erhebungskosten. Die Ausgaben umfassen die sog. "*Dotationen*", "*Staats-Verwaltungs-Ausgaben*", "*Rückstände aus dem Vorjahr und zurück*", "*Ausgaben für Bundeszwecke und Ablieferungen an den Staatsschatz*" und Ausgaben für die "*Hohenzollernsche Lande*"[202].

Die in den Hauptetats der Universitäten usw. nachgewiesenen Einnahmen und Ausgaben zeigt Tabelle 1.2. Demnach beträgt der Anteil des Staatszuschusses an den Einnahmen insgesamt maximal 74,3 % (1903/05) und minimal 52,6 % (1875)[203]. Die nicht im Etat nachgewiesenen Einnahmen liegen zwischen rund 0,3 und 1 % (1875)[204]. Die Universitätsausgaben werden mindestens zu 50,5 %

[201] Es ist dies die "Zusammenstellung von den in den Haupt-Etats der Universitäten, sowie der theologischen und philosophischen Akademie zu Münster nachgewiesenen Einnahmen und Ausgaben" (Beilage G), die "Zusammenstellung der Nebeneinnahmen der mit Staats-Zuschüssen dotirten Universitäts-Institute und Stiftungen etc." (Unterbeilage 1 zu Beilage G) und die "Zusammenstellung der Einnahmen und Ausgaben derjenigen Universitäts-Institute und Stiftungen etc., welche nicht mit Staatszuschüssen dotirt sind" (Unterbeilage 2 zu Beilage G).

[202] Siehe Tabelle 1.4. Die einmaligen und außerordentlichen Ausgaben wurden nicht mitgerechnet, da in den Budgets von Bayern, Sachsen und Württemberg diese Ausgaben i.d.R. auch nicht in den ordentlichen Budgets enthalten sind. Zur Problematik der ordentlichen und außerordentlichen Ausgaben siehe grundsätzlich Abschnitt 3.4., S.233 ff.

[203] Vgl. Tabelle 1.2., Spalte 6.

[204] Vgl. Tabelle 1.2., Spalte 7.

(1867) durch Staatszuschüsse gedeckt und höchstens zu 79,1 % (1851)[205]. Die nicht im Etat nachgewiesenen Ausgaben belaufen sich auf minimal rund 0,2 % und maximal rund 1,3 % (1875) der etatmäßigen Nettostaatsausgaben[206].

Wesentlich weniger Informationen über die drei Landesuniversitäten München, Würzburg und Erlangen enthalten die bayerischen Budgets und Rechnungen[207]. Bis 1897 sind nur die etatmäßigen Staatszuschüsse an die Universitäten ausgewiesen. Ab dem Etatjahr 1898 werden auch deren Einnahmen nachrichtlich mitgeteilt, nicht aber die Ausgaben[208]. Wie sich die Einnahmen zusammensetzen, ist nicht ersichtlich. Es läßt sich deshalb auch nicht sagen, ob Einnahmen der Universitätsinstitute und Stiftungen - wie in Preußen vor 1876 - darin enthalten sind. Die Staatszuschüsse übersteigen, wie Tabelle 2.2. zeigt, die nachgewiesenen Einnahmen der Universitäten beträchtlich. Sie betragen ungefähr das 2,9- bis 4,5fache derselben [209]. Der Anteil der nicht nachgewiesenen Universitätseinnahmen ist dementsprechend gering[210].

Auf dieser schmalen Informationsgrundlage sind Vergleiche mit den preußischen Universitätseinnahmen und -ausgaben nicht möglich, auch nicht der Zuschüsse. Zum einen gab es in Bayern zahlenmäßig weniger Universitäten, zum anderen können die nachrichtlich mitgeteilten Einnahmen nicht in den gesamten Einnahmerahmen der bayerischen Universitäten eingeordnet werden, da die Budgets nicht die hierfür notwendigen Nachweise bringen. Über die Gesamtausgaben der Universitäten fehlt jegliche Information. Der Aussagegehalt der preußischen und bayerischen Budgets ist in diesem Punkt völlig unterschiedlich.

In Sachsen wurde das Soll der Einnahmen und Ausgaben der Universität Leipzig von 1833 bis 1878/79 den Rechnungen entnommen. Es ist in den Etats ebenfalls ausgewiesen, jedoch für jedes Jahr einzeln, dazu noch unterteilt in etatmäßige und transitorische, d.h. künftig wegfallende Beträge. Der Einfachheit halber wurden die bereits addierten Sollzahlen der Rechnungen verwendet. Ab der Budgetperiode 1880/81 stammen die Zahlen aus den Etatentwürfen. Eine Zweiteilung der Tabellen ist notwendig, da ab 1880/81 die Univer-

205 Vgl. Tabelle 1.2., Spalte 12.

206 Vgl. Tabelle 1.2., Spalte 13.

207 Vgl. Tabelle 2.2.

208 Ab dem Etatjahr 1876/77 ist noch eine Unterbeilage beigegeben, in der die sog. "Personal-Exigenz" ausgewiesen ist (vgl. z.B. BaEE 1877, Beilage Ziffer 28, Unterbeilage Ziffer 3). Die Zusammensetzung der Einnahmen und die gesamten Universitätsausgaben sind jedoch nicht aus ihr ersichtlich.

209 Vgl. Tabelle 2.2., Spalte 3.

210 Vgl. Tabelle 2.2., Spalte 4.

sitätseinnahmen und -ausgaben voll im Budget integriert sind. Tabelle 3.2.1. zeigt die Einnahmen und Ausgaben der Universität Leipzig im Zeitraum von 1833 bis 1878/79. Ausgewiesen sind die eigenen Einnahmen der Universität ab der Etatperiode 1843/45 und die Zuschüsse aus der Staatskasse. Ab der Budgetperiode 1861/63 überschreiten die Zuschüsse aus der Staatskasse die eigenen Einnahmen der Universität[211]. Eine Quote der nicht nachgewiesenen Einnahmen und Ausgaben kann für Sachsen in diesem Zeitraum nicht berechnet werden, da die Budgets bis einschließlich 1878/79 nur Zuschüsse und Überschüsse ausweisen[212] und es keinen Sinn gäbe, die Einnahmen bzw. Ausgaben der Universität mit den etatmäßigen Überschüssen bzw. Zuschüssen des Budgets zu vergleichen. Ab dem Etatjahr 1880/81 wird eine derartige Berechnung so oder so überflüssig, da ab dieser Budgetperiode die Einnahmen und Ausgaben der Universität in voller Höhe in das Budget der Zuschußverwaltungen einfließen. Es erscheinen, wie in Tabelle 3.2.2. ersichtlich, die Einnahmen und Ausgaben und der sich daraus ergebende Zuschuß. Die Ausgaben übersteigen die Einnahmen um das rund 1,8- (1880/81) bis 5fache (1908/09)[213]. Von den Ausgaben müssen zwischen 64,1 (1880/81) und 83,4 % (1908/09) durch Zuschüsse gedeckt werden[214].

Für Budgetvergleiche ist also wichtig festzuhalten, daß in Sachsen ab 1880/81 die Universitätseinnahmen und -ausgaben in die budgetmäßigen Gesamteinnahmen und -ausgaben des Staates eingehen, in Preußen und Bayern hingegen nicht. Von Universitätsinstituten oder Stiftungen, welche die Universität verwaltet, ist in Sachsen - wie zuvor schon in Bayern - in den Etats und Rechnungen nichts vermerkt. Wenden wir uns nun Württemberg zu.

In Württemberg sind den Etatentwürfen bis einschließlich der Etatperiode 1875/76 nur die Zuschüsse an die Universität zu entnehmen. Ab dem Budgetjahr 1876/77 steht für den Universitätsetat ein Spezialetat zur Verfügung. Daraus geht hervor, daß auch in Württemberg die Universitätseinnahmen und -ausgaben voll in das Budget integriert sind. Es werden die Ausgaben veranschlagt und davon die Einnahmen abgezogen, woraus sich der notwendige "Zuschuß" ergibt. Ab wann die Universitätseinnahmen und -ausgaben budgettechnisch voll im Staatshaushaltsetat enthalten sind, ist aus den Etats nicht ersichtlich, da vor dem Etatjahr 1875/76 entsprechende Nachweise fehlen.

Die Einnahmen und Ausgaben der Universität Tübingen sind in Tabelle 4.2. zusammengefaßt. Die veranschlagten Einnahmen der Universität sind ver-

---

211 Vgl. Tabelle 3.2.1., Spalten 1 bis 3.

212 Siehe dazu ausführlich Abschnitt 3.3., S.173 f.

213 Vgl. Tabelle 3.2.2., Spalte 5.

214 Vgl. Tabelle 3.2.2., Spalte 3.

gleichsweise gering[215]. Die Staatszuschüsse betragen z.T. mehr als das 10fache der eigenen Einnahmen (1909/10, 1911/12, 1912/13); minimal sind sie um das rund 3,5fache höher (1878/79)[216]. Darin liegt zweifellos eine württembergische Spezialität, die so in den anderen Staaten nicht zu beobachten ist[217]. Sie läßt den Verdacht aufkommen, daß es sich eventuell doch nicht um alle Einnahmen der Universität Tübingen handeln könnte. Zum Vergleich: Die Universität Leipzig hat laut Anschlag 1914 876.350 M.[218] Einnahmen, die Universität Tübingen dagegen nur 70.000 M.[219]. Auch in Württemberg erübrigt sich, das folgt aus der Natur der hier praktizierten Veranschlagungstechnik, die Berechnung der nicht im Etat enthaltenen Einnahmen und Ausgaben. Rund 82 (1878/79) bis 91 % der Universitätsausgaben werden im Untersuchungszeitraum durch budgetmäßige Staatszuschüsse gedeckt[220].

Im württembergischen Universitätsetat ist, wie ab 1876/77 ersichtlich, auch ein Zuschußbetrag an die Universitätsinstitute enthalten[221]. Für sie werden ab der Etatperiode 1876/77 - wie in Preußen - Spezialetats vorgelegt. Sie scheinen - anders als in Preußen - budgettechnisch unabhängig vom Universitätsetat zu sein. Sie haben eigene Einnahmen und bekommen im Staatsbudget explizit einen Zuschuß zugeteilt. Die Etatisierungstechnik ist bei den Universitätsinstituten anders als bei der Universität: Es wird bis 1914 grundsätzlich nur der Zuschuß in das Budget aufgenommen. Die Einnahmen und Ausgaben der Universität erscheinen damit voll im Budget, die der Universitätsinstitute dagegen nicht.

Die Einnahmen der Universitätsinstitute, die ab 1911/12 in den Budgets nachrichtlich ausgewiesen sind, übersteigen die der Universität beträchtlich[222]. Die "Einnahmelücke" im Verhältnis zur Universität Leipzig wäre damit geschlossen, wenn man davon ausgehen könnte, daß in Sachsen nicht noch vom Budget abgekoppelte Universitätsinstitutsetats bestanden. Anhand der Budgets und Rechnungen läßt sich diese Frage nicht beantworten. Die (außerbudgetmäßigen) Ausgaben der Universitätsinstitute haben sich im Laufe der Zeit immer mehr den (budgetmäßigen) Ausgaben der Universität Tübingen angenä-

---

215 Siehe Tabelle 4.2., Spalte 1.

216 Vgl. Tabelle 4.2., Spalte 5.

217 Vgl. nochmals die Tabellen 1.2., 3.2.1. und 3.2.2.

218 Vgl. Tabelle 3.2.2., Spalte 1. Um den Jahresbetrag zu erhalten, ist die ausgewiesene Summe zu halbieren.

219 Vgl. Tabelle 4.2., Spalte 1.

220 Vgl. Tabelle 4.2., Spalte 3.

221 Die Beträge in Spalte 2 und 4 der Tabelle 4.2. sind gegenüber den im Etat ausgewiesenen Zahlen um den Zuschußbetrag an die Universitätsinstitute (Spalte 7) vermindert.

222 Vgl. Tabelle 4.2., Spalte 1 und 6.

hert, was sich u.a. auch an der prozentualen Zunahme der - insgesamt gesehen geringen - nicht nachgewiesenen Ausgaben im Verhältnis zu den im Budget nachgewiesenen Nettoausgaben zeigt[223]. 1914/15 beispielsweise sind etatmäßig 1.527.270 M. veranschlagt[224], für die Universitätsinstitute nichtetatmäßig 1.450.466 M.[225]. Der Beitrag der Staatszuschüsse zu den Ausgaben der Universitätsinstitute hat eine rückläufige Tendenz[226].

Betrachtet man nun die Budgetierungsarten der Einnahmen und Ausgaben der Universitäten in Preußen, Sachsen, Bayern und Württemberg im Vergleich, so muß man feststellen, daß in den Staatsbudgets von Preußen und Bayern im gesamten Untersuchungszeitraum nur die Zuschüsse an die Universitäten enthalten sind und damit nur ein -geringer - Teil der tatsächlichen Ausgaben der Universitäten und Universitätsinstitute. Deren Einnahmen schlagen in ihnen überhaupt nicht zu Buche. Sie wurden über - vom Staatsbudget abgekoppelte - Fonds verwaltet. Im sächsischen Staatsbudget sind bis 1878/79 ebenfalls nur die Zuschüsse aufgenommen, ab 1880/81 jedoch die gesamten Einnahmen und Ausgaben. In Bayern und Sachsen fehlen weitere Informationen über die Einnahmen und Ausgaben von Universitätsinstituten. Zu der Budgetierungstechnik in Württemberg läßt sich definitv sagen, daß ab 1876/77 die Einnahmen und Ausgaben der Universität Tübingen im Staatsbudget enthalten sind, nicht aber diejenigen der Universitätsinstitute. Für letztere geht nur ein Zuschußbetrag in die etatmäßigen Staatsausgaben ein. Wir haben es also mit dreierlei Budgetierungssystemen zu tun, die alle einen unterschiedlichen Anteil der Universitätseinnahmen und -ausgaben dem Staatsbudget zuweisen. Eines steht jedenfalls fest: Das Budget ist - außer u.U. in Sachsen ab dem genannten Zeitpunkt - ein untaugliches Mittel um im 19. und beginnenden 20. Jahrhundert die gesamten Einnahmen und Ausgaben des Staates für die Universitäten ausmachen zu wollen. Das Fondswesen als Kennzeichen mangelnder Einheit

---

223 Vgl. Tabelle 4.2., Spalte 12.

224 Vgl. Tabelle 4.2., Summe der Spalten 2 und 7.

225 Vgl. Tabelle 4.2., Spalte 10.

226 Vgl. Tabelle 4.2., Spalte 11.

der Budgets steht hier in unmittelbaren Zusammenhang mit deren Unvollständigkeit[227].

3.2.5. Schulfonds

Als zweites Beispiel für die mangelnde Einheit und Einheitlichkeit der Budgetierung bestimmter, eng umgrenzter staatlicher Aufgabenfelder dienen die höheren Schulen.

In Preußen werden die Ausgaben für diesen Zweck in den Spezialetats ab 1849 pauschal, ohne nähere Spezifizierung ausgewiesen[228]. Eine weitere Unterteilung erfolgt ab dem Etatjahr 1876. Es sind folgende Schultypen unterschieden:

- Anstalten landesherrlichen Patronats,
- vom Staat zu unterhaltende Anstalten und Fonds,
- vom Staat und Anderen gemeinschaftlich zu unterhaltende Anstalten,
- von Anderen zu unterhaltende, vom Staat zu unterstützende und ausschließlich von Anderen zu unterhaltende Anstalten sowie
- Fonds, welche vom Staat Zuschüsse erhalten.

Bei letztgenannter Fondsart sind nur die staatlichen Zuschußsummen aufgeführt, ansonsten immer die eigenen Einnahmen der Schulen, deren Einnahmen aus Staatsfonds und deren Ausgaben. Die Einteilung erinnert an die oben aufgeführte Bestimmung, die 1898 im Staatshaushaltsgesetz über den Nachweis von Fondseinnahmen und -ausgaben getroffen wurde[229]. Die Etatpraxis fand also erst wesentlich später Eingang in das Etatrecht.

---

227 Vgl. dazu Abschnitt 3.3. Es ist an dieser Stelle auch darauf hinzuweisen, daß die aufgeführten Staatszuschüsse die außerordentlichen Ausgaben aus verschiedenen Gründen nicht enthalten. In Preußen sind z.B. in den Hauptetats der Universitäten (vgl. Tabelle 1.2.) nur die Staatszuschüsse ausgewiesen, die im Staatsbudget unter den "dauernden" verzeichnet sind, nicht aber die "einmaligen und außerordentlichen". Wohin letztere flossen, kann anhand der Spezialbeilagen nicht nachvollzogen werden. Ein anderes Beispiel ist Bayern, wo es außerordentliche Budgets ab der Etatperiode 1908/09 gab. Wie Tabelle 2.2. zeigt, ist im Zuschußbetrag an die Universitäten zwischen der 28. und 29. Finanzperiode kein auffälliger quantitativer Sprung zu verzeichnen. Im außerordentlichen Budget für 1908/09 sind zusätzlich 720.890 M. ausgewiesen. Es ist also davon auszugehen, daß in den Etatperioden zuvor der außerordentliche Zuschuß nicht budgetmäßig, sondern außerbudgetmäßig erfolgte. Die als "außerordentlich" nachgewiesenen Ausgaben verschärfen die Budgetvergleichsproblematik also zusätzlich (vgl. dazu ausführlich Abschnitt 3.4., S.233 ff.).

228 Vgl. Tabelle 1.3.3. Auf sie wird später noch näher eingegangen.

229 Vgl. dazu oben S.130 ff.

Die absoluten Einnahmen und Ausgaben der genannten Anstalten sind in den Tabellen 1.3.1. und 1.3.2. festgehalten. Wie die Tabellen zeigen, hat das preußische Staatshaushaltsgesetz von 1898 an der Budgetierungstechnik der höheren Schulen weder formal noch inhaltlich etwas geändert. Tabelle 1.3.3. faßt die pauschal ausgewiesenen Summen ab 1849 zusammen. Es ist ein klarer Bruch zwischen den Etatjahren 1874 und 1875 zu erkennen, der nicht mit der Umstellung der Währung von Taler auf Mark erklärt werden kann. 1874 betragen die eigenen Einnahmen für höhere Schulen 2.649.156 und die Ausgaben 3.703.628 fl., 1875 15.647.945 und 19.685.572 M.[230]. Die Beträge vor 1875 können also nur einen Teil der Einnahmen und Ausgaben für höhere Schulen enthalten - vermutlich diejenigen für die vom Staat zu unterhaltenden Anstalten und Fonds[231]. Diesen steigenden Einnahmen und Ausgaben folgen die Zuschüsse aus Staatsfonds nicht: Sie sind 1874 auf 1.054.471 fl. und 1875 auf 4.037.627 M. veranschlagt[232]. Dementsprechend sinkt auch der relative Anteil der Zuschüsse aus Staatsfonds an den eigenen Einnahmen von 39,8 % 1874 auf 25,8 % 1875[233], um 14 Prozentpunkte also. Deren relativer Beitrag zu den Ausgaben sinkt dagegen nur um 8 Prozentpunkte[234]. Der Bruch macht sich auch in den Quoten der nicht im Staatsbudget nachgewiesenen Einnahmen und Ausgaben bemerkbar[235]. Sie sind nach 1875 u.E. hoch, wenn man bedenkt, daß es sich bei den höheren Schulen nur um einen kleinen Teil der gesamten etatmäßigen Staatseinnahmen und -ausgaben handelt.

Von den Einnahmen und Ausgaben der höheren Schulen in Bayern erfahren wir durch das Budget und die Rechnungen bis 1850/51 nur die Ausgaben für "*Erziehung und Bildung*". Im Teiletat 1852/55 der 6. Finanzperiode sind erstmals Zuschüsse für höhere Schulen explizit aufgeführt, in den Spezialetats ab 1868 in Zuschüsse an die Lyzeen, Gymnasien mit verbundenen Lateinschulen, deutsche und isolierte Lateinschulen, Realgymnasien sowie Realschulen differenziert. Die neue Darstellungsform bewirkt, daß der veranschlagte Zuschuß von der Budgetperiode 1861/67 auf die folgende von 607.925 auf 1.241.728 fl. klettert[236]. Dieses Phänomen muß allerdings nicht unbedingt etwas mit der Budgetierungstechnik zu tun haben, da auch die Zuschüsse der Budgetperiode

---

230 Vgl. Tabelle 1.3.3., Spalte 1 und 6.

231 Vgl. dazu Tabelle 1.3.1., Spalte 5 und 8. Die für 1876 aufgeführten Summen entsprechen in etwa, mit Einrechnung der Währungsumstellung, den in Tabelle 1.3.3., Spalte 1 und 6 für 1874 veranschlagten Werten.

232 Vgl. Tabelle 1.3.3., Spalte 2.

233 Vgl. Tabelle 1.3.3., Spalte 3.

234 Vgl. Tabelle 1.1.3., Spalte 7.

235 Vgl. Tabelle 1.1.3., Spalte 4 und 8. Der relative Anteil der nicht im Etat nachgewiesenen Einnahmen beträgt 1874 1,8 % und 1875 3,7 %, derjenige der nicht im Etat nachgewiesenen Ausgaben 1874 2,4 % und 1875 4,6 %.

236 Vgl. Tabelle 2.3., Spalte 6.

1872/73 mehr als doppelt so hoch sind wie die vorhergehenden[237]. Wie bei den Universitäten fehlen alle Hinweise, die eine Einordnung der Zuschüsse in den Einnahme- und Ausgaberahmen der höheren Schulen insgesamt erlauben würden. Man muß sich mit der Feststellung begnügen, daß im Budget nur die Zuschüsse enthalten sind und deren Einnahmen und Ausgaben deshalb in den in den Staatsbudgets veranschlagten Gesamteinnahmen und -ausgaben fehlen. Nur in dieser Beziehung gleichen sich die Budgetierungsformen in Bayern und Preußen.

In Sachsen muß man bei der Erörterung der Kosten für höhere Schulen - wie zuvor schon bei den Universitäten - zwischen der Zeit bis zur Etatperiode 1878/79 und der ab 1880/81 unterscheiden. Von 1833 bis 1878/79 werden in den Etatentwürfen nur die Zuschüsse an die evangelischen Kirchen für die Gelehrten- und Realschulen sowie diejenigen an die katholische Kirche für Schulen und wohltätige Zwecke ausgewiesen. Vergleichsdaten lassen sich mangels Nachweis durch das Budget nicht bilden. Man kann nur konstatieren, daß - wie Tabelle 3.3.1. zeigt - die Zuschüsse insgesamt von einer Budgetperiode zur anderen oft starken Schwankungen unterliegen. Für die Budgetperioden 1880/81 und 1882/83 werden in den Spezialetats nur die Gesamteinnahmen und Ausgaben ohne nähere Aufschlüsselung ausgewiesen, wobei noch zusätzlich die Werte zwischen Spezialetats und Gesamtübersicht - geringfügig - voneinander abweichen[238]. In den folgenden Jahren sind die Einnahmen und Ausgaben unterteilt in die für Fürsten- und Landesschulen und andere. Bei den Ausgaben werden zusätzlich noch "*Allgemeine Ausgaben*" für höhere Schulen ausgewiesen. Die Ergebnisse sind in Tabelle 3.3.2. festgehalten. Wie auch bei den Universitäten sind die Einnahmen und Ausgaben für die höheren Schulen ab 1880/81 vollständig im Budget und damit in dessen Gesamteinnahmen und -ausgaben aufgegangen. Die Zuschüsse sind nicht mehr, wie noch vor der 19. Finanzperiode, von Etatjahr zu Etatjahr sehr wechselhaft, sondern steigen ab 1880/81 nahezu ständig an[239], ebenso der relative Anteil der Ausgaben, der durch Zuschüsse gedeckt werden muß[240].

Eine Vergleichbarkeit der Budgets bezüglich der Ausgaben für höhere Schulen könnte in Sachsen also vor 1880/81 und ab diesem Budgetjahr nicht gegeben sein. Bei den vor der 19. Budgetperiode an die evangelische und katholische Kirche adressierten Beträgen scheint es sich um echte Zuschüsse an einen nichtstaatlichen Schulträger zu handeln. Ab 1880/81 sind die nachgewiesenen Einnahmen und Ausgaben voll im Budget erfaßt, d.h., daß bei diesen Schulen

---

237 1870/71 betragen sie 1.309.068 fl. und 1872/73 2.680.077 fl. (vgl. Tabelle 2.3., Spalte 6).

238 Siehe dazu Tabelle 3.3.2., Fußnote A).

239 Vgl. Tabelle 3.3.2., Spalte 9.

240 Siehe Tabelle 3.3.2., Spalte 5.

die Schulträgerschaft wohl beim Staat liegt. Die Schuleinnahmen und -ausgaben sind staatliche in dem Sinne geworden, als sie staatsbudgetmäßig ausgewiesen sind. Gegen diese Vermutung spricht, daß sich die Staatszuschüsse durch diese Veränderung nicht auffällig erhöht haben: 1878/79 betragen sie 1.708.056 M.[241] und 1880/81 1.758.026 M.[242]. Alle damit in Zusammenhang stehenden Fragen müssen - weil nicht mit Hilfe der Budgets und der von uns verwendeten Literatur zu beantworten - offen bleiben. Solange diese Zweifel nicht beseitigt sind, lassen sich die Einnahmen und Ausgaben für höhere Schulen vor und ab der 19. Finanzperiode nicht vergleichen.

In Württemberg kann eine andere zeitliche Zäsur bei der Budgetierung der staatlichen Ausgaben für höhere Schulen beobachtet werden: der Zeitraum vor 1908/09 und derjenige danach. In der ersten Phase wird je ein Zuschuß für die Besoldungen der Lehrer und für sonstigen Aufwand ausgewiesen[243]. Ab der Budgetperiode 1830/33 gibt es auch Ausgaben für das Realschulwesen, ab 1858/59 welche für Alterszulagen und Gehaltsaufbesserungen der Lehrer an Gelehrten-, Real- und Bürgerschulen und ab der Etatperiode 1877/78 welche für höhere Mädchenschulen. Letztere bleiben im übrigen bis 1914 in gleicher Weise budgetiert[244].

Ab 1876/77 sind in den Spezialetats auch eigene Einnahmen der Schulen vor der Linie ausgewiesen[245]. Grundsätzlich sind die Besoldungsetats ab dieser Etatperiode aufgespalten. Es wird eine große pauschale Besoldungssumme für die Lehrer an Gymnasien, Lyzeen und anderen Lateinschulen veranschlagt. Von dieser Etatisierungsform sind die Besoldungskosten für bestimmte Gymnasien und Realgymnasien ausgenommen[246]. Deren Zusammensetzung wird ausführlich dargelegt. Vor der Linie werden dabei eigene Einnahmen der Schulen ausgewiesen. Bei den in Tabelle 4.3.1. aufgeführten Einnahmen handelt es sich um diesen kleinen Teil der Einnahmen der württembergischen höheren Schulen. Mit einer solchen Teilmenge Kennziffern zu bilden - etwa mit den Besoldungskosten -, erscheint einigermaßen sinnlos, weshalb hier darauf verzichtet wird.

Bei den in den württembergischen Etats in diesem Zeitraum aufgeführten Ausgaben - von den Einnahmen ganz zu schweigen - handelt es sich offen-

---

241 Vgl. Tabelle 3.3.1., Spalte 3.

242 Vgl. Tabelle 3.3.2., Spalte 9.

243 Vgl. Tabelle 4.3.1.

244 Vgl. Tabellen 4.3.1. und 4.3.2.

245 Siehe Tabelle 4.3.1., Spalte 3.

246 In den Budgetjahren 1876/77 sind dies z.B. die Gymnasien in Stuttgart und Rottweil sowie das Realgymnasium in Stuttgart.

sichtlich nur um Zuschüsse, die für bestimmte Ausgaben der höheren Schulen oder pauschal geleistet werden. Ein Blick auf Tabelle 4.3.1. zeigt, daß der "sonstige Aufwand" für die Gymnasien und Lyzeen im Verhältnis zu den Besoldungszuschüssen gering ist[247]. Die etatisierten Summen umfassen wahrscheinlich nur einen Teilbetrag des tatsächlichen Sachaufwandes. Man kann also festhalten, daß in den Budgets bis 1908/09 nur Zuschüsse an die höheren Schulen, zum Teil zweckgebunden, enthalten sind.

Ab der Budgetperiode 1909/10 werden die Ausgaben für höhere Schulen auf andere Weise systematisiert. Der große Titel für Besoldungszuschüsse fällt weg. In der Folge wird - ähnlich wie in Preußen - unterschieden zwischen: Schulen, die in staatlicher Unterhaltung stehen, grundsätzlich nicht vom Staat zu unterhaltenden gymnasialen Schulen, grundsätzlich nicht vom Staat zu unterhaltenden realgymnasialen und "*realistischen*" Schulen sowie sonstigem Aufwand für gymnasiale, realgymnasiale und realistische Schulen. Die vom Staat zu unterhaltenden Gymnasien sind: das Eberhard-Ludwigs-Gymnasium, das Karlsgymnasium und das Realgymnasium in Stuttgart sowie die Gymnasien in Ehingen, Ellwangen und Rottweil. Auf diese sechs Schulen beziehen sich die Einnahmen und Ausgaben dieser Rubrik[248]. In den übrigen Spalten sind lediglich Zuschüsse ausgewiesen. Die Errechnung von Kennziffern erübrigt sich aus diesem Grunde auch hier. Die Zuschüsse haben sich von der Budgetperiode 1907/08 auf die folgende nicht bemerkenswert vergrößert[249], so daß man den Eindruck gewinnt, daß es sich lediglich um eine veränderte Darstellung handelt.

In Württemberg wurden also, um zusammenzufassen, bis 1914 im Budget nur die Zuschüsse, die etatmäßig für Ausgaben des höheren Schulwesens erfolgten, ausgewiesen. Die vollen Einnahmen und Ausgaben für höhere Schulen erscheinen im gesamten Untersuchungszeitraum nicht im Staatshaushaltsetat. Die Einnahmen und Ausgaben der Universität wurden dagegen, wie oben dargelegt, aufgenommen. Beiden Gegenständen wiederfuhr damit eine unterschiedliche budgettechnische Behandlung. In diesem Punkt unterscheidet sich die württembergische Budgetierungsart von derjenigen der anderen untersuchten Staaten: in Preußen wurden sowohl bei den Universitäten als auch den höheren Schulen nur die Zuschüsse verbucht, ebenso in Bayern, in Sachsen erschienen ab dem Budgetjahr 1880/81 die gesamten Einnahmen und Ausgaben sowohl der Universität als auch der höheren Schulen voll im Budget. Man muß daraus den Schluß ziehen, daß die Budgetierungsart von dem zu etatisierenden

---

247 Vgl. Tabelle 4.3.1., Spalten 1 und 2.

248 Vgl. Tabelle 4.3.2., Spalten 1 und 2.

249 1908/09 belaufen sie sich auf 2.224.052 M., 1909/10 auf 2.285.224 M. (vgl. Tabelle 4.3.1., Spalte 7 und Tabelle 4.3.2., Spalte 8).

Gegenstand abhängt. Pauschal ist nicht zu beurteilen, ob in einem Staat die eine oder die andere Technik angewandt wurde. Man muß jeden einzelnen Fall individuell untersuchen und dann aus den Ergebnissen die Konsequenzen ziehen[250].

Daß Konsequenzen hinsichtlich des Vergleichs von Sachposten gezogen werden müssen, haben die unterschiedlichen Arten gezeigt, in der die Universitäten und höheren Schulen budgetmäßig behandelt wurden. Wenn man - mit dem Ziel, quantitative Vergleiche zwischen den verschiedenen Staaten vornehmen zu wollen - die unterschiedlichen Gliederungen, welche die Einnahmen und/oder Ausgaben besagter Gegenstände in den vier Staaten erfahren haben, nochmals Revue passieren läßt, drängen sich unwillkürlich folgende Fragen auf: Was vergleicht man miteinander? Nimmt man z.B. bei einem Vergleich der Universitätsausgaben in Preußen nur diejenigen aus den Hauptetats der Universitäten oder schließt man die der Universitätsinstitute und Stiftungen in die Betrachtung mit ein? Wenn nicht, rechnet man letztere, solang sie noch im Hauptetat erscheinen - teils als Einnahme, teils als durchlaufender Posten -, aus den Universitätsetats wieder heraus? Wenn die Einnahmen und Ausgaben der Universitätsinstitute und Stiftungen mitgerechnet werden: Wie kann man die Gelder kontrollieren, die zwischen den Institutionen fließen, um Doppelzählungen zu vermeiden? In Preußen und Württemberg sind Einnahmen und/oder Ausgaben für die Universitäten und die Universitätsinstitute nachgewiesen. Was ist mit Bayern und Sachsen? Haben in diesen Staaten keine bestanden? Oder sind sie nur nicht nachgewiesen? Oder sind sie im Universitätsetat enthalten? In Bayern sind immer und in Württemberg lange Zeit nur die budgetmäßigen Universitätszuschüsse etatisiert. Ein Vergleich der Universitätseinnahmen und -ausgaben scheidet also von vornherein aus. Bleiben noch die tatsächlich in den Staatshaushaltsetat eingestellten Gelder. Die Zuschüsse an die preußischen Universitäten (mit oder ohne Universitätsinstitute?) setzen sich aus Teilzuschüssen für mindestens 6 verschiedene Universitäten[251] zusammen, in Bayern für 3, in Sachsen und Württemberg jeweils für eine: Sind die absoluten Zahlen unter diesen Bedingungen vergleichbar? In Sachsen sind ab einem gewissen Zeitpunkt die gesamten Einnahmen und Ausgaben etatisiert, in Württemberg ebenso ab einem anderen Zeitpunkt. Nimmt man hier nur die Zuschüsse? Was passiert mit den Etats, in denen auch Zuschüsse an die Universitätsinstitute ausgewiesen sind? Bezieht man diese mit ein oder nicht?

---

250 Bezüglich der außerordentlichen Ausgaben gilt das für die Universitäten Festgestellte im Ergebnis auch für die höheren Schulen (vgl. oben Fußnote 227).

251 1849 sind es die von Berlin, Bonn, Breslau, Halle, Königsberg und Greifswald sowie die theologische und philosophische Akademie Münster. Später kommen noch die Universitäten von Kiel, Göttingen und Marburg sowie das Lyzeum in Braunsberg hinzu.

Fragen über Fragen, die man sich stellen muß, wenn man Staatshaushalte im 19. Jahrhundert vergleichen will. Wohlgemerkt - die gerade gestellten beziehen sich nur auf den Vergleich der Universitätsetats zwischen vier verschiedenen Staaten. Für den Schuletat könnte mindestens ein ähnlich langer Fragenkatalog erstellt werden. Wir befinden uns auf einer relativ disaggregierten und im Verhältnis zu anderen Einnahme- und Ausgabekategorien einigermaßen klar umgrenzbaren Ebene - man denke im Vergleich dazu nur an Kategorien wie z.B. "staatliche Bildungsausgaben", die ein beliebter Gegenstand sind, wenn es um Staatsausgaben geht. Mit jeder Stufe, die man im Aggregationsgrad hochsteigt, verschärft sich die aufgezeigte Vergleichsproblematik. Übergeht man sie und vergleicht trotzdem, werden die methodischen Mängel nur vertuscht, aber nicht beseitigt.

3.3. Vollständigkeit

3.3.1. Das Postulat

Die Postulate der Vollständigkeit und Einheit stehen in engem Zusammenhang[252]. Das Einheitsgebot fordert, daß die Staatseinnahmen und -ausgaben in einem einzigen Budget zusammengefaßt werden[253]. Der Grundsatz der Vollständigkeit verlangt, daß **alle** Einnahmen und **alle** Ausgaben ohne Ausnahme budgetmäßig erfaßt werden[254]. Wenn das in verschiedenen Etats erfolgt, ist das ein Verstoß gegen das Einheits- und nicht gegen das

---

252 Nach Ansicht von Földes 1920, S.66 ist die Vollständigkeit des Budgets i.d.R. auch erreicht, wenn die Einheit des Budgets durchgeführt ist, und fehlt umgekehrt, wenn die Budgeteinheit nicht hergestellt ist.

253 Siehe dazu den vorigen Abschnitt 3.2.

254 So meint Rudhart 1819, S.5 z.B., die Aufgabe des Budgets bestehe in der klaren Übersicht "sämtlicher" Staatseinnahmen und -ausgaben. Ebenso Mohl 1840, II, S.745. Hoffmann 1851, S.600 sieht den Zweck der Staatsbudgets in "einer der Wirklichkeit möglichst sich annähernden Uebersicht über den gesammten voraussichtlichen Staatsaufwand einer bevorstehenden Verwaltungsperiode nach seinem ganzen Umfang". Vgl. dazu auch Hagen 1880, S.114 f. Heckel 1898, Das Budget, S.81 genügt materielle Vollständigkeit des Budgets, "wonach keine Ausgabe oder Einnahme außerhalb der budgetmäßigen Wirtschaft effektuiert werden darf", nicht, sondern er fordert auch formelle Vollständigkeit, was bedeutet, "daß die ganze Ausgabe- und Einnahmewirtschaft in der einheitlichen Geschlossenheit, im Rahmen des Staatsbudgets erscheinen". In der europäischen Verfassungsgeschichte wird das Vollständigkeitsgebot erstmals in der belgischen Verfassung von 1831 in Artikel 115 verankert, wo es heißt: "Chaque année, les chambres arrêtent la loi des comptes et votent le budget. Toutes les recettes et dépenses de l'État doivent être portées au budget et dans les comptes" (zitiert nach Jellinek 1899, S.1171). Siehe dazu auch Borght 1902, S.283; Földes 1920, S.66; Jèze 1927, S.215 und Neumark 1929, S.126.

Vollständigkeitsprinzip[255]. Die Bedeutung des Vollständigkeitspostulats kommt am deutlichsten in der Beschreibung von *Allix* zum Ausdruck. Demnach besteht es darin, "*à inscrire au budget d'un côté toutes les dépenses, et de l'autre toutes les recettes, sans rien faire disparaître par compensation, par 'contraction'*"[256]. Entscheidend ist also, daß keine Einnahmen und Ausgaben miteinander saldiert werden. Zur Verteidigung des Prinzips wird angeführt, daß nur eine vollständige Etatisierung eine tatsächliche Kontrolle der Parlamente über die Einnahmen und Ausgaben ermögliche[257]. Außerdem wird es als Voraussetzung für die Führung der Verwaltung[258] und das Wahren der Übersicht und Ordnung über die Einnahmen und Ausgaben[259] - insbesondere des Budgetgleichgewichts[260] - angesehen.

Längst bevor die Vollständigkeit als Postulat in die Budgettheorie eingegangen ist, wurde sie im Etatrecht vollmundig proklamiert. In einer Geschäftsinstruktion an die Regierungen heißt es z.B. in Preußen bereits 1808, die Spezialetats der Deputationen müßten so gefertigt werden, "*daß daraus der Etatzustand des ganzen Verwaltungsressorts derselben vollständig übersehen werden kann*"[261].

---

255 Wie Neumark 1929, S.127 feststellt, wird Budgeteinheit und -vollständigkeit oft gemeinsam behandelt und häufig auch verwechselt. Vollständigkeit kann nicht nur bei herrschender Budgeteinheit bestehen. Sie setzt lediglich voraus, daß die Etats insgesamt sämtliche Einnahmen und Ausgaben enthalten. So ist nach Neumark die formelle Budgeteinheit keine unbedingte Voraussetzung für Vollständigkeit, aber das "einheitliche vollständige Budget" die rationalste Budgetform. Ebenso für Lotz 1931, S.128, der die Forderung nach Budgetvollständigkeit am vollkommensten in einem System verwirklicht sieht, "bei welchem ein einziger Etat alle Ausgaben und Einnahmen umfaßt und in diesem Etat kein Posten - insbesondere nicht der Teil der Ausgaben, der auf Erhebung und Verwaltung der Einnahmen verwendet wird - unberücksichtigt bleibt: ein sogenannter einheitlicher Bruttoetat". Siehe dazu z.B. auch Meister 1933, S.74 f. und Heinig 1949, II, S.291.

256 Allix 1927, S.46 f. In Frankreich wird das Vollständigkeitsprinzip als "universalité" bezeichnet.

257 So fordert z.B. Murhard 1846, S.690, daß das Staatsbudget alle Einnahmen und Ausgaben in einem gewissen Zeitabschnitt "so vollständig und übersichtlich darstellen soll, daß dasselbe zugleich als Anhalt oder als Mittel für die Controlirung der gesammten Staatsverwaltung in jenem Zeitabschnitte sowie zur Grundlage des Cassen- und Rechnungswesens und deren Controle dienen könne". Ähnlich Borght 1902, S.283.

258 Nach Hoffmann 1851, S.601 beruht die eigentliche Bedeutung des Etats als Richtschnur des ganzen Staatshaushaltes im wesentlichen auf dessen Vollständigkeit.

259 Der Zweck und Charakter des Budgets verlangt nach Schanz 1899, S.1142, "dass es möglichst alle Einnahmen und Ausgaben der öffentlichen Wirtschaft ins Auge fasst, alle Glieder dem ordnenden Princip und der öffentlichen Kontrolle unterwirft". Ebenso Neumark 1929, S.126, der hinzufügt, daß ein unvollständiges Budget nur für die Bürokratie von Vorteil sei. Lotz 1931, S.128 betont, das Budget sei - vom rein rechnerischen, nichtpolitischen Standpunkt der Ordnung und Übersichtlichkeit gesehen - nur dann voll brauchbar, wenn darin nichts unberücksichtigt bleibe, was für die öffentliche Wirtschaft von erheblichem Einfluß sei.

260 Neumark 1929, S.126 sieht z.B. im Falle der Unvollständigkeit des Budgets das "letzte Ziel" der Haushaltsführung, das Gleichgewicht zwischen den Einnahmen und Ausgaben, gefährdet.

261 Vgl. PrGS 1808, S.481 ff., § 72.

Von der Etatisierung sollten alle "Staatsfonds" erfaßt werden[262]. Der Zweck der Staatsbuchhalterei bestehe darin, "*von den gesammten Einnahmen und Ausgaben des Staats sowohl nach der Zusammenstellung der Etats, als auch, wie solche sich aus der wirklichen Verwaltung ergeben, jederzeit eine vollständige und zuverläßige Uebersicht zu gewähren*"[263]. Gemündet hat das in Preußen in den in der Rechtswissenschaft so umstrittenen Satz des Artikels 99 der preußischen Verfassung von 1850[264]: "*Alle Einnahmen und Ausgaben des Staats müssen ... auf den Staatshaushalts-Etat gebracht werden*"[265]. In Bayern heißt es in der Etatverordnung von 1803, der Provinzialetat solle alle ordentlichen Provinzialstaatseinnahmen und -ausgaben in sich begreifen[266]. Eine Verordnung von 1808 bestimmt: "*Die Zentral-Staats-Kasse-Rechnung muß ein getreues, vollständiges und klares Bild aller Einnahmen und aller Ausgaben des Reichs spezifisch darstellen*"[267]. Das Allerhöchste Reskript von 1818, den Wirkungskreis der Staatsbuchhaltung betreffend, ordnet an: Der "*Finanz-Etat (eigentlich General-Finanz-Etat) weiset im Voranschlage alle Einnahmen und Ausgaben für das nächste Verwaltungs-Jahr nach, und berechnet hieraus die Ueberschüsse der Kreis- und centralisirten Kassen, welche diese von Zeit zu Zeit an die General-Staats-Kasse einzusenden haben, so wie den Ueberschuß der Central-Staatskasse als letzten disponiblen Rest für den Staats-Aufwand*"[268]. Auch das Verfassungsverständnis von 1843 läßt keine Zweifel aufkommen, daß das Budget "*das gesammte, bestimmt vorherzusehende Staats-Bedürfniß, und alle irgend zu erwartenden Staatseinnahmen vollständig und nachhaltig evident stellen muß*"[269]. In der Bekanntmachung über die Etataufstellung von 1908 wird vorsichtiger nur noch von allen Einnahmen und Ausgaben gesprochen, "*soweit hierfür nicht auf Grund gesetzlicher Bestimmungen*

---

262 Vgl. PrGS 1817, S.293, Ziffer 2.

263 Annalen 1926, Bd. 10, S.649.

264 Vgl. dazu auch Abschnitt 2.5.

265 Eine ähnliche Bestimmung trifft PrSHHG 1898, § 1: "Der Staatshaushalts-Etat (...) enthält den Voranschlag für alle im Laufe jedes Etatsjahres voraussichtlich eingehenden Einnahmen und erforderlich werdenden Ausgaben".

266 Vgl. BaEVO 1803, Ziffer III.

267 Vgl. BaRegBl 1808, S.1737 ff., § 1 Abs. 2.

268 Abgedruckt in Geret 1821, Bd. 10, S.796 ff., § 7 Abs. 1.

269 BaVV 1843, § 2 Ziffer I. Wobei Kummer 1964, S.80 meint, die bayerische Regierung habe die Vollständigkeitsforderung der bayerischen Verfassung nur in "einem" Punkt nicht eingehalten, nämlich bei der Verwendung der Ersparnisse.

oder mit Zustimmung des Landtages eigene Fonds gebildet sind"[270]. Das sächsische Staatshaushaltsgesetz von 1904 bestimmt, daß "alle" Einnahmen und Ausgaben des Staates der Veranschlagung im Staatshaushaltsetat unterliegen[271]. In Württemberg gehören in den Etat solche Einnahmen, welche als Einkünfte aus einem einer Behörde angehörenden Vermögensgrundstock (Rechte, Realitäten) fließen und in dem jeweiligen Etatjahr zur Einnahme anfallen. In Ausgabe sollen nur die Aufwendungen gestellt werden, die dem Amt aufgrund örtlicher Anstalten und Verhältnisse oder aufgrund des Vermögensgrundstocks selbst obliegen[272].

Die Ausnahmen machen das Vollständigkeitsprinzip zu einem höchst interessanten Gegenstand, dem insbesondere im Hinblick auf Budgetvergleiche Aufmerksamkeit zuteil werden muß. Unvollständig kann das Budget zum einen in einzelnen Posten und zum anderen überhaupt durch das Fehlen bestimmter Posten, die in keinem Etat erscheinen, sein. Die erste Form der Unvollständigkeit betrifft vor allem die vieldiskutierte Frage der Brutto- und Nettobudgetierung, die zweite die verschiedensten, mehr oder weniger gravierenden Einzelfälle von nicht etatisierten Staatseinnahmen und -ausgaben. Sogenannte "schwarze Kassen" sind ein Thema, das immer wieder im Zusammenhang mit der Budgetunvollständigkeit diskutiert wird. In Staaten, in denen "schwarze Kassen" bestehen, sind die Staatshaushaltspläne nicht vollständig. Da es sich aber um verheimlichte Gelder handelt, werden sie weder vom Budgetrecht noch von den Etats berührt, stehen mithin außerhalb unseres Untersu-

---

270 BaBAuVB 1907, § 1 Abs. 1. Nach § 7 Abs. 1 unterscheiden sich die in der Bekanntmachung aufgestellten Grundsätze von der bisherigen Praxis vor allem dadurch, daß in Zukunft "alle Ausgaben und Einnahmen, soweit hiefür nicht eigene Fonds gebildet sind, unmittelbar im Budget nachgewiesen werden, während seither die Voranschläge für die Ausgaben des Staates nur teilweise im Budget, teilweise aber unmittelbar in den Finanzgesetzen oder in besonderen Gesetzen ausgewiesen sind". In den folgenden Budgets werden nicht nur die fortlaufenden Staatseinnahmen, sondern auch die verfügbaren Einnahmeüberschüsse früherer Finanzperioden, die zur Bestreitung außerordentlicher Ausgaben bestimmten Staatsanleihen sowie alle sonstigen außerordentlichen Einnahmen als Deckungsmittel eingestellt.

271 Vgl. SäSHHG 1904, § 1 Abs. 2.

272 Vgl. WIVE 1808, § 4. Bazille/Köstlin schreiben 1907, S.122: "Was alles in den Etat aufzunehmen ist, ist nirgends bestimmt, so daß bezüglich einzelner Einnahmen und Ausgaben Zweifel bestehen".

chungsansatzes. Es kann nur auf ihr Bestehen hin gewiesen werden, ansonsten wird das Thema hier ausgeklammert[273].

Als weitere Abweichung vom Vollständigkeitsprinzip wird auch der sog. "*versteckte Staatsbedarf*"[274] diskutiert, das ist ein Bedarf, den der Staat zwar objektiv hat, aber aus irgendwelchen Gründen nicht in sein Budget aufnimmt[275]. Genannt werden in diesem Zusammenhang vor allem unvergütete[276] oder zu gering vergütete Dienstleistungen, die der Bürger für den Staat erbringen muß, so z.B. die Kriegsdienstpflicht, die nur teilweise erstatteten Kosten der Einquartierungen, die Vorspannleistungen, die Hand- und Zugdienste beim Straßenbau und der Straßenpflege sowie die ehrenamtlich von den Bürgern erbrachten Tätigkeiten[277]. Wenn unter allen nicht budgetierten Einnahmen und Ausgaben des Staates der "verdeckte" Staatsbedarf verstanden werden soll, dann haben manche Staaten - das wird im Verlauf der Untersuchung noch zu zeigen sein - mehr "verdeckten" Staatsbedarf als anderen. Die in der Literatur immer wieder genannten Beispiele beziehen sich nur auf einen geringen und unerheblichen Teil der Budgetunvollständigkeit.

Die Beantwortung der Frage, inwieweit die Etatisierung in den untersuchten Staaten im Vollständigkeitsgrad gleich und inwieweit sie unterschiedlich war, wird entscheidend zur Klärung unseres grundlegenden Erkenntnisinteresses beitragen. Budgetvergleiche in Form einer Aneinanderreihung mehr oder weniger aggregierter Endziffern aus Staatshaushaltsplänen sind nur dann tatsächlich aussagefähig, wenn sie auf der Einnahmen- und Ausgabenseite wenigstens ein annähernd gleiches Maß an Einheit[278] und Vollständigkeit aufweisen. Es

---

273 In Sachsen wird in der Verfassung bestimmt, daß Ansätze für geheime Ausgaben in den Rechnungen nur insoweit vorkommen dürfen, als eine schriftliche, von mindestens drei verantwortlichen Ministerialvorständen gegengezeichnete Versicherung des Königs bezeugt, daß die Verwendung zum wahren Besten des Landes stattgefunden habe oder stattfinden werde (vgl. SäVU 1831, § 99). Für Preußen siehe z.B. Richter 1891. In Bayern enthüllte Finanzminister Pfaff 1909, daß er bei Arbeiten für den Vollzug des bayerischen Beamtengesetzes von 1908 auf eine Reihe von Geheimfonds gestoßen sei, die dem Landtag unbekannt waren, und von denen er seinen Angaben zufolge auch selbst bis dahin nichts gewußt habe. Bei den Budgetberatungen 1910/11 wurden 16 solcher Geheimfonds offengelegt und in Sonderfonds umgewandelt (vgl. Kummer 1964, S.82).

274 Mann 1929, S.76 ff. spricht mit Lotz 1917, S.168 ff. von einem "öffentlichen" versteckten Bedarf und faßt darunter auch die hilfsfiskalischen Ausgaben der Gemeinwesen.

275 Föides 1920, S.89 bezeichnet als versteckte Kosten diejenigen, die in den Ausgaben des Staates nicht vorkommen, aber in denen der Privathaushalte. Diese Abgrenzung erachtet Mann 1929, S.76 als zu eng. Für ihn zählen auch die unentgeltlichen Dienste eines Gemeinwesens für ein anderes dazu.

276 Diese Leistungen werden auch als "Naturalleistungen" bezeichnet.

277 Diese Gegenstände nennen z.B. Vocke 1894, S.415 f.; Föides 1920, S.89; Mombert 1928, S.18 und Mann 1929, S.75.

278 Siehe dazu den vorigen Abschnitt 3.2.

wäre unsinnig, über die im Budget ausgewiesenen Gesamteinnahmen und -ausgaben verschiedener Staaten Vergleiche anzustellen, wenn der erste z.B. die staatlichen Eisenbahnen mit ihren vollen Einnahmen- und Ausgabensummen etatisiert, der zweite nur den Saldo daraus ins Budget einstellt und der dritte überhaupt einen von ihm abgetrennten selbständigen Fonds für diesen Zweck eingerichtet hat. Für eine Einnahme- und Ausgabekategorie - das staatliche Eisenbahnwesen - bestünden in diesem Fall drei verschiedene Etatisierungsformen, die sich alle erheblich - aber unterschiedlich - auf die Höhe der im Staatshaushaltsplan ausgeworfenen Endziffern auswirken würden. Auf das Problem der unterschiedlichen Brutto- und Nettobudgetierungsformen stößt man bei fast allen formellen und materiellen Budgetvergleichen. Grund genug, um uns hier zunächst eingehender mit der Brutto- und Nettoetatisierung und der Vollständigkeit bzw. Unvollständigkeit der Budgets zu beschäftigen. Beide Fragen lassen sich nicht trennen, sondern stehen in unmittelbarem Zusammenhang, wobei die mangelnde Budgeteinheit ebenfalls eine gewisse Rolle spielt. Nach der Brutto-Netto-Problematik allgemein werden folgende Aspekte der Budgetvollständigkeit diskutiert: die Einnahmen und Ausgaben auf Rechnung Dritter (Reich, Versicherungen), die Betriebsverwaltungen am Beispiel von staatlichen Banken, Gestütsverwaltungen und Staatsbahnen, die Einnahmen und Ausgaben aus beweglichem und unbeweglichem Staatsvermögen und die Militärausgaben. Nach dem ursprünglichen Konzept sollten hier noch weitere Detailfragen zur Sprache kommen, so etwa die Budgetierungstechniken bei Hand- und Spanndiensten, bei Dienstwohnungen und bei Nutzung von Staatsgebäuden, bei Vorlesungshonoraren für Universitätsprofessoren und bei Schulgeldern, bei Gerichtssporteln und bei Straßen- und Brückenbaugeldern. Diese Absicht wurde jedoch fallengelassen, weil dieser Teilabschnitt ansonsten zu umfangreich geworden wäre. Die These der Unvollständigkeit kann aber auch mit der reduzierten Darstellung belegt werden.

3.3.2. Brutto- und Nettobudgetierung im Überblick

Das Nettobudget wird historisch als das ältere angesehen[279]. In ihm sind bei den Einnahmen alle damit in Verbindung stehenden Ausgaben, sprich Betriebs-, Verwaltungs- und Erhebungskosten, vorweg abgezogen, so daß im Budget nur die überschüssigen Einnahmen erscheinen[280]. Bei den Ausgaben

[279] Siehe dazu Abschnitt 2.4., S.85 ff.

[280] Vgl. z.B. Malchus 1830, II, S.104; Czoernig 1862, S.8 f. und Stein 1878, I, S.82.

sind die mit ihnen verbundenen Einnahmen verrechnet[281]. Im Nettobudget kommen deshalb nur die mit bestimmten Ausgaben und Einnahmen saldierten Ziffern zum Ausdruck[282]. Im Bruttobudget werden dagegen alle Einnahmen auf der Einnahmenseite und sämtliche Ausgaben auf der Ausgabenseite verzeichnet, ohne daß vorweg gegenseitig verrechnet wird[283]. Insbesondere Betriebs-, Verwaltungs- und Erhebungskosten der verschiedenen Staatszweige sind vollständig ersichtlich[284].

Ob die Brutto- der Nettobudgetierung vorzuziehen ist oder umgekehrt, darüber herrschten im letzten Jahrhundert in der Theorie die verschiedensten Ansichten[285]. Als Nachteil des Nettoetats wird in erster Linie seine Untauglichkeit als Instrument der parlamentarischen Kontrolle und der Verwaltungsführung ge-

---

281 Mit manchen Aufwandszweigen sind eigene Einnahmen verbunden, welche nach Schrott 1886, S.416 "wegen ihres mehr oder weniger engen, natürlich oder durch gesetzliche Bestimmungen gegebenen Zusammenhanges mit dem Aufwandszweige als Einnahmen dieses Zweiges selbst betrachtet und verrechnet werden können". Der größte Teil dieser eigenen Einnahmen der Aufwandszweige sind seiner Ansicht nach Abgaben, die der Staat von denjenigen erhebt, welche die Dienste seiner Organe oder bestimmter Anstalten in Anspruch nehmen. In erster Linie seien das Gebühren (siehe Schrott 1886, S.416; ähnlich Heckel 1898, Das Budget, S.36).

282 Vgl. z.B. die Darstellungen bei Stein 1878, I, S.59; Schrott 1886, S.416 f.; Eheberg 1895, S.317; Heckel 1898, Das Budget, S.36; Schanz 1899, S.1147; Willgren 1899, S.18; Seidler 1901, II, S.43; Bräuer 1928, S.7; Neumark 1929, S.131; Lotz 1931, S.130 und Meister 1933, S.75.

283 Siehe z.B. Rotteck 1835, IV, S.449. Czoernig 1862, S.8 f. unterscheidet zwischen einem "engeren" und einem "weiteren" Bruttobudget: Das engere enthalte alle für Rechnung des Staates gemachten Einnahmen und Ausgaben, das weitere alle Staatseinnahmen und -ausgaben, einschließlich der durchlaufenden Posten.

284 Nach Heckel 1898, Budget und Budgetrecht, S.470 ist ein Bruttobudget "dasjenige, welches sämtliche Ausgaben und sämtliche Einnahmen in ihrem vollen Umfang, also einschließlich der Betriebs-, Verwaltungs- und Erhebungskosten vorträgt". Was genau unter "Betriebs-, Verwaltungs- und Erhebungskosten" zu verstehen ist, wird i.d.R. nicht ausgeführt. Schrott 1886, S.416 merkt dazu an, Betriebskosten seien Kosten der Verwaltung der Einkommenszweige, der Erhebung der Einnahmen und der notwendigen Verbrauchsgegenstände. Bei manchen Einkommenszweigen gehörten dazu auch die verarbeiteten Rohstoffe. Im übrigen wendet er sich gegen die Trennung von Verwaltungs- und Betriebskosten, da ohne Verwaltung ein Wirtschaftsbetrieb nicht denkbar sei. Für Eheberg 1895, S.48 sind Betriebsausgaben solche, "welche notwendig mit der Erhebung und Erwerbung von Einnahmen verbunden sind". Ebenso Freund 1901, S.26.

285 Für Soden 1811, S.383 gilt der Grundsatz, daß die Rechnungsform grundsätzlich auf den Nettoertrag gerichtet sein muß. Malchus 1830, II, S.104 resümiert: Darüber, ob Brutto- oder Nettoetats aufgestellt werden sollten, "herrscht eine Verschiedenheit von Ansichten, die sich auf die Behandlung des Etatswesens in den einzelnen Staaten überträgt". Rotteck 1835, IV, S.449 setzt sich "zum Behuf einer klaren Einsicht" für Bruttoetats ein. Ebenso Malchus 1830, II, S.105; Hagen 1880, S.115; Schrott 1886, S.417 f.; Lehr 1892, S.100 f.; Leroy-Beaulieu 1899, II, S.32; Willgren 1899, S.20; Földes 1920, S.64 und Lotz 1931, S.130. Für eine Verknüpfung von Brutto- und Nettosystem spricht sich Seidler 1901, II, S.43 aus. Er will in den Verwaltungszweigen, in denen die Bruttosummen groß sind, nur die Nettosummen in den Etat aufnehmen und die Bruttobeträge in einer selbständigen Beilage nachweisen. Kühnemann 1930, S.33 vertritt hingegen die Ansicht: "Die strenge Durchführung des Bruttoprinzips ist, wie in Wissenschaft und Praxis übereinstimmend anerkannt, eine der wesentlichsten Voraussetzungen ordnungsmäßiger Haushaltsführung".

nannt[286]. Gegen ihn wird weiter angeführt, er verdecke die wahren Kosten der Staatsverwaltung und lasse das Verhältnis zwischen Einnahmen und Erhebungskosten nicht erkennen[287]. Beim Bruttobudget seien hingegen die Kontrollmöglichkeiten größer, es tauge eher als Instrument der Verwaltungsführung und lasse den Aufwand für die Elementarverwaltungen erkennen[288]. Den Vorteilen stehe nur die im Vergleich zum Nettoetat größere Unübersichtlichkeit nachteilig entgegen[289].

Mit Ende des 19. und beginnendem 20. Jahrhundert wurde die Frage, ob ein Brutto- oder Nettobudget aufzustellen ist, nur noch als Formfrage betrachtet: Dies sei gleichgültig, solange bei einer Nettobudgetierung die Verwaltungs-,

---

286 Schrott 1886, S.417 fordert wegen dieser Funktionen des Budgets einen Bruttoetat.

287 Für Heckel 1898, Das Budget, S.37 ist ein reines Nettobudget zu verwerfen, da es die wahren Kosten der Staatsverwaltung verdunkle, die Kontrolle erschwere und das Verhältnis zwischen Ertrag und Erhebungskosten nicht ersichtlich mache. Ebenso Schanz 1899, S.1147. Seidler 1901, II, sieht einen Mangel des Nettobudgets darin, "dass es insbesondere die Betriebs- und Erhebungskosten der Staatseinnahmen und die mit der Verwaltung der Ausgaben verbundenen Einnahmen nicht enthält und daher einerseits nicht die volle Belastung der Volkswirthschaft durch das Budget nachweist, andererseits einen wichtigen Theil der Staatsverwaltung, nämlich die Verwaltung der Einkommensquellen, der Controle der Volksvertretung entzieht". Für Neumark 1929, S.132 werden die Nachteile des Nettobudgets abgeschwächt, aber nicht beseitigt, wenn die Bruttoveranschlagung wenigstens "ante lineam" erfolgt: Die breite Öffentlichkeit interessiere sich vornehmlich für die Abschlußziffern und die gäben in diesem Fall nur ein unvollständiges Bild. Schmidlin 1823, S.43 f. sieht das noch anders. Er meint, das Verhältnis der Einnahmen und Ausgaben zueinander müsse in einem Etat dadurch anschaulich dargestellt werden, daß "jede Ausgabe, welche ihren Entstehungsgrund in einer Einnahme hat, nur in demjenigen Etat, der die Einnahme enthält, und nur gegenüber von dieser vorgetragen werden. Ohne diese Gegenüberstellung wäre die Beurtheilung der Kosten, welche die Gewinnung einer gewissen Einnahme verursacht, und mithin auch die Beurtheilung der Zweckmässigkeit der bestehenden Verwaltungs-Weise, nicht möglich".

288 Wie Rotteck 1835, IV, S.450 darlegt, ist für die Kontrolle des Staatshaushaltes wichtig zu wissen, in welchem Verhältnis in jeder Rubrik Roheinnahmen und Reineinnahmen zueinander stehen. Leroy-Beaulieu 1899, S.32 erachtet einen Bruttoetat für eine gute Finanzverwaltung und eine enge Kontrolle als unentbehrlich. Im Falle eines Nettoetats sieht Kaizl 1900, I, S.85 den Wirkungskreis der gesetzgebenden Faktoren bezüglich der Kontrolle und Disposition beschränkt. Den Kontrollaspekt betonen u.a. auch Altmann 1910, S.8 und Mombert 1929, S.10. Schulze/-Wagner 1926, S.89 kommen zu dem Ergebnis: "Die strenge Durchführung des Bruttoprinzips im Haushaltsplan, d.h. die Veranschlagung der Einnahmen und Ausgaben für sich und in voller Höhe ist, wie Praxis und Wissenschaft übereinstimmend festgestellt haben, Grundbedingung einer geordneten Finanzwirtschaft. Denn nur auf diese Weise läßt sich eine Prüfung ermöglichen, welche Einnahmen tatsächlich aus der einzelnen Quelle erwartet werden, welche Kosten die einzelne Verwaltungstätigkeit erfordert, und ob diese Ansätze angemessen sind".

289 Siehe z.B. Soden 1811, S.383. Heckel 1898, Das Budget, S.37 weist insbesondere auf die größere Übersichtlichkeit der Nettoetats bei Existenz großer Betriebsverwaltungen hin. Dieser Ansicht sind auch Schanz 1899, S.1147 und Willgren 1899, S.20, der das Nettobudget als übersichtlicher und handlicher charakterisiert, das Bruttobudget hingegen als mit Zahlen überladen. Ähnlich spricht Seidler 1901, II, S.43 von einem "schwerfällige(n), mit Zahlen überladene(n) Bruttobudget". Siehe auch Mombert 1929, S.10.

Betriebs- und Erhebungskosten aus den Hauptetats ersichtlich seien[290]. Einwände gegen diese Auffassung richteten sich in erster Linie gegen die angeblich unterschiedliche Verbindlichkeit der Etatpositionen[291] und gegen die bei Nettoetats eingeschränkte Öffentlichkeit[292].

Wenn auch für die Budgetkontrolle die Form der Budgetierung, wie wir gesehen haben, eher von untergeordneter Bedeutung gewesen zu sein scheint, ist sie für alle Arten von Budgetvergleichen ein zentrales Moment[293]. Einigkeit darüber, ob man sich bei solchen an die Brutto- oder Nettozahlen halten soll, herrscht in der Literatur nicht[294]. Unterschiedliche Ansichten bestehen auch über die konkreten Budgetierungsformen, die sich in den einzelnen Staaten des

---

290 So Heckel 1898, Das Budget, S.38; Eheberg 1922, S.537 und Lotz 1931, S.130, der zu dem Ergebnis kommt: "Die Hauptsache ist, daß nichts verschwiegen wird". Dagegen stuft Bräuer 1928, S.7 die Unterscheidung als von "erheblicher praktischer Bedeutung" ein.

291 Nach Schrotts Ansicht ist es für die Volksvertretung völlig ausreichend, wenn im Budget nur Nettoeinkommen und Nettoaufwand enthalten sind, in den Hauptetats hingegen sämtliche Einnahmen und Ausgaben eines jeden Verwaltungszweiges. Das Nettobudget werde durch seine "integrierenden Bestandteile" zu einem Bruttobudget. Voraussetzung hierfür sei jedoch, daß die Hauptetats "eben so verfassungsmäßige Geltung haben wie das Budget selbst" (Schrott 1886, S.418). Neumark 1929, S.132 weist darauf hin, daß vor der Linie veranschlagte Summen budgetrechtlich und damit auch finanzpolitisch ohne jede Bedeutung seien. Siehe dazu ausführlich Abschnitt 3.8.

292 Von seiten der Steuerzahler ist nach Schrott 1886, S.418 ein solches Verfahren ungenügend, da nur das Hauptbudget veröffentlicht werde und nicht auch die "außerordentlich umfangreichen" Hauptetats, so daß für sie weder der gesamte Staatsaufwand noch die gesamte Belastung der Staatsgenossen ersichtlich sei.

293 Heckel 1898, Das Budget, S.38 bemerkt dazu: "Vollends für die Vergleichungen der Budgetziffern erweisen sich die Nettoetats als äußerst mißlich", da die eigentliche Größe des Staatsaufwandes nicht ersichtlich ist. Vergleiche zwischen Brutto- und Nettoetats erachtet er deshalb als "schlechthin wertlos". Für Schanz 1899, S.1148 ist die Unterscheidung zwischen Brutto- und Nettoetats "nur noch eine formale", die "eigentlich nur für den Zusammenzug aller Einnahmen und Ausgaben und Vergleichung verschiedener Budgets, die eben deshalb die größte Vorsicht erfordert, wirkliche Bedeutung (hat)". In der Vermengung von Brutto- und Nettoetatisierung sieht Conrad 1919, S.303 die eigentliche Schwierigkeit, "wodurch die Vergleichung eine sehr schwierige und komplizierte wird". In der Literatur des 19. und beginnenden 20. Jahrhunderts wird immer wieder darauf hingewiesen, daß unterschiedlich veranschlagte Betriebsverwaltungen zwischenstaatliche und innerstaatliche Budgetvergleiche stark erschweren. Vgl. z.B. Neumark 1929, S.130.

294 Riecke 1883, S.201 hält die Zahlen der Bruttobudgets für leichter vergleichbar. Heckel 1898, Das Budget, S.38 empfiehlt ebenfalls die Verwendung der Bruttoetats. Ebenso Eheberg 1922, S.537, der sie für wissenschaftliche Vergleiche für "ungleich wertvoller" als die Nettobudgets erachtet. Conrad 1919, S.303 favorisiert hingegen die Benutzung der Nettoetats, da seiner Ansicht nach die Belastung der Volkswirtschaft nur aus ihnen zu ersehen ist. Mit demselben Argument werden von anderen Bruttoetats gefordert (vgl. Fußnote 287). Die Heranziehung von Nettoetats empfiehlt auch Lotz 1931, S.130.

19. Jahrhunderts durchsetzten[295]. Verschwiegen wird, daß man es unter Umständen auf jeder Budgetstufe mit anderen Daten zu tun hat und außerdem in den Etats und Rechnungen unterschiedliche Prinzipien zur Anwendung kommen. Außerdem gab es nicht ein Brutto- und ein Nettosystem, sondern jeweils verschiedene Ausprägungen, was wir im folgenden darlegen.

Traditionell waren die Etats des 19. Jahrhunderts zunächst Nettoetats. Das kommt in Preußen in einer Geschäftsinstruktion an die Regierungen sämtlicher Provinzen aus dem Jahre 1808 zum Ausdruck. Darin heißt es, daß von den Spezialetats nur die Überschüsse in die Hauptetats fließen[296]. Die Instruktion für die Oberrechnungskammer aus dem Jahre 1824 weicht von diesem Grundsatz ab. Demnach dürfen fortan Zahlungen nicht vorweg in Abzug kommen, ohne in Ausgabe verrechnet worden zu sein[297]. Die Oberrechnungskammer stellt bezüglich der Staatshaushaltsrechnungen klar, daß die Kompensation von Einnahmen und Ausgaben ohne Nachweis der verrechneten Beträge bei den betreffenden Einnahme- und Ausgabetiteln unstatthaft ist[298]. Das Staatshaushaltsgesetz von 1898 bestimmt schließlich: "*Alle Einnahmen und Ausgaben sind mit ihrem vollen Betrage in der Rechnung nachzuweisen und es dürfen weder von Einnahmen vorweg Ausgaben in Abzug gebracht, noch auf Ausgaben vorweg Einnahmen in Anrechnung gebracht werden*"[299].

Die preußischen Budgets bis 1847 gelten als Nettobudgets[300]. Dafür spricht, daß die Einnahmen in der Betragsspalte die Bezeichnung "*reiner Ertrag*" füh-

---

295 Analog konstatiert Czoernig 1862, S.7 in den verschiedenen Staaten wesentliche Abweichungen bei der Aufstellung von Brutto- und Nettoetats. Ähnlich Heckel 1898, Das Budget, S.38, der schreibt: "Thatsächlich ist gegenwärtig das System der Brutto- oder Nettoetats in keinem Staate ohne Ausnahme recipiert". Ebenso Altmann 1910, S.8; Conrad 1919, S.303; Földes 1920, S.63; Eheberg 1922, S.537 und Bräuer 1928, S.7. Schrott 1886, S.418 vertritt hingegen die Meinung, daß sich in allen konstitutionellen Staaten die Bruttobudgets durchgesetzt hätten.

296 Vgl. PrGS 1808, S.481 ff., § 72.

297 Vgl. IOR 1824, § 5 Abs. 2. In § 46 Abs. 4 heißt es dazu ergänzend: "Die Rechnungen der in Verbindung stehenden Spezial-, Provinzial- und General-Kassen müssen in Ansehung der abgelieferten Ueberschüsse und sonstigen Zahlungen aus einer Kasse an die andere, dergestalt genau übereinstimmen, daß diese Zahlungen in den, für ein und dasselbe Jahr abgelegten Rechnungen bzw. in Ausgabe und Einnahme nachgewiesen werden".

298 Vgl. Bemerkungen der Oberrechnungskammer zu den allgemeinen Rechnungen über den Staatshaushalt, speziell zu § 18 Nr. 1 des Oberrechnungskammergesetzes von 1872 (vgl. Meißner 1879, S.89).

299 PrSHHG 1898, § 15 Abs. 1.

300 Malchus 1830, II, S.104 legt für den 1829 veröffentlichten Etat dar, daß Ausgaben, welche mit der Einnahmeverwaltung, mit deren Beaufsichtigung und mit der Einnahmeerhebung verbunden seien, vom Bruttoertrag vorweg in Abzug kämen. Im Etat der Generalstaatskasse seien nur diejenigen Regiekosten aufgenommen, welche wegen ihrer Eigentümlichkeit nicht auf die einzelnen Regierungsbezirke verteilt werden könnten. Neumark 1929, S.356 weist ebenfalls darauf hin, daß in den Etats ab 1821 die "Gewinnungskosten" fehlen.

ren[301]. In den Etats von 1844 und 1847 ist bei einem Teil der Einnahmepositionen vor der Linie der Bruttobetrag und die Verwaltungskosten ausgewiesen[302]. Tabelle 1.4. zeigt u.a. die im Zeitraum von 1821 bis 1847 etatisierten Einnahmen und Ausgaben, die jedoch - wenn man der Literatur glauben darf - beträchtlich unvollständig sind[303]. Ab dem Etatjahr 1849 wird das Gliederungsprinzip von netto auf brutto umgestellt[304]. Die Einnahmen sind ab da in ihrem Bruttobetrag mitgeteilt, die Ausgaben untergliedern sich in dauernde sowie einmalige und außerordentliche[305]. Bei den dauernden Ausgaben wird zwischen Betriebs-, Verwaltungs- und Erhebungskosten, Dotationen und Staatsverwaltungsausgaben unterschieden. Zum Teil kommen noch weitere Rubriken vor, wie etwa von 1855 bis 1872 die Ausgaben für die Hohenzollerischen Lande[306]. Die Betriebs-, Verwaltungs- und Erhebungskosten erscheinen damit ab 1849 bei den Ausgaben. Mit den Staatsverwaltungsausgaben verbundene Einnahmen werden nicht ausgewiesen.

Der Anteil der Betriebs-, Verwaltungs- und Erhebungskosten an den dauernden Ausgaben insgesamt bewegt sich von 1849 bis 1914 zwischen rund 25 und 64 %, wobei die Tendenz deutlich steigend ist[307]. Ihr Anteil an den or-

---

301 Vgl. z.B. PrEG 1821. Reden 1856, 2.2., S.96 meint dazu: "Streng genommen ist selbst die Angabe, der Staats-Haushalts-Etat enthalte den Reinertrag der Einnahme, nicht richtig; indem die vorweg abgesetzten Ausgaben nicht sämmtlich als Regiekosten zu betrachten und auf der anderen Seite auch nicht alle Regiekosten vorabgesetzt sind". Es handelt sich demnach nicht um einen Nettoetat, sondern um einen Brutto-Netto-Mischetat. Bergius 1871, S.178 stellt fest: "Uebrigens sind die Etats mehr oder weniger unvollständig". Nach seinen Angaben standen der preußischen Regierung im Krieg 1866 44 Millionen Thlr. disponible Mittel zur Verfügung.

302 Nach Reden 1856, 2.2., S.100 handelt es sich um die Einnahmezweige, deren Überschüsse durch die Regierungshauptkasse in die Generalstaatskasse fließen.

303 Reden 1856, II, S.98 schätzt - nach fragwürdigen Methoden - die Bruttoeinnahmen des Staates bis 1840 um 63 % höher als die im Budget ausgewiesenen Einnahmen, wobei er hinzufügt: "Würde man die Bestände aus Vorjahren, sowie die sehr vielfältigen und beträchtlichen Dispositions-, Abwicklungs-, Deckungs-, Reserve-, Betriebs- und ähnliche Fonds, dazu rechnen, so stiege dadurch die zur Verfügung der Regierung stehende Summe noch um ein Bedeutendes; denn bis zum Jahre 1844 scheint man grundsätzlich möglichst viele einzelne Verwaltungszweige, Kassen und Fonds selbständig gemacht zu haben. Dadurch wurde allerdings die Verfügung der Überschüsse möglichst frei und die Kontrolle möglichst gering" (Reden 1856, S.98 f.).

304 Dennoch fehlen nach Ansicht von Reden 1856, 2.2., S.97 eine ganze Reihe bedeutender Leistungen, die zu verschiedenen Staatszwecken erfolgen, weil sie nach der bestehenden Rechtsordnung bei keiner königlichen Kasse etatisiert sind. "Allerdings ist bei mancher Art dieser Leistungen sehr schwer zu entscheiden ob ihr Staats- oder Kommunal-Zweck überwiegend ist".

305 Zu der Unterscheidung zwischen ordentlichen und außerordentlichen Einnahmen und Ausgaben siehe unten Abschnitt 3.4., S.233 ff.

306 Siehe Tabelle 1.4., Spalte 12.

307 Vgl. Tabelle 1.4., Spalte 14. Heckel 1898, Das Budget, S.85 schätzt den Anteil der Betriebs- und Erhebungskosten auf 40-45 % der Staatsausgaben. Für die preußische Finanzverwaltung ist die Erhaltung des Gleichgewichts zwischen den "rapid" wachsenden Staatsausgaben und der Deckungsmittel nach Strutz 1908, S.191 erschwert durch die überwiegende Basierung des Staatshaushaltes auf Betriebsverwaltungen, insbesondere auf Eisenbahnen.

dentlichen Einnahmen bewegt sich ungefähr in der gleichen Größenordnung[308]. 1914 beanspruchen die Betriebs-, Verwaltungs- und Erhebungskosten 61,3 % der ordentlichen Einnahmen, 1849 waren es erst 25,4 %. Die Staatsverwaltungsausgaben belaufen sich 1849 auf das rund 2,5fache der Betriebs-, Verwaltungs- und Erhebungskosten, 1914 machen sie nur noch rund 30 % derselben aus[309]. In diesen veränderten Quoten zeigt sich ein Strukturwandel in der Zusammensetzung der Einnahmen und Ausgaben des preußischen Staates. Ab dem Jahr 1880/81 übersteigen die Ausgaben für Erhebung, Verwaltung und Betrieb die sog. Staatsverwaltungsausgaben absolut und ab dem Etatjahr 1883/84 machen sie über die Hälfte der veranschlagten dauernden Ausgaben aus[310]. Es stellt sich die Frage, ob beispielsweise die dauernden Ausgaben von 1849, bei denen die Betriebs-, Verwaltungs- und Erhebungskosten einen Anteil von 25,4 % ausmachen, mit denen von 1914 vergleichbar sind, wo der Anteil inzwischen 64,4 % beträgt. Die Struktur der beiden Etats unterscheidet sich erheblich, so daß man im Falle der Analyse der säkularen Entwicklung der preußischen Staatsausgaben diese offensichtliche Inhomogenität des Zahlenmaterials bereinigen sollte. Man müßte vor allem die Veränderung der Zusammensetzung von Staatsverwaltungsausgaben und Betriebskosten berücksichtigen. Der Strukturwechsel - der sich, wie die Zahlen zeigen, ab 1849 kontinuierlich vollzieht - bedarf der Erklärung und Quantifizierung. Der Aussagegehalt, der sich durch aufgereihte Gesamteinnahmen und -ausgaben für die Entwicklung der Staatsausgaben ergibt, ist deshalb aus unserer Sicht nur beschränkt.

In Bayern legt die Verordnung über die Formation der Zentralkasse von 1808 fest, daß die Generalstaatskasse in ihren Rechnungen nicht nur die Geldüberschüsse der Kassen zu berücksichtigen, "*sondern den wirkl. Anfall der Rente, oder den sogenannten Bruto-Ertrag in Einnahme, und dagegen alle nicht allein von ihr unmittelbar, sondern auch von denselben Kassen mittelbaren Auslagen in Ausgabe*" zu setzen habe[311]. Im Abschied für die Ständeversammlung 1819 wird angekündigt, daß das Budget für die folgende Periode den Finanzausschüssen der Kammern mit den besonders ausgewiesenen Regiekosten und den Bruttoerträgnissen vorgelegt werde[312]. Die Bekanntmachung von 1907 bestimmt: "*Die Einnahmen und die auf ihre Gewinnung erlaufenden Ausgaben*

[308] Vgl. Tabelle 1.4., Spalte 6.

[309] Vgl. Tabelle 1.4., Spalte 9.

[310] Vgl. Tabelle 1.4., Spalten 5, 8 und 9.

[311] Vgl. BaRegBl 1808, S.1737 ff., § 2 Abs. 2. Montgelas hat in einer eigenhändig niedergeschriebenen Verfügung am 9. Oktober 1803 bestimmt: "die Etats über einen jeden Theil des Staatsbedürfnisses beschränken sich auf die Nothwendigkeit von Unterhaltung der Gebäuden, Strassen, Wasserleitungen, des Hofstaats, der Armee, Berichtigung der Gehälter und Pensionen, Zahlung der Schulden von Capitalien und Interessen" (zitiert nach Kraus 1925, I, S.48).

[312] Vgl. BaGBl 1819, S.31 ff.

(Verwaltungs- und Betriebsausgaben) werden je gesondert im Bruttobetrage veranschlagt"[313].

Die tatsächlichen Etatisierungsschemen scheinen sich unabhängig von den eben angesprochenen Regelungen entwickelt zu haben. Vier verschiedene Formen sind zu unterscheiden. In den Gesetzblättern sind, wie Tabelle 2.4.1. zeigt, von der Etatperiode 1819/20 bis 1866/67 nur die Nettoeinnahmen und -ausgaben ausgewiesen[314]. Der Wechsel zur Bruttobudgetierung erfolgt in der Etatperiode 1868/69. Der Anteil der Betriebs-, Verwaltungs- und Erhebungskosten an den Ausgaben insgesamt und an den Bruttoeinnahmen liegt im Untersuchungszeitraum zwischen 32,0 % (1872/73) und 65,4 % (1914)[315]. Der schon für Preußen festgestellte Strukturwandel hin zu einem größeren Anteil an Betriebseinnahmen und -ausgaben zeigt sich damit auch für Bayern. Es ist ebenfalls eine kontinuierliche Entwicklung. Allerdings überschreiten die Betriebs-, Verwaltungs- und Erhebungsausgaben die sog. Staatsausgaben[316] absolut und relativ erst ab der Etatperiode 1904/05 und nicht wie in Preußen schon ab 1880/81[317]. Die Entwicklung des Strukturwandels verläuft also in beiden Staaten nicht parallel, sondern zeitlich versetzt. Sinngemäß gilt für die Untersuchung der Entwicklung der Staatseinnahmen und -ausgaben grundsätzlich das bereits oben für Preußen Angemerkte. Der Vergleich beider Staaten zeigt auch, daß eine solche Analyse nicht pauschal für "die" Staatsausgaben in Deutschland gemacht werden kann, sondern sich diese in jedem Staat verschieden entwickelten.

In den Etatentwürfen sind die Betriebs-, Verwaltungs- und Erhebungskosten bereits ab der 4. Finanzperiode 1837/43 ausgewiesen[318]. Sie werden bei den Einnahmen veranschlagt und von den Bruttobeträgen abgezogen. Ab 1868 sind sie bei den Ausgaben etatisiert und wechseln damit nur die Seite. Eine we-

---

313 BaBAuVB 1907, § 6 Abs. 1.

314 Es handelt sich aber auch um kein reines Nettoprinzip, sondern nur um eines "mit wenigen Ausnahmen" (vgl. Czoernig 1866, S.35). Es werden nur die Einnahmen und Ausgaben eingestellt, die durch die Bücher der Finanzhauptkasse fließen. "Es kommen daher im gesammten Staatshaushalte sehr viele Einnahmen und Ausgaben vor, welche aus dem Haupt-Staatsbudget nicht ersichtlich sind" (Czoernig 1866, S.35 f.).

315 Vgl. Tabelle 2.4.1., Spalten 5 und 7.

316 So werden in Bayern alle Ausgaben, die nicht Betriebs-, Verwaltungs- oder Erhebungskosten sind, genannt.

317 Vgl. Tabelle 2.4.1., Spalten 4, 6 und 7.

318 Cucumus 1825, S.484 berichtet bereits, daß die Zentralstaatskasse die Rechnungen in ihrem Bruttoertrag und ihren Bruttoauslagen nachweise. So erhalte die Rechnung eine "vollständige Darstellung" der Staatseinnahmen und -ausgaben. Dem entgegen behauptet Rudhart 1827, S.178: "Die angezeigten Ausgaben der Staatskasse sind bey weitem nicht die sämmtlichen Kosten der inneren Verwaltung und der dazugehörigen Anstalten". Zu den meisten kämen noch besondere Stiftungen hinzu.

sentliche Forderung der Budgettheorie, daß nämlich die Betriebs-, Verwaltungs- und Erhebungskosten ersichtlich sind, ist bereits in den Etatentwürfen ab der 4. Finanzperiode erfüllt. Verändert hat sich ab 1868 nur die Darstellungsform im Gesetzblatt und der Öffentlichkeitsgrad der Betriebs-, Verwaltungs- und Erhebungskosten, weil ab da deren Größe auch aus den in den Gesetzblättern veröffentlichten Etats zu erkennen ist. Die neue Budgetierung ab 1868 charakterisiert sich damit im wesentlichen als eine Änderung der Form, nicht des Inhalts. Kennzeichnend hierfür ist, daß die Staatshaushaltsrechnungen weiterhin auf Nettobasis beruhen. Die Aussage, Bayern habe erst ab 1868 ein Bruttobudget, bezieht sich auf die Gesetzblattversion sowie die ausgewiesenen Gesamtsummen. Der der Ständeversammlung vorgelegte Entwurf war schon sehr viel früher ein Bruttobudget. Die in Tabelle 2.4.2. ausgewiesenen Zahlen entstammen diesem und sind deshalb nur eingeschränkt mit denen der verabschiedeten Budgets ab 1868 zu vergleichen. Der relative Anteil der Betriebs-, Verwaltungs- und Erhebungskosten an den Bruttoeinnahmen steigt in dem Zeitraum von 28,2 % (1837/43) auf 36,5 % (1861/67)[319]. Die allmähliche Veränderung der Einnahmestruktur setzt also spätestens ab der 4. Finanzperiode ein. Sie muß bei quantitativen Haushaltsvergleichen über den gesamten Untersuchungszeitraum kontrolliert werden.

Die Allgemeinen Vorschriften für das Staatsrechnungswesen im Königreich Sachsen machen den sächsischen Staatshaushaltsetat zu einem Bruttobudget: "*In der Regel dürfen Zahlungen von Einnahmen, sowie Einnahmen von Ausgaben nur dann in Abzug kommen, wenn ein solcher Abzug an der betreffenden Stelle des Staatshaushaltsetats ausdrücklich vorgesehen ist*"[320]. Die Vorschrift geht sinngemäß auch in das sächsische Staatshaushaltsgesetz von 1904 ein[321].

In den sächsischen Finanzgesetzen sind von der Etatperiode 1834/36 bis 1900/01 nur pauschal die Überschüsse bzw. Zuschüsse ausgewiesen, die sich betragsmäßig immer entsprechen. Ab der Etatperiode 1902/03 erscheinen darin die Gesamteinnahmen und -ausgaben, also die Bruttosummen. Daneben sind -

319 Vgl. Tabelle 2.4.2., Spalte 3.

320 ARV 1900, § 4 Abs. 1. Die Vorschrift gilt auch für die Teile des Staatshaushaltsetats, in denen "bei einem Titel schlechthin der Überschuß von einem Nebenzweig oder schlechthin der Zuschuß zu einem Nebenzweige veranschlagt ist" (Löbe 1904, S.122). Demnach muß es in Sachsen auch Einnahme- und Ausgabezweige gegeben haben, von denen nicht die Einnahmen und Ausgaben und der Überschuß, sondern nur der Überschuß veranschlagt war. Löbe 1889, S.21 führt dazu aus: "Veranschlagungen von Einnahmen unter Kürzung von Ausgaben und von Ausgaben unter Kürzung von Einnahmen und somit Nettoveranschlagungen finden nur vereinzelt, namentlich in solchen Fällen statt, in welchen die selbständige Veranschlagung der zur Kürzung gezogenen Ausgaben oder Einnahmen aus dem Grunde, weil sie ihrer Art und Größe nach beständigen Schwankungen unterworfen sind, nicht ohne gewisse Schwierigkeiten ausführbar sein würde". Die ARV sind hier und im folgenden in der Fassung von 1900 zitiert. Zur Geschichte der ARV allgemein siehe Abschnitt 4.1., S.390.

321 Siehe SäSHHG 1904, § 25 Abs. 1.

anfangs unregelmäßig - außerordentliche Ausgaben ausgewiesen[322]. Zuschüsse bzw. Überschüsse können nicht mit den außerordentlichen Ausgaben zu einem Gesamtbetrag addiert werden, da es sich im ersteren Fall um den Saldo zwischen Einnahmen und Ausgaben und im zweiten um einen absoluten Betrag handelt. Die Zusammenhänge sind in Tabelle 3.4.2. zu sehen. Die Zahlen stammen aus den in den sächsischen Landtagsakten abgedruckten Budgetentwürfen. Demnach ist in Sachsen grundsätzlich zwischen einem Budget der Überschußverwaltungen und einem der Zuschußverwaltungen zu unterscheiden[323]. Den Überschuß- und Zuschußverwaltungen werden im Budget getrennt voneinander Einnahmen und Ausgaben zugewiesen[324]. Die Überschüsse und Zuschüsse entsprechen sich jeweils zahlenmäßig. Ausnahmen sind die ersten sechs Finanzperioden (1833-1846/48). Die Überschüsse sind hier jeweils höher als die Zuschüsse[325]. Die Ausgaben der Überschußverwaltungen beanspruchen die Einnahmen 1880/81 zu 48,6 %, 1914/15 zu 71,4 %[326]. Auch hier zeigt sich also der Trend der zunehmenden Ausgabenintensität der staatlichen Betriebsverwaltungen. Im Budget der Zuschußverwaltungen decken die Einnahmen die Ausgaben höchstens zu 38,6 % (1912/13 und 1914/15) und mindestens zu 10,7 % (1890/91). Die Einnahmen schwanken relativ stark[327].

Es ist offensichtlich, daß wir es mit zwei verschiedenen Bruttobudgetierungsformen in Preußen und Bayern einerseits und in Sachsen andererseits zu tun haben. Sie folgen völlig unterschiedlichen Konzepten. In Sachsen ist entscheidend, ob ein Verwaltungszweig Überschüsse abwirft oder Zuschüsse benötigt. Je nachdem wird er bei den Überschuß- oder Zuschußverwaltungen etatisiert. In Preußen und Bayern werden dagegen die Einnahmen und Ausgaben jeder Etatposition getrennt voneinander aufgeführt. Welche Einnahmen mit welchen Ausgaben oder welche Ausgaben mit welchen Einnahmen verbunden sind, läßt sich bei ihrer Budgetierungsart der Etatübersicht nicht entnehmen, sondern nur - wenn überhaupt - den Spezialetats. Die sächsische Budgetform entspricht ab der Etatperiode 1880/81 auch in der Etatübersicht eher den theoretischen Erfordernissen eines Bruttobudgets: Jede Etatposition zeigt die bei ihr

322 Vgl. Tabelle 3.4.1.

323 Bis 1879/80: Budget der Staatseinkünfte und Budget der Staatsausgaben.

324 In der Etatperiode 1834/36 werden nach Löbe 1889, S.25 bei den Einnahmeverwaltungen die damit verbundenen Ausgaben abgezogen, bei den Ausgaben kommen aber die rohen Ausgaben zum Ansatz. Ab dem Etat für 1837/39 werden auch bei den Ausgaben die mit ihnen verbundenen Einnahmen saldiert. Deshalb sei das Staatsbudget "der Hauptsache nach ein reines Nettobudget" (Löbe 1889, S. 25). Ab 1880/81 vereinigt das sächsische Budget nach Löbe 1889, S.36 das Wesen eines Brutto- und Nettoetats in sich.

325 Vgl. Tabelle 3.4.2., Spalte 10.

326 Vgl. Tabelle 3.4.2., Spalte 3.

327 Vgl. Tabelle 3.4.2., Spalten 6 und 7.

veranschlagten Einnahmen und Ausgaben sowie den Überschuß, den sie abwirft, bzw. den Zuschuß, den sie benötigt.

Die Kategorie Betriebs-, Verwaltungs- und Erhebungskosten kommt im sächsischen - im Gegensatz zum preußischen und bayerischen - Budget nicht vor. Allerdings ist in den Rechnungen von 1833 bis 1867/69 eine ähnliche Übersicht über die Brutto- und Nettoeinnahmen enthalten[328]. Es werden darin die Bruttoeinnahmen, die Anlags-, Betriebs- und Unterhaltungskosten sowie die Verwaltungs- und Erhebungskosten ausgewiesen und aus dem Saldo die Nettoeinnahmen berechnet[329]. Die Verwaltungs- und Erhebungskosten machen - soweit ausgewiesen - minimal 9,7 % (1855/57) und maximal 16,7 % (1849/51) der Anlags-, Betriebs-, Unterhaltungs-, Verwaltungs- und Erhebungskosten insgesamt aus[330]. Der Anteil, um den die Betriebs- und Verwaltungskosten die Bruttoeinnahmen schmälern, schwankt zwischen 42,9 % (1861/63) und 56,6 % (1837/39 und 1840/42)[331]. Die Budgetierungsarten scheinen also nicht direkt aneinander anzuknüpfen, da deren Anteil im ganzen gesehen vom Niveau her höher lag als der Anteil der Ausgaben an den Überschußverwaltungen bis einschließlich 1894/95.

Die Zahlen zeigen, daß die Betriebsverwaltungen auch in Sachsen eine bedeutende Rolle gespielt haben und einen Großteil der im Etat nachgewiesenen Einnahmen und Ausgaben ausmachen. Konsequenterweise wird in den sächsischen Budgets deshalb während des gesamten Untersuchungszeitraums nicht auf die absoluten Einnahme- und Ausgabezahlen abgehoben, sondern auf die "Zuschüsse" und "Überschüsse" der Verwaltungszweige. Kennzeichnend hierfür ist auch, daß die Rechnungen nur über letztere Auskunft geben. Das hat wohl dazu geführt, daß das sächsische Budget in der Literatur als ein Nettobudget gilt. Übergangen wird dabei, daß Sachsen ab 1880/81 ein den theoretischen Anforderungen entsprechendes Bruttosystem hatte, das sich allerdings vom preußischen und bayerischen grundlegend unterschied. Die Einnahme- und Ausgabezahlen beider Budgetierungssysteme sind deshalb kaum zu vergleichen, was sich auch noch am württembergischen Beispiel zeigen wird.

Bezüglich der Brutto-/Nettobudgetierung legt das 6. Edikt von 1817 fest, daß in jedem "*Detail-Budget*" der Bruttoertrag aller Einkommensarten, die unmittelbaren Verwaltungs- und Perzeptionskosten und der Nettoertrag, der in die

328 Nach der 13. Finanzperiode entfällt diese Übersicht in den Rechnungen.

329 Vgl. Tabelle 3.4.3.

330 Vgl. Tabelle 3.4.3., Spalte 5.

331 Vgl. Tabelle 3.4.3., Spalte 6. Es ist zu berücksichtigen, daß es sich hier im Gegensatz zu den anderen Tabellen um Ist-Zahlen handelt, da sie aus den Rechnungen stammen.

Staatshauptkasse fließt[332], nachgewiesen sein muß. Die Staatshauptkasse setzt dagegen nur die Überschüsse in Einnahme, welche sie teils von den Mittelkassen, teils von den Spezialkassen nach Abzug der unmittelbaren Verwaltungskosten empfängt[333]. Nach diesen Bestimmungen ist der württembergische Hauptfinanzetat ein Nettobudget. Die Finanzgesetze weisen ihn aber nur für die Finanzperiode 1830/33, in der er erstmals im Gesetzblatt veröffentlicht ist, als solches aus. Von der Etatperiode 1833/36 bis 1864/67 werden die Verwaltungskosten und die übrigen Ausgaben in den Etats nachgewiesen, wie Tabelle 4.4.1. zeigt. Sie kommen auf der Einnahmeseite beim Ertrag des Kammergutes und bei den "Deckungsmitteln", d.h. den Steuererträgen, in Abzug. Beim "Staatsbedarf" werden andererseits keine Einnahmen vermerkt. Das Brutto-Nettosystem beschränkt sich also auf den Abzug der Betriebs-, Verwaltungs- und Erhebungskosten von den Einnahmen. Sie werden jeweils nur für das erste Jahr der Finanzperiode ausgewiesen.

Durch die in Württemberg stattfindende Trennung des Ertrags des Kammerguts und der Steuereinnahmen und obendrein zwischen Verwaltungskosten und übrigen Ausgaben, läßt sich hier der Strukturwandel der Einnahmen und Ausgaben gut verfolgen. Zunächst ist auch in Württemberg der absolute und relative Anstieg der Betriebs- und Verwaltungskosten im Verhältnis zu den Bruttoeinnahmen festzuhalten[334]. Der Anteil der Verwaltungs- und sonstigen Kosten an den Bruttosteuereinnahmen bewegt sich ab der Finanzperiode 1839/42 zwischen 6,2 und 7,7 %[335]. Der Anstieg der Betriebs- und Verwaltungskosten geht ausschließlich auf das Konto der Kammergutseinnahmen und hier wiederum auf die übrigen Ausgaben, die in der Hauptsache Betriebsausgaben sind. Der Anteil der Verwaltungskosten an den Kammergutsausgaben reduziert sich von 22,8 % in der Etatperiode 1833/36 auf 9,7 % 1864/67[336]. Ab dem Etatjahr 1848/49 nehmen die Verwaltungs- und Betriebskosten mehr als die Hälfte der Kammergutseinnahmen in Anspruch, in der Budgetperiode 1861/64 62,9 %[337]. Nach der Budgetperiode 1864/67 gibt es keine Brutto-Nettorechnung mehr. Sie erfolgt damit etwa ebenso lang wie in Sachsen.

Ab dem Budgetjahr 1895/96 setzt der Brutto-Netto-Nachweis wieder ein[338]. In dieser und den folgenden Budgetperioden werden auch die auf die Staatsaus-

---

332 Vgl. 6. Edikt 1817, § 4, Buchstabe b.

333 Vgl. IESuRW 1818, § 8.

334 Vgl. Tabelle 4.4.1., Spalten 5, 6, 11 und 12.

335 Vgl. Tabelle 4.4.1., Spalte 12.

336 Vgl. Tabelle 4.4.1., Spalte 7.

337 Vgl. Tabelle 4.4.1., Spalte 6.

338 Vgl. Tabelle 4.4.2.

gaben entfallenden Einnahmen ausgewiesen. Sie betragen im verbleibenden Untersuchungszeitraum zwischen 3,2% (1901/02 und 1902/03) und 5,7 % (1911/12)[339]. Es wird bei diesen Zahlen deutlich, daß es sich bei dieser Kategorie nicht um ein Äquivalent zu den sächsischen Zuschußverwaltungen handelt. Der Anteil der Einnahmen sind dort bedeutend höher[340]. Wenn man davon ausgeht, daß die Budgetierungsform grundsätzlich die gleiche wie die vor der 18. Finanzperiode ist, muß man bei den Kammergutsausgaben einen weiteren Anstieg und bei den Ausgaben für die Steuereinnahmen einen weiteren relativen Rückgang verzeichnen. Die Ausgaben des Kammerguts beanspruchen zwischen 1895/96 und 1914/15 65-71 % der Einnahmen[341], die Ausgaben auf die Steuermittel dagegen nur zwischen 4,9 (1905/06) und 2,5 % (1912/13-1914/15)[342]. Zwischen Verwaltungs- und übrigen Ausgaben wird nicht mehr getrennt.

Ein wesentliches Ergebnis ist damit, daß ein Großteil der quantitativen Zunahme der Budgetzahlen im Untersuchungszeitraum auf ein ständiges Anwachsen der Betriebsverwaltungen zurückzuführen ist. Die Betriebskosten beanspruchten einen immer größer werdenden Anteil der Bruttoeinnahmen. Die Einnahme- und Ausgabestruktur hat sich folglich also im Laufe der Zeit kontinuierlich geändert. Wer die Zunahme der Staatsausgaben und -einnahmen in Gesamtsummen mißt, mißt vor allem den zunehmenden Anteil der Betriebsverwaltungen und weniger das, was der Staat für seine Aufgaben im engeren Sinne ein- und ausgibt. An den preußischen und bayerischen Etatzahlen kann man das anschaulich sehen, da sie in "Staatsverwaltungsausgaben" bzw. "Staatsausgaben" differenzieren, worin die Betriebskosten nicht enthalten sind. Ihr relativer Anteil an den Ausgaben insgesamt verringert sich in zeitlicher Entwicklung erheblich. Eine Analyse der säkularen Entwicklung der Staatsausgaben muß diese Veränderungen näher untersuchen. Nebenbei konnten wir noch feststellen, daß in Sachsen die Ausgleichsideologie im Untersuchungszeitraum bis auf die Jahre 1833 bis 1846/48[343], in Bayern ab dem Budgetjahr 1851/52[344] und in Preußen ab 1871[345] strikt eingehalten wurde. In Württemberg fühlte man sich dagegen nur in der kleineren Anzahl der Budgetperioden daran gebunden[346].

---

339 Vgl. Tabelle 4.4.2., Spalte 3.

340 Vgl. Tabelle 3.4.2., Spalte 7.

341 Vgl. Tabelle 4.4.2., Spalte 7.

342 Vgl. Tabelle 4.4.2., Spalte 11.

343 Vgl. Tabelle 3.4.2., Spalte 8.

344 Vgl. Tabelle 2.4.1., Spalte 8.

345 Vgl. Tabelle 1.4., Spalte 18.

346 Vgl. Tabelle 4.4.1., Spalte 15 und Tabelle 4.4.2., Spalte 14.

Etattechnisch haben wir es in Württemberg und Sachsen formal mit einem ähnlichen Budgetierungssystem zu tun. Während in Sachsen eine Zweiteilung des Etats in Überschuß- und Zuschußverwaltungen praktiziert wurde, gab es in Württemberg eine Dreiteilung in den Staatsbedarf, den Ertrag des Kammerguts und die Einnahmen aus Deckungsmitteln. Ein grundsätzlich anderes Veranschlagungssystem als in Sachsen und Württemberg herrschte, wie dargelegt, in Preußen und Bayern, was den Vergleich der absoluten Budgetzahlen schwierig, wenn nicht gar unmöglich macht. Die formale Einteilung der Budgets ist in allen untersuchten Staaten unterschiedlich. Gesamteinnahme und -ausgabesummen verdecken diese förmlichen und in der Folge inhaltlichen Unterschiede.

Die Erhebungs-, Verwaltungs- und Betriebskosten wurden in Sachsen von 1833 bis 1867/69 als Ist-Zahlen in den Rechnungen nachgewiesen, in Württemberg von 1833/36 bis 1864/66 als Sollzahlen in den festgestellten Etats, in Bayern von 1837/43 bis 1861/67 als Sollzahlen in den Etatentwürfen der Regierung. Die Qualität der Zahlen ist also jeweils eine andere. In diesem Zeitraum hatten alle drei Staaten bereits grundsätzlich ein Bruttobudget. Nur der Nachweis erfolgte anders, d.h. der Öffentlichkeitsgrad war unterschiedlich. Die Charakterisierung in der Literatur, daß Bayern, Sachsen und Württemberg, die beiden letzteren über die angegebenen Zeiträume hinaus, Nettobudgets gehabt hätten, gilt also nur eingeschränkt. Der Grund für die Einstellung der Brutto-/Netto-Nachweise in den folgenden Jahren (Sachsen, Württemberg) bzw. die Änderung deren Form (Bayern), ist weder den Etats, noch den Finanzgesetzen, noch der Literatur zu entnehmen[347].

Preußen war, was den Zeitpunkt der Bekanntmachung betrifft, der letzte der untersuchten Staaten, der nur Nettozahlen veröffentlichte. In der Literatur wird dagegen oftmals behauptet, er sei der erste. Das ab 1849 verfolgte System unterscheidet sich von dem in Bayern, Sachsen und Württemberg praktizierten insofern, als die Betriebs-, Verwaltungs- und Erhebungskosten nicht mehr auf der Einnahmenseite veranschlagt und vorweg von den Bruttoeinnahmen abgezogen werden, sondern eine von vier Ausgaberubriken darstellen. Die Einnahmen und die mit ihnen verknüpften Ausgaben sind formal voneinander ge-

---

[347] Im Rechenschaftsbericht zum sächsischen Etat 1870/71 ist angemerkt, daß die "Uebersicht des Brutto-Einkommens aller Einkünfte, ingleichen der Verwaltungs-Kosten und des nach Abzug derselben verbliebenen Rein-Ertrages der Einkünfte" in Zukunft nicht mehr nachgewiesen werde, "da der mit Berücksichtigung der Zu- und Abnahme der Vermögensbestände bei den Specialcassen erlangte rechnungsmäßige Ueberschuß und stattgefundene wirkliche Aufwand aus den Specialnachweisungen, und in den Fällen, wo es der Aufstellung eines Specialnachweises nicht bedurfte, aus den in der Anmerkungsspalte der Hauptübersicht A.I. aufgenommenen Bermerkungen zu ersehen ist" (SäR 1870/71, Rechenschaftsbericht). Eine Überprüfung hat ergeben, daß sich in der Bemerkungsspalte der Hauptübersicht 1870/71 keine Anmerkung dazu findet.

trennt, während sie in den anderen Staaten eine Einheit bilden und unmittelbar aufeinander bezogen sind. Bei letzteren Budgets kann man sich schnell ein Bild davon verschaffen, welche Einnahmegruppen welche Ausgaben verursachen und wie groß das Verhältnis beider zueinander ist[348]. Diese Übersichtlichkeit geht im preußischen System verloren. Es erlaubt nur ungleich schwerer, Einnahmen und Ausgaben miteinander in Verbindung zu bringen. Die Betriebs-, Verwaltungs- und Erhebungskosten sind zwar auch aufgeschlüsselt, aber man muß, um von den Bruttoeinnahmen zu den Nettoeinnahmen zu gelangen, immer zum Einnahmeetat zurückblättern und dort die entsprechenden Posten suchen. Ist das gelungen, muß man die Verwaltungs- und Erhebungskosten von den Bruttoeinnahmen abziehen. In den anderen Staaten sind diese Schritte bereits in einer Übersicht nachvollziehbar vorweggenommen. Mit den Ausgaben verbundene Einnahmen werden in Preußen - wie in den anderen Staaten bis dahin auch - nicht nachgewiesen. Zu dieser weniger deutlichen Darstellungsart ging Bayern ab 1868 über. Sachsen (ab 1880/81) und Württemberg (ab 1895/97) kehrten zu ihrer traditionellen Brutto-Netto-Darstellung zurück, Sachsen in den Etatentwürfen, Württemberg in den festgestellten Etats, wobei beide noch zusätzlich die Einnahmen der Zuschuß- bzw. Ausgabeverwaltungen sichtbar machten.

Diese Unterschiede in der Budgetierung müssen berücksichtigt werden, wenn man aggregierte Summen als Basis für quantitative Budgetvergleiche nimmt. Die Ausführungen haben gezeigt, daß eine Homogenisierung der Daten aufgrund der unterschiedlichen Philosophien, die hinter den Budgetierungstechniken stehen, auf aggregierter Ebene kaum möglich ist. Man muß sich auf Etatebenen begeben, die die Einzelposten differenzierter ausweisen, da dort diese Abweichungen eher kontrolliert und verglichen werden können. Es wird sich allerdings zeigen, daß auch dort die Veranschlagung der Einnahmen und Ausgaben nicht einheitlich erfolgte.

Im folgenden wird auf grundsätzliche Fragen der Vollständigkeit der Budgets in den untersuchten Staaten innerhalb des skizzierten groben Brutto/Nettosystems eingegangen. Besonders thematisiert wird die Behandlung der Einnahmen und Ausgaben auf Rechnung Dritter, der Betriebsverwaltungen, der Einnahmen und Ausgaben aus beweglichem Staatsvermögen und die Militärausgaben. Es werden - so gerafft wie möglich - die wesentlichen Kennzeichen der

---

348 In Sachsen scheinen solche Überlegungen bei der Wahl dieses Systems durchaus eine Rolle gespielt zu haben. Nach Löbe 1889, S.36 war die Erwägung maßgebend, "einerseits, daß es sachlich richtiger erscheint, die Bewegung des Geldverkehrs, wie sie bei den einzelnen Betriebs- und Verwaltungszweigen thatsächlich sich vollzieht, auch in der Art der Etataufstellung zum Ausdrucke zu bringen, andererseits, daß man ein zutreffenderes Bild von der Lage und der Bedeutung der einzelnen Betriebs- und Verwaltungszweige gewinnt, wenn man sofort an einer Stelle des Staatshaushalts-Etats ersehen kann, wie viel jeder derselben nach Abzug des Betriebs- und Verwaltungsaufwandes, bzw. nach Abzug der eigenen Einkünfte dem Staate einbringt oder kostet".

Etattechnik herausgearbeitet, um die unterschiedlichen Vollständigkeitsgrade und die verschiedenen Arten der Anwendung von Brutto-Netto-Mischsystemen anhand konkreter Beispiele darzulegen. Erst wenn man das oben Ausgeführte an konkreten Etatpositionen vergleichend durchdenkt, tritt das ganze Maß der Unvergleichbarkeit aggregierter Etatsummen vor Augen.

3.3.3. Einnahmen und Ausgaben auf Rechnung Dritter

Die Vollständigkeit der Etats hängt u.a. auch von der Etatisierungsform der Einnahmen und Ausgaben für Dritte ab[349].

Nach § 2 Abs. 1 Ziffer 2 des preußischen Staatshaushaltsgesetzes von 1898 gehören die Beiträge Dritter, welche dem Staatshaushaltsetat zu den vorgesehenen Ausgaben zufließen, zu den in die Einnahmen aufzunehmenden Beträgen[350]. Die Bestimmung findet keine Anwendung in solchen Fälle, in denen der Staat bzw. das ihn vertretende Organ lediglich die Vermittlung einer Zahlung an den Empfangsberechtigten übernimmt[351]. Weiter ist im preußischen Staatshaushaltsgesetz bestimmt, daß bei solchen Verwaltungen, die nicht ausschließlich für Rechnung des Staates geführt werden, der Anteil des Staates an dem für die Gemeinschaft veranschlagten Überschuß oder Zuschuß in die Spezialetats und in den Staatshaushaltsetat einzustellen ist[352]. Allgemeine

[349] Willgren 1899, S.16 meint, es könne als allgemein gültige Regel aufgestellt werden, "daß keine Einnahmen oder Ausgaben, die für die Rechnung einer anderen Gemeinwirtschaft oder einzelner Personen gehen, dem Staatsbudget gehören".

[350] Nach Herrfurth 1899, S.5 f. gibt diese Bestimmung das "schon gegenwärtig bei fast allen Verwaltungen beachtete Verfahren" wieder. Er zählt u.a. auf: Die Vergütungen vom Reich für die Wahrnehmung der Geschäfte der Reichsschuldenverwaltung, der Beitrag des Reiches zu den Verwaltungskosten des Geheimen Zivilkabinetts, die Beiträge Dritter zur Unterhaltung der Land- und Wasserstraßen, die Zahlungen des Reichs und von Korporationen und Privaten für das Gendarmeriepersonal sowie Beiträge fremder Regierungen zu den Generalkosten der Auseinandersetzungsbehörden. In den Etat für 1897/98 sind z.B. auch Beiträge Dritter zu den einmaligen und außerordentlichen Ausgaben eingestellt, konkret der Beitrag der niederländischen Regierung zu den Kosten eines für die Wasserbauinspektion Emden neu zu beschaffenden Tonnenlegedampfers und der Beitrag der Stadt Segeberg zu den Erweiterungskosten der Übungsschule des dortigen Seminars (vgl. Herrfurth 1899, S.6).

[351] Das ist z.B. der Fall bei Liebesgaben, die bei Notständen den staatlichen Behörden für die Notleidenden zugehen oder wenn von einer staatlichen Polizeibehörde die von dritter Seite für die Ermittlung eines Verbrechens ausgesetzte Belohnung zur Auszahlung an die beteiligten Beamten kommt (vgl. Herrfurth 1899, S.6).

[352] Vgl. PrSHHG 1898, § 7 Abs. 1. Das gilt z.B. für die von Preußen, Hessen und Baden gemeinschaftlich betriebene Main-Neckar-Eisenbahn. In den Staatshaushalt ist jeweils der vertragsmäßige Anteil Preußens am Betriebsüberschuß des Unternehmens eingestellt. Dieses Verfahren wurde schon vor der Regelung durch das Staatshaushaltsgesetz praktiziert (vgl. Herrfurth 1899, S.27 und weiter unten die Ausführungen zu den Betriebsverwaltungen).

Reglungen wie die angeführten preußischen wurden in den anderen Staaten zumindest nicht veröffentlicht.

Als Beispiele für die in den Staaten angewandten Budgetierungstechniken bei Einnahmen und Ausgaben auf Rechnung Dritter dienen die Reichssteuern und die Versicherungseinnahmen und -ausgaben. Da allgemeine Regelungen fehlen, muß anhand der Spezialetats die jeweilige Budgetierungsform untersucht werden.

Einnahmen und Ausgaben auf Rechnung des Reiches

Bei dieser Einnahme- und Ausgabegruppe ist vor allem darauf zu achten, an welcher Stelle die Einnahmen und Ausgaben in den Etats stehen und welche Posten miteinander saldiert werden.

In Preußen geht aus den Erläuterungen zum Hauptetat der "*indirecten Steuern*" von 1849 hervor, daß bei den einzelnen Steuern die "*Herauszahlungen*" an die anderen Zollvereinsstaaten vorweg in Abzug gekommen sind. In Einnahme gestellt ist die Verwaltungskostenvergütung. Im Etatentwurf 1862 taucht ein Ausgabebetrag für die "*Zollvereins-Verhältnisse*" auf, der bei den Betriebs-, Verwaltungs- und Erhebungskosten etatisiert ist[353]. 1872 sind die indirekten Steuern unterteilt in Reichssteuern und solche für alleinige Rechnung Preußens[354]. Bei den Einnahmen vorweg in Abzug kommen jetzt auch die "*Ausfuhr-Bonifikationen*". Bei den Ausgaben werden nur die Verwaltungskosten für die Erhebung und Kontrolle der Rübenzucker- und der Salzsteuer separat ausgewiesen[355]. Daneben ist in der Erläuterungsspalte angemerkt, daß ab 1872 die Ausgaben für die Zollvereinsbeamten auf das Reich übergehen. Bei dieser Veranschlagungsart bleibt es dem Grundprinzip nach bis 1914.

Beiträge zu den Ausgaben des Norddeutschen Bundes bzw. des Deutschen Reiches sind bei den Staatsverwaltungsausgaben ab 1868[356] bzw. 1871[357] ausgewiesen. Die Summe setzt sich aus dem Matrikularbeitrag und einem Aversum für Zölle und Verbrauchssteuern der vom Zollgebiet des Deutschen Reiches ausgeschlossenen Landesteile zusammen. Ab dem Etat 1880/81 werden diese beiden Titel nicht mehr bei den Staatsverwaltungsausgaben, sondern bei

---

353 Vgl. PrEE 1862, Anlagen Bd. I, Kap. 5 der Ausgaben, Titel 8.

354 Vgl. PrEE 1872, Anlagen Bd. I, Etat Nr. 5.

355 Vgl. PrEE 1872, Anlagen Bd. I, Etat Nr. 5, Ausgabetitel 8 und 9.

356 Vgl. PrEE 1868, Ausgabekapitel 52.

357 Vgl. PrEE 1871, Ausgabekapitel 49.

"*Dotationen und allgemeine Finanzverwaltung*" in Ausgabe gestellt[358]. Gleichzeitig wird die Gliederung der Einnahmen unterteilt in "*einzelne Einnahmezweige*" und "*allgemeine Finanzverwaltung*". In letztgenannter Rubrik wird jetzt auch ein Anteil an dem Ertrag der Zölle und der Tabaksteuer verrechnet[359]. Abgesehen davon, daß die Verbuchung der Steueranteile Preußens immer wieder wechselt[360], ändert sich daran bis 1914 nichts mehr.

In Bayern zeigen die Etatentwürfe für 1851/55, daß bei der Generalzolladministration die Einnahmen aus eigener Perzeption[361] und die Herauszahlungen aus der gemeinschaftlichen Abrechnung mit den Zollvereinsstaaten in Eingang gestellt sind[362]. In Ausgabe kommen die Vergütungen an andere Vereinsstaaten[363]. Bei diesem Informationsstand läßt sich nicht klären, ob nur die Einnahmen und Ausgaben des Zollvereins, die auf Bayern entfallen, enthalten sind oder alle von Bayern erhobenen bzw. geleisteten Beträge. Erst ab dem Etatjahr 1872/73 steht bei dem Posten explizit: "*Allgemeine Zoll- und Steuergefälle und zwar nunmehr Abzüge an den in die Reichskasse fließenden Zöllen und Steuern als Beiträge zur Bestreitung der Erhebungs- und Verwaltungskosten nach Art. 38 der Reichsverfassung*"[364]. In der Bemerkungsspalte ist notiert, daß hier künftig nur die Abzüge für Erhebungs- und Verwaltungskosten der Reichssteuern vorgetragen werden. Sowohl die Zuflüsse aus der gemeinschaftlichen Abrechnung mit den Zollvereinsstaaten als auch die Abflüsse an andere Vereinsstaaten fallen im weiteren weg, da die Zölle sowie die Rübenzucker-, Salz- und Tabaksteuer in Zukunft in die Reichskasse fließen[365]. Die Verwaltungskosten, die auf die Erhebung und die Verwaltung der Reichssteuern entfallen, werden nicht getrennt von den übrigen Verwaltungskosten des Kapitels ausgewiesen. Ab der Etatperiode 1882/83 sind die Vergütungen aus der Reichskasse für die Erhebung der Zoll- und Steuergefälle einzeln und nach

358 Vgl. PrEE 1880/81, Ausgabekapitel 42.

359 Vgl. PrEE 1880/81, Einnahmekapitel 22, Titel 1.

360 Der Anteil Preußens an der Reichsstempelsteuer wird z.B. 1906 bei der Allgemeinen Finanzverwaltung (Kapitel 24, Titel 3), 1914 beim Etat der Zölle und der indirekten Steuern (Kapitel 5, Titel 14a) verrechnet.

361 Im einzelnen sind dies Eingangs-, Ausgangs- und Durchgangszölle sowie die Rübenzuckersteuer.

362 Vgl. BaEE 1851/55, Beilage Ziffer III, Einnahmekapitel 2 (Indirekte Staatsauflagen), § 2 (Allgemeine Steuergefälle), Titel 1-4.

363 Vgl. BaEE 1851/55, Beilage Ziffer III, Einnahmekapitel 9. Und zwar Zollentschädigung für die in Bayern aufgenommenen Enklaven und Hinauszahlung aus der allgemeinen Abrechnung. Letztgenannter Paragraph ist erst ab dem Etatentwurf 1861/67 enthalten.

364 BaEE 1872/73, Beilage Ziffer 5 (Voranschlag der Einnahmen und Ausgaben der Königlichen General-Zoll-Administration), Einnahmekapitel 1 (indirekte Staatsauflagen), § 1. Es sind folgende Titel aufgeführt: Zölle, Rübenzuckersteuer, Salzsteuer und Tabaksteuer (vgl. Titel 1-4).

365 Vgl. BaEE 1872/73, Beilage Ziffer 5 (Voranschlag der Einnahmen und Ausgaben der Königlichen General-Zoll-Administration), Ausgabekapitel 9, Bemerkungsspalte.

den verschiedenen Steuerarten getrennt aufgeführt[366]. Ab 1881/82 werden auch die Rückvergütungen an Zöllen und Reichssteuern in diesem Spezialetat verbucht[367]. Die "*Ausgaben für Reichszwecke*", sprich die Matrikularbeiträge[368], die Kosten der Reichstagswahlen und die Ausgaben für die Vertretung im Bundesrat kommen ab dem Etat 1872/73 bei den "Staatsverwaltungsausgaben" (Kapitel 12) in Ansatz. Bei diesem Anschlagsverfahren blieb es bis 1914[369].

Im sächsischen Budget für 1837/39 ist ein Posten (Nr. 33) mit dem Titel "*Grenzzoll nebst Branntwein-, Schlacht-, Malz-, Wein- und Tabaksteuern ingleichen Elbzoll und Ausgleichs-Abgaben*" enthalten. In der Etatperiode 1864/66 heißt dieser Titel "*indirecte Abgaben unter gemeinsamer Regie*" und besteht aus dem Grenz- und Elbzoll, der Bier-, Schlacht-, Branntwein-, Wein-, Tabak- und Rübenzuckersteuer. Wie aus dem Spezialetat ersichtlich, erscheint der Anteil Sachsens als Einnahmebetrag. Die Verwaltungskostenerstattungen werden ebenfalls in Einnahme gestellt[370]. Aus der Ausgabenauflistung ist die Höhe der bei den einzelnen Steuern anfallenden Verwaltungskosten nicht zu erkennen. Am Ende des Spezialetats ist aber eine Liste über deren "*arbitrirte*" Verteilung angefügt. Die ab 1880 erfolgenden Zoll- und Steuerrückzahlungen vom Reich werden im Kapitel "*Finanzielles Verhältnis Sachsens zum Reiche*" im Etat der Zuschußverwaltungen etatisiert[371]. Sie werden mit den Matrikularbeiträgen saldiert, so daß der erforderliche Zuschuß ersichtlich ist.

In Württemberg ist erst aus dem Spezialetat des Finanzministeriums für 1873/74 (Beilage Nr. 11) zu ersehen, wie der Aufwand für die für das Deutsche Reich eingezogenen Steuern verrechnet wird[372]. Daraus ergibt sich als grundsätzlicher Unterschied zu der Verrechnungsart in Sachsen, wo die Kosten der Reichssteuerverwaltung bei der Einnahmeverwaltung in Abzug kommen, daß sie in Württemberg bei den Ausgabeverwaltungen, und zwar beim Departement der Finanzen, angesetzt sind. Es kommen in Ausgabe die

---

366 Vgl. BaEE 1882/83, Etat Nr. 3, Kapitel 4. Die Einnahmen und Ausgaben für die Erhebung der Zoll- und Steuergefälle des Reiches werden im Etatjahr 1876/77 umgruppiert. Sie befinden sich jetzt in dem Kapitel Malzaufschlags-, Zoll-, Steuer- und Kartenstempelgefälle.

367 Vgl. BaEE 1880/81, Etat Nr. 4, Einnahmekapitel 2.

368 Nach Artikel 70 der Reichsverfassung müssen die durch eigene Einnahmen nicht gedeckten Ausgaben des Reichs - abgesehen von den durch Anleihe zu deckenden außerordentlichen Bedürfnissen - durch Beiträge der einzelnen Bundesstaaten nach Maßgabe ihrer Bevölkerung aufgebracht werden (vgl. z.B. Schanz 1896, I, S.89 ff.).

369 Die Verwaltungskosten für die Erhebung der Zoll- und Steuergefälle befinden sich inzwischen in Etat Nr. 16, Kapitel 1 (vgl. BaEE 1914/15).

370 Vgl. SäEE 1864/66, Position 25, S.115 f.

371 Vgl. z.B. SäEE 1914/15, Kapitel 104.

372 Zu den Hintergründen siehe z.B. Riecke 1883, S.196 f.

Verwaltungskosten der Hebestellen für Zölle und Reichssteuern, die Rückvergütungen und Freischreibungen auf private Rechnung sowie der Aufwand für Krahnen, Waagen, Niederlageeinrichtungen und Schiffseichung sowie sonstige Ausgaben. Davon abgesetzt werden die Einnahmen aus "*privativen*" Gefällen und die Einnahmen (Ersatzleistungen und Vergütungen) aus der Reichskasse, im einzelnen: eine Pauschsumme für die Zollverwaltung an der Grenze, ein Rübenzuckersteueraversum, die Gehälter der Salzsteuerbeamten, ein Tabaksteuer- und ein Wechselsteueraversum. Diese Verbuchungsart wird so auch noch im Etat 1913/15 praktiziert. Von den geleisteten Ausgaben der Zoll- und Reichssteuerverwaltung werden also die eigenen Einnahmen sowie die Ersätze und Vergütungen aus der Reichskasse abgezogen, wobei ein Teil der Einnahmen auf den Anteil der Bezirksfinanzverwaltung an der Vergütung für die Verwaltung der Reichssteuern auf Kapitel 107, Titel 10 übertragen wird[373]. Ab dem Etat 1881/82 ist noch ein zusätzliches Kapitel 130 (Anteil am Ertrag der Zölle und der Tabaksteuer) in den Etats enthalten. Damit ist der Aufwand für die Erhebung der Reichssteuern, nach Abzug der Vergütung durch die Reichskasse, bei den Ausgabeverwaltungen veranschlagt, der Anteil am Ertrag der Zölle und der Tabaksteuer[374], die vom Reich zurückvergütet werden, bei den Einnahmeverwaltungen. Die Leistungen an das Deutsche Reich werden bei den Ausgabeverwaltungen verbucht.

Versuchen wir etwas Ordnung in dieses Budgetierungswirrwarr zu bringen: Die preußischen Ablieferungen an die Zollvereinsstaaten werden im Etatentwurf 1849 von den Steuereinnahmen in Abzug gebracht und die Verwaltungskostenvergütung in Einnahme gestellt. 1862 taucht bei den Betriebs-, Verwaltungs- und Erhebungskosten explizit ein Ausgabebetrag für die Erhebung von Reichsabgaben auf. In Sachsen werden die Erhebungskosten für Steuern und Zölle auf Rechnung des Zollvereins ab 1864/66 in den Spezialetats nachgewiesen. Alle Einnahmen und Ausgaben sind in einem einzigen Etat der Überschußverwaltung enthalten und miteinander saldiert. In Bayern wird diese Verrechnungsart bis 1861/67 praktiziert. Über die Verhältnisse in Württemberg kann für diesen Zeitraum nichts gesagt werden, da die vorhandenen Etatbeilagen nicht ausführlich genug sind. Ab den Etatjahren 1868/69 werden in Bayern die Einnahmen vom Reich bei den Staatseinnahmen, die Ausgaben für die Erhebung der Abgaben für Rechnung des Deutschen Reiches bei den Betriebs-, Verwaltungs- und Erhebungskosten verbucht, die Leistungen an das Deutsche Reich bei den "Staatsausgaben". Auch in Preußen sind im Etat 1868 erstmals Beiträge zum Norddeutschen Bund bei den "Staatsverwaltungsausgaben" ausgewiesen. Ab 1880/81 werden die Reichsbeiträge in der Rubrik "Do-

[373] Vgl. WüEE 1913/15, Kapitel 105.

[374] Die Zusammensetzung der Rückvergütungen aus der Reichskasse wechselt im Lauf der Jahre immer wieder.

tationen" verbucht, die Steuerrückvergütungen vom Reich bei den Staatseinnahmen. In Sachsen werden weiterhin die Erhebungs- und Verwaltungskosten für die Reichszölle und -steuern bei den Überschußverwaltungen in Abzug gebracht, die Steuerrückvergütungen durch das Reich dagegen zusammen mit den Ausgaben für die Matrikularbeiträge bei den Zuschußverwaltungen[375]. In Württemberg ist es genau umgekehrt. Die Kosten der Reichssteuerverwaltung kommen bei den Ausgabeverwaltungen in Ansatz, wobei die Rückerstattungen für die Verwaltungskosten mit ihnen saldiert werden. Die Rückflüsse aus Reichssteuern kommen bei den Einnahmeverwaltungen in Ansatz, die Leistungen an das Deutsche Reich wiederum bei den Ausgabeverwaltungen.

Preußen und Bayern verfolgten also hier ab 1868 in etwa das gleiche Budgetierungskonzept. Die Unterschiede in der Veranschlagungstechnik in Sachsen und Württemberg sind ein weiterer Beleg dafür, daß - trotz formal ähnlichem Budgetaufbau - die Einnahme- und Ausgaberubriken in Sachsen nicht ohne weiteres mit denen Württembergs in ihrer qualitativen und quantitativen Zusammensetzung vergleichbar sind. Ein Vergleich ist nur möglich, wenn die einzelnen Einnahme- und Ausgabeposten separat betrachtet werden, und zwar unabhängig davon, welcher Platz ihnen in den jeweiligen Budgets zugewiesen ist. Die Einnahmen und Ausgaben für Reichszwecke zeigen, daß die Komponenten, aus welchen sie sich zusammensetzen, in allen Staaten - sofern sie nachgewiesen sind - in etwa gleich sind, daß sie etattechnisch aber unterschiedlich behandelt werden.

Unser zweites Beispiel der etattechnischen Behandlung der Einnahmen und Ausgaben auf Rechnung Dritter, namentlich der Versicherungen, zeigt, daß nicht nur die Etattechnik, sondern auch die Zusammensetzung der Posten und deren Veränderung in der Zeit bei Budgetvergleichen berücksichtigt werden muß. Daneben ist es, wie auch das vorige Beispiel, ein Beleg dafür, daß sachlich zusammengehörende Einnahmen und Ausgaben in den Budgets an verschiedenen Stellen angesiedelt sein können.

Versicherungen

Betrachtet man die Einrichtungen zur Hinterbliebenenversorgung der Beamten als eine Art Rentenversicherung, sind in den preußischen Etats - beim Finanzministerium - ab 1849 Versicherungsausgaben eingestellt. Aus dem entsprechenden Spezialetat geht hervor, daß sich der etatmäßige Zuschuß aus dem Saldo der Einnahmen und Ausgaben der Berliner Witwenverpflegungsanstalt

[375] Zur Entwicklung der Matrikularbeiträge in Württemberg siehe Schall 1893, II, S.30 ff.

ergibt[376]. 1869 sind 8 Witwen- und Waisenverpflegungsanstalten aufgeführt. Die Spezialetats des Finanzministeriums ab 1873 weisen zusätzlich Einnahmen dieser Anstalten auf[377]. In der Bemerkungsspalte steht dazu als Erklärung: "*Bisher wurden nur die Ueberschüsse, welche von einigen der durch die Verordnung vom 15. September 1867 (...) geschlossenen Beamten-Wittwen- und Waisen-Kassen aufkommen, resp. die den übrigen dieser Kassen zu gewährenden Zuschüsse zum Etat gebracht. In den vorliegenden Etat sind die pro 1873 veranschlagten Brutto-Einnahmen und Ausgaben der fraglichen Kassen übernommen, weil dies den Bestimmungen der Gesetze vom 6. März 1868 (...) und vom 20. April 1869 (...), wonach die Wittwen- und Waisen-Pensionen, welche aus den gedachten Kassen zu entrichten sein würden, fortan aus der Staatskasse gezahlt und dagegen die Beiträge der Mitglieder zu derselben eingezogen werden sollen, entsprechend erscheint.*"[378]. Der in Ausgabe gestellte Betrag erhöht sich durch diese neue Verrechnungstechnik nicht nennenswert: 1872 beträgt er 1.001.120 Thlr., 1873 1.247.975 Thlr. Die Einnahmen belaufen sich 1873 auf 204.640 Thlr. Die Witwen- und Waisenversicherungen sind bis 1914 in der beschriebenen Weise etatisiert.

Die Etats ab 1849 weisen zusätzlich im Etat des Justizministeriums einen Zuschuß für die "*Justizoffizianten-Wittwenkasse*" aus[379]. Aus der 1850 angefügten Spezialbeilage ist zu erkennen, daß sich die Einnahmen der Kasse aus Zinsen von ausstehenden Kapitalien und aus verschiedenen anderen - zweckgebundenen - Einnahmen zusammensetzen, die nur z.T. etatmäßig in Ausgabe gestellt wurden[380]. Im Spezialetat 1883/84 ist außer dieser Zuweisung noch ein Betrag "*Zuschuß aus der Generalstaatskasse zur Deckung der Besoldung des Rendanten*" eingestellt[381]. Wo und ob dieser Betrag etatmäßig verbucht ist, konnte nicht ausfindig gemacht werden. Ein Betrag für die Justizoffiziantenkasse ist bis 1914 in den preußischen Etats enthalten, wobei 1914 allerdings nicht mehr ersichtlich ist, woraus sich die Einnahmen und Ausgaben dieser

---

376 Vgl. PrEE 1849, Spezialetat Nr. 24.

377 Und zwar Beiträge der Mitglieder und sonstige statutenmäßige Einnahmen der verschiedenen Anstalten, u.a. der Hof- und Zivildienerwitwenkasse in Hannover, der Witwen- und Waisenversorgungsanstalt ehemals landgräflich Hessischer Beamten oder der Witwen- und Waisenkasse ehemals Nassauischer Unteroffiziere (vgl. PrEE 1873, Anlagen Bd. II, Etat Nr. 3, Einnahmekapitel 11, Titel 2-9).

378 Vgl. PrEE 1873, Anlagen Bd. II, Etat Nr. 3, Einnahmekapitel 11, Bemerkungsspalte.

379 Vgl. PrEE 1849, V., Nr. 30, Buchstabe g.

380 Die Einnahmen setzen sich wie folgt zusammen: a) aus dem Debit der Zeitschrift "Jahrbücher der Preußischen Gesetzgebung", b) aus dem Verlag des Justizministerialblattes, c) aus dem Gewinnanteil aus dem Verlag der von dem Justizrat Gräff herausgegebenen "Sammlung von Verordnungen" und d) aus dem Verkauf "cassirter" Akten und aus den Zinsen von neu anzulegendem Kapital. Etatmäßig in Ausgabe gestellt wird davon b) und d) (vgl. PrEE 1850, V., Nr. 31, Buchstabe g).

381 Vgl. PrEE 1883/84, Anlagen Bd. II, Spezialetat Nr. 13, Unterbeilage B.

Kasse zusammensetzen. Ausgaben infolge der Reichsversicherungsgesetze konnten nicht ausgemacht werden, obwohl stichprobenhaft verschiedene Jahrgänge der infrage kommende Spezialetats (Innenministerium, Finanzministerium, allgemeine Finanzverwaltung, Bauverwaltung, Handel und Gewerbe) daraufhin geprüft worden sind.

Zusammenfassend bedeutet das, daß ab 1873 in Preußen zwei verschiedene Systeme etattechnischer Behandlung dieser Art von Versicherungsausgaben existierten. In dem einen Fall wurden alle Einnahmen und Ausgaben in den Etat eingestellt, in dem anderen ein Teil der der Kasse zugewiesenen zweckgebundenen Einnahmen als Zuschuß. Die bezuschußte Kasse war im übrigen in ihrem Finanzgebaren von der Staatskasse unabhängig.

Im bayerischen Etatentwurf für 1831/37 sind in Kapitel 13 der Staatsausgaben 140.000 fl. für "*Pensionen der Wittwen und Waisen der Staatsdiener*" und bei den Einnahmen 65.952 fl. als "*Wittwen- und Waisenfondsbeyträge*"[382] angesetzt. Ab dem Etatjahr 1868/69 werden diese Einnahmen unter der Bezeichnung "*für Zwecke des allgemeinen Unterstützungs-Vereins für die Hinterlassenen der k.b. Staatsdiener und der hiemit verbundenen Töchterkasse*" rubriziert[383]. Bei den Ausgaben auf die Erhebung, Verwaltung und den Betrieb sind in Kapitel 8 2.580 fl. als Erhebungskosten für die genannte Kasse eingestellt. In der Rubrik für Staatsausgaben werden schließlich 800.000 fl. für Pensionen der Witwen und Waisen der Staatsdiener veranschlagt[384].

Konkret bedeutet dies, daß die Geheimen Rats- und Kanzleitaxen sowie die Witwen- und Waisenfondsbeiträge im Budget als durchlaufende Posten erscheinen[385], wobei der Erhebungsaufwand von den Einnahmen abgezogen wird, bevor sie an den außerbudgetmäßigen Fonds weitergeleitet werden. Obwohl die Witwen- und Waisenfondsbeiträge auf den Unterstützungsverein übergehen, bleiben die Ausgaben für Witwen und Waisen im Etat, werden also nicht auf Rechnung des Fonds geleistet[386]. Die Einnahmen für einen bestimmten Zweck, nämlich die Beiträge für die Witwen- und Waisenpensionen, werden aus dem Budget ausgelagert, während die zu diesem Zweck zu bestreitenden Ausgaben im Etat bleiben. Ob diese verwickelten Verhältnisse auch schon vor 1868/69 galten, läßt sich aus den Etats nicht ersehen. Bei dem Unterstützungs-

[382] Vgl. BaEE 1831/37, Einnahmekapitel 1, Ziffer 6.

[383] Die Einnahmen sind inzwischen bei Einnahmekapitel 7 (Uebrige Einnahmen), § 3 etatisiert. 1868/69 setzen sie sich aus Geheimen Rats- und Kanzleitaxen und Witwen- und Waisenfondsbeiträgen zusammen.

[384] Vgl. BaEE 1868/69, Ausgabekapitel 7.

[385] Dies ist aus der 1870/71 erstmals gegebenen Spezialbeilage Ziffer 26 zu ersehen.

[386] Vgl. z.B. BaEE 1870/71, Beilage Ziffer 40.

verein handelt es sich zudem um einen Fonds, über den keine Rechnung gelegt wurde. Der Etat für den allgemeinen Unterstützungsverein für die Hinterlassenen der k.b. Staatsdiener ist bis zur Etatperiode 1898/99 im Budget enthalten. In den folgenden Etatjahren 1900/01 ist kein Betrag mehr eingestellt[387].

Das bayerische Finanzgesetz - nicht der Etat - aus dem Jahr 1872 bestimmt, daß die Immobiliarfeuerversicherungsgesellschaft zur Bestreitung der Kosten der Staatskontrolle jährlich einen Aversalzuschuß in Höhe von 10.000 fl. zu leisten hat[388]. Im Finanzgesetz von 1878 ist angeordnet, daß die Brandversicherungsanstalt für die Gebäude dieseits des Rheins zur Bestreitung der Gesamtausgaben, welche für den Bedarf der Brandversicherungskammer sowie für die Aufstellung von Brandversicherungsinspektoren und deren "Funktionäre" notwendig sind, an die Staatskasse jährlich ein Aversalbetrag in Höhe von 364.000 M. abzuführen hat[389]. Die Einnahmen und Ausgaben aus der Versicherungsaufsicht sind offenbar aus dem Budget ausgelagert. Vom Staat - außerbudgetmäßig - verwaltet werden auch die Fonds für das Stammkapital der Hagelversicherungsanstalt[390], für die 1896 gegründete Viehversicherung[391] und für die Pferdeversicherung[392].

Im Budget 1888/89 sind im Spezialetat für Industrie und Kultur erstmals die Vollzugskosten der Reichsgesetze für die Unfallversicherung enthalten[393]. Die Ausgaben entstehen durch das Landesversicherungsamt und die Schiedsgerichte. Ab dem Etat 1889/90 sind im Spezialetat für Industrie und Kultur auch die Ausgaben für die Verwaltung der land- und forstwirtschaftlichen Berufsgenossenschaften enthalten[394]. Viel verändert hat sich daran bis 1914 nicht: Im Etatentwurf für 1914/15 sind im Etat für Industrie und Kultur (Nr.25), Unteretat der Arbeiterversicherung und Arbeitsvermittlung (Ziffer 7), die Kosten des Vollzugs der Reichsversicherungsordnung veranschlagt, bestehend aus den Ausgaben für das Landesversicherungsamt (Buchstabe A), die

---

387 Im entsprechenden Spezialetat (Nr. 19) ist in der Bemerkungsspalte notiert, daß nach § 16 des Finanzgesetzentwurfes für die 25. Finanzperiode, mit Wirkung vom 1. Januar 1900, die Aufhebung der Witwen- und Waisenfondsbeiträge in Aussicht genommen ist und daß deshalb die Position künftig wegfällt.

388 Vgl. BaFG 1872, Titel IV, § 17 Abs. 2.

389 Vgl. BaFG 1878, Titel IV, § 12 und BaR 1896/97, Lit. F., S.593.

390 Vgl. dazu z.B. die Vorbemerkung in BaR 1912/13, Nachweisung Nr. 13, S.851. Der Fonds besteht seit 1884.

391 Siehe die Vorbemerkungen zu BaR 1912/13, Nachweisung Nr. 14, S.853.

392 Sie wurde im Jahr 1900 gegründet. Siehe dazu die Vorbemerkung in BaR 1912/13, Nachweisung Nr. 15, S.855.

393 Vgl. BaEE 1888/89, Beilage Nr. 25, Ziffer 18, § 4.

394 Vgl. BaEE 1889/90, Beilage Nr. 25, Ziffer 18, § 4, Titel 3.

Oberversicherungsämter (Buchstabe B), die landwirtschaftlichen Berufsgenossenschaften (Buchstabe C), die Landesversicherungsanstalten (Buchstabe D), die Schiedsgerichte (Buchstabe E) und die sonstigen Ausgaben für die Arbeiterversicherung (Buchstabe F). Letztere bestehen aus Fortbildungsausgaben für Ärzte auf dem Gebiet der sozialen Versicherungen und sonstigen Ausgaben. Im Finanzministerialblatt ist eine Entschließung, die Erstellung der Rechnungen für die Jahre 1912 und 1913 betreffend, veröffentlicht. Nach ihrem Wortlaut werden die Besoldungen der beamteten Vorstandsmitglieder nach der Reichsversicherungsordnung von den Versicherungsanstalten getragen, so daß, mit Wirkung ab dem Etatjahr 1912, die Verrechnung dieser Besoldungen und der Rückersatzleistungen der Versicherungsanstalten bei den Kreiskassen wegfallen[395].

Die Etatisierung von Einnahmen und Ausgaben für Versicherungen ist in Bayern im Untersuchungszeitraum also äußerst verwickelt. Es werden zum Teil Einnahmen für separate Kassen vereinnahmt und die Erhebungskosten etatmäßig in Ausgabe gestellt, zum Teil werden die Versicherungen über Fonds verwaltet, die aus einmaligen Beiträgen aus dem Budget gegründet wurden, zum Teil werden nur die Verwaltungsausgaben ausgewiesen und ab 1912 scheinen die Ausgaben für das für die Versicherungen nach der Reichshaushaltsordnung zuständige beamtete Personal überhaupt nicht mehr im Budget aufzutauchen. Ob dem tatsächlich so ist, läßt sich auch den Spezialetats nicht entnehmen, da sie nicht ausreichend tief gegliedert sind.

In Sachsen erscheint im Etat 1840/41 eine sog. Landrentenbankverwaltung[396]. Wie dem Spezialetat 1864/66 zu entnehmen ist, besteht der Etatposten aus persönlichen Ausgaben und etwas Sachaufwand[397]. Einnahmen sind nicht eingestellt. Es werden also nur die Verwaltungskosten etatisiert. Ab dem Budget 1872/73 finden sich an gleicher Stelle im Etat anstatt der Ausgaben für die Landrentenbank die Ausgaben "*Für die Landescultur- und Altersrentenbank*"[398].

---

395 Vgl. BaFMBl 1913, S.17 ff., Ziffer IV.

396 Siehe SäEE 1840/41, Nr. 34, Buchstabe e. Die Landrentenbank wurde 1832 gegründet. An sie waren alle Geldrenten zu zahlen, die infolge der Ablösung von Lasten, die auf dem Grundbesitz hafteten, auf die verpflichteten Grundstücke übernommen und nach der dem Berechtigten gesetzlich zustehenden Wahl nicht an den Berechtigten selbst gezahlt, sondern an die Landrentenbank überwiesen wurde, die ihrerseits wieder Rentenbriefe ausstellte. Die Rente wurde durch eine 55 Jahre dauernde Rentenzahlung getilgt. Ab 1859 wurden keine neuen Landrentenbriefe mehr ausgestellt (vgl. Löbe 1904, S.72 und Fischer 1910, S.175).

397 Vgl. SäEE 1864/66, Etat des Finanzdepartements, Position 34d, S.254 f.

398 Siehe Ausgabeetat 1872/73, Nr. 34d.

Die Altersrentenbank[399] wurde allerdings bereits 1858 und die Landeskulturrentenbank[400] 1861 gegründet. Die Landrentenbank muß dennoch, obwohl nicht mehr etatisiert, weiterbestanden haben. Dies ist den Etats ab 1880/81 zu entnehmen. Es wird nämlich in der Folge bei der Überschußverwaltung ein Betrag in Einnahme gestellt, von dem es in der Bemerkungsspalte heißt: "*Nachdem sich bei der Landrentenbank in Folge Tilgung von Landrentenbriefen mittels Ankaufs, sowie durch Verjährung von Zinsen und sonstige Einnahmen ein Vermögen angesammelt hat, dessen Zinsen zur antheiligen Bestreitung des Verwaltungsaufwandes verwendet werden können, ist es angemessen erschienen, diese Zinsen nicht mehr wie bisher zum Capitale zu schlagen, sondern dieselben nebst einem Theile der weiteren Zuflüsse als Einnahme zu etatisieren*"[401]. An der Budgetierungsform hat sich bis 1914 nichts geändert.

Im Spezialetat 1886/87 des Departement des Innern tauchen erstmals Ausgaben für die Unfallversicherung auf[402] - konkret für das Landesversicherungsamt und die Schiedsgerichte. Von 1890/91 an sind Ausgaben für die Unfall-, Invaliditäts- und Altersversicherung verbucht, aber auch Einnahmen an Strafgeldern und Sonstigem in Höhe von 50 M.[403]. Ab 1898/99 fallen zusätzlich noch Ausgaben für den "*Staatskommissar für die Invaliditäts- und Altersversicherung*" an[404].

Das Beispiel zeigt, daß im Etat keineswegs alle Einnahmen und Ausgaben erscheinen, sondern daß es bei einem Teil von Zweckmäßigkeitsüberlegungen

---

399 Sie hat den Zweck, "allen königlich sächsischen Staatsangehörigen und jedem im Königreiche Sachsen wohnhaften Angehörigen anderer Staaten sowie mit Genehmigung des Finanzministeriums auch den nicht im Königreiche Sachsen wohnhaften Angehörigen anderer deutscher Staaten die Füglichkeit (zu) bereiten, sich selbst oder eine andere den vorbemerkten Voraussetzungen entsprechende Person durch einmalige oder wiederholte Einlagen feste jährliche Renten (Altersrenten) zu erwerben, deren Lauf zur Zeit der geleisteten Einzahlung oder zu einem vorauszubestimmenden späteren Zeitpunkte beginnen und deren Dauer in beiden Fällen sich entweder auf die ganze Lebenszeit des Versicherten oder nur bis zu einem vorauszubestimmenden Altersabschnitte des Versicherten erstrecken kann" (Löbe 1904, S.73 f.; vgl. auch Fischer 1910, S.176).

400 Die Landeskulturrentenbank hatte mehr die Funktion einer Bank und weniger einer Versicherung. Sie sollte die Leistung und Zahlung solcher Geldbeträge ganz oder teilweise vermitteln und übernehmen, die - als anteiliges Anlagekapital zur Ausführung einer Wasserlaufsberichtigung aufzubringen oder - zur Ausführung einer Ent- oder Bewässerungsanlage für landwirtschaftlich genutzte Grundstücke zu verwenden sind oder - von Grundstücksbesitzern nach Ortsverfassung als anteiliges Kapital zur Ausführung oder zum Umbau einer im öffentlichen Interesse nötigen Anlage zur Entwässerung eines Ortes oder eines Ortsteiles oder - zur ersten Herstellung einer bauplanmäßigen Straße innerhalb einer Ortschaft aufzubringen sind (vgl. Löbe 1904, S.73 und Fischer 1910, S.176).

401 Vgl. SäEE 1880/81, Etat der Überschüsse, Kapitel 57, Titel 1.

402 Vgl. SäEE 1886/87, Etat der Zuschußverwaltungen, Kapitel 45, Nr. XIV.

403 Vgl. SäEE 1890/91, Etat der Zuschußverwaltungen, Kapitel 52a.

404 Vgl. SäEE 1898/99, Etat der Zuschußverwaltungen, Kapitel 68.

abzuhängen schien, ob sie in das Budget aufgenommen wurden oder nicht und ob gewisse Einnahmen zur Deckung des allgemeinen Verwaltungsaufwandes beitragen oder besser zur Ansammlung eines vom Budget unabhängigen Kapitals dienen sollten.

In Württemberg sind die Ausgaben für die Unfallversicherung ab 1887/89 im Etat enthalten. Wie aus der Erläuterungsspalte hervorgeht, wurden im Etat 1886/87 die Kosten aus dem Kapitel 23 (Departement des Innern, "*Für polizeiliche Zwecke überhaupt*") bestritten. Das Kapitel hat nur zwei Titel: die Ausgaben für das Landesversicherungsamt und die Gehälter des Vorsitzenden der Schiedsgerichte in Unfallversicherungssachen und seiner Stellvertreter. Es wird nur der Personal- und Verwaltungskostenaufwand etatisiert[405]. Ab dem Etat 1901/02 sind zusätzlich die Kosten der Schiedsgerichte für die Arbeiterversicherung in dem Posten enthalten[406]. Im Etat 1913/15 kommen bei den Ausgaben die eigenen Einnahmen[407] und Vergütungen seitens der Versicherungsträger[408] in Abzug, während sie in Bayern - um das nochmals zum Vergleich ins Gedächtnis zu rufen - ab diesem Zeitpunkt mit der Begründung entfallen, daß die Kosten in Zukunft von den Versicherungen selbst übernommen würden. Eigene Einnahmen aufgrund von Leistungen nach der Reichsversicherungsordnung sind im bayerischen Etat nirgends zu erkennen. Wie die unterschiedliche Etatisierung des an sich gleichen Gegenstandes zu erklären ist, läßt sich den Etats nicht entnehmen. Wir müssen uns darauf beschränken, sie festzustellen.

Ab dem Etatentwurf 1901/02 ist in den württembergischen Etats ein Posten für die "*Förderung der Hagelversicherung*" eingestellt. Es handelt sich um einen Zuschuß an einen Hagelversicherungsfonds. Aus den Anmerkungen dazu geht nicht hervor, ob es sich um einen rein staatlichen, einen vom Staat gemeinsam mit Dritten oder einen privatwirtschaftlich organisierten Fonds han-

---

405 Vgl. WüEE 1887/89, Kapitel 23.

406 Vgl. WüEE 1901/02, Kapitel 39, Titel 2. Nach den Anmerkungen in der Erläuterungsspalte sind die Schiedsgerichte in diesem Jahr neu eingerichtet worden. Das Kapitel heißt bereits seit der Etatperiode 1891/93 "Unfall-, Invaliditäts- und Altersversicherung".

407 Gebühren gemäß § 80 Abs. 4 RVO.

408 Nach § 80 Abs. 2 und 3 RVO.

delt, der massiv mit staatlichen Zuschüssen gestützt wird[409]. Im Etatentwurf für 1913/15 werden die Einnahmen und Ausgaben der Hagelversicherung in der Erläuterungsspalte mitgeteilt. Im übrigen gibt es in den Etatentwürfen von und vor 1855/58 ebenfalls schon einen Ausgabeposten für die Hagelversicherung. Er ist beim Departement des Innern angesiedelt und hier unter der Überschrift "*für die Regiminal- und Polizeiverwaltung*" ausgewiesen.

Zunächst ist also festzustellen, daß in Bayern eine rege staatliche Versicherungswirtschaft herrschte. Daß wir zu diesem Ergebnis kommen, kann aber durchaus darauf zurückzuführen sein, daß sie hier aufgrund der relativ ausführlichen Fondsrechnungen nur offensichtlicher als in den anderen Staaten ist. Die Formen und Versicherungsarten, in denen der Staat auf diesem Gebiet tätig war, sind vielfältig. In den Budgets werden i.d.R. nur die Verwaltungskosten, die der Staat für die Versicherungen aufwenden mußte, aufgeführt. Hinzu kommen die zum Teil beträchtlichen Zuschüsse, die budgetmäßig entweder regelmäßig oder einmalig hierfür aufgewendet wurden.

Die genannten Beispiele haben gezeigt, daß es sich beim Versicherungswesen um einen großen Verwaltungszweig handelte, in welchem die Staaten in aller Regel am Budget vorbeiwirtschafteten - ohne im Etat oder in den Rechnungen hiervon Nachweis zu geben. Die Art der tatsächlich bestehenden staatlichen Versicherungen und deren Höhe kann aufgrund der lückenhaften Informationen nicht annähernd abgeschätzt werden. Geht man einmal davon aus, daß Bayern auf dem Gebiet der Versicherungen keinen Sonderweg beschritten hat, dürfte die Dunkelziffer in den anderen Staaten groß sein.

---

[409] In der Erläuterungsspalte steht folgendes: Es wurde mit Zustimmung der Stände die neue "Uebereinkunft zwischen dem K. württembergischen Ministerium des Innern und der Norddeutschen Hagelversicherungsgesellschaft in Berlin, betreffend die Regelung der Hagelversicherung in Württemberg" zum Abschluß gebracht. Es ist durch einen 2. Nachtrag zum Finanzgesetz für die Finanzperiode vom 1. April 1899 bis 31. März 1901 eine einmalige Zuweisung aus dem Vermögen der Restverwaltung an den Hagelversicherungsfonds im Betrage von 2.000.000 M. erfolgt und eine Erhöhung des in Kapitel 35 des Etats für 1900 exigierten Jahresbeitrags von 160.000 M. auf 200.000 M. Einschließlich der Zuweisung von 2.000.000 M. betrugen bis 31. März 1900 die bisherigen zwei staatlichen Hagelversicherungsfonds zusammen 2.551.561 M. 22 Pf., wobei jedoch die württembergischen Staatsschuldverschreibungen, in welchen die Anlage der Kapitalien erfolgt ist, zum Nennwert eingestellt wurden. Aus diesem Bestand der bisherigen Fonds und dem für das Jahr 1900 bewilligten Staatszuschuß von 200.000 M., zusammen 2.751.561 M. 22 Pf., ist auf 1. April 1900 der einheitliche neue staatliche Hagelversicherungsfonds gebildet worden, welchem außer den eigenen Zinsen auch in der Etatperiode 1901/02 der für das Etatjahr 1900 bewilligte Jahresbeitrag von 200.000 M. zugeführt werden soll (vgl. WüEE 1901/02, Kapitel 35, Erläuterungsspalte). Fondswirtschaft hat es, das kann man hier nebenbei sehen, also auch in Württemberg über das nachgewiesene Maß hinaus gegeben. In Bayern wurde der Hagelversicherungsfonds z.B. in den Rechnungen als selbständiger Fonds geführt.

3.3.4. Betriebsverwaltungen

Ähnlich wie die Frage, ob Einnahmen und Ausgaben aus Versicherungen in den Etats enthalten sind, stellt sich die nach der Etatisierung von Betriebsverwaltungen[1]. Deren Einfluß auf die Höhe der Staatseinnahmen und -ausgaben ist, wie wir oben gesehen haben, im 19. Jahrhundert kontinuierlich gestiegen. Ihr relativer Anteil an den Staatseinnahmen und -ausgaben insgesamt hat 1914 in allen Staaten die 60 %-Grenze überschritten. Um diese Zahlen ob ihrer Vollständigkeit oder Unvollständigkeit genauer einschätzen zu können, muß man sich mit den Budgetierungstechniken der einzelnen Betriebsverwaltungen beschäftigen. Sie sollen anhand dreier Beispiele diskutiert werden: der staatlichen Banken, der Gestütsverwaltungen und der Eisenbahnen. Sie wurden gewählt, weil es sich um Posten handelt, die i.d.R. in den Etats aller Staaten enthalten sind und sich deswegen für eine vergleichende Betrachtung eignen, die aber auch jeweils ihre eigenen Besonderheiten aufweisen.

Staatliche Banken

Die Brutto-/Nettofrage spitzt sich bei den staatlichen Banken darauf zu, ob deren Einnahmen und Ausgaben in voller Höhe in den Budgets enthalten sind, wie das in der Literatur z.B. immer wieder von Preußen behauptet wird, oder nur mit den Überschüssen. Für die Höhe der Budgetsummen macht das einen gewaltigen Unterschied.

Eine staatliche Bank mit langer Tradition war die Preußische Seehandlung[2]. Im Staatshaushaltsgesetz von 1898 ist über sie bestimmt, daß sowohl in den Spezialetats als auch im Staatshaushaltsetat der Geschäftsgewinn und die Verwaltungseinnahmen des Instituts zu veranschlagen sind, im Spezialetat noch zusätzlich die Verwaltungsausgaben.

In den Etats der Gesetzblattversion findet sich ab dem Etat für 1847 eine Einnahmeposition für den Gewinn der Seehandlung[3]. Ihre Verwaltungsaus-

---

[1] Hoffmann 1851, S.615 ff. betrachtet die Einnahmen und Ausgaben der Betriebsverwaltungen als Posten, die nur saldiert in den Etat gehören, da seiner Ansicht nach ihr unmittelbarer Betriebs- und Produktionsaufwand nicht auf die Größe des Staatsaufwandes einwirkt. Insbesondere nennt er hier die staatlichen Forste, die Berg- und Hüttenwerke und die Salinen. Auch Neumark 1929, S.130 hält es für überlegenswert, ob bei Betriebsverwaltungen nicht eine Ausnahme vom Vollständigkeitsprinzip gemacht werden sollte.

[2] Vgl. dazu im einzelnen Bergius 1871, S.376 ff.; Schwarz/Strutz 1900, I, S.489 ff. und Radtke 1981.

[3] Vgl. PrEG 1847, Einnahmekapitel 11.

gaben werden bei den fortdauernden Ausgaben vor der Linie ausgewiesen[4]. Die Seehandlung hat allerdings nicht immer Gewinne abgeführt, so z.B. im Etatjahr 1850. Ab dem Etat 1849 ist bei den Einnahmen noch zusätzlich ein Anteil am Gewinn der Preußischen Bank etatisiert[5]. Für deren Chef ist 1849 bei den Staatsverwaltungsausgaben - nicht bei den Betriebskosten - ein Betrag für Gehalt und Mietsentschädigung verausgabt[6], der jedoch in den folgenden Jahren in den Etats der Gesetzblattversion nicht mehr erscheint. Von 1857 an sind als Einnahmen von der Preußischen Bank noch zusätzlich Zinsen vom Einlagekapital des Staates und ein Zuschuß zur Verzinsung und Tilgung von Staatsanleihen enthalten[7]. Die Budgetpositionen für die Einnahmen und Ausgaben der Preußischen Bank entfallen ab 1876, da sie an das Deutsche Reich überging[8]. Die Gewinnabführungen der Seehandlung erscheinen bis 1914 in den Etats.

In Preußen bestanden ab 1848 Darlehnskassen. Der Etat für 1850 weist hierfür erstmals eine Einnahmesumme auf[9]. Gleichzeitig wird ein Betrag für Verwaltungskosten und ein Dispositionsfonds zur Deckung etwaiger Ausfälle und zur Wiedereinlösung der Darlehnskassenscheine verausgabt[10], allerdings in und nicht vor der Linie wie beim Seehandlungsinstitut. 1853 entfallen die Einnahmen und Ausgaben für die Darlehnskassen bereits wieder, was mit dem Gesetz von 1851 zusammenhängt, das verfügt, daß in Zukunft keine Darlehnskassen mehr zu errichten und von den zur Zeit bestehenden nach dem 30. April 1851 keine weiteren mehr zu bewilligen seien.

Sog. "Rentenbanken" sind in den preußischen Budgetentwürfen ab 1860 ausgewiesen. Es handelt sich um die Anstalten in Berlin, Breslau, Königsberg, Magdeburg, Münster, Posen und Stettin. Deren Zweck ist aus den Etats nicht zu erkennen. Die veranschlagten Ausgaben setzen sich aus Personal-, sächlichen, vermischten sowie Ausgaben zur "*Tilgung der Schuldverschreibungen der Eichsfeldschen und der Paderbornschen Tilgungskasse*" zusammen[11]. Letztgenannter Posten fällt 1906/07 weg, "*da ein Staatsbeitrag nicht mehr erforderlich ist*"[12].

---

[4] Vgl. PrEG 1849, Fortdauernde Ausgaben, Ziffer 6.

[5] Vgl. PrEG 1849, Nr. 7 der Einnahmen. Zur Preußischen Bank allgemein siehe Bergius 1871, S.389 ff.

[6] Vgl. PrEG 1849, Nr. 22 der Ausgaben.

[7] Vgl. z.B. PrEG 1857, Einnahmekapitel 10, Titel 2 und 3.

[8] Vgl. PrGS 1876, S.99 f.

[9] Vgl. PrEG 1850, Nr. 8 der Einnahmen.

[10] Vgl. PrEG 1850, Nr. 7 der Ausgaben.

[11] Vgl. PrEE 1860, Anlagen Bd. II, Etat Nr. 24, Kapitel 59.

[12] Vgl. PrEE 1906/07, Anlagen Bd. II, Etat Nr. 24, Kapitel 59, Bemerkung nach Titel 9.

Den Etatgesetzen ab 1896/97 wird neben dem Etat noch ein Spezialetat beigegeben, in dem die Preußischen Zentralgenossenschaftskasse für das jeweilige Etatjahr festgestellt werden. Es scheint sich hierbei um einen vom Budget unabhängigen Fonds zu handeln, da der Staatshaushaltsetat, soweit von uns übersehen, keine entsprechenden Einnahmen oder Ausgaben enthält.

Der preußische Staat war also in unterschiedlicher Weise mit verschiedenen Banken verquickt. Wie sich die Verhältnisse genau gestalteten, bedürfte einer Detailstudie.

In Bayern ist bereits im Etat 1825/31 der Gesetzblattversion eine "*Aerarialrente der Bank in Nürnberg*" veranschlagt[13]. Durch das Finanzgesetz von 1868 wird der Königlichen Bank in Nürnberg die an sich abzuführende Jahresrente für die 9. Finanzperiode zur Verstärkung ihrer Fonds überlassen[14]. Ab dem Etat 1876/77 erscheint sie wieder in den Budgets. Im Etat 1914 sind die Einnahmen der königlichen Bank im Spezialetat Nr. 14 ausgewiesen. In Einnahme gestellt sind der Anteil des Staates am Reingewinn der Bank und die Zinsvergütung aus hinterlegten Staatsgeldern. Ansonsten kommen in den Budgets - soweit ersichtlich - keine weiteren Bankeinnahmen vor.

Dennoch fließen staatliche Gelder - wenn auch außerbudgetmäßige - an Banken. Das Finanzgesetz von 1896 ermächtigt die Regierung, einer auf genossenschaftlicher Grundlage errichteten Landhypothekenbank ein unverzinsliches - nach Erstarken der eigenen Betriebsmittel gemäß näherer Anordnung der Staatsregierung zurückzuerstattendes - Betriebskapital von 1 Mill. M. zu überweisen, sofern deren Statut den von der Staatsregierung zu stellenden Bedingungen entspricht. Außerdem wird der Staatsregierung gestattet, ihr - je nach Bedarf - einen mit 3 % verzinslichen, jederzeit kündbaren Betriebsvorschuß bis zum Betrag von 1 Mill. M. zur Verfügung zu stellen und in der 23. Finanzperiode einen Verwaltungskostenzuschuß bis zu 60.000 M. zu leisten[15].

In Sachsen wird, neben der bereits oben erwähnten Kulturrentenbank[16], ab 1886/87 eine Lotteriedarlehnskasse geführt[17]. Sie kommt bei den Überschuß-

---

[13] Vgl. BaFG 1825, Kapitel 6 (Übrige Ausgaben), Ziffer 3.

[14] Vgl. BaFG 1868, Titel IV, § 20.

[15] Vgl. BaFG 1896, Titel IV, § 17.

[16] Siehe dazu Fußnote 400, S.190.

[17] Vgl. SäEE 1886/87, Überschußverwaltungen, Kapitel 18. Sie hatte die Aufgabe, die verfügbaren Kassenbestände der Lotteriekasse verzinslich auszuleihen. Auftragsweise besorgte sie zugleich die Einlösung fälliger Zinsscheine und ausgeloster Stücke sächsischer Staatspapiere aller Gattungen sowie von Landrentenbriefen und von Landeskulturrentenscheinen. Als Betriebsmittel dienten der Lotteriedarlehnskasse die sich ansammelnden und erst nach der Ziehung fünfter Klasse auf die Gewinnzahlung zu verwendenden Einlagegelder (vgl. Löbe 1904, S.64 f.).

verwaltungen in Anschlag. Wie beispielsweise dem Etat 1912/13 zu entnehmen ist, sind "*Zinsen, nach Abzug der Passivzinsen, Vermittlungsgebühren, sowie verschiedene andere Einnahmen*" in Höhe von 600.000 M. angesetzt[18]. In Ausgabe werden hauptsächlich Personalkosten gestellt, insgesamt in Höhe von 25.910 M. Nur sie fließen in die Ausgaben der Überschußverwaltungen ein. Das Betriebskapital geht also nicht in die Berechnung ein.

In Württemberg konnten wir im gesamten Untersuchungszeitraum keine im Budget veranschlagten Bankeinnahmen oder -ausgaben ausfindig machen. Die Zahl der nachgewiesenen Banken variiert damit im Zeitablauf in einem Staat und zwischen den Staaten. Die Etatisierungsformen haben auch hier ihre Eigentümlichkeiten: Bei der einen Bank kommen nur die Gewinnabführungen in Anschlag, bei der anderen werden zusätzlich noch die Verwaltungskosten veranschlagt und die dritte bekommt außerbudgetmäßige Zuschüsse, so daß allgemeine Aussagen kaum möglich sind.

Gestütsverwaltungen

Als zweites Beispiel für die Budgetierungstechnik bei Betriebsverwaltungen dienen die Einnahmen und Ausgaben der Gestütsverwaltungen. An ihm läßt sich zeigen, daß sowohl bei den sog. Brutto- als auch den sog. Nettobudgets Einnahmen und Ausgaben "vorbudgetmäßig" saldiert wurden, so daß sich die Kennzeichnung "brutto" oder "netto" nur auf die budgetmäßig eingestellten Summen beziehen, nicht aber auf die von den jeweiligen Verwaltungen tatsächlich getätigten Einnahmen und Ausgaben.

Ausgaben für die Haupt- und Landesgestüte sind in Preußen in den Etats ab 1821 enthalten[19]. Es ist davon auszugehen, daß es sich bei den eingestellten Summen um Nettobeträge handelt. Dafür spricht u.a., daß sie ab 1849 nicht bei den Betriebs-, Verwaltungs- und Erhebungskosten verausgabt sind, sondern bei den "*Staatsverwaltungsausgaben*". Die im Etat des Ministeriums für landwirtschaftliche Angelegenheiten verbuchten Ausgaben für die Gestütsverwaltung bestehen 1849 aus solchen für die Hauptgestüte, die "*Trainiranstalten*", die Landgestüte und die Zentralverwaltung[20]. Eine Spezialbeilage wird für die Gestütsverwaltung ab 1850 geliefert. Darin sind vor der Linie die Einnahmen und Ausgaben der Gestütsverwaltung ausführlich aufgelistet und saldiert. Nur der erforderliche Zuschußbetrag erscheint in den Etatsummen. Bei den Einnahmen sind u.a. Sprunggelder, Einnahmen aus Dünger und der "*Werth der*

---

[18] Siehe SäEE 1912/13, Kapitel 18, Titel 1.

[19] Vgl. z.B. PrEG 1821, Nr. 13 der Ausgaben.

[20] Vgl. PrEE 1849, Nr. 32 der Ausgaben.

Emolumente der Beamten" ausgewiesen. Bei den Einnahmen aus den Gestütswirtschaften werden nicht die vollen Beträge gerechnet, sondern die Wirtschaftskosten zuvor vor der Linie abgezogen. Drei Anlagen dienen dem näheren Nachweis[21]. Bis einschließlich 1853 kommen nur Zuschußbeträge in Anschlag. Ab 1854 erscheinen die vollen Einnahmen und Ausgaben - soweit nachzuvollziehen - voll und unsaldiert in den Etats[22].

In Bayern ist erst aus dem Spezialetat des Staatsministeriums des Innern (Nr. 26) aus dem Jahre 1878/79 zu erkennen, in welcher Weise die Gestütskosten etatisiert sind. Sie erscheinen bei den Staatsausgaben unter Ziffer 18 (Etat für Industrie und Kultur) in Kapitel 2 (Kultur), § 3 (Gestütswesen). Es zeigt sich, daß von den Ausgaben vorab verschiedene Einnahmen abgezogen werden[23]. Wie hoch die abgesetzten Einnahmen insgesamt sind, ist nicht zu erkennen. Die Ausgabesumme erscheint also im Etat der Staatsausgaben als Nettobetrag, obwohl nach allgemeiner Meinung Bayern einen Bruttoetat hatte. Bei dieser Nettoveranschlagung bleibt es bis 1913. Im Etat 1914/15 erscheinen auch einige Einnahmen auf Rechnung des "Staatsverwaltungsetats" im Spezialetat, in der Etatübersicht werden sie jedoch weiterhin netto veranschlagt.

In Sachsen kommt der Etat der Gestütsverwaltung ab dem Budget 1833, 1834/37 unter der Bezeichnung "*Landes-Beschälungsanstalt*" (Nr. 28), im Etat der Staatsausgaben in Anschlag. Wie aus dem Spezialetat für 1864/66 zu erkennen ist, werden die Sprunggelder, der Erlös für "*ausrangirte*" Pferde und von verkauftem Dünger in Einnahme gestellt. Dieser Betrag wird mit den Ausgaben saldiert und der so errechnete Zuschußbetrag im Etat der Zuschußverwaltungen verbucht. Ab dem Etat 1880/81 erscheinen die Einnahmen in ihrem vollen Betrag im Etat der Zuschußverwaltungen, ohne daß - soweit ersichtlich - Ausgaben vorher davon in Abzug gebracht sind. Der Posten bleibt, in der gleichen Etatisierungsart, bis 1914 im sächsischen Budget enthalten, wenngleich mehrmals die Kapitelnummer und -bezeichnung wechselt[24].

In Württemberg ist bereits im Etat 1819/20 im Departement des Innern und des Kirchen- und Schulwesens ein Posten für "*Bescheel-Wesen und Land-Ge-*

---

21 Es wird ein Hauptnachweis der Einnahmen und Ausgaben der Königlichen Gestütsverwaltung, ein Nachweis der Einnahmen und Ausgaben bei den Gestütswirtschaften und ein Spezialnachweis der Besoldungen der Beamten und Unterbedienten gegeben (vgl. PrEE 1850, Anlagen Bd. 3, Anlage zu Ausgabepos. 34).

22 Vgl. PrEE 1854, Einnahmekapitel 23 und Ausgabekapitel 40.

23 Im einzelnen die Sprunggelder, der Erlös aus verkauften Hengsten, aus Pferdedünger und sonstige Einnahmen.

24 In SäEE 1914/15 ist er z.B. bei Kapitel 61 (Landespferdezucht), Abteilung B. (Landstallamt Moritzburg) budgetiert.

stütte" ausgewiesen[25]. Wie aus Beilage Nr. 14 zum Etat des Departements des Innern 1870/73 zu erkennen ist, sind die Ausgaben des Landgestüts netto veranschlagt. Demnach werden von den Ausgaben im Jahr 1870/71 Einnahmen aus Mietzinsen, Gutserträgnissen, Fischwasserpachtzinsen sowie Erlöse aus Materialien und Gerätschaften abgezogen. Als Einnahmen aus dem Gestütsbetrieb werden genannt: der Erlös aus dem Verkauf von Pferden, Beschälgelder, Reitunterrichtsgelder vom Universitätsstall in Tübingen, Wart- und Verpflegungsgelder fremder Fohlen, Düngererlös in Tübingen und auf den Stationen, Beiträge der Stadt Urach usw. sowie außerordentliche Einnahmen von insgesamt 20.240 fl. Die Nettobudgetierung wird bis 1914 beibehalten, d.h., die Einnahmen aus der Gestütsverwaltung gehen nicht in die Einnahmesumme der Staatsausgabenverwaltungen ein.

Die Gestütseinnahmen und -ausgaben sind also immerhin bei drei der untersuchten Staaten einheitlich veranschlagt, nämlich in ihrem Nettobetrag bei den Staatsausgaben. Bei den Zuschußverwaltungen befinden sie sich auch in Sachsen, allerdings werden sie dort brutto verrechnet. Die Gestütsverwaltungen sind ein gutes Beispiel für den unterschiedlichen Detaillierungsgrad der Etatpositionen in den verschiedenen Staaten. Vergleicht man diesen z.B. in Bayern und Württemberg, muß man sich unwillkürlich fragen, ob sich in Bayern die Einnahmen der Gestütsverwaltung tatsächlich auf Sprunggelder, Pferde- und Düngerverkauf beschränkten bzw. ob die Gestüte, obwohl im Spezialetat nicht aufgeführt, dennoch Einnahmen beispielsweise aus Reitgeldern, verkauftem Heu und Stroh usw. hatten. Der abweichende Inhalt, der in den verschiedenen Budgets - bei an sich gleichem sachlichen Gegenstand - dokumentiert ist, ist ein Umstand, der für jede Einnahme und Ausgabe, die einem Vergleich unterzogen werden soll, einzeln untersucht werden muß. Man sollte wissen, wie die zu vergleichenden Positionen in den betrachteten Staaten zusammengesetzt sind, welche vergleichbaren und voneinander abweichenden Komponenten sie enthalten und welche Einnahmen und Ausgaben im einen Staat veranschlagt sind, im anderen dagegen - soweit ersichtlich - nicht. Dann erst kann man entscheiden, ob und inwieweit ein Budgetvergleich in diesem Sachgebiet methodisch vertretbar ist oder nicht.

Staatsbahnen

Als drittes Beispiel für die unterschiedlichen Etatisierungstechniken bei Betriebsverwaltungen kommen die Eisenbahneinnahmen und -ausgaben zur Sprache[26].

---

[25] Siehe WüFG 1819/20, Ziffer XIII, Nr. 3, Buchstabe e.

[26] Über die speziell für die Eisenbahnen geltenden Etatisierungsregeln siehe Meissner 1882, S.53 ff.

In Preußen ist ein entsprechender Posten erstmals im Etat von 1844 ausgewiesen: "*Zur Ansammlung eines Deckungsfonds zu Bestreitung der für Eisenbahnbauten zu übernehmenden Verbindlichkeiten, und zur Vermehrung des Haupt-Reservekapitals*"[27]. Die von Friedrich Wilhelm IV. gewünschte Begrenzung dieser Ausgaben sollte aber nur ein frommer Wunsch bleiben: "*Wenn ich sonach in die Belastung der Staatskasse mit einer neuen fortlaufenden Ausgabe, die jedoch den Betrag von jährlich Zwei Millionen Thaler nicht übersteigen darf, hierdurch willige, so geschieht dies in der Hoffnung, daß es bei strenger Sparsamkeit in allen Verwaltungszweigen, die Ich nach wie vor von sämmtlichen Departements-Chefs erwarte, möglich seyn werde, jene neue Last, selbst, wenn sie äußersten Falles nach und nach den vorbestimmten höchsten Betrag erreichen sollte, aus den Ueberschüssen des Staatshaushalts zu decken*"[28]. Die Ausgaben werden bis 1852 als "*Staatsverwaltungsausgaben*" behandelt, ab 1853 sind sie bei den Betriebs-, Verwaltungs- und Erhebungskosten veranschlagt. Eisenbahneinnahmen werden ab dem Etat 1853 eingestellt[29], namentlich Zinsen aus dem "*Aktiv-Vermögen*" der Eisenbahnfonds. Aus dem Spezialetat desselben Jahres ist zu erkennen, daß die Ausgaben in Zentralverwaltungsausgaben und solche für die "*Verwaltung*" der Staatseisenbahnen unterteilt sind[30]. Im Etat der Staatsschuldenverwaltung ist gleichzeitig bei den sog. Dotationen ein Betrag für Zins und Tilgung der niederschlesisch-märkischen Eisenbahnaktien enthalten[31]. Ab 1861 wird zwischen staatlichen und Privatbahnen unterschieden[32]. Bei den Staatsbahnen sind nach wie vor die Einnahmen voll eingestellt. Die Einnahmen aus den Privatbahnen, an denen der Staat beteiligt war, bestehen aus Zinsen und Dividenden. Bei den Ausgaben für die Staatsbahnen sind auch Kosten der Unterhaltung und Erneuerung der Bahnanlagen eingeschlossen, die allerdings nicht sonderlich hoch sind[33]. Für die Privatbahnen sind pauschale Zuschüsse ausgewiesen. Nachrichtlich ist am Ende des Spezialetats der Aufwand für Verzinsung und Tilgung der Eisenbahnschulden mitgeteilt, der weiterhin im Etat der Hauptverwaltung der Staatsschulden bei den "Dotationen" verbucht ist, ebenso wie die

---

[27] Vgl. PrEG 1844, Nr. 23 der Ausgaben.

[28] PrGS 1842, S.307 f.

[29] Siehe PrEG 1853, Kapitel 19 der Ausgaben. Die Verstaatlichung der Eisenbahnen in Preußen erfolgte nach Kaufmann 1900, I, S.145 f. zwischen 1879 und 1885. Die Bedeutung, die das Eisenbahnbudget bisher für den Staatshaushalt hatte, änderte sich dadurch entscheidend. Im Budgetjahr 1898/99 gingen seinen Angaben zufolge 54 % der budgetierten Staatseinnahmen und 34 % der Staatsausgaben auf das Konto der Staatsbahnen. Zur Entwicklung der preußischen Eisenbahnen siehe u.a. auch Strutz 1908, S.188 ff.

[30] Vgl. PrEE 1853, Anlagen Bd. I, Etat Nr. 22.

[31] Vgl. PrEE 1853, Anlagen Bd. II, Etat Nr. 1, Ausgabekapitel 18, Titel 1, Buchstabe C.

[32] Vgl. PrEE 1861, Anlagen Bd. I, Etat Nr. 24.

[33] Sie betragen z.B. bei der Westphälischen Eisenbahn 151.532 Thlr., bei Gesamtausgaben von 705.600 Thlr.

Zinszahlungen auf Eisenbahnanleihen. Ab 1865 kommen Eisenbahnausgaben noch zusätzlich bei den einmaligen und außerordentlichen Ausgaben in Nachweisung.

Dieses Verbuchungsprinzip wird im wesentlichen bis 1914 durchgehalten. Es kann aber vorkommen, daß in anderen Etatposten noch zusätzlich Eisenbahnausgaben eingestellt sind, so z.B. ab 1892/93 bei den Dotationen, wo ein Posten zur "*Bildung eines außeretatmäßigen Dispositionsfonds für Zwecke der Eisenbahnverwaltung, event. zur weiteren Verrechnung auf bewilligte Anleihen*" vorgesehen ist, der jedoch zunächst unbesetzt bleibt. Inwieweit die eingestellten Einnahmen und Ausgaben vollständig sind, müßte erst noch untersucht werden, was sich insofern schwierig gestaltet, als die Eisenbahnnachweise teilweise einen eigenen Anlageband einnehmen und mehrere hundert Seiten umfassen. Nicht etatmäßig sind jedenfalls die Eisenbahnbauten, die auf Rechnung von Eisenbahnanleihen getätigt wurden.

Der bayerischen Eisenbahndotationskasse wird durch die Gesetze von 1843 und 1846 eine "*Bahnrente*" von jährlich 800.000 fl. zugesprochen. Sie ist für Zinszahlungen bezüglich der von der Schuldentilgungsanstalt für den Eisenbahnbau vorgeschossenen Gelder, der Anleihen sowie deren Tilgung bestimmt. Etwaige Fehlbeträge sollen aus den übrigen Beständen der Eisenbahnbaudotationskasse entnommen werden und nicht verwendete Beträge dem Eisenbahnbau zufließen. Im Budget 1843/49 kommt erstmals ein Ausgabebetrag von 1.200.000 fl. in Anschlag[34], der in den folgenden Budgets wiederum entfällt. Ab den Etats 1849/50 und 1850/51 sind Eisenbahneinnahmen angesetzt. Aus einer Spezialbeilage zum Etatentwurf 1855/61 (Ziffer 6) ist ersichtlich, wie sich die Einnahmen zusammensetzen: aus indirekten Staatsauflagen (Taxen), Staatsregalien und -anstalten (Eisenbahngefälle, Nutzung der Eisenbahnen durch die Postanstalt und fremde Eisenbahnverwaltungen), Staatsdomänen (Pacht- und Mieterträge), Witwen- und Waisenfondsbeiträgen, Inanspruchnahme der Transportmittel durch fremde Bahnverwaltungen, Veräußerungen, Rückersätzen für Rechnung anderer gefertigter Arbeiten, rückersetzten Prozeßkosten und fiskalischen Deserviten, Revisionsersätzen und sonstigen Einnahmen. In Ausgabe gestellt sind Besoldungen, allgemeine und besondere Regiekosten, Passivreichnisse, Bauausgaben, Umzugsgebühren, Pensionen und Alimentationen. Zu Neubauten sind drei Titel veranschlagt[35]: Stationsgebäude und Remisen, Bahnwärterhäuser sowie Wasserleitungen und Speisungsvorrichtungen. Als besonderer Regieaufwand erscheinen Ausgaben für den Bahnkörper und Schienenbau, Auslenkungen, Drehscheiben, Wegübergänge und

[34] Vgl. BaFG 1843, Kapitel 15. Winterstein 1886, S.11 behauptet dagegen, sie seien bereits 1841 in den Etats enthalten. Aus dem BaFG 1837/43 läßt sich das jedoch nicht ersehen.

[35] Vgl. BaEE 1855/61, Spezialbeilage Ziffer 6, Kapitel 5, § 1 (Neubauten).

Schranken, Brücken und Durchlässe, Uferschutz und Signalapparate. Ob die hierfür im Budget vorgesehenen Summen alle Einnahmen und Ausgaben der Eisenbahnverwaltung hierfür umfassen, läßt das Budget nicht erkennen.

Die oben erwähnte "Bahnrente" besteht aus dem im Etat ausgewiesenen Überschuß aus den etatisierten Bahneinnahmen und -ausgaben, was aus den jeweiligen Finanzgesetzen hervorgeht[36]. Das heißt, die gesamten Nettoeinnahmen, die im Etat ausgewiesen sind, dienen nicht der Gesamtdeckung der Staatsausgaben, sondern fließen als zweckgebundene Einnahmen der Eisenbahnbaudotationskasse zu. Da aus ihr die Ausgaben auf die Verzinsung und Tilgung der Eisenbahnschuld bestritten werden, fehlt zumindest dieser Teil der Eisenbahnausgaben im Etat. Ab 1868/69 werden die im Etat ausgewiesenen Bruttoeinnahmen bei den Staatseinnahmen, die Ausgaben bei den Betriebs-, Verwaltungs- und Erhebungskosten veranschlagt. Es fließt nicht mehr der gesamte Eisenbahnüberschuß in die Eisenbahndotationskasse.

Die Vermutung, daß die im Etat nachgewiesenen Eisenbahneinnahmen und -ausgaben nicht vollständig sind, wird gestützt durch die Fondsrechnungen 1908/09, die erstmals auch Eisenbahnfonds umfassen. Demnach existierten folgende vom Staatsbudget unabhängige Fonds:

- **Unterstützungsfonds der Staatseisenbahnen.** Er wurde bereits 1887 gebildet und zwar durch Zusammenlegung dreier bereits bestehender Fonds: des Unterstützungsfonds der vormaligen Betriebsabteilung der Generaldirektion der Verkehrsanstalten, des Unterstützungsfonds für das nicht statusmäßige Eisenbahnpersonal und dessen Relikten sowie der Arbeiterkranken- und Unterstützungskasse der vormaligen Bauabteilung der Generaldirektion der Verkehrsanstalten. Seine Bestimmung besteht darin, dem nichtpragmatischen statusmäßigen, dem diätarischen und dem Taglohnpersonal sowie dessen Hinterbliebenen im Falle der Bedürftigkeit momentane Unterstützungen zu gewähren. Dem Fonds fließen die Zinsen aus seinem Grundvermögen, ein jährlicher Zuschuß der Staatseisenbahnverwaltung, die von den vormaligen Beamten der Pfälzischen Eisenbahnen zu zahlenden Beiträge und die Strafgelder des etatmäßigen Staatseisenbahnpersonals zu[37].

- **Vizinaleisenbahnbaufonds.** Seine Gründung - aus den Rentenüberschüssen der Staatsbahnen und den Ertragsanteilen der Staatskasse an den Überschüssen der privaten bayerischen Ostbahnen - erfolgte 1869. Sein Zweck bestand ursprünglich in der Förderung solcher Bahnverbindungen mit lokaler Wichtigkeit, die vom Staat oder von Privatunternehmen erstellt wurden und für

[36] Vgl. z.B. BaFG 1849/51, Titel II, § 6, Nr. 4.

[37] Vgl. BaR 1908/09, Fondsnachweisung Nr. 29, S.943.

welche der Grunderwerb und die Durchführung der Erdarbeiten ohne Inanspruchnahme von Staatsgeldern gesichert war. Ab 1888 gehen die Zinsen aus dem Vizinaleisenbahnbaufonds an die für Alters-, Invaliditäts- und Reliktenversorgung für die ständigen Arbeiter der Staatseisenbahnverwaltung zu gründende Kasse[38].

- **Reservefonds für vorschußweise Bestreitung von Grunderwerbungskosten zu Eisenbahnzwecken.** Der Fonds hat seinen Ursprung im Finanzgesetz von 1892, das ihm aus den Erübrigungen der Finanzperiode 1888/89 den Betrag von 700.000 M. überweist[39]. Er wurde eingerichtet, um "*der Staatseisenbahnverwaltung im Ankaufe der bei Umwandlung von Planieüberfahrten in schienenfreie Unter- und Überführungen, insbesondere aber bei Bahnhof- und Stationserweiterungen und dergleichen benötigten Grundflächen mehr Bewegungsfreiheit zu verschaffen und ihr Mittel zur Verfügung zu stellen, um günstige Gelegenheiten zum Ankaufe solcher Grundstücke, welche in nächster oder naher Zeit für Eisenbahnzwecke erforderlich werden, ausnützen oder in Vorbereitung größerer Anlagen den Grunderwerb um günstige Bedingungen sichern zu können*". Die Fondsmittel sollten allerdings nur zur Durchführung einzelner Änderungen bestehender Bauprojekte und nicht zum Grunderwerb für neue Bahnstrecken verwendet werden[40].

- **Lebensversicherungsanstalt der Angestellten und ständigen Arbeiter der Pfälzischen Eisenbahnen.** Bei der Verstaatlichung der Pfälzischen Eisenbahnen am 1. Januar 1909 ging das Vermögen der Lebensversicherungsanstalt auf den bayerischen Staat über. Es ist seiner bisherigen Bestimmung entsprechend zu verwenden und von dem übrigen Fondsvermögen der Verkehrsanstalten gesondert zu verwalten[41].

- **Selbstversicherungsfonds der Pfälzischen Eisenbahnen für Brandschäden.** Aus den Betriebseinnahmen wird ein Betrag bis zur Höhe der ansonsten einer Versicherungsanstalt zu zahlenden Versicherungsprämie zur Bildung eines Fonds entnommen. Nach der Verstaatlichung der Pfälzischen Eisenbahnen sind auch die Mittel dieses Fonds wie bisher zu verwenden und von dem übrigen Fondsvermögen der Verkehrsanstalten getrennt zu verwalten[42].

- **Ausgleichs- und Tilgungsfonds der Staatseisenbahnverwaltung.** Er wird mit Wirkung ab 1912 aus den Erträgnissen der Staatseisenbahnverwaltung gebil-

---

[38] Vgl. BaR 1908/09, Fondsnachweisung Nr. 30, S.945.

[39] Vgl. BaFG 1892, Titel IV, § 20.

[40] Vgl. BaR 1908/09, Fondsnachweisung Nr. 31, S.947.

[41] Vgl. BaR 1908/09, Fondsnachweisung Nr. 32, S.949.

[42] Vgl. BaR 1908/09, Fondsnachweisung Nr. 33, S.951.

det. Aus dem Fonds sind die vertragsmäßigen Tilgungen und die Fehlbeträge der Staatseisenbahnen, falls sich solche nach Leistung der diesen obliegenden Ausgaben ergeben sollten, zu bestreiten[43]. Der Fonds hat 1914 Einnahmen in Höhe von 71.531.287 M. Sie bestehen aus den Überschüssen der Vorjahre, dem gesetzlichen Anteil an den Verkehrseinnahmen, den durch Tilgung ersparten Zinsen, dem Überschuß der Staatseisenbahnen nach Bestreitung der Gesamtausgaben sowie nach der Ablieferung an den allgemeinen Staatshaushalt, den Rückzahlungen aus Darlehen für die Wohnungsfürsorge und sonstige Zwecke, den Zinsen aus angelegten Beständen des Fonds, den Überweisungen aus den Überschüssen des allgemeinen Staatshaushalts, den Ergänzungen des Bedarfs für die vertragsmäßige Tilgung zurückgenommener, verzinslich angelegt gewesener Bestände des Fonds sowie den sonstigen Einnahmen.

Die Anzahl der ausgegliederten Fonds allein zeigt schon, daß ein bestimmter Teil der Eisenbahneinnahmen und -ausgaben nicht im Budget veranschlagt ist. Es enthält damit auf keinen Fall alle Einnahmen und Ausgaben der Eisenbahnverwaltung. Die finanziellen Verquickungen der verschiedenen Fonds einerseits und der Fonds mit dem Budget andererseits sind schwer nachvollziehbar. Es fließen Mittel von den Fonds in das Budget und von diesem wieder in die Fonds. Einen Eindruck von der Verwendung des budgetmäßigen Eisenbahnüberschusses vermittelt der Spezialetat aus dem Jahr 1912/13[44]. Nachrichtlich wird über die Verwendung des budgetmäßigen Überschusses der Eisenbahnverwaltung von 81.134.500 M. mitgeteilt: 238.000 M. werden zur Begleichung nicht gedeckter übertragener Kredite der Jahre 1908 und 1909 verwendet, 70.931.450 M. beansprucht die Verzinsung und Verwaltung der Eisenbahnschuld, die Einlage in den Ausgleichs- und Tilgungsfonds beträgt 3.990.700 M. und 2.974.350 M. und an die Staatskasse werden 3.000.000 M. abgeliefert. Bis auf letztere sind also alle Einnahmen zweckgebunden, wobei allein rund 87 % des budgetmäßigen Überschußes zur Tilgung der Eisenbahnschuld aufgewendet wird. Für unsere Zwecke ist wichtig festzuhalten, daß die vollständigen bayerischen Eisenbahneinnahmen und -ausgaben nicht aus dem Budget ersichtlich sind. Die Frage nach dem Grad der Unvollständigkeit muß offen bleiben und bedarf einer gesonderten Untersuchung. Die budgetmäßigen Einnahmen der Staatseisenbahnverwaltung werden zur Deckung ihrer Ausgaben verwendet. Der darüber hinaus erwirtschaftete Überschuß dient nicht zur Deckung der gesamten Staatsausgaben, sondern fließt zweckgebunden in gesonderte Kassen.

---

[43] Vgl. BaR 1912/13, Fondsnachweisung Nr. 35, S.911.

[44] Vgl. BaEE 1912/13, Etat Nr. 8.

In Sachsen erscheinen die "*Eisenbahnnutzungen*" erstmals im Budget der Staatseinnahmen 1846/48. Im Spezialetat der Budgetperiode 1864/66 ist zu sehen, daß bei den Eisenbahnen - wie bei allen anderen Posten auch - nur der Überschuß in die Budgetzahlen einfließt[45]. Ab 1880/81 werden alle etatisierten Einnahmen und Ausgaben aufgenommen[46]. In den Fondsrechnungen ist bis 1896/97 ein Eisenbahnerneuerungsfonds enthalten, der im wesentlichen aus Zuschüssen aus der Staatskasse gespeist wird. Welche Ausgaben aus diesem Fonds bestritten werden, läßt sich aus den Fondsrechnungen nicht ersehen, da die Fonds nur namentlich aufgeführt sind. Im Budget sind regelmäßig Abschreibungen in Ausgabe an den Erneuerungsfonds gestellt. Beträge für Zins und Tilgung der Staatsschulden - konkreter der Eisenbahnschuld - sind erst im Etat 1912/13 ausgewiesen[47]. Eisenbahnbaukosten kommen in dem Titel "*Erhaltung, Erneuerung und Ergänzung der baulichen Anlagen*" vor[48]. Die darin enthaltenen Eisenbahnbaukosten sind allerdings nicht vollständig. Ein Teil davon erscheint im außerordentlichen Budget[49]. Ob neben dem Eisenbahnerneuerungsfonds weitere separate Fonds existierten, kann auf Grund der von den Budgets und Rechnungen gelieferten Informationen nicht gesagt werden. Die Frage, ob die sächsischen Budgets tatsächlich alle Einnahmen und Ausgaben der Staatsbahnen enthalten, muß deshalb offen bleiben.

In den württembergischen Budgets für 1845/48, 1848/49 und 1849/52 ist je ein außerordentlicher Dienst für den "*Bau der Staatseisenbahnen*" ausgewiesen[50]. In den folgenden Jahren entfällt das außerordentliche Budget. Ein "*Reinertrag*" aus den Staatsbahnen ist bei den Kammergutseinnahmen ab dem Etat 1848/49 veranschlagt[51]. Der "Reinertrag" bezieht sich allerdings nur auf die etatmäßigen Einnahmen und Ausgaben, die im außerordentlichen Budget ausgewiesenen Eisenbahnbaukosten sind darin nicht verrechnet. Wie sich die etatmäßigen Eisenbahneinnahmen und -ausgaben zusammensetzen, ist aus dem Spezialetat für 1876/77 zu erkennen. Neben Besoldungskosten, anderen per-

---

45 Vgl. SäEE 1864/66, Spezialetat zu Position 10a (Staatseisenbahnen), S.89 ff.

46 Vgl. SäEE 1880/81, Kapitel 16 der Überschußverwaltungen.

47 Dies obwohl bereits BaBAuVB 1907, § 7 bestimmt, daß künftig auch die Zinsen für neu aufgenommene Eisenbahnanleihen, die bisher die ersten drei Jahre nach der Aufnahme der Anleihe unter den Baukosten verrechnet und im Wege der Erhöhung der aufzunehmenden Anleihe gedeckt wurden, sofort im ordentlichen Budget im Etat der Staatsschuld Berücksichtigung finden, da es sich dabei um eine "ordentliche Staatsausgabe" handle. Indirekt wird mit dem Wortlaut der Bestimmung zum Ausdruck gebracht, daß die Eisenbahnbaukosten nicht im ordentlichen Budget enthalten sind.

48 Vgl. z.B. BaEE 1912/13, Ausgabekapitel 16, Titel 12.

49 Vgl. dazu auch Abschnitt 3.4., S.244 ff.

50 Siehe dazu auch Tabelle 4.4.1.

51 Nach Reinhard 1904, S.635 f. werden die Eisenbahnerträge in Württemberg vorbehaltlos zur Deckung der Ausgaben der gesamten laufenden Verwaltung verwendet.

sönlichen Ausgaben und sächlichen Verwaltungskosten sind noch Ausgaben zur Unterhaltung und Ergänzung der Bahnanlagen und Bahntransporte, ein Zuschuß an die Unterstützungskasse für das Personal der Verkehrsanstalten sowie sonstige Ausgaben und Vergütungen an andere Verwaltungen für die Nutzung fremder Bahnstrecken veranschlagt[52]. An Eisenbahnbaukosten sind nur die Ausgaben für die Unterhaltung und Ergänzung der Bahnanlagen enthalten, insgesamt in Höhe von 2.738.000 M. - bei veranschlagten Eisenbahngesamtausgaben von 21.500.000 M. Daß die etatisierten Bauausgaben nicht vollständig sind, zeigt die Rechnung 1876/77. Nach ihr betragen die im - nicht budgetmäßigen - außerordentlichen Dienst in diesem Jahr für den Eisenbahnbau verausgabten Mittel 16.221.190 M., wovon 96.389 M. Einnahmen in Abzug gebracht werden[53]. Nach der Berichterstattung besteht ein Eisenbahnbaufonds, dessen "*Vorschußguthaben*" sich auf 32.859.192 M. beläuft. Ab der Rechnung 1899/1900 ist ein Eisenbahnreservefonds nachgewiesen. Er wird durch Gesetz vom 29.6.1899 mit Wirkung vom 1.4.1899 eingerichtet[54]. Zwei Einnahmerubriken sind vorgesehen: Zuweisungen aus dem Ertrag der Staatsbahnen des laufenden Jahres und zurückerstattete Vorschüsse des außerordentlichen Dienstes. Als Ausgaben kommen vor: Leistungen an die laufende Verwaltung zur Ergänzung der Ablieferung der Eisenbahnhauptkasse auf den etatmäßigen Betrag, Vorschüsse für den außerordentlichen Dienst und Restausgaben. Ab dem Etatentwurf 1876/77 ist zu erkennen, daß die Ausgaben für Zins und Tilgung der Eisenbahnschuld in Kapitel 3 (Staatsschuld) verbucht sind, und zwar genau unterschieden nach dem Jahr der Aufnahme der Anleihe und dem Zinssatz[55]. Auch 1913/14 sind die Ausgaben im Etat der Staatsschuld verbucht, allerdings ist der Anteil der Eisenbahnschuld nur noch vor der Linie ausgewiesen[56].

In Württemberg und Bayern kann damit explizit nachgewiesen werden, daß es Eisenbahneinnahmen und -ausgaben außerhalb der Budgets gab. Ob dies auch in Preußen und Sachsen der Fall war, geht aus unseren Quellen nicht hervor. In Preußen wurde ein großer Teil der Eisenbahnkosten bei den außerordent-

---

52 Vgl. WüEE 1876/77, Kapitel 118.

53 Zu den außerordentlichen Ausgaben vgl. auch Tabelle 4.7. und Abschnitt 3.4., S.247 f. Die Eisenbahnbaukosten werden in Württemberg überwiegend aus Grundstockmitteln bestritten (vgl. Riecke 1891, S.373). Das Gesetz vom 28. Dezember 1851 erklärt die auf Staatskosten gebauten Staatseisenbahnen zu einem Bestandteil des Kammerguts. Die Verzinsung und Tilgung der zum Bau aufgenommenen Anleihen gehen zu Lasten der Staatskasse. Sie tauchen aber nicht bei der Eisenbahnschuld auf, sondern bei der allgemeinen Staatsschuld. Der Wert der Staatseisenbahnen wächst damit dem Kammergut zu, nicht aber die damit verbundene Staatsschuld. Siehe dazu auch Schall 1893, S.12 und S.34 ff.

54 Siehe WüR 1899/1900, S.387, Erläuterungsspalte.

55 Vgl. WüEE 1876/77, Kapitel 3.

56 Vgl. WüEE 1913/15, Kapitel 3.

lichen Ausgaben veranschlagt. In Sachsen sind nur die budgetmäßigen Beträge bekannt. Es ist jedoch anzunehmen, daß in allen Staaten die in den ordentlichen Budgets veranschlagten Eisenbahneinnahmen und -ausgaben ab 1880 in gleichem Maße vollständig bzw. unvollständig sind, da sie ab diesem Jahr nach einer reichseinheitlichen Systematik angefertigt wurden.

Insgesamt kann man als Ergebnis festhalten, daß in keinem der untersuchten Staaten **ein** System für die Veranschlagung von Betriebsverwaltungen durchgehalten wurde. Die Budgetierung der Landesgestüte, Banken und Eisenbahnen hat je ihre Eigengesetzlichkeiten. Eine einheitliche Linie, die erlauben würde, allgemeine Aussagen über die Etatisierung der Betriebsverwaltungen in Preußen, Bayern, Sachsen und Württemberg zu treffen, ist nicht erkennbar. Der zwischenstaatliche Vergleich der Einnahmen und Ausgaben von Betriebsverwaltungen gestaltet sich aus verschiedenen Gründen schwierig. Zunächst hat man das Problem der unterschiedlichen Differenzierung und Benennung der Etatposten. Es ist oft nicht zu entscheiden, ob sich verschieden benannte Budgetpositionen gleichen oder gleich benannte unterscheiden. Die Zweckbestimmungen geben hierfür zu wenig Informationen. Erhellende Erläuterungen sind nur wenigen Budgetposten beigegeben. Hinzu kommt der unterschiedliche Grad an Einheit und Vollständigkeit der Staatshaushaltspläne, der je nach Betriebsverwaltung variiert. Budgetvergleiche müssen ihn berücksichtigen, wobei die Frage nach dem Maß der Vollständigkeit und Einheit im Prinzip bei jedem Budgetposten zu stellen ist.

Nach der Theorie herrscht Vollständigkeit nur, wenn alle Staatseinnahmen und -ausgaben etatisiert sind. Einige Lücken in der praktischen Umsetzung haben wir bereits aufgezeigt. Ein verhältnismäßig bedeutender Bereich, der das Maß der Vollständigkeit entscheidend mitprägt, sind die durch Staatsanleihen finanzierten Einnahmen und Ausgaben. Fehlen sie im Budget, sinken die Summen beträchtlich. Dieser Themenkomplex wird in Abschnitt 3.4. im Zusammenhang mit der Trennung zwischen ordentlichen und außerordentlichen Einnahmen und Ausgaben behandelt, da beide Fragen in engem Zusammenhang stehen. Hier gehen wir noch auf die budgetmäßige Behandlung der Verkauferlöse aus beweglichem und unbeweglichem Staatsvermögen ein[57].

[57] Für eine Etatisierung auch der Ausgaben und Einnahmen für bewegliches und unbewegliches Staatsvermögen setzt sich z.B. Schanz 1899, S.1144 ein. Ausgeklammert sei hier die Frage, was zum Staatsvermögen in den untersuchten Staaten gehörte und unter welchen Bedingungen eine Veräußerung erlaubt war.

3.3.5. Verkaufserlöse aus beweglichem und unbeweglichem Staatsvermögen

Mit der Staatsschuldenverordnung von 1820 wird in Preußen der Erlös aus dem Verkauf von Staatsgütern oder Ablösungen von Domanialrenten, Erbpachtgeldern und anderen Grundabgaben, Zinsen, Zehnten, Diensten usw. an die Staatsschuldentilgungskasse überwiesen[58]. Nach einer Kabinettsorder von 1826 gehört zu den zufälligen Einnahmen, die dem Staatsschatz übereignet sind, auch der Erlös aus der Veräußerung oder Erbverpachtung solcher Besitze und Anlagen des Staates, die nicht zu den Domänen zählen, der Domänenverwaltung nicht beigelegt und mit ihren Nutzungen dem Tilgungs- und Verzinsungsfonds der Staatsschulden überwiesen sind. Dazu gehören z.B. die vom Ministerium des Innern verwalteten Hütten-, Hammer-, Gruben- und Salzwerke, gewerbliche Anlagen und Gebäude aller Art, die nicht zu den Wohn- und Wirtschaftsgebäuden der Domänen zählen (Militärgebäude, Gebäude der Steuerverwaltung, Kollegienhäuser usw.), sofern der Verkaufserlös nicht den Verwaltungsbehörden für Ersatzbeschaffungen verbleiben muß[59]. Außerdem fließt dem Staatsschatz das Entgelt aus Ablösungen von Gewährleistungen (Prästationen) aus Staatsgütern zu, die nicht zu den Domänen gehören oder Entgelte, die aus einem anderen als dem domanialgrundherrlichen Rechtstitel dem Staat zu leisten sind[60]. Grundsätzlich bestimmt das preußische Staatshaushaltsgesetz von 1898: Zu den in den Staatshaushaltsetat einzustellenden Einnahmen gehören auch die Erlöse aus der Veräußerung von beweglichem und unbeweglichem Staatseigentum[61]. Folgende Ausnahmen gelten: Bei Bauten dürfen die Erlöse aus der Wiederveräußerung von Grundstücken und be-

---

[58] Vgl. PrGS 1820, S.9 ff., Ziffer VII, Nr. 2. Schwarz/Strutz 1900, I, S.145 weisen deshalb darauf hin, daß die im Etat der Domänenverwaltung veranschlagten Einnahmen und deren Entwicklung nur ein unvollständiges Bild liefern, weil durch Veräußerungen und Ablösungen die Einnahmen der Domänenverwaltung beeinträchtigt werden, "während thatsächlich an die Stelle der ausscheidenden Vermögensobjekte in den Verkaufserlösen, Kapital- und Amortisationsbeträgen für abgelöste Domänengefälle andere getreten sind, welche ... unter Zugrundelegung einer landesüblichen Verzinsung höhere Erträge ergaben, als aus den ausgeschiedenen Objekten erzielt worden waren". Bei einem Vergleich der Einnahmen und der Nettoerträge sei deshalb zu berücksichtigen, daß sich die Einnahmen aus Gefällen, Amortisationsrenten und einzelnen Grundstücken infolge der Ablösungen und Veräußerungen fortgesetzt verringert hätten, ohne daß dem Etat der Domänenverwaltung die Zinsen der hieraus erzielten Kauf- und Ablösungsgelder zugute geschrieben worden seien. Die Bestandsveränderung im Laufe der Zeit müsse auch bei anderen Betriebsverwaltungen berücksichtigt werden. Zur Entwicklung des preußischen Staatsguts allgemein siehe z.B. Schwarz/Strutz 1900, I, S.3 ff.

[59] Vgl. PrGS 1826, S.57 ff., Ziffer III, Nr. 1.

[60] Genannt wird z.B. die Ablösung der Verbindlichkeit, eine Fabrikanstalt fortdauernd zu erhalten (vgl. PrGS 1826, S.57 ff., Ziffer III, Nr. 2).

[61] Vgl. PrSHHG 1898, § 2 Abs. 1 Ziffer 1. Das entspricht nach Herrfurth 1899, S.5 und Schanz 1899, S.1144 der bereits geübten Praxis. Insbesondere gilt für die durch PrGS 1826, S.57 ff., Ziffer III, Nr. 1 bestimmten Einnahmen, welche bisher nicht in den Rechnungen nachzuweisen waren, daß künftig die Verkaufserlöse als Einnahmen und die Beschaffungskosten als Ausgaben im Etat zu veranschlagen sind (vgl. Herrfurth 1899, S.5).

weglichen Gegenständen, welche über den dauernden Bedarf hinaus aus den betreffenden Baufonds erworben sind, den letzteren, sofern sie noch offen sind, wieder zugeführt werden[62]. Bei Bauten, welche auf Grund eines dem Landtag vorgelegten Bauanschlags ausgeführt werden, dürfen auch sonstige, bei der Bauausführung sich ergebende Einnahmen zur Deckung der Baukosten verwendet werden, wenn diese Einnahmen im Bauanschlage vorgesehen und vom gesamten Kostenbedarf in Abzug gebracht sind[63].

Die Etatisierung des An- und Verkaufs von beweglichem und unbeweglichem Staatsvermögen ist also vor allem bei den mit Bauten in Zusammenhang stehenden Veräußerungen und Erwerbungen kompliziert. Es sind zunächst die budgetmäßigen und die sonstigen Bauvorhaben zu trennen. Erstere sind gesondert zu behandeln, je nach dem, ob die Baupläne mit oder ohne Zustimmung des Parlaments zustande kamen. Fehlte die ständische Beteiligung, war eine Verrechnung der Einnahmen mit den Ausgaben nicht erlaubt. Für die außerbudgetmäßigen Bauvorhaben galten die etattechnischen Vorschriften so oder so nicht. Anhand der Etats können diese Bestimmungen allerdings, so weit von uns übersehen, nicht nachvollzogen werden - auch nicht in dem hier wohl einschlägigen Spezialetat für Handel, Gewerbe und Bauwesen.

Nach einer Bestimmung der bayerischen Verfassung ist die Veräußerung von Staatsgut[64] unter der Bedingung gestattet, daß dadurch die Staatseinkünfte nicht geschmälert, sondern als Ersatz "*entweder eine Dominicalrente - wo möglich in Getreide, dafür bedungen, oder der Kaufschilling zu neuen Erwerbungen, zur zeitlichen Aushülfe des Schuldentilgungsfonds, oder zu anderen das Wohl des Landes bezielenden Absichten verwendet werden*"[65]. Die Schuldentilgungsanstalt hat der Staatskasse die Vorschüsse mit 4 % zu verzinsen, "*damit dieser die Renten der veräußerten Objecte nicht entzogen werden*"[66]. Ausgenommen von diesen Bestimmungen sind die Erlöse aus veräußerten Mobilien, Utensilien

---

62 Vgl. PrSHHG 1898, § 20 Abs. 2.

63 Vgl. PrSHHG 1898, § 20 Abs. 3. Nach Herrfurth 1899, S.68 kommen hierfür folgende Einnahmen in Frage: Erträge aus der Nutzung der aus den Baufonds erworbenen Objekte während der Zeit der Bauausführung, Erlöse aus der Veräußerung bei Gelegenheit des Baus gewonnener Gegenstände, wie etwa alter Baumaterialien usw., aus der Veräußerung der durch den Bau entbehrlich gewordenen Grundstücke und dergleichen. Ausgeschlossen ist eine solche Verrechnung, wenn die Bauten nicht auf Grund eines mit dem Landtag vereinbarten Bauanschlages ausgeführt werden, "wie dies bei allen Bauten für Rechnung der im Ordinarium des Etats ausgebrachten Baufonds die Regel bildet" (Herrfurth 1899, S. 68).

64 Vgl. dazu allgemein z.B. Moy 1840, I, S.141 und Nawiasky 1923, S.475 ff.

65 BaVU 1818, Titel III, § 7 Abs. 1.

66 BaAIBl 1818, S.1215 ff., Ziffer III.

und ähnlichem[67]. Gemäß einer Entschließung vom 5.4.1859 sind die Erlöse aus Staatsrealitäten dem Kaufschillingfonds einzuverleiben[68]. Anläßlich der Erläuterung des Rechnungsschemas für 1870 wird bestimmt, daß in Zukunft die Einnahmen aus eingezogenen herrenlosen Objekten sowie aus verkauftem Mobiliar und Literalien nicht mehr wie bisher im netto - nach Kürzung des aus dem Erlös erwachsenden Aufwandes - zu verbuchen sind, sondern sowohl die Bruttoeinnahmen als auch die sich hierauf beziehenden Verwaltungsausgaben gesondert und selbständig in Rechnung zu stellen sind[69]. Ab 1875 haben alle Entschädigungsbeträge, welche bei Übertragung von Staatsrealitäten an einen anderen Staatsfonds vom neuen Nutznießer an den bisher nutzberechtigten Fonds gezahlt werden, in den Staatsgüterkaufschillingsrechnungen der Kreiskassen zur Vereinnahmung zu gelangen[70]. Die Erlöse, die sich infolge von Bauten aus veräußertem Abbruchmaterial ergeben, können nach der Bekanntmachung von 1907 mit Genehmigung des Ministeriums oder der von diesem hierzu ermächtigten Stelle zur Deckung der Baukosten verwendet werden. Sie bleiben daher im Budget unberücksichtigt[71]. Erlaubt ist das Abweichen von der Bruttobudgetierung auch bei den von den Versicherungsanstalten gewährten Schadensvergütungen für abgebrannte oder durch Brand beschädigte Gebäude, Gebäudeteile oder sonstige Gegenstände sowie ähnliche Vergütungen aus Schadensversicherungen. Einnahmen dieser Art können, mit Genehmigung des Finanzministers, zur Deckung der Ersatzkosten, zur Wiederinstandsetzung der verbrannten oder beschädigten Gegenstände sowie zur Deckung der zu leistenden Schadensersatzsummen verwendet werden[72].

Ein Teil der Einnahmen aus "*veräußerten Staatsrealitäten und Renten*" flossen ab dem Etatjahr 1825/26 dem Staatsgüterkaufschillingfonds zu, wie die Fondsrechnung aus diesem Jahr zeigt[73]. Des weiteren wird in den Rechnungen ab der 3. Finanzperiode 1831/37 ein "*Staatsaktivkapitalien*"-Fonds und ab dem Etatjahr 1848/49 ein Fonds für Staatsgefällsablösungsschillinge nachgewiesen. Die Ergebnisse sind in Tabelle 2.5. zusammengestellt. Neben den für Fonds charakteristischen Schwankungen der absoluten Einnahme- und Ausgabezahlen der einzelnen Jahre ist ersichtlich, daß die Fonds zur Ansammlung von

---

67 Weil "diese Objecte keine Rente tragen, und die erhaltenden Kaufschillinge wieder zu Anschaffung neuer Mobilien s.a. erforderlich sind, und deswegen der Current-Einnahme nicht entzogen werden dürfen" (BaAIBl 1818, S.1215 ff., Ziffer X).

68 Vgl. BaFMBl 1868, S.54 ff., Ziffer 4. BaFG 1861, Titel IV, § 14 bestimmt, daß die noch unter Verwaltung der Regierungen stehenden und die bei der Zentralstaatskasse vorhandenen Staatsaktivkapitalien dem Staatsgüterkaufschillingfonds zuzuweisen sind.

69 Vgl. BaFMBl 1870, S.241 ff., Ziffer 7.

70 Vgl. BaFMBl 1875, S.1 ff. Das bisherige Verfahren wird nicht erwähnt.

71 Vgl. BaBAuVB 1907, § 11 Abs. 1.

72 Vgl. BaBAuVB 1907, § 11 Abs. 2.

73 Vgl. BaR 1825/26, Beilage LXV, S.38.

Kapital benutzt wurden. Die Ausgaben betragen zwischen 5 % (1892) und 100 % der Einnahmen[74]. Jedes Jahr wurde ein nicht unbeträchtlicher Teil der Staatseinnahmen aus der Veräußerung von beweglichem und unbeweglichem Vermögen in die Fonds "weggedrückt"[75]. Die Fonds spiegeln auch einen Teil der Kapitalbewegungen wider, die der bayerische Staat infolge Rücknahme und Wiederanlage von Kapitalien tätigte, wobei offen bleibt, was mit den nicht verausgabten bzw. angelegten Summen geschehen ist, ob sie zur Ansparung von Schätzen dienten oder ob sie in Kanäle flossen, die aus den Fondsrechnungen nicht ersichtlich sind.

Was das mobile Staatsvermögen anbelangt, ist im Etat 1831/37 ein Posten "*Erlös aus Mobiliarschaften*" enthalten, der an anderer Stelle "*Erlös aus veräußerten Mobilien*" genannt wird[76]. Er ist in den Budgets bis 1868/69 enthalten. Ab 1870/71 scheinen die Verkaufserlöse aus Mobiliar und Literalien bei den Einnahmen der betreffenden Verwaltungsbehörden verrechnet zu sein[77]. Diese geänderte Verbuchungsart scheint die direkte Auswirkung des oben erwähnten neuen Rechnungsschemas für 1870 zu sein. Verwaltungskosten für diesen Zweck werden allerdings nicht aufgeführt. Das mag an der zu hohen Aggregationsstufe liegen, in der die Verwaltungskosten ausgewiesen sind.

In Bayern waren also Einnahmen aus dem Verkauf von mobilem Staatsvermögen in den Budgets bis 1868/69 netto in einem eigenen Einnahmeposten ausgewiesen, ab 1870 brutto bei den jeweiligen Verwaltungszweigen. Die damit verbundenen Verwaltungskosten sind nicht ersichtlich, aber vermutlich in die Betriebs-, Verwaltungs- und Erhebungskosten eingegangen.

Eine rechtliche Regelung der etattechnischen Behandlung der Verkaufserlöse aus beweglichem und unbeweglichen Staatsvermögen[78] treffen in Sachsen die Allgemeinen Vorschriften für das Staatsrechnungswesen. Nach ihnen sind Ein-

---

[74] Vgl. Tabelle 2.5., Spalte 9.

[75] Vgl. Tabelle 2.5., Spalten 10 und 11.

[76] Vgl. BaEE 1837/43, Kapitel 6 (Übrige Einnahmen), § 5.

[77] Im Etat 1870/71 ist das z.B. bei der Generalzolladministration so (vgl. BaEE 1870/71, Beilage Ziffer IV, Einnahmekapitel 4, § 3). Im Etat 1914/15 sind die Einnahmen aus verkauften Einrichtungsgegenständen, Geräten, Drucksachen, Akten und dergleichen ebenfalls noch im Etat enthalten (vgl. BaEE 1914/15, Beilage Nr. 16, Einnahmekapitel 2, § 6).

[78] Vgl. zum Staatsvermögen allgemein z.B. Milhauser 1839, I, S.99 sowie Löbe 1889, S.61 ff. und S.118 ff.

nahmen aus der Veräußerung der nicht zum Domänengut[79] gehörenden Staatsimmobilien sowie aus der Ablösung der mit solchen Immobilien verbundenen Gerechtsame - auch wenn sie im Staatshaushaltsetat nicht ausdrücklich vorgesehen sind - ausnahmsweise nicht als außeretatmäßige Einnahmen zu verrechnen, sondern an die Finanzhauptkasse zur Vereinnahmung in der Staatsvermögensverwaltung abzuliefern[80]. Sie fließen zu diesem Zweck einem sog. Domänenfonds zu. Die Ausnahmebestimmung wird ab der Finanzperiode 1872/73 praktiziert, sofern der Staatshaushaltsetat selbst keine gegenteilige Bestimmung trifft[81]. In gleicher Weise sind die von der Brandversicherungskammer zu gewährenden Brandschadenvergütungen für Staatsgebäude zu behandeln, wenn die Vergütungen zur Errichtung eines den Zwecken einer anderen Staatsverwaltung dienenden Gebäudes verwendet werden[82]. Bei der Vereinnahmung von Erlösen aus der Veräußerung staatlichen Eigentums können ausnahmsweise die durch die Veräußerung notwendig gewordenen Kosten und der Aufwand für den mit der Veräußerung eines Grundstücks im unmittelbaren Zusammenhang stehenden Ankauf eines anderen Grundstücks saldiert werden[83]. Miteinander verrechnet werden dürfen auch

---

79 Vgl. SäVU 1832, § 18. Eine ähnliche Bestimmung enthält das SäSHHG 1904, § 1 Abs. 2 Buchstabe b. Danach fließen die aus der Veräußerung von Teilen des Staatsgutes im Sinne der §§ 16-18 SäVU 1831 sich ableitenden Einnahmen und Ausgaben in den Domänenfonds. Nicht im Etat erscheinen auch - soweit im Budget nicht eine gegenteilige Anordnung getroffen ist - die den beweglichen Vermögensbeständen des Staates zuzuführenden Einnahmen aus der Veräußerung von zum Staatsvermögen - nicht aber zum Staatsgute im Sinne der §§ 16-18 SäVU - gehörenden Grundstücken und aus der Ablösung der mit solchen Grundstücken verbundenen Rechte (vgl. SäSHHG 1904, § 1 Abs. 2 Buchstabe d). Staatsgut im Sinne der §§ 16-18 SäVU 1831 ist dasjenige Vermögen, "das von der Krone erworben worden ist oder erworben wird und von dieser auf den Staat übergegangen ist oder überzugehen hat" (Löbe 1904, S.672). Unter dem nicht zum Staatsgut im Sinne der §§ 16-18 SäVU 1831 gehörenden Staatsvermögen ist dasjenige begriffen, das - wie z.B. die Staatseisenbahnen oder die Erzbergwerke - vom Staat unmittelbar aus den ihm zur Verfügung stehenden Mitteln erworben worden ist (vgl. Löbe 1904, S.673).

80 Vgl. ARV 1900, § 3 Abs. 4 Satz 1. Erlöse aus dem Staatsgut müssen zu dessen substantieller Ergänzung verwendet werden. Sie dürfen deshalb nicht als Einnahmen der laufenden Verwaltung behandelt und auch nicht in den Staatshaushaltsrechnungen verrechnet werden, sondern müssen - solange ihre bestimmungsgemäße Verwendung nicht ausführbar ist - für sich verwaltet werden (vgl. Löbe 1904, S.120).

81 Ihr liegt die Erwägung zugrunde, daß es sich dabei um zufällige außerordentliche Einnahmen von bedeutendem Umfang handeln kann, deren Verrechnung bei den Einnahmen der laufenden Verwaltung ein unrichtiges Bild vom Ergebnis letzterer geben würde (vgl. Löbe 1904, S.120 f.).

82 Vgl. ARV 1900, § 3 Abs. 4 Satz 2.

83 Vgl. ARV 1900, § 4 Abs. 2 Buchstabe a. Das Eigentum darf nicht die Eigenschaft eines Staatsgutes im Sinne des § 16 SäVU 1831 haben. Die Bestimmung gilt auch umgekehrt für die bei der Verrechnung des durch Ankauf eines Grundstückes entstandenen Aufwands mit den aus diesem Ankauf in unmittelbaren Zusammenhang stehenden Veräußerungserlösen eines anderen Grundstücks (vgl. ARV 1900, § 4 Abs. 2 Buchstabe c).

- Baukosten und darauf zu verwendende Brandversicherungsentschädigungen, Baukosten und der Erlös aus dem Abbruch von Gebäuden oder Gebäudeteilen, soweit er die notwendige Folge der Bauausführung ist, Baukosten und die Einnahmen aus der Verwertung der infolge Abbruchs entbehrlich gewordenen baulichen Inventarstücke und Materialien[84],

- Versicherungsentschädigungen für die Ersatzbeschaffungen beschädigter beweglicher Gegenstände[85] und

- die Kosten für die Reparatur von Inventar, Lehrmitteln und Geräten, die nicht zu den baulichen gehören, mit dem Wert des gewonnenen und von den sog. Gewerken oder Lieferanten übernommenen Altmaterials[86].

In den Staatshaushaltsrechnungen wird ab der Finanzperiode 1858/61 eine "*summarische Uebersicht des immobilen Staatsvermögens sowie der mobilen Vermögensbestände bei den sonstigen, zu anderen Ministerialdepartements ressortirenden Cassenverwaltungen*" gegeben[87]. Ab 1833 enthalten sie außerdem jeweils eine "*summarische Uebersicht des mobilen Staatsvermögens zu Anfange und Schlusse des Jahres*" als Anlage[88]. Es handelt sich dabei aber, wie der Name schon sagt, um Vermögensrechnungen. In manchen Spezialetats der Budgetperiode 1864/66 sind Verkaufserlöse aus mobilem Staatsvermögen ersichtlich. Im Forst- und Jagdetat dieses Jahres ist z.B. der Geldwert der zu schlagenden Hölzer, der Forstnebennutzungen[89] sowie der Jagdeinkünfte[90] in Einnahme gestellt[91]. Im Etat der Universität Leipzig, einer Zuschußverwaltung, sind u.a. Einnahmen für "*verkaufte Lectionscataloge*" veranschlagt[92]. Ein Teil der Verkaufserlöse aus beweglichem Staatsvermögen ist also in Sachsen im Etat veranschlagt, ein Teil nicht. Derjenige aus immobilem Staatsvermögen ist grundsätzlich nicht enthalten, bis auf die Ausnahmen, in denen eine Verrechnung mit bestimmten Ausgaben erlaubt ist.

In Württemberg bestimmt die Etatinstruktion von 1808, daß alle Einnahmen und Ausgaben, die durch eine Veränderung des Grundstocks herbeigeführt

---

84 Vgl. ARV 1900, § 4 Abs. 2 Buchstabe b.

85 Vgl. ARV 1900, § 4 Abs. 2 Buchstabe d.

86 Vgl. ARV 1900, § 4 Abs. 2 Buchstabe e.

87 Vgl. z.B. SäR 1858/60, Übersicht E, S.571 ff.

88 Vgl. etwa SäR 1833, S.325 ff.

89 Unter anderem aus Gräserei- und Harznutzungen, Bruchsteinen, Sand, Lehm, Waldstreu, Holzsämereien, Pflanzen, Leseholz etc.

90 Für verkauftes Wildbret, Kanons für ererbte Jagden, Jagdeinkünfte usw.

91 Vgl. SäEE 1864/66, Position 1, S.28.

92 Vgl. SäEE 1864/66, Position 65, Nr. 3, S.337.

werden (Kapital jeglicher Art) nicht in den Etat gehören[93]. Die Instruktion von 1818 setzt noch genauer fest, daß sowohl bei den Einnahmen als auch bei den Ausgaben das Laufende, die vorjährigen Reste und die Grundstockveränderungen genau auseinanderzuhalten sind[94]. Diese Vorschrift gilt auch 1914 noch. Die Einnahmen und Ausgaben aus unbeweglichem Staatsvermögen sind im gesamten Unterschungszeitraum nicht im Etat enthalten. Über sie wird kein Voranschlag gefertigt, sondern nur in den Staatshaushaltsrechnungen Rechenschaft über die Veränderungen im Laufe eines Jahres abgelegt. Die Ergebnisse sind in Tabelle 4.5. festgehalten. Das Verhältnis der Einnahmen der Grundstockverwaltung zu den etatmäßig veranschlagten Staatseinnahmen schwankt zwischen 1 % (1908/09) und 25,1 % (1879/80), das der Ausgaben zu den etatmäßigen Ausgaben zwischen 0,3 % (1910/11) und 23,6 % (1879/80)[95].

Die Veräußerungserlöse aus beweglichem Staatsvermögen[96] sind zumindest teilweise in den Etats enthalten. Im Spezialetat der Forstverwaltung kommen z.B. in der Budgetperiode 1876/77 Einnahmen für den Holzertrag, für Äckerich sowie für Holzsamen und Pflanzen in Anschlag[97], in den Universitätsetat fließen auch die Holzgelder der Studenten ein. Letztere sind ab 1911/12 aus dem Spezialetat nicht mehr ersichtlich, da sie in den Posten für die Auditoriengelder eingerechnet werden[98]. Bei welchen Budgetpositionen tatsächlich die Einnahmen (Ausgaben) aus dem Verkauf (Ankauf) von beweglichem Staatsvermögen etatisiert sind und wo nicht, ob ein System hinter den Veranschlagungen steht oder es einfach hergebrachte Übung war, einen Posten zu etatisieren und einen vergleichbaren nicht, muß offen bleiben. Zum einen mangelt es an veröffentlichten rechtlichen Regelungen zu diesem Problemkreis und zum anderen ist nur ein Teil der entsprechenden Einnahmen und Ausgaben auch tatsächlich den Etats zu entnehmen. Der andere Teil ist zwar budgetiert, aber in einem aggregierteren Posten aufgegangen. Ob also ein saldierter oder ein voller Betrag veranschlagt ist, läßt sich unter diesen Bedingungen nicht sa-

---

93 Vgl. WIVE 1808, § 5 Buchstabe a. Nach Herdegen 1848, S.47 ist in Württemberg die Verwaltung des Staatsguts von zwei verschiedenen Seiten aus zu betrachten: Die eine betrifft die Erhaltung des wesentlichen Vermögensbestandes (Grundstockverwaltung), die andere die Domanialertragsverwaltung, die im Etat als "Ertrag des Kammerguts" ausgewiesen ist. Die Einnahmen der Grundstockverwaltung "bestehen in den Erlösen theils aus gezwungenen oder unfreiwilligen, theils aus freiwilligen Veräußerungen von Theilen des Staatsguts" (Herdegen 1848, S.60). Auch Gefällablösungseinnahmen fließen in die Grundstockverwaltung (siehe Herdegen 1848, S.60 ff.).

94 Vgl. IESuRW 1818, § 7 Abs. 1.

95 Vgl. Tabelle 4.5., Spalten 2 und 4.

96 Zum württembergischen Staatsvermögen siehe z.B. Herdegen 1848, S.49 ff.; Kieß 1880, S.64.; Riecke 1883, S.211 f.; Sarwey 1883, I, S.104 ff. und Riecke 1891, S.371 ff.

97 Vgl. WüEE 1876/77, Kapitel 112, Titel 2-4.

98 Siehe WüEE 1911/12, Kapitel 61, Erläuterungen zu Titel 9.

gen, ebensowenig - der Natur der Sache nach -, ob bestimmte Einnahmen und Ausgaben überhaupt nicht im Budget enthalten sind.

Betrachtet man die Budgetierungsregeln der untersuchten Staaten im Vergleich, so muß man zunächst feststellen, daß sich auf die Etatisierung der Einnahmen und Ausgaben aus beweglichem und unbeweglichem Staatsvermögen in Preußen, Bayern und Sachsen verhältnismäßig viele Rechtsvorschriften bezogen. Unter dem Aspekt der Vollständigkeit war es sogar der am stärksten geregelte Bereich. Eine Ausnahme davon stellte nur Württemberg dar, da hier der Verkauf oder der Erwerb von unbeweglichem Staatsvermögen automatisch über die Grundstockverwaltung lief. In Württemberg sind diese Staatseinnahmen und -ausgaben also grundsätzlich nicht im Etat enthalten. In Bayern muß man ebenfalls davon ausgehen, daß entsprechende Einnahmen und Ausgaben nicht in die Budgetzahlen eingingen. Die Einnahmen flossen zum Teil an die Staatsschuldentilgungsanstalt zur verzinslichen Anlage, zum Teil wurden sie von verschiedenen Fonds verwaltet. In Preußen und Sachsen galten ähnliche rechtliche Regelungen, die besagen, daß ein Teil der Einnahmen und Ausgaben aus dem Verkauf bzw. dem Erwerb von unbeweglichem Vermögen getrennt, d.h. außerhalb des Budgets verwaltet wurden, ein anderer Teil jedoch in die Etatzahlen einfloß und mit den Einnahmen bzw. Ausgaben vorweg saldiert wurde. Diese zweckbestimmten Einnahmen machten einzelne Etatposten zu Nettopositionen: Die Einnahmen aus unbeweglichem bzw. beweglichem Staatsvermögen gingen in die im Etat ausgewiesenen Einnahmesummen nicht ein, sondern verminderten den Ausgabebetrag. Umgekehrt verhielt es sich mit den Ausgaben. Bei den Einnahmen und Ausgaben aus beweglichem Staatsvermögen ist in allen Staaten davon auszugehen, daß sie teilweise brutto, teilweise netto und teilweise gar nicht etatisiert waren.

3.3.6. Militärausgaben

Als Paradebeispiel für die Unvollständigkeit der Budgets im 19. Jahrhundert überhaupt wird immer wieder der bayerische Militäretat herangezogen. Nach dem Bündnisvertrag zwischen dem Deutschen Reich und Bayern trägt das Königreich die Kosten und die Lasten seines Kriegswesens allein[99]. Der Anteil der bayerischen Rüstungskosten wird im Reichshaushaltsplan in einer Summe ausgeworfen. Die Aufstellung der Spezialetats bleibt Bayern überlassen. Das Militärbudget ist bis zur Budgetperiode 1872/73 in das allgemeine Budget mit 2jähriger Finanzperiode eingegliedert[100]. Daneben werden auch die Summen,

---

99 Vgl. dazu und zu weiteren Einzelheiten des bayerischen Militärbudgets z.B. Hock 1882, I, S.19.; Burkhard 1889, I, S.224, Ziffer 9 und Seydel 1894, S.169 f.

100 Vgl. BaFG 1872, Kapitel 10 der Staatsausgaben.

die Bayern für Reichszwecke abzuführen hat, im Budget aufgeführt[101]. In den Etatjahren 1874/75 und 1875/76 sind die Militärausgaben als durchlaufende Posten etatisiert und ab der Etatperiode 1877/78 im allgemeinen Budget nicht mehr enthalten[102].

In Preußen sind die Ausgaben für das "Kriegs-Ministerium" bereits 1867 letztmalig im Budget veranschlagt[103]. Ab 1868 ist das Ministerium nicht mehr aufgeführt. Dafür kommt im Ministerium der Finanzen erstmals eine Summe für "*Beiträge zu den Ausgaben des Norddeutschen Bundes*" in Anschlag[104]. Gleiches gilt für Sachsen ab der Etatperiode 1868/69[105]. In Württemberg finden ab der Etatperiode 1873/75 die Ausgaben für das Kriegsministerium keine budgetmäßige Berücksichtigung mehr[106]. Bereits im Budget der Vorperiode ist bei Ziffer 18 des Staatsbedarfs ein Betrag für Leistungen an das Deutsche Reich angesetzt. Ausgaben des Kriegsministeriums sind noch enthalten, allerdings nur noch in beträchtlich reduziertem Umfang gegenüber dem vorhergehenden Budget[107].

Das Abkoppeln des Militäretats war also keine bayerische Besonderheit. Der Unterschied zu den anderen Staaten bestand lediglich darin, daß Bayern sie aufstellte und nicht das Deutsche Reich. Eine Besonderheit war nur die zwischen 1874 und 1876 praktizierte Budgetierung. Indem die Militärausgaben zunächst als durchlaufende Posten und außerdem noch zusätzlich die Leistungen für das Reich in das Budget eingestellt wurden, sind in diesen Jahren die Ausgaben zu hoch ausgewiesen. Die Leistungen an das Deutsche Reich sollten u.a. auch die Ausgaben für das Reichsheer abdecken, so daß diese in einem gewissen Umfang doppelt enthalten sind. Die letztendliche Aussonderung des Militäretats und die alleinige Verbuchung der Leistungen an das Deutsche

---

101 Vgl. BaFG 1872, Kapitel 12 der Staatsausgaben.

102 Der Militäretat hat nur noch eine 1jährige Finanzperiode und wird ab 1875 - im Gegensatz zum allgemeinen Budget - als Gesetz verkündet, ein Verfahren, das nach Seydel 1894, S.170 in "starkem Widerspruch" zu den Grundsätzen des bayerischen Staatsrechts steht.

103 Vgl. PrEG 1867, Kapitel 54 der Staatsverwaltungsausgaben.

104 Vgl. PrEG 1868, Kapitel 52 der Staatsverwaltungsausgaben.

105 Vgl. SäEE 1868/69, Position 39-61 des Ausgabeetats.

106 In WüEE 1871/73, Beilage Nr. 5, S.1339 ist bezüglich der "Kosten des Militär-Ersatzgeschäftes" vermerkt: "Demgemäß sind diejenigen Kosten des Ersatzgeschäfts, welche bisher den Gemeinden und Amtskorporationen oblagen, in analoger Anwendung des Gesetzes vom 12. März 1868 denselben auch für die Zukunft zugeschieden worden, diejenigen Kosten des Ersatzgeschäftes aber, welche nach den preußischen Normen den Civilfonds berühren, fallen jetzt, nachdem sie pro 1871/73 aus den dem Kriegsministerium für die Einführung der neuen Heereseinrichtung zu Gebot stehenden Mitteln bestritten worden, dem Etat des Ministeriums des Innern zur Last und waren daher hier zu exigiren". Die ausgewiesenen Kosten betragen 8.000 fl.

107 Der in WüFG 1867 ausgeworfene Betrag des Kriegsministeriums für 1869/70 beläuft sich auf 5.109.646 fl., 1871/72 auf 390.815 fl. und 1872/73 nur noch auf 36.414 fl.

Reich im Staatshaushaltsplan entspricht der auch in den anderen Staaten praktizierten Budgetierungstechnik. Die Bereitstellung von Mitteln für Militärzwecke in besonderen Gesetzen außerhalb des Budgets bleibt davon unberührt[108]. Die Vergleichbarkeit der Budgets mit und ohne eigenem Kriegsministerium ist nur eingeschränkt gegeben, da die Leistungen an das Reich i.d.R. kleiner bemessen waren als die früheren Ausgaben für den Militäretat. Das Fehlen des Militäretats im bayerischen Budget kann gerade nicht als Beleg für dessen Unvollständigkeit angeführt werden.

Wir können also zusammenfassend festhalten, daß die charakteristische Eigenschaft der untersuchten Budgets ihr **Brutto-Netto-Mischcharakter** ist. Er ist **verbunden mit partieller Unvollständigkeit** in dem Sinne, daß ein Teil der Staatseinnahmen und -ausgaben nicht budgetiert sind. Das "Mischungsverhältnis" von Brutto- und Nettoveranschlagung sowie der Grad der Unvollständigkeit ist bei jedem sachlichen Gegenstand verschieden und zeigt in jedem Staat seine eigenen charakteristischen Züge. Ein durchgehendes System kam in keinem Staat zur Anwendung. Die aufgeführten Beispiele zeigen dies. Die übliche Charakterisierung der Budgets in Preußen ab 1849 und in Bayern ab 1868/69 als "*Bruttobudgets*"[109] und andererseits die sächsischen und württembergischen als "*Nettobudgets*"[110] kann vor diesem Hintergrund nicht nachvollzogen werden. In Preußen und Bayern erfüllten die Budgets nur insofern die theoretischen Forderungen, die an ein Bruttobudget gestellt werden, als sie die Betriebs-, Verwaltungs- und Erhebungskosten sichtbar machten. Sie wiesen aber die Einnahmen, die bei den Ausgabeverwaltungen erzielt wurden, nicht nach. Beides war in Sachsen ab 1880/81 und in Württemberg ab 1895/96 der Fall.

---

108 Für Bayern siehe z.B. BaGBl 1872, S.405 ff.; BaGuVBl 1874, S.444 ff.; BaGuVBl 1876, S.557 ff.; BaGuVBl 1878, S.107 ff.; BaGuVBl 1880, S.100 f.; BaGuVBl 1882, S.103 f.; BaGuVBl 1883, S.493 f. und BaGuVBl 1884, S.163 f.

109 So Czoernig 1862, S.8 f.; Widenmeyer 1885, S.10; Burkhard 1889, I, S.220 f.; Heckel 1898, Budget und Budgetrecht, S.470 und Schanz 1899, S.1147. Czoernig 1866, S.21 schreibt z.B., daß seit 1849 der Grundsatz der Bruttoetatisierung in Preußen "durchweg, auch bei der Etatsaufstellung streng durchgeführt worden (ist), so dass die Etats und das Budget überall die Bruttobeträge enthalten".

110 Nach Czoernig 1866, S.59; Riecke 1883, S.200 f.; Widenmeyer 1885, S.10; Schrott 1886, S.418; Heckel 1898, Budget und Budgetrecht, S.470; Altmann 1910, S.8 und Eheberg 1922, S.538. Löbe 1889, S.21 bezeichnet das sächsische Budget dagegen als einen Bruttoetat. Die Nettobudgetierung in Württemberg wird mit der speziellen Art der Steuerverwaltung begründet. Vom württembergischen Steuerkollegium werden die direkten Steuern auf Grund des Landeskatasters auf die einzelnen Amtskörperschaften verteilt. Die Oberämter haben den ihnen zugeteilten Betrag auf die Gemeinden und die Gemeinden die Steuern auf die einzelnen Steuerpflichtigen zu verteilen. Sie überweisen nur den Nettobetrag nach Abzug ihrer Erhebungskosten an die Staatskasse (vgl. z.B. Czoernig 1866, S.59; Kieß 1880, S.60 ff.; Riecke 1883, S.206; Heckel 1898, Budget und Budgetrecht, S.470; Schanz 1899, S.1147 und Reinhard 1904, S.632).

Die in Sachsen und Württemberg nachgewiesenen Ausgaben bei den Überschuß- bzw. Einnahmeverwaltungen sind mit den in Preußen und Bayern ausgewiesenen Betriebs-, Verwaltungs- und Erhebungskosten materiell und formell nicht vergleichbar. Der Begriff der Betriebs-, Verwaltungs- und Erhebungskosten ist wenig klar. Sind Betriebs- und Verwaltungskosten ungetrennt veranschlagt, wird die Entwicklung der Betriebskosten verdeckt. Sie verweist jedoch im Untersuchungszeitraum auf einen kontinuierlichen strukturellen Wandel der materiellen Zusammensetzung der Budgeteinnahmen und -ausgaben. Dieser Wandel muß bei der Betrachtung der globalen Einnahme- und Ausgabeziffern in säkularer Entwicklung berücksichtigt werden, ansonsten vergleicht man Ungleiches.

3.4. Übersichtlichkeit

3.4.1. Das Postulat

Der Staatshaushaltsplan wurde in der finanzwissenschaftlichen Diskussion des 19. Jahrhunderts als staatswirtschaftliches Ordnungsinstrument gesehen, mit dessen Hilfe ein Überblick über die gesamten finanziellen Verhältnisse des Staates möglich ist[1]. Den Überblick kann das Budget nur bieten, wenn es eine übersichtliche und klare Gliederung aufweist[2]. Die Etatübersichtlichkeit war deshalb eine finanzwissenschaftliche und staatsrechtliche Forderung, der ein

---

[1] Siehe dazu Abschnitt 2.3.1. Nach Rühl 1860, S.108 besteht die wesentliche Anforderung an die äußere Form der Etats darin, daß alle Verhältnisse der betreffenden Verwaltung mit solcher Klarheit und Übersichtlichkeit dargestellt werden, daß diese Darstellung zugleich als Grundlage für die Verwaltung, als Norm für die Verwaltungsbehörde, als Anhalt für die Kontrolle und als Grundlage für die Rechnung dienen kann. Vgl. dagegen Abschnitt 3.3.

[2] Für Jakob 1821, S.119 f. ist eine vollständige und leichte Übersicht über das ganze Etatwesen nur möglich, wenn in allen gleichartigen Etats dieselben Rubriken, Ausdrücke, Folge von Rubriken, Abteilungen, Nachweisungen usw. vorkommen, "kurz, es muß Eine Regel, Ein Schema für alle Etats gelten, die zu einerley Gattung oder Art gehören". Nach Malchus 1823, II, S.164 ist für einen "richtigen Überblick" über den Kassen- und Rechnungshaushalt ein "durchaus gleiches" Rubrikensystem notwendig. Im Ergebnis gleich: Fulda 1827, S.429 f. Hornberg 1827, S.5 befindet: Eine Darstellung des Staatshaushaltes in "reiner und gedrängter Übersicht mit Ausscheidung der Bezeichnungen ist wesentlich". Hagen 1880, S.115 schreibt: "Die Haupterfordernisse der Etats und überhaupt des Finanzplans sind immer Vollständigkeit und Uebersichtlichkeit, welche sich beide nur durch eine systematische Anordnung und Einteilung erlangen lassen". Für Neumark 1929, S.222 erfordert die Budgetklarheit, "daß die budgetären Voranschläge der Verbandseinnahmen und -ausgaben übersichtlich, sowie nach einheitlichen rationalen Gesichtspunkten ausgegliedert und geordnet werden und ihre Bezeichnungen eindeutig Herkunft bzw. Zweckbestimmung der einzelnen Posten erkennen lassen". Noch präziser beschreibt Meister 1933, S.120 das Erfordernis der Übersichtlichkeit: "die Voranschläge der Einnahmen und Ausgaben müssen übersichtlich, nach gleichen Prinzipien eingeteilt, nach gleichen Grundsätzen benannt (klar), nach Entstehung und Zweckbestimmung geordnet und für den Laien verständlich zusammengestellt (durchsichtig) sein".

hoher Stellenwert zuerkannt wurde[3]. Die Verwirklichung anderer Budgetpostulate ist z.T. von der Umsetzung der Budgetübersichtlichkeit abhängig. So bringt die Öffentlichkeit des Budgets nur dann einen Nutzen, wenn es übersichtlich, klar und allgemein verständlich gestaltet ist[4]. *Feder* faßt die Forderungen in dem Satz zusammen, daß die Darstellungsform der Einnahmen und Ausgaben "*richtig, ordentlich, deutlich, vollständig, genau, übersichtlich und überzeugend, dabei aber möglichst einfach*" sein muß[5]. Die Einhaltung der Budgetvoten ist nur dann tatsächlich nachprüfbar, wenn die einzelnen Posten eine eindeutige und klare Handlungsanweisung geben.

Ein Budget ist übersichtlich, wenn seine äußere Form und innere Gliederung entsprechend gestaltet ist. Der Fachbegriff, unter dem dieser Themenkomplex i.d.R. abgehandelt wird, ist die sog. **Spezialität**[6] des Budgets. Darunter wurden im 19. Jahrhundert zwei unterschiedliche Dinge verstanden, die jedoch miteinander im Zusammenhang stehen[7]. Zum einen begriff man darunter die formelle und inhaltliche Gliederung des Budgets[8] und zum anderen eine spezielle Budgetgliederung, nämlich die vom Parlament votierte und damit für die

---

3 Rudhart 1819, S.5 sah die Aufgabe bei der Aufstellung des ersten bayerischen Budgets darin, "eine bestimmte und klare Uebersicht" der Staatseinnahmen und -ausgaben zu geben. Murhard 1846, S.690 fordert, daß das Staatsbudget die Einnahmen und präsumtiven Ausgaben "so vollständig und übersichtlich darstellen soll, daß dasselbe zugleich als Anhalt oder als Mittel für die Controlirung der gesammten Staatsverwaltung in jenem Zeitabschnitte sowie zur Grundlage des Cassen- und Rechnungswesens und deren Controle dienen könne". Für Hoffmann 1851, S.600 f. beruht die eigentliche Bedeutung des Etats als Richtschnur des ganzen Staatshaushalts darauf, daß er eine sich der Wirklichkeit möglichst annähernde Übersicht über den gesamten voraussichtlichen Staatsaufwand für eine bevorstehende Haushaltsperiode gibt. Die Verwirklichung des Übersichtlichkeitspostulats soll nach Neumark 1929, S.222 erreichen, "daß Parlament und Öffentlichkeit unschwer Einblick in den Gesamthaushalt wie in seine einzelnen Zweige gewinnen können und Zweifel über Art und Umfang der geplanten Gebarungen für die Vollzugsbehörden ausgeschlossen sind".

4 Siehe dazu auch Neumark 1929, S.223.

5 Feder 1820, S.21. Ähnlich auch Hauber 1845, S.109.

6 Neumark 1929, S.224, Fußnote 1 will begrifflich zwischen "Spezialisierung", "Spezialisation" und "Spezialität" des Budgets unterscheiden. Unter der Spezialisierung versteht er "die Zergliederung der Ausgaben- und Einnahmevoranschläge", unter Spezialisation die Zwecksonderung von Einnahmen und unter Spezialität die parlamentarischen Voten. An diese begriffliche Abgrenzung hat er sich weder selbst noch andere gehalten.

7 Eine weitergehende Untergliederung des Spezialitätsbegriffs setzte sich Ende des 19. Jahrhunderts erst langsam durch. So unterscheidet z.B. Mischler 1887, S.190 f. zwischen sachlicher, zeitlicher und örtlicher Spezialität, ohne jedoch die Unterscheidung voll zu spezifizieren. Neumark 1929, S.297 ff. unterteilt ebenfalls in eine sachliche und eine zeitliche Spezialität. Ebenso Meister 1933, S.91 f. Die Unterscheidung ist hier jedoch nicht von Relevanz, weshalb wir sie nicht weiter betrachten.

8 In diesem Sinne benutzt z.B. Rümelin 1889, S.316 den Ausdruck: Nach seiner Ansicht hat die Brauchbarkeit eines Etats dessen "weitgehendste finanztechnische Spezialisierung" zur selbstverständlichen Voraussetzung. Ebenso Heckel 1899, Das Budget, S.14. Neumark 1929, S.297 ff. nennt dies die "sachliche" Spezialität.

Verwaltung vollzugsverbindliche[9]. Die für uns heute fremde Trennung zwischen der Budgetgliederung an sich und einer - u.U. davon unterschiedlichen - votierten und deshalb vollzugsverbindlichen Gliederung des Staatshaushaltsplans ergab sich zunächst aus der Etathierarchie, wobei das Hauptstaatsbudget die oberste Stufe und deshalb aggregierteste Form der Budgetgliederung darstellte[10]. War das Staatsbudget Grundlage der Budgetvotierung, ging die Budgetgliederung weitaus weniger in die Tiefe als wenn z.B. die Spezialetats als Votierungsgrundlage dienten. Formelle und inhaltliche Spezialität sowie die Spezialität der Voten standen insofern in einem direkten Zusammenhang miteinander. Beim erstgenannten Fragenkomplex geht es um die übersichtliche Gliederung des Budgets, beim zweiten um das richtige Maß einer vollzugsverbindlichen Gliederung. Die formelle und inhaltliche Einteilung des Staatshaushaltsplans steht hier zur Debatte, die Frage der Vollzugsverbindlichkeit der Voten kommt in Abschnitt 3.8. zur Sprache.

3.4.2. Äußere Form der Budgets

Unter der formellen Gliederung des Etats versteht man seinen äußeren Aufbau, der die Übersichtlichkeit zu gewährleisten hat. Die heutigen Staatshaushaltspläne bestehen aus Einzel- und Gesamtplänen, wobei letztere die Haushaltsübersicht, die Finanzierungsübersicht und den Kreditfinanzierungsplan

---

9 Malchus 1830, II, S.117 f. versteht unter der Spezialität "die Forderung, daß die Summe von Mitteln, welche das Budget für einen Gegenstand disponirt hat, - die in demselben für jeden einzelnen Artikel angesetzte Größe des Aufwandes, - weder überschritten, noch diesen Mitteln eine andere Anwendung gegeben werden". Vgl. auch Leroy-Beaulieu 1899, II, S.79 ff. Näheres dazu in Abschnitt 3.8.

10 Jakob 1821, S.1220 führt dazu aus: "Die allgemeinen Begriffe im Etat, welche die Gegenstände bezeichnen, wofür die Ausgabe gemacht, oder die Quellen, aus welchen die Einnahme fließt, bilden die Rubriken des Etats". Jede Rubrik stützt sich wiederum auf einen anderen Etat, "dessen Rubriken die unter jener Rubrik enthaltenen Begriffe ausmachen, und dieses kann so weit gehen, bis die Rubriken Individuen sind, oder eine weitere Zergliederung für unnöthig gehalten wird". Zum Verhältnis der über- und untergeordneten Rubriken stellt Rotteck 1835, IV, S.448 folgende Regel auf: "Die Rubriken, aus welchen die speziellen Etats, sodann die relativ generellen bis hinauf zum ganz generellen Etat und dieser Selbst bestehen sollen, sind einerseits nach den logischen Gesezen der Eintheilungen und Untertheilungen, zumal nach jenen der Vollständigkeit, der gegenseitigen Ausschließung und der leichten Ueberschaulichkeit, anderseits aber nach den, von den besonderen - auf Gattung und Maß der Bedürfnisse und Deckungsmittel Einfluß ausübenden - Verhältnissen der einzelnen Staaten abhängigen Regeln der Zweckmäßigkeit - namentlich der thunlichen Vereinfachung ohne Abbruch der nöthigen oder nützlichen Sonderung - festzusezen; und es wird dabei sehr gut, namentlich die Berechnung und Uebersicht wesentlich erleichternd, seyn, wenn bei sämmtlichen unter einen Gattungsbegriff zu vereinigenden Spezialetats, die thunlichste Gleichförmigkeit in Aufstellung und in der Folge der Rubriken beobachtet wird". Umpfenbach 1887, S.490 sieht in der Rubrikenhierarchie ebenfalls ein streng einzuhaltendes Ineinandergreifen von Überschriften. Erst durch sie wird das allmähliche Zusammenfassen der verschiedenen Etats möglich. Vgl. dazu auch Abschnitt 3.2.1.

enthalten[11]. Der Gesamtplan stellt eine Zusammenfassung der Einnahmen, Ausgaben und Verpflichtungsermächtigungen der Einzelpläne dar. Er soll eine "*Haushaltsübersicht*"[12] geben.

Grundsätzlich war dagegen im 19. Jahrhundert "das" Budget der in den Gesetzblättern nachgewiesene Etat bzw. die Hauptübersichten, die in den Landtagsverhandlungen veröffentlicht wurden. Die Spezialpläne gehörten begrifflich nicht dazu, weil sie hierarchisch eine Stufe unter dem Budget angesiedelt waren. Die Einheit des Budgets wurde so aufgefaßt, daß die ausgewiesenen Summen und Zweckbestimmungen nur noch die Hauptrubriken hierarchisch darunter liegender Etats aufnahmen[13]. Die Staatsbudgets stellten deshalb immer nur eine zusammenfassende Übersicht dar. Das kommt zum Teil auch in den Überschriften der Budgets zum Ausdruck. Das bayerische Budget für 1837/43 trägt z.B. die Überschrift "*General-Uebersicht der Staats-Ausgaben und der Staats-Einnahmen*"[14], 1914/15 heißt es "*Übersicht der veranschlagten Einnahmen und Ausgaben*"[15]. In Sachsen sind die Budgets in den Landtagsverhandlungen ab 1880/81 als "Haupt-Uebersicht" bezeichnet. Sie besteht nur aus einem auf wenige Seiten begrenzten Überblick über die Kapitelsummen der Etats der Überschüsse und der Zuschüsse. Dahinter folgen die Einzelnachweise. Die Budgets waren in unserem heutigen Verständnis Gesamtpläne und - wegen der anderen Vorstellung von der Budgeteinheit - keine Staatshaushaltspläne.

Das entscheidende äußere Gepräge erhalten die Budgets durch ihre horizontale und vertikale Anordnung[16]. Zumindest die vertikale Unterteilung, d.h. die Aufgliederung in Kapitel, Titel, Rubriken oder ähnliches soll nach der Theorie

[11] Vgl. BHO, § 13 Abs. 1 und 4.

[12] Vgl. BHO, § 13 Abs. 4 Satz 1.

[13] Vgl. dazu Abschnitt 3.2.1.

[14] Vgl. BaFG 1837.

[15] Vgl. BaFG 1914.

[16] Zu den im 19. Jahrhundert davon herrschenden theoretischen Vorstellungen siehe z.B. Eschenmayer 1807, I, S.38; Harl 1811, II, S.293; Lehrbuch des Kassen- und Rechnungswesens 1829, S.6 f.; Hüffell 1834, S.6 f.; Ludwig 1859, S.1 f. und 78 f.; Schrott 1886, S.401 ff. und Seidler 1901, I, S.18 f.

in allen hierarchischen Etatstufen gleich sein[17], da ansonsten eine Zusammenfassung der Elementaretats über die Hauptetats zum Generalbudget erschwert wird[18]. Nur vordergründig ist die Frage nach dieser Einteilung formal. Die Zahl der Abstufungen und die Klarheit der Definition derselben trägt entscheidend zur inhaltlichen Gliederung der Budgets bei, da sich die Inhalte dem formalen Rahmen anpassen müssen. Nur wenn die gleichmäßige Rubrizierung durch alle bei der Budgetaufstellung Beteiligten sichergestellt ist, kann man bei Etatvergleichen davon ausgehen, daß das inhaltlich auf gleicher Ebene Liegende auch tatsächlich vergleichbar ist[19]. Zwischenstaatliche Budgetvergleiche lassen sich von Kapitel zu Kapitel und von Titel zu Titel nur dann problemlos vornehmen, wenn alle Staaten ihre Budgeteinteilung formal und inhaltlich nach einem einheitlichen Rubrikensystem vorgenommen haben.

Die äußere Form der Budgets der untersuchten Staaten war rechtlich verbindlich nur in Teilaspekten geregelt. In Preußen wird 1808 in einer Geschäftsinstruktion an die Regierungen angeordnet, die Etats "*einer gründlichen Revision zu unterwerfen, möglichst zu vereinfachen, alle unerhebliche, geringfügige oder durch die jetzige Lage der Dinge und die neuern Administrationsgrundsätze überflüssig gewordene Titul daraus wegzulassen, und nur die nothwendigen beizubehalten, mit derjenigen Summe, welche das Bedürfniß erfordert*"[20]. Der Finanzminister unterstellt 1826, daß die Etats "*in einer zweckmäßigen, übersichtlichen, möglichst einfachen, auch so weit es die Verschiedenartigkeit der Gegenstände gestattet, übereinstimmenden Form*" aufgestellt sind[21]. Durch Zirkularreskript von 1828 macht das Finanzministerium ein Etatschema bekannt,

---

[17] Sander 1817, S.39 sieht in der zweckmäßigen Abgrenzung der Titel und in der richtigen Einteilung derselben in Haupt- und Unterabteilungen nach systematischer Ordnung ein Haupterfordernis der Etataufstellung: "In dem Grade, in welchem ein Etat diese Richtigkeit besitzt, in eben dem Grade besitzt er auch Deutlichkeit und Verständlichkeit". Siehe auch Feder 1820, S.22. Wie Murhard 1846, S.692 betont, müssen in allen gleichartigen Etats dieselben Rubriken, Ausdrücke, Folgen von Rubriken, Abteilungen und Arten von Nachweisen vorkommen. Kurz, es müsse eine Regel, ein Schema für alle Etats geben. Die Zerlegung der Etats bis hin zu den Elementaretats erfolgt nach Schanz 1899, S.1151 durch einen in Ziffern und Sektionen, Kapitel, Titel, Paragraphen oder ähnlichen Bezeichnungen angedeuteten Rubrikenbau. Vgl. auch Fußnote 2.

[18] So Eschenmayer 1807, I, S.38 und Murhard 1846, S.692. Malchus 1830, II, S.106 meint: "Die äußere Form, oder die formale Bildung der Budgets, ist an und für sich willkürlich, jedoch in Hinsicht darauf daß der Generalfinanzetat durch stufenweises Centralisiren der Special- und Hauptetats gebildet wird, unerläßlich, daß, in so weit als nach Maaßgabe der Verschiedenheit der Gegenstände auf welche die Etats sich beziehen zulässig ist, allen eine gleichförmige Einrichtung gegeben werde". Zur Bezeichnung der einzelnen Etatstufen vgl. Abschnitt 3.2.1.

[19] Nach Rühl 1860, S.112 muß die Benennung der einzelnen Rubrik so erfolgen, daß sie "das characteristische Merkmal der darunter gehörigen Posten in gedrängter Kürze, jedoch so klar und bestimmt ausdrückt, daß bei keinem Posten ein Zweifel darüber obwalten kann, unter welcher Rubrik derselbe seine Stelle findet".

[20] PrGS 1808, S.481 ff., § 70.

[21] Annalen 1826, Bd. 10, S.646 ff., Ziffer 1.

wonach die "*nemlichen Colonnen*" wie im Hauptetat für 1828 zu benutzen sind[22]. Nach dem preußischen Oberrechnungskammergesetz von 1872 ist unter dem Titel eines Spezialetats jede Position zu verstehen, "*welche einer selbständigen Beschlußfassung der Landesvertretung unterlegen hat und als Gegenstand einer solchen im Etat erkennbar ist*"[23].

In Bayern bestimmt die Etatverordnung von 1803, daß die Rechnung einer jeden Provinzialstaatskasse und jeder Rentkasse derselben Provinz "*eine ganz gleiche unter sich übereinstimmende Einrichtung haben, und zu diesem Ende ganz dieselben Hauptrubriken, und ganz in derselben Ordnung nach einem systematischen Schema enthalten*"[24] soll. Im Anhang wird ein Schema über die Ausgabenaufteilung der Zentralstaatskasse mitgeteilt. Das Regierungsblatt von 1804 berichtet von einem "*bestimmten, deutlichen, ineinandergreifenden, vollständigen und gleichen Rechnungs-Schematism*", der gedruckt an sämtliche allgemeinen Rentämter verschickt worden sei[25]. Die Einheit und Gleichförmigkeit der Kreiskassenrechnungen wird ab dem Etatjahr 1813/14 durch ein einheitliches Rubrikensystem gesichert[26]. Rechnungsschemata, in denen die Einteilung der Rechnungen in Positionen, Abteilungen, Abschnitte, Kapitel, Paragraphen, Titel usw. oder deren Veränderung gegenüber dem letzten Rechnungsschema aufgeführt sind, werden im Untersuchungszeitraum des öfteren für die unteren Verwaltungsebenen aufgestellt[27]. Die Häufigkeit, mit der neue Rechnungsschemata - vor allem ab der neuen Budgetform 1868/69 - notwendig sind, spricht nicht gerade für die Stabilität des Rubrikensystems. In der 15. Finanzperiode 1880/81 geht man von der bisherigen Übung ab, für die Staatsfondsrechnungen der Rentämter, der Kreiskassen und der Zentralstaatskasse je ein gesondertes Schema aufzustellen, sondern entwirft vielmehr "*ein die sämmtliche Positionen des vereinbarten Budgets umfassendes gleichheitliches Schema für die Staatsfondsrechnungen*"[28].

22 "... und darf davon nicht abgewichen werden" (Annalen 1828, Bd. 12, S.299 ff., Ziffer 3).

23 PrORKG 1872, § 19 Abs. 1 Satz 1.

24 BaEVO 1803, Ziffer II.

25 Vgl. ChPfBaRegBl 1804, S.1051.

26 Vgl. Geret 1816, Bd. 5, S.128.

27 Vgl. z.B. Geret 1836, Bd. 17, S.116 f.; BaFMBl 1868, S.141 ff.; BaFMBl 1868, S.301 ff.; BaFMBl 1870, S.241 ff. und S.289 ff.; BaFMBl 1872, S.215 ff. und S.353 ff.; BaFMBl 1874, S.233 ff.; BaFMBl 1876, S.1 ff.; BaFMBl 1877, S.207 ff.; BaFMBl 1878, S.207 ff.; BaFMBl 1880, S.221 ff.; BaFMBl 1882, S.212 ff.; BaFMBl 1884, S.227 ff.; BaFMBl 1886, S.345 ff.; BaFMBl 1888, S.351 ff.; BaFMBl 1890, S.209 ff.; BaFMBl 1892, S.232 ff.; BaFMBl 1894, S.183 ff.; BaFMBl 1896, S.290 ff.; BaFMBl 1898, S.541 ff.; BaFMBl 1901, S.1 ff.; BaFMBl 1903, S.21 ff.; BaFMBl 1905, S.21 ff.; BaFMBl 1907, S.75 ff.; BaFMBl 1909, S.123 ff.; BaFMBl 1911, S.37 ff. und BaFMBl 1913, S.17 ff.

28 Vgl. BaFMBl 1880, S.221 ff., Ziffer 1.

Im sächsischen Staatshaushaltsgesetz von 1904 bezieht sich eine Bestimmung auf die Rubrikeneinteilung. Nach ihr ist der ordentliche Etat nach Kapiteln und Titeln aufzustellen. "*Die Kapitel haben den Anteil der einzelnen Verwaltungszweige an den Einnahmen und Ausgaben nachzuweisen. Die Titel sind dazu bestimmt, die Einnahmen und Ausgaben je nach ihrer Art in einheitliche Gruppen zu zerlegen, für die Ausgaben aber zugleich deren Zweck und den Höchstbetrag der der Verwaltung zur Verfügung gestellten Mittel anzugeben*"[29]. Die Titel können in weitere Unterabteilungen zerlegt werden[30]. Die Formulierung des Zwecks darf, außer bei Dispositionssummen, nicht so erfolgen, "*daß er nicht deutlich erkennbar ist*"[31]. Die Regelung der bei der Aufstellung des Staatshaushaltsetats und des Rechenschaftsberichtes anzuwendenden Schreibweise soll die einheitliche Handhabung von Groß- und Kleinschreibungen, Wortverbindungen, Abkürzungen und Satzzeichen sichern[32]. Die Generalverordnung an sämtliche Steuerbehörden von 1905, die Vermeidung überflüssiger Fremdwörter betreffend, enthält schließlich ein Verzeichnis der "*Fremdwörter*" und die hierfür in Etat-, Kassen- und Rechnungssachen zu benutzenden deutschen Bezeichnungen[33].

In Württemberg wird in der Etatinstruktion von 1808 festgestellt: "*Zur Einheit der Form gehört eine übereinstimmende Benennung und Ordnung der Rubriken*"[34]. Aus diesem Grunde sind die bei den Kameralverwaltungen vorkommenden Einnahme- und Ausgaberubriken aufgezählt[35]. Jedes Amt hat in seinem Etat von den vorgeschriebenen Rubriken nur diejenigen aufzunehmen, welche bei ihm wirklich vorkommen. Fallen Spezialrubriken weg, so werden die verbleibenden nicht nach einer neuen fortlaufenden Ordnung numeriert, sondern sie behalten, unter der vorauszusetzenden Hauptrubrik, die Nummern

---

29 SäSHHG 1904, § 2 Abs. 2.

30 SäSHHG 1904, § 2 Abs. 3.

31 SäSHHG 1904, § 2 Abs. 2 Satz 3.

32 Vgl. Mitteilungen 1890, Bd. 4, S.334 ff. Zu diesem Zweck wird in einer Anlage zu der Bestimmung ein Register mit der korrekten Schreibweise mitgeliefert.

33 Vgl. Mitteilungen 1905, Bd. 8, S.240 ff.

34 WIVE 1808, § 3 Satz 1.

35 Die den Hauptrubriken beigefügten Unterabteilungen haben den Zweck, "sich eine nähere Kenntniß von dem Detail zu verschaffen". Die bisherige Form und Einrichtung der Rechnungen wurde dabei berücksichtigt, "um eines Theils die desto frühere Einsendung der Etats erwarten zu können, andern Theils aber den Rechnungs-Beamten ihre für die Administration und besonders für die bis Georgii bevorstehende Rechnungs-Ablegung nöthige Zeit nicht zu sehr zu beschränken. Aus diesem Grund hat man meistens nur ein solches Detail vorgeschrieben, wozu schon in den Rechnungen die Rubriken vorgeschrieben sind, und also weder die Auseinandersezung, noch die Zusammenstellung mühsam seyn kann. Selbst die Schwierigkeit, bei neuorganisirten Gefäll-Bezirken die Daten aus den Rechnungen der vorigen Aemter erst herauszusuchen, kann weniger groß mehr seyn, da für die bisherigen Monats-Rapporte die meisten Daten schon gesammelt worden seyn müssen" (WIVE 1808, § 4).

und Buchstaben, die sie in der Reihe der übrigen Rubriken des Formulars haben[36]. Jeder mit römischen Zahlen bezeichnete Hauptabschnitt der Einnahme- und Ausgaberubriken ist zu summieren. Hat ein Hauptabschnitt mehrere Unterabteilungen, fördert es die Übersicht, wenn auch diese summiert werden. "*Zuletzt wird der ganze Betrag der Einnahme und Ausgabe berechnet, und die kleinere Summe von der größeren abgezogen, womit sich der Ueberschuß oder das Deficit ergiebt*"[37]. In den Instruktionen von 1818[38] und 1819[39] ist jeweils ein Schema mit der Rubrikeneinteilung des Hauptetats abgedruckt.

In Preußen, Bayern und Württemberg wurden also schon in den ersten zwei Jahrzehnten des 19. Jahrhunderts allgemeine rechtliche Regelungen erlassen, die eine einheitliche Rubrizierung der Staatseinnahmen und -ausgaben sicherstellen sollten. In Sachsen war dagegen die Rechtslage ungewiß. Ob unveröffentlichte Anweisungen über die Etatsystematik existierten, muß offen bleiben. Die - relativ allgemein gehaltenen und sich darin ähnlichen - rechtlichen Vorschriften aller untersuchter Staaten ließen für die Umsetzung einen weiten Spielraum, wie anhand der veröffentlichen Budgets gezeigt werden kann.

Die preußischen Etats sind bis 1850 in durchlaufende Nummern eingeteilt, die jeweils bei den Einnahmen, den dauernden sowie den einmaligen und außerordentlichen Ausgaben bei 1 beginnen. Ab dem Staatshaushaltsetat 1851 erfolgt die Systematisierung nach Kapiteln und Titeln. In der Zweckbestimmungsspalte befinden sich noch weitere Einteilungen nach römischen Ziffern und Buchstaben. Die Spezialetats sind ab diesem Jahr nach Anlagenbänden eingeteilt, deren Numerierung bei jedem Anlagenband von neuem beginnt, so daß zur eindeutigen Kennzeichnung des Spezialetats die Anlagenbandnummer angegeben werden muß. Die Spezialetats selbst sind wiederum in Titel und Nummern in einer separaten Spalte eingeteilt, in der Zweckbestimmungsspalte wiederum in römische Ziffern und Buchstaben. Die Numerierung der Spezialetats fängt bei den Einnahmen und Ausgaben jeweils von vorne an. Aus der Einteilung der Spezialetats in Titel und Nummern wird später eine in Kapitel und Titel. Dieses Gliederungsprinzip wird bis 1914 durchgehalten, wobei das Auffinden der Spezialetats weit mühsamer als in den anderen untersuchten Staaten ist, da die Gewohnheit, die Spezialetats nach Anlagenbände einzuteilen und deren Numerierung jeweils bei jedem neuen Band bei 1 beginnen zu lassen, bis 1914 beigehalten wurde. Es muß in jedem Anlagenband zunächst im Register nachgeschlagen werden, welcher Etat in ihm enthalten ist.

---

[36] Vgl. WIVE 1808, § 7.

[37] WIVE 1808, § 46.

[38] Vgl. IESuRW 1818, Anhang.

[39] Vgl. WIVE 1819, Anhang.

Der bayerische Etat der Gesetzblattversion ist zunächst nach Großbuchstaben, römischen und arabischen Ziffern und Kleinbuchstaben unterteilt. Die Rubrikenbezeichnung hat keine eigene Spalte. Ab dem Finanzgesetz von 1831/37 wird jedoch nach Kapiteln unterschieden, deren durchlaufende Numerierung bei den Einnahmen und Ausgaben jeweils von neuem anfängt. Eine zusätzliche Paragraphenzählung erfolgt ab dem Finanzgesetz 1837/43. Im Finanzgesetz 1876/77 kommt erstmals eine Einteilung in Ziffern, Kapitel und Paragraphen zur Anwendung. Ab dem Finanzgesetz 1908/09 werden die Einnahmen und Ausgaben nur noch nach der "*Nr. des Etats*" differenziert veröffentlicht.

Die Spezialetats ab 1849/52 sind nach Ziffern numeriert. In den Spezialetats erfolgt die Einteilung, wie bei den Budgets, in Kapitel und Paragraphen. Die Kapitel- und Paragraphennummern in den Haupt- und Spezialübersichten bezeichnen jedoch voneinander verschiedene Zweckbestimmungen. Diese Doppelbelegung der Kapitel- und Paragraphenbezeichnung wird mit dem Etat 1876/77 insofern korrigiert, als in den folgenden Jahren das Budget in Ziffern, Kapitel und Paragraphen eingeteilt ist, die Spezialetats noch zusätzlich n Titel. Die Etatübersichten haben ab diesem Zeitpunkt keine durchlaufenden Kapitelnummern mehr, sondern durchlaufende Ziffern, wobei bei jeder Ziffer die Kapitelnumerierung, bei jeder Kapitelnummer die Paragraphennumerierung und bei jeder Paragraphennummer die Titelnumerierung von neuem beginnt.

Die Gliederungssystematik hat Eigenheiten, die eine eindeutige Kennzeichnung einzelner Posten nur umständlich möglich macht. Am Beispiel des Etatentwurfs 1880/81, Beilage Nr. 27 (Etat des Königlichen Staatsministeriums des Innern für Kirchen- und Schulangelegenheiten) sei dies verdeutlicht. Der Spezialetat beginnt mit Ziffer 20 (Allgemeiner Ministerialetat). Die Kapitelnumerierung fängt bei 1 aufsteigend an. Dann kommt Ziffer 21 (Etat der Ausgaben auf Erziehung und Bildung). Wieder beginnt die Kapitelnummerierung mit 1. Bei den Einnahmeverwaltungen sieht die Einteilung wiederum etwas anders aus. Sie zerfallen in Abteilungen. Beim Spezialetat Nr. 4 (Etat der Malzaufschlags-, Zoll- und Steuer-Verwaltung) sind z.B. die Einnahmen in zwei Abteilungen aufgeteilt: die Einnahmen auf den Bestand der Vorjahre und die Einnahmen des laufenden Jahres. Bei jeder Abteilung beginnt die Kapitelnumerierung bei 1. Dasselbe gilt für die Ausgaben. Das heißt also, daß - sofern sich das nicht aus dem Text ergibt - zur korrekten Bezeichnung die Kapitel und Paragraphenangabe nicht ausreicht. Man muß vielmehr noch zusätzlich angeben, ob es sich um Einnahmen und Ausgaben handelt, und da wiederum, ob Einnahmen (Ausgaben) auf den Bestand der Vorjahre oder laufende gemeint sind. Erst mit diesen Angaben wird die Kapitelbezeichnung eindeutig.

Die Numerierung beginnt bis zum Etat 1906/07 bei den Einnahmen, bei den Betriebs-, Verwaltungs- und Erhebungskosten- und bei den Staatsausgaben jeweils bei 1. Ab 1908/09 wird eine durchgehende Numerierung der Etats eingeführt, so daß ab da auf höchster Ebene die Ziffer für die eindeutige Kennzeichnung ausreichend ist. Verwechslungen sind allerdings zwischen den Ziffern der Hauptübersicht und den Ziffern in den Spezialetats möglich. So ist z.B. der Etat des Ministeriums des Innern 1914/15 (Nr. 25) wiederum in 10 (Unter-)Ziffern eingeteilt, die je eigene Unteretats bezeichnen und alle eine eigene, bei 1 beginnende Kapitelnumerierung haben. Es läßt sich daraus ersehen, daß allein die Tatsache, daß in den Etats je eine Spalte für "die" Ziffer, "das" Kapitel und "den" Paragraphen existiert, noch nicht gewährleistet, daß die einzelnen Etatpositionen nach systematisch eindeutigen formalen Kriterien angeordnet sind.

In Sachsen sind die Etats ab 1833/36 in Nummern eingeteilt, wobei die Zählung beim Etat der Einnahmen und Ausgaben jeweils bei 1 beginnt. Aus den "Nummern" werden ab dem Etat 1864/66 "*Positionen*". Die Spezialetats haben daneben noch eine Einteilung nach Nummern. Ab dem Etat 1880/81 werden die Etats in Kapitel eingeteilt, die Spezialetats zusätzlich noch in Titel, wobei die Titelnumerierung bei jedem Spezialetat von neuem beginnt. Diese Einteilung gilt in Sachsen bis 1914.

Bis zum Finanzgesetz von 1875/76 einschließlich werden die württembergischen Budgets mit römischen und arabischen Ziffern und Buchstaben durchnumeriert, wobei keine eigenen Spalten hierfür eingerichtet sind. Die Spezialetats in den Parlamentsverhandlungen haben zwar eine Überschrift, aber keine Nummer, so daß sich einzelne Spezialübersichten nur mühsam finden lassen. Ab dem Etat 1876/77 werden die Positionen in den Etats der Gesetzblattversion in einer eigenen Kapitelspalte bezeichnet. Die Kapitelnumerierung verläuft durchgängig durch alle Budgetpositionen. Damit ermöglicht allein der württembergische Etat ab diesem Jahr, eine Etatposition durch eine einzige Kapitelbezeichnung eindeutig zu benennen. Die im Gesetzblatt veröffentlichten Budgets sind nur nach Kapiteln gegliedert. In den Etatentwürfen erfolgt eine weitere Einteilung in Titel. Die Titelnumerierung beginnt bei jedem Kapitel mit 1. Die Bezeichnung der Spezialetats stimmt mit den Kapitelnummern des Budgets überein.

In Württemberg wurde also die durchgängige Etatnumerierung - im Gegensatz zu den anderen Staaten - zwar spät, dafür aber mit einer eindeutigen Systematik durchgeführt. Bei allen anderen Systemen bedarf es zum Teil eines wesentlich größeren Aufwandes, um Etatpositionen eindeutig zu kennzeichnen - man denke nur an das bayerische Beispiel. Deutlich dürfte auch geworden sein, daß gleiche Bezeichnungen nicht gleiche Inhalte implizieren. In Bayern sind beispielsweise "Kapitel" auf einer ganz anderen hierarchischen Ebene angesiedelt als in Sachsen und Württemberg, deren spätere Einteilungen sich formal ähneln. In keinem Staat gibt es im Untersuchungszeitraum nur ein System. Es kommen mehrere zur Anwendung, die alle über einen gewissen Zeitraum praktiziert werden. Ab 1880 bleiben die Bezeichnungen stabil. Im gesamten Untersuchungszeitraum hat sich also kein "rationales" Budgetnumerierungssystem durchgesetzt, das von allen gleichermaßen befolgt worden wäre. Die Systeme - mit Ausnahme des württembergischen ab 1876/77 - haben ihre Eigenheiten, die keine eindeutige Kennzeichnung der Posten nur anhand von Kapiteln, Titeln, Posititonen, Paragraphen usw. erlauben.

Eine dritte Formfrage ist die formelle und inhaltliche Übereinstimmung der Etats mit den Rechnungen[40]. Für den Vergleich der Budget- und Rechnungszahlen spielt dies eine wichtige Rolle. Ein Soll-Ist-Vergleich ist nur möglich, wenn der Aufbau beider weitgehend übereinstimmt.

Rechtlich verbindlich geregelt wird diese Materie in Preußen durch das Staatshaushaltsgesetz von 1898. Dort ist bestimmt, daß die Einnahmen und Ausgaben in der Rechnung unter denjenigen Kapiteln und Titeln, unter welchen sie im Etat vorgesehen sind, verrechnet werden müssen[41]. In der allgemeinen Rechnung richtet sich die Verbuchungsart nach dem Staatshaushaltsetat, in den Spezialrechnungen nach den Spezialetats[42].

In Bayern enthält eine Verordnung von 1826 die Vorschrift: "*Sämmtliche Finanz-Rechnungen müssen jederzeit auf das für die betreffende Finanzperiode festgesetzte Budget des Reiches gestützt, und dem Baue desselben nachgebildet werden*"[43]. Die Staatsgefälle und der Staatsaufwand sollen bei der Position in Rechnung gestellt werden, für die sie sich gemäß den Bestimmungen des Finanzgesetzes "*nach der Natur der Sache eignen*"[44]. Im Laufe der Finanzperiode dürfen keine Positionstransfers erfolgen[45]. Etwas präziser verfügt die Bekanntmachung von 1907, daß in den Rechnungen alle Einnahmen und Ausgaben unter den gleichen Kapiteln und Unterabteilungen wie im Budget vorzutragen sind[46]. Die Haupt- wie die Einzelnachweise haben sich in der Zahl, der

---

40 Wie Willgren 1899, I, S.100 meint, folgt dies schon aus den Begriffen des Budgets und des Rechnungswesens. Der Grundsatz ist seiner Ansicht nach in den "meisten modernen Finanzgesetzgebungen" zum Ausdruck gekommen.

41 Vgl. PrSHHG 1898, § 13 Abs. 1.

42 Vgl. PrSHHG 1898, § 52 Abs. 2.

43 BaRegBl 1826, S.169 ff., § 1.

44 Vgl. BaRegBl 1826, S.169 ff., § 2.

45 Vgl. BaRegBl 1826, S.169 ff., § 3.

46 Vgl. BaBAuVB 1907, § 18 Abs. 2.

Bezeichnung und in ihrer Gliederung der Einteilung des Budgets anzuschließen[47].

Ähnlich lautet die Formulierung in den Allgemeinen Vorschriften für das sächsische Staatsrechnungswesen. Die Staatshaushaltsrechnungen haben demnach "*rücksichtlich ihrer Einteilung, sowie rücksichtlich der Bezeichnung, Aufschrift und Aufrechnung der einzelnen Abteilungen und Unterabteilungen mit den Kapiteln, Titeln und etwaigen weiteren Unterabteilungen des Staatshaushaltsetats vollständig überein(zu)stimmen*"[48].

Die württembergische Etatinstruktion von 1818 trifft folgende Bestimmung: "*Die Bücher über die Einnahmen sowohl, als über die Ausgaben werden nach den Abtheilungen und Capiteln des Hauptetats eingerichtet, und in der Rubriken-Ordnung überhaupt mit letzerem dermaßen in Zusammenstimmung gesetzt, daß am Schlusse eines jeden Monats und Jahres die wirklichen Einnahmen und Ausgaben mit den Etats-Summen verglichen werden können*"[49].

Bis auf Sachsen war in allen untersuchten Staaten frühzeitig rechtlich gesichert worden, daß die Form der Rechnungen und der Etats übereinstimmt. In Preußen liegt 1849 erstmals eine veröffentlichte Rechnung vor. Die formelle Einteilung der Etats und Rechnungen korrespondiert im gesamten Untersuchungszeitraum. Schwieriger sind die Verhältnisse in Bayern. Wie bereits dargelegt[50], werden Rechnungsübersichten und Spezialrechnungen in den Parlamentsverhandlungen erst ab 1881 veröffentlicht. Bis dahin fehlt eine systematische, durchgehend tabellarische Form der Haupt- und Spezialübersichten der Rechnungen. Ab diesem Zeitpunkt ist nachvollziehbar, daß sich Etats und Rechnungen der laufenden Einnahmen und Ausgaben gleichen. In Sachsen stimmt die Gliederung der etatmäßigen Einnahmen und Ausgaben der Budgets und Rechnungen im gesamten Untersuchungszeitraum überein. In Württemberg stehen in den Budgets die Ausgaben vor den Einnahmen, in den Rechnungen aber die Einnahmen vor den Ausgaben[51]. Die äußere Form der Etats und Rechnungen gleicht sich erst ab der Rechnungsperiode 1877/78[52]. Ab da werden sowohl Etats als auch Rechnungen in tabellarischer Form gegeben, wobei sich letztere in ihren etatmäßigen Nachweisen mit der Darstellung in den Budgets grundsätzlich decken.

---

47 Vgl. BaBAuVB 1907, § 24 Abs. 1.

48 ARV 1900, § 1 Abs. 1. Der § 20 des SäSHHG 1904 trifft inhaltlich die gleiche Regelung.

49 IESuRW 1818, § 25 Satz 1.

50 Vgl. Abschnitt 3.1.

51 Dies hängt mit der Ideologie zusammen, daß die Einnahmen die Ausgaben bestimmen müssen und umgekehrt (vgl. dazu Abschnitt 2.2.).

52 Einzelheiten siehe Abschnitt 3.1.

Die Vergleichbarkeit von Budgets und Rechnungen in ihrem etatmäßigen Teil scheint damit im gesamten Untersuchungszeitraum in allen Staaten gesichert[53]. Das ist im übrigen der bisher einzige Aspekt, in dem die Entwicklung in allen Staaten zwar zu unterschiedlichen Zeitpunkten, aber ansonsten gleichermaßen einheitlich verlief[54].

3.4.3. Zur inhaltlichen Vergleichbarkeit der Budgets

In dem beschriebenen - in den untersuchten Staaten unterschiedlichen - formalen Rahmen sind die Budgetzahlen eingefügt. Die inhaltliche Gliederung des Budgets besteht aus der Summe der sog. "Zweckbestimmungen", die besagen, worin die Einnahmen bestehen bzw. wofür die Ausgaben erfolgen sollen[55]. Neben der Zweckbestimmungsspalte gibt es in den Etats noch eine Erläuterungsspalte, in der u.U. die einzelnen Posten näher erklärt werden[56].

Der "Zweck" einer Einnahme oder Ausgabe kann weit oder auch relativ eng bestimmt, global ausgedrückt oder auch sehr detailliert beschrieben sein[57]. Das hat weitreichende Folgen für die Verwaltung, zu deren Führung das Budget dient, und für die Parlamente, die es als Kontrollinstrument einsetzen. Weite

---

53 Vgl. dazu Abschnitt 3.8.

54 Zum zeitlichen Rahmen der Budgets und Rechnungen siehe Abschnitt 3.6.

55 Für Schlupper 1817, S.11 f. sind "schickliche Rubriken", die "schlechterdings deutlich und vollkommen" sein müssen, ein Haupterfordernis des Etats. Ihre Aufstellung gehöre "zur wahren Kunst im Finanz-Fach". Das Mittel, um dorthin zu gelangen, sei logisches Studium, Kenntnis der Geschichte, des Ursprungs und des Zwecks der verschiedenen Bestandteile der Rechnung. Das Rubrikensystem muß, so Neumark 1929, S.222, nach "rationalen Gesichtspunkten" ausgegliedert und geordnet sein. Die Bezeichnungen müssen "eindeutig" die Herkunft bzw. die Zweckbestimmung der einzelnen Posten erkennen lassen.

56 Neumark 1929, S.228 meint, in der Erläuterungsspalte müsse volle Klarheit über die geplante Verwendung der Mittel geschaffen werden, sofern sich diese nicht eindeutig aus der Zweckbestimmungsspalte ergäbe.

57 Wie Malchus 1823, II, S.162 feststellt, ist für die Brauchbarkeit des Etats nicht so sehr seine Form als sein Rubrikensystem wesentlich, "dessen Zweckmäßigkeit dadurch bedingt, und davon abhängig ist, daß die Rubriken nicht ohne Noth, und mehr als der Zweck einer vollständig distinkten Darstellung der Verschiedenheit in den Einnahmequellen, und in den Arten von Bedarf und Aufwand erfordert, vervielfältigt, sodann aber auch, daß dieselben nicht zu sehr und so generalisirt seyen, daß unter sich fremdartige Gegenstände in einer Rubrik zusammengefaßt werden, und so der Zweck und der Vortheil einer distinkten Darstellung der obwaltenden Verschiedenheiten verloren geht". Ähnlich Ungewitter 1845, S.156. Laband 1871, S.62 ist ebenfalls der Ansicht, daß zwischen der Festsetzung eines Pauschquantums und der Festsetzung eines Titels bis auf den letzten Pfennig - was insbesondere bei den Personalkosten der Fall sei -, eine Unzahl von Mittelstufen möglich sind: "Die Spezialisierung läßt sich durch eine gewöhnlich sehr große Zahl von Stufen treiben. Die meisten Titel des Etatsgesetzes liefern davon anschauliche Beispiele." Skeptisch meint Heinig 1949, II, S.411: Die "Zweckbestimmungen sind so verschwommen, daß schon damit das Budget verschleiert wird."

und nicht konkret faßbare Zweckbestimmungen geben der Verwaltung viel Handlungsspielraum, enge und klar umrissene hingegen bedeutend weniger[58]. Die Abstufungsmöglichkeiten zwischen globaler Zweckbestimmung und klar definierter und operationalisierbarer Handlungsanweisung sind theoretisch unzählig. Jeder einzelne Budgetposten findet seinen Platz in dem Kontinuum von allgemeiner zu spezieller Handlungsanweisung. Die Art der Budgetgliederung kann deshalb ein Maß für die Verwaltungsführung durch den Etat sein.

Die möglichen Gliederungen des Staatshaushaltsplans[59] werden theoretisch - auch heute noch - mit dem **Realprinzip** und dem **Ministerialprinzip** beschrieben. Ein nach dem Realprinzip gegliedertes Budget ist nach sog. Sachzwecken eingeteilt, eine Gliederung nach dem Ministerialprinzip unterscheidet nach den Ministerien - allgemeiner nach den organisatorischen Einheiten -, welche die finanziellen Mittel vereinnahmen und verausgaben[60]. Insbesondere die Einteilung nach dem Ministerialprinzip ist stark an die organisatorische Gliederung eines jeden Staates angelehnt. Was unter dem Etat des Innenministers oder des Finanzministers veranschlagt ist, hängt bei dieser Einteilung davon ab, welche

58 Nach Neumark 1929, S.223 f. vermag sich die Verwaltung umso freier zu bewegen, je unübersichtlicher und zweideutiger die budgetären Anordnungen formuliert sind. Der finanzpolitische Zweck des Budgets werde, so seine Ansicht, nur erreicht, wenn seine Feststellungen eindeutige Bindungen des Verwaltungshandelns darstellten. Unklarheit in den Bezeichnungen lasse an andere Zweckbestimmungen der Budgetkredite glauben, als diese tatsächlich finden, da die Zwecke so weit gefaßt seien, um heterogene Ausgaben zu decken. Das Budget könne in diesem Fall auch nicht mehr seine Aufgabe als Kontrollinstrument erfüllen. Kühnemann 1930, S.84 fordert, daß die Einnahme- und Ausgabepositionen "unzweideutig" ihren Rechtsgrund oder ihre Zweckbestimmung erkennen lassen. Lang 1930, S.156 meint, die Bezeichnung der Einzelposten müsse klar und scharf umrissen sein, da nur bei genauer Zweckbestimmung der Zweck der Gliederung, die Bindung der Regierung beim Vollzug, erreicht werden könne.

59 Die Gliederung des Staatshaushaltsplans wird in der Fachsprache auch "Filiation" genannt. Siehe z.B. Heckel 1898, Das Budget, S.471; Schanz 1899, S.1151; Borght 1902, S.19; Tyszka 1920, S.282 und Eheberg 1922, S.535.

60 Malchus 1823, II, S.160 trennt die Einnahmen nach deren Hauptquellen und die Ausgaben nach "Real- oder materiellen" Beziehungen. Unter der Gliederung nach "Realbeziehungen" versteht er eine Einteilung ohne Rücksicht auf die Ministerien, welche die Ausgaben anordnen und deren Realisierung leiten. Bei einer Unterteilung nach "materiellen" Beziehungen sind für ihn zwei verschiedene Gliederungsprinzipien denkbar. Zum einen eine Gliederung nach dem allgemeinen Aufwand, der kein Ministerium direkt berührt und aus irgendwelchen Gründen ausgegliedert ist, wie z.B. die Zivilliste, die Fonds für die Staatsschulden usw. Zum anderen eine, die den übrigen Aufwand nach Ministerien zusammenfaßt. Das materielle Gliederungsprinzip ist bei ihm also eine Mischung aus Real- und Ministerialprinzip. Schrott 1886, S.423 beschreibt das Realprinzip als eine Einteilung nach Gruppen gleichartiger, in wesentlichen Merkmalen übereinstimmender Verwaltungszweige. Er entnimmt seine Einteilungsgründe dem "Wesen" der Verwaltungszweige, es sei deshalb "das rationale System". Zu dieser Einteilung siehe auch Heckel 1898, Budget und Budgetrecht, S.471; Willgren 1899, S.59 ff.; Tyszka 1920, S.282 und Eheberg 1922, S.534 f.

staatlichen Tätigkeiten ihm zugeordnet sind[61]. Da die Organisation der Staatsbehörden an sich sowie die Zuordnungen zu und die Abgrenzungen zwischen den Ministerien von Staat zu Staat im besonderen unterschiedlich waren[62], scheitert jeder Budgetvergleich auf Ministerialebene von vornherein. Die in den beiden vorhergehenden Kapiteln diskutierten Beispiele haben gezeigt, wie unterschiedlich die Budgetierungstechnik bei den einzelnen - auch unter dem Dach eines Ressorts geführten - Budgetposten waren. Schon aus diesem Grund muß ein so aggregierter Budgetvergleich unterbleiben.

Abweichende Budgetierungstechniken und unterschiedliche organisatorische Verortungen inhaltlich korrespondierender Budgetposten können im zwischenstaatlichen Vergleich nur auf entschieden geringerer Aggregationsstufe durchgängig kontrolliert werden. Auch bei der Einteilung nach dem Realprinzip hängt die Gliederung der Rubriken, um mit *Malchus* zu sprechen, "*von der Mannichfaltigkeit und von der Eigenthümlichkeit der Revenuen, und von jener der Ausgaben*"[63] und deren Wechsel ab[64]. Die Differenzierung nach dem Real- und dem Ministerialprinzip stellt nur eine grobe Vereinfachung der tatsächlich vorkommenden Einteilungssysteme dar. Treffender kennzeichnet deshalb die von *Fromme* vorgenommene Unterscheidung nach den Verrechnungsgegenständen, den Verwaltungszweigen, den Verwaltungsbehörden, nach geographischen Beziehungen und nach der Dauer die tatsächlich vorkommenden Systematisierungen[65].

---

61 So auch Schrott 1886, S.423. Jessen 1927, S.14 sieht ebenfalls die Abhängigkeit der Etatisierung einzelner Posten von der Organisation der jeweiligen Staatsverwaltung. Als Beispiel nennt er Landwirtschaftsschulen, die in einem Staat dem Landwirtschaftsminister unterstehen, im zweiten mit den Fortbildungsschulen etatisiert und dem Handelsministerium zugeordnet sind, während im dritten wiederum das gesamte Schulwesen - mit Einschluß des landwirtschaftlichen Fortbildungswesens - dem Kultusminister obliegt. "Raumfragen, Lehrerfragen und ähnliche Faktoren wiegen schwerer als die Rücksichten auf einen gleichmäßigen formalen Aufbau des Haushaltsplanes" (Jessen 1927, S.14).

62 Nach Jessen 1927, S.14 bestimmen die Unterschiede im Verwaltungsrecht und der Verwaltungsorganisation auch nach dem 1. Weltkrieg weiterhin die Gliederungen der Haushaltspläne. Der von ihm vorgenommene Vergleich der Gliederungsschemata der Länderhaushalte bestätigt das.

63 Malchus 1823, II, S.162.

64 Wie Rotteck 1835, IV, S.450 betont, ist es unmöglich, für alle Staaten, d.h. trotz aller unterschiedlichen Finanzsysteme und -organisationen, ein überall gleichermaßen anwendbares Schema aufzustellen. Die jeweils bestehenden Schemata sollten allerdings nicht so oft geändert werden, da ansonsten auch seiner Meinung nach Vergleiche mit früheren Jahren schwerfallen. Die Einteilung der Etats ist nach den Worten von Ungewitter 1845, S.156 "an und für sich willkürlich" und deshalb auch in fast allen Staaten unterschiedlich. Sie ist, wie Umpfenbach 1887, S.490 es formuliert, durch die staatlichen Zustände bedingt und durch das Finanzsystem vorgezeichnet. Deshalb bestehe, so Heckel 1898, Das Budget, S.11, nicht "annähernde" Übereinstimmung bei der Aufstellung der Einnahme- und Ausgabeposten der verschiedenen Staaten. Ebenso Schanz 1899, S.1151.

65 Vgl. Fromme 1843, S.57 f.

Bei zwischenstaatlichen Budgetvergleichen müssen die verschiedenen Einnahme- und Ausgabesysteme, auch deren unterschiedliche Verteilung auf das Staatsbudget, auf selbständige ausgegliederte Fonds und auf andere öffentliche Körperschaften in Rechnung gestellt werden[66]. Außerdem ist selbst bei gleichem Rubrikensystem eine Einheitlichkeit der Veranschlagung keineswegs gesichert[67]. Für Budgetvergleiche ist die inhaltliche Untergliederung der Etats außerordentlich wichtig, da nur durch sie überprüft werden kann, ob man bei zwischen- und innerstaatlichen Budgetvergleichen - sobald sie ins Detail gehen - auch tatsächlich inhaltlich dieselben Dinge erfaßt und miteinander vergleicht. Ist das nicht der Fall, werden die Vergleiche in dem Maße wertlos, als die verglichenen Budgetinhalte voneinander abweichen[68].

Innerstaatliche Budgetvergleiche über die Zeit hinweg gestalteten sich beträchtlich einfacher, wenn die Budgetgliederungen über einen längeren Zeitraum konstant geblieben wären. Da dies nicht der Fall ist - man denke nur an die häufig wechselnden Rechnungsschemen in Bayern -, müssen die Umgruppierungen und Verlagerungen in der hierarchischen Ebene bei einem Vergleich der Budgetdaten über die Zeit korrigiert werden[69]. Der im Gesetzblatt veröffentlichte preußische Staatshaushalt hat nach unseren Untersuchungen 1881 z.B. 843 Gliederungseinheiten, der württembergische hingegen 34[70]. Das sächsische Budget in der Version der Parlamentsverhandlungen weist im gleichen Jahr 2982 Abstufungen auf. Die Zahl der Gliederungseinheiten schwankte im Laufe des 19. Jahrhunderts in den einzelnen Staaten beträchtlich. Es dürfte einsichtig sein, daß die Haushaltsgliederungen über den Untersuchungszeitraum von 114 Jahren im ganzen kaum verglichen und deren Veränderungen über die Zeit nur schwer kontrolliert werden können. Das ist jedoch eine Voraussetzung für valide Budgetvergleiche. Die Frage des unterschiedlichen Differenzierungsgrades verschiedener Budgetposten zum einen und gleicher Budgetposten in unterschiedlichen Staaten zum anderen wird hier ausgeklam-

---

66 So auch Jessen 1929, S.40. Vgl. dazu Abschnitt 3.2. und 3.3.

67 Gleichartige Einnahmen und Ausgaben werden teilweise bei unterschiedlichen Titeln veranschlagt. Das Maß der Ausgliederung wechselt relativ häufig (vgl. Neumark 1929, S.227). Auch Heinig 1949, II, S.411 kommt zu dem Ergebnis, daß der umschriebene Verwendungszweck auch gleicher Ausgaben nicht immer derselbe ist. So könnten einerseits gleiche Ausgaben unter verschiedenen Zweckbezeichnungen erscheinen und andererseits könne unter gleichen Zweckbezeichnungen Verschiedenes verstanden werden.

68 Vgl. dazu wiederum die Abschnitte 3.2. und 3.3.

69 Vgl. dazu z.B. das in Abschnitt 3.2., S.120 ff. angeführte Beispiel der Verlagerung bestimmter Budgetposten in Bayern aus dem Staatsbudget auf die Kreisfonds, die 1846 z.T. wieder rückgängig gemacht wurde.

70 Unter "Gliederungseinheiten" wird hier nicht nur die Anzahl der Kapitel und Titel verstanden, sondern jede Gliederungsstufe des Budgets, die für das Verständnis der etatisierten Zahlen notwendig ist.

mert und an anderer Stelle eingehender erörtert[71]. Sie ist für sich genommen zu komplex, als daß sie in diesem Kontext zureichend behandelt werden könnte.

Ein Teilaspekt der Budgetgliederung, der wegen seiner Bedeutung für die Übersichtlichkeit der Budgets dennoch hier Erwähnung findet, ist deren Einteilung in ordentliche und außerordentliche Einnahmen und Ausgaben. Für Budgetvergleiche ist von Interesse, ob die Einteilung vorgenommen wurde und welche Etatposten jeweils unter "ordentlichen" und welche unter "außerordentlichen" Ausgaben und Einnahmen verbucht wurden.

3.4.4. Ordentliche und außerordentliche Einnahmen und Ausgaben

Unter ordentlichen Staatseinnahmen werden all diejenigen Einnahmen verstanden, die dem Staat regelmäßig zufließen, also in erster Linie Steuern und Gebühren[72]. Ordentliche Staatsausgaben sind alle Ausgaben des Staates, die "*regelmäßig*" anfallen[73]. Die außerordentlichen Einnahmen umfassen diejenigen Einnahmen, die nicht regelmäßig, sondern nur in "*außerordentlichen*" Fällen erhoben werden[74]. Außerordentliche Ausgaben sind solche, die nicht regel-

---

[71] Im zweiten Teil des Projektes beschäftigen wir uns ausführlich mit diesem Problem. Es wird Gegenstand einer eigenständigen Veröffentlichung sein.

[72] Siehe z.B. Wagner 1866, S.840. Schäffle 1883, S.294 f. zählt hierzu Steuereingänge und Einnahmen aus Selbstbewirtschaftungen, Verpachtungen, Vermietungen und Zinsen. Vgl. auch Tuschinski 1925, S.162.

[73] Als ordentliche Staatsausgaben betrachtet Harl 1811, II, S.83 diejenigen, "welche der natürliche Fortgang der Dinge in der Staatsverwaltung nothwendig macht und daher von Jahr zu Jahr wiederkehren". In gleichem Sinne: Fulda 1820, S.256. Behr 1822, S.27 bestimmt den ordentlichen Staatsbedarf als "diejenige Masse von Gütern und Kräften, welche der Regierung jährlich durchaus zu Disposition gestellt werden muß, wenn der Staat bestehen und sein Zweck erreicht werden soll". Ausgaben von zufälligem Charakter schließt Jakob 1837, S.23 in seine Definition ordentlicher Staatsbedürfnisse ein. Das sind seiner Ansicht nach diejenigen, "welche aus seiner Lage dauernd und im wesentlich gleichem Umfange hervorgehen, wenn sie auch zum Theil einen zufälligen Charakter an sich tragen". Ähnlich: Schäffle 1883, S.276 ff. Siehe auch die Definitionen von Seidler 1901, II, S.42; Borght 1902, S.18; Pickhan 1909, S.7; Conrad 1919, S.304; Tyszka 1920, S.36; Tuschinski 1925, S.162 und Schulze/Wagner 1926, S.82. Auf die Schätzbarkeit des ordentlichen Staatsbedarfs hebt Barth 1843, S.35 ab. Er versteht darunter den Bedarf, "welchen man, wenn auch nicht in ständigen Summen, doch nach einem durchschnittlichen Betrage voraus bemessen kann". Die ordentlichen Staatsausgaben werden weiter unterteilt in notwendige und nützliche (vgl. Schoen 1831, S.314), ständige und unständige (vgl. Finanzwissenschaft 1863, S.42 und Wagner 1877, S.104), allgemeine und besondere (vgl. Oesfeld 1870, II, S.163) sowie fortdauernde ordentliche und einmalige ordentliche Einnahmen und Ausgaben (vgl. Heckel 1898, Budget und Budgetrecht, S.474 und Schulze/Wagner 1926, S.82).

[74] Zu den besonderen Kreditoperationen, durch die das außerordentliche Budget gedeckt werden kann, werden in der Finanzwissenschaft 1863, S.42 Steuerzuschläge und Überschüsse des ordentlichen Budgets gezählt und Wagner 1866, S.840 versteht darunter die Veräußerung von sog. werbendem Staatseigentum und die Aufnahme von Staatskredit. Siehe auch Schäffle 1883, S.294 f.

mäßig, sondern unvorhergesehen auftreten[75]. Die Schlüsselfrage drängt sich auf, welche Einnahmen und Ausgaben *"regelmäßige"* oder *"ordentliche"*[76] und welche *"unregelmäßige"* und deshalb *"außerordentliche"* sind[77]. Die Begriffe lassen einen großen Interpretationsspielraum zu, der in der Theorie auch genutzt wurde. Die Folge war, daß neben einem Kernbereich, von dem übereinstimmend gesagt wurde, daß er nur bei den ordentlichen bzw. außerordentlichen Einnahmen oder Ausgaben angesiedelt werden darf[78], eine Reihe von unterschiedlichen Meinungen über die Eingruppierung bestand. Die einen

---

75 Außerordentliche Staatsausgaben sind für Harl 1811, II, S.93 solche, "welche in gewissen Umständen nothwendig sind, um den Staat von Gefahr oder Noth zu retten". Für Feder 1820, S.19 können sie weder ihrer Art, ihrer Größe noch ihrer Zeit nach vorausbestimmt werden. Behr 1822, S.28 betrachtet als außerordentlichen Staatsbedarf denjenigen, welchen der Staat nicht entbehren kann, ohne den "Zweck des Staates, wohl gar dessen Existenz aufgeben zu müssen". Weniger drastisch genügen Fulda 1827, S.32 auch schon Ereignisse "minderer Bedeutung", die "der Vorausschätzung entgehen und deren mehr oder weniger dringendes Bedürfniß dem Staat einen außerordentlichen Aufwand verursacht". Mehr auf die Regelmäßigkeit der Ausgabenhöhe stellt Malchus 1830, II, S.113 ab. Nach seinem Dafürhalten liegt das Kriterium für die Zuweisung in das eine oder andere Budget "in der Ungewöhnlichkeit eines Bedürfnisses, oder darin, daß dasselbe nicht in der in einem gegebenen Jahre erforderlichen Größe, in jedem Jahr stattfindet, dieses vielmehr bedeutend übersteigt, überhaupt nicht zu den Bedürfnissen des Staatshaushaltes in seinem normalen Zustande gehört". Ähnlich Barth 1843, S.35 und Ungewitter 1845, S.427. Regelmäßigkeit und Voraussehbarkeit lehnt Rau 1850, I, S.37 als Kriterium für die Einteilung außerordentlicher Ausgaben ab. Sie werden seiner Ansicht nach "durch ein besonderes Bedürfniß eines einzelnen Zeitpunctes herbeigeführt. Sie sind bisweilen gleich den ordentlichen vorauszusehen, bald erscheinen sie ganz plötzlich; sie sind bisweilen auf ein Jahr beschränkt, bisweilen erstrecken sie sich auf mehrere Jahre". Die "besondere Veranlassung" als Grund für außerordentliche Ausgaben nennt auch Földes 1920, S.19.

76 Wagner 1863, S.10 f. kritisiert, daß das Wort "ordentliche" Ausgaben von der Theorie weder abstrakt noch an einem konkreten Staat orientiert präzisiert sei. Schanz 1899, S.1155 konstatiert die Unterschiedlichkeit in den Auffassungen desjenigen, was als regelmäßig und unregelmäßig wiederkehrend anzusehen ist. Seiner Ansicht nach ist sie auf die verschiedenen Sichtweisen zurückzuführen: Was von dem Gesichtspunkt eines einzelnen Amtes als außerordentlich erscheine, werde in der Gesamtsicht zu einer regelmäßigen Massenerscheinung. Hingegen vertritt Willgren 1899, S.53 die Meinung, die Budgetlehre könne auf eine nähere Definition des Begriffs "normaler Bedarf" verzichten: "Denn die Unterscheidung des ordentlichen Bedarfes vom ausserordentlichen macht uns in der Wirklichkeit keine Schwierigkeiten."

77 Nach Harl 1811, II, S.93 f. sind die außerordentlichen Ausgaben nicht von fortdauernden, sondern von zufälligen, nicht im voraus zu bestimmenden Umständen abhängig. Als Beispiele außerordentlicher Ausgaben nennt er solche für Krieg, Schuldentilgung und Ansammlung eines Staatsschatzes. Ähnlich auch Fulda 1820, S.258; Behr 1822, S.26 und Schoen 1831, S.314. Wagner 1866, S.840 betrachtet als Ursache für außerordentliche Ausgaben "die abnormen, sich vorübergehend der Verwirklichung der Staatszwecke entgegenstellenden Schwierigkeiten". Einen differenzierteren Katalog stellt Oesfeld 1870, II, S.163 auf. Er unterscheidet zwischen ökonomischen, den Staatszwecken entsprechenden Staatsausgaben (z.B. für einen "notwendigen" Krieg und für die Unterstützung der durch Überschwemmungen verunglückten Einwohner), kapitalistischen (z.B. für die Austrocknung von Sümpfen) und unökonomischen, d.h. solchen, die dem Staatszweck zuwiderlaufen (z.B. Kosten eines "Krieges aus Ehrfurcht" und für Luxusaufwand).

78 In der Terminologie der ersten Hälfte des 19. Jahrhunderts gehören die "Hofstaatsausgaben" und die "Zivilstaatsausgaben" unumstritten zu den ordentlichen Ausgaben. Siehe z.B. Harl 1811, II, S.83 ff. und die Gliederungen bei Fulda 1820, S.257.

teilten einen Gegenstand den ordentlichen Einnahmen bzw. Ausgaben zu, die anderen den außerordentlichen und umgekehrt[79]. Umstritten war im großen und ganzen nur die Art der Ausgabenteilung, weniger die der Einnahmen.

Die beschriebenen Definitionen der ordentlichen und außerordentlichen Ausgaben und Einnahmen stellen das Zeitargument in den Vordergrund: Die "regelmäßigen", im Zeitablauf wiederkehrenden Einnahmen und Ausgaben werden den nicht wiederkehrenden gegenübergestellt. Die Zeit ist aber nur ein Unterscheidungskriterium. Ein anderes ist das der - verschiedenen - Wirkungen der ordentlichen und außerordentlichen Einnahmen und Ausgaben[80]. Diese Einteilung ist eng mit dem Namen *Wagner* verknüpft, der sie folgendermaßen beschreibt: Eine ordentliche Ausgabe ist "*die periodische regelmässige Zuführung umlaufenden Kapitals in den Staatshaushalt, d.h. der Aufwand an Gütern, welcher innerhalb einer Productions- (Finanz-)periode definitiv im staatlichen Productionsprocess zugesetzt wird, seinem vollen Werthe nach in den producirten Güter (Staatsleistungen) übergeht und sich eben deshalb jährlich in demselben Betrage wiederholen muß*"[81]. Unter dem außerordentlichen Finanzbedarf versteht er den "*unperiodisch, in grösserem Betrage meist nur von Zeit zu Zeit*

79 Fulda 1820, S.258 zählt so z.B. die Zinsen für die Staatsschulden zu den außerordentlichen Ausgaben, Oesfeld 1870, S.163, Wagner 1877, S.106, Bischof 1881, S.20 f. und Eheberg 1895, S.46 f. hingegen zu den ordentlichen. Nach Schrott 1886, S.420 sind die Beträge der Verzinsung und Tilgung der Staatsschuld im ordentlichen Budget aufzuführen, die aus Staatsanleihen eingenommenen Beträge und die davon bestrittenen Ausgaben dagegen im außerordentlichen. Umstritten war auch, wo Neubauten aufgeführt werden sollten. In der Finanzwissenschaft 1863, S.42 sind sie grundsätzlich zum ordentlichen Bedarf gezählt, weil sie regelmäßig zum Ersatz alter Gebäude vorgenommen werden müßten. Würden sie allerdings überhaupt erstmals aufgeführt, so sei die Summe in das außerordentliche Budget einzustellen. Wagner 1877, S.104 rechnet sie ebenfalls zu den ordentlichen Ausgaben. Geffcken 1891, S.40 zählt die "großen Bauten" und Eheberg 1895, S.46 f. Staatsgebäude grundsätzlich zu den außerordentlichen Ausgaben. Auch Földes 1920, S.91 sieht in Bauprogrammen außerordentliche Ausgaben, selbst wenn sie über 25 Jahre jährlich anfielen und voraussehbar seien. Solche Bauausgaben charakterisieren Schulze/Wagner 1926 als zu den einmaligen ordentlichen, u.U. aber auch zu den regelmäßig ordentlichen gehörend. Schrott 1886, S.419 wendet sich gegen eine Einordnung der Kosten für den Straßenbau bei den außerordentlichen Ausgaben und für eine solche bei Subventionen, Vorschüssen oder Darlehen an einzelne Gemeinden, Bezirke oder private Unternehmen. "Ohne Zweifel" verlagert Heckel 1898, Das Budget, S.43 die produktiven Kapitalanlagen in das außerordentliche Budget.

80 Wagner 1863, S.11 ist der Ansicht, daß in der Theorie zu einseitig an dem Moment des zeitlichen Eintretens als Abgrenzungskriterium festgehalten und dabei nicht die Dauer der von den Ausgaben hervorgerufenen Wirkungen berücksichtigt werde. Er unterteilt zwischen umlaufendem und stehendem Kapital, wobei das umlaufende nur der Finanzperiode diene, in welcher die Ausgabe erfolge. Das stehende Kapital wirke dagegen über die Finanzperiode, in der die Ausgabe erfolge, hinaus und mache den Staat ohne eine entsprechende weitere Ausgabe für längere Zeit leistungsfähiger (vgl. Wagner 1866, S.838 ff. und Wagner 1877, S.105 ff.). Die Einteilung der ordentlichen und außerordentlichen Ausgaben nach der Dauer der Ausgabenwirkungen betrachtet er als Ausgangspunkt für eine "richtige Theorie" der Finanzbedarfsdeckung, anhand deren insbesondere über die prinzipielle Zulässigkeit und den Umfang von Staatskrediten Aussagen getroffen werden könnten (Wagner 1877, S.105).

81 Wagner 1877, S.105 f.

stattfindende(n) Aufwand an Gütern, dessen Wirkungen über die laufende Finanzperiode hinüberragen"[82]. Der Gedanke, daß Einnahmen und Ausgaben auch Wirkungen über die gegenwärtige Haushaltsperiode hinaus entfalten können, wurde zwar durchaus anerkannt, aber in der Konsequenz als nicht umsetzbar erachtet. Die Voraussehbarkeit der Wirkungen allgemein und deren finanzielle Bewertung speziell wurde als eine unlösbare Aufgabe angesehen[83].

Der Versuch der theoretischen Trennung zwischen ordentlichen und außerordentlichen Ausgaben und Einnahmen war eine Sache[84], deren praktische Durchführung eine andere. Auch darüber machte sich im 19. Jahrhundert

---

[82] Wagner 1877, S.106.

[83] So weist z.B. Willgren 1899, S.43 darauf hin, daß die Anwendung einer solchen Theorie bei der Vorbereitung des Budgets Schwierigkeiten mit sich bringen würde, da die staatlichen Organe häufig nicht in der Lage seien, den Nutzeffekt einer Ausgabe vorauszusehen.

[84] In der Finanzwissenschaft 1863, S.41 wird ihr gegenüber eine skeptische Haltung eingenommen: "Aber auch so wird immerhin die Grenzlinie sehr schwankend bleiben, da ein Ausgabeposten je nach den verschiedenen Verhältnissen bald diesem, bald jenem Theile zugerechnet werden muß, oder theilweise sogar beiden angehört und wenigstens die Summe bald höher, bald niederer gegriffen sein wird". Umpfenbach 1887, S.60 bezweifelt, ob die Frage überhaupt einer tauglichen wissenschaftlichen Betrachtung unterzogen werden kann, "weil man die Staatszwecke in jedem beliebigen Grade ihrer Zergliederung auffassen kann und somit, je nach dem Punkte, den man bei der Betrachtung als Einheit festhält, genöthigt sein wird, ein und den nämlichen Bedarfsposten bald zum ordentlichen, bald zum außerordentlichen Bedarfe zu rechnen". Heckel 1898, Das Budget, S.39 zählt die Trennung zwischen den ordentlichen und außerordentlichen Ausgaben hingegen zu den wichtigsten, wenn auch strittigsten Punkten in der Lehre vom öffentlichen Haushalt. Ebenso Moll 1924, S.49; Bräuer 1928, S.7 und Mombert 1928, S.11. Gegen eine Trennung überhaupt spricht sich Leroy-Beaulieu 1899, II, S.27 aus.

niemand Illusionen[85]. Konnte sich schon die Theorie nicht auf eine Linie einigen war das von der Praxis noch viel weniger zu erwarten. Deshalb wurde auch immer wieder eindringlich vor vordergründigen Vergleichen an sich nicht vergleichbarer Budgetzahlen gewarnt[86]. Wie sah die Praxis konkret aus?

In Preußen bezieht sich nur die Bestimmung aus der Instruktion an die Oberrechnungskammer von 1824 auf die Trennung zwischen ordentlichen und außerordentlichen Ausgaben. Nach ihr darf auf die etatmäßig zu den extraordinären Ausgaben bestimmten Summen nichts übernommen werden, "*was zu einem bestimmten Etats-Titel gehört*"[87]. Selbst wenn das Extraordinarium zur Deckung unvermeidlicher Mehrausgaben bestimmt und dies ausdrücklich im Etat vermerkt ist, müssen dergleichen Mehrausgaben bei den betreffenden Etattiteln verrechnet und die Beträge derselben bei dem Extraordinarium als

85 Wie Wagner 1863, S.11 feststellt, geht die Praxis mit der Einteilung zwischen ordentlichen und außerordentlichen Ausgaben "vollends willkürlich" vor. Ebenso Finanzwissenschaft 1863, S.42. Schäffle 1883, S.283 notiert, daß bei Finanzpraktikern die Identifikation der außerordentlichen Bedarfe mit den tatsächlich außerordentlich gedeckten Bedarfen sehr naheliege. Auch Geffcken 1891, S.39 beklagt die willkürliche Trennung zwischen ordentlichen und außerordentlichen Ausgaben, "indem man in letztere alle mögliche hineinwirft, um nur erstere im Gleichgewicht mit den Einnahmen erscheinen zu lassen und die Aufnahme eines Anlehens für angeblich außerordentliche Zwecke zu rechtfertigen, während thatsächlich ein Defizit des ordentlichen Budgets vorliegt". Heckel 1898, Das Budget, S.45 sieht die Gefahr eines außerordentlichen Budgets in der Versuchung, "neben den einmaligen außerordentlichen Verwendungen auch die einmaligen außerordentlichen Ausgaben, ja Teile des ordentlichen Finanzbedarfes, welche als Massenerscheinung wiederkehren und vielleicht wegen ihrer Höhe der Regierung unbequem sind, dem außerordentlichen Budget einzuverleiben". Nicht zuletzt deshalb weiche auch die Finanzpraxis der einzelnen Staaten erheblich voneinander ab (vgl. Heckel 1898, Budget und Budgetrecht, S.474). Roscher 1901, II, S.377 beklagt den mit der Unterscheidung häufig getriebenen Mißbrauch, "um durch Einstellung außerordentlicher Einnahmen in den ordentlichen, ordentlicher Ausgaben in den außerordentlichen Etat die Lage des Staatshaushaltes günstiger scheinen zu lassen, als sie wirklich ist". Nüchtern stellt Bräuer 1928, S.7 fest, daß die Merkmale der ordentlichen und außerordentlichen Einnahmen und Ausgaben nur "allgemeine Umrisse" darstellten und es deshalb in jedem Haushalt eine große Anzahl von Grenzfällen gebe, bei denen es schwierig sei, eindeutig zu bestimmen, ob es sich um einen Posten des ordentlichen oder des außerordentlichen Budgets handle. Nach Aussage von Mombert 1928, S.11 hat sich die Praxis "nie" an die von der Finanzwissenschaft - uneindeutig - getroffene Einteilung gehalten.

86 Neumark 1929, S.204 f. berichtet aus der Praxis im Deutschen Reich von einer großen Anzahl von Doppelbuchungen zwischen ordentlichem und außerordentlichem Etat, um beide auszugleichen. Sie könnten "für den Nichtsachverständigen ganz irrige Vorstellungen von der wirklichen Höhe des Reichsbedarfs erwecken". Sie hätten zur Folge, daß ohne vorhergehende Bereinigung "eine Zusammenzählung unmöglich - genauer: praktisch vollkommen wertlos ist. Trotzdem werden solche Zusammenzählungen nicht nur von der Tagespresse und der breiteren Öffentlichkeit, sondern gelegentlich auch von Parlamentsmitgliedern vorgenommen und ganz falsche Schlüsse aus den so gewonnenen Summenzahlen geschlossen". Belege hierfür siehe Neumark 1929, S.205.

87 Vgl. IOR 1824, § 27 Abs. 1.

Minderausgabe und erspart nachgewiesen werden[88]. Nur Ausgaben, für die kein passender Etattitel vorhanden ist, erfolgen aus dem Extraordinarium[89].

In den preußischen Budgets sind außerordentliche Ausgaben schon 1821 vermerkt, in einer vermischten Budgetposition mit der Bezeichnung: "*Zu Deckung der Ausfälle bei den Einnahmen, zu außerordentlichen Zahlungen und zu Landes-Verbesserungen*"[90]. Auch in den folgenden Etats ist ein entsprechender Titel enthalten. Im Etat von 1844 werden die extraordinären Bedürfnisse konkret benannt: Chaussee-, Strom-, Hafen- und sonstige Bauten sowie Landesverbesserungen[91]. Das für die folgenden Staatshaushaltspläne bis 1914 geltende Budgetschema kommt 1849 erstmals zur Anwendung. Die Ausgaben werden künftig immer unterteilt in fortdauernde sowie einmalige und außerordentliche. Eine entsprechende Unterteilung der Einnahmen in "ordentliche" und "außerordentliche" steht dem nicht gegenüber. Die Mischung der als "einmalig und außerordentlich" eingestuften Ausgaben ist von vornherein bunt. Sie reichten von Ausgaben für die Vollendung des Baus und der Einrichtung der Wassermühlen am Mühlendamm in Berlin, die Entlastung der Weinbergbesitzer in der Rheinprovinz bei der Grundsteuer, Chausseeneubauten, die Deckung der Etatüberschreitungen bei den Justizverwaltungs- und Kriminalkosten, Administrations- und Unterhaltungskosten der neuen Strafanstalt bei Berlin, Unterhaltungskosten der Grenzpolizei an der russischen Grenze in der Provinz Preußen, und die Unterstützung der Elementarlehrer bis zu den Ausgaben für die Mehrkosten der größeren Friedensstärke der Truppen in Mainz und Luxemburg[92]. Das Spektrum bleibt bis 1914 so weitgespannt. Es können - trotz der Theorie - keine bestimmten Ausgabegruppen ausgemacht werden, die nur bei den Staatsverwaltungsausgaben oder nur bei den einmaligen und außerordentlichen Ausgaben vorkommen. Außerordentliche Ausgaben können bei allen oberen Verwaltungsbehörden und bei allen Sachposten vorkommen. Um die gesamten - etatmäßigen - Ausgaben für einen bestimmten Posten tatsächlich auszumachen, müssen bei den fortdauernden Ausgaben die Betriebs-, Verwaltungs- und Erhebungsausgaben und die Staatsverwaltungsausgaben sowie die einmaligen und außerordentlichen Ausgaben durchforstet werden. Die preußische Einteilung ist also relativ unübersichtlich. Die einmaligen und außerordentlichen Ausgaben, sofern nachgewiesen, erreichen in Preußen im

---

[88] Vgl. IOR 1824, § 27 Abs. 2.

[89] Vgl. IOR 1824, § 27 Abs. 3. Meissner 1882, S.25 meint dagegen: "Allgemeine Bestimmungen darüber, unter welchen Voraussetzungen eine Ausgabe in das Extraordinarium oder in das Ordinarium gehört, bestehen m.W. für Preußen nicht".

[90] Vgl. PrEG 1821, Nr. 14 der Ausgaben.

[91] Vgl. PrEG 1844, Nr. 20 der Ausgaben.

[92] Vgl. PrEG 1849, Nr. 1-7 der einmaligen und außerordentlichen Ausgaben.

Untersuchungszeitraum zwischen 1,3 % (1. Quartal 1877) und 17,1 % (1874) der dauernden Ausgaben[93].

In Bayern ergeht an die Rentämter 1805 eine Anweisung, die bestimmt, welche Einnahmen und Ausgaben sie als ständige und welche als unständige zu etatisieren haben[94]. Das Budget zerfällt zunächst nur in der Etatperiode 1849/51 in zwei getrennte Etats, in einen ordentlichen und einen außerordentlichen. Das ordentliche Budget enthält die "*regelmäßig fortlaufenden*" Einnahmen und Ausgaben, das außerordentliche "*die minder ständigen und mitunter nur vorübergehenden größeren Bedürfnisse und Ausgaben und deren Deckungsmittel*"[95]. Die Bekanntmachung über die Aufstellung und den Vollzug des Staatsbudgets von 1907 schreibt die dauerhafte Trennung zwischen einem ordentlichen und einem außerordentlichen Budget fest[96]. In das ordentliche Budget werden "*alle im Zeitpunkte seiner Aufstellung und Festsetzung vorhersehbaren ordentlichen Ausgaben, d.h. alle fortdauernden Aufwendungen eingestellt, welche - wie die regelmäßig sich wiederholenden Aufwendungen für Erweiterungs- und Neubauten, für die Erneuerung und die Ergänzung von Betriebseinrichtungen und dergleichen - die Eigenschaft ordentlicher Ausgaben an sich tragen*"[97]. Als ordentliche Ausgabe erscheint auch der für die Tilgung der Staatsschulden erforderliche Betrag[98]. Im außerordentlichen Budget werden alle außerordentlichen Ausgaben, d.h. "*alle nicht regelmäßig wiederkehrenden Aufwendungen*" zusammengefaßt[99]. Alle fortdauernden und einmaligen Aufwendungen, die sich in ihrer Gesamtheit in jeder Finanzperiode wiederholen, gehören, auch wenn sie in bezug auf ihre Zweckbestimmung im einzelnen wechseln, in das ordentliche Budget[100]. Als ordentliche Ausgaben sind beispielsweise auch Erweiterungs- und Neubauten für die Rentämter, die Behörden der Forstverwaltung und die Verwaltung der Zölle und indirekten Steuern usw. zu zählen, "*da alle diese Gebäude im Laufe einer gewissen Reihe von Jahren der Erneuerung oder wenigstens der Erweiterung bedürfen*"[101]. Entsprechend dem Grundsatz gehören künftig insbesondere auch die Kosten für den Ersatz auszuscheidender Betriebsmittel, sei es, daß dieser infolge regel-

---

93 Vgl. Tabelle 1.4., Spalte 16.

94 Vgl. ChPfBaRegBl 1805, S.1124 ff.

95 Vgl. BaFG 1849/51, Eingangsformel.

96 Vgl. BaBAuVB 1907, § 2.

97 Vgl. BaBAuVB 1907, § 3 Abs. 1.

98 Vgl. BaBAuVB 1907, § 3 Abs. 2.

99 Vgl. BaBAuVB 1907, § 4 Abs. 1.

100 Vgl. BaBAuVB 1907, § 7 Abs. 2.

101 Vgl. BaBAuVB 1907, § 7 Abs. 3. Die Bekanntmachung folgt damit dem in der Theorie vertretenen Argument, daß das, was bei einem einzelnen Amt als unregelmäßige Ausgabe erscheine, auf höchster Ebene aggregiert regelmäßig vorkomme (vgl. dazu Fußnote 76).

mäßiger Abnutzung oder infolge sonstiger Unbrauchbarkeit notwendig wird, zu den ordentlichen Ausgaben[102]. Ausgaben, die "*ihrer Natur nach*" als ordentliche zu betrachten sind, aber einer zeitlichen Begrenzung unterliegen (einmalige ordentliche Ausgaben), erhalten die Beifügung "*künftig wegfallend*"[103].

Diese an sich klare Regelung wurde durch eine Zusatzbestimmung wieder verwaschen. Die Einstellung solcher Forderungen in das außerordentliche Budget könnte nämlich ausnahmsweise in Frage kommen, wenn es sich - etwa bei einem "*besonders großen*" Hauptzollamtsgebäudeneubau oder dergleichen - um die Befriedigung eines Bedürfnisses handelt, "*das nur in weit ausgedehnten Zeiträumen sich wiederholt, oder wenn etwa aus Anlaß der Durchführung größerer Organisationen außergewöhnliche Maßnahmen notwendig werden, da in diesen Fällen von einer regelmäßig wiederkehrenden Ausgabe nicht die Rede sein kann*"[104]. Die Posten des außerordentlichen werden im Anschluß an das ordentliche Budget in einer besonderen Übersicht nachgewiesen. Eine Zusammenstellung des Gesamtergebnisses beider Budgets erfolgt in der Hauptübersicht[105]. In einer Entschließung des Finanzministeriums von 1909 ist zusätzlich ausgeführt, daß als außerordentliche Ausgaben folgende infrage kommen: Ausgaben auf Rechnung der Staatseisenbahnanleihe, auf Rechnung der Überschüsse früherer Finanzperioden, auf Rechnung des Gefällablösungsfonds und auf Rechnung der allgemeinen Staatsschuld[106]. Das würde allerdings bedeuten, daß nicht die "Natur der Ausgabe", sondern das Konto, auf Rechnung dessen die Ausgaben gingen, über die Zuweisung zum außerordentlichen Budget entschied[107].

In den bayerischen Etats ab 1851/55 wird zunächst nicht mehr zwischen einem ordentlichen und einem außerordentlichen Budget unterschieden. Von der Etatperiode 1876/77 bis 1896/97 ist in den Etatentwürfen, in zwei getrennten Spalten, ein ordentlicher und ein außerordentlicher Betrag ausgewiesen. Im Spezialetat für Straßen-, Brücken- und Wasserbauten z.B. kommen alle Erweiterungs- und Neubauten als außerordentliche Ausgaben in Ansatz, alle Reparatur- und Unterhaltungskosten als ordentliche[108]. Auch gemischte Etatpositionen existieren. Im Etat des Staatsministeriums des Innern entfallen z.B. von

---

102 Vgl. BaBAuVB 1907, § 7 Abs. 4.

103 Zu dieser Art der Ausgaben zählt z.B. der Aufwand für "innere Einrichtung" (vgl. BaBAuVB 1907, § 7 Abs. 6).

104 Vgl. BaBAuVB 1907, § 7 Abs. 3.

105 Vgl. BaBAuVB 1907, § 5 Abs. 7.

106 Vgl. BaFMBl 1909, S.123 ff., § 7 Abs. 1.

107 Nach Haselberger 1912, S.149 ergibt sich die Gliederung des außerordentlichen Budgets durch die besonderen Bedürfnisse der Verwaltungszweige und durch die Art der Deckung.

108 Vgl. BaEE 1876/77, Beilage Ziffer 27, Ziffer 13, Kapitel 5.

den Kosten für statistische Veröffentlichungen 18.120 M. auf ordentliche und 43.990 M. auf außerordentliche Ausgaben[109]. Um was es sich bei den Ausgaben konkret handelt, ist ebensowenig ersichtlich, wie ein bestimmtes Gruppierungssystem. Die Unterscheidung zwischen ordentlichen und außerordentlichen Beträgen erfolgt nur in den Etatentwürfen, nicht in den Budgets der Gesetzblattversion.

Der Nachweis von ordentlichen und außerordentlichen Beträgen weist in den Etatentwürfen Lücken auf, wie Tabelle 2.7. zeigt. In der 16., 17. und 20. Finanzperiode fehlt ein entsprechender Vermerk. Außerordentliche Einnahmen fallen nur von 1876 bis 1881 an. Sie betragen 6,3 bzw. 3,2 % der ordentlichen Einnahmen[110]. Die außerordentlichen Ausgaben schwanken zwischen 1,3 % (1888/89) und 3,3 % (1876/77) der Ausgaben insgesamt[111], wofür in stärkerem Maße die außerordentlichen "Staatsausgaben" verantwortlich sind[112]. Die Bedeutung der außerordentlichen Ausgaben kann insgesamt in diesem Zeitraum als gering eingestuft werden.

Eine wirkliche Trennung zwischen einem ordentlichen und einem außerordentlichen Budget erfolgt ab der Etatperiode 1908/09. Die Ausgaben sind in letztgenanntem nicht nach sachlichen Gesichtspunkten oder nach der Zugehörigkeit zu einer Verwaltungseinheit gegliedert, sondern danach, welche Ausgaben aus welchen Einnahmen gedeckt werden. Die Einnahmen setzen sich aus den Einnahmeüberschüssen früherer Finanzperioden, dem Zuschuß aus dem Gefällablösungsfonds, den Einnahmen aus allgemeinen Staatsanleihen und der Eisenbahnanleihe zusammen. Die Ausgaben werden nach dieser Systematik gegliedert. Auf Rechnung der Einnahmeüberschüsse aus früheren Finanzperioden gehen z.B. Ausgaben für Zwecke der Bergwerksverwaltung, der Post- und Telegraphenverwaltung, der Forstverwaltung, der besonderen Staatsbetriebe und der Grundentlastung des Staatsministeriums des königlichen Hauses. Aus der Eisenbahnanleihe werden nur Ausgaben für Zwecke der Staatseisenbahnverwaltung getätigt. Aus dem Spezialetat zum außerordentlichen Budget ist zu erkennen, daß z.B. Ausgaben zur Förderung der freiwilligen Ablösung von Grundgefällen nicht aus dem Gefällablösungsfonds geleistet werden, sondern aus den Überschüssen früherer Finanzperioden[113]. Ein Teil der Ausgaben für die Vervollständigung des bayerischen Telefonnetzes geht auf Rechnung des Gefällablösungsfonds[114], ein Teil auf Rechnung der allgemeinen Staatsan-

109 Vgl. BaEE 1876/77, Beilage Ziffer 27, Ziffer 11, Kapitel 1, Buchstabe B, § 2, Titel 3.

110 Vgl. Tabelle 2.7., Spalte 3.

111 Vgl. Tabelle 2.7., Spalte 11.

112 Vgl. Tabelle 2.7., Spalten 6 und 9.

113 Vgl. BaEE 1908/09, außerordentliches Budget, Ausgaben, Ziffer 1, Buchstabe e.

114 Vgl. BaEE 1908/09, außerordentliches Budget, Ausgaben, Ziffer 2, Buchstabe b.

leihe[115]. Die Gliederung des außerordentlichen Budgets scheint also von der Verteilung bestimmter Ausgaben auf bestimmte Einnahmetöpfe beherrscht zu sein, wie das in der oben erwähnten Entschließung des Finanzministeriums zum Ausdruck kommt. Vor der Budgetreform erfolgte diese Art der Mittelanweisung außerbudgetmäßig in den Finanzgesetzen und sonstigen besonderen Gesetzen. In welchem Maße im ordentlichen Budget nun "neue" Ausgaben enthalten sind - entsprechend der Bekanntmachung für die Etataufstellung -, ist aus ihm nicht ersichtlich. Ebensowenig geht aus den Budgets hervor, nach welchen Kriterien die Aufteilung der Ausgaben auf das ordentliche und das außerordentliche Budget erfolgt. So sind z.B. in letzterem auch Universitätsbauausgaben enthalten, die nach den Ausführungen der Bekanntmachung in den ordentlichen Etat gehört hätten[116].

Die Einnahme- und Ausgabezahlen der außerordentlichen Budgets sind in Tabelle 2.4.1. enthalten[117]. Weder aus den rechtlichen Regelungen noch aus den Etats geht hervor, ob es sich um Brutto- oder Nettosummen handelt. Da wir von ersterem ausgehen, werden sie zu den Bruttozahlen des ordentlichen Budgets ins Verhältnis gesetzt. Die außerordentlichen Einnahmen und Ausgaben haben einen Anteil zwischen 7 und rund 15 % der ordentlichen[118]. Ihr relatives Gewicht ist damit nach der neuen Darstellungsform beträchtlich größer als nach der alten[119].

Mit der Einführung des außerordentlichen Budgets in Bayern stellt sich für Budgetvergleiche die Frage, wie es fortan mit den außerordentlichen Beträgen zu halten ist. Sind die außerordentlichen Ausgaben z.B. künftig in die Berechnung der budgetmäßigen Ausgaben einzubeziehen? Wenn ja, gibt es in den Ausgabereihen ab 1908/09 einen strukturellen Bruch, da die nunmehrigen außerordentlichen vorher außerbudgetmäßige Ausgaben waren. Sie wurden zwar geleistet, aber nicht im Budget veranschlagt[120]. Bezieht man sie aus diesem Grunde nicht mit ein, hat man dennoch, wenn man den Anweisungen der

---

115 Vgl. BaEE 1908/09, außerordentliches Budget, Ausgaben, Ziffer 3, Buchstabe bb, Buchstabe cc.

116 Eheberg 1922, S.540 behauptet dagegen, daß ab 1908 in Bayern der Satz gilt: "Alle einmaligen Ausgaben, die in ihrer Gesamtheit in jeder Finanzperiode sich wiederholen, auch wenn sie in bezug auf ihre Zweckbestimmung im einzelnen wechseln (also vor allem Neu- und Erweiterungsbauten), werden in das ordentliche Budget aufgenommen".

117 Vgl. Spalten 9 und 11.

118 Vgl. Tabelle 2.4.1., Spalten 10 und 12.

119 Vgl. Tabelle 2.7.

120 So auch Schanz 1899, S.1155. Eheberg 1922, S.540 berichtet: "Als außerordentliche Ausgaben galten die einmaligen Ausgaben der verschiedenen Dienstzweige, die, sofern sie sich in mäßiger Höhe bewegten, hinsichtlich der Deckung den ordentlichen Ausgaben gleichgestellt wurden. Einmalige Ausgaben in besonderer Höhe dagegen wurden von den übrigen außerordentlichen Ausgaben abgetrennt und im Finanzgesetz speziell geregelt".

Bekanntmachung von 1908 folgt, einen Bruch in der Ausgabenstruktur, da auch im ordentlichen Budget fortan eine Reihe früher außerbudgetmäßig finanzierter Ausgaben enthalten ist. Hinweise, wie groß die Dimension sein könnte, fehlen im Budget völlig. Budgetvergleiche über die Zeit müssen diese Unstimmigkeiten berücksichtigen. Erst Spezialuntersuchungen können die hierfür notwendige Grundlage liefern.

Von der Budgetaufteilung in Bayern ab 1908/09 kann also nur ein verworrenes Bild gezeichnet werden. Klar scheint jedoch, daß mit der Einführung des außerordentlichen Budgets die Staatseinnahmen und -ausgaben zugleich übersichtlicher als auch unübersichtlicher dargestellt sind. Übersichtlicher deshalb, weil die Verausgabung von Mitteln, die vorher außerbudgetmäßig erfolgte, nun budgetmäßig und damit leichter nachvollziehbar wird. Unübersichtlicher wird die Lage durch die Aufteilung der Ausgaben auf zwei separate Budgets, wobei im außerordentlichen Budget nicht eine Ausgabeart in einem Posten erfaßt, sondern auf verschiedene Posten verteilt ist. Die Ausgaben im außerordentlichen Budget werden auf zweckgebundene Einnahmen angewiesen. Innerhalb des außerordentlichen Budgets wird genau aufgeführt, auf Rechnung welcher Einnahmeart die Ausgaben erfolgen. Das außerordentliche Budget ist also nicht in das Prinzip der Gesamtdeckung eingebunden. Die vorher übliche außerbudgetmäßige Fondswirtschaft ist analog der langjährigen Praxis in das außerordentliche Budget transformiert worden. Nach Form und Inhalt unterscheiden sich dadurch die "*einmaligen und außerordentlichen Ausgaben*" in Preußen und das außerordentliche Budget in Bayern grundlegend.

In Sachsen bestimmt § 97 der Verfassungsurkunde von 1831, daß die Stände die Verpflichtung haben, für die Aufbringung des "*ordentlichen und außerordentlichen Staatsbedarfs*" zu sorgen. Nach § 1 des Finanzgesetzes von 1852 wird zwischen einem ordentlichen Staatshaushalt und "*Ausgaben für außerordentliche Staatszwecke*" unterschieden. Das Staatshaushaltsgesetz von 1904 regelt: "*Der Staatshaushaltsetat enthält den ordentlichen und, soweit nötig, den außerordentlichen Etat*"[121]. Bei den einmaligen Ausgaben zu bestimmten Zwecken ist für jeden Gegenstand, der von den Ständen votiert wird, ein besonderer Titel oder eine besondere Unterabteilung eines Titels im ordentlichen Budget zu bilden und nachzuweisen, wie der eingestellte Betrag berechnet ist[122]. Insbesondere gehören zu den einmaligen Ausgaben diejenigen, "*die bei*

---

[121] SäSHHG 1904, § 1 Abs. 3. Nach Löbe 1904, S.674 soll die Formulierung "soweit nötig" die Möglichkeit offenhalten, "daß unter Umständen auch einmal dazu gelangt werden könnte, für die Bestreitung aller Ausgaben in den regelmäßigen Einnahmequellen des Staates Deckung zu finden und dadurch der Notwendigkeit enthoben zu werden, zur teilweisen Deckung von Ausgaben die beweglichen Vermögensbestände des Staates mit heranziehen zu müssen".

[122] Vgl. SäSHHG 1904, § 2 Abs. 6. Die Vorschrift bezieht sich nicht auf solche Fälle, in denen Dispositionssummen ausgesetzt sind.

Titeln des ordentlichen Etats neben fortlaufenden Beträgen als künftig wegfallend vorkommen oder die zwar durch eine Reihe von Finanzperioden fortgesetzt gefordert werden, aber zur Deckung einer einmaligen größeren Ausgabe bestimmt sind"[123]. In den außerordentlichen Etat sind die einmaligen außergewöhnlichen Ausgaben aufzunehmen, die in den regelmäßigen Einnahmequellen keine Deckung finden und aus den beweglichen Vermögensbeständen bestritten werden müssen[124].

Konkret sind in Sachsen bis 1846/48 die außerordentlichen Ausgaben im Etat enthalten. Bei jedem Verwaltungszweig, für den ein separater Etat ausgewiesen ist, stehen am Ende, sofern notwendig, "*Extraordinaria*" als Pauschalsumme. Das Departement der Justiz erhält so z.B. im Etat 1837/39 4.000 Thlr., bei Gesamtausgaben des Ministeriums von insgesamt 222.748 Thlr. Die Summen sind also nicht sonderlich hoch. Ab der Budgetperiode 1849/51 wird zwischen einem ordentlichen und einem außerordentlichen Budget unterschieden, wobei letzteres in "normaler" Budgetform in Einnahmen und Ausgaben gegliedert ist. Der außerordentliche Etat beinhaltet die unterschiedlichsten Ausgaben. Im ersten außerordentlichen Ausgabebudget 1849/51 sind Ausgaben für Baukosten der verschiedensten Art - von Eisenbahnbauten bis zum Ankauf von Bauplätzen - enthalten, für außerordentliche Anschaffungen der Armee in Folge der allgemeinen Kontingenterhöhung, für Beiträge zur Begründung einer deutschen Marine sowie für den Erwerb von Eisenbahnen. Ab der Etatperiode 1861/63 entfällt zunächst wiederum das außerordentliche Budget. Die außerordentlichen Ausgaben erscheinen erneut in einem Extraordinarium im Budget. In der Rechnung 1864/66 wird aber dennoch in der "*Uebersicht des aus den Beständen des mobilen Staatsvermögens entnommenen, von den Centralcassen bestrittenen außerordentlichen Staatsaufwands in Folge der Kriegsereignisse von 1866*" über ein außerordentliches Ausgabenbudget Rechenschaft gelegt. Von 1870/71 an kommen wieder getrennte ordentliche und außerordentliche Budgets in Anschlag. Ab der Etatperiode 1878/79 ist letzteres nach Verwaltungszweigen gegliedert. Bei der formellen Budgetmodifikation 1880/81 bleiben die getrennten ordentlichen und außerordentlichen Budgets erhalten, in den Spezialetats werden aber zusätzlich außerordentliche Ausgaben ausgewiesen. So findet sich etwa im Spezialetat der Universität Leipzig der Etatperiode 1880/81 eine Rubrik: einmalige und außerordentliche Ausgaben und zwar "*für den äußeren Abputz des Beguinenhauses, des physicalisch-chemischen Labora-*

[123] SäGuVBl 1905, S.8 ff., § 6 Abs. 2.

[124] Vgl. SäSHHG 1904, § 3 Abs. 1. Damit wird explizit ausgesprochen, was durch die Theorie übertüncht und in den anderen Staaten durch sprachgewandte Begründung der Zuordnung der einen Ausgaben zum ordentlichen und der anderen zum außerordentlichen verschleiert wird: Daß nämlich der einzige Grund für die Trennung darin zu sehen ist, daß nicht alle Staatsausgaben durch die ordentlichen Einnahmen gedeckt werden können, sondern hierfür Anleihemittel und Erübrigungen aus vorigen Finanzperioden notwendig sind.

toriums an der I. Bürgerschule, ferner des Königl. Palais und des anstoßenden kleinen Fürsten-Collegiums, zu Verlegung der Rentamts-Localitäten, Beschaffung eines größeren Auditoriums und Translocation der archäologischen Sammlung, einschließlich nothwendiger Renovation"[125]. Auch in anderen Kapiteln des ordentlichen Etats sind einmalige und außerordentliche Ausgaben aufgeführt. Diese Zweiteilung der außerordentlichen Ausgaben hält bis 1914 an.

Auch ab 1870/71 läßt sich kaum etwas allgemeines über die Inhalte der außerordentlichen Budgets sagen, wenn auch die Ausgaben für Eisenbahnzwecke das Übergewicht zu haben scheinen[126]. Im außerordentlichen Ausgabenbudget von 1912/13 ist z.B. ein Posten in Höhe von 1.000.000 M. für die "*Gewährung von Darlehen aus Staatsmitteln an gewerbliche Genossenschaften und juristische Personen des öffentlichen Rechts*" (Titel 1), ein Posten von 1.750.000 M. für die Beseitigung von Straßenübergängen (Titel 2) und ein Posten von 1.100.000 M. für "Arealerwerbungen" (Titel 3) ausgewiesen. Der Rest der Ausgaben (insgesamt 46.467.700 M.) fällt für Eisenbahnzwecke an (Titel 4-35).

Nach *Löbe*[127] wurden dem außerordentlichen Budget anfangs grundsätzlich diejenigen - als nicht wiederkehrender Aufwand anzusehenden - größeren Ausgaben zugewiesen, welche nicht aus den laufenden und nachhaltigen Staatseinnahmen bestritten werden konnten, sondern zu deren Deckung entweder die verfügbaren Verwaltungsüberschüsse verwendet oder Anleihen aufgenommen werden mußten. Ab der Finanzperiode 1876/77 galten neue Grundsätze. Danach sollten aus dem außerordentlichen Budget Ausgaben bestritten werden,

- welche als werbende Kapitalanlage erscheinen und daher eine direkte Vermehrung der Staatseinkünfte in Aussicht stellen,
- welche zur Vermehrung und Sicherstellung des Volkswohlstandes beitragen, indem sie die natürlichen Gefahren von demselben abwenden oder Einrichtungen und Privilegien, die seiner Entwicklung hinderlich sind, beseitigen oder den Verkehr erleichtern und damit auch späteren Generationen Nutzen bringen,
- welche durch große, das Land treffende Unglücksfälle oder durch andere außerordentliche Ereignisse und Umstände, welche zu den voraussichtlich

---

125 SäEE 1880/81, Zuschußverwaltungen, Kapitel 70 (Universität Leipzig), Titel 52.

126 Heckel 1898, Budget und Budgetrecht, S.474 und Schanz 1899, S.1155 behaupten, daß in Sachsen seit Mitte der 70er Jahre nur für die Ausgaben ein außerordentliches Budget hergestellt worden sei, welche entweder direkt mit Mehreinnahmen verbunden gewesen seien oder nachhaltig den Wohlstand erhöhten.

127 Siehe zum Folgenden Löbe 1889, S.23 f.

auch in Zukunft wiederkehrenden nicht gerechnet werden können, verursacht werden und zugleich von solcher Bedeutung sind, daß sie von einer Generation alleine ohne sehr große Überlastung nicht getragen werden können.

"Diese Grundsätze sind aber inzwischen wieder verlassen worden, nachdem die Auffassung sich geltend gemacht hat, daß es der Aufgabe einer gesunden Finanzpolitik entspreche, in günstigen Zeitäuften den außerordentlichen Staatshaushalts-Etat nur mit solchen Ausgaben zu belasten, welche eine direkte Vermehrung der Staatseinnahmen in Aussicht stellen"[128].

Die Einnahmen und Ausgaben der außerordentlichen Budgets in Sachsen sind aus den Tabellen 3.4.1. und 3.4.2. ersichtlich. Beide Tabellen im Vergleich zeigen, daß auch dann im Finanzgesetz außerordentliche Beträge ausgesetzt sind, wenn die Etats keine enthalten und umgekehrt[129]. Beiden Tabellen ist auch zu entnehmen, daß die in den Etats ausgewiesenen Summen zum Teil beträchtlich von denen in den Finanzgesetzen abweichen. Der Anteil der außerordentlichen Ausgaben im Verhältnis zu den ab 1902/03 in den Finanzgesetzen veranschlagten Gesamtausgaben beträgt zwischen 3,2 % (1906/07) und 9,9 % (1902/03)[130].

Das Bild des außerordentlichen Budgets ist damit auch in Sachsen äußerst disparat. Es wurde ein gewisser "Zickzackkurs" verfolgt, teils stehen die außerordentlichen Ausgaben im Finanzgesetz, nicht aber im Etat, teils ist es umgekehrt und teils ist weder das eine noch das andere der Fall. Ab 1880/81 scheint es zudem zwei Kategorien außerordentlicher Ausgaben gegeben zu haben: diejenigen, die im ordentlichen und diejenigen, die im außerordentlichen Etat stehen. Nach welcher Logik oder nach welchen Kriterien die Zuweisung erfolgte, entzieht sich unserer Kenntnis. Weder die rechtlichen Regelungen, noch die Etats, noch die Literatur geben darüber Aufschluß. Inhaltlich scheinen die Eisenbahnausgaben ein Übergewicht zu haben, die außerordentlichen Ausgaben bestehen jedoch nicht ausschließlich aus ihnen. Um die budgetierten Einnahme- und Ausgabesummen zu erhalten, muß man sich auch hier der Mühe unterziehen, bei jedem Ausgabeposten vorsichtshalber im außerordentlichen Budget nachzusehen, ob für den gleichen Ausgabezweck ein Posten veranschlagt ist. Es handelt sich um einen dritten Veranschlagungstyp außerordentlicher Einnahmen und Ausgaben. Daß außerordentliche Einnahmen und Ausgaben budgetiert sind, hat Sachsen mit Bayern, nicht aber mit Preußen

---

[128] Löbe 1889, S.24.

[129] Keinen Betrag im Etat, hingegen einen im Finanzgesetz weisen die Budgetjahre 1834/36, 1861/63 und 1867/69 auf. Keine außerordentlichen Summen im Finanzgesetz, jedoch im Etat enthalten die Budgetjahre 1849/51 und 1855/57.

[130] Vgl. Tabelle 3.4.1., Spalte 6.

gemeinsam, daß es offensichtlich zwei verschiedene Kategorien außerordentlicher Ausgaben gibt, weder mit Preußen noch mit Bayern.

Verbleibt noch Württemberg. In diesem Staat gibt es das Institut des außerordentlichen Budgets oder der außerordentlichen budgetmäßigen Ausgaben, von einer Ausnahme abgesehen, im gesamten Untersuchungszeitraum nicht[131]. Ein außerordentlicher Dienst ist nur in dem Budgetzeitraum von 1845/46 bis 1851/52 in den Etats ausgewiesen, wie Tabelle 4.4.1. zeigt[132]. Die Ausgaben sind zunächst ausschließlich für den Eisenbahnbau bestimmt, in den Budgetjahren 1848/49 ist zusätzlich noch ein außerordentlicher Bedarf für das Kriegsministerium angesetzt. In all den anderen Jahren sind die außerordentlichen Ausgaben in den Budgets enthalten. Im Etatentwurf 1833/36 ist z.B. ein außerordentlicher Aufwand von insgesamt 500.000 fl. veranschlagt[133]. Er ist für verschiedene Gefällablösungen, zur Verbesserung der Landstraßen und zur außerordentlichen Schuldentilgung bestimmt. Die Spezialetats ab 1876/77 zeigen, daß der außerordentliche Bedarf jeweils bei den einzelnen Kapiteln aufgeführt ist. Der Spezialetat der Universität Tübingen 1876/77 enthält z.B. einen außerordentlichen Posten für die im Jahre 1877 beabsichtigte Feier des 400jährigen Jubiläums der Universität Tübingen von 50.000 M.[134]. Insgesamt kommen bis 1914 als "außerordentlich" bezeichnete Aufwendungen relativ selten vor. Ab dem Etatentwurf 1893/95 besteht eine "*Summarische Uebersicht über die Ausgaben und Einnahmen der laufenden Verwaltung, der Restverwaltung, des außerordentlichen Dienstes und der Grundstocksverwaltung*". Darin sind die Einnahmen und Ausgaben für den außerordentlichen Dienst aufgeführt. Im Etatentwurf 1893/95 bestehen die Einnahmen aus Anleihen, die Ausgaben sind für Eisenbahnbauzwecke veranschlagt.

Ein außerordentlicher Dienst ist auch in den Rechnungen - soweit sie als Übersicht vorliegen - erwähnt. Zu ihm zählen z.B. in der Rechnung 1872/73 Ausgaben für den Eisenbahnbau, für das neue Postgebäude in Stuttgart, für außerordentliche Militärbedürfnisse, für die Kriegsentschädigungen von

131 Nach Schmidlin 1823, S.164 werden zu den laufenden Einnahmen all diejenigen gezählt, welche als ein im Laufe des gegebenen Rechnungsjahres anfallender Ertrag anzusehen sind; ihre Bestimmung ist zunächst die Bezahlung der laufenden Ausgaben, d.h. derjenigen, zu deren Bezahlung im betreffenden Jahr die Verbindlichkeit entsteht.

132 Für die nur kurzzeitige Unterscheidung gibt Schall 1910, II, S.7 folgende Erklärung: "Indes sollte gleich dieser erste Versuch einer zweckmässigeren formellen Gestaltung der Etatsvorlagen an der ungleichen Bemessung der Budgetrechte beider Kammern eine Klippe finden, da die Zweite Kammer sich anschickte, die formelle Vereinigung der Anlehensverwilligung mit der Abgabenverwilligung in eine beide umfassende Gesetzesvorlage zur Ausdehnung des ihr für die Abgabenverwilligung eingeräumten Budgetvorrechts auch auf die Verwilligung von Anlehen zu benützen".

133 Vgl. WüEE 1833/36, Ausgaben, Ziffer 4.

134 Vgl. WüEE 1876/77, Kapitel 61, Titel 11.

Frankreich[135], für Beihilfen an Angehörige der Reserve und der Landwehr sowie für Beihilfen an die aus Frankreich vertriebenen Deutschen[136]. Die Rechnung 1914/15 führt außerordentliche Ausgaben von nahezu 15 Mill. M. auf, nämlich für allgemeine Staatsbedürfnisse, für Zwecke der Eisenbahn-, Post- und Telegraphenverwaltung sowie für Zwecke der Landeswasserversorgung[137]. Finanziert werden die Ausgaben aus Anleihen, aus der allgemeinen Restverwaltung, aus dem Eisenbahnreservefonds und aus der Grundstockverwaltung.

Tabelle 4.7. zeigt die Einnahmen und Ausgaben des außerordentlichen Dienstes nach den württembergischen Staatshaushaltsrechnungen. Sie haben z.T. einen beträchtlichen Umfang. Im Rechnungsjahr 1873/74 betragen die außerordentlichen Einnahmen das 1,7fache der veranschlagten Einnahmen, die außerordentlichen Ausgaben das 1,6fache der veranschlagten Ausgaben[138]. Insgesamt schwankt ihr Anteil im Verhältnis zu den veranschlagten Nettosummen im Untersuchungszeitraum beträchtlich. Im Rechnungsjahr 1889/90 beträgt er z.B. nur 0,1 %.

Zusammengefaßt heißt das, daß es auch in Württemberg während des gesamten Untersuchungszeitraums Einnahmen und Ausgaben auf Rechnung eines außerordentlichen Dienstes gab, nur war dieser z.T. nicht etatmäßig[139]. Die außerordentlichen Einnahmen und Ausgaben wurden also in den vier untersuchten Staaten nach vier verschiedenen Systemen veranschlagt. Allgemeine Aussagen über die Verteilung der Ausgaben auf einmalige und außerordentliche (Preußen), auf die außerordentlichen Budgets (Bayern und Sachsen) und auf den außerordentlichen Dienst (Württemberg) können nicht getroffen werden. Man muß hierfür genauer untersuchen, welcher Staat welche Ausgaben konkret bei den ordentlichen und bei den außerordentlichen Ausgaben veranschlagte und anschließend mit deren Etatisierung in den anderen Staaten vergleichen. Schließlich müssen auch noch die außeretatmäßigen außerordentlichen Ausgaben in allen Staaten berücksichtigt werden, was äußerst mühsam ist, da sie durch Einzelgesetze verausgabt und nicht immer in den Rechnungen nachgewiesen wurden.

---

[135] 6.313.275 fl. in Ausgabe und 22.498.233 fl. in Einnahme.

[136] Vgl. WüR 1872/73, S.69.

[137] Vgl. WüR 1914/15, S.418.

[138] Vgl. Tabelle 4.7., Spalten 2 und 4.

[139] So auch Schanz 1899, S.1155 und Eheberg 1922, S.540. Schmidlin 1823, S.38 berichtet, daß in Württemberg außerordentliche Einnahmen nur dann im Etat auftauchen, und zwar abgesondert, hinter den ordentlichen, wenn sie zur Herstellung des Gleichgewichts zwischen Einnahmen und Ausgaben bestimmt sind.

Kurz: Die Aufteilung der Ausgaben in ordentliche und außerordentliche scheint in den einzelnen Staaten eher willkürlich als systematisch, auf keinen Fall aber zwischen den Staaten vergleichbar. Was den "Charakter" der außerordentlichen Ausgaben ausmacht, ist aus den Budgets nicht ersichtlich, zu weitgefächert sind die darunter gefaßten Ausgaben. Die - in sich gespaltene - finanzwissenschaftliche Theorie scheint kaum Einfluß auf die Ausgabensystematik und -verteilung ausgeübt zu haben. Auf die Etatübersicht wirkte sich die Trennung in ein ordentliches und ein außerordentliches Budget negativ aus. Die Verteilung der Posten auf verschiedene Budgets verhindert eine schnelle und zuverlässige Übersicht über die Höhe und Struktur der Budgets insgesamt und der einzelnen Budgetpositionen insbesondere.

3.4.5. Anleihen

Übereinstimmung herrschte in der Finanzwissenschaft über den Grundsatz, daß die ordentlichen Ausgaben - was immer auch darunter zu verstehen war - nur durch ordentliche Einnahmen gedeckt werden durften, die außerordentlichen Ausgaben durch außerordentliche Einnahmen[140]. Abgesehen davon, daß diese postulierte Deckungsregel eine Abweichung von dem an anderer Stelle geforderten Prinzip der Gesamtdeckung[141] und auch - wie dargelegt - von der Forderung nach Übersichtlichkeit bedeutet, legt sie offen, worauf es in der Theorie bei der Unterscheidung ankam: Unter außerordentlichen Einnahmen wurden in erster Linie die Einnahmen auf Grund von Staatsanleihen verstanden. Durch Beschränkung der Anleihenfinanzierung auf vermeintliche außerordentliche Ausgaben sollte verhindert werden, daß der Staat regelmäßige Ausgaben durch Kreditaufnahme finanzierte und sich damit letztendlich in

---

140 Siehe z.B. Eheberg 1895, S.47; Tyszka 1920, S.36; Englis 1926, I, S.321; Mombert 1928, S.11 und Tuschinski 1925, S.163, der das Prinzip wie folgt formuliert: "Das oberste Prinzip jeder ordentlichen Haushaltsführung besagt: Ordentliche Ausgaben müssen durch ordentliche Einnahmen gedeckt werden". Schäffle 1883, S.284 weist darauf hin, daß außerordentlicher Bedarf und außerordentlich gedeckter Bedarf nicht zwingend miteinander verbunden sein müßten, da der Umfang, das plötzliche Eintreten und die Unaufschiebbarkeit der Bedarfe und Eingänge die Wahl der außerordentlichen Deckung beeinflußten. Außerdem müßten bei der Wahl der Deckung die "massgebendsten ausservolkswirtschaftlichen Momente in die Waagschale fallen". Ordentliche Bedarfe könnten sich volkswirtschaftlich und politisch zu außerordentlicher Deckung und umgekehrt außerordentlicher Bedarf zu ordentlicher Deckung empfehlen. Schanz 1899, S.1158 sieht in dem Grundsatz auch keine "schlechthinige, keine strikte" Deckungsregel. Man müsse nur darauf achten, daß in guten Zeiten das Staatsvermögen wachse, so daß man in schlechteren davon zehren könne. Ob das durch Verwendung ordentlicher Einnahmen für die Schuldentilgung oder zu produktiven Investitionen geschehe, laufe auf das gleiche hinaus und in der Praxis werde, so Schanz, auch danach verfahren. Dagegen meint Földes 1920, S.89: "Es ist ein gefährlicher, ungesunder Zustand, wenn zur Deckung von ordentlichen Ausgaben außerordentliche Einnahmen in Anspruch genommen werden".

141 Siehe Abschnitt 3.2., S.124 ff.

den Ruin treibt[142]. Die Einteilung sollte gewährleisten, daß derjenige Teil der Ausgaben, der durch Anleihen finanziert wurde, von den "normal" finanzierten Ausgaben deutlich getrennt und damit offensichtlich für jeden, d.h. auch nachprüfbar, dargestellt wurde. Sie zielte darauf ab, die "gute Ordnung" im Staatshaushalt aufrechtzuerhalten[143].

Die theoretische Diskussion über die außerordentlichen Einnahmen und Ausgaben ging jedoch nicht nur in ihrer ausgabeseitigen Betrachtung an der Wirklichkeit der Budgets vorbei, sondern auch in ihrer einnahmeseitigen:

In Preußen dürfen nach der Verfassung von 1850 Anleihen für die Staatskasse nur noch auf Grund eines Gesetzes aufgenommen werden[144]. Das Staatshaushaltsgesetz von 1898 legt fest, daß zu den in den Staatshaushaltsetat aufzunehmenden Einnahmen und Ausgaben auch die durch Anleihen finanzierten gehören, "*wenn und soweit in den letzteren die Aufnahme in den Staatshaushalts-Etat vorgesehen ist*"[145]. In das Budget fließen also nur z.T. die Einnahmen und Ausgaben auf Rechnung von Staatsanleihen ein. Die Bestimmung des Staatshaushaltsgesetzes ist eine Kodifizierung längst geübter Praxis. Im Etatgesetz von 1878 wird z.B. - zur Bestreitung des in Kapitel 11 Titel 31 der Einnahmen im Etat der allgemeinen Finanzverwaltung in Ansatz gebrachten Geldbetrages[146] - eine Ermächtigung zur Aufnahme einer Anleihe bis zur Höhe von 42 Mill. M. ausgesprochen. Daneben ergeht eine Reihe von Gesetzen, welche die Ergänzung des Staatshaushaltsetats betreffen[147] und die zu dessen Ausgleich notwendig sind. Die Einnahmen dienen, soweit ersichtlich, nicht nur zur Deckung der einmaligen und außerordentlichen Ausgaben, sondern sind nach dem Prinzip der Gesamtdeckung eingestellt[148].

---

142 Schmidlin 1823, S.37 legt z.B. für Württemberg dar, daß in die Etats "gewöhnlich" nur die ordentlichen Einnahmen aufgenommen würden, "weil die fortdauernde Leistung der Ausgaben, und somit die Erfüllung der Zwecke selbst, für welche sie geleistet werden, nur dann gesichert ist, wenn die periodisch wiederkehrenden ordentlichen Einnahmen die Mittel hiezu gewähren".

143 Englis 1926, I, S.321 bekennt sich dazu ausdrücklich. Seiner Ansicht nach wird die Unterscheidung zwischen ordentlichen und außerordentlichen Ausgaben "im Interesse der Ordnung in der Wirtschaftsführung" gemacht.

144 Vgl. PrVU 1850, Art. 103.

145 Vgl. PrSHHG 1898, § 2 Abs. 1 Ziffer 3.

146 Der Titel heißt: "Aus der Anleihe für Staatsbauten in Gemäßheit des § 2 des Gesetzes, betreffend die Feststellung des Staatshaushalts-Etats pro 1. April 1878/79". Es ist der gesamte Anleihebetrag von 42.000.000 M. veranschlagt.

147 Vgl. PrGS 1879, S.28; PrGS 1881, S.46; PrGS 1880, S.173; PrGS 1883, S.40; PrGS 1885, S.71; PrGS 1886, S.56; PrGS 1887, S.72 und PrGS 1914, S.173.

148 Schanz 1899, S.1155 meint dagegen: "Je nach der Natur dieser Ausgaben und je nach Lage des Haushaltes wird die zweite Gruppe ganz oder teilweise dem Ordinarium assimiliert, für den Rest werden Kredite oder andere ausserordentliche Einnahmen mit in Anspruch genommen". Siehe dazu auch Eheberg 1922, S.540. Das läßt sich allerdings den Etats nicht entnehmen.

Deutlicher kommt der - theoretisch proklamierte - Zusammenhang zwischen außerordentlichen Ausgaben und Anleihenfinanzierung in Bayern zum Ausdruck. Die Etatverordnung von 1803 stellt fest, daß die Aufnahme von Schulden und Anleihen niemals als Mittel zur Deckung eines Defizits der laufenden Verwaltung angewendet werden darf[149]. Dieses ist vielmehr durch "*Rektifikation, und drucklose Vermehrung der Einnahme, durch zweckmäßige Verbesserung der Verwaltungspflege, und durch eine ebenso strenge als anständige Beschränkung der Ausgabe*" zu bewirken[150]. Auf der anderen Seite dürfen außerordentliche Ausgaben niemals zu Lasten der ordentlichen Einnahmen gehen[151]. Vielmehr ist jedem außerordentlichen Bedürfnis auch eine außerordentliche Einnahme zu verschaffen[152]. Rigoros hat *Montgelas* bestimmt: "*Was bloss nützlich, angenehm und an sich gut, aber nicht ganz nöthig ist, gehört nicht zu denen ordentlichen, sondern ausserordentlichen Ausgaben und muss aus dem Ueberschuss der Einkünften, nämlich aus der Dispositions-cassa entrichtet werden. Bleibt nichts übrig, so können dergleichen Ausgaben nicht Platz greiffen*"[153].

Im Finanzgesetz von 1849/51 sind außerordentliche Ausgaben für einen allgemeinen Reservefonds, für einen Reservefonds für die in Folge der Zinsgarantie des Staates für die pfälzische Ludwigshafen-Berbacher-Bahn allenfalls zu leistenden Zahlungen und zur Bildung eines Betriebskapitals für die Grundrentenablösungskasse eingestellt[154]. Zur Deckung dieser außerordentlichen Ausgaben werden bestimmt: die am Schluß der 5. Finanzperiode verbleibenden Erübrigungen und verfügbaren Mehreinnahmen, die mutmaßlichen Mehreinnahmen aus dem ordentlichen Budget der Jahre 1849/51, der Ertrag des noch bis zum 30. September 1851 verbleibenden Lottos, der Betrag des Rückersatzes von 1.687.500 fl. aus den letzten Anleihen für die außerordentlichen Bedürfnisse der Armee, die Einnahmen aus dem Verkauf der dem Staat gehörigen Prioritätsaktien der Ludwigshafen-Bernbacher-Eisenbahn sowie der Verkaufserlös aller für den Staatszweck nicht erforderlichen Staatsgebäude, Ökonomien und Gewerbe sowie vereinzelt liegenden kleinen Waldparzellen - vorbehaltlich des Ersatzes "*zu seiner Zeit*". Für den dann immer noch fehlenden Betrag wird der Finanzminister ermächtigt, eine Anleihe bis zur Höhe von 5 Millionen

---

149 Vgl. BaEVO 1803, Ziffer II.

150 BaEVO 1803, Ziffer III, S.938.

151 Vgl. BaEVO 1803, Ziffer IV.

152 Vgl. BaEVO 1803, Ziffer V.

153 Zitiert nach Kraus 1925, I, S.48. Montgelas traf diese Verfügung am 9. Oktober 1803 handschriftlich.

154 Vgl. BaFG 1849, Buchstabe B, Titel IV, § 15.

Gulden aufzunehmen[155]. Sowohl bei den genannten Einnahmen als auch bei den Ausgaben handelt es sich um außerbudgetmäßige.

In die Bekanntmachung über die Aufstellung des Etats von 1907 ist die Bestimmung aufgenommen, daß zur Bestreitung der ordentlichen Ausgaben "*nur die aus den regelmäßigen Einnahmsquellen des Staates fließenden Einnahmen in Anspruch genommen und in das ordentliche Budget als Deckungsmittel eingestellt*" werden[156]. Zur Deckung der außerordentlichen Ausgaben dienen in erster Linie die verfügbaren Einnahmeüberschüsse früherer Finanzperioden sowie der "*zur Abgleichung*" erforderliche Anleihebetrag[157].

In Bayern sind also nach 1908/09, wenigstens nach dem Wortlaut des Budgetrechts, alle Einnahmen aus Anleihen im außerordentlichen Budget enthalten. Zuvor fehlten alle Einnahmen und Ausgaben, die auf Rechnung von Anleihen gingen, sowie diejenigen, die aus den Erübrigungen der vorhergehenden Finanzperioden bestritten wurden, im Budget.

Wurden die Einnahmen aus Anleihen, soweit ersichtlich, nicht in den bayerischen Etats veranschlagt, so gingen sie - zumindest teilweise - in die Rechnungen ein. Derjenigen für die laufende Verwaltung 1853/54 ist z.B. zu entnehmen, daß die "*Summa der Einnahmen des laufenden Jahres*" ein "*Anlehen zum Behufe von Unterstützungen für die gering besoldeten Bediensteten*" in Höhe von 450.000 fl. enthält[158]. Es wird bei der Soll-Ist-Rechnung den budgetmäßigen Einnahmen zugerechnet. Die Rechnung zeigt allerdings nicht, ob die aus der Anleihe verausgabten Mittel auch bei den laufenden Ausgaben in Rechnung gestellt sind. Die Rechnung für 1865/66 bringt mehr Klarheit. Dort ist für außerordentliche Militärbedürfnisse eine Anleihe von 16.448.102 fl. in Einnahme gestellt[159] und der gleiche Betrag bei den laufenden Ausgaben des Militäretats verrechnet[160]. Diese Praxis scheint zumindest 1882 noch angedauert zu haben. Aus der Rechnung dieses Jahres ist ein "*Anlehen zur Deckung des Defizits des Jahrs 1880 gemäß der Bestimmung des § 15 Abs. 1 des Fi-*

---

[155] Vgl. BaFG 1849, Buchstabe B, Titel V, § 16.

[156] BaBAuVB 1907, § 3 Abs. 4.

[157] Vgl. BaBAuVB 1907, § 4 Abs. 2. Dem entspricht sinngemäß auch die Bestimmung des § 2 Abs. 2. § 2 Abs. 3 verfügt noch zusätzlich, daß in das Budget "die verfügbaren Einnahmsüberschüsse früherer Finanzperioden, die aufzunehmenden Staatsanlehen sowie etwaige sonstige außerordentliche Deckungsmittel in vollem Umfang in das Budget als Einnahme eingestellt" werden. Vgl. auch § 7 Abs. 2.

[158] Siehe BaR 1853/54, S.19.

[159] Siehe BaR 1865/66, S.530.

[160] Siehe BaR 1865/66, S.535.

nanzgesetzes vom 28. April 1882" verrechnet[161]. Über die folgenden Jahre kann nichts gesagt werden, da die Rechnungsübersichten fehlen[162]. Das außerordentliche Budget ab 1908 enthält - wie oben bereits dargelegt - Einnahmen aus allgemeinen und Eisenbahnanleihen.

Den Bestimmungen des sächsischen Staatshaushaltsgesetzes von 1904 ist nur zu entnehmen, daß in den ordentlichen Etat die aus den regelmäßigen Einnahmequellen des Staates fließenden Einnahmen und die davon zu bestreitenden Ausgaben einzustellen sind[163]. In Württemberg bezieht sich, soweit von uns übersehen, gar keine allgemeine Regel auf die Anleihen. Im Regierungsblatt sind nur besondere Anleihegesetze abgedruckt, welche die Verausgabung und die Art der aufzubringenden Mittel regeln[164]. In diesen Staaten sind wir zur Klärung der Fragestellung vollständig auf die Etats und Rechnungen angewiesen.

Die außerordentlichen Budgets in Sachsen bis 1884/85 sind in Einnahme- und Ausgabeetats eingeteilt. Ab der Etatperiode 1886/87 fallen erstere weg. Es werden im einzelnen nur noch die Ausgaben nachgewiesen. Am Ende des Ausgabebudget ist nachrichtlich mitgeteilt, woraus sich die Einnahmen zusammensetzen. Materiell hat sich mit dieser Änderung gegenüber der vorherigen Praxis nichts geändert, da die Einnahmen in aller Regel nach wie vor aus zwei Posten bestehen: den Überschüssen aus den Budgets früherer Perioden und/oder aus "*sonstigen Beständen des mobilen Staatsvermögens*"[165]. Für Württemberg gibt es dem oben Gesagten nichts mehr hinzuzufügen.

Die Verausgabung und Vereinnahmung außerordentlicher Mittel und deren Etatisierung wurde also in allen untersuchten Staaten, um zusammenzufassen, unterschiedlich oder in einem anderen Mischungsverhältnis praktiziert. Die

---

161 Siehe BaR 1882, II. Abtheilung (Bestände aus der XV. Finanzperiode und zurück), Ziffer 3. § 15 Abs. 1 BaFG 1882 hat folgenden Wortlaut: "Behufs Deckung des nach der Generalfinanzrechnung pro 1880 bestehenden Defizits aus dem Verwaltungsjahre 1880 wird der Staatsminister der Finanzen ermächtigt, ein auf die Staatsfonds zu versicherndes Anlehen im Betrage von 6.706.300 M. (...) aufzunehmen und das Anlehenskapital um den Betrag der Anlehens-Aufbringungskosten zu erhöhen".

162 Vgl. Abschnitt 3.1.

163 Vgl. SäSHHG 1904, § 2 Abs. 1.

164 Vgl. z.B. WüRegBl 1870, S.349 f. Es ist ein Gesetz, betreffend die Bestreitung des Aufwands für außerordentliche Militärbedürfnisse. Der Finanzminister wird zur Aufnahme einer Anleihe von 5.900.00 fl. oder wahlweise von verzinslichen, innerhalb eines Jahres wieder einzulösenden Kassenscheinen in Abschnitten von nicht unter 25 Gulden ermächtigt. Die Aufnahme einer Anleihe für die Beschaffung weiterer Geldmittel für den Eisenbahnbau ist in WüRegBl 1870, S.48a f. angeordnet. WüRegBl 1887, S.147 f. enthält ein Gesetz, betreffend die Vervollständigung des Eisenbahnnetzes im Interesse der Landesverteidigung und die Beschaffung von Geldmitteln hierfür in der Finanzperiode 1887/89.

165 Vgl. z.B. die außerordentlichen Budgets der Jahre 1858/60 und 1890/91.

Aufteilung in ordentliche und außerordentliche Ausgaben - sei es in einem Budget, sei es in getrennten Budgets - zerreißt sachlich zusammengehörende Ausgabeposten in verschiedene Teile, die nur mit viel Aufwand wieder zusammengefügt werden können. Zwischenstaatliche Vergleiche werden zudem durch unterschiedliche formale und inhaltliche Gliederungssystematiken erschwert. Ein Mangel an Übersichtlichkeit herrschte in allen Staaten, mit Ausnahme Württembergs. Württemberg hatte ab 1876/77 das rationalste Gliederungsschema und vermied eine Zerstückelung seines Budgets in einen ordentlichen und einen außerordentlichen Teil[1]. In allen Staaten stellt sich das - für Vergleiche der Staatseinnahmen und -ausgaben schwierige - Problem der außeretatmäßigen Verausgabung und Finanzierung gleichermaßen. Ein Überblick über die Staatseinnahmen und -ausgaben ist u.a. solange nicht vollständig möglich, wie die außeretatmäßige, durch Finanzgesetze oder besondere Gesetze erfolgende Verausgabung "außerordentlicher" Mittel nicht systematisch in Höhe und Struktur aufbereitet ist.

3.5. Vorherigkeit

Das Postulat der Budgetvorherigkeit verlangt, daß das Budget vor Beginn der Haushaltsperiode, für die es gelten soll, aufgestellt und votiert werden soll[2]. Die rechtzeitige Aufstellung des Haushaltsplans umfaßt den mehr technischen Aspekt, der sich aus seinem Wesen als Voranschlag und Haushalts**plan** ergibt[3]. Die Forderung nach parlamentarischer Beratung und Bewilligung der Staatseinnahmen und -ausgaben vor Beginn der Budgetperiode, für die der Etat

---

[1] Wenngleich auch in der Literatur die Trennung in eine laufende Verwaltung, in eine Restverwaltung, in eine Grundstockverwaltung und in einen außerordentlichen Dienst vom Gesichtspunkt des Gesamtüberblicks über die - nachgewiesenen - Einnahmen und Ausgaben stark kritisiert wird. So meint z.B. Riecke 1891, S.346, daß die württembergische Einteilung "gelinde ausgedrückt, die Uebersichtlichkeit und den klaren Einblick in die wahre Sachlage ... jedenfalls erschwert". Nach Schall 1910, II, S.4 geht die württembergische Budgetierungspraxis von der veralteten Vorstellung aus, daß der Staatsbedarf durch die Einnahmen des Kammerguts und der Steuern gedeckt werden könne. Bei Stellungnahmen dieser Art wird immer übersehen, daß auch in anderen Staaten in großem Stile außerbudgetmäßig vereinnahmt und verausgabt wurde. Außerdem werden die Unklarheiten in anderen Budgetierungssystemen zu wenig gewürdigt. Wir bleiben deshalb bei unserer Ansicht.

[2] Siehe z.B. Schrott 1886, S.397 f.; Boiteau 1889, S.601; Brockhaus 1890, S.473 und Lotz 1931, S.117. Neumark 1929, S.284 definiert das Postulat wie folgt: "Der Grundsatz der Vorherigkeit des Budgets besagt, daß das Budget vor Beginn des Rechnungszeitraums festzustellen ist, in dem die veranschlagten Ausgaben eingegangen bzw. geleistet und die veranschlagten Einnahmen erhoben werden sollen".

[3] Siehe Neumark 1929, S.284; Heinig 1949, II, S.188 ff. und Abschnitt 2.3.1.

aufgestellt wird, ist der politische Teil des Postulats, der Einflußmöglichkeiten der Volksvertretung sicherstellen soll[4].

3.5.1. Einhaltung des Postulats

Über die Notwendigkeit der vorherigen Aufstellung des Budgets herrschte im 19. Jahrhundert grundsätzlich Einigkeit[5]. Ob dies jeweils der Überzeugung zuzuschreiben war, daß der Etat nur als Führungsinstrument und Handlungsgrundlage der Verwaltung dienen kann, wenn die Plandaten bei Eintreten des Handlungsbedarfs bereits feststehen, oder politischem Kalkül, ändert am Ergebnis nichts. Um der Forderung Rechnung zu tragen, ist eine genaue Zeiteinteilung notwendig, welche die Termine für die Aufstellung des Budgetentwurfs durch die Verwaltung und - in konstitutioneller Zeit - auch für die Beratung in den Parlamenten bzw. Kammern festlegt[6].

Aus vorkonstitutioneller Zeit sind in Preußen keine speziellen Verordnungen über die Termine, zu denen die Etats spätestens angefertigt sein mußten, veröffentlicht. In einem Schreiben erklärt der Finanzminister 1826 seine Bereitschaft, seinerseits alles zur Beschleunigung des Etatwesens zu tun "*und dem wiederholten Befehle, spätestens bis zum 1. December die sämmtlichen Kassen mit den nöthigen Etats für das folgende Jahr zu versehen*", nachzukommen. Die rechtzeitige Einsendung der Etats der untergeordneten Stellen scheint allerdings nicht immer geklappt zu haben. In einem Zirkularreskript von 1831 werden die Regierungen aufgefordert, "*von jetzt an allen Ernstes darüber zu wachen und darauf zu halten*", daß die Spezial-, die Provinzialetats und die Finanzabschlüsse zu den angegebenen Zeitpunkten "*allerspätestens und zwar regelmäßig hier eintreffen*"[7]. Durch einen Allerhöchsten Erlaß soll 1854 die rechtzeitige Vorlage des Staatshaushaltsetats an die Kammern sichergestellt werden. Die Zusammenstellung der Etaterhöhungen und der vorhandenen Deckungsmittel ist demnach von jeder Verwaltung bis spätestens 30. Juni dem

---

[4] Die Vorherigkeit der Einnahmebewilligung wurde 1689 vom englischen Parlament erzwungen (vgl. z.B. Heinig 1949, II, S.263).

[5] Siehe dazu die Literaturhinweise in Abschnitt 2.3.2.

[6] Das Budget darf nach Boiteau 1889, S.601 nicht zu früh votiert werden, da ansonsten die Gefahr einer ungenauen Schätzung der Einnahme- und Ausgabedaten groß ist. Heckel 1898, Das Budget, S.21 betrachtet es als "wünschenswert", daß das Budget 1/4 Jahr vor Beginn der Haushaltsperiode dem Parlament vorgelegt wird.

[7] Annalen 1831, Bd. 15, S.720 f.

Finanzminister mitzuteilen[8]. Nach diesem Termin angemeldete Mehrausgaben finden keine Berücksichtigung im nächsten Etat[9].

Nach der bayerischen Etatverordnung von 1803 erfolgt die jährliche Vorlage der Provinzialfinanzetats für das folgende Jahr beim Finanzministerium spätestens am 1. November[10]. Unter konstitutionellem Aspekt enthält die bayerische Verfassung von 1818 die Bestimmung: "*Ein Jahr vor dem Ablaufe des Termins, für welchen die fixen Ausgaben festgesetzt sind, somit nach Verlauf von sechs Jahren, läßt der König für die sechs Jahre, welche diesem Termine folgen, den Ständen ein neues Budget vorlegen*"[11]. 1840 wird die 1jährige Frist in eine 9monatige umgewandelt[12]. Nach Abkürzung der Finanzperiode von 6 auf 2 Jahre ab 1868 bekommen die Kammern 3 Monate vor Ablauf der Finanzperiode das neue Budget vorgelegt[13].

In Sachsen konnte keine einzige rechtliche Regelung, die sich auf den Zeitpunkt der Etatvorlage bezieht, ausgemacht werden.

In Württemberg legt das 6. Edikt von 1817 die inneradministrative Terminregelung fest. Die Etatentwürfe sind zwei Monate vor Ablauf eines jeden Etatjahres einzureichen[14]. Nach *Mohl* haben alle Verwaltungsstellen ihre Spezialetats spätestens am 1. Mai jeden Jahres der Oberrechnungskammer, die den Hauptfinanzetat entwirft, einzusenden[15].

Die Zahl der - veröffentlichten - rechtlichen Regelungen, die das rechtzeitige Zustandekommen der Etats - ob innerhalb der Verwaltung oder in Zusammenarbeit mit den Kammern - absicherten, war also gering. Inwieweit die wenigen bestehenden eingehalten wurden bzw. wie lange sie galten und wann sie eventuell durch nicht veröffentlichte Vorschriften ersetzt worden sind, läßt sich auf unserer Quellenbasis nicht klären. In der Literatur wird auf diese Frage nicht eingegangen, weshalb sie hier offen bleiben muß. Wir können aber überprüfen, wann die Etats bzw. die Finanzgesetze in den Gesetzblättern veröffentlicht worden sind[16].

---

[8] Vgl. Meißner 1878, S.70, Ziffer 1.

[9] Vgl. Meißner 1878, S.70, Ziffer 2.

[10] Vgl. BaEVO 1803, Ziffer 21.

[11] BaVU 1818, Titel VII, § 6.

[12] Vgl. BaGBl 1840, S.25 ff., Art. 1.

[13] Vgl. BaGBl 1865, S.137, Art. 2.

[14] Vgl. 6. Edikt 1817, §§ 2 und 3. Siehe auch Schmidlin 1823, S.58 f.

[15] Vgl. Mohl 1840, II, S.752 f.

[16] Zur Dauer der Budgetperioden siehe Abschnitt 3.6., S.288 ff.

Das preußische Gesetzblatt enthält im Untersuchungszeitraum von 1821 bis 1914 28 vor Beginn des Etatjahres verkündete Etats, bei 71 Etatgesetzen insgesamt[17]. Alle anderen Etatgesetze erscheinen 1-6 Monate nach dessen Beginn. In Bayern werden im Untersuchungszeitraum zwischen 1819 und 1914 3 von 33 Budgets rechtzeitig bekanntgemacht[18]. Das Finanzgesetz von 1849/51 ist z.B. erst im Juli 1850 im Gesetzblatt abgedruckt, das von 1851/55 im Mai 1852, das von 1855/61 im Juli 1856 und das von 1870/71 im Februar 1871[19]. Im Sachsen der konstitutionellen Ära ist kein Finanzgesetz rechtzeitig publiziert. Das von 1849/51 kommt erst mit 24monatiger Verspätung im Dezember 1850 zur Ausschreibung, das von 1867/69 im Mai 1868. Die Veröffentlichung der restlichen erfolgt spätestens bis September des bereits laufenden Etatjahres[20]. In Württemberg wird das Finanzgesetz für 1849/52 erst am 11. März 1852 ausgeschrieben, 3 Monate vor Ablauf der Budgetperiode. Das Finanzgesetz 1848 kommt mit 13monatiger und 1864 mit 14monatiger Verspätung zustande. 9 von 37 Finanzgesetzen erscheinen rechtzeitig[21]. Die Veröffentlichung der übrigen erfolgt spätestens im November der jeweils laufenden Budgetperiode.

In Preußen wurden demnach 39,4 % der Etats im Untersuchungszeitraum rechtzeitig verabschiedet, in Bayern 9,1 % und in Württemberg 24,3 %. Von 176 Etat- oder Finanzgesetzen im Untersuchungszeitraum entsprachen 40 (22,7 %) dem Postulat der Budgetvorherigkeit. Nicht nur die Tatsache der verzögerten Budgetvotierung an sich, sondern auch dessen Ausmaß ist in einigen Staaten beachtlich. Man denke nur daran, daß in Württemberg z.B. das Finanzgesetz für die Etatperiode 1848/49 29 Tage nach deren Ende publiziert wurde[22]. Das nicht rechtzeitig verabschiedete Budget war demnach im 19. Jahrhundert in den untersuchten Staaten die Regel. Die Gedanken, die sich die Staatsrechtswissenschaft über den Fall des nicht rechtzeitig zustande gekommenen Budgets und die Folgen für die Staatsverwaltung machte, scheinen deshalb begründet.

---

[17] Vgl. Quellenverzeichnis Q 1.4.

[18] Vgl. BaFG 1819, 1825 und 1843. Zu den Terminen der Budgetvorlagen im Parlament siehe Kummer 1964, S.75 f.

[19] Vgl. Quellenverzeichnis Q 2.4.

[20] Vgl. Quellenverzeichnis Q 3.4.

[21] Die Finanzgesetze von 1830, 1839, 1842, 1875, 1876, 1877, 1879 und 1881 (vgl. Quellenverzeichnis Q 4.4.).

[22] Neumark 1929, S.286 f. hält es für bedenklich, wenn ein Budget erst nach Ablauf des größten Teils des betreffenden Haushaltsjahres oder erst nach dessen Ende verabschiedet wird. Je länger sich die Verabschiedung über den Beginn der Budgetperiode hinauszieht, desto weniger Einfluß hat die Volksvertretung auf den tatsächlichen Ablauf des Finanzgebarens der Verwaltung.

3.5.2. Die Nichteinhaltung des Postulats in der staatsrechtlichen Diskussion

Erbittert wurde in der Budgetrechtsdiskussion des 19. Jahrhunderts um den staatsrechtlich "richtigen" Standpunkt gestritten, wenn - trotz Verfassungsvorschrift - ein Budget in Form eines Gesetzes nicht oder nicht rechtzeitig zustande kam. Relevant war diese Frage zunächst für alle Staaten, in denen die Verabschiedung des Budgets in Form eines Gesetzes vorgeschrieben war. Von den untersuchten Staaten trifft dies nur auf Preußen zu. Je nach Beurteilung des rechtlichen Charakters des Budgets allgemein[23] unterschieden sich die Rechtspositionen. Unabhängig davon, ob die Schuld für die nicht rechtzeitige Verabschiedung des Budgets der Regierung oder dem Parlament oder beiden zuzuschreiben war[24], wurde diese Frage von *Laband* eindeutig im Sinne einer Regierungsprärogative beantwortet[25]. Er konstruierte zur rechtlichen Begründung seines Standpunktes die sog. Lückentheorie.

Ausgehend vom Beispiel der Preußischen Verfassung legt *Laband* dar, daß die jährliche Verabschiedung des Staatshaushaltsplans[26] ein Einverständnis zwischen Krone, Abgeordneten und Herrenhaus erfordere[27]. Wenn es nicht erzielt werde und die Verfassung für diesen Fall keine Bestimmung enthalte, dann weise sie eine Lücke auf. Die Beantwortung der Frage nach dem in diesem Fall einzuschlagenden Weg müsse folglich aus den allgemeinen Rechtsprinzipien abgeleitet werden[28]. Die herrschende Meinung, die das Budgetgesetz als die alleinige und ausschließliche Grundlage der Finanzwirtschaft betrachte,

---

23 Vgl. dazu Abschnitt 2.5.

24 Siehe dazu Jellinek 1887, S.294 f. Die Gründe hierfür können bei der Regierung und beim Parlament liegen. Die Regierung will nach Neumark 1929, S.286 durch ein verspätet vorgelegtes Budget das Parlament unter Druck setzen. Es solle ein Notetat erzwungen werden, der die Verwaltung nicht so eng binde und sie Projekte durchführen lasse, denen das Parlament die Zustimmung verweigert hätte. Brockhaus 1890, S.473 sieht nur dann eine Verfassungsverletzung, wenn die Regierung den Etatentwurf so kurz vor Beginn der Haushaltsperiode in das Parlament einbringe, daß eine geordnete Beratung in der laufenden Haushaltsperiode nicht mehr möglich sei. Ansonsten sei die Regierung für die verspätete Verabschiedung nicht verantwortlich zu machen.

25 Mit Friauf 1968, S.259 und gegen Mußgnug 1976, S.176, der die Labandsche Budgettheorie als eine in ihrem Kernbereich "juristisch-logische Konstruktion ohne politische Implikationen" bezeichnet.

26 Nach Artikel 99 PrVU 1850. Den Wortlaut siehe in Abschnitt 2.5., Fußnote 417, S.96.

27 So auch Jellinek 1887, S.283.

28 Vgl. Laband 1871, S.75 f. Der Satz, auf dem er das rechtsdogmatische Gebäude errichtet, daß die Verfassungsurkunde durchaus lückenhaft sein, "die Rechtsordnung selbst aber ... ebenso wenig eine Lücke haben (könne), wie die Ordnung der Natur", wurde in der Folge oft angegriffen. Für Jellinek 1887, S.300 und Jellinek 1899, S.1177 steht und fällt die Lückentheorie mit diesem Satz. Jegliches Recht habe an der Natur des Staates seine Grenze. Es gebe im System des öffentlichen Rechts Lücken, "wo die realen Machtverhältnisse an Stelle der rechtlichen Ordnung treten" (Jellinek 1887, S.300). Friauf 1968, S.251 nennt den Labandschen Satz eine "apodiktische Behauptung", ohne auch nur den Versuch einer Erklärung zu machen.

lehne er wegen ihrer "*undurchführbaren*" und "*absurden*" Konsequenzen ab: Ihre Befolgung bedeute den Stillstand der Staatstätigkeit[29].

Im Gegensatz zu der herrschenden Lehre muß man seiner Ansicht nach von dem richtigen Grundprinzip ausgehen, "*daß das Etatsgesetz eben so wenig für Leistung der Ausgaben wie für Erhebung der Einnahmen 'die gesetzliche Grundlage' bildet, sondern lediglich das Einverständniß zwischen Regierung und Landtag über die Richtigkeit des Voranschlags und über die Nothwendigkeit und Angemessenheit der aufgeführten Summen konstatirt*"[30]. Die gesetzliche Grundlage für die Einnahmen und die überwiegende Zahl der Ausgaben sei auch ohne Etatgesetz vorhanden, so daß die Befugnis der Regierung, die Staatsausgaben zu leisten, fortdauere. Aus der spezifischen Rechtswirkung des Etatgesetzes, daß die Regierung im voraus von ihrer Verantwortung entlastet werde, soweit sie sich in den Grenzen des Etats bewege, ergebe sich als logische Schlußfolgerung, daß im Falle des Fehlens eines Etatgesetzes diese Wirkung nicht eintreffe und die Regierung die Finanzwirtschaft auf eigene Verantwortung weiterführe[31]. Zu ihrer Entlastung bedürfe sie der Indemnitätserteilung[32].

Der *Laband*schen These von der - nahezu - staatsrechtlichen Bedeutungslosigkeit des Etat-"Gesetzes" wollten sich nicht alle Staatsrechtswissenschaftler anschließen:

---

29 Vgl. Laband 1871, S.76 f. Die Folge ist seiner Ansicht nach die Desorganisation des Staates und die Etablierung eines staatenlosen Zustandes: "Es kann aber keinen Grundsatz des Staatsrechts geben, der zur Beseitigung des Staates selbst führt; denn die Erhaltung und gedeihliche Entwicklung des Staates ist das oberste gemeinsame Prinzip aller Staatswissenschaften, insbesondere des Staatsrechts". Ein Ausgabestop hieße nach Schulze 1875, S.196 "dem Staate das Verhungern anbefehlen, während seine Vorrathskammern bis zur Decke gefüllt sind. Ein Satz, welcher in seinen Folgerungen zu Absurditäten, ja zur Auflösung des Staates selbst führen würde, kann auch vom Standpunkt des Staatsrecht aus nicht richtig sein, dessen höchstes Gebot Erhaltung des Staates ist". Deshalb liege es "ausserhalb allen Zweifels", daß der Staat zu gewissen Ausgaben berechtigt sei. Meyer 1891, S.624 meint, die Folge eines nicht zustande gekommenen Etatgesetzes könne nicht sein, daß keine Finanzverwaltung geführt werden darf: "Das wäre gleichbedeutend mit der Auflösung des Staates".

30 Laband 1871, S.81.

31 Vgl. Laband 1901, IV, S.509. Siehe auch Schulze 1875, S.197 und Meyer 1891, S.624.

32 Vgl. Meyer 1891, S.624. Seinen Ausführungen gemäß enthält jeder Akt der Verwaltungsorgane, für welchen ein Gesetz im formellen Sinne erforderlich ist, eine Verfassungswidrigkeit. Ein solcher Akt sei unverbindlich. Die ihn vollziehenden bzw. kontrasignierenden Verwaltungsbeamten seien hierüber den gesetzgebenden Faktoren verantwortlich. Durch deren nachträgliche Genehmigung, die auf dem Wege der Gesetzgebung erfolgen müsse, könne einem solchen Akt die verbindliche Kraft eines Gesetzes beigelegt werden. Sie entbinde die beteiligten Verwaltungsorgane von ihrer Verantwortung (vgl. Meyer 1891, S.462). Für Arndt 1901, S.336 ist die Indemnität ein "interner Akt der Staatsgewalten" dafür, daß die Regierung der Verfassung zuwider ohne Etatgesetz Ausgaben geleistet habe. Siehe dazu auch Arndt 1888, S.563.

Jellinek sieht z.B. im Gegensatz zu *Laband* durchaus ein verfassungswidriges Handeln, wenn die Regierung - entgegen der ausdrücklichen Vorschrift der Verfassung - nicht auf Grundlage eines Budgetgesetzes wirtschaftet, sondern nur durch Verordnung[33]. Da es aber nach Jellineks Meinung "*selbstverständlich*" ist, daß die Finanzwirtschaft des Staates fortgeführt werde[34], sei es unmöglich, die Lösung des Falles nach formellen Rechtsregeln vorzunehmen[35]. Komme es tatsächlich zum Konflikt zwischen den gesetzgebenden Faktoren, so setze sich - sei die Volksvertretung stärker - diese durch und die Minister würden entlassen[36]. Entpuppe sich die Regierung als mächtiger, dann regiere sie auch ohne Budgetgesetz weiter[37]. Ähnlich sieht es *Haenel*, der es als eine zurechenbare und bewußte Verfassungsverletzung bezeichnet, wenn trotz

---

[33] In Anspielung auf die Labandsche Lückentheorie betont er, daß kein Rechtssatz eine Regierung ermächtige, einen Akt, für den ausdrücklich die Form eines Gesetzes vorgeschrieben sei, im Falle dessen Nichtzustandekommens völlig unabhängig von jeder politischen Mitwirkung vorzunehmen. Insofern müsse die Frage heißen, ob die Rechtsordnung der Regierung das Recht erteile, mangelnde formelle Gesetze durch Verordnung oder Verfügung zu sublimieren. Nur wer hier mit ja antworte, habe die Lücke im Rechtssystem gestopft (vgl. Jellinek 1887, S.303.). Eine Verfassungsverletzung sieht auch Schulze 1875, S.195 und Arndt 1888, S.558. Ebenso Hatschek 1923, II, S.210 f., der zudem meint: "Das Budgetrecht als Waffe in der Hand des Parlaments verträgt gar keine Beurteilung von dem Gesichtspunkt aus, ob bestehende Verwaltungsgesetze und Institutionen aufrechterhalten bleiben oder nicht. Das eine ist die parlamentarische oder staatsrechtliche Beurteilung, das letztere die verwaltungsrechtliche. Beide sind voneinander unabhängig".

[34] Wie es Fricker 1894, S.406 ausdrückt: "Nicht die ohne verabschiedetes Budget fortwirtschaftende, sondern die nicht mit der Wirtschaft fortfahrende Regierung würde ihre Pflicht verletzen". In gleichem Sinne z.B. Seydel 1887, S.23; Meyer 1891, S.624 und Stengel 1894, S.293.

[35] Vgl. Jellinek 1887, S.304. Er bekennt sich ausdrücklich zu den Worten Bismarcks am 27. Januar 1863 vor dem preußischen Landtag: 'Es reicht für mich die Nothwendigkeit hin, dass der Staat existire, und dass er nicht in pessimistischen Anschauungen es darauf ankommen lässt, was daraus wird, wenn man die Kassen schliesst' (zitiert nach Jellinek 1887, S.304).

[36] Im Falle des Konflikts zwischen Regierung und Parlament verweist auch Seidler 1885, S.231 auf die Möglichkeit der Volksvertretung, der Regierung ein Mißtrauensvotum zu stellen. Aber "tritt die Regierung trotz dieses Misstrauensvotums nicht zurück, so darf der Conflict zweier Organe des Staates nicht dazu führen, dass die rechtliche Existenz des Staates vernichtet wird, und es macht sich die Pflicht der Volksvertretung geltend, das Etatgesetz rechtzeitig zu genehmigen".

[37] Jellinek nennt dies das "Princip der historisch-politische(n) Lösung" solcher Konflikte, das wiederum von Bismarck endgültig formuliert worden sei: 'Conflicte, da das Staatsleben nicht stillzustehen vermag, werden zu Machtfragen, wer die Macht in Händen hat, geht dann in seinem Sinne vor, weil das Staatsleben auch nicht einen Augenblick stillstehen kann' (zitiert nach Jellinek 1887, S.306).

Nichtzustandekommen des Budgetgesetzes die Ausgaben geleistet würden[38]. Allgemeine Rechtsfolgen seien auf Grund des positiven Rechts in Preußen an die Verfassungsverletzung nicht geknüpft[39]. Resignierend stellt er deshalb fest: "*Auch hier bricht im Widerspruch mit Recht und Verfassung der deutsche Rechtsstaat kurzer Hand ab; Macht geht vor Recht*"[40].

Die gesamte staatsrechtliche Diskussion um das Nichtzustandekommen des Budgets war von dem Zwiespalt zwischen staatsrechtlichen Vorschriften und eventuell ihnen entgegenstehenden staatswirtschaftlichen Notwendigkeiten geprägt. Die Konsequenz der Einstellung jeglicher staatlicher Einnahme- und Ausgabetätigkeit im Falle der Nichteinigung zwischen Kammern und Regierung über das Budget wollte im Prinzip niemand ziehen, auch nicht *Haenel*. Deshalb verfiel die Staatsrechtswissenschaft auf ein weiteres Konstrukt: die angebliche Bewilligungspflicht des Parlaments bei "notwendigen" und dessen Bewilligungsfreiheit bei "willkürlichen" Einnahmen und Ausgaben. Diese Theorie wurde gleichermaßen für das preußische Etatrecht, das die Gesetzesform des Budgets - gleichgültig ob formell oder materiell - vorschrieb, als auch für die in ihrem rechtlichen Gehalt umstrittenen Etatformen der frühkonstitutionellen Staaten vertreten[41].

---

38 Die Gesetze, auf Grund welcher die Ausgaben in budgetgesetzloser Zeit nach Art und Maß geleistet werden, würden dadurch hingegen nicht verletzt (vgl. Haenel 1888, S.351). Ähnlich Seidler 1885, S.228, der schon allein in der Tatsache, daß ohne Etatgesetz verwaltet wird, eine Verfassungsverletzung seitens der Regierung sieht. Art. 109 PrVU 1850 hat seiner Ansicht nach nicht die Bedeutung, daß die Verwaltung die Einnahmen unabhängig vom jährlichen Budget vereinnahmen dürfe: "Der Sinn dieser Bestimmung ist vielmehr der, dass, wenn ohne Etatgesetz, also unbefugter- und widerrechtlicherweise die Verwaltung der Einnahmen und Ausgaben von einer Regierung geführt wird, diese nicht gezwungen ist, zu dem einen in der Thatsache der etatlosen Verwaltung gelegenen Unrecht noch das andere hinzuzufügen, Steuern im Verordnungswege zu decretiren". Eine Position zwischen Laband und Haenel nimmt z.B. Arndt 1888, S.558 ff. ein. Für ihn geht sowohl der Satz, daß die Staatsregierung ohne Etatgesetz nicht berechtigt sei, Ausgaben irgendwelcher Art zu leisten, zu weit als auch die Behauptung, die Regierung dürfe ohne Etatgesetz alle Ausgaben tätigen. Er formuliert dazu folgende Alternative: "Die Staatsregierung darf nicht eigenmächtig, nicht willkürlich Verpflichtungen mit finanzieller Wirkung für den Staat eingehen. Thut sie das gleichwohl, so verpflichtet sie durch ihr Handeln den Staat und dieser muss die Verpflichtung erfüllen; das Staatsministerium ist hierfür aber dem Landtage verantwortlich und bedarf der Indemnität".

39 Der Landtag besitzt kein Instrument, um einen Minister zum Rücktritt zu zwingen (vgl. z.B. Arndt 1901, S.337).

40 Haenel 1888, S.353. Arndt 1901, S.337 meint: "Es kann hierbei nur bemerkt werden, daß in Staaten, wie in Preußen, wo drei im Wesentlichen gleichberechtigte Factoren sich gegenüberstehen, das constitutionelle Leben auf Compromisse angewiesen ist". Mußgnug 1983, S.113 faßt die Lage wie folgt zusammen: "Das budgetlose Regiment Bismarcks in den Konfliktsjahren von 1862 bis 1866 dagegen stürzte Preußen in eine juristisch nicht zu bewältigende Verfassungskrise. Es machte deutlich, daß das Staatsrecht der konstitutionellen Monarchie nicht weiterhalf, wenn sich die Krone und das Parlament über das Haushaltsgesetz nicht einigen konnten".

41 Vgl. dazu Abschnitt 2.5.

3.5.3. Die Bewilligungspflicht des Parlaments

Ausgangspunkt der Theorie ist der Satz, daß das Budget der "gebundenen" Gesetzgebung unterliegt und das Parlament das Etatgesetz nicht - wie jedes andere Gesetz - verweigern kann[42]. Nach Ansicht von *Jellinek* ist das Budget kein legales Mittel zur Erreichung politischer Zwecke. Es gebe kein juristisch deduzierbares Recht der Volksvertretung, den Etat zurückzuhalten. Tue sie es doch, so handle sie verfassungswidrig[43]. Die Frage muß sich anschließen: Was sind "notwendige" und was "willkürliche" Ausgaben?

Rechtlich notwendig sind nach *Mohl* diejenigen Staatseinrichtungen, "*ohne welche eine vollständige Realisirung der Rechtsidee in Beziehung auf das Gemeinwesen nicht vorhanden ist*"[44]. Er unterscheidet drei verschiedene Arten: solche, die zur vollständigen Durchführung der obersten Zwecke des Staates erforderlich sind, solche, die durch vertragsmäßige oder gesetzliche Verbindlichkeiten des Staates bedingt sind[45], und solche, die unmittelbar und unzweifelhaft Folge eines Gesetzes sind[46]. Erkenne die Ständeversammlung die eine oder andere Staatseinrichtung als notwendig an, habe sie auch unweigerlich die zu ihrem vollständigen Erreichen erforderlichen Ausgaben anzuerkennen und zu bewilligen[47]. Komme die Ständeversammlung ihrer Verbindlichkeit, die notwendigen Staatseinrichtungen anzuerkennen und die hierfür notwendigen Deckungsmittel zu bewilligen, nicht nach, könne die Regierung in dem Falle, auch ohne die ständische Einwilligung, "*das Erforderliche thun*"[48]. Ein solches Handeln ist für ihn "*formell ungesetzlich und wird nur durch die Nothwendig-*

---

42 Siehe dazu auch Friauf 1968, S.108 ff.

43 Vgl. Jellinek 1887, S.289. Erklärend fügt er hinzu, daß viele konstitutionelle Verfassungen es unterlassen hätten, für den diskutierten Fall rechtliche Vorkehrungen zu treffen, da die Parlamente anfangs als Hüter der Verfassungen erschienen seien (vgl. Jellinek 1887, S.291).

44 Mohl 1840, I, S.627. Die Unterscheidung ist bereits in WüVU 1819, § 110 getroffen: "Dem Ansinnen einer Steuerverwilligung muß jedesmal eine genaue Nachweisung über die Nothwendigkeit oder Nützlichkeit der zu machenden Ausgaben ... vorangehen". In Ermangelung besonderer Bestimmungen könnten, so Geßler 1900, S.49, für den Begriff der notwendigen Ausgaben nur die allgemeinen Grundsätze des Staatsrechts maßgebend sein. Nach Angaben von Reinhard 1904, S.649 hat die in der Verfassungsurkunde gemachte Unterscheidung, "die früher wiederholt zu scharfen Konflikten Anlass bot, (hat) heute, besonders dank der wissenschaftlichen Vertiefung, eine beiden Teilen gerecht werdende Klärung gefunden".

45 Hier kommen insbesondere immer die Ausgaben für den Deutschen Bund bzw. für das Deutsche Reich zur Sprache (vgl. z.B. Herdegen 1848, S.7).

46 Vgl. Mohl 1840, I, S.627.

47 Vgl. Mohl 1840, I, S.628.

48 Mohl 1840, I, S.628 f.

keit entschuldigt"[49]. Bei staatsrechtlich nur nützlichen Ausgaben[50] seien den Ständen die Hände weder hinsichtlich des Zwecks noch der Ausgabenhöhe gebunden[51].

Die von *Mohl* für Württemberg vorgetragene Lehre vom gebundenen Budgetrecht wurde u.a. von *Laband* - obwohl beide Staaten angeblich Budgets mit unterschiedlichem Rechtscharakter hatten[52] - auf die preußischen Verhältnisse übertragen. Die von *Mohl* gemachte Einschränkung, daß das Handeln der Regierung ohne ständische Zustimmung ungesetzlich sei, übernahm er jedoch nicht.

Staatsrechtlich notwendige Ausgaben sind nach *Laband* diejenigen, zu deren Leistung die Regierung gesetzlich verpflichtet ist, unabhängig davon, ob ein Etatgesetz besteht oder nicht[53]. Zu den notwendigen Ausgaben zählt er z.B. die vermögensrechtlichen Verpflichtungen des Fiskus sowie die persönlichen und sächlichen Verwaltungsausgaben. Für die ihrer Höhe nach bestimmten notwendigen Ausgaben habe das Fehlen des Etatgesetzes keinerlei Bedeutung[54], für die der Höhe nach unbestimmten müsse die Regierung bei der Rechnungslegung den Nachweis führen, daß die Ausgaben in der geleisteten Höhe erforderlich und angemessen gewesen seien[55]. Zur Leistung der staatsrechtlich willkürlichen Ausgaben bestehe für die Regierung keine Rechts-

---

49 Mohl 1840, I, S.630.

50 Wie Seydel 1889, IV, S.395 meint, gewährt die Unterscheidung zwischen notwendigen und nützlichen Ausgaben nur in einer beschränkten Zahl von Fällen ein Kennzeichen, das über allen Zweifeln steht. Dazwischen liege ein weites Feld staatlicher Tätigkeit, wo zwar der zu erreichende Zweck gesetzlich feststehe, Maß und Art des Bedarfs jedoch nicht.

51 Vgl. Mohl 1840,I, S.630. Ähnlich für Württemberg: Georgii 1845, S.24; Herdegen 1848, S.7; Hoffmann 1857, I, S.47 ff.; Sarwey, 1883, II, S.515; Widenmeyer 1885, S.8; Mosthaf 1903, S.361 f. und Reinhard 1904, S.648 ff. Für Bayern stellen Moy 1840, I, S.150; Pözl 1854, S.477 ff.; Seydel 1887, S.15 ff.; Seydel 1889, IV, S.393 ff.; Zorn 1889, S.371; Rehm 1901, S.658; Ringelmann 1914, S.24; Jobst 1948, S.52 f. und Kummer 1964, S.31 ff. ein gebundenes Steuerbewilligungs- bzw. -verweigerungsrecht fest. Für Sachsen legen Bülau 1833, S.209 ff. und Löbe 1889, S.12 ff. ein beschränktes Steuerbewilligungsrecht dar. Allgemein: Meyer 1891, S.617 f.

52 Vgl. dazu Abschnitt 2.5.

53 In dieser Bestimmung sieht Geßler 1900, S.49 solche Merkmale, die "dem freien Ermessen der Regierung bei Feststellung, so auch der Willkür des Landtags bei Prüfung des Budgets mächtige Schranken ziehen". Vgl. z.B. auch Hue de Grais 1927, S.187.

54 So auch Mußgnug 1976, S.142 f.

55 Dazu meint Schulze 1875, S.199: "Mag bei den unentwickelten Rechtsmitteln, welche der preussischen Volksvertretung zu Gebote stehen, auch die Regierung juristisch von dieser Verantwortlichkeit nicht viel zu befürchten haben, moralisch ist es doch von grossem Gewicht, dass man den Zustand des nichtzustandegekommenen Etatsgesetzes nicht wie einen normalen, der seine Regel hat, ansieht, sondern wie einen abnormen, verfassungswidrigen, in welchem die Regierung nur nach den Geboten des Nothstandes die Staatswirthschaft weiter zu führen berechtigt und verpflichtet ist".

pflicht, weshalb sie beim Nichtzustandekommen des Budgets für solche Ausgaben keine Mittel zur Verfügung habe. Bestehen allerdings "*dringende Staatsinteressen*", gesteht *Laband* durchaus Ausnahmen von dieser Regel zu[56].

Laband folgert aus dem "*obersten Grundsatz*" des konstitutionellen Staatsrechts - daß das bestehende Recht und die rechtlich begründeten Institutionen des Staates nur von Souverän und Volksvertretung übereinstimmend verändert werden dürften -, daß die Volksvertretung "*nicht einseitig die bestehenden Gesetze durch Verweigerung der zur ihrer Ausführung nothwendigen Mittel suspendiren oder aufheben kann*"[57]. Die notwendigen Kosten im staatsrechtlichen Sinne dürften deshalb vom Parlament nicht verweigert werden, sondern nur die willkürlichen, deren Genehmigung ins Belieben des Parlaments gestellt sei[58].

Diese Lehre wird von *Haenel* einerseits stark angegriffen und andererseits übernommen. Für ihn ist die Unterscheidung zwischen staatsrechtlich notwendigen und willkürlichen Ausgaben "*lediglich eine abstrakte Theorie, die auf einem fingirten, praktisch unmöglichen Thatbestand sich aufbaut*"[59]. Für die Verwaltung ist seiner Ansicht nach die Unterscheidung ohne Belang: "*Die Ausgaben jedes grösseren Staatswesens bilden ein so dichtes und unauflösliches Gefüge, in dem sich alle Einzelheiten so sehr gegenseitig tragen und bedingen, dass der Versuch einer Scheidung nach jenen beiden Kategorien für den geordneten Gang des Finanzdienstes, für die dringendsten und unabweisbarsten Be-*

---

56 Vgl. Laband 1901, IV, S.510 ff.; Laband 1890, S.368 und Laband 1883, S.211. Ähnlich Meyer/Anschütz 1919, S.892 f. und Schulze-Gaevernitz 1890, S.213.

57 Laband 1883, S.206.

58 Vgl. Laband 1883, S.207 und 211. Siehe auch Laband 1901, IV, S.490 ff. Die Notwendigkeit fortwährender Finanzwirtschaft bestreitet auch Seidler 1885, S.230 nicht, da diese "so sicher erfolgen muss, als sonst der Staat zu Grunde geht, der ohne Einnahmen und Ausgaben nicht existiren kann, so ergibt sich daraus die absolute Pflicht der gesetzgebenden Organe, jene Voraussetzung zu schaffen, indem ein Etatgesetz erlassen wird". Für ein gebundenes Budgetrecht des Parlaments sprechen sich u.a. auch Schulze-Gaevernitz 1890, S.212 f., Stengel 1894, S.293; Arndt 1901, S.336; Meyer/Anschütz 1919, S.891 und Stier-Somlo 1926, S.823 ff. aus. Nur Arndt 1891, S.228 hält es grundsätzlich für möglich, daß eine Verfassung dem Parlament das Recht gibt, der Regierung die Erhebung der Einnahmen und Leistung der Ausgaben zu versagen. Es handelt sich hierbei seiner Ansicht nach um keine allgemeine Frage, sondern um eine des besonderen Staatsrechts, die für jeden Staat verschieden zu beantworten sei.

59 Haenel 1888, S.347. Zuvor hat schon Fricker 1861, S.656 f. die Lehre von der gebundenen Gesetzgebung mit der Begründung abgelehnt, daß mit ihr nichts gewonnen sei. Im Konfliktfall erhebe sich wieder derselbe unauflösbare Streit, was eine "notwendige" Ausgabe sei: "So lange nicht ein formelles Kriterium des Nothwendigen aufgestellt werden kann - und dies können theoretische Sätze nie geben -, so lange sind alle Bemühungen vergeblich, aus dem blos factischen Zustand in einen rechtlich sichern einzutreten" (Fricker 1861, S.657). Ähnlich Zorn/Zinn 1926, III, S.121: "Die in Wissenschaft und Praxis gemachte Unterscheidung zwischen notwendigen und 'willkürlichen' Ausgaben ist eine durch die zwingenden Forderungen des Staatsdaseins veranlaßte Verlegenheitskonstruktion, die aber jeder positiv-rechtlichen Grundlage entbehrt".

dürfnisse der Staatsverwaltung unthunlich und unmöglich ist"[60]. Andererseits meint er, daß die staatsrechtlich notwendigen Einnahmen und Ausgaben, d.h. diejenigen, welche "*nach ihrer Art oder zugleich nach Art und Mass durch das Gesetz angeordnet oder durch die Aufrechterhaltung der auf Gesetz beruhenden Einrichtungen und Anstalten begründet oder mit den durch Gesetz vorgeschriebenen Massregeln nothwendig verknüpft sind*"[61], zu der sog. gebundenen Gesetzgebung gehörten. Die bezeichneten Einnahmen und Ausgaben dürften von beiden Teilen nicht einseitig verweigert werden[62]. In *Haenels* Äußerungen spiegelt sich das Schwanken zwischen staatsrechtlicher Theorie und staatswirtschaftlicher Praxis exemplarisch wider.

Abgelehnt wird die Theorie von der gebundenen Gesetzgebung dagegen von *Ziegler: "Die Bewilligungspflicht Labands ist nichts als ein Wunsch und die Behauptung ihres rechtlichen Bestandes ein nur auf die Autorität der Gelehrten gegründetes Überredungsmittel*"[63]. *Buchholz* kommt zu dem Ergebnis: "*Labands Ansicht und derjenigen, welche ihm hier folgen, beruht auf einer vollständigen Verkennung des parlamentsrechtlichen und des verwaltungsrechtlichen Gesichtspunktes*"[64]. Nach *Hatscheks* Ansicht ist das Parlament nur verpflichtet, Leistungen für international eingegangene Verpflichtungen zu bewilligen. Ansonsten sei es aber gesetzlich ungebunden[65]. Völlige Freiheit der gesetzgebenden Faktoren besteht auch für *Zorn/Zinn*. Die Theorie von der gebundenen Gesetzgebung halten sie für "*hinfällig, weil ohne verfassungsrechtliche Grundlage, denn nach der Verfassung ist jeder der gesetzgebenden Faktoren in seiner Beschlußfassung absolut frei und keiner derselben an den Beschluß eines anderen rechtlich gebunden*"[66].

Obwohl - wie oben dargelegt - das preußische Budget im Untersuchungszeitraum 43mal nicht vor Beginn der Budgetperiode verabschiedet wurde, geschah

---

60 Haenel 1888, S.347.

61 Haenel 1888, S.299.

62 Vgl. Haenel 1888, S.299.

63 Ziegler 1904, S.20. Obwohl er die Bewilligungspflicht in bezug auf die notwendigen Staatsausgaben ablehnt, versucht er später die Ausgaben, die als unablehnbar gelten sollen, zu kategorisieren (vgl. Ziegler 1904, S.67 ff.).

64 Vgl. Buchholz 1923, II, S.210. "Ganz abgesehen davon, daß der Reichstag der Bismarckschen Reichsverfassung ... in der Praxis niemals diese Ansicht von Laband, wenn sie je von der Regierung vorgebracht wurde, geduldet, geschweige denn anerkannt hat" (Buchholz 1923, II, S.109 f.).

65 Vgl. Hatschek 1923, II, S.211.

66 Zorn/Zinn 1926, III, S.121. "Gewiß hat das Parlament Pflichten gegenüber dem Staat und seine oberste und höchste Pflicht ist es, zu seinem Theile mit dafür zu sorgen, daß der Staat nicht stille stehe. Aber diese Pflichten sind lediglich moralischer Natur (...), sie entbehren des Rechtsschutzes, denn jeder Abgeordnete ist für sein Votum nach positiver Verfassungsvorschrift nur seinem Gewissen d.i. rechtlich nicht verantwortlich" (Zorn 1889, S.372).

dies nur einmal aus einer Konfliktsituation zwischen der Kammer der Abgeordneten und der Regierung heraus. Der preußische Budgetkonflikt von 1862 bis 1866[67] endete mit einem Indemnitätsgesetz. Darin heißt es: "*Der Staatsregierung wird in Bezug auf die seit dem Beginn des Jahres 1862 ohne gesetzlich festgestellten Staatshaushalts-Etat geführte Verwaltung, vorbehaltlich der Beschlußfassung des Landtages über die Entlastung der Regierung nach Vorlegung der Jahresrechnungen, Indemnität ertheilt, dergestalt, daß es rücksichtlich der Verantwortlichkeit der Staatsregierung so gehalten werden soll, wie wenn die Verwaltung in der erwähnten Zeit auf Grund gesetzlich festgestellter und rechtzeitig publizirter Staatshaushalts-Etats geführt worden wäre*"[68]. Die Indemnitätsklausel ist in einem Teil der folgenden verspäteten Etatgesetze gleich eingearbeitet[69]. Wieso sie nicht in allen enthalten ist, läßt sich weder aus dem Budgetrecht noch aus der Literatur ermitteln.

Nach § 7 der bayerischen Verfassung von 1818 kann die letztbewilligte Steuer noch ein halbes Jahr forterhoben werden, wenn der König durch außerordentliche äußere Verhältnisse verhindert ist, im letzten Jahr der ordentlichen Steuerbewilligung die Stände zu versammeln[70]. Den Fall der Nichteinigung zwischen Regierung und Kammern über das Budget regelt das sog. "*Verfassungsverständnis*" von 1843. Sind nach ihm die Stände und die Regierung hinsichtlich Natur und Größe entweder der ordentlichen beständigen, bestimmt vorherzusehenden Staatsbedürfnisse oder der von einer ständischen Bewilligung unabhängigen Deckungsmittel oder in beiderlei Hinsicht abweichender Überzeugung und kommt keine Vereinbarung darüber zustande, "*so willigen die Stände begreiflichermassen an ergänzenden Steuern nur die ihres Dafürhaltens erforderliche Größe*"[71]. Es wird also zwischen in das Budget eingestellten und nicht eingestellten Ausgaben unterschieden. Die in das Budget eingestellten können nur insofern realisiert werden, "*als sie die Natur eines zur Zeit der Willigung bestimmt 'vorherzusehenden Staatsbedürfnisses' (...) tragen, und sollten die Deckungsmittel nicht zulänglich sein, alle in das Budget eingestellten*

[67] Vgl. dazu Abschnitt 2.5., S.92.

[68] Vgl. PrGS 1866, S.563 ff., Artikel 2.

[69] In PrEG 1868, § 4 heißt es z.B.: "Die bis zur gesetzlichen Feststellung des Staatshaushalts-Etats (§ 1) innerhalb der Grenzen desselben geleisteten Ausgaben werden hiermit nachträglich genehmigt". Sinngemäße Bestimmungen sind auch enthalten in: PrEG 1869, § 4; PrEG 1872, § 4; PrEG 1873, § 4; PrEG 1874, § 4; PrEG 1890, § 3; PrEG 1891, § 3; PrEG 1894, § 3; PrEG 1897, § 4; PrEG 1898, § 4; PrEG 1902, § 4; PrEG 1904, § 4; PrEG 1907, § 4; PrEG 1909, § 4; PrEG 1911, § 4; PrEG 1912, § 4; PrEG 1913, § 4 und PrEG 1914, § 4.

[70] Dies gilt nicht für den Fall der Auflösung der Ständeversammlung oder bei Nichteinigung über das Budget (vgl. Cucumus 1825, S.342, Fußnote 1).

[71] BaVV 1843, § 4 Abs. 1. Nach Ringelmann 1914, S.27 kann dabei nie strittig sein, ob ein Staatsbedarf überhaupt anzuerkennen ist, sondern der Landtag müsse entscheiden, was und wieviel er für notwendig halte. Die Steuern für die anerkannten Ausgaben habe er aber auf jeden Fall zu bewilligen.

Staatsbedürfnisse zu decken, so befriediget die Regierung zunächst jene unter diesen Staats-Bedürfnissen, welche auf gesetzlichen oder rechtlichen Verpflichtungen beruhen, dann jene, welche ihr gemäß ihres regiminalen Ermessens als die dringendsten erscheinen"[72]. Außerordentliche, zur Zeit der Bewilligung unvorhersehbare und deshalb nicht in das Budget eingestellte Ausgaben finden auch in diesem Fall im Reichsreservefonds und subsidiär im eventuell überschüssigen Staatseinkommens ihre gesetzliche Deckung[73].

Für Bayern legt *Seydel* dar, daß bei Zurückweisung der ständischen Modifikationen durch die Regierung durchaus ein Budget zustande komme. Die Aufstellung des Budgets sei ein Verwaltungsakt[74], der zwar zu einem bestimmten Zweck der Prüfung des Landtags unterliege, dessen Zustimmung aber nicht bedürfe. Daraus folge, daß die Regierung das nicht vereinbarte Budget einseitig feststellen dürfe, "*lediglich gebunden durch das natürliche Hindernis, dass sie nicht mehr ausgeben kann, als sie hat*"[75]. Ihr Haben bestehe in den von der landschaftlichen Bewilligung unabhängigen Einnahmen und in den bewilligten Steuern[76]. Der Landtag werde durch die Nichtvereinbarung des Budgets nicht von einer verfassungsmäßigen Pflicht befreit, das nach seiner Auffassung für den Staatsbedarf erforderliche Maß von Steuern zu bewilligen[77]. Dabei macht es nach *Dresch* i.d.R. wenig Schwierigkeiten, sich darüber zu einigen, was ein Staatsbedürfnis ist, Meinungsverschiedenheiten gebe es lediglich bezüglich der Höhe[78]. Die Folge der Nichteinigung sei, so *Ziegler*, daß die Regierung nach ihrem eigenen Dafürhalten mit ihren Mitteln wirtschaften könne. Sie sei nicht an das von den Kammern modifizierte, aber nicht verein-

---

[72] BaVV 1843, § 4 Abs. 3.

[73] Vgl. BaVV 1843, § 4 Abs. 2.

[74] Vgl. dazu Abschnitt 2.5., S.98 ff.

[75] Seydel 1887, S.23. Oder, wie es Piloty 1902, S.34 ausdrückt: "Die Regierung aber ist in Anbetracht der ihres Erachtens zu geringen Einnahmen genötigt, zuzusehen, wie sie auskommt".

[76] Vgl. Seydel 1887, S.23 und Meyer 1891, S.625.

[77] "Denn es ist klar, dass eine Meinungsverschiedenheit zwischen Staatsregierung und Landtag über das Budget, bei welcher für keinen der beiden Teile eine Verpflichtung zur Unterordnung der eigenen Anschauung unter die fremde besteht, nicht zur Aufhebung des Staates führen darf" (Seydel 1887, S.23 f.). Dies geht nach Ziegler 1904, S.40 ausdrücklich aus § 4 BaVV 1843 hervor. Die Steuer wird in diesem Fall nach Ringelmann 1914, S.27 in einer Pauschsumme bewilligt.

[78] Die Frage, wie groß das Bedürfnis ist, "kann nach Zeit und Umständen eine große Verschiedenheit der Ansichten hervorrufen" (Dresch 1835, S.72, Fußnote c.). Im Falle der Nichteinigung ist seiner Ansicht nach das Institut der Schiedsgerichte geboten.

barte Budget gebunden[79]. Anderer Meinung ist *Ringelmann.* Nach seiner Einschätzung muß die Regierung das von ihr aufgestellte Budget nach den Grundsätzen des Verfassungsverständnisses bewirtschaften[80]. Ähnlich auch *Seydel*, dem zufolge im Falle des Nichtzustandekommens des Finanzgesetzes stets der niedrigere Betrag für beide Teile bindend ist. In der größeren Summe sei die kleinere enthalten und bezüglich letzterer liege daher Übereinstimmung vor[81]. Alle Interpretationen beruhen dabei auf § 4 des Verfassungsverständnisses. *Jobst* sieht dagegen auch in Bayern die Möglichkeit eines rechtlich unauflösbaren Konflikts gegeben, wobei eine der beiden Parteien, je nach augenblicklicher Machtstellung, letzten Endes nachgeben müsse[82].

Eine gewisse Verpflichtung des Parlaments, für die Aufbringung des Staatsbedarfs zu sorgen, ist in der sächsischen Verfassung von 1831 niedergeschrieben: "*Die Stände haben die Verpflichtung, für Aufbringung des ordentlichen und außerordentlichen Staatsbedarfs durch Aussetzung der hierzu erforderlichen Deckungsmittel zu sorgen. Sie haben dagegen das Befugniß, hierbei die Nothwendigkeit, Zweckmäßigkeit und Höhe der Ansätze zu prüfen, und deßhalb Erinnerungen zu machen*"[83].

Nach *Bülau* müssen die Stände anerkennen, was nachweislich als Staatsbedarf existiere, was durch die Verfassung feststehe, durch Bundeszwecke, Verträge und "*durch den allgemeinen Staatszweck gefordert wird*"[84]. Eine Verweigerung der Steuern aus politischen Gründen hält er "*nach der Verfassung in Uebereinstimmung mit dem allgemeinen Geiste des deutschen Staatslebens*" für unzuläs-

---

79 Vgl. Ziegler 1904, S.40 f. Da diese Wirkung vom Landtag nicht gewollt sein könne, müsse er bestrebt sein, "die Nichtvereinbarung des Budgets möglichst hintanzuhalten, ohne doch den einen Teil in die Rolle der Willenlosigkeit zu drängen" (vgl. dazu und zu der parlamentarischen Praxis in Bayern Ziegler 1904, S.41 ff.). So auch Mußgnug 1976, S.133: Die Regierung müsse nur für die vorrangige Deckung aller Ausgaben sorgen, die auf gesetzlichen oder rechtlichen Verpflichtungen beruhten. Im übrigen liege es bei ihr, die Ausgaben auszuwählen, welche ihr gemäß ihrem regiminalen Ermessen am dringendsten erscheinen.

80 Vgl. Ringelmann 1914, S.27.

81 Vgl. Seydel 1887, S.6. Der König könne den von den Ständen beschlossenen höheren Kredit ablehnen, aber nicht den geminderten Kredit erhöhen. Allerdings sei die Gebundenheit der Regierung hinsichtlich der einzelnen Etats nirgends vorgeschrieben. Deshalb stehe es im Ermessen der Krone, in den Ausgabepositionen auch dann ihre Voranschläge einzuhalten, wenn sie die von den Ständen bewilligte Größe überschreiten.

82 "Darüber kann keine juristische Konstruktion, die versucht, auf rechtlichem Wege einen Ausweg zu finden, hinwegtäuschen" (Jobst 1948, S.57 f.).

83 SäVU 1831, § 97. Nach Bülau 1833, S.210 können sie erklären, ob sie einen in das Budget aufgenommenen Gegenstand als "ein wahres und nothwendiges Bedürfniß ansehen, ob sie die Verwendung der geforderten Summe darauf als zweckmäßig betrachten, und ob sie glauben, daß er weder mit einer geringeren Summe zu bestreiten sei, noch eine höhere erfordert".

84 Bülau 1833, S.210.

sig[85], andererseits kann den Ständen seiner Auffassung nach auch das Recht, die von der Regierung gemachten Vorschläge zurückzuweisen, nicht abgesprochen werden[86]. In Sachsen kann der König - nach der Verfassungsurkunde von 1831 -, "*die Auflagen für den Staatsbedarf, insofern sie nicht ausdrücklich nur für einen vorübergehenden, bereits erreichten Zweck bestimmt sind, nach Ablauf der Bewilligungszeit, durch die oberste Staatsbehörde, mittelst einer in der Gesetzsammlung aufzunehmenden Verordnung, noch ein Jahr ausschreiben und forterheben*"[87]. Kommt nach Ablauf dieser Zeit wieder kein Finanzgesetz zustande, so gebe die Verfassung für diesen Fall "*keinen directen Aufschluß*"[88]. Nach Ansicht von *Bülau* ist i.d.R. mit einer Nachgiebigkeit von beiden Seiten zu rechnen. Aus den Verfassungsbestimmungen ergebe sich hinsichtlich der Ausgaben kein Zwiespalt, da dasjenige bewilligt werden müsse, was wesentlich notwendig sei. Nur in Nützlichkeitsfragen werde die Regierung im äußersten Fall den beharrlich verweigernden Ständen nachgeben müssen[89]. Beim Einnahmebudget hätten die Stände dagegen freieres Spiel, da sie nur verpflichtet seien, die Deckungsmittel zu beschaffen, "*nicht aber verbunden (seien), gerade den von der Regierung beliebten Modus zu adoptiren*"[90].

§ 114 der württembergischen Verfassungsurkunde von 1819 enthält die Bestimmung, daß die auf einen gewissen Zeitraum bewilligten Jahressteuern nach Ablauf des Bewilligungszeitraums auch im ersten Drittel des folgenden Jahres auf Rechnung der neuen Bewilligung eingezogen werden dürfen.

Verzögere sich die Verabschiedung des neuen Etats über diese vier Monate hinaus[91], so müsse für die Weiterbewilligung der Steuern in gleichem oder höherem Betrag ein besonderes Gesetz verabschiedet werden[92]. Ansonsten dürfen - so *Mosthaf* - nach Ablauf der vier Monate keine weiteren Steuern erhoben werden. Komme weder ein provisorisches Steuergesetz noch ein neues Finanzgesetz zustande, "*so bestimmen sich die Folgen je nach der staatsrechtlichen Auffassung über das Wesen des ständischen Budgetrechts verschieden*"[93].

---

[85] Vgl. Bülau 1833, S.211.

[86] Vgl. Bülau 1833, S.212.

[87] Vgl. SäVU 1831, § 103. Dieser Kern bleibt trotz der Änderungen, die der Paragraph durch die Gesetze vom 5. Mai 1851 und 27. November 1860 erfahren hat, erhalten.

[88] Bülau 1833, S.213.

[89] Vgl. Bülau 1833, S.213.

[90] Bülau 1833, S.213.

[91] Der Grundsatz gilt nach Sarwey 1883, II, S.514 auch für den Fall, daß die Stände einen vorgelegten Staatshaushaltsetat im ganzen verworfen haben.

[92] Gemeint sind damit die Gesetze zur provisorischen Steuererhebung. Vgl. z.B. Sarwey 1883, II, S.514; Widenmeyer 1885, S.12 und Bazille/Köstlin 1907, S.124.

[93] Sarwey 1883, II, S.514 f.

Pfizer bejaht ein Steuerverweigerungsrecht der Stände[94]. Der Aufwand, den die gesetzlichen Staatsinstitute und Staatszwecke erforderten, werde zwar als ein rechtlich notwendiger anerkannt, zu bestimmen, wie groß dieser Aufwand in jeder Etatperiode sein und durch welche Mittel er gedeckt werden solle, sei jedoch Sache eines jeden einzelnen Landtags[95]. In der Absicht der Verfassung stehe nicht, zwischen notwendigen und nützlichen Ausgaben zu unterscheiden und das Steuerverweigerungsrecht nur auf die nützlichen Ausgaben zu beschränken[96]. Es unterliege keinem Zweifel: Die "*erste Grundbedingung und die letzte Schutzwehr konstitutioneller Freiheit bleibt daher immer das Recht der Stände, Nein zu sagen zu allen von der Regierung vorgeschlagenen Gesetzen - seyen es Finanzgesetze oder andere -, das liberum veto in Beziehung auf Gesetzgebung und Besteuerung*"[97].

Mohl leitet dagegen für Württemberg - mangels konkreter Verfassungsbestimmungen - aus allgemeinen staatsrechtlichen Grundsätzen ein gebundenes Budgetbewilligungsrecht ab[98]. Nach *Sarwey* ist die Regierung nicht nur gehalten, sondern verpflichtet, die notwendigen Ausgaben, "*d.h. alle diejenigen Ausgaben zu machen, welche auf bestehenden Rechtspflichten oder auf einer dauernden geseztlichen Vorschrift beruhen, oder nach der Sachlage überhaupt von der Regierung als nothwendig anerkannt werden*"[99]. Dabei sei sie zunächst auf den Ertrag des Kammerguts und auf etwaige Überweisungen aus der Reichskasse angewiesen[100]. Reichten diese Einnahmen nicht hin, sei dieser Widerspruch unerträglich, weil er den Bestand des Staates gefährden würde. Das Notverordnungsrecht des § 89 der württembergischen Verfassung helfe dem ab. Er bestimmt, daß der König das Recht hat, "*ohne die Mitwirkung der Stände die zur Vollstreckung und Handhabung der Gesetze erforderlichen Verordnungen und Anstalten zu treffen, und in dringenden Fällen zur Sicherheit des Staates das Nöthige vorzukehren*"[101]. Die Voraussetzungen zur Inanspruchnahme dieses Rechts würden beim Scheitern des Finanzgesetzes immer dann vorliegen, wenn die Einbringung und rechtzeitige Verabschiedung eines Entwurfs nach Lage der Umstände nicht mehr in Frage kommen könne[102]. Die Regierung werde in diesem Fall durch eine Notverordnung die nach ihrem

---

94 Vgl. Pfizer 1836, S.157.

95 Vgl. Pfizer 1836, S.164.

96 In diesem Fall sei die Regierung geneigt, schnell alle Ausgaben für notwendig zu halten (vgl. Pfizer 1836, S.71 f.).

97 Pfizer 1836, S.25.

98 Vgl. dazu weiter oben S.262 f.

99 Sarwey 1883, II, S.515.

100 Vgl. Mosthaf 1903, S.379.

101 WüVU 1819, § 89.

102 Vgl. Sarwey 1883, II, S.517 und Mosthaf 1903, S.380.

pflichtgemäßen Ermessen geeignet erscheinenden Steuern bis zu demjenigen Betrag erheben, der erforderlich sei, um - in Verbindung mit den ihr sonst zur Verfügung stehenden Mitteln - die notwendigen Staatsausgaben zu bestreiten[103]. "*Die Beweislast bezüglich der Rechtfertigung der Ausgaben und Einnahmen wird durch das Nichtzustandekommen des Gesezes umgekehrt und hiedurch die materielle Verantwortlichkeit der Minister für ihre auf den Staatshaushalt bezüglichen Akte in einer Weise gesteigert, welche für sie das Regieren ohne Finanzgesetz mindestens ebenso bedenklich macht, als für den Staat und die Staatsgenossen*"[104]. Die Stände hätten, falls die Rechtfertigung des Ministers nicht gelinge, das Recht der Ministeranklage[105]. Ansonsten müsse eine Indemnitätserklärung erfolgen[106].

Durch die Verfassungsänderung von 1906 wird etwas differenzierter bestimmt, daß diejenigen Steuern, deren Sätze im Wege der ordentlichen Gesetzgebung fest bestimmt sind, außer im Fall der Ablehnung des Etats im ganzen, solange und insoweit forterhoben werden, als nicht beide Kammern die Steuern ablehnen oder mit der Ermäßigung des Steuersatzes einverstanden sind. Eines übereinstimmenden Beschlusses beider Kammern bedarf es, wenn eine Steuer, für welche in einem Steuergesetz ein fester Satz bestimmt ist, in einem höheren Betrag erhoben werden soll[107].

Tatsächlich herrschende Rechtszustände beim Nichtzustandekommen des Budgets lassen sich, um zusammenzufassen, bei dieser Rechtslage in den untersuchten Staaten nicht eindeutig ausmachen. Die Verfassungsbestimmungen waren dafür zu lückenhaft und die budgetrechtliche Diskussion in sich zu kontrovers. Der Disput um das Steuerverweigerungsrecht der Ständeversammlungen nahm zwar in der rechtswissenschaftlichen Diskussion des 19. Jahrhunderts einen breiten Raum ein, praktiziert wurde es jedoch selten. Abgesehen vom preußischen Budgetkonflikt[108] kam es dazu nur in Kurhessen 1850[109].

[103] Vgl. Mosthaf 1903, S.380.

[104] Sarwey 1883, II, S.517. Nach Kichler 1956, S.41 kann die Regierung bei Nichteinigung über das Budget die Ausgaben nach eigenem Gutdünken vornehmen.

[105] Vgl. Sarwey 1883, II, S.517.

[106] Vgl. Sarwey 1883, II, S.517 f.

[107] Vgl. WüRegBl 1906, S.161, § 181 Abs. 1 Ziffer 2 Abs. 2.

[108] Vgl. dazu Abschnitt 2.5.

Der Budgetkonflikt blieb jedoch theoretisch "*das unbewältigte Problem der konstitutionellen Monarchie. Es war mit juristischen Methoden nicht zu lösen. Seine Lösung hing von einer eindeutigen Klärung der Frage ab, wer letztlich über die Steuern und die öffentlichen Ausgaben zu bestimmen habe: die Krone oder der Landtag*"[110].

Das Bemühen, zwischen monarchischem und parlamentarischem Prinzip auszugleichen - es beiden Seiten recht zu machen -, kommt in den gezwungen anmutenden theoretischen Konstrukten zum Ausdruck. Die ebenfalls konstruierte Unterscheidung zwischen dem rechtlichen Charakter der Budgets der frühkonstitutionellen Staaten und Preußens[111] löste sich darin wieder auf. Der Fall des Nichtzustandekommens des Budgets im ganzen wurde durch die Deklaration von Bewilligungspflichten theoretisch ausgeschlossen. Kam - auch nach gewissen Übergangsfristen - kein Budget zustande, handelte durch dieses Konstrukt nicht (mehr) die Regierung rechtswidrig, sondern die Kammern, da sie ihrer Bewilligungspflicht nicht nachkamen. Die Regierung war damit entlastet und konnte - ganz im Gegensatz zum Handeln der Ständeversammlung - ihrer Pflicht, sich um die Erhaltung des Staates zu kümmern, nachgehen - auch ohne Budget. Ob dieses durch Vereinbarung oder im Wege der formellen Gesetzgebung zustande kam, spielte hierbei keine Rolle mehr. Dies erstaunt, weil sich der unterschiedliche theoretische Rechtscharakter des Budgets, wenn überhaupt, dann im Konfliktfall zeigen müßte. Stattdessen war die Rechtswissenschaft damit beschäftigt, die zuerst mühsam konstruierten Unterschiede durch weitere Konstruktionen wieder zu verwischen, um im Ergebnis zu einem unterschiedslosen Einerlei zu gelangen. Zur Probe aufs Exempel kam es mangels echter Budgetkrisen nicht.

---

109 Die hessischen Beamten weigerten sich, die Steuern ohne geltendes Finanzgesetz zu erheben. Die Regierung konnte sich nur mit Hilfe von Interventionstruppen des Bundes durchsetzen. Dies wirkte, so Mußgnug 1976, S.144 f., so abschreckend, daß die Regierungen es vorzogen, nachzugeben, ehe sich die Fronten endgültig versteiften: "Sie beugten sich lieber selbst einschneidenden Änderungen ihrer finanziellen Pläne durch das Parlament, als sich auf einen Kampf mit ungewissem Ausgang einzulassen" (Mußgnug 1976, S.145). Außer in Preußen kam es deshalb nirgends mehr zu einem ernsthaften Budgetkonflikt. "In allen anderen Fällen handelte es sich nur um angedrohte Steuerverweigerungen, die durch einen Kompromiß zwischen Regierung und Landtag ihr Ende fanden - oder wie der Steuerverweigerungsbeschluß der preußischen Nationalversammlung des Jahres 1848 - völlig wirkungslos blieb" (vgl. Kichler 1956, S.65). Zu der Rolle des Deutschen Bundes siehe Mußgnug 1976, S.104.

110 Mußgnug 1976, S.145.

111 Vgl. Abschnitt 2.5.

3.5.4. Methoden zur Überbrückung eines budgetlosen Zustandes

Etwas näher an der Wirklichkeit als die Rechtswissenschaft bewegte sich die Finanzwissenschaft. Sie diskutierte mehrere technische Systeme, die im Falle des Nichtzustandekommens des Budgets greifen sollten.

Das in England übliche System der Abschlagsvotierung[112] wurde für nichtenglische Verhältnisse für untauglich betrachtet. Die Methode der "*Prorogation*", d.h. der Verlängerung des zuletzt votierten Etats auf die neue Etatperiode, fand wegen ihrer zeitlichen und quantitativen Unbegrenztheit ebenfalls wenig Befürworter[113]. Aus Frankreich stammte das sog. System der "*douzième provisoires*"[114]. Danach wurde ein Zwölftel des zuletzt gültigen Etats[115] auf einen oder mehrere Monate der budgetlosen Zeit fortgeschrieben[116]. Die Anwendung des Systems der "*vorläufigen Regelung*" oder des "*Notetats*"[117] begegnete ebenfalls wegen seiner weitreichenden Ermächtigung an die Regierung

---

112 Die sog. "votes on account" (vgl. Neumark 1929, S.289).

113 Siehe Neumark 1929, S.288 f. Er kritisiert an dem System vor allem, daß auf Grund mangelnder zeitlicher Begrenzung der Druck auf Regierung und Parlament fehle, sich wegen des bevorstehenden Fristenablaufs auf ein Etatgesetz zu einigen.

114 Dubois de l'Estang 1891, S.240 beschreibt es wie folgt: "Un budget de provision destiné à permettre au gouvernement d'assurer les services publics en attendant la promulgation de la loi de finances. Ce budget est lui-même l'objet d'une loi speciale; mais d'une loi votée sans discussion détaillée et allouant en bloc des douzièmes provisoires de recettes et des crédits provisoires pour les dépenses". Vgl. auch Allix 1927, S.186 ff.

115 So Boiteau 1889, S.688. Dubois de l'Estang 1891, S.240 meint dagegen, die Höhe der Kredite richte sich nach dem letzt verabschiedeten Etat oder nach dem vorliegenden Budgetentwurf oder nach einer sonstigen Berechnungsmethode.

116 Die französische Methode geht nach Boiteau 1889, S.688 auf die Regierungserlaubnis zurück, "de lever provisoirement des douzièmes de contributions, d'impots et de dépenser sur des crédits provisoires". Ähnlich Stourm 1909, S.318. Seiner Meinung nach ist sie ein Notbehelf im letzten Moment, um eine irreguläre Situation zu beseitigen. Neumark 1929, S.289 streicht vor allem als Vorteil des Systems heraus, daß die Regierung zeitlich (ein bis zwei Monate) und bezüglich der Höhe der zu verausgabenden und zu vereinnahmenden Summen (ein Zwölftel des Jahresbetrages) beschränkt ist. Nach Laband 1890, S.368 handelt es sich hierbei um keine wirklichen Etats, da z.B. die Reichsverfassung keine Monats- oder Etatgesetze kenne, die nur die Ausgaben und Matrikularbeiträge betreffen.

117 Nach Kühnemann 1930, S.79 ist ein Notetat - am Beispiel des Reichshaushalts - "eine in Gesetzesform ausgesprochene vorläufige Zustimmung des Reichstags dazu (ist), daß die Reichsregierung für einen gewissen Zeitraum und unter gewissen sachlichen Einschränkungen vorbehaltlich der späteren Bewilligung durch das Haushaltsgesetz die Staatswirtschaft führt".

großer Skepsis[118]. Die vorläufige Regelung tritt mit Inkrafttreten des neuen Haushaltsgesetzes automatisch außer Kraft. Die auf dieser Grundlage geleisteten Ausgaben werden auf die entsprechenden Titel des kommenden Haushaltsplans verrechnet. Übungsgemäß werden die Ermächtigungen nur für kürzere Zeitabschnitte erteilt und die Ausgaben lediglich in beschränkter Höhe geleistet[119].

Die Unterschiede zwischen den einzelnen Systemen erscheinen ebenfalls konstruiert, da die vorläufigen Zwölftel ebenso in Verrechnung mit dem verabschiedeten Budget kommen wie der Notetat oder ein Abschlag. Der Notetat ist, wie die vorläufigen Zwölftel, u.U. befristet. Die Rechtsform kann, muß aber nicht immer das Gesetz sein. In der Praxis mischten sich denn auch die einzelnen Systeme, wie das Folgende zeigen wird.

Das in Preußen angewandte Verfahren[120] läßt sich aus dem Gesetz, betreffend die vor Feststellung des Staatshaushaltsetats zu leistenden Ausgaben, aus dem Jahr 1874 ersehen. Darin wird die Regierung ermächtigt, "*die im Staatshaushalts-Etat für 1874 unter den dauernden Ausgaben vorgesehenen Staatsausgaben bis zum 1. April 1875 in den Grenzen der bei den einzelnen Kapiteln und Titeln für das Jahr 1874 bewilligten Summen aus den Einnahmen des Jahres 1875 fortleisten zu lassen*"[121]. Die gleiche Ermächtigung gilt u.a. für die Fortsetzung von Bauten, für welche im Etat für 1874 unter den einmaligen und außerordentlichen Ausgaben Abschlagsraten von dem veranschlagten Gesamtbedarf ausgebracht sind, und verschiedene namentlich aufgezählte Einzelposten[122]. Ein inhaltlich ähnliches Gesetz erging auch 1875. Sie blieben aber, so weit von uns übersehen, die einzigen.

Man könnte das System also als Prorogation der ordentlichen Ausgaben mit Begrenzung auf vier Monate, ausgeweitet auf ausgewählte außerordentliche Ausgaben, bezeichnen. In den Etatgesetzen mit der Indemnitätsklausel[123]

---

118 Es handle sich hierbei um keine Etatgesetze, sondern um Notgesetze. Die der Regierung erteilten Ermächtigungen hätten keine selbständige Bedeutung, sondern setzten begrifflich einen ordnungsgemäßen Haushaltsplan voraus, selbst wenn er zeitlich später festgesetzt werde (vgl. Neumark 1929, S.293). Die formelle Grenze des Notrechts läßt sich nach Fricker 1894, S.408 nicht feststellen. Anstelle der formellen Beschränkung trete die Verantwortung der Regierung gegenüber den Ständen. Das Notrecht müsse sich in engen Grenzen halten, wobei dies insbesondere für nicht notwendige Ausgaben gelte, soweit es "der Staat erträgt", sie zu verschieben.

119 Vgl. Kühnemann 1930, S.80.

120 Mußgnug 1983, S.113 merkt dazu nur an, daß man in Preußen ab Mitte der 1860er Jahre dazu überging, sog. vorläufige Haushaltsgesetze zu erlassen.

121 PrGS 1874, S.240 f., Einziger Artikel, Abs. 1.

122 Vgl. PrGS 1874, S.240 f., Einziger Artikel, Abs. 2.

123 Vgl. weiter oben Fußnote 32.

wurde die Regierung von allen in den Grenzen des mit dem Gesetz festgestellten Ausgaben entlastet. Das heißt also, die Regierung konnte sich bei ihren Ausgaben an den vorgelegten, aber noch nicht verabschiedeten Etat halten. Es ist anzunehmen, daß dies auch in den Jahren, in denen keine Indemnitätsklausel in den Etats enthalten war[124], so gehalten wurde.

In Bayern wird 1820 den Kassen in einer Anweisung mitgeteilt, daß von den Staatsministerien des königlichen Hauses und des Äußern sowie des Innern bis jetzt dem Finanzministerium z.T. noch gar keine, z.T. nur Spezialetats über einzelne Verwaltungsbranchen mitgeteilt und diese den ständischen Finanzkammern übersandt worden seien[125]. Die noch fehlenden würden sobald als möglich nachgereicht. "*Bis dahin dürfen aber auch nur die ersteren, nämlich die von dem Finanzministerium bereits ausgeschriebenen Etats realisirt, und an die einschlägigen Kassen definitiv angewiesen werden*"[126]. Weiter heißt es in der Instruktion: Da es "*bis jetzt noch nicht möglich ward, die Etats schon bis zu Anfang eines jeden Etatsjahres anzufertigen, ihre Sanktion zu bewirken, und auszuschreiben, der öffentliche Dienst aber keinen Augenblick stocken darf, so bleibt es der königl. Regierung, wie bisher, überlassen, die unvermeidlichen Ausgaben auf die Personal- und Real-Exigenz aller Verwaltungs-Branchen auf den Grund der letztgenehmigten Etats provisorisch anzuweisen, und bis zum Eintreffen der dießjährigen Etatsgenehmigungs-Rescripte, fortleisten zu lassen, wovon indessen, wie es sich von selbst versteht, alle neuen in den frühern Etats nicht enthaltenden Ausgaben, alle neue Besoldungen, Besoldungs-Erhöhungen oder Status-Veränderungen s.a. ausgenommen sind, indem solche Ausgaben nur von dem Staatsministerium der Finanzen an die Kreise angewiesen, und früher nicht zahlbar gemacht werden dürfen*"[127].

In einer Anweisung von 1831 wird, wegen des für die 3. Budgetperiode noch fehlenden Finanzgesetzes, genau festgelegt, welche Ausgaben von den Kassen bestritten werden dürfen, "*um jeder auf die Verwaltungsgeschäfte nachtheilig einwirkenden Zahlungsstockung im nächsteintretenden Etatsjahre vorzubeugen*"[128]. Die königlichen Regierungen des Oberdonaukreises werden bis zur Feststellung des Finanzgesetzes ermächtigt, den Betrag eines Zwölftels der Ansätze für allgemeine und besondere Regie- und Betriebsausgaben zu leisten[129].

---

124 Vgl. dazu oben Fußnote 69 und S.257.

125 Vgl. Geret 1821, Bd. 10, S.981 f., Ziffer 4, Abs. 1.

126 Geret 1821, Bd. 10, S.981 f., Ziffer 4, Abs. 3.

127 Geret 1827, Bd. 10, S.981 f., Ziffern 5 und 6.

128 Geret 1832, Bd. 16, S.162 f.

129 Vgl. Geret 1832, 16. Bd., S.163 f.

Durch Art. 3 des Gesetzes vom 22. Juli 1870, die provisorische Steuererhebung betreffend, sind die für die 9. Finanzperiode festgesetzten Ausgaben bis zum 31. Dezember 1870 für wirksam erklärt worden[130]. Sie dürfen "*nur als äußerste Grenze der Ausgaben-Befugniß betrachtet werden und bleibt es dabei ausdrücklich untersagt, auch innerhalb des Etatssatzes irgend welche Ausgabe zu leisten oder leisten zu lassen, die nicht zur Befriedigung eines unbedingt nothwendigen und unabweisbaren Bedürfnisses dient*"[131]. Von der Bestimmung ausgenommen sind die Landbauetats[132]. Durch die Finanzgesetze von 1870 und 1871 werden die im Etat von 1868 festgesetzten Ausgaben bis zum 31. Dezember 1871 für wirksam erklärt[133]. Unabweisliche Mehrausgaben, die in organisatorischen Veränderungen oder in gesetzlichen Bestimmungen begründet sind, sowie sonstige notwendige und unaufschiebbare Ausgaben, die im Budget für 1868 nicht vorgesehen sind, werden auf Rechnung des Reichsreservefonds bestritten[134]. Sonderbestimmungen gelten wiederum für die Landbauetats[135].

In einer im Finanzministerialblatt abgedruckten Instruktion über die vorläufige Bestreitung besonderer Ausgaben für 1874 wird die Ausgabebefugnis gegen "*seinerzeitige Abrechnung auf die für die 12. Finanzperiode festzusetzenden Steuern*" bis zum 30. Juni 1874 ausgedehnt[136]. Zur Bestreitung der erforderlichen Ausgaben für das erste halbe Jahr 1874 ist nach dieser Regelung "*unter dem Vorbehalt der Abrechnung auf die später zu gegenwärtigenden definitiven Etatssätze pro 1874 die Hälfte jener Summen zu verwenden, welche für die einzelnen Positionen der Finanzverwaltungs-Etats für die XI. Finanzperiode, sowie der Staatsaufwands-Etats für das Jahr 1873 bewilligt wurden, insoweit diese Willigungen nicht von den einschlägigen k. Staatsministerien durch besondere Entschließungen modifizirt oder theilweise zurückgezogen werden*"[137]. Alle in den Etats nicht vorgesehenen rechnungsständigen oder noch zur Anweisung

---

130 Vgl. BaFMBl 1870, S.204. Wie in der Instruktion näher ausgeführt, wurde von der Staatsregierung zugesichert, von den darin enthaltenen Ausgabeermächtigungen "nur im Sinne möglichster Sparsamkeit" Gebrauch zu machen (vgl. BaFMBl 1870, S.204 ff., Ziffer 1, Abs. 1).

131 BaFMBl 1870, S.204 ff., Ziffer 1, Abs. 2.

132 Bei ihnen hängen die Ausgaben von der speziellen Ermächtigung des Staatsministeriums der Finanzen ab, welche in jedem einzelnen Fall vor Inangriffnahme der Bauten und vor dem Erlaß einer hierauf bezüglichen Verfügung einzuholen ist. "Derartige Anträge sind übrigens nur ausnahmsweise zu stellen und auf ganz besonders dringliche und unverschiebliche Fälle zu beschränken, da außerdem eine Genehmigung nicht ertheilt werden könnte" (BaFMBl 1870, S.204 ff., Ziffer 2, Abs. 2).

133 Vgl. BaFG 1870, Titel II, § 5 Abs. 1.

134 Vgl. BaFG 1870, Titel II, § 5 Abs. 2.

135 Vgl. BaFG 1870, Titel II, §§ 6 und 7.

136 Vgl. BaFMBl 1874, S.45 ff., Ziffer 1. Am 27. Juli 1874 wurde das Finanzgesetz im Gesetzblatt verkündet (vgl. Quellenverzeichnis Q 2.4.).

137 BaFMBl 1874, S.45 ff., Ziffer 3.

gelangenden und durch Allerhöchste Reskripte begründeten Besoldungen, Neben- und Mehrbezüge, ständige Funktionsgehalte sowie Staatdienerpensionen und Quieszenzgehälter, Witwenpensionen und Waisenalimentationen sind in den anfallenden Monatsraten an die Beteiligten auszuzahlen[138]. Alle Ausgaben, die den ordentlichen Fortgang der Staatsanstalten, der in Verwaltung des Staates stehenden Ökonomien, Gewerbe und Fabriken, notwendigerweise bedingen, dürfen nach dem wirklichen Anfall bezahlt und verrechnet werden. Vor Bestreitung außerordentlicher Bedürfnisse ist die Genehmigung der einschlägigen Staatsministerien einzuholen[139]. Jene Verwaltungs- und Staatsausgaben, "*welche gemäß der bestehenden Vorschriften nach dem Anfalle und ohne Rücksicht auf die Etats bezahlt und verrechnet werden dürfen, sind nach dem wirklichen Bedarfe und bzw. in jenen Größen zu bestreiten, in welchen dieselben nach den als begründet erkannten Liquidationen zur Aufrechnung gebracht werden*"[140]. Bruttoprozente und andere nach der Einnahme sich richtende Bezüge sind nach dem Maß der wirklich "*gepflogenen*" Einnahmen an die Erhebungsbeamten und Bediensteten zu verabfolgen[141]. Für die Unterhaltung der Staatsgebäude dürfen bei günstiger Bauzeit und in wirklich dringenden Fällen die vorjährigen Etatsummen zur Verausgabung gelangen[142]. Alle übrigen nicht genannten Ausgaben, namentlich solche, welche nur "*ein- für allemal*" bewilligt werden oder welche bestehender Vorschriften zufolge oder ihrer Natur nach von höherer Genehmigung abhängen, dürfen in keinem Falle ohne vorherige Bewilligung des zuständigen Staatsministeriums und ohne besondere Zahlungsermächtigung von seiten des Finanzministeriums geleistet werden[143].

Ab der Finanzperiode 1908/09 ergingen Gesetze über den vorläufigen Vollzug des Budgets. Im ersten Gesetz dieser Art - begrenzt auf das 1. Vierteljahr 1908 - heißt es: "*Die Staatsregierung wird ermächtigt, bis zur endgültigen Festsetzung des Budgets der Jahre 1908 und 1909 die zur Fortführung des Staatshaushaltes notwendigen ordentlichen Ausgaben bis zur Höhe der Willigungen des Budgets der Jahre 1906 und 1907 nach Bedarf bestreiten zu lassen*"[144]. Ferner wird die Staatsregierung ermächtigt, die im Entwurf des ordentlichen Budgets der Jahre 1908 und 1909 eingestellten freiwilligen Leistungen des

---

138 Vgl. BaFMBl 1874, S.45 ff., Ziffer 4.

139 Vgl. BaFMBl 1874, S.45 ff., Ziffer 5.

140 BaFMBl 1874, S.45 ff., Ziffer 6.

141 Vgl. BaFMBl 1874, S.45 ff., Ziffer 9.

142 Vgl. BaFMBl 1874, S.45 ff., Ziffer 10.

143 Vgl. BaFMBl 1874, S.45 ff., Ziffer 11. Vgl. auch BaFMBl 1867, S.221 ff. Die Bestimmung entspricht in etwa der zitierten. In 15 Punkten ist darin geregelt, was verausgabt werden darf. Auf sie wird in den provisorischen Zahlungsermächtigungen in BaFMBl 1875, S.90 und BaFMBl 1899, S.258 verwiesen.

144 BaGuVBl 1907, S.1141 ff., Art. 1 Abs. 1.

Staates bis zur Hälfte der für ein Jahr der Finanzperiode 1906/07 dafür bewilligten Summen nach Bedarf zu bestreiten[145]. Die außerordentlichen Summen, die vor der endgültigen Festlegung des Budgets nach Art und Höhe verausgabt werden dürfen, sind im Gesetz genau bezeichnet[146]. In dem Gesetz über den vorläufigen Vollzug des Budgets für 1910 wird dem Finanzminister zusätzlich die Ermächtigung erteilt, zur Fortsetzung der auf Grund früherer budgetmäßiger Bewilligungen bereits in Angriff genommenen Straßen-, Brücken- und Wasserbauten, von den im ordentlichen und außerordentlichen Budget der Jahre 1910/11 hierfür vorgesehenen Summen 1 Mill. M. dem Staatsminister des Innern vorschußweise zur Verfügung zu stellen[147].

Im Gesetzblatt von 1911 ist eine Bekanntmachung, die vorläufige Bestreitung der Ausgaben des Staates für das Jahr 1912 betreffend, veröffentlicht. Sie war notwendig geworden, weil auch das Gesetz über den vorläufigen Vollzug des Budgets 1912/13 nicht rechtzeitig zustande kam[148]. Darin heißt es: "*Die Zahlungsanweisung und Zahlungsleistung hat sich grundsätzlich auf die Ausgaben zu beschränken, die auf gesetzlicher oder sonstiger rechtlicher Verpflichtung des Staates beruhen oder die zur geordneten Fortführung der Staatsverwaltung und der Staatsbetriebe unumgänglich notwendig sind*"[149]. Es sind 32 Positionen einzeln aufgelistet, an erster Stelle die Gehälter, Nebenbezüge und Zulagen der etatmäßigen Staatsbeamten, Wartegelder, Ruhegehälter, Unterhaltsbeiträge und Pensionsbeihilfen sowie "*die sächlichen Ausgaben, soweit sie zur geordneten Fortführung der Staatsverwaltung unumgänglich sind*"[150]. Die staatlichen Unterstützungsbeiträge für die Hinterbliebenen der Volksschullehrer, die Einkommensaufbesserungen der katholischen und protestantischen Seelsorgegeistlichen und die Zuschüsse zu den Unterstützungs- und Pensionsfonds für die protestantischen Geistlichen sind an sich von der Zahlung ausgeschlossen, da es sich um freiwillige Leistungen handelt. "*Im Interesse der Beteiligten*" werden sie jedoch widerruflich ausbezahlt[151]. Eine Zahlung unter Vorbehalt erfolgt auch an die Empfangsberechtigten der Reichnisse des Domkapitels, der Staatszuschüsse an die Emeritenanstalten, der Tischtitelbezüge und der Ge-

---

145 Vgl. BaGuVBl 1907, S.1141 ff., Art. 1 Abs. 2.

146 Vgl. BaGuVBl 1907, S.1141 ff., Art. 2. Für das 2. und 3. Quartal 1905 wurden entsprechende Bestimmungen erlassen (vgl. BaGuVBl 1908, S.223 ff. und BaGuVBl 1908, S.341 ff.). Ein ähnliches Gesetz erging durch BaGuVBl 1909, S.917 ff.; BaGuVBl 1910, S.137 ff.; BaGuVBl 1912, S.973 ff.; BaGuVBl 1913, S.952 ff.; BaGuVBl 1914, S.89 ff. und BaGuVBl 1914, S.305 ff.

147 Vgl. BaGuVBl 1909, S.858 f., Einziger Artikel.

148 Es wurde erst am 18. März 1912 verabschiedet (vgl. BaGuVBl 1912, S.973 ff., Artikel 1).

149 BaGuVBl 1911, S.1249 ff., Ziffer I.

150 BaGuVBl 1911, S.1249 ff., Ziffer I.

151 Vgl. BaGuVBl 1911, S.1249 ff., Ziffer II.

halts- und Funktionsbezüge der protestantischen Dekane[152]. Die Anweisung und Zahlung aller Ausgaben, für welche in der Bekanntmachung keine Genehmigung erteilt ist, hat zu unterbleiben, bis durch das Gesetz über den vorläufigen Vollzug des Budgets der Jahre 1912 und 1913 die erforderliche Ermächtigung erteilt ist[153].

In Bayern wurde damit schon zu Beginn der konstitutionellen Ära eine Regelung getroffen, wie im Falle des nicht rechtzeitigen Zustandekommens des Budgets bei der Verausgabung zu verfahren ist. In allen erwähnten bayerischen Vorschriften kommt zum Ausdruck, daß grundsätzlich Ausgaben nur auf Grundlage genehmigten Etats erfolgen dürfen. Da der öffentliche Dienst aber nicht ins Stocken geraten darf - dieses Argument taucht immer wieder auf -, werden z.T. sehr detaillierte Anweisungen erlassen, welche Ausgaben in welcher Höhe geleistet werden dürfen und welche nicht. Die angewandten Verfahren waren unterschiedlich. 1820 konnten die "unvermeidlichen" Aufwendungen auf Grundlage des Etats der Vorperiode verausgabt werden, wobei "neue" Ausgaben ausgeschlossen blieben. 1831 wurde jeder einzelne Posten aufgezählt, für den eine Ausgabeermächtigung erteilt wird. Für Regie- und Betriebsausgaben konnte ein Zwölftel des Etatansatzes aufgewendet werden. Der Etat für 1868/69 galt 1870 und 1871 in seinen Ansätzen unverändert weiter, wobei auch innerhalb dieser Etatansätze nur die "unbedingt notwendigen" und "unabweisbaren" Ausgaben zu leisten waren. 1874 wurde das System der provisorischen Zwölftel - auf 6 Monate ausgedehnt - angewendet. Von den im Etat der Vorperiode nicht enthaltenen Ausgaben durften nur die durch rechtliche Regelungen begründeten geleistet werden, Betriebsausgaben dagegen nach ihrem wirklichen Anfall. Daneben gab es noch für verschiedene Posten Sonderbestimmungen. In gleichmäßigeren Bahnen verliefen die - zeitlich immer auf ein Vierteljahr begrenzten - Gesetze zur vorläufigen Ausgabenregelung nach 1908. Es herrschte das System der Prorogation. Die Etatsätze der Vorperiode konnten "nach Bedarf" verausgabt werden. Die erlaubten außerordentlichen Ausgaben waren in Art und Höhe genau festgelegt. Das Jahr 1912 war außerdem ein Kuriosum, weil auch das Gesetz zur vorläufigen Regelung der Staatsausgaben nicht rechtzeitig zur Verabschiedung gelangte.

In Sachsen ist nach den uns vorliegenden Rechtsvorschriften bis 1905 keine Regelung getroffen worden, wie es im Falle des nicht rechtzeitigen Zustandekommens des Etats mit den Ausgaben zu halten ist. In der Ausführungsverordnung zum Staatshaushaltsgesetz von 1904 hat man sich zum System der Prorogation entschlossen. Laufende Bedürfnisse des Staatshaushaltes dürfen bis zur Höhe der im Voretat festgestellten Jahresbeträge bestritten werden, soweit

152 Vgl. BaGuVBl 1911, S.1249 ff., Ziffer III.

153 Vgl. BaGuVBl 1911, S.1249 ff., Ziffer V, Abs. 1.

es sich nicht um Ansätze für nur vorübergehende, bereits erreichte Zwecke handelt[154]. Entsprechende - veröffentlichte - württembergische Regelungen sind uns nicht bekannt.

Die vorliegenden - insbesondere bayerischen - Rechtsvorschriften lassen erkennen, daß bei nicht rechtzeitigem Zustandekommen des Budgets genaue Regelungen existierten, welche die Verausgabung der Mittel genau begrenzten. Auch im Preußen der vorkonstitutionellen Zeit gab es entsprechende Bestimmungen. Ob sie allerdings in jeder Finanzperiode erlassen wurden, kann bei der Quellenlage nicht gesagt werden. Der Rechtszustand in den anderen Staaten bleibt weitgehend ungeklärt, da es an veröffentlichten Regelungen fehlt. Die angeführten unterverfassungsrechtlichen Vorschriften deuten aber an, wie sehr in der Staatsrechtswissenschaft an der tatsächlich geübten Praxis vorbei diskutiert wurde. Viel früher und viel genauer als in der staatsrechtswissenschaftlichen Diskussion wurden durch die o.g. bayerischen Regelungen die "notwendigen" Ausgaben definiert. Nur sie - mit einigen genau festgelegten Ausnahmen - durften im Falle des nicht rechtzeitigen Zustandekommens des Budgets geleistet werden. Von "nützlichen" Ausgaben war nicht die Rede. Die verwaltungsinternen Regelungen banden die Verwaltung wesentlich enger, als das in der Literatur jemals gesehen wurde. Dies gilt insbesondere für Bayern, wo die Staatsrechtswissenschaftler - wie oben dargelegt - davon ausgingen, daß ein budgetloser Zustand gar nicht möglich sei und die Regierung im Falle des nicht rechtzeitigen Zustandekommens des Budgets "nach Belieben" verausgaben könnte. Die erwähnten Regelungen zeigen, daß sich die Regierung viel enger als immer behauptet an die Etatsätze gebunden fühlte, ansonsten hätte es ihrer nicht bedurft.

Die einseitige Betrachtungsweise in der - auch neueren - Literatur ist darauf zurückzuführen, daß sie sich lediglich auf die verfassungsrechtlichen Regelungen konzentrierte und die rechtlichen Vorschriften der darunter liegenden Ebenen gänzlich ignorierte. Da die Verfassungen das nicht rechtzeitige Zustandekommens des Budgets meistens nicht regelten, wurde die "richtige" Rechtsansicht aus der "Natur" des Budgets abgeleitet, die ohnehin - wie dargelegt - in allen Staaten sehr umstritten war. Die Literatur konzentrierte sich zudem einseitig auf den so gut wie nie vorkommenden Fall des fehlenden Budgets aus Anlaß eines Konflikts zwischen Parlament und Regierung. Der Routinefall des nicht rechtzeitig zustande gekommenen Budgets aus anderen Gründen war kein Thema[155]. Sie erfaßte deshalb dessen rechtliche Natur in Bayern, Sachsen und Württemberg nie und in Preußen nur ein einziges Mal.

---

154 Vgl. SäGuVBl 1905, S.8 ff., § 7 Abs. 1.

155 Und wenn, dann schlecht überprüft. Schanz 1899, S.1149 merkt z.B. an, das System der provisorischen Zwölftel sei "kürzlich" in Anwendung gekommen. Es galt seinen Angaben zufolge nur für die Einnahmen, für die Hauptabteilungen der Ausgaben würde eine "Bauschsumme" festgelegt.

3.6. Zeitliche Begrenztheit

Die Länge der Budgetperioden, deren Anfangs- und Schlußtermine, die Dauer der Rechnungsperioden sowie die Möglichkeiten zeitlicher Übertragungen sind Faktoren, die u.a. die Art der zeitlichen Begrenzung der Budgets bedingen[1]. Für zwischenstaatliche Budgetvergleiche ist das von Interesse, da nicht übereinstimmende Budgetperioden, andere Anfangs- und Schlußtermine, eine verschiedene Handhabung der Restverwaltung und engere oder weitere Übertragungsmöglichkeiten die Vergleichbarkeit der Budgetdaten z.T. erheblich beeinflussen, wie das Folgende zeigen wird.

3.6.1. Budgetperioden

Die Budgetperioden[2], die in der Literatur des 19. Jahrhunderts für den Haushaltsplan vorgeschlagen werden, reichen von einem[3] bis zu sechs Jahren[4]. Manche Autoren wollen ihre Dauer wegen der landesspezifischen Besonderheiten nicht allgemein bestimmen[5]. Für den mehrjährigen Zeitraum spricht, so die einen, daß er eine genauere Vorausschätzung der Einnahme- und Ausgabesummen ermöglicht, da sich in einem mehrjährigen Durchschnitt die Wech-

---

1 Zu dem Postulat allgemein siehe Abschnitt 2.3.2., S.58.

2 Das heißt die bestimmungsmäßige Gültigkeitsdauer der Budgets (vgl. z.B. Schanz 1899, S.1148). In der Regel wird hierfür in der Literatur und in den rechtlichen Regelungen der Ausdruck "Finanzperiode" oder "Rechnungsperiode" benutzt. Vgl. z.B. Widenmeyer 1885, S.2, der feststellt, daß man die gesetzliche Gültigkeitsdauer des Staatshaushaltsetats "Finanzperiode" nennt.

3 Für eine 1jährige Haushaltsperiode sprechen sich z.B. Eschenmayer 1807, I, S.33; Jakob 1821, S.1231; Behr 1822, S.48 und Schlupper 1817, S.7 aus. Letzterer schlägt zwecks Arbeitsersparnis vor, den 1jährigen Etat auf 3 Jahre zu verlängern, da seiner Ansicht nach die Veränderungen in der Zeit nicht so auffallend sein können.

4 Vgl. Schmalz 1808, S.285 und Schmalz 1818, II, S.164. Für eine mehrjährige Etatperiode plädiert auch Hövermann 1905, S.12, der in der jährlichen Aufstellung vieler Etatposten, die sich oft jahrelang nicht ändern, keinen "wirklichen Nutzen" sieht.

5 So bemerkt Lehr 1892, S.100 nur allgemein: "Für die Dauer sind maßgebend politische Gründe (Einfluß des Parlaments) und solche sachlicher Zweckmäßigkeit (Möglichkeit richtiger Veranschlagung)". Auch Heckel 1898, Das Budget, S.20 hält eine prinzipielle Entscheidung für die 1- oder mehrjährige Budgetperiode für falsch: "Hier hängt vieles von den speciellen und geschichtlich überkommenen Verhältnissen, namentlich aber auch von den politischen Sitten ab". Siehe auch Heckel 1898, Budget und Budgetrecht, S.478 und Eheberg 1922, S.535.

selfälle der Jahre aufheben[6]. Dasselbe Argument der Genauigkeit der Planschätzung führen die Befürworter der 1jährigen Budgetperiode ins Feld. Sie meinen, eben deshalb, weil eine genaue Vorausschätzung nur bei 1jährigen Haushaltsplänen möglich sei, empfehle sich keine längere Budgetperiode[7].

Die unterschiedliche Einschätzung der Konstanz der Verhältnisse und der Häufigkeit und Bedeutsamkeit der außerordentlichen Ereignisse als Störfaktoren im regelmäßigen Budgetverlauf führte zu den unterschiedlichen Bewertungen der "richtigen" Haushaltsperiode. Daneben barg deren Dauer noch ein eminent politisches Element[8]. Die Forderung nach Einjährigkeit der Budgets sollte den Volksvertretungen ihre jährliche Einberufung sichern[9]. In jährlichen Budgetberatungen wurde andererseits aber auch die Gefahr der Abstumpfung

---

[6] Schmalz 1808, S.285 begründet seinen Vorschlag einer 6jährigen Haushaltsperiode mit dem Zyklus im Ackerbau: Unter sechs Jahren sei immer ein Mißwachsjahr, ein fruchtbares und vier gewöhnliche. Als Vorteil der mehrjährigen Budgetperiode wird außerdem noch die größere Handlungsfreiheit der Regierung bei der Verteilung der Ausgaben auf mehrere Jahre genannt, so daß Ratenbewilligungen beinahe überflüssig seien. Der Budgetvollzug werde elastischer, "weil innerhalb der Finanzperioden Übertragungen gemacht werden können" (Heckel 1898, Das Budget, S.20; vgl. auch Schanz 1899, S.1148 und Eheberg 1922, S.536).

[7] Geffcken 1891, S.41 lehnt 2- oder mehrjährige Budgets rundweg ab. Seiner Ansicht nach fordert das Wesen des Budgets möglichste Genauigkeit, die sich schon bei 1jährigen Perioden nicht erreichen lasse, geschweige denn bei mehrjährigen. Ähnlich Heckel 1898, Das Budget, S.20; Seidler 1901, II, S.46 und Conrad 1919, S.303. Aus den gleichen Gründen will Schanz 1899, S.1148 die Budgetperioden größerer Staaten auf ein Jahr beschränkt sehen. Földes 1920, S.72 nennt die Budgetjährlichkeit ein "wirtschaftlich und staatsrechtlich wichtiges Postulat". Vgl. auch Hatschek 1923, II, S.331. Neumark 1929, S.50 sieht in der Budgetjährlichkeit kein konstitutives Element des Budgetbegriffs. Seiner Meinung nach kann die Budgetperiode theoretisch beliebig lang sein. Malchus 1823, II, S.183 beurteilt die Notwendigkeit von 1jährigen Budgets je nach Etatstufe unterschiedlich. Einjährige Etats hält er "in Ansehung des allgemeinen Staatsbudgets, und auch der Hauptetats, wenn diese für jedes Jahr zutreffend seyn sollen, und bei der Unthunlichkeit, die Ereignisse für eine Reihe von Jahren vorhersehen und ihre Einwirkung auf den Staatshaushalt berechnen zu können, unbedingt: in Ansehung der Spezial- und Elementaretats aber nur alsdann nothwendig (scheint), wenn in dem Laufe des vorhergegangenen Jahres erhebliche Veränderungen statt gefunden haben". Bei den Spezial- und Elementaretats hängte deren mehrjährige Dauer bzw. deren jährliche Neubearbeitung von der Natur der Einkommenszweige ab (so Malchus 1830, II, S.114).

[8] Der Streit um die Länge der Budgetperiode habe, so Zorn/Zinn 1926, III, S.120, nie aufgehört und "ist auch heute noch keineswegs beendet: parlamentarischer Machtanspruch und Forderungen der Notwendigkeiten einer gesunden dauernden Staatsverwaltung stehen sich hier schroff gegenüber".

[9] In Frankreich wurden die Steuern 1789 für jährlich zustimmungspflichtig erklärt und damit die wesentliche Grundlage für die jährliche Einberufung des Parlaments gelegt (vgl. Boiteau 1889, S.600). Eine ähnlich politische Bedeutung hatte die Budgetvotierung in den deutschen Staaten (vgl. Heckel 1898, Das Budget, S.20). Nach Meinung von Jellinek 1899, S.1165 ist die Budgetjährlichkeit "nachweisbar" dem Bestreben entsprungen, die Regelmäßigkeit der jährlichen Einberufung der Volksvertretung unter staatsrechtliche Garantie zu stellen. Bei längeren Budgetperioden befürchteten die Volksvertretungen eine Schwächung ihres Einflusses und ihrer Verwaltungskontrolle (nach Schanz 1899, S.1148 und Eheberg 1922, S.536). Dem politischen Moment schreibt Neumark 1929, S.53 in den letzten Dezennien des 19. Jahrhunderts eine "geradezu ausschlaggebende Bedeutung für die Bemessung der Budgetperioden" zu.

der Volksvertreter gesehen[10]. Beide Faktoren, Regelmäßigkeit und Unregelmäßigkeit der Budgetdaten und Abwehr von Verschleißerscheinungen des Parlaments, glaubte man - theoretisch - mit der Einführung eines nach englischem Vorbild konstruierten Normalbudgets in den Griff zu bekommen. Es sollte alle konstanten, eine zeitlang unveränderlichen Plandaten enthalten und für längere Zeit festgesetzt werden. Ein zweites Budget sollte die veränderlichen Staatseinnahmen und -ausgaben enthalten, über die jährlich zu votieren wäre[11]. Eine solche Aufteilung des Budgets wurde jedoch nur für die größeren Staaten in Erwägung gezogen, da bei ihnen die Wahrscheinlichkeit außerordentlicher Ereignisse - z.B. von Kriegen - als wesentlich höher eingeschätzt wurde als bei kleineren[12]. Für die Masse der deutschen Mittel- und Kleinstaaten erachtete man deshalb 1jährige Budgets eher als überflüssig und sogar als unzweckmäßig[13].

In Preußen verfügt eine Verordnung von 1810 über die Dauer der Etatperiode: "*Jeder Verwaltung soll jährlich nach dem Etat ein bestimmter Kredit bei den Generalkassen bewilligt werden, auf den sie anweisen kann*"[14]. Nach einer Kabinettsorder von 1818 werden die Regierungshaupt- und Verwaltungsetats, ebenso die Spezialetats, alle 3 Jahre angefertigt und jährlich ein Drittel der Regierungsbezirke mit ihrem gesamten Etatwesen bearbeitet. Das Gesetz über die Einrichtung des Abgabenwesens verweist auf den Etat für die drei Jahre von 1820 bis 1822[15]. Nach der Instruktion für die Oberrechnungskammer

---

10 So sieht z.B. Heckel 1898, Das Budget, S.20 den Vorteil mehrjähriger Budgetperioden darin, "daß die Schaffenskraft und Schaffensfreudigkeit der Volksvertretung durch die geringere Abnutzung erhalten wird". Jährliche Budgetberatungen nehmen seiner Ansicht nach die Parlamente zu stark in Anspruch, so daß für andere legislative Angelegenheiten nur noch wenig Zeit bleibe. Die Folge sei eine nur oberflächliche Prüfung des Etats, die immer mehr zur bloßen Formalität verkomme. Vgl. auch Schanz 1899, S.1148 und Eheberg 1922, S.535 f.

11 Die Trennung der Budgets schlagen z.B. Malchus 1823, II, S.183; Malchus 1830, II, S.113; Heckel 1898, Das Budget, S.20 und Eheberg 1922, S.536 vor. Schanz 1899, S.1148 lehnt sie dagegen ab, da seiner Meinung nach um die unveränderlichen Posten, wie etwa Zinsen, Staatsschuld, Zivilliste und dgl., in den Budgetverhandlungen ohnehin nicht gestritten werde, durch das Verfahren deshalb so gut wie nichts gewonnen sei.

12 Wie Malchus 1830, II, S.111 bemerkt, zeigen kleinere und mittlere Staaten im Finanzhaushalt größere Stetigkeit, da sie weniger in die "großen politischen Diskussionen" verstrickt seien. In größeren Staaten führten dagegen politische Verwicklungen zu größeren Änderungen des jährlichen Bedarfs. Siehe auch Lehr 1892, S.100.

13 Eine jährliche Bearbeitung und Aufstellung des Generaletats könne deshalb, so Malchus 1830, II, S.111 f., "nicht ein reelles wesentliches Bedürfniß seyn".

14 PrGS 1810, S.16. Bei kleinen Kassen, bei denen sich wenig verändert, sind nach Sanders 1815, S.39 Ausnahmen von dieser Regel möglich, z.B. bei Kirchenkassen, deren Etats 3 oder auch 6 Jahre in Kraft blieben, "je nachdem es die Beschaffenheit und Wichtigkeit der Kasse erfordert". Ebenso Feder 1820, S.40.

15 Vgl. PrGS 1820, S.134 ff., § 2.

müssen die Rechnungen ein volles Rechnungsjahr umfassen[16]. In einer Geschäftsanweisung für die Regierungen wird bestimmt: "*Bei jedem Amte oder jeder Rentei, muß die Revision der beständigen und unbeständigen Gefälle nach einem bei dem Finanz-Ministerium ein für allemal für den ganzen Regierungs-Bezirk in Voranschlag zu bringenden Turnus alle zwölf bis höchstens achtzehn Jahre bewirkt werden, in sofern erhebliche Veränderungen sie nicht hie und da früher nöthig machen*"[17]. Die preußische Verfassung von 1850 setzt schließlich fest, daß alle Einnahmen und Ausgaben des Staates "*für jedes Jahr*" veranschlagt und auf den Staatshaushaltsetat gebracht werden müssen[18]. Die Jährlichkeit gilt auch für die Rechnungen[19]. Tatsächlich sind die in den Gesetzblättern veröffentlichten Budgets immer jährliche, ebenso wie die Rechnungen. Eine Ausnahme stellen der Teiletat und die Rechnung für das 1. Quartal 1877 dar, die wegen der Verlegung des Etatjahres notwendig sind.

Nach der Etatverordnung von 1803 werden in Bayern alle Provinzialetats, der Etat der Zentralstaatskasse und der Etat der Generaldispositionskasse jedes Jahr entworfen und nur für ein Jahr reguliert und sanktioniert[20]. Im Verhältnis zur Ständeversammlung bestimmt die Verfassungsurkunde von 1818: "*Die zur Deckung der ordentlichen beständigen und bestimmt vorherzusehenden Staats-Ausgaben, mit Einschluß des nothwendigen Reserve-Fonds, erforderlichen directen Steuern werden jedesmal auf sechs Jahre bewilligt*"[21]. Die Nachweisung über die Verwendung der Staatseinnahmen wird den Ständen dagegen bei jeder Versammlung vorgelegt[22]. Innerhalb der Verwaltung werden nach einer Verordnung von 1825 die Generaletats jährlich innerhalb der Grenzen des Finanzgesetzes in einer eigenen Ministerkonferenz beraten, unter der Genehmigung des Königs festgesetzt und danach der einem jeden Minister bei den verschiedenen Kassen zustehende Kredit bestimmt[23]. 1849 ergeht nur ein 2jähriges und anschließend ein 4jähriges Budget, so daß die 6jährige Budgetperi-

---

16 Vgl. IOR 1824, § 46 Abs. 2 Satz 1.

17 Annalen 1825, Bd. 9, S.844. Nach Meissner 1882, S.27 können Etats, deren Ansätze nur geringfügigen Schwankungen unterliegen, unbedenklich für einen längeren Zeitraum veranschlagt werden. Nach der Allerhöchsten Instruktion für die Generalkontrolle vom 4. Dezember 1824 sind die Spezialetats für 3-6 Jahre und die Provinzialverwaltungsetats für 3 Jahre anzufertigen. Deren Ausarbeitung müsse einem angemessenen Wechsel derart unterliegen, daß jährlich nur ein gewisser Teil zur Revision gelange. Die Etats der General-, der Staats- und anderer Zentralkassen sowie der Regierungshauptkassen seien i.d.R. jährlich zu revidieren (vgl. Meissner 1882, S.28 f.).

18 Vgl. PrVU 1850, Art. 99.

19 Vgl. PrVU 1850, Art. 104 Abs. 2 Satz 2.

20 Vgl. BaEVO 1803, Ziffer XXVIII.

21 BaVU 1818, Titel VII, § 5 Abs. 1.

22 Vgl. BaVU 1818, Titel VII, § 10.

23 Vgl. BaRuIBl 1825, S.977 ff.

ode wieder komplett ist[24]. Durch Gesetz von 1865 wird die 6jährige Finanzperiode auf 2 Jahre verkürzt[25]. Eine Bekanntmachung im Finanzministerialblatt gibt darüber Auskunft, daß die Verwaltungsetats künftig nur einmal für die Dauer der gesamten Finanzperiode angefertigt werden und für jedes der Jahre gleichermaßen Geltung haben[26]. Dem Kreishaushalt liegt dagegen nicht wie beim Staatshaushalt ein auf mehrere Jahre berechnetes Budget zugrunde, sondern ein jährliches[27]. Die Bekanntmachung von 1907 bestätigt, daß sich die Veranschlagung der Einnahmen und Ausgaben im Staatsbudget auf den Zeitraum von zwei Jahren erstreckt. "*Die Voranschläge werden indes im Budget nur mit den für ein Jahr der Finanzperiode sich berechnenden Durchschnittssummen in vollen Markbeträgen ausgewiesen*"[28].

In Sachsen bestimmt die Verfassungsurkunde von 1831, daß den Ständen ein Voranschlag des Bedarfs für die nächstfolgenden 3 Jahre, nebst den Vorschlägen zu dessen Deckung, möglichst bald nach der Landtagseröffnung mitzuteilen ist[29]. Die Finanzperiode wird durch § 3 des Gesetzes vom 3. Dezember 1868 von einer 3jährigen auf eine 2jährige heruntergesetzt. Bezüglich der Rechnungen verfügt die Verfassungsurkunde, daß bei jedem ordentlichen Landtag den Ständen eine genaue Berechnung der in den vorhergehenden 3 Jahren bewirkten Einnahmen und Ausgaben vorgelegt wird[30]. Nach dem Gesetz von 1851 bezieht sich die Bestimmung nur noch auf die Rechnung der vorletzten Finanzperiode[31]. Das Staatshaushaltsgesetz von 1904 legt fest, daß das Rechnungsergebnis der beiden eine Finanzperiode bildenden Jahre als ein Ganzes zu gelten habe[32]. Die sächsischen Rechnungen umfassen bis 1878/79 die ganze Finanzperiode, danach jedes Etatjahr[33].

---

[24] Vgl. BaFG 1849 und BaFG 1851. Die Regierung wurde 1849 nach Ansicht von Winterstein 1886, S.13 "von dem richtigen Gedanken geleitet, dass für die nächsten 6 Jahre der Staatshaushalt nicht zu überblicken sei".

[25] Vgl. BaGBl 1865, S.137 ff., Art. 1.

[26] Vgl. BaFMBl 1868, S.142 ff., Ziffer 2.

[27] Vgl. BaFMBl 1872, S.353 ff., Ziffer 12.

[28] BaBAuVB 1907, § 6 Abs. 3.

[29] Vgl. SäVU 1831, § 98.

[30] Vgl. SäVU 1831, § 98.

[31] Vgl. § 3 des Gesetzes vom 5. Mai 1851.

[32] Vgl. SäSHHG 1904, § 9 Abs. 1.

[33] In die Tabellen wurde der Vergleichbarkeit wegen nur die Zahlen für die gesamte Periode aufgenommen.

In Württemberg ist einigen Bestimmungen indirekt zu entnehmen, daß sowohl Etats als auch Rechnungen jährlich gefertigt werden[34]. Nach § 188 der Verfassungsurkunde ist es Aufgabe des ständischen Ausschusses, am Ende der in die Zwischenzeit der Finanzperioden fallenden Etatjahre "*die richtige, der Verabschiedung angemessene Verwendung der verwilligten Steuern in dem verflossenen Jahre zu prüfen, und den Etat des künftigen Jahres mit dem Finanzministerium zu berathen*"[35]. Wie aus einem Erlaß von 1832 hervorgeht, sind innerhalb der Verwaltung Teiletats auch für 2 Jahre zu veranschlagen[36]. Die Verfassung von 1819 legt die Budgetperiode auf "*in der Regel*" 3 Jahre fest[37]. Von dieser Gewohnheit wird 1848[38] abgewichen, wo das Budget nur ein Jahr umfaßt. 1871[39] und 1873[40] dauert die Budgetperiode jeweils 2 Jahre, 1875[41]

---

[34] So ist z.B. in WüSuRBl 1818, S.325 vom "Etatjahr" die Rede, ebenso in IESuRW 1818, § 29 Satz 1. Zu den Rechnungen siehe z.B. IESuRW 1818, § 24. Schmidlin 1823, S.47 bestätigt diese Vermutung. Demnach sind für die Verwaltungen neben dem Hauptetat "noch immer besondere einjährige Etats nöthig, theils um hiedurch die nun näher liegenden Ergebnisse des nächstbevorstehenden Jahres in Uebersicht zu erhalten, und hienach zu Sicherung des Dienstes die nöthigen Einleitungen treffen, theils um den Verwaltern für das künftige Verwaltungs-Jahr, deren jedes ein geschlossenes Ganzes bildet, die nöthigen Normen geben und über deren Einhaltung wachen zu können". Für Hauber 1845, S.136 sind die jährlichen Etats notwendig, da "im Allgemeinen die Ursachen, welche auf Einnahmen und Ausgaben wirken, eben so veränderlich als zahlreich sind".

[35] Vgl. WüVU 1819, § 188 Abs. 2. Zu diesem Zweck seien die Etats zwei Monate vor Ende eines jeden Etatjahres der Oberrechnungskammer einzusenden (vgl. Schmidlin 1823, S.58 f.). Die jährlichen Etats nennt Hoffmann 1857, I, S.50 die "nähere Grundlage für den gesammten Staatshaushalt". Nach den Angaben von Czoernig 1866, S.58 dient für das 1. Jahr der Finanzperiode der mit den Ständen verabschiedete Hauptfinanzetat zugleich als Verwaltungsetat. Im 2. und 3. Jahr werde auf Grund der indessen gemachten Erfahrungen oder neuer in Betracht kommender Momente ein besonderer Verwaltungsetat von der Oberrechnungskammer aufgestellt. Dieser werde zur Kenntnis des ständischen Ausschusses gebracht, ohne daß eine Übereinstimmung der Regierung mit den Ständen erzielt werden müsse und ohne daß der Ausschuß das Recht habe, die Regierung zu einer Erhöhung der verabschiedeten Positionen zu ermächtigen. Den Verwaltungsetats komme nur administrative und formelle Bedeutung zu.

[36] In diesem Fall die Forst- und Jagdetats (vgl. Moser 1836, S.247). Die Möglichkeit einer verlängerten Gültigkeit der Etats, wenn sich nur wenig Veränderungen ergeben, erwähnt auch Hauber 1845, S.136.

[37] Vgl. WüVU 1819, § 112. Der Zweck dieser Bestimmung besteht nach Mohl 1840, I, S.656 f. darin, den Ständen häufige Gelegenheit zu geben, die ganze Staatsverwaltung einer genauen und systematischen Prüfung zu unterwerfen und etwaige Fehler und Unzweckmäßigkeiten in den Geldangelegenheiten in möglichst kurzer Zeit verbessern zu können. Das 3jährige Budget setze sich aus den 1jährigen zusammen: "Es umfaßt daher das Budget i.d.R. drei Etats-Jahre, allein für jedes derselben sind Ausgaben und Einnahmen besonders berechnet und festgesetzt, und erst durch ihre Aneinanderfügung entsteht der dreijährige Etat" (Mohl 1840, II, S.752). Mohl hält dieses Verfahren für zweckmäßig, da ansonsten die Verwaltung die Trennung in 1jährige Budgets vornehmen müßte, da für sie eine 3jährige Verwaltungs- und Rechnungsperiode "viel zu lange" sei (Mohl 1840, II, S.752). Das "in der Regel" bringe, so Fricker 1861, S.328, zum Ausdruck, daß die 3jährige Dauer keine ausnahmslose Regel sein solle, sondern das Budget auch für eine andere Dauer festgesetzt werden könne.

[38] Vgl. WüFG 1848.

[39] Vgl. WüFG 1871.

[40] Vgl. WüFG 1873.

und 1876[42] wiederum 1 Jahr[43]. Ab 1877 erstrecken sich die Hauptfinanzetats jeweils auf 2 Jahre[44]. Die Rechnungen werden - unabhängig, ob vom Finanzministerium oder vom ständischen Ausschuß - jeweils für 1 Jahr gelegt.

In Bayern und Württemberg muß man also zwischen den - den Ständen vorgelegten - mehrjährigen Budgets und den verwaltungsinternen Etats unterscheiden, die i.d.R. jährlich aufgestellt wurden. In Preußen galt dies auch vor 1849, obwohl in diesem Zeitraum nur jährliche Etats in dreijährigem Abstand veröffentlicht sind. Für Sachsen fehlen entsprechende Hinweise. Damit wird klar, daß die Jährlichkeit derjenigen Etats, die als Instrument zur Verwaltungsführung dienten, schon seit Beginn es 19. Jahrhunderts - zumindest in drei der untersuchten Staaten - die Regel war[45]. Die jährlichen Rechnungslegungen deuten ebenfalls auf die Jährlichkeit des internen Finanzgebarens. Unterschiede in der Länge der Finanzperioden gab es offensichtlich nur bei den Budgets, die den Ständen vorgelegt wurden. Durch die Rechnungen war dennoch die Jährlichkeit auch der Kontrolle sichergestellt. Die theoretische Auseinandersetzung um die richtige Budgetperiode war in der Praxis schon zu Beginn des 19. Jahrhunderts zugunsten der Jährlichkeit entschieden.

Bei mehrjährigen Budgets gab es zwei verschiedene Methoden, die Planziffern in die Etats einzustellen. Es konnte für den ganzen Zeitraum nur ein einziges oder für jedes Jahr ein besonderes Budget aufgestellt werden[46]. In Bayern galten die eingestellten Budgetziffern im Untersuchungszeitraum für je ein Jahr der Haushaltsperiode, ebenso in Sachsen[47], wo allerdings, wie erwähnt, die Rechnungen bis 1878/79 für die gesamte Budgetperiode gelegt wurden. Für Soll-Ist- oder sonstige Vergleiche der Etats mit den Rechnungen muß man deshalb die Budgetzahlen immer auf die gesamte Budgetperiode umrechnen, bevor sie vergleichbar werden. In den württembergischen Budgets sind dagegen für jedes Etatjahr gesonderte Beträge ausgewiesen. Wichtig wird diese

---

41 Vgl. WüFG 1875.

42 Vgl. WüFG 1876.

43 Vgl. WüFG 1875.

44 Wobei 1877 wegen der Verlegung der Finanzperiode das Budget nur 21 Monaten umfaßt. 1870/71 kommt kein Hauptfinanzetat zustande (vgl. dazu auch Riecke 1887, S.393).

45 Es muß hier deshalb auch Mußgnug 1983, S.114 widersprochen werden, der behauptet, die Einjährigkeit der Etats erlaube in Preußen - ganz im Gegensatz zu den Staaten mit den 2-, 3- oder gar 6jährigen Budgets - "eine zuverlässige, wirklichkeitsgetreue Ausgabenplanung, deren Vollziehbarkeit während ihrer kurzen Geltungsdauer nur selten durch unvorhergesehene Ereignisse beeinträchtigt wurde". Siehe dazu auch Abschnitt 3.8.

46 Siehe Boiteau 1889, S.603.

47 Von dem Schema weicht nur das erste veröffentlichte Budget 1833, 1834/36 ab, wo für jedes Jahr eigene Summen veranschlagt sind.

Unterscheidung vor allem hinsichtlich der Verbindlichkeit der einzelnen Etatpositionen[48].

3.6.2. Anfangs- und Schlußtermine

Für sämtliche Etats in der Budgethierarchie wurde ein Anfangs- und ein Schlußtermin gefordert, da ansonsten ihre Zusammenfassung äußerst schwierig wäre[49]. Das stufenweise Zusammenführen der verschiedenen Etatebenen kann nur dann reibungslos funktionieren - auch bei Etatvergleichen -, wenn gleiche Stichtage gelten. Als mögliche Termine wurden das Kalenderjahr, der 1. Juni, der 1. Juli oder der 1. Oktober genannt[50]. Ein Haushaltsjahr sollte 12 Monate umfassen[51].

In Preußen erstreckt sich das Rechnungsjahr zu Beginn des 19. Jahrhunderts zunächst vom 1. Juni bis zum 31. Mai; 1814 wird es auf das Kalenderjahr umgestellt[52]. Die Anfangs- und Schlußtermine werden 1877 wiederum verändert. Ab da beginnt die Budgetperiode am 1. April und endet am 31. März jeden Jahres[53]. Von 1899 an trägt der Etat nur noch die Jahresziffer, welche den größten Teil des Etatjahres vom 1. April bis 31. März umfaßt[54].

---

48 Vgl. dazu Abschnitt 3.8.

49 Malchus 1823, II, S.158 fordert, "daß für die Etats für ein gegebenes Jahr, die sämmtlich unter einander in Verbindung stehen, ein und derselbe Anfangs- und Schlußtermin beobachtet werde". Siehe auch Murhard 1846, S.691.

50 Vgl. z.B. Schlupper 1817, S.8. Nach Malchus 1823, II, S.159 geben Verwaltungsrücksichten und lokale Verhältnisse den Ausschlag für den einen oder anderen Termin. Ebenso Murhard 1846, S.691. Für Boiteau 1889, S.601 hängt der Beginn des Budgetjahres von der jährlichen Einberufung des Parlaments ab. In gleichem Sinne Heckel 1898, Das Budget, S.21 und Neumark 1929, S.48.

51 Die Festsetzung des Anfangs- und Schlußtermins erfolgt in beinahe jedem Staat anders, was nach Malchus 1823, II, S.158 f. solange gleichgültig ist, wie das Etatjahr 12 Monate umfaßt. Dem Sinn nach gleich Boiteau 1889, S.601.

52 Vgl. PrGS 1814, S.39.

53 Vgl. PrEG 1876, § 1 Abs. 1. Weiter ist dabei vermerkt: "Den kommunalen und allen sonstigen nicht staatlichen Verwaltungen bleibt überlassen, auch für ihren Haushalt das veränderte Etatsjahr anzunehmen und die gegenwärtig für die Aufstellung ihres Etats, sowie für die Rechnungslegung bestehenden Termine entsprechend abzuändern. Alle dem entgegenstehenden gesetzlichen Bestimmungen werden hierdurch aufgehoben" (PrEG 1876, § 1 Abs. 2).

54 Vgl. Herrfurth 1899, S.4. Der Etat 1899/1900 wird künftig also nur noch als "Staatshaushaltsetat für das Jahr 1899" bezeichnet.

"*Vielseitige*" Schwierigkeiten wegen des Zusammenfallens von Rechnungs- und Kalenderjahr[55] haben in Bayern 1804 zur Verlegung des Beginns der Etatperiode auf den 1. Oktober geführt[56]. Ab 1868/69 wird er wiederum mit dem Kalenderjahr zusammengelegt[57], weshalb die Rechnung für 1866/67 15 Monate umfaßt[58].

In Sachsen bezieht sich keine der von uns untersuchten rechtlichen Regelungen auf den Beginn der Etatperiode. Den Allgemeinen Vorschriften für das Staatsrechnungswesen ist lediglich zu entnehmen, daß bei den gegenüber der Ständeversammlung als Ausführungsnachweis dienenden Rechnungen das Rechnungsjahr mit dem Kalenderjahr zusammenfallen muß[59]. Bei den in den Parlamentsverhandlungen veröffentlichten Budgets decken sich im gesamten Untersuchungszeitraum Budget- und Kalenderjahr.

In Württemberg heißt es in einer Bestimmung von 1818: "*Wir haben uns aus überwiegenden Gründen veranlaßt gesehen, den Anfangs-Termin des Etatsjahres, welcher bisher auf den Georgii-Tag, oder auf den 23. April festgesetzt war, zu verändern und zugleich zu bestimmen, daß für die Zukunft dasselbe mit dem ersten Julius eines jeden Jahres anfangen soll*"[60]. Die Umstellung des Beginns der Etatperiode vom 1. Juli auf 1. April durch einen Teiletat vom 1. Juli 1878 bis 31. März 1879[61] erfolgt ohne gesetzliche Bestimmung. Es werden lediglich Anweisungen für die Verrechnung der Teiletats gegeben. Sie gehen i.d.R. mit 3/4 des Jahresbetrages in den Etat und die Rechnung ein[62]. Die Gleichstellung des Etat- und Rechnungsjahres der Amtskörperschaften, Gemeinden und öffentlichen Stiftungen erfolgt durch eine Verordnung von 1878[63]. Die Bezeichnung des Etatjahres wird, wie in Preußen, 1898 an die im Reich übliche Form angepaßt[64].

---

55 Worunter "die Kollision der Perseptionsgeschäfte mit jenen der Rechnungsablage, die Anomalie, daß wegen dem Material-Vortrage den Naturalien in dem betreffenden, und dem Pekunial-Vortrage derselben in dem folgenden Jahrgange keine Rechnung den Ertrag desjenigen Jahrs ausspricht, für welches sie gestellet wird, und die nicht für alle Gattungen der Rechnungen nach der Natur des einschlägigen Objekts gleichseitige Anwendbarkeit des Schlußes den vorzüglichsten Platz einnehmen" (ChPfBaRegBl 1804, S.667 ff.).

56 Vgl. ChPfBaRegBl 1804, S.667 ff.

57 Vgl. BaGBl 1865, Art. 3 Abs. 1.

58 Vgl. BaFMBl 1867, S.3 ff., Ziffer I, Abs. 2.

59 Vgl. ARV 1900, § 25 Abs. 1. Vgl. auch SäSHHG 1904, § 28 Abs. 1.

60 WüSuRBl 1818, S.315, Abs. 1. Von dieser Regel sind nach Schmidlin 1823, S.47 unter bestimmten Umständen Ausnahmen gestattet.

61 Vgl. WüFG 1877.

62 Vgl. ABlWüStC 1878, S.96 ff. und WüRegBl 1878, S.122 ff.

63 Vgl. WüRegBl 1878, S.121 f.

64 Vgl. ABlWüStC 1898, S.181 f. und oben Fußnote 54.

Der Beginn der Budgetperiode änderte sich im Untersuchungszeitraum in Preußen, Bayern und Württemberg also je dreimal. Nur in Sachsen kam konsequent das Kalenderjahr als Etatperiode in Anwendung. Von 1868 bis 1876 hatten Preußen, Sachsen und Bayern die gleiche Etatperiode. Ab 1878 galt für Preußen und Württemberg der 1. April als Stichtag. Für Budgetvergleiche sind zum einen die Jahre, in denen ein Wechsel der Budgetperiode erfolgte, von Bedeutung, da sie entweder verlängert oder verkürzt war. Die Budgetzahlen sind also gegenüber den übrigen entweder zu hoch oder zu niedrig ausgewiesen[65]. Zum anderen stellt sich das Problem, daß die Einnahme- und Ausgabesummen sich verändern, je nachdem, ob die Einnahmen eines Kalenderjahres in einem Etat enthalten oder auf zwei verteilt sind. Auswirkungen hat das u.a. auf die von den allgemeinen Umständen abhängigen Einnahmen[66] oder auch auf die Höhe der Ausgaben. Das Budgetjahr des Reichs beginnt z.B. am 1. April. Die in den Budgets der einzelnen Staaten veranschlagten Überweisungen an das Reich stimmen mit denen im Reichsbudget für den jeweiligen Staat ausgewiesenen dann überein, wenn in diesem die Budgetperiode ebenfalls am 1. April beginnt. In den Staaten mit dem Kalenderjahr als Budgetperiode setzen sich die Überweisungen an das Reich zum einen aus den Verpflichtungen der Reichshaushaltsperiode bis zum 31. März, zum anderen aus denen ab dem 1. April zusammen[67]. Ähnliches gilt bei der Aggregation von Haushaltsdaten verschiedener staatlicher Ebenen mit unterschiedlichen Etatperioden, in Preußen z.B. da, wo die Anpassung der Budgetperiode an die staatliche in das jeweilige Belieben der kommunalen und sonstigen Verwaltungen gestellt war[68]. Budgetvergleiche müssen ggf. solche Verschiebungen, die sich aus unterschiedlichen Etatperioden ergeben, berücksichtigen.

3.6.3. Rechnungsperioden und Restrechnung

Als feststehender Grundsatz der Budgetwirtschaft des 19. Jahrhunderts galt der Satz, daß jedes Etatjahr ein in sich abgeschlossenes Ganzes bildet, dessen Ergebnisse nicht mit denen anderer Jahre vermengt werden sollten[69]. Später kam die Forderung auf, daß die budgetmäßig veranschlagten Ausgaben nur innerhalb des Zeitraumes, für den das Budget aufgestellt ist, eingegangen, ange-

---

65 Vgl. dazu z.B. die Tabellen *.4.*.

66 Jahre mit Mißernten oder Konjunktureinbrüchen schlagen z.B. in den Rechnungen nicht so stark zu Buche, wenn sie sich auf zwei Budgets verteilen.

67 Was nur relevant wird, wenn Veränderungen eintreten.

68 Vgl. dazu näher Neubrander 1989.

69 Jakob 1821, S.1230 stellt z.B. fest, daß für eine vollständige und leichte Übersicht über das Etatwesen notwendig sei, daß "der ganze Etat für eine gewisse Zeit bestimmt sey, und nicht mit Etatssummen aus andern Zeiten vermischt werde". Ähnlich Jakob 1837, S.873.

wiesen und geleistet werden dürfen[70]. Bei beiden Systemen erhebt sich die Frage, wie mit innerhalb der Etatperiode nicht mehr realisierten Budgetposten zu verfahren ist. Die Notwendigkeit einer Restverwaltung - eine Abweichung vom Prinzip der zeitlichen Begrenztheit des Etats - wurde an sich nicht bestritten[71].

Zwei aus Frankreich kommende Systeme standen zur Diskussion: das der Verrechnung nach der Gebarungsperiode oder "*l'exercice*"[72] und das der Kassenrechnung oder "*le compte de gestion*"[73]. Dem System der Gebarungsperiode wurde theoretisch der Vorzug gegeben, weil es die in einen bestimmten Haushaltsplan eingestellten Einnahmen und Ausgaben auch rechnungsmäßig diesem

---

70 In moderner Budgetsprache bezeichnet Neumark 1929, S.334 diese Forderung als "zeitliche Spezialität" des Budgets. Als Nachteil des Systems nennt er die Gefahr der Verschwendung von Staatsgeldern. Die Aussicht, daß nicht verwendete Budgetkredite nach Ablauf der Haushaltsperiode wieder an die Staatskasse zurückfallen, verführe dazu, die Mittel unbedingt - im Zweifelsfall auch für nicht notwendige Ausgaben - auszugeben. Außerdem schränke die strenge zeitliche Begrenzung des Etats die Bewegungsfreiheit der Verwaltungen bei der Durchführung solcher Aufgaben ein, die sich über mehrere Jahre erstreckten. Andererseits habe die jährliche Annulierung der Budgetkredite den Vorteil, alljährlich die Notwendigkeit der jeweiligen Staatsausgabe zu überprüfen (vgl. Neumark 1929, S.335 f.).

71 Laband 1890, S.366 weist darauf hin, daß eine Restverwaltung erlaubt und unvermeidlich sei, aber die Grenze zwischen Ausgabeersparnis und Resten genau bestimmt werden müsse.

72 Boiteau 1889, S.601 definiert die Gebarungsperiode wie folgt: "l'exercice est la période, plus étendue, de l'exécution et de la liquidation de ces services et de ces droits, ou des dépenses et des recettes attribuées à une année". Vgl. auch Dubois de l'Estang 1891, S.245. Noch deutlicher Say 1896, S.8: "C'est une compétence réglée par la concordance des actes avec leur objet, et raisonnée par rapport à ces actes et ces objets, compétence qui s'étend à toutes les opérations actives et passives accomplies pour l'année et non pour une autre; chaque année devant se suffire à elle-même sans recevoir de l'année antérieure ni rien recueillir pour l'année suivante". Ähnlich Stourm 1909, S.116: Danach setzt sich die Rechnung nach der Gebarungsperiode zusammen "d'une période de douze moins, augmentée du prolongement nécessaire pour recueillir toutes les opérations relatives à cette période". Die Haushaltsbücher werden bei diesem System so lange offengehalten, bis alle "schwebenden" (Neumark) Einnahmen und Ausgaben, deren Rechtsgrund im abgelaufenen Budgetjahr entstanden ist, abgewickelt sind. Theoretisch ist nach dieser Verrechnungsart die Zeitspanne, innerhalb derer Ausgabeermächtigungen für ein abgelaufenes Budget eingehen können, unbegrenzt (vgl. Neumark 1929, S.357). Siehe auch Seidler 1901, II, S.55. Kühnemann 1930, S.73 behauptet dagegen, die Exercice bezeichne die Auslaufzeit des Kassenjahrsystems.

73 Nach Allix 1927, S.22 umfaßt die compte de gestion alle Einnahmen und Ausgaben, die in dem Jahr bewirkt worden sind. Neumark 1929, S.334 nennt dieses System auch "Kassenjahrsystem". Die Verrechnung nach dem Kassenrechnungssystem beginnt und endet mit einem festen Datum. Es gibt keine Verlängerung des Verrechnungszeitraums über das Ende der Budgetperiode hinaus. Die Methode orientiert sich vor allem an der Kassenverwaltung (siehe Stourm 1909, S.116 f.). Nach Neumark 1929, S.337 verzeichnet das System der Gebarungsperiode alle Ausgaben und Einnahmen "für" ein Budgetjahr, letzteres dagegen diejenigen "in" einer Haushaltsperiode. Beim Kassenrechnungssystem entscheide "ausschließlich die Fälligkeit, nicht der Entstehungsgrund von Einnahmeforderungen und Ausgabeverpflichtungen über die rechnungsmäßige Zugehörigkeit der fraglichen Gebarung zu einem Budget" (Neumark 1929, S.338).

zuordnet[74]. Nur in dem Fall sind Haushaltsplan und Haushaltsrechnung inhaltlich identisch und vollkommen miteinander vergleichbar[75]. Als Nachteil des Verfahrens gilt, daß die Rechnungsbücher sehr lange offengehalten werden müssen[76]. Vom praktischen Standpunkt her wurde deshalb das Kassensystem empfohlen, bei dem die Bücher am Ende des Haushaltsjahres geschlossen werden[77]. Da beide Vorgehensweisen ihre Vor- und Nachteile haben, entwickelte sich in der Praxis eine Mischform, bei der die Bücher nach Ende des Etatjahres noch eine Zeitlang offen blieben[78].

In Preußen waren - wie oben bereits erwähnt - nach der Instruktion für die Oberrechnungskammer von 1824 Kalenderjahr und Rechnungsjahr identisch[79]. Dessen Einhaltung scheint jedoch hin und wieder Schwierigkeiten bereitet zu haben, wie aus einer Instruktion von 1832 an die gerichtlichen Salarienkassen hervorgeht, in der die Einhaltung des Rechnungstermins 31. Dezember angemahnt wird: "*Die Königl. Ober-Rechnungs-Kammer hat verschiedentlich zu bemerken Gelegenheit gehabt, daß dieser Termin nicht von allen Gerichten beachtet wird, sondern später geleistete und zu leistende Zahlungen zur Vereinfachung der Rechnungen noch in den Jahresabrechnungen der schon verflossenen Jahre aufgeführt stehen. - Da es nothwendig ist, daß der Termin jedes Abschlusses bei allen Kassen gleichzeitig ist, so sind die Rendanten anzuweisen, die dem Rechnungs-Jahre angehörigen Ausgabe auch innerhalb desselben zur Feststellung zu bringen und zu leisten, auch die dazu nöthigen Vorbereitungen so zeitig zu treffen, daß der Jahresabschluß nicht aufgehalten werde*"[80]. Zehn Monate später muß die Instruktion revidiert und der Rechnungsabschluß bis

---

[74] Stourm 1909, S.117 nennt diese Rechnungen deshalb die "comptes moraux".

[75] So kritisiert Allix 1927, S.28, daß das Kassenjahrsystem keinerlei Rücksichten auf die Forderungen und Verbindlichkeiten des Etatjahres nehme, sondern sich nur nach den tatsächlich realisierten Einnahmen und Ausgaben richte.

[76] Nach Allix 1927, S.26 führt dies dazu, daß die finanzielle Situation fast nie klar ist. Das gleichzeitige Offenhalten verschiedener Gebarungsperioden erzeuge vielmehr Unordnung im Finanzwesen: "Cet inconvénient a obiligé à apporter au système de l'exercice des témperaments qui en dénaturent assez largement le caractère théorique, en assignant à l'exercice des dates de clôture fixe, de façon que la durée n'en soit pas illimitée".

[77] So etwa Heckel 1898, Das Budget, S.267, der vorhandene Reste ohne Ausnahme auf die laufende Haushaltsperiode übertragen wissen will, ohne Rücksicht auf ihre sachliche Zugehörigkeit zu einem früheren Rechnungsjahr. Aus dieser Sicht werden sie als Bestandteile des laufenden Etats betrachtet. Siehe auch Neumark 1929, S.337 f.

[78] Nach Neumark 1929, S.338.

[79] Vgl. IOR 1824, § 46 Abs. 2 Satz 1.

[80] Jahrbücher 1832, Bd. 39, S.179 f.

zum 31. Januar verlängert werden[81]. Das preußische Staatshaushaltsgesetz von 1898 bestimmt generell: Alle Einnahmen und Ausgaben sind, mit einigen Ausnahmen, in der Rechnung desjenigen Etatjahres nachzuweisen, in welchem sie fällig geworden sind[82]. Die am 1. April postnumerando fälligen Einnahmen und Ausgaben sowie diejenigen ohne bestimmten Fälligkeitstermin, deren Rechts- und Entstehungsgrund im vorhergehenden Etatjahr liegt und deren Fälligkeit noch in der darauffolgenden Zeit bis zum Jahresabschluß herbeizuführen ist, sind in der Rechnung des vorhergehenden Jahres nachzuweisen[83]. Eine von den Bestimmungen abweichende Verrechnung ist in den Spezialetats aufzuführen[84]. Der Abschluß der Kassenbücher erfolgt bei der Generalstaatskasse spätestens im dritten Monat nach Ablauf des Etatjahres, bei den übrigen Kassen zu entsprechend früheren, von den zuständigen Ministern gemeinsam mit dem Finanzminister festzusetzenden Terminen[85]. Bei keiner Kasse dürfen nach Jahresabschluß noch Einnahmen und Ausgaben für Rechnung des abgelaufenen Etatjahres verbucht werden[86].

In Preußen scheint damit grundsätzlich das Kassenjahrsystem in Anwendung gekommen zu sein, wobei die Übergangsfrist bis zum Schluß der Generalstaatskasse ab 1898 drei Monate betrug. Wie es vor dieser Zeit gehalten wurde, lassen die spärlich veröffentlichten Anweisungen nur unzureichend erkennen. Die Anordnung von 1832 deutet jedoch darauf hin, daß die Bücher i.d.R. am 31. Dezember bzw. am Ende des Etatjahres geschlossen wurden.

Einer bayerischen Instruktion von 1808 ist zu entnehmen, daß die Rechnungen für das Finanzjahr 1809/10 spätestens bis Ende Dezember 1810 geschlossen

---

[81] Da die Durchsetzung o.g. Verfügung "bei den Obergerichts-Salarienkassen, so wie bei den Haupt-Untergerichtskassen, mit Schwierigkeiten verbunden ist, und leicht veranlassen kann, daß der Königl. Ober-Rechnungskammer unvollständige Rechnungen zur Revision eingereicht werden, so will der Justizminister den Rechnungs-Abschluß bei sämmtlichen von den Obergerichten verwalteten Justizkassen bis zum 31. Januar des folgenden Jahres gestatten" (Jahrbücher 1832, Bd. 40, S.516). Nach Czoernig 1866, S.20 schließen die Spezialkassen bis zum 31. Januar, die Provinzialkassen bis zum 10. Februar und die General- und Zentralkassen bis zum 15. März.

[82] Vgl. PrSHHG 1898, § 14 Abs. 1.

[83] Vgl. PrSHHG 1898, § 14 Abs. 2.

[84] Vgl. PrSHHG 1898, § 14 Abs. 3. Abweichungen, die bisher schon bestehen und welche teils auch schon in den Spezialetats kenntlich gemacht sind, teils demnächst kenntlich zu machen sind, betreffen nach Herrfurth 1899, S.37 f. die Forst- und Lotterieverwaltung, das Seehandlungsinstitut, die Berg-, Hütten- und Salinenverwaltung, die Verrechnung der Betriebseinnahmen und -ausgaben der Staatseisenbahnverwaltung und die Justizverwaltung.

[85] Vgl. PrSHHG 1898, § 39.

[86] Vgl. PrSHHG 1898, § 40 Abs. 1. Ausgenommen sind hiervon die Buchungen, die auf Grundlage der Ausführungsbestimmungen über die Verwendung von Überschüssen des Staatshaushaltes erfolgen (vgl. PrSHHG 1898, § 40 Abs. 2).

und an die Finanzdirektion übergeben sein müssen[87]. Die Bücher können also noch bis drei Monate nach Ende des Etatjahres offengehalten werden[88]. Die Durchsetzung zeitlicher Schranken scheint allerdings nicht immer einfach gewesen zu sein. An die vormaligen Provinzialhauptkassen ergeht 1809 die Rüge, daß "*Wir doch mit Mißfallen vernehmen, daß diese Verordnung von den wenigsten Kassen befolgt, daß vielmehr mehrere derselben noch mit ihren Rechnungen vom Jahre 1806/7 und 1805/6, und einige selbst noch von frühern Jahrgängen im Rückstande sind*"[89]. Es wird deshalb bestimmt, daß die Rechnungen augenblicklich zu schließen und offene Posten als Ausstände in der laufenden Rechnung oder als Gefälle voriger Jahre in Vortrag zu bringen sind[90]. Durch Verordnung von 1812 wird festgesetzt, daß das gesamte Finanzrechnungswesen eines verflossenen Finanzjahrs bis zum 31. Juli des folgenden abgeschlossen sein soll. Vom Obersten Rechnungshof müssen bis Ende August die Rechnungsübersichten beim Finanzministerium eingehen[91]. Nach diesen Terminen richtet sich der Oberrechnungshof bei der Festsetzung sämtlicher spezieller Einsende- und Revisionstermine, "*mit den dabei zu nehmenden besonderen Rücksichten*"[92]. In einer Verordnung von 1826 heißt es dagegen unbestimmter, die Termine zur Vorlage und Revision der Rechnungen würden "*wie bisher*" vom obersten Rechnungshof bestimmt. Sie seien den Verwaltungsbehörden so frühzeitig bekanntzumachen, daß sie "*auf das Pünktlichste*" eingehalten werden könnten[93]. Die Verlegung des Etatjahres auf das Kalenderjahr macht 1868 eine Verschiebung der Rechnungstermine erforderlich. Sämtliche Finanzrechnungen der äußeren Ämter und Verwaltungen müssen künftig längstens innerhalb dreier Monate nach Ablauf des Rechnungsjahres vollständig abgeschlossen und mit

---

87 Vgl. BaRegBl 1808, S.735, Buchstabe A.

88 Siehe eine entsprechende Regelung für die Kreisfinanzdirektionen in BaRegBl 1808, S.1869 ff., § 16, Buchstabe b. Ihnen bleiben ebenfalls drei Monate zur Einsendung der Rechnungen an das Finanzministerium.

89 Geret 1814, S.275 ff., Vorrede. In Ziffer IV, Abs. 2 wird zusätzlich noch angemerkt: "Die bisherige Gewohnheit einiger Stellen und Kassen, die Abrechnung mit den Aemtern erst dann vorzunehmen, wenn die Rechnungen der letztern erst vollständig justifizirt seyn würden, hatte, ohne irgend einen wesentlichen Vortheil den nachtheiligen Uebelstand zu Folge, daß die Kassenrechnungen oft Jahre lang offen gelassen, und die gegenwärtig noch bestehende Unvollständigkeit, Ungewißheit und Unordnung im Rechnungswesen herbeigeführt wurde".

90 Vgl. Geret 1814, S.275 ff, Ziffer II, Abs. 2.

91 Vgl. BaRegBl 1812, S.1785 ff., § 9.

92 BaRegBl 1812, S.1785 ff., § 12. Jeder versäumte Rechnungstermin "wird mit einer angemessenen, für den zweiten und dritten Fall verhältnißmäßig steigenden und auf der Stelle exekutiv zu erholenden Geldstrafe belegt; der vierte aber Unserem geheimen Finanz-Ministerium zur Anwendung weiter geeigneter, stärker eingreifender Strafmittel einberichtet" (BaRegBl 1812, S.1785 ff., § 11). Vgl. dazu auch BaRegBl 1826, S.169 ff., § 6. Wie Czoernig 1866, S.51 berichtet, beginnt das Verwaltungsjahr mit dem 1. Oktober und endet mit dem 30. September, jedoch wird das Rechnungsjahr bezüglich der Einnahmen um 3 Monate und bezüglich der Ausgaben um ca. 6 Monate verlängert.

93 Vgl. BaRegBl 1826, S.169 ff., § 6.

allen Belegen und Erfordernissen zur Revision eingesandt werden[94]. Der Abschluß der Kreiskassen erfolgt innerhalb von vier Wochen nach Eingang der Rechnungsresultate der äußeren Ämter[95]. Die Abschluß- und die Prüfungsergebnisse der Kreisfinanzrechnungen müssen längstens bis zum 1. Juli eines jeden Jahres dem Obersten Rechnungshof zur Vorlage kommen[96]. Gleiches gilt für die Rechnungen der Königlichen Bank in Nürnberg und der Generalzolladministration, der Generaldirektion der Verkehrsanstalten sowie Generalbergwerks- und Salinenverwaltungen bis spätestens 1. August[97]. "*Nach Umfluß der für den Abschluß der Rechnungen festgesetzten Termine sind alle Credite, welche bis dahin nicht erfüllt wurden, erloschen. In gleicher Weise ist die Honorirung von Zahlungsanweisungen, welche nach diesen Terminen noch für Rechnung des vorausgegangenen Jahres etwa erlassen werden sollten, ausgeschlossen*"[98]. Der Oberste Rechnungshof hat die definitiv abgeschlossene Generalfinanzrechnung bis spätestens 1. September jeden Jahres dem Staatsminister der Finanzen vorzulegen[99].

Die Bekanntmachung über die Aufstellung der Etats von 1907 setzt fest, daß alle Einnahmen und Ausgaben in der Rechnung des Jahres nachzuweisen sind, in welchem sie fällig geworden sind. Einnahmen und Ausgaben, die wirtschaftlich einem späteren Jahr angehören, können mit Genehmigung des Finanzministeriums erst in diesem späteren Jahr verrechnet werden[100]. Die "*in den ersten Tagen des nächsten Jahres*" für das abgelaufene Jahr fälligen Einnahmen und Ausgaben sind in der Rechnung des abgelaufenen Jahres nachzuweisen[101]. Mit Rechnungsabschluß erlischt die Befugnis zur Verwendung der durch die Etats bewilligten Mittel[102]. Die Beschleunigung des Rechnungswesens bezweckt 1913 die Bekanntmachung, daß die Rechnungen bei den Rentämtern definitiv am 15. März, bei den Kreiskassen am 15. April und bei der Zentralstaatskasse am 30. April zu schließen sind[103]. Die Hauptrechnung der

94 Vgl. BaRegBl 1868, S.2537 ff., Ziffer 1, Abs. 1.

95 Vgl. BaRegBl 1868, S.2537 ff., Ziffer 4, Abs. 2.

96 Vgl. BaRegBl 1868, S.2537 ff., Ziffer 6.

97 Vgl. BaRegBl 1868, S.2537 ff., Ziffern 8 und 9.

98 BaRegBl 1868, S.2537 ff., Ziffer 12.

99 Vgl. BaRegBl 1868, S.2537 ff., Ziffer 13.

100 Vgl. BaBAuVB 1907, § 18 Abs. 3.

101 Vgl. BaBAuVB 1907, § 18 Abs. 4. Die Regelung kommt in der Hauptsache bei den Einnahmen für Mietzinse, Pachtschillinge, Rekognitionsgebühren o.ä. und bei den Ausgaben allenfalls für Versicherungsprämien und ähnliche Kosten in Frage. Dagegen ist es grundsätzlich ausgeschlossen, etwa auch Betriebseinnahmen, die erst im nächsten Jahr zur Zahlung fällig werden, noch in die Rechnung des abgeschlossenen Jahres aufzunehmen.

102 Vgl. BaBAuVB 1907, § 20.

103 Vgl. BaFMBl 1913, S.206.

Generaldirektion der Zölle und indirekten Steuern, der Generaldirektion der Berg-, Hütten- und Salzwerke sowie der Staatsschuldenverwaltung ist jeweils bis Ende Mai dem Obersten Rechnungshof vorzulegen[104].

Auch in Bayern wurde damit anscheinend das Kassenjahrsystem angewendet, wobei von Anfang an gewisse Übergangsfristen bis zum endgültigen Abschluß der Rechnungen eingeräumt wurden. Die Entwicklung des bayerischen Verrechnungssystems ist durchgehend anhand der rechtlichen Regelungen zu verfolgen. Wesentlich spärlicher sind dagegen die einschlägigen Veröffentlichungen in Sachsen.

Der Bücherabschluß in Sachsen erfolgt nach den Allgemeinen Vorschriften über das Staatsrechnungswesen bei den Spezialkassen bis spätestens 31. Januar des nächstfolgenden Jahres, sofern nicht von den Ressortministern, im Einvernehmen mit der Oberrechnungskammer und dem Finanzministerium, ausnahmsweise ein späterer Termin zugelassen ist[105]. Ein einheitlicher Bücherabschlußtermin fehlt bei den Zentralkassen[106]. Das Staatshaushaltsgesetz von 1904 regelt, daß alle Einnahmen und Ausgaben in den Staatshaushaltsrechnungen des Jahres nachzuweisen sind, in dem sie fällig geworden sind. Auf Anordnung des zuständigen Ministeriums dürfen jedoch Einnahmen und Ausgaben, die wirtschaftlich einem späteren Jahr als dem der Fälligkeit angehören, in diesem späteren Jahr verrechnet werden[107]. Der Rechnungsnachweis über Bauten und andere einmalige Erzeugnisse, Anschaffungen und Unternehmungen, über die selbständige Rechnungen abzulegen sind, erfolgt nach deren Vollendung[108]. Die Finanzhauptkasse wird spätestens 3 Wochen nach Eingang des letzten Ergebnisses der Einzelkassen abgeschlossen[109] oder, falls die Kassenbücher über die der Finanzhauptkasse zur speziellen Vertretung überwiesenen Kapitel des ordentlichen Staatshaushaltsetats noch später abgeschlossen werden sollten, spätestens 3 Wochen nach deren Abschluß[110]. Die Einzelkassen (Spezialkassen) haben, soweit keine anderen Vereinbarungen getroffen sind, jeweils binnen 14 Tagen nach Bücherabschluß summarisch den Betrag ihrer

104 Vgl. BaFMBl 1913, S.206.

105 Vgl. ARV 1900, § 8.

106 Vgl. ARV 1900, § 9. Nach Löbe 1904, S.137 hängt der Zeitpunkt des Bücherabschlusses davon ab, ob es sich um den Etat der Überschüsse und Zuschüsse oder den außerordentlichen Staatshaushaltsetat handelt. Die Abschlußtermine der Spezialkassen hätten darauf maßgeblichen Einfluß.

107 Vgl. SäSHHG 1904, § 22. Die Bestimmung entspricht fast wörtlich der bayerischen Regelung (vgl. Fußnote 100).

108 Vgl. SäSHHG 1904, § 28 Abs. 2. Siehe auch ARV 1900, § 25.

109 Der Abschluß der Spezialkassen ist wie in ARV 1900, § 25 auf den 31. Januar des folgenden Jahres terminiert.

110 Vgl. SäSHHG 1904, § 29.

Isteinnahmen, ihrer Einnahmereste, ihrer Istausgaben und ihrer Ausgabereste anzuzeigen[111].

In Sachsen wurde damit, wenn auch erst seit der Allgemeinen Verordnung über das Staatsrechnungswesen nachweisbar, ebenfalls das Kassenrechnungssystem mit Übergangszeit praktiziert. Das Fälligkeitsprinzip war in Bayern und Sachsen fast wörtlich gleich geregelt. Die Festsetzung der Termine des definitiven Rechnungsabschlusses erfolgte in Sachsen allerdings nicht so strikt wie in Preußen und Bayern.

In Württemberg soll der Abschluß der Rechnungen nach dem Organisationsmanifest vom 18.3.1806 8 Wochen nach Georgii (23. April) erfolgen[112]. In einem Dekret von 1818 ist in "*Hinsicht auf Unsern ernstlichen Willen, daß die verschiedenen Etats-Jahre aus einander gehalten werden sollen, weil, wenn die Einnahmen des laufenden Etats-Jahres noch ferner zu Ausgaben aus den früheren Jahren verwendet würden, kein Etat würde gehalten werden können*"[113], folgendes bestimmt: Alle Ausgaben, die aus dem Zeitraum vor dem 1. Juli dieses Jahres noch zu befriedigen sind, können nur aus den Einnahmen bestritten werden, die aus dieser früheren Finanzperiode noch ausstehen[114]. Das Recht der Anweisung solcher Ausgaben steht lediglich dem Finanzminister zu[115]. Allgemein wird die Materie durch die Instruktion über die Einrichtung des Staatskassen- und Rechnungswesens von 1818 geregelt: Über die Einnahmen und Ausgaben der Vorperioden wird künftig gesondert Kasse und Rechnung geführt. Die Reste der vorigen Jahre, die Grundstockveränderungen und das Laufende des Etatjahres müssen genau auseinandergehalten werden[116]. Um zur Prüfung und Anweisung der unständigen Ausgaben die erforderliche Zeit zu gewinnen, sind die Rechnungen Ende Mai abzuschließen, so daß sie künftig den Zeitraum vom 1. Juni bis zum 31. Mai umfassen[117]. Das heißt also, daß das Etatjahr gegenüber dem Rechnungsjahr um einen Monat nach hinten versetzt ist. Wie lange und ob das überhaupt praktiziert wurde, bleibt unklar. In der Verordnung über die Verlegung der Etatperiode wird jedenfalls auch der Beginn der Rechnungsperiode vom 1. Juli auf den 1. April verlegt[118].

---

111 Vgl. SäSHHG 1904, § 29.

112 Vgl. Knapp 1814, 3. Theil, 2. Abtheilung, S.468.

113 Moser 1836, S.57 ff., Ziffer 12.

114 Vgl. Moser 1836, S.57 ff., Ziffer 12, Buchstabe a.

115 Vgl. Moser 1836, S.57 ff., Ziffer 12, Buchstabe b.

116 Vgl. IESuRW 1818, § 24.

117 Vgl. WüSuRBl 1820, S.279 ff., § 1.

118 Vgl. WüRegBl 1878, S.121 f.

Die rechtlichen Regelungen erwecken den Anschein, als ob in Preußen, Bayern und Sachsen das System des Kassenjahres oder das Fälligkeitsprinzip zur Anwendung kam, während lediglich in Württemberg die Restverwaltung grundsätzlich getrennt von den Einnahmen und Ausgaben der laufenden Verwaltung gehalten wurde. Daß dieses Bild der Einheitlichkeit trügt[119], ist im folgenden anhand weiterer rechtlicher Vorschriften und der Rechnungen zu zeigen.

In Preußen wird in einem Zirkularreskript von 1822 angemahnt, es müsse "*mit Ernst auf die vollständige Ermittelung der Restausgaben hingewirkt und hierdurch es möglich gemacht werden, daß die Verwaltung eines jeden Jahres recht bald abgeschlossen werden kann, und nicht durch mehrere Jahre durchgeschleppt wird*"[120]. In einem weiteren Zirkularreskript ist bestimmt, "*daß die Ausgabefonds sämmtlicher Verwaltungen, nach dem Abschlusse des Jahres, für welches sie durch den Etat ausgesetzt sind, zwar noch das darauf folgende Jahr hindurch für die noch vorkommenden Restausgaben offen gehalten und reservirt werden können, daß aber, bei dem Abschlusse des zweiten Jahres die Ausgabefonds definitiv zu schließen, die bis dahin nicht verwendeten Beträge als erspart auszuwerfen, und daß alle nach dem Abschlusse des zweiten Jahres etwa noch vorkommende Anforderungen an die hiernach geschlossenen Fonds auf die Etatsfonds des laufenden Jahres zu übernehmen sind*"[121]. Davon ausgenommen sind die Ausgaben, die bisher schon am Schluß des ersten Jahres definitiv abzuschließen waren, nämlich diejenigen der indirekten Steuerverwaltung, der Bedürfnis-, Diäten- und Fuhrkostenfonds sowie des Hauptextraordinariums[122]. In der Instruktion für die Oberrechnungskammer von 1824 wird zusätzlich klargestellt, daß keine laufenden Ausgaben auf diese Reste und keine aus den Resten zu bestreitenden Ausgaben auf die laufenden angewiesen werden dürfen[123]. Die sich am Ende des zweiten Jahres ergebenden Minderausgaben sind als erspart zu berechnen "*und (es) darf nicht geduldet werden,*

---

119 Aus den ähnlichen Formulierungen in Preußen, Sachsen und Bayern, daß nämlich die Einnahmen und Ausgaben in der "Rechnung" nachgewiesen werden müssen, zu der sie ihrem Fälligkeitstermin nach gehören - was in Württemberg ebenfalls Usus war-, folgt nicht, daß die Einnahmen und Ausgaben auf Reste früherer Budgetperioden auch gleich verrechnet wurden.

120 Annalen 1822, Bd. 6, S.890, Buchstabe a.

121 Annalen 1823, Bd. 7, S.234. Von der Bestimmung sind die übertragbaren Einnahmen und Ausgaben ausgenommen (siehe dazu weiter unten Abschnitt 3.6.4., S.298 f.).

122 Vgl. Annalen 1823, Bd. 7, S.235, Ziffer 1.

123 Vgl. IOR 1824, § 24 Abs. 2 Satz 2. Nach Herrfurth 1899, S.39 ist dabei der Begriff der Restausgabe dahingehend festgestellt worden, "daß eine Restausgabe für das Vorjahr dann vorliege und mithin die Uebertragung des zu ihrer Deckung voraussichtlich erforderlichen Betrages in das folgende Rechnungsjahr dann zulässig sei, wenn die Forderung des Gläubigers innerhalb des Vorjahres oder postnumerando am 1. April des folgenden Jahres fällig geworden sei".

daß irgend eine Zahlung in das dritte Jahr übergehe"[124]. Sich dennoch auf diese Reste ergebende Ausgaben müssen in späteren Jahren aus den laufenden Mitteln, ohne deren Überschreitung, bestritten werden[125]. Nach dem preußischen Staatshaushaltsgesetz sind dem abgelaufenen oder einem früheren Etatjahr zuzurechnende Einnahmebeträge, die bis zum Jahresabschluß nicht eingezogen werden können, als Einnahmereste des abgelaufenen Etatjahres nachzuweisen und im folgenden in Solleinnahme zu stellen[126]. Ihre Vereinnahmung erfolgt auf Rechnung desjenigen Etatjahres, in welchem sie eingehen[127]. Können Ausgaben bis zum Jahresabschluß nicht geleistet werden, so werden die zu ihrer Deckung erforderlichen Beträge, auch wenn sie unter Zusammenrechnung mit den wirklich geleisteten Ausgaben eine Etatüberschreitung ergeben, reserviert und in das folgende Etatjahr übertragen[128]. Bestände, die nach Reservierung der zu Restausgaben erforderlichen Beträge beim Jahresabschluß verbleiben, sind in der Rechnung als erspart nachzuweisen[129]. Die in das folgende Etatjahr zu übernehmenden Beträge sind für Restausgaben des abgeschlossenen Etatjahres bestimmt bzw. als in das folgende Etatjahr übergehender Bestand nachzuweisen und im folgenden Jahr in Sollausgabe zu stellen[130].

In den preußischen Staatshaushaltsrechnungen sind die Einnahmen und Ausgaben auf Reste von 1849 bis 1868 gesondert von den etatmäßigen nachgewiesen. In der Rechnung von 1869 sind vor der Linie noch Resteinnahmen vermerkt; ab 1870 entfällt auch dies. Daraus ist zu schließen, daß sie bis zu diesem Jahr auch nicht in die etatmäßigen Einnahmen und Ausgaben der Budgets und Rechnungen eingehen, sondern gesonderter Buchführung unterliegen. Tabelle 1.6. zeigt die Resteinnahmen und -ausgaben von 1849 bis 1868. Die Einnahmen auf Reste, die erst ab 1852 nachgewiesen sind, betragen in diesem Zeitraum zwischen 3,3 % (1854) und 77,5 % (1867) relativ zu den veranschlagten

---

124 IOR 1824, § 24 Abs. 3. Vgl. dazu auch die Bemerkungen der Oberrechnungskammer zu § 18 Nr. 1 PrORKG 1872 (in Meißner 1879, S.89).

125 Vgl. IOR 1824, § 24 Abs. 4. Eine sinngemäße Bestimmung wurde in PrSHHG 1898, § 46 Abs. 2 getroffen, wo noch zusätzlich bestimmt ist, daß auch die Ausgaben, welche früheren Etatjahren zuzurechnen sind, zu deren Deckung aber Mittel nicht oder in nicht ausreichendem Maße reserviert worden sind, aus Mitteln der laufenden Verwaltung zu bestreiten sind.

126 Vgl. PrSHHG 1898, § 42 Abs. 1.

127 Vgl. PrSHHG 1898, § 42 Abs. 2.

128 Vgl. PrSHHG 1898, § 43 Abs. 1.

129 Vgl. PrSHHG 1898, § 43 Abs. 2.

130 Vgl. PrSHHG 1898, § 45. Nach Herrfurth 1899, S.332 entsprechen diese Vorschriften den bereits für die Restverwaltung geltenden.

Nettoeinnahmen[131]. Als Restausgaben kommen zu den laufenden noch zwischen 5,9 % (1854) und 73,2 % (1867) hinzu[132].

Es zeigt sich also, daß in Preußen, trotz des Fälligkeitsprinzips, eine getrennte Rechnung über die Einnahmen und Ausgaben auf Reste geführt wurde. Restausgaben durften zunächst nur aus Resteinnahmen gespeist werden. Falls die nicht ausreichten, mußte auf etatmäßige Mittel der laufenden Verwaltung zurückgegriffen werden. Daran änderte auch das preußische Staatshaushaltsgesetz nichts. Gegenüber den Bestimmungen der 1820er Jahre schrieb das Staatshaushaltsgesetz fest, daß die Restausgaben zu Lasten der Finanzperiode gehen, in der sie fällig werden. Rechnungsmäßig werden sie damit bei der laufenden Verwaltung nachgewiesen. Es ist anzunehmen, daß diese Verrechnungsart ab 1869 eingeführt wurde. Während zuvor eine von der laufenden Verwaltung getrennte Rechnung existierte, flossen die Resteinnahmen und -ausgaben fortan in die etatmäßigen ein. Um ihren Betrag sind sie ab 1869 höher als die der vorhergehenden Jahre. Untersuchungen der Einnahme- und Ausgabeentwicklung über die Zeit müssen diesem Umstand Rechnung tragen.

Die zentrale Bestimmung über die etatmäßige Behandlung von Resten stammt in Bayern aus dem Jahre 1809. Alle noch rückständigen Einnahmen früherer Jahre fließen in die Zentralstaatskasse. Die noch aus früheren Jahren zu bestreitenden Ausgaben werden gleichfalls von ihr beglichen. Hierfür erhält die Rechnung sowohl bei den Einnahmen als auch bei den Ausgaben eine doppelte Einteilung: Einnahmen (Ausgaben) aus dem Rechnungsbestand der vorigen Jahre[133] und Einnahmen (Ausgaben) des laufenden Etatjahres[134]. Die Trennung der Rechnungen der laufenden und der Restverwaltung wird in einer Verordnung von 1810 nochmals bekräftigt[135]. Die Durchführung scheint je-

---

131 Vgl. Tabelle 1.6., Spalte 2.

132 Vgl. Tabelle 1.6., Spalte 4.

133 Diese Rubrik enthält die Ausstände, den Erlös aus dem vorjährigen Naturalienvorrat und die sich ergebenden Rechnungsdefekte.

134 Die Rubrik enthält die Gefälle des laufenden Jahres (vgl. Geret 1814, S.275 ff., Ziffer VII).

135 Vgl. BaRegBl 1810, S.721 ff., wo es in der Vorrede zur Begründung heißt, daß die "grossen, mehrere Millionen betragenden Summen der Rückstände, ... die Schwierigkeiten, in welche dieß mit so vielen frühern Jahren in Verbindung stehende Austandswesen die laufende Amtsführung, und das Rechnungswesen je mehr und mehr verwickeln", diese Maßnahmen notwendig machen. Vgl. auch Geret 1821, S.992 f., Abs. 1.

doch auf einige Hindernisse gestoßen zu sein[136]. Nach einer Instruktion von 1814 dürfen - ohne Ermächtigung des Finanzministers - keine laufenden Staatsgefälle zur Begleichung und Berichtigung der Abrechnungsreste der Ämter und Kassen für ein verflossenes Jahr verwendet werden[137]. Aus dem Finanzgesetz von 1825 ist zu erkennen, daß die Rechnung über den Dienst der Vorjahre von 1818/19 am 30. September 1825 geschlossen wird und die "*Arreragen*" desselben auf den Dienst der ersten Finanzperiode und zurück übergehen[138]. Für diesen wird in den folgenden 3 Jahren eine besondere Rechnung über die Erfüllung des Dienstes der 1. Finanzperiode geführt[139]. Durch die Instruktion von 1828 wird sie geschlossen und von dem Verwaltungsjahr 1827/28 an gehen die dem Dienst der 1. Finanzperiode noch angehörigen Einnahmen und Ausgaben in die ordentliche Rechnung des laufenden Jahres über[140]. Diese zerfällt in zwei Abteilungen: Die Einnahmen (Ausgaben) für den Dienst der 1. Finanzperiode und der Vorjahre und die Einnahmen (Ausgaben) aus dem Bestand der Vorjahre der 2. Finanzperiode[141]. Spätere Finanzgesetze treffen ähnliche Bestimmungen[142].

Wie es in der Entschließung über das Rechnungsschema für 1906 und 1907 heißt, fällt von 1906 an die bisherige rechnerische Unterscheidung zwischen Einnahmen und Ausgaben der früheren Jahre und des laufenden Jahres weg, so daß sie fortan ohne Rücksicht darauf, ob sie in früheren Jahren oder im laufenden Jahr fällig werden, bei der laufenden Verwaltung zu verrechnen sind[143]. Die Bekanntmachung über die Aufstellung der Etats von 1907 bestimmt, daß bei der Bemessung der zu erwartenden Einnahmen in sämtlichen Etats von der berechneten Solleinnahme nur die voraussichtlichen Nachlässe,

136 Dazu heißt es z.B. in der Vorrede einer Verordnung von 1813 über das Ausstandswesen: Seine Königliche Majestät haben, die Behandlung der Ausstände und Nachlässe betreffend, "die lange bekannte Erfahrung wiederholt bestättiget gefunden, daß tief gewurzelte und zumal mit der Verwaltung selbst enge verwebte Mißbräuche, und schädliche Gewohnheiten nicht auf einmal gehoben, sondern nur durch ausdauernde Mühe und mit strenger Konsequenz nach und nach beseitiget werden können. Wenn daher die Ausführung der Verordnung vom 10. August 1810 von vielen Seiten große Schwierigkeiten, und selbst von manchen Verwaltungsstellen eine Gegenwirkung erfahren hat, so konnte solches Allerhöchstdieselben um so minder befremden, als oft die nachtheiligsten Observanzen in einer unrichtigen Ansicht Schutz und Unterstützung zu finden pflegen. Seine Kön. Majestät sind nicht gemein, von der erwähnten Verordnung, welche für die Erzielung einer wohlgeordneten und konsequenten Finanzverwaltung wesentliche Dispositionen enthält, im mindesten abzuweichen" (Geret 1816, Bd. 3, S.35).

137 Vgl. Geret 1816, Bd. 1, S.162 f., § 23.

138 Vgl. BaFG 1825, Titel III, Ziffer 1.

139 Vgl. BaFG 1825, Titel III, Ziffer 2.

140 Vgl. Geret 1829, Bd. 15, S.50 f., Ziffern I und II, Abs. 1.

141 Vgl. Geret 1829, Bd. 15, S.50 f., Ziffer II, Abs. 2.

142 Vgl. z.B. BaFG 1837, Titel I, § 1 und BaFG 1849/51, Titel I, § 1.

143 Vgl. BaFMBl 1907, S.75 ff.

nicht aber auch Beträge für Rückstände abgezogen werden sollen[144]. Fällige Beträge, die bis zum Rechnungsabschluß nicht eingingen, sind in den einschlägigen Rubriken als Rückstände nachzuweisen[145]. Fällige Ausgaben, die bis zum Rechnungsabschluß nicht ausbezahlt werden konnten, sind erst im Jahr der tatsächlichen Auszahlung in Rechnung zu stellen[146]. Eingänge aus den Einnahmerückständen früherer Jahre sowie aus Einnahmenachholungen sind bei den Einnahmetiteln des laufenden Jahres, zu welchen sie ihrer Natur nach gehören, zu verrechnen, Rückvergütungen zuviel bezahlter Beträge an den entsprechenden laufenden Einnahmen zu kürzen[147]. Die auf den Bestand früherer Jahre sich ergebenden nachträglichen Ausgaben sind bei den Ausgabetiteln, zu welchen sie ihrer Natur nach gehören, als Ausgaben des laufenden Jahres zu verrechnen. Rückersätze zuviel geleisteter Ausgaben sind i.d.R. bei den Ausgaben des Rechnungstitels, auf den der seinerzeit zuviel bezahlte Betrag geleistet wurde, zu kürzen. Soweit dies nicht möglich ist, sind sie bei den Einnahmen zu verbuchen[148].

Diese Bestimmungen sind etwas verwirrend. Wie die Verrechnung tatsächlich erfolgte, zeigt zunächst Tabelle 2.6.1. In den Rechnungen werden das Verlagskapital, Einnahmen und Ausgaben auf den Bestand der zweitletzten Finanzperiode und zurück, auf den Bestand der letzten Finanzperiode sowie auf den Bestand der Vorjahre der laufenden Finanzperiode nachgewiesen. Die Tabelle zeigt anschaulich, wie wechselvoll sich die Verrechnung der Einnahmen und Ausgaben auf die Bestände der Vorjahre gestaltete. Verlagskapital wird ab 1825/26 nachgewiesen. Einnahmen und Ausgaben auf den Bestand der zweitletzten Finanzperiode und zurück fallen von 1819 bis 1867 nur in der 3., 6. und 7. sowie in der 4. Finanzperiode von 1839 bis 1842 an[149]. Einnahmen auf den Bestand der letzten Finanzperiode sind durchgehend verbucht, entsprechende Ausgaben fehlen von 1825 bis 1828[150]. Einnahmen auf dem Bestand der Vorjahre fallen jeweils im ersten Jahr der Budgetperiode nicht an[151]. Ausgaben auf den Dienst der Vorjahre sind rechnungsmäßig nicht immer ausgewiesen, z.T. werden sie mit den Ausgaben der laufenden Verwaltung verrechnet[152]. Das Verhältnis der Einnahmen auf den Dienst der Vorjahre zu den

144 Vgl. BaBAuVB 1907, § 9.

145 Vgl. BaBAuVB 1907, § 19 Abs. 1.

146 Vgl. BaBAuVB 1907, § 19 Abs. 2.

147 Vgl. BaBAuVB 1907, § 19 Abs. 3.

148 Vgl. BaBAuVB 1907, § 19 Abs. 4.

149 Vgl. Tabelle 2.6.1., Spalten 2 und 8.

150 Vgl. Tabelle 2.6.1., Spalten 3 und 9.

151 Vgl. Tabelle 2.6.1., Spalte 3.

152 Siehe Fußnote C) in Tabelle 2.6.1.

veranschlagten Nettoeinnahmen schwankt zwischen 0 % (1824/25) und 101 % (1842/43)[153]; das der nicht etatmäßig, sondern separat auf den Bestand der Vorjahre verrechneten Ausgaben, bezogen auf die veranschlagten Staatsausgaben, bewegt sich zwischen 0,2 % (1824/25) und 56,5 % (1842/43)[154]. Tabelle 2.6.2. stellt die Entwicklung von 1868 bis 1914 dar. Einnahmen und Ausgaben auf den Bestand der Vorjahre sind nur bis 1879 ausgewiesen[155], solche auf das Verlagskapital und auf den Bestand der Vorperioden jedoch bis 1913. Relativ zu den etatmäßigen Ansätzen bewegen sie sich auf einem ähnlichen Niveau wie vor 1868. Die höchste Quote liegt bei den Einnahmen bei 42,3 % (1880 und 1904) und bei den Ausgaben bei 57,3 % (1880)[156].

Die Tabellen zeigen, daß in Bayern - obwohl die angeführten rechtlichen Bestimmungen dies nicht unbedingt vermuten lassen - im gesamten Untersuchungszeitraum Ausgaben auf den Bestand der Vorjahre und/oder der Vorperioden ausgewiesen wurden. Auch die Vorschriften von 1906 und 1907 haben an der Darstellungsform der Restbestände nichts geändert. Die Rechnung über die Restverwaltung wird von der laufenden, d.h. der etatmäßigen, getrennt geführt. Das ist auch daran zu erkennen, daß der Soll-Ist-Vergleich jeweils nur die Einnahmen und Ausgaben der laufenden Verwaltung umfaßt. Mittel aus dem "Bestand der Vorjahre" werden in Bayern allerdings nicht nur außeretatmäßig, sondern z.T. auch etatmäßig verbucht, wie im folgenden zu zeigen ist.

Einnahmen aus dem Bestand der Vorjahre sind in den Budgets ab der Etatperiode 1831/37 nachgewiesen. Wie dem Finanzgesetz zu entnehmen ist, handelt es sich bei diesem Betrag um eine Zuweisung an das Finanzministerium für das erste Jahr der dritten Finanzperiode zur Deckung des sich durch Rückstände ergebenden "*momentanen Entgangs*". Am Ende der dritten Finanzperiode ist eine gleiche Summe zu gleichem Zweck für den Dienst der vierten Finanzperiode verfügbar zu machen[157]. Es ergibt sich demnach, daß der Einnahmeverlust, der jeweils im 1. Jahr der neuen Finanzperiode beim Dienst der Vorjahre entsteht, weil dessen Einnahmen auf den Dienst der Vorperioden übergehen, im Etat auf den "*Bestand der Vorjahre*" veranschlagt wird[158]. Wie

---

153 Vgl. Tabelle 2.6.1., Spalte 6.

154 Vgl. Tabelle 2.6.1., Spalte 12.

155 Vgl. Tabelle 2.6.2., Spalten 5 und 6. Sie fließen wohl künftig, wie den Rechtsvorschriften zu entnehmen ist, in die Einnahmen und Ausgaben der laufenden Verwaltung ein.

156 Vgl. Tabelle 2.6.2., Spalten 8 und 10.

157 Vgl. BaFG 1831, Titel II, § 14.

158 Siehe Tabelle 2.6.1., Spalten 3 und 4. Vgl. z.B. auch BaFG 1831, Buchstabe B der Staatseinnahmen.

aus dem Etatentwurf für 1851/55 zu erkennen ist, handelt es sich bei diesem Betrag um Ausstände, die in jedem Jahr der Finanzperiode flüssig werden[159].

Der in den Etats ausgewiesene Betrag geht jedoch rechnungsmäßig nicht - wie wir überprüft haben - in die Summe der laufenden Verwaltung ein und taucht auch nicht als Einnahme aus dem "*Bestand der Vorjahre*" auf. Er ist zur Bestreitung der Staatsausgaben aus den Ausständen früherer Finanzperioden und der Vorjahre der laufenden bestimmt[160]. Im Finanzgesetz für zwei Jahre der 6. Finanzperiode wird unter der Überschrift "*Bestand der Vorjahre*" dargelegt, daß die Einnahmen und Ausgaben auf den Bestand der 4. Finanzperiode und zurück unter diesem Kollektivtitel gemeinsam vorzutragen sind, "*bis die auf die Ueberschüsse dieser Periode hingewiesenen Verwendungen vollständig realisirt und rechnungsmäßig bereiniget seyn werden*"[161]. Ebenso ist die gesonderte Behandlung der Einnahmen und Ausgaben auf den Bestand der 5. Finanzperiode beizubehalten. Aus den bis zum Schluß der Finanzperiode sich ergebenden Erübrigungen bzw. Mehreinnahmen sind vor allem sämtliche dieser Periode noch zuzurechnende Ausgaben zu bestreiten. Der danach noch verbleibende verwendbare Bestand ist in dem Betrag, welchen die Rechnung 1848/49 nachweist, für die Dotation des außerordentlichen Budgets bestimmt[162]. Durch das Finanzgesetz von 1855 werden die Einnahmen und Ausgaben auf den Bestand der 4. und 5. Finanzperiode rechnungsmäßig zusammengeführt. Die noch nicht vollständig realisierten - aus den Überschüssen dieser Perioden gespeisten - Ausgabeermächtigungen werden aufgehoben und für wirkungslos erklärt, mit Ausnahme der Kredite für den Ausbau der Festung Germersheim und für den Bau des Ludwigkanals[163]. Daraus ist zu schließen, daß die Ausgaben auf den Bestand der Vorperioden teils aus Überschüssen, teils aus finanzgesetzlich noch den Vorperioden zugewiesenen Mitteln finanziert wurden.

Ab dem Etat 1868/69 werden in den Einnahmeetats jeweils "*Übergänge*" aus der vorherigen Finanzperiode eingestellt[164], und zwar, wie schon in den Etats davor, zur Deckung entgangener Rückstände im ersten Jahr der Finanzperiode. Sie gehen von nun an in die Summe der laufenden Staatseinnahmen mit ein. Daneben werden in den einzelnen Etats noch laufende Einnahmen aus dem Bestand der Vorjahre veranschlagt. So z.B. im Etat der Generalbergwerks- und Salinenadministration 1870/71. Es kommen in der 1. Abteilung auf den Bestand der Vorjahre 480.000 fl. in Ansatz, die mit den Einnahmen des laufen-

[159] Vgl. BaEE 1851/55, S.243.

[160] Dies geht aus dem Wortlaut von BaFG 1851, Titel I, § 2 hervor.

[161] BaFG 1850, Buchstabe A, Titel I, § 1.

[162] Vgl. BaFG 1850, Buchstabe A, Titel I, § 2.

[163] Vgl. BaFG 1855, Titel I, § 1.

[164] Vgl. z.B. BaFG 1868, Kapitel 1 der Staatseinnahmen.

den Jahres summiert werden[165]. In die Einnahme- und Ausgabesummen der Etatübersicht und damit in den etatmäßigen Soll-Ist-Vergleich gehen sie jedoch erst ab dem Budget 1872/73 ein. Zur Klärung der Frage, was in den Einnahmen auf den Bestand früherer Finanzperioden tatsächlich verrechnet ist, tragen die Rechnungen ab 1912/13 bei. Dort sind sie in übertragene Kredite des ordentlichen Budgets früherer Finanzperioden und Mittel zur Deckung des Fehlbetrages der Jahre 1908 und 1909 eingeteilt [166]. Von Überschüssen ist dabei nicht mehr die Rede.

Die Handhabung der Restverwaltung war also in Bayern äußerst verwickelt. Dies kommt zum einen daher, daß unter dem "*Bestand der Vorjahre*" vier verschiedene Dinge gemeint sein konnten: die in den Rechnungen nachgewiesenen Einnahmen und Ausgaben auf die vorherigen Finanzperioden, diejenigen auf die Vorjahre der laufenden Finanzperiode und die im Budget nachgewiesenen Einnahmen "*aus dem Bestand der Vorjahre*". Dazu kommen noch die in den Spezialetats aufgeführten Einnahmen und Ausgaben "*auf den Bestand der Vorjahre*". Wie die genannten Posten zusammenhängen bzw. sich unterscheiden, kann weder den rechtlichen Regelungen, noch den Finanzgesetzen, noch den Etatentwürfen, noch der Literatur[167] entnommen werden. Einiges spricht aber dafür, daß die Einnahmen und Ausgaben auf separate Rechnung der Budgets früherer Finanzperioden die übertragenen bzw. übertragbaren Ausgaben enthalten. "Übertragbar" würde in diesem Fall bedeuten, daß sie nicht auf Rechnung der nächsten Finanzperiode übertragen werden, sondern weiterhin auf Rechnung des Budgets, in das sie ursprünglich eingestellt waren, laufen. Die in den Spezialetats aufgeführten Einnahmen und Ausgaben auf den "*Bestand der Vorjahre*", die auf Rechnung der jeweils laufenden Finanzperiode gehen, umfassen noch zu vereinnahmende und zu verausgabende Mittel aus den Vorjahren der laufenden und früherer Finanzperioden, die nicht "übertragbar" waren, aber dennoch nicht vereinnahmt bzw. verausgabt werden

---

165 Vgl. BaEE 1870/71, Beilage Ziffer 5, 1. Abtheilung.

166 Vgl. BaR 1912/13, S.6 f.

167 Hock 1882, I, S.394 unterscheidet bei den "Finanzverwaltungs-Etats" zwischen Verwaltungsausgaben auf den "Bestand der Vorjahre" und den Verwaltungsausgaben des laufenden Jahres. Bei den "Staatsaufwands-Etats" differenziert er dagegen zwischen den Staatsausgaben "à conto früherer Finanzperioden" und denjenigen für die laufende Verwaltung. Bei beiden Ausgabekategorien handelt es sich seinen Angaben zufolge um Ausgaben, die in den Etats nicht vorgesehen sind. Aufgrund der unterschiedlichen Bezeichnungen ist nicht klar, ob jeweils die Einnahmen und Ausgaben des Vorjahrs der laufenden oder vergangener Finanzperioden gemeint sind. Wie die Tabellen 2.6.1. und 2.6.2. zeigen, besteht darin ein Unterschied. Als dritte Kategorie führt Hock 1882, II, S.458 die "Staatsausgaben à conto der reservirten Bestände aus früheren Finanzperioden" an. Darunter werden seinen Ausführungen gemäß all jene Ausgaben verrechnet, für die durch das Finanzgesetz Kredite aus den reservierten Beständen der früheren Finanzperioden eröffnet werden. In der Fußnote merkt er noch ausdrücklich an, daß diese Ausgaben nicht mit den "Ausgaben auf den Bestand früherer Finanzperioden" zu verwechseln sind (vgl. Hock 1882, II, S.458, Fußnote 1a).

konnten. Ab 1872/73 gehen sie in die Endsummen der laufenden Verwaltung ein. Ein Teil dieser Restausgaben werden in der laufenden Rechnung nicht auf den "Bestand der Vorjahre" verrechnet, sondern gehen in die Einnahme- und Ausgaberechnung der laufenden Finanzperiode ein[168]. Die im Einnahmebudget aufgeführte Summe aus dem "Bestand der Vorjahre" ist ein Zuschuß aus der vorherigen Finanzperiode zur Bestreitung der noch eigentlich zu ihren Lasten gehenden Ausgaben der laufenden Finanzperiode. Was es mit den teils in den Rechnungen getrennt von der laufenden Verwaltung geführten, teils nicht nachgewiesenen Einnahmen auf den Bestand der Vorjahre der laufenden Finanzperiode auf sich hat, muß offen bleiben.

Man kann also festhalten, daß in Bayern nicht ausschließlich nach dem Fälligkeitsprinzip gewirtschaftet wurde. Es bestand noch eine beträchtliche Restverwaltung neben der laufenden, wobei ein Teil der Restausgaben auf Rechnung der laufenden Verwaltung erfolgte. Die Einnahmen und Ausgaben auf Reste sind bis 1866/67 viergeteilt, ab 1868 dreigeteilt und ab 1880 zweigeteilt, wobei die in der laufenden Rechnung unter dem "Bestand der Vorjahre" und der "laufenden Verwaltung" verrechneten Einnahmen und Ausgaben nur in den Spezialetats, nicht aber in den Rechnungsübersichten gesondert geführt werden. Die Zusammenhänge, die zwischen den verschiedenen Resteinnahmen und -ausgaben bestanden, können hier nicht vollständig geklärt werden. Budgetvergleiche müssen diesen Wandel und diese Art der Etatisierung, die sich - trotz dem in Preußen und Bayern rechtlich festgeschriebenen Fälligkeitsprinzip - von der preußischen erheblich unterscheidet, berücksichtigen, wobei zuvor die bayerische Restrechnung speziell untersucht werden muß.

In Sachsen sind einige Bestimmungen über die Verrechnung von Restbeständen in den Allgemeinen Vorschriften über das Staatsrechnungswesen getroffen. Einnahmebeträge, welche zwar fällig sind, aber bis zum Abschluß der Kassenbücher wegen besonderer Umstände nicht eingezogen werden konnten oder aus sonstigen Gründen nicht geleistet wurden, sind als Einnahmereste bei den betreffenden Kapiteln, Titeln und etwaigen Unterabteilungen des Staatshaus-

168 Das geht aus dem Rechnungsschema für 1872/73 hervor. Demnach unterliegen die auf den Bestand der Vorjahre anfallenden Verwaltungsausgaben sowie die à conto früherer Finanzperioden in Liquidation kommenden Staatsausgaben, die in den Etats nicht vorgesehen sind, der besonderen Genehmigung des Finanzministers (vgl. BaFMBl 1872, S.215 ff., Ziffer 24, Abs. 1). Ausnahmen bilden die auf den Bestand früherer Finanzperioden anfallenden ständigen Bauausgaben sowie die Witwen- und Waisen- pensionen. Sie dürfen "ohne Weiteres" bei den Ausgaben der laufenden Verwaltung zur Verrechnung kommen, "vorausgesetzt, daß die deßfalls einkommenden Liquidationen begründet sind und der Anweisung besondere Bedenken nicht entgegenstehen. Entgegengesetzten Falles ist die Entscheidung des unterfertigten k. Staatsministeriums zu erwirken" (BaFMBl 1872, S.215 ff., Ziffer 24, Abs. 2).

haltsetats zu verrechnen[169]. Als Ausgabereste sind diejenigen Beträge anzusehen, die zur Zeit des Abschlusses der Kassenbücher hinsichtlich ihres Gegenstandes, ihrer Höhe und ihres Empfangsberechtigten genau feststehen, aber noch nicht ausbezahlt werden konnten, obgleich die Verbindlichkeit zu ihrer Zahlung bereits entstanden ist[170]. Beträge, welche auf die in einer vorhergehenden Staatshaushaltsrechnung nachgewiesenen Einnahmereste nachträglich eingehen oder auf die in einer vorhergehenden Staatshaushaltsrechnung nachgewiesenen Ausgabereste nachträglich gezahlt werden, sind als Resteinnahmen[171] bzw. Restausgaben[172] zu verrechnen. Dagegen sind Einnahmen und Ausgaben, die auf Verbindlichkeiten vergangener Jahre beruhen, denen aber Restbuchungen in früheren Staatshaushaltsrechnungen nicht gegenüberstehen, wie die anderen Einnahmen bzw. Ausgaben der laufenden Verwaltung zu behandeln[173].

In Sachsen wurden die Resteinnahmen und -ausgaben also, soweit sie buchmäßig in der Rechnung der vorhergehenden Finanzperiode als Einnahme- und Ausgabereste erfaßt waren, miteinander verrechnet. Etwaige Überschüsse gingen auf die laufende Verwaltung über, Defizite mußten von ihr übernommen werden. Resteinnahmen und -ausgaben, denen keine buchmäßigen Einnahme- und Ausgabereste gegenüberstanden, wurden von vornherein auf das Konto der laufenden Verwaltung gebucht. Noch etwa verbleibende Einnahme- und Ausgabereste wurden buchmäßig auf den Etat der kommenden Budgetperiode übertragen, wo sie als "Reste-Soll" neben dem etatmäßigen Soll in Anschlag kamen[174]. Ab wann diese Regelungen galten, läßt sich unseren Quellen nicht entnehmen.

In den sächsischen Rechnungen sind Resteinnahmen und -ausgaben in den Finanzperioden von 1833 bis 1872/73 nachgewiesen[175]. Wieso dies gerade solange der Fall ist und ob mit dem Wechsel der Darstellung auch ein solcher

---

169 Vgl. ARV 1900, § 6 Abs. 1. Siehe auch SäSHHG 1904, § 23 Abs. 1.

170 Vgl. ARV 1900, § 6 Abs. 2. Siehe auch SäSHHG 1904, § 23 Abs. 2. Ihre Verrechnung zwischen den Finanzperioden erfolgt nach Löbe 1904, S.130 f. derart, daß, falls der Gesamtbetrag der am Schluß einer Finanzperiode verbliebenen Einnahmereste den Gesamtbetrag der gleichzeitig verbliebenen Ausgabereste überschreitet, der überschießende Betrag in der nächsten Finanzperiode von deren Überschuß abgezogen oder, falls die Rechnung mit einem Fehlbetrag abschließt, zu dem erforderlichen Zuschuß hinzugeschlagen wird.

171 D.h. diejenigen Einnahmen, "welche auf die nach dem Ausweise des Abschlusses der vorigen Rechnung verbliebenen Einnahmereste nachträglich eingehen" (ARV 1900, § 7 Abs. 1).

172 D.h. diejenigen Ausgaben, "welche auf die nach dem Ausweise des Abschlusses der vorigen Rechnung verbliebenen Ausgabereste nachträglich geleistet werden" (ARV 1900, § 7 Abs. 2).

173 Vgl. ARV 1900, § 7 Abs. 3. Siehe auch SäSHHG 1904, § 23 Abs. 5.

174 Vgl. dazu auch Löbe 1904, S.130.

175 Vgl. Tabelle 3.6.

der Verrechnungstechnik verbunden ist, entzieht sich unserer Kenntnis. Die Restrechnung erfolgt getrennt von der Überschuß- und Zuschußrechnung der laufenden Verwaltung. Es ist deshalb zu vermuten, daß zumindest bis 1872/73 die Resteinnahmen und -ausgaben gesondert verrechnet sind. Mit einer Ausnahme (1870/71) weist die Restrechnung Überschüsse aus[176]. Es läßt sich anhand der Rechnungen nicht nachvollziehen, wie das Defizit gedeckt wurde und wohin die Überschüsse flossen. Falls diese Beträge auch schon in dieser Zeit zu Lasten bzw. zugunsten der laufenden Budgets gehen, ist die spätere Praxis nur weniger öffentlich, da der Nachweis der Restrechnung nicht mehr erfolgt.

In Württemberg legt die Etatinstruktion von 1808 fest, daß die Rückstände der vorigen Jahre (Ausstände, Restituenden, Rechnungsremanet usw.) nicht in den Etat gehören[177]. Aus den Einnahmen der vorjährigen Aktivreste können die vorjährigen Passivreste bestritten werden[178]. Ohne Legitimation durch das Finanzministerium dürfen aus Einnahmen des laufenden Jahres keine Reste gedeckt werden[179]. In den Rechnungen sind sie separat zu führen[180]. Der Etat ist auf das Laufende beschränkt und schließt Einnahmen und Ausgaben aus Resten aus[181].

---

176 Vgl. Tabelle 3.6.

177 Vgl. WIVE 1808, § 5, Buchstabe c. Die verschiedenen Etatjahre sollen, so Riecke 1887, S.394, auseinandergehalten werden, "weil, wenn die Einnahmen des laufenden Etatsjahres noch ferner zu Ausgaben aus den früheren Jahren verwendet würden, kein Etat würde gehalten werden können".

178 Bei diesen Resten handelt es sich nach Schmidlin 1823, S.164 um die "Vorräthe oder Ausstände, welche von den Einkünften früherer Jahre zurückgeblieben sind".

179 Vgl. IESuRW 1818, § 7 Abs. 2.

180 Vgl. IESuRW 1818, § 24. Nach Hauber 1845, S.52 werden die im vorigen Jahr in Einnahme ausgewiesenen Posten, auch wenn sie nicht wirklich eingegangen sind, vollständig rechnungsmäßig vereinnahmt und als nicht in bar eingegangene zur Kompensation in Ausgabe gesetzt. In der laufenden Rechnung taucht der Betrag unter Bezugnahme auf die vorherige Rechnung als Ausstand summarisch in Einnahme auf. Was wiederum nicht eingeht, wird erneut als Ausstand in Ausgabe gesetzt.

181 Vgl. WIVE 1819, § 8. Nach Bazille/Köstlin 1907, S.123 fallen die in einer Finanzperiode bewilligten, aber innerhalb derselben ganz oder teilweise nicht ausgegebenen Summen der Restverwaltung anheim, sofern nicht die Übertragbarkeit auf eine folgende Etatperiode im voraus seitens der Stände beschlossen oder die Summe der Regierung im neuen Budget für den fraglichen Zweck wieder bewilligt werde. Außerdem gingen die in den vorherigen Jahren erzielten Einnahmeüberschüsse sowie die im Etat nicht vorgesehenen Einnahmen, z.B. aus der Reichskasse, auf sie über.

Die Restverwaltung ist in Württemberg während des gesamten Untersuchungszeitraums vollständig von der laufenden Verwaltung getrennt[182]. Über die - beträchtliche - Größenordnung deren Einnahmen und Ausgaben gibt Tabelle 4.6. Auskunft. Die - außeretatmäßig - erhobenen Restmittel bewegen sich zwischen 17,4 % (1908/09) und 118,8 % (1872/73) im Verhältnis zu den veranschlagten Nettoeinnahmen[183]. Die Restausgaben betragen minimal 2,9 % (1883/84) und maximal 82,1 % (1872/73) relativ zu den veranschlagten Nettoausgaben[184].

In Württemberg war damit als einzigem Staat die Restverwaltung eindeutig von der laufenden Verwaltung getrennt. Preußen und Sachsen hatten ein ähnliches System der Restverrechnung. Allerdings gingen in Sachsen nur die Defizite bzw. die Überschüsse aus der Restrechnung auf die laufende Verwaltung über. In Preußen kamen - vermutlich ab 1869 - die gesamten Resteinnahmen und -ausgaben bei der laufenden Verwaltung in Verrechnung. Wie hoch sie sind, läßt sich anhand der Rechnungen nur eine Zeitlang verfolgen. In Bayern existierte ein Mischsystem, das es nur schwer ermöglicht, den Umfang der Restverwaltung genau zu ermitteln. Rechnungsmäßig sind nur die getrennt von der laufenden Verwaltung verausgabten Resteinnahmen und -ausgaben nachgewiesen.

Die rechtlichen Regelungen vermögen, wie wir gesehen haben, nur eingeschränkt, ein durchgehendes Bild der Restverwaltung in den untersuchten Staaten zu liefern. Einzig in Württemberg scheint klar zu sein, daß ab 1818 nach dem gleichen Prinzip verfahren wurde. Die Verrechnungsart in den anderen Staaten kann hier nicht genauer geklärt werden. Fest steht allerdings, daß wir es mit vier verschiedenen Verrechnungspraktiken von Restbeständen zu tun haben. Für Budgetvergleiche liegen die Konsequenzen auf der Hand. Betrachten wir nur die beiden konträren Verbuchungssysteme in Preußen und Württemberg: In dem einen Staat sind - zum o.g. Zeitpunkt - alle Einnahmen und Ausgaben auf Reste etatmäßig verrechnet, in dem anderen werden die Restbestände nie etatmäßig behandelt, sondern es wird, wie die Zahlen zeigen, ein im Verhältnis zu den etatmäßigen Nettoeinnahmen und -ausgaben hoher Betrag außeretatmäßig vereinnahmt und verausgabt. Eine Vergleichbarkeit der Etatzahlen ist unter diesen Umständen nicht mehr gegeben.

---

182 Die Restrechnung muß all dasjenige aufnehmen, was nach der vorhergehenden Rechnung als unberichtigt in der Kolonne der "Reste" vorgemerkt worden ist und an Kassen- und anderen Vorräten bei Abschluß derselben vorhanden war. Ausgenommen davon sind die Rückstände der Grundstockverwaltung. Sie werden unter der Rubrik, unter welcher sie entstanden sind, verrechnet (vgl. Schmidlin 1823, S.166 f.).

183 Vgl. Tabelle 4.6., Spalte 2.

184 Vgl. Tabelle 4.6., Spalte 4.

3.6.4. Zeitliche Übertragungen

Die zeitliche Übertragbarkeit von Einnahme- und Ausgabeposten ist eine Ausnahme vom Prinzip der zeitlichen Begrenztheit der Etats. Für Budgetvergleiche spielt sie insofern eine Rolle, als Ausgaben zwar in einem bestimmten Etat veranschlagt sind, tatsächlich aber ganz oder in Teilen zu einem späteren Zeitpunkt geleistet werden. In je größerem Umfang das möglich ist, desto weniger spiegelt die Ausgabenstruktur der Budgets das tatsächliche Finanzgebaren wider. Zeitlich übertragbare Ausgabemittel unterscheiden sich von Restausgaben dadurch, daß letztere an sich in der Budgetperiode, in der sie bewilligt wurden, auch hätten verausgabt werden müssen. Bei übertragbaren Ausgaben ist die zeitliche Überschreitung der Etatperiode von vornherein vorgesehen. In dem Augenblick, in dem Restausgaben, wie oben dargelegt, automatisch in der folgenden Etatperiode verfügbar bleiben, verschwimmen allerdings die Grenzen zwischen übertragbaren und Restausgaben, wie auch das Folgende zeigt[185].

In einem Zirkularreskript von 1822 ist in Preußen festgehalten, daß ohne ein "*wirkliches, bestimmt und in Zahlen auszusprechendes Bedüfniß*" keine Ausgaben für die nächste Finanzperiode zu reservieren sind[186]. Die entbehrlichen und erwiesenermaßen nicht notwendigen Ausgaben sind pünktlich als erspart

---

185 In der Literatur vermischt sich deshalb auch die Bedeutung von Restausgaben und übertragbaren Ausgaben. Der Unterschied war weder theoretisch noch praktisch voll ausgebildet. Unter Übertragungen versteht z.B. Haenel 1888, S.318 f. die Verwendung der einem Etatjahr angehörigen Einnahmen für die Bedürfnisse des folgenden Jahres. Nach Malchus 1830, II, S.151 werden Überschüsse, die sich definitiv nach Rechnungsabschluß ergeben, in das Budget des nächsten Jahres übertragen, "aus dessen Ressourcen auch die Zahlungsrückstände die aus dem vorhergegangenen Finanzjahre etwa verblieben seyn mochten, jedoch nicht anders als mittelst besonderer Autorisation gedeckt werden". Für Heckel 1898, Das Budget, S.267 gelten nach Ende der Haushaltsperiode "die nicht verwendeten Kredite als erloschen, und es müssen im etwaigen Bedarfsfalle neue Kredite für den Zweck unter der Einrechnung der Reste eröffnet werden". Ebenso Seidler 1901, II, S.55. Willgren 1899, S.62 hält das Verbot der zeitlichen Übertragung von Budgetkrediten für eine unbedingte Regel. Ausnahmen sind seiner Meinung nach nur zugelassen, wenn ein Staatszweck in einer Periode nicht erreicht worden ist. Schanz 1899, S.1152 erachtet Übertragungen von einer Budgetperiode auf eine andere als nur beschränkt notwendig, z.B. bei einmaligen Bewilligungen für einen bestimmten Zweck (Bauten usw.). Bei solchen Ausgaben befürwortet er eine Zeitgrenze, nach der die jeweilige Ausgabe neu bewilligt werden muß. Nach Auffassung von Barth 1843, S.1417 hängt es von der besonderen Verfassung eines jeden Staates ab "oder von dem Herkommen", ob die Jahreserübrigungen der Staatsregierung zur freien Verwendung verbleiben oder im folgenden Jahr in Einnahme gestellt werden müssen.

186 Vgl. Annalen 1822, Bd. 6, S.890, Buchstabe b.

zu verrechnen und an die Zentralkasse abzuführen[187]. Ausnahmen bilden die Ausgaben, bei denen - durch besondere Verfügung des Finanzministeriums - die Übertragung auf die Depositen genehmigt ist[188]. Dazu gehören u.a. die Bauausgaben, deren Ersparnisse nicht abgeführt werden müssen, sondern zur Verstärkung der Ausgabefonds der folgenden Jahre zurückbehalten werden dürfen. Sie sind noch für das zweite Jahr offenzuhalten, danach aber zu schließen. Der dabei verbleibende Rest wird verausgabt, in das folgende Jahr als Einnahme übertragen und bei den laufenden Fonds als Sollausgabe in der Spalte "*außer dem Etat*" ausgebracht[189]. In einer Verordnung von 1826 kommt der Umfang der Übertragbarkeit deutlicher zum Ausdruck: "*Es bewendet bei der seitherigen Bestimmung, daß Ersparnisse bei den zu Baukosten und zu Erlassen an Grundsteuern und Domainen-Einkünften jährlich ausgesetzten Summen zu erforderlichen Verwendungen in folgenden Jahren zurückgelegt werden können. Ausgabe-Ersparnisse bei andern Titeln bleiben ebenfalls noch ein Jahrlang disponibel, um Ausgaben aus der verlaufenden Zeit, für welche sie bestimmt waren, daraus noch leisten zu können. Zu andern Bedürfnissen kann eine Verwendung nur mit Meiner Genehmigung Statt finden*"[190]. Nach dem Oberrechnungskammergesetz von 1872 sind all diejenigen Ausgabeposten von einem Jahr in das andere übertragbar, denen in den Spezialetats ausdrücklich diese Eigenschaft zuerkannt ist[191]. Grundsätzlich übertragbar sind die am Jahresende verbleibenden Baumittel[192]. Bei den übertragbaren Budgetposten können die aus dem Vorjahr übernommenen Mittel auch zu den Ausgaben des laufenden Etatjahres verwendet werden und umgekehrt [193].

Als zeitlich übertragbar gekennzeichnete Posten können in Preußen im Etat des Ministeriums der geistlichen, Schul- und Medizinalangelegenheiten ab 1872 ausgemacht werden. Ein Vermerk lautet z.B.: "*Die bei den Fonds zu Besoldungen und Zuschüssen für Elementarlehrer und Schulen am Schlusse des Jahres verbleibenden Bestände können, soweit sie nicht schon eine anderweite Zweckbestimmung haben, mit Ausschluß der aus künftig wegfallenden Zahlungen*

[187] Vgl. Annalen 1822, Bd. 6, S.890, Buchstabe d. Diese Vorschrift scheint allerdings nicht immer eingehalten worden zu sein. Dazu heißt es in einem Zirkularreskript von 1823 (Annalen 1823, Bd. 7, S.235, Ziffer 3): Es ist"schon früher bemerkt worden, daß einige Regierungen sich erlaubt haben, die Bestände oder Ersparnisse einzelner Ausgabefonds zur künftigen Verwendung ad depositum oder zu den Nebenfonds nehmen zu lassen. Dies darf schlechterdings nicht weiter statt finden".

[188] Vgl. Annalen 1823, Bd. 7, S.235, Ziffer 3. Als Beispiel werden "einzelne Ausgabefonds" der indirekten Steuerverwaltung genannt.

[189] Vgl. Annalen 1823, Bd. 7, S.235 f.

[190] Annalen 1826, Bd. 10, S.651.

[191] Vgl. PrORKG 1872, § 19.

[192] Vgl. PrSHHG 1898, § 44 Abs. 1.

[193] Vgl. PrSHHG 1898, § 46 Abs. 1.

herrührenden Beträge, Behufs der Gewährung einmaliger Zuwendungen an Elementarlehrer ins nächste Jahr übertragen werden"[194]. Derartig gekennzeichnete Ausgabetitel sind eher selten.

In Bayern werden in Rechtsvorschriften zeitliche Übertragungen von Etatmitteln lange nicht erwähnt[195]. Im Finanzgesetz 1886 wird die Staatsregierung ermächtigt, die im Etat für Erziehung und Bildung für die verschiedenen Sammlungen, Anstalten und Unternehmungen für Wissenschaft, Kunst und Altertümer bewilligten Summen[196] - ausschließlich der persönlichen Ausgaben -, soweit sie nicht in der laufenden Finanzperiode zur Verwendung gelangen, auf spätere Finanzperioden zu übertragen[197]. Ähnliche Bestimmungen enthalten die Finanzgesetze bis einschließlich 1906.

In der Bekanntmachung über die Etataufstellung[198] ist allgemein festgesetzt, daß nur solche Posten des ordentlichen Budgets auf spätere Finanzperioden übertragbar sind, die mit einem entsprechenden Beisatz im Budget gekennzeichnet sind[199]. Zu den Bewilligungen, die auf spätere Finanzperioden übertragen werden dürfen, zählen vor allem die für Erweiterungs- und Neubauten von Staatsgebäuden, für Straßen-, Brücken- und Wasserneubauten sowie für Bauunterhaltung[200]. Die Übertragung der Kredite ist in der Weise beschränkt, daß diejenigen für Bauunterhaltung[201] nur je für die nächste Finanzperiode wirksam bleiben. Die Mittel für Erweiterungs- und Neubauten dürfen nur zu Bestreitung dieser Kosten sowie für etwaige Nacharbeiten, nicht aber für später sich ergebende Unterhaltungsarbeiten oder für anderweitige Bauten Verwendung finden. Sobald der Erweiterungs- und Neubau in allen seinen Teilen endgültig vollendet ist, werden etwaige Erübrigungen eingezogen, soweit im

---

194 Vgl. PrEE 1872, Anlagen Bd. III, Etat Nr. 6, Ausgabetitel 23.

195 Nach Czoernig 1866, S.57 hat die Regierung innerhalb der 6jährigen Finanzperiode volle Freiheit, die Kredite von einem Jahr auf das andere zu transferieren. Im 6. Jahr könnten nicht verbrauchte Kredite nur mit spezieller Zustimmung des Landtags auf die neue Periode übertragen werden. Widrigenfalls erlöschen sie. Mit Abkürzung der Finanzperiode reduziere sich diese Frist auf 2 Jahre. Ebenso Seydel 1894, S.167, der allerdings einschränkend meint: "Als Regel ist anerkannt, daß zwar, was für das erste Jahr bewilligt ist, auch im zweiten, was aber für das zweite Etatjahr bewilligt ist, nicht im ersten verwendet werden darf".

196 In den Unteretats der Akademien, des Generalkonservatoriums der wissenschaftlichen Sammlungen des Staates, der Hof- und Staatsbibliothek, der Kunstgewerbeschulen, der Gemäldegalerien, des Kupferstich- und Handzeichnungenkabinetts sowie des bayerischen Nationalmuseums.

197 Vgl. BaFG 1886, Titel II, § 4 Abs. 5. Für größere Ausgaben ist es auch erlaubt, mit Hilfe von Übertragungen Mittel anzusammeln.

198 Nach Kummer 1964, S.106 entspricht die in der Bekanntmachung getroffene Regelung der bis dahin geübten Praxis.

199 Vgl. BaBAuVB 1907, § 14 Abs. 1.

200 Vgl. BaBAuVB 1907, § 14 Abs. 2.

201 Für Gebäude, Straßen-, Brücken- und Wasserbauunterhaltung.

Budget nicht etwas anderes zugelassen ist[202]. Die bisher in den einzelnen Finanzgesetzen geregelte Übertragbarkeit der Etatmittel für Erziehung und Bildung für die verschiedenen Sammlungen, Anstalten und Aktivitäten für Wissenschaft und Kunst wird allgemein festgelegt[203]. Die beschränkte Befugnis zur Übertragung nicht verwendeter Kredite wird im Budget durch den Beisatz "*Auf die nächste Finanzperiode übertragbar*", die weitergehende Befugnis durch den Beisatz "*Auf spätere Finanzperioden übertragbar*" gekennzeichnet[204].

Die im außerordentlichen Budget bewilligten Mittel bleiben bis zur Erfüllung des bestimmten Zweckes wirksam[205]. Künftig wird die Übertragbarkeit der Kredite nicht mehr erst im Finanzgesetz der folgenden Etatperiode, sondern unmittelbar im Budget, das die betreffenden Forderungen enthält, zum Ausdruck gebracht[206]. In materieller Hinsicht tritt eine Änderung insofern ein, als nun auch für Bauausgaben eine Übertragbarkeit auf wenigstens die nächste Finanzperiode gegeben ist, "*um eine möglichst zweckentsprechende Verwendung der Mittel für Bauunterhaltung zu sichern und die Baubehörden der Notwendigkeit zu entheben, gegen Schluß des Jahres über Kreditreste zu verfügen, die vielleicht kurz darauf zweckmäßiger für dringendere Bedürfnisse hätten Verwendung finden können*"[207]. Ebensowenig unterliegt einer Beanstandung, wenn Beträge, die im 1. Jahr der Finanzperiode nicht zur Verwendung kommen, im Bedarfsfall - nach Antrag beim zuständigen Ministerium - auf das 2. Jahr übertragen werden, da das Rechnungsergebnis der beiden Jahre als Ganzes zu gelten habe[208]. Vorgriffe auf die für das 2. Jahr der Finanzperiode bestimmten Ausgabesummen dürfen i.d.R. nicht stattfinden[209]. Sie sind jedoch bei allen einmaligen Aufwendungen zulässig, die nur aus Rücksicht auf die Art der Budgetaufstellung auf die beiden Jahre der Finanzperiode verteilt werden[210].

---

[202] Vgl. BaBAuVB 1907, § 14 Abs. 3.

[203] Vgl. BaBAuVB 1907, § 14 Abs. 4.

[204] Vgl. BaBAuVB 1907, § 14 Abs. 5.

[205] Vgl. BaBAuVB 1907, § 15 Abs. 6.

[206] Vgl. BaBAuVB 1907, § 15 Abs. 7. Das Verfahren soll vermeiden, daß die Staatsregierung in der Zeit zwischen dem Abschluß der Rechnungen für das 2. Jahr der Finanzperiode über Kredite verfügen muß, für welche sie noch keine endgültige Ausgabeermächtigung besitzt.

[207] Vgl. BaBAuVB 1907, § 14 Abs. 8.

[208] Vgl. BaBAuVB 1907, § 16 Abs. 4.

[209] Eine entsprechende Regel enthält bereits BaFG 1831, Titel I, § 1 Abs. 1. Die Bestimmung ist in alle Finanzgesetze bis 1906 aufgenommen. Nach Kummer 1964, S.107 hielt sich die Regierung an sie.

[210] Vgl. BaBAuVB 1907, § 16 Abs. 3.

Die übertragbaren Kredite sind in den Rechnungen nachzuweisen[211]. Die aus dem ordentlichen Budget übertragenen Ausgaben werden aus dem Überschuß bestritten, mit welchem die Rechnungen der beiden Jahre der Finanzperiode, aus der die Kredite übertragen werden, abschließen[212]. Mangelt es an einem solchen, werden - in Höhe des Fehlbetrags - in dem dem Rechnungsabschluß folgenden Budget die erforderlichen Mittel in den Etat der Ausgaben aus früheren Finanzperioden eingestellt[213]. Erübrigungen, die sich im grundsätzlich übertragbaren außerordentlichen Budget ergeben, werden diesem als neue Kreditmittel zugeführt. Sofern jedoch zur Deckung der betreffenden Ausgabe die Aufnahme von Anleihen notwendig war, werden die Erübrigungen an den Anleihesummen gekürzt[214].

In den bayerischen Rechnungen ab 1908/09 sind die Ausgaben auf "*Rechnung der übertragenen Kredite der ordentlichen Budgets früherer Finanzperioden*" aufgeführt. Sie setzen sich vor allem aus Posten für Gebäudeunterhaltung, Erweiterungs- und Neubauten zusammen[215]. Es finden sich aber auch welche für die Anschaffung und Unterhaltung von Maschinen oder für Betriebsmaterialien[216], für fortlaufende und vorübergehende Personalunterstützungen[217], zur Förderung der Wohnungsfürsorge[218] oder für Zwangserziehung[219]. In den Etats sind die übertragbaren Posten ab 1908/09 mit den rechtlich vorgeschriebenen Beisätzen gekennzeichnet. Zunächst - wenig auffällig - in der Bemerkungsspalte, ab 1914/15 dann in der Zweckbestimmungsspalte. Nicht nur einzelne Paragraphen sind übertragbar, sondern auch ganze Kapitel. Der Kanon der übertragbaren Ausgaben beschränkt sich nicht auf die in der Bekanntmachung von 1907 eingegrenzten Posten. Im Etat 1914/15 ist z.B. auch die Position zur Bekämpfung der Säuglingssterblichkeit oder der Tuberkolose auf die nächste Finanzperiode übertragbar[220].

In Sachsen bleiben die von übertragbaren Summen am Ende der Finanzperiode noch nicht verausgabten Mittel als sog. Ausgabereservate für die nämlichen

---

211 Vgl. BaBAuVB 1907, § 23 Abs. 1.

212 Vgl. BaBAuVB 1907, § 23 Abs. 2.

213 Vgl. BaBAuVB 1907, § 23 Abs. 3. Erübrigungen werden dementsprechend im Budget der nächstfolgenden Finanzperiode in den Etat der Einnahmen aus früheren Finanzperioden eingestellt (vgl. BaBAuVB 1907, § 23 Abs. 4).

214 Vgl. BaBAuVB 1907, § 23 Abs. 5.

215 Vgl. z.B. BaR 1912/13, Nachweisung I, S.41 ff.

216 Vgl. z.B. BaR 1912/13, Nachweisung I, Etat Nr. 5, Buchstabe c und d.

217 Vgl. z.B. BaR 1912/13, Nachweisung I, Etat Nr. 25, Buchstabe a und b.

218 Vgl. z.B. BaR 1912/13, Nachweisung I, Etat Nr. 26, Buchstabe a.

219 Vgl. z.B. BaR 1912/13, Nachweisung I, Etat Nr. 26, Buchstabe k.

220 Vgl. BaEE 1914/15, Etat Nr. 25, Ziffer IV, Kapitel 4 und 5.

Zwecke verfügbar[221]. Sie können bei Bedarf, ohne besondere Anweisung oder Genehmigung, bei der Zentralkasse erhoben werden[222]. Die Übertragbarkeit beschränkt sich auf die nächstfolgende Finanzperiode, wenn nicht nach vereinbarten allgemeinen Grundsätzen oder durch eine ausdrückliche Bestimmung des Staatshaushaltsetats[223] eine längerfristige Übertragung gestattet ist[224]. Werden die übertragenen Ausgabebewilligungen innerhalb der festgelegten Frist oder zur Erreichung ihres Zwecks nicht oder nicht vollständig gebraucht, so sind die unverwendet gebliebenen Beträge als Ersparnis nachzuweisen[225]. Die in den außerordentlichen Staatshaushaltsetat aufgenommenen Ausgabebewilligungen stehen ohne Vorbehalt bis zur Erreichung ihres Zweckes zur Verfügung der Staatsregierung. Ergibt sich danach ein Minderverbrauch gegenüber den veranschlagten Summen, ist dieser als Ersparnis zu behandeln[226].

In den sächsischen Budgets sind ab dem Etat 1880/81 einzelne Posten[227] als übertragbar gekennzeichnet, wobei nicht nur die ersparten, sondern auch die

---

221 Nach Löbe 1889, S.51 besteht die Wirkung der Übertragungen darin, "daß die bis zum Schlusse der Finanzperiode noch nicht zur Verwendung gekommenen Summen auch weiter noch für die nämlichen Zwecke zur Verfügung der Regierung bleiben". Die Rechnungsergebnisse einer Finanzperiode bildeten ein Ganzes, so daß die Mehrausgaben des einen Etatjahres durch Minderausgaben des anderen ausgeglichen werden könnten (vgl. Löbe 1889, S.50). Einmalige Bewilligungen für Bauten aller Art sowie für sonstige, bestimmt bezeichnete und ihrem Abschluß nach begrenzte Herstellungen, Anschaffungen und Unternehmungen seien "gundsätzlich und ein für alle Mal" in der Weise übertragbar, daß sie bis zur Erreichung des Bewilligungszwecks zur Verfügung der Regierung blieben. Regelmäßig wiederkehrende Bewilligungen seien das dagegen nur, wenn und soweit ihnen durch einen ausdrücklichen Vorbehalt im dispositiven Teil des Staatshaushaltsetats die Übertragbarkeit zuerkannt sei (vgl. Löbe 1889, S.51).

222 Vgl. ARV 1900, § 22 Abs. 1 und SäSHHG 1904, § 8 Abs. 3 Satz 1.

223 Bei Übertragbarkeit auf die nächste Finanzperiode muß der entsprechende Posten mit der Bezeichnung "auf die nächste Finanzperiode übertragbar" versehen sein, bei Übertragbarkeit auf mehrere Finanzperioden mit dem Vermerk "auf die Finanzperioden ... übertragbar". Wenn sie zeitlich unbegrenzt bis zur Erreichung des Bewilligungszwecks erfolgen können, kommt dies durch den Beisatz "unbeschränkt übertragbar" zum Ausdruck (vgl. SäSHHG 1904, § 8 Abs. 3 Ziffern 1 und 2). Nach diesen Grundsätzen werde, so Löbe 1904, S.681 f., seit der Etatperiode 1892/93 verfahren. Zuvor habe für den außerordentlichen Etat der Grundsatz gegolten, daß einmalige Bewilligungen für bestimmt bezeichnete Zwecke bis zu deren Erreichung zur Verfügung der Regierung blieben, ohne daß es dazu eines besonderen Vorbehalts im Etat bedurfte.

224 Vgl. ARV 1900, § 22 Abs. 2. Übertragungen sind nach Löbe 1904, S.161 in der Staatshaushaltsrechnung nachzuweisen, da sie gleich den Ausgaberesten als Passiva der abgelaufenen Finanzperiode erschienen und daher von dieser Periode die zu ihrer Zahlung erforderlichen Geldmittel für die nächstfolgende Finanzperiode bereitgehalten werden müßten.

225 Vgl. SäSHHG 1904, § 8 Abs. 4.

226 Vgl. SäSHHG 1904, § 8 Abs. 5.

227 Siehe dazu auch oben Fußnote 223.

zuviel verausgabten Mittel teilweise übertragbar sind[228]. Denkbar ist auch eine nachträgliche Übertragbarkeitserklärung[229], was die Kontrolle der Zahlungsströme nicht erleichtert.

In Württemberg erfolgte - nach unseren Quellen - im gesamten Untersuchungszeitraum keine rechtliche Regelung der zeitlichen Übertragbarkeit[230]. Nach *Widenmeyer* beinhalten die positivrechtlichen Bestimmungen im wesentlichen, daß Übertragungen von Ausgabeersparnissen (Ausgabereservaten) unzulässig sind. "*Auch diese Vorschriften sind im Lauf der Zeit thatsächlich außer Übung gekommen, wozu der Umstand viel beitrug, daß in Württemberg weder die administrative noch die verfassungsmäßige Rechnungskontrolle den derzeit zu stellenden Anforderungen entspricht*"[231]. Das Übertragungsrecht ist seinen Angaben zufolge in Württemberg eine "*schwebende Frage*"[232]. Nach *Reinhard* hat sich mit der Zeit "*aus den Bedürfnissen heraus eine Art Gewohnheitsrecht gebildet*"[233]. In der "*Natur der Sache*" begründet und deshalb allgemein üblich sei es, daß einmalige Bewilligungen für bestimmte Zwecke, wie

---

[228] Im Budget 1880/81 ist z.B. im Etat der Universität Leipzig (Kapitel 70 der Zuschußverwaltungen) bei Titel 42 (Verwaltungs- und Betriebsaufwand der akademischen Lehrinstitute), Untergliederung b (Aversionalquanta für 41 Institute) ein Vermerk angebracht: "Titel 42b ist unbegrenzt übertragbar". In der Erläuterungsspalte heißt es dazu: "Die unter b postulirten Dispositionsquanta sind Aversional-Summen in dem Sinne, daß nicht nur ein etwaiger Ueberschuß am Schlusse einer Finanzperiode zur Verwendung in den künftigen Perioden zurückbehalten werden kann, sondern auch ein etwaiger Fehlbetrag i.d.R. auf die neue Finanzperiode zu übertragen und von den Dispositionsquantis für die letztere vorweg zu decken ist".

[229] Unter Titel 18 (Neubauten der Technischen Hochschule zu Dresden usw.) des außerordentlichen Budgets von 1900/01 steht: "Dieser Titel ist deckungsfähig mit Tit. 12 des außerordentlichen Staatshaushalts-Etats für 1898/99". In dem erwähnten außerordentlichen Budget 1898/99 ist kein entsprechender Vermerk enthalten. Es handelt sich in dem Fall um eine Kombination von zeitlicher und sächlicher Übertragung (vgl. zu letzterer Abschnitt 3.8.). Die nachträgliche Übertragbarkeitserklärung beschränkte sich nicht nur auf die letzte Etatperiode. Im außerordentlichen Etat für 1912/13 steht z.B. bei Titel 26 (Beseitigung eines Bahnübergangs): "Deckungsfähig mit Tit. 94, 42 und 25 der außerordentlichen Staatshaushalts-Etats für 1900/01, 1902/03 und 1912/13".

[230] Nach Mohl 1840, I, S.661 handelt es sich bei der Übertragbarkeit um die Frage, ob für die Finanzperiode bewilligte, aber innerhalb derselben ganz oder teilweise nicht ausgegebene Summen im neuen Budget von der Ständeversammlung abermals votiert werden müssen, falls der Zweck noch nicht ganz erreicht ist, oder ob die Summen auf Grund der bereits erfolgten Bewilligungen zur Verfügung der Regierung bleiben, solange sie diese zur Ausführung des Planes für dienlich erachtet oder ihn aufgibt. "Bei den ersteren kann gar kein Zweifel stattfinden, daß das Ersparte der Restverwaltung anheimfällt. Der Begriff der Etatswirthschaft verlangt es, und das bestimmteste Gewohnheitsrecht hat es immer so ausgelegt" (Mohl 1840, I, S.661). Unter dem Übertragungsrecht versteht Widenmeyer 1885, S.21 die Befugnis der Regierung, die bewilligten Fonds ganz oder teilweise auf eine spätere Finanzperiode zu übertragen.

[231] Widenmeyer 1885, S.19.

[232] Widenmeyer 1885, S.21.

[233] Reinhard 1904, S.660.

etwa Bauten, von einer Finanzperiode auf die andere übertragen werden dürften, bis ihr Zweck erreicht sei[234].

In einigen Finanzgesetzen ist bestimmt, daß die Summen, welche für die Zwecke der Zentralleitung des Wohltätigkeitsvereins, für die unter besonderer Staatsaufsicht stehenden Gemeinden und für die Zentralstellen für Landwirtschaft und Gewerbe ausgewiesen sind, von einer Etatperiode auf die andere übertragen werden können, solange kein anderer Beschluß bei einer künftigen ständischen Bewilligung gefaßt wird[235].

Das muß allerdings nicht heißen, daß es keine Übertragungen gab[236]. Ein weitergehendes Übertragungsrecht bestand nach *Widenmeyer*[237] vor 1852 nur für den Staatszuschuß an die Universität Tübingen, indem das in einer Etatperiode nicht Verwendete zu außerordentlichen Verbesserungen der wissenschaftlichen Institute und Sammlungen verwendet werden konnte. Ab 1852 habe sich ein Übertragungsrecht - im allgemeinen aus Rücksicht, "*daß die eigentümlichen Aufgaben einzelner Verwaltungszweige einen größeren Spielraum bei der Verwendung bewilligter Mittel nach dem Betrag und der Zeit der Verwendung erheischten*" - in ausgedehntem Maße entwickelt. Außer in den genannten Finanzgesetzen ist eine Übertragbarkeit einzelner Posten nicht mehr erwähnt. Es wurde aber bei den Etatberatungen von 1875/77 auf das Landgestüt, 1877/79 auf die Flußbaufonds und 1883/85 auf die Straßenbaufonds und die landwirtschaftlichen Institute ausgedehnt. Außerdem war eine zeitliche Übertragung bei den Fonds für die Heranbildung von Notariatskandidaten und für die Beamten der Verkehrsanstalten möglich. In Wirklichkeit wurden - ohne Beanstandung bei der Rechnungsprüfung - noch weitere Posten übertragen. Bei den Beratungen des Hauptfinanzetats für 1883/85 ging die Kammer der Abgeordneten auf das Übertragungsrecht näher ein und faßte bezüglich der landwirtschaftlichen Zentralstelle, dem Landgestüt, der Zentralkasse und dem Institut in Hohenheim den Beschluß, daß diejenigen Erübrigungen, für welche eine bereits eingeleitete Verwendung vorgesehen ist, und diejenigen, welche zunächst als für unvorhergesehene Fälle zurückgelegt erscheinen, je besonders

[234] Vgl. Widenmeyer 1885, S.21.

[235] Vgl. z.B. WüFG 1852, Art. 4; WüFG 1858, Art. 6 und WüFG 1864, Art. 8.

[236] Die Übertragbarkeit versteht Riecke 1887, S.395 f. folgendermaßen: "Die für bestimmte Verwaltungszweige in einem Rechnungsjahr etatsmäßig verwilligten, aber in diesem Jahr nicht vollständig verbrauchten, sondern erübrigten Mittel sollen zu diesem Restbetrag in das nächste Jahr mit der Befugnis übertragen werden, daß sie auch zu etwa neu anfallenden Ausgaben des betreffenden Verwaltungszweiges insbesondere dann verwendet werden können, wenn für die Ausgaben die (hiezu zunächst bestimmten) etatsmäßigen Mittel nicht ausreichen würden".

[237] Vgl. zu diesem Abschnitt Widenmeyer 1885, S.20 ff.

nachgewiesen werden müssen[238]. Die bei der Beratung des neuen Etats noch vorhandenen reinen Erübrigungen dürfen nur mit Genehmigung der Ständeversammlung als Reste fortgeführt werden[239]. Unter konstitutionellem Aspekt ist die Übertragung von Ausgabebewilligungen innerhalb der Finanzperiode vom 1. auf das 2. Jahr unbedenklich gestattet[240]. Wo Übertragungen von einer Finanzperiode auf die andere stattfinden, müssen bei Rechnungsabschluß eines jeden Jahres die für die betreffenden Titel oder Kapitel bewilligten Mittel vollständig in Ausgabe gestellt werden[241].

In den Etatentwürfen von 1877/79 sind - soweit von uns übersehen - erstmals übertragbare Positionen als solche gekennzeichnet. Es wird z.B. beantragt, daß Ersparnisse bei den Flußbauausgaben von einer Etatperiode auf die nächste übertragen werden dürfen, "*auch wenn die Verwendung der betreffenden Gelder am Schluß der Etatsperiode noch nicht eingeleitet ist*"[242]. Bei den Ausgaben für milde Zwecke ist angemerkt: "*Nach der bisher ertheilten Ermächtigung sind Ersparnisse von einer Position auf die andere und von einer Etatsperiode auf die andere übertragbar*"[243]. Nach welchen Kriterien und zu welchem Zeitpunkt die Übertragbarkeitserklärung ausdrücklich in den Budgets enthalten war, läßt sich auf der Basis unserer Quellen nicht klären. Die entsprechenden Vermerke tauchen irgendwann auf und verschwinden dann wieder[244].

---

238 Vgl. dazu auch Reinhard 1904, S.660 f. Die allzuweite Ausdehnung der eingeräumten Befugnis hat seinen Angaben gemäß zu einer Reihe von Mißständen geführt, deren Beseitigung längere Zeit erforderte. Der Landtag von 1883 habe bei den Übertragungsrechten den Spielraum für die Verwaltung erheblich eingeengt. Die Übertragungen entsprächen einer langjährigen Übung und hätten ihr Dasein ohne Widerspruch weiter gefristet, wenn sich nicht beim Kapitel für die Landgestüte herausgestellt hätte, daß mit erheblichen Mitteln ein großes Gebäude ohne Bewilligung erbaut worden sei.

239 Sinngemäß so auch Riecke 1887, S.396. Wie Sarwey 1884, II, S.543 berichtet, sind Übertragungen auf die nächste Finanzperiode nur statthaft, wenn diese ausdrücklich in den Bewilligungen vorgesehen wurden oder die Ausführung des Zweckes eine noch nicht erfüllte Zahlungsverbindlichkeit erzeugt habe. Bei der tatsächlichen Ausführung sei die Lage des einzelnen Falles entscheidend: "Es läßt sich hierüber kein allgemeiner Grundsatz aufstellen" (Sarwey 1884, II, S.543).

240 Anders Riecke 1887, S.393. Seiner Meinung nach bilden die einzelnen Etatjahre innerhalb der Finanzperiode ein "abgeschlossene(s) Ganze(s) für sich". Es habe sich aber im Laufe der Jahre "allerdings auch bei den Restvorbehalten eine freiere Übung in dem Sinn herausgebildet, daß wenigstens innerhalb derselben Finanzperiode die im ersten (oder zweiten) Jahr einer solchen nicht ganz aufgebrauchten und auf Reste vorbehaltenden etatsmäßigen Mittel im folgenden Jahre gleichfalls zu neuen Ausgaben desselben Etatstitels oder Etatskapitels verwendet werden" (Riecke 1887, S.396).

241 Vgl. Riecke 1887, S.395.

242 Vgl. WüEE 1877/79, Kapitel 42.

243 Vgl. WüEE 1877/79, Kapitel 43.

244 Vgl. dazu z.B. die Übertragbarkeitserklärungen im Universitätsetat ab WüEE 1901/02.

Bei den Übertragungen handelt es sich demnach um eine Materie, die in allen untersuchten Staaten - wenn überhaupt - spät rechtlich geregelt wurde. Auch anhand der Budgets lassen sie sich nur schwer nachvollziehen, da übertragbare Posten in Württemberg erst ab der Etatperiode 1877/79, in Sachsen ab 1880/81 und in Bayern ab 1908 gekennzeichnet sind, wohl aber schon früher bestanden. In Preußen waren Bauausgaben bereits ab 1822 unbegrenzt übertragbar. Wenn noch Mittel nach Ende der folgenden Finanzperiode übrig waren, erfolgte die Verrechnung außeretatmäßig. Das ermöglichte eine Ansparung von Mitteln über Jahre hinweg. Auch andere Posten waren in Preußen, nach der frühen Regelung von 1826, auf das folgende Etatjahr übertragbar. Sinngemäß gleich war die Bestimmung in den sächsischen Allgemeinen Vorschriften für das Staatsrechnungswesen aus dem Jahr 1900. Die Grenze zur Restverwaltung verschwimmt hier.

In Preußen konnten - zumindest ab 1872 - nur noch die ausdrücklich gekennzeichneten Posten übertragen werden, mit Ausnahme der Baumittel. Ähnlich die Bestimmung in der Bekanntmachung von 1907 in Bayern. Hier erteilte man allerdings für die Bauausgaben keine ähnlich pauschale Übertragungsermächtigung wie in Preußen. Die Ausgaben sollten nur für die nächste Finanzperiode und nicht für Zwecke der laufenden Verwaltung verfügbar bleiben, was in Preußen durchaus möglich war. Dafür waren in Bayern alle Ausgabeposten des außerordentlichen Budgets unbeschränkt übertragbar und aus den Erübrigungen konnten Fonds angesammelt werden. Die gleiche Bestimmung galt in Sachsen; allerdings fielen Erübrigungen des außerordentlichen Budgets als Ersparnisse an die Staatskasse zurück. Die Übertragbarkeit der Ausgaben zwischen den Etatjahren mehrjähriger Budgets betrachtete man so oder so als gegeben[245]. Über die in Württemberg angewandte Methode läßt sich mangels Informationen wenig Allgemeines sagen.

Es lassen sich damit zwei Dinge festhalten. Zum einen schufen sich die Regierungen durch die großzügigen Übertragungsmöglichkeiten bei den Bauausgaben und den außerordentlichen Budgets einen relativ weiten Verausgabungsspielraum. Es handelt sich hierbei um quantitativ große Ausgabenkomplexe, welche durch die unbegrenzten Übertragbarkeiten - nur durch die Verpflichtung zum rechnungsmäßigen Nachweis beschränkt - von jeglicher zeitlichen Ausgabenbegrenzung ausgenommen wurden. In den Staaten mit mehrjährigen Budgets war der Handlungsspielraum der Regierungen größer als in Preußen, da eine Übertragbarkeit zwischen den Etatjahren grundsätzlich gegeben war, selbst wenn nur Rückgriffe auf die Vorjahre, keine Vorgriffe - wie etwa in Bayern - erlaubt waren. In diesen Staaten wurden also intern die Vorteile einjähriger Budgets genutzt, im Verhältnis zu den Ständen hingegen

---

[245] Weshalb etwas schleierhaft bleibt, wieso die Rechnungen auch bei mehrjährigen Budgets - mit Ausnahme von Sachsen bis 1878/79 - immer über ein Etatjahr gelegt wurden.

diejenigen mehrjähriger Budgets. Eine gewisse Dispositionsfreiheit, Ansparung und zeitliche Verteilung von Etatmitteln war dadurch innerhalb der Finanzperiode möglich. Das führt zum zweiten Punkt, den es festzuhalten gilt. Die Möglichkeiten der Ansammlung ersparter Ausgabemittel zur Verstärkung der entsprechenden Ausgabefonds verhalf den Regierungen - neben den ausgelagerten Fonds - zu weiteren Finanzmittelreservoirs, auf die sie in Zweifelsfällen zurückgreifen konnten und die aufgrund der pauschalen Zweckbestimmungen in den Rechnungen nur schwer kontrollierbar waren[1]. Da für gewöhnlich der Nachweis von Übertragungen nicht nach Budgetjahren unterschieden war, in denen die übertragbaren Mittel bewilligt wurden, verschwimmen die Übertragungen aus den verschiedenen Finanzperioden zu einer Masse. Dabei ist - zumindest durch die Rechnungen - kaum noch zu kontrollieren, wann welcher Ausgabezweck aus welchem Budgetjahr erfüllt war und wann die Ansammlung von Reservemitteln begann.

Bei Resteinnahmen und -ausgaben und Übertragungen handelt es sich also um eine undurchsichtige Materie, vor allem auch deshalb, weil sie die Budgetzahlen zu einem relativ unzuverlässigen Faktor für die tatsächlichen Staatseinnahmen und -ausgaben werden lassen[2]. Die theoretischen Vorstellungen von der zeitlichen Begrenztheit der Budgets im 19. Jahrhundert umfaßte nur einen Teil des Budgets. Ihn genau zu quantifizieren, würde intensivere Untersuchungen erfordern, wobei ein begründeter Verdacht besteht, daß die Budgets dies überhaupt nicht und die Rechnungen nur beschränkt und nicht in allen Staaten in gleichem Maße zulassen[3].

3.7. Begründete Wahrscheinlichkeit

In der finanzwissenschaftlichen Literatur des 19. Jahrhunderts war man sich der Notwendigkeit und der Probleme, welche die Budgetplanung und die Planschätzung mit sich brachten, durchaus bewußt[4]. Es stellten sich die Fragen,

---

[1] Das gilt auch für die Erübrigungen, auf deren Verwendung hier aber aus Platzgründen nicht eingegangen werden kann.

[2] Vgl. zur Verbindlichkeit der Etatpositionen und der Zuverlässigkeit der Budgetzahlen Abschnitt 3.8.

[3] Für die Budgets kann das mit Bestimmtheit gesagt werden, für die Rechnungen nicht, da wir uns der Fragestellung gemäß hauptsächlich mit den Budgets und nur am Rande, soweit unbedingt notwendig, mit den Rechnungen befaßt haben.

[4] Siehe dazu grundsätzlich oben Abschnitt 2.3.2.

wer das Budget planen, wann die Planung beginnen und wie geplant werden sollte[5].

3.7.1. Exekutivbudget

Das Budget des 19. Jahrhunderts war ein Exekutivbudget. Für die Finanzwissenschaftler stand das an sich nicht in Frage, auch nicht für den Teil der Staatsrechtslehrer, der die Aufstellung des Etats für einen verwaltungsinternen Planungsakt hielt[6]. Ein Legislativbudget wurde von niemandem gefordert, da die Kompetenz des Parlaments zur Aufstellung des Budgets - wegen mangelnder interner Verwaltungskenntnisse der Abgeordneten - als zu gering eingeschätzt wurde. Die Aufstellung des Haushaltsplans war also Sache der Verwaltung.

Organisatorisch erfolgte die Aggregation der Etats von unten nach oben. Zuerst erstellten die untersten Behörden die Elementaretats. Die Provinzialbehörden als Zwischenstufe aggregierten die Elementaretats und sandten sie an die jeweils zuständigen Ministerien[7]. Der Finanzminister faßte schließlich die Ministerialetats und sonstigen Etats zum Budget zusammen[8].

---

[5] Auf diesen Kern bringt Stourm 1909, S.50 die zentralen Fragen der Budgetplanung. Siehe auch Neumark 1929, S.57.

[6] Siehe z.B. Heckel 1898, Das Budget, S.73. Für Leroy-Beaulieu 1899, II, S.20 steht die Vorbereitung des Budgets "naturellement" der Exekutive zu, da seiner Ansicht nach nur sie allein gut genug über den Bedarf der einzelnen Dienstleistungen informiert ist. Auch Stourm 1909, S.51 f. schließt sich dieser Meinung an, da auch er nur der Exekutive den notwendigen Überblick zutraut. Selbst Haenel 1888, S.305 befindet, daß es in der "Natur" des Budgets als Plan der Finanzverwaltung liege, daß die Initiative zum Budgetgesetz ausschließlich der Staatsregierung zukomme. Fricker 1894, S.404 meint, daß da, wo das Budget auf Gesetz beruhe und zugleich ein ständisches Gesetzinitiativrecht anerkannt sei, den Ständen auch ein Budgetinitiativrecht zugebilligt werden müsse. Adams 1899, S.118 formuliert das folgendermaßen: "No other answer is possible in those countries which seek to realize efficiency of administration on the one hand, and the liberty of the subject on the other, through the principle of political responsibility". Wie Neumark 1929, S.58 feststellt, ist sich die Wissenschaft seit langem "völlig einig", daß die Aufstellung des Budgets Sache der Exekutive ist. Er begründet dies mit der Notwendigkeit einer Regierungsverantwortung und dem Informationsmonopol der Regierung in staatlichen Finanzangelegenheiten. Allerdings gehöre die Frage, inwieweit dem Parlament die Möglichkeit von Ur- oder Abänderungsanträgen eingeräumt werden solle, zu den umstrittensten politischen Fragen (siehe dazu näher Neumark 1929, S.98). Zu der rechtlichen Diskussion darüber siehe Abschnitt 2.5.

[7] Die Aufstellung aller Etats, die hierarchisch über den Elementaretats stehen, wird deshalb als "ein bloßer Vollziehungsakt" (Hüffell 1834, S.6) oder als eine rein mathematische Angelegenheit angesehen: "Es erscheint sohin als eine bloss rechnerische Aufgabe, nach vorgenommener Prüfung der Elementar-Etats aus denselben den Verwaltungszweig-Etat aufzustellen" (Seidler 1901, II, S.50).

[8] Diese Vorgehensweise ergab sich schon aus dem stufenförmigen Aufbau der Etathierarchie. Vgl. dazu Abschnitt 3.2.1.

Unterschiedlich eingeschätzt wurde im Rahmen dieses Verfahrens die Position des Finanzministers: Sollte ihm das Recht zugestanden werden, die von den Fachkollegen aufgestellten Etats zu verändern, um so ein Gesamtgleichgewicht herzustellen oder nicht? Wem war letzterenfalls die Schiedsrichterrolle zuzusprechen? Insgesamt gesehen forderte man in der ersten Hälfte des 19. Jahrhunderts eher einen starken Finanzminister, der im Zweifelsfall die Anforderungen seiner Kollegen - umstritten waren i.d.R. nur die Ausgaben - kürzte oder umverteilte[9]. In der zweiten Hälfte des 19. Jahrhunderts setzte sich mehr der Gedanke der Ministerverantwortlichkeit und der Kollegialität durch[10]. Der organisatorische Ablauf des internen Budgetaufstellungsverfahrens hing von der Verwaltungsgliederung und den jeweiligen Kompetenzzuordnungen in den einzelnen Staaten ab. Er soll hier nicht näher untersucht werden[11], da dies vom Thema zu stark wegführen würde.

Bezüglich des **zeitlichen Ablaufs** der Budgetplanung wurde allgemein der Rat erteilt, so rechtzeitig damit anzufangen, daß das Budget noch von den Ständen beraten und vor Beginn der Etatperiode verabschiedet werden konnte. Ande-

---

[9] Nach Barth 1843, S.21 f. gehört es zu den Aufgaben des Finanzministers, allen Anforderungen der Ressortminister entgegenzuwirken, sofern sie mehr fordern, als nach richtigen Finanzgrundsätzen aufgebracht werden kann. Dem Finanzminister müsse, so steht in der Oekonomie der menschlichen Gesellschaften 1845, S.279, Kritik an den Budgets der verschiedenen Minister und Verwaltungen zustehen. Er dringe, "so weit es die Zeit erlaubt" in das Innere jedes Ministerialbudgets ein und versuche "so weit es thunlich, überflüssige oder zu hoch angesetzte Ausgabenartikel zur Abschneidung oder Ermäßigung vorzuschlagen". Allerdings könne nach diesem Prinzip nur in rein monarchisch regierten Staaten verfahren werden, da es eines "großen Schutzes des Landesfürsten" bedürfe (Oekonomie der menschlichen Gesellschaften 1845, S.280).

[10] Stein 1878, I, S.57 bezeichnet die Auseinandersetzung mit den stets steigenden Erfordernissen der Verwaltung als einen "beständigen Kampf", in dem "die einzelnen Ministerien die lebhaften Vertreter der möglichst großen Ausgaben (sind), die sie mit den höchsten Interessen des Staats wohl zu motiviren wissen; der Finanzminister dagegen ist der Anwalt der in den gegebenen Einnahmeverhältnissen begrenzten Kraft des Staats, jenen Anforderungen zu genügen". Der Kampf zwinge den Verwaltungsminister, sich mit den gegebenen, den Finanzminister sich mit der Kraft der neu sich bildenden Dinge im Staate auseinanderzusetzen. Wobei, nach Feststellung von Stourm 1909, S.163, die Anforderungen der einzelnen Ressortminister i.d.R. nicht gerade bescheiden sind: "La main du ministre des finances doit trembler quand, arrivant au bas de la dernière page de ses évaluations, il en pose les totaux". Nach Auffassung von Heckel 1898, Das Budget, S.77 hat der Finanzminister das Recht, die Ministerialetats durchzusehen, nicht aber sie zu berichtigen oder zu korrigieren. Ebenso Schanz 1899, S.1141, der dem Wort des Finanzministers jedoch großes Gewicht zuschreibt. Einige er sich mit den Fachministern nicht, so müsse seiner Ansicht nach die Entscheidung im Gesamtministerium durch Mehrheitsentscheid fallen. Der Finanzminister vermöge, so Conrad 1919, S.2, den verschiedenen Ressortchefs nur hinsichtlich ihrer finanziellen Mittel eine Grenze zu ziehen: "In die Einzelheiten der Untersuchung über die Berechtigung der einzelnen Posten ... kann er nicht eindringen". Wie Neumark 1929, S.74 feststellt, findet der "Hauptkampf" zwischen dem Finanzminister und den Ressortministern um die Ausgaben statt. Nach Möglichkeit werde versucht, die Meinungsverschiedenheiten im Wege von Verhandlungen zwischen den zuständigen Referenten der beteiligten Ministerien zu lösen.

[11] Siehe allgemein dazu z.B. Jakob 1821, S.1219 f. und S.1231 f.; Schrott 1886, S.428 f.; Umpfenbach 1887, S.489; Brockhaus 1890, S.472; Heckel 1898, Budget und Budgetrecht, S.476; Schanz 1899, S.1141; Seidler 1901, II, S.50 ff. und Bräuer 1928, S.6 f.

rerseits wurde davor gewarnt, zu frühzeitig mit der Etatplanung zu beginnen: Je weiter die Schätzung vom Beginn der Budgetperiode entfernt sei, je ungenauer würden die Zahlen[12]. Die Empfehlungen der Finanzwissenschaft waren hierzu nicht einheitlich[13]. Die in den untersuchten Staaten einzuhaltenden Termine kamen bereits zur Sprache[14], weshalb hier nicht näher darauf eingegangen werden braucht.

3.7.2. Technik der Budgetplanung

Die Frage nach dem Wie der Haushaltsplanung hat einen inhaltlichen und einen technischen Aspekt. Die inhaltliche Seite betrifft vor allem die Strukturierung der Einnahmen und Ausgaben nach Art und Maß. Daß im 19. Jahrhundert keine allgemeinen, staatenübergreifenden Regeln existierten, noch diese sich heute hineininterpretieren lassen - trotz vieler theoretischer Klassifizierungsversuche -, haben wir in den vergangenen Kapiteln anhand der erörterten Beispiele dargelegt. Die technische Seite der Haushaltsplanung umfaßt vor allem die Schätztechniken. Genauigkeit und Begründung der Anschläge waren allgemeine Forderungen, die daran geknüpft wurden. Sie sollten willkürliches Verwaltungshandeln bei der Budgetschätzung[15] verhindern oder zumindest eindämmen.

---

[12] So z.B. Schanz 1899, S.1142. Deshalb enthalten nach damaliger Ansicht einjährige Budgets auch die genaueren Zahlen als mehrjährige. Siehe auch Hövermann 1905, S.17 und Abschnitt 3.6.1.

[13] Schanz 1899, S.1142 schwebt z.B. ein Zeitraum von 3 bis 6 Monaten vor Beginn des Landtags vor. Einschränkend bemerkt dazu Hövermann 1905, S.12 f.: "Es liegt in der Natur der Sache, daß oft auf sechs Monate im voraus die Entwicklung eines Gesamtfinanzbildes unmöglich und die Einrichtung davon unabhängiger Maßnahmen unsicher ist". Neumark 1929, S.72 empfiehlt eine Vorbereitungszeit von 11 bis 12 Monaten.

[14] Vgl. Abschnitt 3.5.

[15] Vgl. z.B. Malchus 1823, II, S.156. Dagegen meint Behr 1822, S.25 der Staatswirtschaft sei "der Zweck, für welchen sie die Productivmittel herbeizuschaffen hat, unabhängig von ihrer Willkür vorgezeichnet, und ihre Sache ist es nur, diesen Zweck sich ins Bewußtsein zu rufen und den Bedarf hierfür gewissenhaft zu berechnen".

Um die "*Genauigkeit*" der Anschläge zu garantieren[16], wurden unterschiedliche Veranschlagungsmethoden vorgeschlagen und - soweit zu überblicken - auch angewandt, je nachdem, ob es sich um gewisse und bestimmte Einnahmen und Ausgaben handelte oder um unbestimmte und ungewisse[17]. Die gewissen Beträge wurden in Qualität und Quantität für einen längeren Zeitraum als unwandelbar erachtet[18]. Aus diesem Grunde wurden z.T. auch sog. Normalbudgets gefordert[19]. Bei dieser Einnahme- und Ausgabenart sei der Betrag aus der letzten Budgetrechnung, sofern vorhanden, einfach in den neuen Voranschlag

---

[16] Nach Ansicht von Ebhardt 1807, S.17 besteht ein wesentlicher Unterschied zwischen Merkantil- und Kameralsystem in dem Versuch, die Einnahmen und Ausgaben auf das "möglich genaueste" vorherzubestimmen. Für Hoch 1809, S.30 f. ist es Aufgabe der Budgetaufstellung, das "möglichst sicherste" Resultat zu erheben. Schlupper 1817, S.13 meint: "Man muß hiernächst den Voranschlag soviel als nur immer möglich der Vollkommenheit nahe bringen". Murhard 1846, S.691 fordert "möglichst richtige" Anschläge, Ludwig 1859, S.1 welche mit möglichst größter Wahrscheinlichkeit. Der Zweck jeder Etatfertigung besteht nach Heckel 1898, Das Budget, S.87 darin, bei der Fixierung des Aufwandes und der zu erwartenden Deckungsmittel den tatsächlichen Verhältnissen nach Möglichkeit nahezukommen. Földes 1920, S.66 f. stellt fest: "Sowohl die Einnahmen als die Ausgaben müssen möglichst genau und nicht bloß beiläufig eingestellt werden, da sonst die Realität des Budgets in Gefahr stünde". Lotz 1931, S.138 verlangt eine möglichst genaue Budgetveranschlagung, mit Wahrung einer kleinen Überschußmöglichkeit.

[17] Diese - theoretische - Einteilung der Einnahmen und Ausgaben spielte auch bei der Trennung des Budgets in ein ordentliches und außerordentliches (vgl. Abschnitt 3.4.4.) sowie bei der Konstruktion von Budgetbewilligungspflichten des Parlaments (vgl. Abschnitt 3.5.3.) eine wichtige Rolle.

[18] Nach Feder 1820, S.19 sind unbestimmte oder unständige Einnahmen und Ausgaben solche, "von welchen man im voraus weiß, wann, wie und in welcher Größe sie vorkommen werden, oder doch wenigstens vorkommen sollten". Alle übrigen, auf welche diese Bestimmungen in Ansehung des Ereignisses und der Größe nicht zuträfen, nenne man unbestimmte oder unständige. Siehe auch Malchus 1823, II, S.153; Mohl 1840, II, S.746; Fromme 1843, S.40 ff.; Moy 1843, 2.2., S.208 f.; Ditmar 1844, S.7 und Hauber 1845, S.116 ff. Unter den bestimmten Einnahmen versteht Graaf 1831, S.21 noch enger alle Einnahmen, welche dem Betrag nach und in bezug auf Sache und Person des Zahlungspflichtigen feststehen. Nach Ansicht von Eheberg 1895, S.314 steht ein großer Teil der Ausgaben "mit ziemlicher Sicherheit" fest (z.B. bei der Zivilliste, den Beamtengehältern und den Schuldzinsen), der Rest werde annähernd durch Schätzung festgestellt. Die meist mehrere Jahre in unveränderter Größe fortwirkenden Einnahmen und Ausgaben werden auch als "systemische" bezeichnet (vgl. Schrott 1886, S.398; Schanz 1899, S.1150 und Seidler 1901, II, S.48). Heckel 1898, Das Budget, S.89 zählt zu dieser Gruppe alle Ansätze, die "im ganzen" stabil und unveränderbar sind und sich nur mit minimalen Schwankungen fixieren lassen. Schanz 1899, S.1150 meint, sie seien bis auf "kleine Bruchteile" sicher zu veranschlagen. Seidler 1901, S.17 rechnet zu den bestimmten Beträgen auch jene, die sich willentlich verändern und auf Grund der beabsichtigten Änderung vorherbestimmen lassen.

[19] Gegen ein System von festen Ansätzen wendet sich Stein 1878, I, S.68, da es seiner Ansicht nach festbleibende Summen nicht gibt. Sie würden den Stillstand der Staatsentwicklung bedeuten. Geffcken 1891, S.41 empfindet die Absonderung eines Normalbudgets als einen Versuch, das Bewegliche wider die Natur mechanisch zu fixieren. Der regelmäßige Staatsbedarf ist seiner Meinung nach fortwährenden Schwankungen unterworfen. Befürwortet wird eine solche Trennung hingegen von Heckel 1898, Das Budget, S.80 f. Nach Ansicht von Adams 1899, S.153 läßt sich die Frage, ob ein Normalbudget aufgestellt werden sollte oder nicht, kaum allgemein beantworten: "The extent to which permanent appropriations may be used with safety (...) depends in large measure upon the stage of developement at which a people have arrived in their realization of constitutional government".

zu übernehmen[20]. Bei ungewissen Einnahmen und Ausgaben[21], die in Art und/oder Maß unsicher seien, müßten die voraussichtlichen Zahlen nach "*begründeter Wahrscheinlichkeit*" geschätzt werden[22]. Dies gestaltete sich jedoch nicht ganz so einfach, wie bei *Feder* zum Ausdruck kommt: "*Die unständigen Einnahmen und Ausgaben sind mühsamer und umständlicher als die ständigen zu behandeln. Jene können ihrer Natur nach nicht mit Zuverlässigkeit vorher bestimmt werden; jedoch machen die Art der Verwaltung, die Vergleichung mit vorigen Ereignissen und die Wahrscheinlichkeit der Vorfälle den Voranschlag in einem annähernden Grad möglich. Vor allem muß beurtheilt werden, ob der Etat-Satz auf die Vergangenheit gebaut werden kann, oder nach andern Normen zu berechnen ist. Im ersten Falle ist genau zu erforschen, unter welchen Umständen und wirkenden Ursachen die bisherigen Einnahmen oder Ausgaben*

20 Vgl. z.B. Malchus 1830, II, S.101 und Mohl 1840, II, S.747. Für die Aufstellung dieser Etatansätze genüge eine genaue Registerführung, welcher nach Bedarf Zusätze und Ergänzungen beizufügen seien (vgl. Heckel 1898, Das Budget, S.89). Nach Jèze 1927, S.280 sind die Zahlen des Vorjahresbudgets einfach auf den neuen Anschlag zu übertragen. Sie sind nach Seidler 1901, II, S.48 in ihrer fixen Größe in den Etat einzustellen.

21 Als in der Höhe unbestimmte Einnahmen werden z.B. die aus den Domänen und unbeständigen Gefällen angesehen (siehe Malchus 1823, II, S.156).

22 Die unständigen Einnahmen und Ausgaben müssen nach Hoeck 1819, S.33 "nach den Regeln gegründeter Wahrscheinlichkeit, gesetzt auf den Durchschnitt der effektiven Beträge des verflossenen Jahres, und auf eine sorgfältige Erwägung der im nächst folgenden Jahre wahrscheinlich eintretenden Umstände berechnet, und auf solche Weise approximirt in dem Etat veranschlagt werden". Die bloß wahrscheinlichen und unbestimmten Beträge müßten sich, so Jakob 1821, S.1226 "auf Durchschnittsrechnungen, auf bisherige Erfahrungen mehrerer Jahre oder auf andere Thatsachen stützen, welche die angenommenen Sätze begründen". Ähnlich Murhard 1846, S.690. Nach Malchus 1823, II, S.156 müssen die Einnahmen und Ausgaben "in solchen Durchschnittsbeträgen ausgeworfen werden, die nach Berechnung von begründeter Wahrscheinlichkeit, der Wirklichkeit am meisten sich nähern". Für Escherich 1851, S.82 f. erscheint es nicht zulässig, jegliche Art von Ausgaben und Einnahmen vorab festzusetzen, da an manchen Orten die Ausführung "vieler, ja der meisten Gebarungen" von zufälligen Konstellationen abhänge. Die Möglichkeiten und Grenzen der Wahrscheinlichkeitsrechnung schätzt er deshalb vorsichtig ein: "Aber selbst hier möchte bei verständigem, auf die Erfahrung, welche die Vergangenheit bietet, und die Erkenntniß der Gegenwart gestützten Vorausblick in die Zukunft, wenn auch nicht über alle einzelnen, doch über die Inbegriffe einer größeren Mehrheit von Thatsachen immerhin ein ungefähres Urtheil sich im voraus fällen lassen, und diesem gemäß die Geschäftsgebarung nach der Wahrscheinlichkeitsrechnung wenigstens einiger Maßen vorgängig zu regeln sein" (Escherich 1851, S.83). Das System der Durchschnittsberechnung beruhe auf dem Schluß, daß das, "was die Wirthschaft in einer Reihe von Jahren durchschnittlich mit sich brachte, auch im künftigen Jahre wiederkehren wird; ein Schluß, durch welchen man der Wahrheit um so näher zu kommen hoffen darf, jemehr Stätigkeit die Wirthschaft bereits erlangt hat" (Schrott 1886, S.399). Werden ständig veränderliche oder unständige Posten anders als in Durchschnittsbeträgen angeschlagen, so sind nach Umpfenbach 1887, S.491 die Gründe in der Bemerkungsspalte kurz zu erwähnen und in einem Begleitbericht ausführlich zu erörtern.

nach Größe und Beschaffenheit statt gefunden haben, und ob diese Umstände auch für das nächste Etats-Jahr als bestehend angenommen werden können"[23].

Es wurden vier Schätzmethoden diskutiert[24]. Bei der sog. "*deutschen genetischen Methode*"[25] werden aus den Summen einer bestimmten Anzahl zurückliegender Budgetrechnungen die Durchschnitte errechnet und die so erhaltenen Ziffern in das Budget eingesetzt[26]. Wenn der Durchschnittsrechnung eine große Anzahl von Budgetrechnungen zugrunde liegen, i.d.R. 6 bis 10, ist das

---

23 Feder 1820, S.30 und ähnlich Fromme 1843, S.62 f. Graaf 1831, S.24 meint, es müsse ein fester Grundsatz sein, "jede überspannte Veranschlagung der Einnahmen auf das sorgfältigste zu vermeiden, die Berechnungen auf Resultate, welche aus besonders günstigen, jedoch dem Wechsel schnell unterworfenen Konjunkturen entspringen, nicht zu gründen, vielmehr die Erfahrungen mehrerer vorangegangener Jahre unter Berücksichtigung der Zeitumstände sich zur Richtschnur dienen zu lassen".

24 Wobei die Einnahmeschätzung immer als schwieriger eingestuft wird als die Ausgabenschätzung. Die voraussichtlichen Ausgaben gelten als sicherer als die Einnahmen (vgl. Murhard 1846, S.691). Wie Stein 1878, I, S.56 bemerkt, ist bei den Einnahmen das Ergebnis unsicher und hier "zu einer gewissen annähernden Sicherheit zu gelangen und diese zu finden ist von jeher einer der schwersten, aber auch der wichtigsten Aufgaben des Finanzministeriums gewesen". Boiteau 1889, S.648 f. beurteilt die Schätzung bei der großen Zahl und unterschiedlichen Art der Einnahmequellen und bei den von Jahr zu Jahr verschiedenen Ausgaben als nach wie vor schwierig. Ebenso Heckel 1898, Das Budget, S.89, der befindet: "Die Geschicklichkeit, Besonnenheit und Sachkenntnis des Finanzministers und seiner Hilfsarbeiter einer- und der Ressortchefs der übrigen Fachministerien andererseits kommt bei Lösung dieses Problems in scharfen Konturen zum Ausdruck". Nach Meinung von Földes 1920, S.67 kommt bei der Budgetplanung "alles darauf an, auf welcher Basis, mit welcher Sachkenntnis diese Schätzungen geschehen". Auf die Probleme der Einnahmeschätzung weist auch Mombert 1928, S.11 hin.

25 So hat sie Heckel 1898, Das Budget, S.92 genannt. Siehe auch Gerloff 1929, S.282.

26 Das System der Veranschlagung nach Durchschnittswerten kann nach Hoch 1809, S.31 nur angewandt werden, wenn sich die zu etatisierenden Gegenstände gegenüber den der Durchschnittsberechnung zugrunde liegenden Jahren nicht zu sehr verändert haben. Rau 1850, I, S.38 weist darauf hin, daß man das Verfahren der Durchschnittsrechnung nur nach sorgfältiger Prüfung anwenden darf, ob sich die "Verhältnisse" inzwischen geändert haben. Ebenso Ludwig 1859, S.3. Seidler 1901, II, S.49 betont: "Es soll aber ausdrücklich hervorgehoben werden, dass die Durchschnittsberechnung überhaupt nur unter der Voraussetzung zulässig ist, dass die massgebenden Verhältnisse des betreffenden Verwaltungszweiges dieselben geblieben sind". Die Nichtbeachtung dieser Regel führe in der Praxis oft zu fehlerhaften Berechnungen (vgl. Seidler 1901, II, S.49). Erweist sich das zu etatisierende Jahr als wesentlich verändert gegenüber dem vorherigen, biete sich, so Schrott 1886, S.400 f., "für den Voranschlag oft kein anderer Anhaltspunkt dar, als die Erfahrungen, welche bei anderen gleichartigen, unter ähnlichen Verhältnissen geführten Wirthschaften gesammelt wurden; und es kann hier selbst der Fall eintreten, daß man auf jeden nur einigermaßen verläßlichen Voranschlag verzichten muß". Conrad 1919, S.304 hält es angesichts der mit den Konjunkturen schwankenden Posten für problematisch, sich nur auf die Durchschnittsrechnung zu verlassen. Laut Malchus 1823, II, S.156, Fußnote 2 wird "hin und wieder" den Elementarbeamten die Befugnis eingeräumt, von den Durchschnitten abzuweichen, was er aber verurteilt. Dies gefährdet seiner Meinung nach die "Wahrheit des Etats, und ist um so nachtheiliger, je weniger der Behörde, die den Hauptetat aufstellt, Mittel zur Prüfung der Richtigkeit der Ansichten dieser Beamten, zu Gebot stehen". Auf die Problematik der Veranschlagung unter Zugrundelegung früherer Rechnungsergebnisse bei veränderten wirtschaftlichen, gesellschaftlichen und politischen Bedingungen weist auch Jèze 1927, S.275 f. hin. In Krisenzeiten hält er die Aufstellung gründlicher Schätzungen vollends für unmöglich.

schlechteste und beste Ergebnis als Ausreißer zu streichen[27]. Den Einnahme- und Ausgabedurchschnitten sind die gleiche Anzahl von Jahren zugrunde zu legen[28]. Aus Frankreich stammt die sog. "*automatische Methode*"[29] und das "*système des majorations*"[30]. Erstere geht von dem tatsächlichen, letztbekannten Rechnungsergebnis aus und setzt dieses in das neue Budget ein[31]. Neben

---

27 Ganz allgemein meint Enderlin 1804, II, S.91, daß es notwendig sei, die Durchschnittsrechnung auf "eine beträchtliche Anzahl von Jahren" zu basieren, um bei den Abgaben einen schwankenden Ansatz zu vermeiden. Überhaupt nicht für allgemein bestimmbar hält die Anzahl der Jahre Ditmar 1844, S.7: "Wie viel Jahre hierbei zu berücksichtigen kann nur im einzelnen Falle entschieden werden". Sander 1817, S.45 schlägt eine Durchschnittsrechnung auf der Basis von 3 oder u.U. auch 6 Jahren vor, ebenso Feder 1820, S.30, der allerdings einschränkt, daß die Verschiedenheit der Gefälle und Erfordernisse hiervon öfters eine Ausnahme notwendig mache. Von einem 6jährigen Durchschnitt geht auch Mohl 1840, II, S.747 aus. Ein 3jähriger Durchschnitt solle aber zumindest der Durchschnittsberechnung zugrunde gelegt werden. In gleichem Sinne Hauber 1845, S.119. Schlupper 1817, S.13 lehrt einen 10jährigen Durchschnitt, ebenso Moy 1843, II, S.209 und Ludwig 1859, S.3. Wie Malchus 1823, II, S.156, Fußnote 2 berichtet, werden den Durchschnittsberechnungen i.d.R. 6 Jahre zugrunde gelegt; worunter sich immer zumindest ein gutes und ein schlechtes befinde, welche die Budgetschätzung verzerrten. Als Alternative betrachtet er, immer die 10 letzten Jahre zur Schätzung zunehmen und jeweils die 2 höchsten und niedrigsten Budgetziffern zu streichen. Fromme 1843, S.62 f. übernimmt diese Position. Schrott 1886, S.399 erachtet den Durchschnitt aus den Ergebnissen der 3 zuletzt abgelaufenen Jahre für die Veranschlagung als ausreichend. Zeige eine Jahressumme einen ungewöhnlich hohen oder niedrigen Betrag, so seien die letzten 5 Jahre als Berechnungsbasis zu wählen und die höchste und niedrigste Summe zu streichen. Siehe dazu auch Schrott 1886, S.401. Wie Heckel 1898, Das Budget, S.92 berichtet, werden am häufigsten 3jährige Durchschnittsberechnungen bei der Etatveranschlagung verwendet, da bei kürzerem Zeitraum die ausgleichende Wirkung zu unsicher und bei längerem Intervall dagegen die Entfernung zur Gegenwart zu groß sei. Ebenso Schanz 1899, S.1150; Seidler 1901, II, S.49 und Gerloff 1929, S.269.

28 So Malchus 1823, II, S.157. Er meint weiter: "Die Nichtbeachtung dieser Regel, durch deren Vernachläsigung die Wahrheit des Etats nothwendig gefährdet wird, ist mit Recht als Mangel in mehreren Budgets gerügt" (Malchus 1823, II, S.157, Fußnote 1). Er verweist auf den Bericht der ständischen Finanzkommission in Württemberg vom 14. April 1820, außerordentliches Beilagenheft, S.13. In gleichem Sinne Fulda 1827, S.429. Anders dagegen Schrott 1886, S.399, der die Anzahl der Jahre, auf welcher die Durchschnittsberechnung zu basieren ist, von Rubrik zu Rubrik als variabel betrachtet.

29 Oder das "système de la penultième année". So nennt es Stourm 1909, S.162. Siehe auch Dubois de l'Estang 1891, S.257, der von der Regel "de l'antépenultième" spricht, und Földes 1920, S.67.

30 Siehe z.B. Stourm 1909, S.168 ff. und Földes 1920, S.67. Gerloff 1929, S.282 bezeichnet es als die "optimistische Methode".

31 Damit stützt man die Anschläge "sur les résultats d'une année composée plus ou moin arbitrairement" (Dubois de l'Estang 1891, S.257). Bei dieser Veranschlagungsart gilt das Ergebnis der Vergangenheit als Modell für die Zukunft. Nach Ansicht von Heckel 1898, Das Budget, S.92 hat die Gepflogenheit, die Ergebnisse des letztvergangenen Jahres als für das nächste Jahr wahrscheinlich zu halten, zu "mannigfachen Irrtümern" geführt. Stourm 1909, S.166 nennt es ein "procédé automatique, car il n'exige aucun effort de prévision intelligente". Nach seiner Einschätzung läßt das Verfahren keinen Ermessensfreiraum und benötigt keinerlei Scharfsinn. Es wurde in Frankreich 1823 erstmals angewendet (vgl. Stourm 1909, S.168; siehe auch Allix 1927, S.42). Földes 1920, S.67 sieht "Inkonvenienzen" wenn dieses System bei einer schnellen Staatsentwicklung angewendet wird. Gerloff 1929, S.282 nennt es auch die "pessimistische" Methode, da sie davon ausgehe, daß zwar Mehreinnahmen gegenüber dem abgelaufenen Haushaltsjahr möglich seien, diese sich aber nicht genau abschätzen ließen.

dem statischen Modell gibt es das dynamische der Majorisation. Es beruht auf der Idee, daß bestimmten Einnahmen und Ausgaben eine Tendenz zur stetigen Ab- bzw. Zunahme innewohnt. Diese gilt es bei der Budgetveranschlagung zu berücksichtigen[32]. Beobachtet man ein kontinuierliches Steigen oder Sinken einer bestimmten Einnahme- oder Ausgabeart, ist der Veränderungskoeffizient zu bestimmen und den Vorjahresziffern[33] oder dem Durchschnittsbetrag[34] - dies wird verschieden dargestellt - hinzu- oder wegzurechnen[35]. Die "*englische Methode*"[36] schließlich überläßt es ganz dem Sachverstand des jeweils Veranschlagenden, die richtigen Zahlen zu finden[37]. Das Verfahren wurde allerdings für kontinentale Verhältnisse - wegen des mangelnden Vertrauensverhältnisses zwischen Volksvertretungen und Regierungen - als untauglich betrachtet.

---

32 Man bezieht in seine Berechnungen "la progression naturelle des recettes" mit ein, wie es Dubois de l'Estang 1891, S.257 bezeichnet.

33 Wenn man das automatische System vor Augen hat, wie z.B. Adams 1899, S.140; Földes 1920, S.67 oder Allix 1927, S.41.

34 Wenn man die sog. deutsche Methode als Basis nimmt. So z.B. Dubois de l'Estang 1891, S.257.

35 Der Autor der Oekonomie der menschlichen Gesellschaften 1845, S.277 wendet sich gegen einen Ansatz der Einnahmen nach den Durchschnittswerten der vergangenen Jahre, da immer einige Einkommenszweige stiegen, andere sänken. Erstere bedürften eines verhältnismäßigen Zuschlags, letztere müßten diskretionär etatisiert werden. Andererseits sei das Steigen und Fallen auch von den besonderen Umständen des betreffenden Jahres bestimmt: "Es hängt daher vom Blick und Takt eines Finanzministers ab, wie er eine Einnahme anschlagen wolle, worüber nicht immer eine positive Rechenschaft gegeben werden könnte" (Oekonomie der menschlichen Gesellschaften 1845, S.278). Vgl. auch Heckel 1898, Das Budget, S.92 ff.; Leroy-Beaulieu 1899, II, S.42 ff. und Schanz 1899, S.1150. Wie Stein 1878, I, S.56 feststellt, ist bei den Einnahmen, wenn sie eine regelmäßige Steigerung erfahren haben, diese auch für die Zukunft anzunehmen. Sie dürfe aber nicht pauschal den Einnahmen zugeschlagen werden, sondern es müßten ihre Quellen ergründet und die Wahrscheinlichkeit der Zu- oder Abnahme geprüft werden. Schrott 1886, S.400 schlägt für die Veranschlagung der jährlich steigenden Summen vor, den Durchschnittsbetrag der jährlichen Erhöhung zu berechnen und diesen der letzten Jahressumme zuzuschlagen. In gleichem Sinne Seidler 1901, II, S.17 f. Heckel 1898, Budget und Budgetrecht, S.476 weist auf den relativen Wert solcher Veranschlagungsregeln hin, "sie dürfen nicht zur starren Regel werden; denn stets muß individualisiert, müssen die thatsächlichen Bedürfnisse berücksichtigt werden".

36 Stourm 1909, S.175 nennt sie das "système de l'appréciation directe".

37 Bei diesem System werden die Daten für die kommende Finanzperiode nach "vernünftiger" Wahrscheinlichkeit geschätzt. Es kommt dabei wesentlich auf die persönliche Einschätzung der Entwicklung durch die Budgetschätzer an (siehe Stourm 1909, S.175 f.). Nach Allix 1927, S.40 besteht diese Methode im Verzicht auf Methode: "les préparateurs du budget evaluent les recettes comme ils evaluent les dépenses, suivant les données du moment, c'est-à-dire de bonne foi, et en jouissant d'une liberté d'appréciation complète". Nach seinen Aussagen wurde diese Methode auch im Deutschen Reich praktiziert.

Der Etat sollte genau und begründet sein[38]. Wie *Feder* es formuliert: "*Die Richtigkeit der Etats-Entwürfe muß bewiesen, und es darf in keinem Falle irgend eine Summe nur in Bausch und Bogen angenommen werden, ohne vorher die einzelnen Bestandtheile zu berechnen und die Ursachen anzuführen, warum nicht mehr und nicht weniger etatirt worden*"[39]. Die "*Begründung*" der Ansätze habe anhand der letzten verfügbaren Budgetrechnungen, einer Anzahl von Dokumenten und der Gesetze, auf denen die Ausgaben beruhten, zu erfolgen[40]. Sie sei bei erstmaliger Veranschlagung bei allen Posten erforderlich, später nur noch bei Abweichungen von den zuletzt genehmigten Etatsätzen[41].

Die in Preußen praktizierten Schätzverfahren sind nur rudimentär in den veröffentlichten rechtlichen Regelungen dokumentiert[42]. Eine Anleitung zur Aufstellung der Justizkassenetats 1830/32 enthält z.B. die Anweisung, die reinen Sporteleinnahmen, die Beamtenemolumente und die sächlichen Ausgaben auf Basis der drei Jahre 1825 bis 1827 zu berechnen und, falls es Schwierigkeiten gibt, auch das Jahr 1828 zu berücksichtigen[43]. 1832 wird an die Zirkularverfügung vom 24. März 1820, die "*neuerdings häufig unbeachtet geblieben*" ist, erinnert, "*wonach bei Etats-Veränderungen in Ansehung der unbestimmten Einnahmen und Ausgaben vor Anfertigung der Etats in allen denjenigen Fällen die Genehmigung jedesmal eingeholt werden soll, wenn der Unterschied bei Etatstiteln von 1000 Rthlr. oder weniger den Satz von 10 Prozent, und bei Etatstiteln über 1000 Rthlr. den Satz von 5 % übersteigt*"[44]. Ein Erlaß von 1854 stellt klar, daß in die Zusammenstellung der Etaterhöhungen nur solche

---

38 Jeder Etat muß, wie Schlupper 1817, S.14 es formuliert, "belegt, d.h. mit Beweisen der Richtigkeit unterstützt" sowie von einem "raisonirenden" Protokoll begleitet sein. Vgl. auch Sander 1817, S.44. Cucumus 1825, S.489 definiert den Finanzetat als eine begründete Nachweisung und Darstellung der Einnahmen und Ausgaben bei einer Verwaltung in einem bestimmten künftigen Zeitraum. Fulda 1827, S.429 bemerkt: "Ein jeder Etat ist durch die Elemente zu begründen, aus welchen er gebildet wird". Nach Malchus 1830, II, S.111 müssen "die Grundsätze, Ansichten, Motive, welche bei der Bearbeitung des Budgets überhaupt geleitet haben, in einer aufführlichen Darstellung angezeigt und erläutert werden". Vgl. dazu auch Abschnitt 2.3.2.

39 Feder 1820, S.34. So auch Fromme 1843, S.64 und Hauber 1845, S.123.

40 Zu den Dokumenten, durch die der Etatanschlag begründet werden muß, gehören nach Hoch 1809, S.28 Saal-, Lager-, Beilager-, Lehen-, Urbar-, Flur- und Gemarkungsbücher sowie Forst-, Jagd- und Zehntbeschreibungen. Siehe auch Feder 1820, S.35; Jakob 1821, S.1225; Malchus 1823, II, S.164; Malchus 1830, II, S.111; Murhard 1846, S.690 und Umpfenbach 1887, S.491. Bei ständigen unveränderlichen Posten genügt nach Ludwig 1859, S.2 ein Verweis auf den vorherigen Etat.

41 Vgl. Feder 1820, S.34.

42 Bezüglich der ihrer Natur nach veränderlichen Einnahmen und Ausgaben sind den Etatentwürfen - gemäß der Instruktion für die Generalkontrolle vom 4. Dezember 1824 - "Fraktionsberechnungen" beizufügen (vgl. Meissner 1882, S.19).

43 Vgl. Annalen 1829, Bd. 13, S.349 ff., Ziffer 6. Die Vorschrift zeigt anschaulich, wie die Etats einer Behörde anzufertigen waren. Es handelt sich aber bei den Justizkassenetats um eine zu spezielle Materie, so daß hier nicht näher darauf eingegangen wird.

44 Annalen 1832, Bd. 16, S.880 f.

Mehrausgaben aufgenommen werden dürfen, welche entweder auf allgemeinen Bestimmungen beruhen oder vorher beim Finanzminister angemeldet und begründet worden sind[45]. Nach einer Zirkularverfügung vom 9. März 1878 sind statt der bisherigen 3jährigen Durchschnittsrechnungen in Zukunft nur 2jährige beizubringen. In sie gehen die Resultate der beiden letzten, bei Beginn des Kalenderjahres, in welchem die Etatentwürfe angefertigt werden, bereits verflossenen vollen Rechnungsjahre ein. Bei der Aufstellung der Etatentwürfe ist genau zu prüfen, ob bei den bezüglichen Etatansätzen besondere Umstände, wie z.B. ein stetes Steigen bzw. Sinken der Einnahmen und Ausgaben - nach den Erfahrungen neuerer Zeit -, eine Abweichung von den 2jährigen Durchschnittsbeträgen notwendig machen[46].

Die angewandte Schätzmethode ist in den preußischen Etats fast nirgends zu erkennen und wenn, dann in den im Anschluß an die Spezialetats gegebenen Erläuterungen. Diesen läßt sich z.B. entnehmen, daß die Ansätze im Hauptetat der indirekten Steuerverwaltung 1849 nach einem 3jährigen Rechnungsdurchschnitt berechnet sind[47]. 1914 wurde nur noch nach einem 2jährigen Durchschnitt geschätzt[48]. In der Regel sind nur die Ergebnisse vergangener Rechnungsperioden mitgeteilt, nicht aber, wie die Anschläge daraus ermittelt wurden.

Die Begründungen fallen mehr oder minder nachvollziehbar aus. Im Spezialetat der indirekten Steuerverwaltung 1849 ist z.B. zur Entwicklung des Gewerbesteueraufkommens angemerkt: "*Die Gewerbesteuer ist bis zum Jahr 1846 in erfreulicher Weise gestiegen, im Jahre 1847 aber zurückgegangen, und leider läßt sich für das laufende Jahr und mehr noch für das nächstfolgende bei der allgemeinen Stockung in den Gewerben ein noch weiteres Zurückgehen, sowohl in dem Veranschlagungs-Soll, als mehr noch in der wirklichen Einnahme voraussehen*"[49]. So wenig ausführlich die Begründung i.d.R. bei den sachlichen Ausgaben ausfällt, desto vollständiger ist sie bei den persönlichen, wo jede Veränderung peinlich genau nachgezeichnet wird.

Die Etatverordnung von 1803 setzt in Bayern fest, daß in allen Einnahme- und Ausgabeetats der Hauptprovinzialstaatskassen und bei der Zentralstaatskasse die ständigen Summen in ihrem effektiven Betrag und die unständigen in ei-

---

45 Vgl. Meißner 1878, S.70.

46 Vgl. Meissner 1882, S.20 und Herrfurth 1905, S.187.

47 Vgl. PrEE 1849, Anlagen Bd. I, Etat Nr. 4.

48 Vgl. PrEE 1914/15, Anlagen Bd. I, Etat Nr. 2, Einnahmekapitel 2.

49 Vgl. PrEE 1849, Anlagen Bd. I, Etat Nr. 4, Buchstabe C, Erläuterungsspalte.

nem Durchschnittsbetrag der letzten 10 Jahre vorzutragen sind[50]. Alle Regie- und Bauetats sind zu Beginn eines neuen Etatjahrs "*mit solcher Umsicht und Vollständigkeit abzufassen, daß ausser den gänzlich nicht vorher zu sehenden Fällen alle in dem Laufe des Etatsjahres vorkommenden Regie- und Bau- Ausgaben darin aufgenommen werden*"[51]. Die Veranschlagung der Einnahmen und Ausgaben hat mit der "*gegründetsten Wahrscheinlichkeit*" zu erfolgen[52]. In einer Instruktion zur Anfertigung der allgemeinen Rentamtetats von 1812 wird die genauere Veranschlagungsart der ständigen und unständigen Beträge sowie deren Begriff geklärt. Die ständigen Einnahmen und Ausgaben[53] sollen, wie schon 1803 bestimmt, mit ihrem effektiven Wert in den Etat eingestellt werden[54]; der Betrag der unständigen[55] "*muß nach den Regeln gegründeter Wahrscheinlichkeit, gestützt auf den Durchschnitt der effektiven Beträge der verflossenen Jahre, und auf eine sorgfältige Erwägung der im nächstfolgenden Jahre wahrscheinlich eintretenden Umstände berechnet, und auf solche Weise approximirt in dem Etat veranschlagt werden*"[56]. Die Quellen und Behelfe, aus welchen die Ämter die für ihre Etatangaben erforderlichen Daten und Anhaltspunkte zu schöpfen haben, sind i.d.R.: die jüngste justifizierte Rechnung, die Steuer-, Grund-, Saal- und Vormerkungsbücher, die Heberegister und Zahlungslisten, 10jährige Durchschnittsberechnungen usw. Wenn es an einem der genannten Hilfsmittel mangelt, ist nicht nur das "*Amtsausantwortungs-Protokoll*", sondern auch jedes andere zweckdienliche Hilfsmittel heranzuziehen, um möglichst verläßliche Etats zu erhalten[57]. Die Rentbeamten haben ihre Etats mit erläu-

---

[50] Vgl. BaEVO 1803, Ziffer XVIII. Moy 1843, 2.2., S.209 berichtet, daß bei der jüngst justifizierten Rechnung ein 10jähriger Durchschnitt der Steuer-, Grund-, Saal- und Vormerkungsbücher zugrunde gelegt sei.

[51] BaRegBl 1810, S.1017 ff., Ziffer IX.

[52] Geret 1816, Bd. 1, S.7 ff., Ziffer 1.

[53] Das heißt "diejenigen deren Größe schon ein gewisses Maaß hat, oder für das befragliche nächstfolgende Finanz-Jahr schon mit Gewißheit vorausgesehen werden kann". Von den Einnahmen gehören dazu z.B. die direkten Staatsauflagen, die Grundstifte usw., von den Ausgaben die Besoldungen und Regieexigenzen, für welche bereits Aversen oder andere fixe Beträge bestimmt sind (vgl. Geret 1816, Bd. 1, S.7 ff., Ziffer 4, Abs. 2).

[54] Vgl. Geret 1816, Bd. 1, S.7 ff., Ziffer 4, Abs. 2.

[55] Das heißt "derjenigen, deren Größe nicht schon ein gewisses Maaß hat, und auch nicht für das nächstfolgende mit Gewißheit vorausbestimmt werden kann". Dazu zählen z.B. die Einnahmen aus indirekten Staatsauflagen, Taxen, Sporteln, Strafen, die Forstnutzungsgefälle, die Güterveränderungsgefälle, die Zehnte usw. Bei den Ausgaben sind die Regieexigenzen zu nennen, für die noch keine Aversen oder andere fixe Summen bestimmt sind (vgl. Geret 1816, Bd. 1, S.7 ff., Ziffer 4, Abs. 3).

[56] Geret 1816, Bd. 1, S.7 ff., Ziffer 4, Abs. 3.

[57] Vgl. Geret 1816, Bd. 1, S.7 ff., Ziffer 6, Abs. 1.

ternden und "*raisonnirten*" Bemerkungen zu versehen[58]. Sie sind nur bei den Einnahme- und Perzeptionstiteln zu machen, bei denen im Vergleich zum vorigen Etat eine beträchtliche Differenz besteht[59]. In einer Instruktion von 1814 heißt es ergänzend: "*Damit aber das geheime Ministerium der Finanzen in den Stand gesetzt werde, das Bedürfniß eines jeden Ausgabezweiges jedesmal mit Verläßigkeit und Vollständigkeit ersehen, und die unausweichlich erforderlichen Summen für jede Rubrik bestimmt bewilligen zu können*", sei es notwendig, daß auch die Etats der Ökonomieämter, Fabriken und anderer auf Staatsregie betriebener Gewerke in allen Ausgabetiteln genügend motiviert werden[60]. Dem fügt die Bekanntmachung von 1907 die pauschale Anordnung hinzu, daß alle Einnahmen und Ausgaben "*in möglichst erschöpfender und verlässiger Weise*" zu veranschlagen sind[61].

In den frühen Etatentwürfen ist in Bayern i.d.R. angegeben, auf welchen Durchschnittsschätzungen die Veranschlagung beruht. So sind z.B. in den Entwurf 1837/43 "*so weit es thunlich war*", die Ergebnisse der vier Jahre 1831/32 bis 1834/35 eingegangen "*und mit Rücksicht auf Nachhaltigkeit*" bemessen worden[62]. Im Budgetentwurf für 1849/51 ist ausgeführt, daß die Etats auf den Spezialetats bzw. den Rechnungsergebnissen der beteiligten Ämter und Kassen beruhen, "*mit der gehörigen Rücksicht auf die inzwischen eingetretenen Ab- und Zugänge, dann der sonstigen Einfluß übenden Zustände und Verhältnisse*"[63]. Der Finanzminister trägt zum Budgetentwurf 1861/67 vor: "*Alle Einnahmen sind mit solchen Beträgen eingestellt worden, welche nach dem jüngsten Rechnungsstande oder nach dem bisherigen Durchschnitte dem wirklichen nachhaltigen Erträgnisse möglichst nahe kommen*"[64]. Derartige erläuternde Vorbemerkungen sind letztmals im Etatentwurf 1868/69 abgedruckt. Ab 1870/71 sind die Begründungen entweder in der Bemerkungsspalte oder als Anhang der Spezialetats geliefert. Einige Beispiele seien hier aufgeführt, welche die in Bayern angewandten Schätzmethoden verdeutlichen.

Dem Voranschlag der Ein- und Ausgangszölle, der Rübenzucker- und der Salzsteuer, der Hafengebühren aus eigener Perzeption und der Zollnebenge-

---

58 Das macht das "Summarische der Etats-Vorträge überhaupts, so wie ins Besondere die Nothwendigkeit, daß man ersehen könne, in wie ferne der königliche Rentbeamte bey Anfertigung des Etats mit Kenntniß, Umsicht und Verlässigkeit zu Werke gegangen sey", notwendig (Geret 1816, Bd. 1, S.7 ff., Ziffer 11, Abs. 1).

59 Vgl. Geret 1816, Bd. 1, S.7 ff., Ziffer 11, Abs. 7.

60 Geret 1816, Bd. 1, S.162 ff., § 15.

61 Vgl. BaBAuVB 1907, § 6 Abs. 4.

62 Vgl. BaEE 1837/43, S.189.

63 Vgl. BaEE 1849/51, S.237.

64 BaEE 1861/67, S.151.

bühren für 1870/71 ist z.B. die entsprechende Einnahme des Jahres 1868 zugrunde gelegt[65]. Bezüglich der Tabaksteuer ist an gleicher Stelle vermerkt: "*Diese Einnahme mit Verlässigkeit zu veranschlagen, dazu fehlen zur Zeit die erforderlichen Anhaltspunkte und wird sich in dieser Beziehung wohl nur mit einer Wahrscheinlichkeitsberechnung zu behelfen sein*". Der Voranschlag der Staatsausgaben im Etat der Witwen und Waisen berechnet sich aus dem Durchschnitt des jährlichen prozentualen Zuwachses der Jahre 1861/62 bis 1866/67, also aus 6 Rechnungsjahren[66]. Im Etat für 1882/83 kommt die Aerarialrente der Königlichen Bank in Nürnberg nach einem 3jährigen Durchschnitt (von 1878 bis 1880) in Anschlag[67]. Die Ausgabenberechnung bezüglich der Gebäude der Zollverwaltung erfolgt 1912/13 nach dem Durchschnitt der letzten 5 Jahre. Zusätzliche Ausgaben entstehen durch neue Dienstgebäude und Lohnerhöhungen[68].

Eine Regelung der Etatberechnung erfolgte in Bayern also schon relativ früh und detailliert. Die rechtlichen Vorschriften erfaßten allerdings nicht das ganze Spektrum der tatsächlich angewandten Berechnungsmethoden. Die Anzahl der den Durchschnittsberechnungen zugrunde gelegten Jahre variierte von Jahr zu Jahr bzw. von Gegenstand zu Gegenstand[69]. Es wurde auch mit durchschnittlichen Steigerungsraten operiert. Die "Wahrscheinlichkeitsberechnung" bestand in keiner mathematischen Formel, sondern in einer mehr oder minder begründeten Spekulation und in dem Bemühen, die Anschläge durch Begründung einsichtig zu machen.

In Sachsen bestimmt das Staatshaushaltsgesetz von 1904: "*Einnahmen und Ausgaben sind in der Höhe zu veranschlagen, in der sie nach den bisherigen Er-*

---

65 Da "positive Anhaltspunkte, welche die Erhöhung oder Minderung der einen oder anderen Position rechtfertigen könnten, nicht gegeben sind. Bei den großen Schwankungen, welchen die Zolleinnahmen unterliegen, werden jedoch die Herausbezahlungen in dem eingesetzten Betrage von 3.350.000 fl. der Wirklichkeit am ehesten entsprechen, wenn berücksichtigt wird, daß die Zollermäßigungen in Folge des österreichischen Handelsvertrages erst in der Hälfte des vergangenen Jahres ihre Wirkung auf die Zollgefälle äußern konnten, andererseits, daß zufällige Einnahmen, wie die Mehrverzollungen bei Rohzucker für Siedereien zufolge der Mißernte in den Runkelrüben, dann die erheblichen Verzollungen von ausländischem Salz demnächst nicht wiederkehren werden" (vgl. BaEE 1870/71, Beilage Ziffer 4, S.139).

66 Vgl. BaEE 1870/71, Beilage Ziffer 40, S.443.

67 Vgl. BaEE 1882/83, Etat Nr. 7, S.3.

68 Vgl. BaEE 1912/13, Etat Nr. 4, Kapitel 6, § 1.

69 Schanz 1899, S.1150 behauptet demgegenüber, in Bayern sei bei sehr schwankenden Budgetposten ein 5jähriger Durchschnitt üblich.

fahrungen voraussichtlich eingehen oder erforderlich werden"[70]. In den Entwurf des Staatshaushaltsetats dürfen neue oder gegenüber dem Voretat erhöhte Ausgaben, soweit sie nicht auf gesetzlicher Verpflichtung oder auf ständischen Anträgen beruhen, nicht eingestellt werden, wenn der Finanzminister dagegen Widerspruch erhebt. Dieser kann aber nur darauf gestützt werden, "*daß die finanzielle Lage die Ausgabevermehrung nicht gestattet*"[71]. Falls sich für die Veranschlagung schwankender Einnahmen und Ausgaben kein zutreffender Maßstab oder Anhalt findet, ist - soweit möglich - der Durchschnitt der letzten drei Rechnungsjahre zugrunde zu legen[72].

Die Veranschlagungsmethoden können - außer aus den spärlichen rechtlichen Regelungen - z.T. auch aus den veröffentlichten Spezialetats ersehen werden[73]. Ab 1864/66 ist der jeweilige Mehr- oder Minderbedarf begründet[74]. Unveränderte Posten sind nicht kommentiert. Die neue Budgetierungsform ab 1880/81 bringt hinsichtlich der Veranschlagungstechnik weitergehende Informationen. So sind z.B. die Kanzleisporteln unter Berücksichtigung der Rechnungsergebnisse der letzten 3 Jahre veranschlagt[75]. Bei den Einnahmen aus dem Verkauf von Hölzern steht zur Begründung: "*Die Selbstkosten der zum Verkaufe angenommenen Vorrathshölzer betragen übrigens ca. 79.300 M., d.i. 23.630 M. mehr, als der dafür unter Titel 1 eingestellte Erlös. Dies erklärt sich aus dem Umstande, daß der Verkauf der in den Jahren 1875/77 geflößten Hölzer um Preise erfolgen muß, welche wesentlich unter den Selbstkosten stehen, damit der Absatz dieser Hölzer und in Folge dessen auch die wünschenswerthe baldige*

---

70 SäSHHG 1904, § 2 Abs. 5. Durch diese Regelung wird die Regierung, so Löbe 1904, S.675, "der Füglichkeit nicht beraubt, der Veranschlagung schwankender Einnahmen und Ausgaben wie bisher schon so auch künftig Durchschnittssätze zugrunde zu legen, die sich aus den Rechnungsergebnissen einer Mehrzahl vorausgegangener Jahre, beispielsweise der drei letzten Rechnungsjahre, ableiten".

71 SäSHHG 1904, § 4. Die Regelung beruht nach Löbe 1904, S.677 auf der Erwägung, "daß es eine Instanz im Staate geben müsse, die in der Lage ist, die verschiedensten Gebiete nach der finanziellen Seite hin zu übersehen und hier den Einzelwünschen, die von den mannigfaltigsten Seiten an den Staat herantreten, unter Umständen die Grenzen zu ziehen, ohne deren Einhaltung die Gesamtbedürfnisse nicht befriedigt werden können ".

72 Vgl. SäGuVBl 1905, S.8 ff., § 5.

73 Ab wann die Spezialetats veröffentlicht sind, ist in Abschnitt 3.1. dargelegt.

74 Im Spezialetat 1864/66 zu Position 65 der Zuschußverwaltungen (Universität Leipzig) ist z.B. bei Nr. 6 (Dienstbezüge der Verwaltungs- und Gerichtsbeamten) dargelegt: "Erhöht um 765 Thlr. (...), und zwar durch 100 Thlr. Wohnungsentschädigung dem 3ten Pedell, 54 1/2 Thlr. Gehaltsaufbesserung für den Universitätsgerichtsdiener (von 245 1/2 auf 300 Thlr.), 100 Thlr. Gehaltsaufbesserung für den Copisten (von 200 auf 300 Thlr.), sowie durch mannigfache kleine Veränderungen in den aus Stiftungen, Facultätsfonds etc. herrührenden Emolumenten, wogegen 47 1/2 Thlr. am Gehalte des Registrators erspart werden".

75 Vgl. SäEE 1880/81, Kapitel 19 der Überschußverwaltungen (direkte Steuern), Titel 5 (Kanzleisporteln).

Einziehung beider Floßanstalten (Weißeritzflöße.E.M.) überhaupt möglich ist"[76]. Im Etat 1912/13 sind die Grundsteuereinnahmen nach Steuereinheiten zuzüglich durchschnittlichem Einkommenszuwachs von 1908 bis 1910 berechnet[77]. Die Erlasse sind ebenfalls nach dem 3jährigen Durchschnitt von 1908 bis 1910 angeschlagen.

Die 3jährige Durchschnittsberechnung scheint in Sachsen also - zumindest in den Jahren ab 1880 - die Regel gewesen zu sein[78]. Daneben wurden auch noch andere Methoden angewandt, wie etwa die Berechnung von Einnahmen auf Grund durchschnittlicher Wachstumsraten oder die "freie Begründung". Die früheren Veranschlagungstechniken lassen sich weder den vorliegenden rechtlichen Regelungen noch den Etatentwürfen entnehmen[79].

Die Etatinstruktion für die württembergischen Kameralämter bestimmt für die Aufstellung der Etats von 1808 und 1809 folgendes[80]: Was ständig oder auf mehrere Jahre fixiert ist, wird in dem im voraus schon bekannten neuesten Betrag in den Etat eingesetzt. Bei dem, was unständig und seiner Natur nach veränderlich ist, muß wenigstens auf 3 Jahre bilanziert und daraus die Mittelzahl gezogen werden. Wenn mangels früherer Rechnungen kein 3jähriger Durchschnitt möglich ist oder wenn veränderte Verwaltungsgrundsätze greifen, nach welchen ein bedeutendes Plus oder Minus für das nächste Jahr vorauszusehen ist, so hat man sich auf eine 2jährige Rechnung oder auch nur auf das letzte Jahr zu beschränken. Diese Summe ist in den Etat aufzunehmen oder, im Falle der Abweichung, unter Anführung der Gründe, diejenige einzusetzen, welche man für wahrscheinlich hält[81]. "*Es müssen demnach die Summen, welche in den Etat eingesezt werden, nicht blos willkührlich, sondern durch Gründe gerechtfertigt seyn*"[82]. Es folgt eine detaillierte Beschreibung dessen, was in den Einnahmerubriken enthalten sein soll und wie die einzelnen

---

76 Vgl. SäEE 1880/81, Kapitel 1b der Überschußverwaltungen (Flöße), Titel 1 (Erlös aus dem Verkaufe der Hölzer).

77 Vgl. SäEE 1912/13, Kapitel 20 der Überschußverwaltungen (direkte Steuern), Titel 1.

78 Löbe 1889, S.21 berichtet dementsprechend, daß die Durchschnittssätze sich "meist" nach den letzten 3 Jahren richten, "wobei indessen die muthmaßlichen Aussichten für die kommenden Jahre nicht außer Berücksichtigung bleiben".

79 Vgl. z.B. PrEE 1880/81, Anlagen Bd. II, Spezialetat Nr. 2.

80 Wobei erklärend mitgeteilt wird: "Um den Betrag der Summen für jede Rubrik auszumitteln, kann man sich in einem Zeitpunkt, wo die Cameral-Verwaltungen neu organisirt, geordnet, auch selbst neue Administrations-Grundsäze theils schon in Anwendung gebracht, theils noch in Anwendung zu bringen sind, nicht überall derjenigen Mittel bedienen, durch welche man unter andern Umständen sich der Wahrheit mehr zu nähern hoffen dürfte" (WIVE 1808, § 8).

81 Vgl. WIVE 1808, § 9.

82 WIVE 1808, § 10.

Posten zu berechnen sind[83]. Beim großen und kleinen Zehnten sollen hingegen die drei Jahrgänge 1799, 1802 und 1805 zugrunde gelegt werden, beim Weinzehnten und den sog. Teilweinen ein 10jähriger Durchschnitt. Wenn letzterer nicht berechnet werden kann, ist "*auf einen mittelmäßigen Herbst abzuheben und nach der Größe des Feldes der Zehnt- und Theil-Betrag zu bestimmen*"[84]. Bei den Einnahmen aus "*Leibeigenschaften*" ist die jährliche Steuer nach "*dem neuesten Zustand von 1807 und 1808*" zu berechnen, bei den "*Verheurathungen*" und Sterbefällen ist der Ertrag nach 3jährigem Durchschnitt anzusetzen[85]. Die Diäten, Tagegelder, Reisekosten und Auslosungen richten sich nach dem vergangenen Jahr[86]. Der Anschlag des Abgangs an laufenden Gefällen errechnet sich nach einem mindestens 3jährigen Durchschnitt[87], ebenso die Mittel für die Justiz- und Polizeiverwaltung[88]. Bei den Ausgaben auf "*Belohnung bürgerlicher Verdienste, und zur Ermunterung der Industrie*" kann der Betrag des vorhergehenden Etatjahres eingesetzt werden[89]. Sämtliche Detail- und Spezialetats sind von der Staatskontrolle mit einem "*raisonirenden Erläuterungs-Protokoll*" zu versehen[90]. Jede Einnahme- und Ausgabeveränderung im Laufe eines Jahres ist von der Behörde, in der sie vorkommt, der Staatskontrolle zu melden, damit diese bei der Anfertigung der Etats für das künftige Jahr berücksichtigt werden kann[91].

---

83 Vgl. WIVE 1808, § 12 ff.

84 WIVE 1808, § 15.

85 Vgl. WIVE 1808, § 17.

86 Vgl. WIVE 1808, § 28. Die Bestimmungen in WIVE 1808, § 27 ff. beziehen sich auf die Veranschlagung der Ausgaben.

87 Vgl. WIVE 1808, § 32.

88 Vgl. WIVE 1808, § 34.

89 Vgl. WIVE 1808, § 33.

90 Vgl. 6. Edikt 1817, § 5. Nach Angaben von Hauber 1845, S.139 müssen z.B. die Bauinspektoren gegen Ende jeden Jahres sämtliche öffentliche Gebäude besichtigen, die nötigen Reparaturen aufzeichnen, die Notwendigkeit derselben "genau und umständlich" beschreiben, Zeichnungen und Risse fertigen, wo dies zur Klarheit notwendig ist, und "nachher aber zuverläßige Anschläge ausarbeiten". In die Baureparaturanschläge sei auch das aufzunehmen, was die Nutznießer der Gebäude gesetzlich aus eigenen Mitteln reparieren lassen müßten.

91 Dafür "und damit bei der Etats-Anfertigung keine von diesen Aenderungen entgeht, eine jede, so wie die Anzeige einläuft, in besondere zu dem Ende zu haltende Bücher eingetragen werden soll" (6. Edikt 1817, § 6).

Die Etatinstruktion von 1819 führt näher aus, was zu den "*bestimmten*"[92] und was zu den "*unbestimmten*"[93] Einnahmen und Ausgaben gehört. Die ersteren werden in ihrer bekannten Größe in den Etat eingestellt, die letzteren "*nach Gründen der Wahrscheinlichkeit*"[94]. Dabei sind der Durchschnittsberechnung jetzt nicht mehr 3, sondern 6 Jahre zugrunde zu legen[95]. In den folgenden Jahren wird sie so fortgesetzt, daß immer ein früheres Jahr weggelassen und ein neues hinzugefügt wird[96]. Nach Möglichkeit sollen auch die Rechnungsergebnisse des letzten Verwaltungsjahres einbezogen werden. Die Beamten haben das Rechnungswesen so zum Abschluß vorzubereiten, "*daß sie auch da, wo nach den Umständen eine ganz sichere Angabe zur Zeit der Fertigung des Etat noch nicht möglich ist, wenigstens eine der Wahrheit möglichst nahe kommende Auskunft liefern*"[97]. Eine Ausnahme von der 6jährigen Durchschnittsberechnung bei unbestimmten Einnahmen und Ausgaben bilden die Weingefälle, die nach dem Durchschnitt der vergangenen 10 Jahre zu berechnen sind, ebenso die mit ihnen in Verbindung stehenden Verwaltungskosten[98]. In einem Erlaß von 1832 ist - mit Verweis auf die Etatinstruktion von 1819 - bezüglich der Forst- und Jagdetats und der 6jährigen Durchschnittsberechnung näher ausgeführt: "*Es versteht sich übrigens von selbst, daß diese Vorschrift nur bei dem gewöhnlichen, der Wahrscheinlichkeit nach wiederkehrenden Aufwand ihre Anwendung findet; der Betrag in der Columne 'Ansicht des Beamten' aber hievon abweichen muß, wenn in den verflossenen sechs Jahren z.B. ein ungewöhnlicher Aufwand auf Umzäunungen, Uferbauten, Erhaltung von Wegen, Brücken etc.*

---

92 Bestimmte Einnahmen und Ausgaben setzen sich aus allen Gattungen ständiger Gefälle und Reallasten zusammen sowie aus jenen Gegenständen, welche zwar ihrer Natur nach veränderlich sind, hinsichtlich ihrer Größe aber doch für ein gegebenes Rechnungsjahr ihre feste Bestimmung haben. Zu den bestimmten Ausgaben zählen z.B. Besoldungen, Renovations- und "Kasten-Besorgungs-Kosten" (vgl. WIVE 1819, § 4 und § 12 Abs. 2).

93 Unbestimmte Einnahmen und Ausgaben sind solche, die zwar an sich wirklich eintreten werden, auf deren Betrag aber zufällige Umstände einwirken, wodurch eine genaue Vorherbestimmung unmöglich gemacht wird. Dazu zählen Zehnten, "Laudemien", Baukosten, Elementarverwaltungsausgaben usw. (vgl. WIVE 1819, § 4 und § 12 Abs. 2).

94 Vgl. WIVE 1819, § 4.

95 Und zwar deshalb, weil man "im Allgemeinen als Regel annehmen darf, daß die Wahrscheinlichkeit der Sätze in demselben Verhältniß verstärkt wird, als man die jüngsten Erfahrungen, welche den neueren Stand der Cultur, des Verkehrs und aller Verhältnisse anzeigen, dabei benutzt" (WIVE 1819, § 5 Abs. 1). Zu der Veranschlagungsart der einzelnen Einnahmen siehe WIVE 1819, §§ 19 ff., zu den Ausgaben §§ 25 ff.

96 Die unbestimmten Einnahmen und Ausgaben, z.B. des Etats von 1819/20, sind deshalb aus den Durchschnittsbeträgen von 1812/13 bis 1817/18 zu berechnen, die des Etats von 1820/21 aus denen von 1813/14 bis 1818/19 (vgl. WIVE 1819, § 5 Abs. 2). Sinngemäß so auch WüSuRBl 1820, S.279 ff., § 1 Abs. 2.

97 WIVE 1819, § 6.

98 Vgl. WIVE 1819, § 14 Abs. 2 und 4.

vorgekommen ist, oder in der nächsten Etat-Periode voraussichtlich Statt finden wird"[99].

In den württembergischen Etatentwürfen wird die praktizierte Schätzmethode erst ab 1876/77 sichtbar. Bei den Steuern ist den veranschlagten Summen i.d.R. ein 3jähriger Durchschnitt zugrunde gelegt[100]. Die Abgaben auf Braumalz und Branntwein beruhen dagegen auf einem 6jährigen Durchschnitt[101], ebenso die Einnahmen aus der Veräußerung von Gütern und Grundgefällen[102] und aus den Forsten[103]. Abweichungen von den Beträgen des vorhergehenden Etats werden besonders begründet. Der Anschlag für Wegebau- und -unterhaltungskosten findet z.B. folgende Erklärung: "*Seit vielen Jahren wurden aus Sparsamkeits-Rücksichten wohlbegründete Anträge auf Erweiterung des für den Holzabsatz so wichtigen Wegenetzes zurückgewiesen, was aber ohne Verluste an den Forsteinnahmen nicht mehr länger geschehen kann. Da auch die Unterhaltung der vorhandenen, jährlich sich verlängernden Wegstrecken mehr Aufwand als bisher erfordern wird, so ist die exigirte Summe ungeschmälert nöthig*"[104]. Bei den Ausgabeverwaltungen sind i.d.R. die Berechnungsarten nicht angegeben, sondern nur die Veränderung des Bedarfs begründet[105]. Der Anschlag beruht bis 1914 regelmäßig auf einem 3jährigen Durchschnitt. Abweichungen kommen immer wieder vor. Bei den Sporteln und Gerichtsgebühren kommt etwa ein 2jähriger Durchschnitt in Anschlag[106]. Im selben Jahr 1903/04 erfolgt die Berechnung der Steuernachlässe auf Grundeigentum und Gefälle - wegen Gewitter- und Überschwemmungsschäden - und der Ermittlungskosten der

---

99 Moser 1836, S.247 ff., Ziffer 16.

100 Vgl. z.B. WüEE 1876/77, Kapitel 128 (Wirtschaftsabgaben), Titel 5 und 6.

101 Vgl. WüEE 1876/77, Kapitel 128, Titel 3. Die Begründung hierzu lautet folgendermaßen: "Die Durchschnittsberechnung ist auf sechs Jahre ausgedehnt worden, da in den nächst vergangenen 2 Jahren 1872/73 und 1873/74 Verhältnisse, wie günstiger Gang der Geschäfte und dadurch sehr hohe Löhne, gesteigerte Ausschankpreise der Weine, Mangel an Obstmost etc., obgewaltet haben, welche den Ertrag der Malzsteuer auf eine nie dagewesene Höhe brachten".

102 Vgl. WüEE 1876/77, Kapitel 126, Titel 3.

103 Vgl. WüEE 1876/77, Kapitel 112.

104 Vgl. WüEE 1876/77, Kapitel 112, Titel 22.

105 In WüEE 1876/77 ist z.B. bei Kapitel 73 (sonstiger Aufwand für Gymnasien, Lyzeen und andere lateinische Lehranstalten) die Erhöhung von Titel 4 (Gymnasium Stuttgart) wie folgt erläutert: "Infolge der Einrichtung und Verwendung der seitherigen Dienstwohnung des Rektors für die Lehrlokale mußte für denselben eine Wohnung in der Nähe des Gymnasiums gemiethet werden, weßhalb der hauptsächlich für die Bestreitung von Miethzins bestimmte Dispositionsfonds diesmal von 2.058 auf 2.200 M. zu erhöhen war".

106 Vgl. etwa WüEE 1903/04, Kapitel 129, Titel 1. Von der Durchschnittsberechnung wird jedoch mit folgender Erläuterung abgewichen: "Nach der zur Zeit der Feststellung dieses Etats vorliegenden Erfahrungen darf angenommen werden, daß im Rechnungsjahr 1902 jedenfalls derselbe Ertrag wie im Jahre 1901 erreicht wird. Die Annahme eines Etatssatzes von jährlich 3.550.000 M. für 1903/04 erscheint daher begründet".

Verwüstungen auf Basis eines 10jährigen Durchschnitts, ohne das Ausnahmejahr 1897[107]. Abweichungen von früheren Etatsummen sind oft auch bei kleinsten Summen im Detail begründet[108].

In Württemberg wurde also - wie in Bayern - die bei der Etataufstellung anzuwendende Methode in den ersten zwei Jahrzehnten des 19. Jahrhunderts grundlegend geregelt[109]. Bei den bestimmten oder ständigen Einnahmen und Ausgaben waren die Beträge des vorhergehenden Etatjahres, zuzüglich etwaiger Erhöhungen, eingestellt. Bei der Schätzung der unbestimmten Einnahmen kamen im Regelfall "Wahrscheinlichkeitsberechnungen" im Sinne von Durchschnittsberechnungen zur Anwendung. Die Trennung zwischen bestimmten und unbestimmten Mitteln war damit im Budgetrecht schon lange etabliert, bevor sie von der Finanzwissenschaft und zuletzt von der Staatsrechtswissenschaft[110] in Beschlag genommen und in einen verfassungsrechtlichen Kontext gestellt wurde. Ursprünglich war sie nur ein etattechnisches Hilfsmittel, um die Unsicherheiten der Budgetschätzung in den Griff zu bekommen. Die Gegenstände, die hier als bestimmte - d.h. gut schätzbare - genannt wurden, tauchten später in der Budgetrechtstheorie - verwandelt in für das Parlament bewilligungspflichtige - wieder auf. In beiden Fällen ist von "bestimmten" und "unbestimmten" Einnahmen und Ausgaben die Rede, dabei aber etwas Verschiedenes gemeint.

In der Sprache der Budgettheorie wurde die deutsche genetische Methode überwiegend bevorzugt. Die Anzahl der Jahre, die ihr zugrunde lagen, variierte je nach Gegenstand zwischen 2 und 10. Vereinzelt wurde auch auf das System der Majorisation, also der Berechnung von Steigerungsraten, zurückgegriffen. Wo diese rechnerischen Verfahren nicht geeignet waren, die Ansätze zu rechtfertigen, griff das System der begründeten Wahrscheinlichkeit.

Begründungen mußten grundsätzlich bei Abweichungen von den vorjährigen Etatsätzen geliefert werden. Der Begründungszwang sollte - als Disziplinie-

---

107 Vgl. WüEE 1903/04, Kapitel 124, Titel 6.

108 Ein Beispiel hierfür ist in WüEE 1905/06, Kapitel 85 (Besoldungen der katholischen Schuldiener): "Dem infolge aus dem Schuleinkommen bei den Geld- und Fruchtbesoldungen sich ergebenden Minderbedarf von 656 M. 14 Pf. bezw. 225 M. 38 Pf. mit zusammen 881 M. 52 Pf., die auf Etatskap. 54 Tit. 1 übertragen sind, steht bei den Holzbesoldungen nach dem durchschnittlichen Aufwand der 3 letzten Rechnungsjahre ein Mehrbedarf von 952 M. 64 Pf. gegenüber, so daß eine Erhöhung der Etatsposition um 72 M. geboten erscheint".

109 Es ist hier deshalb auch der Aussage von Jèze 1927, S.281 zu widersprechen, wonach es im Gebiet des Deutschen Reiches außer in Baden und Hessen keine gesetzlichen Regelungen des Schätzverfahrens gegeben habe, es vielmehr auf "tatsächlicher Uebung" beruhte. Auf die Tatsache, daß der Gesetzesbegriff ab der zweiten Hälfte des 19. Jahrhunderts nicht auf die erste angewendet werden kann, braucht hier nicht eingegangen zu werden.

110 Vgl. dazu insbesondere Abschnitt 3.5.3., S.262 ff.

rungsinstrument - den Ausgabenzuwachs in Grenzen halten. Die "Umstände", vor allem negative und positive wirtschaftliche Entwicklungen, galt es zu antizipieren. Da dies bei jeder noch so kleinen etatisierten Position erfolgen mußte, waren die Veranschlagenden gezwungen, sich Gedanken über die wirtschaftlichen und sonstigen Veränderungen - auch in kleinen Teilbereichen - und deren Auswirkungen auf den jeweils abweichenden Posten zu machen. Angewandt wurden dabei vor allem - der Methodenentwicklung im 19. Jahrhundert entsprechend - deskriptive Verfahren. Die in den Etatentwürfen abgedruckten Erläuterungen fallen mehr oder weniger einleuchtend aus. Die Methode der Begründung jeder einzelnen Positionsveränderung hatte den Vorteil, daß Ausgabenerhöhungen nicht hinter Floskeln, wie etwa derjenigen der "globalen wirtschaftlichen Entwicklung" u.ä., versteckt werden konnten, sondern daß man, sofern man sie genehmigt haben wollte, schon deutlicher und konkreter werden mußte. Das gilt vor allem im inneradministrativen Bereich, wie die bayerischen und württembergischen Regelungen der ersten Hälfte des 19. Jahrhunderts zeigen. Der Zwang zur Begründung der Eintrittswahrscheinlichkeit der prognostizierten Veränderungen und der Methodenmix beim Einsatz rechnerischer Verfahren sind deshalb für die Schätztechniken des 19. Jahrhunderts in den untersuchten Staaten kennzeichnend.

3.7.3. Etatpreise

Die Höhe der Budgetziffern wurde - neben der Schätzmethode - auch noch von den Naturalpreisen beeinflußt, die der Geldumrechnung zugrunde lagen. Denn: "*Im Haupt-Finanz-Etat müssen die Naturalien, welche einen beträchtlichen Theil der Staats-Einkünfte ausmachen, zum Zwecke ihrer Zusammenstellung mit den übrigen (Geld-)Einkünften nach ihrem Geld-Werthe angeschlagen werden*"[111]. Dies war ein - immer noch - ungewohntes und für damalige Verhältnisse schwieriges Verfahren[112]. Die sog. Etatpreise[113] waren - über eine Reihe von Jahren gebildete - Durchschnittszahlen des Geldwertes der vorgese-

---

[111] Schmidlin 1823, S.55. Siehe z.B. auch Rühl 1860, S.96 f.

[112] Schmidlin 1823, S.55 f. schreibt dazu: "Je mehr aber die Ausgaben nur in Geld zu bezahlen sind, je mehr also die eingenommenen Naturalien vorher erst in Geld umgesetzt werden müssen, desto schwieriger wird, bei dem immerwährenden Steigen und Fallen der Naturalien-Preiße, der Voranschlag der aus Natural-Einkünften zu erwartenden Geld-Einnahme". Auf jeden Fall müsse aber bei den Naturalien, die in Einnahme und Ausgabe vorkämen, die gleichen Preise angenommen werden. Ebenso Malchus 1830, II, S.101 f., der diesen Grundsatz in mehreren süddeutschen Staaten verletzt sieht, wodurch er die "Wahrheit der Etats" für gefährdet hält.

[113] Moy 1843, 2.2., S.211 beschreibt sie als die Naturalpreise für die verschiedenen Gegenstände, "welche im letzten Budget als Maaßstab der Berechnung und Ablösung aufgestellt wurden".

henen Naturalien[114]. Die Anzahl der Jahre, die den Etatpreisen in der Literatur zugrunde gelegt wurde, schwankte beträchtlich. Sie wurden nach *Sander* durch einen 3- oder 6jährigen Durchschnitt der Marktpreise ausgemittelt[115]. *Malchus* meint hingegen, daß sie i.d.R. nach einem 30jährigen Durchschnitt der Marktpreise berechnet und nach Ablauf einer bestimmten Periode revidiert würden[116]. Sie gingen als fixe Preise in die Budgets ein[117].

Rechtliche Regelungen, welche die Handhabung der Etatpreise festlegen, konnten in Preußen nicht ermittelt werden. Auch aus den Etatentwürfen sind, soweit von uns übersehen, keine Naturalpreise ersichtlich. Dem Forstetat sind beispielsweise nur die in den letzten Rechnungsperioden erzielten Ergebnisse zu entnehmen.

In Bayern legt eine Instruktion von 1805 die Handhabung der Etatpreise für Getreide, "*als dem wichtigsten Theile der Naturaldienste*", fest[118]. Die Anschläge der übrigen, "*minder beträchtlichen und nur bey einigen wenigen Rentämtern vorkommenden Naturalien werden gleichwohl den churfürstlichen Rentämtern selbst überlassen, da diese Preise auf das Ganze des Provinzial-Haupt-Etats keinen erheblichen Einfluß haben, und die churfürstlichen Rentämter nur Bedacht nehmen dürfen, daß diese Preise eher geringer, als zu hoch angesetzt werden, um die Nachhaltigkeit des Etats zu erzwecken*"[119]. Im Finanzgesetz von 1819 wird dem Finanzministerium bei der Staatsschuldentil-

---

[114] Siehe auch Eschenmayer 1807, I, S.37 und Fulda 1827, S.429. Nach Feder 1820, S.34 sind die Naturalpreise in jedem Ort nach gleichen Regeln wie unständige Etatsätze zu berechnen. Gerloff 1929, S.270 berichtet, die Etatpreise würden in den meisten Fällen nicht mitgeteilt.

[115] Vgl. Sander 1817, S.47.

[116] Vgl. Malchus 1823, II, S.157. Malchus 1830, II, S.101 meint dagegen, den Naturalpreisen sei der gleiche Durchschnitt wie den unbestimmten Einnahmen und Ausgaben zugrunde zu legen, i.d.R. 6 oder 10 Jahre. Bei der Veranschlagung von Getreide ist nach Schlupper 1817, S.13 ein 20jähriger Durchschnitt der Marktpreise anzunehmen.

[117] Nach Feder 1820, S.34 sind aus den jährlich in den Etatberechnungen in Geld angeschlagenen Naturalien ständige Preise für jedes Bezirksamt auszumitteln. "Nach diesen ständigen Preisen werden die Naturalien immer, ein Jahr wie das andere, zu Geld berechnet, weil sonst durch den höhern oder niedrigern Preis der Naturalien in der Gegeneinanderhaltung des vorjährigen gegen den dießjährigen Geldbetrag derselben, eine Verschiedenheit entstehen, und dadurch das Ertragsergebniß unrichtig ausfallen würde; denn was nach verschiedenen Maßstäben gemessen wird, muß natürlich auch verschiedene Resultate gewähren". So auch Hauber 1845, S.123. Danach ist das System der Etatpreise eine - einfache - Methode des rechnerischen Inflationsausgleichs. Nach der Oekonomie der menschlichen Gesellschaften 1845, S.280 ist der Anschlag der Etatpreise nur ein Problem in neuen Staaten, "wo man also den letzten Monat abwartet, um sichere Nachrichten über die Preise zu haben, und dann im Sturme ein Budget macht, das bei Mißwachs außerordentlich wächst". In geschichtlich älteren Staaten sei das kein Problem, insbesondere wenn wenig Naturalverbrauch - wobei Flotten- und Armeeverbrauch besonders zu erwähnen sei - anfalle.

[118] Vgl. ChPfBaRegBl 1805, S.567 f.

[119] ChPfBaRegBl 1805, S.568.

gungsanstalt für den Fall ein Kredit eröffnet, daß "*die Getreid-Preise im Laufe der nächsten sechs Finanz-Jahre noch tiefer herabfallen sollten, als sie bey Anfertigung des in der Darstellung des finanziellen Zustandes des Königreichs enthaltenden Etats zum Grunde gelegt wurden, für die Summe eines allenfallsigen Minder-Erlöses aus dem Getreide, unter Voraussetzung, daß hiegegen der Mehr-Erlös aus dem Getreide in andern Jahren davon in Abzug gebracht, und zur Deckung der aufgewonnenen Summe verwendet werde*"[120]. Durch das Finanzgesetz von 1837 werden die bisherigen Naturalansätze im Etat für die aktive Armee garantiert. Geringere Preise kommen dem Reichsreservefonds zugute und höhere gehen zu seinen Lasten[121].

Im Vortrag des Finanzministers zum Budget ist in den frühen Etatentwürfen angegeben, welche Etatpreise und Durchschnittsberechnungen der Einnahme- und Ausgabeschätzung zugrunde liegen. Im Vortrag zum Budget 1837/43 wird z.B. ausgeführt, daß die Budgeteinnahmen i.d.R. "*und so weit es thunlich war*" auf den Ergebnissen der jüngst verflossenen vier Jahre 1831/32 bis 1834/35 basieren. Dabei sind die bisherigen Budgetpreise der Naturalien "*nach dem Durchschnitte berechnet, und auch für das Budget der IV. Finanzperiode beibehalten worden, obschon die Marktpreise in den Tagen der Gegenwart zureichenden Anlaß zu manchfaltigen Erinnerungen von Seite der Finanzverwaltung darbieten könnten*"[122]. Angegeben sind die Etatpreise für einen Scheffel Weizen und Kern, Roggen oder Korn, Gerste, Hafer sowie Dinkel (Fesen). Die Geldanschläge der übrigen Naturaleinnahmen gründen auf den verschiedenen mittleren Lokalpreisen. Weitere Informationen sind den Etatentwürfen nicht zu entnehmen.

Rechtliche Regelungen bezüglich der Etatpreise konnten, wie in Preußen, auch in Sachsen nicht ausgemacht werden. In den Spezialetats ab 1880/81 sind in den Bemerkungsspalten z.T. die zugrunde gelegten Etatpreise angegeben. So ist beispielsweise aus dem Universitätsetat von 1880/81 zu erfahren, daß 1.000 Festmeter Nutz- und Brennholz à 12,74 M. und 180 Raummeter Stock- und Wurzelholz à 2,62 M. nach den Durchschnittspreisen der Jahre 1877 und 1878 berechnet sind[123]. Allgemeines kann aber auch ihnen nicht entnommen werden.

In der württembergischen Etatinstruktion von 1819 ist ausgeführt, daß sich die Weinpreise auf 10 Jahre bilanzieren, indem "*der mittlere Preis unter den Keltern von sämmtlichen Gefäll-Orten zusammen gerechnet, und hieraus für jedes*

---

120 BaFG 1819, Titel III, Ziffer 2.

121 Vgl. BaFG 1837, Titel IV, § 11.

122 BaEE 1837/43, S.189.

123 Vgl. Kapitel 70 der Zuschußverwaltungen (Universität Leipzig), Bemerkungen zu Titel 2.

Jahr ein Durchschnitt gezogen wird"[124]. Die Beamten haben in einer besonderen Beilage zum Etat die durchschnittlichen Naturalpreise von 6 Jahren sowie die aktuellen Preise am Ende des laufenden Etatjahres mitzuteilen[125]. Die Fruchtpreise werden aufgrund der jährlichen Durchschnittspreise der drei Hauptfruchtgattungen glatte Früchte[126], Dinkel und Hafer und des dann zu bildenden 6jährigen Durchschnitts ermittelt. Zudem haben die Beamten ein Urteil über die voraussichtliche Preisentwicklung abzugeben, das "*durch die Menge der Vorräthe, welche in ihrem Bezirke nach Wahrscheinlichkeit noch vorhanden sind, durch den Stand der Felder, den Gang und die Aussichten im Früchten-Verkehr usw, worüber sich die Beamten sich besonders zu äußern haben*", zu begründen ist[127]. In den Etatentwürfen vor 1870 sind teilweise die Etatpreise angegeben[128], ab 1870/73 regelmäßig, mitunter auch in den Erläuterungsspalten bei den entsprechenden Etattiteln[129].

Die Tatsache, daß im 19. Jahrhundert die Etats nicht nach den laufenden Preisen eines jeden Jahres berechnet waren, sondern nach konstruierten, ausgemittelten Summen, hat für Etatvergleiche über die Zeit erhebliche Konsequenzen. In der Konsequenz heißt das, daß inflatorische Bewegungen, Jahre mit Mißernten usw. in den Budgetzahlen nur noch geglättet zum Ausdruck kommen. Es ist schon ein gewisser Korrekturfaktor in die Zahlen eingeflossen. Wie stark dieser ist, hängt jeweils davon ab, über wieviel Jahre das Mittel gezogen wurde. Bei einem 10jährigen Durchschnitt ist die Glättung stärker als bei einem 3jährigen. Wie die aufgeführten rechtlichen Regelungen zeigen, basierten die Etatpreise auch nicht bei allen Naturalien auf der gleichen Anzahl von Jahren. Andererseits wurden nicht alle Naturalien in Etatpreise umgerechnet; teilweise flossen auch Marktpreise ein. Das Veranschlagungssystem bestand also aus einer Mischung von - unterschiedlich berechneten - Etat- und Marktpreisen. Inner- und zwischenstaatliche Ausgabenvergleiche haben also zunächst die sich möglicherweise über die Zeit bei den verschiedenen Natura-

124 WIVE 1819, § 14 Abs. 3.

125 Vgl. WIVE 1819, § 9 Abs. 2.

126 Zu den "glatten Früchten" zählen nach WIVE 1819, § 18 Abs. 2 Kernen, Weizen, Mühlkorn, Roggen, Gerste, Erbsen, Linsen, Wicken, Ackerbohnen und Welschkorn.

127 WIVE 1819, § 15.

128 So etwa 1864/67 für je ein Zentner Kernen oder Weizen, Roggen, glatten Mischling, Gerste, Dinkel oder Einkorn, Hafer, Heu, Stroh, für 1 Eimer Wein, 1 Sack Briets sowie 1 Klafter buchenes und tannenes Scheiterholz (vgl. WüEE 1864/67, S.16).

129 Nach Riecke 1883, S.195 hat die Ablösungsgesetzgebung "der Finanzverwaltung fast ihre sämmtlichen Naturalgefälle gegen eine dem wirklichen Werth kaum mehr entsprechende Vergütung entzogen (hat). Der Naturalwirthschaft der Kameralämter war dadurch mit einem Schlag ein Ende bereitet". Die Naturalpreise in Württemberg bestimmen sich, so Widenmeyer 1885, S.4, nach den jeweilig vom Finanzministerium festgelegten Landespreisen. Sie werden, wie Schall 1893, II, S.13 f. darlegt, nach einem 3jährigen Durchschnitt - entsprechend der bei den veränderlichen Posten sonst üblichen Veranschlagung - etatisiert.

lien ändernden Etatpreise in ihre Berechnungen miteinzubeziehen. Dazu muß deren Höhe sowie die Anzahl der tatsächlich zugrunde liegenden Durchschnittsjahre bekannt sein. Wie wir gezeigt haben, sind die bisher vorliegenden Informationen über diese Materie dürftig. Weitergehende Untersuchungen haben u.a. auch hier anzusetzen, wobei bei zwischenstaatlichen Budgetvergleichen die unterschiedlichen Berechnungsarten der Etatpreise zu berücksichtigen sind[130].

3.7.4. Der personale Faktor

Trotz Anwendung bestimmter Schätzmethoden, festgelegter Etatpreise und einem umfangreichen Rechtfertigungssystem wurde für die Genauigkeit des Anschlags der "personale Faktor" als entscheidend angesehen. Der Planschätzer sollte - theoretisch zumindest - über große Sachkenntnis verfügen[131]. Als wichtigste Voraussetzung einer genauen Planschätzung wurde dessen Ortskenntnis und Vertrautheit mit den lokalen Begebenheiten angesehen. Nur "vor Ort" konnten die tatsächlichen Erfordernisse sachgemäß und situationsbedingt

[130] Klärungsbedürftig ist daneben auch noch die Geldwertentwicklung allgemein, welche die Entwicklung der Budgetsummen eines Staates über die Zeit beeinflußt, sowie die Unterschiede zwischen den Staaten, deren Etatsummen verglichen werden. Durch die (verschiedenen) künstlichen Etatpreise wird das Unterfangen nicht gerade leichter. Auch hier klafft eine Forschungslücke, auf die nur verwiesen werden kann.

[131] Diejenigen Staatsbediensteten, die am Entwurf des Finanzplans mitwirken, müßten sich, so Ebhardt 1807, S.19 f., vor allem die Absicht des Plans vergegenwärtigen; "ohne Ueberlegung hingeworfene Vermuthungen" seien eine Versündigung gegen den Staat. Zum Sachwissen gehört nach Hoch 1809, S.27 f. die Kenntnis von Ertragsquellen und aller Art und Größe sämtlicher Lasten und Verbindlichkeiten. Fulda 1827, S.428 meint pauschal, jede Finanzverwaltung habe die Etats "nach ihrer Kenntniß und Erfahrung" zu fertigen. Etwas pathetisch schreibt Graaf 1831, S.21: "Hier eröffnet sich ein weites Feld der Bearbeitung, hier ist der Ort, wo der Keim zu der Frucht gelegt werden soll, wo nur Erfahrung, Umsicht und vielseitige Kenntnisse den wahren Nutzen schaffen können". Nach Heckels Erfahrung bietet selbst die trefflichste Schätzmethode an sich noch keine Gewähr für eine korrekte Etatfestsetzung. Vielmehr liege der springende Punkt im verwaltungstechnischen Können der vollziehenden Gewalt und deren Leitung. Insbesondere setzten nur "umfassende Sachkenntnis und vielfache Menschen- und Geschäftserfahrungen" die budgetvorbereitenden Instanzen in die Lage, den finanztheoretischen Erfordernissen die richtige praktische Gestalt zu verleihen (vgl. Heckel 1898, Das Budget, S.94). Seidler 1901, S.17 befindet: "Den Anhaltspunkt für eine richtige Schätzung bieten zunächst die in der Vergangenheit gemachten Erfahrungen". Bei der Aufstellung des Budgets spielten, so Jèze 1927, S.275, die persönlichen Eigenschaften der damit betrauten Personen die Hauptrolle, insbesondere "ihre Aufrichtigkeit und ihr Weitblick". Sie sind seiner Ansicht nach durch nichts zu ersetzen.

eingeschätzt werden[132]. Wie es *Feder* ausdrückt: "*Nur derjenige kann am zuverlässigsten den Etat fertigen, der neben einer genauen Bekanntschaft mit den Wirthschaftsgrundsätzen zugleich in dem betreffenden Verwaltungsbezirk die genaueste Lokal- und Personal-Kenntniß hat*"[133]. Das galt insbesondere für die in Art und Höhe unsicheren Einnahmen und Ausgaben. In dem Bewußtsein, daß trotz noch so genauer Schätzanleitung immer einzelne Positionen verbleiben, die der Willkür der Planschätzer anheimfallen, wurde als allgemeine Regel der Satz aufgestellt: Im Zweifelsfall eher die Einnahmen etwas niedriger als erwartet und die Ausgaben etwas höher veranschlagen[134].

In den rechtlichen Regelungen in Bayern und Württemberg wird die Bedeutung des personalen Faktors wiederholt betont. Die bayerische Etatinstruktion von 1812 weist nachdrücklich auf die Notwendigkeit hin, daß "*bey der Etats-Anfertigung mit aller möglichen Aufmerksamkeit und mit dem redlichsten Pflichteifer zu Werke gegangen werde, damit nicht mangelhafte, unrichtige oder ganz falsche Angaben und Resultate geliefert werden*"[135]. Es gehört also, "*des wichtigen Zweckes wegen, die aufmerksamste und gewissenhafteste*

---

132 Wie Enderlin 1804, II, S.90 es ausdrückt, ist die Ausgabensumme nicht allgemein bestimmbar, "sondern es muß sich alles nach den Umständen richten". Ähnlich Ebhardt 1807, S.17, der meint, die Hilfsmittel für die Budgetschätzung seien Ortskenntnisse und "auf Zeit und Umstände berechnete Vermuthungen". Eschenmayer 1807, I, S.37 bezeichnet Lokalkenntnisse als "wesentliche Eigenschaft" der Planschätzer. In gleichem Sinne Schlupper 1817, S.13. Jakob 1821, S.1219 meint, die Bedürfnisse würden am besten durch die Behörden erforscht, welche ihnen am nächsten seien und welche die beste Gelegenheit hätten, sie zu erkennen und zu beurteilen. Ebenso Jakob 1837, S.864. Auf die Verschiedenheit der lokalen Verhältnisse hebt auch Malchus 1830, II, S.25 ab. Deshalb, "so wie in Hinsicht auf deren durchaus praktische Natur, können diejenigen einzelnen Zweige von Einkommen, nur aus der Erfahrung, mit Rücksicht auf die besonderen lokalen und sonstigen Verhältnisse in jedem Lande abgeleitet, überhaupt nur bloß empirisch gebildet werden". Für Fromme 1843, S.58 ist nur derjenige imstande, einen zuverlässigen Etat anzufertigen, der die Wirtschaftsgrundsätze kennt und "zugleich in dem betreffenden Verwaltungsbezirke die genaueste Local- und Personal-Kenntniß hat". Auch Stourm 1909, S.61 ist der Ansicht, daß die Lokalbeamten die Natur, Größe und Dringlichkeit der Bedürfnisse am besten kennen.

133 Feder 1820, S.28. So auch Hauber 1845, S.116.

134 Diese Regel formuliert Ebhardt 1807, S.20 wie folgt: "Es ist zwar eine vernünftige und in der Sache selbst liegende Regel, daß bey fremden, noch nicht zur Genüge bekannten Gegenständen die Einnahme nicht zu hoch, und die Ausgabe nicht zu niedrig gegriffen werden müsse, weil es immer besser ist, eine nützliche Staatsausgabe lieber ein paar Jahre zu verschieben, wenn es anders nicht seyn kann, als bey einmahl festgesetzten Bedürfnissen erst hintennach Hilfe zu suchen; allein bey bekannten Objecten findet diese Regel keine Anwendung, sondern der Voranschlag, der Einnahme sowohl als der Ausgabe, muß sich soviel möglich der Wahrheit nähern". Außerdem wird sie angeführt von Eschenmayer 1807, I, S.37; Hoch 1809, S.77 f; Sander 1817, S.45; Schlupper 1817, S.14 und Feder 1820, S.31, der allerdings davor warnt, sich zu weit von der wahrscheinlichen Wirklichkeitsgrenze zu entfernen. Das sei zweckwidrig, "weil dieß einen allzu unrichtigen Ansatz zur Folge haben würde". Vgl. auch Moy 1843, 2.2., S.209; Murhard 1846, S.691; Ludwig 1859, S.3 und Mombert 1928, S.12. Schanz 1899, S.1149 f. meint, ein zu hoch angesetztes Budget sei zwar zu mißbilligen, es müsse aber bei der Unsicherheit der Ansätze nach oben oder unten ein gewisser Spielraum zugelassen werden.

135 Geret 1816, 1. Bd., S.7 ff., Ziffer 2, Abs. 1.

Etat-Anfertigung zu den ersten und wichtigsten Dienstpflichten des Beamten"[136]. In der gleichen Instruktion wird eingeräumt, daß sich nicht alle Fälle durch Vorschriften regeln lassen, "*sondern es muß das Ganze den Einsichten, dem Pflichteifer und der reifen Beurtheilung der königlichen Beamten überlassen werden*"[137].

In Württemberg bleibt es nach der Etatinstruktion von 1808 dem "*pflichtmäßigen Ermessen*" des Beamten anheimgestellt, was er unter den Vorräten etatisiert[138]. In der Etatinstruktion von 1819 wird allgemein angemahnt: "*Der Zweck des Etats ist von hoher Wichtigkeit, und es ist daher eine unerläßliche Bedingung, daß alle mit Bearbeitung der zu seiner Aufstellung erforderlichen Angaben beauftragten Stellen und Aemter mit aller Anstrengung sich bemühen, dieselben mit Umsicht und Genauigkeit zu liefern und die anzugebenden Größen der Wahrheit möglichst nahe zu bringen*"[139]. Des weiteren wird in der Instruktion in den Fällen, wo weder aus der Erfahrung des letzten Jahres, noch derjenigen früherer Jahre richtig auf das folgende geschlossen werden kann, auf die Ortskenntnis der Beamten verwiesen[140].

Wie gut oder schlecht eine Budgetschätzung war[141], konnte sich erst nachträglich anhand der Rechnungsdaten zeigen. Abweichende Ergebnisse können nicht nur auf schlechte Planschätzer[142], sondern u.a. auch auf mangelnde Vollzugsverbindlichkeit der einzelnen Budgetpositionen zurückzuführen sein.

136 Geret 1816, 1. Bd., S.7 ff., Ziffer 2, Abs. 2.

137 Geret 1816, 1. Bd., S.7 ff., Ziffer 6, Abs. 2.

138 Vgl. WIVE 1808, § 31.

139 WIVE 1819, § 3.

140 In dem Fall "haben die Beamten bei jedem einzelnen Gegenstand ihre, auf örtliche Kenntniß und nähere Beurtheilung der eingetretenen außerordentlichen Umstände gegründete Ansicht beizufügen, und da, wo sie von der Angabe der Erfahrung abweicht, hinreichend zu erläutern" (WIVE 1819, § 7). Insbesondere wird dabei auf die Zehnteinnahmen hingewiesen, welche nach dem jeweiligen Zustand der Felder beurteilt werden müssen, sowie auf die Gegenstände, welche sich gegenüber den zu Grunde gelegten Jahren wesentlich verändert haben, wie z.B. die Ablösung von Grundbeschwerden, der Lehensloskauf und die organisatorischen Veränderungen.

141 Hövermann 1905, S.14 konstatiert in der Praxis oft erhebliche Abweichungen zwischen den Soll- und Istzahlen.

142 Die Budgetplaner haben sich nach Ansicht Hochs (1809, S.70) dann ausreichend legitimiert, wenn sich die tatsächlichen Einnahmen und Ausgaben "in der ungefähren nehmlichen Größe, und in dem nehmlichen ungefähren Verhältniß" eingestellt haben.

3.8. Verbindlichkeit

Vorschriften, die zu einem einheitlichen, vollständigen, übersichtlichen, zeitlich begrenzten, genauen und begründeten Budget führen, haben letzten Endes nur einen Sinn, wenn ein dergestalt aufgestellter Staatshaushaltsplan auch tatsächlich als "*Richtschnur der Verwaltung*"[1] dient. Je weniger sie sich daran hält, desto geringer ist der Stellen- und Aussagewert des Budgets im ganzen und der Planzahlen im einzelnen. Die Eigenschaften, die vom Etat als Instrument zur Haushaltsplanung und Verwaltungsführung verlangt werden, widersprechen sich: Zum einen ergibt sich aus der Art seines Zustandekommens, daß die einzelnen Haushaltsdaten lediglich voraussichtlich zu erwartende vorläufige Schätzungen sind, zum anderen taugt er nur zur Verwaltungsführung, wenn seine Ansätze - mehr oder weniger - verbindlich sind. Das Maß des der Verwaltung zugesprochenen bzw. von ihr wahrgenommenen Handlungsspielraums entscheidet über die tatsächliche Brauchbarkeit der Budgetgrundsätze. Zu diesen zwei verwaltungsinternen Funktionen des Etats - als Instrument zur Haushaltsplanung und Verwaltungsführung - kommt noch eine dritte, die den Ständeversammlungen Einflußmöglichkeiten sichern soll. Das Maß der Verbindlichkeit soll allen drei Anforderungen genügen, was zwangsläufig zu Interessenskonflikten führen muß.

3.8.1. Die Theorie

Es gehörte zum allgemeinen Gedankengut des 19. Jahrhunderts, daß die Verwaltung nicht zu eng an Vorgaben gebunden werden darf[2]. Sie kann nur dann zweckmäßig und wirtschaftlich handeln, wenn sie ausreichend Entscheidungsfreiheit hat, um flexibel auf die wechselnden Erfordernisse der Umwelt reagieren zu können. An der Einschätzung von deren Art und Maß schieden sich

---

[1] Vgl. dazu Abschnitt 2.3.1.

[2] Die Verbindlichkeit des Haushaltsplanes nach Art und Maß darf nach Malchus 1830, II, S.121 "niemals weiter als für dessen Erfüllung wesentlich nothwendig, und nicht in einem solchen Maaße ausgedehnt werden (darf), daß sie die freie Bewegung, deren die Regierung für die Erfüllung der Zwecke bedarf, und den regelmäßigen Fortgang der Verwaltung hemmen könnte". Wie Umpfenbach 1887, S.496 f. schreibt, kann die Finanzverwaltung "bei Entwerfung des Anschlags kaum zu speziell verfahren, aber sie darf bei Ausführung des Anschlags nicht zu speziell gebunden sein". Die strenge Durchführung des Ausgabebewilligungsrechts der Parlamente würde bedeuten, so Schulze/Wagner 1926, S.185 f., daß die Regierung Ausgaben nur insoweit leisten dürfte, als Mittel im Haushaltsplan zur Verfügung gestellt seien: "Eine solche Gebundenheit kann aber keine Regierung ertragen, wenn sie ihre Aufgaben sachgemäß erfüllen will" (Schulze/Wagner 1926, S.186).

allerdings die Geister[3]. Die Auseinandersetzung spitzte sich auf die alles entscheidende Frage zu, wie weit die Votierung der Budgets durch die Parlamente - die sog. **Spezialisierung der Voten**[4] - gehen und für die Verwaltung verbindlich sein sollte[5].

Das Staatsbudget war im 19. Jahrhundert die oberste Stufe in einer Hierarchie von Haushaltsplänen[6]. Seine Zweckbestimmungen waren Zusammenfassungen untergeordneter Budgetposten. Die vom Parlament votierten Positionen konnten theoretisch von der untersten bis zur obersten Stufe reichen[7]. Je differenzierter die Budgetvotierung wurde und je mehr Verbindlichkeit man den Budgetvoten beilegte, desto mehr Einflußmöglichkeiten hatte das Parlament auf die Verwaltung[8]. Die Auseinandersetzung um das richtige Maß der Budgetvotierung und deren Verbindlichkeit war deshalb zu einem großen Teil von den

---

[3] Da die Etats, wie Moy 1843, II, S.204 es ausdrückt, "für die verschiedenen Behörden in ihrer hierarchischen Gliederung und für die Minister insbesondere, gegenüber dem Könige einerseits und den Ständen andererseits, die Gränze ihrer selbstständigen freien Verfügung über die finanziellen Mittel des Staats bestimmen, jenseits welcher ihre Verantwortlichkeit wirksam wird".

[4] Unter der Spezialität versteht z.B. Malchus 1830, II, S.117 f. die Forderung, "daß die Summe von Mitteln, welche das Budget für einen Gegenstand disponirt hat, - die in demselben für jeden einzelnen Artikel angesetzte Größe des Aufwandes, - weder überschritten, noch diesen Mitteln eine andere Anwendung gegeben werde". Die sachliche Spezialität schafft nach Dubois de l'Estang 1891, S.236 bei den Ausgaben Unterabteilungen, welchen je ein spezieller Kredit entspreche. Siehe dazu auch Abschnitt 3.4., S.218 f. Allix 1927, S.180 schreibt: "Le système suivant lequel les votes de dépenses sont subdivisés et circonscrits à des emplois définis s'appelle le système de la spécialité".

[5] Für Rotteck 1835, IV, S.460 steht fest: "So weit übrigens die Spezialität der Bewilligungen oder ihres vernünftig aufzufassenden Sinnes geht, so weit geht auch die Gebundenheit der Regierung". Jèze 1927, S.155 gibt zu bedenken, daß praktisch kein Verwaltungsakt ohne Ausgaben möglich ist. Es könnten deshalb nicht alle Ausgaben genau veranschlagt werden, sondern die Kammern könnten nur Ausgabegruppen "für mehr oder minder allgemeine Ausgabenzwecke" bewilligen. Die Spezialisierung der Voten mußte nicht notwendig mit der Spezialisierung des Budgets überhaupt identisch sein. In der Regel wurde nur ein Teil der spezialisierten Budgetposten als rechtlich verbindlich für den Budgetvollzug erklärt. Über die Notwendigkeit der qualitativen Spezialität herrschte an sich Einigkeit, es bestanden aber noch "lebhafte Meinungsverschiedenheiten" (Neumark) hinsichtlich der Zulässigkeit von Ausnahmen und in Verbindung damit über den Spezialisierungsgrad der Voten (vgl. dazu auch Neumark 1929, S.301 f.).

[6] Siehe Abschnitt 3.2.1.

[7] So auch Laband 1871, S.62 f., der feststellt: Die "Spezialisierung läßt sich durch eine gewöhnlich sehr große Zahl von Stufen treiben. Die meisten Titel des Etatsgesetzes liefern davon anschauliche Beispiele".

[8] Nach Jèze 1927, S.155 ist die Beantwortung der Frage, ob die Ausgabenzwecke ganz allgemein oder im einzelnen bezeichnet werden sollen, eine verfassungsmäßige Frage der Teilung der Zuständigkeiten zwischen der Exekutive und der Volksvertretung. Wie Neumark 1929, S.299 es formuliert, ist eine Voraussetzung für die Realisierbarkeit des Appropriationsprinzips (vgl. Fußnote 12), daß die Budgetkredite bestimmten, "d.h. scharf umgrenzten Ausgabezwecken" zugewiesen werden.

unterschiedlichen Vorstellungen über die Verteilung der Befugnisse zwischen Regierung und Verwaltung einerseits und dem Parlament andererseits geprägt[9].

Im Gegensatz zu den Staatseinnahmen, bei denen die Ablösung der Zweckbindung durch das Prinzip der Gesamtdeckung propagiert wurde[10], ging die Forderung bei den Staatsausgaben in Richtung einer zunehmenden, der Regierung durch das Parlament verbindlich vorgeschriebenen Zweckbindung[11]. Das sog. **Appropriationsprinzip**[12] fordert, daß die Verwaltung die Mittel nach Art und

---

9 Wobei z.B. Malchus 1830, II, S.122 eindeutig Stellung bezieht: "Ueberhaupt und in Hinsicht auf die höhere Verpflichtung der Regierung für die möglichst vollständige Erfüllung der Zwecke des Staatsvereins, kann es wohl keinem Zweifel unterliegen, daß in Fällen, in welchen diese und der regelmäßige Fortgang der Verwaltung nur durch eine Ueberschreitung der Ansätze in dem Budget, oder durch Transferirung von Fonds von einer Position auf andere gesichert werden könnte, dieselbe sich zu beidem, selbst verpflichtet erachten müßte. Ein Recht, welches die Staatsverwaltung in der Erfüllung ihrer wesentlichen Verpflichtungen hemmen würde, kann aber den Ständen niemals zustehen". Nach Laband 1871, S.63 f. kommt es darauf an, "bis zu welchem Grade der Spezialisirung die Prüfung Seitens des Landtages möglich oder vernünftig war und welche einzelne Ausgabe-Posten daher der Landtag bei seiner Anerkennung der Angemessenheit der geforderten Beträge im Auge hatte". Das ist allerdings seinen Angaben zufolge in allen Zweigen der Verwaltung "höchst verschieden".

10 Siehe Abschnitt 3.2.2., S.123 ff.

11 Die Bewilligung des Haushaltsvoranschlags erfolgt bei Spezialisierung der Voten so, daß für einen bestimmten Aufwand eine bestimmte Summe votiert wird. Die Regierung ist durch jedes spezielle Votum an den bestimmten Aufwand gebunden und nicht berechtigt, den bewilligten Betrag anderweitig zu verwenden. Die Rechtsverbindlichkeit wird durch das spezielle Votum der gesetzgebenden Körperschaften begründet (nach Heckel 1898, Budget und Budgetrecht, S.472; Seidler 1901, II, S.53 und Neumark 1929, S.300). Neumark 1929, S.299 weist auf die finanzwirtschaftliche und politische Bedeutung des Prinzips hin: Wäre die Verwendung der einzelnen Budgettitel in das freie Belieben der Verwaltung gestellt, würde seiner Ansicht nach an die Stelle geplanter Haushaltsführung mehr oder minder große Willkür treten. Politisch wäre dem Parlament die Möglichkeit genommen, durch seine Mitwirkung an der Budgetfeststellung die Verwaltung in dem von ihm gewünschten Sinne zu beeinflussen und zu kontrollieren.

12 Das Prinzip geht auf das englische Budgetrecht zurück. 1695 wurden in England unter Karl II. zum ersten Mal Ausgaben zu einem bestimmten Zweck bestimmt. Kraft der sog. Appropriationsklausel wurde die Regierung verpflichtet, die bewilligten Summen nur für die in der "Appropriationsbill" genannten Zwecke zu verwenden (vgl. Jellinek 1899, S.1167; Földes 1920, S.75, der auf noch andere Wortbedeutungen hinweist; Meister 1933, S.91 und Hedtkamp 1977, S.91, Fußnote 17). Nach Nawiasky 1923, S.512 nennt man die Anweisung der Einzelaufwendungen auf bestimmte Summen die "Appropriation". Damit sie vorliege, werde nach herrschender Lehre ein besonderer Beschluß der Volksvertretung verlangt. Neumark 1929, S.299 ff. handelt das Appropriationsprinzip als qualitative Seite der sachlichen Spezialität ab.

Höhe nur in der vom Parlament vorgeschriebenen Weise verausgabt[13]. Der Zweck der einzelnen Budgetausgabe kann völlig pauschal, äußerst detailliert oder in irgend einer Abstufung dazwischen beschrieben sein[14]. In diesem Spektrum bewegen sich auch die Budgetvoten des Parlaments[15]. Sie sind, um die extremsten Formen anzusprechen, zum einen pauschal en bloc[16] oder zum anderen ganz detailliert bis hinunter auf die unterste Etatstufe denkbar. In der Literatur werden beide Extremlösungen abgelehnt, womit gleichzeitig das Ringen um das "richtige Maß" der Budgetvotierung beginnt. Auf welcher hierarchischen Stufe sollte die Verbindlichkeit der Etatvoten aufhören und die

---

[13] Für Malchus 1830, II, S.121 folgt aus dem parlamentarischen Recht zur Prüfung der Regierungsforderungen unbestreitbar, "wenn gleich in Betreff des Maaßes für seine Ausübung nicht unbestritten", daß die Steuern nur für die Bedürfnisse verwendet werden, für welche sie bewilligt wurden, "denselben nicht eine andere Anwendung gegeben, und daß ohne eine vollkommen gerechtfertigte Ursache, die in dem Budget regulirte Größe des Aufwandes nicht überschritten werde". Neumark 1929, S.9 versteht unter der Appropriation "die Bestimmung zahlenmäßig festgestellter Beträge für bestimmte Ausgabenzwecke". Um die sachliche Spezialität des Budgets zu wahren, ist es seiner Ansicht nach notwendig, "daß die Exekutive ehrlich gewillt ist, die Budgetkredite ihren Zwecken nicht zu entfremden". Diese Voraussetzung hält er selten für gegeben, da seiner Ansicht nach jeder Behörde die 'natürliche' Neigung innewohnt, möglichst 'ungebunden' zu wirtschaften (vgl. Neumark 1929, S.300). Ähnlich Lotz 1931, S.132. Das Appropriationsprinzip gilt nicht für die Einnahmen, worauf u.a. Allix 1927, S.179 hinweist: "Pour les recettes, le vote sera, en principe, limitatif et impératif quant à la nature et au nombre des branches des ressources autorisées, ainsi, qu'au tarif des taxes, mais simplement évaluatif quant à leur rendement probable".

[14] Siehe Abschnitt 3.4.3.

[15] Nach den Angaben von Boiteau 1889, S.618 wurden zu jenem Zeitpunkt in Frankreich mehr als 700 verschiedene Budgetvoten abgegeben, in England 250, in Italien mehr als 900, ohne die Unterkapitel zu zählen, und in Belgien votierte das Parlament im Jahr 1884 83 Kapitel und 447 Artikel. Für Preußen nennt Jellinek 1899, S.1178 die Zahl von 2000 Voten. Daß die Zahl der Kapitel sich stets vergrößert, schreibt Leroy-Beaulieu 1899, II, S.86 f. u.a. der zunehmenden Entwicklung der Gesellschaft zu, welche die Anforderungen an den Staat erhöhe, seine Dienste sich vergrößern und präzisieren lasse. Als Beispiel nennt er die Eisenbahnen, deren Einführung zu einer großen Zahl neuer Budgettitel geführt habe. Die Parlamente trügen in ihrem Bemühen um Einblick in das Finanzgebaren der Regierungen ihren Teil zur Vermehrung der Posten bei. Nach Neumarks Ansicht (1929, S.225 f.) erschwert die in modernen Budgets äußerst weit getriebene Spezialisierung die Kontrolle. Für ihn ist das Budget wenig geeignet, eine breite Öffentlichkeit über die Staatsfinanzen zu orientieren, "da die Zergliederung den für einen durchschnittlichen Staatsbürger erträglichen Grad bereits überschritten hat". Im übrigen sei auch eine gründliche parlamentarische Beratung eines jeden Einzelpostens unmöglich geworden, "und die nach Tausenden zählenden Budgettitel erleichtern eben wegen ihrer großen Zahl und der dadurch bedingten Unübersichtlichkeit das Verstecken von Reserven in außerordentlichem Maße" (Neumark 1929, S.226). Das wisse die Bürokratie und nutze es aus, indem sie große homogene Ausgabenposten zerreiße.

[16] Bei der Blockvotierung kann die Regierung nach ihrem eigenen Ermessen die im ganzen zugewiesenen Kredite verteilen. Sie ist nur gehalten, die Summe insgesamt nicht zu überschreiten (vgl. Allix 1927, S.180). Wobei Boiteau 1889, S.611 der Ansicht ist, daß es da, wo das Budget im ganzen und ohne jegliche Unterteilung votiert wird, keine wirkliche Spezialität gibt.

Handlungsfreiheit der Verwaltung beginnen[17]? Der unüberwindbare Gegensatz zwischen dem berechtigten Kontrollinteresse des Parlaments und der im Interesse einer effizienten Wirtschaftsführung notwendigen finanziellen Dispositionsfreiheit der Verwaltung wurde für die Budgettheorie zu einem unlösbaren Zwiespalt[18]. Vor der Antwort auf die Frage nach dem richtigen Maß der Budgetverbindlichkeit mußte sie kapitulieren. Theoretisch war darauf keine Antwort zu finden[19]. Es richtete sich nach den jeweils im konkreten Staat vor-

---

[17] Mit der Folge, daß, je eingehender (spezialisierter) die Budgetvoten sind, desto intensiver der Einfluß der gesetzgebenden Faktoren auf die gesamte Verwaltung ist, und umgekehrt, je allgemeiner dasselbe gehalten wird, die Regierung desto mehr Freiheit hat (vgl. Kaizl 1900, I, S.83). Neumark 1929, S.223 nennt diese Frage den Kernpunkt des Streites zwischen Parlament und Regierung um die Budgetübersichtlichkeit. Es gehe um die Frage der Abhängigkeit der Verwaltung von der Willensäußerung des Parlaments (Neumark 1929, S.301). Nach Adams 1899, S.180 sind bei der Abweichung des vollzogenen Budgets vom geschätzten drei Interessensrichtungen maßgebend: finanzielle, verwaltungstechnische und konstitutionelle.

[18] Malchus 1823, II, S.188 f. befürchtet z.B., "daß, wenn die Spezialität der Artikel, selbst jene der Kapitel, in ihrer ganzen Strenge geltend gemacht werden sollte, die Verwaltung nothwendig paralysirt werden, unter Umständen selbst stillstehen müßte". Ganz allgemein formuliert Laband 1871, S.64: "Es bestimmt sich überall durch die nothwendigen Bedingungen des Verwaltungsdienstes und des Staats-Interesses, also vorwiegend durch faktische Umstände, bis zu welchem Punkte die Verwendung einer Summe vorher durch Regierung und Landtag festgestellt werden kann, und wo die freie Verfügung des Ministers innerhalb des festgestellten Zweckes beginnen muß". Hagen 1880, S.115 argumentiert, daß der sichere Gang der Verwaltung zwar eine "angemessene" Teilung der Einnahmen und Ausgaben in Titel erfordere, aber eine zu weitgehende Teilung der Verwaltung Fesseln anlegen könnte: "Nie darf den Verwaltungsbehörden aber die Befugniß zum Handeln benommen werden, und daher muß ihnen auch in den Etats durch Titel ohne besondere Bestimmung, welche gewöhnlich die Benennung: Insgemein, erhalten, der erforderliche Spielraum zum Handeln unter eigener Verantwortlichkeit, und die Mittel dazu gesichert bleiben". Jellinek 1899, S.1178 bringt es auf den Nenner: Zu geringe Spezialität behindere die parlamentarische Kontrolle, zu große die Freiheit der Verwaltung. Ähnlich Kaizl 1900, I, S.84, der bei zu extrem durchgeführter Spezialisierung um die Beweglichkeit der Verwaltung und deren Sparneigung fürchtet. Seidler 1901, II, S.54 fordert pauschal, der Spezialisierungsgrad dürfe die "erforderliche Aktionsfreiheit" der Regierung nicht behindern. Das Parlament kann mit seinem Recht, kleine Posten zu votieren, nach Ansicht von Leroy-Beaulieu 1899, II, S.50 f. die Macht der Exekutive fast aufheben. Die Gefahr dieses Mißbrauchs ist seiner Meinung nach eher hinzunehmen als gar keine Kontrolle. Allerdings meint Roscher 1901, II, S.384, daß die Einflußmöglichkeiten der Parlamente daran scheitern, daß ihnen dazu "die nöthige Detailkenntniß und Verwaltungsroutine oft abgehen werden". Lotz 1920, S.70 fürchtet, daß bei zu großer Spezialisierung der Voten der Beratungszeitraum im Parlament zu lang werde und die Budgetverhandlungen den größten Zeitraum der parlamentarischen Beratungszeit in Anspruch nähmen.

[19] Wie Jellinek 1899, S.1178 bemerkt, lassen sich allgemeine Regeln für das richtige Maß der Spezialisierung der Voten nicht aufstellen bzw. haben keinen praktischen Wert. Seidler 1901, II, S.54 formuliert dennoch den Grundsatz, "dass die Specialisirung der Voten nur dort zulässig ist, wo ein bestimmter und selbständiger Verwendungszweck vorausgesehen werden kann". Dieser Satz ist jedoch wiederum interpretationsbedürftig. Auch Neumark 1929, S.224 kommt zu dem Ergebnis, daß sich eine scharfe Grenze für das Maß der Spezialisierung theoretisch nicht bestimmen lasse.

herrschenden politischen Kräfteverhältnissen[20]. Im Spannungsfeld zwischen Parlamentsmehrheit und Regierung mußte sich die vollzugsverbindliche Haushaltsgliederung im Laufe der Zeit herausbilden. Da dieser Prozeß in jedem Staat unterschiedlich verlief, hat sich auch in jedem Staat eine andere Lösung der Detailfragen herausgeschält. Die Antwort, im Staat A werden wie im Staat B die Kapitel votiert, ist nichtssagend, da der Inhalt der Kapitel usw., wie bereits erläutert, in einer Vielzahl von Detaillierungsstufen bestehen kann[21]. Je nachdem, auf welcher Stufe man sich befindet, bindet die votierte Budgetposition die Verwaltung mehr oder weniger[22].

Abweichungen von den Zweckbestimmungen der Etats sind die sog. sachlichen Übertragungen oder **Virements**. Sie liegen dann vor, wenn die bewilligten Ausgaben nicht in voller Höhe für die festgelegten Zwecke benutzt werden

---

[20] Für Leroy-Beaulieu 1899, II, S.86 ist diese Frage nur von "le bon sens public" zu entscheiden: "Les Chambres et le gouvernement doivent avoir un peu de confiance mutuelle; sinon il ne put y avoir d'administration intelligente, prévoyante et économe". Neumark 1929, S.302 meint: "Der politisch 'richtige' Grad der Spezialisierung der Voten liegt demgemäß irgendwo in der Mitte zwischen den Extremen - sein genauer Standort läßt sich freilich nur empirisch feststellen und verschiebt sich naturgemäß entsprechend den Wandlungen der politischen Ansichten wie der tatsächlichen finanzwirtschaftlichen und sozialen Verhältnisse".

[21] Mit anderem Interesse kommt Laband 1871, S.63 zum gleichen Ergebnis: "Es ergiebt sich hieraus, daß mit dem Satze, daß nicht blos die Kapitel- und Titelsummen, sondern auch die denselben zu Grunde liegenden Verwaltungs-Etats für die Regierung bindend sind, allein wenig gewonnen ist, da durch denselben noch nicht die Grenze bezeichnet ist, bis zu welcher die Regierung gehindert sein soll, Mehrausgaben und Ersparnisse gegenseitig zu übertragen". Stourm 1909, S.291 f. sieht sich auch zu keiner inhaltlichen Definition des Wortes "Kapitel" imstande, da dessen Inhalt von der öffentlichen Macht ausweit- und wieder einschränkbar sei. Für ihn ist ein "Kapitel" nur formal beschreibbar: "Le chapitre est une subdivision budgétaire plus étendue que le paragraphe et l'article, qui, dans le sein de chaque ministère, comprend des services corrélatifs ou de même nature". Siehe dazu auch Abschnitt 3.4.2. und 3.4.3.

[22] Ein Posten "Persönliche Ausgaben" bindet z.B. weniger als einer, der 2.000 M. für einen Schreiber festlegt.

und der Restbetrag bei einem anderen Budgetposten Verwendung findet[23]. Sie können, wenn sie zahlreich und in großer Höhe vorgenommen werden, die ursprüngliche Struktur des Staatshaushaltsplans erheblich verändern. Ob man sie im Interesse einer wirtschaftlichen und flexiblen Haushaltsführung für notwendig hält[24] oder als eine Abweichung vom Parlamentswillen betrachtet[25],

---

[23] Schrott 1886, S.432 versteht unter einem Virement "die Verwendung eines bei einem Budgetsatze des Erfordernisses erübrigten Betrages zur Deckung der Mehr-Verwendung bei einem anderen Budgetsatze". Siehe auch Leroy-Beaulieu 1899, II, S.91; Kaizl 1900, I, S.85; Altmann 1910, S.12 und Bräuer 1928, S.8. Stourm 1909, S.340 nennt diese Übertragungsart "virements sur les excédents disponibles". Daneben weist er noch auf die seiner Meinung nach sehr gefährliche Möglichkeit von "virements à titre provisoire ou à charge de restitution" hin. Bei dieser Übertragungsart ist es der Regierung erlaubt, von bestimmten Kapiteln, deren Kredite nicht überschüssig sind, einen Teil seiner augenblicklich disponiblen Kredite zu benutzen, um die dringendsten Bedürfnisse bestimmter anderer Kapitel zu befriedigen. Vor Schluß der Haushaltsperiode müssen die Fonds, soweit möglich, wieder ausgeglichen sein. Malchus 1830, II, S.121 f. befürwortet Übertragungen aus folgenden Gründen: "Eine Verpflichtung der Verwaltung zur genauen Innehaltung solcher approximativen Schätzungen, und eine Beschränkung ihrer Befugniß zur Uebertragung und Benutzung der Ueberschüsse bei einzelnen Artikeln, zur Deckung eines Mangels bei andern, würde dieselbe der Gefahr bloßstellen, sich bei jedem Schritte in der Anordnung oder Ausführung nothwendiger Maaßregeln gehemmt zu sehen, welcher sie nur dadurch würde ausweichen können, daß sie den muthmaaßlichen Bedarf für alle Einzelheiten in dem höchsten Anschlage in Ansatz bringt". Anders hingegen Rotteck 1835, IV, S.460, nach dessen Ansicht die bei einer Rubrik gemachten Einsparungen nicht für Mehrausgaben in einer anderen verwendet werden dürfen. Sie fallen seiner Auffassung nach der Staatskasse anheim. Ebenso Schrott 1886, S.432, für den der Grundsatz gilt, "daß die für ein Erforderniß bewilligte Ausgabssumme von der Staatsverwaltung nicht für ein anderes Erforderniß verwendet werden darf, u.z. selbst dann nicht, wenn die Ausgabssumme für dasjenige Erforderniß, für welches sie bewilliget ist, nicht in ihrem ganzen Betrage nothwendig geworden wäre; daher die allgemeine Regel: Es darf kein Virement der Budgetsätze stattfinden". Für Leroy-Beaulieu 1899, II, S.91 sprechen Vernunft und Erfahrung gegen die Zulässigkeit von Übertragungen.

[24] Nach Meinung von Graaf 1831, S.27 f. muß an dem Grundsatz, die Etatsumme als Limit zu betrachten, festgehalten werden. Die Abweichungen in den einzelnen Teilen des Etats müßten aber gegenseitig ausgleichbar sein, "da ihr Gesammt-Bedarf auf verschiedenen Punkten zur Disposition gestellt wird, aus der Natur der Veranschlagung aber von selbst folgt, daß auf der einen Stelle mehr, auf der anderen weniger, als der für diese oder jene Stelle speziell aufgemachte Etat besagt, gebraucht wird, ohne daß eine wirkliche Ueberschreitung des Verwaltungs-Etats im Ganzen statt findet". Werden die Übertragungsbefugnisse zu eng gefaßt, so heißt das nach Umpfenbach 1887, S.497 "den mitwirkenden Einfluß der Landesvertretung bei gesetzlicher Feststellung des Finanzanschlags in durchaus sachwidriger Weise erhöhen". Roscher 1901, II, S.142 befürchtet bei einem Übertragungsverbot die unnötige Verschwendung von Staatsgeldern: Jeder Minister würde im Zweifel lieber zu viel als zu wenig fordern und den sich danach ergebenden Überschuß trotzdem verausgaben.

[25] Leroy-Beaulieu 1899, II, S.91 meint, daß ein Übertragungsrecht im Widerspruch zum Prinzip der Spezialität stehe und die legitime Macht des Parlaments zur Beeinflussung der Verwaltung beseitige. Nach Gruntzel 1920, S.10 wird i.d.R. an einem Übertragungsverbot festgehalten, um den Einfluß der gesetzgebenden Körperschaften sicherzustellen, "damit die Verwaltung nicht durch Ersparungen bei einer Budgetpost Gelegenheit erhält, bei einer anderen freigebiger zu sein, als dies nach dem Voranschlag beabsichtigt war". Nach Heckel 1898, Budget und Budgetrecht, S.477 f. bilden die votierten Rubriken des Budgets die Grenze zwischen der gesetzgebenden und verordnenden Gewalt. Ein allzu ausgedehntes Übertragungsrecht mache die Intentionen des Budgets hinfällig, da es der Verwaltung ermögliche, einzelne Zwecke zugunsten anderer zu beschneiden.

hängt vom Blickwinkel ab[26]. Beide Gedanken spielten im letzten Jahrhundert eine Rolle. Man versuchte deshalb einen Kompromiß zwischen beiden zu finden[27].

Eine Übertragung von Haushaltsmitteln auf einen anderen als den im Haushaltsplan festgelegten Zweck sollte nur dann erlaubt sein, wenn dies im Plan ausdrücklich vermerkt wurde[28]. Besondere Übertragungen ermöglichen die "*gegenseitig oder einseitig deckungsfähigen*" Ausgabemittel. Durch die Bezeichnung zweier oder mehrerer Titel als gegenseitig deckungsfähig wird die Verwaltung ermächtigt, einen etwaigen Mehrbedarf bei einem Titel aus den Mitteln des anderen Titels zu bestreiten[29]. Die Übertragung darf nicht nur aus

---

26 Bei der Frage der Zulässigkeit von über- und außerplanmäßigen Ausgaben sowie von Übertragungen spielen nach Leroy-Beaulieu 1899, II, S.92 dreierlei Interessensbereiche eine Rolle: zum ersten das rein finanzielle Interesse an einem Budgetgleichgewicht, zum zweiten das Interesse der Verwaltung, dringende, aber unvorhergesehene Ausgaben unverzögert leisten zu können und zum dritten das politische Interesse, das fordere, daß die Rechte des Parlaments zum Zuge kämen, daß die Ausgabenkontrolle der Kammern effektiv sei und daß die Ministerentscheidungen nicht die Absichten der Volksvertretung umgehen könnten.

27 Eine Ausdehnung der Übertragungen auf die gesamten Erübrigungen der obersten Etattitel mache, so Umpfenbach 1887, S.496, "die Vereinbarung des Anschlags fast sinnlos", eine Beschränkung auf die unterste Ebene der Anschlagstitel beschneide dagegen den großen finanziellen Nutzen, den das Übertragungsrecht bei Nichteintreffen der anschlagsmäßigen Voraussetzungen biete. Nach Leroy-Beaulieu 1899, II, S.91 ist die Zulässigkeit von Übertragungen ein Mittelweg bei der Lösung der Frage, ob Budgetänderungen nur vom Parlament oder auch von der Verwaltung vorgenommen werden dürfen. Sie würden, so Borght 1902, S.19 f., "nur in Grenzen gestattet, weil sonst die von den gesetzgebenden Faktoren gewollte Norm für die Wirthschaftsführung hinfällig werden würde". Jegliche staatsrechtliche Bedeutung sprechen dagegen Zorn/Zinn 1926, S.120 den Übertragungen ab. Sie haben ihrer Meinung nach nur finanztechnische Bedeutung.

28 Wie Umpfenbach 1887, S.496 fordert, gehört in den Anschlag auch die Vorherbestimmung, ob und in welchem Umfang Einnahmen und Ausgaben von einem Anschlagstitel auf einen anderen übertragen werden können. Dies gelte insbesondere im Falle der Mitwirkung der Landesvertretungen bei der Budgetvereinbarung. Nach Schulze/Wagner 1926, S.175 muß sich im Haushaltsplan der Vermerk 'Die Mittel sind übertragbar' finden. Nach Auffassung von Barth 1843, S.333 ist die Frage der Übertragbarkeit von Ausgabemitteln von einer Position auf eine andere nicht allgemein zu beantworten. Sie hänge vielmehr von der besonderen Verfassung eines jeden Staates "oder von dem Herkommen" ab. Schrott 1886, S.432 wollte grundsätzlich nur Übertragungen zwischen den Rubriken innerhalb eines Spezialetats zulassen.

29 Vgl. Schulze/Wagner 1926, S.180: "Eine solche Bestimmung, die der Verwaltung eine wesentlich erhöhte Verwendungsfreiheit gibt, wird aber nur dann zulässig sein, wenn die Ausgabetitel nach ihrer Zweckbestimmung der Erfüllung ähnlicher oder miteinander in Zusammenhang stehender Aufgaben dienen und die Wahl zwischen den bei den Bewilligungen vorgesehenen Wegen zur Erreichung des Endzieles für die allgemeine Wirtschaftsführung weniger bedeutungsvoll ist". Der Vermerk muß nach Ansicht von Schulze/Wagner heißen: 'Die Mittel sind mit den bei Titel x vorgesehenen Ansätzen gegenseitig deckungsfähig'. Er sei bei allen unter sich deckungsfähigen Titeln zu wiederholen, um die Übersicht zu erleichtern. Die Aufnahme des Vermerks bei mehreren Titeln sei allerdings nur dann erforderlich, wenn jeder der in Frage kommenden Titel mit dem anderen voll gegenseitig deckungsfähig sei. Bei einseitiger Deckungsfähigkeit bedürfe es nur eines Vermerks bei dem begünstigten Budgetposten (vgl. Schulze/Wagner 1926, S.180 f.).

ersparten Mitteln erfolgen, sondern ist so lange möglich, wie die Mittel noch nicht aufgebraucht sind[30].

Offen ist die grundsätzliche Frage, ob die Budgetvoten, unabhängig von der votierten Budgetstufe und dem Ausnahmefall der ausdrücklich zulässigen Übertragungen, die Regierung rechtlich überhaupt banden und ggf. inwieweit. Waren die votierten Zweckbestimmungen rechtlich nach Art und Maß Einnahme- und Ausgabe**verpflichtungen**, Einnahme- und Ausgabe**ermächtigungen** oder hatten sie überhaupt keine rechtliche Wirkung[31]? Entsprechend den heterogenen Ansichten über den rechtlichen Charakter der Budgets[32], bestanden auch hierüber gegensätzliche Meinungen. *Haenel*, mit seiner Lehre vom Budget als Gesetz im materiellen Sinne, schreibt dem Etat konsequenterweise enge Bindungswirkung zu, *Laband* - mit seiner Auffassung vom Budget als rein formellem Gesetz - dagegen keine. Dazwischen gibt es eine Reihe von Fachmeinungen, die in einzelnen Punkten mehr oder weniger voneinander abweichen[33].

Nach *Haenel* enthält das Etatgesetz zwar bestimmte Einnahmepositionen, die ihrer Absicht nach nur Ermächtigungen an die Regierung im Falle des Bedarfs seien, die weitaus größere Zahl aller Einnahmepositionen konstituiere jedoch

---

30 Siehe Schulze/Wagner 1926, S.181. Einschränkend meinen sie jedoch, daß eine Inanspruchnahme des anderen Ausgabeposten nicht zulässig sei, wenn zweifelhaft sei, ob nicht durch sie der Verwendungszweck eines Titels gefährdet werde: "Denn es bedarf keiner Begründung, daß der eigentliche Verwendungszweck eines Titels demjenigen des mit ihm deckungsfähigen Titels vorangeht".

31 Für Jèze 1927, S.156 ist die Beantwortung der Frage von politischen Erwägungen und den Beziehungen der Exekutiven zur Volksvertretung abhängig: "Die Lösung der Frage für ein bestimmtes Land und eine gegebene Zeit wechselt mit den allgemeinen Grundsätzen der politischen Einrichtungen".

32 Vgl. Abschnitt 2.5.

33 Vgl. dazu auch Paegel 1933, S.3 f. Er kommt zu dem Ergebnis: "Wenn man sich hiernach trotz jahrzehntelanger Beschäftigung mit dem Problem nicht zu einer einheitlichen Auffassung hat durchringen können, so liegt das in der Hauptsache daran, daß die budgetrechtlichen Gesetzestexte die Frage nicht nur nicht positiv entschieden haben, sondern auch nicht einmal eine sichere Stellungnahme in dem einen oder anderen Sinne zulassen oder zum mindesten zuzulassen scheinen".

die Pflicht ihrer Bewirkung[34]. Was die nicht notwendigen Ausgaben betreffe, gäbe es zum einen diejenigen, die nach ihrer Art und Höhe auf freier Übereinstimmung der gesetzgebenden Faktoren beruhten. Zum anderen existierten welche, deren Verwendungszweck zwar durch Gesetz feststehe, bei denen sich die Höhe aber nicht aus ihnen bestimmen lasse, "*sondern nur durch das Hinzutreten freier Erwägungen des Nützlichen und Nothwendigen*"[35]. Das Budgetgesetz schaffe für derartige Ausgaben die Rechtsgrundlage. Es berechtige die Finanzverwaltung nicht nur zu der bezeichneten Ausgabe, sondern verpflichte sie auch dazu[36].

Laband vertritt dagegen die Auffassung, daß das Budgetgesetz keine Regeln enthalte, die in jedem einzelnen Fall von den Behörden und den Untertanen des Staates befolgt werden müßten[37]. Vielmehr sei bei einer sehr großen Zahl von Etatpositionen die Höhe nur approximativ nach gewohnheitsmäßigen

---

34 Vgl. Haenel 1888, S.320 f. Er begründet diese Interpretation mit der "zweifellosen und unbezweifelten" Absicht der gesetzgebenden Faktoren, die einzelnen Einnahmen nach Art und Höhe nicht in das Belieben der Finanzverwaltung zu stellen. Auch die im Etat festgestellten Einnahmen sind seiner Ansicht nach ein Plan, der alle Positionen einzeln nach Art und Höhe in ihrem Verhältnis untereinander bestimmt. Die Einnahmen gewännen dadurch eine rechtliche Determination, die ihnen die einzelnen, ihnen zu Grunde liegenden Gesetze nicht verliehen: "Sie werden zu einem in zeitlicher Cäsur abgeschlossenen Fonds erhoben, dessen Verwendung und dessen Bereitstellung für die Verwendungszwecke den einseitigen Verfügungen der Finanzverwaltung entzogen ist" (Haenel 1888, S.321). Für Földes 1920, S.73 sind die votierten Ausgaben imperativer Natur, "und zwar sowohl der Verwendung als der Ziffer nach". Aus finanzwissenschaftlicher Sicht kommt Umpfenbach 1887, S.48 zum gleichen Ergebnis. Er sieht in der Ausgabeberechtigung zugleich die Pflicht ihrer Vornahme: "Dürfen ist hier müssen, weil eben das dürfen ja ausspricht, daß durch die Verwendung ein das Opfer mehr als vergütender Vortheil für die Gesammtheit zu erzielen ist, ein Vortheil, den die höchste Gewalt nur mit Verläugnung ihrer Pflichten ungenutzt lassen konnte".

35 Haenel 1888, S.322. Der Finanzverwaltung fehlt ohne Budgetgesetz seiner Auffassung nach die Rechtsgrundlage zur Verausgabung der entsprechenden Etatpositionen, da es Rechtssätze enthalte. Vgl. dazu grundsätzlich Abschnitt 2.5.

36 Allerdings müsse die Finanzverwaltung die im Etat eingestellten Mittel nicht unbedingt verausgaben. Wenn z.B. die Ausgabe in Art und Höhe nur im Sinne einer Ermächtigung an die Staatsregierung genehmigt sei oder nur unter bestimmten - eventuell im Laufe des Budgetvollzugs wegfallenden - Voraussetzungen in den Haushaltsplan eingestellt werde oder das Ziel einer Ausgabe mit geringeren Mitteln zu erreichen sei, dann müsse die Ausgabe überhaupt nicht oder nicht in der bemessenen Höhe bewirkt werden. Aber, so Haenel, dies geschehe dann infolge und nach Maßgabe des Budgetgesetzes, "wie dieses jene Ausgabepositionen gemeint und gewollt hat" (Haenel 1888, S.323). In diesem Punkt wendet er sich ausdrücklich gegen die Labandsche Lehre. Es könne zwar durchaus sein, daß die überwiegende Mehrzahl der Ausgabepositionen ermächtigenden Charakter habe, es sei aber eine unrichtige Verallgemeinerung, daraus den allgemeinen Grundsatz abzuleiten, daß staatsrechtlich alle durch anderweitige Gesetze nicht gebundenen Ausgabepositionen nach Art und Höhe nur als Ermächtigung der Finanzverwaltung zu deren freien Benutzung anzusehen seien. Über die Labandsche Theorie urteilt er folglich: "In Wahrheit handelt es sich bei solcher Auffassung um die Annahme einer unbedingten Präsumption für die Auslegung eines Gesetzes, deren Willkürlichkeit nicht einmal durch den Versuch einer Begründung beschönigt wird" (Haenel 1888, S.323).

37 Er schreibt über den Etat: "Gerade in finanzieller Hinsicht ist seine bindende Kraft am geringsten" (Laband 1883, S.208).

Teilrechnungen festgesetzt, so daß es "*geradezu ein Unsinn*" wäre, die Verwaltung gesetzlich zu verpflichten, die Einnahmen in der veranschlagten Höhe zu realisieren[38]. Das Etatgesetz habe keine wirkliche Gesetzeskraft. Die Einnahmen fänden vielmehr ihre Grundlage in der Gesamtheit der Landesgesetze[39]. Was die Ausgaben betreffe, gäbe es zwar jedes Jahr welche, zu denen die Staatsregierung nur durch Etatgesetz ermächtigt sei und zu deren Leistung sie ohne Budgetgesetz keine staatsrechtliche Befugnis habe, das sei jedoch ein verschwindend geringer Teil gegenüber der Masse der Ausgaben, die auf spezifischen Gesetzen und den bereits anerkannten, herkömmlichen Staatseinrichtungen beruhten. Die Regierung bedürfe zur Leistung dieser Ausgaben keiner Ermächtigung durch das Etatgesetz, sondern besitze sie bereits durch andere Gesetze[40].

Eine mehr vermittelnde Position nimmt z.B. *Jellinek* ein. Er stimmt mit *Laband* insoweit überein, als er im Finanzgesetz, sofern es auf bestehenden Gesetzen beruht, "*in keinem Sinne eine Vollmacht*" sieht[41]. Die Einzelvoten des Einnahmebudgets in Staaten mit permanenten Einnahmegesetzen hätten lediglich "*calculatorische*" Bedeutung. Die Verpflichtung der Finanzverwaltung zur Einnahmeerhebung liege in vom Budget unabhängigen Gesetzen[42]. Bei frei zu bewilligenden Zuschlägen habe das Einzelvotum dagegen "*den Charakter einer*

---

[38] Vgl. Laband 1871, S.52 f. Er will der Regierung auch nicht verbieten, eine dem Staat zustehende Einnahme zu erheben, wenn sie im Budgetgesetz nicht aufgeführt ist und eine Ausgabe zu ersparen, für welche der Etat Mittel aufweist. Schulze 1875, S.192 schreibt dazu: "Im Wesen des Etats liegt keine absolute Unabänderlichkeit; er kann abgeändert werden, aber dies soll nie ohne nachweisbaren Grund geschehen. So ist die Regierung nicht verpflichtet, alle in den Etat aufgenommenen Ausgaben, in der ganzen Höhe des Betrages zu machen; sie kann thatsächlich bisweilen gar nicht in der Lage sein eine solche Ausgabe zu machen, weil ihre Veranlassung hinweggefallen ist; sie kann auch zu der Einsicht gekommen sein, dass sich die Aufgabe mit geringeren Kosten erreichen lässt, als mit den im Etat ausgesetzten". Nach Schulze/Wagner 1926, S.151 ist es eine "ausschließlich" politische Frage, ob die Regierung eine vom Parlament bestimmte Ausgabe leisten will oder nicht. Jèze 1927, S.156 meint, historisch sei ein Budgetkredit immer als Ausgabemöglichkeit in Erscheinung getreten, nie als Ausgabeverpflichtung.

[39] Vgl. Laband 1871, S.54. Nur für die außerordentlichen Einnahmen (z.B. durch Veräußerung der Eisenbahn oder Ablösung der Seehandlung) bedürfe es einer Ermächtigung durch den Landtag, welche das Etatgesetz gebe.

[40] Vgl. Laband 1871, S.54. Die spezifische Wirkung des Etatgesetzes sieht Laband darin, "daß die Nothwendigkeit oder Nützlichkeit gewisser Ausgaben vom Landtag und der Regierung übereinstimmend anerkannt wird. Die Befugniß der Regierung zur Leistung dieser Ausgaben wird durch den Etat nicht konstituirt, sondern lediglich deklarirt". Wobei er anmerkt, daß diese Auslegung nur die staatsrechtliche, nicht die politische Bedeutung des Budgets umfasse (Laband 1871, S.54 f.).

[41] Vgl. Jellinek 1887, S.293. Er ist der Ansicht, es erteile der Regierung nicht das Recht zur Finanzverwaltung, sondern es sei "die Erfüllung einer dem existenten Rechte anhaftenden Bedingung", es sei nicht rechtserzeugend, sondern - in all den Staaten, in denen die Einnahmegesetze nicht jährlich erneuert würden - rechtserfüllend.

[42] Vgl. Jellinek 1887, S.310. Auch für Földes 1920, S.73 ist das Einnahmebudget "nur eine Information".

gesetzlichen Ermächtigung für die Regierung zur Erhebung der betreffenden Summen"[43]. Notwendige Ausgaben müsse der Staat prinzipiell leisten, unerheblich ob er die Ansätze des Budgets überschreite oder nicht[44]. Die Voten der Ausgabebudgets bezeichneten prinzipiell die Grenze der Ausgaben, bis zu welcher die Regierung von der Verantwortung entlastet sei[45]. Auch hier sei die Verpflichtung zur Leistung der Ausgaben nicht in den auf den gesetzlichen Titeln beruhenden Voten zu suchen, sondern in den einzelnen Ausgabegesetzen[46]. Was die Verbindlichkeit der im Budget veranschlagten Ausgaben betreffe, dürfe die Regierung, sofern gesetzlich möglich, unter den Voten bleiben[47]. Frei zu bewilligende Ausgaben könnten allerdings auch einen Ausgabebefehl an die Regierung enthalten[48].

---

[43] Jellinek 1899, S.1177 f.

[44] Vgl. dazu ausführlich Mohl 1840, II, S.757 f. Ebenso z.B. Sarwey 1883, II, S.540 f. und Löbe 1889, S.58 f.

[45] Ähnlich Schrott 1886, S.430 f., der in den votierten Ausgabetiteln die Anerkennung der Erfordernisse für das Budgetjahr sieht. Damit "wird gestattet, zur Befriedigung dieser Erfordernisse unter Beobachtung der bezüglichen Gesetze und Verordnungen die Kassen zu Zahlungen aus Staatsgeldern bis zur Höhe der Budgetsätze anzuweisen". Ebenso meint z.B. Widenmeyer 1885, S.19 f., mit Blick auf die württembergischen Verhältnisse, die bewilligten Ausgaben seien Maximalsätze. Die Wirkung der Appropriation erstreckt sich nach Seydel 1887, S.21 nur auf jenen Teil des Ausgabeetats, der entweder nur der Größe oder auch dem Gegenstande nach gesetzlich fixiert sei: "Hier aber besteht die Gebundenheit der Staatsregierung nur darin, dass sie nicht mehr ausgeben darf, als anerkannt worden ist, nicht darin, dass sie Alles ausgeben muss, was anerkannt worden ist". Siehe z.B. auch Meyer 1891, S.621. Földes 1920, S.73 betrachtet die Ausgabevoten ebenfalls als bewilligten Kredit, dessen Grenze nicht überschritten werden dürfe. Nach Nawiasky 1923, S.513 ist die Frage offen, ob die vorgesehenen Ausgaben zwar nicht dem Betrag, aber doch der Art nach geleistet werden müßten: "Diese Frage ist bestritten, sie wird bald bejaht, bald verneint". Seiner Ansicht nach läßt sich die Auffassung vertreten, daß in konstitutionellen Staaten die Kreditbewilligung reinen Ermächtigungscharakter habe, da die Staatsverwaltung an sich Sache des Monarchen und seiner Regierung sei und nur in finanzieller Hinsicht Schranken durch die parlamentarische Geldbewilligung vorgesehen seien. Ebenso Jèze 1927, S.156, für den es in das "Ermessen der Regierung gestellt ist zu prüfen, ob die Ausgabe immer zweckmäßig ist". Bei einer Nichtinanspruchnahme des bewilligten Kredits würden die Dienstzweige allerdings anders verwaltet, als es dem Willen der Kammern entspreche. Stengel 1894, S.292 meint dagegen: "Inwieweit sich etwa die Regierung dauerhaft dadurch haftbar macht, daß sie eine im Budget vorgesehene Ausgabe unterläßt, ist eine Frage, welche nicht ins Budgetrecht gehört". Siehe dazu auch Lang 1930, S.126 ff.

[46] Vgl. Jellinek 1887, S.310 f.

[47] Auch für Neumark 1929, S.260 sind Budgetkredite Ausgabeermächtigungen, bei denen Abweichungen "nach unten" grundsätzlich zulässig sind.

[48] Vgl. Jellinek 1887, S.311 und Jellinek 1899, S.1178. Ähnlich Bluntschli 1875, II, S.98, der meint, daß das Budget "in Form eines Finanzgesetzes die Finanzverwaltung theils anweist, theils ermächtigt". Welcher der beiden Fälle vorliege, sei, so Meyer 1891, S.621, "eine Interpretationsfrage, die nach Maßgabe des einzelnen Falles entschieden werden muß". Nach Jèze 1927, S.157 können die Volksvertretungen einem Budgetkredit auch imperativen Charakter verleihen. In diesem Fall sei er ein Ausgabebefehl. Dem Minister sei damit das Recht entzogen, die Zweckmäßigkeit der Ausgabe nach eigenem Ermessen zu beurteilen. Nach Neumark 1929, S.261 erstreckt sich hier die Ausgabepflicht dem gemeinten Sinne nach auf den Gesamtbetrag der bewilligten Kredite. Für Meister 1933, S.46 ist das auch der Mittelweg zwischen den beiden extremen Positionen, der sich im Kampf zwischen Parlament und Regierung herausbildete.

Die staatsrechtliche Diskussion um die Verbindlichkeit der Budgetzahlen war damit - ähnlich wie die um die Vorherigkeit des Staatshaushaltsplans[49] - ganz vom Verhältnis zwischen Parlament und Regierung geprägt. Es gab Hardliner, die der Regierung umfassende Dispositionsfreiheit zusprachen und die Budgetvoten im Endeffekt für unerheblich hielten. Repräsentanten der extremen Gegenposition betrachteten die Regierung als verpflichtet, Einnahme- und Ausgabesummen in der bewilligten Art und Höhe zu bewirken. Vertreter von mittleren Positionen sprachen sich für ein Sowohl-Als-auch aus, in dem Bemühen, sowohl der Regierung als auch dem Parlament zu ihrem - von entgegengesetzten Interessen geprägten - Recht zu verhelfen. Das Meinungsspektrum war breit. Die verschiedenen Einschätzungen des Rechtscharakters der Budgets, des Rechtszustandes im Falle des Nichtzustandekommens des Budgets und der Verbindlichkeit der Budgetvoten haben eines gemeinsam: Sie erlauben keine eindeutigen Antworten auf entsprechende Fragen, die sich aufgrund mangelnder positivrechtlicher Vorschriften stellen. Will man sich nicht auf den geschilderten Streit einlassen, verbleibt nur zu konstatieren, daß es im 19. Jahrhundert "ein" Budgetrecht nicht gab.

Vor der fruchtlosen staatsrechtlichen Auseinandersetzung um die Verbindlichkeit der Budgetvoten trat die Frage der inneradministrativen Bindungswirkung der Etats in den Hintergrund. Sie war kein staatsrechtliches, allenfalls ein finanzwissenschaftliches Thema.

Grundsätzlich galt der Satz, daß sich die Beamten streng an die im Budget veranschlagten Zahlen halten müssen[50]. Es wurde aber anerkannt, daß sich im Laufe des Budgetvollzugs Abweichungen von den im Haushaltsplan festgeleg-

---

[49] Vgl. Abschnitt 3.5.

[50] So meint z.B. Behr 1822, S.221 f. der Etat sei "als unverbrüchliche Regel ins Gedächtniß zu rufen und übrigens die Finanzverwaltung dahin anzuweisen, daß sie, ohne irgend einer ablenkenden Einwirkung stattzugeben, in ihren Ausgaben sich streng an die einzelnen Positionen des Normal-Etats und des nach diesem gebildeten Jahr-Etats zu halten habe". Nach der Oekonomie der menschlichen Gesellschaften 1845, S.281 muß sich jeder Minister "genau" an seinen Voranschlag halten. In der Finanzwissenschaft 1863, S.333 ist die strenge Einhaltung des Budgets postuliert. Bischof 1876, S.24 schreibt: "Wie auch die Form der Verfassung eines Staates sei, eine strenge Einhaltung des Ausgabe-Etats im Ganzen und im Einzelnen ist immer dringend nothwendig". Ein Verbot der Überschreitung der Budgetrubriken hielt auch Schrott 1886, S.431 für notwendig, "denn diese Budgetsätze enthalten ja eben die Entscheidung darüber, bis zu welcher Grenze man die bezüglichen Erfordernisse als für das Budgetjahr nothwendige anerkennt".

ten Sollzahlen ergeben können[51]. Der Plancharakter des Budgets und der Eintritt unvorhergesehener Ereignisse lassen dies zwangsläufig erscheinen[52]. Ob die Abweichungen vom Plan durch unvorhergesehene Ereignisse oder absicht-

---

51 Wie im Lehrbuch des Kassen- und Rechnungswesens 1829, S.6 zu lesen ist, sind die Etats nur als vorläufige Überschläge der Einnahmen und Ausgaben anzusehen, die durch die späteren einzelnen Einnahme- und Ausgabeanweisungen der Behörden ergänzt werden. Das Finanzgesetz ist nach Auffassung von Umpfenbach 1887, S.476 nicht so zu verstehen, "daß die Finanzverwaltung nun gehalten sei, alles und jedes einzelne, genau so wie das Finanzgesetz angiebt, in der kommenden Periode in die That auszuführen". Der Finanzplan sei seinem Inhalt nach "immer nur eine Hypothese". Die Anschläge sollten nur als "Anhaltspunkte bei der wirklichen Ausführung dienen" (Umpfenbach 1887, S.491). Leroy-Beaulieu 1899, II, S.18 hält Budgetabweichungen für unvermeidbar. Die Ist-Rechnung werde, so Schanz 1899, S.1163, immer mit einem Defizit oder einem Überschuß abschließen. Nach Földes 1920, S.74 ist es selbst bei "skrupulösester" Festsetzung des Haushaltsplanes unmöglich zu erreichen, "daß derselbe die zukünftige Gestaltung genau voraussehe". Schulze/Wagner 1926, S.186 erachten es selbst bei sorgfältigster Etataufstellung als unvermeidlich, daß u.U. Mehrausgaben gegenüber dem Voranschlag notwendig würden. Ebenso Neumark 1929, S.129.

52 Nach Ansicht von Malchus 1830, II, S.121 kann die Mehrzahl der Budgetansätze nur auf annähernder Schätzung beruhen, deren Verwirklichung von dem Zusammentreffen und Zusammenwirken besonderer Umstände abhänge: "In Ansehung dieser, insbesondere der Einzelnheiten einer Hauptgattung von Aufwand, bezweckt der Ansatz einer numerischen Größe in dem Budget, nicht sowohl eine Maaßgabe für diese, sondern vielmehr nur eine Andeutung der Gegenstände, für welche voraussichtlich eine Verwendung erforderlich seyn wird; der in Ansatz gestellte numerische Betrag, nur eine solche ihrer muthmaaßlichen Größe". Auf die "Natur des Staatshaushaltsplans als eines für die Zukunft berechneten Voranschlags" verweist in diesem Zusammenhang Sarwey 1883, II, S.540. Reinhard 1904, S.657 meint dagegen, daß die Einhaltung der Etatansätze bei Bauten aller Art verlangt werden könne, obwohl dort immer Etatüberschreitungen vorzukommen pflegten: "Der Forderung entsprechender Mittel liegen ja immer detaillierte Kostenvoranschläge zu Grunde, welche bei dem heutigen Stande der Technik die Möglichkeit, jede Einzelheit mit der besten Gründlichkeit durchzuarbeiten, eine wesentliche Ueberschreitung verhindern sollten".

liche Fehlschätzungen[53] zustande kamen, kann hier nicht überprüft werden. Letzteres wäre als strategischer Zug von Regierung und Verwaltung zu bewerten, sich die Handlungsfreiheit nach ihren Vorstellungen am Parlament vorbei zu erhalten.

Überschreitungen der Budgetzahlen können sich aufgrund über- und außerplanmäßiger Ausgaben ergeben[54]. Überplanmäßige Ausgaben sind solche, für die Budgetposten im Haushaltsplan vorgesehen sind, der ziffernmäßige Betrag sich aber als nicht ausreichend erweist[55]. Bei außerplanmäßigen Ausgaben ist im Budget kein Posten für die Ausgabeart vorgesehen[56]. Beide durchbrechen

---

53 Nach Einschätzung von Jèze 1927, S.275 kommen Fehlbeträge im Etat äußerst selten aufgrund unvorhergesehener Entwicklungen zustande. Leroy-Beaulieu 1899, II, S.41 fordert: "Le principe qui domine la matière, c'est que la sincérité la plus complète doit présider aux prévisions". Entgegen diesem Prinzip werde das Budget aber oft absichtlich falsch geschätzt. In diesem Sinne äußert sich auch Stourm 1909, S.163. Schanz 1899, S.1149 warnt: "in der Mehrheit der Fälle wird eine offene Darlegung, gepaart mit dem ernstlichen Streben, den Haushalt in Ordnung zu bringen oder darin zu erhalten, auf die Dauer bessere Resultate erzielen als eine trügerische, die doch sofort durch die Wirklichkeit Lügen gestraft wird". Tatsächlich werde aber häufig verdeckt auf einen beträchtlichen Überschuß hingearbeitet, in dem Bewußtsein, daß außerordentliche Ausgaben von den Kammern bereitwilliger genehmigt würden, wenn die hierfür erforderlichen Mittel bereits vorhanden seien, als wenn sie erst bereitgestellt werden müßten (Schanz 1899, S.1150). Földes 1920, S.73 f. konstatiert, daß nicht fix eingestellte Ausgaben immer etwas niedriger bemessen werden, da höhere Ausgaben so oder so gedeckt werden müßten. Der Trick erlaube der Regierung, ein niedriges und deshalb in vielen Augen besseres Ausgabenbudget zu präsentieren. Das Bewußtsein, daß das Budget nachträglich abgeändert werden kann, veranlasse manchen Minister, sein Budget im Rahmen zu halten, um eventuelle Unannehmlichkeiten bei der Budgetdebatte zu vermeiden und später unter günstigeren Umständen Nachtragsforderungen zu stellen. Bei ihrer Einbringung werde i.d.R. nicht nach dem Gleichgewicht im Staatshaushalt gefragt, sondern nur die Berechtigung der Forderung diskutiert. Jèze 1927, S.276 ff. verlangt, von einer zu "optimistischen" - d.h. zu niedrigen - Ausgabenveranschlagung abzusehen. Nach Ansicht von Neumark 1929, S.261 f. sind wirkliche Ersparnisse der ausgabeberechtigten Stellen aus eigenem Antrieb "nach Maßgabe der tatsächlichen Erfahrungen regelmäßig nicht zu erwarten". Vielmehr werde von der Verwaltung oft der Weg der 'Überanforderung' beschritten. Bewußte und fahrlässig ungenaue Schätzungen erkenne das Parlament selten als solche. Da Nachtragsetats von den Volksvertretungen erfahrungsgemäß nicht mit gleicher Sorgfalt wie die Hauptbudgets beraten würden, nehme die Regierung in Kenntnis dieser Tatsache häufig politisch strittige Posten nicht in das ursprüngliche Budget auf, um sie im Laufe der Budgetperiode als Nachtrag einzufordern, und zwar überwiegend nach Eingehung oder Leistung der fraglichen Ausgaben (vgl. Neumark 1929, S.317).

54 Wie Schulze 1875, S.193 meint, handle die Staatsregierung geradezu pflichtwidrig, "wenn sie, in pedantischer Einhaltung des Etats, eine solche Mehrausgabe unterlassen und dadurch das Staatswohl gefährden wollte".

55 Schulze 1875, S.192 bezeichnet sie auch als eigentliche oder quantitative Etatüberschreitungen. Ebenso z.B. Widenmeyer 1885, S.26. Leroy-Beaulieu 1899, II, S.92 beschreibt die "crédits supplémentaires" wie folgt: Es sind "les augmentations, après le vote du budget, de crédits qui y figurent, mais qui sont reconnus insuffisants". Siehe auch Neumark 1929, S.310 f.

56 Schulze 1875, S.192 kennzeichnet diese qualitativen Abweichungen als Ausgaben, für die im Budget keine Deckungsmittel vorgesehen sind. Neumark 1929, S.310 versteht darunter Ausgaben für budgetmäßig nicht vorgesehene Zwecke.

das Vollständigkeitsprinzip[57] und bei häufigerem Auftreten wirken sie sich negativ auf die Übersichtlichkeit des Budgets aus[58].

Je länger die Etatperioden, desto wahrscheinlicher sind unvorhergesehene Erfordernisse[59]. Sie dürfen - so die theoretische Forderung - nur zur Verausgabung gelangen, wenn im Parlament zuvor ein Nachtragsetat[60] eingebracht und votiert wurde[61]. Da das Verfahren als relativ umständlich galt[62] und die Volksvertretungen nicht immer tagten, wenn sich ein Nachtragsetat als erforderlich erwies, wurde i.d.R. befürwortet, daß über- und außerplanmäßige Ausgaben auch ohne parlamentarische Zustimmung geleistet werden durften, allerdings nur mit Zustimmung der Finanz- oder Ressortminister[63]. Diese hatten auch die politische Verantwortung zu tragen und mußten sich entweder bei

---

57 Siehe dazu Abschnitt 3.3.; Heckel 1898, Das Budget, S.18 und Neumark 1929, S.126.

58 Siehe z.B. Heckel 1898, Das Budget, S.18 und Abschnitt 3.4.

59 Siehe dazu ausführlich Abschnitt 3.6.1. In gleichem Sinne Heckel 1898, Das Budget, S.18 und Eheberg 1922, S.534.

60 Nachtragsetats enthalten Forderungen, die erst nach der Feststellung des Hauptbudgets bzw. nach dessen Votierung aufgetreten sind (vgl. z.B. Eheberg 1922, S.534 f.). Heckel 1898, Das Budget, S.18 bezeichnet sie als "Anhängsel" zum Budget. In gleichem Sinne Eheberg 1922, S.534 und Hatschek 1923, II, S.315 ff. Nach Neumark 1929, S.220 sind Nachtragsetats "Ergänzungen des gesetzlich festgestellten Budgets, die während des Vollzugszeitraums erforderlich werden". Sie gliederten die über- und außerplanmäßigen Ausgaben dem Budget ein.

61 Siehe z.B. Rotteck 1835, IV, S.460 und Schulze/Wagner 1926, S.186. Laband 1890, S.366 vertritt hingegen die Ansicht, daß nur für außeretatmäßige Ausgaben ein Nachtragsetat notwendig sei. Die Nichterhebung einer etatmäßigen Einnahme, die Erhebung einer nicht im Etat aufgeführten Einnahme, die Nichtleistung einer im Etat veranschlagten Ausgabe sowie Abweichungen von den Budgetziffern seien lediglich in der Budgetrechnung nachzuweisen. Nach Hatschek 1923, II, S.314 ist prinzipiell keine Ausgabe, die ohne vorherige Genehmigung durch das Parlament getätigt wurde, rechtmäßig.

62 Schulze/Wagner 1926, S.186 fordern für die Regierung die Möglichkeit, "auf eigene Verantwortung zu handeln", wenn das Verfahren zur Einbringung eines Nachtragshaushaltes im Parlament zu aufwendig ist. Es müsse aber die Gewähr gegeben sein, daß sie von ihrer Handlungsbefugnis nur in dringendsten Fällen Gebrauch mache.

63 Diese Regel stimmt auch mit vorkonstitutionellen Vorstellungen überein. Nach Harl 1811, II, S.293 ist ein ratifizierter Etat für den Rechnungsbeamten eine Norm, "von der er ohne höhere Autorisation nicht abweichen darf". Malchus 1830, II, S.95 formuliert das folgendermaßen: "Ueberhaupt kann das Finanzgesetz und das Budget, welches durch dasselbe genehmigt ist, nur als eine bedingte, oder hypothetische, eventuelle Norm betrachtet werden, die in Absicht auf die Einzelheiten in dem Budget, erst durch das spätere Gesetz über den definitiven Abschluß des Finanzjahres, präcisiert wird, oder ihre bestimmte Geltung erhält, bis zu welcher deren verbindliche Kraft sich vorzüglich nur durch die Begründung der Verpflichtung der Departementschefs zur Rechtfertigung etwaiger Abweichungen von dessen Vorschriften äußert". Bei einer Abweichung von den im Etat festgehaltenen Summen bedarf es nach Ansicht Bischofs (1876, S.24) sogar der Einwilligung des Staatsoberhaupts. Etatüberschreitungen und außeretatmäßige Ausgaben bedürfen nach Schanz 1899, S.1163 der Genehmigung der Ressortminister und nachträglich der Kammern. Die Rechenschaftspflicht von Finanz- und Ressortminister bietet laut Schulze/Wagner 1926, S.186 "die größtmögliche Sicherung" gegen einen Mißbrauch der Überschreitungsbefugnis durch die Regierung.

Einbringung des Nachtragsetats oder anläßlich der Rechnungslegung vor den Parlamenten rechtfertigen[64]. Um einen Mißbrauch dieser Praxis seitens der Regierung zu verhindern[65], versuchte man mittels allgemeiner Sätze die Grenzen festzulegen, deren Überschreitung auf jeden Fall die Vorlage eines Nachtragsbudgets vor Verausgabung der Mittel erforderlich machte[66].

64 Vgl. z.B. Schulze 1875, S.193 und Meissner 1882, S.103. Abweichungen bei den Einnahmen unterliegen nach Meyer 1891, S.622 nur der nachträglichen Genehmigung des Landtags, soweit sie durch Abweichungen von den Vorschriften der Gesetze oder des Etats entstanden sind, nicht dagegen, soweit sie Resultate tatsächlicher Verhältnisse - also durch unrichtige Voranschläge veranlaßt - sind. Bei den überplanmäßigen Ausgaben wird - wie auch bei den planmäßigen (vgl. Abschnitt 2.5.3.) - eine Bewilligungspflicht der Stände angenommen. Widenmeyer 1885, S.26 sieht z.B. bei überplanmäßigen Ausgaben keine Verantwortung der Minister. Sie müßten die Etatabweichungen zwar der landständischen Kenntnisnahme und Anerkennung unterstellen, aber "die landschaftliche Genehmigung ist formeller Natur", da den Ständen ein Recht zur Versagung der Zustimmung nicht zukomme. Allerdings: "Käme es ausnahmsweise vor, daß eine quantitative Etatsabweichung, durch Mindereinnahme oder Mehrausgabe, auf Maßnahmen der Regierung zurückzuführen wäre, dann würde auch ein materielles Prüfungs- und Genehmigungsrecht der Landstände Platz greifen" (Widenmeyer 1885, S.26). Vgl. auch Meyer 1891, S.622. Reinhard 1904, S.655 sieht bei einem Mehraufwand, der auf Grund einer gesetzlichen Vorschrift zu leisten ist, in der Genehmigung des Landtags eine gebundene Willensäußerung, "denn der Zwang der Verhältnisse war stärker als der Wille der Regierung". Bei der nachträglichen Bewilligung außeretatmäßiger Ausgaben sei der Landtag allerdings in seinem Entschluß frei. Da aber eine einmal verausgabte Summe nicht wieder herbeigeschafft werden könne, sei zunächst immer davon auszugehen, daß die Regierung im Sinne einer "vorsorglichen Verwaltung einen guten und nützlichen Zweck" verfolgte.

65 Nach Ansicht von Neumark 1929, S.312 bedrohen über- und außerplanmäßige Ausgaben das Haushaltsgleichgewicht und damit das letzte Ziel budgetmäßiger Haushaltswirtschaft. Daneben bestehe die spezifisch politische Gefahr von Haushaltsüberschreitungen darin, daß es sich um Verwaltungsgebiete drehe, auf die das Parlament im allgemeinen keinen Einfluß habe.

66 Die Bindung der Verwaltung an die im Budget fixierten Zweckbestimmungen und Ziffern ist nach Neumark 1929, S.312 durch ständige Kontrollen zu sichern. Außerdem sei der gute Wille der Exekutive notwendig, tatsächlich nur planmäßige Ausgaben zu leisten. Er stellt für die Behandlung über- und außerplanmäßiger Ausgaben fünf Grundsätze auf (vgl. Neumark 1929, S.314 f.): 1. Eine einzelne Ausgabe ist, wenn von beträchtlicher Höhe, jedenfalls vor ihrer Leistung budgetmäßig zu veranschlagen. 2. Das gleiche gilt für jedes im Budget nicht vorgesehene Bedürfnis von besonderer politischer Bedeutung, ohne Rücksicht auf die Höhe des erforderlichen Kredits. 3. Sofern eine Anzahl der verschiedenen über- und außerplanmäßigen Bedürfnisse, die nicht schon im einzelnen wegen ihrer Höhe oder ihrer politischen Bedeutung vor ihrer Eingehung dem Budget einzugliedern sind, insgesamt eine bestimmte größere Summe überschritten hat, muß ebenfalls eine (zum Teil nachträgliche) budgetmäßige Veranschlagung erfolgen. 4. Die vorherige Zustimmung des Finanzministers ist erforderlich: 4.1. Zur Eingehung über- und außerplanmäßiger Ausgaben, die wegen ihrer Geringfügigkeit nicht nach den obigen Grundsätzen der Veranschlagung bedürfen; 4.2. zur Eingehung solcher Ausgaben, die zwar an sich nach Maßgabe der vorhergehenden Grundsätze nur nach erfolgter budgetrechtlicher Genehmigung eingegangen werden dürften, deren Vollzug aber in unmittelbarem Interesse des Staatswohls keinen Aufschub duldet. 5. Im letzteren Fall ist dem Parlament alsbald Mitteilung zu machen.

Über Sinn und Unsinn eines Nachtragsetats im Falle bereits geleisteter Ausgaben herrschten unterschiedliche Auffassungen[67]. Dagegen wurde angeführt, daß der Nachtragsetat, der theoretisch dem Staatshaushaltsplan gleichgestellt war, kein Plan mehr sei, da die Verausgabung der Mittel bereits erfolgte, und er im übrigen das Gebot der Vorherigkeit nicht erfülle[68]. Dem Parlament bleibe so faktisch gar nichts anderes übrig, als ihm zuzustimmen[69].

3.8.2. Die Praxis

Die rechtlichen Regelungen bezüglich der Votierung des Budgets, der sachlichen Übertragungen, der verfassungsmäßigen und inneradministrativen Verbindlichkeit des Budgets sowie der Behandlung der über- und außerplanmäßigen Einnahmen und Ausgaben werden hier zusammenhängend dargestellt, da die verschiedenen Aspekte in den einzelnen Regelungen oft nicht zu trennen sind.

Preußen

Die inneradministrative Verbindlichkeit der Etatsummen war in allen untersuchten Staaten wesentlich ausführlicher geregelt als der Verbindlichkeitsgrad, mit dem die Regierung verpflichtet war, sich an die Budgetvoten des Parlaments zu halten. In Preußen setzt das Publikandum über die veränderte Verfassung der Finanzverwaltung von 1808 fest, daß das Finanzministerium die gesamten Staatseinnahmen verwaltet. Für die Bedürfnisse der Staatsverwaltung außerhalb des Finanzministeriums weist der Finanzminister den Departementchefs - nach einer gemeinsamen Ausmittelung des Bedarfs - die volle Summe an. Die Verteilung der Mittel in die untergeordneten Verwaltungszweige erfolgt in Verantwortung der Ressortminister[70]. Jede Regierungsdeputation ist

[67] Wie Neumark 1929, S.313 darlegt, müssen über- und außerplanmäßige Ausgaben in den Gesamthaushaltsplan eingegliedert werden, da nur so aus finanzwirtschaftlicher Sicht der notwendige Zusammenhang zwischen Einnahmen und Mehrausgaben hergestellt werden könne. Aus politischer Sicht sichere nur deren budgetmäßige Veranschlagung den gesetzgebenden Körperschaften die Möglichkeit einer umfassenden Kontrolle über den Gang der Finanzverwaltung.

[68] Laband 1890, S.366 konstatiert, daß die Form des Nachtragsgesetzes deshalb nicht beachtet werde, "weil es unlogisch ist, für bereits geleistete Ausgaben die Bewilligung in der Form eines Voranschlags auszusprechen".

[69] Laband 1890, S.366 meint, von einer Bewilligung (Indemnität) könne nur dann die Rede sein, wenn sie auf freier Willensentscheidung des Parlaments beruhe. Neumark 1929, S.312 mißt dem üblichen Weg der nachträglichen Genehmigung bereits verausgabter Mittel keine große praktische Bedeutung zu: "Der ganze Wert des parlamentarischen Budgetrechts hängt vielmehr entscheidend davon ab, inwieweit die Verwaltungen sich tatsächlich an die festgestellten Budgetansätze nach Art und Maß gebunden fühlen".

[70] Vgl. PrGS 1808, S.361 ff., Ziffer 21.

befugt, über die etatmäßigen Ausgaben innerhalb der Grenzen des Etats zu verfügen, keine aber, den Etat ohne höhere Genehmigung zu überschreiten oder in die Ausgabemittel einer anderen Deputation einzugreifen[71]. Die Regierungen haben Anweisungen auf das Extraordinarium, sobald ihr Gesamtbetrag 3 % der Bruttoeinnahme des betreffenden Etats übersteigt, zur höheren Prüfung und Entscheidung einzureichen[72]. Für jede Ausgabe, die über die genehmigte Summe hinausgeht, "*ist Unsere besondere Zustimmung und Unser Befehl an die Abtheilung für die Generalkassen erforderlich*"[73].

Die Etats dienen den verwaltenden Behörden als Richtschnur[74]. Innerhalb der Grenzen der bestätigten Etats darf die einzelne Regierungsabteilung "*zwar über die etatsmäßigen Summen, ihrer Bestimmung gemäß, ohne weitere Anfrage verfügen; sie muß dabei aber haushälterisch zu Werke gehen, alle überflüssigen und unnöthigen Ausgaben vermeiden, und auf angemessene Ersparungen, besonders bei den öffentlichen Bauten und Anlagen, bedacht seyn. Niemals darf sie sich Etatsüberschreitungen oder Verwendungen etatsmäßiger Summen zu andern, als den im Etat ausgedrückten, Zwecken ohne höhere Genehmigung erlauben*"[75].

Höhere Genehmigung ist von den Regierungen bei allen außerordentlichen, nicht etatmäßigen Zahlungen, bei allen Etatüberschreitungen, bei allen Verwendungen zu anderen als den etatmäßigen Zwecken sowie bei den durch diese Bestimmung nicht ausdrücklich den Regierungen zur Disposition überlassenen Einsparungen bei etatmäßigen Ausgaben einzuholen[76]. Ohne Beteiligung der "*Chefs*" der Generalkontrolle dürfen keine Abgaben neu bewilligt, erhöht oder sonstige Veränderungen vorgenommen werden, welche die Überschreitung von Etattiteln oder die Verwendung von Etatsummen zur Folge haben, die sonst hätten erspart werden können[77]. In einer Kabinettsorder, betreffend den Staatshaushalt von 1820, wird vom König angeordnet: "*Die vorstehend von Mir als Bedarf bei der laufenden Verwaltung angenommene Summe darf unter keiner Bedingung erhöhet werden. Die Chefs der einzelnen Verwaltungen sind Mir dafür persönlich und das gesammte Staats-Ministerium insbesondere um somehr verantwortlich, als die von Mir bewilligte Summe im Ganzen zu den in den bisherigen Etats-Nachweisungen angegebenen Zwecken, ausreichen wird*"[78]. Die Instruktion für die Oberrechnungskammer von 1824

---

[71] Vgl. PrGS 1808, S.481 ff., § 75.

[72] Vgl. PrGS 1808, S.481 ff., § 69 Buchstabe h.

[73] PrGS 1810, S.16.

[74] Vgl. PrGS 1812, S.45, Ziffer 2.

[75] PrGS 1817, S.248 ff., § 20 Abs. 4.

[76] Vgl. PrGS 1817, S.248 ff., § 21 Ziffer 12.

[77] Vgl. PrGS 1817, S.292 ff., Ziffer II, Abs. 3.

[78] PrGS 1820, S.22.

bestimmt eindeutig: "*Die Etats-Titel der Ausgabe sind als gesetzliche Normen zu betrachten, welche nicht überschritten werden dürfen; - nur in dem Falle soll es den obersten Verwaltungs-Behörden frei stehen, im Laufe der Administration Erhöhungen der etatsmäßigen Ausgaben bis zur Höhe von fünf Prozent des speziellen betreffenden Etats-Titels zu bewilligen, wenn die Mehrausgaben durch Mehreinnahmen unvermeidlich herbeigeführt, und die Erstern aus den Letztern gedeckt werden können*"[79]. Auch Abweichungen von den genehmigten Bauanschlägen oder deren Abänderung darf i.d.R. nicht geduldet werden. Der ausführende Baumeister, welcher sich dergleichen zu Schulden kommen läßt, muß die dadurch verursachten Mehrausgaben selbst tragen. Wenn durch nicht vorherzusehende Umstände Abweichungen von den Bauanschlägen notwendig werden, müssen diese und die etwaigen Überschreitungen durch die Revisionsprotokolle und die beizufügende höhere Genehmigung gerechtfertigt sowie die Mehrkosten durch einen besonderen nachträglichen Anschlag begründet werden[80]. Bei Abweichungen von den Forstetats bei den Oberförstereien bedarf es keiner höheren Genehmigung, sofern am Ende des Wirtschaftsjahres in allen Forstrevieren eines Regierungsdepartements zusammen die Hauptsumme des ganzen Departements erreicht wird. "*Wenn im Ganzen mehr als die Haupt-Etats-Summe beschafft worden ist, so ist deshalb eben so wenig die Genehmigung erforderlich*"[81].

Die den Ministern und obersten Verwaltungschefs zur Verwendung überwiesenen Summen sind an die Hauptabteilungen oder Titel, welche der Etat für einzelne Gegenstände enthält, gebunden "*und dürfen daher die Ausgaben des einen Titels nicht zu denen eines andern verwendet werden*"[82]. Die Unterabteilungen eines Etattitels bei den Provinzial- und Spezialetats bilden hiervon eine Ausnahme. Übertragungen sind bei den Etats möglich, die nach einem übereinstimmenden Schema gefertigt sind. Sie können bei denjenigen Unterabteilungen der Etattitel vorgenommen werden, die nahe verwandt sind[83]. Wo bei einer Hauptabteilung oder einem Titel eine gegenseitige Deckung zugelassen sein soll, muß dies im Etat ausdrücklich vermerkt sein[84].

Zum Verhältnis zwischen der Regierung und den Kammern bestimmt die preußische Verfassungsurkunde: "*Zu Etats-Ueberschreitungen ist die nachträg-*

---

[79] IOR 1824, § 26 Abs. 1.

[80] Vgl. IOR 1824, § 18 Abs. 2.

[81] Annalen 1825, Bd. 9, S.844.

[82] Annalen 1826, Bd. 10, S.650, Buchstabe B, Ziffer I.

[83] Vgl. IOR 1824, § 26 Abs. 4. Es sind u.a. Schreibmaterialien, Holz und Licht aufgeführt. Vgl. auch Annalen 1826, Bd. 10, S.650.

[84] Vgl. Annalen 1826, Bd. 10, S.651. Siehe auch IOR 1824, § 26 Abs. 1.

liche Genehmigung der Kammern erforderlich"[85]. Das Oberrechnungskammergesetz von 1872 führt aus, daß Etatüberschreitungen im Sinne der Verfassungsurkunde alle Mehrausgaben sind, die gegen die einzelnen Kapitel und Titel des festgestellten Staatshaushaltsetats oder gegen die von der Landesvertretung genehmigten Spezialetats erfolgt sind. Dies gilt nur, sofern nicht einzelne Etattitel ausdrücklich als übertragbar bezeichnet sind und die Mehrausgaben bei einem Titel durch Minderausgaben bei anderen ausgeglichen werden[86]. Ein Nachweis der Etatüberschreitungen und außeretatmäßigen Ausgaben ist jeweils im nächsten Jahr, nachdem sie entstanden sind, den Häusern des Landtags zur nachträglichen Genehmigung vorzulegen[87]. Nach einer Bestimmung von 1912 zählen Ausgaben nicht als Etatüberschreitungen, wenn bei den einzelnen Titeln ausdrücklich vermerkt ist, daß dem Ausgabesoll be-

[85] PrVU 1850, Art. 104. Laband 1871, S.55 ff. sieht in Mehrausgaben keine Verletzung des Etatgesetzes, wenn die Befugnis vom Landtag anerkannt ist. Es obliege dann der Regierung, sich die nachträgliche Anerkennung zu verschaffen. Sie trage das Risiko, daß die Anerkennung versagt werden könne, und müsse auf eigene Verantwortung die Notwendigkeit und Nützlichkeit der Ausgaben prüfen und vertreten. Bei den durch das Etatgesetz bewilligten Ausgaben sei sie bis zur Höhe der genehmigten Beträge von der Verantwortung frei. Den in Rede stehenden Verfassungsartikel kommentierte er wie folgt: "Daß aber die Regierung durch jede dieser Ausgaben eine Ungesetzlichkeit verübe, für welche sie die Kammer gleichsam um Pardon oder 'Indemnität' zu bitten habe, ist zwar eine sehr verbreitete, aber dessen ungeachtet nur auf politischen Vorurtheilen beruhende, irrthümliche Anschauung" (Laband 1871, S.57). Die Beschlußfassung über das Budget erfolgt in Preußen nach Stengel 1894, S.290 in der Weise, daß über jeden einzelnen "Posten" des "Hauptetats" und der einzelnen "Spezialetats" abgestimmt wird. Obwohl nur der Hauptetat veröffentlicht ist, seien auch die Spezialetats für die Verwaltung bindend. Ursprünglich habe das preußische Abgeordnetenhaus die Ansicht vertreten, jede einzelne Etatposition samt ihrer Anlagen sei für die Regierung verbindlich. Außerdem gebe es noch eine Budgettheorie, die nur der Gesamtsumme der Einnahmen und Ausgaben rechtsverbindliche Kraft zubillige, mit der Begründung, der Etat sei dem Gesetz nur als Anlage beigegeben (vgl. Laband 1871, S.59). Die preußische Praxis sei der Mittelweg zwischen beiden Auffassungen. Die Wörtchen "Kapitel" und "Titel" seien, so Reinhard 1904, S.657, Gegenstand "des erbittertsten Kampfes des Landtags mit der Regierung" gewesen, da die Regierung die Auffassung vertreten habe, daß die Einhaltung der Haupt- und Spezialetats allen Anforderungen einer umfassenden Kontrolle durch den Landtag genüge. Das Abgeordnetenhaus habe sich jedoch dieser Auffassung widersetzt und die Regierung auf die Einhaltung auch der Titel verpflichtet. Laband 1871, S.61 sieht in der preußischen Vorgehensweise nur ein "leidlich zufriedenstellendes Resultat", da nach seiner Auffassung die Etatsummen keine rechtlich selbständige Bedeutung haben, die einzelnen Kapitel und Titel vielmehr nur das "rechnungsmäßige Facit" der einzelnen Verwaltungsetats seien.

[86] Vgl. PrORKG 1872, § 19 Abs. 1 Satz 1. Die Vorschrift geht von dem Grundsatz aus, daß nur die Titel und Positionen gegenseitig deckungsfähig sind, denen der Etat diese Eigenschaft ausdrücklich beilegt (vgl. Meißner 1879, S.89).

[87] Vgl. PrORKG 1872, § 19 Abs. 3 Satz 1. Nach Arndt 1891, S.232 werden außeretatmäßige Ausgaben niemals nachträglich genehmigt, sondern dem Landtag nur zur Kenntnis mitgeteilt. Lediglich Etatüberschreitungen bedürfen der nachträglichen Genehmigung. "Bezüglich der Mehreinnahmen kann der Landtag zwar Bemerkungen machen, wie er dies auch bezüglich jedes anderen Gegenstandes thun darf; aber seine Genehmigung ist entbehrlich; sie wird weder nachgesucht noch ertheilt".

stimmte Einnahmen zufließen sollen und die entstandenen Mehrausgaben in den Einnahmen ihre Deckung finden[88].

In Preußen wurden die Ministerien und ihre untergeordneten Behörden also schon frühzeitig eng an die Etatpositionen gebunden[89]. Eine Übertragung der Etatmittel war nur innerhalb verwandter Unterabteilungen eines Titels möglich, bei Hauptabteilungen oder Titeln nur, wenn dies in den Etats ausdrücklich zugelassen war. Letzteres galt später auch für die Übertragungen der von den Kammern votierten Budgetposten der Spezialetats[90].

In den Budgetentwürfen sind sachliche Übertragungen - z.T. zumindest - ab 1850 gekennzeichnet. Im Etat der Verwaltung für Handel, Gewerbe, Bau- und Eisenbahnangelegenheiten ist z.B. angemerkt: "*Die Fonds zu B., C. und D. übertragen sich gegenseitig*"[91]. Bei Titel 4 (Zur materiellen Unterhaltung der vorhandenen 1650 1/2 Meilen Chaussee usw.) ist notiert: "*Bei diesen Fonds kommt nur der wirkliche Einnahme-Betrag zur Verwendung. Ersparnisse bei denselben dienen zur Verstärkung des Fonds Tit. II. C.*"[92]. Auch einseitig übertragbare Ausgaben sind darin enthalten. Im Spezialetat desselben Ministeriums ist z.B. 1860 angeordnet: "*Die unter 6. bis 8. aufgeführten Fonds übertragen sich gegenseitig, und haben bis zur Durchführung des neuen Organisations-Plans der Bau-Verwaltung die Mehrkosten bei A. 3. und 4. zu decken*"[93]. Dabei handelt es sich jeweils um Personalausgaben. Die Formulierung "*die Fonds übertragen sich ...*" wurde übrigens bis 1914 beibehalten[94].

---

88 Vgl. PrGS 1912, Artikel I, Ziffer 5, Buchstabe b. Diese Regelung setzt übrigens zum Teil das Bruttoprinzip außer Kraft (vgl. dazu Abschnitt 3.3.2.).

89 Meissner 1882, S.103 kommentiert das so: "Wenngleich der Haupt-Finanz-Etat an sich nicht als ein Gesetz im staatsrechtlichen Sinne betrachtet werden kann, so legt doch die im Staatshaushalt unumgänglich nothwendige Ordnung den Verwaltungsbehörden die Pflicht auf, denselben, sowie die mit ihm und durch ihn zur Feststellung gelangten Spezial- und die Kassen-Etats, wie eine gesetzliche Vorschrift zu betrachten und demgemäß, so weit es die Umstände gestatten, genau inne zu halten".

90 Wie weit die Spezialisierung der Voten und damit die Verbindlichkeit der Etats gehen soll, ist unbestimmt. Wie Laband 1871, S.65 schreibt, legt der preußische Rechtszustand "dem Landtage und der Regierung in beiden Beziehungen für jeden einzelnen Fall die Pflicht auf, die That- und Rechtsfrage selbst zu entscheiden und die Schwierigkeiten dieser ohnehin großen und bedenklichen Aufgabe werden noch dadurch erhöht, daß über die zur Anwendung zu bringenden Rechtssätze weder Einverständniß noch Klarheit herrscht".

91 Wobei B. Tagegelder, C. Remunerationen und D. Stellvertretungs-, Versetzungs- und Umzugskosten sind (vgl. PrEE 1850, Anlagen Bd. II, Anlage zu pos. 30 b.i.).

92 Die Ersparnisse gehen an den Titel "Besoldungen und Fuhrkosten des bautechnischen Beamten-Personals, der Hafen- und Schifffahrts-Beamten und zur Unterhaltung der Leuchtfeuer usw." (vgl. PrEE 1850, Anlagen Bd. II, Anlage zu pos. 30 b.-i., Titel 4).

93 Vgl. PrEE 1860, Anlagen Bd. III, Etat Nr. 1, Titel 3, Nr. 8.

94 Vgl. z.B. PrEE 1914/15, Anlagen Bd. II, Etat Nr. 25, Kap. 64, Titel 8.

Tabelle 1.8. zeigt zunächst den Soll-Ist-Vergleich der etatmäßigen Einnahmen und Ausgaben. Die Einnahmen liegen bis zu maximal 23,5 % über dem Anschlag (1850), sie bleiben aber auch bis zu 11,3 % hinter ihm zurück (1864)[95]. Der Anteil der tatsächlich geleisteten dauernden Ausgaben schwankt im Verhältnis zu den veranschlagten zwischen 19,5 % (1864) und -11,4 % (1889/90)[96]. Alles in allem erscheinen die Schätzungen der Einnahmen und der dauernden Ausgaben damit relativ genau. Die Regierungen hielten sich im ganzen betrachtet in dieser Bandbreite an die Vorgaben der verabschiedeten Budgets. Über 10%ige Abweichungen erscheinen eher als Ausreißer. Wesentlich stärkere Differenzen sind bei den einmaligen und außerordentlichen Ausgaben zu beobachten. Sie wurden im 1. Quartal 1877 um 158,1 % über- und 1850 um annähernd 60 % unterschritten[97]. In manchen Jahren wiederum erreichen die tatsächlichen einmaligen und außerordentlichen Einnahmen die etatmäßig geschätzten beinahe genau[98].

Nachtragsetats sind im preußischen Budgetrecht - wie dargelegt - unbekannt; es kennt nur die "*nachträgliche Genehmigung*" der Kammern. Dennoch wurden hin und wieder - ab dem Etatjahr 1877/78 - bis zu 2 Nachtragsetats im Gesetzblatt veröffentlicht. Tabelle 1.9. gibt darüber Auskunft. Die Summen, die auf diese Weise nachträglich in das Budget eingebracht wurden, sind im Verhältnis zum 1. Anschlag i.d.R. unerheblich. Sie betragen bei den ordentlichen Einnahmen 1881/82 2,3 %, liegen aber ansonsten unter der 1 %-Grenze[99]. In 38 Budgetjahren kommen nur in 18 Nachträge vor. Eine einzige nachträglich eingebrachte außerordentliche Einnahme erhöht (1912) den außerordentlichen Budgetansatz um rund 160 %[100]. Die außerordentlichen Ausgaben des Nachtrags ergänzen den ursprünglichen Ansatz des gleichen Jahres um rund 27 %. Ansonsten liegen sie zwischen 0,02 % (1887/88) und 7,6 % (1886/87)[101]. Bei den dauernden Ausgaben ist lediglich der Nachtrag von 1878/79 erwähnenswert, der den ursprünglichen Ansatz um 100,8 % erhöht[102].

Insgesamt genommen sind die Nachtragsetats also - bis auf wenige Ausnahmen - quantitativ von untergeordneter Bedeutung. Weniger kann man das von den sog. außeretatmäßigen extraordinairen Ausgaben sagen, die nicht erst seit dem

---

95 Vgl. Tabelle 1.8., Spalte 3.

96 Vgl. Tabelle 1.8., Spalte 6.

97 Vgl. Tabelle 1.8., Spalte 9.

98 Im Jahr 1909/10 bleibt z.B. das tatsächliche Ergebnis nur um 0,8 % hinter dem geschätzten zurück, 1860 übersteigt es den Anschlag um 0,9 %.

99 Vgl. Tabelle 1.9., Spalte 3.

100 Vgl. Tabelle 1.9., Spalte 5.

101 Vgl. Tabelle 1.9., Spalte 9.

102 Vgl. Tabelle 1.9., Spalte 7.

Oberrechnungskammergesetz von 1872 nachgewiesen werden, sondern bereits ab 1849, die extraordinairen Einnahmen ab 1852. Tabelle 1.10. zeigt die Entwicklung der außeretatmäßigen Einnahmen und Ausgaben in Preußen absolut sowie im Verhältnis zu den im Etat veranschlagten Nettosummen. Im Untersuchungszeitraum kommen in 9 Rechnungsjahren[103] außeretatmäßige Einnahmen von mehr als 50 % zu den budgetmäßigen Nettoeinnahmen hinzu. 1913/14 überschreiten die außeretatmäßigen Einnahmen die veranschlagten um 78,6 %, 1861 um nur 2,5 %[104]. Genauso schwankend stellen sich die außeretatmäßigen extraordinären Ausgaben dar: 1855 sind keine nachgewiesen, 1913/14 betragen sie 90,2 % im Verhältnis zu den geschätzten dauernden Ausgaben (netto)[105].

Der Verbindlichkeitsgrad der preußischen Budgets scheint damit, um zusammenzufassen, relativ hoch gewesen zu sein. Die überplanmäßigen Einnahmen und Ausgaben hielten sich in ihrer Gesamtsumme in Grenzen. Inwieweit die rechtlichen Vorschriften, welche die Übertragungen und die Verbindlichkeit der Etatposten regelten, im einzelnen eingehalten wurden, kann in diesem Rahmen nicht näher verfolgt werden. Die quantitative und damit auch qualitative Bedeutung der außeretatmäßigen Einnahmen und Ausgaben wurde weder von der Theorie noch von den positivrechtlichen Regelungen zureichend erfaßt. Nicht die mangelnde Verbindlichkeit der Etats wird - soweit von uns übersehbar - für Budgetvergleiche zum Problem, sondern der hohe Anteil des außerbudgetmäßigen Finanzgebarens. Dabei handelte es sich nur zu einem - nicht gesondert nachgewiesenen - Teil um außerplanmäßige Mittel im Sinne der Theorie. Der andere Teil umfaßte diejenigen Einnahmen und Ausgaben, an deren etatmäßige Erfassung von vornherein nicht gedacht war, sondern die - geplant - auf besonderen Gesetzen basierten. Hier stoßen wir erneut auf das Problem der Unvollständigkeit der Budgets des 19. Jahrhunderts[106]. Die Frage ist offen, ob in den Rechnungen tatsächlich alle außeretatmäßigen Einnahmen und Ausgaben auf Grund besonderer Gesetze nachgewiesen waren oder nur ein Teil.

---

[103] 1859, 1868, 1872, 1873, 1874, 1880/81, 1912/13, 1913/14 und 1914/15.

[104] Vgl. Tabelle 1.10., Spalte 2.

[105] Vgl. Tabelle 1.10., Spalte 4.

[106] Vgl. dazu auch Abschnitt 3.3.

Bayern

In Bayern hoffte man 1810 durch organisatorische Maßnahmen die bisher "*so häufigen einzelnen Nachgenehmigungen*" in den Griff zu bekommen[107]. Ab 1809 wird für sämtliche Regie- und Bürokosten ein "*nicht zu überschreitendes Maximum gegen gehörige Verrechnung auf das laufende Etats-Jahr*" bewilligt[108]. In einer allgemeinen Instruktion über die Zahlungsbefugnisse der Kassen und Ämter von 1814 ist verfügt, daß diese keine Zahlung leisten dürfen, ohne hierzu von der zuständigen Behörde schriftlich ermächtigt und angewiesen zu sein[109]. Die sanktionierten Etats "*bilden zwar die Hauptgrundlage aller Ausgabs-Bewilligungen oder Zahlungs-Anweisungs-Ermächtigungen für das betreffende Finanz-Jahr, gewähren aber für sich allein keine vollgültige Zahlungsbefugniß*"[110]. Jede Personaleinstellung und Beförderung, jede Gehaltserhöhung und Regiebewilligung muß durch gesonderte, vom Finanzministerium gefertigte Reskripte angewiesen sein[111]. Stellt sich die bewilligte Etatsumme wegen unvorhergesehener Umstände als unzureichend heraus, so ist unverzüglich Bericht zu erstatten und beim Finanzministerium die Genehmigung der Überschreitung einzuholen, "*weil ausserdem keine Kasse und kein Amt befugt ist, irgend eine Zahlung über die wirklich bewilligte Summe zu leisten*"[112].

---

107 In BaRegBl 1810, S.1017 ff., Ziffer IX heißt es dazu weiter: "Wir werden in Zukunft deren keine mehr ertheilen, wenn nicht erwiesen ist, daß ein ausserordentlicher bei Entwerfung des Etats nicht zu vermuthender Fall hiezu die Veranlassung giebt".

108 Geret 1816, 1. Bd., S.162 ff., Ziffer I.

109 Vgl. Geret 1815, Bd. 4, S.246 ff., § 1.

110 Geret 1815, Bd. 4, S.246 ff., § 3 Abs. 1.

111 Vgl. Geret 1815, Bd. 4, S.246 ff., § 3 Abs. 1. Folglich ist der sanktionierte Etat irgendeines Staatsaufwandzweiges "nur die kollektive Uebersicht der auf denselben bezüglichen einzelnen Bewilligungen (ist), um ihren Gesammtbetrag aussprechen zu können".

112 Geret 1815, Bd. 4, S.246 ff., § 14.

Durch den Generalfinanzetat wird allen Ministerien eine eigene Etatsumme zugeteilt, über die sie jeweils selbst Anweisung treffen können[113]. In den Zuständigkeitsbereich der Finanzkammern bei den Kreisregierungen gehört die Sorge und Verantwortung dafür, daß die Etats in keinem Teil und in keiner Rubrik überschritten werden, mit Ausnahme derjenigen Fälle, wo das Übertragen von Ersparnissen in einer Rubrik auf die andere ausdrücklich gestattet ist[114]. Bezüglich der Etatüberschreitungen wird 1818 erklärt, "*daß jedes Ansuchen um Nachgenehmigung einer Etatsüberschreitung, wenn der Anlaß hiezu nicht sogleich beim Eintritte des unvorgesehenen und unverschieblichen Falles, sondern erst gelegentlich der Rechnungsablage zur Anzeige gebracht wird, ohne Weiteres wird von der Hand gewiesen werden*"[115].

Ab 1825 dürfen die Kreisregierungen über- und außerplanmäßige Ausgaben bis zum Betrag von 2.000 fl. anweisen, sofern Gefahr im Verzug besteht. Sie müssen darüber allerdings Bericht erstatten und eine nachträgliche Genehmigung einholen[116]. In einer Instruktion von 1837 wird klargestellt, daß unter den Etatpositionen für Pensionen und Ruhegehälter auch die wahrscheinlichen Zugänge inbegriffen sind. Sollten aufgrund letzterer die Etatansätze überschritten werden, so unterliegt die Verrechnung des gesetzlich begründeten Mehrbetrages keiner Beanstandung. Entsprechende Anzeigen an die Regierungsfinanzkammern haben deshalb in Zukunft zu unterbleiben[117].

---

[113] Vgl. BaRegBl 1817, S.49 ff., Ziffer V. Nach Döllinger 1839, Bd. 19, S.450 wird diese Bestimmung erst zu Beginn des Etatjahres 1819/20 vollzogen, nachdem im Abschied für die erste Ständeversammlung vom 22. Juli 1819 dem Wunsch der Stände des Reiches, jedem Minister die zu seiner Amtsführung erforderliche Summe unabhängig vom Finanzministerium anzuweisen, entsprochen wurde. "In dieser Periode ist indessen die Etats-Ausscheidung und das Dispositionsrecht über die bewilligten Summen blos nach einer Praxis durchgeführt worden, welche sich theils durch unmittelbares Einschreiten von Seite des Ministeriums des Innern, theils durch Zugeständnisse von Seite des Ministeriums der Finanzen gebildet hatte. Es fehlte noch an einem System für die Behandlung des Geschäftes, und an sicheren Gränzen, inner welchen die Ministerien sich bewegen, und worauf sie sich beschränken sollten" (Döllinger 1830, Bd. 19, S.450). In BaRuIBl 1825, S.977 ff., § 22 ist nochmals bekräftigt, daß künftig jedem Ministerium die unmittelbare Verfügung über die ihm zugewiesenen Etatsummen zusteht. Jeder Minister ist für die Einhaltung dieser Etats persönlich verantwortlich, wenn die Überschreitung nicht durch außerordentliche Ereignisse herbeigeführt wurde, deren Abwendung nicht in seiner Gewalt stand (vgl. BaRuIBl 1825, S.977 ff., § 23 Abs. 2).

[114] Vgl. BaRegBl 1817, S.233 ff., § 75 und Geret 1818, Bd. 7, S.417 ff., § 22. In einer Verordnung von 1825 wird deren Zuständigkeitsbereich insofern erhöht, als bestimmt ist, daß die Ausgaben in ihren "Hauptpositionen" nicht überschritten werden dürfen. "Hauptpositionen" sind alle Etatsätze, "welche ganze Kathegorien von Gegenständen oder Behörden umfassen" (BaRuIBl 1825, S.1049 ff., § 107).

[115] BaAIBl 1818, S.201.

[116] Vgl. BaRuIBl 1825, S.1049 ff., § 106.

[117] Vgl. Geret 1838, Bd. 20, S.124 ff., Ziffer IV.

Die Frage der Verbindlichkeit der Budgets im Verhältnis zwischen Regierung und Ständeversammlung wird im Landtagsabschied von 1837 angesprochen[118]. Darin sieht sich der König mit Bezug auf die Verfassung, auf deren Einhaltung "*Wir unerschütterlich beharren*", außerstande, die von dieser "*hierauf gegründeten Festsetzungen und Anweisungen von Ausgaben mit den allegirten Bestimmungen des Tit. VII der Verfassungs-Urkunde zu vereinbaren, dieselben daher auch als zulässig oder bindend nicht anzuerkennen*"[119]. Die Frage der Verbindlichkeit der mit den Ständen vereinbarten Budgets wird im Verfassungsverständnis von 1843 endgültig geklärt. Durch die ständische Steuerbewilligung wird das Budget für die Krone "*in quanto und quali obligatorisch*"[120]. Die Regierung darf aus den Staatseinnahmen nur solche Staatsbedürfnisse bestreiten, die

- zum einen als ordentliche beständige, zur Zeit der Bewilligung bestimmt vorherzusehende á conto des laufenden Dienstes oder als außerordentliche, aber zur Zeit der Bewilligung bestimmt vorherzusehende á conto des Reichsreservefonds in das Budget eingestellt und der ständischen Prüfung unterzogen worden sind.
- Zum anderen solche, die sich auf außerordentliche und unvorhersehbare Weise im Laufe der Finanzperiode ergeben[121].

Ausgaben, die weder auf Staatsbedürfnissen beruhen[122], noch als bestimmt vorherzusehende in das Budget eingestellt wurden, noch im Laufe der Finanzperiode in außerordentlicher und unvorhersehbarer Weise eingetreten sind, darf sie nur kraft einer Vereinbarung zwischen Regierung und Ständen leisten[123]. Kommen die Stände bei der Rechnungsprüfung zu der Überzeugung,

- daß die Staatseinnahmen nicht vollständig und streng gesetzmäßig verwirklicht oder

---

118 Zum Streit um die Verbindlichkeit der Budgetvoten auf diesem und den folgenden Landtagen siehe z.B. Seydel 1887, S.3 ff.

119 Vgl. BaGBl 1837, S.17 f. Dies obwohl in BaFG 1831, Titel IV, § 34 Abs. 4 der Satz aufgenommen ist: "Jeder Minister ist verantwortlich, die für seinen Geschäftskreis festgesetzten Summen zu den bestimmten Zwecken zu verwenden".

120 BaVV 1843, § 3.

121 Vgl. BaVV 1843, § 2, Ziffer III, Buchstabe A.

122 Das heißt "Ausgaben, welche die Erreichung des Staatszweckes nicht gebiethet, resp. welche das wahre Landeswohl nicht fordert".

123 Vgl. BaVV 1843, § 2, Ziffer III, Buchstabe B. Zu dem Fall der Verbindlichkeit der Etats im Falle der Nichteinigung von Regierung und Ständen über ein Budget siehe Abschnitt 3.5.4.

- die in das Budget eingestellten ordentlichen und außerordentlichen, bestimmt vorherzusehenden Staatsbedürfnisse nicht vollständig, nicht entsprechend oder mit Überschreitung ihrer budgetmäßigen Größe bestritten oder
- sonstige nicht in die Kategorie des außerordentlichen, zur Zeit der Bewilligung unvorhersehbaren Staatsbedürfnisses gehörigen Ausgaben bewirkt worden sind,

können sie diesen Mißbräuchen entgegentreten, indem sie ihre verfassungsmäßigen Bewilligungs-, Antrags-, Beschwerde- und Anklagerechte in Anspruch nehmen[124]. Dennoch finden sich in den Ständeabschieden weiterhin Vorbehalte des Königs gegen die von den Ständen bewirkten Änderungen der Budgetansätze[125].

Im Finanzgesetz von 1849 taucht erstmals der Vermerk auf, daß jeder Staatsminister für die Ausgaben seines Ministeriums und der ihm untergebenen Staatsanstalten verantwortlich ist und für unvermeidliche Mehrausgaben die nachträgliche Genehmigung zu erwirken hat[126]. Im Finanzgesetz von 1868 ist bestimmt, daß die Ausgabenetats, mit Ausnahme der Betriebs-, Produktions- und Erhebungskosten der einzelnen Verwaltungszweige, i.d.R. unüberschreitbar sind[127].

In einer Instruktion von 1868 wird wiederum auf die inneradministrative Verbindlichkeit der Etats Bezug genommen. Demnach sind für die Deckung des Verwaltungsaufwands die Ausgabenetats maßgebend, welche die Grund-

---

124 Vgl. BaVV 1843, § 6, Ziffer II. Siehe dazu ausführlich Ziegler 1904, S.186 ff. Nach Kummer 1964, S.163 f. war in Bayern der Landtag zunehmend geneigt, festgestellte Budgetwidrigkeiten durch nachträgliche Genehmigung zu heilen. Ab 1880 sei die Erteilung der Indemnität eine regelmäßige Reaktion des Landtages auf Budgetwidrigkeiten der Exekutive geworden. "Was sie genau bedeutet, war nirgends definiert" (Kummer 1964, S.163). Jedenfalls nehme die Regierung mit der Erteilung der Indemnität nicht die Verantwortung für die Mehrausgaben auf sich, "denn die mit ihr verbundene Rüge konnte nur eine politische, keine rechtlich erhebliche Willensäußerung gegenüber der Regierung sein" (Kummer 1964, S.164). Vgl. auch S.259, Fußnote 32.

125 Vgl. z.B. BaGBl 1852, S.189 ff., § 20 Abs. 2: "Wir finden Uns aber dabei in Ansehung der beträchtlichen Erhöhungen, welche nach den Beschlüssen der Kammern über das Budget an den Voranschlägen verschiedener Einnahmszweige angenommen und für die verfassungsmäßige Willigung der zur Deckung der Staatsausgaben einschließlich des nothwendigen Reservefonds erforderlichen direkten Steuern von Einfluß und resp. maßgebend geworden sind, veranlaßt, Uns für den Fall, daß an den veranschlagten Staatseinnahmen ein Ausfall hervortreten und die gegebene Deckung zur Befriedigung der anerkannten Staatsbedürfnisse sich als unzureichend erweisen sollte, die geeigneten Maßregeln insbesondere die in Titl. VII § 8 und 15 der Verfassungs-Urkunde vorgesehenen Auskunftsmittel ausdrücklich vorzubehalten". Der zitierte § 8 sieht im Falle der Unzulänglichkeit der bestehenden Staatseinkünfte ein außerordentliches Steueransinnen an die Stände vor. § 15 regelt die Aufnahme eines Anlehens, wenn außerordentliche Umstände die Einberufung der Stände unmöglich machen.

126 Vgl. BaFG 1849, Buchstabe A, Titel II, § 5 Abs. 2.

127 Vgl. BaFG 1868, Titel II, § 10 Abs. 2.

lage für die Zahlungsbefugnis und die Ermächtigung zur Mittelanweisung bilden[128]. Ohne Ermächtigung darf keine Position des Etats überschritten werden[129]. Die durch den Etat bereit gestellten Mittel dürfen immer nur für die Zwecke verwendet werden, für welche sie bewilligt sind. "*Eine Ausnahme hievon findet nur bei den Etats für allgemeine Regiebedürfnisse in der Art statt, daß Erübrigungen an irgend einer Unterposition dieses Etats zur Deckung von Mehrausgaben bei einer andern Unterposition desselben Regieetats mit Genehmigung der einschlägigen k. Regierungs-Finanzkammer und bzw. der treffenden centralisirten Stelle verwendet werden dürfen*"[130]. Bei unabweisbaren Mehrausgaben ist unter Begründung des Bedarfs noch vor der Zahlungsanweisung Bericht zu erstatten. Sie sind auf außerordentliche Vorkommnisse zu beschränken, da eine Nachgenehmigung "*nur in wirklich gegründeten Ausnahmsfällen erfolgen könnte*"[131]. Im Rechnungsschema der Kreisfondsrechnungen für 1872 wird ausgeführt, daß der Transfer der sich ergebenden Überschüsse von einem Kapitel des Kreisbudgets auf ein anderes unstatthaft ist[132].

Durch das Finanzgesetz von 1872 wird dem Kriegsminister bezüglich der Militäretats die Ermächtigung erteilt, Übertragungen vorzunehmen, sofern diese im Interesse der Verwaltung des Heeres geboten erscheinen[133]. Nach dem Finanzgesetz von 1876 sind die für Landbauunterhaltungskosten im Geschäftskreis eines jeden Staatsministeriums veranschlagten Summen innerhalb der betreffenden Ministerialetats im Bedarfsfall derart übertragbar, daß die für einen Verwaltungszweig für Landbauunterhaltung festgesetzten Summen zu demselben Zweck in einem anderen Verwaltungszweig verwendet werden können[134]. Ebenso sind die à conto des allgemeinen Justiz- und Strafrechtspflegeetats gewährten Landneubaukredite für ein und dasselbe Bauobjekt gegenseitig übertragbar[135]. Derartige Regeln enthalten die Finanzgesetze bis zur Etatperiode 1906/07.

In der Bekanntmachung von 1907 ist allgemein bestimmt, daß die durch das ordentliche und außerordentliche Budget festgesetzten Summen nur für die im Budget bestimmten Zwecke verwendet werden dürfen, sofern nicht im Budget durch ausdrücklichen Vermerk ausnahmsweise eine anderweitige Verwendung

---

128 Vgl. BaFMBl 1868, S.141 ff., Ziffer 6, Abs. 1.

129 Vgl. BaFMBl 1868, S.141 ff., Ziffer 8. Ausnahmen siehe hier.

130 BaFMBl 1868, S.141 ff., Ziffer 10, Abs. 2.

131 Vgl. BaFMBl 1868, S.141 ff., Ziffer 12, Abs. 2.

132 Vgl. BaFMBl 1872, S.353 ff., Ziffer 6.

133 Vgl. BaFG 1872, Titel II, § 5 Abs. 4.

134 Vgl. BaFG 1876, Titel II, § 6 Abs. 3.

135 Vgl. BaFG 1878, Titel II, § 5 Abs. 5.

zugelassen ist[136]. Diese bedarf jedoch, auch wenn sie an sich nach dem Budget zulässig ist, in jedem einzelnen Fall der vorherigen Genehmigung des Ministeriums[137]. Die im ordentlichen und außerordentlichen Budget festgesetzten Summen sind mit Ausnahme der Betriebs- und Gewinnungskosten i.d.R. unüberschreitbar. Scheint ausnahmsweise eine Überschreitung der Etatsummen unvermeidlich, ist hierzu vorher die Genehmigung des Ministeriums einzuholen[138]. Einsparungen, die sich bei den Besoldungen dadurch ergeben, daß eine Stelle nicht besetzt oder von ihrem Inhaber nicht versehen wird, können, mit Genehmigung des Ministeriums oder der von diesem hierzu ermächtigten Stelle, zur Deckung der Kosten verwendet werden, die infolge dessen für die anderweitige Wahrnehmung der Geschäfte dieser Stelle erwachsen[139].

In den positivrechtlichen Regelungen kommt damit nicht klar zum Ausdruck, auf welcher Etatstufe die zwischen Regierung und Ständen vereinbarte Verbindlichkeit greift. Anzunehmen ist aber, daß das "geprüfte Budget", von dem im Verfassungsverständnis die Rede ist, das Staatsbudget sowie die Ebene darunter, die Ministerialetats in der jeweils gegebenen Differenzierung, umfaßt[140]. In Bayern wurde die Verbindlichkeit der Etatpositionen durch das Verfassungsverständnis wesentlich besser als in Preußen geregelt, wo sich

---

136 Budgetposten, die innerhalb des Budgets als übertragbar gekennzeichnet sind, konnten in den Etatentwürfen bis 1914 - trotz dieser Bestimmung - nicht ausgemacht werden.

137 Vgl. BaBAuVB 1907, § 16 Abs. 1.

138 Vgl. BaBAuVB 1907, § 16 Abs. 2.

139 Vgl. BaBAuVB 1907, § 17.

140 Nach Nawiasky 1923, S.511 f. sind die bewilligten Einzelaufwendungen, nicht nur die Endsummen, für die tatsächliche Verausgabung maßgebend. "Soweit daher die einzelnen Beschlüsse eine Mehrheit von Ausgabsposten umfassen, besteht nach der herrschenden Lehre innerhalb dieser durch einen einzigen Appropriationsakt festgelegten Summen ein Virementrecht des Ministeriums" (Nawiasky 1923, S.512). In der bayerischen Praxis beziehen sich die Einzelbeschlüsse seinen Angaben zufolge auf die kleinsten Einzelheiten, die in den Spezialhaushalten zum Ausdruck kommen. "Aus dieser Praxis folgt, daß es in Bayern überhaupt kein Übertragungsrecht der Regierung gibt, dem Gesamtministerium sind vielmehr in etatsrechtlicher Beziehung die Hände vollkommen gebunden" (Nawiasky 1923, S.512). Dies gelte auch für die als "Erläuterungen" bezeichneten Bemerkungen. Darüber, wie die Appropriation wirkt, lassen sich nach Seydel 1887, S.21 f. keine allgemeine Grundsätze aufstellen, "da unser Staatsrecht Grundsätze hierüber nicht aufstellt". Für die Wirkung sei vielmehr die Absicht maßgebend, welche die Staatsregierung und die Kammern bei der Vereinbarung des Budgets hätten. Soweit die Spezialisierung aber reiche, habe sie die Wirkung, daß der appropriierte Anschlag nicht überschritten werden dürfe, auch dann nicht, wenn der für eine andere, selbst sachlich zusammenhängende Position angesetzte Bedarf nicht vollständig verausgabt werde. Mit anderen Worten: Die Frage, "wie weit eine Uebertragbarkeit der bewilligten Mittel von einer Position auf die andere stattfindet, ist eine Frage des einzelnen Budgets, keine allgemeine staatsrechtliche Frage. Ihre Beantwortung ist davon abhängig, wie weit oder wie eng die Appropriation bemessen wird".

keine einzige Bestimmung darauf bezog[141]. Auch die Vorschriften, welche die Verwaltung zum Adressaten hatten, deuten auf eine starke Verbindlichkeit der Etatpositionen im inneradministrativen Bereich.

Dieser Eindruck täuscht zunächst nicht, wie Tabelle 2.8.1. zeigt. Bis zum Budgetjahr 1857/58 weichen die tatsächlichen Ausgaben vom Budgetvoranschlag nur relativ wenig ab[142]. Ab 1858/59 liegen sie allerdings z.T. erheblich darüber, 1865/66 um über 64 %. Die Einnahmen fallen fast durchgängig höher aus als geschätzt, 1866/67 um rund 57 %[143]. In 6 Rechnungsjahren wurde weniger als im Budget veranschlagt eingenommen[144]. Geringer als geschätzt sind die Ausgaben selten und wenn, dann in unbedeutender Höhe.

Die Entwicklung nach der veränderten äußeren Form des Budgets ab 1868 zeigt Tabelle 2.8.2. Der Überblick wird etwas durch die von 1883 bis 1903 fehlende Hauptübersicht in den Rechnungen gestört[145]. Es zeigt sich im wesentlichen das gleiche Bild wie vor 1868: Die Einnahmeschätzungen erweisen sich in der Mehrzahl als vertretbar. Das Jahr 1881 sticht besonders hervor: Die Abweichung von Soll und Ist beträgt nur 1.003 M.[146]. Ausreißer sind ebenfalls zu beobachten. Im Jahr 1871 fallen die tatsächlichen Einnahmen um rund 60 % höher aus als die veranschlagten, 1870 belaufen sie sich immerhin auf rund 27 % und 1875 auf rund 15 % mehr. Bei den Betriebs-, Verwaltungs- und Erhebungskosten konnten 9mal Einsparungen gegenüber dem Plan erzielt werden[147]. Die sog. Staatsausgaben bleiben in 12 von 25 Fällen unter der veranschlagten Summe[148]. Die Verbindlichkeit und damit auch die Zuverlässigkeit

---

141 In Ständische Budgetmodifikationen 1843, S.36 f. wird als geltendes Recht bezeichnet, daß das Finanzgesetz seinem Inhalt nach unabänderlich sei, insbesondere vom König nicht einseitig, ohne neue Anhöhrung der Stände, wohl aber ggf. gegen deren Widerspruch aufgehoben oder abgeändert werden könne. Für Baumeister 1854, S.48 hat es die Kraft eines Gesetzes, woraus die Notwendigkeit dessen "strengster Einhaltung" folge. Nach Seydel 1887, S.20 wird das Budget durch den Akt der Steuerbewilligung für die Staatsregierung bindend. Die Einhaltung des Budgets bezeichnet er als "stillschweigende Appropriationsklausel" der Steuerbewilligung. Es trage aber die bindende Kraft nicht in sich selbst, sondern sie ergebe sich als "Reflexwirkung" der Steuerbewilligung.

142 Vgl. Tabelle 2.8.1., Spalte 6. Kummer 1964, S.108 behauptet, daß die Budgetansätze bis 1829 überschritten worden seien, danach diese Abweichungen nachließen, ab 1843 wieder zunahmen, aber nicht mehr so eklatant wie vorher. Mit unseren Ergebnissen stimmt diese Aussage nicht überein.

143 Vgl. Tabelle 2.8.1., Spalte 3.

144 1822/23-1826/27 und 1852/53.

145 Vgl. Abschnitt 3.1.

146 Vgl. Tabelle 2.8.2., Spalten 2 und 3.

147 Vgl. Tabelle 2.8.2., Spalten 5 und 6.

148 Vgl. Tabelle 2.8.2., Spalten 8 und 9.

der geschätzten laufenden etatmäßigen Einnahmen und Ausgaben war - wenigstens im ganzen gesehen - relativ hoch.

Nicht im selben Maße trifft dies auf das ab 1908 aufgestellte außerordentliche Budget zu. Insbesondere die Einnahmen überschreiten die veranschlagten beträchtlich[149]. 1910 wird z.B. rund 75 % mehr als im Etat vorgesehen außerordentlich vereinnahmt. Bei den außerordentlichen Ausgaben stechen dagegen weniger die Mehr- als die Minderausgaben ins Auge. 1909 betragen sie rund 35 %[150] gegenüber dem Etat. Im außerordentlichen Budget ist also - soweit in der kurzen Zeitspanne zu sehen - eine Schere zwischen den Einnahmen und Ausgaben zu beobachten. Das außerordentliche Budget stellt sich damit als unstetes Element neben dem relativ zuverlässigen Budget des laufenden Dienstes dar.

Im Gesetzblatt veröffentlichte Nachtragsbudgets gab es in Bayern im gesamten Untersuchungszeitraum nicht[151]. Es werden aber, neben der Rechnung für den laufenden etatmäßigen Dienst, ab 1831/32 Ausgaben auf Rechnung des Reichsreservefonds und auf die Erübrigungen der Vorperioden bzw. Vorjahre ausgewiesen. Die Ausgaben auf Rechnung des Reichsreservefonds gehen ab 1866 in die etatmäßigen ein. Ausgaben auf die Erübrigungen der Vorperioden werden noch bis 1882 nachgewiesen, aber in der Überschuß-/Defizit-Rechnung nicht mehr berücksichtigt. Von 1888 bis 1903 sind sie in einer gesonderten Anlage zur Rechnung ausgewiesen. Ab 1904 gehen sie - soweit von uns nachvollziehbar - in die laufende Rechnung mit ein und werden nicht mehr gesondert aufgeführt. Die Zahlen sind in Tabelle 2.10. festgehalten. Zusätzlich zu den etatmäßig veranschlagten Ausgaben werden auf Rechnung des Reichsreservefonds noch zwischen 0,8 % (1837/38) und 9,4 % (1854/55) ausgegeben[152]. An Ausgaben auf die Erübrigungen früherer Finanzperioden kommen zu den budgetmäßigen zwischen 0 % (1859/60; 1860/61) und 31,7 % (1842/43) der veranschlagten Nettostaatsausgaben hinzu[153].

---

149 Vgl. Tabelle 2.8.2., Spalten 10-12.

150 Vgl. Tabelle 2.8.2., Spalten 13-15.

151 Erstaunlicherweise spricht Piloty 1902, S.16 dennoch von "Nachtragsetats", die alle nur in Form von Gesetzen, d.h. ausdrücklich nach Beirat und Zustimmung des Landtags zustande kämen. Als Grund hierfür gibt er an: "Der Nachtragsetat ist nicht das Budget selbst, er reproduziert nicht etwa das ganze Budget mit den für nötig erkannten Zusätzen, sondern er ist ein selbständiger Akt der Verwaltung, gleichsam ein Nachbudget, mit welchem eine Steuerbewilligung verbunden sein kann, aber nicht notwendig verbunden ist, in dem vielmehr i.d.R. über vorhandene oder erwartete Einnahmen aus Überschüssen zu bestimmten Bedürfnissen verfügt wird". Unter "Nachtragsetats" scheint er damit Gesetze über außeretatmäßige Mittelverfügungen zu verstehen.

152 Vgl. Tabelle 2.10., Spalte 2.

153 Vgl. Tabelle 2.10., Spalte 4.

Bei den Ausgaben auf die Erübrigungen der Vorperioden handelt es sich nicht um außeretatmäßige Ausgaben in dem Sinne, daß im Budget keine Rubrik für sie vorgesehen ist. Sie sind eine weitere Ausgabekategorie[154], die nicht etatmäßig verbucht, sondern nur in den bayerischen Rechnungen nachgewiesen ist. Die Ausgaben auf Rechnung des Reichsreservefonds dürften sich - nach dem Text des Verfassungsverständnisses - aus außerordentlichen, nicht vorhersehbaren, folglich über- und außerplanmäßigen Staatsausgaben zusammensetzen[155]. In den Budgets ab 1843/49 ist ein pauschaler Betrag für den Reichsreservefonds ausgewiesen. Da aber in die Rechnung der etatmäßigen laufenden Verwaltung die Ist-Ausgaben des Reichsreservefonds nicht mit einbezogen sind, ist anzunehmen, daß es sich dabei um einen budgetmäßigen Zuschuß an den Reichsreservefonds handelt. Ab 1868 wird keine getrennte Rechnung mehr über die Ausgaben des Reichsreservefonds aufgestellt. Nach der Darstellungsform ist zu vermuten, daß sie ab da mit in die Rechnung der laufenden Verwaltung eingehen. Völlig geklärt werden kann das aber auch nicht anhand der Literatur[156]. Deutlich wird daraus aber, daß weniger die fehlende Verbindlichkeit der bayerischen Budgets, sondern ihre mangelnde und zu verschiedenen Zeiten unterschiedliche Vollständigkeit zu Vergleichsproblemen führt.

Sachsen

In Sachsen stehen zur Klärung der Frage der Budgetverbindlichkeit nur die Allgemeinen Vorschriften für das Staatsrechnungswesen und das Staatshaushaltsgesetz von 1904 als Rechtsquelle zur Verfügung.

Wenn im Staatshaushaltsetat einzelne Ausgabetitel ausdrücklich als deckungsfähig mit anderen Ausgabetiteln bezeichnet werden, hat dies die Wirkung, daß etwaige Mehrausgaben bei dem einen Titel durch etwaige Minderausgaben bei dem anderen ausgeglichen werden können[157]. Sie sind an der Stelle zu ver-

---

154 Sie sind im übrigen von den Ausgaben auf den Bestand der Vorperioden zu unterscheiden (vgl. dazu Abschnitt 3.6.3.).

155 Nach Hock 1885, III, S.457 f. dient der Reichsreservefonds zur Deckung der Ausfälle in einzelnen Einnahmezweigen, zur Deckung der Ausgaben, welche ausdrücklich, je nach Gestaltung der bezüglichen Verhältnisse, durch das jeweilige Finanzgesetz auf den Reichsreservefonds angewiesen werden und zur Deckung nicht vorhergesehener Ausgaben.

156 Nach Cucumus 1825, S.491 ist für den Fall, daß durch unvorhersehbare Ereignisse die veranschlagten Bedürfnisse eines Verwaltungszweiges überschritten werden, ein Reservefonds einzurichten: Aus ihm erfolgt die Anweisung einer Zuschußsumme zur Deckung unvermeidlicher Mehrausgaben in irgendeinem Verwaltungszweig.

157 Vgl. ARV 1900, § 2 Abs. 4.

rechnen, wohin sie ihrem Gegenstand nach gehören[158]. Zerfallen Titel in Unterabteilungen, so sind letztere nur untereinander deckungsfähig, wenn dies im Etat vermerkt ist[159]. In der Ausführungsverordnung zum Staatshaushaltsgesetz ist dazu ausgeführt, daß der Vorbehalt der gegenseitigen Deckungsfähigkeit von Titeln oder deren Unterabteilungen, soweit es sich um einmalige Ausgaben zu bestimmten Zwecken handelt, in den Etat nur aufgenommen werden darf, wenn die Aufwendungen in einem inneren Zusammenhang stehen[160].

Allgemein bestimmt das Staatshaushaltsgesetz über die Verbindlichkeit des Budgets, daß die Ausgabetitel den Höchstbetrag der der Verwaltung zur Verfügung gestellten Mittel angeben[161]. Die bewilligten Summen "*dürfen nur zu der durch den Etat vorausgesetzten Zeit und nur für die bei den einzelnen Bewilligungen des Etats in der Gegenstandsspalte bezeichneten Zwecke verwendet werden, dafern nicht durch ausdrückliche Festsetzung im Etat eine anderweite Verwendung nachgelassen ist*"[162].

Unter außeretatmäßigen Einnahmen und Ausgaben werden in Sachsen solche verstanden, die unter kein Kapitel bzw. keinen Titel des Staatshaushaltsetats fallen[163]. Wenn geeignete Kapitel oder Titel vorhanden sind, darf die Verrechnung auch dann nicht außeretatmäßig erfolgen, wenn die Einnahmen bzw. Ausgaben bei der Etataufstellung nicht vorgesehen waren und sie zu Kapitel- oder Titelüberschreitungen führen[164]. Außeretatmäßige Ausgaben und Etatüberschreitungen bedürfen der nachträglichen Genehmigung der Kammern[165]. Als Etatüberschreitungen sind alle Mehrausgaben anzusehen, die sich bei Gegenüberstellung des rechnungsmäßigen Aufwands und des Etatsolls bei den einzelnen Ausgabetiteln ergeben. Dies gilt nur, soweit die einzelnen Ausgabetitel nicht ausdrücklich als deckungsfähig mit anderen bezeichnet sind und Mehrausgaben bei dem einen Titel durch etwaige Minderausgaben bei dem anderen ausgeglichen werden[166]. Mehrausgaben, für die ein besonderer Vorbehalt wegen eines im Laufe der Finanzperiode etwa auftretenden Mehrbedarfs

---

158 Vgl. SäSHHG 1904, § 5 Abs. 2.

159 Vgl. SäSHHG 1904, § 5 Abs. 3. Nach Löbe 1904, S.679 war es bisher üblich, daß im ordentlichen Staatshaushaltsetat die Unterabteilungen bei einzelnen sächlichen Ausgabetiteln als unter sich deckungsfähig behandelt wurden.

160 Vgl. SäGuVBl 1905, S.8 ff., § 8.

161 Vgl. SäSHHG 1904, § 2 Abs. 2.

162 SäSHHG 1904, § 5 Abs. 1.

163 Vgl. ARV 1900, § 3 Abs. 1 und 2 und SäSHHG 1904, § 21 Abs. 2 und 3.

164 Vgl. ARV 1900, § 3 Abs. 3.

165 Vgl. SäSHHG 1904, § 10 Abs. 1.

166 Vgl. SäSHHG 1904, § 10 Abs. 2.

in den Etat aufgenommen worden ist, gelten nicht als Etatüberschreitungen[167]. Unter "*Ausgabetiteln*" im Sinne des Staatshaushaltsgesetzes ist jede Ausgabebewilligung eines Haupt- oder Unteretats zu verstehen, die einer selbständigen Beschlußfassung der Ständeversammlung unterliegt[168].

Die sächsischen Rechtsregeln kommen damit im Verhältnis zu den anderen Staaten zwar spät[169], haben den preußischen und bayerischen aber voraus - wie in anderen Fällen auch schon -, daß sie klare Definitionen von dem geben, was unter Übertragungen sowie über- und außerplanmäßigen Ausgaben zu verstehen ist. Die Bestimmung, daß diejenigen Ausgabetitel, die einer selbständigen Budgetvotierung unterliegen, verbindlich sind, ist zwar formal, aber gerade deswegen rechtlich eindeutig. Weniger klar ist sie für den heutigen Betrachter, da den Spezialetats und den Unteretats nicht anzusehen ist, ob und inwieweit die eingestellten Posten von den Ständen votiert wurden[170]. Es müßte in jedem Einzelfall geprüft werden, wie weit die Ständebeschlüsse gingen. Einheitlich war dies anscheinend nicht.

Die in den Rechnungen nachgewiesenen etatmäßigen Ist-Ausgaben sind in Tabelle 3.8. zusammengefaßt. Im Etat der Überschüsse sind im Finanzgesetz bis

---

167 Vgl. SäSHHG 1904, § 10 Abs. 4.

168 Vgl. SäSHHG 1904, § 10 Abs. 3. Löbe 1904, S.683 führt dazu aus, daß bei einigen Kapiteln, u.a. auch bei denen für die Gymnasien, Realgymnasien und Realschulen, Unteretats beigefügt sind, von denen einzelne von den Ständen ausdrücklich bewilligt werden, während andere nicht Gegenstand besonderer Beschlüsse seitens der Stände sind. Die Unteretats zu den fiskalischen Hüttenwerken bedürfen ausdrücklich der ständischen Zustimmung. Bei den restlichen Kapiteln weisen sie nur die Bedürfnisse der einzelnen Anstalten nach und dienen lediglich zur Erläuterung der in den Hauptetats für die Gesamtheit der beteiligten Anstalten bezifferten Einstellungen. Einer besonderen Beschlußfassung der Stände unterliegen diese Etats nicht.

169 Löbe 1889, S.47 f. stellt fest: "An den verabschiedeten Staatshaushalts-Etat knüpft sich eine Reihe rechtlicher Wirkungen, welche theils aus positiven Bestimmungen des bestehenden Verfassungsrechts sich ableiten, theils aus der Art und Weise seines Zustandekommens sich ergeben, theils auf eine Art von Gewohnheitsrecht zurückzuführen sind, wie es in Bezug auf die Verwaltung der staatlichen Einnahmen und Ausgaben sowie des staatlichen Eigenthums nach und nach sich herausgebildet hat".

170 Nach Löbe 1889, S.26 f. werden die summarische Übersicht des Bruttoeinkommens und die Spezialetats nur zur Erläuterung mitgeteilt. Auch nach der Budgetperiode 1864/66, in der erstmals Spezialetats mitgeteilt wurden, bestehe keine Verpflichtung der Regierung, die in den Spezialetats ausgewiesenen Einzelansätze einzuhalten. Eine Verantwortung der Regierung bei Budgetüberschreitungen sei nur dann gegeben, wenn und insoweit die im Budget für jede einzelne Position eingestellte Gesamtsumme überschritten werde. Außerdem binde die Regierung nur der dispositive Teil des Staatshaushaltsetats, nicht die Erläuterungen (vgl. Löbe 1889, S.35), "oder doch nur in dem Falle, wenn ausnahmsweise auf Bemerkungen, welche im erläuternden Theile des Etats enthalten sind, im dispositiven Theile desselben in einer Weise Bezug genommen ist, daß dieselben dadurch zu einem integrirenden Bestandtheile des Dispositivs selbst werden" (Löbe 1889, S.58). Reinhard 1904, S.656 behauptet dagegen, die Einhaltung der bewilligten Summen sei nach einer Verordnung von 1877 bis zu den Titeln der Spezialetats und bezüglich der bei den Kapiteln oder Titeln gemachten Bemerkungen nachzuweisen, wobei die Erläuterungen ausdrücklich ausgenommen seien.

einschließlich 1849/51 keine Werte ausgewiesen. Ab 1902/03 können weder vom Etat der Überschüsse noch von dem der Zuschüsse Soll-Ist-Berechnungen erfolgen, da die Finanzgesetze ab diesem Zeitpunkt nur die Gesamteinnahmen und -ausgaben, die Rechnungen dagegen nur die Zuschüsse und Überschüsse beinhalten. In den verbleibenden Rechnungsperioden übertreffen die tatsächlichen Überschüsse die veranschlagten maximal um 31,9 % (1861/63) und liegen höchstens um 6,2 % darunter (1864/66)[171]. Im Etat der Zuschüsse übersteigen die tatsächlichen Zuschüsse die geschätzten in der Budgetperiode 1864/66 um 32,4 %. Die größte Abweichung nach unten beträgt 1843/45 5,6 %[172]. Wie in Bayern erweist sich auch in Sachsen das außerordentliche Budget als unsicherer Faktor. Es übersteigt 1880/81 den Anschlag um das rund 14fache. 1858/60 liegt der tatsächlich vereinnahmte und verausgabte Betrag um 46,6 % unter dem Anschlag[173]. Die Schwankungen zwischen den einzelnen Rechnungsperioden sind oft beträchtlich.

Obwohl im sächsischen Budgetrecht nichts über Nachtragsetats bestimmt ist, wurden Nachträge zu den Finanzgesetzen ab 1872/73 im Gesetzblatt veröffentlicht. Tabelle 3.9. gibt darüber Auskunft. Die veranschlagten Überschüsse des ordentlichen Budgets werden dadurch um maximal 11,7 % (1876/77) erhöht[174]. Im außerordentlichen Budget haben die Nachträge - insgesamt 5 im Untersuchungszeitraum - einen wesentlich höheren Stellenwert. Seine Einnahmen und Ausgaben werden in der Budgetperiode 1878/79 durch einen Nachtrag um rund 98 % erhöht, 1872/73 um rund 46 % und 1908/09 um 26,3 %[175].

Insgesamt kann man die Rolle der Nachträge - außer der genannten außerordentlichen - als gering bezeichnen. Außeretatmäßige Ausgaben sind in den sächsischen Rechnungen nicht erwähnt. Darüber, ob es sie nicht gab oder ob sie nur nicht nachgewiesen wurden, kann beim gegenwärtigen Kenntnisstand nur spekuliert werden.

Württemberg

Inneradministrative Vorschriften über die Verbindlichkeit der Etatanschläge wurden, wie in Preußen und Bayern, auch in Württemberg veröffentlicht. Im 5. Edikt 1817 heißt es dazu: "*Nachdem und sobald Wir diesen Haupt-Etat für das anfangende Finanz-Jahr vollzogen haben, soll keine neu zuwachsende Ein-*

171 Vgl. Tabelle 3.8., Spalte 3.

172 Vgl. Tabelle 3.8., Spalte 6.

173 Vgl. Tabelle 3.8., Spalte 9.

174 Vgl. Tabelle 3.9., Spalten 3 und 5.

175 Vgl. Tabelle 3.9., Spalte 10.

nahme, und eben so, weder eine Vermehrung der Ausgabe für irgend einen Artikel über die etatsmäßige Festsetzung, noch auch eine ganz neue Ausgabe anders verfügt werden können, als in Gemäßheit einer von Uns vollzogenen Autorisation, welche Wir, nachdem Uns in dem versammelten Geheimen Rath Bericht erstattet worden ist, und Wir die Nothwendigkeit geprüft haben, nach Befund der Umstände zu ertheilen, Uns vorbehalten"[176]. Jede Veränderung, die sich im Lauf des Etatjahres bei den Einnahmen oder Ausgaben ergibt, muß der Staatskontrolle gemeldet werden[177]. Sollten während des Etatjahres Ausgaben notwendig sein, die im Etat nicht vorgesehen sind, haben die Departementchefs in der sog. ersten Abteilung des Geheimen Rats über einen solchen Bedarf Vortrag zu halten, "*auf welchen Wir sodann entscheiden werden*"[178].

Ebensowenig ist es erlaubt, die Ersparnis in einer Ausgabenrubrik zur Verwendung in eine andere zu übertragen[179]. Da die Etatsätze bei den Fruchteinnahmen sich infolge von Wetterschäden, Überschwemmungen usw. wesentlich verändern können, haben die Beamten sogleich, nachdem ein solches Unglück ihren Bezirk heimgesucht hat, der Finanzkammer in einem "*umständlichen*" Bericht anzuzeigen, inwieweit die Etatsätze einer Abänderung unterliegen dürften[180]. Die Finanzkammern haben bei der Anweisung der Elementarkosten ihr besonderes Augenmerk darauf zu richten, daß die Etatsätze nicht überschritten werden. Bei einer auffallenden Differenz zwischen der wirklichen und der angenommenen Summe ist dem Finanzminister, unter Darlegung der Gründe, Bericht zu erstatten[181]. Ähnlich wie in Bayern wird in einem Erlaß an die Kameralämter 1819 ausgeführt, daß die Etatsätze weder eine allgemeine noch eine spezielle Legitimation für die Verwendung der veranschlagten Summen liefern. Die Anweisung der verschiedenen Elementarkosten bleibt der jeweiligen Finanzkammer vorbehalten, "*welche dabei von den Grundsätzen einer zweckmäßigen Sparsamkeit auszugehen, und überhaupt die in dem Etat liegenden Notizen dazu benutzen wird, die Verwaltung auf eine vortheilhafte Weise zu ordnen*"[182].

Weitere Bestimmungen sind in Württemberg nach unseren Quellen nicht veröffentlicht. Inneradministrativ galt, nach dem Wortlaut der Rechtsvorschriften,

---

176 5. Edikt 1817, § 51 Satz 2.

177 Vgl. 6. Edikt 1817, § 6.

178 Moser 1836, S.57 ff. Es handelt sich um ein Königliches Dekret vom 13. September 1818. Vgl. auch IESuRW 1818, § 5 Abs. 4.

179 Vgl. IESuRW 1818, § 5 Abs. 3. Pfizer 1836, S.257 meint dagegen, daß sachliche Übertragungen immer speziell gerechtfertigt werden müßten.

180 Vgl. IESuRW 1818, § 17.

181 Vgl. Moser 1836, S.243.

182 Moser 1836, S.243.

der Grundsatz der großen Verbindlichkeit der Etatansätze, von dem nur mit Zustimmung des Königs abgewichen werden durfte[183]. Übertragungen sind aus den Etatentwürfen ab 1876/77 ersichtlich[184]. In Kapitel 42 (Flußbaufonds) ist z.B. vermerkt: "*Da die Höhe des Aufwands in den Titeln 2-5 von Naturereignissen und sonstigen zufälligen Umständen abhängig ist, und hienach eine Berechnung mit irgend welcher Wahrscheinlichkeit sich voraus nicht aufstellen läßt, so sind die Etatssätze in diesen Titeln unter sich übertragbar*". Übertragbare Posten scheinen zumindest ab 1876/77 in den Etats ausdrücklich gekennzeichnet zu sein.

Über die Verbindlichkeit der mit den Kammern vereinbarten Budgets ist den Rechtsvorschriften nichts zu entnehmen. Für *Mohl* ist klar, "*daß die möglichst genaue Einhaltung des verabschiedeten Budgets verfassungsmäßige Pflicht der Regierung gegenüber von den Ständen ist. Abweichungen dürfen nur aus sehr triftigen Gründen statt finden, und zwar gilt diese Regel sowohl von Einnahmen als von Ausgaben, von Erhöhungen eben sowohl als von Ermäßigungen*"[185]. Zu den Einnahmen müsse die Regierung durch das Finanzgesetz ermächtigt sein. Sie dürfe die gesetzlich vorgeschriebenen Sätze nicht überschreiten. Auch eine Herabsetzung oder der Erlaß einer im Finanzgesetz bestimmten Einnahme sei nicht erlaubt[186]. Eine von ihm nicht anerkannte Ausgabe habe zu unterbleiben. Minister, die sie trotzdem machten, seien gegenüber den Ständen verantwortlich und setzten sich der Gefahr einer Anklage beim Staatsgerichtshof aus[187]. Die Überschreitung einer bewilligten Ausgabe sei ebensowenig erlaubt, "*doch wird hier nicht nur die unbedingte Nothwendigkeit zur vollen Entschuldigung dienen, sondern auch dann kann ein Vorwurf den Minister nicht treffen, wenn*

---

183 Mohl 1840, II, S.755 schreibt noch: "Für die sämmtlichen Verwaltungsbehörden ist der vom Könige genehmigte Etat eine feste Norm, von welcher sie ohne Zustimmung desselben nicht im mindesten abgehen dürfen".

184 Nach Bazille/Köstlin 1907, S.122 folgt aus der Spezialität des Etats, daß eine nicht bewilligte Ausgabe oder die Überschreitung einer bewilligten nicht damit gerechtfertigt werden könne, daß an anderen Ausgabeposten Ersparnisse gemacht würden. Eine solche Übertragung sei nur erlaubt, wo diese ausdrücklich vorbehalten oder "gewohnheitsmäßig" zugelassen sei oder wenn in Wirklichkeit eine Spezialisierung gar nicht vorliege, sondern eine Gesamtsumme gefordert und bewilligt sei, für welche nach Absicht der gesetzgebenden Faktoren der spezielle Ausweis nur als Begründung dienen solle.

185 Mohl 1840, II, S.756. Siehe auch Hoffmann 1857, I, S.48 f. Nach Sarwey 1883, II, S.509 dürfen die dispositiven Bestimmungen des Budgets ohne ständische Zustimmung nicht abgeändert werden. Ebenso Reinhard 1904, S.658, der bei Minderausgaben allerdings auf die schwächere budgetrechtliche Stellung der Landstände verweist: Sie hätten für eine Genehmigung im Falle, daß die bewilligten Mittel nicht im ganzen Umfang zur Verwendung gelangten, keine Basis.

186 Vgl. Mohl 1840, II, S.756 f.

187 Wobei Mohl 1840, II, S.757 einschränkend bemerkt, daß die einzig rechtlich erlaubte Ausnahme die sei, daß sich die Ausgabe zur Erhaltung des Staates oder seiner wesentlichen Einrichtungen als "nothwendig" herausstelle. Die bloße Nützlichkeit einer Ausgabe berechtige nicht zu einer Etatüberschreitung. Vgl. auch Pfizer 1836, S.257 und Bazille/Köstlin 1907, S.122.

die Ausgabe von der Art war, daß ihre Größe nicht mit Bestimmtheit im Voraus angegeben werden konnte, und nun bei der Ausführung des Voranschlags sich als zu gering erwies"[188]. Nach *Widenmeyer* sind in der württembergischen Budgetpraxis Etatabweichungen alle Mehrausgaben oder Mindereinnahmen, Minderausgaben oder Mehreinnahmen, welche gegen die Kapitel oder Titel bzw. gegen die besonderer Abstimmung unterliegenden Positionen des gesetzlich festgestellten Hauptfinanzetats vorkommen, es sei denn, daß eine Übertragbarkeit im Budget ausdrücklich vermerkt ist[189]. Den Ständen gegenüber ist hierüber in den Rechnungen Rechenschaft abzulegen[190].

Die Abweichungen zwischen den veranschlagten und den tatsächlich geleisteten budgetmäßigen Staatseinnahmen und -ausgaben weist Tabelle 4.8. aus. Das Ist der etatmäßigen Staatseinnahmen beträgt zwischen 14,4 % weniger (1904/05) und 49,3 % mehr (1846/47) als die veranschlagten Einnahmen der Einnahmeverwaltungen (netto)[191]. Bei den Ausgabeverwaltungen wurden die Nettoausgaben bis einschließlich 1894/95 fast durchgehend um ungefähr 100 % zu hoch geschätzt[192]. Dies änderte sich schlagartig mit der neuen Budgetdarstellungsform 1895/96. Ab da sind die Soll-Ist-Abweichungen nur noch gering. 1904/05 bleibt das tatsächliche Ergebnis noch um 15,3 % hinter dem Ansatz zurück, 1914/15 um 10,8 %. 1902 unterscheiden sich Rechnung und Anschlag nur um 11.715 M. Dieser eindeutige Bruch im Genauigkeitsgrad der Ausgabebudgets ist bei den Etats der Einnahmeverwaltungen nicht zu erkennen. Festzuhalten ist damit, daß letztere, von wenigen Ausnahmen abgesehen, relativ verläßliche Zahlen liefern, die Budgets der Ausgabeverwaltungen dagegen

---

188 Mohl 1840, II, S.757. Hoffmann 1857, I, S.48 f. zählt 5 Fälle auf, in denen eine Abweichung erlaubt sein soll: 1., wenn eine im Etat nicht anerkannte Ausgabe zur Erhaltung der Sicherheit des Staates dringend notwendig ist, "die Staatsregierung also dieselbe, vermöge ihres verfassungsmäßigen Rechtes, in dringenden Fällen zur Sicherheit des Staates das Nothwendige vorzukehren, dennoch anordnen mußte"; 2., wenn der Voranschlag der Ausgabe nicht mit "vollkommener Bestimmtheit" festgestellt werden kann und beim Vollzug sich als zu niedrig erweist; 3., wenn der Zweck der Ausgabe auch bei Ermäßigung des Betrages erfüllt werden kann; 4., wenn die Voraussetzung, unter welcher sie in den Etat aufgenommen wurde, nicht eintritt oder 5., wenn die spezifischen Fälle nicht vorhergesehen wurden. Siehe auch Sarwey 1883, II, S.540, der die Ansicht vertritt, daß die Grenze, bis zu der Abweichungen gerechtfertigt sind, sich nach der ausgesprochenen und vermuteten Absicht der gesetzgebenden Faktoren richte. "Es ergibt sich hieraus, daß die staatsrechtliche Beurtheilung der Abweichungen eine Thatfrage ist und daß sich hierfür kein allgemein gültiger Grundsatz aufstellen läßt". Widenmeyer 1885, S.9 meint dagegen, vom gedruckten vollständigen Hauptfinanzetat gelte nur das im dispositiven Teil verabschiedete, nicht hingegen die Erläuterungen.

189 Vgl. Widenmeyer 1885, S.27 f.

190 Vgl. Riecke 1887, S.397. Widenmeyer 1885, S.9 meint, gemäß dem Grundsatz, daß alle Einnahmen und Ausgaben zu veranschlagen und zu bewilligen seien, müßten auch Nachtragsetats gefertigt werden. Siehe auch Reinhard 1904, S.655.

191 Vgl. Tabelle 4.8., Spalte 3.

192 Vgl. Tabelle 4.8., Spalte 6. Lediglich 1845/46 und 1846/47 bleibt das Ist-Ergebnis "nur" um 28,4 bzw. 29,7 % hinter dem Etatansatz zurück.

erst ab dem Etatjahr 1895/96. Zuvor sind die Ansätze um etwa das Doppelte zu hoch veranschlagt.

Wie in Preußen und Sachsen gab es auch in Württemberg Nachträge zum Finanzgesetz. Darin sind Veränderungen der budgetmäßigen Mittel und der nicht etatmäßigen außerordentlichen Ausgaben verzeichnet. Erstere zeigt Tabelle 4.9. Die Beträge sind quantitativ völlig unerheblich. Kurios erscheint, daß auch Mindereinnahmen und -ausgaben aufgenommen sind[193]. Die Anzahl der Nachträge pro Etatperiode ist in Württemberg gegenüber den anderen Staaten höher[194]. Dies ist darauf zurückzuführen, daß - entgegen der Theorie - schon für kleinste Ausgabeveränderungen Nachträge eingebracht wurden. So umfaßt z.B. der 1. Nachtrag zum Finanzgesetz 1903/05 lediglich einen Ausgabeposten: Beim Departement des Kirchen- und Schulwesens wird die Ausgabesumme um 2.400 M. erhöht[195].

Außeretatmäßige Einnahmen und Ausgaben sind in den württembergischen Rechnungen - mit Lücken - ab 1819/20 nachgewiesen. Relativ zu den veranschlagten Nettosummen schwanken sie beträchtlich, wie Tabelle 4.10. zeigt. Die außeretatmäßigen Einnahmen betragen z.B. 1831/32 8,3 % im Verhältnis zu den Nettostaatseinnahmen, 1914/15 dagegen 3,3mal soviel wie der Anschlag[196]. Ab 1904/05 sind sie konstant höher als die etatmäßigen. Die außeretatmäßigen Ausgaben bewegen sich etwa in der gleichen Bandbreite wie die Einnahmen[197]. Die außeretatmäßige Bewirtschaftung von Mitteln ist in Württemberg in 18 von 66 Etatjahren höher als die etatmäßige.

Die Budgets enthalten, dies dürfte deutlich geworden sein, nur einen Teil der Staatseinnahmen und -ausgaben. Wie groß dies ist, hängt vom betrachteten Staat und jeweiligen Jahr ab. Trotzdem bestand - außer in Sachsen, wo die Situation nicht ganz klar ist - ein hoher Verbindlichkeitsgrad der Etats, sowohl im Innenverhältnis als auch im Verhältnis zu den Ständen[198]. In den Bereichen, in denen keine Rechtsvorschriften veröffentlicht wurden und auch die Staatshaushaltsetats und -rechnungen keinen Aufschluß geben, so daß wir auf die Ausführungen in der Literatur angewiesen sind, herrscht über die tatsäch-

---

[193] Vgl. Tabelle 4.9., Spalte 2, Budgetjahre 1904/05 und 1908/09. Auch Minderausgaben wurden in die Nachträge eingestellt. Im 2. Nachtrag zum Finanzgesetz 1913/15 kommt z.B.in Anzeige, daß im Departement des Kirchen- und Schulwesens im Etatkapitel 84 (Kunstgewerbeschulen) 1913 1.860 M. und 1914 3.720 M. weniger verausgabt werden.

[194] Vgl. Tabelle 4.9., Spalte 1.

[195] Vgl. 1. Nachtrag zum württembergischen Finanzgesetz 1903, Einziger Artikel.

[196] Vgl. Tabelle 4.10., Spalte 2.

[197] Vgl. Tabelle 4.10, Spalte 4.

[198] Zu diesem Ergebnis kommt aus verfassungsrechtlicher Sicht auch Friauf 1968, S.227.

liche Budgetpraxis ein diffuses Bild. Dies ist vor allem darauf zurückzuführen, daß die rechtswissenschaftlichen Auslegungen ideologische Komponenten enthielten, welche die Interpretation des Verbindlichkeitspostulats maßgeblich beeinflußten. Die Budgetrechtsvertreter, die eher dem monarchischen Prinzip zuneigten, sprachen sich für eine möglichst geringe, die Anhänger parlamentarischer Prinzipien dagegen für eine weitreichende Budgetverbindlichkeit aus. Es wurde eine umfangreiche - und von Autor zu Autor wiederum abweichende - Kasuistik aufgebaut, in welchem Fall die Regierung gebunden sein sollte und wann nicht. Das Konstrukt der "notwendigen" Ausgaben und der ständischen Bewilligungspflicht wird auch hier - wie schon in anderen Zusammenhängen - herangezogen. Die Budgetrechtslehrer diskutierten viel und kontrovers darüber, ob die Budgetvoten rechtlich Ermächtigungen oder Verpflichtungen beinhalten. Je nachdem, welches Staatsrechtslehrbuch man zur Hand nimmt, bekommt man eine mehr in die eine oder in die andere Richtung gehende Auslegung des Budgetrechts eines bestimmten Staates. Geendet hat die ganze Diskussion allerdings in einer staatsrechtlichen Bankrotterklärung: Im Zweifelsfall wurde auf die Praxis verwiesen. Die Absicht der jeweiligen gesetzgebenden Faktoren sei letztendlich entscheidend und sie lasse sich nicht durch allgemeine Regeln beschreiben.

Auch die finanzwissenschaftliche Budgettheorie kapitulierte vor dem Problem des "richtigen" Maßes der Verbindlichkeit der von den Ständen verabschiedeten Budgets und verwies es in den Bereich des Politischen. Daneben hat sie sich mit der inneradministrativen Bindung an die Etats befaßt. Auch hier ist ein Lavieren zwischen den Anforderungen einer strengen Verwaltungsführung und einem flexiblen, den wirtschaftlichen Entwicklungen und situationsabhängigen Erfordernissen angepaßten Finanzgebaren zu beobachten. Insofern glichen sich die Probleme, die sich im Verhältnis von König bzw. Regierung und Verwaltung einerseits und von König bzw. Regierung und Ständen andererseits stellten. Anders als auf verfassungsrechtlicher Ebene haben die sich auf die inneradministrativen Verhältnisse beziehenden Regelungen schon in den ersten zwei Jahrzehnten des 19. Jahrhunderts eine eindeutige Antwort im Sinne einer strengen Bindung an die Etatsätze, mit einigen Ausnahmen, gegeben. Die rechtlichen Vorschriften sind zunächst zum Vorbild der finanzwissenschaftlichen Budgettheorie geworden. Nachdem das Budget auch staatsrechtlich zu einem - brisanten - Thema geworden ist, haben sie auf die Budgetrechtstheorie und zuletzt auf die Komptabilitätsgesetze abgefärbt. Die gesetzlichen oder untergesetzlichen Regelungen des ausgehenden 19. und beginnenden 20. Jahrhunderts haben ihren Ursprung in den Bestimmungen zu Beginn des 19. Jahrhunderts. Die Komptabilitätsgesetze sind nicht der Anfang, sondern der Endpunkt der budgetrechtlichen und -technischen Entwicklung des 19. Jahrhunderts.

Die Verbindlichkeit der Etats stellt sich nicht als das Problem dar, für das man es bei Lektüre der einschlägigen staatsrechtlichen und finanzwissenschaftlichen Schriften halten könnte. Der Vergleich zwischen den veranschlagten und den tatsächlich getätigten Einnahmen und Ausgaben zeigt dies. Man kann sicherlich streiten, bis zu welchem Prozentsatz eine Differenz zu den veranschlagten Budgetposten noch vertretbar ist. Für die Erfassung der gesamten Staatseinnahmen und -ausgaben sind die Abweichungen jedoch allenfalls als - in manchen Jahren völlig unerhebliches - Randproblem zu betrachten, ganz im Gegensatz zu den Einnahmen und Ausgaben, die außeretatmäßig geleistet wurden. Hier ist eine entscheidende Lücke, die verhindert, daß man mit Budgetanalysen die Staatseinnahmen und -ausgaben des 19. Jahrhunderts erfaßt.

4. Die Entwicklung des Etatwesens im Überblick

Was kennzeichnet nun das "moderne" Budget des 19. Jahrhunderts? In der Theorie wurde es zunächst relativ abstrakt als Planungs-, Führungs- und Kontrollinstrument gesehen[1], das die gute Ordnung in der Finanzwirtschaft zu garantieren hatte[2]. Um diesen Ansprüchen zu genügen, sollte es öffentlich, vollständig, übersichtlich sein, vor Beginn der Budgetperiode zustande kommen, zeitlich begrenzt, mit begründeter Wahrscheinlichkeit veranschlagt und verbindlich sein[3]. Diese theoretischen Anforderungen an das moderne Budget wurden im 3. Abschnitt der Untersuchung näher spezifiziert und mit Hilfe des Etatrechts, der 176 veröffentlichten Etat- bzw. Finanzgesetze[4], der 191 Haushaltsentwürfe[5] und der 255 Haushaltsrechnungen[6] durch eine Längsschnittanalyse von 1800 bis 1914 auf ihre praktische Umsetzung in Preußen, Bayern, Sachsen und Württemberg vergleichend überprüft.

Es wird hier darauf verzichtet, die Ergebnisse im einzelnen zu wiederholen. Sie können in den jeweiligen Kapitelzusammenfassungen nachgelesen werden. Stattdessen versuchen wir, ein Fazit vor dem Hintergrund der Fragen nach der Verrechtlichung und Zentralisierung, der Vereinheitlichung und Vergleichbarkeit der Budgets zu ziehen[7].

4.1. Zur Verrechtlichung

Nimmt man die Zahl der veröffentlichten und hier ausgewerteten budgettechnischen Bestimmungen in den untersuchten Staaten[8], sind deutliche Unterschiede zu erkennen. In Sachsen konnten nur 12 einschlägige Regelungen ausgemacht werden, in Württemberg 40 und in Preußen 73. Absolut an der Spitze stand Bayern mit 130 Bestimmungen[9]. Die insgesamt 255 Vorschriften bildeten, zusammen mit den 176 Finanz- bzw. Etatgesetzen, die Grundlage für die

---

[1] Vgl. Abschnitt 2.3.1.

[2] Vgl. Abschnitt 2.2.

[3] Vgl. Abschnitt 2.3.2.

[4] Vgl. Quellenverzeichnis Q *.4.

[5] Vgl. Quellenverzeichnis Q *.5.

[6] Vgl. Quellenverzeichnis Q *.6.

[7] Vgl. Abschnitt 1.3. und 1.4.

[8] Vgl. Quellenverzeichnis Q *.7.

[9] Hier dürften die Geretschen Sammlungen positiv zu Buche geschlagen haben. Siehe dazu die Bemerkungen in Abschnitt 1.6.

Rechtsanalyse. Allein die Zahl der veröffentlichten Regelungen deutet darauf hin, daß das sächsische Budgetwesen wenig verrechtlicht war, das bayerische dagegen stark. Württemberg und Preußen nahmen eine Mittelposition ein[10].

Die Anzahl der Bestimmungen kann man auch als einen Indikator für das Maß der Zentralisierung, d.h. für die Konzentration der Leitung des Budgetwesens bei der Staatsregierung betrachten. Das sächsische Etatwesen wäre demnach wesentlich dezentraler gesteuert worden als das bayerische. Eine solche Schlußfolgerung beruht jedoch auf der Annahme, daß sich die Gesetzmäßigkeit der Budgetverwaltung im 19. Jahrhundert bereits durchgesetzt hatte. Sie ist, wenn man den Gesetzesbegriff eng nimmt, nicht unbedingt gerechtfertigt:

In Sachsen sind nur zwei zentrale Bestimmungen, die das Budgetwesen im engeren Sinne berührten, bekannt: Die "*Allgemeinen Vorschriften für das Staatsrechnungswesen des Königreichs Sachsen*" (ARV) vom 6. Dezember 1879[11] und das Staatshaushaltsgesetz von 1904. Die ARV wurde durch Verordnungen von 1883, 1891 und 1899 abgeändert und 1900 umgearbeitet[12]. Da sie sich schwerpunktmäßig auf das Rechnungswesen bezieht, fallen die etatrechtlichen Regelungen eher als "Nebenprodukt" - in Folge der geforderten formellen und materiellen Übereinstimmung von Etat und Rechnung - ab. Das Staatshaushaltsgesetz von 1904 übernimmt im wesentlichen die Bestimmungen der ARV. Es hat zum Ziel, "*für die schon bisher hinsichtlich der Aufstellung, Ausführung und Kontrolle des Staatshaushaltsetats tatsächlich zur Anwendung gebrachten wesentlicheren Grundsätze eine gesetzliche Unterlage zu schaffen, und sein Inhalt ist daher vor allem den Normen, die sich in langjähriger Praxis hinsichtlich des Etatwesens entwickelt haben ...., entnommen*"[13]. Eine Kodifikation des gesamten Etatrechts war nicht beabsichtigt, "*da ihr insbesondere die Erwägung entgegensteht, daß in der Praxis bei veränderter Gestaltung der tatsächlichen Verhältnisse immer wieder neue Fragen auftauchen und deshalb das der Natur der Sache nach in beständigem Flusse befindliche Etatrecht einer steten Fortbildung unterliegt*"[14].

Schließt man sich dem an, heißt das, daß in Sachsen eine Vergesetzlichung des Budgetwesens vermieden wurde, um dessen Erstarren zu verhindern. Die kleine Zahl einschlägiger Gesetze, die wir ausfindig machen konnten, ist ein

---

10 Vgl. dazu allgemein Abschnitt 1.3. und 1.4.

11 Sie hießen ursprünglich "Allgemeine Rechtsvorschriften", weshalb sie auch mit ARV zitiert werden (vgl. Löbe 1904, S.113).

12 Hier wurde die letzte Fassung zitiert, da die Quellen der früheren Regelungen nicht aufgefunden werden konnten. Da Löbe 1904, S.113 u.a. auch keine angibt, ist zu vermuten, daß sie nur verwaltungsintern bekanntgemacht wurden.

13 Löbe 1904, S.670.

14 Löbe 1904, S.670.

Indiz hierfür. Es wurden auch keine untergesetzlichen Regelungen im Gesetz- und Verordnungsblatt oder anderswo bekanntgemacht. Es hat den Anschein, daß es sich beim sächsischen Budgetwesen im 19. Jahrhundert noch weitgehend um einen regelungsfreien Bereich handelte, der in der Hauptsache durch Übung geprägt war.

Ganz anders in Bayern. Hier wurde bereits 1803 eine Verordnung, die "*Formation der Finanz-Etats betr.*", erlassen. Sie enthält zentrale, in den Grundsätzen das ganze 19. Jahrhundert geltende haushaltsrechtliche Bestimmungen. Über die Rentämter ergoß sich daneben eine Flut von Spezialanweisungen. Diese sind z.T. im Regierungsblatt und z.T. bei *Geret*[15], später im Finanzministerialblatt abgedruckt. Ein Meilenstein im konstitutionellen Budgetrecht war das sog. "*Verfassungsverständnis*"[16]. Es war nach *Piloty/Sutner* "*förmlich nicht nur kein Verfassungsgesetz, sondern überhaupt kein Gesetz, ja nicht einmal ein Landtagsbeschluß, sondern nur ein Beschluß der Kammer der Reichsräte, der im Schlußsatze des Landtagsabschiedes vom 25. August 1843 ... bestätigt wurde. Inhaltlich enthält es jedoch die wesentlichen Sätze des bayerischen Budgetrechtes, mit deren Auslegung die Staatsregierung durch Beschluß des Gesamtstaatsministeriums vom 30. Juni 1843 ausdrücklich ihr Einverständnis erklärt hat und welche bisher der Regierung und dem Landtage als Grundlage ihres Verhaltens gedient haben*"[17]. Eine gewisse Erneuerung des bayerischen Etatwesens brachte die "*Bekanntmachung. Die Aufstellung und den Vollzug des Staatsbudgets betr.*" von 1907. Aber auch sie wurde nicht in Gesetzesform gekleidet, sondern lediglich im Finanzministerialblatt abgedruckt.

Das bayerische Etatwesen war also sehr regelungsintensiv, allerdings nicht vergesetzlicht. Es wurde schon im ersten Jahrzehnt des 19. Jahrhunderts grundlegend rechtlich geordnet. Auf diese Basisregelungen bauten die später in Detailfragen ergangenen Modifikationen und näheren Bestimmungen auf. Größere Veränderungen, insbesondere im Zuge der Einführung des außerordentlichen Budgets[18], erfolgten erst mit der Bekanntmachung von 1907. Die Entwicklung des Etatrechts hatte deshalb in Bayern ein ganz anderes Gepräge als in Sachsen.

Eine ähnlich frühe Regelung erfuhr das württembergische Etatwesen durch die sehr ausführliche "*Instruction für die K. Cameral-Verwaltungen zu Verfassung der Etats über Einnahmen und Ausgaben von Georgi 1808 bis 1809 vom 23.*

---

[15] Vgl. Geret 1816 ff. und Geret 1823 ff.

[16] "Das Verfassungsverständnis. Beschluß der Kammer der Reichsräte zu Tit. VII §§ 3-10 der Verfassungsurkunde vom 14. Juni/12. Juli 1843" (vgl. Piloty/Sutner 1907, S.397 ff.).

[17] Piloty/Sutner 1907, S.397, Fußnote 1.

[18] Vgl. Abschnitt 3.4., S.239 ff.

April 1808"[19]. Sie gibt eine genaue Anleitung bezüglich Inhalt und Form der Etats. Weitere Regelungen, die sich konkret auf das Staatsbudget bezogen, brachten das 5., 6. und 7. Edikt von 1817. Keines der Edikte wurde im Regierungsblatt veröffentlicht[20]. 1818 folgte eine Instruktion für die künftige Einrichtung des Staatskassen- und Rechnungswesens, deren Bestimmungen sich allerdings, wie der Name schon sagt, in der Mehrzahl auf das Kassen- und Rechnungswesen bezogen[21]. Ein Edikt von 1818 kündigte an: "*Die Ober-Rechnungs-Kammer wird sich ungesäumt mit dem Entwurfe eines Reglements beschäftigen, wie die einzelnen Etats ... zu verfassen sind*"[22]. Dies erfolgte durch die "*Instruktion des Finanz-Ministeriums zu Verfassung der jährlichen Etats bei den Cameral- und Domanial-Verwaltungen*" von 1819[23]. Sie lehnte sich in weiten Teilen an die Bestimmung aus dem Jahre 1808 an. Danach erging, ähnlich wie in Bayern, noch eine Reihe spezieller Regelungen[24], die durch *Moser* gut dokumentiert sind[25]. Das württembergische Budgetrecht wurde im Untersuchungszeitraum nach 1819 keiner grundlegenden Modifikation mehr unterzogen.

In Württemberg stammten also die zentralen haushaltsrechtlichen Bestimmungen, die auch noch 1914 galten, aus den ersten zwei Jahrzehnten des 19. Jahrhunderts. Danach sind keine wesentlichen Veränderungen mehr zu verzeichnen. Wie in Bayern basierte auch in Württemberg das Haushaltsrecht nicht auf gesetzlichen Regelungen, sondern auf Verordnungen, Instruktionen, Edikten usw. aus vorkonstitutioneller Zeit. Die Entwicklung in Bayern und Württemberg verlief deshalb in etwa parallel, wenn auch die Regelungsintensität nach unserer Quellenlage in Württemberg nicht so groß war.

Die erste bedeutendere Regelung des preußischen Etatwesens erfolgte durch die "*Geschäfts-Instruktion für die Regierungen in sämmtlichen Provinzen*" von 1808[26]. Die Kabinettsorder von 1820, den Staatshaushalt und das Staatsschuldenwesen betreffend, ist vor allem hinsichtlich der Zweckbindung gewisser Einnahmen interessant[27]. Speziell auf das Etat- und Rechnungswesen der unteren Verwaltungsbehörden bezog sich die Instruktion für die Oberrechnungs-

---

19 Zitiert: WIVE 1808 (vgl. Knapp 1810, II, S.176 ff.).

20 Uns diente Moser 1836 als Quelle.

21 Zitiert IESuRW 1818 (vgl. Moser 1836, S.311 ff.).

22 Vgl. WüSuRBl 1818, S.657 ff., § 20 Abs. 3.

23 Zitiert WIVE 1819 (vgl. Moser 1836, S.213 ff.).

24 So z.B. der "Erlaß des Finanzministeriums an den Bergrath, den Etat der Eisenwerker betreffend" (vgl. Moser 1836, Fußnote 122).

25 Vgl. Moser 1836. Seine Sammlung hat leider keine Fortsetzung gefunden.

26 Vgl. PrGS 1808, S.481 ff.

27 Vgl. PrGS 1820, S.21 ff.

kammer vom 16. Dezember 1824[28]. Sie dürfte im großen und ganzen auch für den Staatshaushaltsetat gegolten haben, da sich dieser aus den Etats der unteren Ebenen zusammensetzte. Grundlegend wurde das preußische Etatwesen aber erst durch das Staatshaushaltsgesetz von 1898 geregelt[29]. *Herrfurth* bemerkt dazu im Vorwort zu seinem Gesetzeskommentar: "*Zwar sind dem Gesetze vielfach, sowohl in formeller als in materieller Beziehung, nur die bisher schon maßgebend gewesenen und bewährten etatsrechtlichen Bestimmungen zum Grunde gelegt worden. Mit der Aufstellung fester gesetzlicher Normen für die Ausführung und Ausgestaltung des bestehenden Rechtes im Einzelnen und der Beseitigung mannigfacher, in der Praxis hervorgetretener Meinungsverschiedenheiten ist aber eine einheitliche Zusammenfassung der etatsrechtlichen Bestimmungen verbunden, welche die Handhabung derselben im hohen Grade erleichtern wird*"[30]. Es griff die Anordnungen der Instruktion für die Oberrechnungskammer von 1824 teils unverändert, teils mit Modifikationen auf[31]. Das Gesetz war bis 1914 für das preußische Etatwesen maßgebend.

Kennzeichnend für die Rechtsentwicklung auf dem Gebiet des Etatwesens ist also zunächst für alle Staaten deren Verwurzelung in vorkonstitutionellen Vorschriften. In Bayern und Württemberg hatte, abgesehen vom parlamentarischen Budgetbewilligungsrecht[32] und der damit verbundenen Öffentlichkeit der Etats, die Einführung der Verfassung keine sich im Etatrecht spiegelnden Auswirkungen. Dies trifft auch auf Preußen zu, wo erst 48 Jahre nach Bekanntgabe der Verfassung ein Staatshaushaltsgesetz zustande kam. In Sachsen wurde gar erst 73 Jahre nach der Verfassung ein Staatshaushaltsgesetz erlassen.

Charakteristisch ist damit die Kontinuität der verwaltungsrechtlichen Behandlung der Etats. Eine Vergesetzlichung konnte nicht festgestellt werden, wohl aber in Bayern, Preußen und Württemberg ein gewisses Maß an Verrechtlichung. Sie ist dadurch geprägt, daß zunächst Basisregelungen ergingen, die im Laufe der Zeit näher erläutert, für einzelne Verwaltungen spezifiziert und verfeinert wurden. Das 19. Jahrhundert brachte für das Etatrecht also eine Ausdifferenzierung und Spezialisierung.

Die zeitliche Entwicklung ist durch einen Innovationsschub in den ersten 30 Jahren des 19. Jahrhunderts geprägt. Die rechtlichen Neuerungen verebbten dann bis um die Jahrhundertwende, wo das Etatrecht den Etattechniken, die sich durch Übung weiterentwickelt hatten, angepaßt wurde. Vorreiter der

---

[28] Zitiert IOR 1824 (vgl. Annalen 1825, Bd. 9, S.2 ff.).

[29] Zitiert PrSHHG 1898 (vgl. PrGS 1898, S.77 ff.).

[30] Herrfurth 1899, Vorwort.

[31] Vgl. Herrfurth 1899, S.1.

[32] Vgl. dazu Abschnitt 2.5.

Etatrechtskodifikationen des letzten Jahrhunderts war Bayern, gefolgt von Württemberg und Preußen.

Die Frage, inwieweit sich die finanzwissenschaftlichen Postulate im Etatrecht niederschlugen, müssen wir revidieren, da sie so falsch gestellt ist. Ein Teil der Forderungen, abgesehen vom Öffentlichkeitspostulat, orientierte sich an der etat- oder außeretatrechtlichen Budgetpraxis[33]. Ein anderer Teil war und blieb größtenteils reine Theorie[34]. Die an der Etatpraxis orientierten finanzwissenschaftlichen Postulate hinkten der Praxis notwendigerweise hinterher, ebenso die budgetrechtstheoretischen.

Nicht so pauschal läßt sich die Frage beantworten, inwieweit die rechtlichen Regelungen tatsächlich umgesetzt wurden. Dies liegt hauptsächlich daran, daß die Basisregelungen meist so allgemein gefaßt waren, daß sich kaum Widersprüche ergaben[35]. Bei der Durchsetzung von Spezialregelungen scheint es z.T. Schwierigkeiten gegeben zu haben, wie aus dem Wortlaut einzelner in Instruktionen zu schließen ist[36]. Da unser Untersuchungsgebiet auf den obersten beiden Ebenen der Etathierarchie angesiedelt ist, nämlich bei den Staatsbudgets und den zugehörigen Spezialetats, konnten wir dieser Frage nicht näher nachgehen. Auf einem ganz anderen Blatt steht, daß das Etatrecht nur einen - zumeist kleineren - Teil der etattechnischen Einzelfragen erfaßte und folglich nur begrenzt die Etattechnik erkennen läßt.

4.2. Zur Vereinheitlichung

Wie in der Praxis das moderne Budget aussah, läßt sich den rechtlichen Regelungen nur in begrenztem Maße entnehmen. Deshalb wurden zusätzlich die Staatshaushaltspläne mit den entsprechenden budgettheoretischen Forderungen konfrontiert. Letztere suggerieren in ihrer allgemeinen Formulierung, daß das Budgetrecht und die Etatpraxis der deutschen Staaten des 19. Jahrhunderts insgesamt mehr oder weniger vereinheitlicht waren. Thesenhaft kommen wir unter dem Vereinheitlichungsaspekt zu folgenden Ergebnissen[37]:

---

[33] Vgl. insbesondere die Abschnitte 3.2., 3.4.2., 3.5.4., 3.6. und 3.7.

[34] Vgl. die Abschnitte 3.3., 3.4.4. und 3.8.

[35] Lediglich in Bayern konnten welche auf den Teilgebieten des außerordentlichen Budgets, der zeitlichen Begrenztheit und der sachlichen Übertragbarkeit festgestellt werden. Vgl. Abschnitt 3.4.4., 3.6.3. und 3.8.

[36] Vgl. z.B. S.294; S.301, Fußnote 136; S.310, Fußnote 185 und S.329.

[37] Siehe dazu allgemein Abschnitt 1.3. und 1.4.

- **Öffentlichkeit:** Die Öffentlichkeit des Etatwesens hatte sich in den untersuchten Staaten ab 1880 soweit durchgesetzt, daß alle Budgetübersichten, Spezialetats und Staatshaushaltsrechnungen gedruckt in den Parlamentsverhandlungen veröffentlicht wurden[38].

- **Einheit:** Es gab in allen Staaten eine Etathierarchie, in der das Staatsbudget die oberste, aggregierteste Ebene darstellte. Die Verteilung der Einnahmen und Ausgaben auf die verschiedenen Verwaltungsebenen variierte sowohl innerhalb der Staaten in zeitlicher Entwicklung als auch zwischen den Staaten[39]. Überall wurden Einnahmen - in unterschiedlicher Weise - bestimmten Zwecken zugeführt[40]. Eine ausgeprägte Fondswirtschaft war in allen Staaten üblich. Fonds existierten zu den verschiedensten Zwecken und in wechselnder Zahl. Die Verknüpfungen zwischen Fondseinnahmen und -ausgaben und Staatshaushaltsplänen waren fondsabhängig. Es kamen unterschiedliche Verrechnungstechniken sowohl innerhalb der Staaten als auch im Staatenvergleich zur Anwendung. Die Nachweisgenauigkeit der Fondseinnahmen und -ausgaben innerhalb eines Staates hing von den einzelnen Fonds ab; wobei ein - unbekannter - Teil weder etat- noch rechnungsmäßig erfaßt war[41].

- **Vollständigkeit:** Die formelle Einteilung der Budgets war in allen Staaten unterschiedlich, was einen Brutto-Netto-Vergleich schon grundsätzlich erschwert. Sachsen und Württemberg hatten, von der Grobeinteilung her, bis 1914 ein ähnliches System, Bayern näherte sich dem preußischen ab 1868[42]. Die grobe Einteilung in Brutto- oder Nettobudgets ist in allen Staaten irreführend. Überall herrschte ein Brutto-Netto-Mischsystem, verbunden mit mehr oder minder großer Unvollständigkeit. Ob ein Budgetposten brutto, netto oder gar nicht etatisiert wurde, hing vom jeweiligen Gegenstand ab. Allgemeine Aussagen sind deshalb nicht möglich. Man muß jeden Budgetposten auf seine Etatisierungsform innerhalb des Staates und im Vergleich zu den anderen Staaten untersuchen[43].

- **Übersichtlichkeit:** In allen Staaten war das Staatsbudget nur eine Übersicht. Von einer Übereinstimmung der äußeren Form von Budgets und Rechnungen kann - soweit nachvollziehbar - in allen Staaten ausgegangen werden. Die formelle Budgetsystematik differierte in allen vier untersuchten Staaten

---

[38] Vgl. Abschnitt 3.1.

[39] Vgl. Abschnitt 3.2.1.

[40] Vgl. Abschnitt 3.2.2.

[41] Vgl. Abschnitt 3.2.3. bis 3.2.5.

[42] Vgl. Abschnitt 3.3.2.

[43] Vgl. Abschnitt 3.3.3. bis 3.3.6.

und wechselte auch innerhalb der Staaten über die Zeit mehrmals[44]. Pauschal sind die Budgetinhalte nicht vergleichbar[45]. Bei der Veranschlagung der außerordentlichen Ausgaben kamen vier verschiedene Systeme in Anwendung[46]. Die Einnahmen aus Anleihen waren in Bayern und Württemberg überhaupt nicht budgetmäßig erfaßt, in Preußen teils und teils nicht. Sachsen scheint sie zumindest partiell in die außerordentlichen Etats aufgenommen zu haben[47].

- **Vorherigkeit:** Einheitlich verlief die Entwicklung in allen Staaten bei der Nichteinhaltung des Postulats der Budgetvorherigkeit. Absoluter "Spitzenreiter" war Sachsen, wo das Budget überhaupt nie rechtzeitig verabschiedet wurde[48]. Die Methoden der Überbrückung des budgetlosen Zustandes wechselten innerhalb der Staaten mehrfach. Vereinheitlicht haben sie sich, nach Quellenlage, nicht[49].

- **Zeitliche Begrenztheit:** Preußen hatte ab 1849 eine einjährige Budgetperiode, Bayern, Sachsen und Württemberg ab 1879 einheitlich eine zweijährige[50]. Deren Anfangs- und Schlußtermin änderte sich in allen Staaten mehrmals und war auch im Staatenvergleich nicht einheitlich[51]. Die Restverwaltung stellte sich in Württemberg äußerst einfach dar, da sie während des gesamten Untersuchungszeitraums von der laufenden getrennt gehalten wurde. In Preußen flossen vermutlich ab 1869 alle Resteinnahmen und -ausgaben in die laufende Verwaltung ein, in Sachsen nur die Überschüsse und Defizite der Restverwaltung. Bayern hatte ein kompliziertes Mischsystem[52]. Großzügige zeitliche Übertragungsmöglichkeiten waren in allen Staaten gegeben[53].

- **Begründete Wahrscheinlichkeit:** Die Etatplanung erfolgte in allen Staaten durch einen Methodenmix, wobei die Durchschnittsschätzungen - auf Basis einer unterschiedlichen Zahl von Jahren - überwogen. In allen Staaten muß-

---

[44] Vgl. Abschnitt 3.4.2.

[45] Vgl. Abschnitt 3.4.3.

[46] Vgl. Abschnitt 3.4.4.

[47] Vgl. Abschnitt 3.4.5.

[48] Vgl. Abschnitt 3.5.1.

[49] Vgl. Abschnitt 3.5.4.

[50] Vgl. Abschnitt 3.6.1.

[51] Vgl. Abschnitt 3.6.2.

[52] Vgl. Abschnitt 3.6.3.

[53] Vgl. Abschnitt 3.6.4.

ten Etatveränderungen eingehend begründet werden[54]. Die Budgetzahlen wurden hauptsächlich anhand ausgemittelter, konstruierter Etatpreise und nur z.T. in laufenden Preisen ermittelt[55]. Letztendlich hing die Zuverlässigkeit der Budgetschätzungen von der Qualifikation und Ortskunde des Personals ab[56].

- **Verbindlichkeit:** Die laufenden Etats wurden im großen und ganzen in ihren Gesamtsummen zuverlässig eingehalten, wobei das tolerierbare Maß der Abweichung Ermessenssache ist. Eine systematische Überschätzung der Ausgaben um runde 100 % konnte nur in Württemberg bis 1894/95 festgestellt werden. Die außerordentlichen Ausgaben bzw. Budgets brachten in die sonst relativ zuverlässigen Zahlen der ordentlichen bzw. laufenden Verwaltung ein in allen Staaten gleichermaßen beträchtliches Moment der Unsicherheit. Für die Unzuverlässigkeit der Budgetdaten von größerer Bedeutung als die Budgetabweichungen waren die in Preußen, Bayern und Württemberg in den Rechnungen nachgewiesenen außeretatmäßigen Einnahmen und/oder Ausgaben. In den sächsischen Rechnungen fehlen derartige Belege einer außeretatmäßigen Budgetwirtschaft. In den anderen Staaten wurde sie - soweit durch die Rechnungen nachvollziehbar - in unterschiedlichem, z.T. recht ausgedehntem Maße betrieben[57].

Wie ist nun vor diesem Hintergrund die inner- und zwischenstaatliche Einheitlichkeit bzw. Vereinheitlichung des Budgetwesens in den untersuchten Staaten zu beurteilen? Wir kommen zu einem - unbequemen - Sowohl-Als-auch-Ergebnis. Es gab Budgetbereiche, die innerhalb eines Staates in der zeitlichen Entwicklung relativ konstant geblieben sind und die sich budgettechnisch vergleichbar entwickelten. Daneben bestanden aber auch solche, deren budgettechnische Behandlung des öfteren wechselte. Ein pauschales Urteil, auf welche Posten das zutraf und auf welche nicht, läßt sich nicht fällen. Man muß dies in jedem Einzelfall untersuchen. Ähnlich verhält es sich bei zwischenstaatlichen Vergleichen. Sie werden durch die - vom etattechnischen Grundprinzip her - unterschiedlichen Gliederungssysteme, Differenzierungsgrade, Verbuchungs- und Nachweisarten sowie Vollständigkeitsgrade zusätzlich erschwert. Man kann nur anhand des Einzelfalles entscheiden, ob die Einheitlichkeit und damit auch die Vergleichbarkeit der Budgetposten gegeben ist.

Ähnlich ratlos steht man vor der Frage, was nun das "moderne" Budget des 19. Jahrhunderts ausmachte. Sicherlich seine Öffentlichkeit und die regelmäßige -

---

[54] Vgl. Abschnitt 3.7.2.

[55] Vgl. Abschnitt 3.7.3.

[56] Vgl. Abschnitt 3.7.4.

[57] Vgl. Abschnitt 3.8.2.

in konstitutioneller Zeit mit Zustimmung der Ständeversammlungen erfolgende - Aufstellung an sich. Modern war auch, daß überhaupt ein aggregierter Staatshaushaltsplan erstellt und zunehmend in eine systematische Form gebracht wurde. Insoweit handelt es sich um Merkmale, welche die Entwicklung aller untersuchten Budgets kennzeichnen. Darüber hinaus wiesen die Budgets kaum typische Gemeinsamkeiten auf. Man muß sich deshalb von der Vorstellung des modernen Budgets des 19. Jahrhunderts lösen. Modern waren sie alle insofern, als sich die Technik der regelmäßigen Aufstellung eines Zentraletats im 19. Jahrhundert erst herausbildete. Jeder Staat ging dabei seinen eigenen Weg und brachte ein eigenes modernes Budget hervor, das jeweils ein ganz spezielles Gepräge hatte.

Gleichzeitig beantwortet ist damit auch die Frage nach der Führungsrolle Preußens bei der Gestaltung der Budgets des 19. Jahrhunderts. Oben wurde bereits erwähnt, daß der Vorreiter des - parlamentarischen wie inneradministrativen - Budgetrechts nicht Preußen, sondern Bayern bzw. Württemberg war[58]. Abgesehen davon, daß in Preußen zuerst ausführliche Spezialetats in den Parlamentsverhandlungen veröffentlicht wurden, konnte eine offensichtliche Vorbildfunktion des preußischen Budgets nicht festgestellt werden. Auch fehlt es an Hinweisen, daß sich ein Staat mehr an Preußen angelehnt hätte als ein anderer. Charakteristisch war vielmehr, daß budgettechnische Neuerungen nicht auf einen einzigen Staat konzentriert waren. Die oft mit jedem sachlichen Gegenstand wechselnden Budgetierungstechniken konnten einander ähnlich, aber auch völlig unterschiedlich sein.

4.3. Zur Vergleichbarkeit

Kehren wir zu unserem Ausgangspunkt, der Frage der Vergleichbarkeit von Budgetdaten verschiedener Staaten zurück[59]. Aus der festgestellten mangelnden Einheitlichkeit der Budgetierungstechniken folgt zunächst, daß die Zahlen auf aggregierter Ebene pauschal so, wie sie in den Staatshaushaltsplänen verzeichnet sind, nicht vergleichbar sind. Es empfiehlt sich deshalb, sich zunächst nur auf ausgewählte Sachgebiete zu beschränken und dort die jeweilige Budgetierungstechnik vergleichend zu untersuchen. Abweichungen können auf diese Weise kontrolliert und benannt werden. Aus dem Maß der Einheitlichkeit bzw. Uneinheitlichkeit folgt dann der Grad der Vergleichbarkeit und Aggregierbarkeit der Budgetdaten.

---

[58] Vgl. Abschnitt 4.1.

[59] Vgl. Abschnitt 1.1., 1.3. und 1.4.

Die in den Budgets festgehaltenen Zahlen spiegeln nur einen - oft den kleineren - Teil der Staatseinnahmen und -ausgaben wider. Zum Teil läßt sich das in den Rechnungen nachvollziehen. Für einen Gesamtüberblick sind im folgenden alle in den Rechnungen der untersuchten Staaten ausgewiesenen Einnahmen und Ausgaben zusammengestellt. Sie setzen sich aus den budgetmäßigen, außerordentlichen, außeretatmäßigen Einnahmen und Ausgaben, solchen aus Resten, den Ausgaben auf die Erübrigungen der Vorperioden usw. zusammen - kurz: aus allen in den Übersichten der Staatshaushaltsrechnungen nachgewiesenen Mitteln[60]. Sie werden mit den etatmäßigen Ist-Ausgaben in Beziehung gesetzt und errechnet, wie groß die prozentualen Abweichungen des rechnungsmäßigen Gesamtbetrages von den veranschlagten Nettoziffern sind.

Tabelle 1.11. zeigt alle in den preußischen Rechnungen nachgewiesenen Einnahmen und Ausgaben im Verhältnis zum Etatanschlag. In den ersten drei Rechnungsjahren (1849-1851) kommen nur die etatmäßigen Einnahmen zum Vorschein. Ansonsten überschreiten die rechnungsmäßig nachgewiesenen Einnahmen insgesamt die etatmäßigen Ist-Einnahmen minimal um 12,6 % (1863), maximal um 124 % (1867), sieht man einmal vom Ergebnis für das 1. Quartal 1877 ab[61]. Die nicht im Etat nachgewiesenen Einnahmen liegen zwischen 15,4 % (1865) und 125,4 % (1867) des Anschlags[62]. Die in die Rechnungen aufgenommenen Ausgaben übersteigen die etatmäßigen Ist-Ausgaben um mindestens 5,7 % (1855) und höchstens 109,3 % (1866)[63]. Im Verhältnis zum Etatanschlag betragen die rechnungsmäßigen Ausgaben zwischen 10 % (1865) und 136,6 % (1867) mehr[64].

Die Gesamtschau für Bayern zeigt Tabelle 2.11. Die im Rechnungsüberblick zusammengefaßten Einnahmen überschreiten die etatmäßigen Ist-Einnahmen um mindestens 12.399 fl. (1824/25) und um höchstens 30.781.189 fl. oder 84,4 % (1841/42)[65]. 1822/23 sind im Etat gegenüber der Rechnung 6,9 % mehr Einnahmen ausgewiesen, 1841/42 124,1 % weniger[66]. Die Ausgaben überstei-

60 In diesen Übersichten sind in Bayern und Sachsen die Einnahmen und Ausgaben der außerordentlichen Budgets nicht enthalten. Sie werden auch hier aus rechnungstechnischen, in Abschnitt 3.4.4., S.239 ff. näher ausgeführten Gründen nicht eingerechnet.

61 Vgl. Tabelle 1.11., Spalte 3.

62 Vgl. Tabelle 1.11., Spalte 4.

63 Vgl. Tabelle 1.11., Spalte 7.

64 Vgl. Tabelle 1.11., Spalte 8.

65 Vgl. Tabelle 2.11., Spalten 4 und 5.

66 Vgl. Tabelle 2.11., Spalte 6.

gen die etatmäßigen Ist-Ausgaben maximal um 95,6 % (1871)[67], den Anschlag um höchstens 103 % (1842/43)[68].

In Sachsen sind in den Rechnungen nur bis zur Budgetperiode 1872/73 außeretatmäßige Einnahmen und Ausgaben nachgewiesen. In diesem Zeitraum liegen bei den Überschußverwaltungen die rechnungsmäßigen Überschüsse zwischen 0,5 % (1837/39) und 14 % (1872/73) über den etatmäßigen[69]. In den Etatperioden 1858/60 und 1861/63 entsprechen die etatmäßigen Ist-Zuschüsse den rechnungsmäßig ausgewiesenen Gesamtzuschüssen. 1846/48 sind die gesamten Ist-Zuschüsse 81,3 % höher als die etatmäßigen[70]. In einigen Budgetperioden sind die Budgetsummen zu hoch ausgewiesen[71]. Maximal ist das sächsische Budget der Überschüsse 40,1 % (1861/63) und das Budget der Zuschüsse 87,5 % (1846/48) zu niedrig veranschlagt. Abweichungen in dieser Höhe sind jedoch die Ausnahme. Im Vergleich zu den anderen Staaten weichen Budget- und Rechnungsbeträge relativ wenig ab.

Die württembergischen Rechnungsresultate sind im Überblick in Tabelle 4.11. zusammengestellt. In 14 Rechnungsjahren sind nur die etatmäßigen Einnahmen und Ausgaben ausgewiesen[72], in 11 fehlen die Rechnungen völlig[73]. In den verbleibenden Jahren übersteigt der Gesamtrechnungsbetrag den etatmäßigen Ist-Betrag um mindestens 4,6 % (1821/22) und um höchstens 416,3 % (1914/15)[74]. Insgesamt 51mal sind die nicht etatmäßigen Einnahmen mindestens so groß wie die etatmäßigen. Die nicht im Etat nachgewiesenen Einnahmen[75] betragen im Verhältnis zu den veranschlagten Nettostaatseinnahmen zwischen 33,4 % (1832/33) und 353,9 % (1914/15)[76]. Die rechnungsmäßigen Ausgaben insgesamt übersteigen die etatmäßigen Ist-Ausgaben[77] im Minimum um 3,3 % (1821/22) und im Maximum um 394,1 % (1914/15)[78]. Das Spektrum

---

67 Vgl. Tabelle 2.11., Spalte 11.

68 Vgl. Tabelle 2.11., Spalte 12.

69 Vgl. Tabelle 3.11., Spalte 3.

70 Vgl. Tabelle 3.11., Spalte 7.

71 Vgl. Tabelle 3.11., Spalten 4 und 8. Bei den Überschußverwaltungen ist dies 1864/66, 1876/77 und 1900/01 der Fall, bei den Zuschußverwaltungen in insgesamt 6 Budgetperioden.

72 Vgl. Tabelle 4.11., Fußnoten F und G.

73 Vgl. dazu Abschnitt 3.1., S.114 f.

74 Vgl. Tabelle 4.11., Spalte 3.

75 Ohne die Jahre, in denen nur die etatmäßigen Einnahmen in den Rechnungen aufgeführt sind. Siehe dazu Tabelle 4.8.

76 Vgl. Tabelle 4.11., Spalte 4.

77 Ohne die Jahre, in denen nur die etatmäßigen Ausgaben in den Rechnungen aufgeführt sind. Siehe dazu Tabelle 4.8.

78 Vgl. Tabelle 4.11., Spalte 7.

der nicht im Etat nachgewiesenen Ausgaben spannt sich von 27,8 % (1832/33) bis zu 346,3 % (1875/76) der veranschlagten Staatsausgaben[79].

Zwischen dem Budgetanschlag und den rechnungsmäßigen Gesamteinnahmen und -ausgaben klaffen also in jedem Staat mehr oder minder große Lücken. Bei inner- und zwischenstaatlichen Budgetvergleichen müssen diese Diskrepanzen berücksichtigt und eingeordnet werden. Die Berechnung der Staatseinnahmen und -ausgaben verlangt, daß man nicht nur die budgetmäßigen, sondern auch die rechnungsmäßigen Einnahmen und Ausgaben mit einbezieht. Dabei wird man vor die Schwierigkeit gestellt, daß nur die etatmäßigen Ist-Einnahmen und -Ausgaben ausführlich dokumentiert sind, nicht aber die sonstigen. Die Zusammenführung der budgetmäßigen und restlichen Einnahmen und Ausgaben, differenziert nach Sachgebieten, wird dadurch z.T. unmöglich.

Bei den genannten, nicht in den Budgets veranschlagten Staatseinnahmen und -ausgaben handelt es sich nur um diejenigen, die rechnungsmäßig im Gesamtüberblick erfaßt sind. Nicht darin enthalten sind all diejenigen, die durch abgekoppelte Fonds gesondert verrechnet[80] oder auf eine dezentralere Verwaltungsebene mit eigenem, weitgehend vom Staatshaushaltsplan unabhängigen Budget verlagert waren[81]. Da die Fondswirtschaft in allen Staaten ein besonderes, traditionell verwurzeltes Gepräge halte[82] und die Verteilung der staatlichen Tätigkeiten auf die verschiedenen Verwaltungsebenen - schon bedingt durch die abweichenden Behördenorganisationen - unterschiedlich erfolgte, erfordert eine Berechnung der Staatseinnahmen und -ausgaben eine Reihe von Vorarbeiten, die bisher nicht geleistet sind.

Alle Studien, welche die Analyse der Entwicklung der Staatseinnahmen und -ausgaben eines Staates, mehrerer Staaten im Vergleich, gar der Gesamtstaatseinnahmen und -ausgaben, deren Struktur und Verteilung auf verschiedene Gebietskörperschaften zum Ziel haben, müssen vor diesem Hintergrund betrachtet werden[83]. Wir kommen zu dem Ergebnis, daß man den Anspruch, die Entwicklung der Staatsausgaben im 19. Jahrhundert zu untersuchen, beim aktuellen Stand der Forschung reduzieren muß. Daß alleine schon der Vergleich der budgetmäßigen Einnahmen und Ausgaben mit erheblichen methodischen Problemen verbunden ist, wurde gezeigt.

---

79 Vgl. Tabelle 4.11., Spalte 8.

80 Also z.B. alle Einnahmen und Ausgaben auf Fonds zu bestimmten Zwecken (vgl. Abschnitt 3.2.3.) und alle in Abschnitt 3.2.4. und 3.2.5. zusammengestellten, nicht im Budget nachgewiesenen Einnahmen und Ausgaben der Universitäts- und Schulfonds.

81 Vgl. dazu das bayerische Beispiel in Abschnitt 3.2.1., S.136 ff.

82 Vgl. dazu Abschnitt 2.4.

83 Vgl. Abschnitt 1.1.

Potenziert werden diese Schwierigkeiten, wenn man von der preußischen Ausgabenstruktur auf die im gesamten Deutschen Reich schließen will. Für den Bildungsbereich konnte dies ansatzweise anhand der Universitäts- und Schulausgaben dargestellt werden. Das preußische Budget hatte einen spezifischen Vollständigkeitsgrad, eine spezifische Einheit und eine spezifische Einnahme- und Ausgabengruppierung. Die preußischen Besonderheiten können nicht, auch dies wurde gezeigt, ohne weiteres auf die anderen deutschen Staaten des 19. Jahrhunderts übertragen werden. Dies würde zumindest voraussetzen, daß ein einheitliches Budgetwesen existiert hätte, daß die Vollständigkeit und Struktur der preußischen Budgets repräsentativ für die anderen Staaten gewesen wäre und daß keine außeretat- und nur rechnungsmäßigen Einnahmen und Ausgaben geleistet worden wären. Dies alles war jedoch nicht der Fall.

Indirekt zeigen das auch die bisher kursierenden Zahlen über die Staatsausgaben des 19. Jahrhunderts[84]. Die Hochrechnungen anhand von Bevölkerungszahlen und sonstigen Zusammenrechnungen sind mit äußerster Vorsicht zu betrachten, wie Tabelle 1.12. zeigt. Die von *Weitzel* errechneten "*Unmittelbaren Ausgaben der Gebietskörperschaften*"[85] sind z.T. kaum höher als die allein in Preußen rechnungsmäßig ausgewiesenen. Im Jahr 1913/14 kommt er z.B. auf 8.076 Mill. M. unmittelbare Staatsausgaben der Gebietskörperschaften. Die rechnungsmäßige Ausgabensumme in Preußen beläuft sich jedoch schon auf rund 6.299 Mill. M. Das hieße also - folgt man *Weitzels* Zahlen - daß die 26 restlichen deutschen Staaten, das Reich und die Gemeinden gemeinsam nur 28,2 % mehr Ausgaben getätigt hätten als die in der preußischen Staatshaushaltsrechnung nachgewiesenen. Diese sind aber, wie wir gesehen haben, beileibe nicht die gesamten preußischen Staatsausgaben[86]. In der *Statistik des Deutschen Reiches* sind im gleichen Jahr die Ausgaben von Reich und Bundesstaaten insgesamt mit rund 12.816 Mill. M. angegeben, das sind 103,5 % mehr als die preußischen Staatsausgaben[87]. Nach *Andic/Veverka* liegen die Ausgaben von Reich und Bundesstaaten insgesamt 53,8 % über den preußischen[88]. *Kraus* errechnet für die Budgetperiode 1913/14 gar 68 % weniger unmittelbare Ausgaben für alle Staaten zusammen als die in der preußischen Staatshaushaltsrechnung ausgewiesenen[89]. Daß dies nicht sehr wahrscheinlich ist, scheint ohne weitere Begründung einsichtig.

---

84 Vgl. dazu ausführlich Abschnitt 1.1.

85 Vgl. Weitzel 1967, Tab. 1 und Abschnitt 1.1., S.3 ff.

86 Vgl. Tabelle 1.12., Spalten 8 und 9.

87 Vgl. Tabelle 1.12., Spalten 4 und 5.

88 Vgl. Tabelle 1.12., Spalte 7.

89 Vgl. Tabelle 1.12., Spalte 13.

Es sei hier deshalb abschließend die These gewagt, daß die Ausgaben, welche die öffentliche Hand im 19. Jahrhundert und bis zum 1. Weltkrieg getätigt hat, bisher erheblich unterschätzt worden sind. Aussagen über die Entwicklung der Staatsausgaben und der Staatsquote bedürfen einer Überprüfung. Hierzu ist es notwendig, sich verstärkt der Analyse der Budgets aller Gebietskörperschaften des 19. Jahrhunderts zuzuwenden.

Quellen

Q 1.1.: Gesetzsammlungen und Repertorien - Preußen

I. AMTLICHE GESETZSAMMLUNGEN UND REPERTORIEN

Gesetzsammlung für die Königlichen Preußischen Staaten (1806/10-1914). Berlin.

Sachregister zur Gesetz-Sammlung für die Königlichen Preußischen Staaten (1814). Enthält die Jahrgänge 1810, 1811, 1812 und 1813. Berlin.

Zweites Sachregister zur Gesetz-Sammlung für die Königlichen Preußischen Staaten (1818). Enthält die Jahrgänge 1814, 1815, 1816 und 1817. Berlin.

Drittes Sachregister zur Gesetz-Sammlung für die Königlichen Preußischen Staaten (1822). Enthält die Jahrgänge 1818, 1819, 1820 und 1821. Berlin.

Viertes Sachregister zur Gesetz-Sammlung für die Königlichen Preußischen Staaten (1826). Enthält die Jahrgänge 1822, 1823, 1824 und 1825. Berlin.

Haupt-Register zur Gesetz-Sammlung für die Königlichen Preußischen Staaten von 1806-1830 einschliesslich der in einem besonderen Bande als Anhang zu denselben für die Zeit vom 14. April 1806 bis 25. Oktober 1810 gesammelten Gesetze und Verordnungen (1831). Berlin.

Preußens Gesetzgebung seit 1806. Register zur Gesetzsammlung im System der Materien (1860). Berlin.

Haupt-Register zur Gesetz-Sammlung für die Königlichen Preußischen Staaten von 1806-1883 (1885). 2 Halbbde Berlin.

Hauptregister zur Preußischen Gesetzsammlung von 1884-1913 (1914). Berlin.

II. SONSTIGES

General-Register zu Grotefend-Cretschmar (o.D.): Gesetzsammlung. Enthaltend die preußischen und deutschen Gesetze und Verordnungen usw. von 1806 bis 1926. Fortgeführt von Diepgen. Düsseldorf.

Das gesamte preußisch-deutsche Gesetzgebungs-Material. Die Gesetze und Verordnungen sowie die Ausführungs-Anweisungen, Erlasse, Verfügungen usf. der preußischen und deutschen Centralbehörden (1897). General-Register 1876-1895. Düsseldorf.

Die Gesetze und Verordnungen nebst den sonstigen Erlassen für den Preußischen Staat und das Deutsche Reich (1806-1833) (1848). Aus den Gesetzsammlungen für das Königreich Preußen, den Norddeutschen Bund und das Deutsche Reich chronologisch zusammengestellt und kommentiert. 2., vervollst. und verb. Aufl. Düsseldorf.

Die Gesetze und Verordnungen nebst den sonstigen Erlassen für den Preußischen Staat und das Deutsche Reich (1806-1833) (1884). Wort- und Sachregister - Staatsverträge. 2., vervollst. und verb. Aufl. Düsseldorf.

Gräff, H. (Hrsg.) (1830-1834): Sammlung sämmtlicher Verordnungen, welche bis jetzt in den von Kamptz'schen Jahrbüchern für Preußische Gesetzgebung enthalten sind, nach Materien zusammengestellt. 7 Bde Berlin und Breslau.

Grotefend, G.A. (Hrsg.) (1906): Preussisch-deutsche Gesetz-Sammlung 1806-1904. 4.Aufl. in systematischer Anordnung. Bd.5: Systematische Gesamtübersicht, chronologisch geord. Zusammenstellung der im Gesamtwerk abgedruckten Gesetze, Ergänzungen, Verzeichnis der Staatsverträge, alphabetisches Sachregister über das Gesamtwerk. Düsseldorf.

Hacker, E. (Hrsg.) (1894): Hand-Lexikon aller bisher ergangenen Verwaltungs-Gesetze. Bd.1. Königsberg.

Kretschmer, Johann Carl (1836): Vollständiges aber kurzgefaßtes Repertorium aller Königl. Preußischen Landesgesetze. 3 Bde. Danzig.

Richter, Oplatus Wilhelm Leopold (1832-1835): Repertorium der Königlich Preußischen Landes-Gesetze. Ein neues Hülfsbuch für sämmtliche Königliche Beamte, den Bürger und Landmann, enthaltend eine alphabetische Zusammenstellung aller Gegenstände der Gesetzgebung mit den darauf bezüglichen noch gültigen Verordnungen und Erläuterungen. 7 Bde. Leipzig.

Rumpf, J.D.F. (1816): Der neue Preußische Gesetzeslehrer, in Civil-, Criminal-, Polizei- und Finanzsachen, und in Ansehung des Verhaltens der Parteien in gerichtlichen Angelegenheiten, nebst einem Auszug aus der Gebühren-Taxe, einer alphabetischen Uebersicht der zu lösenden Stempel, und zehn Tabellen über den Betrag des Erbschafts-, Prozeß- und Wechselstempels. Für Geschäftsmänner. 2., verb. und verm. Ausg. Berlin.

Schrader, Alexander (1835): Repertorium der gesamten neueren Preußischen Gesetzgebung von 1806 bis Ende 1834 nach den verschiedenen Zweigen und Gegenständen der Verwaltung systematisch geordnet. Magdeburg.

Stanski, V. (1886): Führer durch die Reichs- und Preussischen Landesgesetze sowie durch die Verordnungen und wichtigeren Erlasse etc. der deutschen und preußischen Centralbehörden von 1806-1885 (incl.). Systematisch zusammengestellt unter Zugrundelegung der amtlichen Sammlungen und unter besonderer Berücksichtigung der Grotefend'schen Gesetzsammlung. Nebst einem Anhang, enthaltend: ein alphabetisches Verzeichniß der Tagegelder etc., sowie eine Zusammenstellung der jetzt noch in der Provinz Hannover Gültigkeit habenden ehemaligen hannoverschen Gesetze, Verordnungen etc. Düsseldorf.

Stoepel, Paul (1892): Preußisch-Deutscher Gesetz-Codex. Ein chronologisch geordneter Abdruck der in der Gesetzsammlung für die Königlich Preußischen Staaten von 1806, im Bundes-Gesetzblatt und im Reichs-Gesetzblatt von 1871 bis auf die neueste Zeit enthaltenen Gesetze, Verordnungen, Kabinetsordres, Erlasse etc. mit Rücksicht auf ihre noch jetzige Gültigkeit und praktische Bedeutung zusammengestellt. Supplement 1890-1891 mit Register zur Dritten Aufl. Frankfurt a.O.

Q 2.1.: Gesetzsammlungen und Repertorien - Bayern

I. AMTLICHE GESETZSAMMLUNGEN UND REPERTORIEN

Strobel, Johann Baptist (Hrsg.) (1800-1801): Churfürstlich Pfalzbaierisches Regierungs- und Intelligenz-Blatt. München.

Churpfalzbaierisches Regierungs-Blatt (1802-1805). München.

Königlich-Baierisches Regierungsblatt (1806-1817). München.

Allgemeines Intelligenzblatt für das Königreich Baiern (1818-1820). München.

Gesetzblatt für das Königreich Baiern (1818-1873). München.

Regierungs- und Intelligenzblatt für das Königreich Baiern (1821-1825). München.

Regierungsblatt für das Königreich Baiern (1826-1873). München.

Gesetz- und Verordnungsblatt für das Königreich Bayern (1874-1914). München.

Döllinger, Georg (1827): Register über die in den Regierungs- und Gesetz-Blättern vom Jahre 1799 bis 1825 einschlüssig, und in den vormals bestandenen Provinzial-Regierungsblättern enthaltenen Verordnungen. 2 Abth. o.O.

Döllinger, Georg (1829-1846): Erste bis siebte Fortsetzung des Registers über die in den Regierungsblättern und dem Gesetzblatt enthaltenen Verordnungen (1826-1846). 7 Bde. München und Augsburg.

Jandebeur, S. (1850-1860): Achte bis elfte Fortsetzung des Döllinger'schen Registers über die in den Regierungs- und Gesetzblättern enthaltenen Gesetze, Verordnungen, Bekanntmachungen etc. (1847-1858). Mit einem besonderen Namens- und Sach-Register. 4 Bde. Augsburg und München.

Hauff, Ludwig (1864): Repertorium über alle von 1818 bis incl. Juni 1863 ergangenen, in den Gesetz- und Regierungsblättern enthaltenen Gesetze, Verordnungen, k. Entschließungen, Bekanntmachungen der k. Staatsministerien u.s.w. nach der in den erwähnten Blättern beobachteten Reihenfolge und unter Anführung der bezüglich derselben erschienenen Commentare, Abhandlungen u.s.w. München.

Repertorium über alle von 1864 bis mit 1869 ergangenen, in den Gesetz- und Regierungsblättern enthaltenen Gesetze, Verordnungen, k. Entschließungen, Bekanntmachungen der k. Staatsministerien u.s.w. nach der in den erwähnten Blättern beobachteten Reihenfolge und unter Anführung der bezüglich derselben erschienenen Commentare, Abhandlungen u.s.w. (1870). Von einem praktischen Juristen. München.

Keller, E.W. (1878): Universal-Gesetz-Repertorium für das Königreich Bayern, enthaltend die sämmtlichen noch geltenden Gesetze und Verordnungen von 1808 bis mit 1877, das darauf bezügliche Material aus den Amtsblättern der K. Staatsministerien der Justiz, des Innern, des Kultus, der Finanzen und des Kriegs, wie auch die Reichsgesetze. München.

Repertorium über die noch geltenden Gesetze, Verordnungen und instruktiven Bestimmungen für das Königreich Bayern enthalten in den Bayer. Gesetzblättern, den Amtsblättern der k. Staatsministerien des Innern, der Justiz, des Kultus, der Finanzen und des Krieges und den Reichsgesetzblättern der Jahrgänge 1878 bis 1882 incl. (1883). Bearb. von einem Verwaltungsbeamten. Fortsetzung des Keller'schen Repertoriums. München.

Huber, Hugo (1892): Alphabetisches Haupt-Sachregister zum Regierungsblatt (Jg.1806-1873) sowie Gesetzblatt (1818-1871/72) und Gesetz- und Verordnungsblatt (1874-1891 einschließlich) für das Königreich Bayern. Nach dem Stande der Gegenwart bearb. Lindau i.B.

Hofmann, Th. (Hrsg.) (1891): Haupt-Sach- und Ortsregister zu den Gesetz- und Verordnungsblättern des Königreiches Bayern, umfassend die Jahrgänge 1874 mit 1890 (1891). München.

Hofmann, Th. (Hrsg.) (1899): Register zu den Gesetz- und Verordnungsblättern der Jahre 1874 mit 1897 und den Gesetzblättern, dann den Regierungsblättern der Jahre 1806 mit 1873. München.

Huber, Hugo (1913): Alphabetisches Haupt-Sachregister zum Regierungsblatt (Jg.1806 mit 1873) sowie Gesetzblatt (Jg. 1818 mit 1871/72) und Gesetz- und Verordnungsblatt (Jg.1874 mit 1912) für das Königreich Bayern. 3.Ausg. München.

II. SONSTIGES

Alphabetisches Register über die Döllinger'sche Sammlung der im Gebiete der inneren Staatsverwaltung des Königreichs Bayern bestehenden Verordnungen (1839). München.

Barth, Anton (1823-1835): Lexikon der Baierischen Gesetze, Verordnungen, Instruktionen und Reglementar-Verfügungen. Heft 1-41. Augsburg.

Die Bayerische Kanzlei (1874-1893). Sammlung der Reichsgesetze, kaiserlichen Verordnungen, Verfügungen des Reichskanzleramts, bayer. Landesgesetze, allerhöchste Verordnungen, Ausschreiben der Ministerien, Kreisregierungen und Centralstellen. Hrsg. v. Oskar Zängerle. Jg.1-20. Kempten.

Christlieb, W.C. (Hrsg.) (1835-1837): Vollständige alphabetische Sammlung der gegenwärtigen Verfassungs- und Verwaltungsnormen im Königreiche Bayern. Ein belehrendes Handbuch für jeden Staatsbürger. 4 Bde. und 1 Nachtrag. Passau.

Döllinger, Georg (1818-1819): Repertorium der Staats-Verwaltung des Königreichs Bayern. Supplementbde 1 bis 3: Verfassung d. Kgr. Baiern. München.

Döllinger, Georg (1827-1832): Repertorium der Staats-Verwaltung des Königreichs Bayern. Supplementbde 6 bis 11: Sammlung der von Sr. Majestät dem jetzt regierenden König Ludwig erlassenen organischen Edikte u. Verordnungen. München.

Döllinger, Georg (1835-1839): Sammlung der im Gebiete der inneren Staats-Verwaltung des Königreichs Bayern bestehenden Verordnungen, aus amtlichen Quellen geschöpft und systematisch geordnet. 21 Bde. München.

Dörrer, J.G. (Hrsg.) (1818): Real-Index über die in den königl. baierischen Regierungs-Blättern von den Jahren 1802 bis 1817 einschlüssig, dann in den Geret'schen Verordnungs-Sammlungen vom 1. bis 7. Bande vorkommenden Königlichen Gesetze, Verordnungen und organischen Bestimmungen in allen zum Ressort der königl. baier. Staats-Ministerien des Hauses und des Aeussern, der Justiz, des Innern, der Finanzen und der Armee, dann deren untergeordneten Stellen und Aemter gehörigen Gegenständen. Ansbach.

Geret, Ludwig Heinrich (Hrsg.) (1812-1855): Sammlung derjenigen bisher noch ungedruckten, oder noch nicht allgemein bekannten Verordnungen, Instruktionen und Normen, welche über die Verwaltung und Verrechnung des Staatsvermögens theils durch besondere Generalien, theils durch Spezial-Reskripte an die königlich baierischen Staats-Geschäftsstellen erlassen worden sind. 28 Bde. München und Ansbach.

Geret, Ludwig Heinrich (1816): Systematisches Repertorium, derjenigen Königlich Baierischen Verordnungen, Instruktionen und Normen, welche über die Verrechnung und Verwaltung des Staats-Vermögens bestehen, theils in den neun Bänden der Bayerischen Generalien-Sammlung und in den Regierungsblättern vom Jahr 1800 bis Ende Juni 1812 inclusive enthalten sind, theils aber auch durch besondere General- und Spezial-Instruktiv-Rescripte an die betreffenden königl. baier. Staatsgeschäftsstellen erlassen wurden. 2.Aufl. München.

Geret, Ludwig Heinrich (1825): Systematisches Repertorium königlich baierischer Verordnungen, Instruktionen und Normen über die Verwaltung und Verrechnung des Staats-Vermögens, welche entweder in den königl. baier. Regierungs- resp. Gesetz- und allgemeinen Intelligenz-Blättern enthalten, oder durch General- und Spezial-Rescripte an die betreffenden königl. baier. Geschäftsstellen erlassen worden sind. Bd.2, enthaltend die Verordnungen etc. vom July 1812 bis Ende 1822, nebst Nachholung einiger im ersten Bande nicht zitierten Normen. München.

Geret, Ludwig Heinrich (1845): Systematische Darstellung des rentamtlichen Rechnungs-Schematismus mit erläuternden Bemerkungen zu den einzelnen Titeln der Einnahmen und Ausgaben, dann über Zahlungs-Befugnisse für Staats- und Kreisfonds nach den deßfallsigen Ausscheidungs-Gesetzen und Landtags-Abschieden, dann mit Berücksichtigung der Budget-Positionen für die fünfte Finanzperiode sowohl, als der seit sechs Jahren ergangenen speziellen allerhöchsten Bestimmungen. Ein Anhang zum Regierungs-Direktor Geret'schen General-Repertorium über die Königl. Bayer. Finanz-Verordnungen vom Jahre 1842, wohl auch als Anleitung zur Fertigung und Prüfung der Rechnungen für sich allein bestehend. Ansbach.

Geret, Ludwig Heinrich (1853): Neuste systematische Darstellung des rentamtlichen Rechnungs-Schematismus der Jahre 1851/55 mit erläuternden Bemerkungen zu den einzelnen Titeln der Einnahmen und Ausgaben, für sämmtliche Rentamts-Rechnungen nach den seit 1845 erschienenen Ausscheidungs-Gesetzen, Verordnungen und speziellen allerhöchsten Bestimmungen, dann mit Berücksichtigung der Budget-Positionen für die letzten vier Jahre der VI. Finanz-Periode, sowie der Vorschrift des kgl. obersten Rechnungshofes vom 16. Oktober 1850, dann 23. Januar 1853 zugleich als besondere Anleitung zur Fertigung und Prüfung der Rechnungen. Ansbach.

Haller, Sigmund v. (Hrsg.) (1853-1856): Encyclopädie der Bayerischen Gesetzgebung für die sieben älteren Kreise, enthaltend alle einzelnen in den Gesetzblättern der Jahre 1818 bis 1852 befindlichen Gesetze und Gesetzesstellen alphabetisch geordnet, mit Bemerkung der inzwischen vorgekommenen Abänderungen, Beifügung aller darauf Bezug habenden Vollzugs-Instruktionen, Erläuterungen und Plenar-Beschlüsse, und Hinweisung auf die älteren desfalls erschienenen Verordnungen. Ein praktisches Handbuch für jeden bayerischen Staatsbürger. 6 Bde. Fürth und Nürnberg.

Haller, Sigmund v. (Hrsg.) (1856): Register zur Encyclopädie der Bayerischen Gesetzgebung. II.Abth. Alphabetisches Register. Nürnberg.

Handbibliothek des bayerischen Staatsbürgers, oder Sammlung sämmtlicher Administrativ-Gesetze, sowie der geltenden bezüglichen Verordnungen usw. mit Zugrundelegung der Verfassung des Reiches vom Jahre 1818 und der spätern allerhöchst verabschiedeten Gesetze bezüglich auf die Verfassung des Reichs, Verwaltung der Gemeinden und die materiellen Interessen des Bürgers überhaupt (1845-1857). Zusammengestellt von einem Geschäftsmanne. 2., durchaus umgearb. und ganz vervollst. Aufl. 5 Bde. und 3 Supplementbde. Ausgburg.

Herd, J. (Hrsg.) (1881): Bayerns Gesetze und Gesetzbücher privatrechtlichen, strafrechtlichen, administrativen und finanziellen Inhalts. Neues General-Register zu den Bänden I-XVII des Hauptwerkes und den Ergänzungsbänden I-VIII. Zugleich Repertorium zu den bis Schluß des Jahres 1880 in Bayern erlassenen, derzeit noch giltigen Gesetzen, Verordnungen und Ministerial-Entschließungen mit Anführung der seither hierzu ergangenen Änderungen unter Ausscheidung der inzwischen aufgehobenen älteren Bestimmungen. Bamberg.

Kirchgeßner, August (1881): Repertorium zu den derzeit im Königreich Bayern geltenden Landes-, Reichs- und Bundesgesetzen sammt den hierzu ergangenen Verordnungen und Ministerialerlassen in alphabetischer Bearbeitung. Bamberg.

Pözl, Joseph (Hrsg.) (1877): Sammlung der bayerischen Verfassungs-Gesetze. Supplement 2. Enthaltend die neuen Reichs- und Landesgesetze verfassungsrechtlichen Inhalts. München.

Stadelmann, Philipp Friedrich (Hrsg.) (1823): Systematische Zusammenstellung sämmtlicher in den Baierischen Regierungs-, Gesetz- und allgemeinen Intelligenzblättern erschienenen Verordnungen und Verfügungen der obersten Staats-, Central- und Provinzial-Behörden; vom Jahr 1799 bis 1822 einschlüssig. Ansbach.

Zusammenstellung der neuesten Gesetze für das Königreich Bayern (1854). Ein Handbuch für jeden Beamten und Staatsbürger. Nebst Vollzugs-Instructionen. 2 Bde. Landshut.

Zusammenstellung der neuesten Gesetze für das Königreich Bayern (1856). Ein Handbuch für jeden Beamten und Staatsbürger. Nebst Vollzugs-Instructionen. Bd.3. Landshut.

Q 3.1.: Gesetzsammlungen und Repertorien - Sachsen

I. AMTLICHE GESETZSAMMLUNGEN UND REPERTORIEN

General-Gouvernements-Blatt für Sachsen (1813-1815). Leipzig und Dresden.

Gesetzsammlung für das Königreich Sachsen (1818-1831). Dresden.

Sammlung der Gesetze und Verordnungen für das Königreich Sachsen (1832-1834). Dresden.

Gesetz- und Verordnungsblatt für das Königreich Sachsen (1835-1914). Dresden.

Engelhardt, Karl August (1829): Alphabetisches Repertorium über die Gesetzsammlung für das Königreich Sachsen, von den Jahren 1818 bis mit 1828. Dresden.

Engelhardt, Ernst Carl (1834): Alphabetisches Repertorium über die Königlich Sächsische Gesetzgebung auf die fünf Jahre von 1829 bis mit 1833 unter Berücksichtigung der bis mit Juni 1834 publicirten Gesetze und Verordnungen nach der Gesetzsammlung bis mit 1831 und der Sammlung der Gesetze und Verordnungen von 1832 an. Dresden.

Krell, Carl Christian Friedrich (1839): Alphabetisches Repertorium über die Königlich Sächsische Gesetzgebung auf die fünf Jahre von 1834 bis mit 1838 nach der Sammlung der Gesetze und Verordnungen von 1834 und dem Gesetz- und Verordnungsblatte von 1835 an. Dresden.

Richter, Wilhelm Theodor (1845): Repertorium zur Gesetzgebung des Königreichs Sachsen. 2.Aufl. Leipzig.

Supplement zur 2ten Auflage von W.Th. Richter's Repertorium zur Gesetzgebung des Königreichs Sachsen (1848). Enthaltend den Nachweis der Gesetzgebung von 1844-1848 und Verbesserungen und Nachträge zum Hauptwerke. Leipzig.

Gross, Joh. Carl (Hrsg.) (1848): Alphabetisches Verzeichniß der in dem Gesetz- und Verordnungsblatte für das Königreich Sachsen vom Jahre 1818 bis mit dem Jahre 1847 erschienenen Gesetze und Verordnungen mit Ausscheidung aller, nicht fortdauernde Gültigkeit habender. Leipzig.

Repertorium des Gesetz- und Verordnungsblattes für das Königreich Sachsen auf die Jahre 1818 bis mit 1851 (1852). Alphabetisch geordnet. Nebst Anhang über die vom 1. Januar bis Ende Juni 1852 erschienenen Gesetze. Dresden.

Erster Nachtrag zum Repertorium des Gesetz- und Verordnungsblattes für das Königreich Sachsen, enthält die Jahre 1852 bis mit 1856 (1857). Alphabetisch geordnet. Dresden.

Richter, Wilhelm Theodor (1861): Alphabetisches Repertorium zur Gesetzgebung des Königreichs Sachsen. 3., bis auf die neuste Zeit ergänzte Aufl. 2 Bde. Leipzig.

Zweiter Nachtrag zum Repertorium des Gesetz- und Verordnungsblattes für das Königreich Sachsen, enthält die Jahre 1857 bis mit 1861 (1862). Alphabetisch geordnet. Dresden.

Dritter Nachtrag zum Repertorium des Gesetz- und Verordnungsblattes für das Königreich Sachsen, enthält die Jahre 1862 bis mit 1867 (1868). Alphabetisch geordnet. Dresden.

Supplement der dritten Auflage von Wilhelm Theodor Richter's Repertorium zur Gesetzgebung des Königreichs Sachsen (1868). Leipzig.

Zweites Supplement der dritten Auflage von W.Th. Richter's Repertorium zur Gesetzgebung des Königreichs Sachsen, die Gesetzgebung des deutschen Reichs und des Königreichs Sachsen auf die Jahre 1868 bis mit 1876 umfassend (1877). Leipzig.

General-Repertorium der Königlich sächsischen Landesgesetze und der Reichsgesetze (1879). Bearb. von Theodor Siebdrat. Abgeschlossen Mitte August 1879. Dresden.

Nachtrag zum General-Repertorium der Königlich sächsischen Landesgesetze und der Reichsgesetze (1885). Bearb. von Theodor Siebdrat. Abgeschlossen Ende Juli 1885. Dresden.

Francke, Bernhard (1896): Die Gesetzgebung des Königreichs Sachsen seit dem Erscheinen der Gesetzsammlung im Jahre 1818 bis zur Gegenwart. Verzeichnis der sämmtlichen in der Gesetzsammlung, der Sammlung der Gesetze und Verordnungen und dem Gesetz- und Verordnungsblatte für das Königreich Sachsen enthaltenen Erlasse, unter Abdruck der jetzt noch gültigen Bestimmungen nebst Verweisungen auf die einschlagenden späteren landes- und reichsgesetzlichen Vorschriften. 3 Bde. Leipzig.

Haupt-Sachregister zum Gesetz- und Verordnungsblatt für das Königreich Sachsen auf die Jahre 1818 bis 1907 (1908). Dresden.

II. SONSTIGES

Jässing, Carl Friedrich (1839): Alphabetisches Promptuarium der älteren, neuern und neusten sächsischen Gesetze des Codex Augustus, dessen drei Fortsetzungen und der amtlichen Sammlungen von 1818 bis mit 1838 zur Erleichterung der ge- und außergerichtlichen Rechtspflege, und zum Nachtragen der fernerhin erscheinenden Gesetze bestimmt und eingerichtet. 2.Aufl. Grimma.

Kranichfeld, Wilhelm (1904-1912): Die Gesetzgebung des Königreichs Sachsen seit dem Erscheinen der Gesetzsammlung im Jahre 1818 (bis einschließlich des Jahres 1900). 4 Bde. Leipzig.

Kranichfeld, Wilhelm (1914): Die Gesetzgebung des Königreichs Sachsen seit dem Erscheinen der Gesetzsammlung im Jahre 1818 (bis einschließlich des Jahres 1900). Nachtrag. Leipzig.

Leuthold, C.E. (1875 1876): Die Verwaltungsgesetze für das Königreich Sachsen seit der Reorganisation der Verwaltung. Nebst den bezüglichen Reichsgesetzen und unter Berücksichtigung der einschlagenden Ministerial-Verfügungen. 2 Bde. Leipzig.

Mosel, C. v. d. (1887): Repertorium des Königl. Sächsischen Verwaltungsrechtes unter Berücksichtigung der einschlagenden reichsgesetzlichen Bestimmungen alphabetisch zusammengestellt. 5., bis zur Gegenwart fortgeführte Aufl. Leipzig.

Schaffrath, Wilhelm Michael (1842): Codex Saxonicus. Chronologische Sammlung der gesammten praktisch-gültigen Königlich Sächsischen Gesetze von den ältesten Zeiten, vom Jahre 1255 an bis zum Schlusse des Jahres 1840, mit einem alphabetisch-systematischen Repertorium. 2 Bde. Leipzig.

Schletter, Hermann Theodor (Hrsg.) (1837): Handbuch der wichtigsten Sächsischen Gesetze allgemeineren Inhalts. Mit Anmerkungen begleitet. Bevorwortet von Karl Friedrich Günther. Leipzig.

Q 4.1.: Gesetzsammlungen und Repertorien - Württemberg

I. AMTLICHE GESETZSAMMLUNGEN UND REPERTORIEN

Regierungsblatt für das Königreich Württemberg (1806-1914). Stuttgart.

Alphabetisches Sach-Register über das Königlich Württembergische Staats- und Regierungs-Blatt und die dazu gehörigen Ordnungen und Edikte von den Jahrgängen 1806-1820 (1821). Eßlingen.

Mörike, Karl (1828): Fortsetzung des alphabetischen Sachregisters über das Königlich-wirttembergische Staats- und Regierungs-Blatt, vom 1.Januar 1821 bis zum Ende des Jahres 1827. Eßlingen.

Alphabetisch-systematisches Sachregister über das Regierungsblatt für das Königreich Wirttemberg und über die zum Regierungsblatt gehörigen General-Rescripte, Edikte und Ordnungen von 1806 bis 1830 einschließlich (1832). Stuttgart.

Alphabetisch-systematisches Sach-Register über das Regierungs-Blatt für das Königreich Württemberg von 1806 bis einschließlich 1850 nebst einem Ergänzungsbd. (1852). Stuttgart.

Nick, Friedrich (1874): Alphabetisches Haupt-Register zum Regierungs-Blatt für das Königreich Württemberg von 1806 bis einschließlich 1869 nebst den beiden Ergänzungsbänden. 2.Aufl. 2 Bde. Stuttgart.

Schäuffelen, Friedrich (1882): Nick'sches Hauptregister zum Regierungsblatt für das Königreich Württemberg. Jg.1870-1881. Stuttgart.

Nick'sches Haupt-Register zum Regierungs-Blatt für das Königreich Württemberg (1895). Jg.1882-1894. Stuttgart.

Haupt-Register für das Regierungsblatt für das Königreich Württemberg (1911). Jg.1903-1910. Stuttgart.

Systematische Übersicht über das Regierungsblatt 1806-1941 nach dem Stande vom 1. August 1941 (1941). Bearb. v. Württ. Finanzministerium. Stuttgart und Berlin.

II. SONSTIGES

Christlieb, Friedrich (1815-1816): Real-Index der württembergischen Gesetze, Ordnungen und General-Rescripte bis 1814. 4 Bde. Gmünd.

Christlieb, W.C. (1831): Neuestes Repertorium der württembergischen Gesetze und Ordnungen. Ein Hülfsbuch für alle Stände. Supplementbd.1. Ulm.

Christlieb, W.C. (1836): Neuestes Repertorium der württembergischen Gesetze und Ordnungen. Ein Hülfsbuch für alle Stände. Supplementbd.2. Gmünd.

Demus, Albrecht (1867): Der württembergische Gesetzesindex. Ein alphabetisches nach dem Demus-Holzinger'schen System geordnetes Sachregister über die Gesetze und anderen Bekanntmachungen a) im amtlichen Regierungsblatt und Staatsanzeiger bis 1866, b) in mehreren Gesetzessammlungen, der allg. Kriegsdienstordnung und in dem Amtsblatt des Steuerkollegiums. Ein neubearb. Werk von Johann Albrecht Demus. Stuttgart.

Knapp, Gottfried (1810): Repertorium über die Königlich Württembergische Gesezgebung von den Jahren 1797 bis 1809. Mit Beilagen und einigen älteren Verordnungen. 2 Theile. Tübingen.

Knapp, Gottfried (1811): Repertorium über die Königlich Württembergische Gesezgebung von den Jahren 1797 bis 1809. Mit Beilagen und einigen älteren Verordnungen. Dritter Theil. 1.Abth.: Conscriptions-Gesetze. Tübingen.

Knapp, Gottfried (1814): Repertorium über die Königlich Württembergische Gesezgebung von den Jahren 1797 bis 1809. Mit Beilagen und einigen älteren Verordnungen. Dritter Theil. 2.Abth.: Neueste Organisation d. Kgr. Württemberg. Tübingen.

Knapp, Gottfried (1814): Repertorium über die Königlich Württembergische Gesezgebung von den Jahren 1797 bis 1809. Mit Beilagen und einigen älteren Verordnungen. Dritter Theil. 3.Abth.: Neueste Organisation d. Kgr. Württemberg. Beilagen. Tübingen.

Knapp, Gottfried (1817): Repertorium der Königlich Württembergischen Gesezgebung von den Jahren 1810 und 1811. Vierter Theil. Stuttgart.

Knapp, Gottfried (1821): Repertorium über die Königlich Württembergische Gesezgebung von den Jahren 1812, 1813, 1814, 1815 und 1816. 5.Theil. 1.Abth. Tübingen.

Knapp, Gottfried (1822): Repertorium über die Königlich Württembergische Gesezgebung von den Jahren 1812, 1813, 1814, 1815 und 1816. 5.Theil. 2.Abth. Tübingen.

Moser, Rudolph (1836): Sammlung der württembergischen Finanz-Geseze. 3.Theil. Enthaltend die Vorschriften über das Staats-Rechnungswesen. Tübingen.

Nick, Friedrich (1877): Der Staatsanzeiger für Württemberg. Eine Sammlung der in dem amtlichen Theile derselben erlassenen, im Regierungsblatte nicht enthaltenen Verfügungen und Bekanntmachungen der Behörden etc. Zusammengestellt und mit einem Sachregister versehen. Jg.1850-1875. Erste Abth. Stuttgart.

Das Regierungs-Blatt für das Königreich Württemberg im Auszuge (1853). Eine Sammlung sämmtlicher in den Regierungsblättern des Königreichs Württemberg vom Jahre 1806 an und in dem Staatsanzeiger vom Jahre 1850 enthaltenen, und ganz oder theilweise gültigen Gesetze, Verordnungen, Verfügungen, etc. mit erläuternden Anmerkungen. Bd.7 enthaltend die Jahrgänge 1849 bis 1852 und die Normalien des zweiten Ergänzungs-Bandes von 1852. Stuttgart.

Reyscher, A.L. (Hrsg.) (1836): Vollständige, historisch und kritisch bearb. Sammlung der württembergischen Gesetze. Bd.18. Enthaltend den dritten Theil der Finanz-Gesetze. Tübingen (zit. Moser 1836).

Sammlung der Württembergischen Staatssteuergesetze sowie der wichtigeren Vollzugsvorschriften (1901). 1.Theil: Verbrauchs- und Verkehrssteuern. Nach dem Stande vom 1. Oktober 1901. Neubearb. im Auftrage des K. Württ. Finanzministeriums. Stuttgart.

Sammlung der Württembergischen Staatssteuergesetze sowie der wichtigeren Vollzugsvorschriften (1906). 2.Theil: Direkte Steuern. Nach dem Stande vom 1.April 1906. Stuttgart.

Wehrer, J.F. (1855): Repertorium der Gesetze, Verordnungen und Erläuterungen aus den Regierungs- und Kreisverordnungsblättern (soweit dieselben noch Geltung haben) von 1803 bis 1855. Heidelberg.

Q 5.1.: Gesetzsammlungen - Allgemein

Die verfassungsrechtlichen Regelungen und deren Änderungen bis 1886 wurden entnommen:

Stoerk, Felix (Bearb. u. Hrsg.) (1884): Handbuch der deutschen Verfassungen. Die Verfassungsgesetze des Deutschen Reiches und seiner Bundesstaaten nach dem gegenwärtigen Gesetzstande. Leipzig.

Q 1.2.: Parlamentaria - Preußen

Verhandlungen des Preußischen Hauses der Abgeordneten. Staatshaushalts-Etat. Nebst Anlagen (1849-1914). Berlin.

Verhandlungen des Preußischen Hauses der Abgeordneten. Allgemeine Rechnung über den Staatshaushalt nebst Anlagen (1849-1914). Berlin.

Q 2.2.: Parlamentaria und Sachregister - Bayern

Verhandlungen der zweiten Kammer der Ständeversammlung des Königreichs Bayern (1819-1848). München.

Verhandlungen der Kammer der Abgeordneten des bayerischen Landtages (1849-1914). München.

Alphabetisches Repertorium über die Verhandlungen der Stände des Königreichs Bayern (1831-1912/14). München.

Q 3.2.: Parlamentaria und Sachregister - Sachsen

Verhandlungen des Landtags im Königreich Sachsen. Landtagsakten (1.Abteilung) (1831-1914). Dresden.

Sachregister über die Königl. Sächsischen Landtags-Verhandlungen der Jahre 1836/37, 1839/40, 1842/43, 1845/46, 1848, 1849/50, 1850/51, 1851/52, 1854, 1854/55, 1857/58, 1860/61 und 1871 bis 1886 als Repertorium zu den Landtagsacten mit Hinweisungen auf die zu gleicher Zeit erschienenen Mittheilungen über die Verhandlungen des Landtags. Dresden.

Q 4.2.: Parlamentaria und Sachregister - Württemberg

Verhandlungen der Kammer der Abgeordneten des Königreiches Württemberg (1819-1914). Stuttgart.

Cronberger, C.T. (1833): Hauptregister über die Verhandlungen der Stände des Königreichs Württemberg auf den Landtagen von 1820 bis 1830. 2 Abth. Stuttgart.

Fricker, C.B. (1863): Hauptregister über die Verhandlungen der Stände des Königreichs Württemberg auf den Landtagen von 1833 bis 1855. Stuttgart.

Hauptregister über die Verhandlungen der Stände des Königreichs Württemberg auf den Landtagen von 1856 bis 1906 (1909). Stuttgart.

Q 5.2.: Parlamentaria und Sachregister - Allgemein

Deutsche Parlamentaria (1970). Ein Bestandsverzeichnis der bis 1945 erschienen Druckschriften. Hrsg. von der Staatsbibliothek Preußischer Kulturbesitz. Berlin.

Q 1.3.: Amtsblätter/Zeitschriften - Preußen

Annalen der Preußischen Inneren Staats-Verwaltung (1817-1834). Berlin.

Jahrbücher für Preußische Gesetzgebung, Rechtswissenschaft und Rechtsverwaltung (1814-1834). Berlin.

Justiz-Ministerialblatt für die preußische Gesetzgebung und Rechtspflege (1839-1914). Hrsg. vom Preußischen Justizministerium. Berlin.

Q 2.3.: Amtsblätter/Zeitschriften - Bayern

Amtsblatt des k. Staatsministeriums des Innern (1872/73-1914). Amtlich hrsg. vom k. Staatsministerium des Innern. Jg.1 ff. München.

Schmidt, F.N. (1884): Inhaltsverzeichniß zu dem Amtsblatte des k. Staatsministeriums des Innern. Jg.1872/73 mit 1883. Landshut.

Schmidt, F.N. (1890): Inhaltsverzeichniß zu dem Amtsblatte des k. Staatsministeriums des Innern. Jg.1872/73 bis 1889. Landshut.

Blätter für administrative Praxis zunächst in Bayern (1851-1922). Hrsg. v. Karl Brater. Jg.1-72. München.

Luthardt, August (Hrsg.) (1891): Hauptregister zu Bd.XXXI-XL der Blätter für administrative Praxis. München.

Amtsblatt des k. Staatsministeriums der Finanzen (1865-1914). Amtlich hrsg. vom k. Staatsministerium der Finanzen. Jg.1 ff. München.

Braun, Ludwig/Rabe, Sigmund (1893): Hauptregister zu den Jahrgängen 1865 mit 1892 des Finanz-Ministerialblattes für das Königreich Bayern. München.

Braun, Ludwig/Rabe, Sigmund (1901): Haupt-Register zu den Jahrgängen 1865-1900 des Finanz-Ministerialblattes für das Königreich Bayern. Seit 1893 fortgesetzt von Max Oberle. München und Leipzig.

Zimmermann, Michael (1911): Alphabetisches Sachregister zu den Finanz-Ministerial-Blättern 1865-1910. München.

Blätter für das bayerische Finanzwesen (1893-1922). Hrsg. von J. Krapp. Bd.1-30. München.

Q 3.3.: Amtsblätter/Zeitschriften - Sachsen

Mittheilungen aus der Verwaltung der direkten Steuern im Königreiche Sachsen (1884-1910). Hrsg. vom Königlich Sächs. Finanzministerium. Bd.1-10. Dresden.

Verordnungsblatt der Königlich Sächsischen Zoll- und Steuer-Direction (1848-1909). Dresden.

Repertorium zu der Zeitschrift für Rechtspflege und Verwaltung (1863). Bd.I-III und N.F. Bd.I-XXIII und dem Wochenblatt für merkwürdige Rechtsfälle. Jg.1841-1862. Leipzig.

Zweites Repertorium zu der Zeitschrift für Rechtspflege und Verwaltung (1870). N.F. Bd.XXIV-XXXIV und dem Wochenblatt für merkwürdige Rechtsfälle. Jg.1863-1869. Leipzig.

Drittes Repertorium zu der Zeitschrift für Rechtspflege und Verwaltung (1878). N.F. Bd.XXXV-XLIV und dem Wochenblatt für merkwürdige Rechtsfälle. Jg.1870-1873. Zusammengestellt von Carl Kiesling. Leipzig.

Q 4.3.: Amtsblätter - Württemberg

Amtsblatt des Württembergischen Steuer-Collegiums (1853-1914). Stuttgart.

Alphabetisches Sachregister zum Amtsblatt des Königlich Württembergischen Steuerkollegiums von den Jahrgängen 1853-1872 (1873). Stuttgart.

Alphabetisches Sachregister zum Amtsblatt des Königlich Württembergischen Steuerkollegiums von den Jahrgängen 1853-1882 (1883). Stuttgart.

Alphabetisches Sachregister zum Amtsblatt des Königlich Württembergischen Steuerkollegiums von den Jahrgängen 1883-1892 (1893). Stuttgart.

Alphabetisches Sachregister zum Amtsblatt des Königlich Württembergischen Steuerkollegiums von den Jahrgängen 1893-1903 (1904). Stuttgart.

Inhaltsverzeichnis zum Amtsblatt des K. Württ. Steuerkollegiums von 1853 bis 1914 (1914). Nach Geschäftszweigen geordnete Übersicht über den noch geltenden Inhalt der im Amtsblatt veröffentlichten Vorschriften. Mit Genehmigung des K. Finanzministeriums hrsg. vom K. Steuerkollegium. o.O.

Amtsblatt des Württembergischen Finanzministeriums (1895-1914). Stuttgart.

Q 5.3.: Zeitschriften - Allgemein

Finanz-Archiv (1884 ff.). Zeitschrift für das gesamte Finanzwesen. Tübingen.

Jahrbücher für Nationalökonomie und Statistik (1863 ff.). Jena.

Zeitschrift für die gesamte Staatswissenschaft (1844 ff.). Jg.1 ff. Tübingen.

Q 1.4.: Etatgesetze in Preußen im Untersuchungszeitraum

Lfd. Nr.	Budget-periode	Gesetzestitel	PrGS Jahr	PrGS Seite
1	1821	Allerhöchste Kabinetsorder vom 7ten Juni 1821., womit der allgemeine Einnahme- und Ausgabe-Etat für den gewöhnlichen Staatsbedarf im Jahre 1821. publiziert wird.	1821	49-51
2	1829	Allerhöchste Kabinetsorder vom 21sten Februar 1829., womit der Haupt-Finanz-Etat für das Jahr 1829. publiziert wird.	1829	13-15
3	1832	Allerhöchste Kabinetsorder vom 25sten Februar 1832., womit der Haupt-Finanz-Etat für das Jahr 1832. publiziert wird.	1832	65-67
4	1835	Allerhöchste Kabinetsorder vom 8ten Mai 1835., mit welcher der Haupt-Finanz-Etat für das Jahr 1835. publiziert wird.	1835	61-63
5	1838	Allerhöchste Kabinetsorder vom 4. März 1838, mit welcher der Haupt-Finanz-Etat für das Jahr 1838. publiziert wird.	1838	196-199
6	1841	Allerhöchste Kabinets-Order vom 16. April 1841., mit welcher der Haupt-Finanz-Etat für das Jahr 1841. publiziert wird.	1841	48-51
7	1844	Allerhöchste Kabinetsorder vom 9. April 1844., mit welcher der Haupt-Finanz-Etat für das Jahr 1844. publiziert wird.	1844	93-99
8	1847	Allerhöchste Kabinetsorder vom 12. März 1847., mit welcher der Haupt-Finanz-Etat für das Jahr 1847. publiziert wird.	1847	133-167
9	1849	Allerhöchster Erlaß vom 27. Dezember 1848, vermittelst welchem der Allerhöchst vollzogene Staatshaushalts-Etat für das Jahr 1849. veröffentlicht wird.	1848	447-473
10	1850	Gesetz, betreffend die Feststellung des Staatshaushalts-Etats für das Jahr 1850. Vom 11. März 1850.	1850	178-196
11	1851	Gesetz, betreffend die Feststellung des Staatshaushalts-Etats für das Jahr 1851. Vom 7. Mai 1851.	1851	240-259
12	1852	Gesetz, betreffend die Feststellung des Staatshaushalts-Etats für 1852. Vom 14. Mai 1852.	1852	264-284
13	1853	Gesetz, betreffend die Feststellung des Staatshaushalts-Etats für 1853. Vom 1. Juni 1853.	1853	296-323

14	1854	Gesetz, betreffend die Feststellung des Staatshaushalts-Etats für 1854. Vom 9. Mai 1854.	1854	220-248
15	1855	Gesetz, betreffend die Feststellung des Staatshaushalts-Etats für 1855. Vom 14. Mai 1855.	1855	270-300
16	1856	Gesetz, betreffend die Feststellung des Staatshaushalts-Etats für 1856. Vom 14. Mai 1856.	1856	298-328
17	1857	Gesetz, betreffend die Feststellung des Staatshaushalts-Etats für 1857. Vom 18. Mai 1857.	1857	370-400
18	1858	Gesetz, betreffend die Feststellung des Staatshaushalts-Etats für 1858. Vom 3. Mai 1858.	1858	190-220
19	1859	Gesetz, betreffend die Feststellung des Staatshaushalts-Etats für 1859. Vom 23. Mai 1859.	1859	246-276
20	1860	Gesetz, betreffend die Feststellung des Staatshaushalts-Etats für 1860. Vom 27. Juni 1860.	1860	244-276
21	1861	Gesetz, betreffend die Feststellung des Staatshaushalts-Etats für 1861. Vom 22. Juni 1861.	1861	377-408
22	1862/66	Gesetz, betreffend die Ertheilung der Indemnität in Bezug auf die Führung des Staatshaushalts vom Jahre 1862. ab und die Ermächtigung zu den Staatsausgaben für das Jahr 1866. Vom 14. September 1866.	1866	563-572
23	1867	Gesetz, betreffend die Feststellung des Staatshaushalts-Etats für das Jahr 1867. Vom 22. Dezember 1866.	1866	812-873
24	1868	Gesetz, betreffend die Feststellung des Staatshaushalts-Etats für 1868. Vom 24. Februar 1868.	1868	93-147
25	1869	Gesetz, betreffend die Feststellung des Staatshaushalts-Etats für das Jahr 1869. Vom 1. Februar 1869.	1869	217-283
26	1870	Gesetz, betreffend die Feststellung des Staatshaushalts-Etats für 1870. Vom 24. Dezember 1869.	1869	1205-1267
27	1871	Gesetz, betreffend die Feststellung des Staatshaushalts-Etats für 1871. Vom 29. Januar 1871.	1871	25-85
28	1872	Gesetz, betreffend die Feststellung des Staatshaushalts-Etats für 1872. Vom 17. März 1872.	1872	185-251
29	1873	Gesetz, betreffend die Feststellung des Staatshaushalts-Etats für 1873. Vom 24. März 1873.	1873	49-104
30	1874	Gesetz, betreffend die Feststellung des Staatshaushalts-Etats für 1874. Vom 26. Februar 1874.	1874	27-86
31	1875	Gesetz, betreffend die Feststellung des Staatshaushalts-Etats für 1875. Vom 25. März 1875.	1875	101-164
32	1876	Gesetz, betreffend die Feststellung des Staatshaushalts-Etats für 1876. Vom 25. März 1876.	1876	35-98

33	1. Quartal 1877	Gesetz, betreffend die Verlegung des Etatsjahres und die Feststellung des Staatshaushalts-Etats für das Vierteljahr vom 1. Januar bis 31. März 1877. Vom 29. Juni 1876.	1876	177-236
34	1877/78	Gesetz, betreffend die Feststellung des Staatshaushalts-Etats für das Jahr vom 1. April 1877/78. Vom 14. März 1877.	1877	23-86
35	1878/79	Gesetz, betreffend die Feststellung des Staatshaushalts-Etats für das Jahr vom 1. April 1878/79. Vom 9. Februar 1878.	1878	21-84
36	1879/80	Gesetz, betreffend die Feststellung des Staatshaushalts-Etats für das Jahr vom 1. April 1879/80. Vom 5. März 1879.	1879	27-92
37	1880/81	Gesetz, betreffend die Feststellung des Staatshaushalts-Etats für das Jahr vom 1. April 1880/81. Vom 1. März 1880.	1880	91-156
38	1881/82	Gesetz, betreffend die Feststellung des Staatshaushalts-Etats für das Jahr vom 1. April 1881/82. Vom 28. Februar 1881.	1881	45-116
39	1882/83	Gesetz, betreffend die Feststellung des Staatshaushalts-Etats für das Jahr vom 1. April 1882/83. Vom 1. April 1882.	1882	135-209
40	1883/84	Gesetz, betreffend die Feststellung des Staatshaushalts-Etats für das Jahr vom 1. April 1883/84. Vom 27. März 1883.	1883	39-60
41	1884/85	Gesetz, betreffend die Feststellung des Staatshaushalts-Etats für das Jahr vom 1. April 1884/85. Vom 27. März 1884.	1884	81-103
42	1885/86	Gesetz, betreffend die Feststellung des Staatshaushalts-Etats für das Jahr vom 1. April 1885/86. Vom 30. März 1885.	1885	69-93
43	1886/87	Gesetz, betreffend die Feststellung des Staatshaushalts-Etats für das Jahr vom 1. April 1886/87. Vom 31. März 1886.	1886	55-78
44	1887/88	Gesetz, betreffend die Feststellung des Staatshaushalts-Etats für das Jahr vom 1. April 1887/88. Vom 30. März 1887.	1887	71-94
45	1888/89	Gesetz, betreffend die Feststellung des Staatshaushalts-Etats für das Jahr vom 1. April 1888/89. Vom 28. März 1888.	1888	23-48
46	1889/90	Gesetz, betreffend die Feststellung des Staatshaushalts-Etats für das Jahr vom 1. April 1889/90. Vom 1. April 1889.	1889	37-61
47	1890/91	Gesetz, betreffend die Feststellung des Staatshaushalts-Etats für das Jahr vom 1. April 1890/91.	1890	101-124

47	1890/91	Gesetz, betreffend die Feststellung des Staatshaushalts-Etats für das Jahr vom 1. April 1890/91. Vom 14. Mai 1890.	1890	101-124
48	1891/92	Gesetz, betreffend die Feststellung des Staatshaushalts-Etats für das Jahr vom 1. April 1891/92. Vom 24. Juni 1891.	1891	143-164
49	1892/93	Gesetz, betreffend die Feststellung des Staatshaushalts-Etats für das Jahr vom 1. April 1892/93. Vom 1. April 1892.	1892	51-72
50	1893/94	Gesetz, betreffend die Feststellung des Staatshaushalts-Etats für das Jahr vom 1. April 1893/94. Vom 26. März 1893.	1893	33-56
51	1894/95	Gesetz, betreffend die Feststellung des Staatshaushalts-Etats für das Jahr vom 1. April 1894/95. Vom 1. Mai 1894.	1894	47-70
52	1895/96	Gesetz, betreffend die Feststellung des Staatshaushalts-Etats für das Jahr vom 1. April 1895/96. Vom 30. März 1895.	1895	47-74
53	1896/97	Gesetz, betreffend die Feststellung des Staatshaushalts-Etats für das Jahr vom 1. April 1896/97. Vom 30. März 1896.	1896	47-73
54	1897/98	Gesetz, betreffend die Feststellung des Staatshaushalts-Etats für das Jahr vom 1. April 1897/98. Vom 31. Mai 1897.	1897	131-156
55	1898/99	Gesetz, betreffend die Feststellung des Staatshaushalts-Etats für das Jahr vom 1. April 1898/99. Vom 1. Mai 1898.	1898	35-62
56	1899/ 1900	Gesetz, betreffend die Feststellung des Staatshaushalts-Etats für das Etatsjahr 1899. Vom 27. März 1899.	1899	45-66
57	1900/01	Gesetz, betreffend die Feststellung des Staatshaushalts-Etats für das Etatsjahr 1900. Vom 31. März 1900.	1900	55-76
58	1901/02	Gesetz, betreffend die Feststellung des Staatshaushalts-Etats für das Etatsjahr 1901. Vom 29. März 1901.	1901	57-78
59	1902/03	Gesetz, betreffend die Feststellung des Staatshaushalts-Etats für das Etatsjahr 1902. Vom 11. Mai 1902.	1902	101-122
60	1903/04	Gesetz, betreffend die Feststellung des Staatshaushalts-Etats für das Etatsjahr 1903. Vom 8. April 1903.	1903	43-64
61	1904/05	Gesetz, betreffend die Feststellung des Staatshaushalts-Etats für das Etatsjahr 1904. Vom 21. Mai 1904.	1904	45-67

62	1905/06	Gesetz, betreffend die Feststellung des Staatshaushalts-Etats für das Etatsjahr 1905. Vom 31. März 1905.	1905	149-171
63	1906/07	Gesetz, betreffend die Feststellung des Staatshaushalts-Etats für das Etatsjahr 1906. Vom 31. März 1906.	1906	59-81
64	1907/08	Gesetz, betreffend die Feststellung des Staatshaushalts-Etats für das Etatsjahr 1907. Vom 13. Mai 1907.	1907	57-78
65	1908/09	Gesetz, betreffend die Feststellung des Staatshaushalts-Etats für das Etatsjahr 1908. Vom 1. April 1908.	1908	39-60
66	1909/10	Gesetz, betreffend die Feststellung des Staatshaushalts-Etats für das Etatsjahr 1909. Vom 2. Juni 1909.	1909	463-484
67	1910/11	Gesetz, betreffend die Feststellung des Staatshaushalts-Etats für das Etatsjahr 1910. Vom 2. Juni 1910.	1910	75-93
68	1911/12	Gesetz, betreffend die Feststellung des Staatshaushalts-Etats für das Etatsjahr 1911. Vom 15. April 1911.	1911	33-51
69	1912/13	Gesetz, betreffend die Feststellung des Staatshaushalts-Etats für das Etatsjahr 1912. Vom 28. Mai 1912.	1912	67-88
70	1913/14	Gesetz, betreffend die Feststellung des Staatshaushalts-Etats für das Etatsjahr 1913. Vom 10. Mai 1913.	1913	193-214
71	1914/15	Gesetz, betreffend die Feststellung des Staatshaushalts-Etats für das Etatsjahr 1914. Vom 3. Juni 1914.	1914	69-90

Q 2.4.: Finanzgesetze in Bayern im Untersuchungszeitraum

Lfd. Nr.	Budget-periode	Gesetzestitel	BaGuVBl Jahr	Seite
1	1819/25	Finanz-Gesetz für die Periode 1818/25 nebst dem dazu gehörigen Finanz-Etat über Ausgabe und Einnahme. (22.7.1819)	1819	227-240

2	1825/31	Finanz-Gesetz für die Finanz-Periode 1825/31 nebst dem dazu gehörigen Finanz-Etat über Ausgabe und Einnahme betreffend. (11.9.1825)	1825	143-156
3	1831/37	Finanzgesetz für die III. Finanzperiode 1831/37. (28.12.1831)	1832	121-214
4	1837/43	Finanz-Gesetz für die IV. Finanzperiode 1837/43. (17.11.1837)	1837	153-164
5	1843/49	General-Uebersicht des voranschlägigen Betrages des Staats-Bedarfes für Ein Jahr der V. Finanzperiode 1843/49. à Conto der Centralfonds. (25.8.1843)	1843	138-142
6a	1849/51	Finanzgesetz für die VI. Finanzperiode, und zwar vorerst für die ersten zwei Jahre derselben 1849/50 und 1850/51. (25.7.1850)	1850	473-496
6b	1851/55	Finanzgesetz für die VI. Finanzperiode und zwar für die letzten vier Jahre 1851/52 bis 1854/55. (28.5.1852)	1852	221-242
7	1855/61	Finanzgesetz für die VII. Finanzperiode 1855/61. (1.7.1856)	1856	411-440
8	1861/67	Finanz-Gesetz für die VIII. Finanzperiode 1861/67. (10.11.1861)	1861	89-122
9	1868/69	Finanz-Gesetz für die IX. Finanzperiode 1868 und 1869. (16.5.1868)	1868	421-456
10	1870/71	Finanz-Gesetz für die X. Finanzperiode 1870 und 1871. (18.2.1871)	1871	317-334
11	1872/73	Finanz-Gesetz für die XI. Finanzperiode 1872 und 1873. (28.4.1872)	1872	365-404
12	1874/75	Finanzgesetz für die XII. Finanzperiode 1874 und 1875. (27.7.1874)	1874	403-427
13	1876/77	Finanzgesetz für die XIII. Finanzperiode 1876 und 1877. (29.7.1876)	1876	529-556
14	1878/79	Finanzgesetz für die XIV. Finanzperiode 1878 und 1879. (10.3.1878)	1878	111-127
15	1880/81	Finanzgesetz für die XV. Finanzperiode 1880 und 1881. (25.2.1880)	1880	77-96
16	1882/83	Finanzgesetz für die XVI. Finanzperiode 1882 und 1883. (28.4.1882)	1882	219-238
17	1884/85	Finanzgesetz für die XVII. Finanzperiode 1884 und 1885. (21.4.1884)	1884	129-148
18	1886/87	Finanzgesetz für die XVIII. Finanzperiode 1886 und 1887. (29.5.1886)	1886	205-235
19	1888/89	Finanzgesetz für die XIX. Finanzperiode 1888 und 1889. (27.3.1888)	1888	195-219

20	1890/91	Finanzgesetz für die XX. Finanzperiode 1890 und 1891. (5.5.1890)	1890	199-222
21	1892/93	Finanzgesetz für die XXI. Finanzperiode 1892 und 1893. (26.5.1892)	1892	154-171
22	1894/95	Finanzgesetz für die XII. Finanzperiode 1894 und 1895. (11.6.1894)	1894	279-295
23	1896/97	Finanzgesetz für die XXIII. Finanzperiode 1896 und 1897. (17.7.1896)	1896	259-275
24	1898/99	Finanzgesetz für die XXIV. Finanzperiode 1898 und 1899. (15.6.1898)	1898	271-288
25	1900/01	Finanzgesetz für die XXV. Finanzperiode 1900 und 1901. (30.6.1900)	1900	491-508
26	1902/03	Finanzgesetz für die XXVI. Finanzperiode 1902 und 1903. (10.8.1902)	1902	433-450
27	1904/05	Finanzgesetz für die XXVII. Finanzperiode 1904 und 1905. (10.8.1904)	1904	1-16
28	1906/07	Finanzgesetz für die XXVIII. Finanzperiode 1906 und 1907. (20.8.1906)	1906	555-571
29	1908/09	Finanzgesetz für die Jahre 1908 und 1909. (16.8.1908)	1908	409-420
30	1910/11	Finanzgesetz für die Jahre 1910 und 1911. (14.8.1910)	1910	419-432
31	1912/13	Finanzgesetz für die Jahre 1912 und 1913. (2.11.1912)	1912	1121-1133
32	1914/15	Finanzgesetz für die Jahre 1914 und 1915. (23.8.1914)	1914	417-427

Q 3.4.: Finanzgesetze in Sachsen im Untersuchungszeitraum

Lfd. Nr.	Budget-periode	Gesetzestitel	SäGuVBl Jahr	SäGuVBl Seite
1	1834/36	Gesetz, die, für die Staatsverwaltung, auf die Finanzperiode 1834 bis mit 1836 ausgesetzten Summen und die, zu deren Deckung, für die Jahre 1835 und 1836 zu entrichtenden Steuern und Abgaben betreffend. Vom 14ten November 1834.	1834	345-347
2	1837/39	Finanzgesetz auf die Jahre 1837, 1838 und 1839. Vom 28sten November 1837.	1837	111-113
3	1840/42	Finanzgesetz auf die Jahre 1840, 1841 und 1842. Vom 13ten August 1840.	1840	211-213

4	1843/45	Finanzgesetz auf die Jahre 1843, 1844 und 1845. Vom 13ten September 1843.	1843	124-125
5	1846/48	Finanzgesetz auf die Jahre 1846, 1847 und 1848. Vom 20sten Juni 1846.	1846	65
6	1849/51	Finanzgesetz auf die Jahre 1849, 1850 und 1851. Vom 13ten December 1850.	1850	272-274
7	1852/54	Finanzgesetz auf die Jahre 1852, 1853 und 1854. Vom 27sten Mai 1852.	1852	88-90
8	1855/57	Finanzgesetz auf die Jahre 1855, 1856 und 1857. Vom 16ten August 1855.	1855	312-314
9	1858/60	Finanzgesetz auf die Jahre 1858, 1859 und 1860. Vom 12ten August 1858.	1858	177-178
10	1861/63	Finanzgesetz auf die Jahre 1861, 1862 und 1863. Vom 25sten September 1861.	1861	158-160
11	1864/66	Finanzgesetz auf die Jahre 1864, 1865 und 1866. Vom 23sten August 1864.	1864	280-281
12	1867/69	Finanzgesetz auf die Jahre 1867, 1868 und 1869. Vom 26. Mai 1868.	1868	280-281
13	1870/71	Finanzgesetz auf die Jahre 1870 und 1871. Vom 7. März 1870.	1870	52-53
14	1872/73	Finanzgesetz auf die Jahre 1872 und 1873. Vom 8. April 1872.	1872	55-56
15	1874/75	Finanzgesetz auf die Jahre 1874 und 1875. Vom 25. Juni 1874.	1874	82-83
16	1876/77	Finanzgesetz auf die Jahre 1876 und 1877. Vom 2. Juli 1876.	1876	293-295
17	1878/79	Finanzgesetz auf die Jahre 1878 und 1879. Vom 5. Juli 1878.	1878	116-118
18	1880/81	Finanzgesetz auf die Jahre 1880 und 1881. Vom 8. März 1880.	1880	12-14
19	1882/83	Finanzgesetz auf die Jahre 1882 und 1883. Vom 1. März 1882.	1882	45-47
20	1884/85	Finanzgesetz auf die Jahre 1884 und 1885. Vom 26. März 1884.	1884	127-128
21	1886/87	Finanzgesetz auf die Jahre 1886 und 1887. Vom 27. März 1886.	1886	67-69
22	1888/89	Finanzgesetz auf die Jahre 1888 und 1889. Vom 27. März 1888.	1888	89-91
23	1890/91	Finanzgesetz auf die Jahre 1890 und 1891. Vom 26. März 1890.	1890	48-51
24	1892/93	Finanzgesetz auf die Jahre 1892 und 1893. Vom 5. April 1892.	1892	74-76

25	1894/95	Finanzgesetz auf die Jahre 1894 und 1895. Vom 15. März 1894.	1894	94-96
26	1896/97	Finanzgesetz auf die Jahre 1896 und 1897. Vom 27. März 1896.	1896	41-43
27	1898/99	Finanzgesetz auf die Jahre 1898 und 1899. Vom 18. Mai 1898.	1898	61-62
28	1900/01	Finanzgesetz auf die Jahre 1900 und 1901. Vom 12. Mai 1900.	1900	250-251
29	1902/03	Finanzgesetz auf die Jahre 1902 und 1903. Vom 6. Juni 1902.	1902	140-142
30	1904/05	Finanzgesetz auf die Jahre 1904 und 1905. Vom 18. Mai 1904.	1904	159-160
31	1906/07	Finanzgesetz auf die Jahre 1906 und 1907. Vom 6. Mai 1906.	1906	58-59
32	1908/09	Finanzgesetz auf die Jahre 1908 und 1909. Vom 15. Juni 1908.	1908	243-244
33	1910/11	Finanzgesetz auf die Jahre 1910 und 1911. Vom 13. Mai 1910.	1910	75-76
34	1912/13	Finanzgesetz auf die Jahre 1912 und 1913. Vom 23. Mai 1912.	1912	268-269
35	1914/15	Finanzgesetz auf die Jahre 1914 und 1915. Vom 19. Mai 1914.	1914	128-129

Q 4.4.: Finanzgesetze in Württemberg im Untersuchungszeitraum

Lfd. Nr.	Budget-periode	Gesetzestitel	WüRegBl Jahr	Seite
1	1830/33	Finanz-Gesetz für die drei Jahre vom 1. Juli 1830 bis 30. Juni 1833. (26.4.1830)	1830	185-194
2	1833/36	Finanz-Gesetz für die drei Jahre vom 1. Juli 1833-36. (24.12.1833)	1833	541-553
3	1836/39	Finanzgesetz für die drei Jahre 1836-39. (22.7.1836)	1836	283-293
4	1839/42	Finanzgesetz für die drei Jahre 1839-1842. (1.7.1839)	1839	435-447
5	1842/45	Finanz-Gesetz für die drei Jahre 1842-1845. (30.6.1842)	1842	337-347
6	1845/48	Finanz-Gesetz für die drei Jahre 1845-1848. (15.8.1845)	1845	281-291

7	1848/49	Finanz-Gesetz für das Jahr 1. Juli 1848-49. (29.7.1849)	1849	321-331
8	1849/52	Finanz-Gesetz für die drei Jahre 1849-1852. (11.3.1852)	1852	40-49
9	1852/55	Finanz-Gesetz für die drei Jahre 1852-1855. (20.9.1852)	1852	246-255
10	1855/58	Finanz-Gesetz für die drei Jahre 1. Juli 1855-1858. (17.9.1855)	1855	200-209
11	1858/61	Finanz-Gesetz für die drei Jahre 1. Juli 1858-1861. (5.11.1858)	1858	214-227
12	1861/64	Finanzgesetz für die drei Jahre 1861-64. (4.1.1862)	1862	19-29
13	1864/67	Finanzgesetz für die 3 Jahre 1864-67. (21.8.1865)	1865	301-313
14	1867/70	Finanzgesetz für die 3 Jahre 1867-70. (23.3.1868)	1868	143-152
15	1871/73	Finanz-Gesetz für die zwei Jahre 1871-73. (15.4.1872)	1872	152-161
16	1873/75	Finanz-Gesetz für die 2 Jahre 1873-75. (30.1.1874)	1874	87-96
17	1875/76	Finanzgesetz für das Jahr vom 1. Juli 1875 bis 30. Juni 1876. (27.6.1875)	1875	349-357
18	1876/77	Finanz-Gesetz für das Jahr vom 1. Juli 1876 bis 30. Juni 1877. (25.6.1876)	1876	197-204
19	1877/79	Finanzgesetz für die Finanzperiode 1. Juli 1877 / 31. März 1879. (28.6.1877)	1877	161-168
20	1879/81	Finanzgesetz für die Finanzperiode 1. April 1879 / 31. März 1881. (27.2.1879)	1879	37-45
21	1881/83	Finanzgesetz für die Finanzperiode 1. April 1881 / 31. März 1883. (24.3.1881)	1881	175-184
22	1883/85	Finanzgesetz für die Finanzperiode 1. April 1883 / 31. März 1885. (8.6.1883)	1883	121-130
23	1885/87	Finanzgesetz für die Finanzperiode 1. April 1885 / 31. März 1887. (31.5.1885)	1885	163-172
24	1887/89	Finanzgesetz für die Finanzperiode 1. April 1887 / 31. März 1889. (14.6.1887)	1887	177-186
25	1889/91	Finanzgesetz für die Finanzperiode 1. April 1889 / 31. März 1891. (2.7.1889)	1889	203-213
26	1891/93	Finanzgesetz für die Finanzperiode 1. April 1891 / 31. März 1893. (7.6.1891)	1891	91-101
27	1893/95	Finanzgesetz für die Finanzperiode 1. April 1893 bis 31. März 1895. (17.6.1893)	1893	131-140
28	1895/97	Finanzgesetz für die Finanzperiode 1. April 1895 bis 31. März 1897. (18.7.1895)	1895	223-231
29	1897/99	Finanzgesetz für die Finanzperiode 1. April 1897 bis 31. März 1899. (6.7.1897)	1897	79-86

30	1899/1901	Finanzgesetz für die Finanzperiode 1. April 1899 bis 31. März 1901. (27.7.1899)	1899	381-392
31	1901/03	Finanzgesetz für die Finanzperiode 1. April 1901 bis 31. März 1903. (25.7.1901)	1901	193-204
32	1903/05	Finanzgesetz für die Finanzperiode 1. April 1903 bis 31. März 1905. (25.7.1903)	1903	231-239
33	1905/07	Finanzgesetz für die Finanzperiode 1. April 1905 bis 31. März 1907. (28.7.1905)	1905	122-131
34	1907/09	Finanzgesetz für die Finanzperiode 1. April 1907 bis 31. März 1909. (29.7.1907)	1907	234-240
35	1909/11	Finanzgesetz für die Finanzperiode 1. April 1909 bis 31. März 1911. (18.8.1909)	1909	152-159
36	1911/13	Finanzgesetz für die Finanzperiode 1. April 1911 bis 31. März 1913. (16.8.1911)	1911	490-499
37	1913/15	Finanzgesetz für die Finanzperiode 1. April 1913 bis 31. März 1915. (17.7.1913)	1913	181-190

Allgemeiner Etat

der

Staats-Einnahmen und Ausgaben

für das Jahr

1838.

(No. 1878.)

	Einnahme.		Reiner Ertrag. Rthlr.
1.	Aus der Verwaltung der Domainen und Forsten, nach Abzug des davon dem Kronfideikommiß vorbehaltenen Revenüen-Antheils		4,083,000
2.	Aus den Domainen-Ablösungen und Verkäufen, Behufs der schnelleren Tilgung der Staatsschulden		1,000,000
3.	Aus der Verwaltung der Bergwerke, Hütten und Salinen, desgleichen der Porzellan-Manufaktur in Berlin		917,000
4.	Aus der Postverwaltung		1,200,000
5.	Aus der Verwaltung der Lotterie		928,000
6.	Aus der Steuer- und Abgabenverwaltung:		
	a) an Grundsteuer	9,847,000 Rthlr.	
	b) an Klassensteuer	6,502,000 „	
	c) an Gewerbesteuer	2,054,000 „	
		18,403,000 Rthlr.	
	d) an Eingangs-, Ausgangs- und Durchgangs-Abgaben; an Verzehrungssteuern von inländischen Erzeugnissen; an Wegegeldern; an Abgaben von der Schiffahrt und der Benutzung der Häfen, Kanäle, Schleusen, Brücken und andern Kommunikations-Anstalten, ferner an Stempelsteuer	20,130,000 „	
	e) an Einkommen aus der Salzregie	5,620,000 „	
			44,153,000
7.	An verschiedenen, unter obigen Titeln nicht begriffenen Einnahmen		400,000
		=	52,681,000

	Ausgabe.		Betrag. Rthlr.
1.	Für das Staats-Schuldenwesen, und zwar:		
	a) zur Verzinsung der allgemeinen und provinziellen Staatsschulden und zu den laufenden Verwaltungskosten ...	6,067,000 Rthlr.	
	b) zur Schuldentilgung	2,470,000 =	
		8,537,000 Rthlr.	
	c) zur Verzinsung und Tilgung neu übernommener Provinzialschulden	41,000 =	8,578,000
2	An Pensionen, Kompetenzen und Leibrenten, und zwar:		
	a) an etatsmäßigen Fonds zu Pensionen für emeritirte Staatsdiener und deren Wittwen und Hinterbliebenen, sowie zu sonstigen Gnaden-Unterstützungen	966,000 Rthlr.	
	b) an lebenslänglichen Kompetenzen und Pensionen für die Mitglieder aufgehobener geistlicher Korporationen, an Pensionen, welche auf dem Reichsdeputationsschluß vom 25. Februar 1803. beruhen, oder sonst traktatenmäßig oder aus früheren Verpflichtungen zu leisten sind	1,502,000	2,468,000
3.	An dauernden Renten:		
	a) als Entschädigung für aufgehobene Rechte und Nutzungen	331,000 Rthlr.	
	b) für eingezogene Kapitalien und Amtskautionen	742,000 =	1,073,000
4.	Für das Geheime Kabinet, für das Büreau des Staatsministerii, für die Staatsbuchhalterei und die Verwaltung des Staatsschatzes und der Münzen, für das Staatsarchiv und für die Provinzialarchive, das Staatssekretariat, für die Ober-Rechnungskammer, die General-Ordenskommission und für das statistische Büreau......................		293,000
5.	Für das Ministerium der Geistlichen-, Unterrichts- u. Medizinal-Angelegenheiten		2,817,000
6.	Für das Ministerium des Innern und für die General-Kommission		2,414,000
7.	Für das Ministerium der auswärtigen Angelegenheiten		671,000
8.	Für das Kriegsministerium, einschließlich der Zuschüsse für das große Militair-Waisenhaus zu Potsdam und dessen Filial-Anstalten		23,136,000
9.	Für das Justizministerium, außer den Gerichtssporteln.............		2,166,000
10.	Für die Central-Finanzverwaltung, und zwar:		
	a) für das Finanzministerium und für die General-Staatskasse	151,000 Rthlr.	
	b) für die Generalverwaltung der Domainen und Forsten ..	98,000 =	249,000
11.	Dem Finanzministerium, für die Verwaltung für Handel und Fabrikation, imgleichen zu Land- und Wasserbauten, ausschließlich der Chausseen ..		1,389,000
12.	Demselben zur Unterhaltung und zum Neubau der Chausseen, einschließlich der Mittel zur Verzinsung und Tilgung der aufgenommenen Chausseebau-Kapitalien		2,925,000
13.	Für die Ober-Präsidien und Regierungen		1,710,000
14.	Für die Haupt- und Landgestüte.......................		169,000
15.	Zur Deckung der Einnahme-Ausfälle, zu außerordentlichen Ausgaben und Landesverbesserungen und zur Vermehrung des Haupt-Reservekapitals .		2,323,000
			52,681,000

Berlin, den 23. Februar 1838.

Friedrich Wilhelm.

Graf v. Alvensleben.

(No. 1878.)

(Beilage zum Gesetzblatt Nro. 8. von 1837.)

I.

General-Uebersicht

A. der Staats-Ausgaben

und

B. der Staats-Einnahmen

für

ein Jahr der IVten Finanzperiode $18\frac{37}{43}$.

Cap.	§.	A. Staats-Ausgaben.	Betrag für ein Jahr der IVten Finanzperiode. partial. fl.	kr.	total. fl.	kr.
I.	—	Auf die Staatsschuld	. .	—	8,746294	—
II.	—	Etat des Königlichen Hauses und Hofes.				
	1.	Permanente Civilliste Seiner Majestät des Königs . .	2,350580	—		
	2.	Unterhalt des Kronprinzen, Königliche Hoheit . . .	120000	—		
	3.	Appanagen	405000	—		
	4.	Wittwengehalte	312420	—		
					3,188000	—
III.	—	Etat des Königlichen Staatsrathes	. .	—	72000	—
IV.	—	Etat der Ständeversammlung und des ständischen Archivs	. .	—	46500	—
V.	—	Etat des Staatsministeriums des Königl. Hauses und des Aeussern	. .	—	480000	—
VI.	—	Etat des Königl. Staatsministeriums der Justiz	. .	—	1,158944	—
VII.	—	Etat des Königl. Staatsministeriums des Innern	. .	—	756460	—
VIII.	—	Gemeinschaftlicher Etat der Königl. Staatsministerien der Justiz und des Innern, resp. Etat der Landgerichte	. .	—	1,269966	—
IX.	—	Etat des Kön. Staatsministeriums der Finanzen	. .	—	770000	—
X.	—	Staatsanstalten.				
	1.	Erziehung und Bildung	1,070733	—		
	2.	Kultus { a) katholischer Kultus . . 1,059,544 fl. 16¾ kr. / b) protestantischer Kultus . 295,672 = 43¼ =	1,355217	—		
	3.	Gesundheit	184504	—		
	4.	Wohlthätigkeit	209812	—		
	5.	Sicherheit	484150	—		
	6.	Industrie und Kultur	191191	—		
	7.	Strassen-, Brücken- und Wasserbau	1,688640	—		
	8.	Besondere Leistungen des Staatsärars an die Gemeinden .	109000	—		
	9.	Steuerkataster	600000	—		
					5,893247	—
XI.	—	Militär-Etat.				
	1.	Aktive Armee. a) in Geld . . . . . 5,344,769 fl. 3¾ kr. / b) in Naturalien nach den Budgetspreisen 655,230 = 56¼ =	6,000000	—		
	2.	Gendarmerie	613976	—		
	3.	Topographisches Bureau	50000	—		
	4.	Zuschuß an den Militär-Invaliden- und Waisenfond . .	92000	—		
	5.	Unterhalt der Festung Landau	25000	—		
	6.	Kosten der Militär-Kommission in Frankfurt	14000	—		
					6,794976	—
XII.	—	Landbau-Etat.	. .	—	531440	—
XIII.	—	Pensionen der Wittwen u. Waisen der Staatsdiener	. .	—	276000	—
		Gesammtsumme der Staatsausgaben	. .	—	29983827	—

Cap	§.	B. Staats-Einnahmen.	Betrag für ein Jahr der IVten Finanzperiode. partial. fl.	kr.	total. fl.	kr.
		A. Einnahmen des laufenden Jahres.				
I.		Direkte Staatsauflagen.				
	1.	Grundsteuer	4,220342	—		
	2.	Haus-, Thür- und Fenstersteuer	484907	—		
	3.	Dominikalsteuer	321723	—		
	4.	Gewerbesteuer	713011	—		
	5.	Familien-, Besoldungs-, Personal- und Mobiliarsteuer . .	343481	—		
	6.	Wittwen- und Waisenfonds-Beiträge	53419	—	6,136883	—
II.		Indirekte Staatsauflagen.				
	1.	Taxen	1,922266	—		
	2.	Stempelgefälle	870766	—		
	3.	Aufschlagsgefälle	4,653612	—		
	4.	Zollgefälle	3,094772	—	10,541416	—
III.		Staatsregalien und Anstalten.				
	1.	Salinen und Bergwerke	2,184026	—		
	2.	Post	418403	—		
	3.	Lotto	1,380569	—		
	4.	Gesetz- und Regierungsblatt	19823	—		
	5.	Uebrige Staatsregalien	18498	—	4,021319	—
IV.		Staatsdomänen.				
	1.	Aus Staatsforsten, Jagden und Triften	2,247530	—		
	2.	Aus Oekonomien und Gewerben	338039	—		
	3.	Lehen-, grund-, gerichts-, zins- und zehentherrliche Gefälle .	5,103955	—		
	4.	Zinse aus Staatsaktivkapitalien	411168	—	8,100692	—
V.		Besondere Abgaben	. . .		77100	—
VI.		Uebrige Einnahmen.				
	1.	Aerarialrente aus der Bank in Nürnberg	25000	—		
	2.	Entschädigung der Krone Oesterreich	100000	—		
	3.	Erlös aus Mobiliarschaften	984	—		
	4.	Zufällige Einnahmen	19644	—	145628	—
VII.		Kreisumlage für nothwendige Zwecke	. . .	.	689435	—
		Summa A. Einnahmen des laufenden Jahres	. . .	.	29,712473	—
		B. Einnahmen aus dem Bestande der Vorjahre. Einnahmen aus den Ausständen der dritten Finanzperiode nach §. 14. des Finanzgesetzes vom 28. Dezember 1831, dann an den in jedem Jahre sich ergebenden Ausständen der vierten Finanzperiode	. . .	.	300000	—
		Summa B. Einnahmen aus dem Bestande der Vorjahre	. . .	.	300000	—
		Gesammt-Summe der Staats-Einnahmen .	. . .	.	30,012473	—

Q 4.4a. Königreich Württemberg

287

Beilage zum Finanz-Gesetz.

Haupt-Finanz-Etat für die drei Jahre vom 1. Juli 1836 bis 30. Juni 1839.

I. Staatsbedarf.	18 36/37.		18 37/38.		18 38/39.		Summe der drei Jahre 18 36/39.		Durchschnitt auf Ein Jahr.	
	fl.	kr.	fl.	kr.	fl.	kr.	fl.	kr.	fl.	kr.
1) Civilliste	850,000	—	850,000	—	850,000	—	2,550,000	—	850,000	—
2) Apanagen und Witthum	241,051	1	246,377	3	249,335	56	736,764	—	245,588	—
dazu Unterhaltung der Apanage-Schlösser und Gärten	6,594	43	6,630	53	6,441	14	19,666	50	6,555	37
Summe 2)	247,645	44	253,007	56	255,777	10	756,430	50	252,143	37
3) Staatsschuld:										
a) Zinse	1,022,969	43	1,012,014	10	1,000,620	24	3,035,604	17	1,011,868	6
b) Tilgungsfonds . . .	273,888	40	284,844	13	296,237	59	854,970	52	284,990	17
Summe 3)	1,296,858	23	1,296,858	23	1,296,858	23	3,890,575	9	1,296,858	23
4) Renten:										
a) immerwährende . . .	50,494	23	50,494	23	50,494	23	151,483	9	50,494	23
b) lehenfällige (Kammerlehenszinse)	5,473	36	5,473	36	5,473	36	16,420	48	5,473	36
c) lebenslängliche . . .	17,324	25	17,324	25	17,324	25	51,973	15	17,324	25
Summe 4)	73,292	24	73,292	24	73,292	24	219,877	12	73,292	24
5) Entschädigungen:										
a) auf dem Steuerbezug haftend:										
für Kammersteuer- Berechtigungen	24,082	20	24,082	20	24,082	20	72,247	—	24,082	20
„ Umgelds- Berechtigungen	39,765	11	39,765	11	39,765	11	119,295	33	39,765	11
„ Weggelds- Berechtigungen	2,755	37	2,755	37	2,755	37	8,266	51	2,755	37
„ Landgefährts- Berechtigungen	160	—	160	—	160	—	480	—	160	—
b) für Theile der Kronausstattung	3,591	8	3,591	8	3,591	8	10,773	24	3,591	8
Summe 5)	70,354	16	70,354	16	70,354	16	211,062	48	70,354	16

I. Staatsbedarf.	18$\frac{36}{37}$.		18$\frac{37}{38}$.		18$\frac{38}{39}$.		Summe der drei Jahre 18$\frac{36}{39}$.		Durchschnitt auf Ein Jahr.	
	fl.	kr.	fl.	kr.	fl.	kr.	fl.	kr.	fl.	kr.
6) Pensionen.										
A) Civil-Pensionen:										
a) ältere vertragsmäßige (jeder Art)	187,971	—	172,971	—	157,971	—	518,913	—	172,971	—
b) gesetzliche Pensionen für Diener	216,423	—	216,423	—	216,423	—	649,269	—	216,423	—
c) Ergänzungs-Pensionen (neuere)	31,029	—	28,029	—	25,029	—	84,087	—	28,029	—
d) Gesetzlicher Beitrag zur Wittwen- und Waisen-Pensions-Anstalt . .	71,385	—	75,385	—	79,385	—	226,155	—	75,385	—
e) Beitrag für ältere Wittwen-Cassen	3,293	—	3,293	—	3,293	—	9,879	—	3,293	—
Summe A)	510,101	—	496,101	—	482,101	—	1,488,303	—	496,101	—
B) Pensionen für Kirchen- und Schuldiener:										
a) Pensionen für evangelische Geistliche . . .	9,375	24	9,375	24	9,375	24	28,126	12	9,375	24
b) Zuschüsse für die geistliche Wittwen-Casse .	6,000	—	6,000	—	6,000	—	18,000	—	6,000	—
c) Beitrag zur Schullehrer-Pensions-Anstalt .	10,000	—	10 000	—	10,000	—	30,000	—	10 000	—
Summe B)	25,375	24	25,375	24	25,375	24	76,126	12	25,375	24
C) Militär-Pensionen . .	132,367	23	132,367	23	132,367	23	397,102	9	132 367	23
Summe 6)	667,843	47	653,843	47	639,843	47	1,961,531	21	653,843	47
7) Quiescenz-Gehalte .	27,235	—	25,735	—	24,235	—	77,205	—	25,735	—
8) Gratialien:										
a) jährliche Unterstützungen	66,135	—	66,135	—	66,135	—	198,405	—	66,135	—
b) einmalige Unterstützungen	9,400	—	9,400	—	9,400	—	28,200	—	9,400	—
Summe 8)	75,535	—	75,535	—	75,535	—	226,605	—	75,535	—

I. Staatsbedarf.	$18\frac{36}{37}$.		$18\frac{37}{38}$.		$18\frac{38}{39}$.		Summe der drei Jahre $18\frac{36}{39}$.		Durchschnitt auf Ein Jahr.	
	fl.	kr.	fl.	kr.	fl.	kr.	fl.	kr.	fl.	kr.
9) Staats-Sekretariat	28,839	6	28,839	6	28,839	6	86,517	18	28,839	6
10) Geheimer Rath . .	38,179	30	38,179	30	38,179	30	114,538	30	38,179	30
11) Departement der Justiz	711,448	51	709,998	51	710,228	51	2,131,676	33	710,558	51
12) Departement der auswärtigen Angelegenheiten	188,254	21	190,404	21	192,554	21	571,213	3	190,404	21
für den Lehenrath . .	3,628	—	3,628	—	3.628	—	10,884	—	3,628	—
für Archive	10,522	—	10,522	—	10,522	—	31,566	—	10,522	—
Summe 12)	202,404	21	204,554	21	206,704	21	613,663	3	204,554	21
13) Departement des Innern und des Kirchen- und Schulwesens . .	2,257,179	18	2,253,307	39	2,237,339	6	6,747,826	23	2,249,275	28
14) Departement des Kriegswesens . . .	1,858,084	50	1,879,084	50	1,826,584	50	5,563,754	30	1,854,584	50
Militär-Ordens-Pensionen	34,864	—	34,864	—	34,864	—	104,592	—	34,864	—
Militär-Sträflings-Anstalt	13,400	—	13,400	—	13,400	—	40,200	—	13,400	—
Summe 14)	1,906,348	50	1,927,348	50	1,874,848	50	5,708,546	30	1,902,848	50
15) Departement der Finanzen	719,321	54	718,821	54	718,321	54	2,156,465	42	718,821	54
16) Landständische Sustentations-Casse . . .	45,250	—	100,100	—	172,570	—	317,920	—	105,973	20
17) Reserve-Fonds . .	65,000	—	65,000	—	65,000	—	195,000	—	65,000	—
Summe des Staatsbedarfs .	9,282,736	24	9,344,777	17	9,337,927	38	27,965,441	19	9,321,813	47

II. Ertrag des Kammerguts.	18 36/37					
	Rohe Einnahmen.		Elementar-			
			Verwaltungs-Kosten.		Uebrige Ausgaben.	
	fl.	kr.	fl.	kr.	fl.	kr.
1) Ertrag der Domänen:						
A) Bei den Kameralämtern	2,584,119	23	360,000	—	164,119	23
B) Bei den Forstverwaltungen:						
a) aus den Forsten und dem Floßrechte	1,699,000	—	340,000	—	472,548	12
b) aus Jagden	24,355	—	55	—	300	—
c) aus Holzgärten	236,800	—	13,400	—	195,700	—
C) Von den Berg- und Hüttenwerken . .	1,055,200	—	68,500	—	823,200	—
D) Von den Salinen	1,494,200	—	26,000	—	750,200	—
2) Regalien:						
A) Postregal	70,000	—	——	—	——	—
B) Münzregal	105,114	15	1,772	10	99,142	5
3) Verschiedene Einnahmen:						
bei der Staatskasse unmittelbar . . .	12,550	—	——	—	——	—
Summe II.	7,279,338	38	809,727	10	2,505,209	40
Dieselbe reicht also zu der Summe des Staats-Bedarfs nicht zu um	——	—	——	—	——	—

Aufwand. Zusammen.		Reiner Ertrag.		$18\frac{37}{38}$.		$18\frac{38}{39}$.		Summe der drei Jahre $18\frac{36}{39}$.		Durchschnitt auf Ein Jahr.	
fl.	kr.	fl.	kr.	fl.	kr.	fl.	kr.	fl.	kr.	fl.	kr.
524,119	23	2,060,000	—	2,060,000	—	2,060,000	—	6,180,000	—	2,060,000	—
812,548	12	886,451	48	886,451	48	886,451	48	2,659,355	24	886,451	48
355	—	24,000	—	24,000	—	24,000	—	72,000	—	24,000	—
209,100	—	27,700	—	27,700	—	27,700	—	83,100	—	27,700	—
891,700	—	163,500	—	159,500	—	163,500	—	486,500	—	162,166	40
776,200	—	718,000	—	711,000	—	711,000	—	2,140,000	—	713,333	20
——	—	70,000	—	70,000	—	70,000	—	210,000	—	70,000	—
100,914	15	2,200	—	2,200	—	2,200	—	6,600	—	2,200	—
——	—	12,550	—	7,550	—	7,550	—	27,650	—	9,216	40
3,514,936	50	3,964,401	48	3,948,401	48	3,952,401	48	11,865,205	24	3,955,068	28
——	—	5,318,334	36	5,396,375	29	5,385,525	50	16,100,235	55	5,366,745	19

III. Deckungsmittel.	Rohe Einnahmen.		18 36/37. Elementar- Verwaltungs-Kosten.		Uebrige Ausgaben.	
	fl.	kr.	fl.	kr.	fl.	kr.
A) Direkte Steuern, und zwar:						
a) vom Grundeigenthum } b) von Gefällen }	Werden durch die Oberamtspflegen ohne Aufwand für die Staatskasse erhoben und abgeliefert.					
c) von Gebäuden						
d) von Gewerben						
e) von Kapitalien	141,400	—	11,400	—	——	—
f) von Besoldungen	36,240	—	240	—	——	—
Summe A)	——	—	——	—	——	—
B) Indirekte Steuern:						
a) Zoll	1,410,000	—	65,029	—	136,843	—
b) Accise	322,850	—	17,050	—	3,500	—
c) Auflage auf Hunde	33,100	—	1,800	—	9,300	—
d) Wirthschafts-Abgaben	1,093,000	—	125,220	—	23,850	—
e) Sporteln	331,983	—	1,700	—	400	—
Summe B)	3,190,933	—	210,799	—	173,893	—
Summe der Deckungsmittel durch Steuern	——	—	——	—	——	—
Es wird sich daher ergeben	——	—	——	—	——	—

Aufwand. Zusammen.		Reiner Ertrag.		18 37/38.		18 38/39.		Summe der drei Jahre 18 36/39.		Durchschnitt auf Ein Jahr.	
fl.	kr.	fl.	kr.	fl.	kr.	fl.	kr.	fl.	kr.	fl.	kr.
		1,700,000	—	1,700,000	—	1,700,000	—	5,100,000	—	1,700,000	—
		400,000	—	400,000	—	400,000	—	1,200,000	—	400,000	—
		300,000	—	300,000	—	300,000	—	900,000	—	300,000	—
11,400	—	130,000	—	130,000	—	130,000	—	390,000	—	130,000	—
240	—	36,000	—	36,000	—	36,000	—	108,000	—	36,000	—
——	—	2,566,000	—	2,566,000	—	2,566,000	—	7,698,000	—	2,566,000	—
201,872	—	1,208,128	—	1,208,128	—	1,208,128	—	3,624,384	—	1,208,128	—
20,550	—	302,300	—	302,300	—	302,300	—	906,900	—	302,300	—
11,100	—	22,000	—	22,000	—	22,000	—	66,000	—	22,000	—
149,070	—	943,930	—	943,930	—	943,930	—	2,831,790	—	943,930	—
2,100	—	329,883	—	329,883	—	329,883	—	989,649	—	329,883	—
384,692	—	2,806,241	—	2,806,241	--	2,806,241	—	8,418,723	—	2,806,241	—
——	—	5,372,241	—	5,372,241	—	5,372,241	—	16,113,723	—	——	—
——	—	53,906 Ueberschuß.	24	24,131 Deficit.	29	13,284 Deficit.	50	16,487 Reiner Ueberschuß.	5	——	—

Q 2.5.: Etatentwürfe in Bayern im Untersuchungszeitraum

Budget-periode	Etatentwurf	BaParlV Jahr	Bei-lagen-band	Seite/ Beilage
1824/25-1830/31	Darstellung der Staatsbedürfnisse und der Mittel zur Deckung derselben für die Finanzperiode vom Jahre 1824/25 bis 1830/31.	1825	1	105-123
1831/37	Entwurf des Finanzgesetzes für die III. Finanzperiode 1831/37, nebst der dazu gehörigen General-Uebersicht sämtlicher Staatsausgaben und Einnahmen.	1831	1	Beil. 8
1837/43	Vortrag des königlichen Staatsministers der Finanzen von Wirschinger, bei Uebergabe des Budgets für die vierte Finanzperiode in der Kammer der Abgeordneten.	1837	2	187-403
1843/49	Vortrag des königlichen Finanzministers, bei Uebergabe des Budgets und des Gesetzes über die Erhebung der direkten Steuern für die V. Finanzperiode.	1842/43	1	14-278
1849-51	Vortrag des königl. Staatsministers der Finanzen, das Budget für die VI. Finanzperiode, und zwar vorläufig für die 2 Jahre 1849/51 betr.	1849	2	8-329
1849/51	Außerordentliches Ausgaben-Budget für die VI. Finanzperiode, und zwar für die Jahre 1849/51.	1849	2	331-347
1851/55	Vortrag des königlichen Staatsministers der Finanzen bei Uebergabe des Budgets für die letzten vier Jahre 1851/55 der VIten Finanzperiode.	1851	1	237-440
1855/61	Vortrag des kgl. Staatsministers der Finanzen bei der Uebergabe rsp. Reproduction des Budgets für die VII. Finanzperiode 1855/61.	1855	1	1-206
1861/67	Vortrag des kgl. Staatsministers der Finanzen bei Uebergabe des Budgets für die VIII. Finanzperiode.	1859/61	1	151-384
1868/69	Vortrag des königl. Staatsministers der Finanzen bei Uebergabe des Budgets und des Finanzgesetzes für die IX. Finanzperiode.	1866/67	2	61-338
1870/71	Budget für ein Jahr der X. Finanzperiode 1870 und 1871.	1870	1	111-541
1872/73	Budget für ein Jahr der XI. Finanzperiode 1872 und 1873.	1871/72	1	1-420
1874/75	Budget für ein Jahr der XII. Finanzperiode 1874 und 1875.	1873/74	1	1-467

1876/77	Budget für ein Jahr der XIII. Finanzperiode 1876 und 1877.	1875	1,2	
1878/79	Budget des Königreichs Bayern für ein Jahr der XIV. Finanzperiode 1878 und 1879.	1877	2	Beil. 10
1880/81	Budget des Königreichs Bayern für ein Jahr der XV. Finanzperiode 1880 und 1881.	1879	8	Beil. 293
1882/83	Budget des Königreiches Bayern für ein Jahr der XVI. Finanzperiode 1882/83.	1881	1	Beil. 3
1884/85	Budget des Königreiches Bayern für ein Jahr der XVII. Finanzperiode, 1884 und 1885.	1883/84	3	
1886/87	Budget des Königreiches Bayern für ein Jahr der XVIII. Finanzperiode, 1886 und 1887.	1885/86	8	
1888/89	Budget des Königreiches Bayern für ein Jahr der XIX. Finanzperiode, 1888 und 1889.	1887/88	3	
1890/91	Budget des Königreiches Bayern für ein Jahr der XX. Finanzperiode, 1890 und 1891.	1889/90	9	
1892/93	Budget des Königreiches Bayern für ein Jahr der XXI. Finanzperiode, 1892 und 1893.	1891/92	16	
1894/95	Budget des Königreiches Bayern für ein Jahr der XXII. Finanzperiode, 1894 und 1895.	1893/94	3	
1896/97	Budget des Königreiches Bayern für ein Jahr der XXIII. Finanzperiode, 1896 und 1897.	1895/96	9	
1898/99	Budget des Königreiches Bayern für ein Jahr der XXIV. Finanzperiode, 1898 und 1899.	1897/98	17	
1900/01	Budget des Königreiches Bayern für ein Jahr der XXV. Finanzperiode, 1900 und 1901.	1899/1900	4	
1902/03	Budget des Königreiches Bayern für ein Jahr der XXVI. Finanzperiode, 1902 und 1903.	1901/02	10	
1904/05	Budget des Königreiches Bayern für ein Jahr der XXVII. Finanzperiode, 1904 und 1905.	1903/04	15	
1906/07	Budget des Königreiches Bayern für ein Jahr der XXVIII. Finanzperiode, 1906 und 1907.	1905/06	4	
1908/09	Budget des Königreichs Bayern für die Jahre 1908 und 1909.	1907/08	5	
1910/11	Budget des Königreichs Bayern für die Jahre 1910 und 1911.	1909/10	12	
1912/13	Budget des Königreichs Bayern für die Jahre 1912 und 1913.	1911	16	
1914/15	Budget des Königreichs Bayern für die Jahre 1914 und 1915.	1913/14	8	

Q 3.5.: Etatentwürfe in Sachsen im Untersuchungszeitraum

Budget-periode	Etatentwurf	SäLA			
		Jahr	Teil	Bd.	Seite
1833/36	Decret an die Stände. Das Budjet betreffend.	1833	1. Abtheilung	1	105-150
1837/39	Decret an die Stände. Die Rechenschaft und das Budjet betreffend.	1836/37	1. Abtheilung	1	210-350
1837/39	Ständische Schrift, das mittelst höchsten Decrets vom 14. November 1836. vorgelegte Budjet und das Finanzgesetz betreffend.	1836/37	1. Abtheilung	3	145-212
1840/42	Ständische Schrift, das mittelst höchsten Decretes vom 10. November 1839 vorgelegte Budjet betreffend.	1840	1. Abtheilung	2	313-370
1843/45	Decret an die Stände. Das Budjet auf die Finanzperiode 1843. bis mit 1845. betreffend.	1842	1. Abtheilung	1	269-317
1843/45	Ständische Schrift, das mittelst allerhöchsten Decrets vom 20. November 1842 vorgelegte Budjet betreffend.	1843	1. Abtheilung	2	533-582
1846/48	Decret an die Stände. Das Budjet betreffend.	1845	1. Abtheilung	1	435-486
1846/48	Ständische Schrift, das mittelst allerhöchsten Decrets vom 14. September 1845 vorgelegte Budjet betreffend.	1845/46	1. Abtheilung	2	733-780
1849/51	Decret an die Stände. Die Budget-vorlage für 1849, 1850 und 1851 betreffend.	1850/51	1. Abtheilung		1-78
1849/51	Ständische Schrift über das allerhöchste Decret vom 22. Juli 1850, die Budgetvorlage für 1849, 1850 und 1851 betreffend.	1850/51	1. Abtheilung		785-836
1852/54	Decret an die Stände. Die Budget-vorlage für 1852, 1853 und 1854 betreffend.	1851/52	1. Abtheilung	2	1-67

1855/57	Decret an die Stände. Die Budgetvorlage für 1855, 1856 und 1857 betreffend.	1854/55	1. Abtheilung		139-223
1855/57	Ständische Schrift, über das allerhöchste Decret vom 30. December 1854, die Budgetvorlage für 1855, 1856 und 1857 betreffend.	1854/55	1. Abtheilung		705-760
1858/60	Decret an die Stände. Die Budgetvorlage für 1858, 1859 und 1860 betreffend.	1857/58	1. Abtheilung		133-348
1861/63	Decret an die Stände, die Budgetvorlage für 1861, 1862 und 1863 betreffend.	1860/61	1. Abtheilung	2	1-190
1861/63	Ständische Schrift über das Allerhöchste Decret vom 6. November 1860, die Budgetvorlagen für 1861, 1862 und 1863 betreffend.	1860/61	1. Abtheilung	4	305-357
1864/66	Decret an die Stände. Die Budgetvorlagen und das Finanzgesetz für die Jahre 1864, 1865 und 1866 betreffend.	1863/64	1. Abtheilung	1	1-417
1867/69	Decret an die Stände, die Budgetvorlage auf die Jahre 1868 und 1869, ingleichen das Finanzgesetz für die Jahre 1867/69 betreffend.	1866/67	1. Abtheilung	2	457-749
1870/71	Decret an die Stände, die Budgetvorlage und das Finanzgesetz auf die Jahre 1870 und 1871 betreffend.	1869/70	1. Abtheilung	1	155-450
1872/73	Decret an die Stände, die Budgetvorlage und das Finanzgesetz auf die Jahre 1872 und 1873 betreffend.	1871/72	1. Abtheilung	1	181-488
1872/73	Ständische Schrift auf das Allerhöchste Decret vom 29. November 1871, die Budgetvorlage und das Finanzgesetz auf die Jahre 1872 und 1873 betreffend.	1871/72	1. Abtheilung	3	233-317
1874/75	Decret an die Stände, die Budgetvorlage und das Finanzgesetz auf die Jahre 1874 und 1875 betreffend.	1873/74	Königliche Decrete	2	1-334
1876/77	Decret an die Stände, die Budgetvorlage und das Finanzgesetz auf die Jahre 1876 und 1877 betreffend.	1875/76	Königliche Decrete	2	1-356

1878/79	Decret an die Stände, die Budgetvorlage und das Finanzgesetz auf die Jahre 1878 und 1879 betreffend.	1877/78	Königliche Decrete	1	1-379
1880/81	Decret an die Stände, den Staatshaushalts-Etat und das Finanzgesetz auf die Jahre 1880 und 1881 betreffend.	1879/80	Königliche Decrete	1	1-534
1882/83	Decret an die Stände, den Staatshaushalts-Etat und das Finanzgesetz auf die Jahre 1882 und 1883 betreffend.	1881/82	Königliche Decrete	1	Nr. 2
1884/85	Decret an die Stände, den Staatshaushalts-Etat und das Finanzgesetz auf die Jahre 1884 und 1885 betreffend.	1883/84	Königliche Decrete	1	Nr. 2
1886/87	Decret an die Stände, den Staatshaushalts-Etat und das Finanzgesetz auf die Jahre 1886 und 1887 betreffend.	1885/86	Königliche Decrete	1	Nr. 2
1888/89	Decret an die Stände, den Staatshaushalts-Etat und das Finanzgesetz auf die Jahre 1888 und 1889 betreffend.	1887/88	Königliche Decrete	1	Nr. 2
1890/91	Decret an die Stände, den Staatshaushalts-Etat und das Finanzgesetz auf die Jahre 1890 und 1891 betreffend.	1889/90	Königliche Decrete	2	
1892/93	Decret an die Stände, den Staatshaushalts-Etat und das Finanzgesetz auf die Jahre 1892 und 1893 betreffend.	1891/92	Königliche Decrete	2	
1894/95	Dekret an die Stände, den Staatshaushalts-Etat und das Finanzgesetz auf die Jahre 1894 und 1895 betreffend.	1893/94	Königliche Dekrete	2	
1896/97	Dekret an die Stände, den Staatshaushalts-Etat und das Finanzgesetz auf die Jahre 1896 und 1897 betreffend.	1895/96	Königliche Dekrete	2	
1898/99	Dekret an die Stände, den Staatshaushalts-Etat und das Finanzgesetz auf die Jahre 1898 und 1899 betreffend.	1897/98	Königliche Dekrete	2	
1900/01	Dekret an die Stände, den Staatshaushalts-Etat und das Finanzgesetz auf die Jahre 1900 und 1901 betreffend.	1899/1900	Königliche Dekrete	2	

1902/03	Dekret an die Stände, den Staatshaushalts-Etat und das Finanzgesetz auf die Jahre 1902 und 1903 betreffend.	1901/02	Königliche Dekrete	2
1904/05	Dekret an die Stände, den Staatshaushalts-Etat und das Finanzgesetz auf die Jahre 1904 und 1905 betreffend.	1903/04	Königliche Dekrete	2
1906/07	Dekret an die Stände, den Staatshaushalts-Etat und das Finanzgesetz auf die Jahre 1906 und 1907 betreffend.	1905/06	Königliche Dekrete	2
1908/09	Dekret an die Stände, den Staatshaushalts-Etat und das Finanzgesetz auf die Jahre 1908 und 1909 betreffend.	1908/09	Königliche Dekrete	2
1910/11	Dekret an die Stände, den Staatshaushalts-Etat und das Finanzgesetz auf die Jahre 1910 und 1911 betreffend.	1909/10	Königliche Dekrete	2
1912/13	Dekret an die Stände, den Staatshaushalts-Etat und das Finanzgesetz auf die Jahre 1912 und 1913 betreffend.	1911/12	Königliche Dekrete	2
1914/15	Dekret an die Stände, den Staatshaushalts-Etat und das Finanzgesetz auf die Jahre 1914 und 1915 betreffend.	1913/14	Königliche Dekrete	2

Q 4.5.: Etatentwürfe in Württemberg im Untersuchungszeitraum

Budget-periode	Etatentwurf	WüParlV			
		Jahr	Bd.	Beil. Bd.	Seite/ Beilage
1819/20	Vortrag des Finanz-Ministeriums bey Uebergabe des Haupt-Finanz-Etats vom 1. Jul. 1819-1820.	1820	1.1		Beil. 9
1820/23	Vortrag des Finanz-Ministeriums an die Kammer der Abgeordneten, bey Uebergebung des Haupt-Finanz-Etats für die dreyjährige Periode vom 1. July 1820-1823.	1820			Beil. 24

1823/26	Vortrag des Finanz-Ministers an die Kammer der Abgeordneten bei Uebergebung des Haupt-Finanz-Etats für die 3jährige Periode vom 1. Juli 1823 bis 1826.	1823			155-193
1826/29	Vortrag des Finanz-Ministers an die Kammer der Abgeordneten bei Uebergebung des Haupt-Finanz-Etats für die dreijährige Periode vom 1. Juli 1826 bis 1829.	1826			36-69
1826/29	Haupt-Finanz-Etat auf die drei Jahre 1826/29 mit der von der Finanz-Commission in Antrag gebrachten Abänderungen.	1826/27		2.3	71 ff
1829/30	Note des Königl. Finanz-Ministeriums an die mit Prüfung des Haupt-Finanz-Etats beauftragte Commission der Kammer der Abgeordneten, betreffend den Finanz-Etat für das Jahr 1829/30.	1826/27		2.3	72a-72x
1829/30	Haupt-Finanz-Etat für das Etats-Jahr 1829/30.	1826/27		2.3	72x ff.
1830/33	Haupt-Finanz-Etat für die drei Jahre vom 1. Juli 1830-1833.	1830	7.H.		I-XVI
1833/36	Beilage B. zu dem Vortrag über den Staatshaushalt: Haupt-Finanz-Etat für die Jahre vom 1sten Juli 1833 bis 30sten Juni 1836.	1833	4		o.S.
1833/36	Vortrag des K. Finanz-Ministeriums, über den Staatshaushalt der vergangenen Jahre 1829/32 und der künftigen Jahre 1833/36.	1833		1	57-79
1836/39	Finanz-Ministerial-Vortrag über den Staatshaushalt von 1832/35 und den Haupt-Finanz-Etat von 1836/39.	1836	10	4.1	1-60
1839/42	Vortrag des Königlichen Finanz-Ministeriums über den Staats-Haushalt der vergangenen Jahre 1835 bis 1838 und der künftigen Jahre 1839 bis 1842.	1839	9	1.1	1-46
1842/45	Vortrag des Finanzministers über den Staatshaushalt der vergangenen Jahre 1838 bis 1841 und der künftigen Jahre 1842 bis 1845.	1841/43	20	3.1	1-35
1845/48	Vortrag des Finanzministers an die Stände-Versammlung, betreffend die Feststellung des Staats-Haushaltes auf die Etats-Periode 1. Juli 1845-1848.	1845	7	1	1-23
1848/49	Vortrag der Chefs des Finanz-Departements an die Stände-Versammlung über die Feststellung des Finanz-Haushalts für das Finanzjahr 1. Juli 1848 bis 1849.	1848/49		1.1.	51-75

1848/51	Vortrag des Finanzministers an die Stände-Versammlung über die Feststellung des Finanz-Haushaltes für die Finanz-Periode 1. Juli 1848 bis 1851.	1848	2	7-14
1849/52	Nachträge zu dem Hauptfinanzetat von 1849/52 und Zusatzberichte der Finanzcommission über den Hauptfinanzetat von 1849/52.	1850	1	155-180
1849/52	Vortrag des Departementschefs der Finanzen an die Ständeversammlung, betreffend die Feststellung des Staatshaushaltes für die Finanzperiode 1. Juli 1849 bis 30. Juni 1852.	1851/52	2.1	1-37
1852/55	Vortrag des Finanzministers an die Ständeversammlung zum Hauptfinanzetat für 1. Juli 1852/55.	1851/52	2.1	577-600
1852/55	Vortrag des Finanzministeriums an die Kammer der Abgeordneten, betreffend die Beschlüsse derselben zu dem Hauptfinanzetat für 1. Juli 1852/55.	1851/52	2.1	1062-1091
1855/58	Vortrag des Finanzministers an die Ständeversammlung zum Hauptfinanzetat für die Periode 1. Juli 1855/58.	1854/55	2	1-23
1855/58	Vortrag des Finanzministers an die Kammer der Abgeordneten, betreffend die Beschlüsse derselben zu dem Hauptfinanzetat für 1. Juli 1855/58.	1854/55	2	447-472
1858/61	Vortrag des Finanzministers an die Ständeversammlung zum Hauptfinanzetat für die Periode 1. Juli 1858/61.	1856/58	5	1-23
1861/64	Vortrag des Finanzministers an die Ständeversammlung zum Hauptfinanzetat für die Periode 1. Juli 1861/64.	1856/61	6	969-995
1864/67	Hauptfinanzetat für 1864-67.	1862/65	12	1-75
1867/70	Vortrag des Finanzministers an die Ständeversammlung zum Hauptfinanzetat für die Finanzperiode 1. Juli 1867/70.	1866/68	18	1-23
1870/73	Entwurf des Hauptfinanzetats für die 3 Jahre 1. Juli 1870-73 mit den Specialetats und Erläuterungen.	1868/70	21	1-591
1873/75	Entwurf des Hauptfinanzetats für die 2 Jahre 1. Juli 1873 bis 30. Juni 1875 mit den Spezialetats und Erläuterungen.	1870/74	28	1223-1644
1875/76	Entwurf des Hauptfinanzetats für die 2 Jahre 1. Juli 1875 bis 30. Juni 1876 mit den Spezialetats und Erläuterungen.	1875	31	1-506

1876/77	Hauptfinanzetat des Königreichs Württemberg für das Jahr 1. Juli 1876 bis 30. Juni 1877 nebst Anlagen.	1875/76	32	o.S.
1877/79	Hauptfinanzetat des Königreichs Württemberg für 1. Juli 1877 / 31. März 1879.	1877/79	36	
1879/81	Hauptfinanzetat des Königreichs Württemberg für 1. April 1879 / 31. März 1881 nebst Anlagen.	1877/79	38	
1881/83	Hauptfinanzetat des Königreichs Württemberg für 1. April 1881 / 31. März 1883 nebst Anlagen.	1880/81	42	
1883/85	Hauptfinanzetat des Königreichs Württemberg für 1. April 1883 / 31. März 1885 nebst Anlagen.	1883	48	
1885/87	Hauptfinanzetat des Königreichs Württemberg für 1. April 1885 / 31. März 1887 nebst Anlagen.	1883/85	51	
1887/89	Hauptfinanzetat des Königreichs Württemberg für 1. April 1887 / 31. März 1889 nebst Anlagen.	1886/87	57	
1889/91	Hauptfinanzetat des Königreichs Württemberg für 1. April 1889 / 31. März 1891 nebst Anlagen.	1889	63	
1891/93	Hauptfinanzetat des Königreichs Württemberg für 1. April 1891 / 31. März 1893 nebst Anlagen.	1890/91	67	
1893/95	Entwurf des württ. Hauptfinanzetats für 1893/95 samt Anlagen.	1893	70	
1895/97	Entwurf des württ. Hauptfinanzetats für 1895/97 samt Anlagen.	1895	73	
1897/99	Entwurf des württ. Hauptfinanzetats für 1897/99 samt Anlagen.	1895/97	77	
1899/1901	Entwurf des württ. Hauptfinanzetats für 1899 und 1900 samt Anlagen.	1899	81	
1901/03	Entwurf des württ. Hauptfinanzetats für 1901 und 1902 samt Anlagen.	1901	85	
1903/05	Entwurf des württ. Hauptfinanzetats für 1903 und 1904 samt Anlagen.	1901/03	90	
1905/07	Entwurf des württ. Hauptfinanzetats für 1905 und 1906 samt Anlagen.	1904/05	95	
1907/09	Entwurf des württ. Hauptfinanzetats für 1907 und 1908 samt Anlagen.	1907	99	
1909/11	Entwurf des württ. Hauptfinanzetats für 1909 und 1910 samt Anlagen.	1907/09	103	

1911/13	Entwurf des württ. Hauptfinanzetats für 1911 und 1912 samt Anlagen.	1911/12	108
1913/15	Entwurf des württ. Hauptfinanzetats für 1913 und 1914 samt Anlagen.	1913	112

Q 2.6.: Staatshaushaltsrechnungen in Bayern im Untersuchungszeitraum

Rechnungsperiode	Staatshaushaltsrechnung	BaParlV Jahr	Beilagenband	Seite/ Beilage
1819/25	Bericht über die Verwendung der Staatseinnahmen in den 6 Jahren der ersten Finanzperiode.	1827/28	6	Beil. 43
1823/24	Bericht über die Verwendung der Staatseinnahmen für das Jahr 1823/24.	1827/28	5	Beil. 40
1824/25	Bericht über die Verwendung der Staatseinnahmen für das Jahr 1824/25.	1827/28	6	Beil. 42
1825-26	An Seine Majestät den König. Bericht über die Verwendung der Staatseinnahmen für das Jahr 1825/26.	1827/28	10	Beil. 45
1825/31	An Seine Majestät den König. Bericht über die Verwendung der Staatseinnahmen in den ersten 4 Jahren der II. Finanzperiode 1825/31.	1831	1	Beil. 1
1826/27	An Seine Majestät den König Allerunterthänigster Antrag von Seiten des königl. Ministeriums der Finanzen. Bericht über die Verwendung der Staatseinnahmen für das Verwaltungsjahr 1826/27.	1831	1	Beil. 2
1827/28	An Seine Majestät den König allerunterthänigster Antrag von Seite des königlichen Staatsministeriums der Finanzen. Bericht über die Verwendung der Staats-Einnahme für das Verwaltungsjahr 1827/28.	1831	1	Beil. 3
1828/29	An Seine Majestät den König. Allerunterthänigster Antrag von Seite des königl. Staatsministeriums der Finanzen, die General-Finanzrechnung für das Verwaltungsjahr 1828/29 betreffend.	1831	1	Beil. 4
1829/30	An Seine Majestät den König. Bericht über die Verwendung der Staatseinnahmen für das Jahr 1829/30.	1834	1	12-66
1830/31	An Seine Majestät den König. Bericht über die Verwendung der Staatseinnahmen für das Verwaltungsjahr 1830/31.	1834	1	67-114
1831/32	An Seine Majestät den König. Bericht über die Verwendung der Staatseinnahmen für das Verwaltungsjahre 1831-32, oder das erste Jahr der dritten Finanzperiode.	1834	1	114-182

1832/33	An Seine Majestät den König. Allerunterthänigster Antrag von Seite des königlichen Staatsministeriums der Finanzen, die Verwendung der Staats-Einnahmen, für das II. Verwaltungsjahr der III. Finanzperiode 1832/33 betreffend.	1837	1	1-82
1833/34	An Seine Majestät den König. Allerunterthänigster Antrag von Seite des k. Staatsministeriums der Finanzen. Die Verwendung des Staatseinkommens für das III. Jahr der III. Finanzperiode 1833/34 betr.	1837	1	83-158
1834/35	An Seine Majestät den König. Allerunterthänigster Antrag von Seite des k. Staatsministeriums der Finanzen. Die Verwendung der Staatseinnahmen für das IV. Jahr der III. Finanzperiode 1834/35 betreffend.	1837	1	159-246
1835/36	Vollständiger Auszug aus dem an Seine Majestät den König erstatteten Antrag von Seite des Staatsministeriums der Finanzen. Die Verwendung der Staatseinnahmen für das V. Jahr der III. Finanzperiode.	1840	1	119-192
1835/36 1836/37	Vortrag des königl. Staatsministers der Finanzen, die Nachweisungen über die Verwendung der dem Centralfonde zugewiesenen Staatseinnahmen für die Jahre 1835/36 und 1836/37 betreffend.	1840	1	48-54
1836/37	Vollständiger Auszug aus dem Antrag an Seine Majestät den König. Die Verwendung der Staatseinnahmen für das VI. und letzte Jahre der III. Finanzperiode, nämlich für 1836/37 betreffend.	1840	1	193-270
1837/38	Vortrag des k. Staatsministers der Finanzen, die Nachweisung über die Verwendung der dem Centralfonde zugewiesenen Staatseinnahmen für 1837/38 betr.	1840	1	85-88
1837/38	Vollständiger Auszug aus dem an Seine Majestät den König erstatteten Antrag von Seite des Königlichen Staatsministeriums der Finanzen. Die Verwendung der Staatseinnahmen für das erste Jahr der IV. Finanzperiode, nämlich für 1837/38 betr.	1840	1	271-346
1838/39	Vollständiger Auszug aus dem an Seine Majestät den König erstatteten Antrag von Seite des Königlichen Finanz-Ministeriums. Die Verwendung der Staatseinnahmen für das II. Jahr der IV. Finanz-Periode 1838/39.	1842/43	1	347-421
1838/41	Vortrag des königlichen Finanzministers. Die Nachweisung über die Verwendung der dem Centralfonde zugewiesenen Staatseinnahmen für die Jahre 1838/39, 1839/40 und 1840/41 betreffend.	1842/43	1	1-8

1839/40	Vollständiger Auszug aus dem an Seine Majestät den König von Seite des Finanzministeriums erstatteten Antrag. Die Verwendung der Staats-Einnahmen für das III. Jahr der IV. Finanz-Periode nämlich 1839/40 betr.	1842/43	1	422-501
1840/41	Vollständiger Auszug aus dem an Seine Majestät den König erstatteten Antrag von Seite des Königl. Finanz-Ministeriums. Die Verwendung der Staats-Einnahmen für das IV. Jahr der IV. Finanz-Periode 1840/41 betreffend.	1842/43	1	502-587
1841/42	Auszug aus dem von dem k. Finanzministerium unterm 23. April 1844 erstatteten allerunterthänigsten Antrage an Seine Majestät den König, die Verwendung der Staatseinnahmen für das V. Jahr der IV. Finanzperiode 1841/42.	1845/46	1	367-450
1842/43	Auszug aus dem Antrage des königl. Finanzministeriums, datirt 8. Juni 1845. Die Verwendung der Staats-Einnahmen für das VI. Jahr der IV. Finanzperiode 1842/43 betr.	1845/46	1	451-532
1843/44	Auszug aus dem Antrage des königl. Finanz-Ministeriums d.d. München 19. November 1845. Die Verwendung der Staats-Einnahmen für das I. Jahr der V. Finanzperiode 1843/44 betreffend.	1845/46	1	533-590
1844/45	Vortrag des Königlichen Finanzminister-Verwesers. Die Nachweisung über die Verwendung der dem Centralfonde zugewiesenen Staatseinnahmen für das Jahr 1844/45.	1847	1	17-92
1845-46	Vollständiger Auszug aus dem An Se. Majestät den König erstatteten Antrag von Seite des Königlichen Staatsministeriums der Finanzen. Die Verwendung der Staatseinnahmen für das dritte Jahr der fünften Finanzperiode 1845/46 betreffend.	1849	1	3-22
1845/46	Vortrag des k. Staatsministers der Finanzen Frhrn. v. Lerchenfeld. Die Nachweisung über die Verwendung der dem Centralfonde zugewiesenen Staats-Einnahmen für das Jahr 1845/46 betr.	1848	1	18-90
1846/47	Vollständiger Auszug aus dem an Se. Maj. den König erstatteten Antrag von Seite des königl. Staatsministeriums der Finanzen. Die Verwendung der Staats-Einnahmen für das IV. Jahr der V. Finanz-Periode 1846/47 betreffend.	1849	1	23-39
1847/48	Vortrag des königl. Staatministers der Finanzen. Die Nachweisung über die Verwendung der dem Centralfonde zugewiesenen Staatseinnahmen für das Jahr 1847/48 betreffend.	1851	1	50-71
1848/49	Vortrag des k. Staatsministers der Finanzen, die Nachweisung über die Verwendung der dem Centralfonde zugewiesenen Staatseinnahmen für das Jahr 1848/49 betr.	1851	1	155-175

1849/50	Vollständiger Auszug aus dem an Se. Majestät den König erstatteten Antrag des königl. Staatsministeriums der Finanzen. Die Nachweisung über die Verwendung der den Centralfonds zugewiesenen Staats-Einnahmen für das Verwaltungsjahr 1849/50 betreffend.	1853/54	1	285-313
1850/51	Vollständiger Auszug aus dem an Seine Majestät den König erstatteten Antrag des kgl. Staatsministeriums der Finanzen. Die Nachweisung über die Verwendung der den Centralfonds zugewiesenen Staatseinnahmen für das Verwaltungsjahr 1850/51 betreffend.	1853/54	1	313-340
1851/52	Vollständiger Auszug aus dem an Se. Majestät den König erstatteten Antrag des königlichen Staatsministeriums der Finanzen. Die Nachweisung über die Verwendung der den Centralfonds zugewiesenen Staatseinnahmen für das Verwaltungs-Jahr 1851/52 betr.	1854/55	2	34-57
1852/53	Vollständiger Auszug aus dem an Seine Majestät den König erstatteten Antrage des königl. Staatsministeriums der Finanzen: "die Nachweisung über die Verwendung der den Centralfonds zugewiesenen Staatseinnahmen für das Verwaltungsjahr 1852/53 betreffend.	1855	1	264-306
1853-54	Vollständiger Auszug aus dem an Seine Majestät den König erstatteten Antrag des k. Staatsministeriums der Finanzen. "Die Nachweisung über die Verwendung der den Centralfonds zugewiesenen Staatseinnahmen für das Verwaltungsjahr 1853/54 betr.".	1859	1	11-53
1853/54	Vollständiger Auszug aus dem an Seine Majestät den König erstatteten Antrag des k. Staatsministeriums der Finanzen. "Die Nachweisung über die Verwendung der den Centralfonds zugewiesenen Staatseinnahmen für das Verwaltungsjahr 1853/54 betr.".	1855/56	2	408-451
1854/55	Vollständiger Auszug aus dem an Seine Majestät den König erstatteten Antrage des Kgl. Staats-Ministeriums der Finanzen. Die Nachweisung über die Verwendung der den Centralfonds zugewiesenen Staatseinnahmen für das Verwaltungsjahr 1854/55 betreffend.	1859	1	54-95
1855/56	Vollständiger Auszug aus dem an Seine Majestät den König erstatteten Antrag des königlichen Staatsministeriums der Finanzen: "Die Nachweisung über die Verwendung der den Centralfonds zugewiesenen Einnahmen für das Verwaltungsjahr 1855/56" betr.	1859	1	95-134

1856/57	Vortrag des königl. Staatsministers der Finanzen. Die Nachweisungen über die Verwendung der den Centralfonds zugewiesenen Staatseinnahmen, dann über den Stand der Staatsschuldentilgungskasse für das Verwaltungsjahr 1856/57 betr.	1859/61	1	5-43
1857/58	Vollständiger Auszug aus dem an Seine Majestät den König erstatteten Antrage des k. Staatsministeriums der Finanzen. "Die Nachweisung über die den Centralfonds zugewiesenen Einnahmen für das Verwaltungsjahr 1857/58 betr.".	1859/61	1	71-109
1858/59	Vollständiger Auszug aus dem an Seine Majestät den König erstatteten Antrage des k. Staatsministeriums der Finanzen. Die Nachweisung über die den Centralfonds zugewiesenen Einnahmen für das Verwaltungsjahr 1858/59 betr.	1859/61	1	110-151
1859/60	Vollständiger Auszug aus dem an Seine Majestät den König erstatteten Antrage des k. Staatsministeriums der Finanzen. Die Nachweisung über die Verwendung der den Centralfonds zugewiesenen Staatseinnahme für das Verwaltungsjahr 1859/60 betreffend.	1863	1	1-22
1860/61	Vollständiger Auszug aus dem an Seine Majestät den König erstatteten Antrage des k. Staatsministeriums der Finanzen. Die Nachweisung über die Verwendung der den Centralfonds zugewiesenen Staatseinnahmen für das Verwaltungsjahr 1860/61 betreffend.	1863	1	39-61
1861/62	Vollständiger Auszug aus dem an Seine Majestät den König erstatteten Antrage des k. Staatsministeriums der Finanzen. Die Nachweisung über die Verwendung der den Centralfonds zugewiesenen Staats-Einnahmen für das Verwaltungsjahr 1861/62 betreffend.	1863/65	5	2-28
1862/63	Vollständiger Auszug aus dem an Seine Majestät den König erstatteten Antrage des königlichen Staatsministeriums der Finanzen: Die Nachweisung über die Verwendung der den Centralfonds zugewiesenen Staatseinnahmen für das Verwaltungsjahr 1862/63 betr.	1863/65	5	44-74
1863/64	Vollständiger Auszug aus dem an Seine Majestät den König erstatteten Antrage des k. Staatsministeriums der Finanzen. "Die Nachweisung über die den Centralfonds zugewiesenen Staatseinnahmen für das Verwaltungsjahr 1863/64 betr.".	1866/67	1	7-38
1864/65	Vollständiger Auszug aus dem an Seine Majestät den König erstatteten Antrage des königl. Staatsministeriums der Finanzen: "Die Nachweisung über die Verwendung der den Centralfonds zugewiesenen Staatseinnahmen für das Verwaltungsjahr 1864/65 betr.".	1866/67	1	157-184

1865/66	Vollständiger Auszug aus dem an Seine Majestät den König erstatteten Antrage des königl. Staatsministeriums der Finanzen: "Die Nachweisung über die den Centralfonds zugewiesenen Staatseinnahmen für das Verwaltungsjahr 1865/66" betreffend.	1866/67	2	521-550
1866/67	Vollständiger Auszug aus dem an Seine Majestät den König erstatteten Antrage des k. Staatsministeriums der Finanzen: "Die Nachweisung über die Verwendung der den Centralfonds zugewiesenen Staatseinnahmen für die Verwaltungsperiode 1866/67 betr.".	1870	1	11-40
1868	Erläuterungen zur Nachweisung über die den Centralfonds zugewiesenen Staats-Einnahmen und deren Verwendung im Verwaltungsjahre 1868.	1870	1	40-80
1869	Erläuterungen zur Nachweisung über die den Centralfonds zugewiesenen Staatseinnahmen und deren Verwendung im Verwaltungsjahre 1869.	1871/72	1	457-496
1870	Erläuterungen zur Nachweisung über die den Centralfonds zugewiesenen Staats-Einnahmen und deren Verwendung im Verwaltungs-Jahre 1870.	1873/74	1	479-513
1871	Erläuterungen zur Nachweisung über die den Centralfonds zugewiesenen Staats-Einnahmen und deren Verwendung im Verwaltungsjahre 1871.	1873/74	1	529-565
1872	Erläuterungen zur Nachweisung über die den Centralfonds zugewiesenen Staats-Einnahmen und deren Verwendung im Verwaltungsjahre 1872.	1873/74	2	147-183
1873	Erläuterungen zur Nachweisung über die den Centralfonds zugewiesenen Staats-Einnahmen und deren Verwendung im Verwaltungs-Jahre 1873.	1875	1.1	11-48
1874	Erläuterungen zur Nachweisung über die den Centralfonds zugewiesenen Staats-Einnahmen und deren Verwendung im Verwaltungsjahre 1874.	1875/76	2	29-73
1875	Erläuterungen zur Nachweisung über die den Centralfonds zugewiesenen Staats-Einnahmen und deren Verwendung im Verwaltungsjahre 1875.	1877	2	Beil. 11
1877	Erläuterungen zur Nachweisung über die den Centralfonds zugewiesenen Staats-Einnahmen und deren Verwendung im Verwaltungsjahre 1877.	1879	8	Beil. 294
1878	Erläuterungen zur Nachweisung über die den Centralfonds zugewiesenen Staats-Einnahmen und deren Verwendung im Verwaltungsjahre 1878.	1879/80	9	221-260
1879	Erläuterungen zur Nachweisung über die den Centralfonds zugewiesenen Staatseinnahmen und deren Verwendung im Verwaltungsjahre 1879.	1881	12	139-195
1880	Erläuterungen zur Nachweisung über die den Centralfonds zugewiesenen Staatseinnahmen und deren Verwendung im Verwaltungsjahre 1880.	1881/82	2	103-157

1881	Nachweisung über die den Central-Fonds zugewiesenen Staats-Einnahmen und deren Verwendung im Verwaltungsjahre 1881.	1883/84	4	221-1326
1882	Nachweisung über die den Central-Fonds zugewiesenen Staats-Einnahmen und deren Verwendung im Verwaltungsjahre 1882.	1883/84	5	1-1083
1883	Nachweisung über die den Central-Fonds zugewiesenen Staats-Einnahmen und deren Verwendung im Verwaltungsjahre 1883 hergestellt auf Grund der Aemter und Kassa-Rechnungen durch den Obersten Rechnungs-Hof des Königreiches.	1885/86	11	
1884	Nachweisung über die den Central-Fonds zugewiesenen Staats-Einnahmen und deren Verwendung im Verwaltungsjahre 1884 hergestellt auf Grund der Aemter und Kassa-Rechnungen durch den Obersten Rechnungs-Hof des Königreiches.	1887/88	4	
1885	Nachweisung über die den Central-Fonds zugewiesenen Staats-Einnahmen und deren Verwendung im Verwaltungsjahre 1885 hergestellt auf Grund der Aemter und Kassa-Rechnungen durch den Obersten Rechnungs-Hof des Königreiches.	1887/88	5	
1886	Nachweisung über die den Central-Fonds zugewiesenen Staats-Einnahmen und deren Verwendung im Verwaltungsjahre 1886 hergestellt auf Grund der Aemter und Kassa-Rechnungen durch den Obersten Rechnungs-Hof des Königreiches.	1889/90	10	
1887	Nachweisung über die den Central-Fonds zugewiesenen Staats-Einnahmen und deren Verwendung im Verwaltungsjahre 1887 hergestellt auf Grund der Aemter und Kassa-Rechnungen durch den Obersten Rechnungs-Hof des Königreiches.	1889/90	11	
1888	Nachweisung über die den Central-Fonds zugewiesenen Staats-Einnahmen und deren Verwendung im Verwaltungsjahre 1888 hergestellt auf Grund der Aemter und Kassa-Rechnungen durch den Obersten Rechnungs-Hof des Königreiches.	1891/92	17	
1889	Nachweisung über die den Central-Fonds zugewiesenen Staats-Einnahmen und deren Verwendung im Verwaltungsjahre 1889 hergestellt auf Grund der Aemter und Kassa-Rechnungen durch den Obersten Rechnungs-Hof des Königreiches.	1891/92	18	
1890	Nachweisung über die den Central-Fonds zugewiesenen Staats-Einnahmen und deren Verwendung im Verwaltungsjahre 1890 hergestellt auf Grund der Aemter und Kassa-Rechnungen durch den Obersten Rechnungs-Hof des Königreiches.	1893/94	4	

1891	Nachweisung über die den Central-Fonds zugewiesenen Staats-Einnahmen und deren Verwendung im Verwaltungsjahre 1891 hergestellt auf Grund der Aemter- und Kassa-Rechnungen durch den Obersten Rechnungs-Hof des Königreiches.	1893/94	5
1892	Nachweisung über die den Centralfonds zugewiesenen Staatseinnahmen und deren Verwendung im Verwaltungsjahre 1892.	1895/96	10
1893	Nachweisung über die den Centralfonds zugewiesenen Staatseinnahmen und deren Verwendung im Verwaltungsjahre 1893.	1895/96	11
1894/95	Nachweisung über die den Centralfonds zugewiesenen Staatseinnahmen und deren Verwendung in den Verwaltungsjahren 1894 und 1895.	1897/98	18
1896/97	Nachweisung über die den Centralfonds zugewiesenen Staatseinnahmen und deren Verwendung in den Verwaltungsjahren 1896 und 1897.	1899/1900	5
1898/99	Nachweisung über die den Centralfonds zugewiesenen Staatseinnahmen und deren Verwendung in den Verwaltungsjahren 1898 und 1899.	1901/02	11
1900/1901	Nachweisung über die den Zentralfonds zugewiesenen Staatseinnahmen und deren Verwendung in den Verwaltungsjahren 1900 und 1901.	1903/04	16
1902/03	Nachweisung über die den Zentralfonds zugewiesenen Staatseinnahmen und deren Verwendung in den Verwaltungsjahren 1902 und 1903.	1905/06	5
1904/05	Rechnungs-Nachweisungen zum Budget des Königreiches Bayern für die Jahre 1904 und 1905.	1907/08	6
1906/07	Rechnungs-Nachweisungen zum Budget des Königreichs Bayern für die Jahre 1906 und 1907.	1909/10	13
1908/09	Rechnungs-Nachweisungen zum Budget des Königreichs Bayern für die Jahre 1908 und 1909.	1911	16
1910/11	Rechnungs-Nachweisungen zum Budget des Königreichs Bayern für die Jahre 1910 und 1911.	1913/14	9
1912/13	Rechnungsnachweisungen zum Budget des Königreichs Bayern für die Jahre 1912 und 1913.	1915/16	14

Q 3.6.: Staatshaushaltsrechnungen in Sachsen im Untersuchungszeitraum

Rechnungsperiode	Staatshaushaltsrechnung	SäLA			
		Jahr	Teil	Bd.	Seite
1833	Decret an die Stände. Die Rechenschaft und das Budjet betreffend.	1836/37	1. Abtheilung	1	210-350
1834/36	Decret an die Stände. Den Rechenschaftsbericht betreffend.	1839	1. Abtheilung	1	36-126
1837/39	Decret an die Stände. Den Rechenschaftsbericht auf die Finanzperiode 1837/39 betreffend.	1842	1. Abtheilung	1	165-267
1840/42	Decret an die Stände. Den Rechenschaftsbericht auf die Finanzperiode 1840/42 betreffend.	1845	1. Abtheilung	1	317-434
1843/45	Decret an die Stände, den Rechenschaftsbericht der Finanzperiode 1843/45 betreffend.	1850/51	1. Abtheilung		79-198
1846/48	Decret an die Stände. Den Rechenschaftsbericht auf die Jahre 1846, 1847 und 1848 betreffend.	1851/52	1. Abtheilung	2	103-228
1849/51	Decret an die Stände. Den Rechenschaftsbericht auf die Jahre 1849, 1850 und 1851 betreffend.	1854/55	1. Abtheilung		1-138
1852/54	Decret an die Stände. Den Rechenschaftsbericht auf die Jahre 1852, 1853 und 1854 betreffend.	1857/58	1. Abtheilung		1-132
1855/57	Decret an die Stände, den Rechenschaftsbericht auf die Jahre 1855, 1856 und 1857 betreffend.	1860/61	1. Abtheilung	2	191-333
1858/60	Decret an die Stände. Den Rechenschaftsbericht auf die Jahre 1858, 1859 und 1860 betreffend.	1863/64	1. Abtheilung	1	419-597
1861/63	Decret an die Stände. Den Rechenschaftsbericht auf die Jahre 1861, 1862 und 1863 betreffend.	1866/67	1. Abtheilung	2	1-167
1864/66	Decret an die Stände, den Rechenschaftsbericht auf die Jahre 1864, 1865 und 1866 betreffend.	1869/70	1. Abtheilung	1	1-153
1867/69	Decret an die Stände, den Rechenschaftsbericht auf die Jahre 1867, 1868 und 1869 betreffend.	1871/72	1. Abtheilung	1	1-180

1870/71	Decret an die Stände, den Rechenschaftsbericht auf die Finanzperiode 1870 und 1871 betreffend.	1873/74	Königliche Decrete	1	
1872/73	Decret an die Stände, den Rechenschaftsbericht auf die Jahre 1872/73 betreffend.	1875/76	Königliche Decrete	1	
1874/75	Decret an die Stände, den Rechenschaftsbericht auf die Jahre 1874/75 betreffend.	1877/78	Königliche Decrete	1	
1876/77	Decret an die Stände, den Rechenschaftsbericht auf die Jahre 1876/77 betreffend.	1879/80	Königliche Decrete	1	
1878/79	Decret an die Stände, den Rechenschaftsbericht auf die Jahre 1878 und 1879 betreffend.	1881/82	Königliche Decrete	1	1-285
1880/81	Decret an die Stände, den Rechenschaftsbericht auf die Jahre 1880 und 1881 betreffend.	1883/84	Königliche Decrete	1	1-325
1882/83	Decret an die Stände, den Rechenschaftsbericht auf die Jahre 1882/83 betreffend.	1885/86	Königliche Decrete	1	
1884/85	Decret an die Stände, den Rechenschaftsbericht auf die Jahre 1884 und 1885 betreffend.	1887/88	Königliche Decrete	1	
1886/87	Decret an die Stände, den Rechenschaftsbericht auf die Jahre 1886 und 1887 betreffend.	1889/90	Königliche Decrete	1	
1888/89	Decret an die Stände, den Rechenschaftsbericht auf die Jahre 1888 und 1889 betreffend.	1891/92	Königliche Decrete	1	
1890/91	Dekret an die Stände, den Rechenschaftsbericht auf die Jahre 1890 und 1891 betreffend.	1893/94	Königliche Dekrete	1	
1892/93	Dekret an die Stände, den Rechenschaftsbericht auf die Jahre 1892 und 1893 betreffend.	1895/96	Königliche Dekrete	1	
1894/95	Dekret an die Stände, den Rechenschaftsbericht auf die Jahre 1894 und 1895 betreffend.	1897/98	Königliche Dekrete	1	
1896/97	Dekret an die Stände, den Rechenschaftsbericht auf die Jahre 1896 und 1897 betreffend.	1899/1900	Königliche Dekrete	1	

1898/99	Dekret an die Stände, den Rechenschaftsbericht auf die Jahre 1898 und 1899 betreffend.	1901/02	Königliche Dekrete	1
1900/01	Dekret an die Stände, den Rechenschaftsbericht auf die Jahre 1900 und 1901 betreffend.	1903/04	Königliche Dekrete	1
1902/03	Dekret an die Stände, den Rechenschaftsbericht auf die Jahre 1902 und 1903 betreffend.	1905/06	Königliche Dekrete	1
1904/05	Dekret an die Stände, den Rechenschaftsbericht auf die Jahre 1904 und 1905 betreffend.	1907/08	Königliche Dekrete	1
1906/07	Dekret an die Stände, den Rechenschaftsbericht auf die Jahre 1906 und 1907 betreffend.	1909/10	Königliche Dekrete	1
1908/09	Dekret an die Stände, den Rechenschaftsbericht auf die Jahre 1908 und 1909 betreffend.	1911/12	Königliche Dekrete	1
1910/11	Dekret an die Stände, den Rechenschaftsbericht auf die Jahre 1910 und 1911 betreffend.	1913/14	Königliche Dekrete	1
1912/13	Dekret an die Stände, den Rechenschaftsbericht auf die Jahre 1912 und 1913 betreffend.	1915/16	Königliche Dekrete	1
1914/15	Dekret an die Stände, den Rechenschaftsbericht auf die Jahre 1914 und 1915 betreffend.	1917/18	Königliche Dekrete	1

Q 4.6.: Staatshaushaltsrechnungen in Württemberg im Untersuchungszeitraum

Rech-nungs-periode	Staatshaushaltsrechnung	WüParlV			
		Jahr	Bd.	Beil. Bd.	Seite/ Beilage
1819/20	Bericht über den zweyten Theil des Finanz-Ministerial-Vortrags bey Uebergabe des Haupt-Finanz-Etats von 1820-23, die Verwendung der Staats-Einnahmen von 1819-20 betreffend.	1821		1.1	169 ff.
1820/23	Prüfung der Verwendung der Staats-Einnahmen am Ende der in die Zwischenzeit fallenden	1823		1	101-160

	Finanz-Jahre.				
1823/26	Prüfung der Verwendung der Staats-Einnahmen usw.	1826		1	210-330
1826/29	Prüfung der Verwendung der Staats-Einnahmen von 1826/29.	1830		1	194-268
1829-32	Beilage A) zu dem Vortrag über den Staatshaushalt: Darstellung der Ergebnisse der Finanz-Verwaltung in der dreijährigen Periode von 1829/32.	1833		4	o.S.
1829/32	Vortrag des K. Finanz-Ministeriums, über den Staatshaushalt der vergangenen Jahre 1829/32 und der künftigen Jahre 1833/36.	1833	1		57 ff.
1832/35	Finanz-Ministerial-Vortrag über den Staatshaushalt von 1832/35 und den Haupt-Finanz-Etat von 1836/39.	1836	10	4.1	1-60
1835/38	Vortrag des Königlichen Finanz-Ministeriums über den Staats-Haushalt der vergangenen Jahre 1835 bis 1838 und der künftigen Jahre 1839 bis 1842.	1839	9	1.1	1-46
1838/41	Vortrag des Finanzministers über den Staatshaushalt der vergangenen Jahre 1838 bis 1841 und der künftigen Jahre 1842 bis 1845.	1841/43	30	3.1	1-35
1841/44	Vortrag des Finanzministers an die Stände-Versammlung, betreffend die Feststellung des Staats-Haushaltes auf die Etats-Periode 1. Juli 1845-1848.	1845	7	1	1-23
1844/47	Rechenschafts-Bericht des ständischen Ausschusses. Prüfung der Staats-Finanz-Verwaltung vom 1. Juli 1844 bis 30. Juni 1847.	1848		1	39 ff.
1847/48	Rechenschafts-Bericht des ständischen Ausschusses. Prüfung der Staats-Finanz-Verwaltung vom 1. Juli 1847 bis 30. Juni 1848.	1849		1	21-56
1848/49	Rechenschafts-Bericht des ständischen Ausschusses. Prüfung der Staatsverwaltung vom 1. Juli 1848 bis 30. Juni 1849.	1850		1	50-124
1849/50	Rechenschafts-Bericht des Ausschusses der Landesversammlung. Vergleichung der Etatssätze mit den wirklichen Einnahmen und Ausgaben in dem Jahre 1849/50.	1850		1	196-197
1850/51	Rechenschafts-Bericht des ständischen Ausschusses. Prüfung der Staatsfinanzverwaltung vom 1. Juli 1850 bis 30. Juni 1851.	1851/53		1.2	654-693

1851/52	Rechenschafts-Bericht des ständischen Ausschusses. Prüfung der Staatsfinanzverwaltung vom 1. Juli 1851 bis 30. Juni 1852.	1851/53	1.2	785-797
1852/53	Rechenschafts-Bericht des ständischen Ausschusses. Prüfung der Staatsfinanzverwaltung vom 1. Juli 1852 bis 30. Juni 1853.	1854/55	1.1	40-114
1854/56	Rechenschafts-Bericht des ständischen Ausschusses. Prüfung der Staatsfinanzverwaltung vom 1. Juli 1854 bis zum 30. Juni 1856.	1856/57	1.1	307-368
1857/59	Rechenschafts-Bericht des ständischen Ausschusses. Prüfung der Staatsfinanzverwaltung vom 1. Juli 1857 bis 30. Juni 1859.	1856/61	3.4	1766-1842
1860/62	Rechenschafts-Bericht des ständischen Ausschusses. Prüfung der Staatsfinanzverwaltung vom 1. Juli 1860 bis 30. Juni 1862.	1862/64	8	1453-1546
1863/65	Rechenschafts-Bericht des ständischen Ausschusses. Prüfung der Staatsfinanzverwaltung vom 1. Juli 1863 bis 30. Juni 1866.	1866/68	15	87-171
1866/67	Rechenschafts-Bericht des ständischen Ausschusses. Prüfung der Staatsfinanzverwaltung vom 1. Juli 1866 bis 30. Juni 1867.	1868/70	20	651-703
1866/70	Rechenschafts-Bericht des ständischen Ausschusses. Prüfung der Staatsfinanzverwaltung vom 1. Juli 1866 bis 30. Juni 1870.	1870/72	26	71 ff.
1870/71	Rechenschafts-Bericht des ständischen Ausschusses. Prüfung der Staatsfinanzverwaltung vom 1. Juli 1870 bis 30. Juni 1871.	1870/73	24	1233-1281
1872/73	Rechenschafts-Bericht des ständischen Ausschusses. Prüfung der Staatsfinanzverwaltung vom 1. Juli 1872 bis 30. Juni 1873.	1875	29	13-78
1873/74	Rechenschafts-Bericht des ständischen Ausschusses. Prüfung der Staatsfinanzverwaltung vom 1. Juli 1873 bis 30. Juni 1874.	1875/76	30	421-493
1874/75	Rechenschafts-Bericht des ständischen Ausschusses. Prüfung der Staatsfinanzverwaltung vom 1. Juli 1874 bis 30. Juni 1875.	1877	37	793-885

1875/76	Rechenschafts-Bericht des ständischen Ausschusses. Prüfung der Staatsfinanzverwaltung vom 1. Juli 1875 bis 30. Juni 1876.	1877/79	39	1789-1870
1876/77	Rechenschafts-Bericht des ständischen Ausschusses. Prüfung der Staatsfinanzverwaltung vom 1. Juli 1876 bis 30. Juni 1877.	1877/79	39	1871-1968
1877/78	Nachweisung der Rechnungsergebnisse von dem Etatsjahr 1877/78.	1880/81	40	1-350
1878/79	Nachweisung der Rechnungsergebnisse von dem Stück-Etatsjahr 1. Juli 1878 / 31. März 1879.	1880/81	40	351-693
1879/80	Nachweisung der Rechnungsergebnisse von dem Etatsjahr 1. April 1879 / 31. März 1880.	1883	47	1-349
1880/81	Nachweisung der Rechnungsergebnisse von dem Etatsjahr 1. April 1880 / 31. März 1881.	1883	47	350-721
1881/82	Nachweisung der Rechnungsergebnisse von dem Etatsjahr 1. April 1881 / 31. März 1882.	1883/84	49	1839-2213
1882/83	Nachweisung der Rechnungsergebnisse von dem Etatsjahr 1. April 1882 / 31. März 1883.	1883/84	50	
1883/84	Nachweisung der Rechnungsergebnisse von dem Etatsjahr 1. April 1883 / 31. März 1884.	1886/87	55	
1884/85	Nachweisung der Rechnungsergebnisse von dem Etatsjahr 1. April 1884 / 31. März 1885.	1886/87	56	
1885/86	Nachweisung der Rechnungsergebnisse von dem Etatsjahr 1. April 1885 / 31. März 1886.	1889	61	
1886/87	Nachweisung der Rechnungsergebnisse von dem Etatsjahr 1. April 1886 / 31. März 1887.	1889	62	
1887/88	Nachweisung der Rechnungsergebnisse von dem Etatsjahr 1. April 1887 / 31. März 1888.	1890	65	
1888/89	Nachweisung der Rechnungsergebnisse von dem Etatsjahr 1. April 1888 / 31. März 1889.	1890	66	
1889/90	Nachweisung der Rechnungsergebnisse von dem Etatsjahr 1. April 1889 /31. März 1890.	1892	69	1-392
1890/91	Nachweisung der Rechnungsergebnisse von dem Etatsjahr 1. April 1890/ 31. März 1891.	1892	69	393-792
1891/92	Nachweisung der Rechnungsergebnisse von dem Etatsjahr 1. April 1891/31. März 1892.	1895/99	72	1-358
1892/93	Nachweisung der Rechnungsergebnisse von dem Etatsjahr 1. April 1892/31. März 1893.	1895/99	72	359-714

1893/94	Nachweisung der Rechnungsergebnisse des Staatshaushalts von dem Etatsjahr 1. April 1893 / 31. März 1894.	1895/96	75	1-340
1894/95	Nachweisung der Rechnungsergebnisse des Staatshaushalts von dem Etatsjahr 1. April 1894 / 31. März 1895.	1895/96	75	341-694
1895/96	Nachweisung der Rechnungsergebnisse des Staatshaushalts von dem Etatsjahr 1. April 1895/31. März 1896.	1895/98	79	1-382
1896/97	Nachweisung der Rechnungsergebnisse des Staatshaushalts von dem Etatsjahr 1. April 1896/31. März 1897.	1895/98	79	383-742
1897/98	Nachweisung der Rechnungsergebnisse des Staatshaushalts von dem Etatsjahr 1897.	1899/1900	84	1-396
1898/99	Nachweisung der Rechnungsergebnisse des Staatshaushalts von dem Etatsjahr 1898.	1899/1900	84	397-744
1899/1900	Nachweisung der Rechnungsergebnisse des Staatshaushalts von dem Etatsjahr 1899.	1901/02	88	1-392
1900/01	Nachweisung der Rechnungsergebnisse des Staatshaushalts von dem Etatsjahr 1900.	1901/02	88	393-792
1901/02	Nachweisung der Rechnungsergebnisse des Staatshaushalts von dem Etatsjahr 1901.	1901/04	92	1-386
1902/03	Nachweisung der Rechnungsergebnisse des Staatshaushalts von dem Etatsjahr 1902.	1901/04	92	387-786
1903/04	Nachweisung der Rechnungsergebnisse des Staatshaushalts von dem Etatsjahr 1903.	1904/06	96	1-386
1904/05	Nachweisung der Rechnungsergebnisse des Staatshaushalts von dem Etatsjahr 1904.	1904/06	96	387-826
1905/06	Nachweisung der Rechnungsergebnisse des Staatshaushalts von dem Etatsjahr 1905.	1907/08	101	1-450
1906/07	Nachweisung der Rechnungsergebnisse des Staatshaushalts von dem Etatsjahr 1906.	1907/08	101	451-904
1907/08	Nachweisung der Rechnungsergebnisse des Staatshaushalts von dem Etatsjahr 1907.	1910/12	107	1-482
1908/09	Nachweisung der Rechnungsergebnisse des Staatshaushalts von dem Etatsjahr 1908.	1910/12	107	483-960
1909/10	Nachweisung der Rechnungsergebnisse des Staatshaushalts von dem Etatsjahr 1909.	1911/12	111	1-466
1910/11	Nachweisung der Rechnungsergebnisse des Staatshaushalts von dem Etatsjahr 1910.	1911/12	111	467-934
1911/12	Nachweisung der Rechnungsergebnisse des Staatshaushalts von dem Etatsjahr 1911.	1913/14	115	1-442

1912/13	Nachweisung der Rechnungsergebnisse des Staatshaushalts von dem Etatsjahr 1912.	1913/14	115	443-890
1913/14	Nachweisung der Rechnungsergebnisse des Staatshaushalts von dem Etatsjahr 1914.	1913/17	117	1-411

Q 1.7.: Etatrechtliche Regelungen in Preußen im Untersuchungszeitraum

Titel	Datum	Quelle	Bd.	Seite
Publikandum, betreffend die veränderte Verfassung der obersten Staatsbehörden der Preußischen Monarchie, in Beziehung auf die innere Landes- und Finanzverwaltung.	16.12.1808	PrGS 1808		361 ff.
Geschäfts-Instruktion für die Regierungen in sämmtlichen Provinzen.	26.12.1808	PrGS 1808		481 ff.
Verordnung über die veränderte Verfassung aller obersten Staatsbehörden in der Preußischen Monarchie.	27.10.1810	PrGS 1810		3 ff.
Edikt über die Finanzen des Staats und die neuen Einrichtungen wegen der Abgaben u.s.w.	27.10.1810	PrGS 1810		25 ff.
Königlicher Befehl, wegen einiger näheren Bestimmungen der Verordnung vom 24ten Oktober 1810, über die veränderte Verfassung aller obersten Staatsbehörden in der Preußischen Monarchie.	24.04.1812	PrGS 1812		43 ff.
Allerhöchste Kabinetsorder, wegen Vereinigung des Etats-Jahres mit dem Kalender-Jahre.	19.05.1814	PrGS 1814		39
Instruktion zur Geschäftsführung der Regierungen in den Königlich-Preußischen Staaten.	23.10.1817	PrGS 1817		248 ff.
Verordnung über die Einführung einer Generalkontrolle der Finanzen für das gesamte Etats-, Kassen- und Rechnungswesen und für die Staatsbuchhaltung.	03.11.1817	PrGS 1817		292 ff.
Rescript des Kgl. Staats-Ministeriums und der Königl. General-Controlle an sämmtliche Königl. Regierungen, die Verlängerung der Etats betr.	10.03.1819	Annalen 1819	3	2 f.
Circulare der Königl. Ministerien des Innern und der Finanzen an sämmtliche Königl. Regierungen, die Befugniß der letztern, über Gehalts-Ersparnisse zu disponieren, betr.	13.03.1819	Annalen 1819	3	6
Verordnung wegen der künftigen Behandlung des gesammten Staatsschulden-Wesens.	17.01.1820	PrGS 1820		9 ff.
Allerhöchste Kabinetsorder an das Staatsministerium, betr. den Staatshaushalt und das Staatsschulden-Wesen.	17.01.1820	PrGS 1820		21 ff.
Gesetz über die Einrichtung des Abgabenwesens.	30.05.1820	PrGS 1820		134 ff.

Circular-Rescript des Königl. Ministeriums der geistlichen, Unterrichts- und Medizinal-Angelegenheiten an sämmtliche Königl. Regierungen, die Abführung der bei den Ausgabe-Fonds erreichten Ersparnisse betr.	12.11.1822	Annalen 1822	6	889 f.
Circular-Rescript des Königl. Finanz-Ministeriums an sämmtliche Königl. Regierungen, die Verwaltung und Abschließung der Ausgaben-Fonds betr.	15.05.1823	Annalen 1823	7	233 ff.
Auszug aus der Instruktion für die Königl. Ober-Rechnungs-Kammer, d. d. Berlin.	18.12.1824	Annalen 1825	9	2 ff.
Allerhöchst vollzogene Geschäfts-Anweisung für die Regierungen, im Verfolg der für diese Behörden angeordneten neuen Organisation, zur Ergänzung und Berichtigung der Instruktion vom 23. Oktober 1817.	. .	Annalen 1825	9	821 ff.
Allerhöchste Kabinetsorder vom 29ten Mai 1826, wegen Aufhebung der General-Kontrolle der Finanzen und Einrichtung einer Staats-Buchhalterei.	29.05.1826	PrGS 1826		45 f.
Für die Staats-Buchhalterei.	29.05.1826	Annalen 1826	10	649 ff.
Allerhöchste Kabinetsorder, über die Erledigung einiger Zweifel bei der Anwendung der Bestimmungen in den Paragr.III. und VII. der Verordnung vom 17ten Januar 1820, bezüglich auf die Veräußerung von Domainen und Staatsgütern ...	17.06.1826	PrGS 1826		57 ff.
Schreiben des Königl. Finanz-Ministeriums an das Königl. Justiz-Ministerium, das Etatswesen und die Funktionen der Königl. Staats-Buchhalterei betr.	05.07.1826	Annalen 1826	10	646 ff.
Circular-Rescript des Königl. Finanzministeriums an sämmtliche Königl. Regierungen, die Jahres-Final-Abschlüsse und die Abführung der Ersparnisse bei den Ausgabe-Fonds betr.	30.12.1827	Annalen 1827	11	887 ff.
Allerhöchst vollzogenes Regulativ, wegen künftiger Einrichtung des Kassenwesens rücksichtlich der Disposition über die Einnahmen zum Staatshaushalt und der Nachweisung der Geld- und Verwaltungs-Resultate.	17.03.1828	Annalen 1828	12	285 ff.
Circular-Rescript des Königl. Finanz-Ministeriums an sämmtliche Königl. Regierungen, die Aufstellung der Regierungs-Haupt-Kassen- und Spezial-Verwaltungs-Etats betr.	26.05.1828	Annalen 1828	12	299 ff.
Anleitung zur Entwerfung der Kassen-Etats der Justiz-Behörden pro 1830-32.	05.01.1829	Annalen 1829	13	349 ff.

Auszug aus dem Circular-Reskripte des Königl. Ministeriums des Innern und der Polizei, an sämmtliche Königl. Regierungen, die Einsendung der jährlichen Provinzial- und Spezial-Etats, der Final-Abschlüsse etc. betr.	09.11.1831	Annalen 1831	15	720 f.
Die Bearbeitung der Justiz-Etats betr.	20.12.1831	Jahrbücher 1831	38	393 f.
Den Abschluß der Jahresrechnungen betr.	13.02.1832	Jahrbücher 1832	39	179 f.
Circulare an sämmtliche Oberlandesgerichte, darauf zu halten, daß die Untergerichte zur Ungebühr keine Gebühren ansetzen.	20.02.1832	Jahrbücher 1832	39	180 f.
Cirkular-Reskript des Königl. Ministeriums des Innern und der Polizei, an sämmtliche Königl. Regierungen, die Genehmigung zu Etats-Veränderungen der unbestimmten Einnahmen und Ausgaben betr.	10.10.1832	Annalen 1832	16	880 f.
Den Termin des Rechnungs-Abschlusses der Justizkassen betr.	11.12.1832	Jahrbücher 1832	40	516
Circular-Rescript des Königl. Ministeriums der Geistlichen, Unterrichts- und Medizinal-Angelegenheiten, an sämmtliche Königl. Regierungen, die Anfertigung der an das erstere einzureichenden Final-Abschlüsse der Regierungs-Hauptkassen betr.	16.12.1833	Annalen 1833	17	946 ff.
Allerhöchste Kabinetsorder vom 22. November 1842, wegen des verheißenen Steuer-Erlasses und über die Beförderung einer umfassenden Eisenbahn-Verbindung zwischen den verschiedenen Provinzen der Monarchie.	22.11.1842	PrGS 1842		307 ff.
Patent, die ständischen Einrichtungen betr.	03.02.1847	PrGS 1847		33 ff.
Verordnung über einige Grundlagen der künftigen Preußischen Verfassung.	06.04.1848	PrGS 1848		87 f.
Gesetz, betr. die Verwaltung des Staatsschuldenwesens und Bildung einer Staatsschulden-Kommission.	24.02.1850	PrGS 1850		57 ff.
Gesetz, die Auflösung der Darlehnskassen und die Vermehrung der unverzinslichen Staatsschuld betr.	30.04.1851	PrGS 1851		191 ff.
Allerhöchster Erlaß an das Staats-Ministerium, betr. die Zusammenstellung und Mittheilung der Etats-Erhöhungen an den Finanz-Minister.	07.06.1854	Meißner 1878		70 f.
Gesetz, betr. die Ertheilung der Indemnität in Bezug auf die Führung des Staatshaushalts vom Jahre 1862 ab und die Ermächtigung zu den Staatsausgaben für das Jahr 1866.	14.09.1866	PrGS 1866		563 f.

Gesetz, betr. den außerordentlichen Geldbedarf der Militair- und Marine-Verwaltung und die Dotirung des Staatsschatzes.	28.09.1866 PrGS 1866	607 ff.
Verordnung, betr. die Feststellung des Finanz-Etats für das Gebiet des ehemaligen Königreichs Hannover auf das Jahr 1867.	10.01.1867 PrGS 1867	33 ff.
Verordnung, betr. die Feststellung des Finanz-Etats für das Gebiet des ehemaligen Kurfürstenthums Hessen auf das Jahr 1867.	17.01.1867 PrGS 1867	81 ff.
Verordnung, betr. die Feststellung des Finanz-Etats für das Gebiet der ehemaligen Landgrafschaft Hessen-Homburg auf das Jahr 1867.	17.01.1867 PrGS 1867	100 ff.
Verordnung, betr. die Feststellung des Finanz-Etats für die Herzogthümer Schleswig und Holstein auf das Jahr 1867.	17.01.1867 PrGS 1867	108 ff.
Verordnung, betr. die Feststellung des Finanz-Etats für das Gebiet des ehemaligen Herzogthums Nassau auf das Jahr 1867.	24.01.1867 PrGS 1867	145 ff.
Verordnung, betr. die Feststellung des Finanz-Etats für die im Paragr.1 unter Nr. 1 bis 3 des Gesetzes vom 24. Dezember 1866 (PrGS S. 876) bezeichneten ehemals Königlich Bayerischen Gebietstheile auf das Jahr 1867.	11.05.1867 PrGS 1867	705 ff.
Verordnung, betr. die Feststellung des Finanz-Etats für die im Paragr.1 unter Nr. 5 bis 9 des Gesetzes vom 24. Dezember 1866 (PrGS S. 876) bezeichneten ehemals Großherzoglich Hessischen Gebietstheile, auf das Jahr 1867.	28.05.1867 PrGS 1867	785 ff.
Gesetz, betr. die Bewilligung der zur Deckung der Ausgaben des Jahres 1868 erforderlichen Mittel.	19.03.1870 PrGS 1870	251
Gesetz, betr. die Aufhebung des Staatsschatzes.	18.12.1871 PrGS 1871	593 f.
Gesetz, betr. die Verwendung der der Staatskasse im Jahre 1872 auf Zoll- und Steuerkredite zufließenden einmaligen Einnahmen.	15.02.1872 PrGS 1872	157
Gesetz, betr. die Einrichtung und Befugnisse der Ober-Rechnungskammer.	27.03.1872 PrGS 1872	278 ff.
Gesetz, betr. die im Jahre 1875 vor Feststellung des Staatshaushalts-Etats zu leistenden Staatsausgaben.	04.06.1874 PrGS 1874	240 f.
Gesetz, betr. die im Jahre 1876 vor Feststellung des Staatshaushalts-Etats zu leistenden Staatsausgaben.	30.06.1875 PrGS 1875	371 ff.
Gesetz, betr. die Ergänzung der Einnahmen in dem Staatshaushalts-Etat für das Jahr vom 1. April 1879/80.	05.03.1879 PrGS 1879	28

Gesetz, betr. die Deckung der Ausgaben des Jahres vom 1. April 1878/79.	29.02.1880 PrGS 1880	88
Gesetz, betr. die Ergänzung der Einnahmen in dem Staatshaushalts-Etat für das Jahr vom 1. April 1881/82.	28.02.1881 PrGS 1881	46
Gesetz, betr. die Deckung von Ausgaben der Rechnungsjahre 1878/79 und 1879/80.	06.03.1881 PrGS 1881	117 f.
Gesetz, betr. die Verwendung der Jahresüberschüsse der Verwaltung der Eisenbahnangelegenheiten.	27.03.1882 PrGS 1882	214 ff.
Allgemeine Verfügung, enthaltend Abänderungen der Anweisung vom 30. August 1879, - betr. die Behandlung der bei den Justizbehörden entstehenden Einnahmen und Ausgaben.	08.03.1883 PrJMBl 1883	82 ff.
Gesetz, betr. die Ergänzung der Einnahmen in dem Staatshaushalts-Etat für das Jahr vom 1. April 1883/84.	27.03.1883 PrGS 1883	40
Gesetz, betr. die Ergänzung der Einnahmen in dem Staatshaushalts-Etat für das Jahr vom 1. April 1885/86.	30.03.1885 PrGS 1885	71
Gesetz, betr. die Ergänzung der Einnahmen in dem Staatshaushalts-Etat für das Jahr vom 1. April 1886/87.	31.03.1886 PrGS 1886	56
Gesetz, betr. die Ergänzung der Einnahmen in dem Staatshaushalts-Etat für das Jahr vom 1. April 1887/88.	30.03.1887 PrGS 1887	72
Gesetz, betr. die Deckung von Ausgaben des Rechnungsjahres 1891/92.	23.07.1893 PrGS 1893	193
Gesetz, betr. die Deckung von Ausgaben des Rechnungsjahres 1892/93.	23.05.1894 PrGS 1894	81 f.
Gesetz, betr. die Tilgung der Staatsschulden.	08.03.1897 PrGS 1897	43 f.
Gesetz, betr. den Staatshaushalt.	11.05.1898 PrGS 1898	77 ff.
Gesetz, betr. die Bildung eines Ausgleichsfonds für die Eisenbahnverwaltung.	03.05.1903 PrGS 1903	155 ff.
Gesetz, betr. die Deckung von Ausgaben des Rechnungsjahrs 1901.	18.05.1903 PrGS 1903	165
Gesetz, betr. die Deckung von Ausgaben des Rechnungsjahrs 1907.	13.07.1909 PrGS 1909	639 f.
Gesetz, betr. die Deckung von Ausgaben des Rechnungsjahrs 1908.	17.07.1910 PrGS 1910	130 f.
Gesetz, betr. die Ergänzung der Einnahmen in dem Staatshaushaltsetat für das Etatjahr 1912.	28.05.1912 PrGS 1912	89 f.

Gesetz zur Abänderung des Gesetzes, betr. die Feststellung des Staatshaushaltsetats für das Etatjahr 1914, vom 3. Juni 1914 (PrGS S. 69).	10.11.1914	PrGS 1914		173

Q 2.7.: Etatrechtliche Regelungen in Bayern im Untersuchungszeitraum

Titel	Datum	Quelle	Bd.	Seite
Die Unseren hiesigen seit dem 23. Oktober des vorigen Jahres (1. Brumaire) neuerdings auferlegte monatliche Kontribution von 775016 Francs, das ist von monatlichen 359655 fl. 51 Kr. steigt seit diesem Zeitpunkt nun schon auf solche Summen, daß ...	03.02.1801	ChPfBaRuIBl 1801		13 ff.
Höchst-landesherrliche Verordnung. (Die Formation des Finanz-Etats betr.)	09.09.1803	ChPfBaRegBl 1803		929 ff.
Finanzetats-Anfertigung.	09.10.1803	Kraus 1925		48 ff.
Höchst-landesherrliche Verordnungen. (Die eintretende Ausübung der organischen Gesetze über den Finanz-Etat betr.).	23.12.1803	ChPfBaRegBl 1803		1037 ff.
Das Rechnungsjahr betr.	11.07.1804	ChPfBaRegBl 1804		667 ff.
Das neue Rechnungswesen betr.	18.12.1804	ChPfBaRegBl 1804		1051 ff.
Auftrag an die churfürstlichen allgemeinen Rentämter in Baiern, und an alle jene Nebenämter, welche ihre Partial-Etats an erstere zu übergeben haben.	01.05.1805	ChPfBaRegBl 1805		567 ff.
Die Spezial-Etats betr.	15.10.1805	ChPfBaRegBl 1805		1124 ff.
Allerhöchste Verordnung. (Die künftige Formation der königlichen Zentral-Staats-Kasse und ihre Filial-Kassen betr.).	08.08.1808	BaRegBl 1808		1737 ff.
Organisches Edikt, die Anordnung der Kreis-Finanz-Direktionen betr.	08.08.1808	BaRegBl 1808		1869 ff.
Für die sämmtliche Regie- und Bureau-Auslagen, ... bewilligen Wir vorläufig und überhaupt ein nicht zu überschreitendes Maximum gegen gehörige Verrechnung auf das laufende Etats-Jahr.	27.01.1809	Geret 1816	1	162 ff.
Das rückständige und das laufende Rechnungswesen betr.	28.07.1809	Geret 1814		274 ff.

Allgemeine Verordnung. (Das Ausstandswesen betr.).	10.08.1810	BaRegBl 1810		721 ff.
Organisches Edikt. (Den Geschäftsgang bei dem Ministerium der Finanzen betr.).	07.10.1810	BaRegBl 1810		1017 ff.
Instruktion zur Anfertigung des Etats der allgemeinen Rentämter für das Finanz-Jahr 1811/12.	01.06.1812	Geret 1816	1	7 ff.
Allgemeine Verordnung. (Die Errichtung und Bildung des obersten Rechnungshofes im Königreiche Baiern betr.).	20.10.1812	BaRegBl 1812		1785 ff.
Den Finanz-Etat pro 1812/13 betr.	22.11.1812	Geret 1816	3	121
Die Behandlung der Nachlässe und Ausstände betr.	17.12.1813	Geret 1816	3	35 ff.
Allgemeine Instruktion über die Zahlungs-Befugnisse der königl. Kassen und Aemter des Reichs.	02.03.1814	Geret 1815	4	246 ff.
Anfertigung der Kreiskassenrechnungen betr.	06.05.1815	Geret 1816	5	128 ff.
Verordnung. (Die Bildung und Einrichtung der obersten Stellen des Staats betr.).	02.02.1817	BaRegBl 1817		49 ff.
Instruktion zur ordentlichen Vollführung der neuen Kreis-Einrichtung in Beziehung auf das Finanz-Kasse- und Rechnungswesen.	28.02.1817	Geret 1818	7	417 ff.
Die Formation, den Wirkungskreis, und den Geschäftsgang der obersten Verwaltungs-Stellen in den Kreisen betr.	27.03.1817	BaRegBl 1817		233 ff.
Instruktion zur Anfertigung des Etats der allgemeinen Rentämter des Reichs für das Verwaltungs-Jahr 1817/8.	25.04.1817	Geret 1818	7	431 ff.
Allerhöchste Entschließungen. (Die Etatsüberschreitungen betr.)	14.02.1818	BaAIBl 1818		201 f.
Auszug aus dem allerhöchsten Rescript, den Wirkungskreis und das Geschäfts-Verhältnis der Staatsbuchhaltung der Finanzen betr.	11.08.1818	Geret 1821	10	796
Königliche Allerhöchste Entschließungen. (Den Verkauf von Staatsrealitäten betr.).	15.10.1818	BaAIBl 1818		1215 ff.
Die bei den Kammern der Finanzen angeordneten Kassa-Kommissionen betr.	30.10.1818	Geret 1818	8	645 ff.
Abschied für die Stände-Versammlung des Königreichs Baiern.	22.07.1819	BaGBl 1819		31 ff.
Die Anweisungen der Etats auf die königl. Kassen betr.	23.02.1820	Geret 1821	10	981 ff.
Die Rechnungserstellung für 1819/20 betr.	24.10.1820	Geret 1821	10	992

Königliche Allerhöchste Verordnung: Die Formation der Ministerien betr.	09.12.1825	BaRuIBl 1825		977 ff.
Königliche Allerhöchste Verordnung: Die Formation, den Wirkungskreis und den Geschäftsgang der obersten Verwaltungs-Stellen in den Kreisen betr.	17.12.1825	BaRuIBl 1825		1049 ff.
Königliche Allerhöchste Verordnung. (Das Finanz-Rechnungswesen für das Königreich betr.).	11.01.1826	BaRegBl 1826		169 ff.
Gesetz, die Einführung der Landräthe betr.	15.08.1828	BaGBl 1828		49 ff.
Die Verrechnung der dem Dienst der I. Finanz-Periode angehörigen Einnahmen und Ausgaben betr.	02.12.1828	Geret 1829	15	50 f.
Die Verrechnung des aus den Getraid-Reserve-Magazinen erzielten Erlöses betr.	22.12.1828	Geret 1829	15	52 f.
Abschied für den Landrath des Rheinkreises über dessen Verhandlungen vom 16. bis 25. Juny 1828.	24.04.1829	BaRegBl 1829		289 ff.
Finanzwirthschaft f.d. Jahr 1831/32 betr.	30.09.1831	Geret 1832	16	163 f.
Vorläufige Krediteröffnungen pro 1831/32 à Conto der Staatsaufwands-Etats betr.	30.09.1831	Geret 1832	16	162 f.
Abschied für die Stände-Versammlung des Königreichs Bayern.	29.12.1831	BaGBl 1831		68
Abschied für die Stände-Versammlung des Königreichs Bayern.	29.12.1831	BaGBl 1831		118 ff.
Die Form der Staatsausgaben-Rechnungen der kgl. Rentämter für 1831/37 betr.	08.07.1832	Geret 1836	17	116 f.
Die Festlegung einer permanenten Civilliste betr.	01.07.1834	BaGBl 1834		5 ff.
Abschied für die Stände-Versammlung des Königreichs Bayern.	17.11.1837	BaGBl 1837		5 ff.
Gesetz, die Ausscheidung der Kreislasten von den Staatslasten, und die Bildung der Kreisfonds betr.	17.11.1837	BaGBl 1837		165 ff.
Den Finanz-Verwaltungs-Etat für ein Jahr der IV. Finanzperiode 1837/43 betr.	31.12.1837	Geret 1838	20	124 ff.
Gesetz, die Abänderung des § 6 Tit. VII. der Verfassungsurkunde betr. (I. Beilage zum Abschiede für die Ständeversammlung.)	15.04.1840	BaGBl 1840		26 f.
Etatsüberschreitungen bei dem Staatsaufwand betr.	06.07.1842	Geret 1844	22	107

Das Verfassungsverständnis. Beschluß der Kammer der Reichsräte zu Tit. VII § 3-10 der Verfassungsurkunde vom 14. Juni/12. Juli 1843.	14.06.1843	Piloty/Sutner 1907		397 ff.
Abschied für die Stände-Versammlung des Königreichs Bayern.	25.03.1846	BaGBl 1846		5 ff.
Gesetz, die Ausscheidung der Kreislasten von den Staatslasten, und die Bildung von Kreisfonds betr.	23.05.1846	BaGBl 1846		45 ff.
Abschied für die Stände-Versammlung des Königreichs Bayern.	04.06.1848	BaGBl 1848		41 ff.
Das Regie-Rechnungswesen, insbesondere die Stellung von Anträgen auf Genehmigung der Ertheilung von Remunerationen aus Regie-Ersparungen betr.	26.06.1851	Geret 1853	27	45 f.
Abschied für den Landtag des Königreichs Bayern.	28.05.1852	BaGBl 1852		189 ff.
Abschied für den Landtag des Königreichs Bayern.	18.11.1861	BaGBl 1861		49 ff.
Abschied für den Landtag des Königreichs Bayern.	10.07.1865	BaGBl 1865		105 ff.
Gesetz, die Abkürzung der Finanzperiode betr.	10.07.1865	BaGBl 1865		137 ff.
Gesetz, die Deckung der an die Krone Preußen zu leitenden Kriegskosten-Entschädigung betr.	04.09.1866	BaGBl 1866		41 ff.
Die Vergütung der Getreidebezüge für das Uebergangs-Quartal vom 1. Oktober bis ult. Dezember 1867 betr.	12.08.1867	BaFMBl 1867		161 ff.
Die provisorische Zahlungsbefugniß der k. Kassen und Aemter betr.	17.12.1967	BaFMBL 1867		221-224
Die Abkürzung der Finanzperioden, hier den Rechnungs-Vortrag pro 1866/67 betr.	31.12.1867	BaFMBl 1868		3 ff.
Die Rechnungsaufnahme pro 1865/66 betr.	16.03.1868	BaFMBl 1868		54 ff.
Die Finanz-Verwaltungs-Etats betr.	03.06.1868	BaFMBl 1868		141 ff.
Das Rechnungsschema für die XI. Finanzperiode betr.	09.12.1868	BaFMBl 1868		301 ff.
Bekanntmachung, das Finanzrechnungswesen betr.	23.12.1868	BaRegBl 1868		2537 ff.
Abschied für den Landtag des Königreichs Bayern.	29.04.1869	BaGBl 1869		801 ff.
Die Finanz-Verwaltungs-Etats für das Jahr 1870 betr.	05.08.1870	BaFMBl 1870		204 ff.

Das Rechnungsschema für das Jahr 1870 betr.	01.10.1870 BaFMBl 1870	241 ff.
Das Schema für die Kreisfonds-Rechnungen betr.	11.10.1870 BaFMBl 1870	290 ff.
Die Finanz-Verwaltungs-Etats für das Jahr 1871 betr.	19.02.1871 BaFMBl 1871	29 ff.
Das Rechnungsschema für das Jahr 1871 betr.	04.11.1871 BaFMBl 1871	211 ff.
Die Zahlungen für Rechnung der Staatsaufwands-Etats betr.	03.03.1872 BaFMBl 1872	36 ff.
Gesetz, einen Credit für außerordentliche Bedürfnisse des Heeres betr.	28.04.1872 BaGBl 1872	405 ff.
Das Rechnungsschema für die XI. Finanzperiode betr.	25.11.1872 BaFMBl 1872	215 ff.
Das Schema zu den Geldrechnungen der k. Rentämter über die Einnahmen und Ausgaben an Forst-, Jagd- und Trift-Gefällen für die XI. Finanzperiode betr.	06.12.1872 BaFMBl 1872	331 ff.
Das Schema für die Kreisfonds-Rechnungen betr.	06.12.1872 BaFMBl 1872	353 ff.
Die provisorische Steuererhebung und vorläufige Bestreitung besonderer Ausgaben pro 1874 betr.	18.02.1874 BaFMBl 1874	45 ff.
Gesetz, einen Credit für außerordentliche Bedürfnisse des Heeres betr.	27.07.1874 BaGuVBl 1874	444 ff.
Die Vorschriften über Einziehung unverwendeter Creditbewilligungen betr.	28.08.1874 BaFMBl 1874	221 f.
Die Rechnungsschemate für die XII. Finanz-Periode.	26.09.1874 BaFMBl 1874	233 ff.
Die Verrechnung der Erlöse aus Staatsrealitäten, hier die Vereinbarungen zwischen den einzelnen Staatsfonds hinsichtlich der Benützung von Realitäten des Staates betr.	24.12.1874 BaFMBl 1875	1 f.
Die provisorische Zahlungsbefugniß der k. Kassen und Aemter betr.	25.11.1875 BaFMBl 1875	290
Gesetz, einen Credit für außerordentliche Bedürfnisse des Heeres betr.	29.07.1876 BaGuVBl 1878	557 ff.
Das Rechnungsschema für die XIII. Finanzperiode betr.	24.12.1876 BaFMBl 1877	1 ff.
Die periodischen Nachweisungen über die Einnahmen und Ausgaben an budgetmäßigen Centralfonds betr.	21.02.1877 BaFMBl 1877	207 f.

Gesetz, einen Credit für außerordentliche Bedürfnisse des Heeres betr.	10.03.1878	BaGuVBl 1878	107 ff.
Das Rechnungsschema für die XIV. Finanzperiode betr.	26.11.1878	BaFMBl 1878	237 ff.
Die provisorische Zahlungsbefugniß der k. Kassen und Aemter betr.	16.12.1879	BaABlI 1879	611 f.
Gesetz, einen Kredit für außerordentliche Bedürfnisse des Heeres betr.	28.02.1880	BaGuVBl 1880	100 f.
Das Rechnungsschema für die XV. Finanzperiode betr.	20.09.1880	BaFMBl 1880	221 ff.
Abschied für den Landtag des Königreichs Bayern.	19.05.1881	BaGuVBl 1881	417 ff.
Gesetz, einen Kredit für außerordentliche Bedürfnisse des Heeres betr.	11.03.1882	BaGuVBl 1882	103 f.
Das Rechnungsschema für die XVI. Finanzperiode betr.	20.07.1882	BaFMBl 1882	212 ff.
Gesetz, einen Kredit für außerordentliche Bedürfnisse des Heeres betr.	12.12.1883	BaGuVBl 1883	493 f.
Gesetz, den außerordentlichen Kredit für die Kosten des Krieges von 1870/71 betr.	21.04.1884	BaGuVBl 1884	163 f.
Das Rechnungsschema für die XVII. Finanzperiode betr.	12.08.1884	BaFMBl 1884	227 ff.
Das Rechnungsschema für die XVIII. Finanzperiode betr.	21.08.1886	BaFMBl 1886	345 ff.
Die provisorische Steuererhebung für das Jahr 1888 betr.	10.12.1887	BaGuVBl 1887	691 ff.
Das Rechnungsschema für die XIX. Finnzperiode betr.	18.10.1888	BaFMBl 1888	351 ff.
Das Rechnungsschema für die XX. Finanzperiode betr.	27.09.1890	BaFMBl 1890	209 ff.
Die provisorische Steuererhebung für das Jahr 1892 betr.	18.12.1891	BaGuVBl 1891	411 ff.
Gesetz, die provisorische Steuererhebung für das Jahr 1892 betr.	31.03.1892	BaGuVBl 1892	87 f.
Das Rechnungsschema für die XXI. Finanzperiode betr.	05.11.1892	BaFMBl 1892	232 ff.
Ministerialentschließung, das Rechnungsschema für die XXII. Finanzperiode betr.	29.11.1894	BaFMBl 1894	183 ff.
Das Rechnungsschema für die XXIII. Finanzperiode betr.	25.11.1896	BaFMBl 1896	290 ff.
Das Rechnungsschema für die XXIV. Finanzperiode 1898/99 betr.	16.11.1898	BaFMBl 1898	541 ff.

Die provisorische Zahlungsbefugniß der Kassen und Aemter betr.	11.11.1899 BaFMBl 1899	258
Ministerialentschließung, das Rechnungsschema für die XXV. Finanzperiode 1900/1901 betr.	05.01.1901 BaFMBl 1901	1 ff.
Landeskultur-Rentenanstalt betr.	13.09.1901 BaFMBl 1901	461 f.
Die Herstellung der Rechnungen über die budgetmäßigen Einnahmen und Ausgaben betr.	21.01.1903 BaFMBl 1903	21 ff.
Das Rechnungsschema für die XXVII. Finanzperiode 1904/05 betr.	08.02.1905 BaFMBl 1905	24 ff.
Entschließung, das Rechnungsschema für die XXVIII. Finanzperiode 1906 und 1907 betr.	23.01.1907 BaFMBl 1907	75 ff.
Bekanntmachung. Die Aufteilung und den Vollzug des Staatsbudgets betr.	23.06.1907 BaFMBl 1907	221 ff.
Gesetz, den vorläufigen Vollzug des Budgets für die Jahre 1908 und 1909 betr.	23.12.1907 BaGuVBl 1907	1141 ff.
Gesetz, den vorläufigen Vollzug des Budgets für die Jahre 1908 und 1909 betr.	28.03.1908 BaGuVBl 1908	223 ff.
Gesetz, den vorläufigen Vollzug des Budgets für die Jahre 1908 und 1909 betr.	26.06.1908 BaGuVBl 1908	341 ff.
Entschließung, die Herstellung der Rechnungen über die budgetmäßigen Einnahmen und Ausgaben betr.	23.02.1909 BaFMBl 1909	123 ff.
Gesetz, den vorläufigen Vollzug des Budgets für die Jahre 1910 und 1911 betr.	02.12.1909 BaGuVBl 1909	858 f.
Gesetz, den vorläufigen Vollzug des Budgets für die Jahre 1910 und 1911 betr.	22.12.1909 BaGuVBl 1909	917 ff.
Gesetz, den vorläufigen Vollzug des Budgets für die Jahre 1910 und 1911 betr.	19.03.1910 BaGuVBl 1910	137 ff.
Entschließung, die vierteljährigen Nachweisungen über die budgetmäßigen Einnahmen und Ausgaben betr.	31.03.1910 BaFMBl 1910	81 ff.
Entschließung, die Herstellung der Rechnungen über die budgetmäßigen Einnahmen und Ausgaben für die Jahre 1910 und 1911 betr.	24.01.1911 BaFMBl 1911	37 ff.
Bekanntmachung, die vorläufige Bestreitung der Ausgaben des Staates für das Jahr 1912 betr.	10.12.1911 BaGuVBl 1911	1249 ff.
Gesetz über den vorläufigen Vollzug des Budgets für die Jahre 1912 und 1913.	25.09.1912 BaGuVBl 1912	973 ff.
Entschließung, die Herstellung der Rechnungen über die budgetmäßigen Einnahmen und Ausgaben für die Jahre 1912 und 1913 betr.	27.01.1913 BaFMBl 1913	17 ff.

Bekanntmachung. Die Beschleunigung der staatlichen Rechnungsstellung betr.	12.03.1913	BaFMBl 1913		205 ff.
Gesetz über den vorläufigen Vollzug des Budgets für die Jahre 1914 und 1915.	22.12.1913	BaGuVBl 1913		952 ff.
Gesetz über den vorläufigen Vollzug des Budgets für die Jahre 1914 und 1915.	31.03.1914	BaGuVBl 1914		89 ff.
Gesetz über den vorläufigen Vollzug des Budgets für die Jahre 1914 und 1915.	22.06.1914	BaGuVBl 1914		305 ff.

Q 3.7.: Etatrechtliche Regelungen in Sachsen im Untersuchungszeitraum

Titel	Datum	Quelle	Bd.	Seite
Patent, die Einsendung der Ueberschußgelder zur Leipziger Centralkasse betreffend.	26.10.1813	SäGBl 1813	1	3 ff.
Rechnung über die bey der Central-Steuer-Commission des Königreichs Sachsen gehabte Einnahme und Ausgabe vom 19. Octbr. 1813 bis ult. Febr. 1815.	01.03.1815	SäGBl 1815	4	o.S.
Verordnung, die Einrichtung der Ministerial-Departements und die darauf Bezug habenden provisorischen Vorkehrungen betreffend.	07.11.1831	SäGS 1831		323 ff.
Gesetz, einige Abänderungen der Verfassungsurkunde vom 4. September 1831, sowie der Nachtragsgesetze zu derselben vom 5. Mai 1851 und 19. October 1861 betreffend.	03.12.1868	SäGuVBl 1868		1365 ff.
General-Verordnung, das Sportelrechnungswerk betreffend.	11.12.1875	SäJMBl 1875		67 ff.
Gesetz, die provisorische Forterhebung der Steuern und Abgaben im Jahre 1878 betreffend.	13.12.1877	SäGuVBl 1877		337 f.
General-Verordnungen, 2) Das Sportelrechnungswerk betr.	18.12.1877	SäJMBl 1877		53 ff.
Grundsätze für die bei der Aufstellung des Staatshaushalts-Etats und Rechenschaftsberichtes anzuwendenden Schreibweise.	05.10.1892	Mitteilungen 1893	4	334 ff.
Allgemeine Vorschriften für das Staatsrechnungswesen des Kgr. Sachsen. Dresden 1900.	11.04.1900			
Gesetz, den Staatshaushalt betreffend.	01.07.1904	SäGuVBl 1904		286 ff.

Verordnung zur Ausführung des Gesetzes vom 1. Juli 1904, den Staatshaushalt betreffend.	18.01.1905	SäGuVBl 1905		8 ff.
Generalverordnung an sämtliche Steuerbehörden, die Vermeidung überflüssiger Fremdwörter betreffend, vom 26. Oktober 1905.	26.10.1905	Mitteilungen 1905	8	240 ff.

Q 4.7.: Etatrechtliche Regelungen in Württemberg im Untersuchungszeitraum

Titel	Datum	Quelle	Bd.	Seite
Decret des Kön.Ob.Finanz-Dep., die Organisation der Staats-Cassen betr.	03.03.1807	WüSuRBl 1807		25 f.
Refer. des für das Etats-Geschäft verstärkten Rechnungs-Departement der Königl. Ober-Finanz-Kammer an die k. Cassen Aemter. Womit denselben eine Instruction zu Verfassung eines Etats über Ihre Amtlichen Einnahmen und Ausgaben zugeschickt worden.	23.04.1808	Knapp 1810	2	176 ff.
Instruction für die k. Cameral-Verwaltungen zu Verfassung der Etats über Einnahmen und Ausgaben von Georgi 1808 bis 1809 (WIVE 1808).	23.04.1808	Knapp 1810	2	176 ff.
Königl. Verordnung wegen künftiger Administration der Geistlichen und Armen-Verwaltungen, ingleichen der öffentlichen Stiftungen.	09.07.1811	WüSuRBl 1811		357
Königl. Verordnung, die Organisation des Königl. Geheimen-Raths betreffend.	08.11.1816	WüSuRBl 1816		347 ff.
Auszug aus dem fünften Edict, in Betreff der Organisation des Finanz-Departement und der Anordnung des Etatwesens.	18.11.1817	Moser 1836		3 ff.
Das sechste Edikt, die Anordnung einer Staatskontrole betreffend.	18.11.1817	Moser 1836		11 ff.
Das siebente Edict, betreffend die Errichtung einer Oberrechnungskammer.	18.11.1817	Moser 1836		15 ff.
Königl. Bekanntmachung von Abänderungen in den Verwaltungs-Grundsätzen und Formen.	18.11.1817	WüSuRBl 1817		541
Bestimmung von Holzbesoldungen.	12.01.1818	WüSuRBl 1818		15
Anfangs-Termin des Etatjahres	17.06.1818	WüSuRBl 1818		315
Königl. Dekret an sämmtl. Depart. Chefs, die Centralisation der gesammten Einnahmen und Ausgaben in der St.H.Casse betreffend.	13.09.1818	Moser 1836		57 ff.

Instruktion für die künftige Einrichtung des Staatskassen- und Rechnungs-Wesens.	10.11.1818 Moser 1836	311 ff.
Königl. Edikt, betreffend die Vereinigung der Staats-Kontrole mit der Ober-Rechnungs-Kammer, und die Bezeichnung des Wirkungskreises der leztern.	13.12.1818 WüSuRBl 1818	657 ff.
Instruktion des Finanz-Ministeriums zu Verfassung der jährlichen Etats bei den Cameral- und Domanial-Verwaltungen.	17.04.1819 Moser 1836	213 ff.
Erlaß des Finanz-Ministeriums an die Finanzkammern, die Special-Etats der Kameralämter betreffend.	31.10.1819 Moser 1836	242 f.
Verordnung wegen Eingabe und Erledigung der Forderungen an die Staatskassen innerhalb des betreffenden Etats-Jahrs.	07.06.1820 WüSuRBl 1820	279 ff.
Gesetz, die Zuweisung verschiedener Fonds an die Finanz-Verwaltung betreffend.	22.06.1820 WüSuRBl 1820	304 f.
Dienst-Instruktion für die Königl. Kreis-Finanz-Kammern.	17.01.1823 WüSuRBl 1823	119 ff.
Gesetz über die Abgaben von 1827/30.	06.07.1827 WüRegBl 1827	259 ff.
Erlaß des Finanzministeriums an den Bergrath, den Etat der Eisenwerker betreffend.	20.02.1829 Moser 1836	243 ff.
Erlaß der Königl. Oberrechnungs-Kammer an sämtliche Cameralämter, die Fertigung und Einsendung der Forst- und Jagd-Etats für das Verwaltungsjahr 1832/33, und der Cameral-, Forst- und Jagd-Etats für die neue Finanz-Periode 1833/36 ...	31.03.1832 Moser 1836	247 ff.
Königliche Verordnung, betreffend Vereinfachungen im Departement der Finanzen.	24.09.1849 WüRegBl 1849	729 ff.
Gesetz, betreffend die Bestreitung des Aufwands für außerordentliche Militärbedürfnisse.	26.07.1870 WüRegBl 1870	349 f.
Gesetz, betreffend die Beschaffung weiterer Geldmittel für den Eisenbahnbau.	13.01.1871 WüRegBl 1871	48a f.
Königliche Verordnung, betreffend die Gleichstellung des Etats- und Rechnungstermins der Amtskörperschaften, Gemeinden und öffentlichen Stiftungen mit dem Etats- und Rechnungstermin des Staats.	24.05.1878 WüRegBl 1878	121 f.
Verfügung des Ministeriums des Innern, betreffend die Vollziehung der Königlichen Verordnung vom 24. Mai 1878 über die Gleichstellung des Etats- und Rechnungstermins der Amtskörperschaften, Gemeinden und öffentlichen Stiftungen ...	31.05.1878 WüRegBl 1878	122 ff.

Gesetz, betreffend die Beschaffung von Geldmitteln für den Eisenbahnbau, sowie für außerordentliche Bedürfnisse der Eisenbahn-, Post- und Telegraphenverwaltung in der Finanzperiode 1885/87.	31.05.1885 WüRegBl 1885	177 f.
Gesetz, betreffend die Vervollständigung des Eisenbahnnetzes im Interesse der Landesvertheidigung und die Beschaffung von Geldmitteln hierfür in der Finanzperiode 1887/89.	07.06.1887 WüRegBl 1887	147 f.
Bekanntmachung des Finanzministeriums, betreffend den Voranschlag der sämmtlichen Staats-Ausgaben und -Einnahmen für die Finanzperiode 1. April 1893/95.	15.06.1893 WüRegBl 1893	165
Bekanntmachung des Finanzministeriums, betreffend den Voranschlag der sämmtlichen Staats-Ausgaben und -Einnahmen für die Finanzperiode 1. April 1895/97.	20.07.1895 WüRegBl 1895	253
Bekanntmachung des Finanzministeriums, betreffend den Voranschlag der sämmtlichen Staats-Ausgaben und -Einnahmen für die Finanzperiode 1. April 1897/99.	24.07.1897 WüRegBl 1897	184
Erlaß an die Staatshauptkasse, die Katasterkasse und die Kameralämter, betreffend die künftige Leistung und Verrechnung der Ausgaben für Kap. 124 Tit. 6 und 11 des Hauptfinanzetats.	07.03.1898 ABlWüStC 1898	99 ff.
Erlaß des Steuerkollegiums, Abteilung für Zölle und indirekte Steuern, vom 22. August 1998, betreffend die abgekürzte Bezeichnung der Etatsjahre.	22.08.1898 ABlWüStC 1898	181
Bekanntmachung des Finanzministeriums, betreffend den Voranschlag der sämmtlichen Staats-Ausgaben und -Einnahmen für die Finanzperiode 1899/1900 und die mit dem Etat für 1899/1900 verabschiedeten Grundsätze über die Gehaltsvorrückung nach Dienst ...	04.09.1899 WüRegBl 1899	613
Gesetz, betreffend die Beschaffung von Geldmitteln für den Eisenbahnbau und für außerordentliche Bedürfnisse der Verkehrsanstaltenverwaltung in der Finanzperiode 1903/04.	27.07.1903 WüRegBl 1903	249 ff.
Königliche Verordnung, betreffend die allgemeine Dienstaufsicht über die Kameralämter und das Hauptsteueramt Stuttgart.	18.09.1904 WüRegBl 1904	305 f.

Verfügung des Finanzministeriums, betreffend den Geschäftskreis des Steuerkollegiums und seiner Abteilungen.	18.09.1904	WÜRegBl 1904	306 ff.
Verfassungsgesetz, betreffend die Abänderung des IX. Kapitels der Verfassungsurkunde.	16.07.1906	WÜRegBl 1906	161 ff.
Gesetz, betreffend die Beschaffung von Geldmitteln für den Eisenbahnbau und für außerordentliche Bedürfnisse der Verkehrsanstaltenverwaltung in der Finanzperiode 1909/10.	25.08.1909	WÜRegBl 1909	214 ff.

Tabellen

Hinweis: Aus umbruchtechnischen Gründen, d.h. damit zusammengehörende Tabellen auf gegenüberliegenden Seiten stehen, sind im folgenden einige rechte Seiten ohne Text.

Tabelle 2.1.: Einnahmen und Ausgaben der ausgegliederten und in den Rechnungen nachgewiesenen 'Fonds zu bestimmten Zwecken' von 1825/26 bis 1914 in Bayern in Gulden/Mark A)

Budgetperiode / Budgetjahr		Anzahl der nachgewiesenen Fonds	Einnahmen Fl./M.	davon nachgewiesener Staatszuschuß Fl./M.	in % von 2	nicht im Etat nachgewiesene Einnahmen in % der veranschlagten Nettostaatseinnahmen	Ausgaben Fl./M.	davon durch Staatszuschuß gedeckt in % von 6	nicht im Etat nachgewiesene Ausgaben in % der veranschlagten Nettostaatsausgaben
Spalte:		1	2	3	4	5	6	7	8
Formel:					3/2*100	(2-3)/B)*100		3/6*100	(6-3)/C)*100
2	1825 / 26	2	2.462.660			8,5	890.854		3,1
	1826 / 27	2	923.792			3,2	2.494.421		8,6
	1827 / 28	2	877.945			3,0	926.416		3,2
	1828 / 29	3	848.987			2,9	845.906		2,9
	1829 / 30	3	2.633.884	10.000	0,4	9,0	2.609.184	0,4	8,9
	1830 / 31	3	672.926	10.000	1,5	2,3	654.943	1,5	2,2
3	1831 / 32	5	764.999	10.000	1,3	3,0	708.949	1,4	2,9
	1832 / 33	6	1.576.635	10.000	0,6	6,3	1.389.812	0,7	5,6
	1833 / 34	6	1.964.809	10.000	0,5	7,9	1.901.551	0,5	7,7
	1834 / 35	5	1.257.767	10.000	0,8	5,0	1.192.219	0,8	4,8
	1835 / 36	6	1.488.550	10.000	0,7	5,9	1.444.042	0,7	5,9
	1836 / 37	6	3.715.005	10.000	0,3	14,9	3.664.551	0,3	15,0
4	1837 / 38	6	2.035.267	10.000	0,5	6,7	1.891.140	0,5	6,3
	1838 / 39	6	886.531	10.000	1,1	2,9	842.525	1,2	2,8
	1839 / 40	6	686.756	10.000	1,5	2,3	643.283	1,6	2,1
	1840 / 41	6	705.027	10.000	1,4	2,3	658.956	1,5	2,2
	1841 / 42	6	561.906	10.000	1,8	1,8	508.882	2,0	1,7
	1842 / 43	6	4.240.683	10.000	0,2	14,1	4.184.718	0,2	13,9
5	1843 / 44	6	917.402	10.000	1,1	2,8	910.229	1,1	2,8
	1844 / 45	6	637.695	10.000	1,6	2,0	630.103	1,6	1,9
	1845 / 46	6	1.705.166	10.000	0,6	5,3	1.697.558	0,6	5,3
	1846 / 47	6	926.862	10.000	1,1	2,9	919.149	1,1	2,8
	1847 / 48	6	1.456.308	10.000	0,7	4,5	1.450.555	0,7	4,5
	1848 / 49	8	2.375.019	10.000	0,4	7,4	1.067.358	0,9	3,3
6a	1849 / 50	8	2.047.501	10.000	0,5	6,0	283.532	3,5	0,8
	1850 / 51	8	4.360.885	10.000	0,2	12,8	1.357.273	0,7	4,0
6b	1851 / 52	8	3.975.322	10.000	0,3	10,5	2.075.595	0,5	5,5
	1852 / 53	9	3.612.378	10.000	0,3	9,6	1.093.430	0,9	2,9
	1853 / 54	9	3.729.528	10.000	0,3	9,9	1.501.138	0,7	4,0
	1854 / 55	10	10.124.989	10.000	0,1	26,9	7.534.710	0,1	20,0
7	1855 / 56	9	3.661.005	10.000	0,3	8,8	2.064.979	0,5	5,0
	1856 / 57	9	3.639.733	10.000	0,3	8,8	2.742.308	0,4	6,6

	1857 / 58	9	4.278.756	10.000	0,2	10,3	2.717.917	0,4	6,5
	1858 / 59	9	2.858.593	10.000	0,3	6,9	2.025.903	0,5	4,9
	1859 / 60	8	2.391.883	10.000	0,4	5,8	1.684.645	0,6	4,0
	1860 / 61	8	1.656.363	10.000	0,6	4,0	883.199	1,1	2,1
8	1861 / 62	9	2.285.566	10.000	0,4	4,9	1.838.985	0,5	3,9
	1862 / 63	10	3.026.018	10.000	0,3	6,5	1.786.717	0,6	3,8
	1863 / 64	10	3.005.883	10.000	0,3	6,4	2.441.194	0,4	5,2
	1864 / 65	10	4.672.628	10.000	0,2	10,0	4.853.683	0,2	10,4
	1865 / 66	9	1.564.392	10.000	0,6	3,3	1.650.923	0,6	3,5
	1866 / 67	9	2.941.369	12.500	0,4	6,3	1.893.566	0,7	4,0
9	1868	9	2.579.764	28.000	1,1	4,4	1.018.851	2,7	1,7
	1869	11	2.505.338	28.000	1,1	4,2	1.497.095	1,9	2,5
10	1870	10	2.115.105	28.000	1,3	3,9	1.019.544	2,7	1,7
	1871	10	2.905.313	28.000	1,0	5,3	1.441.310	1,9	2,4
11	1872	11	3.282.275	128.587	3,9	4,2	1.675.392	7,7	2,1
	1873	10	3.670.612	74.220	2,0	4,8	2.116.013	3,5	2,7
12	1874	11	4.264.103	76.210	1,8	5,2	2.248.228	3,4	2,7
	1875 Gulden	11	4.493.701	70.724	1,6	5,5	1.658.288	4,3	2,0
13	1876 Mark D)	-	-	-	-	-	-	-	-
	1877	11	9.668.298	161.524	1,7	5,8	3.832.516	4,2	2,2
14	1878	11	8.914.726	128.608	1,4	6,8	4.456.241	2,9	3,3
	1879	11	7.233.786	126.512	1,7	5,5	4.089.977	3,1	3,1
15	1880	11	7.545.038	120.670	1,6	5,6	4.057.835	3,0	3,0
	1881	12	6.134.141	120.106	2,0	4,5	2.857.361	4,2	2,1
16	1882	12	5.726.074	124.027	2,2	4,1	2.284.043	5,4	1,6
	1883	14	5.986.070	122.647	2,0	4,3	3.775.850	3,2	2,7
17	1884	14	7.642.660	1.196.153	15,7	4,5	3.030.843	39,5	1,3
	1885	14	6.706.148	182.968	2,7	4,6	1.811.531	10,1	1,1
18	1886	14	7.488.176	160.621	2,1	5,0	2.757.054	5,8	1,8
	1887	16	8.632.662	157.932	1,8	5,8	3.022.221	5,2	2,0
19	1888	17	10.051.187	1.656.098	16,5	5,3	3.881.992	42,7	1,4
	1889	17	11.539.094	213.696	1,9	7,1	4.024.491	5,3	2,4
20	1890	19	12.402.643	249.527	2,0	7,3	3.690.989	6,8	2,1
	1891	19	13.733.629	1.066.497	7,8	7,7	4.362.301	24,4	2,0
21	1892	19	12.479.223	708.034	5,7	6,7	2.860.428	24,8	1,2
	1893	18	13.695.480	1.206.317	8,8	7,1	4.453.987	27,1	1,9
22	1894	18	13.232.019	1.200.364	9,1	6,4	3.867.834	31,0	1,4
	1895	18	13.198.944	1.204.082	9,1	6,4	3.627.416	33,2	1,3
23	1896	18	18.184.382	1.669.474	9,2	8,5	8.421.118	19,8	3,5
	1897	18	23.017.646	229.114	1,0	11,8	13.866.600	1,7	7,0
24	1898	19	24.477.961	8.279.000	33,8	7,8	14.034.944	59,0	2,8
	1899	19	15.044.000	224.840	1,5	7,1	4.504.904	5,0	2,1
25	1900	19	30.449.735	10.371.000	34,1	8,7	18.932.096	54,8	3,7
	1901	21	22.554.700	793.515	3,5	9,4	10.428.249	7,6	4,2
26	1902	21	26.080.950	1.830.000	7,0	9,9	12.309.016	14,9	4,3
	1903	21	25.996.548	317.495	1,2	10,5	9.705.285	3,3	3,8

Tabelle 2.1.: - Fortsetzung -

Budgetperiode	/ Budgetjahr	Anzahl der nach-gewie-senen Fonds	Einnahmen Fl./M.	davon nachgewiesener Staatszuschuß Fl./M.	davon nachgewiesener Staatszuschuß in % von 2	nicht im Etat nachgewiesene Einnahmen in % der veranschlagten Nettostaatseinnahmen	Ausgaben Fl./M.	davon durch Staatszuschuß gedeckt in % von 6	nicht im Etat nachgewiesene Ausgaben in % der veranschlagten Nettostaatsausgaben
Spalte:		1	2	3	4	5	6	7	8
Formel:					3/2*100	(2-3)/B)*100		3/6*100	(6-3)/C)*100
27	1904	21	35.908.282	815.000	2,3	15,9	14.355.672	5,7	6,1
	1905	21	33.225.149	275.000	0,8	14,9	11.486.433	2,4	5,1
28	1906	22	43.292.213	8.344.253	19,3	15,3	26.841.862	31,1	8,1
	1907	22	49.359.409	439.920	0,9	21,4	26.011.369	1,7	11,2
29	1908	24	65.184.789	7.799.055	12,0	22,1	38.701.774	20,2	11,8
	1909	40	98.823.584	2.955.335	3,0	37,0	72.659.746	4,1	26,7
30	1910	42	52.878.941	2.552.248	4,8	16,8	30.349.111	8,4	9,3
	1911	42	51.757.906	3.029.899	5,9	16,2	31.140.765	9,7	9,4
31	1912	45	41.660.973	2.375.893	5,7	16,1	29.623.533	8,0	11,2
	1913	47	156.441.234	4.492.986	2,9	62,4	130.362.900	3,4	51,7
32	1914 D)	-	-	-	-	-	-	-	-

A) Die Werte sind selbst berechnet, da in den Rechnungen die Einzelwerte nicht addiert sind.
B) Siehe Tabelle 2.4.1., Spalte 1 ./. Spalte 4.
C) Siehe Tabelle 2.4.1., Spalte 3.
D) Keine Rechnung veröffentlicht.

Tabelle 3.1.: Einnahmen und Ausgaben der ausgegliederten und in den Rechnungen nachgewiesenen

Budgetperiode / Budgetjahr		Anzahl der nach-gewie-senen Fonds	Einnahmen eigene M.	Staatszuschuß M.	in % von 2	nicht im Etat nachgewiesene Einnahmen in % der veran-schlagten Staatseinnahmen
Spalte:		1	2	3	4	5
Formel:					3/2*100	2/A)*100
19	1880 / 81	33	1.388.409	11.984.678	863,2	0,52
20	1882 / 83	37	927.546	11.313.947	1.219,8	0,33
21	1884 / 85	36	1.021.021	11.658.682	1.141,9	0,38
22	1886 / 87	35	1.125.214	11.719.187	1.041,5	0,40
23	1888 / 89	35	1.138.104	12.550.454	1.102,8	0,37
24	1890 / 91	32	1.267.863	14.482.552	1.142,3	0,36
25	1892 / 93	32	1.307.048	15.008.539	1.148,3	0,35
26	1894 / 95	32	1.257.421	13.607.023	1.082,1	0,32
27	1896 / 97	31	1.338.928	12.670.315	946,3	0,33
28	1898 / 99	31	2.133.614	744.956 D)	34,9	0,45
29	1900 / 01	32	1.505.325	697.876	46,4	0,28
30	1902 / 03	36	1.476.670	897.349	60,8	0,22
31	1904 / 05	37	1.590.665	669.336	42,1	0,24
32	1906 / 07	36	1.568.922	765.995	48,8	0,25
33	1908 / 09	36	2.142.410	783.102	36,6	0,31
34	1910 / 11	36	1.686.725	821.213	48,7	0,23
35	1912 / 13	36	1.931.509	947.861	49,1	0,22
36	1914 / 15 E)	-	-	-	-	-

A) Siehe Tabelle 3.4.2., Spalte 9.
B) Siehe Tabelle 3.4.2., Spalte 6.
C) Siehe Tabelle 3.4.2., Spalte 5.
D) Ab hier entfällt der Zuschuß für den 'Erneuerungsfonds der Staatseisenbahnen'.
E) Keine Rechnung veröffentlicht.

staatlichen Fonds zu bestimmten Zwecken von 1880/81 bis 1914/15 in Sachsen in Mark

nicht im Etat nachgewiesene Einnahmen in % der Einnahmen der Zuschuß-verwaltungen	Ausgaben absolut M.	davon durch Staatszu-schuß ge-deckt in % von 7	nicht im Etat nachgewiesene Ausgaben in % der veran-schlagten Staatsausgaben	nicht im Etat nachgewiesene Ausgaben in % der Ausgaben der Zuschuß-verwaltungen
6	7	8	9	10
2/B)*100		3/7*100	(7-3)/A)*100	(7-3)/C)*100
6,58	11.498.473	104,2	-0,18	-0,33
4,04	14.911.843	75,9	1,29	2,28
4,71	10.016.049	116,4	-0,61	-1,02
5,23	13.943.281	84,0	0,78	1,30
5,03	11.367.290	110,4	-0,38	-0,65
5,70	16.314.381	88,8	0,53	0,88
5,47	15.960.900	94,0	0,25	0,43
4,80	13.788.907	98,7	0,05	0,08
1,67	14.362.689	88,2	0,41	0,72
2,43	1.353.337	55,0	0,13	0,24
1,49	1.210.668	57,6	0,10	0,18
1,25	1.462.447	61,4	0,08	0,17
1,29	1.898.465	35,3	0,18	0,37
2,25	1.259.477	60,8	0,08	0,17
2,97	2.783.634	28,1	0,29	0,64
2,35	2.165.339	37,9	0,18	0,40
1,42	1.310.796	72,3	0,04	0,10
-	-	-	-	-

Tabelle 4.1.: Einnahmen und Ausgaben der ausgegliederten und in den Rechnungen nachgewiesenen Fonds von 1879/80 bis 1914/15 in Württemberg in Mark

Budgetperiode / Budgetjahr		Anzahl der nachgewiesenen Fonds	Einnahmen M.	davon nachgewiesener Staatszuschuß M.	davon nachgewiesener Staatszuschuß in % von 2	nicht im Etat nachgewiesene Einnahmen in % der veranschlagten Nettostaatseinnahmen	Ausgaben M.	davon Zuschüsse/Vorschüsse an die laufende Verwaltung M.	davon Zuschüsse/Vorschüsse an die laufende Verwaltung in % von 6	nicht im Etat nachgewiesene Ausgaben in % der veranschlagten Nettostaatsausgaben
Spalte:		1	2	3	4	5	6	7	8	9
Formel:					3/2*100	(2-3)/A)*100			7/6*100	(6-3)/B)*100
25	1879 / 80	1	624.835			1,3	354.225			0,7
	1880 / 81	1	633.584			1,3	197.331			0,4
26	1881 / 82	1	1.495.445			2,9	905.307			1,7
	1882 / 83	1	1.142.180			2,2	361.690			0,7
27	1883 / 84	1	1.186.104			2,2	894.099			1,7
	1884 / 85	1	708.026			1,3	297.721			0,6
28	1885 / 86	1	883.680			1,6	308.151			0,6
	1886 / 87	1	1.027.604			1,8	299.867			0,5
29	1887 / 88	1	1.063.018			1,8	280.073			0,5
	1888 / 89	1	1.156.019			2,0	307.644			0,5
30	1889 / 90	1	1.215.645			2,0	642.804			1,0
	1890 / 91	1	780.115			1,3	257.183			0,4
31	1891 / 92	1	818.621			1,3	312.127			0,5
	1892 / 93	1	760.672			1,1	620.674			0,9
32	1893 / 94	1	351.074			0,5	237.681			0,4
	1894 / 95	1	410.227			0,6	221.820			0,3
33	1895 / 96	1	502.748			0,7	270.297			0,4
	1896 / 97	1	606.012			0,8	235.291			0,3
34	1897 / 98	1	647.424			0,9	241.618			0,3
	1898 / 99	1	610.649			0,8	555.377			0,8
35	1899 / 1900	3	1.486.405	1.107.691	74,5	0,5	1.342.174			0,3
	1900 / 01	3	948.597	406.326	42,8	0,7	776.429	141	0,0	0,5
36	1901 / 02	3	1.478.107	-	-	1,7	1.375.648	1.023.191	74,4	1,6
	1902 / 03	3	1.102.680	633.112	57,4	0,5	914.216	5.100	0,6	0,3
37	1903 / 04	3	3.755.979	3.142.107	83,7	0,7	3.499.205	5.757	0,2	0,4
	1904 / 05	3	4.647.245	3.926.863	84,5	0,8	3.129.267	8.509	0,3	-0,9
38	1905 / 06	4	6.393.607	4.181.379	65,4	2,7	3.598.918	10.525	0,3	-0,7
	1906 / 07	4	10.561.012	4.959.880	47,0	6,7	3.379.745	12.188	0,4	-1,9
39	1907 / 08	4	10.322.324	-	-	11,3	9.493.715	2.388.721	25,2	10,4

	1908 / 09	4	6.781.430	-	-	7,3	5.933.127	1.964.128	33,1	6,5
40	1909 / 10	3	4.790.002	3.281.849	68,5	1,6	3.528.896	15.145	0,4	0,3
	1910 / 11	3	5.836.600	4.253.681	72,9	1,6	4.643.418	14.725	0,3	0,4
41	1911 / 12	3	7.039.533	3.072.478	43,6	3,6	4.887.425	14.725	0,3	1,7
	1912 / 13	3	6.432.991	2.630.208	40,9	3,4	1.660.919	14.725	0,9	-0,9
42	1913 / 14	3	7.958.574	1.332.099	16,7	5,5	2.220.640	13.323	0,6	0,7
	1914 / 15	3	9.353.133	-	-	7,7	5.467.437	3.335.525	61,0	4,5

A) Siehe Tabelle 4.4.1., Spalte 14 und Tabelle 4.4.2., Spalte 13.
B) Siehe Tabelle 4.4.1., Spalte 1 und Tabelle 4.4.2., Spalte 4.

Tabelle 1.2.: Universitätseinnahmen und -ausgaben nach der Übersicht der Hauptetats der Univer-
Thaler/Mark

	Budgetperiode / Budgetjahr	Einnahmen				Insgesamt	
		eigene	aus Staatsfonds	von Universitätsinstituten	von den den Universitäten zur Verwaltung überwiesene Stiftungen		davon Staatszuschuß in %
		Thlr./M.	Thlr./M.	Thlr./M.	Thlr./M.	Thlr./M.	
	Spalte:	1	2	3	4	5	6
	Formel:					1+2+3+4	2/5*100
10	1849	130.989	481.592	46.973	43.859	703.413	68,5
11	1850 C)	-	477.592	-	-	477.592	-
12	1851	135.824	474.535	47.730	52.676	710.765	66,8
13	1852 C)	-	468.585	-	-	468.585	-
14	1853	135.388	466.035	102.761	-	704.184	66,2
15	1854	134.151	469.526	42.527	66.492	712.696	65,9
16	1855	136.016	464.576	45.202	67.607	713.401	65,1
17	1856	135.991	469.749	46.230	69.507	721.477	65,1
18	1857	142.404	476.249	47.520	80.481	746.654	63,8
19	1858	146.246	477.849	47.520	80.481	752.096	63,5
20	1859	147.923	494.299	-	128.001	770.223	64,2
21	1860	156.186	524.950	-	128.001	809.137	64,9
22	1861	159.478	531.160	-	128.001	818.639	64,9
23	62 C)	-	548.082	-	-	548.082	-
24	63 C)	-	556.160	-	-	556.160	-
25	64	173.686	574.560	72.467	104.375	925.088	62,1
26	65	175.178	571.224	73.683	107.283	927.368	61,6
27	66	194.539	595.271	74.270	110.133	974.213	61,1
28	1867	194.958	613.896	86.201	116.955	1.012.010	60,7
29	1868	361.578	837.966	87.798	124.673	1.412.015	59,3
30	1869	361.578	863.444	87.798	124.673	1.437.493	60,1
31	1870	365.820	862.911	128.550	134.931	1.492.212	57,8
32	1871	373.306	873.910	131.771	137.447	1.516.434	57,6
33	1872	395.639	1.020.461	136.125	133.334	1.685.559	60,5
34	1873	419.004	1.133.189	142.180	127.091	1.821.464	62,2
35	1874 Thaler	440.124	1.332.672	150.274	127.091	2.050.161	65,0
36	1875 Mark	1.392.399	4.921.997	2.665.159	374.492	9.354.047	52,6
37	1876	1.847.803	4.924.624			6.772.427	72,7
38	I./1877 C)	-	1.231.156			1.231.156	-
39	1877 / 78	1.948.918	5.058.729			7.007.647	72,2
40	1878 / 79	2.007.343	5.155.212			7.162.555	72,0
41	1879 / 80	2.076.310	5.251.543			7.327.853	71,7
42	1880 / 81	2.100.937	5.281.222			7.382.159	71,5
43	1881 / 82	2.125.940	5.447.835			7.573.775	71,9
44	1882 / 83	2.188.329	5.633.455			7.821.784	72,0
45	1883 / 84	2.258.641	5.844.570			8.103.211	72,1
46	1884 / 85	2.302.051	5.955.609			8.257.660	72,1
47	1885 / 86	2.421.068	6.242.590			8.663.658	72,1
48	1886 / 87	2.542.509	6.404.747			8.947.256	71,6
49	1887 / 88	2.598.143	6.582.460			9.180.603	71,7
50	1888 / 89	2.728.482	6.777.302			9.505.784	71,3
51	1889 / 90	2.853.614	6.925.520			9.779.134	70,8
52	1890 / 91	2.899.039	7.088.537			9.987.576	71,0
53	1891 / 92	2.977.241	7.311.009			10.288.250	71,1
54	1892 / 93	3.152.540	7.406.852			10.559.392	70,1
55	1893 / 94	3.231.547	7.460.340			10.691.887	69,8
56	1894 / 95	3.457.694	7.527.716			10.985.410	68,5
57	1895 / 96	3.661.677	7.610.020			11.271.697	67,5
58	1896 / 97	3.696.025	7.721.319			11.417.344	67,6
59	1897 / 98	3.782.872	7.880.132			11.663.004	67,6

sitäten und der Philosophischen Akademie zu Münster von 1849 bis 1914/15 in Preußen in

	Ausgaben			Insgesamt		
Nicht im Etat nachgewiesene Einnahmen in % der veranschlagten Nettostaatseinnahmen	eigene Thlr./M.	für Universitätsinstitute Thlr./M.	für die den Universitäten zur Verwaltung überwiesene Stiftungen Thlr./M.	Thlr./M.	davon durch Staatszuschuß gedeckt in %	Nicht im Etat nachgewiesene Ausgaben in % der veranschlagten Nettostaatsausgaben
7	8	9	10	11	12	13
(5-2)/A)*100				8+9+10	2/11*100	(11-2)/B)*100
0,34	612.581			612.581	78,6	0,20
-	-			-	-	-
0,34	599.559			599.559	79,1	0,18
-	-			-	-	-
0,33	595.623			595.623	78,2	0,18
0,33	597.877			597.877	78,5	0,18
0,31	600.292			600.292	77,4	0,18
0,30	605.440			605.440	77,6	0,17
0,33	618.353			618.353	77,0	0,18
0,32	622.195			622.195	76,8	0,18
0,31	641.922			641.922	77,0	0,18
0,31	680.836			680.836	77,1	0,18
0,30	690.338			690.338	76,9	0,18
-	-			-	-	-
-	-			-	-	-
0,30	737.946	72.467	104.375	914.788	62,8	0,30
0,31	746.402	73.683	107.283	927.368	61,6	0,32
- D)	779.511	74.270	110.133	963.914	61,8	- D)
0,34	1.012.011	86.201	116.955	1.215.167	50,5	0,59
0,55	1.199.044	87.798	124.673	1.411.515	59,4	0,58
0,53	1.437.493	87.798	124.673	1.649.964	52,3	0,77
0,57	1.225.481	128.550	134.931	1.488.962	58,0	0,60
0,58	1.242.666	131.771	137.447	1.511.884	57,8	0,60
0,54	1.416.101	136.125	133.334	1.685.560	60,5	0,61
0,50	1.552.194	142.180	127.091	1.821.465	62,2	0,61
0,49	1.772.797	150.274	127.091	2.050.162	65,0	0,64
1,06	6.314.396	2.665.159	374.492	9.354.047	52,6	1,31
0,48	6.772.427			6.772.427	72,7	0,53
-	-			-	-	-
0,51	7.007.647			7.007.647	72,2	0,54
0,45	7.162.555			7.162.555	72,0	0,54
0,46	7.327.853			7.327.853	71,7	0,54
0,41	7.382.159			7.382.159	71,5	0,44
0,42	7.573.775			7.573.775	71,9	0,46
0,43	7.821.784			7.821.784	72,0	0,45
0,42	8.103.210			8.103.210	72,1	0,45
0,41	8.257.660			8.257.660	72,1	0,44
0,39	8.663.658			8.663.658	72,1	0,42
0,39	8.947.257			8.947.257	71,6	0,41
0,38	9.180.603			9.180.603	71,7	0,40
0,36	9.505.783			9.505.783	71,3	0,39
0,34	9.779.134			9.779.134	70,8	0,37
0,33	9.987.577			9.987.577	71,0	0,35
0,31	10.288.250			10.288.250	71,1	0,33
0,32	10.559.392			10.559.392	70,1	0,34
0,32	10.691.888			10.691.888	69,8	0,33
0,32	10.985.410			10.985.410	68,5	0,34
0,35	11.271.697			11.271.697	67,5	0,37
0,34	11.417.345			11.417.345	67,6	0,37
0,33	11.663.003			11.663.003	67,6	0,36

Tabelle 1.2.: - Fortsetzung -

Budgetperiode / Budgetjahr	Einnahmen eigene	aus Staatsfonds	von Universitätsinstituten	von den den Universitäten zur Verwaltung überwiesene Stiftungen	Insgesamt	davon Staatszuschuß in %
	Thlr./M.	Thlr./M.	Thlr./M.	Thlr./M.	Thlr./M.	
Spalte:	1	2	3	4	5	6
Formel:					1+2+3+4	2/5*100
60 1898 / 99	3.550.203	8.763.973			12.314.176	71,2
61 1899 / 1900	3.495.743	9.095.525			12.591.268	72,2
62 1900 / 01	3.510.345	9.553.752			13.064.097	73,1
63 1901 / 02	3.609.241	9.974.569			13.583.810	73,4
64 1902 / 03	3.644.054	10.389.466			14.033.520	74,0
65 1903 / 04	3.716.736	10.741.257			14.457.993	74,3
66 1904 / 05	3.806.615	11.023.699			14.830.314	74,3
67 1905 / 06	3.978.777	11.447.907			15.426.684	74,2
68 1906 / 07	4.215.796	11.760.230			15.976.026	73,6
69 1907 / 08	4.417.414	12.229.855			16.647.269	73,5
70 1908 / 09	4.511.633	12.580.310			17.091.943	73,6
71 1909 / 10	4.714.469	12.741.613			17.456.082	73,0
72 1910 / 11	5.105.353	13.892.369			18.997.722	73,1
73 1911 / 12	5.285.875	14.183.845			19.469.720	72,9
74 1912 / 13	5.518.350	14.547.207			20.065.557	72,5
75 1913 / 14	5.856.926	15.003.531			20.860.457	71,9
76 1914 / 15	6.080.570	15.480.936			21.561.506	71,8

A) Siehe Tabelle 1.4., Spalte 1 ./. Spalte 5.
B) Siehe Tabelle 1.4., Spalte 13 ./. Spalte 5.
C) Der Hauptetat enthält keine Spezialbeilagen.
D) Kein Etat veröffentlicht.

	Ausgaben			Insgesamt		
Nicht im Etat nachgewiesene Einnahmen in % der veranschlagten Nettostaatseinnahmen	eigene	für Universitätsinstitute	für die den Universitäten zur Verwaltung überwiesene Stiftungen		davon durch Staatszuschuß gedeckt in %	Nicht im Etat nachgewiesene Ausgaben in % der veranschlagten Nettostaatsausgaben
	Thlr./M.	Thlr./M.	Thlr./M.	Thlr./M.		
7	8	9	10	11	12	13
(5-2)/A)*100				8+9+10	2/11*100	(11-2)/B)*100
0,29	12.314.175			12.314.175	71,2	0,33
0,27	12.591.267			12.591.267	72,2	0,31
0,26	13.064.096			13.064.096	73,1	0,30
0,25	13.583.811			13.583.811	73,4	0,30
0,26	14.033.521			14.033.521	74,0	0,29
0,26	14.457.994			14.457.994	74,3	0,29
0,26	14.830.314			14.830.314	74,3	0,29
0,30	15.426.684			15.426.684	74,2	0,35
0,30	15.976.026			15.976.026	73,6	0,36
0,29	16.647.268			16.647.268	73,5	0,36
0,29	17.091.942			17.091.942	73,6	0,33
0,28	17.456.082			17.456.082	73,0	0,33
0,31	18.997.722			18.997.722	73,1	0,36
0,33	19.469.720			19.469.720	72,9	0,36
0,32	20.065.556			20.065.556	72,5	0,36
0,33	20.860.456			20.860.456	71,9	0,37
0,33	21.561.506			21.561.506	71,8	0,38

Tabelle 2.2.: Zuschüsse an die Universitäten und deren Einnahmen nach den Etatentwürfen bzw. Rechnungen von 1837/38 bis 1914 in Bayern in Gulden/Mark A)

Budgetperiode / Budgetjahr		Einnahmen Fl./M.	Staatszuschuß Fl./M.	in % von 1	Nicht im Etat nachgewiesene Einnahmen in % der veranschlagten Nettostaatseinnahmen
Spalte:		1	2	3	4
Formel:				2/1*100	1/B)*100
4	1837 / 38		14.000 C)		
	1838 / 39		14.000 C)		
	1839 / 40		14.000 C)		
	1840 / 41		14.000 C)		
	1841 / 42		14.000 C)		
	1842 / 43		14.000 C)		
5	1843 / 44				
	1844 / 45				
	1845 / 46				
	1846 / 47				
	1847 / 48				
	1848 / 49				
6a	1849 / 50		9.000		
	1850 / 51		9.000		
6b	1851 / 52		132.760		
	1852 / 53		132.760		
	1853 / 54		132.760		
	1854 / 55		132.760		
7	1855 / 56		167.866		
	1856 / 57		167.866		
	1857 / 58		167.866		
	1858 / 59		167.866		
	1859 / 60		167.866		
	1860 / 61		167.866		
8	1861 / 62		220.710		
	1862 / 63		220.710		
	1863 / 64		220.710		
	1864 / 65		220.710		
	1865 / 66		220.710		
	1866 / 67		220.710		
9	1868		262.207		
	1869		262.207		
10	1870		304.407		
	1871		304.407		
11	1872		502.466		
	1873		502.466		
12	1874		1.188.641		
	1875 Gulden		1.188.641		
13	1876 Mark		1.876.286		
	1877		1.876.286		
14	1878		1.685.498		
	1879		1.685.498		
15	1880		1.528.027		
	1881		1.528.027		
16	1882		1.582.054		
	1883		1.582.054		
17	1884		1.577.240		
	1885		1.577.240		
18	1886		1.706.849		
	1887		1.706.849		
19	1888		1.752.850		
	1889		1.752.850		
20	1890		1.886.030		
	1891		1.886.030		
21	1892		1.827.747		

Tabelle 2.2.: - Fortsetzung -

Budgetperiode / Budgetjahr		Einnahmen Fl./M.	Staatszuschuß Fl./M.	in % von 1	Nicht im Etat nachgewiesene Einnahmen in % der veranschlagten Nettostaatseinnahmen
Spalte:		1	2	3	4
Formel:				2/1*100	1/B)*100
	1893		1.827.747		
22	1894		1.929.247		
	1895		1.929.247		
23	1896		2.019.407		
	1897		2.019.407		
24	1898	720.890	2.078.874	288,4	0,35
	1899	720.890	2.078.874	288,4	0,35
25	1900	638.954	2.226.053	348,4	0,28
	1901	638.954	2.226.053	348,4	0,28
26	1902	644.329	2.476.895	384,4	0,26
	1903	644.329	2.476.895	384,4	0,26
27	1904	707.146	2.506.374	354,4	0,32
	1905	707.146	2.506.374	354,4	0,32
28	1906	753.978	2.861.353	379,5	0,33
	1907	753.978	2.861.353	379,5	0,33
29	1908	733.174	3.179.440	433,7	0,28
	1909	733.174	3.179.440	433,7	0,28
30	1910	837.729	3.802.160	453,9	0,28
	1911	837.729	3.802.160	453,9	0,28
31	1912	918.495	4.080.981	444,3	0,38
	1913	918.495	4.080.981	444,3	0,38
32	1914	1.023.870	4.333.460	423,2	0,40

A) Ohne außerordentliche Ausgaben.
B) Siehe Tabelle 2.4.1., Spalte 1 ./. Spalte 4.
C) Die Beträge sind nur in den Rechnungen nachgewiesen, und zwar nicht bei den Ausgaben auf Erziehung und Bildung, sondern à conto des Reichsreservefonds.

Tabelle 3.2.1.: Einnahmen und Ausgaben der Universität Leipzig nach den Rechnungen bzw. Etatentwürfen von 1833 bis 1878/79 in Thaler/Mark A)

Budgetperiode / Budgetjahr	Einnahmen eigene Thlr./M.	Zuschüsse aus der Staatskasse Thlr./M.	in % von 1	Insgesamt Thlr./M.	Ausgaben B) Thlr./M.	davon durch Staatszuschuß gedeckt in % von 6
Spalte:	1	2	3	4	6	7
Formel:			2/1*100	1+2		2/6*100
1 1833		34.001		34.001		
2 1834 / 36		100.055		100.055		
3 1837 / 39		114.468		114.468		
4 1840 / 42		110.430		110.430		
5 1843 / 45	141.323	118.164	83,6	259.487	238.508	49,5
6 1846 / 48	152.182	119.774	78,7	271.956	254.482	47,1
7 1849 / 51	182.393	124.275	68,1	306.668	289.426	42,9
8 1852 / 54	186.648	142.275	76,2	328.923	308.448	46,1
9 1855 / 57	327.472	159.486	48,7	486.958	327.472	48,7
10 1858 / 60	198.904	187.036	94,0	385.940	385.940	48,5
11 1861 / 63	198.993	216.252	108,7	415.245	394.377	54,8
12 1864 / 66	236.889	358.491	151,3	595.380	595.380	60,2
13 1867 / 69	240.009	412.941	172,1	652.950	652.950	63,2
14 1870 / 71 C)	175.310	291.206	166,1	466.516	466.516	62,4
15 1872 / 73 Thaler	191.868	334.114	174,1	525.982	334.114	100,0
16 1874 / 75 Mark	617.118	1.298.094	210,3	1.915.212	1.915.212	67,8
17 1876 / 77	692.160	1.439.774	208,0	2.131.934	2.131.934	67,5
18 1878 / 79	766.660	1.441.654	188,0	2.208.314	2.208.314	65,3

A) Die Soll-Zahlen sind den Etats und den Rechnungen zu entnehmen. Hier stammen sie aus den Rechnungen, da diese die Beträge für die ganze Budgetperiode enthalten. Die Etats sind dagegen auf die einjährigen Summen ausgerichtet, die Ausgaben zudem in etatmäßige und transitorische (künftig wegfallende) unterteilt. Um zusätzlichen Rechenaufwand zu vermeiden, werden hier die Rechnungszahlen verwendet. Es handelt sich also um die Soll-Zahlen nach ständischer Bewilligung.

B) Inklusive Schuldentilgung.

C) Ab hier umfaßt die Budgetperiode 2 Budgetjahre, zuvor 3.

Tabelle 3.2.2.: Einnahmen und Ausgaben der Universität Leipzig nach den Etatentwürfen von 1880/81 bis 1914/15 in Mark

Budgetperiode / Budgetjahr		Einnahmen M.	Ausgaben M.	davon durch Staatszuschuß gedeckt in % der Ausgaben	Zuschüsse M.	in % der Einnahmen
Spalte:		1	2	3	4	5
Formel:				4/2*100	2-1	4/1*100
19	1880 / 81	804.902	2.240.486	64,1	1.435.584	178,4
20	1882 / 83	846.542	2.394.158	64,6	1.547.616	182,8
21	1884 / 85	846.264	2.463.520	65,6	1.617.256	191,1
22	1886 / 87	819.148	3.462.004	76,3	2.642.856	322,6
23	1888 / 89	789.090	3.821.294	79,4	3.032.204	384,3
24	1890 / 91	857.572	3.974.936	78,4	3.117.364	363,5
25	1892 / 93	877.844	3.795.644	76,9	2.917.800	332,4
26	1894 / 95	817.704	3.718.154	78,0	2.900.450	354,7
27	1896 / 97	870.304	4.102.440	78,8	3.232.136	371,4
28	1898 / 99	851.070	4.757.138	82,1	3.906.068	459,0
29	1900 / 01	880.624	4.960.192	82,2	4.079.568	463,3
30	1902 / 03	906.720	5.082.248	82,2	4.175.528	460,5
31	1904 / 05	1.134.260	5.875.532	80,7	4.741.272	418,0
32	1906 / 07	1.187.480	6.194.990	80,8	5.007.510	421,7
33	1908 / 09	1.205.620	7.282.322	83,4	6.076.702	504,0
34	1910 / 11	1.312.200	7.869.738	83,3	6.557.538	499,7
35	1912 / 13	1.644.580	9.230.810	82,2	7.586.230	461,3
36	1914 / 15	1.752.700	10.407.124	83,2	8.654.424	493,8

Tabelle 4.2.: Einnahmen, Ausgaben und Zuschüsse der Universität Tübingen und der Universitäts-

Budgetperiode / Budgetjahr		Universität eigene Einnahmen M.	Ausgaben M.	davon durch Staatszuschuß gedeckt in % der Ausgaben	Zuschuß FL./M.	in % der Einnahmen
Spalte:		1	2	3	4	5
Formel:				4/2*100		4/1*100
1	1819 / 20				51.733	
	1820 / 21				44.757	
2	1821 / 22				44.757	
	1822 / 23				44.757	
	1823 / 24				51.000	
3	1824 / 25				51.000	
	1825 / 26				51.000	
	1826 / 27				48.600	
4	1827 / 28				52.600	
	1828 / 29				52.600	
	1829 / 30				48.000	
5	1830 / 31				56.000	
	1831 / 32				55.100	
	1832 / 33				55.100	
6	1833 / 34				49.300	
	1834 / 35				49.300	
	1835 / 36				49.300	
7	1836 / 37				61.600	
	1837 / 38				61.600	
	1838 / 39				61.600	
8	1839 / 40				61.700	
	1840 / 41				61.700	
	1841 / 42				61.700	
9	1842 / 43				80.000	
	1843 / 44				80.000	
	1844 / 45				80.000	
10	1845 / 46				87.650	
	1846 / 47				93.020	
	1847 / 48				95.020	
11	1848 / 49				102.120	
12	1849 / 50				98.000	
	1850 / 51				98.900	
	1851 / 52				98.700	
13	1852 / 53				103.000	
	1853 / 54				103.000	
	1854 / 55				103.000	
14	1855 / 56				103.000	
	1856 / 57				103.000	
	1857 / 58				103.000	
15	1858 / 59				120.168	
	1859 / 60				120.168	
	1860 / 61				120.168	
16	1861 / 62				132.000	
	1862 / 63				132.000	
	1863 / 64				132.000	
17	1864 / 65				160.050	
	1865 / 66				160.050	
	1866 / 67				160.050	
18	1867 / 68				167.566	
	1868 / 69				168.166	
	1869 / 70				168.166	
19	1870 / 71				181.516	
20	1871 / 72				181.516	

institute nach den Etatentwürfen von 1819/20 bis 1914/15 in Württemberg in Gulden/Mark

Universitätsinstitute						
eigene Einnahmen M.	Zuschuß M.	in % der Einnahmen	Nicht im Etat nachgewiesene Einnahmen in % der veranschlagten Nettostaatseinnahmen A)	Ausgaben M.	davon durch Staatszuschuß gedeckt in % der Ausgaben	Nicht im Etat nachgewiesene Ausgaben in % der veranschlagten Nettostaatsausgaben A)
6	7	8	9	10	11	12
		7/6*100	6/B)*100		7/10*100	(10-7)/C)*100

Tabelle 4.2.: - Fortsetzung -

Budgetperiode / Budgetjahr		Universität eigene Einnahmen M.	Ausgaben M.	davon durch Staatszuschuß gedeckt in % der Ausgaben	Zuschuß FL./M.	in % der Einnahmen
Spalte:		1	2	3	4	5
Formel:				4/2*100		4/1*100
	1872 / 73				181.516	
21	1873 / 74				226.341	
	1874 / 75 Gulden				226.341	
22	1875 / 76 Mark				494.055	
23	1876 / 77	54.204	403.704	86,6	349.500	644,8
24	1877 / 78	54.104	336.255	83,9	282.151	521,5
	1878 / 79	40.578	222.698	81,8	182.120	448,8
25	1879 / 80	54.200	378.031	85,7	323.831	597,5
	1880 / 81	54.200	375.860	85,6	321.660	593,5
26	1881 / 82	54.260	384.460	85,9	330.200	608,6
	1882 / 83	54.260	384.460	85,9	330.200	608,6
27	1883 / 84	53.425	389.030	86,3	335.605	628,2
	1884 / 85	53.425	389.030	86,3	335.605	628,2
28	1885 / 86	53.335	401.862	86,7	348.527	653,5
	1886 / 87	53.335	401.862	86,7	348.527	653,5
29	1887 / 88	53.135	408.877	87,0	355.742	669,5
	1888 / 89	53.135	406.831	86,9	353.696	665,7
30	1889 / 90	52.897	411.489	87,1	358.592	677,9
	1890 / 91	52.897	411.489	87,1	358.592	677,9
31	1891 / 92	51.975	449.198	88,4	397.223	764,3
	1892 / 93	51.975	449.698	88,4	397.723	765,2
32	1893 / 94	52.128	461.081	88,7	408.953	784,5
	1894 / 95	52.128	461.081	88,7	408.953	784,5
33	1895 / 96	51.801	465.954	88,9	414.153	799,5
	1896 / 97	51.801	465.954	88,9	414.153	799,5
34	1897 / 98	51.700	477.313	89,2	425.613	823,2
	1898 / 99	51.700	477.313	89,2	425.613	823,2
35	1899 / 1900	50.446	493.187	89,8	442.741	877,7
	1900 / 01	50.446	493.187	89,8	442.741	877,7
36	1901 / 02	50.438	497.336	89,9	446.898	886,0
	1902 / 03	50.438	497.336	89,9	446.898	886,0
37	1903 / 04	50.911	540.546	90,6	489.635	961,7
	1904 / 05	50.911	540.546	90,6	489.635	961,7
38	1905 / 06	50.911	558.734	90,9	507.823	997,5
	1906 / 07	50.911	557.865	90,9	506.954	995,8
39	1907 / 08	51.500	556.469	90,7	504.969	980,5
	1908 / 09	51.500	536.594	90,4	485.094	941,9
40	1909 / 10	51.500	578.468	91,1	526.968	1.023,2
	1910 / 11	51.500	541.788	90,5	490.288	952,0
41	1911 / 12	53.750	598.108	91,0	544.358	1.012,8
	1912 / 13	53.750	598.108	91,0	544.358	1.012,8
42	1913 / 14	70.000	655.904	89,3	585.904	837,0
	1914 / 15	70.000	655.904	89,3	585.904	837,0

A) Die ab 1876/77 aufgeführten Einnahmen und Ausgaben der Universität Tübingen (Spalte 1 und 2)
B) Siehe Tabelle 4.4.1., Spalte 14 und Tabelle 4.4.2., Spalte 13.
C) Siehe Tabelle 4.4.1., Spalte 1 und Tabelle 4.4.2., Spalte 4.
D) Der in der Beilage zum Spezialetat (Kapitel 61) genannte Staatszuschuß stimmt nicht mit dem

Universitätsinstitute

eigene Einnahmen M.	Zuschuß M.	in % der Einnahmen	Nicht im Etat nachgewiesene Einnahmen in % der veranschlagten Nettostaatseinnahmen A)	Ausgaben M.	davon durch Staatszuschuß gedeckt in % der Ausgaben	Nicht im Etat nachgewiesene Ausgaben in % der veranschlagten Nettostaatsausgaben A)
6	7	8	9	10	11	12
		7/6*100	6/B)*100		7/10*100	(10-7)/C)*100
	209.415			227.854	91,9	0,0
	258.747 D)			-	-	-
	258.747 D)			-	-	-
	291.844			316.956	92,1	0,0
	291.844			316.956	92,1	0,0
	306.186			332.811	92,0	0,1
	306.186			332.811	92,0	0,1
	316.751			350.575	90,4	0,1
	316.751			350.575	90,4	0,1
	322.533			371.081	86,9	0,1
	322.533			371.081	86,9	0,1
	335.925			387.519	86,7	0,1
	335.925			387.519	86,7	0,1
	339.042			391.762	86,5	0,1
	339.042			391.762	86,5	0,1
	368.458			422.674	87,2	0,1
	368.458			422.674	87,2	0,1
	392.092			446.586	87,8	0,1
	392.092			446.586	87,8	0,1
	451.646			551.025	82,0	0,1
	451.646			551.025	82,0	0,1
	512.556			601.697	85,2	0,1
	508.431			601.697	84,5	0,1
	551.334			632.899	87,1	0,1
	549.884			632.899	86,9	0,1
	597.786			689.925	86,6	0,1
	597.786			689.925	86,6	0,1
	656.002			861.870	76,1	0,2
	656.002			861.870	76,1	0,2
	664.318			912.781	72,8	0,3
	664.318			912.781	72,8	0,3
	754.913			1.051.366	71,8	0,3
	754.913			1.051.366	71,8	0,3
	861.713			1.179.435	73,1	0,3
	861.713			1.179.435	73,1	0,3
385.749	822.489	213,2	0,4	1.208.238	68,1	0,4
385.749	820.689	212,8	0,3	1.206.438	68,0	0,3
579.100	874.816	151,1	0,5	1.453.916	60,2	0,5
579.100	871.366	150,5	0,5	1.450.466	60,1	0,5

sind in den Etats nachgewiesen.

im Spezialetat aufgeführten überein. Hier ist die Summe des Spezialetats eingesetzt.

Tabelle 1.3.1.: Einnahmen und Ausgaben für höhere Schulen nach den Etatentwürfen von 1876 bis unterhaltenden Anstalten und Fonds und der vom Staat und Anderen gemeinschaft-

Budgetperiode / Budgetjahr		Anstalten landesherrlichen Patronats				Vom Staat
		Einnahmen			Ausgaben	Einnahmen
		eigene	aus Staatsfonds	insgesamt		eigene
		M.	M.	M.	M.	M.
Spalte:		1	2	3	4	5
Formel:				1+2		
37	1876	768.719	29.476	798.195	798.195	4.128.002
38	I./1877 A)	-	-	-	-	-
39	1877 / 78	768.554	29.476	798.030	798.030	4.402.368
40	1878 / 79	768.554	29.476	798.030	798.030	4.495.052
41	1879 / 80	792.334	29.476	821.810	821.810	4.743.952
42	1880 / 81	796.234	29.476	825.710	825.710	4.830.153
43	1881 / 82	916.954	29.476	946.430	946.430	4.860.423
44	1882 / 83	967.254	29.476	996.730	996.730	5.042.189
45	1883 / 84	965.254	29.476	994.730	994.730	5.100.929
46	1884 / 85	971.254	29.476	1.000.730	1.000.730	5.180.234
47	1885 / 86	981.254	29.476	1.010.730	1.010.730	5.527.466
48	1886 / 87	1.026.254	29.476	1.055.730	1.055.730	5.968.871
49	1887 / 88	1.045.514	29.476	1.074.990	1.074.990	6.288.483
50	1888 / 89	1.116.104	29.476	1.145.580	1.145.580	6.702.992
51	1889 / 90	1.116.104	29.476	1.145.580	1.145.580	7.321.707
52	1890 / 91	1.116.104	29.476	1.145.580	1.145.580	7.600.081
53	1891 / 92	1.129.904	29.476	1.159.380	1.159.380	7.758.064
54	1892 / 93	1.129.404	29.476	1.158.880	1.158.880	7.875.218
55	1893 / 94	1.129.404	29.476	1.158.880	1.158.880	8.089.023
56	1894 / 95	1.148.624	29.476	1.178.100	1.178.100	8.308.847
57	1895 / 96	1.141.124	29.476	1.170.600	1.170.600	8.511.289
58	1896 / 97	1.143.834	29.476	1.173.310	1.173.310	8.436.945
59	1897 / 98	1.153.241	29.476	1.182.717	1.182.717	8.604.027
60	1898 / 99	1.172.381	52.176	1.224.557	1.224.557	8.367.389
61	1899 / 1900	1.163.091	52.176	1.215.267	1.215.267	8.426.484
62	1900 / 01	1.163.814	55.676	1.219.490	1.219.490	8.659.133
63	1901 / 02	1.034.884	44.376	1.079.260	1.079.260	8.971.279
64	1902 / 03	1.046.784	44.376	1.091.160	1.091.160	9.200.712
65	1903 / 04	1.069.464	45.966	1.115.430	1.115.430	9.571.960
66	1904 / 05	1.075.454	45.966	1.121.420	1.121.420	9.909.083
67	1905 / 06	1.083.904	45.966	1.129.870	1.129.870	10.419.950
68	1906 / 07	1.110.384	45.966	1.156.350	1.156.350	10.552.109
69	1907 / 08	1.110.384	45.966	1.156.350	1.156.350	10.778.568
70	1908 / 09	1.137.254	45.966	1.183.220	1.183.220	11.227.805
71	1909 / 10	1.146.454	45.966	1.192.420	1.192.420	11.455.356
72	1910 / 11	1.155.854	60.766	1.216.620	1.216.620	11.765.598
73	1911 / 12	1.150.634	122.416	1.273.050	1.273.050	12.377.819
74	1912 / 13	1.163.634	122.351	1.285.985	1.285.985	12.376.644
75	1913 / 14	1.193.614	103.351	1.296.965	1.296.965	12.698.560
76	1914 / 15	1.198.579	82.001	1.280.580	1.280.580	12.883.967

A) Keine Spezialbeilagen.

1914/15 in Preußen in Mark. Hier: der Anstalten landesherrlichen Patronats, der vom Staat zu
lich zu unterhaltenden Anstalten

zu unterhaltende Anstalten und Fonds			Vom Staat und Anderen gemeinschaftlich zu unterhaltende Anstalten			
		Ausgaben	Einnahmen			Ausgaben
aus Staatsfonds	insgesamt		eigene	aus Staatsfonds	insgesamt	
M.	M.	M.	M.	M.	M.	M.
6	7	8	9	10	11	12
	5+6				9+10	
3.112.219	7.240.221	7.240.221	310.833	93.670	404.503	404.503
-	-	-	-	-	-	-
3.109.544	7.511.912	7.511.912	318.866	92.486	411.352	411.352
3.129.582	7.624.634	7.624.634	325.269	91.616	416.885	416.885
3.173.690	7.917.642	7.917.642	267.575	76.070	343.645	343.645
3.201.987	8.032.140	8.032.140	286.578	76.370	362.948	362.948
3.202.039	8.062.462	8.062.462	289.958	75.059	365.017	365.017
3.238.248	8.280.437	8.280.437	294.775	74.255	369.030	369.030
3.260.184	8.361.113	8.361.113	291.132	75.484	366.616	366.616
3.208.315	8.388.549	8.388.549	291.132	75.096	366.228	366.228
3.263.291	8.790.757	8.790.757	291.132	73.623	364.755	364.755
3.332.169	9.301.040	9.301.040	263.652	74.186	337.838	337.838
3.482.074	9.770.557	9.770.557	265.252	74.186	339.438	339.438
3.712.001	10.414.993	10.414.993	264.286	73.762	338.048	338.048
3.947.575	11.269.282	11.269.282	341.391	120.827	462.218	462.218
4.050.349	11.650.430	11.650.430	312.388	108.215	420.603	420.603
4.238.132	11.996.196	11.996.196	312.386	108.217	420.603	420.603
4.370.001	12.245.219	12.245.219	318.848	116.667	435.515	435.515
4.719.325	12.808.348	12.808.348	325.479	121.527	447.006	447.006
5.621.389	13.930.236	13.930.236	370.730	131.971	502.701	502.701
5.703.857	14.215.146	14.215.146	439.485	141.638	581.123	581.123
5.853.268	14.290.213	14.290.213	456.987	142.821	599.808	599.808
6.120.623	14.724.650	14.724.650	425.066	132.829	557.895	557.895
8.390.958	16.758.347	16.758.347	438.690	143.446	582.136	582.136
8.560.319	16.986.803	16.986.803	433.243	157.556	590.799	590.799
8.999.211	17.658.344	17.658.344	330.120	134.653	464.773	464.773
9.335.623	18.306.902	18.306.902	363.791	149.069	512.860	512.860
9.639.203	18.839.915	18.839.915	363.441	150.069	513.510	513.510
9.986.919	19.558.879	19.558.879	370.249	152.834	523.083	523.083
10.317.058	20.226.141	20.226.141	410.081	164.226	574.307	574.307
10.491.399	20.911.349	20.911.349	410.081	164.226	574.307	574.307
10.592.063	21.144.172	21.144.172	409.688	166.679	576.367	576.367
10.759.912	21.538.480	21.538.480	424.375	172.910	597.285	597.285
10.818.190	22.045.995	22.045.995	424.375	172.910	597.285	597.285
11.028.788	22.484.144	22.484.144	424.615	175.020	599.635	599.635
14.516.441	26.282.039	26.282.039	508.614	223.997	732.611	732.611
14.906.187	27.284.006	27.284.006	512.664	225.377	738.041	738.041
15.055.690	27.432.334	27.432.334	348.505	233.335	581.840	581.840
15.217.484	27.916.044	27.916.044	553.813	255.257	809.070	809.070
15.301.283	28.185.250	28.185.250	557.328	256.442	813.770	813.770

Tabelle 1.3.2.: Einnahmen und Ausgaben für höhere Schulen nach den Etatentwürfen von 1876 bis 1914/15 in Preußen in Mark. Hier: der von Anderen zu unterhaltenden, vom Staat zu unterstützenden und ausschließlich von Anderen zu unterhaltenden Anstalten sowie der Fonds, welche vom Staat Zuschüsse erhalten

Budgetperiode / Budgetjahr		Von Anderen zu unterhaltende, vom Staat zu unterstützende und ausschließlich von Anderen zu unterhaltende Anstalten				Fonds, welche vom Staat Zuschüsse erhalten	
		Einnahmen			Ausgaben	Einnahmen aus Staatsfonds	Ausgaben
		eigene	aus Staatsfonds	insgesamt			
		M.	M.	M.	M.	M.	M.
Spalte:		1	2	3	4	5	6
Formel:				1+2			
37	1876	11.304.623	959.514	12.264.137	12.264.137		
38	I./1877 A)	-	-	-	-		
39	1877 / 78	11.998.475	977.042	12.975.517	12.975.517		
40	1878 / 79	12.291.421	975.692	13.267.113	13.267.113		
41	1879 / 80	13.108.439	981.287	14.089.726	14.089.726		
42	1880 / 81	13.104.354	1.002.746	14.107.100	14.107.100		
43	1881 / 82	13.825.234	991.364	14.816.598	14.816.598		
44	1882 / 83	14.570.616	968.210	15.538.826	15.538.826		
45	1883 / 84	14.806.723	989.742	15.796.465	15.796.465		
46	1884 / 85	15.049.539	1.004.370	16.053.909	16.053.909	83.556	83.556
47	1885 / 86	15.027.795	984.019	16.011.814	16.011.814	83.556	83.556
48	1886 / 87	15.169.994	937.641	16.107.635	16.107.635	83.556	83.556
49	1887 / 88	15.041.103	895.323	15.936.426	15.936.426	83.556	83.556
50	1888 / 89	15.036.938	841.653	15.878.591	15.878.591	83.556	83.556
51	1889 / 90	15.300.980	883.399	16.184.379	16.184.379	92.912	92.912
52	1890 / 91	15.083.056	861.129	15.944.185	15.944.185	92.912	92.912
53	1891 / 92	15.597.409	822.441	16.419.850	16.419.850	92.912	92.912
54	1892 / 93	16.150.350	835.964	16.986.314	16.986.314	92.912	92.912
55	1893 / 94	16.239.821	834.344	17.074.165	17.074.165	92.912	92.912
56	1894 / 95	18.891.480	1.404.194	20.295.674	20.295.674	92.912	92.912
57	1895 / 96	19.763.017	1.589.720	21.352.737	21.352.737	92.912	92.912
58	1896 / 97	19.842.977	1.631.820	21.474.797	21.474.797	92.912	92.912
59	1897 / 98	19.774.183	1.615.295	21.389.478	21.389.478	92.912	92.912
60	1898 / 99	21.138.829	1.663.340	22.802.169	22.802.169	9.356	9.356
61	1899 / 1900	22.095.142	2.453.379	24.548.521	24.548.521	9.356	9.356
62	1900 / 01	24.460.669	2.564.661	27.025.330	27.025.330	9.356	9.356
63	1901 / 02	25.907.909	2.602.896	28.510.805	28.510.805	9.356	9.356
64	1902 / 03	27.121.701	2.673.478	29.795.179	29.795.179	9.356	9.356
65	1903 / 04	30.013.027	2.812.369	32.825.396	32.825.396	9.356	9.356
66	1904 / 05	31.240.016	2.825.350	34.065.366	34.065.366	9.356	9.356
67	1905 / 06	32.023.499	2.856.132	34.879.631	34.879.631	9.356	9.356
68	1906 / 07	33.739.206	2.893.827	36.633.033	36.633.033	9.356	9.356
69	1907 / 08	37.699.444	2.975.507	40.674.951	40.674.951	9.356	9.356
70	1908 / 09	38.930.568	2.970.725	41.901.293	41.901.293	9.356	9.356
71	1909 / 10	42.057.467	2.996.605	45.054.072	45.054.072	9.356	9.356
72	1910 / 11	45.727.690	3.105.595	48.833.285	48.833.285	9.356	9.356
73	1911 / 12	52.970.763	4.133.558	57.104.321	57.104.321	9.356	9.356
74	1912 / 13	54.463.196	4.138.226	58.601.422	58.601.422	9.356	9.356
75	1913 / 14	56.724.979	4.176.126	60.901.105	60.901.105	9.356	9.356
76	1914 / 15	59.063.944	4.248.612	63.312.556	63.312.556	9.356	9.356

A) Keine Spezialbeilagen.

Tabelle 1.3.3.: Einnahmen und Ausgaben für höhere Schulen insgesamt nach den Etatentwürfen von 1849 bis 1914/15 in Preußen in Thaler/Mark A)

	Budgetperiode / Budgetjahr	Einnahmen eigene Thlr./M.	Einnahmen aus Staatsfonds Thlr./M.	in % von 1	Einnahmen insgesamt Thlr./M.	Nicht im Etat nachgewiesene Einnahmen in % der veranschlagten Nettostaatseinnahmen	Ausgaben insgesamt Thlr./M.	davon durch Staatszuschuß gedeckt in % von 6	Nicht im Etat nachgewiesene Ausgaben in % der veranschlagten Nettostaatsausgaben
Spalte:		1	2	3	4	5	6	7	8
Formel:				2/1*100	1+2	1/B)*100	13	2/6*100	(6-2)/C)*100
10	1849	495.913	281.195	56,7	777.108	0,8	775.867	36,2	0,7
11	1850	502.215	285.006	56,7	787.221	0,7	- D)	- D)	- D)
12	1851	514.800	285.669	55,5	800.469	0,7	798.817	35,8	0,7
13	1852	529.042	288.278	54,5	817.320	0,7	- D)	- D)	- D)
14	1853	767.291	292.458	38,1	1.059.749	1,1	1.529.181	19,1	1,7
15	1854	734.563	305.495	41,6	1.040.058	1,0	1.028.397	29,7	1,0
16	1855	756.602	307.308	40,6	1.063.910	0,9	1.067.788	28,8	1,0
17	1856	774.262	312.059	40,3	1.086.321	0,9	1.090.239	28,6	1,0
18	1857	802.404	313.951	39,1	1.116.355	1,0	1.120.406	28,0	1,0
19	1858	830.587	314.293	37,8	1.144.880	1,0	1.149.113	27,4	1,0
20	1859	907.987	324.693	35,8	1.232.680	1,0	1.237.078	26,2	1,1
21	1860	912.176	324.628	35,6	1.236.804	1,0	1.241.299	26,2	1,1
22	1861	947.561	324.938	34,3	1.272.499	1,0	1.277.216	25,4	1,1
23	62 E)	-	338.969	-	338.969	-	-	-	-
24	63 E)	-	339.169	-	339.169	-	-	-	-
25	64	1.023.221	349.394	34,1	1.372.615	0,9	1.377.618	25,4	0,9
26	65	1.076.316	350.731	32,6	1.427.047	0,9	1.432.149	24,5	1,0
27	66	1.169.485	347.541	29,7	1.517.026	- F)	1.522.448	22,8	- F)
28	1867	1.261.574	368.423	29,2	1.629.997	1,1	1.635.754	22,5	1,3
29	1868	1.658.939	555.068	33,5	2.214.007	1,6	2.214.008	25,1	1,7
30	1869	1.709.697	574.013	33,6	2.283.710	1,6	2.283.711	25,1	1,7
31	1870	1.767.048	569.991	32,3	2.337.039	1,6	2.336.440	24,4	1,7
32	1871	1.879.046	572.428	30,5	2.451.474	1,7	2.451.475	23,4	1,8
33	1872	1.948.777	626.774	32,2	2.575.551	1,6	2.575.551	24,3	1,8
34	1873	2.150.386	920.054	42,8	3.070.440	1,6	3.070.440	30,0	1,9
35	1874 Thaler	2.649.156	1.054.471	39,8	3.703.627	1,8	3.703.628	28,5	2,4
36	1875 Mark	15.647.945	4.037.627	25,8	19.685.572	3,7	19.685.572	20,5	4,6
37	1876	16.512.177	4.194.879	25,4	20.707.056	4,3	20.707.056	20,3	4,7
38	I./1877 E)	-	1.048.720	-	1.048.720	-	-	-	-

39	1877 / 78	17.488.263	4.208.548	24,1	21.696.811	4,6	21.696.811	19,4	4,8
40	1878 / 79	17.880.296	4.226.366	23,6	22.106.662	4,0	22.106.662	19,1	4,8
41	1879 / 80	18.912.300	4.260.523	22,5	23.172.823	4,2	23.172.823	18,4	4,9
42	1880 / 81	19.017.319	4.310.579	22,7	23.327.898	3,7	23.327.898	18,5	4,0
43	1881 / 82	19.892.569	4.297.938	21,6	24.190.507	4,0	24.190.507	17,8	4,3
44	1882 / 83	20.874.834	4.310.189	20,6	25.185.023	4,1	25.185.023	17,1	4,3
45	1883 / 84	21.164.038	4.354.886	20,6	25.518.924	3,9	25.518.924	17,1	4,3
46	1884 / 85	21.492.159	4.400.813	20,5	25.892.972	3,8	25.892.972	17,0	4,1
47	1885 / 86	21.827.647	4.433.965	20,3	26.261.612	3,5	26.261.612	16,9	3,8
48	1886 / 87	22.428.771	4.457.028	19,9	26.885.799	3,4	26.885.799	16,6	3,7
49	1887 / 88	22.640.352	4.564.615	20,2	27.204.967	3,3	27.204.967	16,8	3,5
50	1888 / 89	23.120.320	4.740.448	20,5	27.860.768	3,1	27.860.768	17,0	3,3
51	1889 / 90	24.080.182	5.074.189	21,1	29.154.371	2,9	29.154.371	17,4	3,2
52	1890 / 91	24.111.629	5.142.081	21,3	29.253.710	2,7	29.253.710	17,6	2,9
53	1891 / 92	24.797.763	5.291.178	21,3	30.088.941	2,6	30.088.941	17,6	2,7
54	1892 / 93	25.473.820	5.445.020	21,4	30.918.840	2,6	30.918.840	17,6	2,7
55	1893 / 94	25.783.727	5.797.584	22,5	31.581.311	2,5	31.581.311	18,4	2,7
56	1894 / 95	28.719.681	7.279.942	25,3	35.999.623	2,7	35.999.623	20,2	2,8
57	1895 / 96	29.854.915	7.557.603	25,3	37.412.518	2,8	37.412.518	20,2	3,0
58	1896 / 97	29.880.743	7.750.297	25,9	37.631.040	2,8	37.631.040	20,6	3,0
59	1897 / 98	29.956.517	7.991.135	26,7	37.947.652	2,6	37.947.652	21,1	2,9
60	1898 / 99	31.117.289	10.259.276	33,0	41.376.565	2,6	41.376.565	24,8	2,9
61	1899 / 1900	32.117.960	11.232.786	35,0	43.350.746	2,5	43.350.746	25,9	2,8
62	1900 / 01	34.613.736	11.763.557	34,0	46.377.293	2,6	46.377.293	25,4	3,0
63	1901 / 02	36.277.863	12.141.320	33,5	48.419.183	2,5	48.419.183	25,1	3,0
64	1902 / 03	37.732.638	12.516.482	33,2	50.249.120	2,7	50.249.120	24,9	3,0
65	1903 / 04	41.024.700	13.007.444	31,7	54.032.144	2,9	54.032.144	24,1	3,2
66	1904 / 05	42.634.634	13.361.956	31,3	55.996.590	2,9	55.996.590	23,9	3,3
67	1905 / 06	43.937.434	13.567.079	30,9	57.504.513	3,3	57.504.513	23,6	3,9
68	1906 / 07	45.811.387	13.707.891	29,9	59.519.278	3,2	59.519.278	23,0	3,9
69	1907 / 08	50.012.771	13.963.651	27,9	63.976.422	3,3	63.976.422	21,8	4,1
70	1908 / 09	51.720.002	14.017.147	27,1	65.737.149	3,4	65.737.149	21,3	3,8
71	1909 / 10	55.083.892	14.255.735	25,9	69.339.627	3,3	69.339.627	20,6	3,8
72	1910 / 11	59.157.756	17.916.155	30,3	77.073.911	3,6	77.073.911	23,2	4,1
73	1911 / 12	67.011.880	19.396.894	28,9	86.408.774	4,1	86.408.774	22,4	4,6
74	1912 / 13	68.351.979	19.558.958	28,6	87.910.937	4,0	87.910.937	22,2	4,5
75	1913 / 14	71.170.966	19.761.574	27,8	90.932.540	4,0	90.932.540	21,7	4,6
76	1914 / 15	73.703.818	19.897.694	27,0	93.601.512	4,0	93.601.512	21,3	4,6

A) Ohne einmalige und außerordentliche Ausgaben. Die Tabelle ist ab 1876 aus den Tabellen 1.3.1. und 1.3.2. errechnet.
B) Siehe Tabelle 1.4., Spalte 1 ./. Spalte 5.
C) Siehe Tabelle 1.4., Spalte 13 ./. Spalte 5.
D) Die Spezialbeilagen enthalten keine Werte.
E) Keine Spezialbeilagen.
F) Kein Etatgesetz veröffentlicht.

Tabelle 2.3.: Zuschüsse an höhere Schulen nach den Etatentwürfen von 1851/52 bis 1914 in Bayern in Gulden/Mark A)

Budgetperiode / Budgetjahr			Lyceen	Gymnasien mit verbundenen Lateinschulen	Deutsche und isolierte Lateinschulen	Realgymnasien	Realschulen	Höhere Schulen insgesamt
			Fl./M.	Fl./M.	Fl./M.	Fl./M.	M.	Fl./M.
Spalte:			1	2	3	4	5	6
Formel:								ab 1868: 1+2+3+4+5
6b	1851 / 52							441.984
	1852 / 53							441.984
	1853 / 54							441.984
	1854 / 55							441.984
7	1855 / 56							476.749
	1856 / 57							476.749
	1857 / 58							476.749
	1858 / 59							476.749
	1859 / 60							476.749
	1860 / 61							476.749
8	1861 / 62							607.925
	1862 / 63							607.925
	1863 / 64							607.925
	1864 / 65							607.925
	1865 / 66							607.925
	1866 / 67							607.925
9	1868		83.217	511.166	647.345			1.241.728
	1869		83.217	511.166	647.345			1.241.728
10	1870		70.611	538.768	699.689			1.309.068
	1871		70.611	538.768	699.689			1.309.068
11	1872		75.590	569.339	2.035.148			2.680.077
	1873		75.590	569.339	2.035.148			2.680.077
12	1874		113.090	767.054	2.147.931 B)	113.725		3.141.800
	1875	Gulden	113.090	767.054	2.147.931 B)	113.725		3.141.800
13	1876	Mark	242.798	1.692.789	46.760 C)	255.764		2.238.111
	1877		242.798	1.692.789	46.760	255.764		2.238.111
14	1878		243.826	1.643.051	46.777	264.709		2.198.363
	1879		243.826	1.643.051	46.777	264.709		2.198.363
15	1880		238.938	1.719.742	48.754	257.217		2.264.651
	1881		238.938	1.719.742	48.754	257.217		2.264.651
16	1882		226.218	1.839.896	48.754	222.039		2.336.907
	1883		226.218	1.839.896	48.754	222.039		2.336.907
17	1884		241.482	1.866.482	48.754	181.143		2.337.861
	1885		241.482	1.866.482	48.754	181.143		2.337.861
18	1886		254.850	2.033.454	49.259	184.570		2.522.133
	1887		254.850	2.033.454	49.259	184.570		2.522.133
19	1888		260.216	2.207.046	60.737	195.066		2.723.065
	1889		260.216	2.207.046	60.737	195.066		2.723.065
20	1890		254.725	2.407.591	68.739	200.484		2.931.539
	1891		254.725	2.407.591	68.739	200.484		2.931.539
21	1892		257.407	2.581.016	71.456	206.192		3.116.071
	1893		257.407	2.581.016	71.456	206.192		3.116.071
22	1894		280.876	2.812.513	75.698	223.928		3.393.015
	1895		280.876	2.812.513	75.698	223.928		3.393.015
23	1896		285.643	3.035.872	100.814	220.599		3.642.928
	1897		285.643	3.035.872	100.814	220.599		3.642.928
24	1898		300.059	3.173.453	124.419	225.539		3.823.470
	1899		300.059	3.173.453	124.419	225.539		3.823.470
25	1900		335.170	3.443.341	136.839	240.817		4.156.167
	1901		335.170	3.443.341	136.839	240.817		4.156.167
26	1902		344.472	3.647.284	146.839	286.471		4.425.066
	1903		344.472	3.647.284	146.839	286.471		4.425.066
27	1904		360.127	3.829.513	164.839	307.901	249.969	4.912.349

Tabelle 2.3.: - Fortsetzung -

Budgetperiode / Budgetjahr		Lyceen	Gymnasien mit verbundenen Lateinschulen	Deutsche und isolierte Lateinschulen	Realgymnasien	Realschulen	Höhere Schulen insgesamt
		Fl./M.	Fl./M.	Fl./M.	Fl./M.	M.	Fl./M.
Spalte:		1	2	3	4	5	6
Formel:							ab 1868: 1+2+3+4+5
	1905	360.127	3.829.513	164.839	307.901	249.969	4.912.349
28	1906	370.546	4.183.445	168.839	357.257	279.969	5.360.056
	1907	370.546	4.183.445	168.839	357.257	279.969	5.360.056
29	1908	302.275	3.565.847	28.839	353.538	232.769	4.483.268
	1909	302.275	3.565.847	28.839	353.538	232.769	4.483.268
30	1910	377.461	5.043.121	29.259	588.232	311.370	6.349.443
	1911	377.461	5.043.121	29.259	588.232	311.370	6.349.443
31	1912	407.008	5.217.610	29.259	632.110	296.370	6.582.357
	1913	407.008	5.217.610	29.259	632.110	296.370	6.582.357
32	1914	419.390	5.311.280	30.260	735.560	289.370	6.785.860

A) Ohne außerordentliche Ausgaben.
B) Das Budgetkapitel heißt: 'Etat für die Zuschüsse aus Centralfonds an die Kreisfonds für Erziehung und Bildung'. Die Ausgaben für die isolierten Lateinschulen sind darin enthalten, aber nicht mehr separat ausgewiesen.
C) Das Kapitel heißt ab diesem Jahr: 'Staatszuschüsse an die Kreisfonds für Schulzwecke. Isolierte Lateinschulen'.

Tabelle 3.3.1.: Zuschüsse an die evangelischen Kirchen für die Gelehrten- und Realschulen sowie an die katholische Kirche für Schulen und wohltätige Anstalten nach den Etatentwürfen von 1831 bis 1878/79 in Sachsen in Thaler/Mark

	Budgetperiode / Budgetjahr		Zuschüsse an die evangelischen Kirchen für die Gelehrten- und Realschulen Thlr./M.	Zuschüsse an die katholischen Kirchen, für Schulen und wohltätige Anstalten Thlr./M.	Zuschüsse insgesamt für die gesamte Budgetperiode Thlr./M.
Spalte:			1	2	3
Formel:					1+2
1	1833		91.626 A)	58.245 A)	149.871
2	1834 / 36		91.626 A)	58.245 A)	149.871
3	1837 / 39		50.250	10.740 B)	60.990
4	1840 / 42		58.200	31.920	90.120
5	1843 / 45		60.900	36.816	97.716
6	1846 / 48		54.000	34.068	88.068
7	1849 / 51		57.150	41.433	98.583
8	1852 / 54		63.150	33.087	96.237
9	1855 / 57		80.250	33.087	113.337
10	1858 / 60		79.200	33.087	112.287
11	1861 / 63		105.246	33.051	138.297
12	1864 / 66		158.364	36.351	194.715
13	1867 / 69		185.016	37.851	222.867
14	1870 / 71	C)	154.100	26.134	180.234
15	1872 / 73		247.716	26.534	274.250
16	1874 / 75	Thaler	412.816	26.534	439.350
17	1876 / 77	Mark	2.495.040	69.912	2.564.952
18	1878 / 79		1.626.254	81.802	1.708.056

A) Es ist nur ein summarischer Betrag für Kirchen und Schulen ausgewiesen.
B) Der Betrag ist vor der Linie ausgewiesen.
C) Ab hier umfaßt die Budgetperiode 2 Etatjahre, zuvor 3.

Tabelle 3.3.2.: Einnahmen und Ausgaben für höhere Schulen nach den Etatentwürfen von 1880/81 bis 1914/15 in Sachsen in Mark

	Budgetperiode / Budgetjahr	Ausgaben					Einnahmen			Zuschuß aus dem Etat	
		Fürsten- und Landes-schulen M.	Andere M.	Allgemeine Ausgaben M.	Ausgaben insgesamt M.	durch Staats-zuschuß gedeckt in % der Ausgaben	Fürsten- und Landes-schulen M.	Andere M.	Einnahmen insgesamt M.	absolut M.	in % der Ein-nahmen ins-gesamt
	Spalte:	1	2	3	4	5	6	7	8	9	10
	Formel:				1+2+3	9/4*100			6+7		9/8*100
19	1880 / 81									1.758.026 A)	
20	1882 / 83									1.771.592 A)	
21	1884 / 85	451.116	1.922.194	993.370	3.366.680	65,3	351.870	817.812	1.169.682	2.196.998	187,8
22	1886 / 87	427.032	2.196.776	1.059.498	3.683.306	67,6	351.938	840.800	1.192.738	2.490.568	208,8
23	1888 / 89	434.446	2.295.144	1.271.000	4.000.590	69,6	352.438	864.208	1.216.646	2.783.944	228,8
24	1890 / 91	448.608	2.271.038	1.022.940	3.742.586	68,7	345.656	827.572	1.173.228	2.569.358	219,0
25	1892 / 93	503.450	2.647.198	698.640	3.849.288	70,2	340.680	804.886	1.145.566	2.703.722	236,0
26	1894 / 95	524.378	2.660.212	780.510	3.965.100	70,7	363.132	797.324	1.160.456	2.804.644	241,7
27	1896 / 97	522.774	2.660.186	854.960	4.037.920	71,4	355.320	800.810	1.156.130	2.881.790	249,3
28	1898 / 99	558.476	3.166.974	991.820	4.717.270	74,5	356.500	848.156	1.204.656	3.512.614	291,6
29	1900 / 01	572.474	3.261.782	1.117.200	4.951.456	75,7	353.620	851.546	1.205.166	3.746.290	310,9
30	1902 / 03	590.178	3.536.642	1.076.720	5.203.540	75,5	359.080	913.904	1.272.984	3.930.556	308,8
31	1904 / 05	620.928	3.742.814	1.381.040	5.744.782	76,3	369.700	991.836	1.361.536	4.383.246	321,9
32	1906 / 07	595.096	3.772.258	1.456.000	5.823.354	75,9	371.400	1.030.768	1.402.168	4.421.186	315,3
33	1908 / 09	608.410	4.335.534	2.939.192	7.883.136	79,2	380.000	1.258.488	1.638.488	6.244.648	381,1
34	1910 / 11	658.324	4.715.878	3.988.230	9.362.432	82,4	390.400	1.259.878	1.650.278	7.712.154	467,3
35	1912 / 13	663.490	4.684.134	4.199.904	9.547.528	83,2	397.500	1.203.306	1.600.806	7.946.722	496,4
36	1914 / 15	692.702	4.763.796	4.937.944	10.394.442	85,1	405.880	1.141.098	1.546.978	8.847.464	571,9

A) Im Spezialetat ist nicht nach Schultypen unterschieden.

Tabelle 4.3.1.: Zuschüsse für Gymnasien, Lyceen und andere Gelehrtenschulen, für das Realschulwesen, für Alterszulagen und Gehaltsaufbesserungen und für höhere Mädchenschulen nach den Etatentwürfen von 1823/24 bis 1908/09 in Württemberg in Gulden/Mark

	Budgetperiode / Budgetjahr	Gymnasien, Lyceen, andere Lateinschulen: Besoldungen der Lehrer	Sonstiger Aufwand	Eigene Einnahmen A)	Realschulwesen	Alterszulagen und Gehaltsaufbesserungen der Lehrer an Gelehrten-, Real- und Bürgerschulen	Höhere Mädchenschulen	Zuschuß insgesamt
		Fl./M.	Fl./M.	M.	Fl./M.	Fl./M.	M.	Fl./M.
	Spalte:	1	2	3	4	5	6	7
	Formel:							1+2+4+5+6
	1823 / 24	143.634 B)	11.595					155.229
3	1824 / 25	143.634 B)	10.473					154.107
	1825 / 26	143.634 B)	10.473					154.107
	1826 / 27	526.900 B)	9.269					536.169
4	1827 / 28	526.900 B)	11.075					537.975
	1828 / 29	526.900 B)	11.115					538.015
	1829 / 30	526.900 B)	10.700					537.600
5	1830 / 31	526.400 B)	8.000		12.115 C)			546.515
	1831 / 32	526.400 B)	8.000		12.115 C)			546.515
	1832 / 33	526.400 B)	8.000		12.115 C)			546.515
6	1833 / 34	71.855	8.000		5.340			85.195
	1834 / 35	71.855	8.000		5.340			85.195
	1835 / 36	71.855	8.000		5.340			85.195
7	1836 / 37	71.855	8.000		15.040			94.895
	1837 / 38	71.855	8.000		15.040			94.895
	1838 / 39	71.855	8.000		15.040			94.895
8	1839 / 40	73.555	10.077		20.040			103.672
	1840 / 41	73.555	9.355		20.540			103.450
	1841 / 42	73.555	8.975		21.040			103.570
9	1842 / 43	75.149	11.993		23.000			110.142
	1843 / 44	75.149	11.284		24.500			110.933
	1844 / 45	75.149	11.271		26.000			112.420
10	1845 / 46	79.729	13.717		28.000			121.446
	1846 / 47	79.729	11.058		30.200			120.987
	1847 / 48	79.729	11.058		31.700			122.487
11	1848 / 49 D)	80.241	11.754		34.700			126.695
12	1849 / 50	78.965	10.963		33.700			123.628
	1850 / 51	80.000	10.963		34.300			125.263
	1851 / 52	80.000	10.963		34.900			125.863
13	1852 / 53	78.000	10.190		39.100			127.290
	1853 / 54	78.000	10.190		39.100			127.290

	1854 / 55		78.000	10.190		39.100			127.290
14	1855 / 56		85.589	10.190		38.090			133.869
	1856 / 57		85.589	10.190		38.090			133.869
	1857 / 58		85.589	10.190		38.090			133.869
15	1858 / 59		94.540	10.600		42.550	15.000		162.690
	1859 / 60		94.540	10.600		42.550	15.000		162.690
	1860 / 61		94.540	10.600		42.550	15.000		162.690
16	1861 / 62		91.635	10.800		39.635	24.908		166.978
	1862 / 63		91.635	10.800		39.635	24.908		166.978
	1863 / 64		91.635	10.800		39.635	24.908		166.978
17	1864 / 65		109.554	7.022		50.046	36.233		202.855
	1865 / 66		110.454	6.903		50.246	37.183		204.786
	1866 / 67		110.854	6.903		51.246	37.533		206.536
18	1867 / 68		118.083	8.170		58.635	50.592		235.480
	1868 / 69		118.583	8.130		59.635	50.592		236.940
	1869 / 70		118.983	8.263		60.635	50.592		238.473
19	1870 / 71		122.390	11.006		61.635	51.892		246.923
20	1871 / 72		122.890	9.506		62.635	51.892		246.923
	1872 / 73		123.390	9.506		63.635	51.892		248.423
21	1873 / 74		162.206	11.980		73.735	108.003		355.924
	1874 / 75	Gulden	163.706	11.980		76.735	108.003		360.424
22	1875 / 76	Mark	346.927	26.695		140.130	272.872		786.624
23	1876 / 77		359.263	26.743	87.989	152.130	272.872		811.008
24	1877 / 78		385.567	38.220	95.489	155.150	272.672	9.000	860.609
	1878 / 79		295.128	28.710	95.489	116.362	204.504	6.750	651.454
25	1879 / 80		385.311	33.539	89.654	179.280	270.500	15.500	884.130
	1880 / 81		389.311	33.309	89.654	184.280	270.500	15.500	892.900
26	1881 / 82		399.225	37.509	91.324	187.280	270.500	16.000	910.514
	1882 / 83		403.225	37.509	91.324	190.280	270.500	16.000	917.514
27	1883 / 84		450.177	48.117	83.953	192.280	270.500	16.000	977.074
	1884 / 85		453.277	48.517	83.953	192.280	270.500	16.000	980.574
28	1885 / 86		458.087	43.892	120.214	192.280	270.500	24.000	988.759
	1886 / 87		459.587	42.542	120.214	192.280	270.500	24.000	988.909
29	1887 / 88		468.490	45.379	121.504	193.280	270.100	24.000	1.001.249
	1888 / 89		468.490	43.379	121.504	197.280	270.100	24.000	1.003.249
30	1889 / 90		472.190	44.069	120.517	197.280	269.600	26.290	1.009.429
	1890 / 91		472.190	43.469	120.517	202.280	269.600	26.562	1.014.101
31	1891 / 92		542.142	44.860	116.481	212.280	459.957	35.842	1.295.081
	1892 / 93		545.142	43.460	116.481	216.280	509.357	36.367	1.350.606
32	1893 / 94		557.685	44.520	112.209	224.280	513.727	45.152	1.385.364
	1894 / 95		558.485	43.820	112.209	231.780	513.727	46.400	1.394.212
33	1895 / 96		568.535	43.820	111.251	239.080	551.567	47.375	1.450.377
	1896 / 97		569.535	43.820	111.251	246.580	551.567	48.232	1.459.734
34	1897 / 98		591.794	44.215	112.637	267.580	558.617	49.350	1.511.556
	1898 / 99		597.794	43.715	112.637	273.580	558.617	50.123	1.523.829
35	1899 / 1900		602.585	44.915	126.980	269.780	373.967	64.628	1.355.875

Tabelle 4.3.1.: - Fortsetzung -

	Budgetperiode / Budgetjahr	Gymnasien, Lyceen, andere Lateinschulen			Real-schul-wesen	Alterszulagen und Gehaltsaufbesserungen der Lehrer an Gelehrten-, Real- und Bürgerschulen	Höhere Mädchen-schulen	Zuschuß insgesamt
		Besoldungen der Lehrer	Sonstiger Aufwand	Eigene Einnahmen A)				
		Fl./M.	Fl./M.	M.	Fl./M.	Fl./M.	M.	Fl./M.
	Spalte:	1	2	3	4	5	6	7
	Formel:							1+2+4+5+6
	1900 / 01	611.305	44.615	126.980	280.780	373.967	64.650	1.375.317
36	1901 / 02	628.434	46.865	131.396	307.750	792.746	70.070	1.845.865
	1902 / 03	628.434	45.965	131.396	311.950	792.746	70.070	1.849.165
37	1903 / 04	643.461	47.465	136.166	313.730	1.005.923	113.170	2.123.749
	1904 / 05	643.561	47.465	136.166	323.730	1.005.923	113.170	2.133.849
38	1905 / 06	639.065	49.652	149.566	329.730	1.040.097	129.070	2.187.614
	1906 / 07	639.065	49.652	149.566	350.730	1.040.097	129.070	2.208.614
39	1907 / 08	640.723	51.502	155.021	343.730	1.042.227	137.770	2.215.952
	1908 / 09	641.723	50.602	155.021	351.730	1.042.227	137.770	2.224.052

A) Die Einnahmen sind für die Gymnasien in Stuttgart und Rottweil sowie für das Realgymnasium in Stuttgart, ab 1885/86 für vier höhere Schulen nachgewiesen.
B) Inklusive der Geistlichen.
C) Die Position heißt hier 'Elementar-, Real- und Gewerbeschule in Stuttgart'.
D) Die Zahlen stammen aus dem Hauptfinanzetat 1848/49 und nicht aus dem Hauptfinanzetat 1848/51.

Tabelle 4.3.2.: Einnahmen und Ausgaben der in staatlicher Unterhaltung stehenden Schulen und Zuschüsse an grundsätzlich nicht vom Staat zu unterhaltende gymnasiale, realgymnasiale und realistische Schulen und deren sonstiger Aufwand nach den Etatentwürfen von 1909/10 bis 1914/15 in Württemberg in Mark

Budgetperiode	/ Budgetjahr	In staatlicher Unterhaltung stehende Schulen: Ausgaben	In staatlicher Unterhaltung stehende Schulen: eigene Einnahmen	In staatlicher Unterhaltung stehende Schulen: Zuschuß	Grundsätzlich nicht vom Staat zu unterhaltende gymnasiale Schulen	Grundsätzlich nicht vom Staat zu unterhaltende realgymnasiale und realistische Schulen	Sonstiger Aufwand für gymnasiale, realgymnasiale und realistische Schulen A)	Höhere Mädchenschulen	Zuschuß insgesamt
		M.	M.	M.	M.	M.	M.	M.	M.
Spalte:		1	2	3	4	5	6	7	8
Formel:									3+4+5+6+7
40	1909 / 10		208.742	570.045	510.612	1.018.565	40.000	146.002	2.285.224
	1910 / 11		208.742	570.045	511.312	1.029.065 B)	40.000	147.502	2.297.924
41	1911 / 12	770.226	221.047 C)	549.179	1.582.457		36.900	157.005	2.325.541
	1912 / 13	770.226	221.047	549.179	1.588.457		36.900	157.005	2.331.541
42	1913 / 14	837.292	240.925	596.367 D)	2.022.263		31.700	232.007	2.882.337
	1914 / 15	837.292	240.925	596.367	2.040.889		31.700	232.007	2.900.963

A) Die Position heißt ab 1911/12 'Allgemeiner Aufwand auf die höheren Schulen'.
B) Ab 1911/12 in der Position 'Grundsätzlich nicht vom Staat zu unterhaltende gymnasiale Schulen' (Spalte 4) enthalten.
C) Die eigenen Einnahmen sind ab hier in einer einzigen Summe ausgewiesen, zuvor nur über einzelne Titel hinweg.
D) Ab hier gehen Zuschüsse nicht mehr an 4 höhere, in staatlicher Unterhaltung stehende Schulen, sondern an 6: das Eberhard-Ludwigs-Gymnasium, das Karlsgymnasium und das Realgymnasium in Stuttgart sowie an die Gymnasien Ehingen, Ellwangen und Rottweil.

Tabelle 1.4.: Einnahmen und Ausgaben nach den Etats in den Gesetzblättern von 1821 bis 1914/15 in Preußen in Thaler/Mark (Teil 1)

	Budgetperiode / Budgetjahr	ordentliche Einnahmen	außerordentliche Einnahmen		Haupt-summe der Einnahme	dauernde Ausgaben: Betriebs-, Verwaltungs- und Erhebungskosten		Dotationen	Staatsverwaltungsausgaben	
		Thlr./M.	Thlr./M.	in % von 4	Thlr./M.	Thlr./M.	in % von 1	Thlr./M.	Thlr./M.	in % von 5
Spalte:		1	2	3	4	5	6	7	8	9
Formel:				2/4*100	1+2		5/1*100			8/5*100
1	1821	50.000.000	0	0,00	50.000.000					
2	1829	50.796.000	0	0,00	50.796.000					
3	1832	51.287.000	0	0,00	51.287.000					
4	1835	51.740.000	0	0,00	51.740.000					
5	1838	52.681.000	0	0,00	52.681.000					
6	1841	55.867.000	0	0,00	55.867.000					
7	1844	57.677.194	0	0,00	57.677.194					
8	1847	64.033.697	0	0,00	64.033.697					
9	1848 A)	-	-	-	-	-	-	-	-	-
10	1849	88.566.380	5.608.000	5,95	94.174.380	22.488.589	25,4	10.122.299	55.895.173	248,5
11	1850	91.338.448	0	0,00	91.338.448	23.178.998	25,4	10.297.130	57.498.265	248,1
12	1851	93.294.959	0	0,00	93.294.959	23.224.220	24,9	12.357.906	57.458.813	247,4
13	1852	97.001.021	0	0,00	97.001.021	23.518.305	24,2	9.895.127	60.214.829	256,0
14	1853	99.568.776	0	0,00	99.568.776	27.532.153	27,7	10.915.577	59.250.938	215,2
15	1854	103.925.069	4.065.000	3,76	107.990.069	29.902.257	28,8	11.075.727	60.432.493	202,1
16	1855	111.827.785	0	0,00	111.827.785	31.086.490	27,8	11.953.099	62.032.870	199,5
17	1856	118.864.071	0	0,00	118.864.071	34.742.958	29,2	13.184.519	62.664.581	180,4
18	1857	120.242.312	0	0,00	120.242.312	38.138.128	31,7	13.525.469	63.287.044	165,9
19	1858	126.409.778	0	0,00	126.409.778	40.321.837	31,9	13.441.519	66.245.048	164,3
20	1859	131.859.288	0	0,00	131.859.288	41.582.837	31,5	14.188.974	67.651.317	162,7
21	1860	130.615.255	0	0,00	130.615.255	40.381.078	30,9	16.016.224	68.253.990	169,0
22	1861	135.341.701	0	0,00	135.341.701	40.938.350	30,2	16.289.374	72.070.175	176,0
23	62	149.030.215	0	0,00	149.030.215	46.077.155	30,9	17.403.181	79.962.287	173,5
24	63	158.484.951	0	0,00	158.484.951	53.872.902	34,0	16.048.023	83.800.582	155,6
25	64	171.540.078	0	0,00	171.540.078	53.859.870	31,4	16.070.143	97.340.167	180,7
26	65	173.934.739	0	0,00	173.934.739	57.420.344	33,0	17.190.394	88.516.252	154,2
27	66 A)	-	-	-	-	-	-	-	-	-
28	1867	168.929.873	0	0,00	168.929.873	52.438.699	31,0	17.061.160	83.902.428	160,0
29	1868	159.757.064	0	0,00	159.757.064	55.421.219	34,7	26.748.130	71.288.201	128,6
30	1869	167.536.494	0	0,00	167.536.494	59.294.148	35,4	27.488.540	75.046.741	126,6
31	1870	168.251.372	0	0,00	168.251.372	58.307.077	34,7	28.432.510	75.296.848	129,1

32	1871	172.918.937	0	0,00	172.918.937	61.276.963	35,4	28.936.510	76.314.536	124,5
33	1872	187.058.940	0	0,00	187.058.940	64.557.719	34,5	28.492.010	81.054.883	125,6
34	1873	210.043.467	0	0,00	210.043.467	72.951.463	34,7	27.636.600	86.005.174	117,9
35	1874 Thaler	232.758.017	0	0,00	232.758.017	87.199.873	37,5	22.043.510	89.504.698	102,6
36	1875 Mark	694.498.919	0	0,00	694.498.919	275.920.381	39,7	60.811.280	276.954.785	100,4
37	1876	651.429.400	0	0,00	651.429.400	269.749.120	41,4	62.466.180	286.944.818	106,4
38	I./1877	156.643.303	0	0,00	156.643.303	67.437.281	43,1	15.616.545	71.553.607	106,1
39	1877 / 78	651.638.414	0	0,00	651.638.414	269.871.075	41,4	69.995.630	291.213.562	107,9
40	1878 / 79	713.857.764	0	0,00	713.857.764	267.569.110	37,5	73.903.830	299.126.831	111,8
41	1879 / 80	711.500.758	0	0,00	711.500.758	254.598.037	37,2	80.864.130	307.159.899	116,1
42	1880 / 81	799.200.581	0	0,00	799.200.581	284.499.120	35,6	245.841.704	230.098.107	80,9
43	1881 / 82	913.070.416	0	0,00	913.070.416	411.311.209	45,0	229.563.841	232.145.848	56,4
44	1882 / 83	934.589.917	0	0,00	934.589.917	419.755.032	44,9	242.435.638	239.501.218	57,1
45	1883 / 84	1.083.057.883	0	0,00	1.083.057.883	542.703.354	50,1	248.789.578	248.366.762	45,8
46	1884 / 85	1.130.234.790	0	0,00	1.130.234.790	562.400.843	49,8	268.337.706	252.658.605	44,9
47	1885 / 86	1.258.928.396	0	0,00	1.258.928.396	641.920.414	51,0	318.626.297	261.456.473	40,7
48	1886 / 87	1.299.474.312	0	0,00	1.299.474.312	648.500.826	49,9	346.065.226	268.270.569	41,4
49	1887 / 88	1.316.717.307	0	0,00	1.316.717.307	632.173.546	48,0	378.436.238	272.510.839	43,1
50	1888 / 89	1.410.728.921	0	0,00	1.410.728.921	653.842.108	46,3	419.203.817	289.077.742	44,2
51	1889 / 90	1.513.894.879	0	0,00	1.513.894.879	674.709.656	44,6	444.203.543	318.039.284	47,1
52	1890 / 91	1.591.613.142	0	0,00	1.591.613.142	710.011.757	44,6	508.423.555	325.009.461	45,8
53	1891 / 92	1.720.834.749	0	0,00	1.720.834.749	765.125.681	44,5	565.624.274	340.229.496	44,5
54	1892 / 93	1.851.115.697	0	0,00	1.851.115.697	873.530.931	47,2	581.088.465	350.071.139	40,1
55	1893 / 94	1.893.313.260	0	0,00	1.893.313.260	873.523.306	46,1	605.062.288	365.517.661	41,8
56	1894 / 95	1.935.958.413	0	0,00	1.935.958.413	868.731.355	44,9	632.706.810	376.663.267	43,4
57	1895 / 96	1.899.473.497	0	0,00	1.899.473.497	844.083.186	44,4	606.165.435	386.965.482	45,8
58	1896 / 97	1.939.258.169	0	0,00	1.939.258.169	859.134.457	44,3	604.327.337	396.099.797	46,1
59	1897 / 98	2.046.031.385	0	0,00	2.046.031.385	908.186.287	44,4	613.554.037	434.344.505	47,8
60	1898 / 99	2.187.527.384	0	0,00	2.187.527.384	979.060.923	44,8	625.180.642	451.649.815	46,1
61	1899 / 1900	2.326.284.698	0	0,00	2.326.284.698	1.050.953.998	45,2	648.085.662	488.124.628	46,4
62	1900 / 01	2.472.266.033	0	0,00	2.472.266.033	1.140.714.622	46,1	671.838.567	493.523.562	43,3
63	1901 / 02	2.649.014.606	0	0,00	2.649.014.606	1.212.463.200	45,8	701.165.597	518.174.005	42,7
64	1902 / 03	2.614.167.144	0	0,00	2.614.167.144	1.223.159.115	46,8	709.049.422	535.248.637	43,8
65	1903 / 04	2.674.281.030	0	0,00	2.674.281.030	1.248.914.652	46,7	715.426.378	552.019.203	44,2
66	1904 / 05	2.800.805.050	0	0,00	2.800.805.050	1.320.303.143	47,1	731.511.942	574.473.583	43,5
67	1905 / 06	2.718.281.607	0	0,00	2.718.281.607	1.392.530.854	51,2	517.425.136	609.314.337	43,8
68	1906 / 07	2.910.344.396	0	0,00	2.910.344.396	1.490.371.580	51,2	532.537.402	650.491.770	43,6
69	1907 / 08	3.187.109.250	0	0,00	3.187.109.250	1.675.120.161	52,6	551.216.139	676.645.540	40,4
70	1908 / 09	3.362.021.686	0	0,00	3.362.021.686	1.819.500.713	54,1	564.144.827	790.235.734	43,4
71	1909 / 10	3.827.354.685	0	0,00	3.827.354.685	2.165.004.605	56,6	611.696.792	819.822.523	37,9
72	1910 / 11	3.930.231.344	0	0,00	3.930.231.344	2.287.031.011	58,2	643.998.964	794.053.565	34,7
73	1911 / 12	4.035.476.749	50.758.000	1,24	4.086.234.749	2.410.278.276	59,7	642.556.614	819.349.606	34,0
74	1912 / 13	4.282.252.250	37.395.800	0,87	4.319.648.050	2.567.649.260	60,0	671.956.059	852.035.381	33,2
75	1913 / 14	4.575.827.827	19.908.400	0,43	4.595.736.227	2.787.678.934	60,9	708.733.995	854.336.342	30,6
76	1914 / 15	4.779.338.895	66.543.100	1,37	4.845.881.995	2.927.762.929	61,3	727.284.897	887.822.673	30,3

A) Kein Etatgesetz veröffentlicht.

Tabelle 1.4.: Einnahmen und Ausgaben nach den Etats in den Gesetzblättern von 1821 bis 1914/15 in Preußen in Thaler/Mark (Teil 2)

	Budgetperiode / Budgetjahr	Rückstände aus dem Vorjahr und zurück Thlr./M.	für Bundeszwecke und Ablieferungen an den Staatsschatz Thlr./M.	Hohenzollernsche Lande Thlr./M.	insgesamt Thlr./M.	davon Betriebs-, Verwaltungs- und Erhebungskosten in % von 13	einmalige und außerordentliche Ausgaben Thlr./M.	einmalige und außerordentliche Ausgaben in % von 13	Hauptsumme der Ausgabe Thlr./M.	Überschuß / Defizit Thlr./M.
Spalte:		10	11	12	13	14	15	16	17	18
Formel:					5+7+8+10+11+12	5/13*100		15/13*100	13+15	4-17
1	1821				50.000.000		0	0,0	50.000.000	0
2	1829				50.796.000		0	0,0	50.796.000	0
3	1832				51.287.000		0	0,0	51.287.000	0
4	1835				51.740.000		0	0,0	51.740.000	0
5	1838				52.681.000		0	0,0	52.681.000	0
6	1841				55.867.000		0	0,0	55.867.000	0
7	1844				57.677.194		0	0,0	57.677.194	0
8	1847				64.033.697		0	0,0	64.033.697	0
9	1848 A)				-	-	-	-	-	-
10	1849				88.506.061	25,4	5.668.319	6,4	94.174.380	0
11	1850				90.974.393	25,5	4.925.213	5,4	95.899.606	-4.561.158
12	1851				93.040.939	25,0	3.326.593	3,6	96.367.532	-3.072.573
13	1852	2.523.721			96.151.982	24,5	3.282.752	3,4	99.434.734	-2.433.713
14	1853	1.870.108			99.568.776	27,7	3.460.895	3,5	103.029.671	-3.460.895
15	1854	1.657.945			103.068.422	29,0	4.921.647	4,8	107.990.069	0
16	1855	1.992.153		183.755	107.248.367	29,0	4.579.418	4,3	111.827.785	0
17	1856	2.527.194		188.966	113.308.218	30,7	5.555.853	4,9	118.864.071	0
18	1857			189.657	115.140.298	33,1	5.102.014	4,4	120.242.312	0
19	1858			192.571	120.200.975	33,5	6.208.803	5,2	126.409.778	0
20	1859			202.286	123.625.414	33,6	8.233.874	6,7	131.859.288	0
21	1860			223.086	124.874.378	32,3	5.740.877	4,6	130.615.255	0
22	1861			224.286	129.522.185	31,6	9.805.152	7,6	139.327.337	-3.985.636
23	62		594.617	247.153	144.284.393	31,9	0	0,0	144.284.393	4.745.822
24	63		254.477	251.162	154.227.146	34,9	0	0,0	154.227.146	4.257.805
25	64		1.550.986	304.619	169.125.785	31,8	0	0,0	169.125.785	2.414.293
26	65		5.854.963	261.412	169.243.365	33,9	0	0,0	169.243.365	4.691.374
27	66 A)		-	-	-	-	-	-	-	-
28	1867			232.571	153.634.858	34,1	15.295.015	10,0	168.929.873	0
29	1868			216.514	153.674.064	36,1	6.083.000	4,0	159.757.064	0
30	1869			220.628	162.050.057	36,6	5.486.437	3,4	167.536.494	0
31	1870			216.415	162.252.850	35,9	5.848.522	3,6	168.101.372	150.000

32	1871	215.886	166.743.895	36,7	6.175.042	3,7	172.918.937	0
33	1872	228.939	174.333.551	37,0	12.725.389	7,3	187.058.940	0
34	1873		186.593.237	39,1	23.450.230	12,6	210.043.467	0
35	1874 Thaler		198.748.081	43,9	34.009.936	17,1	232.758.017	0
36	1875 Mark		613.686.446	45,0	80.812.473	13,2	694.498.919	0
37	1876		619.160.118	43,6	32.269.282	5,2	651.429.400	0
38	I./1877		154.607.433	43,6	2.035.870	1,3	156.643.303	0
39	1877 / 78		631.080.267	42,8	20.558.147	3,3	651.638.414	0
40	1878 / 79		640.599.771	41,8	73.257.993	11,4	713.857.764	0
41	1879 / 80		652.622.066	40,5	58.878.692	9,0	711.500.758	0
42	1880 / 81		760.438.931	37,4	38.761.650	5,1	799.200.581	0
43	1881 / 82		873.020.898	47,1	40.049.518	4,6	913.070.416	0
44	1882 / 83		901.691.888	46,6	32.898.029	3,6	934.589.917	0
45	1883 / 84		1.039.859.694	52,2	43.198.189	4,2	1.083.057.883	0
46	1884 / 85		1.083.397.154	51,9	46.837.636	4,3	1.130.234.790	0
47	1885 / 86		1.222.003.184	52,5	36.925.212	3,0	1.258.928.396	0
48	1886 / 87		1.262.836.621	51,4	36.637.691	2,9	1.299.474.312	0
49	1887 / 88		1.283.120.623	49,3	33.596.684	2,6	1.316.717.307	0
50	1888 / 89		1.362.123.667	48,0	48.605.254	3,6	1.410.728.921	0
51	1889 / 90		1.436.952.483	47,0	76.942.396	5,4	1.513.894.879	0
52	1890 / 91		1.543.444.773	46,0	48.168.369	3,1	1.591.613.142	0
53	1891 / 92		1.670.979.451	45,8	49.855.298	3,0	1.720.834.749	0
54	1892 / 93		1.804.690.535	48,4	46.425.162	2,6	1.851.115.697	0
55	1893 / 94		1.844.103.255	47,4	49.210.005	2,7	1.893.313.260	0
56	1894 / 95		1.878.101.432	46,3	57.856.981	3,1	1.935.958.413	0
57	1895 / 96		1.837.214.103	45,9	62.259.394	3,4	1.899.473.497	0
58	1896 / 97		1.859.561.591	46,2	79.696.578	4,3	1.939.258.169	0
59	1897 / 98		1.956.084.829	46,4	89.946.556	4,6	2.046.031.385	0
60	1898 / 99		2.055.891.380	47,6	131.636.004	6,4	2.187.527.384	0
61	1899 / 1900		2.187.164.288	48,1	139.120.410	6,4	2.326.284.698	0
62	1900 / 01		2.306.076.751	49,5	166.189.282	7,2	2.472.266.033	0
63	1901 / 02		2.431.802.802	49,9	217.211.804	8,9	2.649.014.606	0
64	1902 / 03		2.467.457.174	49,6	146.709.970	5,9	2.614.167.144	0
65	1903 / 04		2.516.360.233	49,6	157.920.797	6,3	2.674.281.030	0
66	1904 / 05		2.626.288.668	50,3	174.516.382	6,6	2.800.805.050	0
67	1905 / 06		2.519.270.327	55,3	199.011.280	7,9	2.718.281.607	0
68	1906 / 07		2.673.400.752	55,7	236.943.644	8,9	2.910.344.396	0
69	1907 / 08		2.902.981.840	57,7	284.127.410	9,8	3.187.109.250	0
70	1908 / 09		3.173.881.274	57,3	188.140.412	5,9	3.362.021.686	0
71	1909 / 10		3.596.523.920	60,2	230.830.765	6,4	3.827.354.685	0
72	1910 / 11		3.725.083.540	61,4	205.147.804	5,5	3.930.231.344	0
73	1911 / 12		3.872.184.496	62,2	214.050.253	5,5	4.086.234.749	0
74	1912 / 13		4.091.640.700	62,8	228.007.350	5,6	4.319.648.050	0
75	1913 / 14		4.350.749.271	64,1	244.986.956	5,6	4.595.736.227	0
76	1914 / 15		4.542.870.499	64,4	303.011.496	6,7	4.845.881.995	0

A) Kein Etatgesetz veröffentlicht.

Tabelle 2.4.1.: Einnahmen und Ausgaben nach den verabschiedeten Etats von 1819/20 bis 1914 in

Budgetperiode / Budgetjahr		Ordentliches Budget				
		Staats-Einnahmen (netto) Fl./M.	Staats-Einnahmen (brutto) Fl./M.	Staats-Ausgaben (netto) Fl./M.	Ausgaben auf die Erhebung, Verwaltung und den Betrieb Fl./M.	in % von 2
Spalte:		1	2	3	4	5
Formel:						4/2*100
1	1819 / 20	31.126.811		31.017.596		
	1820 / 21	31.126.811		31.017.596		
	1821 / 22	31.126.811		31.017.596		
	1822 / 23	31.126.811		31.017.596		
	1823 / 24	31.126.811		31.017.596		
	1824 / 25	31.126.811		31.017.596		
2	1825 / 26	29.132.260		29.126.600		
	1826 / 27	29.132.260		29.126.600		
	1827 / 28	29.132.260		29.126.600		
	1828 / 29	29.132.260		29.126.600		
	1829 / 30	29.132.260		29.126.600		
	1830 / 31	29.132.260		29.126.600		
3	1831 / 32	24.874.266		24.423.441		
	1832 / 33	24.874.266		24.423.441		
	1833 / 34	24.874.266		24.423.441		
	1834 / 35	24.874.266		24.423.441		
	1835 / 36	24.874.266		24.423.441		
	1836 / 37	24.874.266		24.423.441		
4	1837 / 38	30.012.473		29.983.827		
	1838 / 39	30.012.473		29.983.827		
	1839 / 40	30.012.473		29.983.827		
	1840 / 41	30.012.473		29.983.827		
	1841 / 42	30.012.473		29.983.827		
	1842 / 43	30.012.473		29.983.827		
5	1843 / 44	32.036.407		32.036.407		
	1844 / 45	32.036.407		32.036.407		
	1845 / 46	32.036.407		32.036.407		
	1846 / 47	32.036.407		32.036.407		
	1847 / 48	32.036.407		32.036.407		
	1848 / 49	32.036.407		32.036.407		
6a	1849 / 50	33.949.799		33.675.960		
	1850 / 51	33.949.799		33.675.960		
6b	1851 / 52	37.591.090		37.591.090		
	1852 / 53	37.591.090		37.591.090		
	1853 / 54	37.591.090		37.591.090		
	1854 / 55	37.591.090		37.591.090		
7	1855 / 56	41.396.862		41.396.862		
	1856 / 57	41.396.862		41.396.862		
	1857 / 58	41.396.862		41.396.862		
	1858 / 59	41.396.862		41.396.862		
	1859 / 60	41.396.862		41.396.862		
	1860 / 61	41.396.862		41.396.862		
8	1861 / 62	46.720.597		46.720.597		
	1862 / 63	46.720.597		46.720.597		
	1863 / 64	46.720.597		46.720.597		
	1864 / 65	46.720.597		46.720.597		
	1865 / 66	46.720.597		46.720.597		
	1866 / 67	46.720.597		46.720.597		
9	1868		87.144.606	58.508.588	28.636.018	32,9
	1869		87.144.606	58.508.588	28.636.018	32,9
10	1870		87.144.606 A)	60.029.714	33.046.245	37,9
	1871		87.144.606 A)	60.029.714	33.046.245	37,9
11	1872		110.188.260	74.969.635	35.218.625	32,0
	1873		110.188.260	74.969.635	35.218.625	32,0
12	1874		123.696.923	79.827.180	43.869.743	35,5

Bayern in Gulden/Mark

Ausgaben insgesamt (brutto) Fl./M.	davon auf die Erhebung, Verwaltung und den Betrieb in % von 6	Überschuß /Defizit Fl./M.	Außerordentliches Budget Einnahmen Fl./M.	in % von 2	Ausgaben Fl./M.	in % von 6
6	7	8	9	10	11	12
3+4	4/6*100	1-3 und 2-6		9/2*100		11/6*100
		109.215				
		109.215				
		109.215				
		109.215				
		109.215				
		109.215				
		5.660				
		5.660				
		5.660				
		5.660				
		5.660				
		5.660				
		450.825				
		450.825				
		450.825				
		450.825				
		450.825				
		450.825				
		28.646				
		28.646				
		28.646				
		28.646				
		28.646				
		28.646				
		0				
		0				
		0				
		0				
		0				
		0				
		273.839			4.975.514	-
		273.839			4.975.514	-
		0				
		0				
		0				
		0				
		0				
		0				
		0				
		0				
		0				
		0				
		0				
		0				
		0				
		0				
		0				
		0				
87.144.606	32,9	0				
87.144.606	32,9	0				
93.075.959	35,5	-5.931.353				
93.075.959	35,5	-5.931.353				
110.188.260	32,0	0				
110.188.260	32,0	0				
123.696.923	35,5	0				

Tabelle 2.4.1.: - Fortsetzung -

Budgetperiode / Budgetjahr			Ordentliches Budget: Staats-Einnahmen (netto) Fl./M.	Staats-Einnahmen (brutto) Fl./M.	Staats-Ausgaben (netto) Fl./M.	Ausgaben auf die Erhebung, Verwaltung und den Betrieb Fl./M.	in % von 2
Spalte:			1	2	3	4	5
Formel:							4/2*100
	1875	Gulden		123.696.923	79.827.180	43.869.743	35,5
13	1876	Mark		257.360.763	164.020.124	93.340.639	36,3
	1877			257.360.763	164.020.124	93.340.639	36,3
14	1878			221.633.348	129.801.459	91.831.989	41,4
	1879			221.633.348	129.801.459	91.831.989	41,4
15	1880			221.741.445	132.337.428	89.404.017	40,3
	1881			221.741.445	132.337.428	89.404.017	40,3
16	1882			228.705.333	137.718.537	90.986.796	39,8
	1883			228.705.333	137.718.537	90.986.796	39,8
17	1884			234.462.573	141.899.023	92.563.550	39,5
	1885			234.462.573	141.899.023	92.563.550	39,5
18	1886			241.491.646	146.720.082	94.771.564	39,2
	1887			241.491.646	146.720.082	94.771.564	39,2
19	1888			260.037.121	159.763.455	100.273.666	38,6
	1889			260.037.121	159.763.455	100.273.666	38,6
20	1890			280.291.642	165.460.318	114.831.324	41,0
	1891			280.291.642	165.460.318	114.831.324	41,0
21	1892			306.292.271	174.949.039	131.343.232	42,9
	1893			306.292.271	174.949.039	131.343.232	42,9
22	1894			328.341.269	186.612.231	141.729.038	43,2
	1895			328.341.269	186.612.231	141.729.038	43,2
23	1896			345.356.505	193.548.842	151.807.663	44,0
	1897			345.356.505	193.548.842	151.807.663	44,0
24	1898			379.358.055	208.624.594	170.733.461	45,0
	1899			379.358.055	208.624.594	170.733.461	45,0
25	1900			432.919.989	231.975.240	200.944.749	46,4
	1901			432.919.989	231.975.240	200.944.749	46,4
26	1902			454.904.691	244.695.998	210.208.693	46,2
	1903			454.904.691	244.695.998	210.208.693	46,2
27	1904			441.825.326	220.674.941	221.150.385	50,1
	1905			441.825.326	220.674.941	221.150.385	50,1
28	1906			468.176.340	228.422.795	239.753.545	51,2
	1907			468.176.340	228.422.795	239.753.545	51,2
29	1908			546.032.094	261.443.709	286.888.385	52,5
	1909			546.032.094	261.443.709	286.888.385	52,5
30	1910			626.148.628	300.444.190	325.704.438	52,0
	1911			626.148.628	300.444.190	325.704.438	52,0
31	1912			691.930.633	243.335.900	448.594.733	64,8
	1913			691.930.633	243.335.900	448.594.733	64,8
32	1914			736.607.966 C)	254.852.468 C)	481.755.498	65,4

A) Das Budget der 9. Budgetperiode wurde auf die 10. Finanzperiode prolongiert.
B) Der Etat weist einen Betrag von 221.633.348 M. aus. Es handelt sich hierbei um einen Druck-
C) Die Einnahmen sind jetzt wie die Ausgaben untergliedert in 'A. Betriebs- und allgemeine Ein-

		Überschuß /Defizit	Außerordentliches Budget			
Ausgaben insgesamt (brutto)	davon auf die Erhebung, Verwaltung und den Betrieb in %		Einnahmen		Ausgaben	
Fl./M.	von 6	Fl./M.	Fl./M.	in % von 2	Fl./M.	in % von 6
6	7	8	9	10	11	12
3+4	4/6*100	1-3 und 2-6		9/2*100		11/6*100
123.696.923	35,5	0				
257.360.763	36,3	0				
257.360.763	36,3	0				
221.633.448 B)	41,4	-100				
221.633.448 B)	41,4	-100				
221.741.445	40,3	0				
221.741.445	40,3	0				
228.705.333	39,8	0				
228.705.333	39,8	0				
234.462.573	39,5	0				
234.462.573	39,5	0				
241.491.646	39,2	0				
241.491.646	39,2	0				
260.037.121	38,6	0				
260.037.121	38,6	0				
280.291.642	41,0	0				
280.291.642	41,0	0				
306.292.271	42,9	0				
306.292.271	42,9	0				
328.341.269	43,2	0				
328.341.269	43,2	0				
345.356.505	44,0	0				
345.356.505	44,0	0				
379.358.055	45,0	0				
379.358.055	45,0	0				
432.919.989	46,4	0				
432.919.989	46,4	0				
454.904.691	46,2	0				
454.904.691	46,2	0				
441.825.326	50,1	0				
441.825.326	50,1	0				
468.176.340	51,2	0				
468.176.340	51,2	0				
548.332.094	52,3	-2.300.000	82.923.012	15,2	82.923.012	15,1
548.332.094	52,3	-2.300.000	82.923.012	15,2	82.923.012	15,1
626.148.628	52,0	0	86.447.252	13,8	86.447.252	13,8
626.148.628	52,0	0	86.447.252	13,8	86.447.252	13,8
691.930.633	64,8	0	70.909.815	10,2	70.909.815	10,2
691.930.633	64,8	0	70.909.815	10,2	70.909.815	10,2
736.607.966	65,4	0	51.688.141	7,0	51.688.141	7,0

oder Rechenfehler.
nahme-Etats' und 'B. Staatsverwaltungs-Etats'.

Tabelle 2.4.2.: Brutto- und Nettoeinnahmen nach den Etatentwürfen von 1837/38 bis 1866/67 in Bayern in Gulden

Budgetperiode / Budgetjahr		Brutto-einnahmen Fl.	Betriebs-, Verwaltungs- und Erhebungskosten Fl.	in % von 1	Netto-einnahmen Fl.
Spalte:		1	2	3	4
Formel:				2/1*100	1-2
4	1837 / 38	41.815.315	11.802.842	28,2	30.012.473
	1838 / 39	41.815.315	11.802.842	28,2	30.012.473
	1839 / 40	41.815.315	11.802.842	28,2	30.012.473
	1840 / 41	41.815.315	11.802.842	28,2	30.012.473
	1841 / 42	41.815.315	11.802.842	28,2	30.012.473
	1842 / 43	41.815.315	11.802.842	28,2	30.012.473
5	1843 / 44	46.667.467	14.631.060	31,4	32.036.407
	1844 / 45	46.667.467	14.631.060	31,4	32.036.407
	1845 / 46	46.667.467	14.631.060	31,4	32.036.407
	1846 / 47	46.667.467	14.631.060	31,4	32.036.407
	1847 / 48	46.667.467	14.631.060	31,4	32.036.407
	1848 / 49	46.667.467	14.631.060	31,4	32.036.407
6a	1849 / 50	47.078.789	14.175.527	30,1	32.903.262
	1850 / 51	47.078.789	14.175.527	30,1	32.903.262
6b	1851 / 52	47.881.185	14.873.663	31,1	33.007.522
	1852 / 53	47.881.185	14.873.663	31,1	33.007.522
	1853 / 54	47.881.185	14.873.663	31,1	33.007.522
	1854 / 55	47.881.185	14.873.663	31,1	33.007.522
7	1855 / 56	65.240.705	22.090.930	33,9	43.149.775
	1856 / 57	65.240.705	22.090.930	33,9	43.149.775
	1857 / 58	65.240.705	22.090.930	33,9	43.149.775
	1858 / 59	65.240.705	22.090.930	33,9	43.149.775
	1859 / 60	65.240.705	22.090.930	33,9	43.149.775
	1860 / 61	65.240.705	22.090.930	33,9	43.149.775
8	1861 / 62	73.839.738	26.981.213	36,5	46.858.525
	1862 / 63	73.839.738	26.981.213	36,5	46.858.525
	1863 / 64	73.839.738	26.981.213	36,5	46.858.525
	1864 / 65	73.839.738	26.981.213	36,5	46.858.525
	1865 / 66	73.839.738	26.981.213	36,5	46.858.525
	1866 / 67	73.839.738	26.981.213	36,5	46.858.525

Tabelle 3.4.1.: Zuschüsse und Überschüsse bzw. Gesamteinnahmen und Gesamtausgaben nach den Finanzgesetzen von 1834/36 bis 1914/15 in Sachsen in Thaler/Mark

	Budgetperiode / Budgetjahr	Überschüsse	Zuschüsse	Gesamt-einnahmen (brutto)	Gesamt-ausgaben (brutto)	Außerordentliche Ausgaben	
		Thlr./M.	Thlr./M.	Thlr./M.	Thlr./M.	Thlr./M.	in % von 4
	Spalte:	1	2	3	4	5	6
	Formel:						5/4*100
2	1834 / 36		15.476.883			76.850	
3	1837 / 39		14.781.858			0	
4	1840 / 42		16.274.265			0	
5	1843 / 45		16.986.867			0	
6	1846 / 48		17.358.177			0	
7	1849 / 51 A)	-	-			-	
8	1852 / 54	24.845.184	24.845.184			1.724.000	
9	1855 / 57	27.122.706	27.122.706			0	
10	1858 / 60	28.095.729	28.095.729			5.242.658	
11	1861 / 63	29.277.540	29.277.540			7.791.516	
12	1864 / 66	40.976.952	40.976.952			0	
13	1867 / 69	40.401.098	40.401.098			7.017.349	
14	1870 / 71 B)	25.297.188	25.297.188			7.960.000	
15	1872 / 73	27.505.838	27.505.838			17.830.780	
16	1874 / 75 Thaler	31.661.946	31.661.946			27.327.478	
17	1876 / 77 Mark	107.713.954	107.713.954			165.047.815	
18	1878 / 79	124.982.000	124.862.834			24.068.469	
19	1880 / 81	127.519.174	127.519.174			1.091.200	
20	1882 / 83	135.534.472	135.534.472			4.014.905	
21	1884 / 85	139.846.044	139.846.044			17.656.705	
22	1886 / 87	149.731.084	149.731.084			27.603.690	
23	1888 / 89	166.716.628	166.716.628			28.744.500	
24	1890 / 91	185.132.128	185.132.128			31.384.450	
25	1892 / 93	196.628.984	196.628.984			56.251.000	
26	1894 / 95	201.368.778	201.368.778			48.926.600	
27	1896 / 97	155.207.600	155.207.600			73.411.278	
28	1898 / 99	165.819.910	165.819.910			122.971.844	
29	1900 / 01	184.397.078	184.397.078			98.681.086	
30	1902 / 03			649.845.718	649.845.718	64.170.761	9,9
31	1904 / 05			667.690.862	667.690.862	40.119.275	6,0
32	1906 / 07			636.139.338	636.139.338	20.188.940	3,2
33	1908 / 09			692.429.850	692.429.850	31.287.300	4,5

34	1910 / 11	738.158.726	738.158.726	44.267.400	6,0
35	1912 / 13	906.445.284	906.445.284	76.687.700	8,5
36	1914 / 15	984.970.886	984.970.886	75.322.000	7,6

A) Das Finanzgesetz enthält keine Werte.
B) Ab hier umfaßt die Budgetperiode 2 Etatjahre, zuvor 3.

Tabelle 3.4.2.: Zuschüsse und Überschüsse, Einnahmen und Ausgaben nach den Etatentwürfen von

	Budgetperiode / Budgetjahr	Budget der Überschußverwaltungen				Budget der
		Einnahmen	Ausgaben		Überschuß	Ausgaben
		M.	M.	in % von 1	Thlr./M.	M.
Spalte:		1	2	3	4	5
Formel:				2/1*100		
1	1833				5.290.851	
2	1834 / 36				15.897.554	
3	1837 / 39				15.339.773	
4	1840 / 42				16.500.891	
5	1843 / 45				17.043.006	
6	1846 / 48				17.395.944	
7	1849 / 51				23.037.906	
8	1852 / 54				24.823.011	
9	1855 / 57				27.122.706	
10	1858 / 60				28.247.079	
11	1861 / 63				37.069.056	
12	1864 / 66				39.683.772	
13	1867 / 69				39.809.160	
14	1870 / 71 A)				25.148.788	
15	1872 / 73				27.505.838	
16	1874 / 75 Thaler				31.020.022	
17	1876 / 77 Mark				105.819.914	
18	1878 / 79				124.058.376	
19	1880 / 81	248.289.782	120.572.664	48,6	127.717.118	148.807.082
20	1882 / 83	255.992.798	121.079.520	47,3	134.913.278	157.892.842
21	1884 / 85	247.547.910	107.584.850	43,5	139.963.060	161.648.040
22	1886 / 87	261.813.044	112.470.360	43,0	149.342.684	170.860.108
23	1888 / 89	287.298.278	126.951.314	44,2	160.346.964	182.971.528
24	1890 / 91	325.866.860	140.626.032	43,2	185.240.828	207.474.598
25	1892 / 93	354.545.262	159.179.044	44,9	195.366.218	219.273.108
26	1894 / 95	366.801.356	167.997.978	45,8	198.803.378	225.008.794
27	1896 / 97	329.079.978	173.871.478	52,8	155.208.500	235.255.028
28	1898 / 99	383.151.876	217.281.966	56,7	165.869.910	253.688.864
29	1900 / 01	432.638.704	248.276.626	57,4	184.362.078	285.086.508
30	1902 / 03	548.582.854	341.161.112	62,2	207.421.742	325.578.782
31	1904 / 05	544.821.612	334.102.802	61,3	210.718.810	333.577.558
32	1906 / 07	565.491.528	342.931.974	60,6	222.559.554	292.258.122
33	1908 / 09	617.591.468	378.057.440	61,2	239.534.028	311.671.838
34	1910 / 11	662.782.276	400.816.790	60,5	261.965.486	333.847.182
35	1912 / 13	757.989.310	541.283.124	71,4	216.706.186	353.130.500
36	1914 / 15	833.888.502	595.412.784	71,4	238.475.718	388.403.102

A) Ab hier umfaßt die Budgetperiode 2 Etatjahre, zuvor 3.

1833 bis 1914/15 in Sachsen in Thaler/Mark

Zuschußverwaltungen Einnahmen		Zuschuß	Einnahmen /Ausgaben insgesamt	Mehr/ Weniger	Außerordentliches Budget: Einnahmen /Ausgaben	
M.	in % von 5	Thlr./M.	M.	Thlr./M.	Thlr./M.	in % von 9
6	7	8	9	10	11	12
	6/5*100		1+6 und 2+5	4-8	20	11/9*100
		5.070.322		220.529	0	
		15.185.416		712.138	0	
		14.493.261		846.512	0	
		16.274.262		226.629	0	
		16.986.864		56.142	0	
		17.358.177		37.767	0	
		23.037.906		0	18.330.407	
		24.823.011		0	3.872.000	
		27.122.706		0	7.893.550	
		28.247.079		0	1.333.325	
		37.069.056		0	0	
		39.683.772		0	0	
		39.809.160		0	0	
		25.148.788		0	6.595.100	
		27.505.838		0	17.830.780	
		31.020.022		0	22.752.100	
		105.819.914		0	36.367.793	
		124.058.376		0	26.029.069	
21.089.964	14,2	127.717.118	269.379.746	0	1.081.200	0,4
22.979.564	14,6	134.913.278	278.972.362	0	3.964.405	1,4
21.684.980	13,4	139.963.060	269.232.890	0	16.187.075	6,0
21.517.424	12,6	149.342.684	283.330.468	0	12.601.500	4,4
22.624.564	12,4	160.346.964	309.922.842	0	25.547.400	8,2
22.233.770	10,7	185.240.828	348.100.630	0	22.556.150	6,5
23.906.890	10,9	195.366.218	378.452.152	0	51.405.100	13,6
26.205.416	11,6	198.803.378	393.006.772	0	43.381.400	11,0
80.046.528	34,0	155.208.500	409.126.506	0	68.312.278	16,7
87.818.954	34,6	165.869.910	470.970.830	0	106.495.114	22,6
100.724.430	35,3	184.362.078	533.363.134	0	112.783.186	21,1
118.157.040	36,3	207.421.742	666.739.894	0	70.278.560	10,5
122.858.748	36,8	210.718.810	667.680.360	0	39.915.925	6,0
69.698.568	23,8	222.559.554	635.190.096	0	19.682.040	3,1
72.137.810	23,1	239.534.028	689.729.278	0	30.417.300	4,4
71.881.696	21,5	261.965.486	734.663.972	0	39.315.400	5,4
136.424.314	38,6	216.706.186	894.413.624	0	46.467.700	5,2
149.927.384	38,6	238.475.718	983.815.886	0	72.891.000	7,4

Tabelle 3.4.3.: Brutto- und Nettoeinnahmen nach den Rechnungen von 1833 bis 1867/69 in Sachsen in Thaler

	Budgetperiode / Budgetjahr	Brutto-einnahmen	Anlags-, Be-triebs- und Unterhal-tungskosten	Verwaltungs- und Erhe-bungskosten	Zusammen	davon Ver-waltungs- und Erhe-bungskosten	in % von 1	Netto-einnahmen
		Fl.	Fl.	Fl.	Fl.	in % von 4		Fl.
Spalte:		1	2	3	4	5	6	7
Formel:					bis 1855/57 2+3	3/4*100	4/1*100	1-4
1	1833	11.671.337	5.572.921	681.679	6.254.600	10,9	53,6	5.416.737
2	1834 / 36	37.925.227	17.693.664	2.576.162	20.269.826	12,7	53,4	17.655.401
3	1837 / 39	41.020.593	20.412.021	2.797.695	23.209.716	12,1	56,6	17.810.877
4	1840 / 42	42.216.648	21.147.134	2.764.118	23.911.252	11,6	56,6	18.305.396
5	1843 / 45	37.878.292	15.415.913	2.914.540	18.330.453	15,9	48,4	19.547.839
6	1846 / 48	40.083.092	16.746.356	3.250.288	19.996.644	16,3	49,9	20.086.448
7	1849 / 51	46.194.003	17.912.637	3.585.692	21.498.329	16,7	46,5	24.695.674
8	1852 / 54	55.693.594	22.831.845	4.400.949	27.232.794	16,2	48,9	28.460.800
9	1855 / 57	65.549.522	29.742.674	3.197.317	32.939.991	9,7	50,3	32.609.531
10	1858 / 60	65.101.946			28.673.497		44,0	36.428.449
11	1861 / 63	69.894.491			30.007.344		42,9	39.887.147
12	1864 / 66	77.087.700			35.875.329		46,5	41.212.371
13	1867 / 69	85.867.848			42.919.933		50,0	42.947.915

Tabelle 4.4.1.: Staatsausgaben, Brutto- und Nettoeinnahmen und außerordentliches Budget nach den verabschiedeten Etats von 1830/31 bis 1894/95 in Württemberg in Gulden/Mark (Teil 1)

Budgetperiode / Budgetjahr		Staatsbedarf	Ertrag des Kammerguts					
			Rohe Einnahme	Verwaltungskosten	Übrige Ausgaben	Gesamte Ausgaben		davon Anteil der Verwaltungskosten in %
		Fl./M.	Fl./M.	Fl./M.	Fl./M.	Fl./M.	in % von 2	
Spalte:		1	2	3	4	5	6	7
Formel:						3+4	5/2*100	3/5*100
5	1830 / 31	9.609.523						
	1831 / 32	9.386.969						
	1832 / 33	9.454.235						
6	1833 / 34	9.152.615	7.344.775	795.806	2.687.371	3.483.177	47,4	22,8
	1834 / 35	8.957.291	-	-	-	-	-	-
	1835 / 36	8.972.234	-	-	-	-	-	-
7	1836 / 37	9.282.736	7.279.338	809.727	2.505.209	3.314.936	45,5	24,4
	1837 / 38	9.344.777	-	-	-	-	-	-
	1838 / 39	9.337.927	-	-	-	-	-	-
8	1839 / 40	9.668.545	8.555.845	843.750	3.146.887	3.990.637	46,6	21,1
	1840 / 41	9.567.259	-	-	-	-	-	-
	1841 / 42	9.759.742	-	-	-	-	-	-
9	1842 / 43	10.536.783	9.268.157	919.376	3.389.556	4.308.932	46,5	21,3
	1843 / 44	10.381.777	-	-	-	-	-	-
	1844 / 45	10.476.005	-	-	-	-	-	-
10	1845 / 46	10.478.640	9.293.934	894.071	3.518.161	4.412.232	47,5	20,3
	1846 / 47	10.640.428	-	-	-	-	-	-
	1847 / 48	11.014.561	-	-	-	-	-	-
11	1848 / 49	12.548.265	8.920.968	937.461	3.787.425	4.724.886	53,0	19,8
12	1849 / 50	11.520.396	-	-	-	-	-	-
	1850 / 51	11.640.164	-	-	-	-	-	-
	1851 / 52	11.967.735	-	-	-	-	-	-
13	1852 / 53	12.446.214	9.503.339	923.504	4.240.356	5.163.860	54,3	17,9
	1853 / 54	11.935.403	-	-	-	-	-	-
	1854 / 55	12.148.631	-	-	-	-	-	-
14	1855 / 56	12.880.899	11.558.132	959.297	5.906.715	6.866.012	59,4	14,0
	1856 / 57	12.522.435	-	-	-	-	-	-
	1857 / 58	12.740.841	-	-	-	-	-	-
15	1858 / 59	13.462.428	14.578.739	1.039.537	7.658.938	8.698.475	59,7	12,0
	1859 / 60	13.780.117	-	-	-	-	-	-
	1860 / 61	14.026.568	-	-	-	-	-	-

16	1861 / 62	15.223.721	18.192.251	1.090.250	10.358.204	11.448.454	62,9	9,5
	1862 / 63	15.719.233	-	-	-	-	-	-
	1863 / 64	16.239.688	-	-	-	-	-	-
17	1864 / 65	16.467.306	21.475.351	1.262.139	11.805.781	13.067.920	60,9	9,7
	1865 / 66	16.984.232						
	1866 / 67	17.741.169						
18	1867 / 68	19.957.708						
	1868 / 69	21.301.667						
	1869 / 70	22.430.472						
19	1870 / 71 D)	-						
20	1871 / 72	24.589.443						
	1872 / 73	23.304.068						
21	1873 / 74	24.462.814						
	1874 / 75 Gulden	24.618.786						
22	1875 / 76 Mark	44.337.267						
23	1876 / 77	45.804.864						
24	1877 / 78	48.338.788						
	1878 / 79	37.605.136						
25	1879 / 80	52.754.479						
	1880 / 81	53.674.593						
26	1881 / 82	52.171.059						
	1882 / 83	52.036.441						
27	1883 / 84	53.774.905						
	1884 / 85	54.025.092						
28	1885 / 86	55.075.370						
	1886 / 87	56.238.428						
29	1887 / 88	58.625.259						
	1888 / 89	58.791.485						
30	1889 / 90	61.274.850						
	1890 / 91	61.940.181						
31	1891 / 92	65.252.281						
	1892 / 93	66.193.657						
32	1893 / 94	67.200.701						
	1894 / 95	69.129.463						

D) Kein Finanzgesetz veröffentlicht.

Tabelle 4.4.1.: Staatsausgaben, Brutto- und Nettoeinnahmen und außerordentliches Budget nach den verabschiedeten Etats von 1830/31 bis 1894/95 in Württemberg in Gulden/Mark (Teil 2)

Budgetperiode / Budgetjahr		Deckungsmittel Rohe Einnahme	Verwal-tungs-kosten	Übrige Ausgaben	Gesamte Ausgaben	in % von 8	davon Anteil der Verwaltungskosten in %	Reine Einnahme insgesamt	Überschuß / Defizit	Außerordentliches Budget Bedarf	Deckungsmittel
		Fl./M.	Fl./M.	Fl./M.	Fl./M.			Fl./M.	Fl./M.	Fl./M.	Fl./M.
Spalte:		8	9	10	11	12	13	14	15	16	17
Formel:					9+10	11/8*100	9/11*100	2-5+3-11 A)	14-1		
5	1830 / 31							9.619.443	9.920		
	1831 / 32							9.416.726	29.757		
	1832 / 33							9.414.555	-39.680		
6	1833 / 34	6.053.125	588.521	135.484	724.005	12,0	81,3	9.190.718	38.103		
	1834 / 35	-	-	-	-	-	-	8.949.171	-8.120		
	1835 / 36	-	-	-	-	-	-	8.949.171	-23.063		
7	1836 / 37	5.768.573	22.439	173.893	196.332	3,4	11,4	9.536.643	253.907		
	1837 / 38	-	-	-	-	-	-	9.320.642	-24.135		
	1838 / 39	-	-	-	-	-	-	9.324.642	-13.285		
8	1839 / 40	5.486.271	242.255	95.390	337.645	6,2	71,7	9.713.834	45.289		
	1840 / 41	-	-	-	-	-	-	9.641.834	74.575		
	1841 / 42	-	-	-	-	-	-	9.647.834	-111.908		
9	1842 / 43	6.023.609	263.815	173.505	437.320	7,3	60,3	10.545.514	8.731		
	1843 / 44	-	-	-	-	-	-	10.595.514	213.737		
	1844 / 45	-	-	-	-	-	-	10.585.514	109.509		
10	1845 / 46	6.499.514	274.965	222.310	497.275	7,7	55,3	10.883.941	405.301	6.180.000	6.180.000
	1846 / 47	-	-	-	-	-	-	10.863.941	223.513	5.150.000	5.150.000
	1847 / 48	-	-	-	-	-	-	10.861.541	-153.020	6.270.000	6.270.000
11	1848 / 49	7.999.126	213.555	267.800	481.355	6,0	44,4	11.713.853	-834.412	4.940.000	4.940.000
12	1849 / 50	-	-	-	-	-	-	10.349.622	-1.170.774	2.271.160	2.271.160
	1850 / 51	-	-	-	-	-	-	10.806.576	-833.588	1.200.000	1.200.000
	1851 / 52	-	-	-	-	-	-	10.455.934	-1.511.801	400.000	400.000
13	1852 / 53	8.112.270	292.165	177.640	469.805	5,8	62,2	11.981.944	-464.270		
	1853 / 54	-	-	-	-	-	-	12.004.073	68.670		
	1854 / 55	-	-	-	-	-	-	12.158.270	9.639		
14	1855 / 56	8.569.989	353.862	146.192	500.054	5,8	70,8	12.746.712 B)	-134.187		
	1856 / 57	-	-	-	-	-	-	12.719.730	197.295		
	1857 / 58	-	-	-	-	-	-	12.688.671	-52.170		
15	1858 / 59	8.504.860	371.752	173.870	545.622	6,4	68,1	13.839.502	377.074		
	1859 / 60	-	-	-	-	-	-	13.796.689	16.572		
	1860 / 61	-	-	-	-	-	-	13.673.337	-353.231		

16	1861 / 62	8.757.955	382.500	205.420	587.920	6,7	65,1	14.913.832	-309.889
	1862 / 63	-	-	-	-	-	-	15.016.043	-703.190
	1863 / 64	-	-	-	-	-	-	14.994.634	-1.245.054
17	1864 / 65	9.541.500	414.600	213.900	628.500	6,6	66,0	17.304.037 C)	836.731
	1865 / 66							16.928.823	-55.409
	1866 / 67							16.993.923	-747.246
18	1867 / 68							19.957.708	0
	1868 / 69							21.301.667	0
	1869 / 70							22.395.980	-34.492
19	1870 / 71 D)							-	-
20	1871 / 72							24.589.443 E)	0
	1872 / 73							23.304.068 E)	0
21	1873 / 74							24.462.814	0
	1874 / 75 Gulden							24.618.786	0
22	1875 / 76 Mark							44.337.267	0
23	1876 / 77							45.804.864	0
24	1877 / 78							48.338.788	0
	1878 / 79							37.605.136	0
25	1879 / 80							49.700.035	-3.054.444
	1880 / 81							49.958.400	-3.716.193
26	1881 / 82							52.003.884	-167.175
	1882 / 83							52.203.615	167.174
27	1883 / 84							53.774.905	0
	1884 / 85							54.025.092	0
28	1885 / 86							55.075.370	0
	1886 / 87							56.238.428	0
29	1887 / 88							58.625.259	0
	1888 / 89							58.791.485	0
30	1889 / 90							61.274.850	0
	1890 / 91							61.940.181	0
31	1891 / 92							65.252.281	0
	1892 / 93							66.193.657	0
32	1893 / 94							67.200.701	0
	1894 / 95							69.129.463	0

A) Für das jeweils erste Jahr der Finanzperiode.
B) Im Finanzgesetz stehen für den 'Ertrag des Kammerguts' zwei Werte: ein 'reiner Ertrag' von 4.692.120 fl. und ein 'verabschiedeter Ertrag' von 4.676.777 fl. Die Summe enthält den 'verabschiedeten Ertrag'.
C) Im Finanzgesetz stehen für den 'Ertrag des Kammerguts' zwei Werte: ein 'reiner Ertrag' von 8.407.431 fl. und ein 'verabschiedeter Ertrag' von 8.391.037 fl. Die Summe enthält den 'verabschiedeten Ertrag'.
D) Kein Finanzgesetz veröffentlicht.
E) In dem Betrag sind 1.000.000 fl. (1871/72) und 2.000.000 fl. (1872/73) nach dem Gesetz vom 16. Juli 1871 weiter geschaffenes Staatspapiergeld enthalten.

Tabelle 4.4.2.: Staatsausgaben, Brutto- und Nettoeinnahmen nach den verabschiedeten Etats von

Budgetperiode / Budgetjahr	Staatsbedarf				Ertrag des Kammerguts	
	Gesamte Ausgabe	davon ab: Einnahme		Reine Ausgabe	Gesamte Einnahme	davon ab: gabe
	M.	M.	in % von 1	M.	M.	M.
Spalte:	1	2	3	4	5	6
Formel:			2/1*100	1-2		
33 1895 / 96	74.114.183	2.540.498	3,4	71.573.685	71.072.664	46.231.061
1896 / 97	74.285.983	2.541.658	3,4	71.744.325	71.836.092	46.846.455
34 1897 / 98	77.442.624	2.743.811	3,5	74.698.813	78.810.506	52.233.581
1898 / 99	76.620.432	2.744.051	3,6	73.876.381	79.625.505	52.641.260
35 1899 / 1900	83.489.577	2.739.410	3,3	80.750.167	87.442.165	58.404.489
1900 / 01	84.156.467	2.791.730	3,3	81.364.737	89.257.465	59.832.489
36 1901 / 02	91.652.602	2.962.997	3,2	88.689.605	99.250.788	68.213.423
1902 / 03	92.982.764	2.969.597	3,2	90.013.167	101.892.682	69.956.330
37 1903 / 04	94.381.411	3.250.522	3,4	91.130.889	102.181.691	70.941.267
1904 / 05	95.455.865	3.430.322	3,6	92.025.543	104.903.266	72.400.467
38 1905 / 06	86.698.884	3.777.631	4,4	82.921.253	112.962.769	76.768.737
1906 / 07	87.458.588	3.790.356	4,3	83.668.232	114.710.939	78.188.812
39 1907 / 08	95.435.391	4.166.480	4,4	91.268.911	128.161.120	89.122.666
1908 / 09	95.919.813	4.211.180	4,4	91.708.633	131.608.951	91.867.166
40 1909 / 10	100.587.586	4.379.354	4,4	96.208.232	138.789.303	97.582.541
1910 / 11	105.602.815	4.458.874	4,2	101.143.941	143.286.803	101.295.141
41 1911 / 12	115.458.673	6.572.043	5,7	108.886.630	145.767.656	102.915.510
1912 / 13	119.114.149	6.545.983	5,5	112.568.166	149.674.706	104.339.672
42 1913 / 14	125.681.353	7.012.167	5,6	118.669.186	160.186.317	111.614.838
1914 / 15	128.958.541	7.051.387	5,5	121.907.154	163.765.417	113.811.181

1895/96 bis 1914/15 in Württemberg in Mark

Aus- in % von 5	Reine Einnahme M.	Deckungsmittel Gesamte Einnahme M.	davon ab: Ausgabe M.	in % von 9	Reine Einnahme M.	Reine Einnahme insgesamt M.	Überschuß / Defizit M.
7	8	9	10	11	12	13	14
6/5*100	5-6			10/9*100	9-10	8+12	13-4
65,0	24.841.603	47.836.392	1.770.459	3,7	46.065.933	70.907.536	-666.149
65,2	24.989.637	48.146.403	1.772.439	3,7	46.373.964	71.363.601	-380.724
66,3	26.576.925	49.412.389	1.865.774	3,8	47.546.615	74.123.540	-575.273
66,1	26.984.245	49.572.589	1.866.569	3,8	47.706.020	74.690.265	813.884
66,8	29.037.676	54.482.723	2.022.313	3,7	52.460.410	81.498.086	747.919
67,0	29.424.976	54.841.923	2.044.893	3,7	52.797.030	82.222.006	857.269
68,7	31.037.365	59.990.973	1.982.063	3,3	58.008.910	89.046.275	356.670
68,7	31.936.352	60.093.593	1.982.463	3,3	58.111.130	90.047.482	34.315
69,4	31.240.424	62.046.332	2.155.867	3,5	59.890.465	91.130.889	0
69,0	32.502.799	61.594.428	2.159.867	3,5	59.434.561	91.937.360	-88.183
68,0	36.194.032	49.054.840	2.385.470	4,9	46.669.370	82.863.402	-57.851
68,2	36.522.127	49.580.172	2.386.350	4,8	47.193.822	83.715.949	47.717
69,5	39.038.454	54.246.684	2.215.732	4,1	52.030.952	91.069.406	-199.505
69,8	39.741.785	54.893.634	2.214.682	4,0	52.678.952	92.420.737	712.104
70,3	41.206.762	57.444.870	1.801.230	3,1	55.643.640	96.850.402	642.170
70,7	41.991.662	60.444.370	1.781.230	2,9	58.663.140	100.654.802	-489.139
70,6	42.852.146	67.780.654	1.746.170	2,6	66.034.484	108.886.630	0
69,7	45.335.034	68.959.302	1.726.170	2,5	67.233.132	112.568.166	0
69,7	48.571.479	72.663.874	1.823.780	2,5	70.840.094	119.411.573	742.387
69,5	49.954.236	73.670.874	1.829.490	2,5	71.841.384	121.795.620	-111.534

Tabelle 2.5.: Einnahmen und Ausgaben der Fonds für Staatsgüterkaufschillinge, Staatsgefällsab- Bayern in Gulden/Mark

Budgetperiode / Budgetjahr		Staatsgüterkaufschillinge		Staatsgefällsablösungsschillinge		Staatsaktiv-
		Einnahmen	Ausgaben	Einnahmen	Ausgaben	Einnahmen
		FL./M.	FL./M.	FL./M.	FL./M.	FL./M.
Spalte:		1	2	3	4	5
Formel:						
2	1825 / 26	935.434	935.434			
	1826 / 27	923.792	923.792			
	1827 / 28	877.945	877.945			
	1828 / 29	809.335	809.335			
	1829 / 30	2.628.373	2.628.373			
	1830 / 31	657.460	657.460			
3	1831 / 32	660.623	660.623			39.121
	1832 / 33	1.387.594	1.387.594			26.168
	1833 / 34	1.898.431	1.898.431			21.915
	1834 / 35	1.190.978	1.190.978			27.635
	1835 / 36	1.297.165	1.297.165			40.949
	1836 / 37	3.607.917	3.607.917			42.298
4	1837 / 38	1.016.832	1.016.832			855.845
	1838 / 39	761.085	761.085			66.128
	1839 / 40	592.956	592.956			36.259
	1840 / 41	608.602	608.602			21.231
	1841 / 42	456.095	456.095			35.068
	1842 / 43	4.135.570	4.135.570			28.360
5	1843 / 44	830.983	830.983			13.918
	1844 / 45	558.999	558.999			10.948
	1845 / 46	1.623.125	1.623.125			9.259
	1846 / 47	842.762	842.762			15.276
	1847 / 48	1.379.650	1.379.650			4.603
	1848 / 49	177.074	177.074	1.119.872	848	5.138
6a	1849 / 50	213.171	213.171	1.500.584	1.031	6.751
	1850 / 51	562.231	562.231	2.901.030	801	524.529
6b	1851 / 52	1.903.445	1.903.445	1.880.204	1.527	5.817
	1852 / 53	914.954	914.954	1.348.121	415	8.947
	1853 / 54	992.620	992.620	1.426.346	442	7.838
	1854 / 55	1.433.524	1.433.524	1.446.961	102	10.670
7	1855 / 56	1.867.784	1.867.784	1.242.727	2.605	3.380
	1856 / 57	2.355.111	2.355.111	883.155	1.637	15.416
	1857 / 58	2.348.579	2.348.579	840.537	375	7.053
	1858 / 59	1.678.059	1.678.059	790.192	243	7.479
	1859 / 60	1.515.192	1.515.192	661.640	549	7.685
	1860 / 61	716.438	716.438	741.675	178	5.280
8	1861 / 62	1.127.583	717.275	845.434	845.435	3.739
	1862 / 63	1.926.537	728.438	654.760	654.760	11.205
	1863 / 64	1.675.529	1.127.165	742.886	742.886	95.237
	1864 / 65	1.553.151	1.761.377	1.756.578	1.756.578	10.318
	1865 / 66	504.784	621.714	407.900	407.899	1.715
	1866 / 67	1.886.950	886.629	358.463	358.463	3.075
9	1868	1.605.249	244.529	245.076	245.075	1.193
	1869	1.378.233	554.047	235.877	235.476	100
10	1870	1.239.755	299.055	186.341	186.341	705
	1871	1.888.325	610.231	256.206	204.491	1.305
11	1872	2.199.552	702.853	378.137	327.362	2.495
	1873	2.147.645	661.954	852.098	852.098	-
12	1874	2.683.656	834.595	1.031.397	942.072	5.469
	1875 Gulden	2.405.518	1.172.248	1.493.692	2.961	954
13	1876 Mark D)	-	-	-	-	-
	1877	4.589.998	1.522.311	2.855.152	236.445	7.179
14	1878	4.631.207	1.679.423	3.238.517	1.924.770	123

lösungsschillinge und Staatsaktivkapitalien nach den Rechnungen von 1825/26 bis 1914 in

kapitalien Ausgaben FL./M.	Zusammen Einnahmen FL./M.	 Ausgaben FL./M.	in % von 7	Nicht im Etat nachgewiesene Einnahmen in % der veranschlagten Nettostaatseinnahmen	Nicht im Etat nachgewiesene Ausgaben in % der veranschlagten Nettostaatsausgaben
6	7	8	9	10	11
	1+3+5	2+4+6	8/7*100	7/A)*100	8/B)*100
	935.434	935.434	100,0	3,2	3,2
	923.792	923.792	100,0	3,2	3,2
	877.945	877.945	100,0	3,0	3,0
	809.335	809.335	100,0	2,8	2,8
	2.628.373	2.628.373	100,0	9,0	9,0
	657.460	657.460	100,0	2,3	2,3
3.173	699.744	663.796	94,9	2,8	2,7
6.544	1.413.762	1.394.138	98,6	5,7	5,7
920	1.920.346	1.899.351	98,9	7,7	7,8
1.530	1.218.613	1.192.508	97,9	4,9	4,9
40.886	1.338.114	1.338.051	100,0	5,4	5,5
42.211	3.650.215	3.650.128	100,0	14,7	14,9
855.700	1.872.677	1.872.532	100,0	6,2	6,2
63.500	827.213	824.585	99,7	2,8	2,8
36.200	629.215	629.156	100,0	2,1	2,1
21.050	629.833	629.652	100,0	2,1	2,1
34.970	491.163	491.065	100,0	1,6	1,6
27.807	4.163.930	4.163.377	100,0	13,9	13,9
13.700	844.901	844.683	100,0	2,6	2,6
10.948	569.947	569.947	100,0	1,8	1,8
9.080	1.632.384	1.632.205	100,0	5,1	5,1
15.123	858.038	857.885	100,0	2,7	2,7
4.450	1.384.253	1.384.100	100,0	4,3	4,3
5.000	1.302.084	182.922	14,0	4,1	0,6
6.600	1.720.506	220.802	12,8	5,1	0,7
524.529	3.987.790	1.087.561	27,3	11,7	3,2
5.700	3.789.466	1.910.672	50,4	10,1	5,1
8.850	2.272.022	924.219	40,7	6,0	2,5
7.800	2.426.804	1.000.862	41,2	6,5	2,7
10.600	2.891.155	1.444.226	50,0	7,7	3,8
2.000	3.113.891	1.872.389	60,1	7,5	4,5
15.000	3.253.682	2.371.748	72,9	7,9	5,7
6.000	3.196.169	2.354.954	73,7	7,7	5,7
7.000	2.475.730	1.685.302	68,1	6,0	4,1
7.000	2.184.517	1.522.741	69,7	5,3	3,7
4.000	1.463.393	720.616	49,2	3,5	1,7
-	1.976.756	1.562.710	79,1	4,2	3,3
-	2.592.502	1.383.198	53,4	5,5	3,0
95.237	2.513.652 C)	1.965.288 C)	78,2	5,4	4,2
10.318	3.320.047	3.528.273	106,3	7,1	7,6
1.715	914.399	1.031.328	112,8	2,0	2,2
3.075	2.248.488	1.248.167	55,5	4,8	2,7
1.193	1.851.518	490.797	26,5	3,2	0,8
100	1.614.210	789.623	48,9	2,8	1,3
705	1.426.801	486.101	34,1	2,6	0,8
1.305	2.145.836	816.027	38,0	4,0	1,4
2.495	2.580.184	1.032.710	40,0	3,4	1,4
-	2.999.743	1.514.052	50,5	4,0	2,0
5.469	3.720.522	1.782.136	47,9	4,7	2,2
954	3.900.164	1.176.163	30,2	4,9	1,5
-	-	-	-	-	-
7.179	7.452.329	1.765.935	23,7	4,5	1,1
123	7.869.847	3.604.316	45,8	6,1	2,8

Tabelle 2.5.: - Fortsetzung -

Budgetperiode / Budgetjahr		Staatsgüterkaufschillinge		Staatsgefällsablösungsschillinge		Staatsaktiv-
		Einnahmen	Ausgaben	Einnahmen	Ausgaben	Einnahmen
		FL./M.	FL./M.	FL./M.	FL./M.	FL./M.
Spalte:		1	2	3	4	5
Formel:						
	1879	3.823.257	810.714	1.921.733	1.921.733	1.329
15	1880	5.840.203	2.485.366	703.397	703.397	8.065
	1881	4.036.704	900.384	363.026	363.026	918
16	1882	4.055.649	727.553	274.990	274.990	-
	1883	4.535.820	755.618	275.324	275.324	8.605
17	1884	5.032.227	845.956	274.843	-	2.036
	1885	4.960.826	733.739	506.041	2	380
18	1886	5.222.758	1.151.992	733.186	240.022	23.272
	1887	6.330.333	1.446.252	786.788	240.000	23.591
19	1888	6.311.623	1.179.879	824.617	109	647
	1889	7.721.816	1.612.694	2.225.610	1.100.000	7.087
20	1890	7.821.474	931.190	1.584.443	200.000	11.569
	1891	7.829.766	1.047.566	2.914.911	1.300.024	14.025
21	1892	7.302.611	349.454	1.894.900	100.000	7.989
	1893	7.658.343	1.265.478	2.218.288	200.252	20.018
22	1894	6.973.405	645.097	2.545.705	300.129	25.192
	1895	6.921.632	624.569	2.685.081	200.008	14.695
23	1896	9.332.671	3.503.339	4.256.795	1.600.000	49.356
	1897	12.003.143	6.113.656	3.930.994	1.100.035	8.171
24	1898	7.971.065	1.231.045	3.842.117	504.385	5.542
	1899	7.458.389	1.327.991	4.909.407	802.072	3.875
25	1900	8.226.699	2.080.138	8.959.950	3.917.541	7.899
	1901	9.959.717	4.923.367	8.304.426	2.105.831	4.992
26	1902	6.133.446	1.118.713	12.028.253	3.716.765	11.587
	1903	5.460.462	511.209	16.345.321	5.347.462	6.089
27	1904	7.137.756	1.377.308	24.121.852	8.824.038	20.656
	1905	7.462.034	2.198.734	21.960.644	5.998.901	2.354
28	1906	6.523.552	2.048.406	24.688.149	13.362.000	
	1907	8.173.324	5.667.624	31.942.269	10.814.976	
29	1908	5.782.568	3.794.175	39.182.300	16.940.859	
	1909	3.817.705	2.008.415	75.021.158	52.879.611	
30	1910	3.110.638	1.607.238	30.866.279	12.325.364	
	1911	6.495.309	3.130.137	27.408.165	13.607.792	
31	1912	5.306.111	2.818.673	17.051.638	9.451.920	
	1913	13.632.378	6.679.352	16.939.626	17.393.174	
32	1914 D)	-	-	-	-	

A) Siehe Tabelle 2.4.1., Spalte 1 ./. Spalte 4.
B) Siehe Tabelle 2.4.1., Spalte 3.
C) Die Ausgaben des Staatsaktivkapitalienfonds sind ab 1863/64 vollständig in den Staatsgütergaben des Staatsaktivkapitalienfonds zu hoch ausgewiesen sind.
D) Keine Rechnung veröffentlicht.

kapitalien Ausgaben FL./M.	Zusammen Einnahmen FL./M.	 Ausgaben FL./M.	in % von 7	Nicht im Etat nachgewiesene Einnahmen in % der veranschlagten Nettostaatseinnahmen	Nicht im Etat nachgewiesene Ausgaben in % der veranschlagten Nettostaatsausgaben
6	7	8	9	10	11
	1+3+5	2+4+6	8/7*100	7/A)*100	8/B)*100
13.429	5.746.319	2.745.876	47,8	4,4	2,1
8.065	6.551.665	3.196.828	48,8	5,0	2,4
918	4.400.648	1.264.328	28,7	3,3	1,0
-	4.330.639	1.002.543	23,2	3,1	0,7
8.605	4.819.749	1.039.547	21,6	3,5	0,8
2.036	5.309.106	847.992	16,0	3,7	0,6
380	5.467.247	734.121	13,4	3,9	0,5
23.272	5.979.216	1.415.286	23,7	4,1	1,0
23.591	7.140.712	1.709.843	23,9	4,9	1,2
647	7.136.887	1.180.635	16,5	4,5	0,7
7.087	9.954.513	2.719.781	27,3	6,2	1,7
11.569	9.417.486	1.142.759	12,1	5,7	0,7
14.025	10.758.702	2.361.615	22,0	6,5	1,4
7.989	9.205.500	457.443	5,0	5,3	0,3
20.018	9.896.649	1.485.748	15,0	5,7	0,8
25.192	9.544.302	970.418	10,2	5,1	0,5
14.695	9.621.408	839.272	8,7	5,2	0,4
49.356	13.638.822	5.152.695	37,8	7,0	2,7
8.171	15.942.308	7.221.862	45,3	8,2	3,7
5.542	11.818.724	1.740.972	14,7	5,7	0,8
3.875	12.371.671	2.133.938	17,2	5,9	1,0
7.899	17.194.548	6.005.578	34,9	7,4	2,6
4.992	18.269.135	7.034.190	38,5	7,9	3,0
11.587	18.173.286	4.847.065	26,7	7,4	2,0
6.089	21.811.872	5.864.760	26,9	8,9	2,4
20.656	31.280.264	10.222.002	32,7	14,2	4,6
2.354	29.425.032	8.199.989	27,9	13,3	3,7
	31.211.701	15.410.406	49,4	13,7	6,7
	40.115.593	16.482.600	41,1	17,6	7,2
	44.964.868	20.735.034	46,1	17,4	7,9
	78.838.863	54.888.026	69,6	30,4	21,0
	33.976.917	13.932.602	41,0	11,3	4,6
	33.903.474	16.737.929	49,4	11,3	5,6
	22.357.749	12.270.593	54,9	9,2	5,0
	30.572.004	24.072.526	78,7	12,6	9,9
	-	-	-	-	-

kaufschillingfonds geflossen, weshalb die hier aufgeführten Summen um den Betrag der Aus-

Tabelle 4.5.: Einnahmen und Ausgaben der Grundstockverwaltung nach den Rechnungen von 1819/20 bis 1914/15 in Württemberg in Gulden/Mark

	Budgetperiode / Budgetjahr		Einnahmen Fl./M.	Nicht im Etat nachgewiesene Einnahmen in % der veranschlagten Nettostaatseinnahmen	Ausgaben Fl./M.	Nicht im Etat nachgewiesene Ausgaben in % der veranschlagten Nettostaatsausgaben
Spalte:			1	2	3	4
Formel:				1/A)*100		3/B)*100
1	1819 / 20		355.732		294.240	
	1820 / 21		651.501		352.629	
2	1821 / 22		434.285		307.664	
	1822 / 23		1.521.197 C)		698.036 C)	
	1823 / 24		-		-	
3	1824 / 25		-		-	
	1825 / 26		-		-	
	1826 / 27		498.303		404.401	
4	1827 / 28		473.102		433.987	
	1828 / 29		656.823		1.009.669	
	1829 / 30		1.001.906		1.001.906	
5	1830 / 31		665.775	6,9	665.775	6,9
	1831 / 32		490.292	5,2	483.068	5,1
	1832 / 33		666.262	7,1	666.262	7,0
6	1833 / 34		781.526	8,5	525.254	5,7
	1834 / 35		839.731	9,4	833.578	9,3
	1835 / 36		906.371	10,1	906.371	10,1
7	1836 / 37		428.145	4,5	428.145	4,6
	1837 / 38		732.097	7,9	732.097	7,8
	1838 / 39		1.112.343	11,9	1.112.343	11,9
8	1839 / 40		1.849.917	19,0	1.849.917	19,1
	1840 / 41		1.640.995	17,0	1.640.995	17,2
	1841 / 42		1.037.714	10,8	976.674	10,0
9	1842 / 43		1.715.209	16,3	1.715.209	16,3
	1843 / 44		1.202.940	11,4	1.202.940	11,6
	1844 / 45		1.781.139	16,8	1.781.139	17,0
10	1845 / 46		1.147.104	10,5	603.088	5,8
	1846 / 47		1.570.204	14,5	755.625	7,1
	1847 / 48		1.745.269	16,1	502.729	4,6
11	1848 / 49		1.827.755	15,6	1.750.478	13,9
12	1849 / 50	D)	-	-	-	-
	1850 / 51		1.636.381	15,1	1.636.381	14,1
	:					
	:	E)				
	:					
	1872 / 73		3.331.798	14,3	1.721.598	7,4
21	1873 / 74		3.098.155	12,7	1.576.642	6,4
	1874 / 75	Gulden	2.489.399	10,1	1.187.659	4,8
22	1875 / 76	Mark	4.018.138	9,1	1.708.063	3,9
23	1876 / 77		3.177.836	6,9	2.003.957	4,4
24	1877 / 78		1.728.226	3,6	1.614.552	3,3
	1878 / 79		1.051.259	2,8	1.340.001	3,6
25	1879 / 80		12.485.318	25,1	12.455.011	23,6
	1880 / 81		4.573.982	9,2	381.290	0,7
26	1881 / 82		10.511.650	20,2	10.155.789	19,5
	1882 / 83		764.040	1,5	705.543	1,4
27	1883 / 84		658.782	1,2	590.034	1,1
	1884 / 85		679.131	1,3	271.461	0,5
28	1885 / 86		958.207	1,7	280.049	0,5
	1886 / 87		1.248.741	2,2	197.852	0,4
29	1887 / 88		1.537.679	2,6	304.740	0,5
	1888 / 89		1.810.325	3,1	737.444	1,3
30	1889 / 90		2.936.749	4,8	572.888	0,9

Tabelle 4.5.: - Fortsetzung -

Budgetperiode / Budgetjahr		Einnahmen Fl./M.	Nicht im Etat nachgewiesene Einnahmen in % der veranschlagten Nettostaatseinnahmen	Ausgaben Fl./M.	Nicht im Etat nachgewiesene Ausgaben in % der veranschlagten Nettostaatsausgaben
Spalte:		1	2	3	4
Formel:			1/A)*100		3/B)*100
	1890 / 91	3.529.778	5,7	825.733	1,3
31	1891 / 92	3.285.885	5,0	865.757	1,3
	1892 / 93	2.973.656	4,5	686.662	1,0
32	1893 / 94	6.277.623	9,3	5.170.473	7,7
	1894 / 95	1.703.204	2,5	454.044	0,7
33	1895 / 96	9.646.291	13,6	7.884.477	11,0
	1896 / 97	2.238.302	3,1	1.508.796	2,1
34	1897 / 98	1.627.656	2,2	1.201.322	1,6
	1898 / 99	1.016.497	1,4	1.784.261	2,4
35	1899 / 1900	2.758.897	3,4	3.479.721	4,3
	1900 / 01	3.656.110	4,4	4.407.108	5,4
36	1901 / 02	2.625.821	2,9	3.429.094	3,9
	1902 / 03	2.251.820	2,5	4.041.368	4,5
37	1903 / 04	1.394.185	1,5	4.484.004	4,9
	1904 / 05	2.058.651	2,2	4.126.174	4,5
38	1905 / 06	5.097.078	6,2	6.609.978	8,0
	1906 / 07	4.344.045	5,2	4.520.996	5,4
39	1907 / 08	4.519.573	5,0	4.206.438	4,6
	1908 / 09	902.104	1,0	1.327.378	1,4
40	1909 / 10	2.355.027	2,4	1.566.306	1,6
	1910 / 11	2.047.267	2,0	299.020	0,3
41	1911 / 12	2.983.065	2,7	1.934.539	1,8
	1912 / 13	2.116.770	1,9	1.238.624	1,1
42	1913 / 14	2.199.123	1,8	1.478.300	1,2
	1914 / 15	3.037.677	2,5	1.044.538	0,9

A) Siehe Tabelle 4.4.1., Spalte 14 und Tabelle 4.4.2., Spalte 13.
B) Siehe Tabelle 4.4.1., Spalte 1 und Tabelle 4.4.2., Spalte 4.
C) Inklusive älterer Passivrückstände aus Vorperioden, die nur für die gesamte Finanzperiode ausgewiesen sind.
D) Es ist keine zusammenhängende Rechnung veröffentlicht.
E) Es ist keine zusammenhängende Rechnung oder kein Wert veröffentlicht.

Tabelle 1.6.: Einnahmen und Ausgaben auf Reste nach den Rechnungen von 1849 bis 1868 in Preußen in Thaler A)

Budgetperiode / Budgetjahr		Einnahmen Thlr.	Nicht im Etat nachgewiesene Einnahmen in % der veranschlagten Nettostaatseinnahmen	Ausgaben Thlr.	Nicht im Etat nachgewiesene Ausgaben in % der veranschlagten Nettostaatsausgaben
Spalte:		1	2	3	4
Formel:			1/B)*100		3/C)*100
10	1849			9.021.902	13,7
11	1850			11.970.521	17,7
12	1851			20.936.262	30,0
13	1852	20.900.091	28,4	6.077.631	8,4
14	1853	28.503.893	39,6	10.444.276	14,5
15	1854	2.465.889	3,3	4.333.188	5,9
16	1855	2.971.197	3,7	5.016.390	6,6
17	1856	36.901.409	43,9	8.845.189	11,3
18	1857	17.507.317	21,3	6.104.594	7,9
19	1858	12.766.283	14,8	5.343.446	6,7
20	1859	17.033.269	18,9	12.225.422	14,9
21	1860	21.891.017	24,3	13.044.592	15,4
22	1861	18.891.339	20,0	11.441.726	12,9
23	62	16.575.830	16,1	11.118.747	11,3
24	63	15.324.073	14,6	9.451.238	9,4
25	64	18.372.060	15,6	14.483.383	12,6
26	65	12.048.823	10,3	10.681.295	9,6
27	66	13.849.238	- D)	7.047.902	- D)
28	1867	90.281.749	77,5	74.028.831	73,2
29	1868	29.107.230	27,9	26.902.279	27,4

A) Ab 1869 sind bei den Einnahmen vor der Linie Reste von 18.849.100 Thaler ausgewiesen, bei den Ausgaben 13.844.070 Thaler in der Linie. Ab 1870 gehen beide ohne gesonderten Nachweis in die laufende Verwaltung ein.
B) Siehe Tabelle 1.4., Spalte 1 ./. Spalte 5.
C) Siehe Tabelle 1.4., Spalte 13 ./. Spalte 5.
D) Kein Finanzgesetz veröffentlicht.

Tabelle 2.6.1.: Einnahmen und Ausgaben auf den Dienst der Vorjahre nach den Rechnungen von 1819

Budgetperiode / Budgetjahr		Einnahmen				
		Verlagskapital	Bestand der zweitletzten Finanzperiode und zurück	Bestand der letzten Finanzperiode und zurück	Bestand der Vorjahre der laufenden Finanzperiode	Dienst der Vorjahre insgesamt
			Fl.	Fl.	Fl.	Fl.
Spalte:		1	2	3	4	5
Formel:						1+2+3+4
1	1819 / 20			1.770.035		1.770.035
	1820 / 21			218.134		218.134
	1821 / 22			40.483		40.483
	1822 / 23			22.855		22.855
	1823 / 24			51.522		51.522
	1824 / 25			12.399		12.399
2	1825 / 26	4.049.576		410.792		4.460.368
	1826 / 27	5.520.721		252.403	433.227	6.206.351
	1827 / 28	5.957.376		47.185	1.873.687	7.878.248
	1828 / 29	6.933.378		108.378	3.039.028	10.080.784
	1829 / 30	6.935.978		202.851	4.976.415	12.115.244
	1830 / 31	6.935.978		139.006	6.423.414	13.498.398
3	1831 / 32	6.936.168	46.987	7.040.084	-	14.023.239
	1832 / 33	6.938.468	103.135	5.348.968	2.345.304	14.735.875
	1833 / 34	6.939.168	141.033	4.022.202	3.210.398	14.312.801
	1834 / 35	6.939.168	53.123	2.978.234	3.193.301	13.163.826
	1835 / 36	6.939.168	41.229	1.838.968	6.367.162	15.186.527
	1836 / 37	6.939.168	29.592	690.556	9.339.761	16.999.077
4	1837 / 38	6.940.668	56.480	11.326.195	-	18.323.343
	1838 / 39	6.940.668	-	8.736.494	4.964.528	20.641.690
	1839 / 40	6.940.668	25.730	7.440.724	9.352.819	23.759.941
	1840 / 41	6.940.668	27.613	5.411.662	14.232.183	26.612.126
	1841 / 42	6.940.668	5.537	4.365.608	18.326.423	29.638.236
	1842 / 43	6.940.668	-	3.217.812	20.163.029	30.321.509
5	1843 / 44	6.940.668	-	18.107.058	-	25.047.726
	1844 / 45	6.940.668	-	12.094.231	6.541.913	25.576.812
	1845 / 46	6.940.668	-	7.984.788	5.794.040	20.719.496
	1846 / 47	6.940.668	-	6.090.145	7.569.522	20.600.335
	1847 / 48	6.940.668	-	4.926.002	6.103.319	17.969.989
	1848 / 49	6.940.668	-	3.520.541	5.321.645	15.782.854
6a	1849 / 50	6.940.668	3.041.774	2.205.421	-	12.187.863
	1850 / 51	6.940.668	2.786.767	1.512.361	344.088	11.583.884
6b	1851 / 52	6.940.668	2.505.449	1.373.203	1.061.060	11.880.380
	1852 / 53	6.940.668	2.374.318	1.317.431	2.090.156	12.722.573
	1853 / 54	6.940.668	1.264.856	1.221.582	641.347	10.068.453
	1854 / 55	6.940.668	931.912	1.118.020	348.687	9.339.287
7	1855 / 56	6.940.668	1.737.286	1.841.354	-	10.519.308
	1856 / 57	6.940.668	633.640	55.519	3.787.913	11.417.740
	1857 / 58	6.940.668	506.107	17.476	7.422.293	14.886.544
	1858 / 59	6.940.668	435.912	31.580	11.575.236	18.983.396
	1859 / 60	6.940.668	360.987	8.443	7.486.307	14.796.405
	1860 / 61	6.940.668	293.695	14.629	13.420.453	20.669.445
8	1861 / 62	6.940.668		7.526.824	-	14.467.492
	1862 / 63	6.940.668		3.557.531	10.330.776	20.828.975
	1863 / 64	6.940.668		2.311.487	11.886.650	21.138.805
	1864 / 65	6.940.668		1.372.237	13.521.226	21.834.131
	1865 / 66	6.940.668		1.060.179	14.637.090	22.637.937
	1866 / 67	6.940.668		501.030	8.064.486	15.506.184

A) Siehe Tabelle 2.4.1., Spalte 1 ./. Spalte 4.
B) Siehe Tabelle 2.4.1., Spalte 3.
C) Die Ausgaben sind bei den laufenden Ausgaben verrechnet.

/20 bis 1866/67 in Bayern in Gulden

nicht im Etat nachgewiesene Einnahmen in % der veranschlagten Nettostaatseinnahmen	Ausgaben Verlagskapital	Bestand der zweitletzten Finanzperiode und zurück Fl.	Bestand der letzten Finanzperiode und zurück Fl.	Bestand der Vorjahre der laufenden Finanzperiode Fl.	Dienst der Vorjahre insgesamt Fl.	nicht im Etat nachgewiesene Ausgaben in % der veranschlagten Nettostaatsausgaben
6	7	8	9	10	11	12
5/A)*100					7+8+9+10	11/B)*100
5,7			1.364.468		1.364.468	4,4
0,7			310.141		310.141	1,0
0,1			325.417		325.417	1,0
0,1			358.172		358.172	1,2
0,2			127.295		127.295	0,4
0,0			70.144		70.144	0,2
15,3	4.049.576		-		4.049.576	13,9
21,3	5.520.721		-	43.360	5.564.081	19,1
27,0	7.018.877		-	44.438	7.063.315	24,3
34,6	6.933.378		174.285	41.085	7.148.748	24,5
41,6	6.935.978		98.872	48.040	7.082.890	24,3
46,3	6.935.978		81.667	53.234	7.070.879	24,3
56,4	6.936.168	43.444	1.804.245	-	8.783.857	36,0
59,2	6.938.468	48.704	1.365.084	-	8.352.256	34,2
57,5	6.939.168	84.348	1.142.511	1.373.634	9.539.661	39,1
52,9	6.939.168	16.975	1.175.170	- C)	8.131.313	33,3
61,1	6.939.168	61.213	1.172.622	- C)	8.173.003	33,5
68,3	6.939.168	54.975	992.995	- C)	7.987.138	32,7
61,1	6.940.668	35.420	2.670.883	-	9.646.971	32,2
68,8	6.940.668	37.258	1.336.007	-	8.313.933	27,7
79,2	6.940.668	5.672	2.005.617	100.000	9.051.957	30,2
88,7	6.940.668	8.511	1.059.419	-	8.008.598	26,7
98,8	6.940.668	4.196	1.147.588	2.039.940	10.132.392	33,8
101,0	6.940.668	-	1.006.384	8.999.348	16.946.400	56,5
78,2	6.940.668	-	6.226.137	-	13.166.805	41,1
79,8	6.940.668	-	4.148.112	3.134.968	14.223.748	44,4
64,7	6.940.668	-	1.894.642	2.366.969	11.202.279	35,0
64,3	6.940.668	-	1.338.111	5.134.078	13.412.857	41,9
56,1	6.940.668	-	1.405.460	1.392.701	9.738.829	30,4
49,3	6.940.668	-	504.823	1.506.744	8.952.235	27,9
35,9	6.940.668	307.550	693.060	-	7.941.278	23,6
34,1	6.940.668	281.317	163.405	1.199.067	8.584.457	25,5
31,6	6.940.668	131.131	55.772	-	7.127.571	19,0
33,8	6.940.668	1.109.461	95.848	-	8.145.977	21,7
26,8	6.940.668	362.301	103.561	944.155	8.350.685	22,2
24,8	6.940.668	222.437	112.860	1.083.833	8.359.798	22,2
25,4	6.940.668	1.106.789	1.998.776		10.046.233	24,3
27,6	6.940.668	127.533	164.606		7.232.807	17,5
36,0	6.940.668	74.528	123.444		7.138.640	17,2
45,9	6.940.668	74.924	141.864		7.157.456	17,3
35,7	6.940.668	67.292	129.998		7.137.958	17,2
49,9	6.940.668	20.831	125.448		7.086.947	17,1
31,0	6.940.668		3.969.293		10.909.961	23,4
44,6	6.940.668		1.270.061		8.210.729	17,6
45,2	6.940.668		953.449		7.894.117	16,9
46,7	6.940.668		320.256		7.260.924	15,5
48,5	6.940.668		513.142		7.453.810	16,0
33,2	6.940.668		399.917		7.340.585	15,7

Tabelle 2.6.2.: Einnahmen und Ausgaben auf den Dienst der Vorjahre nach den Rechnungen von 1868

Budgetperiode / Budgetjahr			Verlagskapital		Bestand der letzten Finanzperiode und zurück	
			Einnahmen	Ausgaben	Einnahmen (netto)	Ausgaben (netto)
			Fl./M.	Fl./M.	Fl./M.	Fl./M.
Spalte:			1	2	3	4
Formel:						
9	1868		7.000.000	7.000.000	6.874.389	5.763.499
	1869		7.000.000	7.000.000	1.326.153	1.339.687
10	1870		7.000.000	7.000.000	419.255	1.939.808
	1871		7.000.000	7.000.000	228.648	1.625.586
11	1872		8.310.000	8.310.000	3.215.262	1.117.202
	1873		8.310.000	8.310.000	2.244.852	147.275
12	1874		8.310.000	8.310.000	16.937.739	6.856.399
	1875	Gulden	8.310.000	8.310.000	10.214.590	6.044.347
13	1876	Mark D)	-	-	-	-
	1877		14.692.867	16.874.432	20.697.935	5.616.888
14	1878		16.874.432	16.912.125	14.655.427	7.951.303
	1879		16.912.125	44.943.110	7.017.897	7.049.448
15	1880		44.943.110	51.958.350	10.978.423	23.912.583
	1881		39.066.671	39.066.671	13.190.010	13.363.065
16	1882		39.066.671	38.951.839	7.451.301	9.032.959
	:					
	:	E)				
	:					
27	1904		53.951.839	53.951.839	39.389.036	24.422.800
	1905		53.951.839	53.951.839	24.035.089	8.042.675
28	1906		53.951.839	53.951.839	24.480.316	11.187.659
	1907		53.951.839	53.951.839	13.292.657	2.382.525
29	1908		53.951.839	53.951.839	4.405.592	2.217.422
	1909		53.951.839	53.951.839	2.188.170	855.508
30	1910		68.951.839	68.951.839	4.607.215	19.842.701
	1911		68.951.839	68.951.839	6.873.144	17.802.919
31	1912		68.951.839	68.951.839	17.015.051	14.684.397
	1913		68.951.839	68.951.839	2.330.654	1.098.478
32	1914	D)	-	-	-	-

A) In den Rechnungen ab 1868 bleibt das Verlagskapital bei der Berechnung der Einnahmen und nahmen insgesamt' (Spalte 7) und 'Ausgaben insgesamt' (Spalte 9) wegen der Vergleichbarkeit
B) Siehe Tabelle 2.4.1., Spalte 1 ./. Spalte 4.
C) Siehe Tabelle 2.4.1., Spalte 3.
D) Keine Rechnung veröffentlicht.
E) Die Rechnungen enthalten keine Hauptübersicht.

bis 1914 in Bayern in Gulden/Mark

Vorjahre der laufenden Finanzperiode Einnahmen (netto) Fl./M.	Ausgaben (netto) Fl./M.	Einnahmen ins- gesamt A) Fl./M.	Nicht im Etat nachgewiesene Einnahmen in % der veranschlagten Nettostaatseinnahmen	Ausgaben ins- gesamt A) Fl./M.	Nicht im Etat nachgewiesene Ausgaben in % der veranschlagten Nettostaatsausgaben
5	6	7	8	9	10
		1+3+5	7/B)*100	2+4+6	9/C)*100
-	-	13.874.389	23,7	12.763.499	21,8
1.110.688	17.290	9.436.841	16,1	8.356.977	14,3
-	-	7.419.255	13,7	8.939.808	14,9
3.160.571	35.039	10.389.219	19,2	8.660.625	14,4
-	-	11.525.262	15,4	9.427.202	12,6
7.663.432	8.219	18.218.284	24,3	8.465.494	11,3
-	-	25.247.739	31,6	15.166.399	19,0
5.652.859	14.744	24.177.449	30,3	14.369.091	18,0
-	-	-	-	-	-
7.226.210	26.060	42.617.012	26,0	22.517.380	13,7
-	-	31.529.859	24,3	24.863.428	19,2
899.672	9.776.734	24.829.694	19,1	61.769.292	47,6
		55.921.533	42,3	75.870.933	57,3
		52.256.681	39,5	52.429.736	39,6
		46.517.972	33,8	47.984.798	34,8
		93.340.875	42,3	78.374.639	35,5
		77.986.928	35,3	61.994.514	28,1
		78.432.155	34,3	65.139.498	28,5
		67.244.496	29,4	56.334.364	24,7
		58.357.431	22,5	56.169.261	21,5
		56.140.009	21,7	54.807.347	21,0
		73.559.054	24,5	88.794.540	29,6
		75.824.983	25,2	86.754.758	28,9
		85.966.890	35,3	83.636.236	34,4
		71.282.493	29,3	70.050.317	28,8
		-	-	-	-

Ausgaben auf den Dienst der Vorjahre unberücksichtigt. Hier ist es in den Rubriken 'Ein- enthalten.

Tabelle 3.6.: Einnahmen und Ausgaben auf Reste nach den Rechnungen von 1833 bis 1872/73 in Sachsen in Thaler

Budgetperiode / Budgetjahr		Einnahmen	Ausgaben	Überschuß /Defizit
		Thlr.	Thlr.	Thlr.
Spalte:		1	2	3
Formel:				1-2
1	1833	416.087	191.355	224.732
2	1834 / 36	302.493	170.991	131.502
3	1837 / 39	80.553	0	80.553
4	1840 / 42	311.974	0	311.974
5	1843 / 45	250.541	0	250.541
6	1846 / 48	187.253	0	187.253
7	1849 / 51	514.568	0	514.568
8	1852 / 54	322.907	0	322.907
9	1855 / 57	415.744	0	415.744
10	1858 / 60	561.140	0	561.140
11	1861 / 63	2.400.134	0	2.400.134
12	1864 / 66	1.827.632	0	1.827.632
13	1867 / 69	2.952.251	2.456.037	496.214
14	1870 / 71 A)	1.422.909	4.922.408	-3.499.499
15	1872 / 73	3.842.493	1.660.932	2.181.561

A) Ab hier umfaßt die Budgetperiode 2 Etatjahre, zuvor 3.

Tabelle 4.6.: Einnahmen und Ausgaben der Resteverwaltung nach den Rechnungen von 1819/20 bis 1914/15 in Württemberg in Gulden/Mark

Budgetperiode / Budgetjahr			Einnahmen FL./M.	Nicht im Etat nachgewiesene Einnahmen in % der veranschlagten Nettostaatseinnahmen	Ausgaben FL./M.	Nicht im Etat nachgewiesene Ausgaben in % der veranschlagten Nettostaatsausgaben
Spalte:			1	2	3	4
Formel:				1/A)*100		3/B)*100
1	1819 / 20		2.037.618		1.042.954	
	:					
	:	C)				
	:					
	1829 / 30		2.157.241		417.675	
5	1830 / 31		2.623.490	27,3	999.739	10,4
	1831 / 32		2.481.255	26,3	850.023	9,1
	1832 / 33		2.007.283	21,3	975.727	10,3
6	1833 / 34		2.508.908	27,3	1.404.382	15,3
	1834 / 35		2.363.999	26,4	1.151.655	12,9
	1835 / 36		3.488.842	39,0	2.860.285	31,9
7	1836 / 37		5.466.995	57,3	3.635.081	39,2
	1837 / 38		3.796.170	40,7	2.416.353	25,9
	1838 / 39		4.203.664	45,1	3.243.306	34,7
8	1839 / 40		7.496.990	77,2	5.797.080	60,0
	1840 / 41		5.633.392	58,4	1.740.702	18,2
	1841 / 42		4.350.204	45,1	1.600.626	16,4
9	1842 / 43		6.441.207	61,1	6.680.604	63,4
	1843 / 44		7.251.913	68,4	5.638.034	54,3
	1844 / 45		4.819.631	45,5	3.703.583	35,4
10	1845 / 46		6.398.070	58,8	5.119.451	48,9
	1846 / 47		8.747.309	80,5	7.447.289	70,0
	1847 / 48		9.126.661	84,0	7.490.760	68,0
11	1848 / 49		4.107.565	35,1	2.838.329	22,6
12	1849 / 50	D)	-	-	-	-
	1850 / 51		3.685.773	34,1	600.259	5,2
	:					
	:	D)				
	:					
	1872 / 73		27.684.565	118,8	19.137.101	82,1
21	1873 / 74		14.698.802	60,1	5.015.545	20,5
	1874 / 75	Gulden	12.268.870	49,8	2.622.560	10,7
22	1875 / 76	Mark	45.617.527	102,9	26.209.862	59,1
23	1876 / 77		49.545.685	108,2	26.441.482	57,7
24	1877 / 78		44.502.670	92,1	16.959.820	35,1
	1878 / 79		29.693.871	79,0	7.261.573	19,3
25	1879 / 80		23.373.267	47,0	12.428.886	23,6
	1880 / 81		12.481.416	25,0	3.320.134	6,2
26	1881 / 82		12.837.953	24,7	5.991.419	11,5
	1882 / 83		9.698.554	18,6	2.164.395	4,2
27	1883 / 84		10.745.150	20,0	1.583.067	2,9
	1884 / 85		12.133.968	22,5	1.797.436	3,3
28	1885 / 86		15.117.639	27,4	1.685.143	3,1
	1886 / 87		16.662.181	29,6	1.872.014	3,3
29	1887 / 88		18.586.930	31,7	1.732.250	3,0
	1888 / 89		20.839.201	35,4	1.789.904	3,0
30	1889 / 90		35.625.183	58,1	11.725.025	19,1
	1890 / 91		34.426.041	55,6	5.906.053	9,5
31	1891 / 92		32.733.461	50,2	6.125.288	9,4
	1892 / 93		27.722.645	41,9	4.743.587	7,2
32	1893 / 94		25.275.869	37,6	8.657.953	12,9
	1894 / 95		20.138.036	29,1	6.534.441	9,5
33	1895 / 96		16.871.893	23,8	4.665.265	6,5
	1896 / 97		20.241.109	28,4	5.528.129	7,7

Tabelle 4.6.: - Fortsetzung -

Budgetperiode / Budgetjahr		Einnahmen FL./M.	Nicht im Etat nachgewiesene Einnahmen in % der veranschlagten Nettostaatseinnahmen	Ausgaben FL./M.	Nicht im Etat nachgewiesene Ausgaben in % der veranschlagten Nettostaatsausgaben
Spalte:		1	2	3	4
Formel:			1/A)*100		3/B)*100
34	1897 / 98	21.418.646	28,9	4.833.975	6,5
	1898 / 99	26.233.632	35,1	5.932.560	8,0
35	1899 / 1900	33.087.250	40,6	12.687.262	15,7
	1900 / 01	27.597.639	33,6	9.143.568	11,2
36	1901 / 02	25.663.448	28,8	10.411.733	11,7
	1902 / 03	24.592.043	27,3	14.957.737	16,6
37	1903 / 04	17.869.340	19,6	10.241.454	11,2
	1904 / 05	17.480.096	19,0	10.220.464	11,1
38	1905 / 06	18.768.287	22,6	11.075.508	13,4
	1906 / 07	19.797.791	23,6	11.892.451	14,2
39	1907 / 08	18.983.588	20,8	9.223.455	10,1
	1908 / 09	16.072.952	17,4	6.835.640	7,5
40	1909 / 10	17.813.955	18,4	9.493.547	9,9
	1910 / 11	18.841.115	18,7	12.434.683	12,3
41	1911 / 12	32.902.745	30,2	19.570.613	18,0
	1912 / 13	24.764.689	22,0	9.167.184	8,1
42	1913 / 14	24.642.059	20,6	7.257.005	6,1
	1914 / 15	25.966.963	21,3	10.996.375	9,0

A) Siehe Tabelle 4.4.1., Spalte 14 und Tabelle 4.4.2., Spalte 13.
B) Siehe Tabelle 4.4.1., Spalte 1 und Tabelle 4.4.2., Spalte 4.
C) Die Rechnungen enthalten keine Werte.
D) Es sind keine zusammenhängenden Rechnungen oder keine Werte veröffentlicht.

Tabelle 2.7.: Ordentliche und außerordentliche Einnahmen und Ausgaben nach den Etatentwürfen von 1876 bis 1897 in Bayern in Mark

Budgetperiode / Budgetjahr		Einnahmen ordentliche	Einnahmen außerordentliche		Ausgaben auf Erhebung, Verwaltung und Betrieb ordentliche	Ausgaben auf Erhebung, Verwaltung und Betrieb außerordentliche		Staatsausgaben ordentliche	Staatsausgaben außerordentliche		Außerordentliche insgesamt	
		M.	M.	in % von 1	M.	M.	in % von 4	M.	M.	in % von 7	M.	in % aller Ausgaben
Spalte:		1	2	3	4	5	6	7	8	9	10	11
Formel:				2/1*100			5/4*100			8/7*100	5+8	10/A)*100
13	1876	205.483.158	12.903.889	6,3	92.741.127	2.113.443	2,3	118.535.217	4.997.260	4,2	7.110.703	3,3
	1877	205.483.158	12.903.889	6,3	92.741.127	2.113.443	2,3	118.535.217	4.997.260	4,2	7.110.703	3,3
14	1878	220.489.980	7.061.240	3,2	92.106.300	1.738.774	1,9	129.803.494	3.902.652	3,0	5.641.426	2,5
	1879	220.489.980	7.061.240	3,2	92.106.300	1.738.774	1,9	129.803.494	3.902.652	3,0	5.641.426	2,5
15	1880	211.445.692	13.426.500	6,3	88.839.240	1.323.407	1,5	131.376.410	3.333.135	2,5	4.656.542	2,1
	1881	211.445.692	13.426.500	6,3	88.839.240	1.323.407	1,5	131.376.410	3.333.135	2,5	4.656.542	2,1
16	1882 B)	-	-	-	-	-	-	-	-	-	-	-
	1883 B)	-	-	-	-	-	-	-	-	-	-	-
17	1884 B)	-	-	-	-	-	-	-	-	-	-	-
	1885 B)	-	-	-	-	-	-	-	-	-	-	-
18	1886	241.584.781	-	-	94.106.529	790.175	0,8	143.414.595	3.273.482	2,3	4.063.657	1,7
	1887	241.584.781	-	-	94.106.529	790.175	0,8	143.414.595	3.273.482	2,3	4.063.657	1,7
19	1888	256.485.896	-	-	98.731.788	244.676	0,2	154.404.680	3.104.752	2,0	3.349.428	1,3
	1889	256.485.896	-	-	98.731.788	244.676	0,2	154.404.680	3.104.752	2,0	3.349.428	1,3
20	1890 B)	-	-	-	-	-	-	-	-	-	-	-
	1891 B)	-	-	-	-	-	-	-	-	-	-	-
21	1892	300.863.337	-	-	128.374.059	940.010	0,7	167.422.748	4.126.520	2,5	5.066.530	1,7
	1893	300.863.337	-	-	128.374.059	940.010	0,7	167.422.748	4.126.520	2,5	5.066.530	1,7
22	1894	323.276.922	-	-	140.826.228	863.385	0,6	177.630.724	3.956.585	2,2	4.819.970	1,5
	1895	323.276.922	-	-	140.826.228	863.385	0,6	177.630.724	3.956.585	2,2	4.819.970	1,5
23	1896	342.930.240	-	-	149.932.857	748.831	0,5	188.256.956	3.991.596	2,1	4.740.427	1,4
	1897	342.930.240	-	-	149.932.857	748.831	0,5	188.256.956	3.991.596	2,1	4.740.427	1,4

A) Summe der Spalten 4, 5, 7 und 8.
B) In den Hauptübersichten ist nicht nach ordentlichen und außerordentlichen Einnahmen und Ausgaben unterschieden.

Tabelle 4.7.: Einnahmen und Ausgaben des außerordentlichen Dienstes nach den Rechnungen von 1847/48 bis 1914/15 in Württemberg in Gulden/Mark

Budgetperiode / Budgetjahr			Einnahmen Fl./M.	Nicht im Etat nachgewiesene Einnahmen in % der veranschlagten Nettostaatseinnahmen	Ausgaben Fl./M.	Nicht im Etat nachgewiesene Ausgaben in % der veranschlagten Nettostaatsausgaben
Spalte:			1	2	3	4
Formel:				1/A)*100		3/B)*100
	1847 / 48		10.885.225	100,2	6.333.132	57,5
11	1848 / 49		8.173.954	69,8	5.177.407	41,3
12	1849 / 50	C)	-	-	-	-
	1850 / 51		1.290.411	11,9	1.290.411	11,1
	:					
	:	C)				
	:					
	1872 / 73		25.256.113	108,4	15.918.537	68,3
21	1873 / 74		41.070.955	167,9	39.000.576	159,4
	1874 / 75	Gulden	27.741.992	112,7	29.961.812	121,7
22	1875 / 76	Mark	40.425.226	91,2	73.260.229	165,2
23	1876 / 77		20.024.267	43,7	48.267.109	105,4
24	1877 / 78		45.292.500	93,7	49.824.925	103,1
	1878 / 79		15.210.000	40,4	20.812.944	55,3
25	1879 / 80		17.500.890	35,2	18.541.787	35,1
	1880 / 81		6.092.569	12,2	6.145.603	11,4
26	1881 / 82		2.756.931	5,3	2.785.775	5,3
	1882 / 83		1.594.339	3,1	1.478.139	2,8
27	1883 / 84		2.503.809	4,7	2.387.609	4,4
	1884 / 85		2.004.646	3,7	1.934.079	3,6
28	1885 / 86		2.788.126	5,1	2.717.558	4,9
	1886 / 87		4.770.861	8,5	4.700.294	8,4
29	1887 / 88		5.397.190	9,2	5.307.468	9,1
	1888 / 89		2.235.521	3,8	2.145.799	3,6
30	1889 / 90		89.722	0,1	89.722	0,1
	1890 / 91		18.061.707	29,2	18.061.707	29,2
31	1891 / 92		10.141.912	15,5	10.141.912	15,5
	1892 / 93		7.589.314	11,5	7.589.314	11,5
32	1893 / 94		9.195.817	13,7	9.195.817	13,7
	1894 / 95		7.635.767	11,0	7.635.767	11,0
33	1895 / 96		8.318.380	11,7	8.318.380	11,6
	1896 / 97		9.940.856	13,9	9.940.856	13,9
34	1897 / 98		6.933.460	9,4	6.933.460	9,3
	1898 / 99		7.689.540	10,3	7.689.540	10,4
35	1899 / 1900		11.334.941	13,9	11.334.941	14,0
	1900 / 01		9.092.826	11,1	9.092.826	11,2
36	1901 / 02		12.430.818	14,0	12.430.818	14,0
	1902 / 03		7.178.299	8,0	7.178.299	8,0
37	1903 / 04		13.220.484	14,5	13.220.484	14,5
	1904 / 05		15.810.572	17,2	15.810.572	17,2
38	1905 / 06		15.302.363	18,5	15.302.363	18,5
	1906 / 07		15.844.749	18,9	15.844.749	18,9
39	1907 / 08		19.468.599	21,4	19.468.599	21,3
	1908 / 09		26.951.885	29,2	26.951.885	29,4
40	1909 / 10		24.525.711	25,3	24.525.711	25,5
	1910 / 11		21.637.110	21,5	21.637.110	21,4
41	1911 / 12		25.757.001	23,7	25.757.001	23,7
	1912 / 13		19.597.749	17,4	19.597.749	17,4
42	1913 / 14		28.051.012	23,5	28.051.012	23,6
	1914 / 15		14.858.343	12,2	14.858.343	12,2

A) Siehe Tabelle 4.4.1., Spalte 14 und Tabelle 4.4.2., Spalte 13.
B) Siehe Tabelle 4.4.1., Spalte 1 und Tabelle 4.4.2., Spalte 4.
C) Es sind keine zusammenhängenden Rechnungen oder keine Werte veröffentlicht.

Tabelle 1.8.: Budgetmäßige Einnahmen und Ausgaben im Soll-Ist-Vergleich nach den Rechnungen von 1849 bis 1914/15 in Preußen in Thaler/Mark (Teil 1)

	Budgetperiode / Budgetjahr	Einnahmen			Dauernde Ausgaben			davon Betriebs-, Verwaltungs- und Erhebungskosten		
		Ist	mehr/weniger gegenüber dem Soll		Ist	mehr/weniger gegenüber dem Soll		Ist	mehr/weniger gegenüber dem Soll	
		Thlr./M.	Thlr./M.	in % des Soll	Thlr./M.	Thlr./M.	in % des Soll	Thlr./M.	Thlr./M.	in % des Soll
	Spalte:	1	2	3	4	5	6	4a	5a	6a
	Formel:		1-A)	2/A)*100		4-B)	5/B)*100		4a-C)	5a/C)*100
10	1849	98.511.128 F)	9.944.748	11,2	96.649.567 G)	8.143.506	9,2	21.716.705	-771.884	-3,43
11	1850	112.768.969 F)	21.430.521	23,5	100.689.915 G)	9.715.522	10,7	22.009.169	-1.169.829	-5,05
12	1851	108.501.727 F)	15.206.768	16,3	100.357.025 G)	7.316.086	7,9	22.971.219	-253.001	-1,09
13	1852	95.093.044 F)	-1.907.977	-2,0	105.111.050	8.959.068	9,3	23.655.412	137.107	0,58
14	1853	93.869.177 F)	-5.699.599	-5,7	103.496.280	3.927.504	3,9	31.684.590	4.152.437	15,08
15	1854	98.383.012	-5.542.057	-5,3	106.336.949	3.268.527	3,2	32.233.106	2.330.849	7,79
16	1855	106.630.181	-5.197.604	-4,6	111.189.554	3.941.187	3,7	34.318.620	3.232.130	10,40
17	1856	114.813.061	-4.051.010	-3,4	118.269.698	4.961.480	4,4	37.677.128	2.934.170	8,45
18	1857	127.765.837	7.523.525	6,3	118.052.039	2.911.741	2,5	40.134.269	1.996.141	5,23
19	1858	131.759.252	5.349.474	4,2	117.892.162	-2.308.813	-1,9	40.528.966	207.129	0,51
20	1859	133.872.788	2.013.500	1,5	117.088.156	-6.537.258	-5,3	38.570.751	-3.012.086	-7,24
21	1860	135.471.224	4.855.969	3,7	124.156.441	-717.937	-0,6	38.698.727	-1.682.351	-4,17
22	1861	140.141.086	4.799.385	3,5	123.145.137	-6.377.048	-4,9	40.618.945	-319.405	-0,78
23	62	144.474.974	-4.555.241	-3,1	130.299.687	-13.984.706	-9,7	42.044.482	-4.032.673	-8,75
24	63	152.631.006	-5.853.945	-3,7	134.794.428	-19.432.718	-12,6	- H)	-	-
25	64	152.198.416	-19.341.662	-11,3	136.091.953	-33.033.832	-19,5	45.508.639	-8.351.231	-15,51
26	65	160.873.781	-13.060.958	-7,5	142.192.563	-27.050.802	-16,0	48.845.460	-8.574.884	-14,93
27	66	166.753.286	- I)	- I)	145.286.598	- I)	- I)	50.730.977	- I)	- I)
28	1867	173.307.725	4.377.852	2,6	158.324.389	4.689.531	3,1	56.126.426	3.687.727	7,03
29	1868	154.765.648	-4.991.416	-3,1	153.205.445	-468.619	-0,3	55.669.539	248.320	0,45
30	1869	173.771.364	6.234.870	3,7	159.626.788	-2.423.269	-1,5	58.325.745	-968.403	-1,63
31	1870	175.456.092	7.204.720	4,3	157.862.013	-4.390.837	-2,7	55.482.539	-2.824.538	-4,84
32	1871	180.820.501	7.901.564	4,6	163.399.861	-3.344.034	-2,0	62.279.016	1.002.053	1,64
33	1872	221.844.666	34.785.726	18,6	181.014.947	6.681.396	3,8	75.397.309	10.839.590	16,79
34	1873	244.519.536	34.476.069	16,4	198.697.837	12.104.600	6,5	88.760.334	15.808.871	21,67
35	1874 Thaler	249.629.484	16.871.467	7,2	207.790.609	9.042.528	4,5	96.981.065	9.781.192	11,22
36	1875 Mark	704.090.820	9.591.901	1,4	605.423.932	-8.262.514	-1,3	267.851.225	-8.069.156	-2,92
37	1876	665.026.347	13.596.947	2,1	614.911.126	-4.248.992	-0,7	262.257.297	-7.491.823	-2,78
38	I./1877	140.815.587	-15.827.716	-10,1	141.213.536	-13.393.897	-8,7	58.855.862	-8.581.419	-12,73

39	1877 / 78	650.287.022	-1.351.392	-0,2	628.505.882	-2.574.385	-0,4	256.553.330	-13.317.745	-4,93
40	1878 / 79	694.873.957	-18.983.807	-2,7	633.380.727	-7.219.044	-1,1	249.003.561	-18.565.549	-6,94
41	1879 / 80	732.773.434	21.272.676	3,0	684.042.185	31.420.119	4,8	265.919.649	1.321.612	0,50
42	1880 / 81	797.828.828	-1.371.753	-0,2	731.464.586	-28.974.345	-3,8	287.242.900	2.743.780	0,96
43	1881 / 82	937.444.976	24.374.560	2,7	893.456.943	20.436.045	2,3	426.240.703	14.929.494	3,63
44	1882 / 83	999.947.858	65.357.941	7,0	953.795.721	52.103.833	5,8	459.293.359	39.538.327	9,42
45	1883 / 84	1.146.685.077	63.627.194	5,9	1.100.776.909	60.917.215	5,9	586.171.221	43.467.867	8,01
46	1884 / 85	1.163.193.080	32.958.290	2,9	1.112.889.667	29.492.513	2,7	569.955.226	7.554.383	1,34
47	1885 / 86	1.244.298.783	-14.629.613	-1,2	1.204.472.996	-17.530.188	-1,4	625.977.518	-15.942.896	-2,48
48	1886 / 87	1.304.044.438	4.570.126	0,4	1.260.290.280	-2.546.341	-0,2	631.964.836	-16.535.990	-2,55
49	1887 / 88	1.417.010.033	100.292.726	7,6	1.338.474.849	55.354.226	4,3	637.155.336	4.981.790	0,79
50	1888 / 89	1.513.355.550	102.626.629	7,3	1.443.909.307	81.785.640	6,0	674.002.614	20.160.506	3,08
51	1889 / 90	1.700.479.005	186.584.126	12,3	1.601.306.846	164.354.363	11,4	732.636.305	57.926.649	8,59
52	1890 / 91	1.739.623.133	148.009.991	9,3	1.682.513.602	139.068.829	9,0	788.573.219	78.561.462	11,06
53	1891 / 92	1.775.172.672	54.337.923	3,2	1.748.791.965	77.812.514	4,7	815.959.553	50.833.872	6,64
54	1892 / 93	1.815.626.970	-35.488.727	-1,9	1.802.090.344	-2.600.191	-0,1	835.202.608	-38.328.323	-4,39
55	1893 / 94	1.888.714.140	-4.599.120	-0,2	1.831.652.372	-12.450.883	-0,7	835.736.787	-37.786.519	-4,33
56	1894 / 95	1.912.097.949	-23.860.464	-1,2	1.864.236.312	-13.865.120	-0,7	855.497.789	-13.233.566	-1,52
57	1895 / 96	1.971.700.886	72.227.389	3,8	1.932.510.981	95.296.878	5,2	835.285.972	-8.797.214	-1,04
58	1896 / 97	2.067.483.780	128.225.611	6,6	1.984.845.060	125.283.469	6,7	882.701.967	23.567.510	2,74
59	1897 / 98	2.203.452.682	157.421.297	7,7	2.131.162.818	175.077.989	9,0	986.498.591	78.312.304	8,62
60	1898 / 99	2.340.662.494	153.135.110	7,0	2.224.911.090	169.019.710	8,2	1.063.450.693	84.389.770	8,62
61	1899 / 1900	2.476.030.243	149.745.545	6,4	2.321.920.326	134.756.038	6,2	1.106.762.898	55.808.900	5,31
62	1900 / 01	2.599.931.907	127.665.874	5,2	2.425.016.564	118.939.813	5,2	1.181.712.082	40.997.460	3,59
63	1901 / 02	2.621.622.518	-27.392.088	-1,0	2.428.087.717	-3.715.085	-0,2	1.197.236.067	-15.227.133	-1,26
64	1902 / 03	2.676.572.283	62.405.139	2,4	2.511.343.342	43.886.168	1,8	1.225.431.820	2.272.705	0,19
65	1903 / 04	2.876.177.322	201.896.292	7,5	2.671.818.100	155.457.867	6,2	1.301.090.584	52.175.932	4,18
66	1904 / 05	2.769.786.518	-31.018.532	-1,1	2.538.712.594	-87.576.074	-3,3	1.379.335.800	59.032.657	4,47
67	1905 / 06	2.957.441.264	239.159.657	8,8	2.675.574.282	156.303.955	6,2	1.476.703.701	84.172.847	6,04
68	1906 / 07	3.200.546.140	290.201.744	10,0	2.851.616.680	178.215.928	6,7	1.632.667.222	142.295.642	9,55
69	1907 / 08	3.391.127.185	204.017.935	6,4	3.102.569.079	199.587.239	6,9	1.837.863.426	162.743.265	9,72
70	1908 / 09	3.342.394.692	-19.626.994	-0,6	3.152.781.310	-21.099.964	-0,7	1.841.113.127	21.612.414	1,19
71	1909 / 10	3.776.978.262	-50.376.423	-1,3	3.743.643.630	147.119.710	4,1	2.294.293.924	129.289.319	5,97
72	1910 / 11	4.017.550.614	87.319.270	2,2	3.826.915.144	101.831.604	2,7	2.368.130.263	81.099.252	3,55
73	1911 / 12	4.316.835.713	281.358.964	7,0	4.067.476.598	195.292.102	5,0	2.574.621.866	164.343.590	6,82
74	1912 / 13	4.722.361.900	440.109.650	10,3	4.344.817.329	253.176.629	6,2	2.781.066.449	213.417.189	8,31
75	1913 / 14	4.764.440.435	188.612.608	4,1	4.520.360.656	169.611.385	3,9	2.907.073.875	119.394.941	4,28
76	1914 / 15	4.548.735.912	-230.602.983	-4,8	4.264.270.089	-278.600.410	-6,1	2.653.315.725	-274.447.204	-9,37

A) Siehe Tabelle 1.4., Spalte 1.
B) Siehe Tabelle 1.4., Spalte 13.
C) Siehe Tabelle 1.4., Spalte 5.
F) Einnahmen nach den Etats, Deckungszuschüsse aus Zentralfonds und extraordinaire Einnahmen, die den Verwaltungen zur Wiederverwendung verbleiben, sowie außerordentliche Hilfsmittel.
G) Darin sind auch Außeretatmäßige Ausgaben enthalten, die in die Summe der fortdauernden Ausgaben eingerechnet sind.
H) Die Rechnung enthält keinen Wert.
I) Kein Etatgesetz veröffentlicht.

Tabelle 1.8.: Budgetmäßige Einnahmen und Ausgaben im Soll-Ist-Vergleich nach den Rechnungen von 1849 bis 1914/15 in Preußen in Thaler/Mark (Teil 2)

	Budgetperiode / Budgetjahr		Einmalige und außerordentliche Ausgaben			Ausgaben insgesamt		
			Ist	mehr/weniger gegenüber dem Soll	in %	Ist	mehr/weniger gegenüber dem Soll	in %
			Thlr./M.	Thlr./M.	des Soll	Thlr./M.	Thlr./M.	des Soll
Spalte:			7	8	9	10	11	12
Formel:				7-D)	8/D)*100	4+7	10-E)	11/E)*100
10	1849		3.037.341	-2.630.978	-46,4	99.686.908	5.512.528	5,85
11	1850		2.006.980	-2.918.233	-59,3	102.696.895	6.797.289	7,09
12	1851		2.531.449	-795.144	-23,9	102.888.474	6.520.942	6,77
13	1852		2.656.589	-626.163	-19,1	107.767.639	8.332.905	8,38
14	1853		2.407.693	-1.053.202	-30,4	105.903.973	2.874.302	2,79
15	1854		2.476.908	-2.444.739	-49,7	108.813.857	823.788	0,76
16	1855		11.287.448	6.708.030	146,5	122.477.002	10.649.217	9,52
17	1856		11.411.996	5.856.143	105,4	129.681.694	10.817.623	9,10
18	1857		11.639.405	6.537.391	128,1	129.691.444	9.449.132	7,86
19	1858		9.429.873	3.221.070	51,9	127.322.035	912.257	0,72
20	1859		12.900.844	4.666.970	56,7	129.989.000	-1.870.288	-1,42
21	1860		5.794.384	53.507	0,9	129.950.825	-664.430	-0,51
22	1861		8.711.842	-1.093.310	-11,2	131.856.979	-7.470.358	-5,36
23	62		5.893.841	-	-	136.193.528	-8.090.865	-5,61
24	63		6.807.193	-	-	141.601.621	-12.625.525	-8,19
25	64		5.742.614	-	-	141.834.567	-27.291.218	-16,14
26	65		6.860.186	-	-	149.052.749	-20.190.616	-11,93
27	66		6.493.234	- I)	- I)	151.779.832	- I)	- I)
28	1867		12.175.938	-3.119.077	-20,4	170.500.327	1.570.454	0,93
29	1868		5.361.968	-721.032	-11,9	158.567.413	-1.189.651	-0,74
30	1869		4.404.192	-1.082.245	-19,7	164.030.980	-3.505.514	-2,09
31	1870		5.066.055	-782.467	-13,4	162.928.068	-5.173.304	-3,08
32	1871		6.706.263	531.221	8,6	170.106.124	-2.812.813	-1,63
33	1872		10.765.383	-1.960.006	-15,4	191.780.330	4.721.390	2,52
34	1873		20.223.724	-3.226.506	-13,8	218.921.561	8.878.094	4,23
35	1874	Thaler	21.615.854	-12.394.082	-36,4	229.406.463	-3.351.554	-1,44
36	1875	Mark	60.508.277	-20.304.196	-25,1	665.932.209	-28.566.710	-4,11
37	1876		49.905.786	17.636.504	54,7	664.816.912	13.387.512	2,06
38	I./1877		5.254.261	3.218.391	158,1	146.467.797	-10.175.506	-6,50

39	1877 / 78	41.821.375	21.263.228	103,4	670.327.257	18.688.843	2,87
40	1878 / 79	53.616.339	-19.641.654	-26,8	686.997.066	-26.860.698	-3,76
41	1879 / 80	50.789.414	-8.089.278	-13,7	734.831.599	23.330.841	3,28
42	1880 / 81	51.767.113	13.005.463	33,6	783.231.699	-15.968.882	-2,00
43	1881 / 82	46.577.109	6.527.591	16,3	940.034.052	26.963.636	2,95
44	1882 / 83	34.105.109	1.207.080	3,7	987.900.830	53.310.913	5,70
45	1883 / 84	42.186.587	-1.011.602	-2,3	1.142.963.496	59.905.613	5,53
46	1884 / 85	45.771.037	-1.066.599	-2,3	1.158.660.704	28.425.914	2,52
47	1885 / 86	38.796.107	1.870.895	5,1	1.243.269.103	-15.659.293	-1,24
48	1886 / 87	39.662.931	3.025.240	8,3	1.299.953.211	478.899	0,04
49	1887 / 88	41.132.654	7.535.970	22,4	1.379.607.503	62.890.196	4,78
50	1888 / 89	43.879.947	-4.725.307	-9,7	1.487.789.254	77.060.333	5,46
51	1889 / 90	72.407.202	-4.535.194	-5,9	1.673.714.048	159.819.169	10,56
52	1890 / 91	42.900.464	-5.267.905	-10,9	1.725.414.066	133.800.924	8,41
53	1891 / 92	45.125.124	-4.730.174	-9,5	1.793.917.089	73.082.340	4,25
54	1892 / 93	44.092.250	-2.332.912	-5,0	1.846.182.594	-4.933.103	-0,27
55	1893 / 94	41.540.171	-7.669.834	-15,6	1.873.192.543	-20.120.717	-1,06
56	1894 / 95	47.798.522	-10.058.459	-17,4	1.912.034.834	-23.923.579	-1,24
57	1895 / 96	58.895.178	-3.364.216	-5,4	1.991.406.159	91.932.662	4,84
58	1896 / 97	72.907.796	-6.788.782	-8,5	2.057.752.856	118.494.687	6,11
59	1897 / 98	85.633.605	-4.312.951	-4,8	2.216.796.423	170.765.038	8,35
60	1898 / 99	105.927.088	-25.708.916	-19,5	2.330.838.178	143.310.794	6,55
61	1899 / 1900	109.988.278	-29.132.132	-20,9	2.431.908.604	105.623.906	4,54
62	1900 / 01	156.240.231	-9.949.051	-6,0	2.581.256.795	108.990.762	4,41
63	1901 / 02	171.749.837	-45.461.967	-20,9	2.599.837.554	-49.177.052	-1,86
64	1902 / 03	187.664.612	40.954.642	27,9	2.699.007.954	84.840.810	3,25
65	1903 / 04	183.049.512	25.128.715	15,9	2.854.867.612	180.586.582	6,75
66	1904 / 05	230.964.783	56.448.401	32,3	2.769.677.377	-31.127.673	-1,11
67	1905 / 06	237.529.115	38.517.835	19,4	2.913.103.397	194.821.790	7,17
68	1906 / 07	273.628.619	36.684.975	15,5	3.125.245.299	214.900.903	7,38
69	1907 / 08	361.367.328	77.239.918	27,2	3.463.936.407	276.827.157	8,69
70	1908 / 09	249.573.321	61.432.909	32,7	3.402.354.631	40.332.945	1,20
71	1909 / 10	228.905.503	-1.925.262	-0,8	3.972.549.133	145.194.448	3,79
72	1910 / 11	203.004.481	-2.143.323	-1,0	4.029.919.625	99.688.281	2,54
73	1911 / 12	240.169.466	26.119.213	12,2	4.307.646.064	221.411.315	5,42
74	1912 / 13	272.335.788	44.328.438	19,4	4.617.153.117	297.505.067	6,89
75	1913 / 14	368.346.918	123.359.962	50,4	4.888.707.574	292.971.347	6,37
76	1914 / 15	263.620.814	-39.390.682	-13,0	4.527.890.903	-317.991.092	-6,56

D) Siehe Tabelle 1.4., Spalte 15.
E) Siehe Tabelle 1.4., Spalte 17.
I) Kein Etatgesetz veröffentlicht.

Tabelle 2.8.1.: Budgetmäßige Einnahmen und Ausgaben im Soll-Ist-Vergleich nach den Rechnungen von 1819/20 bis 1866/67 in Bayern in Gulden

Budgetperiode / Budgetjahr		Einnahmen (netto)				Ausgaben (netto)		
		Ist		mehr/weniger gegenüber dem Soll		Ist	mehr/weniger gegenüber dem Soll	
		Fl.		Fl.	in % des Soll	Fl.	Fl.	in % des Soll
Spalte:		1		2	3	4	5	6
Formel:				1-A)	2/A)*100		4-B)	5/B)*100
1	1819 / 20	31.809.336		682.525	2,2	31.171.868	154.272	0,5
	1820 / 21	31.918.315		791.504	2,5	31.461.179	443.583	1,4
	1821 / 22	33.021.992		1.895.181	6,1	32.110.199	1.092.603	3,5
	1822 / 23	28.954.712		-2.172.099	-7,0	31.667.418	649.822	2,1
	1823 / 24	29.783.668		-1.343.143	-4,3	32.058.223	1.040.627	3,4
	1824 / 25	30.078.869		-1.047.942	-3,4	32.640.012	1.622.416	5,2
2	1825 / 26	28.077.985		-1.054.275	-3,6	28.322.963	-803.637	-2,8
	1826 / 27	28.891.916		-240.344	-0,8	27.973.824	-1.152.776	-4,0
	1827 / 28	30.582.782		1.450.522	5,0	28.673.414	-453.186	-1,6
	1828 / 29	30.331.477		1.199.217	4,1	28.685.007	-441.593	-1,5
	1829 / 30	29.832.353		700.093	2,4	28.841.934	-284.666	-1,0
	1830 / 31	31.077.697		1.945.437	6,7	30.807.485	1.680.885	5,8
3	1831 / 32	27.687.918		2.813.652	11,3	24.114.323	-309.118	-1,3
	1832 / 33	26.514.820		1.640.554	6,6	25.180.632	757.191	3,1
	1833 / 34	27.232.319		2.358.053	9,5	25.565.069	1.141.628	4,7
	1834 / 35	29.040.599		4.166.333	16,7	25.759.917	1.336.476	5,5
	1835 / 36	28.465.070		3.590.804	14,4	25.560.438	1.136.997	4,7
	1836 / 37	29.833.782		4.959.516	19,9	27.424.359	3.000.918	12,3
4	1837 / 38	33.741.743		3.729.270	12,4	29.434.848	-548.979	-1,8
	1838 / 39	33.992.778		3.980.305	13,3	29.925.943	-57.884	-0,2
	1839 / 40	35.009.050		4.996.577	16,6	30.401.619	417.792	1,4
	1840 / 41	35.597.754		5.585.281	18,6	30.521.187	537.360	1,8
	1841 / 42	36.482.113		6.469.640	21,6	31.306.786	1.322.959	4,4
	1842 / 43	38.268.598		8.256.125	27,5	31.911.724	1.927.897	6,4
5	1843 / 44	38.402.259		6.365.852	19,9	31.369.729	-666.678	-2,1
	1844 / 45	37.349.473		5.313.066	16,6	34.189.084	2.152.677	6,7
	1845 / 46	39.455.422		7.419.015	23,2	33.820.268	1.783.861	5,6
	1846 / 47	38.738.962		6.702.555	20,9	33.297.381	1.260.974	3,9
	1847 / 48	35.044.727		3.008.320	9,4	33.585.231	1.548.824	4,8
	1848 / 49	33.163.648		1.127.241	3,5	33.745.420	1.709.013	5,3
6a	1849 / 50	35.600.310	C)	1.650.511	4,9	36.188.909	2.512.949	7,5
	1850 / 51	40.832.577	D)	6.882.778	20,3	38.125.737	4.449.777	13,2
6b	1851 / 52	39.252.772		1.661.682	4,4	38.105.080	513.990	1,4
	1852 / 53	37.324.588	E)	-266.502	-0,7	38.548.750	957.660	2,5
	1853 / 54	40.082.623		2.491.533	6,6	37.905.399	314.309	0,8
	1854 / 55	42.004.112		4.413.022	11,7	39.410.228	1.819.138	4,8
7	1855 / 56	45.715.260		4.318.398	10,4	40.288.434	-1.108.428	-2,7
	1856 / 57	47.324.763		5.927.901	14,3	42.498.152	1.101.290	2,7
	1857 / 58	48.514.383		7.117.521	17,2	42.415.037	1.018.175	2,5
	1858 / 59	54.049.660		12.652.798	30,6	55.530.197	14.133.335	34,1
	1859 / 60	61.117.344		19.720.482	47,6	54.102.640	12.705.778	30,7
	1860 / 61	48.877.463		7.480.601	18,1	53.932.879	12.536.017	30,3
8	1861 / 62	61.445.278		14.724.681	31,5	50.411.193	3.690.596	7,9
	1862 / 63	55.026.284		8.305.687	17,8	52.870.450	6.149.853	13,2
	1863 / 64	55.818.985		9.098.388	19,5	52.094.464	5.373.867	11,5
	1864 / 65	56.194.946		9.474.349	20,3	54.548.461	7.827.864	16,8
	1865 / 66	70.543.258		23.822.661	51,0	76.803.556	30.082.959	64,4
	1866 / 67	73.291.337		26.570.740	56,9	75.471.520	28.750.923	61,5

A) Siehe Tabelle 2.4.1., Spalte 1.
B) Siehe Tabelle 2.4.1., Spalte 3.
C) In dem Betrag enthalten sind außerordentliche Einnahmen aus dem Lotto, einer Anleihe, Aktienerlös und Erlös aus veräußerten Staatsgebäuden, 'Oekonomien' und 'Gewergen' sowie vereinzelt liegenden Waldparzellen von 1.916.299 fl.
D) Siehe sinngemäß Fußnote C). Die außerordentlichen Einnahmen betragen hier 5.894.035 fl.
E) Ab hier sind besondere Zuschüsse aus den Erübrigungen der letzten Finanzperiode enthalten.

Tabelle 2.8.2.: Budgetmäßige Einnahmen und Ausgaben im Soll-Ist-Vergleich nach den Rechnungen von 1868/69 bis 1914 in Bayern in Gulden/Mark (Teil 1)

Budgetperiode / Budgetjahr			Laufender Dienst – Bruttoeinnahmen: Ist Fl./M.	mehr/weniger gegenüber dem Soll Fl./M.	mehr/weniger gegenüber dem Soll in % des Soll	Ausgaben auf die Erhebung, Verwaltung und den Betrieb: Ist Fl./M.	mehr/weniger gegenüber dem Soll Fl./M.	mehr/weniger gegenüber dem Soll in % des Soll
Spalte:			1	2	3	4	5	6
Formel:				1-A)	2/A)*100		4-B)	5/B)*100
9	1868		90.000.184	2.855.578	3,3	32.071.005	3.434.987	12,0
	1869		88.828.720	1.684.114	1,9	33.623.844	4.987.826	17,4
10	1870		110.720.387	23.575.781	27,1	30.889.102	-2.157.143	-6,5
	1871		139.372.553	52.227.947	59,9	36.312.604	3.266.359	9,9
11	1872		117.328.684	7.140.424	6,5	36.646.846	1.428.221	4,1
	1873		121.505.236	11.316.976	10,3	38.914.659	3.696.034	10,5
12	1874		126.046.459	2.349.536	1,9	42.627.808	-1.241.935	-2,8
	1875	Gulden	142.104.730	18.407.807	14,9	51.810.596	7.940.853	18,1
13	1876	Mark F)	-	-	-	-	-	-
	1877		262.689.543	5.328.780	2,1	87.684.716	-5.655.923	-6,1
14	1878		213.889.809	-7.743.539	-3,5	86.073.172	-5.758.817	-6,3
	1879		203.305.671	-18.327.677	-8,3	85.710.469	-6.121.520	-6,7
15	1880		213.764.190	-7.977.255	-3,6	88.180.951	-1.223.066	-1,4
	1881		221.742.448	1.003	0,0	94.723.040	5.319.023	5,9
16	1882		230.929.160	2.223.827	1,0	88.984.030	-2.002.766	-2,2
	:							
	:	G)						
	:							
27	1904		449.417.533	7.592.207	1,7	222.014.519	864.134	0,4
	1905		455.272.815	13.447.489	3,0	228.489.874	7.339.489	3,3
28	1906		479.192.463	11.016.123	2,4	242.646.918	2.893.373	1,2
	1907		491.784.028	23.607.688	5,0	252.878.009	13.124.464	5,5
29	1908		513.633.930	-32.398.164	-5,9	268.432.845	-18.455.540	-6,4
	1909		567.726.523	21.694.429	4,0	321.835.196	34.946.811	12,2
30	1910		624.547.724	-1.600.904	-0,3	315.093.158	-10.611.280	-3,3
	1911		663.129.568	36.980.940	5,9	326.179.105	474.667	0,1
31	1912		691.935.218	4.585	0,0	453.422.416	4.827.683	1,1
	1913		708.380.958	16.450.325	2,4	458.785.370	10.190.637	2,3
32	1914	F)	-	-	-	-	-	-

A) Siehe Tabelle 2.4.1., Spalte 2.
B) Siehe Tabelle 2.4.1., Spalte 4.
F) Keine Rechnung veröffentlicht.
G) Die Rechnungen enthalten keine Hauptübersicht.

Tabelle 2.8.2.: Budgetmäßige Einnahmen und Ausgaben im Soll-Ist-Vergleich nach den Rechnungen von 1868/69 bis 1914 in Bayern in Gulden/Mark (Teil 2)

Budgetperiode / Budgetjahr			Staatsausgaben			Außerordentlicher Dienst					
						Einnahmen			Ausgaben		
			Ist	mehr/weniger gegenüber dem Soll		Ist	mehr/weniger gegenüber dem Soll		Ist	mehr/weniger gegenüber dem Soll	
			Fl./M.	Fl./M.	in % des Soll	Fl./M.	Fl./M.	in % des Soll	Fl./M.	Fl./M.	in % des Soll
Spalte:			7	8	9	10	11	12	13	14	15
Formel:				7-C)	8/C)*100		10-D)	11/D)*100		13-E)	14/E)*100
9	1868		55.728.227	-2.780.361	-4,8						
	1869		56.478.852	-2.029.736	-3,5						
10	1870		54.873.886	-5.155.828	-8,6						
	1871		56.673.108	-3.356.606	-5,6						
11	1872		73.188.748	-1.780.887	-2,4						
	1873		76.001.011	1.031.376	1,4						
12	1874		77.792.890	-2.034.290	-2,5						
	1875	Gulden	85.042.380	5.215.200	6,5						
13	1876	Mark F)	-	-	-						
	1877		183.554.781	19.534.657	11,9						
14	1878		137.549.860	7.748.401	6,0						
	1879		131.921.078	2.119.619	1,6						
15	1880		132.289.624	-47.804	0,0						
	1881		135.627.634	3.290.206	2,5						
16	1882		135.951.114	-1.767.423	-1,3						
	: : :	G)									
27	1904		224.120.016	3.445.075	1,6						
	1905		221.610.360	935.419	0,4						
28	1906		225.792.587	-2.630.208	-1,2						
	1907		224.919.283	-3.503.512	-1,5						
29	1908		235.819.129	-25.624.580	-9,8	132.169.020	49.246.008	59,4	84.741.451	1.818.439	2,2
	1909		268.918.814	7.475.105	2,9	117.445.257	34.522.245	41,6	54.109.691	-28.813.321	-34,7
30	1910		291.167.317	-9.276.873	-3,1	151.663.563	65.216.311	75,4	89.900.846	3.453.594	4,0
	1911		316.857.427	16.413.237	5,5	118.589.253	32.142.001	37,2	71.438.343	-15.008.909	-17,4
31	1912		233.874.797	-9.461.103	-3,9	106.078.625	35.168.810	49,6	78.313.944	7.404.129	10,4
	1913		253.910.212	10.574.312	4,3	78.901.287	7.991.472	11,3	72.040.597	1.130.782	1,6
32	1914 F)		-	-	-	-	-	-	-	-	-

C) Siehe Tabelle 2.4.1., Spalte 3.
D) Siehe Tabelle 2.4.1., Spalte 9.
E) Siehe Tabelle 2.4.1., Spalte 11.
F) Keine Rechnung veröffentlicht.
G) Die Rechnungen enthalten keine Hauptübersicht.

Tabelle 3.8.: Budgetmäßige Zu- und Überschüsse (netto) im Soll-Ist-Vergleich nach den Rechnungen von 1833 bis 1914/15 in Sachsen in Thaler/Mark

	Budgetperiode / Budgetjahr	Etat der Überschüsse			Etat der Zuschüsse			Außerordentlicher Etat (Einnahmen /Ausgaben)		
		Ist	mehr/weniger gegenüber dem Soll		Ist	mehr/weniger gegenüber dem Soll		Ist	mehr/weniger gegenüber dem Soll	
		Thlr./M.	Thlr./M.	in % des Soll	Thlr./M.	Thlr./M.	in % des Soll	Thlr./M.	Thlr./M.	in % des Soll
	Spalte:	1	2	3	4	5	6	7	8	9
	Formel:		1-A)	2/A)*100		4-B)	5/B)*100		7-C)	8/C)*100
1	1833	5.043.584			4.835.061					
2	1834 / 36	17.449.762			15.071.115	-405.768	-2,6			
3	1837 / 39	17.572.384			14.925.813	143.955	1,0			
4	1840 / 42	18.234.624			15.594.386	-679.879	-4,2			
5	1843 / 45	19.187.914			16.042.477	-944.390	-5,6			
6	1846 / 48	19.016.256			18.436.398	1.078.221	6,2			
7	1849 / 51	24.011.683			22.150.059	-	-			
8	1852 / 54	27.348.336	2.503.152	10,1	23.813.225	-1.031.959	-4,2	1.217.191	-506.809	-29,4
9	1855 / 57	30.985.980	3.863.274	14,2	25.680.122	-1.442.584	-5,3	5.613.646	-	-
10	1858 / 60	32.286.705	4.190.976	14,9	29.521.478	1.425.749	5,1	2.801.159	-2.441.499	-46,6
11	1861 / 63	38.624.689	9.347.149	31,9	35.949.393	6.671.853	22,8	-	-	-
12	1864 / 66	38.439.046	-2.537.906	-6,2	54.255.591	13.278.639	32,4	17.069.300	-	-
13	1867 / 69	39.975.829	-425.269	-1,1	49.735.294	9.334.196	23,1	-	-	-
14	1870 / 71 D)	24.657.435	-639.753	-2,5	24.492.077	-805.111	-3,2	16.025.131	8.065.131	101,3
15	1872 / 73 Thaler	32.962.149	5.456.311	19,8	27.369.689	-136.149	-0,5	19.649.819	1.819.039	10,2
16	1874 / 75 Mark	106.805.212	- E)	- E)	97.274.689	- E)	- E)	74.064.532	- E)	- E)
17	1876 / 77	106.043.249	-1.670.705	-1,6	117.071.237	9.357.283	8,7	193.704.514	28.656.699	17,4
18	1878 / 79	128.064.679	3.082.679	2,5	129.637.335	4.774.501	3,8	46.264.989	22.196.520	92,2
19	1880 / 81	140.413.849	12.894.675	10,1	127.170.510	-348.664	-0,3	16.187.075	15.095.875	1.383,4
20	1882 / 83	150.085.328	14.550.856	10,7	132.598.861	-2.935.611	-2,2	12.601.500	8.586.595	213,9
21	1884 / 85	147.693.794	7.847.750	5,6	135.212.849	-4.633.195	-3,3	25.547.400	7.890.695	44,7
22	1886 / 87	155.383.560	5.652.476	3,8	149.331.808	-399.276	-0,3	21.781.259	-5.822.431	-21,1
23	1888 / 89	196.626.739	29.910.111	17,9	168.859.617	2.142.989	1,3	28.222.769	-521.731	-1,8
24	1890 / 91	206.606.233	21.474.105	11,6	189.271.160	4.139.032	2,2	30.761.411	-623.039	-2,0
25	1892 / 93	198.783.580	2.154.596	1,1	206.372.233	9.743.249	5,0	40.760.270	-15.490.730	-27,5
26	1894 / 95	216.064.411	14.695.633	7,3	207.528.106	6.159.328	3,1	51.263.584	2.336.984	4,8
27	1896 / 97	175.380.934	20.173.334	13,0	156.274.325	1.066.725	0,7	70.164.113	-3.247.165	-4,4
28	1898 / 99	177.426.492	11.606.582	7,0	168.057.278	2.237.368	1,3	77.720.417	-45.251.427	-36,8
29	1900 / 01	179.836.034	-4.561.044	-2,5	189.451.562	5.054.484	2,7	97.285.641	-1.395.445	-1,4
30	1902 / 03	217.746.845			190.440.034			63.947.140	-223.621	-0,3

31	1904 / 05	246.822.365	201.420.669	45.025.812	4.906.537	12,2
32	1906 / 07	267.194.909	216.895.508	41.379.725	21.190.785	105,0
33	1908 / 09	262.702.856	237.718.161	36.540.920	5.253.620	16,8
34	1910 / 11	314.793.363	256.924.927	42.530.023	-1.737.377	-3,9
35	1912 / 13	258.703.076	215.800.936	77.066.748	379.048	0,5
36	1914 / 15 F)	-	-	-	-	-

A) Siehe Tabelle 3.4.1., Spalte 1.
B) Siehe Tabelle 3.4.1., Spalte 2.
C) Siehe Tabelle 3.4.1., Spalte 5.
D) Ab hier umfaßt die Budgetperiode 2 Etatjahre, zuvor 3.
E) Die Werte können nicht ermittelt werden, da der Etat in Thaler gerechnet ist.
F) Keine Rechnung veröffentlicht.

Tabelle 4.8.: Budgetmäßige Staatseinnahmen und -ausgaben (netto) im Soll-Ist-Vergleich nach den Rechnungen von 1819/20 bis 1914/15 in Württemberg in Gulden/Mark

Budgetperiode / Budgetjahr		Einnahmeverwaltungen Ist Fl./M.	mehr/weniger gegenüber dem Soll Fl./M.	in % des Soll	Ausgabeverwaltungen Ist Fl./M.	mehr/weniger gegenüber dem Soll Fl./M.	in % des Soll
Spalte:		1	2	3	4	5	6
Formel:			1-A)	2/A)*100		4-B)	5/B)*100
1	1819 / 20	7.749.383			9.593.266		
	1820 / 21	9.422.009			9.464.017		
2	1821 / 22	9.516.491			9.317.853		
	1822 / 23	9.748.350			9.237.310		
	1823 / 24	9.420.531			9.518.981		
3	1824 / 25	9.632.450			9.632.312		
	1825 / 26	9.781.530			9.679.678		
	1826 / 27	9.410.619			9.446.709		
4	1827 / 28	10.020.300			9.380.712		
	1828 / 29	10.143.156			9.273.776		
	1829 / 30	8.908.568			9.116.988		
5	1830 / 31	9.612.512	-6.931	-0,1	9.649.678	-9.569.368	-49,8
	1831 / 32	9.273.609	-143.117	-1,5	9.056.485	-9.717.453	-51,8
	1832 / 33	9.001.492	-413.063	-4,4	9.326.271	-9.582.199	-50,7
6	1833 / 34	8.418.740	-771.978	-8,4	9.031.316	-9.273.914	-50,7
	1834 / 35	8.974.648	25.477	0,3	8.886.170	-9.028.412	-50,4
	1835 / 36	9.451.543	502.372	5,6	8.930.972	-9.013.496	-50,2
7	1836 / 37	9.324.452	-212.191	-2,2	9.045.971	-9.519.501	-51,3
	1837 / 38	9.885.769	565.127	6,1	9.408.067	-9.281.487	-49,7
	1838 / 39	11.072.429	1.747.787	18,7	9.561.744	-9.114.110	-48,8
8	1839 / 40	10.129.247	415.413	4,3	9.682.182	-9.654.908	-49,9
	1840 / 41	9.648.940	7.106	0,1	10.416.843	-8.717.675	-45,6
	1841 / 42	10.042.804	394.970	4,1	9.782.991	-9.736.493	-49,9
9	1842 / 43	11.209.439	663.925	6,3	10.242.593	-10.830.973	-51,4
	1843 / 44	10.882.128	286.614	2,7	10.236.720	-10.526.834	-50,7
	1844 / 45	11.118.813	533.299	5,0	10.206.943	-10.745.067	-51,3
10	1845 / 46	15.925.617	5.041.676	46,3	15.010.769	-5.946.511	-28,4
	1846 / 47	16.215.694	5.351.753	49,3	14.965.095	-6.315.761	-29,7
	1847 / 48	9.628.219	-1.233.322	-11,4	11.994.746	-10.034.376	-45,6
11	1848 / 49	11.902.012	188.159	1,6	11.902.012	-13.194.518	-52,6
12	1849 / 50 C)	-	-	-	-	-	-
	1850 / 51	10.355.264	-451.312	-4,2	11.040.569	-12.239.759	-52,6
	1851 / 52	11.500.452	1.044.518	10,0	11.875.663	-12.059.807	-50,4
13	1852 / 53	11.732.122	-249.822	-2,1	11.824.617	-13.067.811	-52,5
	1853 / 54 C)	-	-	-	-	-	-
	1854 / 55 C)	-	-	-	-	-	-
14	1855 / 56 C)	-	-	-	-	-	-
	1856 / 57 C)	-	-	-	-	-	-
	1857 / 58	15.648.700	2.960.029	23,3	12.771.913	-12.709.769	-49,9
15	1858 / 59	16.043.313	2.203.811	15,9	13.049.531	-13.875.325	-51,5
	1859 / 60	15.406.900	1.610.211	11,7	13.503.622	-14.056.612	-51,0
	1860 / 61	17.279.830	3.606.493	26,4	14.055.131	-13.998.005	-49,9
16	1861 / 62	19.070.540	4.156.708	27,9	15.300.808	-15.146.634	-49,7
	1862 / 63 C)	-	-	-	-	-	-
	1863 / 64	19.870.471	4.875.837	32,5	15.347.194	-17.132.182	-52,7
17	1864 / 65	19.049.829	1.745.792	10,1	16.252.133	-16.682.479	-50,7
	1865 / 66 C)	-	-	-	-	-	-
	1866 / 67	18.842.391	1.848.468	10,9	17.869.187	-17.613.151	-49,6
18	1867 / 68 C)	-	-	-	-	-	-
	1868 / 69 C)	-	-	-	-	-	-
	1869 / 70 C)	-	-	-	-	-	-
19	1870 / 71	22.802.271	22.802.271	- D)	22.841.348	22.841.348	- D)
20	1871 / 72 C)	-	-	-	-	-	-
	1872 / 73	24.667.933	1.363.865	5,9	23.368.780	-23.239.356	-49,9

Tabelle 4.8.: - Fortsetzung -

Budgetperiode / Budgetjahr		Einnahmeverwaltungen			Ausgabeverwaltungen		
		Ist	mehr/weniger gegenüber dem Soll		Ist	mehr/weniger gegenüber dem Soll	
		Fl./M.	Fl./M.	in % des Soll	Fl./M.	Fl./M.	in % des Soll
Spalte:		1	2	3	4	5	6
Formel:			1-A)	2/A)*100		4-B)	5/B)*100
21	1873 / 74	24.027.884	-434.930	-1,8	24.027.884	-24.897.744	-50,9
	1874 / 75 Gulden	25.319.948	701.162	2,8	23.817.571	-25.420.001	-51,6
22	1875 / 76 Mark	47.115.069	2.777.802	6,3	44.309.224	-44.365.310	-50,0
23	1876 / 77	46.494.594	689.730	1,5	46.494.594	-45.115.134	-49,2
24	1877 / 78	47.403.349	-935.439	-1,9	47.984.219	-48.693.357	-50,4
	1878 / 79	36.827.108	-778.028	-2,1	37.644.515	-37.565.757	-49,9
25	1879 / 80	50.554.970	854.935	1,7	51.236.145	-54.272.813	-51,4
	1880 / 81	49.283.419	-674.981	-1,4	50.235.568	-57.113.618	-53,2
26	1881 / 82	50.605.172	-1.398.712	-2,7	51.384.634	-52.957.484	-50,8
	1882 / 83	50.573.615	-1.630.000	-3,1	51.381.355	-52.691.527	-50,6
27	1883 / 84	52.803.577	-971.328	-1,8	51.936.038	-55.613.772	-51,7
	1884 / 85	53.801.001	-224.091	-0,4	51.319.453	-56.730.731	-52,5
28	1885 / 86	54.196.175	-879.195	-1,6	53.158.424	-56.992.316	-51,7
	1886 / 87	56.011.915	-226.513	-0,4	54.781.089	-57.695.767	-51,3
29	1887 / 88	58.430.820	-194.439	-0,3	56.966.478	-60.284.040	-51,4
	1888 / 89	62.889.259	4.097.774	7,0	56.801.513	-60.781.457	-51,7
30	1889 / 90	64.925.818	3.650.968	6,0	59.184.208	-63.365.492	-51,7
	1890 / 91	65.023.266	3.083.085	5,0	63.292.422	-60.587.940	-48,9
31	1891 / 92	63.540.583	-1.711.698	-2,6	64.810.055	-65.694.507	-50,3
	1892 / 93	63.769.905	-2.423.752	-3,7	64.944.988	-67.442.326	-50,9
32	1893 / 94	66.449.936	-750.765	-1,1	67.575.834	-66.825.568	-49,7
	1894 / 95	69.307.654	178.191	0,3	70.118.076	-68.140.850	-49,3
33	1895 / 96	73.410.956	2.503.420	3,5	70.393.251	-1.180.434	-1,6
	1896 / 97	74.748.509	3.384.908	4,7	71.455.742	-288.583	-0,4
34	1897 / 98	78.785.640	4.662.100	6,3	73.948.948	-749.865	-1,0
	1898 / 99	82.829.620	8.139.355	10,9	75.054.203	1.177.822	1,6
35	1899 / 1900	81.562.174	64.088	0,1	80.082.834	-667.333	-0,8
	1900 / 01	83.984.043	1.762.037	2,1	82.484.750	1.120.013	1,4
36	1901 / 02	85.807.904	-3.238.371	-3,6	86.802.412	-1.887.193	-2,1
	1902 / 03	89.359.759	-687.723	-0,8	90.024.882	11.715	0,0
37	1903 / 04	89.480.218	-1.650.671	-1,8	89.824.989	-1.305.900	-1,4
	1904 / 05	78.730.599	-13.206.761	-14,4	77.972.618	-14.052.925	-15,3
38	1905 / 06	84.508.330	1.644.928	2,0	81.923.117	-998.136	-1,2
	1906 / 07	87.194.127	3.478.178	4,2	83.613.650	-54.582	-0,1
39	1907 / 08	89.048.685	-2.020.721	-2,2	88.057.257	-3.211.654	-3,5
	1908 / 09	90.243.325	-2.177.412	-2,4	90.318.990	-1.389.643	-1,5
40	1909 / 10	94.223.328	-2.627.074	-2,7	91.379.159	-4.829.073	-5,0
	1910 / 11	107.260.320	6.605.518	6,6	100.882.120	-261.821	-0,3
41	1911 / 12	109.411.511	524.881	0,5	105.607.963	-3.278.667	-3,0
	1912 / 13	114.663.004	2.094.838	1,9	110.437.571	-2.130.595	-1,9
42	1913 / 14	114.889.955	-4.521.618	-3,8	115.482.941	-3.186.245	-2,7
	1914 / 15	107.064.593	-14.731.027	-12,1	108.790.013	-13.117.141	-10,8

A) Siehe Tabelle 4.4.1., Spalte 14 und Tabelle 4.4.2., Spalte 13.
B) Siehe Tabelle 4.4.1., Spalte 1 und Tabelle 4.4.2., Spalte 4.
C) Es ist keine zusammenhängende Rechnung veröffentlicht.
D) Kein verabschiedeter Etat veröffentlicht.

Tabelle 1.9.: Nachtragsetats nach den Gesetzblättern von 1877/78 bis 1914/15 in Preußen in Mark

	Budgetperiode / Budgetjahr	Anzahl der Nach-träge	Einnahmen				Ausgaben			
			ordentliche		außerordentliche		fortdauernde		außerordentliche	
			M.	in % des ersten Anschlags	M.	in % des ersten Anschlags	M.	in % des ersten Anschlags	M.	in % des ersten Anschlags
Spalte:		1	2	3	4	5	6	7	8	9
Formel:				2/A)*100		4/B)*100		6/C)*100		8/D)*100
39	1877 / 78	1	5.881.930	0,90	0		4.581.930	0,73	1.300.000	6,32
40	1878 / 79 E)	2	5.119.345	0,72	0		645.719.116	100,80	0	0,00
41	1879 / 80	1	2.147.144	0,30	0		2.147.144	0,33	0	0,00
42	1880 / 81	0	0	0,00	0		0	0,00	0	0,00
43	1881 / 82	1	20.988.767	2,30	0		20.988.767	2,40	0	0,00
44	1882 / 83	0	0	0,00	0		0	0,00	0	0,00
45	1883 / 84	0	0	0,00	0		0	0,00	0	0,00
46	1884 / 85	1	3.381.588	0,30	0		3.381.588	0,31	0	0,00
47	1885 / 86	0	0	0,00	0		0	0,00	0	0,00
48	1886 / 87	1	3.628.100	0,28	0		853.600	0,07	2.774.500	7,57
49	1887 / 88	1	12.775.689	0,97	0		12.770.389	1,00	5.300	0,02
50	1888 / 89	0	0	0,00	0		0	0,00	0	0,00
51	1889 / 90	1	7.500	0,00	0		7.500	0,00	0	0,00
52	1890 / 91	2	1.480.371	0,09	0		1.335.371	0,09	145.000	0,30
53	1891 / 92	0	0	0,00	0		0	0,00	0	0,00
54	1892 / 93	2	0	0,00	0		60.000	0,00	358.500	0,77
55	1893 / 94	0	0	0,00	0		0	0,00	0	0,00
56	1894 / 95	0	0	0,00	0		0	0,00	0	0,00
57	1895 / 96	0	0	0,00	0		0	0,00	0	0,00
58	1896 / 97	2	1.398.750	0,07	0		0	0,00	200.000	0,25
59	1897 / 98	0	0	0,00	0		0	0,00	0	0,00
60	1898 / 99	0	0	0,00	0		0	0,00	0	0,00
61	1899 / 1900	1	0	0,00	0		12.375	0,00	387.625	0,28
62	1900 / 01	0	0	0,00	0		0	0,00	0	0,00
63	1901 / 02	0	0	0,00	0		0	0,00	0	0,00
64	1902 / 03	0	0	0,00	0		0	0,00	0	0,00
65	1903 / 04	1	5.813.637	0,22	0		5.813.637	0,23	0	0,00
66	1904 / 05	1	3.000.000	0,11	0		3.000.000	0,11	0	0,00
67	1905 / 06	0	0	0,00	0		0	0,00	0	0,00
68	1906 / 07	0	0	0,00	0		0	0,00	0	0,00
69	1907 / 08	1	12.964.680	0,41	0		0	0,00	12.964.680	4,56
70	1908 / 09	1	0	0,00	0		1.820.000	0,06	0	0,00

71	1909 / 10	0	0	0,00	0		0	0,00	0	0,00
72	1910 / 11	1	1.500.000	0,04	0		1.500.000	0,04	0	0,00
73	1911 / 12	0	0	0,00	0	0	0	0,00	0	0,00
74	1912 / 13	1	900.000	0,02	60.000.000	160	30.000	0,00	60.870.000	26,70
75	1913 / 14	0	0	0,00	0	0	0	0,00	0	0,00
76	1914 / 15	0	0	0,00	0	0	0	0,00	0	0,00

A) Siehe Tabelle 1.4., Spalte 1.
B) Siehe Tabelle 1.4., Spalte 2.
C) Siehe Tabelle 1.4., Spalte 13.
D) Siehe Tabelle 1.4., Spalte 15.
E) Aus dem 1. Nachtrag geht die Höhe der Etatänderung nicht hervor.

Tabelle 3.9.: Nachträge zu den Finanzgesetzen in den Gesetz- und Verordnungsblättern von 1872/73 bis 1914/15 in Sachsen in Thaler/Mark

	Budgetperiode / Budgetjahr	Anzahl der Nachträge	Überschüsse Thlr./M.	Einnahmen M.	in % des ersten Anschlags	Zuschüsse Thlr./M.	Ausgaben M.	in % des ersten Anschlags	Anzahl der Nachträge	Außerordentliches Budget Einnahmen/Ausgaben Thlr./M.	in % des ersten Anschlags
Spalte:		1	2	3	4	5	6	7	8	9	10
Formel:					2 bzw.3/A)*100			5 bzw.6/B)*100			9/C)*100
15	1872 / 73 Thaler	0	0		0,0	0		0,0	2	8.189.592	45,9
16	1874 / 75 Mark	1	1.599.206		- D)	1.599.206		- D)	1	1.325.320	- D)
17	1876 / 77	1	12.610.902		11,7	12.610.902		11,7	1	1.542.971	0,9
18	1878 / 79	2	3.794.220		3,0	3.913.386		3,1	1	23.542.373	97,8
19	1880 / 81	0	0		0,0	0		0,0	0	0	0,0
20	1882 / 83	0	0		0,0	0		0,0	0	0	0,0
21	1884 / 85	1	-56.000		0,0	-56.000		0,0	0	0	0,0
22	1886 / 87	0	0		0,0	0		0,0	0	0	0,0
23	1888 / 89	0	0		0,0	0		0,0	0	0	0,0
24	1890 / 91	1	3.975.246		2,1	3.975.246		2,1	0	0	0,0
25	1892 / 93	0	0		0,0	0		0,0	0	0	0,0
26	1894 / 95	0	0		0,0	0		0,0	0	0	0,0
27	1896 / 97	1	7.516.000		4,8	7.516.000		4,8	0	0	0,0
28	1898 / 99	1	77.200		0,0	77.200		0,0	0	0	0,0
29	1900 / 01	0	0		0,0	0		0,0	0	0	0,0
30	1902 / 03	1		3.800.000	0,6		3.800.000	0,6	0	0	0,0
31	1904 / 05	1		4.098.180	0,6		4.098.180	0,6	0	0	0,0
32	1906 / 07	2		19.731.718	3,1		19.731.718	3,1	0	0	0,0
33	1908 / 09	2		11.403.938	1,6		11.403.938	1,6	1	8.219.000	26,3
34	1910 / 11	1		5.623.620	0,8		5.623.620	0,8	0	0	0,0
35	1912 / 13	1		27.797.484	3,1		27.797.484	3,1	0	0	0,0
36	1914 / 15	0		0	0,0		0	0,0	0	0	0,0

A) Siehe Tabelle 3.4.1., Spalte 1 und Spalte 3.
B) Siehe Tabelle 3.4.1., Spalte 2 und Spalte 4.
C) Siehe Tabelle 3.4.1., Spalte 5.
D) Der Etat ist in Thaler gerechnet, die Nachträge in Mark.

Tabelle 4.9.: Nachträge zu den etatmäßigen Einnahmen und Ausgaben nach den Regierungsblättern von 1879/80 bis 1914/15 in Württemberg in Mark

Budgetperiode / Budgetjahr		Anzahl der Nachträge A)	Einnahmen M.	in % des ersten Anschlags	Ausgaben M.	in % des ersten Anschlags
Spalte:		1	2	3	4	5
Formel:				2/B)*100		4/C)*100
25	1879 / 80	1	86.490	0,17	159.570	0,30
	1880 / 81	1	322.980	0,65	169.983	0,32
26	1881 / 82	0	0	0,00	0	0,00
	1882 / 83	0	0	0,00	0	0,00
27	1883 / 84	0	0	0,00	0	0,00
	1884 / 85	1	35.094	0,06	35.094	0,06
28	1885 / 86	0	0	0,00	0	0,00
	1886 / 87	0	0	0,00	0	0,00
29	1887 / 88	0	0	0,00	0	0,00
	1888 / 89	1	36.353	0,06	36.353	0,06
30	1889 / 90	0	0	0,00	0	0,00
	1890 / 91	0	0	0,00	0	0,00
31	1891 / 92	0	0	0,00	0	0,00
	1892 / 93	0	0	0,00	0	0,00
32	1893 / 94	0	0	0,00	0	0,00
	1894 / 95	1	410.000	0,59	410.000	0,59
33	1895 / 96	1	0	0,00	0	0,00
	1896 / 97	0	0	0,00	0	0,00
34	1897 / 98	1	0	0,00	0	0,00
	1898 / 99	0	0	0,00	0	0,00
35	1899 / 1900	1	190.100	0,23	514.127	0,64
	1900 / 01	1	760.400	0,92	1.740.506	2,14
36	1901 / 02	0	0	0,00	0	0,00
	1902 / 03	0	0	0,00	0	0,00
37	1903 / 04	0	0	0,00	0	0,00
	1904 / 05	2	-17.600	-0,02	311.807	0,34
38	1905 / 06	0	0	0,00	0	0,00
	1906 / 07	2	518.175	0,62	518.175	0,62
39	1907 / 08	1	0	0,00	0	0,00
	1908 / 09	3	-7.045	-0,01	467.308	0,51
40	1909 / 10	1	0	0,00	0	0,00
	1910 / 11	1	198.810	0,20	351.841	0,35
41	1911 / 12	0	0	0,00	0	0,00
	1912 / 13	5	324.040	0,29	324.040	0,29
42	1913 / 14	2	0	0,00	13.195	0,01
	1914 / 15	4	0	0,00	93.530	0,08

A) Die angezeigte Anzahl der Nachtragsetats muß nicht mit der in den Gesetzblättern veröffentlichten Zahl der Nachträge übereinstimmen, da wir nur die etatmäßigen Nachträge und die ausdrücklich als 'außerordentliche Staatsausgaben' bezeichneten Ausgaben aufgenommen haben.
B) Siehe Tabelle 4.4.1., Spalte 14 und Tabelle 4.4.2., Spalte 13.
C) Siehe Tabelle 4.4.1., Spalte 1 und Tabelle 4.4.2., Spalte 4.

Tabelle 1.10.: Außeretatmäßige extraordinäre Einnahmen und Ausgaben nach den Rechnungen von 1849 bis 1914/15 in Preußen in Thaler/Mark

	Budgetperiode / Budgetjahr	Einnahmen Thlr./M.	Nicht im Etat nachgewiesene Einnahmen in % der veranschlagten Nettostaatseinnahmen	Ausgaben Thlr./M.	Nicht im Etat nachgewiesene Ausgaben in % der veranschlagten Nettostaatsausgaben
Spalte:		1	2	3	4
Formel:			1/A)*100		3/B)*100
10	1849			197.768	0,3
11	1850			129.010	0,2
12	1851			311.195	0,4
13	1852	6.462.728	8,8	84.497	0,1
14	1853	3.724.685	5,2	349.193	0,5
15	1854	29.550.489	39,9	3.846.395	5,3
16	1855	18.334.860	22,7	-	-
17	1856	4.452.639	5,3	1.062.580	1,4
18	1857	5.449.791	6,6	3.396.042	4,4
19	1858	4.596.199	5,3	505.235	0,6
20	1859	46.222.987	51,2	40.020.980	48,8
21	1860	6.367.503	7,1	4.728.464	5,6
22	1861	2.394.723	2,5	2.477.642	2,8
23	62	2.913.870	2,8	2.970.195	3,0
24	63	3.980.906	3,8	4.322.965	4,3
25	64	9.301.118	7,9	21.060.491	18,3
26	65	10.371.036	8,9	12.124.287	10,8
27	66	93.520.219	- C)	74.819.521	- C)
28	1867	12.982.401	11,1	12.296.390	12,2
29	1868	52.462.913	50,3	52.222.249	53,2
30	1869	31.614.486	29,2	31.489.165	30,6
31	1870	35.143.184	32,0	35.076.215	33,7
32	1871	27.394.154	24,5	27.782.289	26,3
33	1872	70.671.068	57,7	66.932.152	61,0
34	1873	103.539.739	75,5	90.806.322	79,9
35	1874 Thaler	80.183.503	55,1	92.475.697	82,9
36	1875 Mark	138.776.078	33,2	146.709.526	43,4
37	1876	162.874.433	42,7	161.158.675	46,1
38	I./1877	16.146.877	18,1	21.731.206	24,9
39	1877 / 78	177.390.847	46,5	179.400.219	49,7
40	1878 / 79	118.339.120	26,5	119.916.664	32,1
41	1879 / 80	103.170.512	23,1	93.253.769	24,0
42	1880 / 81	281.588.549	54,7	277.357.203	58,3
43	1881 / 82	70.980.223	14,1	71.209.163	15,4
44	1882 / 83	148.861.259	28,9	149.951.578	31,1
45	1883 / 84	77.474.197	14,3	77.733.994	15,6
46	1884 / 85	123.447.699	21,7	125.631.471	24,1
47	1885 / 86	132.744.966	21,5	133.104.890	22,9
48	1886 / 87	104.690.095	16,1	104.788.019	17,1
49	1887 / 88	128.172.099	18,7	126.080.836	19,4
50	1888 / 89	119.041.292	15,7	117.157.147	16,5
51	1889 / 90	159.296.704	19,0	158.058.025	20,7
52	1890 / 91	197.812.906	22,4	203.664.968	24,4
53	1891 / 92	171.599.861	18,0	173.537.935	19,2
54	1892 / 93	151.841.449	15,5	147.464.332	15,8
55	1893 / 94	127.073.991	12,5	131.145.618	13,5
56	1894 / 95	232.390.478	21,8	214.899.504	21,3
57	1895 / 96	175.125.836	16,6	125.479.595	12,6
58	1896 / 97	114.535.151	10,6	115.954.191	11,6
59	1897 / 98	110.195.795	9,7	115.287.486	11,0
60	1898 / 99	121.560.754	10,1	124.024.098	11,5
61	1899 / 1900	109.265.092	8,6	113.250.925	10,0
62	1900 / 01	104.058.020	7,8	107.338.473	9,2

Tabelle 1.10.: - Fortsetzung -

Budgetperiode / Budgetjahr		Einnahmen Thlr./M.	Nicht im Etat nachgewiesene Einnahmen in % der veranschlagten Nettostaatseinnahmen	Ausgaben Thlr./M.	Nicht im Etat nachgewiesene Ausgaben in % der veranschlagten Nettostaatsausgaben
Spalte:		1	2	3	4
Formel:			1/A)*100		3/B)*100
63	1901 / 02	100.526.016	7,0	113.611.589	9,3
64	1902 / 03	168.764.077	12,1	170.715.961	13,7
65	1903 / 04	198.607.502	13,9	170.622.805	13,5
66	1904 / 05	269.057.458	18,2	277.205.757	21,2
67	1905 / 06	220.763.459	16,7	224.363.815	19,9
68	1906 / 07	403.441.950	28,4	409.681.007	34,6
69	1907 / 08	330.732.449	21,9	333.880.617	27,2
70	1908 / 09	552.870.040	35,8	555.771.857	41,0
71	1909 / 10	438.100.513	26,4	419.826.284	29,3
72	1910 / 11	496.467.949	30,2	501.235.484	34,9
73	1911 / 12	587.184.335	36,1	591.023.306	40,4
74	1912 / 13	972.714.759	56,7	775.079.092	50,9
75	1913 / 14	1.405.766.428	78,6	1.410.094.428	90,2
76	1914 / 15	1.185.635.622	64,0	1.217.206.467	75,4

A) Siehe Tabelle 1.4., Spalte 1 ./. Spalte 5.
B) Siehe Tabelle 1.4., Spalte 13 ./. Spalte 5.
C) Kein Etatgesetz veröffentlicht.

Tabelle 2.10.: Ausgaben auf den Reichsreservefonds und auf die Erübrigungen der Vorperiode nach den Rechnungen von 1831/32 bis 1903 in Bayern in Gulden/Mark A)

Budgetperiode / Budgetjahr		Auf den Reichsreservefonds Fl./M.	nicht im Etat nachgewiesene Ausgaben in % der veranschlagten Nettostaatsausgaben	Auf die Erübrigungen früherer Finanzperioden Fl./M.	nicht im Etat nachgewiesene Ausgaben in % der veranschlagten Nettostaatsausgaben
Spalte:		1	2	3	4
Formel:			1/B)*100		3/B)*100
3	1831 / 32	1.843.469	7,5	1.138.090	4,7
	1832 / 33	913.142	3,7	1.178.517	4,8
	1833 / 34	788.618	3,2	972.057	4,0
	1834 / 35	728.176	3,0	1.008.334	4,1
	1835 / 36	336.021	1,4	1.014.739	4,2
	1836 / 37	404.179	1,7	787.401	3,2
4	1837 / 38	237.286	0,8	1.809.451	6,0
	1838 / 39	439.038	1,5	835.467	2,8
	1839 / 40	425.831	1,4	1.341.097	4,5
	1840 / 41	1.873.303	6,2	516.235	1,7
	1841 / 42	2.193.998	7,3	2.682.893	8,9
	1842 / 43	2.510.184	8,4	9.499.897	31,7
5	1843 / 44	1.101.685	3,4	5.891.909	18,4
	1844 / 45	1.195.475	3,7	4.088.250	12,8
	1845 / 46	1.946.508	6,1	1.879.415	5,9
	1846 / 47	2.198.120	6,9	1.316.075	4,1
	1847 / 48	1.577.255	4,9	1.381.643	4,3
	1848 / 49	1.489.027	4,6	389.947	1,2
6a	1849 / 50	1.160.469	3,4	540.603	1,6
	1850 / 51	1.525.574	4,5	274.379	0,8
6b	1851 / 52	1.803.913	4,8	141.451	0,4
	1852 / 53	1.810.149	4,8	1.035.786	2,8
	1853 / 54	2.958.249	7,9	305.856	0,8
	1854 / 55	3.533.724	9,4	183.118	0,5
7	1855 / 56	1.768.685	4,3	1.082.220	2,6
	1856 / 57	1.543.021	3,7	53.304	0,1
	1857 / 58	2.218.113	5,4	36.721	0,1
	1858 / 59	2.960.405	7,2	73.917	0,2
	1859 / 60	1.373.441	3,3	-	-
	1860 / 61	1.261.380	3,0	-	-
8	1861 / 62	827.131	1,8	3.751.888	8,0
	1862 / 63	708.720	1,5	1.214.583	2,6
	1863 / 64	2.253.473	4,8	932.711	2,0
	1864 / 65	753.207	1,6	314.388	0,7
	1865 / 66	957.729	2,0	512.099	1,1
	1866 / 67	2.324.923 A)	5,0	398.692	0,9
9	1868			2.418.179	4,1
	1869			1.167.441	2,0
10	1870			112.253	0,2
	1871			95.029	0,2
11	1872			646.845	0,9
	1873			138.351	0,2
12	1874			467.519	0,6
	1875 Gulden			135.760	0,2
13	1876 Mark			-	-
	1877			578.431	0,4
14	1878			845.731	0,7
	1879			347.107	0,3
15	1880			707.760	0,5
	1881			-	-
16	1882			-	-
	1883			-	-

Tabelle 2.10.: - Fortsetzung -

Budgetperiode / Budgetjahr		Auf den Reichsreservefonds Fl./M.	nicht im Etat nachgewiesene Ausgaben in % der veranschlagten Nettostaatsausgaben	Auf die Erübrigungen früherer Finanzperioden Fl./M.	nicht im Etat nachgewiesene Ausgaben in % der veranschlagten Nettostaatsausgaben
Spalte:		1	2	3	4
Formel:			1/B)*100		3/B)*100
17	1884			-	-
	1885			-	-
18	1886			-	-
	1887			-	-
19	1888			2.504.600 C)	1,6
	1889			7.522.788	4,7
20	1890			7.768.119	4,7
	1891			41.893.329	25,3
21	1892			26.113.764	14,9
	1893			22.546.706	12,9
22	1894			24.279.192	13,0
	1895			11.629.572	6,2
23	1896			14.946.499	7,7
	1897			8.516.928	4,4
24	1898			40.948.232	19,6
	1899			9.105.398	4,4
25	1900			39.766.476	17,1
	1901			16.725.471	7,2
26	1902			24.277.624	9,9
	1903			11.930.576	4,9

A) Nach 1866/67 sind die Ausgaben auf den Reichsreservefonds in den budgetmäßigen Ausgaben enthalten.

B) Siehe Tabelle 2.4.1., Spalte 3.

C) Vom Rechnungsjahr 1888 bis 1903 werden die Ausgaben à conto der Erübrigungen aus früheren Finanzperioden nicht mehr in der eigentlichen Staatshaushaltsrechnung, sondern in einer gesonderten Beilage nachgewiesen.

Tabelle 3.10.: Extraordinäre Ausgaben nach den Rechnungen von 1833 bis 1878/79 in Sachsen in Thaler/Mark

Budgetperiode / Budgetjahr			Thlr./M.	in % des Budgets der Zuschüsse
Spalte:			1	2
Formel:				1/A)*100
1	1833		0	0,0
2	1834 / 36		0	0,0
3	1837 / 39		921.561	6,2
4	1840 / 42		1.325.711	8,5
5	1843 / 45		1.116.754	7,0
6	1846 / 48		13.526.151	73,4
7	1849 / 51		0	0,0
8	1852 / 54		0	0,0
9	1855 / 57		0	0,0
10	1858 / 60		0	0,0
11	1861 / 63		0	0,0
12	1864 / 66		500.000	0,9
13	1867 / 69		1.243	0,0
14	1870 / 71	B)	0	0,0
15	1872 / 73		0	0,0
16	1874 / 75	Thaler	0	0,0
17	1876 / 77	Mark	0	0,0
18	1878 / 79		0	0,0

A) Siehe Tabelle 3.8., Spalte 4.
B) Ab hier umfaßt die Budgetperiode 2 Etatjahre, zuvor 3.

Tabelle 4.10.: Außeretatmäßige Einnahmen und Ausgaben nach den Rechnungen von 1819/20 bis 1914/15 in Württemberg in Gulden/Mark

	Budgetperiode / Budgetjahr		Einnahmen Fl./M.	Nicht im Etat nachgewiesene Einnahmen in % der veranschlagten Nettostaatseinnahmen	Ausgaben Fl./M.	Nicht im Etat nachgewiesene Ausgaben in % der veranschlagten Nettostaatsausgaben
Spalte:			1	2	3	4
Formel:				1/A)*100		3/B)*100
1	1819 / 20		2.134.640		1.022.916	
	:					
	:	C)				
	:					
	1829 / 30		942.315		1.286.151	
5	1830 / 31		823.514	8,6	1.155.448	12,0
	1831 / 32		786.260	8,3	1.695.498	18,1
	1832 / 33		881.543	9,4	1.114.250	11,8
6	1833 / 34		868.068	9,4	989.728	10,8
	1834 / 35		1.073.426	12,0	1.202.566	13,4
	1835 / 36		999.513	11,2	1.123.940	12,5
7	1836 / 37		4.359.948	45,7	4.933.321	53,1
	1837 / 38		1.478.567	15,9	2.156.972	23,1
	1838 / 39		1.758.360	18,9	2.140.437	22,9
8	1839 / 40		4.041.791	41,6	4.228.929	43,7
	1840 / 41		6.212.983	64,4	7.031.371	73,5
	1841 / 42		4.160.047	43,1	4.913.511	50,3
9	1842 / 43		5.583.487	52,9	4.441.356	42,2
	1843 / 44		3.997.862	37,7	4.285.266	41,3
	1844 / 45		3.103.051	29,3	3.041.385	29,0
10	1845 / 46		3.449.118	31,7	3.602.977	34,4
	1846 / 47		3.974.930	36,6	4.309.954	40,5
	1847 / 48		4.943.433	45,5	5.184.104	47,1
11	1848 / 49		3.254.603	27,8	3.435.642	27,4
12	1849 / 50	D)	-	-	-	-
	1850 / 51		3.196.247	29,6	3.120.198	26,8
	:					
	:	E)				
	:					
	1872 / 73		20.930.230	89,8	20.930.230	89,8
21	1873 / 74		23.564.479	96,3	23.564.479	96,3
	1874 / 75	Gulden	34.242.675	139,1	34.242.675	139,1
22	1875 / 76	Mark	52.407.341	118,2	52.407.341	118,2
23	1876 / 77		35.337.307	77,1	35.337.307	77,1
24	1877 / 78		36.779.262	76,1	36.779.262	76,1
	1878 / 79		31.731.389	84,4	31.731.389	84,4
25	1879 / 80		39.070.660	78,6	39.070.660	74,1
	1880 / 81		38.223.045	76,5	38.223.045	71,2
26	1881 / 82		57.735.010	111,0	57.735.010	110,7
	1882 / 83		43.570.321	83,5	43.570.321	83,7
27	1883 / 84		36.637.473	68,1	36.637.473	68,1
	1884 / 85		37.214.890	68,9	37.214.890	68,9
28	1885 / 86		40.363.074	73,3	40.363.074	73,3
	1886 / 87		41.271.670	73,4	41.271.670	73,4
29	1887 / 88		43.477.925	74,2	43.477.925	74,2
	1888 / 89		47.521.244	80,8	47.521.244	80,8
30	1889 / 90		50.719.833	82,8	50.719.833	82,8
	1890 / 91		62.695.985	101,2	62.695.985	101,2
31	1891 / 92		65.706.939	100,7	65.706.939	100,7
	1892 / 93		61.297.038	92,6	61.297.038	92,6
32	1893 / 94		62.594.175	93,1	62.594.175	93,1
	1894 / 95		62.441.713	90,3	62.441.713	90,3
33	1895 / 96		63.665.510	89,8	63.665.510	89,0
	1896 / 97		70.193.866	98,4	70.193.866	97,8

Tabelle 4.10.: - Fortsetzung -

Budgetperiode / Budgetjahr		Einnahmen Fl./M.	Nicht im Etat nachgewiesene Einnahmen in % der veranschlagten Nettostaatseinnahmen	Ausgaben Fl./M.	Nicht im Etat nachgewiesene Ausgaben in % der veranschlagten Nettostaatsausgaben
Spalte:		1	2	3	4
Formel:			1/A)*100		3/B)*100
34	1897 / 98	73.457.809	99,1	73.457.809	98,3
	1898 / 99	69.471.467	93,0	69.471.467	94,0
35	1899 / 1900	74.642.590	91,6	74.642.590	92,4
	1900 / 01	83.576.288	101,6	83.576.288	102,7
36	1901 / 02	81.830.098	91,9	81.830.098	92,3
	1902 / 03	94.734.385	105,2	94.734.385	105,2
37	1903 / 04	87.867.920	96,4	87.867.920	96,4
	1904 / 05	144.249.657	156,9	144.249.657	156,7
38	1905 / 06	167.304.968	201,9	167.304.968	201,8
	1906 / 07	170.277.292	203,4	170.277.292	203,5
39	1907 / 08	177.805.068	195,2	177.805.068	194,8
	1908 / 09	186.945.268	202,3	186.945.268	203,8
40	1909 / 10	146.834.485	151,6	146.834.485	152,6
	1910 / 11	122.364.295	121,6	122.364.295	121,0
41	1911 / 12	153.711.797	141,2	153.711.797	141,2
	1912 / 13	126.002.723	111,9	126.002.723	111,9
42	1913 / 14	159.428.048	133,5	159.428.048	134,3
	1914 / 15	401.865.421	330,0	401.865.421	329,6

A) Siehe Tabelle 4.4.1., Spalte 14 und Tabelle 4.4.2., Spalte 13.
B) Siehe Tabelle 4.4.1., Spalte 1 und Tabelle 4.4.2., Spalte 4.
C) Die Rechnungen enthalten keine Werte.
D) Es ist keine zusammenhängende Rechnung veröffentlicht.
E) Es sind keine zusammenhängenden Rechnungen oder keine Werte veröffentlicht.

Tabelle 1.11.: Summe aller Einnahmen und Ausgaben (netto) nach den Rechnungen von 1849 bis

Budgetperiode / Budgetjahr		Einnahmen Thlr./M.	mehr gegenüber den etatmäßigen Einnahmen Thlr./M.	in %	Nicht im Etat nachgewiesene Einnahmen in % der veranschlagten Nettostaatseinnahmen
Spalte:		1	2	3	4
Formel:			1-B)	2/B)*100	(1-C))/C)*100
10	1849	76.794.423	0	0,0	16,2
11	1850	90.759.800	0	0,0	33,2
12	1851	85.530.508	0	0,0	22,1
13	1852	98.800.451	27.362.819	38,3	34,5
14	1853	94.413.165	32.228.578	51,8	31,1
15	1854	101.444.275	35.294.369	53,4	37,0
16	1855	117.980.844	45.669.283	63,2	46,1
17	1856	118.489.981	41.354.048	53,6	40,9
18	1857	110.588.676	22.957.108	26,2	34,7
19	1858	108.592.768	17.362.482	19,0	26,1
20	1859	164.033.396	68.731.359	72,1	81,7
21	1860	127.098.409	30.325.912	31,3	40,9
22	1861	120.808.203	21.286.062	21,4	28,0
23	62	121.920.192	19.489.700	19,0	18,4
24	63	171.935.985	19.304.979	12,6	64,4
25	64	142.008.859	35.319.082	33,1	20,7
26	65	134.448.180	22.419.859	20,0	15,4
27	66	223.391.766	107.369.457	92,5	- H)
28	1867	262.533.039	145.351.740	124,0	125,4
29	1868	180.666.252	81.570.143	82,3	73,2
30	1869	147.060.105	31.614.486	27,4	35,9
31	1870	159.819.917	39.846.364	33,2	45,4
32	1871	163.230.767	44.689.282	37,7	46,2
33	1872	238.431.330	91.983.973	62,8	94,6
34	1873	289.867.176	134.107.974	86,1	111,4
35	1874 Thaler	280.885.493	128.237.074	84,0	93,0
36	1875 Mark	703.787.947	267.548.352	61,3	68,1
37	1876	704.280.937	301.511.887	74,9	84,5
38	I./1877	238.683.420	156.723.695	191,2	167,6
39	1877 / 78	678.685.742	284.952.050	72,4	77,8
40	1878 / 79	628.154.930	182.284.534	40,9	40,8
41	1879 / 80	639.981.753	173.127.968	37,1	43,2
42	1880 / 81	869.990.511	359.404.583	70,4	69,0
43	1881 / 82	678.829.005	167.624.732	32,8	35,3
44	1882 / 83	754.479.766	213.825.267	39,5	46,5
45	1883 / 84	711.059.072	150.545.216	26,9	31,6
46	1884 / 85	779.647.564	186.409.710	31,4	37,3
47	1885 / 86	815.554.970	197.233.705	31,9	32,2
48	1886 / 87	841.928.191	169.848.589	25,3	29,3
49	1887 / 88	977.178.593	197.323.896	25,3	42,7
50	1888 / 89	1.067.039.818	227.686.882	27,1	41,0
51	1889 / 90	1.227.272.442	259.429.742	26,8	46,2
52	1890 / 91	1.272.130.296	321.080.382	33,8	44,3
53	1891 / 92	1.262.437.460	303.224.341	31,6	32,1
54	1892 / 93	1.243.207.799	262.783.437	26,8	27,2
55	1893 / 94	1.264.814.825	211.837.472	20,1	24,0
56	1894 / 95	1.385.204.088	328.603.928	31,1	29,8
57	1895 / 96	1.425.308.289	288.893.375	25,4	35,1
58	1896 / 97	1.443.025.471	258.243.658	21,8	33,6
59	1897 / 98	1.479.170.278	262.216.187	21,5	30,0
60	1898 / 99	1.532.357.515	255.145.714	20,0	26,8
61	1899 / 1900	1.619.478.369	250.211.024	18,3	27,0
62	1900 / 01	1.703.359.583	285.139.758	20,1	27,9
63	1901 / 02	1.721.388.865	297.002.414	20,9	19,8
64	1902 / 03	1.825.080.329	373.939.866	25,8	31,2
65	1903 / 04	1.954.482.473	379.395.735	24,1	37,1

1914/15 in Preußen in Thaler/Mark A)

Ausgaben Thlr./M. 5	mehr gegenüber den etatmäßigen Ausgaben Thlr./M. 6	 in % 7	Nicht im Etat nachgewiesene Ausgaben in % der veranschlagten Nettostaatsausgaben 8	Überschuß /Defizit Thlr./M. 9
	5-D)	6/D)*100	(5-E))/E)*100	1-5
87.189.873	9.219.670	11,8	32,1	-10.395.450
92.787.257	12.099.531	15,0	36,9	-2.027.457 F)
101.164.712	21.247.457	26,6	44,9	-15.634.204 F)
90.274.355	6.162.128	7,3	24,3	8.526.096
85.012.852	10.793.469	14,5	18,0	9.400.313
84.760.334	8.179.583	10,7	15,8	16.683.941
93.174.772	5.016.390	5,7	22,3	24.806.072 G)
101.912.335	9.907.769	10,8	29,7	16.577.646 G)
99.057.811	9.500.636	10,6	28,6	11.530.865 G)
92.641.750	5.848.681	6,7	16,0	15.951.018 G)
143.664.651	52.246.402	57,2	75,1	20.368.745 G)
109.025.154	17.773.056	19,5	29,0	18.073.255 G)
105.157.402	13.919.368	15,3	18,7	15.650.801 G)
108.237.988	14.088.942	15,0	10,2	13.682.204 G)
155.375.824	13.774.203	9,7	54,8	16.560.161 G)
131.869.802	35.543.874	36,9	14,4	10.139.057 G)
123.012.871	22.805.582	22,8	10,0	11.435.309 G)
182.916.278	81.867.423	81,0	- H)	40.475.488 G)
239.431.234	125.057.333	109,3	136,6	23.101.805 G)
182.022.402	79.124.528	76,9	85,3	-1.356.150
151.038.470	45.333.235	42,9	47,0	-3.978.365
142.530.399	35.084.870	32,7	37,1	17.289.518
135.711.601	27.884.493	25,9	28,7	27.519.166
183.315.173	66.932.152	57,5	67,0	55.116.157
220.967.549	90.806.322	69,8	94,4	68.899.627
224.901.095	92.475.697	69,8	101,6	55.984.398
544.790.510	146.709.526	36,9	61,3	158.997.437
563.718.290	161.158.675	40,0	61,3	140.562.647
109.466.069	21.854.134	24,9	25,6	129.217.351
593.174.146	179.400.219	43,4	64,2	85.511.596
557.910.169	119.916.664	27,4	49,6	70.244.761
562.165.719	93.253.769	19,9	44,9	77.816.034
773.346.002	277.357.203	55,9	62,5	96.644.509
585.002.512	71.209.163	13,9	26,7	93.826.493
678.559.049	149.951.578	28,4	40,8	75.920.717
634.526.269	77.733.994	14,0	27,6	76.532.803
714.336.949	125.631.471	21,3	37,1	65.310.615
750.396.475	133.104.890	21,6	29,4	65.158.495
772.776.394	104.788.019	15,7	25,8	69.151.797
868.533.003	126.080.836	17,0	33,4	108.645.590
930.943.787	117.157.147	14,4	31,4	136.096.031
1.099.135.768	158.058.025	16,8	44,2	128.136.674
1.140.505.815	203.664.968	21,7	36,8	131.624.481
1.151.495.471	173.537.935	17,7	27,1	110.941.989
1.158.444.318	147.464.332	14,6	24,4	84.763.481
1.168.601.374	131.145.618	12,6	20,4	96.213.451
1.271.436.549	214.899.504	20,3	26,0	113.767.539
1.281.599.782	125.479.595	10,9	29,0	143.708.507
1.291.005.080	115.954.191	9,9	29,0	152.020.391
1.345.585.318	115.287.486	9,4	28,4	133.584.960
1.391.411.583	124.024.098	9,8	29,2	140.945.932
1.438.396.631	113.250.925	8,5	26,6	181.081.738
1.506.883.186	107.338.473	7,7	29,3	196.476.397
1.516.213.076	113.611.589	8,1	24,3	205.175.789
1.644.292.095	170.715.961	11,6	32,1	180.788.234
1.724.399.833	170.622.805	11,0	36,1	230.082.640

Tabelle 1.11.: - Fortsetzung -

Budgetperiode / Budgetjahr		Einnahmen Thlr./M.	mehr gegenüber den etatmäßigen Einnahmen Thlr./M.	in %	Nicht im Etat nachgewiesene Einnahmen in % der veranschlagten Nettostaatseinnahmen
Spalte:		1	2	3	4
Formel:			1-B)	2/B)*100	(1-C))/C)*100
66	1904 / 05	1.889.590.816	499.140.098	35,9	27,6
67	1905 / 06	1.923.544.505	442.806.942	29,9	45,1
68	1906 / 07	2.234.101.861	666.222.943	42,5	57,3
69	1907 / 08	2.215.838.986	662.575.227	42,7	46,6
70	1908 / 09	2.310.036.994	808.755.429	53,9	49,8
71	1909 / 10	2.113.808.483	631.124.145	42,6	27,2
72	1910 / 11	2.161.615.291	512.194.940	31,1	31,5
73	1911 / 12	2.327.988.628	585.774.781	33,6	43,2
74	1912 / 13	2.917.951.334	976.655.883	50,3	70,2
75	1913 / 14	3.569.918.562	1.712.552.002	92,2	99,6
76	1914 / 15	3.259.246.245	1.363.826.058	72,0	76,0

A) Die Einnahmen bestehen aus: Bestand, etatmäßigen Einnahmen, außeretatmäßigen extraordinären waltungs- und Erhebungskosten. Die Ausgaben bestehen aus: dauernden (ohne die jeweiligen Beligen, Resten und Ausgaben für neue Länder.
B) Siehe Tabelle 1.8., Spalte 1 ./. Spalte 4a.
C) Siehe Tabelle 1.4., Spalte 1 ./. Spalte 5.
D) Siehe Tabelle 1.8., Spalte 10 ./. Spalte 4a.
E) Siehe Tabelle 1.4., Spalte 13 ./. Spalte 5.
F) Der Saldo ist selbst ermittelt. Von dem in der Rechnung ausgewiesenen Betrag sind die durch-
G) Die Zahl ist selbst errechnet. Die Hohenzollernschen Lande sind miteinbezogen, da dies wei-
H) Kein Etatgesetz veröffentlicht.

Ausgaben Thlr./M.	mehr gegenüber den etatmäßigen Ausgaben Thlr./M.	 in %	Nicht im Etat nachgewiesene Ausgaben in % der veranschlagten Nettostaatsausgaben	Überschuß /Defizit Thlr./M.
5	6	7	8	9
	5-D)	6/D)*100	(5-E))/E)*100	1-5
1.667.547.334	277.205.757	19,9	27,7	222.043.482
1.660.763.511	224.363.815	15,6	47,4	262.780.994
1.902.259.084	409.681.007	27,4	60,8	331.842.777
1.959.953.598	333.880.617	20,5	59,6	255.885.388
2.117.013.361	555.771.857	35,6	56,3	193.023.633
2.098.081.493	419.826.284	25,0	46,6	15.726.990
2.163.024.846	501.235.484	30,2	50,4	-1.409.555
2.324.047.504	591.023.306	34,1	59,0	3.941.124
2.611.165.760	775.079.092	42,2	71,3	306.785.574
3.391.728.127	1.410.094.428	71,2	117,0	178.190.435
3.091.781.645	1.217.206.467	64,9	91,4	167.464.600

Einnahmen, Resten und Einnahmen aus neuen Ländern, vermindert um die jeweiligen Betriebs-, Vertriebs-, Verwaltungs- und Erhebungskosten), außeretatmäßigen extraordinären, etatmäßigen einma-

laufenden Posten abgezogen, was ansonsten nicht erkennbar der Fall ist.
ter unten auch der Fall ist.

Tabelle 2.11.: Summe aller Einnahmen und Ausgaben (netto) nach den Rechnungen von 1819/20 bis

Budgetperiode / Budgetjahr	Einnahmen Dienst der Vorjahre B) Fl./M.	Laufender Dienst C) Fl./M.	Insgesamt Fl./M.	mehr/weniger gegenüber den etatmäßigen Einnahmen Fl./M.	in %	nicht im Etat nachgewiesene Einnahmen in % der veranschlagten Nettostaatseinnahmen
Spalte:	1	2	3	4	5	6
Formel bis 1867:			1+2	3-E)	4/E)*100	(3-F))/F)*100
Formel ab 1868:			1+2	3-I)	4/I)*100	(3-K))/K)*100
1 1819 / 20	1.770.035	31.809.336	33.579.371	1.770.035	5,6	7,9
1820 / 21	218.134	31.918.315	32.136.449	218.134	0,7	3,2
1821 / 22	40.483	33.021.992	33.062.475	40.483	0,1	6,2
1822 / 23	22.855	28.954.712	28.977.567	22.855	0,1	-6,9
1823 / 24	51.522	29.783.668	29.835.190	51.522	0,2	-4,1
1824 / 25	12.399	30.078.869	30.091.268	12.399	0,0	-3,3
2 1825 / 26	4.460.368	28.077.985	32.538.353	4.460.368	15,9	11,7
1826 / 27	6.206.351	28.891.916	35.098.267	6.206.351	21,5	20,5
1827 / 28	7.878.248	30.582.782	38.461.030	7.878.248	25,8	32,0
1828 / 29	10.080.784	30.331.477	40.412.261	10.080.784	33,2	38,7
1829 / 30	12.115.244	29.832.353	41.947.597	12.115.244	40,6	44,0
1830 / 31	13.498.398	31.077.697	44.576.095	13.498.398	43,4	53,0
3 1831 / 32	14.023.239	29.217.008	43.240.247	15.552.329	56,2	73,8
1832 / 33	14.735.875	27.840.337	42.576.212	16.061.392	60,6	71,2
1833 / 34	14.312.801	28.351.376	42.664.177	15.431.858	56,7	71,5
1834 / 35	13.163.826	30.195.933	43.359.759	14.319.160	49,3	74,3
1835 / 36	15.186.527	29.626.809	44.813.336	16.348.266	57,4	80,2
1836 / 37	16.999.077	30.768.183	47.767.260	17.933.478	60,1	92,0
4 1837 / 38	18.323.343	36.351.194	54.674.537	20.932.794	62,0	82,2
1838 / 39	20.641.690	35.328.245	55.969.935	21.977.157	64,7	86,5
1839 / 40	23.759.941	36.750.147	60.510.088	25.501.038	72,8	101,6
1840 / 41	26.612.126	36.613.989	63.226.115	27.628.361	77,6	110,7
1841 / 42	29.638.236	37.625.066	67.263.302	30.781.189	84,4	124,1
1842 / 43	30.321.509	39.269.703	69.591.212	31.322.614	81,8	131,9
5 1843 / 44	25.047.726	44.594.168	69.641.894	31.239.635	81,3	117,4
1844 / 45	25.576.812	41.437.723	67.014.535	29.665.062	79,4	109,2
1845 / 46	20.719.496	41.334.837	62.054.333	22.598.911	57,3	93,7
1846 / 47	20.600.335	40.055.037	60.655.372	21.916.410	56,6	89,3
1847 / 48	17.969.989	36.426.370	54.396.359	19.351.632	55,2	69,8
1848 / 49	15.782.854	33.553.595	49.336.449	16.172.801	48,8	54,0
6a 1849 / 50	12.187.863	36.150.310	48.338.173	12.737.863	35,8	42,4
1850 / 51	11.583.884	41.082.577	52.666.461	11.833.884	29,0	55,1
6b 1851 / 52	11.880.380	39.252.772	51.133.152	11.880.380	30,3	36,0
1852 / 53	12.722.573	37.324.588	50.047.161	12.722.573	34,1	33,1
1853 / 54	10.068.453	40.082.623	50.151.076	10.068.453	25,1	33,4
1854 / 55	9.339.287	42.004.112	51.343.399	9.339.287	22,2	36,6
7 1855 / 56	10.519.308	45.715.260	56.234.568	10.519.308	23,0	35,8
1856 / 57	11.417.740	47.324.763	58.742.503	11.417.740	24,1	41,9
1857 / 58	14.886.544	48.514.383	63.400.927	14.886.544	30,7	53,2
1858 / 59	18.983.396	54.049.660	73.033.056	18.983.396	35,1	76,4
1859 / 60	14.796.405	61.117.344	75.913.749	14.796.405	24,2	83,4
1860 / 61	20.669.445	48.877.463	69.546.908	20.669.445	42,3	68,0
8 1861 / 62	14.467.492	61.445.278	75.912.770	14.467.492	23,5	62,5
1862 / 63	20.828.975	55.026.284	75.855.259	20.828.975	37,9	62,4
1863 / 64	21.138.805	55.818.985	76.957.790	21.138.805	37,9	64,7
1864 / 65	21.834.131	56.194.946	78.029.077	21.834.131	38,9	67,0
1865 / 66	22.637.937	70.543.258	93.181.195	22.637.937	32,1	99,4
1866 / 67	15.506.184	73.291.337	88.797.521	15.506.184	21,2	90,1
9 1868	13.874.389	57.929.179	71.803.568	13.874.389	24,0	22,7
1869	9.436.841	55.204.876	64.641.717	9.436.841	17,1	10,5
10 1870	7.419.255	79.831.285	87.250.540	7.419.255	9,3	61,3
1871	10.389.219	103.059.949	113.449.168	10.389.219	10,1	109,7
11 1872	11.525.262	80.681.838	92.207.100	11.525.262	14,3	23,0

1914 in Bayern in Gulden/Mark A)

Ausgaben Dienst der Vorjahre B) Fl./M.	Laufender Dienst D) Fl./M.	Insgesamt Fl./M.	mehr/weniger gegenüber den etatmäßigen Ausgaben Fl./M.	in %	nicht im Etat nachgewiesene Ausgaben in % der veranschlagten Nettostaatsausgaben	Überschuß /Defizit Fl./M.
7	8	9	10	11	12	13
		7+8	9-G)	10/G)*100	(9-H))/H)*100	3-9
		7+8	9-L)	10/L)*100	(9-H))/H)*100	3-9
1.364.468	31.171.868	32.536.336	1.364.468	4,4	4,9	1.043.035
310.141	31.461.179	31.771.320	310.141	1,0	2,4	365.129
325.417	32.110.199	32.435.616	325.417	1,0	4,6	626.859
358.172	31.667.418	32.025.590	358.172	1,1	3,2	-3.048.023
127.295	32.058.223	32.185.518	127.295	0,4	3,8	-2.350.328
70.144	32.640.012	32.710.156	70.144	0,2	5,5	-2.618.888
4.049.576	28.322.963	32.372.539	4.049.576	14,3	11,1	165.814
5.564.081	27.973.824	33.537.905	5.564.081	19,9	15,1	1.560.362
7.063.315	28.673.414	35.736.729	7.063.315	24,6	22,7	2.724.301
7.148.748	28.685.007	35.833.755	7.148.748	24,9	23,0	4.578.506
7.082.890	28.841.934	35.924.824	7.082.890	24,6	23,3	6.022.773
7.070.879	30.807.485	37.878.364	7.070.879	23,0	30,0	6.697.731
8.783.857	27.095.882	35.879.739	11.765.416	48,8	46,9	7.360.508
8.352.256	27.272.291	35.624.547	10.443.915	41,5	45,9	6.951.665
9.539.661	27.325.744	36.865.405	11.300.336	44,2	50,9	5.798.772
8.131.313	27.496.427	35.627.740	9.867.823	38,3	45,9	7.732.019
8.173.003	26.911.198	35.084.201	9.523.763	37,3	43,6	9.729.135
7.987.138	28.615.939	36.603.077	9.178.718	33,5	49,9	11.164.183
9.646.971	31.481.585	41.128.556	11.693.708	39,7	37,2	13.545.981
8.313.933	31.200.448	39.514.381	9.588.438	32,0	31,8	16.455.554
9.051.957	32.168.547	41.220.504	10.818.885	35,6	37,5	19.289.584
8.008.598	32.910.725	40.919.323	10.398.136	34,1	36,5	22.306.792
10.132.392	36.183.677	46.316.069	15.009.283	47,9	54,5	20.947.233 M)
16.946.400	43.921.805	60.868.205	28.956.481	90,7	103,0	8.723.007
13.166.805	38.390.450	51.557.255	20.187.526	64,4	60,9	18.084.639
14.223.748	42.607.777	56.831.525	22.642.441	66,2	77,4	10.183.010
11.202.279	40.013.160	51.215.439	17.395.171	51,4	59,9	10.838.894
13.412.857	41.945.654	55.358.511	22.061.130	66,3	72,8	5.296.861
9.738.829	37.936.830	47.675.659	14.090.428	42,0	48,8	6.720.700
8.952.235	37.131.138	46.083.373	12.337.953	36,6	43,8	3.253.076
7.941.278	37.889.981	45.831.259	9.642.350	26,6	36,1	2.506.914
8.584.457	39.925.690	48.510.147	10.384.410	27,2	44,0	4.156.314
7.127.571	40.050.444	47.178.015	9.072.935	23,8	25,5	3.955.137
8.145.977	41.394.685	49.540.662	10.991.912	28,5	31,8	506.499
8.350.685	41.169.504	49.520.189	11.614.790	30,6	31,7	630.887
8.359.798	43.127.070	51.486.868	12.076.640	30,6	37,0	-143.469
10.046.233	43.139.339	53.185.572	12.897.138	32,0	28,5	3.048.996
7.232.807	44.094.477	51.327.284	8.829.132	20,8	24,0	7.415.219
7.138.640	44.669.871	51.808.511	9.393.474	22,1	25,2	11.592.416
7.157.456	58.564.519	65.721.975	10.191.778	18,4	58,8	7.311.081
7.137.958	55.476.081	62.614.039	8.511.399	15,7	51,3	13.299.710
7.086.947	55.194.259	62.281.206	8.348.327	15,5	50,4	7.265.702
10.909.961	54.990.212	65.900.173	15.488.980	30,7	41,1	10.012.597
8.210.729	54.793.753	63.004.482	10.134.032	19,2	34,9	12.850.777
7.894.117	55.280.648	63.174.765	11.080.301	21,3	35,2	13.783.025
7.260.924	55.616.056	62.876.980	8.328.519	15,3	34,6	15.152.097
7.453.810	78.273.384	85.727.194	8.923.638	11,6	83,5	7.454.001
7.340.585	78.195.135	85.535.720	10.064.200	13,3	83,1	3.261.801
12.763.499	57.229.188	69.992.687	14.264.460	25,6	19,6	1.810.881
8.356.977	57.695.811	66.052.788	9.573.936	17,0	12,9	-1.411.071
8.939.808	77.355.911	86.295.719	31.421.833	57,3	43,8	954.821
8.660.625	102.210.842	110.871.467	54.198.359	95,6	84,7	2.577.701
9.427.202	73.188.748	82.615.950	9.427.202	12,9	10,2	9.591.150

Tabelle 2.11.: - Fortsetzung -

Budgetperiode / Budgetjahr	Einnahmen Dienst der Vorjahre B) Fl./M.	Laufender Dienst C) Fl./M.	Insgesamt Fl./M.	mehr/weniger gegenüber den etatmäßigen Einnahmen Fl./M.	in %	nicht im Etat nachgewiesene Einnahmen in % der veranschlagten Nettostaatseinnahmen
Spalte:	1	2	3	4	5	6
Formel bis 1867:			1+2	3-E)	4/E)*100	(3-F))/F)*100
Formel ab 1868:			1+2	3-I)	4/I)*100	(3-K))/K)*100
1873	18.218.284	82.590.577	100.808.861	18.218.284	22,1	34,5
12 1874	25.247.739	83.418.651	108.666.390	25.247.739	30,3	36,1
1875 Gulden	24.177.449	90.294.134	114.471.583	24.177.449	26,8	43,4
13 1876 Mark N)	-	-	-	-	-	-
1877	42.617.012	175.004.827	217.621.839	42.617.012	24,4	32,7
14 1878	31.529.859	127.816.637	159.346.496	31.529.859	24,7	22,8
1879	24.829.694	117.595.202	142.424.896	24.829.694	21,1	9,7
15 1880	55.921.533	125.583.239	181.504.772	55.921.533	44,5	37,2
1881	52.256.681	127.019.408	179.276.089	52.256.681	41,1	35,5
16 1882	46.517.972	141.945.130	188.463.102	46.517.972	32,8	36,8
: : O) :						
27 1904	93.340.875	227.403.014	320.743.889	93.340.875	41,0	45,3
1905	77.986.928	226.782.941	304.769.869	77.986.928	34,4	38,1
28 1906	78.432.155	236.545.545	314.977.700	78.432.155	33,2	37,9
1907	67.244.496	238.906.019	306.150.515	67.244.496	28,1	34,0
29 1908	58.357.431	245.201.085	303.558.516	58.357.431	23,8	17,1
1909	56.140.009	245.891.327	302.031.336	56.140.009	22,8	16,5
30 1910	73.559.054	309.454.566	383.013.620	73.559.054	23,8	27,5
1911	75.824.983	336.950.463	412.775.446	75.824.983	22,5	37,4
31 1912	85.966.890	238.512.802	324.479.692	85.966.890	36,0	33,3
1913	71.282.493	249.595.588	320.878.081	71.282.493	28,6	31,9
32 1914 N)	-	-	-	-	-	-

A) Ohne außerordentliches Budget.
B) Der Posten setzt sich zusammen aus dem Verlagskapital, den Einnahmen (Ausgaben) auf den Bezurück sowie auf den Bestand der Vorjahre der laufenden Finanzperiode.
C) Die Einnahmen setzen sich zusammen aus den budgetmäßigen Einnahmen, den Zuschüssen aus den periode.
D) Die Ausgaben setzen sich zusammen aus den budgetmäßigen Ausgaben, den Ausgaben á conto des übrigungen der letzten Finanzperiode und auf die Erübrigungen der Vorjahre der laufenden Fi-
E) Siehe Tabelle 2.8.1., Spalte 1.
F) Siehe Tabelle 2.4.1., Spalte 1.
G) Siehe Tabelle 2.8.1., Spalte 4.
H) Siehe Tabelle 2.4.1., Spalte 3.
I) Siehe Tabelle 2.8.2., Spalte 1 ./. Spalte 4.
K) Siehe Tabelle 2.4.1., Spalte 2 ./. Spalte 4.
L) Siehe Tabelle 2.8.2., Spalte 7.
M) Ab hier stimmt die Überschußberechnung nicht mehr mit der in den Rechnungen überein, da hier
N) Keine Rechnung veröffentlicht.
O) Die Rechnungen enthalten keine Hauptübersicht.

Ausgaben Dienst der Vorjahre B)	Laufender Dienst D)	Insgesamt	mehr/weniger gegenüber den etatmäßigen Ausgaben		nicht im Etat nachgewiesene Ausgaben in % der veranschlagten Nettostaatsausgaben	Überschuß /Defizit
Fl./M.	Fl./M.	Fl./M.	Fl./M.	in %		Fl./M.
7	8	9	10	11	12	13
		7+8	9-G)	10/G)*100	(9-H))/H)*100	3-9
		7+8	9-L)	10/L)*100	(9-H))/H)*100	3-9
8.465.494	76.009.101	84.474.595	8.473.584	11,1	12,7	16.334.266
15.166.399	78.187.078	93.353.477	15.560.587	20,0	16,9	15.312.913
14.369.091	85.310.274	99.679.365	14.636.985	17,2	24,9	14.792.218
-	-	-	-	-	-	-
22.517.380	183.554.781	206.072.161	22.517.380	12,3	25,6	11.549.678
24.863.428	137.549.860	162.413.288	24.863.428	18,1	25,1	-3.066.792
61.769.292	131.921.078	193.690.370	61.769.292	46,8	49,2	-51.265.474
75.870.933	132.289.624	208.160.557	75.870.933	57,4	57,3	-26.655.785
52.429.736	135.627.634	188.057.370	52.429.736	38,7	42,1	-8.781.281
47.984.798	135.951.114	183.935.912	47.984.798	35,3	33,6	4.527.190
78.374.639	224.120.016	302.494.655	78.374.639	35,0	37,1	18.249.234
61.994.514	221.610.360	283.604.874	61.994.514	28,0	28,5	21.164.995
65.139.498	225.792.587	290.932.085	65.139.498	28,8	27,4	24.045.615
56.334.364	224.919.283	281.253.647	56.334.364	25,0	23,1	24.896.868
56.169.261	235.819.129	291.988.390	56.169.261	23,8	11,7	11.570.126
54.807.347	268.918.814	323.726.161	54.807.347	20,4	23,8	-21.694.825
88.794.540	291.167.317	379.961.857	88.794.540	30,5	26,5	3.051.763
86.754.758	316.857.427	403.612.185	86.754.758	27,4	34,3	9.163.261
83.636.236	233.874.797	317.511.033	83.636.236	35,8	30,5	6.968.659
70.050.317	253.910.212	323.960.529	70.050.317	27,6	33,1	-3.082.448
-	-	-	-	-	-	-

stand der zweitletzten Finanzperiode und zurück, auf den Bestand der letzten Finanzperiode und

Beständen der Vorjahre und den besonderen Zuschüssen aus den Erübrigungen der letzten Finanz-

Reichsreservefonds, den Ausgaben auf die Erübrigungen der vorletzten Finanzperiode, auf die Er-
nanzperiode.

die Berechnungsmethode durchgehalten wird, während sie in den Rechnungen mehrfach wechselt.

Tabelle 3.11.: Summe aller Zu- und Überschüsse nach den Rechnungen von 1833 bis 1914/15 in Sachsen in Thaler/Mark A)

	Budgetperiode / Budgetjahr	Budget der Überschüsse Thlr./M.	mehr/weniger gegenüber den etatmäßigen Überschüssen Thlr./M.	in %	Nicht im Etat nachgewiesene Überschüsse in % der veranschlagten Überschüsse	Budget der Zuschüsse Thlr./M.	mehr/weniger gegenüber den etatmäßigen Zuschüssen Thlr./M.	in %	Nicht im Etat nachgewiesene Zuschüsse in % der veranschlagten Zuschüsse	Differenz B) Thlr./M.
Spalte:		1	2	3	4	5	6	7	8	9
Formel:			1-C)	2/C)*100	(1-D))/D)*100		5-E)	6/E)*100	(5-F))/F)*100	1-5
1	1833	5.459.671	416.087	7,9		5.026.416	191.355	3,8		433.255
2	1834 / 36	17.752.255	302.493	1,9		15.668.106	596.991	3,9	1,2	2.084.149
3	1837 / 39	17.652.937	80.553	0,5		16.519.117	1.593.304	11,0	11,8	1.133.820
4	1840 / 42	18.546.598	311.974	1,9		18.272.537	2.678.151	16,5	12,3	274.061
5	1843 / 45	19.438.455	250.541	1,5		18.060.332	2.017.855	11,9	6,3	1.378.123
6	1846 / 48	19.203.509	187.253	1,1		32.554.324	14.117.926	81,3	87,5	-13.350.815
7	1849 / 51	24.526.251	514.568	2,2		22.717.659	567.600	2,5		1.808.592
8	1852 / 54	27.671.243	322.907	1,3	11,4	24.593.950	780.725	3,1	-1,0	3.077.293
9	1855 / 57	31.401.724	415.744	1,5	15,8	26.855.747	1.175.625	4,3	-1,0	4.545.977
10	1858 / 60	32.847.845	561.140	2,0	16,9	29.521.478	0	0,0	5,1	3.326.367
11	1861 / 63	41.024.823	2.400.134	6,5	40,1	35.949.393	0	0,0	22,8	5.075.430
12	1864 / 66	40.266.678	1.827.632	4,6	-1,7	54.755.591	500.000	1,3	33,6	-14.488.913
13	1867 / 69	42.928.080	2.952.251	7,4	6,3	52.192.574	2.457.280	6,2	29,2	-9.264.494
14	1870 / 71 G)	26.080.344	1.422.909	5,7	3,1	29.414.485	4.922.408	19,6	16,3	-3.334.141
15	1872 / 73 Thaler	36.804.642	3.842.493	14,0	33,8	29.030.621	1.660.932	6,0	5,5	7.774.021
16	1874 / 75 Mark	106.805.212	- H)	- H)	- H)	98.270.115	- H)	- H)	- H)	8.535.097
17	1876 / 77	106.043.249	0	0,0	-1,6	117.071.237	0	0,0	8,7	-11.027.988
18	1878 / 79	128.064.679	0	0,0	2,5	129.637.335	0	0,0	3,8	-1.572.656
19	1880 / 81	140.413.849	0	0,0	10,1	127.170.510	0	0,0	-0,3	13.243.339
20	1882 / 83	150.085.328	0	0,0	10,7	132.598.861	0	0,0	-2,2	17.486.467
21	1884 / 85	147.693.794	0	0,0	5,6	135.212.849	0	0,0	-3,3	12.480.945
22	1886 / 87	155.383.560	0	0,0	3,8	149.331.808	0	0,0	-0,3	6.051.752
23	1888 / 89	196.626.739	0	0,0	17,9	168.859.617	0	0,0	1,3	27.767.122
24	1890 / 91	206.606.233	0	0,0	11,6	189.271.160	0	0,0	2,2	17.335.073
25	1892 / 93	198.783.580	0	0,0	1,1	206.372.233	0	0,0	5,0	-7.588.653
26	1894 / 95	216.064.411	0	0,0	7,3	207.528.106	0	0,0	3,1	8.536.305
27	1896 / 97	175.380.934	0	0,0	13,0	156.274.325	0	0,0	0,7	19.106.609
28	1898 / 99	177.426.492	0	0,0	7,0	168.057.278	0	0,0	1,3	9.369.214
29	1900 / 01	179.836.034	0	0,0	-2,5	189.451.562	0	0,0	2,7	-9.615.528
30	1902 / 03	217.746.845	0	0,0		190.440.034	0	0,0		27.306.811

31	1904 / 05	246.822.365	0	0,0	201.420.669	0	0,0	45.401.696
32	1906 / 07	267.194.909	0	0,0	216.895.508	0	0,0	50.299.401
33	1908 / 09	262.702.856	0	0,0	237.718.161	0	0,0	24.984.695
34	1910 / 11	314.793.363	0	0,0	256.924.927	0	0,0	57.868.436
35	1912 / 13	258.703.076	0	0,0	215.800.936	0	0,0	42.902.140
36	1914 / 15 I)	-	-	-	-	-	-	-

A) Im Budget der Überschüsse sind die etatmäßigen Überschüsse sowie die Einnahmen aus Resten verrechnet. Das Budget der Zuschüsse enthält die etatmäßigen Zuschüsse, die Ausgaben auf die Tilgung der Staatsschuld (1861-1877), extraordinäre Ausgaben sowie Ausgaben auf Reste. Siehe dazu die Tabellen 3.6., 3.8. und 3.10. In den Zahlen sind also die Werte des außerordentlichen Budgets nicht enthalten.

B) Bis einschließlich der Budgetperiode 1874/75 weicht die Differenz von der in den Rechnungen ausgewiesenen ab, da dort nur die etatmäßigen Über- und Zuschüsse sowie die extraordinären Ausgaben bei der Berechnung berücksichtigt sind. Siehe dazu auch die Fußnote A).

C) Siehe Tabelle 3.8., Spalte 1.

D) Siehe Tabelle 3.4.1., Spalte 1.

E) Siehe Tabelle 3.8., Spalte 4.

F) Siehe Tabelle 3.4.1., Spalte 2.

G) Ab hier umfaßt die Budgetperiode 2 Etatjahre, zuvor 3.

H) Die Werte können nicht ermittelt werden, da der Etat in Thaler gerechnet ist.

I) Keine Rechnung veröffentlicht.

Tabelle 4.11.: Summe aller Einnahmen und Ausgaben (netto) nach den Rechnungen von 1819/20 bis 1914/15 in Württemberg in Gulden/Mark A)

	Budgetperiode / Budgetjahr	Einnahmen (netto) Fl./M.	mehr/weniger gegenüber den etatmäßigen Einnahmen Fl./M.	in %	Nicht im Etat nachgewiesene Einnahmen in % der veranschlagten Nettostaatseinnahmen	Ausgaben (netto) Fl./M.	mehr/weniger gegenüber den etatmäßigen Ausgaben Fl./M.	in %	Nicht im Etat nachgewiesene Ausgaben in % der veranschlagten Nettostaatsausgaben	Überschuß /Defizit Fl./M.
	Spalte:	1	2	3	4	5	6	7	8	9
	Formel:		1-B)	2/B)*100	(1-C))/C)*100		5-D)	6/D)*100	(5-E))/E)*100	1-5
1	1819 / 20	12.277.373	4.527.990	58,4		11.953.376	2.360.110	24,6		323.997
	1820 / 21	10.073.510	651.501	6,9		9.816.646	352.629	3,7		256.864
2	1821 / 22	9.950.776	434.285	4,6		9.625.517	307.664	3,3		325.259
	1822 / 23	11.269.547	1.521.197	15,6		9.935.346	698.036	7,6		1.334.201
	1823 / 24 F)	9.420.531	0	0,0		9.518.981	0	0,0		-98.450
3	1824 / 25 F)	9.632.450	0	0,0		9.632.312	0	0,0		138
	1825 / 26 F)	9.781.530	0	0,0		9.679.678	0	0,0		101.852
	1826 / 27	9.908.922	498.303	5,3		9.851.110	404.401	4,3		57.812
4	1827 / 28	10.493.402	473.102	4,7		9.814.699	433.987	4,6		678.703
	1828 / 29	10.799.979	656.823	6,5		10.283.445	1.009.669	10,9		516.534
	1829 / 30	13.010.030	4.101.462	46,0		11.822.720	2.705.732	29,7		1.187.310
5	1830 / 31	13.725.291	4.634.331	51,0	42,7	12.470.640	3.197.814	34,5	29,8	1.254.651
	1831 / 32	13.031.416	3.989.740	44,1	38,4	12.085.074	3.071.993	34,1	28,7	946.342
	1832 / 33	12.556.580	4.035.687	47,4	33,4	12.082.510	3.048.098	33,7	27,8	474.070
6	1833 / 34	12.577.242	4.158.502	49,4	36,8	11.950.680	2.919.364	32,3	30,6	626.562
	1834 / 35	13.251.804	4.277.156	47,7	48,1	12.073.969	3.187.799	35,9	34,8	1.177.835
	1835 / 36	14.846.269	5.394.726	57,1	65,9	13.821.568	4.890.596	54,8	54,0	1.024.701
7	1836 / 37	19.579.540	10.255.088	110,0	105,3	18.042.518	8.996.547	99,5	94,4	1.537.022
	1837 / 38	15.892.603	6.006.834	60,8	70,5	14.713.489	5.305.422	56,4	57,5	1.179.114
	1838 / 39	18.146.796	7.074.367	63,9	94,6	16.057.830	6.496.086	67,9	72,0	2.088.966
8	1839 / 40	23.517.945	13.388.698	132,2	142,1	21.558.108	11.875.926	122,7	123,0	1.959.837
	1840 / 41	23.136.310	13.487.370	139,8	140,0	20.829.911	10.413.068	100,0	117,7	2.306.399
	1841 / 42	19.590.769	9.547.965	95,1	103,1	17.273.802	7.490.811	76,6	77,0	2.316.967
9	1842 / 43	24.949.342	13.739.903	122,6	136,6	23.079.762	12.837.169	125,3	119,0	1.869.580
	1843 / 44	23.334.843	12.452.715	114,4	120,2	21.362.960	11.126.240	108,7	105,8	1.971.883
	1844 / 45	20.822.634	9.703.821	87,3	96,7	18.733.050	8.526.107	83,5	78,8	2.089.584
10	1845 / 46	26.919.909	15.857.603	143,3	147,3	24.336.285	13.709.277	129,0	132,2	2.583.624
	1846 / 47	30.508.137	20.026.457	191,1	180,8	27.477.963	16.716.629	155,3	158,2	3.030.174
	1847 / 48	36.328.807	26.700.588	277,3	234,5	31.505.471	19.510.725	162,7	186,0	4.823.336
11	1848 / 49	29.265.889	17.363.877	145,9	149,8	25.103.868	13.201.856	110,9	100,1	4.162.021
12	1849 / 50 G)	-	-	-	-	-	-	-	-	-
	1850 / 51 F)	20.164.076	9.808.812	94,7	86,6	17.687.818	6.647.249	60,2	52,0	2.476.258

	1851 / 52 F)	11.500.452	0	0,0	10,0	11.875.663	0	0,0	-0,8	-375.211
13	1852 / 53 F)	11.732.122	0	0,0	-2,1	11.824.617	0	0,0	-5,0	-92.495
	1853 / 54 G)	-	-	-	-	-	-	-	-	-
	1854 / 55 G)	-	-	-	-	-	-	-	-	-
14	1855 / 56 G)	-	-	-	-	-	-	-	-	-
	1856 / 57 G)	-	-	-	-	-	-	-	-	-
	1857 / 58 F)	15.648.700	0	0,0	23,3	12.771.913	0	0,0	0,2	2.876.787
15	1858 / 59 F)	16.043.313	0	0,0	15,9	13.049.531	0	0,0	-3,1	2.993.782
	1859 / 60 F)	15.406.900	0	0,0	11,7	13.503.622	0	0,0	-2,0	1.903.278
	1860 / 61 F)	17.279.830	0	0,0	26,4	14.055.131	0	0,0	0,2	3.224.699
16	1861 / 62 F)	19.070.540	0	0,0	27,9	15.300.808	0	0,0	0,5	3.769.732
	1862 / 63 G)	-	-	-	-	-	-	-	-	-
	1863 / 64 F)	19.870.471	0	0,0	32,5	15.347.194	0	0,0	-5,5	4.523.277
17	1864 / 65 F)	19.049.829	0	0,0	10,1	16.252.133	0	0,0	-1,3	2.797.696
	1865 / 66 G)	-	-	-	-	-	-	-	-	-
	1866 / 67 F)	18.842.391	0	0,0	10,9	17.869.187	0	0,0	0,7	973.204
18	1867 / 68 G)	-	-	-	-	-	-	-	-	-
	1868 / 69 G)	-	-	-	-	-	-	-	-	-
	1869 / 70 G)	-	-	-	-	-	-	-	-	-
19	1870 / 71 F)	22.802.271	0	0,0	- H)	22.841.348	0	0,0	- H)	-39.077
20	1871 / 72 G)	-	-	-	-	-	-	-	-	-
	1872 / 73	101.870.639	77.202.706	313,0	337,1	81.076.246	57.707.466	246,9	247,9	20.794.393
21	1873 / 74	106.460.275	82.432.391	343,1	335,2	93.185.126	69.157.242	287,8	280,9	13.275.149
	1874 / 75 Gulden	102.062.884	76.742.936	303,1	314,6	91.832.277	68.014.706	285,6	273,0	10.230.607
22	1875 / 76 Mark	189.583.301	142.468.232	302,4	327,6	197.894.719	153.585.495	346,6	346,3	-8.311.418
23	1876 / 77	154.579.689	108.085.095	232,5	237,5	158.544.449	112.049.855	241,0	246,1	-3.964.760
24	1877 / 78	175.706.007	128.302.658	270,7	263,5	153.162.778	105.178.559	219,2	216,9	22.543.229
	1878 / 79	114.513.627	77.686.519	210,9	204,5	98.790.422	61.145.907	162,4	162,7	15.723.205
25	1879 / 80	142.985.105	92.430.135	182,8	187,7	133.732.489	82.496.344	161,0	153,5	9.252.616
	1880 / 81	110.654.431	61.371.012	124,5	121,5	98.305.640	48.070.072	95,7	83,2	12.348.791
26	1881 / 82	134.446.716	83.841.544	165,7	158,5	128.052.627	76.667.993	149,2	145,4	6.394.089
	1882 / 83	106.200.869	55.627.254	110,0	103,4	99.299.753	47.918.398	93,3	90,8	6.901.116
27	1883 / 84	103.348.791	50.545.214	95,7	92,2	93.134.221	41.198.183	79,3	73,2	10.214.570
	1884 / 85	105.833.636	52.032.635	96,7	95,9	92.537.319	41.217.866	80,3	71,3	13.296.317
28	1885 / 86	113.423.221	59.227.046	109,3	105,9	98.204.248	45.045.824	84,7	78,3	15.218.973
	1886 / 87	119.965.368	63.953.453	114,2	113,3	102.822.919	48.041.830	87,7	82,8	17.142.449
29	1887 / 88	127.430.544	68.999.724	118,1	117,4	107.788.861	50.822.383	89,2	83,9	19.641.683
	1888 / 89	135.295.550	72.406.291	115,1	130,1	108.995.904	52.194.391	91,9	85,4	26.299.646
30	1889 / 90	154.297.305	89.371.487	137,7	151,8	122.291.676	63.107.468	106,6	99,6	32.005.629
	1890 / 91	183.736.777	118.713.511	182,6	196,6	150.781.900	87.489.478	138,2	143,4	32.954.877
31	1891 / 92	175.408.780	111.868.197	176,1	168,8	147.649.951	82.839.896	127,8	126,3	27.758.829
	1892 / 93	163.352.558	99.582.653	156,2	146,8	139.261.589	74.316.601	114,4	110,4	24.090.969
32	1893 / 94	169.793.420	103.343.484	155,5	152,7	153.194.252	85.618.418	126,7	128,0	16.599.168
	1894 / 95	161.226.374	91.918.720	132,6	133,2	147.184.041	77.065.965	109,9	112,9	14.042.333
33	1895 / 96	171.913.030	98.502.074	134,2	142,4	154.926.883	84.533.632	120,1	116,5	16.986.147
	1896 / 97	177.362.642	102.614.133	137,3	148,5	158.627.389	87.171.647	122,0	121,1	18.735.253

Tabelle 4.11.: - Fortsetzung -

Budgetperiode / Budgetjahr		Einnahmen (netto) Fl./M.	mehr/weniger gegenüber den etatmäßigen Einnahmen Fl./M.	in %	Nicht im Etat nachgewiesene Einnahmen in % der veranschlagten Nettostaatseinnahmen	Ausgaben (netto) Fl./M.	mehr/weniger gegenüber den etatmäßigen Ausgaben Fl./M.	in %	Nicht im Etat nachgewiesene Ausgaben in % der veranschlagten Nettostaatsausgaben	Überschuß /Defizit Fl./M.
Spalte:		1	2	3	4	5	6	7	8	9
Formel:			1-B)	2/B)*100	(1-C))/C)*100		5-D)	6/D)*100	(5-E))/E)*100	1-5
34	1897 / 98	182.223.211	103.437.571	131,3	145,8	160.375.514	86.426.566	116,9	114,7	21.847.697
	1898 / 99	187.240.756	104.411.136	126,1	150,7	159.932.031	84.877.828	113,1	116,5	27.308.725
35	1899 / 1900	203.385.852	121.823.678	149,4	149,6	182.227.348	102.144.514	127,5	125,7	21.158.504
	1900 / 01	207.906.906	123.922.863	147,6	152,9	188.704.540	106.219.790	128,8	131,9	19.202.366
36	1901 / 02	208.358.089	122.550.185	142,8	134,0	194.904.155	108.101.743	124,5	119,8	13.453.934
	1902 / 03	218.116.306	128.756.547	144,1	142,2	210.936.671	120.911.789	134,3	134,3	7.179.635
37	1903 / 04	209.832.147	120.351.929	134,5	130,3	205.638.851	115.813.862	128,9	125,7	4.193.296
	1904 / 05	258.329.575	179.598.976	228,1	181,0	252.379.485	174.406.867	223,7	174,2	5.950.090
38	1905 / 06	290.981.026	206.472.696	244,3	251,2	282.215.934	200.292.817	244,5	240,3	8.765.092
	1906 / 07	297.458.004	210.263.877	241,1	255,3	286.149.138	202.535.488	242,2	242,0	11.308.866
39	1907 / 08	309.825.513	220.776.828	247,9	240,2	298.760.817	210.703.560	239,3	227,3	11.064.696
	1908 / 09	321.115.534	230.872.209	255,8	247,4	312.379.161	222.060.171	245,9	240,6	8.736.373
40	1909 / 10	285.752.506	191.529.178	203,3	195,0	273.799.208	182.420.049	199,6	184,6	11.953.298
	1910 / 11	272.150.107	164.889.787	153,7	170,4	257.617.228	156.735.108	155,4	154,7	14.532.879
41	1911 / 12	324.766.119	215.354.608	196,8	198,3	306.581.913	200.973.950	190,3	181,6	18.184.206
	1912 / 13	287.144.935	172.481.931	150,4	155,1	266.443.851	156.006.280	141,3	136,7	20.701.084
42	1913 / 14	329.210.197	214.320.242	186,5	175,7	311.697.306	196.214.365	169,9	162,7	17.512.891
	1914 / 15	552.792.997	445.728.404	416,3	353,9	537.554.690	428.764.677	394,1	341,0	15.238.307

A) Die Einnahmen und Ausgaben setzen sich zusammen aus: etatmäßigen, außerordentlichen der lfd. Verwaltung, außeretatmäßigen, Einnahmen und Ausgaben der Grundstockverwaltung, der Resteverwaltung und des außerordentlichen Dienstes. Vgl. dazu auch die Tabellen 4.6., 4.7., 4.8. und 4.10.
B) Siehe Tabelle 4.8., Spalte 1.
C) Siehe Tabelle 4.4.1., Spalte 14 und Tabelle 4.4.2., Spalte 13.
D) Siehe Tabelle 4.8., Spalte 4.
E) Siehe Tabelle 4.4.1., Spalte 1 und Tabelle 4.4.2., Spalte 4.
F) Es ist keine zusammenhängende Rechnung veröffentlicht.
G) Es sind nur die etatmäßigen Ist-Zahlen ausgewiesen.
H) Kein verabschiedeter Etat veröffentlicht.

Tabelle 1.12.: Rechnungsmäßige Gesamtausgaben von 1871 bis 1914/15 in Preußen im Vergleich mit

Budgetperiode / Budgetjahr			Preußen (brutto)	Rechnungsmäßige Ausgaben nach den Vierteljahresheften zur Statistik des Deutschen Reiches			
				Preußen		Reich und Bundesstaaten	
			Thlr./M.	M.	mehr/ weniger in % von 1	M.	mehr/ weniger in % von 1
Spalte:			1	2	3	4	5
Formel:					(2-1)/1*100		(4-1)/1*100
32	1871		197.990.617				
33	1872		258.712.482				
34	1873		309.727.883				
35	1874	Thaler	321.882.160				
36	1875	Mark	812.641.735				
37	1876		825.975.587				
38	I./1877		168.321.931				
39	1877 / 78		849.727.476				
40	1878 / 79		806.913.730				
41	1879 / 80		828.085.368				
42	1880 / 81		1.060.588.902				
43	1881 / 82		1.011.243.215				
44	1882 / 83		1.137.852.408				
45	1883 / 84		1.220.697.490				
46	1884 / 85		1.284.292.175				
47	1885 / 86		1.376.373.993				
48	1886 / 87		1.404.741.230				
49	1887 / 88		1.505.688.339				
50	1888 / 89		1.604.946.401				
51	1889 / 90		1.831.772.073				
52	1890 / 91		1.929.079.034				
53	1891 / 92		1.967.455.024				
54	1892 / 93		1.993.646.926				
55	1893 / 94		2.004.338.161				
56	1894 / 95		2.126.934.338				
57	1895 / 96		2.116.885.754				
58	1896 / 97		2.173.707.047				
59	1897 / 98		2.332.083.909				
60	1898 / 99		2.454.862.276				
61	1899 / 1900		2.545.159.529	2.553.268.300	0,3	6.231.712.600	144,8
62	1900 / 01		2.688.595.268	2.696.726.600	0,3	6.653.532.600	147,5
63	1901 / 02		2.713.449.143	2.721.639.600	0,3	6.947.783.500	156,0
64	1902 / 03		2.869.723.915	2.877.978.500	0,3	7.170.204.600	149,9
65	1903 / 04		3.025.490.417	2.993.116.100	-1,1	7.374.453.900	143,7
66	1904 / 05		3.046.883.134	3.008.032.000	-1,3	6.993.340.000	129,5
67	1905 / 06		3.137.467.212	3.094.895.700	-1,4	7.184.152.700	129,0
68	1906 / 07		3.534.926.306	3.486.883.500	-1,4	7.979.902.200	125,7
69	1907 / 08		3.797.817.024	3.732.960.400	-1,7	8.725.400.000	129,7
70	1908 / 09		3.958.126.488	3.914.951.500	-1,1	9.034.209.400	128,2
71	1909 / 10		4.392.375.417			9.779.400.000	122,6
72	1910 / 11		4.531.155.109	4.195.178.000	-7,4	9.757.687.100	115,3
73	1911 / 12		4.898.669.370	4.554.360.000	-7,0	10.122.925.000	106,6
74	1912 / 13		5.392.232.209	5.027.305.400	-6,8	11.057.334.900	105,1
75	1913 / 14		6.298.802.002	5.917.880.600	-6,0	12.815.918.000	103,5
76	1914 / 15		5.745.097.370	5.337.147.300	-7,1	18.248.978.200	217,6

A) Die Zahlen sind jeweils in Mill. Mark angegeben.
B) Eine Berechnung der Prozentzahl ist nicht sinnvoll, da die Zahl in Mark angegeben ist.

ausgewählten Zahlen in der Literatur

Staatsausgaben nach Andic/Veverka 1963/64, S. 243 (Reich und Länder)		Unmittelbare Ausgaben der Gebietskörperschaften nach Weitzel 1967, Tabelle 1 (Reich und Länder) A)		Staatsausgaben nach Prochnow 1977, 2, S. 40a, Spalte 45 (Preußen)		Unmittelbare Ausgaben der Länder nach Kraus 1983, S. 266 A)	
M.	mehr /weniger in % von 1	M.	mehr /weniger in % von 1	M.	mehr /weniger in % von 1	M.	mehr /weniger in % von 1
6	7	8	9	10	11	12	13
	(6-1)/1*100		(8-1)/1*100		(10-1)/1*100		(12-1)/1*100
				684.000.000	- B)		
		2.360.000.000	- B)	949.000.000	- B)		
				1.136.000.000	- B)		
				1.141.000.000	- B)		
				979.000.000	20,5		
				975.000.000	18,0		
				-	-		
				943.000.000	11,0		
				885.000.000	9,7		
				914.000.000	10,4		
				1.165.000.000	9,8		
1.827.000.000	80,7	1.851.000.000	83,0	1.113.000.000	10,1	779.800.000	-22,9
				1.222.000.000	7,4		
				1.305.000.000	6,9		
				1.356.000.000	5,6		
				1.447.000.000	5,1		
				1.482.000.000	5,5		
				1.622.000.000	7,7		
				1.749.000.000	9,0		
				1.967.000.000	7,4		
				2.070.000.000	7,3		
3.072.000.000	56,1	2.690.000.000	36,7	2.087.000.000	6,1	1.005.400.000	-48,9
				2.086.000.000	4,6		
				2.108.000.000	5,2		
				2.138.000.000	0,5		
				2.268.000.000	7,1		
				2.334.000.000	7,4		
				2.473.000.000	6,0		
				2.603.000.000	6,0		
				2.734.000.000	7,4		
		4.005.000.000	49,0	2.892.000.000	7,6		
4.852.000.000	78,8			2.926.000.000	7,8	1.411.700.000	-48,0
				3.059.000.000	6,6		
				3.264.000.000	7,9		
				3.277.000.000	7,6		
				3.408.000.000	8,6		
		5.278.000.000	49,3	3.874.000.000	9,6		
7.130.000.000	87,7			4.061.000.000	6,9	1.827.200.000	-51,9
				4.159.000.000	5,1		
				4.133.000.000	-5,9		
		6.529.000.000	44,1	4.242.000.000	-6,4	2.147.900.000	-52,6
				4.609.000.000	-5,9		
				5.388.000.000	-0,1		
9.685.000.000	53,8	8.076.000.000	28,2	6.151.000.000	-2,3	2.016.800.000	-68,0
		15.855.000.000	176,0				

Literaturverzeichnis

Adams, Henry Carter (1899): The Science of Finance. An Investigation of Public Expenditure and Public Revenues. New York.

Allgemeine Vorschriften für das Staatsrechnungswesen des Königreiches Sachsen (1880). Dresden.

Allix, Edgard (1927): Traité élémentaire de science des finances et de législation financière française. 5.Aufl. Paris.

Altmann, S.P. (1910): Finanzwissenschaft. Leipzig.

Andel, Norbert (1983): Finanzwissenschaft. Tübingen.

Andic, Suphan/Veverka, Jindrich (1963/64): The Growth of Government Expenditure in Germany since the Unification. In: Finanzarchiv. N.F. Bd.23. S.169-278.

Anleitung für die K. württembergischen Kameralämter zur Führung der Domanialrechnung (Domanial-Musterhauptbuch), nebst Erläuterungen mit Bezugnahme auf die bestehenden Rechnungs- und Verwaltungsvorschriften (1887). Hrsg. von der K. württembergischen Oberrechnungskammer. Stuttgart.

Anweisung der Ober-Rechnungskammer für die Rechnungslegung über die Ausführung des Etats der Justiz-Verwaltung vom 4ten Juni 1886 (1886). Nebst Bestimmungen in Betreff der den Justizbehörden zur eigenen Revision und Dechargirung überlassenen Rechnungen von demselben Tage. Amtliche Ausgabe. Brandenburg.

Aretin, Johann Christoph v./Rottek, Carl v. (1827/1828): Staatsrecht der konstitutionellen Monarchie. Bd.2. 1. und 2.Abth. Altenburg.

Aretin, Karl Otmar v. (1974): Die bayerische Landschaftsverordnung 1714-1777. In: Gerhard, D. (Hrsg.): Ständische Vertretungen in Europa im 17. und 18.Jahrhundert. 2., unveränd. Aufl. Göttingen. S.208-246.

Arndt, Adolf (1888): Das Preussische- und das Reichs-Budgetrecht. In: Archiv für öffentliches Recht. Bd.3. S.533-568.

Arndt, Adolf (1891): Budget, Gesetz und Verordnung. In: Annalen des Deutschen Reiches. S.225-234.

Arndt, Adolf (1901): Das Staatsrecht des Deutschen Reiches. Berlin.

Arnold, Carl v. (Hrsg.) (1823): Versuch zu einem Staats-Rechnungssysteme. Bd.1: Die Lehre vom Staatsbuchhalten. St.Petersburg.

Barmeyer, Heide (1983): Hannovers Eingliederung in den preussischen Staat. Annexion und administrative Integration 1866-1868. Hildesheim.

Barth, Anton (1843): Vorlesungen über Finanz-Wissenschaft. Zum Selbststudium für jeden Staatsbürger allgemein verständlich bearbeitet. Augsburg.

Bauer, Karl-Heinz (1952): Bepackte Haushaltsgesetze. Heidelberg. Diss.

Baumeister, Anton (1854): Grundriß eines bayerischen Finanzkassenverwaltungs- und Rechnungsrechtes aus den bestehenden Verordnungen geschöpft. München.

Baumgart, Peter (1974): Zur Geschichte der kurmärkischen Stände im 17. und 18.Jahrhundert. In: Gerhard, D. (Hrsg.): Ständische Vertretungen in Europa im 17. und 18.Jahrhundert. 2., unveränd. Aufl. Göttingen. S.131-161.

Bazille, Wilhelm/Köstlin, Reinhard (Hrsg.) (1907): Verfassungsurkunde für das Königreich Württemberg vom 25.9.1819 in der heutigen Fassung mit Erläuterungen. 2.Aufl. Stuttgart.

Beckerath, Erwin v. (1952): Die neuere Geschichte der deutschen Finanzwissenschaft (seit 1800). In: Gerloff, Wilhelm/Neumark, Fritz (Hrsg.): Handbuch der Finanzwissenschaft. Bd.1. 2., völlig neubearb. Aufl. Tübingen. S.416-468.

Behr, Wilhelm Joseph (1822): Die Lehre von der Wirthschaft des Staats oder Pragmatische Theorie der Finanzgesetzgebung und Finanzverwaltung. Mit Rücksicht auf den Gebrauch bei akademischen Vorlesungen. Leipzig.

Bergius, Carl Julius (1871): Grundsätze der Finanzwissenschaft, mit besonderer Beziehung auf den preußischen Staat. 2., sehr verm. und verb. Aufl. Berlin.

Bibliographie der Bibliographien (1966-1984). Bearb. und hrsg. von der Deutschen Bücherei. Leipzig.

Bibliographie der Finanzwissenschaft (1903). Bearb. und hrsg. von Josef Stammhammer. Jena.

Bibliographie der Zeitschriften des deutschen Sprachgebietes bis 1900 (1969-1977). Hrsg. von Joachim Kirchner. 4 Bde. Stuttgart.

Bibliotheca Bibliographica (1866). Kritisches Verzeichniss der das Gesammtgebiet der Bibliographie betreffenden Litteratur des In- und Auslandes in systematischer Ordnung. Bearb. von Julius Petzhold. Leipzig. Reprint. Nieuwkoop 1961.

Bibliotheca Juridica (1840). Verzeichniß aller brauchbaren, in älterer und neuerer Zeit, besonders aber vom Jahre 1750 bis zur Mitte des Jahres 1839 in Deutschland erschienenen Werke über alle Theile der Rechtgelehrsamkeit und deren Hülfswissenschaften. Zuerst hrsg. von Theod. Christ. Friedr. Enslin. 2., von neuem gänzlich umgearb. Aufl. v. Wilhelm Engelmann. Leipzig. Neudruck. Aalen 1968.

Bibliotheca Juridica (1849). Supplement 1: 1839-1848. Leipzig. Neudruck. Aalen 1968.

Bibliotheca Juridica (1867). Supplement 2: 1849-1867. Leipzig. Neudruck. Aalen 1968.

Bibliotheca Juridica (1877). Supplement 3: 1867-1876. Leipzig. Neudruck. Aalen 1968.

Bischof, Alois (1876): Katechismus der Finanzwissenschaft. 2., verb. und verm. Aufl. Leipzig.

Blaschke, Karlheinz (1983): Die Verwaltung in den einzelnen Staaten (ab 1803 bzw. 1815) - Königreich Sachsen und thüringische Staaten. In: Jeserich, Kurt G.A./Pohl, Hans/Unruh, Georg-Christoph v. (Hrsg.): Deutsche Verwaltungsgeschichte. Bd.2. Stuttgart. S.608-645.

Bluntschli, Johann Caspar (1875-1876): Lehre vom modernen Staat. 3 Theile. Stuttgart.

Böckenförde, Ernst-Wolfgang (Hrsg.) unter Mitarbeit von Rainer Wahl (1981): Moderne deutsche Verfassungsgeschichte. 2., unveränd. Aufl. Königstein/Ts.

Bodin, Jean (1583): Les six livres de la Republique. Faksimiledruck der Ausgabe Paris. Aalen 1961.

Böger, (o.V.) (1886): Instruktion für die Verwaltung der Etatsfonds bei den Justizbehörden nebst Etat der Justizverwaltung nach Kapiteln, Titeln und Unterabtheilungen, Erläuterung der letzteren, sowie vollständigem, alphabetischen Sachregister. Kiel.

Boiteau, P. (1889): Budget général de l'État. In: Say, L.: Dictionnaire des Finances. Tome I. Paris/Nancy. S.501-721.

Bolley, (o.V.) (1817): Über die Finanz-Verwaltung nach dem Königlichen Verfassungs-Entwurf und nach den Rescripten vom 11. und 26.May 1816. Stuttgart.

Borchard, Karl (1968): Staatsverbrauch und öffentliche Investitionen in Deutschland 1780-1850. Göttingen. Diss.

Borght, R. van der (1902): Finanzwissenschaft. Leipzig.

Bornhak, Conrad (1886): Geschichte des Preußischen Verwaltungsrechts. Bis zur neusten Verwaltungsreform. Bd.3. Berlin.

Bornhak, Conrad (1914): Preußisches Staatsrecht. Bd.3: Verwaltungsrecht, besonderer Teil. 2.Aufl. Breslau.

Bosl, Karl (1974): Die Geschichte der Repräsentation in Bayern. Landständische Bewegung, landständische Verfassung und altständische Gesellschaft. München.

Bräuer, Karl (1928): Grundzüge der Finanzwissenschaft. In: Bräuer, Karl (Hrsg.): Wirtschaftskunde. Bd.2. Heft 6. Leipzig/Berlin. S.1-89.

Braun, Paul Ernst (1924): Die Ausgabeninitiative des Parlaments in ihrer Entwicklung und Geltung. In: Archiv des öffentlichen Rechts. N.F. Bd.6. S.42-92.

Breysig, Kurt (1895): Geschichte der brandenburgischen Finanzen in der Zeit von 1640-1697. Bd.1: Die Centralstellen der Kammerverwaltung. Die Amtskammer, das Kassenwesen und die Domänen der Kurmark. Leipzig.

Brockhaus, F. (1890): Staatshaushalt. In: Stengel, Karl v. (Hrsg.): Wörterbuch des Deutschen Verwaltungsrechts. Bd.2. Freiburg. S.471-477.

Brunner, Otto (1970): Land und Herrschaft. Grundfragen der territorialen Verfassungsgeschichte Österreichs im Mittelalter. Darmstadt.

Buchenberger, Adolf (1902): Finanzpolitik und Staatshaushalt im Großherzogtum Baden in den Jahren 1850-1900. Heidelberg.

Buchholz, Paul (1922): Der Haushaltsplan in Reich, Staat und Gemeinde. Berlin.

Buck, A.E. (1934): The Budget in Government Today. New York.

Bülau, Friedrich (1833): Darstellung der Verfassung und Verwaltung des Königreichs Sachsen. Aus staatsrechtlichem und politischen Gesichtspunkte. Theil 1: Verfassung und Verfassungsrecht. Leipzig.

Bülau, Friedrich (1856): Encyklopädie der Staatswissenschaften. 2., vielf. umgearb. Aufl. Leipzig.

Burkhard, Wilhelm (1889): Das bayerische Staatsbudget in den ersten 70 Jahren seit Bestehen der Verfassung, 1819-1889. In: Finanzarchiv. Bd.1. S.220-239.

Buschkiel, Alfred H. (1909): Das Kassen- und Zahlungswesen der staatlichen und kommunalen Behörden im Königreich Sachsen und seine jüngste Entwicklung. Eine Untersuchung über die Wechselbeziehungen zwischen Banken und öffentlichen Kassen. Stuttgart. Diss.

Calker, Wilhelm v. (1901): Das badische Budgetrecht in seinen Grundzügen. Teil 1: Geschichtliche Entwicklung. Tübingen und Leipzig.

Carsten, F.L. (1960): Die deutschen Landstände und der Aufstieg der Fürsten. In: Die Welt als Geschichte. Bd.20. S.16-29.

Carsten, F.L. (1961): Die Ursachen des Niedergangs der deutschen Landstände. In: Historische Zeitschrift. Bd.192. S.273-281.

Carsten, F.L. (1968): Die Entstehung Preußens. Köln/Berlin.

Christlieb, (o.V.) (1805): Einleitung in das würtembergische Rechnungs-Wesen. Ein Handbuch für angehende Beamte und Schreiber. Nebst einem Anhange von dem militairischen Rechnungs-Styl. Nach den Grundsätzen des verstorbenen Herrn Geheimen Raths Autenrieth bearb. und hrsg. Ellwangen.

Cluseau, Max (1952): Geschichte der französischen Finanzwirtschaft vom 18.Jahrhundert bis zur Gegenwart. In: Gerloff, Wilhelm/Neumark, Fritz (Hrsg.): Handbuch der Finanzwissenschaft. Bd.1. 2., völlig neubearb. Aufl. Tübingen. S.359-383.

Cohn, Gustav (1889): System der Finanzwissenschaft. Ein Lesebuch für Studirende. Stuttgart.

Cohn, Samuel (1899): Die Finanzen des Deutschen Reiches seit seiner Begründung. Berlin.

Colm, Gerhard (1927): Volkswirtschaftliche Theorie der Staatsausgaben. Ein Beitrag zur Finanztheorie. Tübingen.

Conrad, Hermann (1966): Deutsche Rechtsgeschichte. Bd.2: Neuzeit bis 1806. Karlsruhe.

Conrad, Johannes (1919): Finanzwissenschaft. Bearb. von Hans Köppe. 7., erw. und erg. Aufl. Jena.

Cronau, Günter (1962): Der Haushaltsplan als Ermächtigungsgrundlage für die sozialgestaltende Verwaltung. Münster. Diss.

Cucumus, Conrad (1825): Lehrbuch des Staatsrechts der konstitutionellen Monarchie Baierns. Würzburg.

Czoernig, Carl Freiherr v. (1862): Das Oesterreichische Budget für 1862 in Vergleichung mit jenen der vorzüglichen anderen europäischen Staaten. 2 Bde. 2., unveränd. Aufl. Wien.

Czoernig, Carl Freiherr v. (1866): Darstellung der Einrichtungen über Budget, Staatsrechnung und Controle in Oesterreich, Preussen, Sachsen, Baiern, Württemberg, Baden, Frankreich und Belgien. Wien.

Dalton, Hugh (1926): Einführung in die Finanzwissenschaft. Deutsch mit Anmerkungen von Hans Neisser. Berlin.

Denkschriftenband zur Begründung des Entwurfs eines Gesetzes betreffend Änderungen im Finanzwesen (1908). Berlin.

Dessary, Alois (1855): Grundzüge der österreichischen Finanz-Gesetzkunde. Wien.

Deutsche Parlamentaria (1970). Ein Bestandsverzeichnis der bis 1945 erschienenen Druckschriften. Hrsg. von der Staatsbibliothek Preußischer Kulturbesitz. Berlin.

Ditmar, Wilhelm (1844): Das Staatskassen- und Rechnungswesen. Köln.

Dorn, Herbert (1928): Gutachten des Herrn Ministerialdirektors Prof.Dr.Herbert Dorn, Berlin über die Frage: Empfiehlt es sich im Interesse einer gesunden Finanzwirtschaft, die bestehenden Grundsätze über die Bewilligung der Einnahmen und Ausgaben für die Haushalte des Reichs und der Länder zu ändern? Verhandlungen des 35. Deutschen Juristentages. Bd.1. Berlin/Leipzig.

Dresch, Leonhard v. (1835): Grundzüge des bayerischen Staatsrechtes zum Gebrauche bei Vorlesungen und zum Selbst-Unterrichte. 2., verb. und verm. Aufl. Ulm.

Droege, Georg (1966): Die finanziellen Grundlagen des Territorialstaates in West- und Ostdeutschland an der Wende vom Mittelalter zur Neuzeit. In: Vierteljahrschrift für Sozial- und Wirtschaftsgeschichte. Bd.53. S.145-161.

Dubois de l'Estang, E. (1891): Budget. In: Nouveau Dictionnaire d'Economie Politique I. Paris. S.230-270.

Ebhardt, Georg Henrich (1807): Versuch einer Anleitung zu dem practischen Kameral-Rechnungs-Wesen. Giessen/Darmstadt.

Eheberg, Karl Theodor (1891): Grundriß der Finanzwissenschaft. 3., vielf. verm. Aufl. Erlangen/Leipzig.

Eheberg, Karl Theodor (1895): Finanzwissenschaft. 4., umgearb. und stark verm. Aufl. Leipzig.

Eheberg, Karl Theodor (1922): Finanzwissenschaft. 18. und 19.Aufl. Leipzig/Erlangen.

Ellwein, Thomas (1954): Das Erbe der Monarchie in der deutschen Staatskrise. Zur Geschichte des Verfassungsstaates in Deutschland. München.

Ellwein, Thomas (1981): Geschichte der öffentlichen Verwaltung. In: König, K./Oertzen, H.J.v./Wagener, F. (Hrsg.): Öffentliche Verwaltung in der Bundesrepublik Deutschland. Baden-Baden. S.37-51.

Ellwein, Thomas (1986): Zur Geschichte der öffentlichen Verwaltung in Deutschland. In: Der Bürger im Staat. 36.Jg. S.3-7.

Ellwein, Thomas (1987): Entwicklungstendenzen der deutschen Verwaltung im 19.Jahrhundert. In: Ellwein, T./Hesse, J.J./Mayntz, R./Scharpf, F.W. (Hrsg.): Jahrbuch zur Staats- und Verwaltungswissenschaft. Bd.1. Baden-Baden. S.13-54.

Ellwein, Th./Hesse, J.J./Mayntz, R./Scharpf, F.W. (Hrsg.) (1987): Jahrbuch zur Staats- und Verwaltungswissenschaft. Bd.1. Baden-Baden.

Ellwein, Thomas/Schäfer, Ingeborg E. (1985): Wandlungsprozesse in der Verwaltung als Forschungsaufgabe. Werkstatt(eröffnungs)bericht. In: Politische Vierteljahresschrift. 26.Jg. S.438-447.

Enderlin, Josef Friedrich (1804): Natürliche praktische Kammeralwissenschaft, enthält die Staatswirthschaft und Financen praktisch beurtheilet. 2 Abtheilungen. Karlsruhe.

Englis, Karl (1926): Die öffentlichen Ausgaben. In: Handbuch der Finanzwissenschaft. Bd.1. Tübingen. S.310-333.

Ersch, Johann Samuel (1823): Handbuch der Deutschen Literatur seit der Mitte des 18.Jahrhunderts bis auf die neueste Zeit, systematisch bearb. und mit den nöthigen Registern versehen. Neue Ausgabe, bearb. von Johann Christian Koppe. Bd.II. Leipzig.

Erxleben, C. (1866): Betrachtungen über die Staats-Einnahmen und Ausgaben in Preußen und Hannover und über einen für Hannover zu bildenden Provinzialfonds. Hannover.

Eschenmayer, D.C.H. (1806): Ueber Staats-Aufwand und die Bedeckung desselben. Heidelberg.

Eschenmayer, D.C.H. (1807): Anleitung zu einer systematischen Einrichtung des Staatsrechnungswesens und zur Kenntniß der dahin einschlagenden Rechte. 2 Bde. Heidelberg.

Escher, Heinrich (1863): Handbuch der praktischen Politik. Bd.1. Leipzig.

Escherich, Philipp v. (1851/1852): Lehrbuch des allgemeinen und des Staats-Rechnungswesens. Bd.1. Wien.

Eyermann, Erich (1933): Bayerisches Budgetrecht. Nürnberg. Diss.

Facius, Friedrich (1939): Die Verwaltungsdrucksachen der Thüringischen Staaten vom 18.Jahrhundert bis 1922. Bibliographische Übersicht der periodisch erschienenen amtlichen Veröffentlichungen. In: Zeitschrift des Vereins für Thüringische Geschichte und Altertumskunde. N.F. Bd.33. S.190-232 u. S.467-475.

Farmbacher, L. (1896): Das Zahlungswesen der allgemeinen Finanzverwaltung in Bayern. 3., erg. Aufl. Ansbach.

Feder, J.G.H. (1820): Handbuch über das Staats-Rechnungs- und Kassen-Wesen. Stuttgart/Tübingen.

Fellmeth, A. (1900): Grundzüge der Finanzwissenschaft. Zur Einführung in das Studium der Finanzwissenschaft. Leipzig.

Deutsche Finanz- und Steuergeschichte (1908). M.Gladbach.

Finanzwissenschaft (1862). Volksthümliche Darstellung der Lehre vom Staats- und Gemeindehaushalt. Von einem Staatsmanne a.D. Leipzig.

Fischer, Ludwig August (1802): Leitfaden zur systematischen und vollkommen zweckmäßigen Einrichtung der Amts-Rechnungen und der Forst-Rechnungen insbesondere. Stuttgart.

Fischer, Otto (1910): Das Verfassungs- und Verwaltungsrecht des Deutschen Reiches und des Königreiches Sachsen. In seinen Grundzügen gemeinfaßlich dargestellt. 12.Aufl. Leipzig.

Flora, F. (1921): Manuale della scienza delle finanze. 6.Aufl. Livorno.

Földes, Bela (1920): Finanzwissenschaft. Jena.

Forsthoff, Ernst (1967): Deutsche Verfassungsgeschichte der Neuzeit. 3.Aufl. Stuttgart/Berlin/Köln/Mainz.

Freund, Hans (1901): Was muß man von der Finanzwissenschaft wissen? Die Grundzüge der Lehre von den Staatsausgaben und Staatseinnahmen allgemeinverständlich bearb. Berlin.

Freyberg, Max v. (1836-1839): Pragmatische Geschichte der bayerischen Gesetzgebung und Staatsverwaltung seit den Zeiten Maximilian I. 4 Bde. Leipzig.

Friauf, Karl H. (1968): Der Staatshaushaltsplan im Spannungsfeld zwischen Parlament und Regierung. Bad Homburg.

Fricker, (o.V.) (1861): Die Natur der Steuerverwilligung und des Finanz-Gesetzes. In: Zeitschrift für die gesamte Staatswissenschaft. 17.Jg. S.636-702.

Fricker, (o.V.) (1894): Gesetz und Budget. In: Zeitschrift für die gesamte Staatswissenschaft. 50.Jg. S.381-409.

Fried, Pankraz (1964): Zur Geschichte der Steuer in Bayern. In: Zeitschrift für bayerische Landesgeschichte. Bd.27. S.570-599.

Fried, Pankraz/Ziegler, Walter (1982): Festschrift für Andreas Kraus zum 60.Geburtstag. Kallmünz.

Fritz, (o.V.) (1935): Grundsätze der öffentlichen Haushaltsführung. In: Reichsverwaltungsblatt. Bd.56. S.285-288.

Fröhlich, Alois (1852): Handbuch der Staatsrechnungswissenschaft zum Gebrauche bei akademischen Vorlesungen und zum Selbststudium. Wien.

Fromm, (o.V.) (1887/1888): Das positive Staatsrecht der Preußischen Monarchie und des Deutschen Reiches. Theil 1 und 2. Berlin.

Fromme, Friedrich Wilhelm (1843): Handbuch zur Cassen- und Rechnungsführung. München.

Fulda, Friedrich Carl (1820): Grundsätze der ökonomisch-politischen oder Kameralwissenschaften. 2., verm. und verb. Aufl. Tübingen.

Fulda, Friedrich Carl (1827): Handbuch der Finanzwissenschaft. Tübingen.

Gagliardi, E. (1908): Il Bilancio dello Stato. Bd.1. Torino.

Gaupp, Ludwig (1895): Das Staatsrecht des Königreichs Württemberg. Freiburg i. Br./Leipzig.

Geffken, F.H. (1891): Wesen, Aufgaben, Geschichte der Finanzwissenschaft. In: Schönberg, G. (Hrsg.): Finanzwissenschaft und Verwaltungslehre. 3.Aufl. Tübingen. S.1-26.

Geffken, F.H. (1891): Die Staatsausgaben. In: Schönberg, G. (Hrsg.): Finanzwissenschaft und Verwaltungslehre. 3.Aufl. Tübingen. S.27-56.

Geny, B. (1932): La règle de la non-affectation des recettes aux dépenses publiques dans le budget de l'Etat. In: Boucard, Max/Jèze, Gaston: Revue de Science et de législation financières. S.175-218.

Georgi, Otto (1903): Der Staatshaushalt des Königreichs Sachsen seit dem Jahre 1880. Leipzig.

Georgii, Paul (1845): Das Recht der Steuer-Verwilligung in Württemberg. Tübingen. Diss.

Gerbl, Otto (1911): Die Kontrolle der Steuerverwendung durch die Landstände in Bayern. Würzburg. Diss.

Geret, Ludwig Heinrich (1823): Materialien zu einem Kassen-, Verwaltungs- und Rechnungs-Gesetz oder Rechnungs-Recht für das Königreich Baiern. München.

Gerlach, Otto (1908): Geschichte der Finanzwissenschaft unter besonderer Berücksichtigung der Lehre vom Verhältnis zwischen Volkswirtschaft, Staat und Finanzen. In: Die Entwicklung der deutschen Volkswirtschaftslehre im 19.Jahrhundert. Gustav Schmoller zur 70. Wiederkehr seines Geburtstags, 24.Juni 1908. Teil 2. Leipzig.

Gerloff, Wilhelm (1926): Grundlegung der Finanzwissenschaft. In: Handbuch der Finanzwissenschaft. Bd.1. Tübingen. S.1-56.

Gerloff, Wilhelm (1929): Der Staatshaushalt und das Finanzsystem Deutschlands. In: Handbuch der Finanzwissenschaft. Bd.3. Tübingen. S.1-69.

Gerloff, Wilhelm (1952): Grundlegung der Finanzwissenschaft. In: Handbuch der Finanzwissenschaft. Bd.1. 2.Aufl. Tübingen. S.1-65.

Gerloff, Wilhelm/Meisel, Franz (Hrsg.) (1926/1929): Handbuch der Finanzwissenschaft. Bd.1 und 3. Tübingen.

Gerstner, L. Joseph (1962): Einleitung in die gesamte Staatsverwaltungslehre. Würzburg.

Geßler, Otto (1900): Die budgetrechtliche Bedeutung der Staatsausgaben nach bayerischem Staatsrecht. Erlangen. Diss.

Gmelin, R. (1899): Kurzgefaßtes System der Finanzwissenschaft. Eßlingen.

Gneist, Rudolf (1879): Gesetz und Budget. Constitutionelle Streitfragen aus der preussischen Ministerkrisis vom März 1878. Berlin.

Goldscheid, Rudolf (1926): Staat, öffentlicher Haushalt und Gesellschaft: Wesen und Aufgabe der Finanzwissenschaft vom Standpunkte der Soziologie. In: Handbuch der Finanzwissenschaft. Bd.1. Tübingen. S.146-184.

Görlitz, Axel/Voigt, Rüdiger (1985): Rechtspolitologie. Eine Einführung. Opladen.

Graaf, Bartolome Christian (1831): Handbuch des Etats-, Kassen- und Rechnungs-Wesens des Königlich Preußischen Staats. Berlin.

Gräfe, Heinrich-Karl (1933): Zur Problematik des Außerordentlichen Budgets. Eine dogmenkritische Untersuchung über die Frage der Berechtigung von Anleiheaufnahmen öffentlicher Verbände. Jena. Diss.

Gregory, Winifred (Hrsg.) (1932): List of the Serial Publications of Foreign Governments 1815-1931. New York. Reprint 1973.

Greindl, Gabriele (1983): Untersuchungen zur bayerischen Ständeversammlung im 16.Jahrhundert. Organisation, Aufgaben und die Rolle der adeligen Korporation. München. Diss.

Greshoff, Rainer (1985): Probleme sozialwissenschaftlicher Theoriebildung am Beispiel des Marxschen Klassenbegriffs. Frankfurt.

Grube, Walter (1982): Stände in Württemberg. In: Von der Ständeversammlung zum demokratischen Parlament. Stuttgart. S.30-50.

Gruntzel, Josef (1920): Grundriß der Finanzwissenschaft. Wien/Leipzig.

Haenel, Albert (1888): Das Gesetz im formellen und materiellen Sinne. 2., unveränd. Aufl. Reprographischer Nachdruck der 1.Aufl. Leipzig. Frankfurt/M. 1968.

Hagen, Karl Heinrich (1880): Aus der Staatslehre. Neu hrsg. von Karl Braun. Wiesbaden/Berlin.

Hahndorff, Eva (1931): Das Budgetrecht in den Verhandlungen des preußischen Landtags. Berlin. Diss.

Harl, Johann Paul (1811): Vollständiges Handbuch der Staatswirthschafts- und Finanz-Wissenschaft. 2 Theile. Erlangen.

Hartung, Fritz (1964): Deutsche Verfassungsgeschichte vom 15.Jahrhundert bis zur Gegenwart. 8.Aufl. Stuttgart.

Haselberger, J. (1912): Der öffentliche Gesamthaushalt Bayerns. In: Finanzarchiv. 29.Jg. Bd.2. S.147-180.

Hatschek, Julius (1922): Lehrbuch des deutschen und preußischen Verwaltungsrechts. 2., verb. Aufl. Leipzig/Erlangen.

Hatschek, Julius (1923): Deutsches und Preußisches Staatsrecht. 2 Bde. Berlin.

Hattenhauer, Hans (1980): Geschichte des Beamtentums. Köln/Berlin/Bonn/München.

Hauber, Wilhelm (1845): Das württembergische Rechnungswesen in seinem ganzen Umfange. 3 Theile. Reutlingen.

Hauff, Ludwig (1866): Uebersicht der Literatur der bayerischen Gesetzgebung auf dem Gebiete des Rechts und der Verwaltung. München.

Haug, Heinrich (1897): Die oberste sächsische Finanzbehörde. In: Finanzarchiv. 14.Jg. Bd.2. S.162-198.

Häuser, Karl (1977): Abriß der geschichtlichen Entwicklung der öffentlichen Finanzwirtschaft. In: Neumark, Fritz (Hrsg.): Handbuch der Finanzwissenschaft. Bd.1. 3., gänzl. neubearb. Aufl. Tübingen. S.3-51.

Heckel, Johannes (1932): Die Entwicklung des parlamentarischen Budgetrechts und seiner Ergänzungen. In: Anschütz, G./Thoma, R. (Hrsg.): Handbuch des deutschen Staatsrechts. Bd.2. Tübingen. S.358-374.

Heckel, Johannes (1932): Einrichtung und rechtliche Bedeutung des Reichshaushaltsgesetzes. In: Anschütz, G./Thoma, R. (Hrsg.): Handbuch des deutschen Staatsrechts. Bd.2. Tübingen. S.374-392.

Heckel, Johannes (1932): Die Budgetverabschiedung, insbesondere die Rechte und Pflichten des Reichstags. In: Anschütz, G./Thoma, R. (Hrsg.): Handbuch des deutschen Staatsrechts. Bd.2. Tübingen. S.392-411.

Heckel, Johannes (1932): Die Haushaltsgesetze und "Finanzgesetze" der deutschen Länder. In: Anschütz, G./Thoma, R. (Hrsg.): Handbuch des deutschen Staatsrechts. Bd.2. Tübingen. S.411-416.

Heckel, Max v. (1897): Der Staatshaushalts-Etat des Königreiches Preußen für das Jahr vom 1.April 1897-98. In: Jahrbücher für Nationalökonomie und Statistik. III.Folge. Bd.14. S.745-766.

Heckel, Max v. (1898): Das Budget. Leipzig.

Heckel, Max v. (1898): Budget und Budgetrecht. In: Elster, L. v. (Hrsg.): Wörterbuch der Volkswirtschaft. Bd.1. Jena. S.469-488.

Heckel, Max v. (1900): Beiträge zur vergleichenden Finanzstatistik europäischer Großstaaten im Jahre 1898. In: Jahrbücher für Nationalökonomie und Statistik. III.Folge. Bd.19. Jena.

Heckel, Max v. (1907/1911): Lehrbuch der Finanzwissenschaft. 2 Bde. Leipzig.

Hedtkamp, Günter (1977): Lehrbuch der Finanzwissenschaft. 2., neubearb. Aufl. Neuwied.

Heinig, Kurt (1949-1951): Das Budget. 3 Bde.

Henle, Wilhelm (1980): Finanzpolitik und Finanzverfassung. Eine Einführung für Studenten der Rechtswissenschaft und Verwaltungsbeamte. München.

Henschel, Volker (1983): Steuersystem und Steuerpolitik in Deutschland 1890-1970. In: Conze, W./Lepsius, R.: Sozialgeschichte der Bundesrepublik. Beiträge zum Kontinuitätsproblem. Stuttgart. S.256-295.

Herdegen, Christoph (1848): Württembergs Staats-Haushalt, in übersichtlicher Darstellung geschichtlich und kritisch erläutert. Stuttgart.

Herkner, Heinrich (Hrsg.) (1918): Die Neuordnung der deutschen Finanzwirtschaft. 3 Teile. München/Leipzig.

Herrfurth, G. (1899): Das gesammte Preußische Etats-, Kassen- und Rechnungswesen einschließlich der Rechts-Verhältnisse der Staatsbeamten. Ergänzungsheft: Das Preußische Gesetz, betreffend den Staatshaushalt. 3., wesentlich verm. und verb. Aufl. Berlin.

Herrfurth, G. (1905): Das Kassen- und Rechnungswesen. 4., wesentlich verm. und verb. Aufl. Berlin.

Herrfurth, G. (1905): Das Preußische Etatwesen. 4., wesentlich verm. und verb. Aufl. Berlin.

Hertel, (o.V.) (1884): Die Preußische Ober-Rechnungskammer (Rechnungshof des Deutschen Reichs), ihre Geschichte, Einrichtung und Befugnisse. Berlin.

Hertting, (o.V.) (1881): Anweisung der Ober-Rechnungskammer für die Rechnungslegung über die Ausführung des Etats der Justizverwaltung vom 24.Juni 1880 im amtlichen Text sowie Vorschriften über die Fonds-Verwaltung bei den Justizbehörden. Mit Ergänzungen und Erläuterungen nebst vollständigem Sachregister. Berlin.

Hettlage, Karl M. (1984): Übergreifende Aufgaben des Reichs und der Bundesstaaten: Die Finanzverwaltung (Steuern, Zölle). In: Jeserich, Kurt/Pohl, Hans/Unruh, Georg-Christoph v. (Hrsg.): Deutsche Verwaltungsgeschichte. Bd.3. Stuttgart. S.250-263.

Hinrichs' Bücherkatalog (1851-1913). Bd.1-13. Leipzig.

Hirsch, Joachim (1968): Parlament und Verwaltung. Teil 2: Haushaltsplanung und Haushaltskontrolle. Stuttgart/Berlin/Köln/Mainz.

Hitzlberger, Hans (1949): Das Steuerbewilligungsrecht der Landstände in Bayern im Zeitalter des Absolutismus und seine Auswirkungen auf die Verfassung von 1818. Erlangen. Diss.

Hoch, August (1808): Gedanken über die richtige Darstellungs-Art der Rechnungen im allgemeinen, sowie der Pflege-Rechnungen insbesondere mit specieller Hinsicht auf Württemberg. Eine Skizze. Tübingen.

Hoch, August (1809): Ueber Finanz-Kassen-Etats, nach allgemeinen Grundsätzen bearbeitet. Tübingen.

Hock, Jakob (1882-1887): Handbuch der gesamten Finanzverwaltung im Königreiche Bayern, nach dem dermaligen Stande der Reichs- und Landesgesetzgebung bearbeitet. 3.Aufl. 4 Bde. Bamberg.

Hoeck, J.D.A. (1819): Grundlinien der Kameral-Praxis. Tübingen.

Hoffmann, (o.V.) (1840): Die Lehre von den Steuern mit besonderer Berücksichtigung Preussens. Berlin.

Hoffmann, (o.V.) (1851): Die Mangelhaftigkeit der gegenwärtigen Staatsausgaben-Etats in Beziehung auf die Darstellung der Grösse des Staatsaufwands. In: Zeitschrift für die gesamte Staatswissenschaft. Bd.7. S.599-621.

Hoffmann, Carl Heinrich Ludwig (1857): Das württembergische Finanzrecht oder die Finanz-Gesetzgebung und Verwaltung des Württembergischen Staates in ihrem gegenwärtigen rechtlichen Bestande. Bd.1. Tübingen.

Hornberg, Johann Philipp v. (1827): Ueber die Vereinfachung der Finanzrechnungsführung. Erlangen.

Hörner, C.L. (1818): Bemerkungen über das Finanzwesen und die Staatswirthschaft, besonders in Beziehung auf den Württembergischen Staat und auf die gegenwärtigen Zustände. Heilbronn.

Hövermann, Otto (1905): Zur Reform des Etats-, Kassen- und Rechnungswesens einschließlich der Verhältnisse der Rechnungs- und Kassen-Beamten. Bonn.

Hubatsch, Walter (1983): Aufbau, Gliederung und Tätigkeit der Verwaltung in den deutschen Einzelstaaten (1815-1866). In: Jeserich, Kurt G.A./Pohl, Hans/Unruh, Georg-Christoph v. (Hrsg.): Deutsche Verwaltungsgeschichte. Bd.2. Stuttgart. S.166-198.

Huber, Ernst Rudolf (1967): Deutsche Verfassungsgeschichte seit 1789. Bd.1: Reform und Restauration 1789-1830. Stuttgart/Berlin/Köln/Mainz.

Huber, Ernst Rudolf (1970): Deutsche Verfassungsgeschichte seit 1789. Bd.3: Bismarck und das Reich. Stuttgart/Berlin/Köln/Mainz.

Hue de Grais, (o.V.)/Peters, Hans (Hrsg.) (1927): Handbuch der Verfassung und Verwaltung in Preußen und dem Deutschen Reiche. 24., veränd. Aufl. Berlin.

Hüffell, Karl (1834): Entwurf einer Kameral-Rechnungs-Ordnung. Zum Gebrauche für Gesetzgebungs-Kommissionen deutscher Staaten und Standesherrliche Rentkammern, sowie zum Selbstunterrichte im Kameral-Rechnungswesen. Giessen.

Humpert, Magdalene (1937): Bibliographie der Kameralwissenschaften. Köln.

Instruktionen für die Verwaltung der Etatfonds bei den Justizbehörden vom 19.4.1893 (1893). Berlin.

Jakob, Ludwig Heinrich v. (1819): Einleitung in das Studium der Staatswissenschaften. Als Leitfaden für seine Vorlesungen ausgearbeitet. Halle. Nachdruck des Verlags Ferdinand Keip. o.O. 1970.

Jakob, Ludwig Heinrich v. (1821): Die Staatsfinanzwissenschaft theoretisch und praktisch dargestellt und erläutert durch Beyspiele aus der neuern Finanzgeschichte europäischer Staaten. 2 Bde. Halle.

Jakob, Ludwig Heinrich v. (1837): Die Staats-Finanzwissenschaft. Theoretisch und praktisch dargestellt und erläutert durch Beispiele aus der neuern Finanzgeschichte europäischer Staaten. 2., verb. und verm. Aufl. von J.F.H. Eiselen. Halle.

Jecht, Horst (1928): Wesen und Formen der Finanzwirtschaft. Umrisse einer Finanzwissenschaftslehre und Finanzsoziologie. Jena.

Jellinek, Georg (1887): Gesetz und Verordnung. Freiburg. Neudruck. Aalen 1964.

Jellinek, Georg (1899): Budgetrecht. In: Handwörterbuch der Staatswissenschaften. 2 Bde. 2.Aufl. Jena. S.1164-1179.

Jeserich, Kurt G.A./Pohl, Hans/Unruh, Georg-Christoph v. (Hrsg.) (1983): Deutsche Verwaltungsgeschichte. Bd.1: Vom Spätmittelalter bis zum Ende des Reiches. Stuttgart.

Jeserich, Kurt G.A./Pohl, Hans/Unruh, Georg-Christoph v. (Hrsg.) (1983): Deutsche Verwaltungsgeschichte. Bd.2: Vom Reichsdeputationshauptschluß bis zur Auflösung des Deutschen Bundes. Stuttgart.

Jeserich, Kurt G.A./Pohl, Hans/Unruh, Georg-Christoph v. (Hrsg.) (1984): Deutsche Verwaltungsgeschichte. Bd.3: Das Deutsche Reich bis zum Ende der Monarchie. Stuttgart.

Jessen, Arnd (1927): Die formale Gliederung der Länderhaushalte. In: Reich und Länder. 1.Jg. S.12-22.

Jessen, Arnd (1929): Der vollkommene Haushaltsplan. Ein Beitrag zur Theorie der Haushaltsform. Berlin.

Jèze, Gaston (1927): Allgemeine Theorie des Budgets. Deutsche Ausgabe von Fritz Neumark. Tübingen.

Jèze, Gaston (1934): Chronique financière française. In: Revue de science et de législation financières. Bd.32. S.470-483.

Jobst, Heinz (1948): Das Steuerbewilligungsrecht bis zum Jahr 1918 nach dem Staatsrechte des Deutschen Reiches, Preussens und Bayerns unter besonderer Berücksichtigung seiner Rolle nach bayerischem Staatsrechte. Erlangen. Diss.

Justi, Heinrich Gottlob v. (1766): System des Finanzwesens, nach vernünftigen, aus dem Endzweck der bürgerlichen Gesellschaften und aus der Natur aller Quellen, der Einkünfte des Staats hergeleiteten Grundsätzen und Regeln ausführlich abgehandelt. Halle.

Kaizl, Josef (1900/1901): Finanzwissenschaft. 2 Theile. Wien.

Kaufmann, P. (1833): Propädeutik zur Kameralistik und Politik, ein Handbuch der Encyclopädie, Methodologie und Literatur der Kameral- und Staatswissenschaften zum Gebrauche für Verwaltungsbeamte, Kameralbeflissene und Juristen. Bonn.

Kaufmann, Richard v. (1900): Einige Bemerkungen zu den preussischen Budgets seit 1880. In: Finanzarchiv. 17.Jg. Bd.1. S.144-177.

Kichler, Paul (1956): Entwicklung und Wandlung des parlamentarischen Budgetbewilligungsrechts in Deutschland. Berlin. Diss.

Kieschke, F.W. (1821): Grundzüge zur zweckmässigen Einrichtung des Staats-Kassen- und Rechnungs-Wesens und seiner Kontrolle. Berlin.

Kimminich, Otto (1970): Deutsche Verfassungsgeschichte. Frankfurt/M.

Klein, Ernst (1974): Geschichte der öffentlichen Finanzen in Deutschland (1500-1870). Wiesbaden.

Klein, Thomas (1983): Die Verwaltung in den einzelnen Staaten (ab 1803 bzw. 1815) - Hessische Staaten. In: Jeserich, Kurt G.A./Pohl, Hans/Unruh, Georg-Christoph v. (Hrsg.): Deutsche Verwaltungsgeschichte. Bd.2. Stuttgart. S.645-678.

Knemeyer, Franz-Ludwig (1970): Regierungs- und Verwaltungsreformen in Deutschland zu Beginn des 19.Jahrhunderts. Köln/Berlin.

Knies, Carl (1871): Finanzpolitische Erörterungen. Rede zum Geburtstagsfeste des höchstseligen Grossherzogs Karl Friedrich von Baden. Heidelberg.

Köckritz, Sieghardt v./Ermisch, Günter/Lamm, Christel (1985): Bundeshaushaltsordnung. Kommentar. München/Münster. Stand: 1.August 1985.

Köllner, Lutz (1982): Militär und Finanz. Zur Finanzgeschichte und Finanzsoziologie von Militärausgaben in Deutschland. München

Koselleck, Reinhart (1974): Einleitung. In: Brunner, O./Conze, W./Koselleck, R. (Hrsg.): Geschichtliche Grundbegriffe. Bd.1. Stuttgart 1972. Unveränd. Nachdruck. Stuttgart. S.XIII-XXVII.

Krakenberger, Walter (1909): Das Kassen- und Zahlungswesen des Staates und der Kommunen im Königreiche Bayern. Unter besonderer Berücksichtigung der Tätigkeit von Banken im Dienste der behördlichen Kassenverwaltung. Stuttgart. Diss.

Kraus, Anna (1983): Zentrale und dezentrale Tendenzen im Föderalismus. Eine kritische Analyse im internationalen Vergleich. Göttingen.

Kraus, J. Georg (1925): Die Staatshaushaltskontrolle in Bayern seit dem Ausgang des 18.Jahrhunderts. In: Finanzarchiv. 42.Jg. Bd.1. S.1-68.

Krug, Leopold (1808): Abriß der Staatsökonomie oder Staatswirtschaftslehre. Berlin. Neudruck. Aalen 1970.

Krüger, Kersten (1980): Finanzstaat Hessen 1500-1567. Staatsbildung im Übergang vom Domänenstaat zum Steuerstaat. Marburg.

Kummer, Joachim (1964): Der Einfluss des Parlaments auf das Finanzwesen im Konstitutionellen Staat in Bayern 1808-1918. München. Diss.

Laband, Paul (1871): Das Budgetrecht nach den Bestimmungen der Preussischen Verfassungs-Urkunde unter Berücksichtigung der Verfassung des Norddeutschen Bundes. Unveränd. Nachdruck der 1.Aufl. Berlin/New York 1971.

Laband, Paul (1883): Das Staatsrecht des Deutschen Reiches. In: Handbuch des öffentlichen Rechts. Bd.2. 1.Halbband. Freiburg/Tübingen.

Laband, Paul (1890): Reichshaushaltsetat. In: Stengel, Karl v. (Hrsg.): Wörterbuch des Deutschen Verwaltungsrechts. Bd.2. Freiburg. S.364-368.

Laband, Paul (1901): Das Staatsrecht des Deutschen Reiches. 4., neubearb. Aufl. in 4 Bänden. Tübingen/Leipzig.

Lang, Hans (1930): Der Haushaltsplan im Deutschen Reich und im Freistaat Bayern. Paderborn.

Lange, Ulrich (1981): Der ständische Dualismus - Bemerkungen zu einem Problem der deutschen Verfassungsgeschichte. In: Blätter für deutsche Landesgeschichte. 117.Jg. S.311-334.

Langheinrich, Camilla (1970): Entwicklung und Struktur der Staatsausgaben. Eine Realanalyse dargestellt am Beispiel Deutschlands in den Jahren 1900-1967. Bonn. Diss.

Lanzinner, Maximilian (1980): Fürst, Räte und Landstände. Die Entstehung der Zentralbehörden in Bayern 1511-1598. Göttingen. Diss.

Laspeyres, E. (1867): Staatswirthschaft. In: Bluntschli, J.C./Brater, K. (Hrsg.): Deutsches Staats-Wörterbuch. Bd.10. Stuttgart/Leipzig. S.71-152.

Lehmann, Hartmut (1974): Die württembergischen Landstände im 17. und 18.Jahrhundert. In: Gerhard, D. (Hrsg.): Ständische Vertretungen in Europa im 17. und 18.Jahrhundert. 2., unveränd. Aufl. Göttingen. S.183-207.

Lehr, Julius (1872): Abriß der Finanzwissenschaft. München.

Lehr, Julius (1892): Politische Ökonomie in gedrängter Fassung (Volkswirtschaftslehre, Finanzwissenschaft, Statistik etc.). 2., verm. Aufl. München.

Lehrbuch des Kassen- und Rechnungswesens (1829). Für angehende Kassenofficianten, Güterverwalter usw. jeder Art. Von einem praktischen Cameralisten. Quedlinburg/Leipzig.

Lehzen, W. (1853/1856): Hannover's Staatshaushalt. Die Einnahmen, die Ausgaben. 1. u. 2.Theil. Hannover.

Leineweber, Norbert (1988): Das säkulare Wachstum der Staatsausgaben. Eine kritische Analyse. Göttingen.

Leroy-Beaulieu, Paul (1899): Traité de la science des Finances. 2 Bde. 6.Aufl. Paris.

Liechtenstern, Joseph Max v. (1821): Aphorismen und Notizen über wichtige Zweige des Finanzwesens. Altenburg.

Linder, Peter (1984): Erstellung und Analyse von Sozialbudgets für Baden-Württemberg. Frankfurt/M.

Löbe, Ernst (1885): Die oberste Finanzkontrolle des Königreiches Sachsen in ihrer organischen Entwicklung von den ältesten Zeiten bis auf die Gegenwart. In: Finanzarchiv. 2.Jg. Bd.2. S.1-127.

Löbe, Ernst (1889): Der Staatshaushalt des Königreichs Sachsen in seinen verfassungsrechtlichen Beziehungen und finanziellen Leistungen. Leipzig.

Löbe, Ernst (1904): Handbuch des Königlich Sächsischen Etat-, Kassen- und Rechnungswesen. Mit Einschluß der rechnungsmäßigen Staatshaushaltskontrolle. 2., vollst. neubearb. Aufl. Leipzig.

Lotz, Johann Friedrich Eusebius (1822): Handbuch der Staatswirthschaftslehre. Bd.3. Erlangen.

Lotz, Walther (1917): Finanzwissenschaft. Tübingen.

Lotz, Walther (1931): Finanzwissenschaft. 2., umgearb. Aufl. Tübingen.

Ludwig, Friedrich (1859): Anleitung zum Kameral-Rechnungswesen, insbesondere zur Fertigung der Voranschläge zur Buchführung, Aufstellung und Revision der Rechnungen. Darmstadt.

Lütge, Friedrich (1961): Finanzgeschichte. In: Handwörterbuch der Sozialwissenschaften. Stuttgart/Tübingen/Göttingen. Bd.3. S.580-604.

Lutz, Herley Leist (1936): Public Finance. 3.Aufl. New York/London.

Maier, Hans (1986): Die ältere deutsche Staats- und Verwaltungslehre. München.

Malchus, C.A. v. (1823): Politik der inneren Staatsverwaltung oder Darstellung des Organismus der Behörden für dieselbe. 3 Theile. Heidelberg.

Malchus, C.A. v. (1830): Handbuch der Finanzwissenschaft und Finanzverwaltung. 2 Theile. Stuttgart/Tübingen.

Mann, Bernhard/Nüske, Gerd Friedrich (1983): Die Verwaltung in den einzelnen Staaten (ab 1803 bzw. 1815) - Württemberg 1803-1864. In: Jeserich, Kurt G.A./Pohl, Hans/Unruh, Georg-Christoph v. (Hrsg.): Deutsche Verwaltungsgeschichte. Bd.2. Stuttgart. S.551-583.

Mann, Fritz Karl (1929): Deutsche Finanzwirtschaft. Jena.

Mann, Fritz Karl (1977): Abriß einer Geschichte der Finanzwissenschaft. In: Handbuch der Finanzwissenschaft. Bd.1. 3., gänzl. neubearb. Aufl. Tübingen. S.77-98.

Masui, Mitsuzo (Hrsg.) (1935): A Bibliography of Finance. Vol.II. New York.

Masè-Dari, E. (1899): Sul Bilancio dello Stato. Torino.

Mayer, Joseph (1936): Einheitliches Haushaltsrecht in Reich und Ländern. In: Reichsverwaltungsblatt. Bd.57. S.581-585.

Mayer, Theodor (1926): Geschichte der Finanzwirtschaft und Finanzwissenschaft vom Spätmittelalter bis zum Ende des 18.Jahrhunderts. In: Handbuch der Finanzwissenschaft. Bd.1. Tübingen. S.210-244.

Mayer, Theodor (1952): Geschichte der Finanzwirtschaft. In: Handbuch der Finanzwissenschaft. Bd.1. 2., völlig neubearb. Aufl. Tübingen. S.236-273.

Meisel, Franz (1926): Geschichte der deutschen Finanzwissenschaft im 19.Jahrhundert bis zur Gegenwart. In: Handbuch der Finanzwissenschaft. Bd.1. Tübingen. S.245-290.

Meißner, Hermann (1878/1879): Handbuch für die Königlich Preußischen Verwaltungs-, Kassen- und Rechnungsbeamten. 2 Bde. Berlin.

Meissner, Hermann (1882): Preußische Verwaltungskunde. Über preußisches Etatswesen und über Baufonds. Bd.1. Grünberg i. Schl.

Meister, M. (1933): Das deutsche und englische Budget. München.

Menger, Christian-Friedrich (1979): Deutsche Verfassungsgeschichte der Neuzeit. 2., überarb. Aufl. Heidelberg/Karlsruhe.

Meyer, Georg (1891): Lehrbuch des deutschen Staatsrechts. 3.Aufl. Leipzig.

Meyer, Georg/Anschütz, Gerhard (1919): Lehrbuch des Deutschen Staatsrechts. Nach dem Tode des Verfassers in 7.Aufl. bearb. von Gerhard Anschütz. München/Leipzig.

Milhauser, Friedrich (1839): Das Staatsrecht des Königreichs Sachsen, mit Einschluß des Privatfürstenrechts und der völkerrechtlichen Verhältnisse systematisch dargestellt. Bd.1. Leipzig.

Mill, John Stuart (1852): Grundsätze der politischen Ökonomie. Nebst einigen Anwendungen auf die Gesellschaftswissenschaft. Bd.2. Hamburg.

Mirius, Alexander (1833): Uebersichtliche Darstellung des Preußischen Staats-Rechts nebst einer kurzen Entwicklungs-Geschichte der Preußischen Monarchie. Berlin.

Mischler, Ernst (1887): Ueber die Subjekte der Finanzwirtschaft. In: Finanzarchiv. 4.Jg. Bd.2. S.145-274.

Möckl, Karl (1979): Der moderne bayerische Staat. Eine Verfassungsgeschichte vom aufgeklärten Absolutismus bis zum Ende der Reformepoche. München.

Mohl, Robert v. (1840): Das Staatsrecht des Königreiches Württemberg. 2 Bde. 2.Aufl. Tübingen.

Mohl, Robert v. (1872): Encyklopädie der Staatswissenschaften. 2., umgearb. Aufl. 2.Ausg. Freiburg/Tübingen.

Moll, Bruno (1924): Probleme der Finanzwissenschaft. Methodologische und finanztheoretische Untersuchungen. Leipzig.

Mombert, Paul (1928): Grundzüge der Finanzwissenschaft. Leipzig.

Morsey, Rudolf (1984): Die Erfüllung von Aufgaben des Norddeutschen Bundes und des Reiches durch Behörden des Bundes und des Reiches. In: Jeserich, Kurt G.A./Pohl, Hans/Unruh, Georg-Christoph v. (Hrsg.): Deutsche Verwaltungsgeschichte. Bd.3. Stuttgart. S.138-186.

Mosthaf, H. (1903): Das Steuerbewilligungsrecht der Stände nach württembergischem Verfassungsrecht. In: Zeitschrift für die gesamte Staatswissenschaft. 59.Jg. S.354-380.

Moy, Ernst v. (1840/1841): Lehrbuch des bayerischen Staatsrechts. Theil 1: Verfassungsrecht. 2 Bde. Regensburg.

Moy, Ernst v. (1843/1846): Das Staatsrecht des Königreichs Bayern. Theil 2: Verwaltungsrecht. 2 Bde. Regensburg.

Mühlbrecht, Otto (1868): Die Literatur der Preussischen Staats- und Rechtswissenschaft. Uebersicht der in den Jahren 1849 bis Ende 1867 in Deutschland im Druck erschienenen bemerkenswerthen staats- und rechtswissenschaftlichen Schriften, welche sich auf den preussischen Staat beziehen. Berlin.

Müller, Erika (1984): Gesetzgebung in Bund und Land. Ein historischer Vergleich. Konstanz. Diplomarbeit (unveröffentlicht).

Müller, Erika/Nuding, Wolfgang (1984): Gesetzgebung - "Flut" oder "Ebbe"? In: Politische Vierteljahresschrift. 25.Jg. S.74-96.

Müller, Karl Otto (1932): Die Finanzwirtschaft in Württemberg unter Herzog Karl Alexander (1733-37). In: Württembergische Vierteljahreshefte für Landesgeschichte. 38.Jg. S.276-317.

Murhard, (o.V.) (1846): Budget. In: Rotteck, C. v./Welcker, C. (Hrsg.): Staats-Lexikon. Bd.2. 2.Aufl. Altona. S.689-703.

Mußgnug, Reinhard (1976): Der Haushaltsplan als Gesetz. Göttingen.

Mußgnug, Reinhard (1983): Die rechtlichen und pragmatischen Beziehungen zwischen Regierung, Parlament und Verwaltung. In: Jeserich, Kurt G.A./Pohl, Hans/Unruh, Georg-Christoph v. (Hrsg.): Deutsche Verwaltungsgeschichte. Bd.2. Stuttgart. S.95-119.

Nachimson, M. (1913): Die Staatswirtschaft. Eine kritisch-rhetorische Beleuchtung. Leipzig.

Nawiasky, Hans (1923): Bayerisches Verfassungsrecht. München/Berlin/Leipzig.

Neubrander, Wolfram (1988): Die Entwicklung des kommunalen Haushaltswesens in Deutschland im 19. Jahrhundert. Diss. (Erscheint 1988).

Neuester aktenmäsiger Zustand der sämtlichen unter landesfürstlicher und landschaftlicher Verwaltung stehenden Staats-Einkünfte und Staats-Ausgaben in Baiern, Neuburg, Sulzbach und der Oberpfalz (1801). Theil 1. 1.Stück. o.O.

Neumark, Fritz (1929): Der Reichshaushaltsplan. Ein Beitrag zur Lehre vom öffentlichen Haushalt. Jena.

Nitti, F. (1922): Principi di scienza delle finanze. 5.Aufl. Napoli.

Die Oekonomie der menschlichen Gesellschaften und das Finanzwesen (1845). Von einem ehemaligen Finanzminister. Stuttgart.

Oesfeld, Max v. (1870/1871): Preußen in staatsrechtlicher, kameralistischer und staatswirthschaftlicher Beziehung. Ein populäres Hand- und Hülfslehrbuch der inneren Staatsverfassungs- und Verwaltungskunde überhaupt. 2 Theile. 2., durchaus neu umgearb. und verm. Aufl. Breslau.

Oestreich, Gerhard (1979): Zur Vorgeschichte des Parlamentarismus: ständische Verfassung, landständische Verfassung und landschaftliche Verfassung. In: Zeitschrift für historische Forschung. Bd.6. S.63-80.

Ott, Alfred E./Winkel, Harald (1985): Geschichte der theoretischen Volkswirtschaftslehre. Göttingen.

Paegel, Joachim (1933): Die Bindung der Reichsregierung an die Ausgabeposten des Reichshaushaltsplans. Königsberg. Diss.

Parth, J.H. (1874): Das A-B-C der Finanzwissenschaft, zum Schul- und Selbstunterricht. Graz.

Patzig, Werner (1981): Haushaltsrecht des Bundes und der Länder. Baden-Baden.

Patzig, Werner/Traber, Theo (Stand 1979): Haushaltsrecht des Bundes und der Länder. 1.Bd. Köln/Berlin/Bonn/München.

Perreau-Pradier, Jean (1934): L'Équilibre Budgétaire. Paris.

Pfeiffer, Eduard (1866): Die Staatseinnahmen. Geschichte, Kritik und Statistik. Bd.2. Stuttgart/Leipzig.

Pfister, J.C. v. (1838): Geschichte der Verfassung des Württembergischen Hauses und Landes. Aus dessen hinterlassenen Papieren bearb. von Carl Jäger. Theil 1. Heilbronn.

Pfizer, P.A. (1836): Das Recht der Steuerverwilligung nach den Grundsätzen der württembergischen Verfassung, mit Rücksicht auf entgegenstehende Bestimmungen des Deutschen Bundes. Stuttgart.

Philipovich, Eugen v. (1884): Die staatliche Geldverwaltung. In: Finanzarchiv. Bd.2. S.128-170.

Philipovich, Eugen v. (1889): Der badische Staatshaushalt in den Jahren 1868-1889. Freiburg.

Pickhan, H.A. (1909): Kleine Finanzwissenschaft. Jena.

Piduch, Erwin Adolf (1987): Bundeshaushaltsrecht. Stuttgart/Berlin/Köln/Mainz. Stand: Januar 1987.

Piloty, Robert (1902): Prüfungs- oder Zustimmungsrecht. Eine budgetrechtliche Studie. In: Blätter für administrative Praxis. Bd.52. S.1-40.

Piloty, Robert/Suttner, Carl August v. (1907): Verfassungsurkunde des Königreichs Bayern. 2.Aufl. München.

Planitz, Hans/Eckehardt, Karl August (1981): Deutsche Rechtsgeschichte. 4., unveränd. Aufl. Köln/Wien.

Pözl, Joseph (1858): Lehrbuch des bayerischen Verwaltungsrechts. 2., verb. Aufl. München.

Press, Volker (1975): Herrschaft, Landschaft und "Gemeiner Mann" in Oberdeutschland vom 15. bis zum frühen 19.Jahrhundert. In: Zeitschrift für die Geschichte des Oberrheins. Bd.123. S.169-214.

Press, Volker (1975): Steuern, Kredit und Repräsentation. Zum Problem der Ständebildung ohne Adel. In: Zeitschrift für historische Forschung. Bd.2. S.59-93.

Press, Volker (1980): Landtage im Alten Reich und im Deutschen Bund. Voraussetzungen ständischer und konstitutioneller Entwicklungen 1750-1830. In: Zeitschrift für württembergische Landesgeschichte. Bd. 39. S.100-140.

Preuß, Hugo (1895): Reichs- und Landesfinanzen. In: Volkswirthschaftliche Zeitfragen. 16.Jg. H.1.2.

Prochnow, Peter-Michael (1977): Staat im Wachstum. Versuch einer finanzwirtschaftlichen Analyse der preußischen Haushaltsrechnungen 1871-1913. 2 Bde. Wiesbaden. Diss.

Pölitz, Karl Heinrich Ludwig (1827): Die Staatswissenschaften im Lichte unserer Zeit. Teil 1: Natur- und Völkerrecht; Staats- und Staatenrecht und Staatskunst. 2., berichtigte und verm. Aufl. Leipzig.

Pölitz, Karl Heinrich Ludwig (1827): Die Staatswissenschaften im Lichte unserer Zeit. Teil 2: Volkswirthschaftslehre, die Staatswirtschaft und Finanzwissenschaft, Polizeiwissenschaft. 2., berichtigte und verm. Aufl. Leipzig.

Quensel, Heinrich (1909): Ordnungsprinzipien für die Einnahmen und Ausgaben der Gemeinwirtschaften. In: Finanzarchiv. 26.Jg. S.108-123.

Radtke, Wolfgang (1981): Die Preußische Seehandlung zwischen Staat und Wirtschaft in der Frühphase der Industrialisierung. Berlin.

Rankl, Helmut (1976): Staatshaushalt, Stände und "Gemeiner Nutzen" in Bayern 1500-1516. München.

Rau, Karl Heinrich (1823): Grundriß der Kameralwissenschaft oder Wirthschaftslehre für encyklopädische Vorlesungen. Heidelberg.

Rau, Karl Heinrich (1850/1851): Grundsätze der Finanzwissenschaft. 2 Bde. 3., verm. und verb. Ausg. Heidelberg.

Recktenwald, Horst Claus (1962): Die Entwicklung der öffentlichen Ausgaben in der Bundesrepublik Deutschland. In: König, Heinz (Hrsg.): Wandlungen der Wirtschaftsstruktur in der Bundesrepublik Deutschland. Berlin. S.199-248.

Recktenwald, Horst Claus (Hrsg.) (1970): Finanztheorie. 2.Aufl. Köln/Berlin.

Recktenwald, Horst Claus (1977): Umfang und Struktur der öffentlichen Ausgaben in säkularer Entwicklung. In: Handbuch der Finanzwissenschaft. Bd.1. 3., gänzl. umgearb. Aufl. Tübingen S.713-752.

Reden, Armgard v. (o.D.): Landständische Verfassung und fürstliches Regiment in Sachsen-Lauenburg (1543-1689). Göttingen. Diss.

Reden, Friedrich v. (1856): Allgemeine vergleichende Finanz-Statistik. Vergleichende Darstellung des Haushalts, Abgabewesens und der Schulden Deutschlands und des übrigen Europa. Bd.2. 2.Abth.: Preußen. Darmstadt.

Regenauer, Franz Anton (1863): Der Staatshaushalt des Großherzogtumes Baden. Karlsruhe.

Rehm, H. (1901): Das Budgetrecht des bayerischen Landtages. In: Annalen des Deutschen Reichs für Gesetzgebung, Verwaltung und Statistik. S.641-669.

Reichelt, Erich (1928): Das Staatsleben unter der Sächsischen Verfassung vom 1.11.1920. Leipzig.

Reichert, Winfried (1985): Finanzpolitik und Landesherrschaft. Zur Entwicklung der Grafschaft Katzenelnbogen vom 12. bis zum 14.Jahrhundert. Trier.

Reinhard, O. (1903): Zur Frage der Errichtung eines obersten Rechnungshofes für das Königreich Württemberg, mit besonderer Berücksichtigung der bestehenden Einrichtungen im Königreich Bayern und Sachsen. Teil 1. In: Zeitschrift für die gesamte Staatswissenschaft. 59.Jg. S.53-106.

Reinhard, O. (1904): Zur Frage der Errichtung eines obersten Rechnungshofes für das Königreich Württemberg, mit besonderer Berücksichtigung der bestehenden Einrichtungen im Königreich Bayern und Sachsen. Teil 2. In: Zeitschrift für die gesamte Staatswissenschaft. 60.Jg. S.603-665.

Reuß, Hermann (1881): Juristische Examinatorien. Bd.5.: Allgemeines Staatsrecht, Deutsches Reichsstaatsrecht, Nationalökonomie, Finanzwissenschaft. Leipzig.

Reyscher, (o.V.) (1861): Württemberg. In: Weiske, Julius: Rechtslexikon für Juristen aller teutschen Staaten enthaltend die gesamte Rechtswissenschaft. Bd.15. Leipzig. S.66-131.

Richter, Eugen (1891): Die geheimen Ausgaben und der Welfenfonds. Vortrag vom 6.April 1891 im Wahlverein der Fortschrittspartei des 2.Berliner Reichstagswahlkreises. Berlin.

Riecke, Karl Victor (1883): Der württembergische Staatshaushalt. In: Jahrbuch für Gesetzgebung, Verwaltung und Volkswirthschaft im Deutschen Reich. 7.Jg. S.193-230.

Riecke, Karl Victor (1887): Verfassung, Verwaltung und Staatshaushalt des Königreichs Württemberg. 2., stark verm. Aufl. Stuttgart.

Riecke, Karl Victor (1891): Finanzlage, Etatfragen und Stand der Steuerreform in Württemberg auf Grund der von Staatsrat Dr. K.v.Riecke erstatteten Berichte der Finanzkommission der Kammer der Standesherrn. In: Finanzarchiv. 8.Jg. Bd.1. S.344-457.

Riedel, Adolph Friedrich (1866): Der Brandenburgisch-Preußische Staatshaushalt in den letzten beiden Jahrhunderten. Berlin.

Ringelmann, Richard (1914): Die Bedingungslosigkeit der Steuerbewilligung. Eine rechtsgeschichtliche, rechtsauslegende und rechtsvergleichende Darstellung mit besonderer Berücksichtigung der bayerischen Parlamentspraxis. Würzburg. Diss.

Roller, Erich (1933): Das Budgetrecht der württembergischen Stände von 1819-1848. Schramberg. Diss.

Rönne, Ludwig v. (1884): Das Staatsrecht der Preußischen Monarchie. Bd.4: Verwaltungsrecht. 2.Abth. 4., verm. und verb. Aufl. Leipzig.

Roscher, Wilhelm (1874): Geschichte der National-Oekonomik in Deutschland. München.

Roscher, Wilhelm (1901): System der Finanzwissenschaft. Ein Hand- und Lesebuch für Geschäftsmänner und Studierende. Bearb. von Otto Gerlach. 2 Halbbde. 5., verm. Aufl. Stuttgart.

Rottek, Carl v. (1835): Lehrbuch des Vernunftrechts und der Staatswissenschaften. In 4 Bänden. Bd.4: Lehrbuch der ökonomischen Politik. 1.Aufl. Stuttgart. Neudruck. Aalen 1964.

Rudhart, Ignatz (1816): Geschichte der Landstände in Baiern. 2 Bde. München.

Rudhart, Ignatz (1819): Das Baierische Budget und seine Tadler. München.

Rudhart, Ignatz (1827): Die Finanzverwaltung, Rechtspflege und die Kriegsanstalten des Königreichs Bayern. Erlangen.

Rüfner, Wolfgang (1983): Preussen - Die Verwaltungstätigkeit unter Restauration und Konstitution. In: Jeserich, Kurt G.A./Pohl, Hans/Unruh, Georg-Christoph v. (Hrsg.): Deutsche Verwaltungsgeschichte. Bd.2. Stuttgart. S.470-503.

Rüfner, Wolfgang (1984): Die Entwicklung der Verwaltung in den Bundesstaaten - Preussen. In: Jeserich, Kurt G.A./Pohl, Hans/Unruh, Georg-Christoph v. (Hrsg.): Deutsche Verwaltungsgeschichte. Bd.3. Stuttgart. S.678-714.

Rühl, Friedrich (1860): Die Kameralrechnungswissenschaft und die Anwendung ihrer Theorien im Staats- und Gemeindehaushalt. Darmstadt.

Rümelin, Eugen (1889): Der Etat in seiner öffentlich-rechtlichen Bedeutung. In: Zeitschrift für die gesamte Staatswissenschaft. S.299-327.

Rybinski, Helga (1964): Der Grundsatz des Haushaltsgleichgewichts in historischer und dogmengeschichtlicher Sicht. Berlin. Diss.

Sander, Karl Wilhelm (1817): Versuch einer Anleitung zur praktischen Kenntniss des Kassen- und Rechnungswesens und der darauf Bezug habenden Gegenstände in den königl. preuß. Staaten. Breslau.

Sarwey, O. v. (1883): Das Staatsrecht des Königreichs Württemberg. 2 Bde. Tübingen.

Say, Johann Baptist (1830): Ausführliche Darstellung der Nationalökonomie oder der Staatswirthschaft. Aus dem Französischen der 5.Ausgabe übersetzt, und, theils kritisch, theils erläuternd, glossiert von Carl Eduard Morstadt. 3 Bde. 3., äusserst stark verm. Ausg. Heidelberg.

Say, Léon (1896): Les Finances. Paris.

Schäffle, A. (1867): Das gesellschaftliche System der menschlichen Wirthschaft. Ein Lehr- und Handbuch der Nationalökonomie für höhere Unterrichtsanstalten und Gebildete jeden Standes. 2., durchaus neu bearb. und bedeutend verm. Aufl. Tübingen.

Schäffle, A. (1883): Zur Theorie der Deckung des Staatsbedarfes. In: Zeitschrift für Staatswissenschaft. 39.Jg. S.273-319 und S.633-672.

Schäffle, A. (1884): Zur Theorie der Deckung des Staatsbedarfes. In: Zeitschrift für Staatswissenschaft. 40.Jg. S.107-154.

Schall, K.F. v. (1893): Finanzlage, Etatsfragen und Stand der Steuerreform in Württemberg. In: Finanzarchiv. 10.Jg. Bd.2. S.1-60.

Schall, K.F. v. (1910): Finanznot und Finanzreform in Württemberg. In: Finanzarchiv. 27.Jg. Bd.2. S.1-70.

Schanz, Georg (1884): Die Aufhebung des fiskalischen Chaussee- und Brückengeldes im Königreich Sachsen. In: Finanzarchiv. Bd.2. S.407-413.

Schanz, Georg (1887): Der preussische Staatshaushalt in den letzten zehn Jahren und die Mittel zu seiner Sanierung. In: Finanzarchiv. Bd.1. S.293-319.

Schanz, Georg (1896): Der Reichshaushalt und das Finanzwesen der Einzelstaaten. Ein Vorschlag zur Regelung ihres gegenseitigen Verhältnisses. In: Finanzarchiv. 13.Jg. Bd.1. S.88-110.

Schanz, Georg (1899): Budget. In: Handwörterbuch der Staatswissenschaften. Bd.2. 2.Aufl. Jena. S.1138-1164.

Schanz, Georg (1908): Öffentliches Schuldenwesen. In: Die Entwicklung der deutschen Volkswirtschaftslehre im 19.Jahrhundert. Gustav Schmoller zur 70. Wiederkehr seines Geburtstags, 24.Juni 1908. Teil 2. Leipzig.

Scheyhing, Robert (1968): Deutsche Verfassungsgeschichte der Neuzeit. Köln/Berlin/Bonn/München.

Schlupper, Johann Nicolaus (1817): Ueber Staats-Finanz-Rechnungs-Wesen. Mit Rechnungs-Formularen. Nebst einem Anhang über Bewirthschaftung der Getreid-Magazine in ökonomischer und finanzieller Hinsicht. Erlangen.

Schmalz, Theodor Anton Heinrich (1808): Handbuch der Staatswissenschaft. Berlin.

Schmalz, Theodor Anton Heinrich (1818): Staatswirthschaftslehre in Briefen an einen teutschen Erbprinzen. 2 Theile. Berlin.

Schmalz, Theodor Anton Heinrich (1825): Das teutsche Staats-Recht. Berlin.

Schmelzle, Hans (1900): Der Staatshaushalt des Herzogtums Bayern im 18.Jahrhundert, mit Berücksichtigung der wirtschaftlichen, politischen und sozialen Verhältnisse des Landes. Stuttgart.

Schmidlin, Wilhelm (1823): Handbuch des Cassen-Etats- und Rechnungs-Wesens bei der württembergischen Finanz-Verwaltung, nach den neuesten Bestimmungen. Stuttgart.

Schmidt, Ludwig Heinrich (1880): Repetitorium des Systems des Allgemeinen Finanzrechts, der Finanzwissenschaft für Studirende und Prüfungs-Candidaten. Bearbeitet nach den gebräuchlichsten neuesten Lehrbüchern. Leipzig.

Schmölders, Günter (1957/1958): Der Grundsatz der Budgetpublizität. Ein Kapitel Finanzpsychologie. In: Finanzarchiv. N.F. Bd.18. S.193-217.

Schmölders, Günter (1964): Politische und institutionelle Probleme des Budgetgliederung. In: Jecht, Horst (Hrsg.): Probleme des öffentlichen Budgets. Berlin. S.65-72.

Schmölders, Günter (1970): Finanzpolitik. 3., neubearb. Aufl. Berlin/Heidelberg/New York.

Schmoller, Gustav (1877): Die Epochen der preußischen Finanzpolitik. Berlin.

Schmoller, Gustav (1898): Die Epochen der preußischen Finanzpolitik. In: Schmoller, G.: Umrisse und Untersuchungen zur Verfassungs-, Verwaltungs- und Wirtschaftsgeschichte besonders des Preußischen Staates im 17. und 18. Jahrhundert. Leipzig 1898. S.104-246.

Schmoller, Gustav (1909): Die historische Betrachtung über Staatenbildung und Finanzentwicklung. In: Jahrbuch für Gesetzgebung, Verwaltung und Volkswirtschaft im Deutschen Reich. 33.Jg. S.1-64.

Schmoller, Gustav (1921): Preußische Verfassungs-, Verwaltungs- und Finanzgeschichte. Berlin.

Schneider, Eugen (1896): Württembergische Geschichte. Stuttgart. Reprint. Magstadt 1981.

Schneider, Franz (1952): Geschichte der formellen Staatswirtschaft von Brandenburg-Preussen. Berlin.

Schoen, Johann (1831): Die Staatswissenschaft geschichtsphilosophisch begründet. Breslau.

Schoen, Johann (1832): Grundsätze der Finanz. Breslau.

Schreiber, H. (1898): Gesetz, betreffend den Staatshaushalt. Vom 11.Mai 1898. Berlin.

Schrott, Josef (1855): Versuch einer Begründung eines Staatskassensystems vom Standpunkte der Finanzwissenschaft. Leipzig/Meißen/Riesa.

Schrott, Josef (1886): Lehrbuch der Verrechnungswissenschaft. 5.Aufl. Wien.

Schulz, E. (1896): Handbuch der Kassenverwaltung und Kostenerhebung bei den Preußischen Justizbehörden. Auf Grund der Kasseninstruktion vom 15.Juli 1893 bearb. Berlin.

Schulze, Hermann (1875): Das Finanzrecht der Reichs- und Landtage nach älterem und neuerem deutschen Staatsrechte. In: Zeitschrift für das Privat- und öffentliche Recht der Gegenwart. Bd.2. S.161-216.

Schulze, R./Wagner, E. (1926): Reichshaushaltsordnung vom 31.Dezember 1922 mit Erläuterungen. 2., vollst. durchgesehene und erw. Aufl. Unveränd. Neudruck. Berlin.

Schulze-Gaevernitz, Hermann v. (1890): Das Preussische Staatsrecht. Bd.2. 2.Aufl. Leipzig.

Schwarz, O./Strutz, G. (1900): Der Staatshaushalt und die Finanzen Preussens. Berlin.

Seidler, Gustav (1885): Budget und Budgetrecht im Staatshaushalte der constitutionellen Monarchie mit besonderer Berücksichtigung des österreichischen und deutschen Verfassungsrechts. Wien.

Seidler, Gustav (1901/1902): Leitfaden der Staatsverrechnung. 2 Theile. 5., durchgesehene Aufl. Wien.

Seiffert, Karl (1901): Beiträge zur bayerischen Finanzgeschichte. In: Zeitschrift für die gesamte Staatswissenschaft. S.736-759.

Seligman, Edwin R.A. (1926): Geschichte der Finanzwissenschaft außerhalb Deutschlands insbesondere seit Beginn des 19.Jahrhunderts. In: Handbuch der Finanzwissenschaft. Bd.1. Tübingen. S.291-309.

Sellin, Volker (1978): Die Finanzpolitik Karl Ludwigs von der Pfalz. Staatswirtschaft im Wiederaufbau nach dem Dreissigjährigen Krieg. Stuttgart.

Senf, Paul (1977): Kurzfristige Haushaltsplanung. In: Handbuch der Finanzwissenschaft. Bd.1. 3., gänzlich neubearb. Aufl. Tübingen. S.371-425.

Seydel, Max (1887): Das Budgetrecht des bayerischen Landtages und das Verfassungsverständnis von 1843. In: Festgabe zum Doktorjubiläum des Herrn Geheimen Raths und Professors Dr. Joh.Jul.Wilh.v.Planck, von der Juristen-Facultät in München überreicht. München. Neudruck. Aalen 1982.

Seydel, Max (1889): Bayerisches Staatsrecht. Bd.4. Freiburg.

Seydel, Max (1894): Das Staatsrecht des Königreichs Bayern. 2., verb. und verm. Aufl. Freiburg/Leipzig.

Seydel, Max (1902): Über das Budgetrecht. In: Staatsrechtliche und politische Abhandlungen. N.F. Tübingen/Leipzig. S.6-25.

Shirras, G.Findlay (1924): The Science of Public Finance. London.

Sittig, Wolfgang (1982): Landstände und Landesfürstentum. Eine Krisenzeit als Anstoss für die Entwicklung der steirischen landständischen Verwaltung. Graz.

Smith, Adam (1789): Der Wohlstand der Nationen. Eine Untersuchung seiner Natur und Ursachen. 5.Aufl. (letzter Hand). London. Aus dem Englischen übersetzt und mit einer unfassenden Würdigung des Gesamtwerkes von Horst Claus Recktenwald. 3.Aufl. München 1983.

Soden, Julius v. (1811): Die Staats-Finanz-Wirthschaft nach den Grundsätzen der National-Oekonomie. Ein Versuch. Leipzig.

Spangenberg, (o.V.) (1931): Die Weiterentwicklung des Haushaltsrechts, insbesondere durch die Haushaltsgesetze. In: Reich und Länder. 5.Jg. S.47-55.

Staender, Klaus (1984): Lexikon der öffentlichen Finanzwirtschaft. Heidelberg.

Stahl, Friedrich Julius (1860): Budget. In: Wagener, Hermann (Hrsg.): Staats- und Gesellschaftslexikon. Bd.4. Berlin. S.585-600.

Die ständischen Budgets-Modifikationen und die Erübrigungen (1843). Versuch über einige Streitfragen des Bayerischen Staatsrechts. Mannheim.

Statistisches Bundesamt (Hrsg.) (1957): Statistik der Bundesrepublik Deutschland. Die öffentliche Finanzwirtschaft in den Rechnungsjahren 1948 bis 1954. Bd.59. Wiesbaden.

Statistisches Reichsamt (Hrsg.) (1892-1916): Vierteljahrshefte zur Statistik des Deutschen Reiches. Jg 1-25. Berlin.

Statistisches Reichsamt (Hrsg.) (1915/1923): Statistisches Jahrbuch für das Deutsche Reich. Jg. 36 und 43. Berlin.

Stein, Lorenz v. (1876): Handbuch der Verwaltungslehre. Mit der Vergleichung der Literatur und Gesetzgebung in Frankreich, England, Deutschland und Oesterreich. 2., bis auf die neueste Zeit fortgeführte Aufl. Stuttgart.

Stein, Lorenz v. (1878): Lehrbuch der Finanzwissenschaft. 4., neubearb. Aufl. Leipzig.

Stengel, Karl v. (1894): Das Staatsrecht des Königreichs Preußen. 2., umgearb. Aufl. Freiburg.

Stenzel, G.A.H. (1837): Geschichte des preussischen Staats. Bd.2: 1640-1688. Hamburg.

Stenzel, G.A.H. (1841): Geschichte der preussischen Staats. Bd.3: 1688-1739. Hamburg.

Stenzel, G.A.H. (1851): Geschichte des preussischen Staats. Bd.4: 1739-1756. Hamburg.

Stier-Somlo, Fritz (1926): Budgetrecht. In: Stier-Somlo, F./Elster, A. (Hrsg.): Handwörterbuch der Rechtswissenschaft. Bd.1. Berlin/Leipzig. S.822-827.

Stieve, Felix (1881): Zur Geschichte des Finanzwesens und der Staatswirtschaft in Baiern unter den Herzogen Wilhelm V. und Maximilian I. In: Sitzungsberichte der philosophisch-philologischen und historischen Classe der k.b.Akademie der Wissenschaften zu München. München.

Stockmar, E.A.C. v. (1867): Studien über das preußische Staatsrecht. Teil II: Gesetz und Verordnung. In: Zeitschrift für Deutsches Staatsrecht und Deutsche Verwaltungsgeschichte. Bd.1. S.196-219.

Stockmar, E.A.C. v. (1867): Studien über das preußische Staatsrecht. Teil IV: Von einem gewöhnlichen Mangel der staatsrechtlichen Gesetzgebung und Lehre in besonderer Anwendung auf die preußische Verfassung. In: Zeitschrift für Deutsches Staatsrecht und Deutsche Verwaltungsgeschichte. Bd.1. S.477-484.

Stokar von Neuforn, A.F. (1808): Vollständiges Handbuch der Finanz-Wissenschaft. 2 Bde. Rothenburg ob der Tauber.

Stourm, René (1909): Le Budget. 6., erg. Aufl. Paris.

Strutz, Georg (1909): Hundert Jahre preußisches Finanzministerium. In: Verwaltungsarchiv. Bd.17. S.179-195.

Tautscher, Anton (1952): Geschichte der deutschen Finanzwissenschaft bis zum Ausgang des 18.Jahrhunderts. In: Handbuch der Finanzwissenschaft. Bd.1. 2., völlig neubearb. Aufl. Tübingen. S. 384-415.

Terhalle, Fritz (1952): Geschichte der deutschen öffentlichen Finanzwirtschaft vom Beginn des 19.Jahrhunderts bis zum Schluß des zweiten Weltkrieges. In: Handbuch der Finanzwissenschaft. Bd.1. 2., völlig neubearb. Aufl. S.274-327.

Thierfelder, Hans (1959): Die staatsrechtliche Bedeutung des Staatshaushaltsplans. Tübingen. Diss.

Tuschinski, K. (1925): Grundzüge der Finanzwissenschaft. Berlin.

Tyszka, Carl v. (1920): Grundzüge der Finanzwissenschaft. Mit besonderer Berücksichtigung der Reichsfinanzreform von 1919/20. Jena.

Ullmann, Hans-Peter (1986): Staatsschulden und Reformpolitik. Die Entstehung moderner öffentlicher Schulden in Bayern und Baden 1780-1820. 2 Bde. Göttingen.

Umpfenbach, Karl (1887): Lehrbuch der Finanzwissenschaft. 2.Aufl. Stuttgart.

Ungewitter, F.H. (1845): Populäre Staatswissenschaft oder Staatswissenschaftliches Handbuch. Halle.

Vierhaus, Rudolf (1976): Land, Staat und Reich in der politischen Vorstellungswelt deutscher Landstände im 18.Jahrhundert. In: Historische Zeitschrift. Bd.223. S.40-60.

Vocke, Wilhelm (1894): Die Grundzüge der Finanzwissenschaft. Zur Einführung in das Studium der Finanzwissenschaft. Leipzig.

Volkert, Wilhelm (1983): Die Verwaltung in den einzelnen Staaten (ab 1803 bzw. 1815) - Bayern. In: Jeserich, Kurt G.A./Pohl, Hans/Unruh, Georg-Christoph v. (Hrsg.): Deutsche Verwaltungsgeschichte. Bd.2. Stuttgart. S.503-550.

Volkert, Wilhelm (1984): Die Entwicklung der Verwaltung in den Bundesstaaten - Bayern. In: Jeserich, Kurt G.A./Pohl, Hans/Unruh, Georg-Christoph v. (Hrsg.): Deutsche Verwaltungsgeschichte. Bd.3. Stuttgart. S.714-733.

Wagner, Adolph (1863): Die Ordnung des österreichischen Staatshaushalts, mit besonderer Rücksicht auf den Ausgabe-Etat und die Staatsschuld. Wien.

Wagner, Adolph (1877): Finanzwissenschaft. Mit Benutzung von Rau's Grundsätzen der Finanzwissenschaft. Theil 1. 2., wesentlich umgest. u. verm. Ausgabe des 1.Theils der Neubearbeitung. Leipzig/Heidelberg.

Wagner, Stefan (1977): Staatssteuern in Jülich-Berg. Köln.

Waitz, Georg (1878): Deutsche Verfassungsgeschichte. Die deutsche Reichsverfassung von der Mitte des 9. bis zur Mitte des 12.Jahrhunderts. Bd.6. Kiel. Reprint. 2.Aufl. Graz 1955.

Walter, Heinrich (Hrsg.) (1887): Die Preußische Oberrechnungskammer. Berlin.

Walz, Rainer (1982): Stände und frühmoderner Staat. Die Landstände im 16. und 17.Jahrhundert. Neustadt an der Aisch. Diss.

Weis, Eberhard (1982): Kontinuität und Diskontinuität zwischen den Ständen des 18.Jahrhunderts und den frühkonstitutionellen Parlamenten von 1818/1819 in Bayern und Württemberg. In: Fried, P./Ziegler, W. (Hrsg.): Festschrift für Andreas Kraus zum 60.Geburtstag. Kallmünz. S.337-355.

Weitzel, Otto (1967): Die Entwicklung der Staatsausgaben in Deutschland: Eine Analyse der öffentlichen Aktivität in ihrer Abhängigkeit vom wirtschaftlichen Wachstum. Erlangen. Diss.

Widenmeyer, Adolf (1885): Das Etats- und Kassenwesen des Königreichs Württemberg, mit besonderer Berücksichtigung der Verkehrsanstalten und mit Bezugnahme auf die Einrichtungen anderer deutscher Staaten. Stuttgart.

Widenmeyer, Adolf (1886): Supplement zum Etat- und Kassenwesen des Königreichs Württemberg mit besonderer Berücksichtigung der Verkehrsanstalten und mit Bezugnahme auf die Einrichtungen anderer deutscher Staaten. Stuttgart.

Widenmeyer, Adolf (1890): Die württembergische Oberrechnungskammer und der bayerische oberste Rechnungshof. In: Finanzarchiv. 7.Jg. Bd.1. S.142-160.

Wiesner, Herbert (1981): Öffentliche Finanzwirtschaft. Bd.1: Haushaltsrecht. 7., völlig neubearb. Aufl. Heidelberg/Hamburg

Wiesner, Herbert (1982): Haushaltswesen. Ein Grundriß für den mittleren Verwaltungsdienst. Hamburg.

Willgren, Karl (1899): Zur Lehre vom Budget- und Rechnungswesen des Staates. In: Finanzarchiv. 16.Jg. Bd.1. S.99-105.

Willgren, Karl (1899): Das Staatsbudget, dessen Aufbau und Verhältnis zur Staatsrechnung. Helsingfors. Diss.

Winterstein, Theodor (1886): Die Entwicklung des bayerischen Staatshaushaltes in diesem Jahrhundert und insbesondere seit der Verfassung. Würzburg. Diss.

Wittmann, Walter (1975): Einführung in die Finanzwissenschaft. Teil 1: Die öffentlichen Ausgaben. 2., erw. und verb. Aufl. Stuttgart/New York.

Wittmann, Walter (1976): Einführung in die Finanzwissenschaft. Teil 3: Öffentliche Schuld, öffentlicher Haushalt, Finanzausgleich, kommunale Finanzen, öffentliche Unternehmen, Sozialversicherung. 3., erw. und verb. Aufl. Stuttgart/New York.

Wittmann, Walter (1978): Öffentliche Finanzen. Einführung in die Finanzwissenschaft. Hamburg.

Witzleben, Alexander v. (1985): Staatsfinanznot und sozialer Wandel. Eine finanzsoziologische Analyse der preußischen Reformzeit zu Beginn des 19.Jahrhunderts. Stuttgart. Diss.

Witzleben, C.D. v. (1881): Die Entstehung der constitutionellen Verfassung des Königreichs Sachsen. Leipzig.

Wolfslast, Jürgen Christian (1967): Bestimmungsfaktoren wachsender Staatsausgaben. Dargestellt am Beispiel des Deutschen Reiches, 1871-1913. Hamburg. Diss.

Wollenzien, Johannes/Walter, Heinrich (1888): Das gerichtliche Rechnungslegungswesen in Preußen. Systematische Zusammenstellung aller die Rechnungslegung bei den Kassen der preußischen Justizbehörden betreffenden gesetzlichen und administrativen Vorschriften. Bd.1. Theil I: Das preußische Etatswesen im Allgemeinen. Theil II: Das gerichtliche Rechnungslegungswesen in seinen Grundbestimmungen. Berlin.

Wollenzien, Johannes/Walter, Heinrich (1888): Das Gerichtskassenwesen in Preußen. Bd.1. Teil I: Kassenverwaltung. Teil II: Fondsverwaltung. 2.Aufl. Berlin.

Wolzogen, Alfred v. (1854): Preußens Staatsverwaltung mit Rücksicht auf seine Verfassung. Berlin.

Wunder, Bernd (1978): Landstände und Rechtsstaat. Zur Entstehung und Verwirklichung des Art.13 DBA. In: Zeitschrift für historische Forschung. Bd.5. S.139-185.

Zachariä, Karl Salomo (1843): Vierzig Bücher vom Staate. Buch 36, 39, 40. Heidelberg.

Ziegler, Eugen v. (1904): Die Praxis des bayerischen Budgetrechtes. Studie über die Handhabung der Rechte des bayerischen Landtags zur Festsetzung der Staatsausgaben und Staatseinnahmen, sowie gegenüber der Vorlage der Rechnungsnachweise. München. Diss.

Ziegler, Walter (1981): Studien zum Staatshaushalt Bayerns in der zweiten Hälfte des 15.Jahrhunderts. Die regulären Kammereinkünfte des Herzogtums Niederbayern 1450-1500. München.

Zimmermann, Horst/Henke, Klaus-Dirk (1985): Finanzwissenschaft. Eine Einführung in die Lehre von der öffentlichen Finanzwirtschaft. 4.Aufl. München.

Zorn, Philipp (1889): Gesetz, Verordnung, Budget, Staatsvertrag. In: Annalen des Deutschen Reiches für Gesetzgebung, Verwaltung und Statistik. S.344-379.

Zorn, Philipp/Zinn, (o.V.) (1926): Budgetrecht. In: Handwörterbuch der Staatswissenschaft. Bd.3. 4.Aufl. Jena. S.118-126.

GPSR Compliance

The European Union's (EU) General Product Safety Regulation (GPSR) is a set of rules that requires consumer products to be safe and our obligations to ensure this.

If you have any concerns about our products, you can contact us on ProductSafety@springernature.com

In case Publisher is established outside the EU, the EU authorized representative is:

Springer Nature Customer Service Center GmbH
Europaplatz 3
69115 Heidelberg, Germany

Batch number: 10809470

Printed by Printforce, the Netherlands